법치국가에서
형법과 형사소송법의 과제

하태훈 대표편저

박영사

'법치국가에서 형법과 형사소송법의 과제' 발간에 붙여

1977년 3월 고려대학교 법과대학에 입학했으니 이제 정년퇴임으로 46년의 긴 여정, 고려대학교와의 동행을 마무리하게 되었다. 1991년 홍익대학교 법학과에서 교단에 선 이래 32년 동안의 교직 생활도 일단락을 짓게 되었다. 물론 명예교수로서 고려대학교와의 인연을 이어갈 것이고, 앞으로도 이러저러한 방식으로 형사법학과의 관계를 유지할 것이다. 이제 강단에서의 가르침에서는 해방되지만, 연구의 여정은 새롭게 시작되고 그 정년은 아직 멀었다고 생각한다.

1990년 독일 유학을 마치고 교직의 첫발을 내디딘 후 지금까지 30년을 되돌아보면, 1990년대 10여 년은 학회지와 고시 잡지에 형법도그마틱에 관한 논문을 쓰거나, 실무와 소통하는 방법으로 볼 수 있는 판례 연구와 평석에 관심을 두었다. 지금도 그렇지만 당시에는 판례가 이론과 차이가 나는 부분들이 상당히 많아서 판례를 비판적으로 검토하면서 판례가 변경되어야 한다고 생각했다. 그다음 10여 년은 학계에서 주장했던 이론들을 형사실무에 적용하는 것에 관심을 두었다. 더 나은, 보다 옳은 형법, 헌법에 충실한 형사소송법을 만드는 일, 곧 사법 개혁과 검찰 개혁, 형사소송법 개정에 힘을 쏟았다. 2010년 전후로 해서는 형법이 과잉, 팽창되는 경향에 대한 문제의식을 느꼈다. 형법의 지주인, 비례성원칙, 최후 수단성, 법익 보호 원칙, 책임원칙 등 전통적인 법치국가 원칙을 지켜내야 한다는 신념으로 형법과 형사소송법을 비판적으로 들여다보며, 주로 칼럼과 언론 인터뷰 등을 통해서 목소리를 냈다.

대학은 인재를 양성하는 곳이기에 교수에게 가장 중요한 것은 교육이라고 생각했다. 강의를 잘하려면 준비를 철저히 해야 하고, 형사 법학에 초심자인 학생들의 눈높이를 맞춰야 한다고 생각했다. 나만의 특별한 강의 방식 중 하나는 강의를 시작하기 전에 사회적 이슈에 관한 나의 관점을 5분 정도 얘기하면서 학생들이 사회현상에 관한 관심을 두도록 유도했다는 것이다. 첫 주에는 한 학기 동안 배울 내용을 개관하여 학습 내용 전체에 대한 윤곽 속에서 매주 강의내용을 이해하도록 한 점이나 판례 사안과 사례로 이론을 알기 쉽게 설명했다는 점 등도 수강생들에게 좋은 반응을 얻었던 교수 방법이었다. 대학원에서는 학기 내내 주제발표와 지정토론 및 자유토론을 통해서 학문 후속세대로 성장할 수 있도록 애썼다.

지도교수의 화갑이나 정년을 기념하여 제자들이 논문집을 발간해 봉정하는 전통은 사라진 지 오래다. 나도 제자들에게 부담을 덜어주는 일이라 개인적으로 바람직한 현상이라 생각했지만, 그냥 지나칠 수 없다는 제자들을 이길 수 없었다. 그래서 비교적 간단한 기획을 추진하는 데 마음을 모았다. 지도교수의 학문적 사상과 업적을 현재의 시점에서 재성찰해보는 제자들의 논문을 모아 책을 내는 방식이다. 지도교수의 논문 중 평소 마음이 많이 간 논문들과 제자들이 학업의 과정에서 관심이 닿은 글에 대하여 간단한 논평을 붙인 글을 모아 이렇게 책이 만들어졌다.[1] 이번에 모인 제자들의 논평을 보면서 글을 쓰던 당시의 내 모습이 생각나기도 하고, 이를 이해하고 발전시킨 것을 보면서 뿌듯한 마음이 들었다. 어떤 논문들은 당시의 특수한 현안에 대한 비판을 담고 있어서 지금 보면 그 맥락을 이해하기 힘들었을 것이다.

여기에 글을 쓴 제자들에게 감사의 말을 전한다. 우리 사회가 기대하는 학자와 연구자, 법조인으로 성장하여 왕성하게 활동하고 있는 그들을 보노라면 뿌듯하고 가슴이 벅차오른다. 지도교수의 학문적 업적을 되돌아보면서 형법학자와 법조인의 길로 이끌어 준 스승의 정년을 아쉬워하는 마음이 담긴 책을 나눠 간직하며 훗날 아름다운 추억거리가 되길 기대한다.

2023. 3. 1.

봄을 기다리며 율현동 다락 서재에서

하태훈

---

1) 각 논문의 인용방법은 논문게재 당시 학술지 원칙이 달라서 가급적 그대로 두어서 논문마다 각주 형식이 통일되지 않는다.

목 차

법치국가에서의 형법과 형사소송법의 과제*
- 최근 형사 관련법 개정경향을 중심으로 -

Ⅰ. 들어가며

1. 법치국가적 제약원리

인간에 대한 깊은 애정과 인간의 존엄성에 관한 확고한 가치인식을 바탕으로 쓰인 心溫 김일수 선생의 大作 「형법학원론[총칙강의]」(박영사, 1988)[1]은 형법의 해석과 적용이 법치국가적 한계 내에서 행해져야 한다는 점을 기본원칙으로 삼고, 법치국가적 제약원리로서 인간의 존엄성보장, 죄형법정주의, 책임원칙과 비례성원칙 등을 들고 있다. 心溫 선생은 죄형법정주의를 책임원칙 및 비례성원칙과 더불어 형법의 법

---

* 출처: 「고려법학」 제62호, 2011, 19면 이하.

1) 「형법학원론[총칙강의]」에 대한 서평으로는 하태훈, 「형법학원론」에 대한 서평, 한국형법학의 새로운 지평: 심온 김일수교수화갑기념논문집(2006), 780면 이하.

치국가적 제약의 삼각형이라고 보고 있다(형법학원론, 제137면 주1). 형법의 임무와 기능에 관한 논쟁에 관해서 사회 윤리적 심정가치의 보호를 형법의 제1차적 임무로 보는 Welzel의 견해[2]나 사회의 보호만이 형법의 임무라는 Amelung의 견해[3]의 문제점을 지적하고, 자유민주주의적 헌법질서에 비추어 형법은 법공동체에 의해 보호할 가치 있는 것으로 승인된 법익을 보충적으로 보호할 임무만 갖는다고 본다(형법학원론, 100면).

이 논쟁은 국가형벌의 정당성의 한계와 근거에 관한 것으로서 「형법학원론[총칙강의]」에 흐르고 있는 기본입장은 오늘날 새로운 유형의 위험원의 등장으로 위험에 대처하고 안전사회를 구축하기 위해 형법적 보호의 확장 및 법익개념의 완화 등을 통해서 형법의 최후수단성이 잠식되고 형법이 위험예방의 도구로 기능하는 등 전통적 법치국가형법이 무너져 가는 현실에서 더욱 의미를 갖는다. 心溫 선생은 이미 정보화사회를 위험사회로 평가하고 위험을 형법으로 다스리는 위험형법의 위험성을 지적한 바 있고,[4] 9.11테러 이후 위험예방의 현실적 대안으로 떠오른 강벌주의적 형사정책 조류[5]와 효과적인 범죄예방을 위하여 전통적인 시민형법의 틀에서 벗어나 범죄자를 사회의 적으로 취급하는 독일 Jakobs 교수의 적대형법에 대한 비판적 시각[6]을 나타낸 바 있다.

2. 법치국가 형사법의 과제

법치국가 형사법의 과제는 공존질서로서의 대내적인 법질서를 유지하고 보장하며 개개인의 자유와 권리를 위법한 침해로부터 보호하고 적법한 절차에 따른 공정한 법적용을 보장하는 것이다.[7] 자유민주주의적 헌법질서에 비추어 형법은 법공동체에 의해 보호할 가치 있는 것으로 승인된 법익을 보호할 임무를 갖는다. 형법은 사회생

---

2) Welzel, Das Deutsche Strafrecht, 11.Aufl.(1969), S.4.

3) Amelung, Rechtsgueterschutz und Schutz der Gesellschaft, 1972.

4) 김일수/배종대/이상돈, 정보화사회에 대비한 형사법적 대응, 비교형사법연구 제3권 제2호(2002), 40면 이하.

5) Il-Su Kim, Punitivistische Grundtendenzen der gegenwärtigen Kriminalpolitik? 고려법학 제56호 (2010.3), 513면 이하 참조.

6) Il-Su Kim, Das Liebesstrafrecht hinterm Berge des Feindstrafrechts, 고려법학 제49호(2007), 1면 이하 참조.

7) Merten, Rechtsstaatlichkeit und Gnade, 1978, S.21.

활영역에서 공존질서를 유지하고 침해된 법익질서를 회복시키기 위하여 규범침해행위에 대해 적정한 형사제재수단을 가하고 법공동체의 교란행위를 진압·규제하는 기능을 수행한다. 형법은 가치질서의 변화와 새로운 가치의 등장에 따른 형벌구성요건을 신설하고 실효성 없는 형법규정을 폐지함으로써 일반인에게 규범에 맞는 행위결정을 하도록 하고 그렇지 않는 행위에 대해서는 형사제재를 예고함으로써 예방적 기능도 담당하고 있다.[8] 자유민주주의와 법치주의 국가에서 형벌의 정당성은 바로 여기에 근거하고 있다.

이 이념은 국가권력의 유형에 따라 다른 내용을 요구한다.[9] 예컨대 형사입법자는 어떤 행위에 대해 어떠한 제재가 가해지는가를 누구나 알 수 있도록 형법전에 명확히 기술해야 한다(명확성의 원칙). 이로써 법관의 자의적 법해석을 방지할 수 있고 법적 신뢰, 법적 안정성과 예측 가능성이 보장될 수 있다. 형법은 사회의 공존질서유지를 위한 사회통제수단의 일부이다. 법규범 중에서도 형법은 개인의 자유와 권리를 박탈하거나 제한하는 강력한 제재수단을 가지고 있다. 따라서 사회의 분쟁상황을 해결할 수 있는 다른 법적 또는 사회적 통제수단이 있을 때는 형법은 뒷전에 물러서야 한다(보충성의 원칙). 또한 법익침해 또는 위태화행위에 대한 형사법적 제재는 다른 적절한 수단이 없거나 덜 유해한 수단으로 꼭 필요한 만큼 투입되어야 한다(비례성의 원칙). 이렇듯 법치국가 형법의 지주는 명확성의 원칙과 보충성 및 비례성의 원칙이다. 그리고 절차적인 측면에서 이를 실현하기 위해서는 적법절차의 원칙, 영장주의, 수사에 있어서 비례성의 원칙, 공정한 재판 보장, 공개재판의 원칙, 구두주의, 직접주의, 무죄추정의 원칙 등이 지켜져야 한다.

이와 같은 법치국가 형법의 지주와 형사소송법의 원칙들은 위험사회의 등장과 더불어 위험(테러범죄나 성범죄, 마약범죄, 조직범죄 등 범죄위험을 포함하여)에 대한 예방과 안전 확보라는 명목으로 흔들리고 있다. 전통적인 형법의 임무와 기능에 대한 인식의 변화를 요구하고 있다. 위험예방과 규제의 효율성과 실효성이 감소되니까 법치국가적 보장을 무너뜨려서라도 형법을 투입하려는 경향이 점증하는 것도 탈 근대적 형법의 특징이다.[10] 그렇다면 새로운 위험원과 범죄유형에 대처하여 미래의 안전을 보

---

8) 하태훈, 21세기 한국형사법학의 과제와 전망, 안암법학 제13호(2001), 141면.
9) 하태훈, 「형법학원론」에 대한 서평, 790면 이하.
10) 하태훈, 21세기 한국형사법학의 과제와 전망, 안암법학 제13호(2001), 144면.

장하기 위해서는 이러한 경향을 감수해야 하는 것인가. 미래의 안전에 관련된 새로운 범죄유형에 대처하는데 전통적인 법치국가형법이 효율적이지 못하다는 비판과 함께 위험형법의 필요성을 주장하기도 한다. 그러나 아직까지는 위험사회에서의 형법의 기능과 역할을 최우선으로 생각하고 최적의 수단으로 여기는 입장은 많은 지지를 받고 있는 상황은 아니며, 여전히 전통적인 법치국가형법의 틀에서 벗어나 위험형법으로의 전환을 꾀하는 것은 시민의 자유에 대한 새로운 위험으로 여겨지고 위험형법의 수용을 부정적으로 바라보고 있는 것 같다. 그러나 형사정책 담당자나 형사입법자들에는 위험형법은 매력적인 대안이라고 볼 수 있다.

이하에서는 우리 사회에서 최근 (아동)성범죄와 강력 범죄로 촉발된 형법의 예방도구화와 위험형법의 등장, 무관용·적대화 형법과 강성 형사정책, 효율지향의 형사소송법과 형사소송의 탈정형화 경향을 분석하고 이러한 경향의 위험성을 법치국가적 형사법의 관점에서 비판적으로 고찰하기로 한다.

II. 위험사회에서의 형사법 임무에 대한 기대

1. 위험사회의 등장

법치국가 형법의 지주와 형사소송법의 원칙들은 위험사회의 등장과 더불어 위험에 대한 예방과 안전 확보라는 명목으로 흔들리고 있다. 산업화에 의해서 다양해진 위험원은 현대사회를 위험사회로 특징짓는다. 과학과 기술의 발전은 끊임없이 위험원을 창출한다. 이러한 위험은 전통적인 위험과는 다른 새로운 위험이다.[11] 이러한 위험은 언제, 어디서, 누구에게 그 위험이 실현될 것인지를 예측하거나 제한하는 것이 불가능하다. 성별, 계급, 사회계층, 세대 등 차별 없이 모든 사람이 동등하게 맞닥뜨리게 된다는 점이 특징적이다. '위험사회(Risikogesellschaft)'의 저자인 독일의 사회학자 Ulrich Beck은 새로운 위험을 다음과 같이 특징짓고 있다: 새로운 위험은 그 위험이 발생하는 시간, 장소와 범위를 한정할 수 없고 인과관계, 책임과 배상책임에 관한 현재의 법칙대로 귀속가능하지 않으며 새로운 위험은 보험이 불가능하다.[12]

---

11) Lau, Risikodiskurse: Gesellschaftliche Auseinandersetzungen um die Definition von Risiken, Soziale Welt 1989, S.418ff.(Hilgendorf, Gibt es ein "Strafrecht der Risikogesellschaft?", NStZ 1993, 11에서 재인용).

독일에서 논의되고 있는 위험사회의 위험원과 최근에 우리 사회에서 안전과 예방을 촉발시킨 위험과는 다른 측면이 있다. 우리의 경우는 주로 강력범죄의 위험으로부터의 안전과 예방을 요구하고 있다. 그러나 형법을 통한 안전의 확보라는 것은 범죄행위로 위협받는 침해(내지 손해)를 방지하는 것이고, 법익보호라는 형법의 임무도 결국은 법익의 안전 확보[13]라는 점에서는 위험사회의 위험과 다를 바 없다.

2. 예방형법으로의 패러다임 변화: 법치국가 형법의 위기

사회의 안전과 질서를 위협하는 위험이 발생하면 할수록 형벌을 제재수단으로 하는 형법(광의의 형법)에 거는 기대가 커진다. 형벌의 예방적 기능, 특히 소극적 일반예방효과인 威嚇力을 신뢰하여 형벌로 규율하거나 무거운 형벌을 예고함으로써 범죄와 사회의 다양한 위험이 예방될 것이라고 믿는다. 중산층과 보수층의 공포를 반영하여 안전한 사회에 대한 요구에 부응하는 범죄정책을 펴기도 한다. 우리나라에 가중적 특별형법이 양산되는 이유도 바로 여기에 있다. 입법자와 정치인들은 안전과 질서를 우선시하는 주류의 국민여론에 부응하기 위하여 지속적으로 이러한 유형의 법을 개발할 유혹을 느끼기 때문에 형벌법규의 홍수와 입법눈사태를 경험하게 된다. 경미한 범죄도 과잉 형사범죄화하여 보다 강한 형사제재수단의 투입을 바라는 불안한 시민들을 잠재운다. 형사사법의 효율성이 강조되어 강제처분이 확대되고 범죄해결에 수단과 방법을 가리지 않을 것을 기대하기도 한다.

미국과 서구 유럽의 경우도 마찬가지다. 9.11테러 이후 안전과 예방은 미국과 서구 유럽의 화두가 되었다. 위험이 자라서 현실화되기 전에 차단하자는 것이다. 미국을 비롯한 유럽 국가에서 9.11테러 이후 이러한 경향이 강화되는 상황이다.[14] 테러의 위협뿐만 아니라 다양한 위험원의 발생으로 국가에게 자유와 안전 사이의 새로운 관계설정을 요구하기도 한다. 안전을 위하여 개인의 자유를 희생시킬 것인지, 안전과 자유의 조화를 모색할 수 있을 것인지, 여전히 개인의 자유가 우선되어야 할 것인지 등등의 문제에 직면하게 된 것이다.

---

12) Beck, Politik in der Risikogesellschaft, 1991, S.10.

13) Bloy, Möglichkeit und Grenzen der Gewährleistung von Sicherheit durch Strafrecht, in: Momsen/Bloy/Rackow, Fragmentarisches Strafrecht, 2003, S.13.

14) S. Huster/K. Rudolph, Vom Rechtsstaat zum Präventionsstaat, 2008, S.9ff.

미국에서 적극적 예방을 강조하는 경향은 범죄 대응의 패러다임을 근본적으로 바꾼 것으로 평가되는 메간법(Megan's Law)이 1996년 10월에 제정된 사실로 확인된 바 있다.[15] 전통적으로 미국도 범죄방지 시스템은 과거에 행한 범죄의 처벌에 초점을 맞추어 왔지만 성범죄자들의 강제등록제와 지역관청이나 주민에 대한 고지제도를 핵심내용으로 하는 메간법은 과거의 성범죄보다 장래의 성범죄재범의 위험성에 대한 잠재적 피해자의 예방에 초점을 맞추었다고 볼 수 있다. 과거의 범죄를 처벌하는 전통적 패러다임과 달리 잠재적 위험성을 예견해 불이익을 준다는 점에서 미래의 발생하지 않은 행위에 대한 사전예방과 제재의 성격을 지닌다.

9·11테러 이후 세계적으로 논의되고 있는 소위 '反테러법'의 제정 움직임도 적극적 예방을 강조하는 경향으로 볼 수 있다. 법익이나 행위객체에 대한 직접적인 공격이 시작되지 않은 단계에서의 처벌을 위한 예비·음모죄는 예방형법의 전형이다. 9·11테러 후 2001년 10월 26일 미국은 수사기관의 반테러활동을 강화하기 위한 법률로서 애국법(Patriot Act: Uniting and Strengthening America by Providing Appropriate Tools Required to Intercept and Obstruct Terrorism)을 제정하고, 동시에 국제사회가 미국의 심장부를 공격한 테러집단을 응징할 수 있도록 대 테러전쟁에 공조해줄 것을 요청하였다. 이에 따라 많은 나라들이 테러방지법을 제정하며 자국 내의 테러행위라 믿어지는 활동뿐만 아니라 테러집단을 이롭게 한다고 여겨지는 자금의 흐름을 차단하는 등의 테러행위 억지를 위한 제반 조치들을 취하게 되었다. 우리나라에서도 테러방지를 위한 국제적 공조가 필요하다는 인식 하에 테러를 준비하고 실행하는 자에 대한 정보수집과 테러범을 추적하기 위한 통신감청 등을 내용으로 하는 테러방지법안이 2001년 11월 국정원에 의해 정부입법안으로 상정된 후 10년 째 아직 입법은 이루어지지 않았지만 뜨거운 논쟁의 대상이 되고 있다.

새로운 위험은 자연재난처럼 발생하기도 하지만 인간의 의사결정에 그 원인이 있기 때문에 새로운 위험도 원칙적으로 조종가능하고 형법이 새로운 위험을 예방하기 위한 적절하고도 요구되는 수단이라고 볼 수 있다.[16] 이러한 의미에서 위험사회의

---

15) 미국의 성범죄 법제에 관해서는 박용철, 미국의 성범죄 법제의 최근 경향과 우리법제에 있어 적용 가능성, 피해자학연구 제15권 제2호(2007.10), 333면 이하 참고.

16) 형법에서 위험사회 토포스의 수용에 관한 개관에 관해서는 Hilgendorf, Gibt es ein "Strafrecht der Risikogesellschaft?", NStZ 1993, 13f. 참고.

형법(Strafrecht der Risikogesellschaft)을 말할 수 있을 것이다.[17] 이러한 위험사회[18]에서의 법규범의 임무는 무엇보다도 공존질서를 위협하는 위험을 예방하는데 있다. 형법도 위험예방의 도구로 기능화한다. 형법은 이제 위험형법으로 패러다임이 변하고 있다.[19] 형법의 발전은 형법이 범죄통제의 도구와 구체적인 법위반에 대한 개별적 진압에서 이제는 문제상황에 대비한 광범위한 예방의 도구로 바뀌어간다.[20] 포괄적인 '안전'을 법익으로 인정하는 경향도 있고 예방형법이 법익보호형법을 대체하는 경향도 생기게 된다. 형벌은 정당한 형사제재수단으로 이미 행해진 불법에 대한 책임상쇄가 아니라 미래의 불법이나 장애행위에 대한 예방을 목적으로 하여 형법의 임무도 진압적 통제에서 예방적 조절로 변화되고 있다.

위험예방과 규제의 효율성과 실효성을 위해 형법적 도구의 목표 및 결과 지향적 투입이 자주 언급되고 있다.[21] 이는 형법적으로는 추상적 위험범의 입법형식이 증가하는 것과 형사소송법적으로는 형사소추의 효율성과 소송촉진사상이 지배적인 법 개정의 동기로 작용한다는 점으로 추측할 수 있다.[22] 법치국가적으로 문제되는 책임 귀속(정범의 성립요건완화로 처벌확장이나 미수시기를 앞당기는 방식으로 처벌확장)이나 과잉 형사범죄 구성요건화가 이루어진다. 또한 형법적 제도보호와 같은(예컨대 경제범죄에 있어서 경제정책 또는 경제제도와 같이) 보편적 법익의 등장도 이를 입증한다. 권리침해의 결과를 확인할 수 없고 또 확인하지도 않고 위험만이 불확실하게 추측되는 곳에서도 형법적 보호가 보장되고 시민사회의 공존질서를 위협하는 수많은 다양한 위험 요소들을 규범내용으로 포착하기 위한 형법은 위험예방형법이 되었으며 이로써 필연적으로 명확성이 희생되었다.[23] 수사의 효율성을 높이기 위한 수사방법(강제처분 확대, 전화감청, 비디오감시, 신분위장수사관 허용 등)이 허용되고 탈정형화된 형사사건처리제도(예컨대 협상)가 도입된다.[24]

---

17) Hilgendorf, a.a.O., S.12.
18) 위험사회에서의 위험형법의 등장에 관해서는 김일수, 형법총론, 박영사 1996, 7면 이하.
19) 이에 관해서는 하태훈, 21세기 한국형사법학의 과제와 전망, 안암법학 제13호(2001), 150면.
20) Hassemer, Einführung in die Grundlagen des Strafrechts, 2.Aufl., 1990, S.275.
21) 이에 관해서는 Neumann, Vom normativen zum funktionalen Strafrechtsverständnis, in: Perspektiven der Strafrechtsentwicklung, 1996, 31ff.
22) 탈근대형법의 등장과 그 특징에 관해서는 하태훈, 21세기 한국형사법학의 과제와 전망, 안암법학 제13호(2001), 143면 이하 참조.
23) 이상돈, 형법의 근대성과 대화이론, 홍문사 1994, 17면.

이제 법치국가에서 예방국가, 안전국가로의 전환을 꾀하게 되어 형사법의 위기를 맞게 되었다. 법치국가의 전통적 가치인 책임원칙이 무너지고 예방형법, 안전형법이 그 자리를 차지하게 된다.[25] 법치국가적 자유보장은 뒷전으로 밀린다. 자유와 안전의 충돌상황에서 안전이 우선시 된다. 그러면 개인의 자유는 희생될 가능성이 커진다. 양자를 조화롭게 보장하는 것은 쉽지 않기 때문이다.

Ⅲ. 강성화 형사정책의 수단으로서 형법과 형사소송법

1. 위험예방의 최우선수단화

법익보호형법에서는 과거의 불법(법익침해와 또는 법익위태화)에 대한 제재로서 형벌이 부과된다. 그러나 예방형법에서는 미래의 불법에 대한 예방도구로서 형사제재가 동원된다. 안전이 이익형량의 중요한 토포스로 자리잡아가고 있고 전통적인 법치국가적 한계가 그어진 위험예방(Gefahrabwehr)으로부터 포괄적인 위험조종(Risikosteuerung)으로의 패러다임전환이 진행되고 있다.[26] 통제하거나 예방이 쉽지 않은 새로운 위험원의 등장으로 이에 대한 공포가 위험지배를 최우선과제로 삼게 한다. 그래서 형법의 최후수단성이 유일한 수단(sola ratio) 내지 최우선, 최고수단(prima ratio)으로의 변화를 맞게 된 것이다.[27] 형법이 (형사)정책의 도구화가 되고 위험예방의 최우선 수단화된 것이다.

경찰작용인 위험예방활동은 공공의 안전과 질서에 대한 구체적인 위험이 존재할 때 시민의 자유를 제한하면서도 가능하다. 이미 현실화된 위험인 범죄의 혐의가 있다고 판단되는 경우에 형사사법활동이 시작된다는 점에서 양자는 차이가 있다. 경찰작용의 대상으로서 위험(법익침해의 잠재적 원천으로서 위험)을 범죄화하여 형사 처벌한다면 형법상의 법익개념이 경찰법상의 위험개념으로 채워져 과거의 법익침해 또는

---

24) Prittwitz, Strafrecht und Risiko, S.44ff.

25) 예방형법의 팽창과 책임형법의 위기를 지적하는 연구로는 김성돈, 책임형법의 위기와 예방형법의 한계, 형사법연구 제22권 제3호(2010 가을), 4면 이하.

26) Denninger, Prävention und Freiheit, in: Huster/Rudolph, Vom Rechtsstaat zum Präventionsstaat, 2008, S.88.

27) 형법의 보충성의 원칙 관점에서 위험형법을 비판적으로 보는 시각으로는 허일태, 위험사회에 있어서 형법의 임무, 비교형법연구 제5권 제2호(2003.12), 11면 이하.

법익위태화행위를 진압하는 임무를 맡았던 형법과 장래의 위험을 예방하는 경찰법 사이의 경계가 허물어지게 된다.[28] 위험사회에서 위험으로부터의 안전을 확보하기 위한 손쉬운 방법은 위험예방을 형법의 임무로 보고 형법을 투입하는 것이다. 그러나 그렇게 되면 위험예방을 위한 경찰작용도 사법경찰작용이 되어 형사소송법상의 수사가 되고, 장래의 (범죄)예방을 위한 경찰예방작용에도 형사소송법상의 강제처분이 가능해진다.[29] 그러면 법치국가는 실종되고 경찰국가화되는 것이다.

그러나 위험이 증대되면 될수록 시민은 안전을 요구하게 되고 경찰국가화의 위험에도 불구하고 경찰력에 거는 기대가 커진다. 강력한 형법의 강력한 보호막 속에서 안전해질 수 있기를 기대한다. 그러나 형법이 그 기대를 충복시킬 수 있는가. 형법만으로 가능한가. 형법만으로도 가능하지 않지만 형법도 자체적으로 완전한 집행력은 불가능하다. 집행결손이 생겨나게 되고 그러면 형법규범의 효력에 대한 시민의 신뢰도 하락하게 되어 형법규범의 준수 동기도 약화된다. 그러면 다시 더 강력한 형법을 기대하게 되는 악순환에 빠지게 되는 것이다.

2. 형벌의 에스컬레이트화와 특별법의 양산

(1) 자유형 상한 상향조정

2010년 4월 10일 국회 주도의 형법개정[30]으로 유기징역의 상한이 상향조정되었다. 상한이 15년인 유기징역은 무기징역과 형벌 효과에 있어서 지나치게 차이가 나고 중대한 범죄를 저지른 경우에 그에 따른 형벌을 선고하는 데 제한이 있어 유기징역의 상한을 15년 이하에서 30년 이하로, 가중할 때의 상한도 현행 25년까지에서 50년까지로 상향조정하여 행위자의 책임에 따라 탄력적으로 형선고를 가능하게 하기 위한 것이 개정이유이다.[31] 그러나 상향조정의 직접적인 이유는 강간 등 성폭력

---

28) 이상돈, 형법학(1999), 28면.
29) 이상돈, 앞의 책, 31면.
30) 국회에서의 논의과정은 이인석/임정엽, 개정형법상 유기징역형의 상한조정에 관한 고찰, 형사법 연구 제22권 제3호(2010 가을), 35면 이하 참조.
31) 개정의 주요내용은 다음과 같다: ① 유기징역·유기금고의 상한을 현행 15년 이하에서 30년 이하로 높이고, 가중할 때의 상한도 현행 25년까지에서 50년까지로 조정함(형법 제42조). ② 사형에 대한 감경을 현행 10년 이상에서 20년 이상 50년 이하로 상향 조정함(법 제55조제1항 제1호). ③ 무기징역·무기금고에 대한 감경을 현행 7년 이상에서 10년 이상 50년 이하로 상향 조정함

범죄의 급증으로 불안감이 커지자 이를 잠재우기 위하여 자유형의 상한을 높여 범죄자를 사회로부터 장기간 격리할 수 있도록 하고 강간 등 성폭력범죄를 범하는 경향이 있는 자는 다시 성폭력범죄를 저지를 가능성이 대단히 높으므로 성폭력범죄를 억제하고 잠재적 피해자를 보호하기 위하여 강간·추행죄 등 성폭력범죄의 상습범을 가중처벌하려는 데 있다.

이는 소극적 일반예방효과에 대한 입법자의 근거 없는 맹신의 결과다. 형벌의 威嚇力과 형벌집행의 효과를 기대한 것이다. 과연 형법(형벌)이 그러한 효과를 실제로 보장할 수 있는가는 의문이지만 빈발하는 강력범죄와 성범죄가 강성화 형법정책을 정당화시켜준다. 威嚇力은 경험적으로 입증되지 않았고 오히려 일상은 이와 반대 현상[32]인데도 형법이 위험예방의 최우선수단으로 투입되는 것이다. 사실 일부 흉악범죄에 대한 처벌 강화를 목적으로 한다면 특별법이나 형법 각칙에 있는 특정범죄의 법정형을 상향함으로써 해결해야 한다. 그러나 적은 비용으로 국민의 불안을 쉽게 잠재우고 입법자로서 위험발생의 예방에 무엇인가 하고 있다는 상징성을 극대화하기 위하여 유기징역 자체의 상한을 상향조정하여 모든 범죄에 대한 법정형을 가중하는 중형주의 형사정책을 활용하는 것이다.

이는 형벌에 대한 종합적 균형을 무시한 채 일부 아동성범죄에 대한 처벌을 강화하기 위해 형법의 유기형 상한을 높이는 방식을 사용하여 '형법개정의 난맥상'[33]을 드러낸 것이다. 법무부 형사법개정특별위원회에서도 유기형의 상한조정을 검토했으나 "유기징역형의 상한을 상향조정할 경우 각칙 상 모든 범죄에 대한 법정형을 가중하는 결과를 초래하여 '중형주의에로의 회귀'라는 비판이 제기될 수 있어 현행 규정을 유지하기로 결정"[34]했다. 이처럼 유기징역 상한의 상향조정은 법무부, 사법부, 학계의 의견을 무시한 전시입법이며 관련 학계나 전문가의 의견수렴이나 공청회도 거치지 않은 입법권의 남용으로 볼 수 있다. 법원은 상향조정에는 공감하지만 상향정

(법 제55조제1항 제2호). ④ 무기징역의 가석방요건을 현행 10년에서 20년으로 상향 조정함(법 제72조제1항). ⑤ 강간·추행죄 등 성폭력범죄의 상습범에 대한 가중처벌 규정을 신설함(법 제305조의2 신설).

32) Prittwitz, Strafrecht und Risiko, S.210, 212.

33) 한인섭, "유기징역의 상한-근본적인 재조정 필요하다", 서울대학교 공익인권법센터 주최 「형법개정안과 인권」 토론회 자료집(2010.11.5.).

34) 형사법개정특별분과위원회 제1소위 제8차 회의(2008.6.).

도의 적정성에는 비판적 입장[35])이었다. 우리나라는 중형을 규정하고 있는 특별형법들이 많은데, 징역형의 상한이 현저히 높아짐에 따라 책임원칙에 어긋나게 중형이 선고되는 사례들이 늘어날 것으로 우려되고, 수용인원의 폭증으로 일어날 교정행정의 부담 등을 고려하지 않은 입법[36])이라고 볼 수 있다.

(2) 보호감호(보호수용)의 부활

보안처분이 보호수용이라는 이름으로 부활하였다(형법 일부개정법률안 의안번호 11304[37]) 제83조의3부터 제83조의8까지 신설). 형법 일부개정법률안에 의하면 상습범에 관한 규정 및 누범에 관한 규정을 삭제하는 대신 방화, 살인 등의 죄로 징역 1년 이상의 실형을 3회 이상 선고받고 그 형기의 합계가 5년 이상인 자가 최종형의 전부 또는 일부의 집행을 받거나 그 집행이 면제된 후 5년 안에 방화, 살인 등의 죄를 고의로 범하여 1년 이상의 징역을 선고하는 경우 또는 일정한 죄에 관하여 상습성이 인정되는 경우에는 보호수용을 선고하도록 하여(제83조), 2005년에 폐지된 구 사회보호법상 보호감호가 명칭만 바뀌어 재도입되는 것이다. 국회는 2005년 사회보호법상 보호감호처분은 피감호자 입장에서는 이중처벌적인 기능을 하고 있을 뿐만 아니라 그 집행실태도 구금위주의 형벌과 다름없이 시행되고 있어 국민의 기본권을 침해하고 있고, 사회보호법 자체도 지난 권위주의시대에 사회방위라는 목적으로 제정한 것으로 위험한 전과자를 사회로부터 격리하는 것을 위주로 하는 보안처분에 치중하고 있어 위헌적인 소지가 있다고 보아[38]) 사회보호법을 폐지하고 치료감호법을 대체입법한 바 있다.

법무부는 개정안이 누범과 상습범에 대한 형벌가중규정을 폐지하여 이중처벌 문제를 해결하였다고 주장한다. 구 사회보호법상 보호감호가 사회보호위원회에서 가출소와 보호감호면제결정을 내리도록 하여 '법관에 의해 재판받을 권리'를 침해하는 요소가 있었던 반면 개정안은 법원에 의한 집행유예제도를 도입하는 등 일부 위헌성 문제를 해소한 측면이 있기는 하다.[39]) 그러나 개정안 제83조의4의 보호수용의 내용

---

35) 이인석/임정엽, 앞의 논문, 39면.
36) 이인석/임정엽, 앞의 논문, 46면 이하.
37) 형법 일부개정법률안에 대한 입법의견, 참여연대 보고서 2011.5.30(제2011-10호) 참조.
38) 사회보호법폐지법률안, 최용규 의원 발의(2005.8.4. 공포).
39) 신양균, "보호감호 처분의 재도입 및 보안처분 제도의 형법편입", 법무부 주최 <형법 총칙 개정

은 수용시설이 보호감호시설인 점을 제외하면 교정시설과 아무런 차이가 없고 누범·상습범 가중이 폐지되었다고 하더라도 자유형의 상한이 30년 내지 50년으로 상향 조정된 상태에서는 이중처벌 내지 과잉금지 위반의 비난을 피하기 어려울 것이다.[40] 독일의 보안감호제도에 대해서는 2009년 유럽인권재판소가 보안감호를 유죄판결과 함께 부과하지 않고 형기 복역 중에 이를 결정하는 사후적 처분에 대해 유럽인권협약 위반이라는 판결을 내린 바 있고, 이에 따라 개정된 제도에 대해서도 독일연방헌법재판소가 지난 5월 초 "보안감호가 교도소 수용과 분명한 차이가 있지 않고 따라서 수용자의 자유권을 침해한다"는 이유로 위헌결정[41]을 내린 바 있다.

책임형법이 안고 있는 예방작용의 한계를 보완하기 위하여 형벌과 보안처분의 이원주의 하에서 보호감호의 필요성이 인정되며, 과거의 보호감호의 헌법적, 법정책적 아킬레스건을 과감하게 수술하여 재구성하는 조건으로 도입을 찬성하는 견해[42]도 있다. 그러나 문제는 보호감호의 아킬레스건을 과감하게 수술하더라도 과연 형벌과 구별될 수 없을 것이라는 데 있다.

(3) 더 강력한 수단도입을 위한 형사특별법의 제·개정[43]

최근 성폭력범죄와 아동성폭력범죄가 증가하자 입법자들은 앞 다투어 관련 법 제·개정[44]으로 국민의 불안감을 잠재우려 하였다. 소위 전자발찌제도가 인권침해 논란에도 불구하고 도입되었는데, 곧바로 그 부착기간을 연장하고 형집행이 종료된 성폭력범죄자에게 전자발찌를 부착할 수 있도록 소급적용규정을 두는 내용으로 개정되어 죄형법정주의 위반과 위헌의 소지를 갖게 되었다.

2007년 4월 27일 '특정 범죄자에 대한 위치추적 전자장치 부착 등에 관한 법률'이

공청회> 자료집(2010.8.25.).

40) 한국형사법학회, 법무부 형법 일부개정법률(안)에 대한 한국형사법학회의 의견, 형사법연구 제22권 제4호(2010 겨울), 387면 이하.

41) BVerfG, 2 BvR 2365/09 vom 4.5.2011.

42) 김성돈, 앞의 논문, 28면 이하. 보호감호처분의 재도입과 형법편입에 관해서는 김일수, 보호감호처분의 재도입 및 보안처분제도의 형법편입, 고려법학 제58호(2010.9), 355면 이하 참고.

43) 성폭력특별법의 제개정에 관해서는 오영근, 형사특별법 정비방안(6); 성폭력범죄의처벌및피해자보호등에관한법률, 한국형사정책연구원(2008), 17면 이하 참고.

44) 아동성폭력범죄에 대한 법제도적 대응과 문제점에 관해서는 박혜진, 아동성폭력범죄의 예방에 있어서 경찰의 대응방안에 관한 연구, 안암법학 제34조 상(2011.1), 278면 이하 참고.

징역형을 선고받는 성폭력범죄자 중 특히 재범의 위험성이 객관적으로 높다고 인정되는 자에게 출소 후 위치추적 전자장치를 부가적으로 부착하게 하여 재범을 예방하자는 입법취지로 제정되었다. 그러나 이 법은 끊이지 않는 아동 상대 강력범죄의 발생으로 국민의 불안감이 확산되어 성폭력범죄 재범방지를 위한 더 강력한 특단의 조치들이 추가적으로 규정화되었다. 2008년 6월 13일 위치추적 전자장치 부착허용기간을 현행 '최대 5년'에서 '최대 10년'으로 연장하고(제9조 제1항), 특정지역·장소 출입금지, 외출제한 등 특별준수사항 도입 및 준수사항 위반 시 형사처벌 규정(제9조 제2항, 제39조)을 신설하였다. 2010년 4월 15일 개정에서는 잇따르고 있는 성폭력범죄의 재범 위험에 적극적으로 대처하기 위하여 성폭력범죄를 저질렀으나 2008년 9월 1일 이전에 제1심판결을 선고받은 등 현행법으로는 위치추적 전자장치를 부착할 수 없는 경우에도 이 법 시행 당시 형 집행 중이거나 형 집행의 종료 등이 된 후 3년이 지나지 아니한 성폭력범죄자에게는 위치추적 전자장치를 부착할 수 있도록 하고 그 요건과 절차 등을 마련하였고 위치추적 전자장치의 부착기간의 상한을 현행 10년에서 법정형에 따라 최장 30년까지로 상향 조정하고, 부착기간의 하한을 법정형에 따라 1년 이상 등으로 하며, 특히 13세 미만의 아동에 대한 범죄인 경우에는 부착기간의 하한을 2배로 가중하고(제9조제1항), 그 대상범죄에 살인범죄와 같은 강력범죄를 추가하며(제2조 1호), 피부착자가 부착기간 동안 보호관찰을 의무적으로 받게 하는 등의 보완책을 마련하였다.

'성폭력범죄의 처벌 등에 관한 특례법'이 2010년 4월 15일 제정되었다. '성폭력범죄의 처벌 및 피해자보호 등에 관한 법률'은 성폭력범죄의 처벌 등에 관한 특례와 성폭력범죄의 피해자 보호 등에 관한 사항을 함께 규정하고 있어 각 사항에 대한 효율적 대처에 한계가 있으므로 성폭력범죄의 처벌에 관한 사항을 분리하여 이 법을 제정하였다. 성폭력범죄는 해마다 지속적으로 증가하고 있고 날로 흉포화 되고 있으며, 다른 범죄에 비해 재범가능성이 높고 은밀하게 행해지므로 이를 근본적으로 예방하기 위해서는 성범죄자에 대한 처벌 강화와 재범방지 등을 위한 제도의 보완이 필요하므로, 13세 미만의 미성년자에 대한 성폭력범죄의 처벌을 강화하고(징역 7년 이상에서 10년 이상, 제7조 제1항), 음주 또는 약물로 인한 심신장애 상태에서의 성폭력범죄에 대해서는 형법 상 형의 감경 규정을 적용하지 않을 수 있도록 하며(제19조), 미성년자에 대한 성폭력범죄의 공소시효는 해당 성폭력 범죄로 피해를 당한 미성년자가 성년에 달한 날부터 진행하도록 하고(제20조), 성인 대상 성범죄자의 신상정보를 인터넷에 등록·공개(제32조 이하)하도록 하는 등 성범죄자의 처벌 강화와 재범방지 등을 위한 제도를 보완하려는 것이다. 미성년자에 대한 성폭력범죄의 법정형이 상향조정됨에 따라 대법원 양형위원회도 아동 성범죄자에 대한 양형기준을 대폭 강화하는 양형기준 수정안을 확정했다.

2010년 7월 23일 '성폭력범죄자의 성충동 약물치료에 관한 법률'이 16세 미만의 사람에 대하여 성폭력범죄를 저지른 성도착증 환자로서 성폭력범죄를 다시 범할 위험성이 있다고 인정되는 사람에 대하여 성충동 약물치료(일명 화학적 거세)를 실시하여 성폭력범죄의 재범을 방지하고 사회복귀를 촉진하는 것을 목적으로 제정되었다.[45] 약물치료의 실효성도 논란의 대상이지만 초범도 재범의 위험성이 있다면 약물치료의 대상이고 범죄자의 동의를 요하지 않는다는 점에서 기본권의 과도한 침해를 내용으로 하는 입법이라고 볼 수 있다.

(4) 소급입법과 소급적용

최근 일련의 성폭력범죄 관련 법 제·개정에는 충분한 논의와 의견수렴이라는 절차적 정당성도 결여되었고 내용적으로도 법치국가적 제약원리로서 인간의 존엄성보장, 죄형법정주의, 책임원칙과 비례성의 원칙 등은 찾아볼 수 없었다.

2010년 4월 15일 '특정 범죄자에 대한 위치추적 전자장치 부착 등에 관한 법률'이 개정되어 성폭력범죄를 저질렀으나 2008년 9월 1일 이전에 제1심 판결을 선고받은 등 현행법으로는 위치추적 전자장치를 부착할 수 없는 경우에도 이 법 시행 당시 형 집행 중이거나 형 집행이 종료된 후 3년이 지나지 아니한 성폭력범죄자에게는 위치추적 전자장치를 부착할 수 있도록 그 요건과 절차를 규정하였다. 이는 금지된 소급입법에 해당한다. 물론 보호관찰은 과거의 불법에 대한 제재가 아니라 장래의 위험성으로부터 행위자를 보호하고 사회를 방위하기 위한 합목적인 조치로서 형벌이 아니라 보안처분의 성격을 갖는 것으로서, 그에 관하여 반드시 행위 이전에 규정되어 있어야 하는 것은 아니며, 재판시의 규정에 의하여 보호관찰을 받을 것을 명할 수 있다고 보아야 할 것이고, 이와 같은 해석이 형벌불소급의 원칙 내지 죄형법정주

---

45) 성충동 약물치료에 대한 긍정적 견해로는 차승현, 생명의료관점에서 소아기호증 상습성폭력범에 대한 성충동 약물치료의 정당성 논의, 생명윤리정책연구 제4권 제2호(2010.12), 99면 이하.

의에 위배되는 것이라고 볼 수 없다는 판례[46]에 의하면 소위 전자발찌도 장래의 위험성으로부터 행위자를 보호하고 사회를 방위하기 위한 합목적인 조치이므로 형벌불소급의 원칙의 적용을 받지 않는다고 주장할 수 있다. 그러나 소급효금지의 원칙은 형법규범에 대한 시민의 예측가능성과 신뢰를 보호하기 위한 목적과 법관의 恣意的인 법적용으로부터 개인의 자유와 안전을 보장하기 위한 목적을 갖고 있다. 보호관찰이나 전자발찌 부착명령은 실질적으로는 자유제한처분으로서 국가의 형사제재수단에 속하기 때문에 죄형법정주의와 그 파생원칙인 소급효금지의 원칙이 적용되어야 한다.

'성폭력범죄자의 성충동 약물치료에 관한 법률'도 소급적용 규정을 두고 있다. 이법 제15조에 의하면 이 법 시행 이전에 형이 확정된 성폭력 수형자 등도 가석방 요건을 갖추고 성충동 약물치료에 동의하면 가석방 될 수 있다. 이는 소급입법이다. 이 법 개정 이전에는 가석방 요건을 갖추면 가석방 될 수 있는 수형자가 비록 동의에 의한 것이기는 하지만 성충동 약물치료를 받아야 가석방이 가능해졌다. 이는 명백히 수형자에게 불이익한 소급적용이다. 아동·청소년의 성보호에 관한 법률도 정보통신망에 의한 신상정보공개를 소급적용하고 있다. 2010년 7월 23일 개정으로 2010년 1월 1일부터 아동·청소년대상 성범죄를 범하고 유죄판결이 확정된 자에 대하여는 일정기간 정보통신망을 이용하여 신상정보를 공개하도록 하고 있으나, 법 개정 이전의 아동·청소년대상 성범죄로 유죄판결을 받은 자에 대해서는 해당 시·군·구에 거주하는 청소년의 법정대리인이나 아동·청소년 관련 교육기관의 장이 관할경찰서에서만 신상정보를 열람할 수 있도록 제한함으로써 일반인은 아동·청소년대상 성범죄자에 대한 정보를 알 수가 없는 문제가 있다는 이유로 신상정보의 열람제한으로 재범우려가 높은 아동·청소년대상 성범죄자에 대한 정보를 알 수가 없어 성범죄의 예방에 효과적으로 대처하는 데에 많은 어려움이 발생하고 있으므로, 법 개정 이전에 유죄판결과 열람명령을 받은 성범죄자 등에 대해서도 정보통신망을 이용하여 신상정보를 공개할 수 있도록 하였다.

(5) 사형제도의 존치와 예방수단으로서 사형집행 재개 경고

2007년 4월 27일에 발표된 국제사면위원회의 보고서[47]에 의하면 2007년 12월 29

---

46) 大判 1997.6.13, 97도703.

일까지 더 이상 사형이 집행되지 않으면 우리나라는 '실질적 사형폐지국(Abolitionist in practice)'에 속하고, 현재는 실질적 사형폐지국이다. 1997년 12월 30일 사형수 23명에 대한 사형이 집행된 이래 지금까지 13여 년 동안 사형이 집행되지 않았고, 2010년 12월 31일 현재 사형대기자는 61명(군교도소 2명 포함)이다.[48] 이처럼 사형제가 법적으로 엄연히 존재하고 사법부가 사형을 선고하는 현실에서 대통령이나 형사소송법 제463조에 따른 사형집행의 명령권자인 법무부장관이 사형에 대해 어떤 입장을 취하고 있는지, 또는 사형에 해당하는 범죄가 급증하여 사형의 범죄 예방적 효과(소위 威嚇力 내지 소극적 일반예방)를 노려야 하는 상황인지에 따라 사형확정판결의 집행여부가 달려 있는 것이다.[49] 형사소송법규정에 따르면 사형집행명령은 사형판결확정 후 6개월 이내에 내려지고 사형이 집행되어야 함에도 불구하고 명령권자나 사회상황에 따라 그 규정이 지켜지지 않아 사실상 사형집행이 유예되고 있다. 사형이 범죄예방의 만능이자 사회방위의 최선책이라며 사형의 威嚇力을 맹신하는 대통령이 집권하게 된다면 이들의 목숨은 하루아침에 형장의 이슬로 사라질 수 있다.

15년 전 헌법재판소는 비례의 원칙에 따라 아주 예외적으로 선고되어야만 합헌이라는 단서를 달아 재판관 7대 2 의견으로 사형을 합헌이라고 결정했다.[50] 그러나 사형은 잔인하고 비인간적인 형벌제도로서 헌법 제10조에 규정된 인간의 존엄성에 대한 존중과 보호의 요청에 반한다는 반대의견과 형벌의 목적은 응보·범죄의 일반예방·범죄인의 개선에 있음에도 불구하고 사형은 이와 같은 목적달성에 필요한 정도를 넘어 생명권을 제한하는 것으로 목적의 정당성, 그 수단으로서의 적정성·피해의 최소성 등 제 원칙에 반한다는 반대의견이 제시되었다는 점에서 사형제도가 명백히 합헌의 영역이 아니라 합헌과 위헌의 경계선상에 놓여있는 형벌제도임을 알 수 있다. 헌법재판소가 사형제에 대해 13여년 만에 또 다시 합헌 결정을 내렸다.[51] 사형은 일반국민에 대한 심리적 威嚇를 통하여 범죄의 발생을 예방하며 극악한 범죄에 대한 정당한 응보를 통하여 정의를 실현하고, 당해 범죄인의 재범 가능성을 영구히 차단

---

47) 국제사면위원회, 전 세계 사형제도 폐지현황 보고서(2007년 4월 27일자).
48) 뉴시스 2011.3.28.자.
49) 이에 관해서는 하태훈, 한국에서의 사형집행유예제도에 관한 논의, 비교형사법연구 제9권 제2호 (2007.12), 697면 이하 참고.
50) 헌재 1996.11.28, 95헌바1 결정.
51) 헌재 2010.02.25, 2008헌가23.

함으로써 사회를 방어하려는 것으로 그 입법목적은 정당하고, 가장 무거운 형벌인 사형은 입법목적의 달성을 위한 적합한 수단이라는 것이다. 하지만 무게중심은 사형제 존치보다 폐지 쪽에 놓여있다. 재판관 9명 가운데 5명이 합헌 의견을 냈고, 4명이 위헌의견을 냈다.

사형은 일반국민에 대한 심리적 威嚇를 통하여 범죄의 발생을 예방하며 사회방위를 위해서 적합한 수단이라는 이유로 폐지되지 않고 존치되고 있으면서, 강력범죄가 증가하면 그 대책으로 사형집행 재개가 경고되기도 한다. 특히 2010년 3월 성범죄와 강력 범죄로 불안감이 고조되자 이귀남 법무부장관은 청송교도소 내 사형집행 시설 설치를 검토하라고 지시하고 사형집행이 재개될 수 있음을 밝혀[52] 사형의 威嚇力에 범죄예방효과를 기대하기도 하였다. 아울러 흉악범들을 사회와 격리하는 보호감호 제도를 다시 도입할 수 있도록 형법 개정안을 발의할 계획이라고 밝힌 바 있다.

(6) 소결론: 사회 안전 '법망'만으로 범죄예방이 가능한가

이처럼 아동 또는 미성년자를 상대로 한 성범죄가 빈발하면 성범죄자들에 대해 중한 처벌을 요구하는 여론이 확산되고 더 이상 성범죄자들이 사회에 발붙일 수 없도록 해야 한다는 국민감정에 부응하기 위한 각종 법률이 제정 또는 개정된다. 그러나 성범죄 사건 및 성범죄자 대책에 대한 사회적 관심도에 비해 성범죄자에 대한 중형, 약물치료(소위 화학적 거세), 위치추적 전자장치(소위 전자발찌), 인터넷 신상공개, 보호수용 등 처벌이나 특별한 처분의 근거와 정당성에 관한 이론적 성찰이 불충분한 상황에서 사회적으로 큰 관심을 모은 사건들이 발생할 때마다 사회불안해소, 안전확보, 범죄예방을 촉구하는 여론에 밀려 가해자 엄벌과 피해자 보호를 위한 法網이 정비되는 상황이다.

이러한 성범죄예방대책을 보면 적어도 우리의 형사정책 담당자나 입법자들은 (아동)성폭력범죄자를 어찌됐든 함께 살 수밖에 없는 시민이 아니라 공동체에서 영원히 제거해야 할 적으로 보고 있는 것 같다. 헌법에 보장된 개인의 자유를 최대한 제한하고 희생시켜 법익보호와 사회안전을 꾀해야 한다는 사고가 깔려있는 대책들이기 때문이다. 이것이 바로 Jakobs가 제안한 적대형법(Feindstrafrecht)[53] 모델이다. 조직범

---

52) 한겨레신문 2010.3.17.자.

53) Jakobs, Kriminalisierung im Vorfeld einer Rechtsgutsverletzung, ZStW 97(1985), S.751ff.

죄, 테러범죄 등으로부터 촉발된 위험, 위협, 폭력으로부터의 안전요구와 성범죄(아동성추행)로 불안해진 시민을 달래기 위해 강화된 형법(법정형 상승, 소위 전자발찌와 화학적 거세 등)으로의 변화는 형법을 범죄인의 마그나카르타가 아니라 시민의 마그나카르타, 실효성 있는 범죄투쟁의 무기 역할을 하는 형법으로 변모시키고 있는 것이다. 여기서 범죄인은 범죄와의 전쟁에서 적이 되고 형법은 적대형법이 된다. Jakobs는 이와 같은 의미에서의 적대형법의 적용대상을 단순히 테러범에 한정하지 않는다.[54] 그는 예컨대 경제형법, 테러, 조직범죄, 성범죄 등의 범죄자가 자신이 말하는 적에 해당할 수 있다고 말한다. 그러나 적대형법은 인간의 존엄성, 책임원칙, 법치국가이념 등 헌법적 가치와 원칙을 훼손하며 범죄자를 사회방위를 위한 수단으로 전락시키고 오남용가능성이 크다는 점에서 적대형법모델에 대해서는 매우 비판적이며 비관적이다.[55]

성범죄자에 대해 기본적으로 어떠한 입장을 취할 것인가의 논의는 형벌의 목적이 응보 또는 일반예방에 있는지, 아니면 적극적 특별예방에 있는지에 관한 전통적인 형벌이론의 틀에서 접근해야 하며, 중형의 범죄 예방적 효과가 있는지, 중형으로 재범률이 낮아지는지, 어느 방법이 성범죄 방지에 효과적인가라는 실증적 관점도 고려되어야 한다. 더 나아가 과연 처벌위주의 형사정책만으로 성범죄를 예방할 수 있는 것인지, 아니면 경제·사회복지·교육정책 등 사회안전망구축이 동반되어야 형사정책의 효과가 나타날 수 있는 것은 아닌지 등을 고려하여야 한다.

3. 형사소송절차의 효율성지향과 탈정형화

형사소송법의 법치국가성을 보장하면 위험예방과 규제의 효율성과 실효성이 떨어지게 된다. 형법에서의 변화가 형사소송법에도 미쳐 형사소추의 효율성과 소송촉진 사상이 지배적인 법 개정의 동기로 작용하고 있다. 실체형법이 강화되고 효과 지향적 형법으로 패러다임이 바뀌면서 이에 맞추어 형사소송절차도 간이화되고 효율성을 도모하게 된다.[56] 형사소송도 수사절차에서 공판절차강화로, 다시 최근에는 수사

---

54) 테러범에 대하여서는 Günther Jakobs, Terroristen als Personen im Recht?, ZStW 177(2005) 참조.
55) Roxin, Strafrecht AT, Bd. I(4.Aufl.,), S.55f. 김성돈, 앞의 논문, 23면 이하; Il-Su Kim, Das Liebesstrafrecht hinterm Berge des Feindstrafrechts, 고려법학 제49호(2007), 1면 이하.
56) 독일 형사소송절차상의 변화에 대해서는 Lilie, Risikogesellschaft und Strafrecht, 비교형사법연구

절차로의 중심이동을 감지할 수 있다.

형사소송절차의 탈정형화와 효율성지향을 나타내는 법 개정이 진행되고 있다. 미국의 '플리바게닝'(유죄협상)과 비슷한 '내부증언자 불기소처분제'와 '참고인 강제구인제도'를 도입하고 '사법방해죄'를 신설하는 형법 및 형사소송법 개정안이 2011년 7월 12일 국무회의를 통과했다.[57] '내부증언자 불기소처분제 및 형벌감면제'는 범죄에 가담한 사람의 증언이 전체 범죄를 규명하는 데 크게 도움을 준 경우 법정 증언을 전제로 기소하지 않거나 기소하더라도 형을 줄여주는 내용이다. 불기소처분은 부패 · 조직폭력 · 마약범죄에, 형벌감면제는 모든 범죄에 적용된다.

개정안은 또 '중요 참고인 출석의무제'를 도입했다. 사형 · 무기 · 7년 이상 징역형에 해당하는 범죄에 대해 중요 사실을 알고 있는 참고인이 2회 이상 수사기관의 출석 요구에 응하지 않을 때 법원에서 영장을 발부받아 강제로 구인할 수 있도록 하는 내용이다. 참고인이 수사기관에서 범죄와 관련된 핵심 사실에 대해 허위 진술하면 처벌할 수 있도록 하는 '사법방해죄'도 신설했다.[58]

내부증언자 불기소처분제 및 형벌감면제는 플리바게닝과 다소 차이가 있기는 하지만, 유죄 인정을 전제로 처벌을 면제한다는 점에서는 본질적인 차이가 없다. 법무부와 검찰은 "공직비리, 기업비리 등 화이트칼라 범죄와 마약 · 조직범죄는 은밀하게 이루어져 가담자 외에는 범죄의 직접적인 증거를 제공해 주지 못하는 경우가 대부분이므로 수사와 기소에 이러한 내부가담자 등의 진술을 이끌어내기 위한 제도가 필요하다"고 주장하고 있으나, 검찰이 수사 · 기소권을 독점하고 있는 상황에서 수사상 편의를 위해 검찰의 수사진이 임의성 없는 특정 진술을 강요하거나, 조직범죄 등에서 피의자들이 더 큰 범죄를 감추기 위해서나 일부 조직원 보호 등을 목적으로 전략적 진술 또는 자백을 할 경우, 사실상 이를 가려낼 방안이 없다는 점에서 이 제도는 문제점을 안고 있다. 또한 이 제도가 도입되면 물증에 의한 수사보다는 진술에 의한 수사관행을 더욱 강화시킬 위험성이 크고 또한 자신이 면책되기 위하여 다른 사람의

제5권 제2호(2003.12), 82면 참고.

57) 경향신문, 2011.7.13.자.

58) 개정안에 대한 비판적 입장으로는 하태훈, 국회 사개특위 합의사항 평가토론회(검찰분야) 자료집 참고(참여연대 사법감시센터 주최 2011.3.29.); 참여연대 사법감시센터, 법무부 입법예고 형법-형사소송법 일부개정법률(안)에 대한 의견(2011.1.8) 참고.

죄를 진술해야 하는 상황에서 검사가 원하는 진술을 할 위험성이 커질 가능성도 배제할 수 없다.

현행법상 참고인은 수사기관에 출석할 의무가 없으나 개정안에 따르면 중요 범죄의 참고인이 2회 이상 수사기관의 출석 요구에 불응하면 법원의 영장에 의해 강제로 구인될 수 있다. 현행 형사소송법에서는 증거보전절차(제184조)나 증인신문청구제도(제221조의2)를 통해 수사단계에서 참고인의 출석과 진술을 확보할 수 있는 절차적 방안을 마련해 놓고 있음에도 불구하고, 임의수사방법인 참고인수사를 강제수사로 전환하는 것은 다분히 수사기관의 수사상 편의주의적 측면만 강조한 나머지 인권침해 우려 등을 지나치게 간과하고 있는 제도다. 특히 이 제도가 '사법방해죄'와 결부되면 참고인은 출석의무와 진술의무를 부담하지만 '진술거부권'과 '변호인 동석권'도 보장되지 않아 오히려 피의자보다도 더 열악한 지위에 놓이게 된다는 점에서 인권침해의 소지가 매우 크다. 피의자와 참고인이 구별되지 않는 수사관행에서 피의자를 참고인으로 강제 소환하여 탈법적인 수사가 이루어질 가능성도 있다.

수사단계에서의 참고인 허위진술에 대해 '사법방해죄'로 처벌하면 모든 실체적 진실이 법정에서 가려져야 한다는 공판중심주의 원칙이 형해화된다. 예컨대 참고인이 수사기관에서 행한 거짓진술을 처벌이 두려워 법정에서 번복할 수 없다면 공판정에서의 진실발견을 사실상 차단하는 결과가 된다. 수사기관에 유리한 진술을 강요·유지하는 억압 장치가 될 가능성이 크다. 참고인의 진술이 범죄수사에 있어서 중요한 내용이라면 증거보전절차나 증인신문청구제도를 활용하는 것이 타당하다.

개정안은 수사기관의 수사효율성과 편의성을 높이기 위한 것이라는 점, 기소권과 수사권을 동시에 갖고 있는 검찰의 권한을 강화하는 제도들이라는 점, 공판중심주의 법정절차가 정착되고 있는 상황에서 수사기관은 변화된 형사절차와 상반되게 여전히 진술과 그 진술을 기재한 조서에 의존하는 수사관행을 버리지 못하고 이를 더욱 고착화시킬 위험이 있다는 점 등의 문제점을 안고 있다. 하나같이 수사편의와 효율성을 높이고 검찰권한을 강화할 뿐 형사소송법의 이념인 형사절차에서의 적법절차에 의한 인권보장과는 거리가 먼 것들이다.[59]

형사소송의 탈정형화(Entformalisierung)도 나타난다. 소송기간을 단축하고 소송비

---

59) 류제성, 거꾸로 가는 검찰개혁 -형법·형사소송법 개정안을 보고, 한겨레신문 2011.7.16.자.

용을 절감하여 형사사법의 기능적 효율성을 제고하기 위한 방안으로 형사소송에서의 협상(plea bargaining)[60]과 형사조정제도[61] 등이 논의되거나 비공식적으로 행해거나 시범 시행되는 것이 그 예이다. 그러나 이러한 제도들은 공개재판의 원칙, 법관에 의해 재판을 받을 권리, 직권주의, 자기부죄금지원칙, 평등원칙 등과 같은 헌법적·형사절차법적 기본원칙을 훼손할 가능성이 있는 제도로서 그 도입·시행여부에 관한 논의가 더 진행되어야 한다.

Ⅳ. 법치국가에서의 형법과 형사소송법의 과제

위험사회에서의 형법이 효율적인 범죄예방도구라고 하더라도 형법의 법치국가적 제약인 죄형법정주의(특히 소급입법과 소급적용금지), 책임원칙과 비례성의 원칙 그리고 형법의 최후수단성이 무너져서는 안된다.[62] 최후수단성을 고려하여 위험예방과 안전은 경찰법이나 위험방지 관련 행정법에 맡기고 제한된 범위 내에서 위험예방과 상대적 안전 확보의 목표달성을 위해서만 형법이 투입되는 것이 바람직하고 법치국가 형법의 기본원칙에 의한 제한이 필요하다.[63]

1. 책임원칙의 고수

책임원칙은 '불법이 없으면 책임이 없고, 책임 없는 자에게 형벌을 부과할 수 없다'는 형사법의 기본원리로서, 헌법상 법치국가의 원리에 내재하는 원리인 동시에, 국민 누구나 인간으로서의 존엄과 가치를 가지고 스스로의 책임에 따라 자신의 행동을 결정할 것을 보장하고 있는 헌법 제10조의 취지로부터 도출되는 원리이다.[64] 이는 책임이 인정되어야만 형벌을 부과할 수 있다는 것을 의미할 뿐만아니라 책임의 정도를 초과하는 형벌을 과할 수 없다는 원칙이다. 책임의 정도에 비례하는 법정형을 요구하는 것은 과잉금지원칙을 규정하고 있는 헌법 제37조 제2항으로부터 도출

---

60) 하태훈, 형사소송절차상의 협상제도, 비교형사법연구 제6권 제2호(2004.12), 211면 이하 참고.
61) 조광훈, 형사조정제도에 관한 연구, 법조 제57권 제5호(통권 제620호)(2008.05), 351면 이하 참고.
62) 허일태, 위험사회에 있어서 형법의 임무, 비교형사법연구 제5권 제2호(2003.12), 15면 이하.
63) 김재윤, 위험사회라는 사회 변화에 대한 형사법의 대응, 비교형사법연구 제12권 제2호(2010.12), 273면 이하.
64) 헌재결 2007.11.29, 2005헌가10.

되는 것이다.

이 원칙은 법해석·적용에 있어서 뿐만 아니라 형사입법에서도 지켜져야 한다. 일정한 범죄에 대해 형벌을 부과하는 법률조항이 정당화되기 위해서는 범죄에 대한 귀책사유를 의미하는 책임이 인정되어야 하고, 그 법정형 또한 책임의 정도에 비례하도록 규정되어야 한다. 법익침해 또는 위태화행위에 대한 형사법적 제재는 다른 적절한 수단이 없거나 덜 유해한 수단으로 꼭 필요한 만큼 투입되어져야 한다(비례성의 원칙). 즉 추구된 목적과 투입된 수단사이의 비례성이 법치국가적 형법의 요청이다. 국가는 위험사회의 위험원을 예방하고 제거하기 위하여 시민에게 필요하고 최소한의 부담을 주는 수단을 선택하여야 한다. 위험원의 효율적인 예방이나 잠재적 범죄자에 대한 威嚇를 목적으로 구성요건과 과도한 법효과를 연결한다면 책임원칙과 비례성의 원칙에 반하게 된다. 물론 형법상 책임은 불법에 상응하는 책임을 전제로 형벌구성요건으로부터 도출될 수 있는 형벌위협의 예방적 필요성이 고려되어야 하지만,[65] 예방은 형벌을 근거지우고 제한하기도 하는 책임을 넘어서서 고려되어서는 안 된다.

이런 관점에서 자유형의 상한을 상향조정한 형법개정은 재검토되어야 하고, 불법과 책임에 상응하는 적정한 형벌을 찾아내야 한다. 또한 성범죄의 경우 음주상태에서의 범행이라는 피고인의 주장을 받아들여 거의 자동적으로 감경하는 재판실무관행의 부적절함을 고치는 방안으로 접근하지 않고 음주상태에서의 성범죄에서 책임조각의 가능성이나 형벌감경의 기회를 원천적으로 배제한 성폭력범죄의 처벌 등에 관한 특례법 제19조는 책임원칙에 맞게 재개정되어야 한다.

2. 적극적 일반예방효과 중시

형벌위협을 강화하고 특별법을 양산하는 것만으로 형사사법의 실효성이 보장되지 않는다. 실제 성폭력범죄와 같은 법익침해행위가 발생하더라도 이 범죄행위가 발각되지 않거나 발각되었다 하더라도 고소가 없어 기소할 수 없는 경우처럼 暗數가 높으면 높을수록 법규범의 효력과 형사사법에 대한 신뢰는 깨어져서 형벌의 규범형성력을 떨어지기 때문이다. 그렇다면 형법은 상징적 기능과 전시적 효과만 가질 뿐이

---

65) Roxin, Strafrecht AT, Bd. I(4.Aufl.), S.852.

다.66) 물론 형법에는 내재적으로 상징적 성격이 있다. 당장은 실효성이 떨어지는 영역에서도 형법에 중요한 상징적 의미를 부여하여 장기적으로 특정한 행위가 금지되어 있다는 인식을 심어주고 의식변화를 가져오도록 하며 형사법 입법자가 이를 위해서 무엇인가 하고 있다는 인상을 남기는 것이다. 그러나 형법의 제재수단인 형벌위협은 존재만으로 시민의 규범의식을 강화시키는 효과를 가질 수도 없다. 법익침해행위와 사회위해적 행위를 일정한 양의 형벌로써 처벌함을 미리 예고하는 것 뿐만아니라 실제로 그러한 행위가 발생하면 거의 예외 없이 적절한 형량으로 처벌함으로써 형벌은 도덕형성력을 갖고 시민들의 법규범준수의식을 강화할 수 있다.

사회통제의 기능은 공존질서를 위한 규범의 존재와 효력을 공적으로 확인하고 보장하면서 공동체의 공존을 가능하도록 하여야 한다. 형법의 형벌위협과 유죄판결을 통하여 범죄행위를 불승인하고 법질서의 불가침성을 확증해 보임으로써 규범의식을 형성시키고 법적 신뢰를 유지하는 적극적인 기능을 형벌의 목적으로 보는 것이 적극적 일반예방사상의 내용이다. 형법은 우선 수범자에게 규범에 맞는 행위결정을 하도록 하는 행위규범으로서 기능하고, 만일 이것이 지켜지지 않았을 때에는 형벌부과로 규범의 효력을 확증해야 형벌목적이 효과적으로 실효성 있게 달성될 수 있는 것이다. 이러한 형법의 기능은 일반시민으로 하여금 사회교육적 동기를 학습하게 하는 효과를 불러 일으켜 법충실훈련을 하고 법질서가 확증됨을 직간접으로 경험하게 하여 규범신뢰훈련을 쌓게 하며 범죄행위로 교란된 법의식과 법감정을 진정시켜 범죄자와의 갈등이 해소된 것으로 간주하는 만족효과를 불러 일으켜 결과승복에의 훈련을 하도록 하는 것이다.67)

합리적이고 이성적 인간을 전제로 한다면 威嚇力이 한계를 갖는 것은 형벌로써 위협하더라도 공권력의 흠결이나 형벌집행력의 결손이 있다는 사실을 고려하기 때문에 威嚇力이 한계를 가질 수밖에 없는 것이다. 그래서 법질서의 존재와 효력에 대한 신뢰를 확보하고 강화하는 것이 중요하다.68) 형벌을 통해서 소극적, 부정적인 의미에서 겁을 줄 것이 아니라 적극적으로 규범을 확인하는 것이 필요하다.69) 이 같은

---

66) 상징적 형법규범에 대해서 부정적인 견해로는 Roxin, Strafrecht AT, Bd. I(4.Aufl.), S.25f.; Seelmann(김영환 역), Risikostrafrecht, 법학논총 제14집(한양대학교 법학연구소), 346면 이하.

67) Bartta, Intergration-Prävention, Kriminologisches Journal 1984, S.132f.

68) BVerfGE 45, 187(256).

적극적 일반예방효과에 주목하고 이를 제고할 수 있는 형사정책이 위험사회에서 중시되어야 한다.[70] 적극적 일반예방의 핵심은 법공동체와 법질서의 수호에 있으므로 적극적 일반예방이야말로 지금의 위험사회에 부합하는 형벌목적[71]이자 안전사회의 구현에 적절한 형벌목적이라고 본다.

3. 성범죄: 무관용·적대화 보다는 사회치료적 처우 중심

성범죄자의 처벌과 성범죄예방에 관하여 무관용·적대화를 강조하는 입장과 사회치료적 처우를 강조하는 입장이 대립한다.[72] 우리나라 입법자와 형사정책 담당자들의 입장이라고 추측할 수 있는 전자는 성폭력범죄자에게 중형을 선고하여 사회로부터 격리시키거나 신상정보를 공개하는 등의 방법으로 재범을 예방해야 한다는 입장이다. 아동 또는 청소년 대상 성범죄자에 대한 교화 및 치료가 불가능하거나 매우 어렵다고 보고 성범죄자의 교화와 치료를 위해 시간과 비용을 투입하는 것보다는 성범죄자의 인권을 제한하거나 침해하더라도 사회의 안전과 피해자보호와 피해자인권 보호를 위한 조치가 필요하다는 입장이다. 이로써 재범을 방지하고 성범죄 발생률을 감소시킬 수 있다는 것이다. 성범죄자의 신상공개제도나 위치추적 전자장치(이른바 전자발찌)의 사용은 성범죄자의 재범을 꺼리게 하고 실제 범행을 저지르는 데에도 장애를 가져오므로 (아동)피해자 보호를 위해 이를 폭넓게 도입해야 한다고 한다. 이 입장이 제시하는 대책으로는 아동을 대상으로 한 성범죄자 또는 상습적인 성범죄자에 대한 신상공개, 위치추적 전자장치 부착, 중형의 양형기준 마련, 공소시효의 연장 또는 정지제도, 성충동억제 약물치료(소위 화학적 거세) 등이 있다.

사회치료적 처우를 강조하는 입장은 성범죄자를 가혹하게 처벌하거나 형벌 외의 방법으로 불이익을 주기보다는 치료와 교육개선(즉 재사회화)에 중점을 두어야 한다는 입장이다. 성범죄의 원인이 성범죄자에게 그릇된 성의식을 갖게 한 사회적 통념, 성범죄자의 유전적 기질을 치료 내지는 통제할 수 있는 예방조치의 부재, 성범죄자

---

69) Jakobs, AT(2.Aufl.), 1/15, S.9.

70) 이용식, 위험사회에서의 법익보호와 적극적 일반예방, 형사정책 제13권 제1호(2001.6), 54면.

71) Hassemer, Symbolisches Strafrecht und Rechtsgüterschutz, NStZ 1989, 557.

72) 이에 관해서는 정현미, 성폭력범죄대책과 전자감시, 형사정책 제21권 제1호(2009.6), 341면 이하; 김성규, 성범죄대책에 있어서 제사회화의 위상과 과제, 형사정책 제20권 제1호(2008), 61면 이하.

의 재범을 방지할 수 있는 사회 치료적 처우의 부재 등에 있다고 보므로 재사회화가 가능하다는 것이다.

성범죄자에 대한 무거운 처벌과 범죄예방만을 강조할 경우 소급효금지원칙, 비례성의 원칙 등 죄형법정주의를 훼손하는 결과를 가져올 수 있고 성범죄자의 자유권과 평등권과 같은 기본권이 침해당할 수 있으므로 죄형법정주의와 기본권이 성범죄 대책에 대한 제한원리로 기능해야 한다. 강력한 처벌은 성범죄자가 사회에서 격리되어 있는 기간 동안 일시적으로 재범을 막는 효과가 있을 뿐 장기적인 관점에서 성범죄 발생률을 감소시키지는 못한다. 성범죄자에 대한 사회치료적 처우방안으로는 현행법상의 치료감호제도를 들 수 있다. 반사회적 장애나 성적 일탈로 인한 성범죄자들의 경우 특히 소아기호증 등 아동 대상의 성도착 증세를 가진 성범죄자에게 치료를 통한 개선의 효과를 얻을 수 있다는 것이다. 개별 성범죄자들의 특성은 매우 다르기 때문에 성범죄자의 유형에 따라 그 치료방법이 차별화되어야 하므로 치료프로그램에 있어서는 구체적이고 정확한 성범죄자들에 대한 분석이 우선되어야 한다.

V. 나가며

형법을 위험사회의 요청에 초점을 마주게 되면 결과와 효과에 지향하게 되고 결과의 예방을 강조하게 되어 형법의 탈정형화와 유연화가 초래되어 결국 법치국가적 형법의 침식을 가져오게 될 것이다.[73] 현실적인 위험이 아니라 일정한 사회적 위험성을 나타내는 행위가 있으면 형법규범이 적용되기 때문에 법관은 입법자의 입법에 의존하게 되고 해석의 여지없이 기계적인 적용이 뒤따를 뿐이다. 이는 한편으로는 피의자 및 피고인의 방어기회의 감소를 의미하며 다른 한편으로는 법적용의 타당성에 대한 사후적 검증가능성과 통제가능성의 감소를 초래한다. 그래서 전통적인 법치국가형법의 틀에서 벗어나 위험형법으로의 전환을 꾀하는 것은 시민의 자유에 대한 새로운 위험으로 여겨지고 있다. 따라서 형법의 개입이 필요한 경우와 다른 법적 규제가 가능한 분야로 구분하여 대응수단도 이에 상응하도록 조화를 이루는 것이 필요하다.

---

73) Kuhlen, Zum Strafrecht der Risikogesellschaft, GA 1994, 348.

각종 위험원에 대한 무수한 특별형법의 남발과 법률내용의 급속한 개정도 시민의 법인식에 부정적인 영향을 끼친다. 법률에 대한 정보욕구가 감소하고 무관심이 증가하면 규범의식은 형성되기 어렵기 때문이다. 시민은 국가의 입법에 의한 문제해결을 기대하고 이에 따라 법률이 증가하지만 이에 반비례하여 시민의 규범의식은 감소하기 때문이다. 예방효과가 극대화되기 위해서는 속임수 없는 형사제재수단의 투입이 전제되어야 한다. 그러나 이는 실제적으로 가능하지 않다. 왜냐하면 형벌이 威嚇하는 것이 아니라 형법에 대한 믿음을 형성하는 것이어야 함에 반해서 형법실무현실에서 공정한 법적용이 실제적으로 이루어지지 않고 있기 때문이다. 그래서 형벌의 예방효과와 형사사법에 대한 신뢰를 확보하는 것이 중요하다.

사회의 다양한 위험으로부터의 안전보장이 오로지 (형)법에 의해서 달성될 수 있는 것인가, 더 나아가 형법의 최우선과제인가. 그렇지 않다. 법도 질서기능을 충족시키지만 법을 통한 안전 확보는 법 이외의 공동체의 질서체계(예컨대 교육, 가정, 노동, 보건의료와 복지 등)를 통한 안전 확보에 의해서 보완되어야 한다.[74] 위험은 (형)법외적인 공동체의 안전시스템으로 보장될 수 있는 것이다. 가족, 복지, 노동, 교육 등 사회안전망의 축이 작동해야 안전사회가 유지될 수 있다. 이는 비용과 시간이 필요한 것이어서 당장의 효과를 거두기 어렵다. 바로 이 점 때문에 형사정책 담당자들과 입법자들은 자신들이 범죄로부터의 안전을 확보하기 위하여 무엇인가 하고 있다는 것을 보여줄 정치적인 행동으로서 입법과 법개정의 수단을 선택하는 것이다. 그러나 형법은 그저 불안한 시민을 달래줄 수 있을 뿐 새로운 위험예방에 적합한 유일한 수단일 수 없다.[75] 형사소송법도 마찬가지다.

---

74) Bloy, a.a.O., S.9.
75) Kuhlen, a.a.O., S.348.

[논평] 법치국가에서의 형사법

이종혁*

오늘날 우리 사회는 범죄에 대한 엄벌주의적 사고가 팽창하고, 중형을 통한 엄벌로써 사회를 안전하게 만들 수 있다는 예방사상이 입법과 형사정책의 이념이 되어가고 있다. 그러나 이러한 경향은 당장의 법감정을 해소할 수 있을지는 모르나 결국 법치국가의 제한원리를 거스르고 형사상 대원칙인 죄형법정주의와 특히 책임원칙을 위반하게 된다. 또한 사회 안전을 확보한다는 실효적 목적의 측면에서 보더라도 결국 자발적 규범형성력을 저하시킨다. 규범의 내면화가 이루어지기 힘들게 만들어 오히려 범죄예방목적에 역행하게 되는 것이다. 여기서 중심으로 다루게 될 하선생의 '법치국가에서의 형법과 형사소송법의 과제'는 예방형법으로의 패러다임 변화를 경계하고 비판하며, 법치국가의 제한원리와 책임원칙, 적극적 일반예방효과의 중요성을 논증한다.

I.

형법의 해석과 적용은 법치국가적 한계 내에서 행해져야 하며 그러한 법치국가적 제약원리로서는 인간의 존엄성보장, 죄형법정주의, 책임원칙과 비례원칙 등이 있다. 법치국가 형법은 어떠한 행위가 처벌받는 행위인지를 알 수 있도록 명확히 기술되어 법관의 자의적 법해석을 방지할 수 있어야 하고(명확성의 원칙), 형법은 개인의 자유와 권리를 박탈거나 제한하는 강력한 제재수단이기에 보충적으로 적용되어야 하며(보충성의 원칙), 가능한 덜 유해한 수단으로 꼭 필요한 만큼 투입되어야 한다(비례성의 원칙). 하선생은 이러한 원칙들이 바로 형법의 지주이며 원칙들임을 분명히 한다. 그리고 새로운 위험원과 범죄유형에 대처하기 위해 이러한 위험에 대한 예방과 안전확보라는 명목으로 전통적인 형사원칙을 무너뜨리면서 형법을 투입하는 것이 과연 타당

---

* 변호사, 법학박사

한지를 문제제기한다.

II.

지나간 과거의 책임을 묻는 것을 넘어 미래의 범죄 위험성을 형법으로 예방하고 자 하는 사상 아래 위험형법이 등장하였다. 즉, 형벌의 선제적인 역할을 요구하기 시작한 것인데, 이미 발생한 과거 행위에 대한 때늦은 사후적 처벌이 아닌 신속한 예방적 차원의 형벌을 요구하게 된 것이다. 실제로 국내의 현실을 보더라도 가중된 특별형법이 꾸준히 양산되고 사실상 형벌적 성격을 지니는 보안처분도 계속하여 등 장하고 있다. 신상정보공개, 전자장치부착명령(소위 전자발찌), 성충동 약물치료(소위 화학적 거세) 등을 예로 들 수 있다.

이러한 시대적 경향에 대하여, 하선생은 위험이 발생할수록 형벌적 제재수단에 거 는 기대가 커진 것에서 비롯된 것이라고 한다. 즉, 이는 형법의 예방적 기능으로서 소극적 일반예방효과인 위하력(威嚇力)을 신뢰하여 무거운 형벌의 예고가 범죄와 위 험을 예방할 수 있을 것이라는 믿음을 바탕으로 하는 것이라고 설명한다. 그리고 이 제 안전을 위하여 개인의 자유를 희생시킬 것인지, 안전과 자유의 조화를 모색할 수 있을 것인지 여전히 개인의 자유가 우선되어야 할 것인지 등등의 문제에 직면하였음 을 지적한다.

예방이 형법의 주요한 기능으로 자리잡게 되면 논리필연적으로 더욱 효과적이고 위하력이 있는 형법이 정당성을 얻고 등장하게 된다. 그런 가운데 형법은 구체적 위 험보다는 명확하지 않은 추상적 위험을 근거로 삼을 수 있고, 법익침해에 따른 보충 적 수단의 형벌보다는 미래 불법에 대응하려는 위험예방 최우선의 수단으로 작동할 수 있다. 즉, 책임에 따른 형벌 원칙보다는 효율적이고 상징적인 효과를 기대한 엄벌 적 형벌의 예방형법이 양산될 수 있는 것이다.

하선생은 이러한 예방형법으로의 패러다임 변화는 정범의 성립요건을 완화한다거 나 미수시기를 앞당기는 방식으로 처벌을 확장함으로써 법치국가 형법의 책임귀속 에 있어서 문제를 가져오고, 과잉형사범죄 구성요건화가 이루어질 뿐만 아니라 불확 실하게 추측되는 위험요소들을 규범 내용으로 포착하면서 필연적으로 명확성이 희 생될 수 있음을 지적한다. 그리고 이렇게 예방국가 및 안전국가로의 전환 속에서 법치국가의 전통적 가치인 책임원칙이 무너질 뿐만 아니라 자유의 보장보다 안전이 우선시 되어 개인의 자유는 희생될 가능성이 높아질 수 있음을 경고한다.

Ⅲ.

하선생은 형법과 형사소송법이 전통적 법치국가적 이념을 벗어나 강성화 형사정책의 수단으로 되어가는 경향을 지적하면서, 이를 위험예방의 최우선수단화, 형벌의 에스컬레이트화와 특별법의 양산, 형사소송절차의 효율성지향과 탈정형화의 순서로 분석한다.

전통적 법치국가이념 하의 법익보호형법은 행위자의 과거 불법에 대하여 그 책임에 상응하는 제재였다. 그러나 예방형법은 현실화되지 않은 위험을 사전에 억지하는 미래 불법에 대한 예방도구로서의 형사 제재이다. 하선생은 이러한 예방형법에서는 법익보호형법의 최후수단성이 최우선수단 내지 최고수단으로 변화한 것이라고 지적한다. 그리고 이러한 위험예방 활동은 공공의 안전과 질서에 대한 구체적 위험이 존재할 때 경찰작용으로서 비로소 가능하였던 것인데, 예방형법에서는 형법상의 법익개념이 이러한 경찰법상의 위험개념으로 채워져 과거의 법익침해 또는 법익위태화 행위를 진압하는 임무를 맡았던 형법과 장래의 위험을 예방하는 경찰법 사이의 경계가 허물어지게 되었다고 비판한다. 그리고 이러한 위험형법 내지 예방형법은 결국 경찰작용의 영역에 있던 위험을 형사소송법상 수사와 강제처분이 가능한 근거로 명분 삼을 수 있겠지만, 그 가운데 결국 법치국가는 실종되고 경찰국가화가 될 수 있다고 비판한다.

또한 형벌이 지속적으로 '에스컬레이트화'되고 특별법이 양산되고 있는 현실을 지적한다. 2010년 개정된 형법은 유기징역의 상한을 15년 이하에서 30년 이하로, 가중할때의 상한도 현행 25년까지에서 50년까지로 상향조정되는 등 자유형이 상향되었다. 하지만 형벌을 가중하는 것이 범죄예방 효과가 있는지에 대해서는 이미 학계에서도 회의적인 견해가 다수이고, 효과가 실증적으로 검증된 바도 없으며, 강벌적 형사정책의 대표적 국가로 거론되는 미국에서조차도 높은 구금률이 오히려 범죄 학습의 기회를 제공하고 범죄율의 증가로 이어져 더 큰 위험이 된다는 비판도 있었다 (Bohm 1993). 그럼에도 가중 형벌의 입법이 강행되고 있는 것이다. 하선생은 이러한 가중적 형법은 결국 소극적 일반예방효과에 대한 입법자의 근거 없는 맹신의 결과로 형벌의 위하력(威嚇力)과 형벌집행의 효과를 기대한 것이지만, 위하력은 경험적으로 입증되지 않았고 오히려 반대 현상이 있음에도 적은 비용으로 국민의 불안을 쉽게 잠재우고 무엇인가 보이기 위한 상징성을 지닌 측면이 있다고 비판한다. 또한 가중 형벌에 비판적 견해가 많음에도 관련 학계나 전문가의 의견수렴 및 공청회도 거치지 않았던 점을 지적하였다.

하선생은 폐지된 구 사회보호법상 보호감호처분이 이중처벌이라는 위헌적 소지가 있어 2005년에 폐지가 되었음에도 보호수용이라는 이름으로 명칭만 바뀌어 다시 부활하였다는 점, 특별형법을 계속 제·개정하여 국민의 불안감을 잠재우기 위해 졸속 도입되는 현실, 성폭력범죄 관련 법에서 소급효금지원칙이라는 법치국가의 대원칙 조차 지켜지고 있지 않는 점, 위하력의 맹신 하에 사형집행이 예방수단으로서 재개될 수 있는 불안정한 현실 등을 지적한다. 그리고 이러한 예방사상은 결국 헌법에 보장된 개인의 자유를 범죄인에게 있어서는 최대한 제한하고 희생시켜 법익보호와 사회안전을 꾀해야 한다는 사고를 바탕으로 하는 Jakobs의 적대형법 모델로서, 그 가운데 인간의 존엄성, 책임원칙, 법치국가이념 등 헌법적 가치와 원칙은 철저히 훼손되고 있음을 비판하였다. 또한 형벌이 강화되고 효과 지향적으로 패러다임이 바뀌면서 형사소송절차가 탈정형화되고 효율성이 지향되는 경향에 대하여 이처럼 수사 편의와 효율성이 강화되는 이면에 적법절차에 따른 인권보장이나 공개재판, 법관에 의해 재판받을 권리, 직권주의, 자기부죄금지원칙, 평등원칙 등과 같은 헌법적·형사법적 기본원칙들이 훼손될 위험이 있는 점을 강조하였다.

Ⅳ.

결국 사회공동체 내의 위험예방과 안전유지는 위하로써 해결될 수 없고 궁극적으로 시민들의 자발적 규범준수로 강화될 수 있다. 즉, 규범의 내면화가 공동체 안전을 가장 적극적으로 담보할 수 있는 것이다. 형사정책도 바로 이러한 지향점을 목표로 나아가야 하며, 이를 위해서 법치국가의 원칙들은 철저히 준수되어야 할 것이고, 또한 손상된 사회의 궁극적인 통합을 위하여 회복적이고 치료적인 사법이 지향되어야 할 것이다.

그러한 측면에서 하선생은 마지막 'Ⅳ. 법치국가에서의 형법과 형사소송법의 과제'에서 책임원칙의 고수, 적극적 일반예방효과 중시, 성범죄: 무관용·적대화 보다는 사회치료적 처우 중심을 제시한다. 책임원칙은 '불법이 없으면 책임이 없고, 책임 없는 자에게 형벌을 부과할 수 없다'는 형사법의 기본원리이다. 하선생은 위험원의 효율적인 예방이나 잠재적 범죄자에 대한 위하를 목적으로 구성요건과 과도한 법효과를 연결한다면 결국 책임원칙과 비례성의 원칙에 반하게 되는 점을 지적하고, 예방은 형벌을 근거지우고 제한하기도 하는 책임을 넘어서 고려되어서는 안된다는 점을 강조하면서 책임원칙의 철저한 준수 아래 이에 반하는 특별법들은 재개정되어야 한다고 비판한다.

범죄의 예방은 소극적 일반예방의 위하로 보장되지 않으며, 결국 법치국가적 정형화에 따른 자발적 규범형성력이 뒷받침된 준법 사회가 실현될 때 안전한 공동체가 달성될 수 있을 것이다. 즉, 이러한 적극적 일반예방사상은 단순히 위하를 목적으로 형법을 확장하는 것에 목적을 두는 것이 아니라 사회 구성원의 준법의식을 고양하는 형벌의 적극적이고 포괄적인 기능을 강조하는 사상으로, 시민을 형벌의 단순 위하 대상으로 보지 않는다. 오히려 형벌은 시민으로 하여금 형벌위협과 유죄판결을 통해 범죄행위를 불승인하고 그러한 법질서가 확증됨을 직·간접적으로 경험하게 하는 역할을 하며, 시민은 이를 통해 규범신뢰훈련을 쌓고 범죄행위로 교란된 법의식과 법감정을 진정시키고 범죄인과의 갈등을 해소하는 것으로 여기는 만족효과를 갖게 되는 것이다. 바로 이러한 점이 하쎄머의 적극적 일반예방주의가 지향되어야 하는 이유다. 하선생은 이러한 측면에서 위하력의 한계와 집행결손의 문제를 지적하고 결국 법공동체와 법질서의 수호가 핵심에 있는 적극적 일반예방이야말로 책임형법에서 예방형법으로의 패러다임이 전환되고 있는 오늘날 시기에 부합하는 형벌목적이자 안전사회 구현에 적절한 형벌목적이라고 논증한다.

적극적 일반예방은 시민들의 준법의식에 대한 막연한 기대나 공허한 논리가 아니며, '법치국가적 정형화(定型化)'를 통하여 그러한 준법이 마땅히 실현되게 하는 사회를 목적으로 하고, 이로써 사회통제를 통하여 형벌권을 최대한 억제하고 최후수단성을 확인하여 개인의 자유 제한을 최소화한다. 따라서 적극적 일반예방이론은 법치국가적 정형화를 통해 국가의 형벌권을 제한하고 정형화하여 규범적 자유보장원칙에 의해 개인의 자유를 보장한다. 따라서 응보와 소극적 일반예방으로의 회귀가 이루어지고 있는 오늘날 적극적 일반예방의 중요성과 필요성을 논증하였다는 점에서 큰 의미가 있다.

또한 하선생은 성범죄에 대하여 무조건적인 무관용과 적대화 정책보다는 사회치료적 처우를 중심에 두어야 한다고 강조한다. 실제로 오늘날 성폭력범죄에 대한 입법과 정책은 계속하여 강벌화 되어 가고 있다. 하지만 출소한 성범죄자가 다시 재범을 저지르고 검거되는 사건을 적지 않게 확인할 수 있듯이, 강력한 처벌은 성범죄자가 사회에서 격리되어 있는 기간 동안 일시적으로 재범을 막는 효과가 있을 뿐 근본적인 대책이 되지 못한다. 그래서 일찍이 미국에서는 회복적 및 치료적 사법이념에 따라 범죄자와 피해자를 포함한 사회구성원의 능동적 참여와 보다 근원적인 문제 해결을 지향하여 왔다. 하선생은 성범죄에 있어서도 예방사상에만 입각하여 무거운 처벌만을 지향하는 것은 비례성의 원칙이나 소급효금지원칙 등 죄형법정주의를 훼손하는 결과를 가져올 뿐만 아니라 성범죄 발생률을 감소시키지도 못한다는 점을 지적하고, 현행법상 치료감호와 같은 제도를 중심으로 반사회적 장애나 성적 일탈로 인한 성범죄자들에게 치료를 통한 효과를 지향해야 하며, 그러한 치료프로그램에 있어서는 성범죄자들에 대한 구체적이고 정확한 분석을 바탕으로 할 것을 강조한다. 사회의 이목이 집중되는 성범죄가 발생하면 형벌 강화와 제재만을 대책으로 내놓고 여론은 임시방편적인 만족을 얻는 가운데 헌법 및 형사상 원칙은 무너지고, 한편으로 정작 재범의 억지나 범죄율 완화에는 실효성이 미미하거나 없는 오늘날의 입법 현실을 볼 때, 하선생의 위와 같은 제안은 보다 근본적인 형사정책을 수립하여야 한다는 경종을 울리는 측면에서 큰 의의가 있다고 할 것이다.

V.

예방사상의 요청에 따른 형사법이 지향되면, 결국 결과와 효과, 미래 위험에 대한 예방이 강조되어 형법이 탈정형화되고 법학이 역사를 통해 쌓아온 이념과 죄형법정주의, 책임원칙과 같은 제 원칙들을 뿌리부터 흔들 수 있는 위험이 있다. 하지만 이러한 법치주의의 원칙은 국민의 인간존엄성을 지키고 자유와 권리를 보장하는 최소한의 장치라는 점에서 반드시 수호되어야 한다.

사회의 안전은 겁을 주어서 확보되는 것이 아니라 시민의 자발적 법준수로 준법

사회가 구현될 때 보장될 수 있다. 더 많은 가중적 특별형법을 양산해 내더라도 발각되지 않거나 처벌되지 않는다면 위하의 효과는 필연적으로 떨어지며 법규범과 형사사법에 대한 신뢰는 떨어져 결국 전시적 효과만이 남는 한계가 있기 때문이다. 하선생은 끝으로 사회의 다양한 위험으로부터의 안전보장이, 오로지 (형)법에 의해서 달성될 수 있는 것이 아니며 형법의 최우선과제도 아니라는 점을 강조하면서, 사회의 안전확보는 법 이외의 공동체의 질서체계, 안전시스템으로 보장될 수 있는 것이고 그렇게 법 외적인 안전망의 축이 작동할 때에 안전사회가 진정으로 구현되고 유지될 수 있음을 역설한다.

형벌은 해악적인 속성을 지니고 강력한 제재 수단이라는 측면에서, 국민의 자유와 권리를 침해하지 않는 범위에서 최후수단, 최소침해로써 적용되어야 할 것이다. 하선생은 이 글을 통해 포퓰리즘식 입법으로 흘러가는 형사법의 경향을 인간존엄성, 법치국가 원리와 이념, 법의 역사가 쌓아온 형사상 대원칙을 바탕으로 비판적 고찰과 경고를 했다는 측면에서 큰 의의가 있다고 볼 것이다.

21세기 한국 형사법학의 과제와 전망*
- 정보사회, 위험사회, 통일한국의 형법의 과제와 임무 -

Ⅰ. 서론: 정보사회와 위험사회 토포스(Topos)

인터넷, 즉 컴퓨터네트워크에 의한 범세계적인 연결은 사회전반에 걸쳐 다양한 변화를 가져왔다. 컴퓨터를 이용한 개개인사이의 정보의 흐름이 정보통신망을 통하여 일상화되면서 현실세계와 함께 가상공간(cyber space)이 새로운 생활공간으로 형성되고 개개인은 시간과 공간의 제약을 받지 않는 가상공간의 '지구촌'에서 살아갈 수 있게 되었다.[1] 이제 인터넷은 정보의 생성 및 정보은행의 이용(정보의 수집·가공·저장·검색·송신 및 수신), 광고와 전자상거래 등으로 이용될 뿐만 아니라 개인의 통신, 다양한 형태의 매스미디어로 발전해 가고 있다. 점차로 인터넷은 중심적인 경제적요소로 발전하고 있다.[2]

---

* 출처: 「안암법학」 제13호, 2001, 133~153면.

1) Sieber, Verantwortlichkeit im Internet, 1999, S.1.

2) 독일의 경우 인터넷을 통한 재화와 서비스가 2001년에 240억 DM, 유럽은 1000억 DM 이상에 달할 것으로 예측되고(Pressereport Nr.17/1998 der Lufthansa Airplus: Sieber, Verantwortlichkeit im Internet, 1999, S.1에서 재인용), 미국은 2002년에 전자상거래가 3270억 Dollar를 넘어설 것으로 전망하고 있다 (U.S. Department of Commerce, The Emerging Digital Economy, 1998, S.21: Sieber, a.a.O., S.1에서 재인용), 전자화폐가 도입되면 전자상거래는 더욱 활성화될 전망이다. 현

정보사회로 특징지워진 현재의 사회발전은 "제2의 산업혁명"3)이라 불리울 만하다. 이는 기계에 의한 육체노동의 대체와는 달리 기계에 의한 정신노동의 대체로 특징지워진다. 정보통신과 컴퓨터의 기술적 발전으로 가능해진 정보사회에서는 사회의 지식과 정보가 저장과 처리 및 전달의 형태로 끊임없이 변화된다. 디지탈화된 정보가 사회의 주된 재화 및 생산요소 중의 하나이며 새로운 권력적 도구4) 로 등장한다. 즉 정보가 사회운영의 중심원리가 되고 생산성 및 권력의 원천이 된다.5) 따라서 기존의 산업사회와는 현저히 다른 가치질서나 삶의 방식 및 행동양식이 나타나며6) 정보를 둘러싼 가치의 사회적 배분이 주요한 관심사가 되기도 한다.

이와 같이 산업사회에서 정보사회로 발전되어 가는 초입단계인 후기산업사회에서는 정보가 새로운 경제적, 문화적, 정치적 가치로서 등장하지만 이는 동시에 산업화에 따른 또 하나의 새로운 위험원의 출현을 의미한다.7) 개개인에게 손해를 끼칠 뿐만 아니라 공동체 전체에 위협적인 정보통신기술의 오남용행위가 증가하는 추세임은 부인할 수 없는 현실이다. 경제, 행정, 방위체계 등 사회전체가 정보처리 및 정보전달체계에 의존되어 있기 때문에 이제 새로운 정보기술이 범죄영역에 미칠 영향은 심각한 문제를 야기할 정도일 것이다.

이제 정보통신과 컴퓨터기술은 하나의 기회이자 위험원이라는 양면성을 지니게 된다. 이는 한편으로는 사회의 모든 영역이 정보처리의 기술적 발전에 의존되어 있기 때문에 이에 상응하는 안전장치를 요하며 이것이 충족되지 못할 경우에는 공존질서에 막대한 영향을 미친다는 의미에서의 위험원이며, 다른 한편으로는 개인의 사적

재 인터넷구매의 90%가 신용카드결제인 점에 비추어 세계적으로 2002년에 3천억달러를 넘어설 것으로 예측된 개개인의 인터넷구매가 대부분 전자화폐로 결제될 것으로 보인다(한겨레신문 2000. 6. 7. 자).

3) Sieber, Informationstechnologie und Strafrechtsreform, Köln 1984, S.12. Sieber는 육체노동을 기계로 대체한 19세기의 산업혁명을 제1차 산업혁명으로 표현하였다.

4) Weis, Die Informationsgesellschaft, in: Tinnefeld u.a.(Hrsg), Institution und Einzelne im Zeitalter der Informationstechnik 1994, S.25f.

5) 조돈문, 정보화와 불평등구조, 통신개발원 연구보고서, 3면.

6) 이러한 정보사회로의 발전의 경제사회적 영향이 산업혁명을 능가하고 또 능가할 것으로 본다 (이러한 시각으로는 Weizenbaum, Computer Power and Human Reason, 1976: Bell, Coming of Post-Industial Society, 1973).

7) Sieber, Der strafrechtlicher Schutz der Information, ZStW 103(1991), 787.

자유영역에 대한 침해가능성이 높아졌다는 의미[8]에서의 위험원이다.[9]

산업화와 더불어 부산물로 내던져진 다양한 위험원은 현대사회를 위험사회로 특징지운다. 과학과 기술의 발전은 부수적으로 끊임없이 위험원을 창출한다. 이러한 위험은 전통적인 위험, 산업복지국가적 위험과는 다른 새로운 위험이다.[10]; 이 새로운 위험은 개인적 귀속이 가능하고 시간적으로 제한된 전통적 위험(예컨대 모험여행과 같은)이나 위험비용의 재분배와 보험 등 사회화가 가능한 산업복지국가적 위험과는 다르다; 새로운 위험은 개인적이고 복지국가적인 위험과 위험으로서 파악되지 않은 일반적인 생활 위해의 혼합형태로 특징지을 수 있다; 인간이 새로운 위험을 자발적으로 감수하는 것이 아니라 자연재난처럼 이 새로운 위험에 직면하게 된다는 점에서 위에서 언급한 형태의 위험과 다르다; 그러나 이 새로운 위험은 개인이나 제도의 결정과 행동에 기인한다; 이는 수많은 개개인의 행동의 의도되지 않은 집단적 효과에 관한 것이고, 또 새로운 위험이 위험원인과 위험발생의 체계적인 붕괴에 기인한다는 것이다. 전자의 예로 육지의 침식현상, 오존층파괴, 삼림고사, 공기오염, 식수와 식품의 오염, 전염병과 홍수 등을 들 수 있고, 후자의 예로는 화학, 원자력, 유전공학 등을 들 수 있다.

이러한 위험은 언제, 어디서, 누구에게 그 위험이 실현될 것인지를 예측하거나 제한하는 것이 불가능하다. 성별, 계급, 사회계층, 세대 등 차별 없이 모든 사람이 동등하게 맞닥뜨리게 된다는 점이 특징적이다. "위험사회(Risikogesellschaft)"의 저자인 Ulrich Beck도 새로운 위험과 위험사회를 다음과 같이 특징 지우고 있다: 새로운 위험은 그 위험이 발생하는 시간, 장소와 범위를 한정할 수 없고 인과관계, 책임과 배

---

8) 예컨대 범죄수사의 효율성을 위해서 형사소송법상 가능해진 정보수집과 정보처리 및 정보사용이 개인의 기본권을 침해할 위험성에 관해서는 Wolter, Datenschutz und Strafprozeß, ZStW 107 (1995), 793ff.

9) 최근 위헌논란의 대상이 되고 있는 전자주민카드의 도입으로 개인정보의 통합 및 관리의 일원화라는 행정효율성이 제고되는 반면 정보유출과 정보의 오남용에 따른 사생활의 비밀과 자유라는 개인의 기본권이 침해될 우려가 상당히 높다. 이에 관해서는 한겨레 1999. 7. 2. 자 12면.
정보화사회의 사적 공간의 보장을 위한 기본권인 정보적 자기결정권에 관해서는 이상돈, 형사절차와 정보보호, 한국형사정책연구원, 1996, 19면 이하 참조.

10) Lau, Risikodiskurse: Gesellschaftliche Auseinandersetzungen um die Definition von Risiken, Soziale Welt 1989, S.418ff. (Hilgendorf, Gibt es ein "Strafrecht der Risikogesellschaft?", NStZ 1993, 11에서 재인용).

상책임에 관한 현재의 법칙대로 귀속 가능하지 않으며 새로운 위험은 보험이 불가능하다.[11] 새로운 위험은 자연재난처럼 발생하기도 하지만 인간의 의사결정에 그 원인이 있다는 점은 분명하다. 따라서 새로운 위험도 원칙적으로 조종가능하고, 환경오염이나 핵시설 또는 결함제조물로 인하여 위협되는 위해를 생각해보면 형법이 새로운 위험을 예방하기 위한 적절하고도 요구되는 수단이라고 볼 수 있다. 이러한 의미에서 위험사회의 형법(Strafrecht der Risikogesellschaft)을 말할 수 있을 것이다.[12]

Ⅱ. 정보사회와 형법

1. 인터넷과 형법

이제 가상공간에서는 전통적인 범죄(예컨대 명예훼손, 인터넷사기, 인터넷 음란물유포 등)나 가상공간에서의 새로운 범죄유형(예컨대 컴퓨터바이러스유포, 해킹 등), 사이버공간에서만 특유한 불법유형[13]들이 서로 연결되어 있는 네트워크를 통해서 급격히 증가하고 있다. 사이버테러, 산업스파이, 컴퓨터조작, 컴퓨터사보타지, 아동포르노와 같은 음란하거나 불법한 정보를 컴퓨터네트에 유포시키는 행위, 컴퓨터바이러스유포, 전자상거래를 이용한 사기, 사이버상의 저작권침해[14]나 공정거래침해행위, 명예훼손적 표현, 개인정보침해, 개인의 프라이버시침해, 무분별한 광고성 정보전송 등 인터넷을 통하여 새로운 범죄수법이 확산되고 또 인터넷이 돈세탁에 이용되는 사례도 발생하고 있다.

국내 및 국외 컴퓨터네트의 인터넷으로의 발전으로 국내에서 범죄를 저지르더라도 다른 나라에서 그 결과가 발생하는 범죄가 가능하게 되었다. 따라서 인터넷의 성장과 확산은 기존의 법제도와 사법권에 대한 새로운 도전으로 다가섰다.[15] 현실세계에 통용되는 법규범과 법적 책임을 인터넷의 가상공간에 확장, 적용하여 규율 할 수

---

11) Beck, Politik in der Risikogesellschaft, 1991, S.10 (Hilgendorf의 앞의 논문에서 재인용).
12) Hilgendorf, Gibt es ein "Strafrecht der Risikogesellschaft?", NStZ 1993, 12.
13) 이와 같은 구별은 강동범, 사이버범죄와 형사법적 대책, 제25회 형사정책세미나 자료집(사이버범죄의 실태와 대책), 2005.5., 1975면.
14) 이에 관해서는 최경수, 사이버상의 저작권침해, 제25회 형사정책세미나 자료집(사이버범죄의 실태와 대책), 2000.5.19, 29면 이하 참조.
15) 사법연수원, 신종범죄론: 컴퓨터범죄, 1999, 369면.

도 있지만 새로운 규제와 범죄구성요건이 필요한 영역이나 범죄유형이 나타나고 있고 증거수집 등 범죄수사와 재판에 어려움을 겪고 있기 때문이다. 이는 인터넷상에서의 정보통신의 익명성과 세계성[16]에 기인하는 것이다. 또한 가상공간에서는 국경을 초월하여 어느 곳에서도 인터넷사이트에 접속하여 해킹이나 바이러스유포, 음란물유포 등이 가능하기 때문에 이 영역에서는 국내법질서가 점점 영향력을 잃어가게 되기도 한다. 인터넷에 저장된 정보는 세계 어디에서나 검색할 수 있고 또 따라서 수많은 서로 다른 법규정하에 놓여 있기 때문에 지금까지의 국제형법과 국제사법이 부딪혔던 것보다도 더 법규정간의 충돌이 생기게 될 것이다. 특히 인터넷에 국경을 초월하여 어린이포르노나 민족차별적 또는 나치찬양적 표현을 유포시키는 행위는 이 전세계적인 사태에 대해서 어느 한도내에서 국내형법이 적용될 것인가의 문제를 제기한다.[17]

2. 정보형법으로의 발전

정보사회의 문제점으로 지적될 정보의 빈부격차는 개인의 사회적 일탈행동을 부추기게 되고, 직접적인 접촉과 교류없이도 삶이 가능해 지기 때문에 개인간의 단절을 야기하여 공동체의식이 약화될 것이고, 정보사회의 낙오자들의 사회문제[18]도 심각해 질 것이며 개인의 사적 자유영역이 노출될 위험이 커질 것이며 정보를 지배하고 관리하는 자(특히 국가)의 정보조작이나 통제, 감시 및 차별화 등의 횡포도 또한 심각한 법적 문제를 야기할 것이다.

이에 따라 형법도 변화되어야 할 시점에 놓여 있다. 정보라는 새로운 가치의 등장으로 개인과 공동체의 필수불가결한 삶의 조건인 법익의 종류와 질서의 변화는 법익체계에 대한 새로운 인식을 필요로 하며, 과연 반사회적 위해행위의 규제와 예방을 통해서 법익보호를 실현하는 형법이 이러한 새로운 정보사회의 문제점들을 해결할 수 있는 적합한 수단인가 등의 문제가 제기되는 것이다. 이는 행위객체가 유체물에서 정보와 같은 무형적 가치로 변화되었다는 점과 범행방식이 인간에 의한 공격에서

---

16) Sieber, Verantwortlichkeit im Internet, 1999, S.2
17) Sieber, Internationales Strafrecht im Internet, NJW 1999, 2065.
18) 정보사회의 지역적 및 사회적 불균형과 불평등에 관해서는 조돈문, 정보화와 불평등구조, 통신개발원 연구보고서, 1면 이하.

기계에 의한 공격의 형태로 바뀌었다는 점에서 그러하다. 따라서 정보사회의 현실과 요구에 형법이 적응할 수 있도록 변화되어야만 한다.

산업사회에서 후기산업사회 내지 정보사회로의 발전과 정보의 가치증대 및 컴퓨터기술의 발전은 형법에 새로운 요구를 제시하였고 정보형법으로의 발전을 촉구하였다.[19] 형법이 이러한 사회에서 통제규범으로서 기능하기 위해서는 기술발전에 따른 사회변화에 적응할 수 있도록 변화되어야 한다. 특히 경제생활에서 점차 그 중요성이 증대하고 있는 컴퓨터의 발전으로 가능해진 정보처리기술영역에서 더욱 그러하다. 이제 그 자체가 형법적 보호객체가 되어야 하는 데이터는 데이터의 조작이나 데이터를 이용하여 다른 법익을 침해하는 수단으로 이용되고 있다.

그러나 이와 같은 위험성을 이유로 정보처리 및 정보사용을 전면적으로 혹은 제한적으로 금지하거나 정보처리기술의 발전을 막을 수는 없다. 이는 정보사회로의 패러다임변화에 거스르는 것이며 또한 가능하지도 않기 때문이다. 더 나아가 자유경제질서와 활동을 지나치게 위협할 수도 있기 때문이다. 인터넷의 위법한 내용을 통제하려고 시도하려다가 합법적인 정보에의 접근을 막아버리게 되는 결과를 초래할 위험성도 있다. 이는 인터넷에서의 사상 및 정보의 자유와 또는 통신비밀 및 사적 영역의 보호와 그 검열과의 긴장관계를 의미한다.

이제 정보통신기술이 우리 생활의 모든 영역에 광범위하게 퍼져 있다는 사실은 부인할 수 없는 사회현실이다. 따라서 양자택일의 문제가 아니라, 과연 어떻게 정보사회에서 나타난(또는 나타날) 위험원에 대한 안전을 확보하고 보안시스템을 구축하면서 정보사회로의 발전을 도모할 것인가가 현실에 대한 올바른 인식이다.[20] 따라서 인터넷의 긍정적 발전을 저해하지 않은 한도내에서 형법적, 행정법적 및 민법적 책임에 관한 논의가 이루어져야 하며, 적절한 법적 기본토대가 마련되어야 한다.

---

19) Sieber, Computerkriminalität und andere Delikte im Bereich der Informationstechnik, ZStW 104 (1992), 699.
20) Hassemer, Datenschutz und Datenverarbeitung heute, 1995, S.48.
    이러한 취지에서 정보화촉진기본법이 1995년 8월 4일(법률 제4959호)에 제정되었고 제14조에 따라 건전한 정보통신질서의 확립과 정보의 안전한 유통을 목적으로 한 정보보호센터가 1996년 4월에 정보통신부에 설치되었다.

3. 정보사회에서의 형법의 임무와 기능

(1) 새로운 관점

유체물에서 컴퓨터데이터와 같은 새로운 무형적 가치로의 패러다임전환은 형법의 기능과 임무에 대한 새로운 시각을 요구한다. 여기서 생각해야 할 문제는 과연 형법이 새로운 가벌적인 행태에 대한 적합한 투쟁수단인가라는 점이다. 즉 새로운 범죄유형에 대처하기 위한 형벌규정의 확장이 형법의 임무에 합치되는 것인가 아니면 새로운 형태의 위험에 따른 형법의 발전이 가져올 결과가 형법의 임무에 상치되는 것이 아닌가라는 의문이다. 왜냐하면 새로운 형법발전은 컴퓨터데이터와 같은 새로운 무형적 가치의 등장 등으로 가치평가에 대한 변화로 인하여 나타난 법익개념의 완화와 새로운 위험에 대처하기 위한 형법적 보호의 확장, 다시 말해서 추상적 위험범의 확대와 가벌성을 법익침해 전단계로 앞당기는 문제 등으로 특징지울수 있기 때문이다. 이는 형법의 보충적 임무, 즉 최후수단성에 상치된다는 비판을 받는 문제이다.

그렇다면 새로운 범죄유형에 대처하여 미래의 안전을 보장하기 위해서는 이러한 비판을 감수해야 하는 것인가, 아니면 전통적인 형법의 임무를 수정해야 하는 것은 아닌가. 형법적 보호영역의 확장과 가벌성의 양적 확장(예컨대 보편적 법익개념의 확대, 추상적 위험범 영역확대, 실행의 착수시기를 앞당기거나 미수와 예비의 처벌범위를 확대함으로써 가벌성의 양적 확장 등), 위험예방을 위한 형벌의 활용은 현대위험사회의 다양한 현상을 규율하여 공동체구성원의 평화로운 공존질서를 유지하기 위하여 필연적인가.

아니면 여전히 전통적인 형법의 임무와 기능을 고수하여 국가적 간섭을 배제하고 (예컨대 70년대 미국의 불간섭원칙), 형법은 국가행위의 최후수단이며 보충적 및 부수적 임무를 수행하는 것으로 보아 새로운 위험에 기인한 갈등행위를 모두 형법으로 규율하려는 입장에 반대해야 할 것인가. 오늘날의 형법적 도구는 18세기의 유물이 아니라 200여년간의 점진적인 학문적 성과이자 정신적 산물임에 비추어 여전히 전통적인 형법의 임무와 기능안에서 법치국가적 형법을 고수하는 것이 바람직한가.

형법은 사회생활영역에서 공존질서를 유지하고 침해된 법익질서를 회복시키기 위하여 규범침해행위에 대한 적정한 형사제재수단을 가하고 법공동체의 교란행위를 진압 및 규제하는 기능을 수행한다. 또한 형법은 가치질서의 변화와 새로운 가치의 등장에 따른 형벌구성요건을 신설하고 실효성 없는 형법규정을 폐지함으로써 일반인에게 규범에 맞는 사회적 갈등을 해결하도록 하고 그렇지 않는 행위에 대해서는 형사제재를 예고함으로써 예방적 기능도 담당하고 있다.

이와 같이 정보사회와 이에 수반될 새로운 형태의 위험은 형법의 임무와 기능에 대한 새로운 인식을 필요로 하며, 전통적인 형법의 임무와 기능에 대한 변화된 시각을 요구하고 있다.

(2) 탈근대적(postmodern) 형법의 과제

1) 전통적인 법치국가적 형법

법치국가의 과제는 공존질서로서의 대내적인 법질서를 유지하고 보장하며 개개인의 자유와 권리를 위법한 침해로부터 보호하고 적법한 절차에 따른 공정한 법적용을 보장하는 것이다.[21] 이 이념은 국가권력의 유형에 따라 다른 내용을 요구한다. 예컨대 형사입법자에게는 명백히 기술된 형법규범을 요구한다. 이렇듯 법치국가형법의 지주는 명확성의 원칙과 보충성 및 비례성의 원칙이다. 어떤 행위에 대해 어떠한 제재가 가해지는가를 누구나 알 수 있도록 형법전의 기술이 명확해야 한다(명확성의 원칙). 처벌의 대상이 되는 모든 행동을 가능한 한 명확하게 한정 지워야 한다. 입법자의 권위가 사법으로 이양되지 않는 입법자와 법관간의 책임분담이 이루어져야 한다. 이로써 법관의 자의적 법해석을 방지할 수 있다. 또한 이로써 법적신뢰, 법적 안정성과 예측가능성이 보장될 수 있다.

또한 법익침해 또는 위태화행위에 대한 형사법적 제재는 다른 적절한 수단이 없거나 덜 유해한 수단으로 꼭 필요한 만큼 투입되어져야 한다(비례성의 원칙). 즉 추구된 목적과 투입된 수단사이의 비례성이 법치국가적형법의 요청이다. 국가는 정보사회의 위험원을 예방하고 제거하기 위하여 시민에게 필요하고 최소한의 부담을 주는 수단을 선택하여야 한다. 위험원의 효율적인 예방이나 잠재적 범죄자에 대한 위하를 목적으로 구성요건과 과도한 법효과를 연결한다면 책임원칙과 비례성의 원칙에 반하게 된다.

형법은 사회의 공존질서유지를 위한 사회통제수단의 일부이다. 법규범중에서도 형법은 개인의 자유와 권리를 박탈하거나 제한하는 강력한 제재수단을 갖고 있다.

---

21) Merten, Rechtsstaatlichkeit und Gnade, 1978, S.21.

따라서 사회의 분쟁상황을 해결할 수 있는 다른 법적 또는 사회적 통제수단이 있을 때에는 형법은 뒷전에 물러서야 한다(형법의보충성). 궁극적으로 규범은 공존질서를 위한 것이고 이미 다른 수단으로 침해된 공존질서를 회복시킬 수 있다면 형법규범이 투입될 필요는 없어지게 된다. 이는 형법이 중대한 사회유해적 행위나 법익침해행위만을 금지한다는 의미이기도 하다. 공동생활에서 필수적이며, 형법이외의 다른 법적 혹은 법이외의 통제수단에 의해서도 보호될 수 없는 법익만을 형법이 보호해야 한다는 것이다.[22]

전통적인 형법의 과제는 사회통제의 최후수단이며 가장 강력한 수단을 투입하여 달성되는 법익보호에 있다. 이 중에서도 구체적이고 윤곽지워진 개별적 보호이익, 즉 생명 및 신체의 완전성, 인격, 명예, 자유, 소유권같은 개인적 법익을 보호하는 것이 중점에 놓여 있었다. 물론 국가의 기밀, 공공의 안전과 평온, 교통의 안전 등과 같은 국가 또는 사회적 법익이 형법적보호대상이라는 점도 분명하다. 그러나 국가 및 사회적 이익의 보호는 궁극적으로 개인의 사회 내지 국가내에서의 존재를 위한 전제조건이기 때문에 개인적 법익 내지 인간중심적 법익체계가 중요시 되어졌다.

2) 탈근대형법의 등장[23]

과학과 기술의 발전은 부수적으로 끊임없이 위험원을 창출한다. 따라서 어디에 그 위험이 도사리고 있는지 예측이 불가능한 현실이다. 이러한 위험사회[24]에서의 법규범의 임무는 무엇보다도 공존질서를 위협하는 위험을 예방하는데 있다. 형법도 위험예방의 도구로 기능화한다. 환경, 경제, 마약, 교통, 의료, 제조물, 컴퓨터분야에서의 위험에 대한 예방목적으로 양산된 무수한 부수형법이 이를 입증한다. 형법도 이제 위험형법으로 패러다임이 변화된다. 형법의 발전은 형법이 범죄통제의 도구에서, 구체적인 법위반에 대한 개별적 진압에서 이제는 문제상황에 대비한 광범위한 예방의 도구로 바뀌어 간다.[25]

위험사회에서는 위험이 내재된 사회변화의 속도가 형사입법자의 결단보다 훨씬

---

22) Arth. Kaufmann, Subsidiaritätsprinzip und Strafrecht, FS-Henkel 1974, S.102.
23) 전근대형법, 근대형법, 탈근대형법의 패러다임변화에 관해서는 이상돈, 형법의 근대성과 대화이론, 홍문사 1994, 13면 이하.
24) 위험사회에서의 위험형법의 등장에 관해서는 김일수, 형법총론, 박영사 1996, 7면 이하.
25) Hassemer, Einführung in die Grundlagen des Strafrechts, 2.Aufl., 1990. S.275.

빨리 진행된다. 따라서 이미 위험이 현실화된 시점에서는 입법자의 입법동기도 무의미해 진다. 따라서 이러한 상황에서는 형벌규정을 어느 정도 일반적이고 추상적으로 규정해야 그러한 상황변화에 신속하게 대처할 수 있다. 입법자는 법적용자가 법규범을 변화된 상황에 탄력적으로 적용할 수 있도록 추상적이고 일반적 개념과 언어로 대체되어 법치국가형법의 근간인 법률구성요건의 명확성의 원칙이 잠식된다. 일반 형법규정과 백지형법이 점증26)할 추세이다. 입법자는 점차로 불확정한 법률개념과 일반조항의 형식을 갖는 표현을 많이 사용한다. 그 결과 위험예측이 불가능한 만큼 형법규범을 수단으로 한 사회통제도 예측불가능하게 된다.

무엇이 범죄이며 그에 대한 형사제재가 무엇인가가 법률로 명확하게 규정되어 있어야 한다는 요구는 지배자의 법률에 의한 자기구속을 이념으로 한 법치국가요청이다. 국가형벌권의 자의적 발동으로부터 시민의 권리와 자유를 보장하고 법적용자에게는 자의적인 해석의 가능성을 허용하지 않으려는 의도이다. 예를 들어 컴퓨터조작범죄의 객체 중 "전자적 기록 등 특수매체기록"의 특수매체기록이라는 단어는 무엇을 의미하는지 막연하고 외연을 한정하기 곤란하다.27)

위험예방과 규제의 효율성과 실효성이 감소되니까 법치국가적 보장을 무너뜨려서라도 형법을 투입하려는 인식이 점증하는 것도 탈근대적 형법의 특징이다.28) 즉 비용과 효용의 경제적 계산이 법치국가적 보장을 위협하고 있다. 형법적 도구의 목표 및 결과지향적 투입이 자주 언급되고 있다.29) 이는 형법적으로는 추상적 위험범의 입법형식이 증가하는 것과 형사소송법적으로는 형사소추의 효율성과 소송촉진사상이 지배적인 법개정의 동기로 작용한다는 점으로 추측할 수 있다. 또한 형법적 제도 보호와 같은(예컨대 경제범죄에 있어서 경제정책 또는 제도와 같이) 보편적 법익의 등장도

---

26) Naucke, Über Generalklauseln und Rechtsanwendung im Strafrecht, Tübingen 1973.
27) 장영민, 형법개정안의 컴퓨터범죄, 형사정책연구 제3권 제2호, 1992, 89면.
28) 이와 같이 형법의 보충적 성격이 망각되는 이유는 도시화와 핵가족화 등 사회변화에 따라 사회를 안정시키는 요인이 감소한 데 있다(Bender, Rechtspolitik in der heutigen Zeit - Grundfragen und Tendenzen, DRiZ 1978, 34). 이는 전통적으로 교육기능을 담당하면서 사회통제기능을 수행하던 학교. 교회. 가정이 역할을 다하지 못하기 때문으로 추측된다. 이러한 이유로 법외적인 행위규범이 감소되고 법 내지 형법에 거는 사회통제적 기대가 증가하여 법률규범의 폭증을 초래하였다.
29) 이에 관해서는 Neumann, Vom normativen zum funktionalen Strafrechtsverständnis, in: Perspektiven der Strafrechtsentwicklung, 1996, 31ff.

이를 입증한다. 권리침해의 결과를 확인할 수 없고 또 확인하지도 않고 위험만이 불확실하게 추측되는 곳에서도 형법적 보호가 보장되었고 시민사회의 공존질서를 위협하는 수많은 다양한 위험요소들을 규범내용으로 포착하기 위한 형법은 위험예방법이 되었으며 이로써 필연적으로 명확성이 희생되었다.[30] 추상적 위험범형태의 입법이 증가하여 손해나 구체적 위험의 발생이나 소송법상 이에 대한 입증이 필요없게 된다.

전통적인 범죄에서는 범행의 계획, 예비단계에서 실행의 착수, 결과의 발생까지 범죄자가 관여하여야 한다. 이에 반해서 컴퓨터 및 정보통신망을 이용한 범죄의 경우에는 범죄대상의 데이터에 접근하여 일정한 조작을 가하면 결과가 즉시 나타나는 것이 아니더라도 자동적으로 광범위하게 동시에 발생한다. 일정한 행위로 실행에 착수하면 결과발생을 기다릴 필요가 없다. 따라서 예비단계에서부터 형법적 평가의 대상이 될 필요가 있다. 환경범죄나 마약범죄 등과 같은 다른 새로운 범죄현상에서도 마찬가지이다. 형법적 보호를 실행의 착수이전단계로 앞당김으로써 효율적인 위험예방이 가능해지기 때문이다. 작은 위험이 공존질서를 뒤흔들 큰 위험으로 발전되기 때문에 시기적으로 앞당겨진 사전예방이 필요해진다. 위험은 과실에 의한 경우가 통상적이기 때문에 과실행위를 규율해야할 필요성도 증가한다.

3) 탈근대형법의 과제

후기 산업사회에서의 위험형법의 과제는 여전히 법익보호에 있다. 그러나 중심은 개인적 법익이 아니라 국가나 공동체의 제도보호와 같은 보편적 법익의 보호이다. 형벌은 예방목적으로 투입된다. 형법이 공동체의 충돌해결의 도구로서 인식되고 일반인도 형법의 해결력을 기대한다. 형벌은 정당한 형사제재수단으로 이미 행해진 불법에 대한 책임상쇄가 아니라 미래의 불법이나 장애행위에대한 예방을 목적으로 한다. 즉 미래의 안전을 보장하기 위한 수단에 중점이 옮겨진 것이다. 형법의 임무도 진압적 통제에서 예방적 조절로 변화된다.[31] 미래지향적 형벌효과가 전면에 등장하게 된다.

그러나 이는 이미 발생한 법위반에 대한 국가의 반작용이라는 형벌의 본질에서 벗

---

30) 이상돈, 형법의 근대성과 대화이론, 홍문사 1994, 17면.
31) 김일수, 형법총론, 박영사 1996, 8면.

어나는 것이다. 또한 목적이 수단을 정당화할 위험이 내재되어 있다. 점차로 형벌이 강화되고 수사권이 강화되는 현실은 이를 반증한다. 또한 예방효과가 극대화되기 위해서는 속임수없는 형사제재수단의 투입이 전제된다. 그러나 이는 실제적으로 가능하지 않다. 왜냐하면 형벌이 위혁하는 것이 아니라 형법에 대한 믿음을 형성하는 것이어야 함에 반해서 정형화된 형법실무나 공정한 법적용이 실제적으로 이루어지지 않고 있는 현실이기 때문이다. 또한 형사사법이 현실적인 충돌상황이나 위험을 실제로 해결할 수 있는가라는 기능성과 효율성도 신뢰할 수 없는 수준이기 때문이다.

4) 비판적 검토

탈근대적 형법이 법치국가형법의 지주인 명확성의 원칙과 보충성 및 비례성의 원칙을 잠식할 위험성을 안고 있다는 점은 분명하다. 형법이 위험예방의 도구로 기능한다면 장래의 위험원에 예방적으로 투입되는 경찰법과의 한계가 무너지게 된다.[32]

또한 예방사상은 필연적으로 가벌성을 전단계로 확장하려는 경향을 갖고 있기 때문에 가벌적인 행위와 불가벌적 행위의 한계가 불분명해 진다.[33] 새로운 범죄의 범죄화든 기존 범죄의 가벌성을 앞당기든 처벌범위를 확대하는 것은 형법의 범죄예방이나 진압의 힘을 과대평가한 결과이다.

추상적 위험범의 문제도 제기된다. 현실적인 위험이 아니라 일정한 사회적 위험성을 나타내는 행위가 있으면 형법규범이 적용되기 때문에 법관은 입법자의 입법에 의존하게 되고 해석의 여지없이 기계적인 적용이 뒤따를 뿐이다. 이는 한편으로는 피의자 및 피고인의 방어기회의 감소를 의미하며 다른 한편으로는 법적용의 타당성에 대한 사후적 검증가능성과 통제가능성의 감소를 초래한다.

과연 형사사법의 실효성이 보장될 것인가도 의문이다. 이는 형벌의 적극적 일반예방효과와도 관련되어 있다. 범죄행위가 발각되지 않았거나 발각되었다 하더라도 고소되지 않은 암수가 높으면 높을 수록 법규범의 효력과 형사사법에 대한 신뢰는 깨어져서 형벌의 규범형성력을 떨어지기 때문이다. 그렇다면 위험형법은 상징적 기능과 전시적 기능만 수행할 뿐이다. 바로 특별법이 이와 같은 현상(성폭력방지법 등)을 나타내고 있다.

---

32) 배종대, 정치형법의 이론, 고대 법학논집 제26집, 1991, 229면.
33) 김일수, 기술혁신과 범죄, 과학기술혁명과 한국사회, 고대평화연구소 1992, 322면.

각종 위험원에 대한 무수한 특별형법의 남발과 법률내용의 급속한 개정도 시민의 법인식에 부정적인 영향을 끼친다. 법률에 대한 정보욕구가 감소하고 무관심이 증가하면 규범의식은 형성되기 어렵기 때문이다. 이는 이율배반적이다. 시민은 국가의 입법에 의한 문제해결을 기대하고 이에 따라 법률이 증가하지만 이에 반비례하여 시민의 규범의식은 감소하기 때문이다.

신종범죄화나 처벌을 통한 범죄억지보다도 바람직한 것은 예방적 범죄억제의 형사정책이다. 그러나 형사정책은 사회정책의 한 분야이기 때문에 정보사회에서의 새로운 범죄현상을 억제하기 위해서는 올바른 사회정책이 필요하다. 이런 의미에서 훌륭한 사회정책은 최상의 형사정책이라고 말할 수 있다.[34]

4. 정보사회로의 변화에 따른 범죄체계와 형법이론

(1) 문제제기

정보사회로의 발전은 범죄체계 자체에 본질적인 변화를 가져오지는 않을 것이다. 왜냐하면 현재의 범죄론체계는 수십년에 걸친 논의의 성과로서 오늘날에도 널리 인정되고 있기 때문이다. 그러나 새로운 가치의 등장과 이에 따른 가치질서의 변화, 형법의 임무와 기능에 대한 새로운 인식은 분명히 형법이론의 변화를 초래할 것이다. 여기에 속하는 것으로는 형벌론, 범죄주체론, 법익론, 위험범이론, 미수론 등이다.

형벌론에서는 형벌의 목적과 기능에 대한 재검토가 필요하며 기존의 형사제재수단이 새로운 현상에 대한 적합한 투쟁수단이 될 수 있을 것인가가 논의될 것이다.

범죄주체론에서는 정보사회에서의 반사회적 법익침해행위는 개인 뿐만 아니라 법인에 의해서도 가능하기 때문에 법인도 범죄주체가 될 것인가가 논의되어져야 한다. 환경범죄와 마찬가지로 경제범죄의 규율을 위해서 법인의 범죄능력을 인정해야 할 필요성이 강하게 대두된다.

법익론에서는 새로운 가치의 등장과 이에 따른 가치질서의 변화에 따라 법익개념과 종류, 법익체계 등에 대한 새로운 시각이 대두될 것이다. 이미 언급한 것처럼 보편적 법익의 등장으로 법익개념이 확장된다.

또한 위험범이론에서는 형법의 예방적 통제기능을 효과적으로 수행하기 위해서는

---

34) Mezger, Kriminalpolitik auf kriminologischer Grundlage, 2.Aufl., 1942, S.241.

법익침해의 결과발생 이전 단계의 처벌이 필요하기 때문에 추상적 위험범영역의 확대가 논쟁거리가 될 것이며 또한 미수론에서는 기수 이전단계인 예비 및 미수의 처벌 등이 확대될 가능성에 대해서 검토하여야 할 것이다.

특히 정보사회의 특징 중의 하나인 위험사회에서 나타날 공존질서를 위협하는 다양한 형태의 위험에 대해서 효율적으로 대처하기 위해서는 위험의 발생을 사전에 차단하든지 아니면 위험발생의 초기단계에서의 대응이 필수적이다. 그렇다면 법익침해의 결과가 발생하기 이전단계에서 형법이 투입되어야 한다. 이것은 처벌의 확대를 의미하기 때문에 필연적으로 법치국가의 틀안에서 가능한 것인가라는 논쟁이 제기될 수 있다. 실제 독일에서는 미래의 안전에 관련된 새로운 범죄유형에 대처하는데 전통적인 법치국가형법이 효율적이지 못하다는 비판과 함께 위험형법의 필요성을 주장하기도 한다. 그러나 아직까지는 위험사회에서의 형법의 기능과 역할을 최우선으로 생각하고 최적의 수단으로 여기는 입장은 소수에 불과하다. 여전히 전통적인 법치국가형법의 틀에서 벗어나 위험형법으로의 전환을 꾀하는 것은 시민의 자유에 대한 새로운 위험으로 여겨지고 있다.

(2) 형벌목적(적극적 일반예방사상)

정보사회의 문제점으로 지적될 정보의 빈부격차는 개인의 사회적 일탈행동을 부추기게 되고, 직접적인 접촉과 교류 없이도 삶이 가능해 지기 때문에 공동체의식이 약화될 것이고, 정보사회의 낙오자들의 사회문제도 심각해 질 것이며 개인의 사적 자유영역이 노출될 위험이 커질 것이다.

따라서 정형화된 사회통제 메카니즘의 하나인 형법은 형벌을 통하여 이러한 충돌상황을 예방하고 해결하는데 그 목적을 수행해야 한다. 형벌위협이 사회의 규범의식을 강화시키는 효과를 가져야 한다. 이는 사회유해적 행위를 일정한 양의 형벌로써 처벌함을 미리 예고하고 또 실제로 계속 처벌함으로써 형벌은 도덕형성력을 갖고 시민들의 법규범준수의식을 강화할 수 있다. 사회통제의 기능은 공존질서를 위한 규범의 효력을 확증하면서 공동삶을 가능하도록 하여야 한다. 이것이 바로 적극적 일반예방사상의 내용이다. 규범의 존재와 효력을 공적으로 확인하고 보장함으로써 이익충돌을 효과적으로 예방하고 또 이익충돌을 해결하는 것이 형벌의 목적이다. 형법의 형벌위협과 유죄판결을 통하여 범죄행위를 불승인하고 법질서의 불가침성을 확증해

보임으로써 규범의식을 형성시키고 법적 신뢰를 유지하는 적극적인 기능을 바로 형벌의 목적으로 본다.

이러한 형법의 기능은 일반시민으로 하여금 사회교육적 동기를 학습하게 하는 효과를 불러 일으켜 법충실훈련을 하고 법질서가 확증됨을 직간접으로 경험하게 하여 규범신뢰훈련을 쌓게 하며 범죄행위로 교란된 법의식과 법감정을 진정시켜 범죄자와의 갈등이 해소된 것으로 간주하는 만족효과를 불러 일으켜 결과승복에의 훈련을 하도록 하는 것이다.[35]

(3) 법인의 범죄주체성

최근의 경제형법이나 환경형법에서 보듯이 법인에 대한 비난이 가해지는 범죄현상이 생기자 법인의 가벌성을 인정하는 경향이 세계적인 추세이다. 이미 영미법에서는 인정되어 왔고, 법인의 범죄주체성을 부정하던 독일에서도 형사정책적인 필요성에 따라 이론적으로 인정하려는 견해가 유력해지고 있다.[36] 법인활동의 사회적 비중과 법인이 마치 행위자처럼 범죄활동을 행한다는 점에서 법인의 기관구성원인 자연인에 대한 처벌만으로는 실효성있는 범죄예방과 범죄투쟁의 수단일 수 없는 점이 고려된 것이다.

우리나라에서도 경제형법이나 행정형법에서 직접 행위를 한 자인 자연인을 처벌하는 외에 법인도 함께 처벌하는 소위 양벌규정을 두고 있다. 환경형법(예컨대 환경범죄에 관한 특별조치법)에서도 법인에 대한 벌금형을 규정하고 있다. 물론 컴퓨터범죄에 있어서는 아직까지 법인에 의한 컴퓨터 오남용실태가 발생하거나 일반화된 것은 아니지만 장래의 범죄현상에 대한 예측은 현재로서는 불확실하다. 따라서 다른 경제형법이나 환경형법분야, 제조물책임분야, 의료형법분야 등의 새로운 범죄현상에서 법인이 대부분 중심적인 역할을 한다는 점은 부인할 수 없는 사실이다.

---

35) Bartta, Intergration-Prävention, Kriminologisches Journal 1984, S.132f.
36) 이에 관해서는 Hirsch, Die Frage der Straffähigkeit von Personenverbänden, Rheinisch-Westfälische Akademie der Wissenschaften, Vorträge G 324, 1993, S.5 (Fn.2).

Ⅲ. 형법에서의 위험사회토포스의 수용: 위험형법[37]

산업화와 더불어 부산물로 내던져진 다양한 위험원은 현대사회를 위험사회로 특징지우기에 충분하다. 이러한 위험사회[38]에서의 법규범의 임무는 무엇보다도 공존질서를 위협하는 위험을 예방하는데 있다. 불확실성이 지배하는 위험사회에서는 형법도 위험예방의 도구로 기능화한다. 위험이 예측되는 곳에는 예방을 목적으로 한 형법의 투입이 요구된다. 환경, 경제, 마약, 교통, 의료, 제조물, 컴퓨터분야에서 위험에 대한 예방목적으로 무수한 부수형법이 양산된다.

위험예방과 규제의 효율성과 실효성이 감소되니까 법치국가적 보장을 무너뜨려서라도 형법을 투입하려는 인식이 점증하는 것도 위험형법의 특징이다. 법익침해 내지 위태화를 확인할 수 없고 단지 사회적 위험성이 추측되는 곳에서도 형법적 보호의 필요성이 주장된다. 추상적 위험범의 입법형식이 증가하는 것이 바로 그 예이다. 전통적인 법치국가형법의 보충적 법익보호사상은 범죄의 실효성있는 사전적 예방이라는 형사정책적 고려에 의해서 잠식당하기 시작한다. 이로써 시민사회의 공존질서를 위협하는 수많은 다양한 위험요소들을 규범내용으로 포착하기 위한 형법은 위험예방법이 되었으며, 필연적으로 명확성의 원칙은 희생된다.

또한 형법적 제도보호와 같은(예컨대 경제범죄에 있어서 경제정책 또는 제도와 같이) 보편적 법익이 등장한다.

컴퓨터 및 정보통신망을 이용한 범죄, 환경범죄나 마약범죄 등과 같은 새로운 범죄현상에서와 같이 형법적 보호를 실행의 착수이전단계로 앞당김으로써 효율적인 위험예방이 가능해진다. 작은 위험이 공존질서를 뒤흔들 큰 위험으로 발전되기 때문에 시기적으로 앞당겨진 사전예방이 필요해진다. 특히 정보사회의 특징 중의 하나인 위험사회에서 나타날 공존질서를 위협하는 다양한 형태의 위험에 대해서 효율적으로 대처하기 위해서는 위험의 발생을 사전에 차단하든지 아니면 위험발생의 초기단계에서의 대응이 필수적이다. 그렇다면 법익침해의 결과가 발생하기 이전단계에서 형법이 투입되어야 한다. 가벌성의 확장의 위험성을 고려한다면 원칙적으로 고의범에 한정[39]해야 하지만 위험은 과실에 의한 경우가 통상적이기 때문에 과실행위를

---

37) Prittwitz, Strafrecht und Risiko, 1993, S.261ff.
38) 위험사회에서의 위험형법의 등장에 관해서는 김일수, 형법총론, 박영사 1996, 7면 이하.

50

규율해야 할 필요성도 증가한다.

Ⅳ. 통일한국을 대비한 형법의 과제

정보사회와 위험사회는 세계화된 개념이다. 그러나 통일시대는 - 물론 독일이 이를 이미 경험했지만 - 우리만의 현실이다. 통일은 더 이상 관념이 아니라 현실의 세계로 다가온다. 통일은 국가적 및 국민적 과제이다. 이에 대한 법적 대비는 법학의 과제이자 임무이다. 법적 통일의 과정을 통하여 통일이 완성될 수 있다. 따라서 통일법제의 연구가 앞으로의 연구과제이다.[40] 남북한 형법은 형법의 목적과 임무에 관한 기본적인 입장의 차이에서부터 범죄론전반, 형벌제도와 형법각칙의 범죄유형에 있어서 형법통합을 말하기 어려울 정도의 상이함을 보이고 있기 때문에[41] 통일을 대비한 형법통합에 관한 연구가 당면한 한국형사법학의 과제이다. 독일에서는 1990년10월 3일에 동·서독이 통일되면서 서독형법의 변화는 없었고, 다만 서독형법의 적용범위가 구동독에까지 미쳐 넓어지게 되었다.[42]

또한 독일 통일과정에서 문제되었던 국가에 의해서 조성된 불법행위에 대한 형법적 과거청산도 법적 논쟁[43]의 하나가 될 것이기 때문에 우리가 준비해야 할 과제의 하나일 것이다. 여기에서는 우선 과연 정치적 불법을 처리하는데 있어서 형법이 어떤 역할을 할 수 있을 것인가, 형법을 적용한다면 어떤 형법을 적용할 것인가하는시간적 적용범위와 소급효금지의 원칙, 공소시효의 문제, 불법행위에 대한 처벌의 필

---

39) Möhrenschlager, Computerkriminalität und andere Delikt im Bereich der Informationstechnik, ZStW 105(1993), S.922.

40) 남북한 형법 및 형사소송법에 관한 연구로는 김일수, 남북통일과 형법, 한국법제연구원 제6회 법제세미나 발표논문집(한국법제연구원, 1995.12.14); 장규원, 통일이후 대비한 남북한형사소송법의 통합에 관한 연구, 형사정책연구 제7권 제1호(1996년 봄호), 87면.

41) 이에 관해서는 장영민/이건호, 남북한 통일과 형법통합, 형사정책연구 제7권 제1호(1996 봄호), 8면 이하 참조.

42) Günther, Strafrechtsdogmatik und Kriminalpolitik im vereinten Deutschland, ZStW 103(1991), 851ff.

43) 이에 관해서는 김성천, 형법에 의한 체제불법 청산, 형사법연구 제14호(2000), 271; 조병선, 형법을 통한 과거청산의 한독비교, 형사법연구 제15호(2001), 185면. Dreier, Juristische Vergangenheitsbewältigung, Juristische Studiengesellschaft Hannover Band 24, 1995; Odersky, Die Rolle des Strafrechts bei der Bewältigung politischen Unrechts, 1992 참조.

요성과 형벌목적 등등의 문제점들이 연구되어져야 할 것이다.

V. 전망

탈근대적 형법이 법치국가형법의 지주인 명확성의 원칙과 보충성 및 비례성의 원칙을 잠식할 위험성을 안고 있다는 점은 분명하다. 형법이 위험예방의 도구로 기능한다면 장래의 위험원에 예방적으로 투입되는 경찰법과의 한계가 무너지게 된다.[44] 또한 예방사상은 필연적으로 가벌성을 전단계로 확장하려는 경향을 갖고 있기 때문에 가벌적인 행위와 불가벌적 행위의 한계가 불분명해 진다.[45]

현실적인 위험이 아니라 일정한 사회적 위험성을 나타내는 행위가 있으면 형법규범이 적용되기 때문에 법관은 입법자의 입법에 의존하게 되고 해석의 여지없이 기계적인 적용이 뒤따를 뿐이다. 이는 한편으로는 피의자 및 피고인의 방어기회의 감소를 의미하며 다른 한편으로는 법적용의 타당성에 대한 사후적 검증가능성과 통제가능성의 감소를 초래한다.

각종 위험원에 대한 무수한 특별형법의 남발과 법률내용의 급속한 개정도 시민의 법인식에 부정적인 영향을 끼친다. 법률에 대한 정보욕구가 감소하고 무관심이 증가하면 규범의식은 형성되기 어렵기 때문이다. 이는 이율배반적이다. 시민은 국가의 입법에 의한 문제해결을 기대하고 이에 따라 법률이 증가하지만 이에 반비례하여 시민의 규범의식은 감소하기 때문이다. 신종범죄화나 처벌을 통한 범죄억지보다도 바람직한 것은 예방적 범죄억제의 형사정책이다. 그러나 형사정책은 사회정책의 한 분야이기 때문에 정보사회에서의 새로운 범죄현상을 억제하기 위해서는 올바른 사회정책이 필요하다. 이런 의미에서 훌륭한 사회정책은 최상의 형사정책이라고 말할 수 있다.[46]

장래의 형법발전은 기존 형법구성요건의 제한과 폐지를 통한 비범죄화에 있다기보다는 오히려 새로운 형벌구성요건의 신설을 통한 형법영역의 확장에 있는 것 같다. 그러나 형법규정의 확장은 이미 언급한 것처럼 법익개념의 완화를 통해서 형법

---

44) 배종대, 정치형법의 이론, 고대 법학논집 제26집, 1991, 229면.
45) 김일수, 기술혁신과 범죄, 과학기술혁명과 한국사회, 고대평화연구소 1992, 322면.
46) Mezger, Kriminalpolitik auf kriminologischer Grundlage, 2.Aufl., 1942, S.241.

의 법익보호기능이 약화될 위험을 안게 되고, 위험의 예방이라는 차원에서 추상적 위험범을 확대시키고 형법의 보충성사상을 무시하게 되는 결과를 초래하게 된다.

정보사회는 위험사회이다. 위험사회에서의 형법은 범죄예방의 도구로 기능한다. 효율적인 범죄예방을 위해서는 언제든지 어디든지 형법이 투입된다. 이것은 처벌의 질적 및 양적 확대를 의미하기 때문에 필연적으로 법치국가의 틀안에서 가능한 것인가라는 논쟁이 제기될 수 있다. 실제 독일에서는 미래의 안전에 관련된 새로운 범죄유형에 대처하는데 전통적인 법치국가형법이 효율적이지 못하다는 비판과 함께 위험형법의 필요성을 주장하기도 한다. 그러나 아직까지는 위험사회에서의 형법의 기능과 역할을 최우선으로 생각하고 최적의 수단으로 여기는 입장은 소수에 불과하다. 여전히 전통적인 법치국가형법의 틀에서 벗어나 위험형법으로의 전환을 꾀하는 것은 시민의 자유에 대한 새로운 위험으로 여겨지고 있다. 따라서 형법의 개입이 필요한 경우와 다른 법적 규제가 가능한 분야로 구분하여 대응수단도 이에 상응하도록 조화를 이루는 것이 필요하다.[47]

---

47) 김일수, 형법총론, 10면.

건축법상의 불법용도변경과 형법의 시간적 적용범위[*]
- 대법원 2001.6.29. 선고 2000도2530 판결 -

Ⅰ. 사실관계

피고인이 판매시설로 사용승인를 받은 바닥면적 179.58㎡의 건축물을 1998년 3월부터 유흥주점으로 건축물의 용도를 변경하여 현재까지 계속 사용하는 도중에 건

---

[*] 출처: 「고려법학」 제38호, 2002, 241면 이하.

축법(1999.2.9.)과 동시행령(1999.4.30.)이 재정되어 판매시설이나 유흥주점이 같은 시설군에 속하게 되었고 그들 사이의 용도변경사용은 허가는 물론 신고 없이도 가능하게 되었다. 개정 건축법 부칙 제14조에 "이 법 시행전의 행위에 대한 벌칙의 적용에 있어서는 종전의 규정에 의한다"는 경과규정이 있다.

II. 대법원 판결요지

1999.2.8. 법률 제5895호로 개정된 건축법의 시행 전후에 걸쳐 판매시설로 사용승인을 얻은 바닥면적 179.58㎡의 건축물을 유흥주점용도로 계속하여 사용한 경우, 1999.2.8. 법률 제5895호로 개정되기 전의 건축법 제14조 1항 3호, 3항, 같은 법 시행령(1999.4.30. 대통령령 제16284호로 개정되기 전의 것) 제14조 4항 [별표 16] 3호 (라)목, 2항의 각 규정에 의하면, 판매시설로 사용승인을 받은 건축물의 용도를 유흥주점 용도로 변경하고자 하는 경우, 당해 용도에 쓰이는 바닥면적의 합계가 200㎡ 이상인 경우에 한하여 구청장 등의 허가를 필요로 하는 것이고, 바닥면적의 합계가 179.58㎡인 경우에는 허가는 물론 신고 없이도 자유로이 용도를 변경할 수 있었고, 1999.2.8. 법률 제5895호로 개정된 건축법 제14조 2항, 3항 1호, 같은 법 시행령(1999.4.30. 대통령령 제16284호로 개정된 것) 제14조 4항 1호, 제3조의4 [별표 1] 및 부칙 3항의 규정에 의하더라도, 유흥주점과 판매시설은 구청장 등에게 신고할 필요 없이 그 사이의 용도를 변경하여 사용할 수 있으므로, 판매시설로 사용승인을 얻은 바닥면적 179.58㎡의 건축물을 위 개정된 건축법 시행 전후에 걸쳐 유흥주점용도로 계속하여 사용한 행위는 위 개정 전 건축법은 물론 개정된 건축법에 의하더라도 범죄를 구성하지 않는다.

1. 원심판결의 요지(서울지방법원 2000.5.19. 선고 2000고단599 판결)

원심은, 피고인은 부동산 임대업을 목적으로 설립된 주식회사 영림카디널의 관리부장으로서 공소외인과 공모하여 관할 구청에 신고 없이 공소외인이 1988.3. 일자불상경부터 현재까지 서울 강남구 역삼동 831 혜천빌딩 지하 1층 3호 판매시설 179.58㎡를 유흥주점으로 사용하여 건축물의 용도를 무단 변경하고, 주식회사 영림카디널은 그 관리부장이 피고인의 업무에 관하여 위와 같이 공소외인과 공모하여 판매시설을 유흥주점으로 사용하여 건축물의 용도를 무단 변경하였다고 인정하여 피고인을 벌금 200만원, 피고인 주식회사 영림카디널을 벌금 400만원에 각 처하였다. 적용법 조는 피고인에 대해서는 구 건축법(1999.2.8. 법률 제5895호로 변경되기 전의 것) 제81조 2항, 제78조 1항, 제14조 2항, 형법 제30조, 피고인 주식회사 영림카디널에 대해서는 같은 건축법 제81조 2항, 제78조 1항, 제14조 2항이었다.

2. 상고이유의 요지

이 사건 무신고 용도변경행위는 1998.3.경부터 원심판결일인 2000.5.19.까지 신고 없이 판매시설을 유흥주점으로 사용하여 이루어진 포괄일죄로서 그 범죄행위가 개 정된 건축법(1999.2.8. 법률 제5859호로 개정되어 같은 해 5.9.부터 시행된 것)의 전후에 걸 쳐서 행하여진 것으로 신구법의 법정형에 대한 경중을 비교할 필요도 없이 범죄실행 종료시점의 신법을 적용하여야 하고(대법원 1998.2.24. 선고 97도183 판결), 신법에 의 하면 이 사건 용도변경행위는 신고를 요하지 아니하여 범죄가 되지 아니함이 명백함 에도, 원심은 포괄일죄에 있어서 범죄행위가 법개정 전후에 걸쳐 행하여진 경우에는 범죄행위 종료시라고 할 수 있는 신법을 적용하여야 한다는 법적용의 법리를 오해함 으로써 판결에 중대한 영향을 미친 위법사유가 있다.

Ⅲ. 연구논점

1. 판결의 의미

결론적으로 말하자면, 건축법(건축법시행령 포함) 개정 전후에 걸친 피고인의 용도 변경 사용행위는 개정 전후를 불문하고 불법이 아니라는 점에 대해서는 논란의 여지 가 없다. 따라서 여기서 이 판결사안에 대한 대법원의 판단에 대해서 논하고자 하는 것은 아니다. 판매시설로 사용승인을 얻은 바닥면적 179.58㎡의 건축물을 위 개정된 건축법 시행 전후에 걸쳐 유흥주점용도로 계속하여 사용한 행위는 위 재정 전 건축 법은 물론 개정된 건축법에 의하더라도 범죄를 구성하지 않는다는 대법원 판결은 건 축법상의 용도변경행위의 성격과 이와 관련된 신구법의 시간적 적용범위에 관한 논 쟁에 들어가지 않고도 개정 전후의 법령을 자세히 들여다보면 어렵지 않게 그 타당 성을 확인할 수 있을 것이다.

왜냐하면 피고인이 사용승인을 받은 판매시설(면적 179.58㎡)과 용도를 변경하여 사용한 유흥주점은 변경사용 당시 건축법시행령(1999.7.7 개정)에 의하면 서로 다른 시설군에 속하고, 따라서 용도변경허가를 받아야 하는데 다만 바닥면적의 합계가 200㎡ 이상이어야 용도변경의 허가대상이기 때문이다(건축법시행령 제14조 4항 [별표 16] 3호 (라)목). 또한 개정된 건축법(1999.2.8.) 제14조와 개정된 건축법시행령(1999. 4.30.) 제14조 4항 1호, 제3조의4 [별표 1]에 의하면 유흥주점은 위락시설에 속하고 위락시설과 판매영업시설은 동일하게 영업 및 판매 시설군에 속하기 때문에 용도변경의 신고대상이 아니다. 따라서 피고인의 용도변경행위는 건축법(건축법시행령 포함) 개정 전에는 원칙적으로 변경허가대상이지만 예외적으로 바닥면적이 200㎡ 이상이 아니어서 건축법위반이 아니고, 건축법(건축법시행령 포함) 개정 후에는 바닥면적에 관계없이 변경신고대상이 아니어서 건축법위반이 아니다.

2. 사안의 재구성과 논점제기

따라서 이 판결사안에 대한 법적 판단에 대해서 논하는 것은 의미 없는 일이다. 논의의 폭을 넓혀 이와 관련한 형법적 문제점들을 다루기 위해서 사안을 재구성하기로 한다. 상고이유에서 변호인은 개정 전후의 법령에 의하면 피고인의 행위가 불법한 용도변경이 아님에도 불구하고 이를 간과하여 용도변경 사용행위의 성격을 계속범으로 보아 계속범의 행위 종료 시에 유효한 개정된 건축법에 따라 피고인의 행위가 무죄임을 주장하고 있다. 이러한 논지는 이 판결사안에 관해서는 이미 언급한 것처럼 불필요한 것이지만 만일 용도를 변경하여 사용한 시설의 면적이 200㎡ 이상이었다면 상고이유의 논지는 의미를 갖게 된다. 따라서 이하에서는 위 피고인이 용도를 변경하여 사용한 시설의 면적이 200㎡ 이상이라고 가정하기로 한다.

그렇다면 재구성한 사안의 논점은 ① 건축법상의 불법용도변경죄(건축법 제78조)의 실행행위가 어느 시점에 종료되었다고 볼 것이냐와 ② 실행행위 도중에 법률이 변경되어 그 행위가 범죄를 구성하지 않는 경우에도 변경된 법률의 부칙에 변경되기 전의 처벌규정에 의하여야 한다는 경과조치가 있다면 이를 적용하여 처벌할 수 있는 것인지이다. 즉 실행행위의 종료시점을 언제로 볼 것인가에 따라 신·구건축법의 적용이 달라져 처벌여부가 갈라지게 된다.

이에 대해서는 대체로 세 가지 정도의 견해가 대립될 수 있다. 우선 ① 불법용도

변경죄의 실행행위의 종료시점을 신고 없이 다른 용도로 사용하기 시작하는 행위로 보게 되면, 즉 불법용도변경죄를 상태범으로 본다면[1] 형법 제1조 1항에 따라 구건축법에 따른 불법용도변경죄가 성립하지만 형법 제1조 2항의 범죄 후의 법률의 변경이 있는 경우로 볼 수 있다면[2] 개정건축법이 적용되어야 한다. 그러나 개정건축법의 부칙에 '이 법 시행전의 행위에 대한 벌칙의 적용에 있어서는 종전의 규정에 의한다'는 벌칙에 대한 경과조치가 규정되어 있으므로 구건축법이 적용되어야 한다. 물론 신법의 경과조치가 없는 경우라도 구법이 적용될 여지는 있다. 대법원은 형법 제1조 2항의 법률의 변경에 관해서 법률변경의 이유를 검토한 후에 행위시법을 적용하여 처벌할 것인지 아니면 재판시법을 소급적용하여 형사소송법 제326조 4호에 따라 면소판결을 할 것인지를 결정한다는 소위 동기설을 취하고 있기 때문이다.

이에 반해서 ② 건축물을 신고 없이 다른 용도로 사용하고 있는 한 불법용도변경죄의 실행행위는 아직 종료되지 않았다고 보면, 즉 불법용도변경죄를 계속범으로 본다면 형법 제1조 1항에 따라 실행행위의 종료시점에 유효한 법률을 적용하여야 한다. 따라서 이 사안에서는 원심판결선고 시까지(또는 수사가 시작되어 원래 용도로 원상회복시킨 시점까지) 실행행위가 계속되었으므로 개정건축법이 적용되어야 한다. 신법인 개정건축법이 적용되는 근거가 형법 제1조 2항의 범죄 후 법률의 변경이 있는 경우이기 때문이 아니라 행위시법원칙이 적용되기 때문이다.

물론 ③ 불법용도변경이라는 계속적 범죄행위의 도중에 법령이 변경되어 처벌대상에서 제외되었다고 하더라도 변경 전의 행위는 구성요건을 충족한 행위임은 분명하므로 이에 대해서 변경 전의 법을 적용하여 처벌할 수 있다는 경과규정이 있는 경우에는 구법에 따라 무죄이고 그러한 경과규정이 없는 경우에는 면소판결을 선고해야 한다는 견해[3]도 있을 수 있다.

---

[1] 본 판례평석 대상의 판결 이후에 선고된 대판 2001.9.25. 2001도3990의 원심판결의 입장.

[2] 판례의 동기설에 의하면 형법 제1조 2항에 따라 법률의 변경으로 형이 폐지된 경우에 당연히 신법이 적용되는 것이 아니기 때문이다. 이에 대해서는 아래 IV. 2. 참조.

[3] 본 판례평석 대상의 판결 이후에 대판 2001.9.25. 2001도3990의 입장.

IV. 형법 제1조 2항의 의미와 적용범위

1. 범죄 후 법률의 변경

형법은 행위자에게 유리한 경한 법을 적용한다는 취지에서 행위시법원칙의 예외인 제1조 2항을 규정하고 있다. 이에 따라서 범죄 후의 법률의 변경에 의하여 그 행위가 범죄를 구성하지 않을 때에는(제1조 2항 전단) 신법에 의해 형이 폐지되었으므로 면소판결을 내리고(형사소송법 제326조 4호) 형이 구법보다 경한 때에는(제1조 2항 후단) 신법을 적용하여야 한다. 신법이 적용되기 위해서는 범죄 후 법령이 변경되어야 한다. 즉 결과발생여부 및 결과발생시점과는 관계없이 실행행위가 종료된 후에 법령이 변경되었고 변경된 법령이 구법보다 경하거나 처벌법규가 폐지된 때에는 신법이 적용된다.[4]

이에 반해서 범죄의 실행행위 도중에 법률이 개정된 경우에는 제1조 1항의 규정상 당연히 범죄행위종료 시에 효력이 있는 법률(즉, 행위시법인 신법)이 적용된다. 따라서 예컨대 감금죄와 같은 계속범의 경우에는 피감금자가 자유를 회복했을 때 범죄행위가 종료되는 것이므로 감금행위 도중에 법령이 변경되었다면 행위시법인 신법이 적용된다.[5]

2. 범죄 후 법령의 개폐라 하더라도 형의 폐지로 볼 수 없는 경우

형법 제1조 1항은 행위시와 재판시의 형벌법규의 변경이 있는 경우라도 형의 경중에 변경이 없다면 행위시법이 적용되어야 함을 명백히 하고 있다. 형의 경중에 변화가 있는 경우라면 형법 제1조 2항에 따라 경한 신법이 소급하여 적용된다. 물론 구법적용의 경과조치가 규정되어 있다면 예외적으로 구법이 적용된다.

그러나 대법원은 형법 제1조 2항의 법률의 변경에 관해서 법률변경의 이유를 검토한 후에 행위시법을 적용하여 처벌할 것인지 아니면 재판시법을 소급 적용하여 형

---

4) 김일수, 「형법총론」, 2000, 54면; 박상기, 「형법총론」, 1997, 43면; 배종대, 「형법총론」, 2001, 92면; 신동운, 「형법총론」, 2001, 50면; 손동권, 「형법총칙론」, 2001, 41면; 오영근, 「형법총론」, 2002, 77면; 이재상, 「형법총론」, 1999, 31면; 임웅, 「형법총론」, 1999, 45면.

대판 1994.5.10. 94도563: 범죄의 성립과 처벌은 행위시의 법률에 의한다고 할 때의 "행위시"라 함은 범죄 행위의 종료시를 의미한다.

5) 김일수, 「형법총론」, 55면; 배종대, 「형법총론」, 92면.

사소송법 제326조 4호에 따라 면소판결을 할 것인지를 결정한다는 소위 동기설을 취하고 있다. 즉 법률이 변경된 경우에 행위자에게 유리한 제1조 2항이 언제든지 소급 적용되는 것이 아니라 법률변경의 이유가 법률이념의 변천에 따라 과거에 범죄로 보던 행위에 대하여 그 평가가 달라져 이를 범죄로 인정하고 처벌한 고 자체가 부당하였다거나 또는 과형이 과중하였다는 반성적 고려에 있는 경우에 한하여 신법을 적용한다는 것이다.[6] 이에 반해서 사정의 변천에 따라 그때그때의 특수한 필요에 대처하기 위하여 법령을 개폐하는 경우에는 이미 행위시법에 의해서 성립한 위법행위를 법률이 변경된 재판 시에 관찰하여도 행위당시의 행위로서는 가벌성이 있는 것이어서 행위시법이 적용된다고 본다.[7]

예컨대 대법원은 피고인의 건축법위반행위가 범행 당시에는 구 건축법(1991.5.31. 법률 제4381호로 개정되기 전의 것) 제55조 3호, 제7조의3 1항에 해당되어 처벌받도록 규정되어 있었으나, 그 후 재판 당시에는 같은 법률의 개정된 시행령에 의하여 당해 용도에 쓰이는 바닥면적 300㎡ 미만의 종교집회장과 대중음식점은 허가를 받아야 하는 용도변경이 아닌 것으로 변경되었다면, 이는 소규모 종교집회장에 대하여 특별

---

6) 대판 1999.6.11. 98도3097: 구 증권거래법 제188조의2가 1997.1.13. 법률 제5254호로 개정되면서 등록법인이지만 아직 한국증권업협회에의 등록을 마치지 아니하여 장외등록법인 내지 협회등록법인에까지는 이르지 못한 회사의 미공개 중요정보를 이용한 내부자거래를 처벌의 대상에서 제외한 취지는 유가증권시장이나 협회중개시장을 통하여 주식 등의 유가증권이 공개적으로 거래되는 상장법인이나 협회등록법인(장외등록법인)의 경우와는 달리 단순한 등록법인의 경우에는 유가증권의 발행이나 매매거래의 공정성 및 원활한 유통성의 확보나 투자자의 보호차원에서 별다른 문제가 발생할 여지가 많지 않음에도 불구하고 이러한 경우까지 내부자거래의 규제 대상으로 삼은 종전의 조치가 부당하다는 데에서 나온 반성적 조치라고 보아야 할 것이므로 이는 범죄 후의 법령개폐로 형이 폐지되었을 때에 해당한다.

7) 대판 1997.12.9. 97도2682: 형법 제1조 2항의 규정은 형벌법령 제정의 이유가 된 법률이념의 변천에 따라 과거에 범죄로 보던 행위에 대하여 그 평가가 달라져 이를 범죄 인정하고 처벌한 그 자체가 부당하였다거나 또는 과형이 과중하였다는 반성적 고려에서 법령을 개폐하였을 경우에 적용하여야 할 것이고, 이와 같은 법률이념의 변경에 의한 것이 아닌 다른 사정의 변천에 따라 그때그때의 특수한 필요에 대처하기 위하여 법령을 개폐하는 경우에는 이미 그 전에 성립한 위법행위를 현재에 관찰하여도 행위 당시의 행위로서는 가벌성이 있는 것이어서 그 법령이 개폐되었다 하더라도 그에 대한 형이 폐지된 것이라고는 할 수 없다(같은 취지로 대판 1985.5.28. 81도1045; 1999.10.12. 99도3870; 1999.11.12 99도356).
한국전기통신공사법을 폐지하고, 공기업의경영구조개선및민영화에관한법률에서 한국전기통신공사를 더 이상 정부투자기관관리기본법상의 '정부투자기관'으로 보지 아니하도록 정한 것이, 피고인들의 뇌물수수 행위에 대하여 형의 폐지, 변경이 있었던 것이라고 볼 수 없다.

히 용도변경의 허가를 받지 않아도 되는데 이를 처벌대상으로 삼은 종전의 조치가 부당하다는 데서 나온 반성적 조치라고 보고 범죄 후 법령의 개정으로 형이 폐지된 경우에 해당한다고 본다.[8]

따라서 판례에 의하면 법적용자인 법원이 입법자의 법률변경의 의도를 해석하여 제1조 2항의 적용여부를 결정한다. 그러나 입법자의 법률변경의 의도를 해석할 객관적인 기준을 제시하기가 쉽지 않고 또 법적용여부를 주관적인 입법자의 의도에 의존하는 것은 타당한 태도가 아니다. 더 나아가 법률변경의 이유가 사실변경에 있다고 본다면 신법이 아니라 구법이 적용되어 행위자를 처벌하여야 하는데, 이는 제1조 제2항의 '법률의 변경'의 의미를 행위자에게 불리하게 축소 해석한 결과가 된다. 따라서 제1조 제2항의 취지가 행위자보호에 있기 때문에 처벌법규가 없어진 경우나 구법보다 형벌이 경하게 변경한 경우에는 원칙적으로 제1조 제2항을 적용하여야 한다.

3. 실행행위가 신·구법에 걸쳐있는 경우

계속범처럼 실행행위가 신·구법에 걸쳐 있는 경우나 연속범처럼 포괄일죄가 신·구법에 걸쳐 행해진 경우에 ① 경한 구법에서 중한 신법(특별법)으로 변경된 경우 ② 중한 구법(특별법)에서 경한 신법으로 변경된 경우 ③ 구법에서 금지된 행위가 신법에서는 허용된 행위로 변경된 경우 ④ 구법에서는 허용된 행위가 신법에서는 금지된 경우 등 어느 경우이든 법률변경 시점에 일단 행위가 종료했다고 볼 수 있을 것인가, 아니면 법률변경 시점에 행위가 종료되었다고 보는 것은 아니지만 변경 전후의 행위에 대한 구성요건적 평가는 다르기 때문에 법률의 변경시점을 기준으로 나누어 법적용을 해야 하는 것인가, 아니면 법률변경과 관계없이 행위는 계속된다고 볼 것인가가 문제된다.

예컨대 포괄일죄의 경우에 위의 ①과 ②의 경우를 상정해 보자. 일죄로 평가되는 수개의 행위 도중에 형벌가중구성요건의 신설(특별법)로 법률이 변경되었을 때에는 변경 전의 행위는 개정전 법률에 의한 구성요건적 평가를 해야 하고 개정 후에는 형벌가중규정에 의한 구성요건적 평가를 해야 하는가. 이와 반대로 형벌가중구성요건에서 기본구성요건으로 변경된 경우에도 변경전의 행위는 가중처벌하고 변경후의

---

8) 대판 1992.11.27. 92도2106.

행위는 기본구성요건에 따라 처벌해야 하는가.

가중처벌규정에 의한 범죄를 종전 처벌규정의 범죄와는 별개로 볼 수 있다면 변경 전후를 구분하여 종전 처벌규정에 의한 범죄와 형벌가중구성요건에 따른 범죄와의 실체적 경합을 인정해야 할 것이다. 그러나 종전 처벌규정에 의해 범죄는 성립하고 단지 형벌가중의 요건이 추가된 것으로 변경된 것뿐이기 때문에 이 견해는 타당하지 않다. 또한 연속범이나 상습범과 같은 포괄일죄처럼 행위의 성질상 가분적일 경우에도 포괄일죄란 원래 수개인 행위를 포괄적으로 1죄로 평가한 것이고 수개의 행위가 한 개의 구성요건에 해당하여 일죄를 구성하는 것이기 때문에 타당하다고 볼 수 없다.

물론 가분적인 것으로 보고 변경 전후의 양죄를 실체적 경합으로 보는 이 견해는, 불가분으로 보고 구법적용하는 견해에 따르면 개정전후에 걸쳐 행위한 자는 가벼운 구법이 적용되고 개정 후에 범죄행위를 한 자는 무거운 신법이 적용되어 후자가 전자보다 더 중하게 처벌되는 불균형이 초래된다는 점과, 불가분으로 보고 신법적용하는 견해에 의하면 개정 전의 행위에 대하여 형벌소급적용하게 되므로 소급효금지의 원칙에 반한다는 점을 고려하면 분명 타당한 일면이 있다고 본다.

일반적으로 행위시라 함은 행위의 종료시를 기준으로 하기 때문에 포괄적 일죄의 실행행위 도중에 형벌법규가 제정 또는 개정된 경우에 포괄일죄의 전체에 대하여 신법을 적용하더라도 형벌불소급원칙에 어긋나는 것은 아니다. 따라서 위의 ③과 ④의 경우에 행위종료시법인 신법을 적용하여도 형벌불소급원칙에 위반되는 것은 아니다.

계속범과 같은 일죄의 경우에는 법률변경이라는 행위외적 사정에 의하여 범죄행위가 양분된다고 볼 수 없을 것이다. 만일 위의 ③처럼 법령의 개폐로 죄가 되지 않는 개정 후의 행위가 구성요건적으로 의미 없는 행위여서 무죄이고 개정 전의 행위는 유죄라면 위의 ①과 ②의 경우에도 구성요건적 평가가 서로 다른 두 개의 행위가 존재하므로 실체적 경합으로 보아야 할 것이다. 그러나 이는 전후에 걸쳐 행위한 자는 경합가중되므로 후에 동일한 범죄행위를 한 자보다 불리하게 되는 불합리를 초래한다. 이에 반해서 ④의 경우처럼 범죄행위에 해당하지 않았는데 법률이 변경되어 불법행위로 되었다면 법률변경시점부터 범죄행위가 시작되기 때문에 당연히 그 시점부터 기소시점까지의 행위는 변경된 법에 따라 처벌될 수 있다.

4. 포괄일죄의 행위종료시점

포괄일죄란 행위 자체는 수개이지만 범의의 단일성, 침해방법과 침해법익의 동일성, 범행사이의 시간적 연속성 등 행위단일성이 인정되어 실체법상 일죄로 평가되는 행위를 말한다.[9] 포괄일죄의 행위종료시점은 최후의 행위 종료 시이다. 따라서 실행행위 도중에 형의 변경이 있을 때에는 최후의 행위시법인 신법이 적용된다.

대법원은 포괄일죄의 경우에는 형법부칙 제4조 1항("1개의 죄가 본법시행 전후에 걸쳐서 행하여진 때에는 본법 시행 전에 범한 것으로 간주 한다")에 따라서 구법을 적용한다는 입장이었으나,[10] 전원합의체판결에서 이 부칙의 경과규정은 형법과 구형법과의 관계에서 그 적용범위를 규정한 경과법이기 때문에 형법과 다른 법률과의 관계에서는 위 부칙을 적용 내지 유추 적용할 것이 아니므로 신법 시행이후의 범행이 신법의 구성요건을 충족하는 때에 해당하는 포괄일죄의 경우에는 신법을 적용하여야 한다[11]고 태도를 변경하여 신·구법의 법정형에 대한 경중을 비교할 필요도 없이 범죄

---

9) 대판 1998.5.29. 97도1126; 2000.1.21. 99도4940; 1998.2.10. 97도2836; 1997.12.26. 97도2609.

10) 대판 1985.7.9. 85도740: 일반적으로 수뢰죄가 포괄일죄로 파악되는 것은 동일법익의 침해를 목적으로 하고 있음은 물론 하나의 구성요건중에 뇌물의 수수, 요구, 약속이라는 수개의 단계적 행위가 일시를 달리하여 여러 차례에 걸쳐 이루어졌을 때 그 포괄적 파악이 가능하고 또 위 복수의 행위가 다같이 동일법익을 침해하고 있기 때문이므로 이와 같은 포괄적 평가를 떠나 단순히 수개의 뇌물의 수수행위(즉, 수수, 요구, 약속이라는 각기 다른 행위태양이 아닌)가 있는 경우, 이를 포괄적으로 파악할 수는 없고 각개의 행위의 개별적 및 총괄적 성격의 평가에 따라야 한다. 특정경제범죄가중처벌등에관한법률 시행 전후에 걸쳐 행하여진 수개의 뇌물수수행위를 포괄일죄로 보는 경우, 형법이 그 부칙 제4조 1항에서 1개의 죄가 본법시행 전후에 걸쳐서 행하여진 때에는 본법 시행 전에 범한 것으로 간주한다고 규정하고 있는 취지에 비추어 위 법 제정전의 법률에 따라 의율됨이 상당하다.

11) 대판 1986.7.22. 86도1012. [다수의견] 형법 부칙 제4조 1항은 '1개의 죄가 본법시행 전후에 걸쳐서 행하여진 때에는 본법 시행전에 범한 것으로 간주한다'고 규정하고 있으나 위 부칙은 형법시행에 즈음하여 구형법과의 관계에서 그 적용범위를 규정한 경과법으로서 형법 제8조에서 규정하는 총칙규정이 아닐 뿐 아니라 범죄의 성립과 처벌은 행위시의 법률에 의한다고 규정한 형법 제1조 1항의 해석으로도 행위종료시의 법률의 적용을 배제한 점에서 타당한 것이 아니므로 신·구형법과의 관계가 아닌 다른 법과의 관계에서는 위 부칙을 적용 내지 유추 적용할 것이 아니다. 따라서 상습으로 사기의 범죄행위를 되풀이한 경우에 특정경제범죄사중처벌등에관한법률시행 이후의 범행으로 인하여 취득한 재물의 가약이 위 법률 제3조 1항 3호의 구성요건을 충족하는 때는 그 중 법정형이 중한 위 특정경제범죄가중처벌등에관한법률 위반의 죄에 나머지 행위를 포괄시켜 특정경제범죄가중처벌등에관한법률 위반의 죄로 처단하여야 한다.

실행종료시의 법인 신법을 적용하여 포괄일죄로 처단하여야 한다는 입장을 유지하고 있다.[12]

5. 신법에 구법적용의 경과규정을 둔 경우

범죄와 형벌은 행위시의 법률에 의하여 정해야 하며, 따라서 형벌법규의 시행 이후에 성립한 범죄에 관해서만 적용되고 시행 이전의 행위까지 소급하여 적용할 수 없다. 따라서 사후입법에 의하여 새로운 구성요건을 신설하거나 이미 존재하는 구성요건을 개정하여 처벌범위가 확대된 경우에 행위시법에 의하면 죄가 되지 않기 때문에 사후입법을 소급 적용하여 처벌할 수 없다.

신법에 구법적용의 경과규정을 두어 법률의 변경에 의하여 신법의 형이 구법의 형보다 경하더라도 행위시법원칙의 예외로서 신법을 소급하여 적용할 수 있다.[13] 이

[소수의견] 형법 부칙 제4조 1항은 범죄의 실행행위가 신·구 양법에 걸쳐서 행하여진 범죄의 행위시를 정한 것으로 형법의 적용범위, 범죄와 형벌 등에 관한 것이어서 비록 그것이 부칙에 규정되어 있다고 하여 형법만의 경과규정에 불과한 것이 아니라 형법총칙규정 내지는 그 보완규정이라고 풀이할 것이어서 이는 형법과 다른 법률과의 사이 또는 다른 법률의 개정과정에서 그 양법에 걸쳐서 행하여진 범죄에 대하여 그 행위시를 정함에 있어 다같이 적용되는 조문이다. 따라서 특정경제범죄가중처벌등에관한법률 시행 전후에 상습으로 사기범행을 행한 경우 위 법 시행 이후에 취득한 재물의 가액이 위 법률 제3조 1항 3호 소정의 하한을 넘고 있더라도 위 법률 시행전의 법률에 따라 처단하여야 한다.

12) 대판 1992.12.8. 92도407: 형법 부칙 제4조 1항은 형법을 시행함에 즈음하여 구형법과의 관계에서 그 적용범위를 정한 경과규정으로서, 형법 제8조가 타법령에 정한 죄에도 적용하도록 규정한 '본법 총칙'에 해당되지 않을 뿐만 아니라, 범죄의 성립과 처벌은 행위시의 법률에 의한다고 규정한 형법 제1조 1항의 해석으로서도 행위가 종료된 때 시행되는 법률의 적용을 배제한 점에서 타당한 것이 아니므로, 신·구형법 사이의 관계가 아닌 다른 법률 사이의 관계에서는 위 법조항을 그대로 적용하거나 유추 적용할 것이 아니다.
   수질환경보전법이 시행된 1991.2.1. 전후에 걸쳐 계속되다가 1991.3.20.에 종료된 수질오염물질 배출행위는 같은 법 부칙 제15조가 규정하고 있는 '이 법 시행 전에 행한 종전의 환경보전법 위반행위'라고 볼 수 없으므로 그 행위가 종료된 때에 시행되고 있는 수질환경보전법을 적용한 것은 행위시법주의와 법률불소급의 원칙에 반하지 아니한다.
   대판 1998.2.24. 97도183: 포괄일죄로 되는 개개의 범죄행위가 법개정의 전후에 걸쳐서 행하여진 경우에는 신·구법의 법정형에 대한 경중을 비교하여 볼 필요도 없이 범죄 실행종료시의 법이라고 할 수 있는 신법을 적용하여 포괄일죄로 처단하여야 한다(같은 취지로 대판 1994.10.28. 93도1166).
13) 대판 1999.7.9. 99도1695: 형법 제1조 2항 및 제8조에 의하면 범죄 후 법률의 변경에 의하여 형이 구법보다 경한 때에는 신법에 의한다고 규정하고 있으나 신법에 경과규정을 두어 이러한

건축법상의 불법용도변경과 형법의 시간적 적용범위

는 소급효금지의 원칙에 어긋나는 것도 아니다. 왜냐하면 소급효금지의 원칙은 행위자를 위한 보호규범이기 때문이다. 따라서 형이 경한 법률로 개정하면서 개정된 법의 시행전의 범죄(즉 구법시의 행위)에 대해서 경한 신법이 아니라 중한 행위시법을 적용하겠다는 경과규정을 두는 것은 소급효금지의 원칙에 어긋나는 것도 아니며 죄형법정주의에 위배되는 것은 아니다. 이는 책임원칙에 어긋나는 것도 아니다. 왜냐하면 책임비난의 준거점은 법률이 아니라 행위의 실질적 불법내용이기 때문이다.

V. 건축법상의 불법용도변경

1. 용도변경 행위의 유형

구건축법 제14조는 용도변경을 건축법상 건축물의 건축으로 본다. 용도변경 행위에는 건축법시행령 부표의 각 항 각 호에 정하여진 용도에서 타용도로 변경하는 행위 자체뿐만 아니라 타용도로 사용하는 행위까지도 포함되는 것이고[14] 그 변경에 반드시 유형적인 변경이 수반되어야 하는 것은 아니다.[15] 건축물의 용도를 변경한다는 것은 기존 용도를 다른 용도로 바꾸어 이용하는 것으로 보아 대수선에 해당하지 않을 정도로 건축물의 내부구조를 고치는 등의 유형적 변경을 수반하여야 하는 것은 아니고 무형적 변경도 무방하며 용도를 변경하는 것 자체뿐만 아니라 변경된 용도로 사용하는 것도 포함된다.[16] 따라서 불법용도변경된 건물을 인수하여 아무런 변경행위를 함이 없이 변경된 용도대로 그 건물을 사용한 승계인도 불법용도변경의 형사책임을 물을 수 있다.[17]

신법의 적용을 배제하는 것도 허용되는 것으로서, 형을 종전보다 가볍게 형벌법규를 개정하면서 그 부칙으로 개정된 법의 시행 전의 범죄에 대하여 종전의 형벌법규를 적용하도록 규정한다 하여 헌법상의 형벌불소급의 원칙이나 신법우선주의에 반한다고 할 수 없다(같은 취지로 대판 1992.2.28. 91도2935; 1999.12.24. 99도3003).

14) 대판 2001.9.25. 2001도3990.

15) 대판 1995.12.22. 94도2148; 1995.8.25. 95도1351; 1995.4.7. 93도1575(창고용시설용도인 건물을 사무실로 사용한 경우); 1993.4.13. 92도3222.

16) 손우태, 「건축물 용도변경의 법적 성질」, 검찰 1993년 제1집(통권 제104호), 182면; 조명원, 「건축법해설」, 1997, 373면.

17) 대판 1990.4.13. 89도2525; 1992.9.22. 92도1647.

2. 계속범 여부

용도변경을 기존의 용도에서 다른 용도로 사용하기 위한 물리적 변경을 수반해야 하는 것으로 본다면 불법용도변경죄는 변경행위의 시작으로 실행의 착수가 있게 되고 변경행위가 종료하면 범죄는 기수에 이르며 곧 완성되게 되는 상태범으로 보아야 할 것이다.

그러나 용도변경행위의 유형에는 용도를 변경하는 것 자체뿐만 아니라 변경된 용도로 사용하는 것도 포함되기 때문에 불법용도변경죄를 계속범으로 볼 수 있다.[18] 계속범이란 가벌적인 행위에 의하여 야기된 위법한 상태의 지속이 행위자의 의사에 달려있는 범죄유형을 말하며, 위법상태의 유지를 위하여 행위는 어느 정도 끊임없이 새로이 행해져야 한다. 예컨대 주거침입죄, 감금죄, 음주운전죄 등이 여기에 해당한다. 계속범은 행위의 단일성이 인정되는 일죄이다.

계속범과 상태범의 구별실익은 형법의 시간적 적용범위, 공소시효의 기산점, 공범의 성립여부(승계적 공동정범이나 방조범 등), 정당방위의 성립가능성 등에 있다. 이 사안에서 논란이 되는 형법의 시간적 적용범위에 관해서 계속범의 경우에는 위법한 행위가 종료되는 시점, 즉 법익침해가 회복되는 시점에 유효한 법이 적용된다. 이는 형법 제1조 1항의 행위시법이다. 위법상태를 유지하는 행위가 계속되는 도중에 법이 변경되었다고 하더라도 형법 제1조 2항의 의미의 신법이 아니라 형법 제1조 1항의 행위시법인 신법이 적용된다.

이 판례평석 대상의 판결 이전에 불법용도변경죄를 계속범으로 본 판례는 없다.[19] 다만 대법원 판례[20]에는 건축물 유지관리의무 위반행위를 계속범의 성질을 갖는 것으로 보고 건축물을 원래의 기준에 적합하도록 회복시키지 않는 한 가벌적인 위법상태가 계속된다고 본 판례도 있다. 이에 반해서 건축물의 유지관리의무위반에 관하여 법령의 개정으로 형이 폐지된 경우에 '범죄 후'의 범령의 개정이지만 법률변경

---

18) 조명원, 「건축법해설」, 1997, 372면 이하; 손우태, 「건축물 용도변경의 법적 성질」, 검찰 1993, 제1집(통권 제104호), 208면.

19) 이 판결이후에 대법원은 "허가받지 아니하거나 신고를 하지 아니한 채 건축물을 다른 용도로 사용하는 행위는 계속범의 성질을 가지는 것이어서"라고 판시하였다(대판 2001.9.25. 2001도 3990).

20) 대판 1997.2.14. 96도2719; 1995.11.24. 94도3089.

의 이유를 따져 형법 제1조 2항의 신법을 적용하여 무죄를 인정한 판례[21]도 있다. 유지관리의무처럼 계속성을 요하는 경우에 계속범으로 보았다면 법령이 개정된 당시에도 범죄의 실행행위는 종료하지 않은 것이고 따라서 당연히 범죄행위종료시의 법률인 신법이 적용되어야 할 것인데, 판례는 범죄 후의 법률의 변경의 이유를 검토한 것이다.

Ⅵ. 건축법개정 전의 불법용도변경행위에 대한 신법의 적용여부

1. 불법용도변경을 계속범으로 보는 입장: 신법적용설

불법용도변경죄는 신고 없이 다른 용도로 사용하는 한 용도변경행위가 계속되는 계속범이기 때문에 범죄행위는 위법한 행위가 종료되는 시점, 즉 다른 용도로의 사용이 종료되거나 원래 용도로 원상회복시키는 시점에 종료된다. 따라서 이 시점에 유효한 법이 적용된다. 이는 위법행위가 행해지는 시점이기 때문에 형법 제1조 1항의 행위시법이 된다. 위법상태를 유지하는 행위가 계속되는 도중에 법이 변경되었다면 행위시법인 신법이 적용된다. 범죄 후 법령의 개폐에 해당하지 않기 때문에 형법 제1조 2항에서 말하는 신법이 아니다. 변경된 신법에 신법시행전의 벌칙적용에는 구법에 의한다는 경과규정이 있는 경우에도 계속범은 실체법 상 일죄이기 때문에 행위가 신법시행전후로 나누어지는 것이 아니어서 행위시법인 신법이 적용된다고 본다.

따라서 재구성한 사안(즉 당해 시설면적이 200㎡ 이상이었다면)에서는 원심판결선고시까지 불법용도변경의 실행행위가 계속되었으므로 개정건축법이 적용되어 무죄판결을 선고해야 한다. 신법인 개정건축법이 적용되는 근거가 형법 제1조 2항의 범죄후 법률의 변경이 있는 경우이기 때문이 아니라 행위시법원칙이 적용되기 때문이다.

계속범으로 보아 신법에 따라 무죄를 선고해야 한다면 건축법이 변경되기 전의 불법용도변경행위는 그때까지의 건축법에 따라 범죄가 성립했기 때문에(즉 기수에 이르렀기 때문에) 검사가 변경 당시까지의 일부만을 기소하면 유죄가 된다는 형사정책적 문제점이 제기될 수 있다. 그러나 결합범, 연속범 및 접속범, 계속범 등은 수개의 부분행위로 구성되어 있지만 실체법상 일죄로 취급되고 소송법적으로도 일죄이기

---

21) 대판 1992.11.27. 92도2106.

때문에 일죄의 일부에 대한 공소제기가 가능하고 허용되더라도 공소제기의 효력은 전체 범죄사실에 미치게 된다.[22] 따라서 법원은 범죄행위 종료시의 개정건축법을 적용하여 무죄판결을 내려야 한다.

이에 반해서 이 판결 이후에 대법원은 "일반적으로 계속범의 경우 실행행위가 종료되는 시점에서의 법률이 적용되어야 할 것이지만, 법률이 개정되면서 개정된 법 시행전의 행위에 대한 벌칙의 적용에 있어서는 종전의 규정에 의한다는 경과규정이 있는 경우에는 시기별로 독립된 행위로 평가하여 개정된 법이 시행되기 전의 행위에 대해서는 개정전의 법률, 그 이후의 행위에 대해서는 개정전 법을 각각 적용한다"는 이해할 수 없는 판결을 내린 바 있다.[23]

2. 구법적용의 경과조치유무에 따라 구별하는 입장

불법용도변경죄를 계속범으로 보더라도 구법적용의 경과조치의 취지를 고려하여 구법이 적용될 수 있다는 견해도 있다. 법령이 변경되어 형이 폐지되었다고 하더라도 행위 당시 구법에 따라 범죄가 성립될 뿐만 아니라 가벌적이었고, 또 법령변경 전에 기소되었다면 마땅히 처벌되었을 것이기 때문에 처벌불균형을 피해야 할 필요가 있다. 이러한 처벌의 필요성이 경과규정에 나타난 것이기 때문에 경과규정에 따라 신법의 시행 전에 대한 벌칙을 적용함에 있어서는 종전의 규정에 의하여야 한다는 것이다.

대법원 판례가 일관되게 법률변경이 있더라도 그 근거가 사정변경에 있고 종전의 처벌에 대한 법적 이념은 그대로라면 형법 제1조 제2항의 범죄후의 법령의 개폐로 인한 형의 폐지로 볼 수 없다는 입장은 구법적용의 경과규정과 그 취지를 같이 한다고 볼 수 있을 것이다.

3. 불법용도변경을 상태범으로 보는 입장: 경과조치에 따른 구법적용설

물론 불법용도변경죄를 상태범으로 보아 형법 제1조 1항에 따라 구건축법에 따른 불법용도변경죄가 성립하지만 형법 제1조 2항의 범죄 후의 법률의 변경이 있는 경우로 볼 수 있다면 개정건축법이 적용되어야 한다. 그러나 개정건축법의 부칙에 '이

---

22) 신동운, 「형사소송법 I」, 1996, 412면.
23) 대판 2001.9.25. 2001도3990.

법 시행전의 행위에 대한 벌칙의 적용에 있어서는 종전의 규정에 의한다'는 벌칙에 대한 경과조치가 규정되어 있으므로 구건축법이 적용되어야 한다.

신법에 구법적용의 경과조치가 없는 경우라도 구법이 적용될 여지는 있다. 대법원은 형법 제1조 2항의 법률의 변경에 관해서 법률변경의 이유를 검토한 후에 행위시법을 적용하여 처벌할 것인지 아니면 재판시법을 소급 적용하여 형사소송법 제326조 4호에 따라 면소판결을 할 것인지를 결정한다는 소위 동기설을 취하고 있기 때문이다.

Ⅶ. 결론

1. 구법적용의 경과조치유무에 따라 구별하는 입장에 대하여

개정 건축법 부칙 제14조(벌칙에 관한 경과조치)의 "이 법 시행전의 행위에 대한 벌칙의 적용에 있어서는 종전의 규정에 의한다"에서 '이 법'은 개정된 신법을 말하고 '전의 규정'은 구법을 의미한다. 따라서 경과조치를 적용하기 위한 요건의 하나는 행위시법(구법)과 재판시법(신법)이 달라야 한다는 점이다. 재구성한 사안(즉 시설면적이 200㎡ 이상이었다면)에서 불법용도변경죄를 계속범으로 본다면 행위시법과 재판시법은 동일하게 신법이다. 왜냐하면 피고인이 신고 없이 다른 용도로 사용하기 시작한 시점(1998.3.)부터 법률이 변경된 시점(1999.2.8.) 및 변경된 법률이 시행된 시점(1999.5.9.)을 거쳐 원심판결시점(2000.5.19.)까지 불법용도변경죄의 실행행위인 다른 용도로의 사용은 지속되었고 원심판결시점(아니면 수사가 시작되어 원래의 용도로 원상회복시킨 시점)에 비로소 종료되었기 때문이다. 따라서 불법용도변경죄를 계속범으로 보면 개정건축법 부칙의 경과조치는 적용될 수 없다. 판례도 수질오염배출행위를 계속범으로 보고 구법적용의 경과조치에 관계없이 행위종료시법인 신법을 적용하여야 한다고 본다.[24]

2. 상태범으로 보고 경과조치에 따라 구법을 적용하자는 견해에 대하여

재구성한 사안에서 불법용도변경죄의 실행행위의 종료시점을 신고 없이 다른 용

---

24) 대판 1992.12.8. 92도407.

도로 사용하기 시작하는 행위로 보게 되면, 즉 불법용도변경죄를 상태범으로 본다면 형법 제1조 제1항에 따라 구건축법에 따른 불법용도변경죄가 성립하지만, 형법 제1조 제2항의 범죄 후의 법률의 변경이 있는 경우로 볼 수 있다면 개정건축법이 적용되어야 한다. 그러나 구건축법이 적용될 가능성은 두 가지가 있을 수 있다. 우선 개정건축법처럼 구법적용의 경과조치가 있는 경우이다. 또한 경과조치가 없더라도 판례의 동기설에 따라 형법 제1조 제2항의 범죄 후의 법률의 변경이 있는 경우가 아니라고 보면, 즉 범죄 후 법률의 변경의 이유가 사정변경에 있는 것일 뿐 종전의 처벌규정에 대한 법적 견해가 변경된 것이 아니어서 여전히 가벌성이 인정된다고 보면 구법을 적용할 수 있게 된다.

개정건축법은 구법적용의 경과조치를 두었으므로 형법 제1조 2항의 범죄 후의 법률의 변경의 동기를 따져볼 필요 없이 구법이 적용된다. 문제는 불법용도변경죄를 상태범으로 볼 수 있을 것인가이다. 불법용도변경죄는 신고 없이 다른 용도로 사용하기 시작하는 행위로 기수가 되고 곧바로 실행행위가 종료된다면 그 이후에 계속 다른 용도로 사용하는 행위를 어떻게 평가할 것인가. 불가벌적 사후행위에도 해당하지 않는다. 침해법익이 동일하지만 침해의 양이 계속 초과되기 때문이다. 이를 건축물 유지관리 의무위반죄로 보고 불법용도변경죄와 실체적 경합도 생각해 볼 수 있다. 그러나 다른 용도로의 사용이라는 계속적인 일련의 행위를 이렇게 작위와 부작위로 구분하는 것은 쉽지 않을 뿐만 아니라 관념상으로나 가능하다는 점에서 타당치 않다. 따라서 불법용도변경죄는 상태범이 아니라고 보아야 한다.

3. 계속범으로 보아 신법을 적용하자는 견해에 대하여(사견)

이에 대해서는 검사가 개정건축법 시행 후에 개정건축법 시행 이전부터 개정건축법시행 이후에 걸친 건축법위반행위에 대하여 수사를 한 경우에 개정되기 전까지의 행위부분만 구건축법위반으로 기소하면 유죄판결을 받을 수 있고, 이는 개정 후의 행위까지 전부기소하면 무죄이고 일부만 기소하면 유죄라는 불합리한 결론을 갖게 된다는 점이 문제점으로 제기된다. 또한 개정 전에 적발되어 기소되느냐 아니면 개정 후에 기소되느냐라는 행위의 불법성과는 무관한 우연한 사정에 의하여 처벌여부가 달라지게 된다는 점도 지적될 수 있다.

계속범은 포괄일죄로서 실체법상으로나 소송법상으로 일죄로 인정된다. 따라서 가분적이지 않기 때문에 일부기소가 가능하지 않고, 범죄사실의 일부에 대한 공소제기가 가능하다고 하더라도 형사소송법 제247조에 그 공소의 효력은 범죄사실의 전부에 미치기 때문에 법원의 심판범위는 불법용도변경죄의 실행행위가 종료되는 시점까지의 행위에 미치게 된다. 따라서 이 사안에서는 검사가 구법시의 행위에 대해서만 기소했더라도 법원은 행위시법인 신법을 적용하여 무죄판결을 내려야 한다. 일부기소나 전부기소나 결과는 동일하다.

개정 전에 기소되어 개정 전에 재판이 진행되면 구건축법이 적용되어 처벌되지만, 개정 후에 기소되어 재판이 진행되면 개정건축법이 적용되어 무죄가 되는 처벌상의 불평등이 문제점이지만 행위의 단일성이 인정되어 일죄로 평가되는 계속범의 속성상 피할 수 없는 결과로 보인다.

4. 판결에 대한 평가

피고인이 판매시설로 사용승인을 얻은 바닥면적 179.58㎡의 건축물을 위 개정된 건축법 시행 전후에 걸쳐 유흥주점용도로 계속하여 사용한 행위는 위 개정 전 건축법은 물론 개정된 건축법에 의하더라도 범죄를 구성하지 않는다는 대법원 판결에 대해서는 이론의 여지없이 그 타당성을 인정할 수 있다. 왜냐하면 피고인의 용도변경 행위는 건축법(건축법시행령포함) 개정 전에는 원칙적으로 변경허가대상이지만 예외적으로 바닥면적이 200㎡ 이상이 아니어서 건축법위반이 아니고, 건축법(건축법시행령포함) 개정 후에는 바닥면적에 관계없이 변경신고대상이 아니어서 건축법위반이 아니기 때문이다.

명확성의 원칙과 일반교통방해죄(형법 제185조)의 예시적 입법형식*

Ⅰ. 들어가며

한국사회에서 정부정책을 비판하는 집회·시위에 참가하거나 노동쟁의행위를 하는 순간 범죄자가 될 위험에 처할 수 있다. 지난 이명박 정부에서 경찰이 도로를 점거한 연좌시위나 도로행진시위에 대하여 도로교통법이나 집회 및 시위에 관한 법률(이하 집시법)이 아니라 이보다 법정형이 무거운 형법의 일반교통방해죄를 적용했는데, 집회와 시위 현장에서 현행범 체포 등 강제 진압에 활용하기 위한 것이었다.[1]

도로교통법 제68조 제3항에 따르면 '도로에서 교통에 방해되는 방법으로 눕거나

---

* 출처:「형사법연구」제26권 제2호, 2014, 263~284면.

1) 대검찰청 범죄분석에 나타난 통계에 의하면 형법상 교통방해의 현행범체포가 2008년과 2009년에 각각 309명(사건 수1,140), 346명(사건 수 1,370)으로 급격히 증가한 것으로 나타나 있다. 2006년 176명(사건 수 848), 2007년 228명(사건 수 987), 2010년 158명(사건 수 1,096), 2011년 174명(사건 수 1,325), 2012년 226명(사건 수 1,560).

앉거나 서있는 행위'는 20만 원 이하의 벌금에 처한다. 또 집시법에서는 '주요 도시의 주요 도로에서 금지된 집회'에 참가하거나 야간 옥외 집회에 참여한 경우에도 50만 원 이하의 벌금에 처할 수 있다. 단순 시위참가자들에게 도로교통법이나 집시법을 적용해서 현행범으로 체포를 하는 것은 불가능하다. 형사소송법 제214조가 '50만원 이하의 벌금에 해당하는' 경미사건에 대해 현행범 체포를 제한하고 있기 때문이다. 그래서 경찰은 집회 및 시위에 일반교통방해죄 위반 혐의를 적용하여 단순 시위 참가자들에 대한 현행범 체포에 활용하고 있는 것이다.

지난 정부에서 검찰이 도로를 행진하는 집회·시위 참가자에게 형법 상 일반교통방해죄(형법 제185조)를 적용하여 기소하는 사례가 급증하였다. 집회·시위 참가자의 도로 점거행위가 형법 제185조에 규정되어 있는 '기타 방법'에 해당하고, 그 결과 도로 교통을 방해할 위험성이 발생했으므로 일반교통방해죄가 성립한다는 것이다. 2008년 촛불집회로 서울중앙지검에서만 입건된 인원은 1,374명이고 그 중 기소된 인원은 1,184명이다.[2] 촛불집회로 기소된 사람들에게 적용된 법률조항의 대부분은 야간집회·시위 참가(집시법 제10조), 일반교통방해죄(형법 제185조)이다. 민주사회를 위한 변호사모임이 발간한 민변 촛불백서에 의하면 민변이 진행 중인 촛불 정식재판 사건 피고인 627명을 대상으로 분석한 결과 이 중 88%에 이르는 551명이 집시법과 함께 일반교통방해죄로도 기소되었다(2009. 6. 15. 기준).[3]

2009년 4월 일반교통방해죄의 피고인인 천주교인권위원회 회원 강성준 씨는 일반교통방해죄(형법 제185조)를 집회 또는 시위에 적용하는 것이 헌법에 위배된다며 서울중앙지방법원에 위헌법률심판제청을 신청했다. 강씨는 2007년 6월 29일 서울 종로 일대에서 열린 '한미FTA저지를 위한 범국민 총궐기대회'에 참석했다가 교통방해 죄로 약식 기소되어 벌금 100만원을 선고 받자, 법원에 정식재판을 청구했고 법원이 벌금 100만원을 선고하자 항소심 재판부(서울중앙지방법원 형사항소6부)에 위헌법률심판제청신청서를 제출하였다. 강 씨는 검찰이 집회 및 시위에 도로교통법이나 집시법을 적용하지 않고 형법상 일반교통방해죄를 적용하는 이유는 과도한 형벌을 가함으로써 집회 및 시위의 자유를 제한하려는 의도가 있다면서 일반교통방해죄의 구성요건인 '기타 방법'은 '손괴'나 '불통하게 하는 행위'에 준할 정도로 도로를 파괴하거나

---

2) 서울중앙지방검찰청, 미 쇠고기 수입반대 불법폭력시위사건 수사백서, 2009.
3) 민주사회를 위한 변호사모임, 민변 촛불 백서, 2010, 30면.

장애물을 설치하는 행위에만 적용되어야 하고 이를 집회 및 시위에 적용한다면 명확성의 원칙에 반하는 것이라고 주장했다.

이에 항소심 재판부는 2009년 5월 1일 "'기타의 방법'으로 교통을 방해한다는 것은 건전한 상식과 통상적인 법감정을 가진 사람이 자의를 허용하지 않는 통상의 해석방법에 따라 보더라도 구체적으로 어떤 방법을 말하는 것인지 그 내용이 일의적으로 파악되지 않으며, 심지어 법학자 사이에서도 견해가 손괴 또는 불통에 준하는 행위여야 한다는 견해와 교통방해가 초래될 수 있는 방법이면 무엇이든 족하다는 견해가 대립하여(중략), '기타의 방법'의 구체적인 내용을 그 문언 자체로도, 해석으로도 명확하게 파악할 수 없는 이상 이 법률조항은 죄형법정주의의 명확성의 원칙에 위배된다."며 위헌법률심판을 제청하기로 결정하였다.[4] 또한 "'기타 방법'으로 교통을 방해하는 행위에 아무런 제한을 두지 않는 것으로 해석한다면 도로교통법 및 그 시행령에 따른 보행자의 정당한 차도 통행이나 집시법에 따른 보행자 무리의 정당한 차도 통행 또는 관련법규를 준수하여 개최된 체육행사(예컨대 마라톤 경기)의 경우에도 교통을 방해했다는 일반교통방해죄의 객관적 및 주관적 구성요건에 해당하게 되고, 정당행위 등의 이유로 위법성만 조각된다고 하는 것은 차량을 이용한 신체이동의 자유를 도보에 의한 신체이동의 자유나 집회·시위의 자유보다 우위에 두는 것이어서 기본권의 체계상 받아들일 수 없는 결과"라고 지적했다. 나아가 "'기타 방법'으로 교통을 방해하는 행위에 아무런 제한을 두지 않는 것으로 해석한다면 보행자 1인이 차도로 뛰어들어 교통을 방해하는 행위도 일반교통방해죄에 해당하게 이는 책임과 형벌 간의 비례의 원칙에 어긋나는 과잉형벌이어서 비례의 원칙 및 과잉금지의 원칙에도 위배된다."고 덧붙였다. 재판부는 "형법 185조의 위헌 여부가 재판의 전제가 될 뿐 아니라 위헌이라고 인정할 상당한 이유가 있어 위헌 여부에 관한 심판을 제청한다."고 밝혔다. 이에 대해 헌법재판소는 합헌결정[5]을 내린 바 있다.

학계에서는 형법 제185조의 '기타 방법'을 넓게 이해하는 견해[6]가 있고 마찬가지로 판례[7]도 "형법 제185조의 일반교통방해죄는 일반 공중의 교통안전을 그 보호법

---

4) 서울중앙지방법원 2009.5.1., 2009초기1242 위헌심판제청.

5) 헌재 2010.3.25., 2009헌가2.

6) 김일수/서보학, 형법각론 [제7판], 2007, 602면; 배종대, 형법각론 [제7전정판], 2010, 661면; 오영근, 형법각론 [제2판], 2009, 657면.

익으로 하는 범죄로서 육로 등을 손괴 또는 불통케 하거나 기타의 방법으로 교통을 방해하여 통행을 불가능하게 하거나 현저하게 곤란하게 하는 일체의 행위를 처벌하는 것을 그 목적으로 하고 있다."고 본다. 이에 반해서 '기타 방법'은 손괴하거나 불통하게 하는 것과 유사해야 하므로 도로를 파헤치거나 도로에 장애물을 적치하는 등의 행위는 손괴 또는 기타의 방법에 해당한다고 보지만[8] 문제는 도로행진의 방법으로 시위하는 행위를 어떻게 볼 것인가이다. 후자의 견해도 손괴는 도로를 물리적으로 훼손하는 것을 말하며 불통하게 하는 행위는 장애물 등을 사용하여 도로의 차량소통을 방해하는 것을 의미하기 때문에 도로의 대부분을 차지하면서 행진하는 방법으로 시위하는 것은 아무리 차량의 소통이 방해되었다고 하더라도 '기타 방법'에 해당하지 않는다는 견해[9]와 집회 또는 시위가 신고된 범위 내에서 행해지고 이를 현저히 일탈하지 않는 한 일반교통방해죄가 성립하지 않지만 신고의 범위와 법에 따른 제한을 현저히 일탈하여 주요도로 전차선을 점거하고 행진하여 교통소통에 현저한 장애를 일으키면 일반교통방해죄사 성립한다는 판례[10]를 따르는 견해[11]가 있다. '기타 방법'을 교통방해가 초래될 수 있는 방법이면 무엇이든 족하다고 보는 견해를 취하면서도 판례의 입장을 지지하는 견해[12]도 있다.

이하에서는 형법 제185조의 '기타 방법'이 예시적 입법형식에 해당하는 것으로서 명확성의 원칙에 반하여 이 법조항이 위헌인지, 아니면 이를 제한적으로 해석하면 위헌은 아닌 것인지에 관해서 죄형법정주의의 명확성의 원칙의 관점에서 검토하기로 한다.

---

7) 대판 2007.12.14., 2006도4662; 1995.9.15., 95도1475.

8) 이재상, 형법각론 [제9판], 2013, 538면 이하; 한인섭, 일반교통방해죄와 집회시위에의 그 적용을 둘러싼 문제, 형사법연구 제21권 제1호, 2009, 355면 이하.

9) 한인섭, 앞의 논문, 356면.

10) 대판 2008.11.13., 2006도755; 1992.8.18., 91도2771.

11) 이재상, 형법각론 [제9판], 2013, 539면.

12) 김일수/서보학, 형법각론 [제7판], 2009, 602면.

Ⅱ. 죄형법정주의와 명확성의 원칙

1. 법치국가 형법의 지주

법치국가의 과제는 공존질서로서의 대내적인 법질서를 유지하고 보장하며 개개인의 자유와 권리를 위법한 침해로부터 보호하고 적법한 절차에 따른 공정한 법적용을 보장하는 것이다.[13] 이 이념은 국가권력의 유형에 따라 다른 내용을 요구한다.[14] 예컨대 형사입법자는 어떤 행위에 대해 어떠한 제재가 가해지는가를 누구나 알 수 있도록 형법전에 명확히 기술해야 한다. 이로써 법관의 자의적 법해석을 방지할 수 있고 법적 신뢰, 법적 안정성과 예측 가능성이 보장될 수 있다. 이렇듯 법치국가 형법의 지주는 죄형법정주의이고 죄형법정주의의 핵심내용이 바로 명확성의 원칙인 것이다.

죄형법정주의는 개인의 자유와 권리의 침해 내지 제한에는 법률적 근거를 가져야한다는 법치국가적 보장의 표현이다. 죄형법정주의는 형벌법규의 자의적 해석을 통하여 국가형벌권이 남용되었던 역사적 경험을 교훈으로 삼아서 국가형벌권의 자의적 행사와 남용으로부터 국민의 자유와 권리를 보장하고자 하는 법치주의 사상의 구체화 원칙이다.

2. 명확성 원칙의 의의

헌법 제12조 및 제13조를 통하여 보장되고 있는 죄형법정의 원칙은 범죄와 형벌이 법률로 정하여져야 함을 의미한다. 죄형법정주의는 법치국가적 요청이다. 죄형법정주의에서 파생되는 명확성의 원칙은 법률이 처벌하고자 하는 행위가 무엇이며 그에 대한 형벌이 어떠한 것인지를 누구나 예견할 수 있고, 그에 따라 자신의 행위를 결정할 수 있도록 구성요건을 명확하게 규정할 것을 요구하고 있다.[15]

명확성의 원칙은 일반 국민에게 행위의 가벌성에 관하여 예측가능하게 해줌으로써 그의 행동의 자유와 인권을 보장함과 아울러 그 법규를 운용하는 국가기관의 姿

---

13) Merten, Rechtsstaatlichkeit und Gnade, Duncker & Humblot Gmbh 1978, S.21.
14) 하태훈, 「형법학원론」에 대한 서평, 「한국형법학의 새로운 지평: 심온 김일수교수화갑기념논문집」, 박영사 2006, 790면 이하.
15) 대판 2006.5.11., 2006도920.

意와 전횡을 방지하는 기능을 한다.[16] 이로써 권력분립의 원칙에 부합하게 되는 것이다. 형벌법규의 내용이 불명확하고 추상적일수록 법적용에 있어서 법관의 자의가 개입될 여지가 많아 죄형법정주의의 이념이 잠식될 수 있다. 불명확한 형법은 해석의 폭을 넓혀 처벌의 위험성이 높아지게 되고 시민의 자유는 위협받게 된다. 그래서 '해석자의 자의의 개입을 가능케 하는 불확정한 법률이야말로 법치국가성에 대한 적신호요 시민의 자유에 대한 중대한 위협이 아닐 수 없다.'[17] 불명확한 형법은 수범자가 어떤 행위가 금지되고 금지된 것으로 해석, 적용될 것인지 명확하게 알 수 없게 하기 때문에 형벌의 일반예방효과도 노릴 수 없게 된다. 명확성의 원칙은 책임비난의 토대를 제공한다. 그래서 죄형법정주의를 위태롭게 하는 것은 유추적용이 아니라 오히려 불명확한 형법규정이라고 한다.[18]

3. 명확성 원칙의 입법기술상의 한계

명확성의 원칙은 입법자에게 형벌구성요건의 적용범위를 알 수 있도록 하거나 적어도 해석을 통해서 정할 수 있도록 구성요건을 구체적으로 명확하게 규정할 것을 요구한다. 그러나 내용이 가능한 한 명백하고 확장할 수 없는 개념을 사용하여 구성요건을 기술해야 한다는 명확성요구도, 일반적으로 법규는 그 문언의 표현력에 한계가 있을 뿐 아니라 그 성질상 다소의 추상성을 가지며 一義的이 아니라 보편타당적으로 기술되고 또 어느 정도 유형화, 추상화 내지 포괄적인 표현을 피할 수 없다는 입법기술상의 한계를 갖고 있다. 일반조항적 가치규범을 사용해야 개별적 사례에서 구체적으로 올바른 판결을 내릴 수 있다거나 규범의 적용대상이 될 미래의 예상 가능한 사태를 빠짐없이 예측하는 것도 불가능하다는 이유다. 이런 개념을 사용하지 않고는 입법자가 입법 당시 다양한 생활 사태를 모두 고려할 수 없다는 것이다.[19] 따라서 법적용자의 가치충전을 요하는 가치개념의 사용이 입법자에게는 불가피한 일이다.

---

16) 헌재 1997.3.27., 95헌가17; 2009.3.26., 2007헌바72 전원재판부.
17) 김일수, 형법학원론, 151면.
18) Welzel, Das Deutsche Strafrecht, 11.Aufl., 1969, §5 II 3: Die eigentliche Gefahr droht dem Grundsatz nulla peona sine lege nicht von der Analogie, sondern von unbestimmten Strafgesetz!
19) BVerfGE 4, 352, 357.

그래서 오늘날 형사입법은 모든 예상 가능한 행위를 남김없이 열거하는 방식에서 일반화 개념을 활용하는 방식, 즉 일반화된 상위개념을 통해서 한계지울 수 있는 예시적 행위나열 방식이나 예시적 행위나열을 통해서 상위개념을 한계지울 수 있는 방식을 선호하고 있다.[20] 문제는 입법기술상의 한계 때문에 허용할 수밖에 없는 추상적·일반적 개념이나 문언이 개별 사례에서 형법구성요건에 해당하는지 의문스러울 때가 있게 된다는 것이다.

4. 명확성 원칙에 관한 판례

대법원은 "헌법 제12조 제1항이 규정하고 있는 죄형법정주의 원칙은, 범죄와 형벌을 입법부가 제정한 형식적 의미의 법률로 규정하는 것을 그 핵심적 내용으로 하고, 나아가 형식적 의미의 법률로 규정하더라도 그 법률조항이 처벌하고자 하는 행위가 무엇이며 그에 대한 형벌이 어떠한 것인지를 누구나 예견할 수 있고 그에 따라 자신의 행위를 결정할 수 있도록 구성요건을 명확하게 규정할 것을 요구하므로, 처벌법규의 입법목적이나 그 전체적 내용, 구조 등을 살펴보아 사물의 변별능력을 제대로 갖춘 일반인의 이해와 판단으로서 그의 구성요건 요소에 해당하는 행위유형을 정형화하거나 한정할 합리적 해석기준을 찾을 수 있어야 죄형법정주의가 요구하는 형벌법규의 명확성의 원칙에 반하지 않는다."[21]는 태도를 취하고 있다. 법 규정이 입법목적이나 그 전체적인 내용, 구조 등을 살펴보아도 사물의 변별능력을 제대로 갖춘 일반인의 이해와 판단으로서도 그 구성요건에 해당하는 행위유형을 정형화하거나 한

---

20) 독일과 유럽에서의 형사입법기술에 관해서는 Scheffler, Strafgesetzgebungstechnik in Deutschland und Europa, ZStW 117(2005) heft 4, S.766ff. 참조.

21) 대판 1998.6.18., 97도2231 전합; 대판 2000.10.27., 2000도1007; 대판 2001.7.26., 2002도1855; 대판 2003.11.14., 2003도3600; 2003.12.26., 2003도5980: 청소년보호법 제26조의2 제8호 소정의 "풍기를 문란하게 하는 영업행위를 하거나 그를 목적으로 장소를 제공하는 행위"의 의미는 청소년보호법의 입법 취지, 입법연혁, 규정형식에 비추어 볼 때 "청소년이 건전한 인격체로 성장하는 것을 침해하는 영업행위 또는 그를 목적으로 장소를 제공하는 행위"를 의미하는 것으로 보아야 할 것이고, 그 구체적인 예가 바로 위 규정에 열거된 "청소년에 대하여 이성혼숙을 하게 하거나 그를 목적으로 장소를 제공하는 행위" 등이라고 보이는바, 이는 건전한 상식과 통상적인 법 감정을 통하여 판단할 수 있고, 구체적인 사건에서는 법관의 보충적인 해석을 통하여 그 규범내용이 확정될 수 있는 개념이라 할 것이어서 위 법률조항은 명확성의 원칙에 반하지 아니하여 실질적 죄형법정주의에도 반하지 아니한다.

정할 합리적 해석기준을 찾기 어려울 때에는 명확성의 원칙에 반한다. 따라서 예컨대 외국환관리규정 제6-15조의4 제2호 (나)목 소정의 '도박, 기타 범죄 등 선량한 풍속 및 사회질서에 반하는 행위'라는 규정은 명확성의 원칙에 반한다고 본다.[22)]

대법원은 명확성에 관한 판단원칙과 기준을 다음과 같이 제시하고 있다.: "다소 광범위하여 법관의 보충적인 해석을 필요로 하는 개념을 사용하였다고 하더라도 통상의 해석방법에 의하여 건전한 상식과 통상적인 법감정을 가진 사람이면 당해 처벌법규의 보호법익과 금지된 행위 및 처벌의 종류와 정도를 알 수 있도록 규정하였다면 헌법이 요구하는 처벌법규의 명확성에 배치되는 것이 아니다. 어떠한 법규범이 명확한지 여부는 그 법규범이 수범자에게 법규의 의미내용을 알 수 있도록 공정한 고지를 하여 예측가능성을 주고 있는지 여부 및 그 법규범이 법을 해석·집행하는 기관에게 충분한 의미내용을 규율하여 자의적인 법해석이나 법집행이 배제되는지 여부, 다시 말하면 예측가능성 및 자의적 법집행 배제가 확보되는지 여부에 따라 이를 판단할 수 있다."[23)] 법규범의 의미내용은 그 문언의 의미(문리적 해석방법)뿐만 아니라 입법 목적이나 입법 취지(객관적·목적론적 해석방법), 다른 법규범의 체계적 구조와 논리적 의미(논리적 해석방법) 등을 종합적으로 고려하는 해석방법에 의하여 구체화되는 것이므로 형법규범이 명확성 원칙에 위반되는지 여부는 이 같은 해석방법에 의하여 그 의미내용을 파악할 수 있는지 여부에 달려 있다.

건전한 상식과 통상적인 법 감정을 가진 사람으로 하여금 그 적용대상자가 누구

---

22) 대판 1998.6.18., 97도2231 전원합의체: 외국환관리규정(재정경제원고시 제1996-13호) 제6-15조의4 제2호 (나)목 소정의 '도박 기타 범죄 등 선량한 풍속 및 사회질서에 반하는 행위'라는 요건은, 이를 한정할 합리적인 기준이 없다면, 형벌법규의 구성요건 요소로서는 지나치게 광범위하고 불명확하다고 할 것인데, 외국환관리에 관한 법령의 입법 목적이나 그 전체적 내용, 구조 등을 살펴보아도 사물의 변별능력을 제대로 갖춘 일반인의 이해와 판단으로서도 그 구성요건 요소에 해당하는 행위유형을 정형화하거나 한정할 합리적 해석기준을 찾기 어려우므로, 죄형법정주의가 요구하는 형벌법규의 명확성의 원칙에 반한다. 그리고 이와 같이 지나치게 광범위하고 불명확한 사유인 '범죄, 도박 등 선량한 풍속 및 사회질서에 반하는 행위와 관련한 지급 등'을 허가사유로 규정한 것은 모법인 외국환관리법 제17조 제1항에서 규정한 지급 등의 규제요건 및 위법률조항의 위임에 따라 외국환관리법시행령 제26조 제1항에서 규정한 허가규제기준을 넘어서는 것으로서, 모법의 위임 범위를 벗어난 것이라고 보지 않을 수 없으므로, 외국환관리규정 제6-15조의4 제2호 (나)목의 규정은 죄형법정주의에 위배된 것일 뿐만 아니라 위임입법의 한계도 벗어난 것으로서 무효이다.

23) 대판 2014.1.29., 2013도12939; 2012.9.27., 2012도4637.

이며 구체적으로 어떠한 행위가 금지되고 있는지 여부를 충분히 알 수 있도록 규정되어 있다면 죄형법정주의의 명확성의 원칙에 위배되지 않는다고 보아야 한다. 그렇게 보지 않으면 처벌법규의 구성요건이 지나치게 구체적이고 정형적이 되어 부단히 변화하는 다양한 생활관계를 제대로 규율할 수 없게 될 것이기 때문이라는 것이 헌법재판소의 확립된 판례이다.[24]

독일 판례[25]도 '일반인이 특별한 어려움이나 의문 없이 판단할 수 있는 정도', '국민이 그의 행위가 구성요건을 충족한다고 확실하게 판단할 수 있는 정도'를 기준으로 삼고 있다.

Ⅲ. 형법 제185조의 '기타 방법'의 입법형식과 명확성의 원칙

1. 구체적인 불법행위유형을 충분하게 예시했는가?

형법 제185조는 예시적 입법형식을 취하고 있다. 입법의 흠결을 막기 위한 입법형식으로서 입법기술상 선호되는 방식이다. 교통방해의 결과를 초래하는 개별적 구성요건해당행위로서 '손괴방법'나 '불통하게 하는 방법'을 전형적이고 대표적인 행위로 예시하고 그 이외의 행위를 '기타 방법'으로 규정하고 있다. 규율대상인 대전제가 '교통을 방해하는 행위'(상위개념 또는 일반개념)이고 예시적으로 '손괴'와 '불통하게 하는' 행위를 예시하여 어떤 행위방법이 교통을 방해하는 기타의 방법에 해당하는지 해석함에 있어서 판단지침이 될 수 있다고 볼 수 있을 것이다. 그렇다면 입법자가 변화하는 사회에 대한 법규범의 적응력을 확보하는 동시에 법률적용자의 자의적 해석을 방지할 수 있는 예시적 입법형식을 취하면서 충분한 불법행위유형을 예시했다고 볼 수 있다. 기타의 방법이 무엇인지 알 수 있을 정도로 행위유형이 예시되어 있다고 주장할 수 있을 것이다.

그러나 법 규정의 문언을 잘 살펴보면 과연 행위유형을 충분하게 예시했는가 의문이 든다. 2개의 구체적인 행위유형이 제시된 것처럼 보이지만 실제로는 '손괴'라는

---

24) 헌재 2002.6.27., 2001헌바70 전원재판부; 헌재 2001.6.28., 99헌바31; 헌재 1998.7.16., 96헌바35; 헌재 1997.3.27., 95헌가17; 헌재 1994.7.29., 93헌가4등; 헌재 1993.3.11., 92헌바33; 헌재 1992.4.28., 90헌바27.

25) BGHSt. 30, 285.

교통방해 행위유형만을 제시한 것에 불과하다. 과연 '불통'이 행위유형에 해당하는가.[26] 그렇지 않다. 불통은 행위유형이 아니라 어떤 행위에 의해서 야기된 결과이기 때문이다. 예컨대 전화가 불통되었다면 행위에 의해서 발생한 결과로서 전화통화가 불가능하게 된 상태를 의미한다. 우리 형법이 '불통'이라는 문언을 어떻게 사용하고 있는가 보자. 형법 제195조(수도불통)는 '손괴 기타의 방법으로 불통하게 한'이라고 표현하고 있어 수도에 의하여 음용수가 공급되지 못한 상태를 '불통'으로 보고 있다. 이렇듯 '불통'은 행위유형이 아니라 어떤 행위에 의해서 야기된 결과이다. 즉 손괴는 교통을 방해하는 물리적인 행위 그 자체이지만 불통은 교통을 방해하는 행위가 아니라 행위의 결과이다.

그래서 제185조는 '손괴 또는 불통하거나'로 표현하지 못하고 '손괴 또는 불통하게 하거나'로 표현한 것이다. 즉 손괴는 교통방해행위 자체이지만('손괴하거나') 불통은 교통방해행위 자체가 아니라 그 결과이므로 '불통하거나'로 표현하지 못하고 '불통하게 하거나'로 표현한 것이다. 따라서 제185조는 구체적인 행위유형을 한 가지만 예시한 것이고 그 이외는 '기타 방법'으로 표시하고 있다. 예시한 개별적인 구성요건이 불충분하여('손괴') 그 자체로 일반조항('교통방해')의 해석을 위한 판단지침을 내포하고 있다고 보기 어렵고 그 일반조항 자체가 매우 포괄적이어서 전체적으로 명확성의 원칙에 반한다고 본다. 설사 '불통'을 교통을 방해하는 예시적 행위유형으로 보더라도 '불통하게 하거나'는 매우 추상적인 표현이어서 불통하게 하는 행위유형이 무엇인지 구체적으로 파악하기 쉽지 않다.

결론적으로 제185조는 구체적인 행위유형을 한 가지만 예시한 것이고 그 이외는 '기타 방법'으로 표시하고 있다고 본다. 그렇다면 예시한 개별적인 구성요건적 행위가 불충분하여('손괴') 그 자체로 일반조항('교통방해')의 해석을 위한 판단지침을 내포하고 있다고 보기 어렵고 그 일반조항 자체가 매우 포괄적이어서 전체적으로 명확성의 원칙에 반한다고 본다.[27]

---

26) 한인섭 교수는 제185조의 행위태양으로 '손괴', '불통' 그리고 '기타방법'을 적시하고 있다. 이에 대하여는 한인섭, 앞의 논문, 355면 이하.
27) 윤성철, 도로점거시위에 대한 형사법적 관점의 고찰, 형사법연구 제24권 제2호, 2012, 367면.

2. 입법자가 행위유형을 구체적이고 충분히 예시하는 것이 불가능했는가?

형벌조항의 규율방식은 크게 그 규율대상에 포섭되는 모든 사례를 구성요건으로 빠짐없이 열거하는 방식(열거방식)과, 규율대상의 공통적인 징표를 모두 포섭하는 용어를 구성요건으로 규정하는 방식(일반조항 방식) 등으로 나누어 볼 수 있다.[28] 전자는 규율대상이 명확하다는 장점이 있는 반면 경우에 따라서는 법규범의 흠결이 발생하는 것을 막을 수 없다는 단점이 있고, 후자는 규율대상을 모두 포섭할 수 있다는 장점이 있는 반면, 법률을 해석·적용함에 있어 恣意가 개입함으로써 규율대상을 무한히 확대해 나갈 우려가 있다는 단점이 있다.

위와 같은 두 가지 규율방식의 단점을 보완하기 위하여 이른바 '예시적 입법'이라는 규율방식을 채택하는 경우가 있는데, 예시적 입법에서는 규율대상인 대전제를 규정함과 동시에 구성요건의 外延에 해당되는 개별사례를 예시적으로 규정하게 된다.[29]

입법자는 사회변화 등 장래예측이 어려울수록 구체적이고 세밀한 규정형식이나 모든 행위유형 또는 대상을 빠짐없이 열거하는 방식을 피하고 예시적 입법형식을 취하게 된다. 이러한 예시적 입법형식의 경우, 구성요건의 대전제인 일반조항의 내용이 지나치게 포괄적이어서 법관의 자의적인 해석을 통하여 그 적용범위를 확장할 가능성이 있다면, 죄형법정주의의 명확성의 원칙에 위배될 수 있다. 따라서 예시적 입법형식이 법률 명확성의 원칙에 위배되지 않으려면, 예시한 개별적인 구성요건이 그 자체로 일반조항의 해석을 위한 판단지침을 내포하고 있어야 할 뿐만 아니라, 그 일반조항 자체가 그러한 구체적인 예시를 포괄할 수 있는 의미를 담고 있는 개념이 되어야 한다.

그러나 아무리 예시적 입법형식을 취한다고 하더라도 입법 당시에 예상할 수 있는 행위유형을 최대한 예시하여야 불명확성을 제거할 수 있게 된다. 제185조와 관련하여, 입법자는 전형적이고 대표적인 개별행위유형을 제시할 수 있는 가능성이 있었을 것이다. 도로에 구조물을 설치하거나 물건을 적치하는 방법[30] 등 도로 자체에 물

---

28) 하재홍, 예시적 입법형식과 일반조항, 헌법학연구 제17권 제4호, 2011, 483면 이하.
29) 헌재 2002.6.27., 2001헌바70 전원재판부.
30) 대판 1995.9.15., 95도1475(말뚝을 박고 철조망을 친 행위); 2005.10.28., 2004도7545(쇠파이프 구조물을 설치하거나 화물차로 도로를 가로막는 행위); 2009.1.30., 2008도10560(도로에 트랙터

리력을 가하여 교통을 방해하는 행위('손괴') 이외의 행위를 예상할 수 있었기 때문이다. 외국의 입법례(예컨대 독일이나 스위스, 오스트리아 형법 등)에서 그 행위유형들을 참고할 수 있었을 것이다.

형법에 '기타 방법'이라는 예시적 입법형식을 취한 구성요건이 총 19개가 있는데, 제185조와는 달리 그 중 거의 대부분은 전형적이고 대표적인 행위를 2개 이상 예시하고 있다. 한 개의 행위유형만 예시한 구성요건은 제128조, 제184조, 제195조, 제269조 뿐이다.

3. 제한적 해석으로 불명확성이 치유될 수 있는가?

행위방법이 불명확하게 규율되어 있어 명확성 원칙에 반한다면 그 행위방법을 제한적으로 해석한다고 규정 자체의 명확성 원칙 위반이 치유될 수 있는 것은 아니다. 물론 입법적으로 불명확성이 해소될 때까지는 제185조의 '기타 방법'을 목적론적 축소해석을 통하여 제한적으로 적용해야 할 것이지만, 법관의 제한 해석하는 방법으로 명확성의 요구가 충족될 수 있는 것이 아니다.

제185조의 '기타 방법'은 예시된 행위유형인 '손괴'와 상응하는 불법행위여야 하므로 적어도 도로 자체에 물리력을 행사하는 방법이어야 한다. 도로 자체에 물리력을 행사하여 변형시키는 방법(손괴)이든지 도로에 차량이나 물건을 적치하거나 구조물을 설치하는 방법이 그 예이다. 도로 표지판을 조작하는 행위도 표지판을 도로와 일체를 이루는 것으로 볼 수 있기 때문에 도로 자체에 물리력을 행사한 것으로 볼 수 있다. 문제는 집회시위의 불법성여부와 관계없이 도로를 점거하여 행진하는 방법으로 도로교통을 마비시켰다면 이것이 '기타 방법'에 해당하는가이다. 교통을 방해한 결과는 발생했지만 이것이 '기타 방법'에 해당하여야 일반교통방해죄가 성립한다. 손괴죄의 경우('손괴 또는 은닉 기타 방법으로 그 효용을 해한') 효용을 해하는 결과를 가져오는 행위가 모두 손괴행위인 것이 아니라 '손괴'나 '은닉'에 상응하는 행위로 물건 또는 서류의 효용을 해하여야 손괴죄가 성립하는 것과 같다.

손괴의 방법이나 구조물을 설치하거나 물건을 적치하는 방법(이른바 이명박 정부 시절 촛불시위대의 청와대 행진을 막기 위해 광화문에 컨테이너로 쌓은 '명박산성')으로 도로교

를 세워두거나 철책 펜스를 설치하는 행위); 2007.12.14., 2006도4662(차량과 간이테이블로 포장마차를 설치하고 영업한 행위).

통이 방해된 경우에 그 도로교통의 방해상태를 제거하려면 물리력이 행사되어야 한다. 그러나 도보로 도로를 행진하며 이동하는 경우는 그렇지 않다. 도로교통의 방해상태를 제거하기 위하여 물리력을 투입할 필요가 없다. 행진이 진행되어 종료되면 자연적으로 도로교통의 방해상태는 종료하게 된다. 물리력이 투입되어야 도로교통이 소통되는 경우는 도로교통법 제157조의 '눕거나 앉거나 서있는 행위'이다. 따라서 도보로 도로를 행진하는 방법은 제185조의 '기타 방법'에 해당하지 않는다.[31] 이렇게 '기타 방법'을 넓게 해석한다면 금지된 유추에 해당할 것이다.

4. 헌법재판소의 합헌결정

헌법재판소는 2010년 3월 25일 재판관 전원 일치의 의견으로, 육로를 불통하게 하거나 기타 방법으로 교통을 방해한 자를 형사 처벌하도록 규정한 형법 제185조는 죄형법정주의의 명확성 원칙에 반하지 않고, 국가형벌권 행사의 한계를 넘은 과잉입법이라 볼 수 없다는 이유로 헌법에 위반되지 아니한다는 결정[32]을 선고하였다.

결정이유의 요지는 다음과 같다: "이 사건 법률조항은 육로 등의 손괴에 의한 교통방해, 육로 등을 불통하게 하는 방법에 의한 교통방해 이외에 '기타 방법'에 의한 교통의 방해를 금지한다. 교통방해의 유형 및 기준 등을 입법자가 일일이 세분하여 구체적으로 한정한다는 것은 입법기술상 불가능하거나 현저히 곤란하므로 위와 같은 예시적 입법형식은 그 필요성이 인정될 수 있으며, '기타의 방법'에 의한 교통방해는 육로 등을 손괴하거나 불통하게 하는 행위에 준하여 의도적으로, 또한 직접적으로 교통장해를 발생시키거나 교통의 안전을 위협하는 행위를 하여 교통을 방해하는 경우를 의미하는 것으로서 그 의미가 불명확하다고 볼 수 없다. 나아가 '교통방해'는 교통을 불가능하게 하는 경우뿐 아니라 교통을 현저하게 곤란하게 하는 경우도 포함하고, 여기서 교통을 현저하게 곤란하게 하는 경우에 해당하는지 여부는 교통방해 행위가 이루어진 장소의 특수성과 본래적 용도 및 일반적인 교통의 흐름과 왕래인의 수인가능성, 행위자의 의도 및 행위가 지속된 시간, 다른 대안적 행위의 가능성 등 제반 상황을 종합하여 합리적으로 판단될 수 있다. 결국 이 사건 법률조항이 지닌 약간의 불명확성은 법관의 통상적인 해석 작용에 의하여 보완될 수 있고,

---

31) 한인섭, 앞의 논문, 361면.
32) 헌재 2010.3.25., 2009헌가2.

건전한 상식과 통상적인 법감정을 가진 일반인이라면 금지되는 행위가 무엇인지를 예측하는 것이 현저히 곤란하다고 보기는 어려우므로 이 사건 법률조항은 죄형법정주의의 명확성 원칙에 위배되지 않는다."

Ⅳ. 독일과 일본의 입법례

독일 형법이나 일본 형법에도 우리 형법 제185조와 유사한 규정을 두고 있지만 행위유형을 매우 구체적으로 규정하고 있다.

독일 형법 제315의b조는 도로교통의 안전을 확보하기 위하여 설비 또는 차를 손괴, 제거하거나 장해물을 설치하거나 이에 유사하고 동일한 위험한 침해를 가하여 타인의 생명·신체 또는 중요한 가치가 있는 타인의 재물을 위태롭게 한 자를 5년 이하 또는 벌금형으로 처벌한다. 우리 형법 제185조와 다른 점은 타인의 생명·신체 또는 중요한 가치가 있는 타인의 재물을 위태롭게 하여야 범죄가 성립하는 구체적 위험범의 형태로 규율하고 있고 구체적 위험의 발생을 요건으로 함에도 5년 이하의 법정형으로 규정되어 있다는 점이다.

나아가 독일 형법 제315조 제1항은 철도, 선박, 항공교통에 대한 위험한 침해죄를 규율하면서 '① 설비나 승용물을 파괴, 손괴 또는 제거하거나, ② 장해물을 설치하거나, ③ 허위의 표지나 신호를 하거나, ④ 이와 유사하고 그와 동일한 정도로 위험한 침해행위를 행함으로써 철도, 공중삭도, 선박 또는 항공교통의 안전을 침해하고 이로 인하여 타인의 생명·신체 또는 중요한 가치가 있는 타인의 재물을 위태롭게 한 자'를 처벌하고 있다. 독일 형법 제315의b조와 제315조의 행위유형 중 '이에 유사하고 동일한 위험한 침해를 가하는 행위(ein ähnlicher, ebenso gefährlicher Eingriff)'가 우리 형법 제185조의 '기타 방법'과 비교될 수 있는데 이 행위유형은 적어도 앞의 행위유형과 방법 및 결과에 있어서 동등하다고 평가될 수 있는 것이어야 함을 분명히 명시하고 있다.[33] 제315조 제1항 4호의 행위유형의 예로서는 기차기관사에게 투석하는 행위, 신호표지판이나 신호등을 덮어놓아 보이지 않게 하는 행위, 항공기 조종사와 관제탑과의 교신을 방해하는 행위 등을 들 수 있다.[34]

---

33) Kindhäuser/Neumann/Paeffgen/Herzog, StGB Bd. 2, Nomos Kommentar, 3.Aufl., §315 Rdn.17.
34) Kindhäuser/Neumann/Paeffgen/Herzog, §315 Rdn.20.

독일 형법 제315조 제1항 4호의 '이에 유사하고 동일한 위험한 침해'라는 유사성을 이용한 일반조항이 명확성의 원칙에 반한다는 문제제기가 있다. 그러나 명확성의 원칙에 위배된다는 문헌상의 지적[35]은 제315조 제1항 4호의 행위는 1호 내지 3호에 의해서 충분히 구체화할 수 있다는 반론[36]에 의해 설득력을 얻지 못하고 있다. '유사한 행위'라는 일반조항을 제한하는 개별적 구성요건의 행위태양을 ① 파괴, 손상 또는 제거, ② 장애물의 설치, ③ 허위 표지나 신호 등 총 5개를 들고 있을 뿐 아니라, 더 나아가 일반조항 자체도 단순히 '기타 침해행위' 또는 우리 형법처럼 '기타 방법'이라고 하지 않고 '기타 이와 유사하고 동일한 정도의 위험한 침해행위'라 하여 2중으로 법관의 자의적 해석가능성을 제한하고 있다. 명확성의 원칙에 반하지 않는다고 보더라도 엄격한 제한해석이 요구된다고 본다.[37]

일본형법 제124조는 '육로, 수로 또는 다리를 손괴, 폐쇄해 왕래의 방해를 야기한 자'를 처벌하고 있다. 이 구성요건은 '기타 방법'이라는 일반조항을 사용하지 않아 불명확성에 의한 자의적 해석가능성을 아예 입법적으로 차단하고 있다.

V. 개정방향: 행위유형의 구체화

1. 다른 법규정과의 관계

집회·시위를 규율하기 위한 법이 집시법이고 시위란 여러 사람이 공동의 목적을 가지고 도로, 광장, 공원 등 일반인이 자유로이 통행할 수 있는 장소를 행진하거나 위력 또는 기세를 보여, 불특정한 여러 사람의 의견에 영향을 주거나 제압을 가하는 행위(집시법 제2조 2호)를 말하므로 도로를 점거한 채로 이루어지는 시위에 대해서는 집시법 규정이 우선 적용되어야 한다. 도로를 점거한 집회·시위가 관할 경찰서장에 의하여 금지되었다면 집시법 규정에 의해 주최자, 참가자가 처벌받게 된다. 집시법 규정에 의해 발생하는 공백은 도로교통법 규정에 의해 보완되어져야 한다.

---

35) Isenbeck, Der 'ähnliche' Eingriff nach §315 b Abs. 1 Nr. 3 StGB, NJW 1969, 174ff.; Kindhäuser/Neumann/Paeffgen/Herzog, §315 Rdn.18.

36) BGHSt. 22, 365, 366f. Joecks/Miebach/Barnickel, Müchener Kommentar zum StGB Bd. 4, §315 Rdn.44.

37) Kindhäuser/Neumann/Paeffgen/Herzog, §315 Rdn.19.

형법 제185조는 단순히 행진 시위에 참여하는 행위를 처벌하는 형식으로 규정되어 있는 집시법과 도로교통법과는 달리 '손괴하거나 불통하게 하는' 등 도로 등에 적극적으로 물리력을 행사하는 행위를 요구하고 있고 법정형에서도 큰 차이가 있기 때문에 상호 관계가 문제될 수 있다. 만일 행진시위가 형법 제185조의 '기타 방법'에 포함되는 것으로 해석, 적용한다면 행진시위에 대해서는 도로교통법과 형법 제185조 어느 규정이든 적용을 할 수 있게 된다. 집시법 규정과 도로교통법 규정은 법정형의 차이가 거의 없어 이들 규정 중 어느 것을 적용하더라도 형사처벌의 불균형이 발생하지 않는데 반해 형법 제185조는 법정형이 다른 법규정의 법정형과 비교하여 매우 높아 형사처벌의 불균형이 발생하게 된다. 이 같은 처벌상의 불균형 또는 자의적 처벌의 가능성은 형법 제185조의 '기타 방법'이라는 불명확한 입법형식에 기인하는 것이다.

이와 같이 도로교통법 규정, 집시법 규정과 형법 제185조의 구성요건의 차이, 법정형의 차이 등을 고려할 때 도로 점거 행진 시위를 규율하는 우리 형사법 체계는 집회·시위의 태양과 참가 방식에 따라 도로교통법부터 형법까지 구분하여 적용할 것을 예정하고 있다고 보아야 한다.[38] 집회·시위에는 원칙적으로 집시법을 적용하되, 집시법 규정이 예정하고 있는 경우를 벗어나는 경우 즉, 불법 집회임을 알면서 참가한 경우가 아닌 때 등에는 도로교통법 규정을 적용하고, 교통 방해의 결과가 도로의 손괴, 불통 등 적극적인 물리력 행사에 의한 것일 때 제한적으로 형법 제185조를 적용하여야 한다.

2. '기타 방법'을 삭제하고 행위유형을 구체화하는 개정안

제185조의 '기타 방법' 자체가 구성요건의 내포와 외연이 미치는 한계를 가리기 어려운 광범성을 가졌다고 해서 명확성의 원칙에 반하는 것은 아니다. 필요한 입법형식의 하나로 볼 수 있기 때문이다. 그러나 예시적 입법형식이 불가피하다고 하더라도 충분하고 구체적인 개별사례의 예시를 통해서 이 규정이 규율하고자 하는 입법목적이 무엇이고 어떤 행위유형인지를 알 수 있어야 한다.

'기타 방법'과 같은 예시적 입법형식이 명확성의 요구를 충족하려면 입법자가 행

---

38) 권정순, 집회·시위 참가자에 대한 검찰·법원의 대응과 문제점, 인권정책연구소 개소1주년 기념 논문발표회 자료집('이명박 정부에서의 표현의 자유'), 2012.5.8., 111면 이하.

위유형을 충분히 예시하였는가와 입법 당시 행위유형을 충분히 구체적으로 예시할 수 있었는가의 두 가지 기준을 충족해야 한다. 이런 관점에서 제185조의 '기타 방법'은 두 가지 기준을 충족하지 못한 구성요건으로서 명확성의 원칙에 반한다고 볼 수 있다.

헌법재판소가 형법 제185조의 합헌을 결정했다고 해서 논란의 여지가 사라진 것은 아니다. 일반교통방해죄에 대한 헌법재판소 결정에서도 "기타의 방법이란 육로 등을 손괴하거나 불통하게 하는 행위에 준하여 의도적으로, 또한 직접적으로 교통장애를 발생시키거나 교통의 안전을 위협하는 행위를 하여 교통을 방해하는 경우를 의미하는 것으로 볼 수 있다."고 보아 제한적으로 해석할 필요가 있음을 밝혔고, "육로 자체를 손괴한 것은 아니지만, 교통표지 등 시설물이나 도로 위의 차량 등을 손괴·연소케 하는 행위나 다른 차량으로의 계획적인 충돌행위 등은 행위자의 의도와 행위 당시의 상황 등 구체적 사실관계에 따라 기타의 방법에 해당하는 것으로 볼 수 있다."[39]고 해석기준을 제시하였다. 이에 따르면 집회에 참가하여 도로를 행진했다고 하여 도로를 파괴하는 행위나 도로를 장애물로 불통시키는 행위와 동일하게 중형으로 처벌하는 것은 비례성의 원칙에 어긋난다. 도로를 물리적으로 파괴하거나 도로에 장애물을 설치하는 행위와 도로에서 사람이 집회와 시위를 하면서 움직이는 행위가 동일한 것으로 평가될 수 없기 때문이다.

1989년 법무부의 형사법개정특별심의위원회는 형법 제185조의 문제점으로 '기타 방법'을 지적하면서 '죄형법정주의 명확성의 원칙에 비추어 異論의 여지가 없도록 함이 타당하다.'는 결론을 내린 바 있고, 1992년의 형법개정법률안 제안이유서에 "(교통로를) 손괴 또는 불통하게 하거나 교통로의 표식 기타 부속물을 손괴, 제거, 변경하거나 허위의 표식이나 신호를 하여 교통을 방해한 자"로 그 구성요건을 세부적이며 상세하게 명시하는 것으로 개정하자고 제안하였다.

2009년 한국형사법학회 형법개정연구회는 제185조의 '기타 방법'이 불명확하여 실무에서 도로의 일부를 점거하여 행진하는 경우까지 적용하는 등 적용범위가 확대되어 남용의 소지가 있음을 지적하고 '손괴 또는 기타 방법으로 불통하게 하여'로 개정하여 '기타 방법'이 '손괴'와 동등한 정도여야 함을 분명히 해야 한다고 제안[40]한

---

39) 헌재 2010.3.25., 2009헌가2.
40) 한국형사정책연구원, 형사법개정연구(IV) 형법각칙 개정안, 2009, 598면.

바 있다.

제18대 국회 이춘석 의원이 대표 발의한 형법 일부 개정 법률안[41]은 현행 형법 제185조 일반교통방해죄에서의 '기타 방법'의 개념이 추상적이고 개괄적이어서 자의적인 법해석 및 법적용을 야기할 수 있는 위험성을 가지고 있음을 이유로, '기타 방법'을 삭제하고 그 행위태양을 '교통로의 표지 기타 부속물을 손괴, 제거, 변경하거나 허위의 표지나 신호를 하여'로 하여 범죄구성요건을 구체적으로 적시하여 명확하게 규정하는 것을 제안 내용으로 하고 있다.

형법 제185조는 '기타 방법'이라는 예시적 입법형식을 취하여 규정하고 있는데, 예시적 입법형식이 입법기술상 불가피하다고 하더라도 입법자가 입법 당시 교통을 방해하는 행위유형을 충분히 예상하고 전형적이고 대표적인 개별행위유형을 제시할 수 있는 가능성이 있었음에도 불구하고 그 임무를 다하지 못하였다. 명확성의 원칙에 위배되는 구성요건을 제한적으로 해석한다고 명확성 원칙 위반이 치유될 수 있는 것은 아니다. 이는 입법적으로 해결해야 할 문제이다. 입법적으로는 법무부의 형사법개정특별심의위원회의 개정제안이나 이춘석 의원이 대표 발의한 형법 일부 개정 법률안처럼 '기타 방법'을 삭제하고 행위태양을 충분히 구체화하여 제시하는 방향으로 개정되어야 할 것이다.

---

41) 형법일부개정법률안(이춘석의원 대표발의), 2011.7.20. 의안번호 12669, 임기만료폐기.

[논평] 형사입법에서 예시적 입법의 명확화 의무

이근우*

I. 들어가며

기억을 더듬어 올라가면 선생을 처음 뵌 것은 2001년 6월쯤, 참살이길에 있던 레드락 맥주를 팔던 맥주집 지하였다. 친형처럼 따르던 선배가 잠깐 인사만 드리고 오겠다고 해서 길가에서 한참을 기다리다 선생 대학원 수업 종강 뒷풀이 자리에 처음 인사드리고 합석하게 된 것이다. 그 무렵의 내 꼴을 보면 대부분 한 마디씩 던지고 지나가던 시기였는데, 별 말씀 없으셨던 것이 오히려 기억이 난다. 그 뒤로 한 학기쯤 지나서 선생 문하에 들어서고 인연이 시작되었다.

그동안 선생께 배운 것이 하나둘이 아니지만, 이 논문을 대상으로 삼은 것은 이 논문을 작성하실 무렵에 특히 이 논문의 전개에 관해서 많은 말씀을 나누었던 기억이 있기 때문이다. 지금도 우리 법전에는 '등', '기타의 방법으로'와 같은 사실상의 개방적 구성요건이 다수 존재하고, 이를 구체화하여야 할 교과서도 '~(결과)를 초래할 수 있는 일체의 행위'라는 식으로 특정 개념을 설명하는 예가 허다하다. 이러한 형법 언어와 개념 정의는 명확성 원칙을 위태롭게 한다. 비록 지금은 고전적 의미의 명확성 원칙이 그대로 존속하기는 힘들어졌지만, 여전히 형법의 언어는 수범자에게 하지 말아야 할 것을 사전에 분명하게 지시해야만, 그것을 위반하는 자를 처벌하는 것이 정당화될 수 있다는 기본 정신마저 쉽게 버려져서는 안 된다. 하선생 연구의 상당한 성과들이 입법과 실무에서의 명확성 원칙 위반을 지적하시는 작업이어서, 저도 개인적 기억에 기대어 이 논문을 소재로 삼고자 한다.

---

* 가천대학교 법학과 부교수, 법학박사

Ⅱ. "명확성의 원칙과 일반교통방해죄(형법 제185조)의 예시적 입법형식"의 정리

하태훈 선생이 2014년에 「형사법연구」 제26권 제2호에 발표하신 "명확성의 원칙과 일반교통방해죄(형법 제185조)의 예시적 입법형식"은 당시 경찰이 집회, 시위의 단순 참가자까지 현행범으로 체포하기 위하여 종래에 적용하던 도로교통법이나 집시법이 아닌 형법상 일반교통방해죄를 적용하는 현실을 비판하면서, 제1심의 벌금 100만원 유죄 판결에 대한 항소심 재판부가 피고인의 위헌법률심판청구를 인용하여 헌법재판소에 위헌법률심판을 제청하자 해 헌법재판소가 합헌결정을 내린 것을 계기로 하였다. 기억을 더듬어 보자면 논문을 작성하기 시작하셨을 때는 아직 위헌결정이 내려지기 전이었던 듯하다.

이 논문에서 죄형법정주의와 그 세부원칙으로서 명확성 원칙의 의의를 재음미하면서, "죄형법정주의는 개인의 자유와 권리의 침해 내지 제한에는 법률적 근거를 가져야 한다는 법치국가적 보장의 표현이다. 죄형법정주의는 형벌법규의 자의적 해석을 통하여 국가형벌권이 남용되었던 역사적 경험을 교훈으로 삼아서 국가형벌권의 자의적 행사와 남용으로부터 국민의 자유와 권리를 보장하고자 하는 법치주의 사상의 구체화 원칙이다.(중략)" 이어서 "죄형법정주의에서 파생되는 명확성의 원칙은 법률이 처벌하고자 하는 행위가 무엇이며 그에 대한 형벌이 어떠한 것인지를 누구나 예견할 수 있고, 그에 따라 자신의 행위를 결정할 수 있도록 구성요건을 명확하게 규정할 것을 요구하고 있다. 명확성의 원칙은 일반 국민에게 행위의 가벌성에 관하여 예측가능하게 해줌으로써 그의 행동의 자유와 인권을 보장함과 아울러 그 법규를 운용하는 국가기관의 恣意와 전횡을 방지하는 기능을 한다."는 대법원과 헌법재판소 결정을 강조한다.(268면)

물론 하선생도 현대국가의 입법에 있어서 입법기술상의 현실적 한계 때문에 일정 부분 불명확한 형식이 사용될 수밖에 없음도 인정하면서 형법 제185조의 '기타 방법'이라는 입법형식이 명확성의 원칙에 위반되는가의 여부를 '1. 구체적인 불법행위 유형을 충분하게 예시했는가?, 2. 입법자가 행위유형을 구체적이고 충분히 예시하는 것이 불가능했는가?, 3. 제한적 해석으로 불명확성이 치유될 수 있는가?'를 기준으로 삼아 비판한다.

그래서 비록 헌법재판소는 이 규정을 합헌으로 판단했지만, 독일과 일본의 유사 규정들은 다양한 보완장치를 통해서 우리 형법보다 더 법적용자의 자의적 해석의 여지를 축소하고 있음을 들어 이 규정의 위헌성을 강조하면서 이를 극복하기 위해서 '기타 방법'이라는 개방적 구성요건을 삭제하고, 행위유형을 보다 명확하게 구체화하여 입법하여야만 그 위헌성이 치유될 수 있을 것임을 강하게 질타한다.

Ⅲ. 하선생 논문에 대한 보충의견

하선생은 이 논문에서 "*형법 제185조의 '기타 방법' 자체가 구성요건의 내포와 외연이 미치는 한계를 가리기 어려운 광범성을 가졌다고 해서 명확성의 원칙에 반하는 것은 아니다. 필요한 입법형식의 하나로 볼 수 있기 때문이다. 그러나 예시적 입법형식이 불가피하다고 하더라도 충분하고 구체적인 개별사례의 예시를 통해서 이 규정이 규율하고자 하는 입법목적이 무엇이고 어떤 행위유형인지를 알 수 있어야 한다. '기타 방법'과 같은 예시적 입법형식이 명확성의 요구를 충족하려면 입법자가 행위유형을 충분히 예시하였는가와 입법 당시 행위유형을 충분히 구체적으로 예시할 수 있었는가의 두 가지 기준을 충족해야 한다. 이런 관점에서 제185조의 '기타 방법'은 두 가지 기준을 충족하지 못한 구성요건으로서 명확성의 원칙에 반한다고 볼 수 있다.*"고 그 위헌성을 지적하고 있다.

먼저 형법 제15장 교통방해의 죄는 지금의 관점에서 문언만 보면, 표면적으로는 단순히 '교통'을 보호법익으로 하는 범죄 유형으로 보인다.

제185조(일반교통방해) 육로, 수로 또는 교량을 손괴 또는 불통하게 하거나 기타 방법으로 교통을 방해한 자는 10년 이하의 징역 또는 1천500만원 이하의 벌금에 처한다는 구성요건이다.

제186조(기차, 선박 등의 교통방해) 궤도, 등대 또는 표지를 손괴하거나 기타 방법으로 기차, 전차, 자동차, 선박 또는 항공기의 교통을 방해한 자는 1년 이상의 유기징역에 처한다.

제187조(기차 등의 전복 등) 사람의 현존하는 기차, 전차, 자동차, 선박 또는 항공기를 전복, 매몰, 추락 또는 파괴한 자는 무기 또는 3년 이상의 징역에 처한다.

제188조(교통방해치사상) 제185조 내지 제187조의 죄를 범하여 사람을 상해에 이르게 한 때에는 무기 또는 3년 이상의 징역에 처한다. 사망에 이르게 한 때에는 무기 또는 5년 이상의 징역에 처한다.

제189조(과실, 업무상과실, 중과실) ①과실로 인하여 제185조 내지 제187조의 죄를 범한 자는 1천만원 이하의 벌금에 처한다.

②업무상과실 또는 중대한 과실로 인하여 제185조 내지 제187조의 죄를 범한 자는 3년 이하의 금고 또는 2천만원 이하의 벌금에 처한다.

제190조(미수범) 제185조 내지 제187조의 미수범은 처벌한다.

제191조(예비, 음모) 제186조 또는 제187조의 죄를 범할 목적으로 예비 또는 음모한 자는 3년 이하의 징역에 처한다.

그런데 이 장의 구성요건들의 체계는 뭔가 이상한 점이 있다. '방해'라는 상황이 초래되면 처벌하는 구성요건이므로 위험범으로 해석되는 제185조의 법정형이 다른 결과범에 비해서도 상당히 높고, 과실범과 미수범을 처벌하며, 제186조 또는 제187조는 예비, 음모까지도 처벌하고 있다는 점이다. 그래서 나는 이 장의 구성요건이 단순한 평시의 교통만을 보호하는 구성요건으로 입법된 것이 아니라, 우리 법의 모태가 된 일본의 형법가안 당시의 정치사회적 상황을 반영하고 있던 것이 아닌가 하는 의심이 있다. 즉 이 규정은 일상적으로 발생하는 교통방해가 아니라, 戰時 체제 하에서의 사보타주(sabotage)[1]까지도 벌하기 위해서, 의도적으로 과도하게 입법된 것을 우리 형법 제정시에 그대로 베껴온 것은 아닌가 하는 것이다. 우리 형법에서 사회적 법익을 보호하는 죄로 분류되는 몇몇 범죄에 대해서는 이러한 의심이 있다.

하선생이 특별히 지적하고 있는 것은 아니지만, 제185조의 위헌성은 본죄의 과실범을 처벌하는 제189조, 미수범을 처벌하는 제190조의 해석에서 더 잘 드러난다. 이 경우에는 '육로, 수로 또는 교량을 손괴 또는 불통하게 하거나 기타 방법으로 교통을

---

1) 사보타주(sabotage): 고의적인 사유재산 파괴나 태업 등을 통한 노동자의 쟁의행위. 한국에서는 흔히 태업(怠業)으로 번역하는데, 실제로는 태업보다 넓은 내용이다. 태업은 파업과는 달리 노동자가 고용주에 대해 노무제공을 전면적으로 거부하는 것이 아니라 형식상으로는 취업태세를 취하면서 몰래 작업능률을 저하시키는 것을 말한다. 사보타주는 이러한 태업에 그치지 않고 쟁의 중에 기계나 원료를 고의적으로 파손하는 행위도 포함한다. [네이버 지식백과] (두산백과) 발췌

방해'하는 행위의 제한 해석은 도저히 불가능해지기 때문이다. 하선생 논문에서 지적한 대로, '불통', '교통방해'의 의미가 구체화되어야 할뿐더러, 이를 초래하는 행위 태양으로서의 '기타의 방법'이 매우 세밀하게 구체화되지 않는다면, 과실범 구성요건인 제189조에서는 결과적으로 교통방해의 결과를 모든 행태가 포함될 수 있게 된다. 과실에 의한 교통사고 발생, 초보운전 등 운전미숙, 화물적재 실수로 인한 것이든, 교통방해의 결과발생을 초래할 수 있는 모든 행태가 구성요건적 과실행위에 해당할 수 있게 되기 때문이다. 나아가 미수범 구성요건인 제190조에 있어서는 '교통방해'라는 결과를 초래하지 않는 단계에서 무엇인지도 모르는 '기타의 방법'의 시도만으로도 본죄의 실행의 착수를 인정하여야 하기 때문이다. 이러한 문제는 법관의 어떠한 해석으로도 구성요건의 윤곽조차 그려낼 수 없기 때문에 위헌일 수밖에 없는 것이다.

이러한 점에서 헌법재판소의 아래와 같은 결정요지는 견강부회에 지나지 않는다.

"'기타의 방법'에 의한 교통방해는 육로 등을 손괴하거나 불통하게 하는 행위에 준하여 **의도적으로, 또한 직접적으로** 교통장해를 발생시키거나 교통의 안전을 위협하는 행위를 하여 교통을 방해하는 경우를 의미하는 것으로서 그 의미가 불명확하다고 볼 수 없다. 나아가 '교통방해'는 교통을 불가능하게 하는 경우뿐 아니라 교통을 현저하게 곤란하게 하는 경우도 포함하고, 여기서 교통을 현저하게 곤란하게 하는 경우에 해당하는지 여부는 교통방해 행위가 이루어진 장소의 특수성과 본래적 용도 및 일반적인 교통의 흐름과 왕래인의 수인가능성, 행위자의 의도 및 행위가 지속된 시간, 다른 대안적 행위의 가능성 등 제반 상황을 종합하여 합리적으로 판단될 수 있다. 결국 이 사건 법률조항이 지닌 약간의 불명확성은 법관의 통상적인 해석 작용에 의하여 보완될 수 있고, 건전한 상식과 통상적인 법감정을 가진 일반인이라면 금지되는 행위가 무엇인지를 예측하는 것이 현저히 곤란하다고 보기는 어려우므로 이 사건 법률조항은 죄형법정주의의 명확성 원칙에 위배되지 않는다."

헌법재판소가 동일한 개념이 그대로 과실범과 미수범 구성요건에서 사용된다는 점을 몰랐던 것일까? 헌법재판소의 장황한 설시는 '의도적, 직접적' 행위로 제한해석할 수 있음을 강조하고 있지만, 제185조에서는 저 기준으로 축소해석한다고 하여도, 그 문언이 그대로 적용되는 과실범, 미수범 처벌에 있어서는 무엇이 과실교통방해에 해당하지는 지, 어떠한 행위의 시도가 본죄의 착수에 해당하는지 식별할 수 없다. '기타의 방법'이라는 문언에는 그 무엇이든 교통방해의 결과를 초래할 수 있는 모든 행태가 포섭되기 때문에, 헌재가 아무리 은근슬쩍 제185조에서 교통의 불가능, 현저한 곤란으로 축소해석하더라도, 법집행자인 수사기관은 얼마든지 여하한 행위라도 교통방해를 초래할 수 있는 모든 행태를 수사, 기소할 수 있는 것이다. 나중에 법원이 무죄라고 판단할 수 있다고 해도 해당자가 그동안 피의자, 피고인으로 겪어야하는 고초는 어떻게 할 것인가?

헌법재판소가 합헌의 논거로 "교통방해의 유형 및 기준 등을 입법자가 일일이 세분하여 구체적으로 한정한다는 것은 입법기술상 불가능하거나 현저히 곤란하므로~"라는 점을 든 것은 하선생이 적절히 제시하신 외국의 입법례에서 보듯, 우리 입법자가 독일과 일본 입법자에 비하여 현저하게 무능하거나, 게으른 자들이 아니라면, 입법기술적으로 해결할 수 있음이 명백하다. 나아가 이러한 불명확한 구성요건의 법정형을 1월 이상 10년 이하 징역으로 지나치게 넓은 폭을 정한 것도 법관에게 지나치게 넓은 재량을 부여한다는 점에서 죄형법정원칙 위반이다. 이 구성요건은 '일반'교통방해이므로 특별구성요건보다 넓은 적용범위를 갖는 대신 그 법정형은 대폭 낮게 규정되어야 하는 것이다.

유사한 형태로 규정된 제163조(변사체 검시 방해)에서도 '변사자의 시체 또는 변사(變死)로 의심되는 시체를 은닉하거나 변경하거나 그 밖의 방법으로 검시(檢視)를 방해'라는 구성요건이 사용되었지만, 이 경우에는 그 자체로서 매우 넓은 대상인 '교통'과 달리 매우 특정된 공무집행행위인 '검시(檢視)'를 방해하는 행위만을 지시한다. 물론 이 구성요건도 과거에 민주화 운동 유족 등에게 남용된 예가 있지만, 고의범 구성요건만 있고 그 법정형도 700만원 이하의 벌금이어서, 일반교통방해죄에 비해서는 그 위험성은 오히려 낮다고 할 수 있다. 첨언할 것은 이 죄의 규정 위치이다. '제12장 신앙에 관한 죄'의 제명도 부적절할뿐더러, 구성요건의 성질로 본다면, '제8장 공무방해에 관한 죄'에 규정되는 것이 타당할 것으로 보인다. 같은 맥락에서 제158조(장례식등의 방해)도 제314조(업무방해)의 범주로 다루어져야 한다. 日帝시기의 국교였던 신사참배와 같은 예식이 아니라면, 이를 사회적 법익으로 포함시킬 이유도, 3년 이하의 징역 또는 500만원 이하의 벌금으로 처벌할 이유도 없기 때문이다.

한편 제173조(가스·전기등 공급방해) ②공공용의 가스, 전기 또는 증기의 공작물을 손괴 또는 제거하거나 기타 방법으로 가스, 전기 또는 증기의 공급이나 사용을 방해한 자도 전항의 형과 같다는 규정에서도 '기타의 방법'에 의한 가스, 전기 또는 증기의 '공급이나 사용을 방해'를 규정하고 있어서 마찬가지의 문제가 발생한다. 여기에서도 '공작물'의 손괴, 제거와 동등하게 평가할 수 있는 '기타의 방법'으로 제한되어야 하지, 일시적인 밸브 잠금 등과 같은 방법은 '기타의 방법'에 해당하지 않는다고 보아야 한다. 반면에 제192조(먹는 물의 사용방해) 제2항, 제193조(수돗물의 사용방해) 제2항도 독물 '그 밖에'라는 포괄적 용어를 사용하지만, 이는 '건강을 해하는 물질'의 범주로 제한되므로 이러한 문제가 발생하지는 않는다.

한편 이러한 점이 반전되어 나타나는 경우도 있다. 대법원 2022. 9. 15. 선고 2022도5827 판결[권리행사방해교사] 사건2)의 사실관계에서는 교사는 정범에 종속(구성요

---

2) 대법원 2022. 9. 15. 선고 2022도5827 판결[권리행사방해교사](원심판결 서울중앙지방법원 2022. 4. 26. 선고 2021노2068 판결) 사건의 사실관계는 아래와 같다.

1. 공소사실의 요지

피고인은 서울 서초구 (주소 생략)에 있는 지상 5층 ○○○○○ 건물(이하 '이 사건 건물'이라고 한다)을 다른 사람과 공동으로 건축하여 관리하고 있다. 공소외 1은 이 사건 건물 및 부지를 매입하기 위한 공탁금, 등기비용 기타 소요자금 7억 원을 대납하는 조건으로 이 사건 건물 5층에서 약 2개월 동안 아내인 피해자 공소외 2를 포함한 가족들과 함께 임시로 거주하고 있다. 피고인은 2019. 11. 4. 22:10경 이 사건 건물 5층에서 피해자를 만나 위 돈이 입금되지 않았다면서 퇴거를 요구하였으나 받아들여지지 않자, 피해자의 가족을 내쫓을 목적으로 아들인 공소외 3에게 이 사건 건물 5층 현관문에 설치된 디지털 도어락(이하 '이 사건 도어락'이라고 한다)의 비밀번호를 변경할 것을 지시하였고, 공소외 3은 피고인의 지시에 따라 이 사건 도어락의 비밀번호를 변경하였다. 이로써 피고인은 피해자의 점유의 목적이 된 자기의 물건인 이 사건 도어락에 대한 권리행사방해를 교사하였다.

2. 원심의 판단

원심은 판시와 같은 이유로 이 사건 도어락이 피고인 소유의 물건으로서 형법 제323조에서 규정한 '자기의 물건'에 해당한다고 판단하여, 이 사건 공소사실을 무죄로 판단한 제1심판결을 파기하고 유죄를 인정하였다.

3. 대법원의 판단

그러나 이러한 원심의 판단은 다음과 같은 이유로 수긍할 수 없다.

가. 관련 법리

교사범이 성립하려면 교사자의 교사행위와 정범의 실행행위가 있어야 하므로, 정범의 성립은 교사범 구성요건의 일부이고 교사범이 성립하려면 정범의 범죄행위가 인정되어야 한다(대법원 2000. 2. 25. 선고 99도1252 판결 등 참조). 형법 제323조의 권리행사방해죄는 타인의 점유 또는 권리의 목적이 된 자기의 물건을 취거, 은닉 또는 손괴하여 타인의 권리행사를 방해함으로써 성립하므로 취거, 은닉 또는 손괴한 물건이 자기의 물건이 아니라면 권리행사방해죄가 성립할 수 없다. 물건의 소유자가 아닌 사람은 형법 제33조 본문에 따라 소유자의 권리행사방해 범행에 가담한 경우에 한하여 그의 공범이 될 수 있을 뿐이다(대법원 2017. 5. 30. 선고 2017도4578 판결 등 참조).

건해당, 위법)되어 성립하나 이 사건에서 실행정범인 공소외 3의 경우 대상물인 도어락이 자신의 물건이 아니므로 '권리행사방해'의 구성요건해당성이 없어서 피고인의 교사도 성립할 수 없다. 다만 이 경우에 피고인은 어느 행위로 인하여 처벌받지 않은 자를 이용한 것으로서 간접정범에 해당할 수 있다. 그런데 이 경우에 권리행사방해죄의 구성요건 태양은 '취거', '은닉', '손괴'로 제한적으로 열거되어 있는데, 손괴죄의 태양으로는 병렬적으로 규정되어 있지만, 권리행사방해 행위로 열거되지 않은 행태인 '기타 효용을 상실하게 하는 행위'를 교사한 것을 처벌할 수 있을 것인가 하는 발생한다. 법문에 명시적으로 열거되지 않은 행위를 교사한 것이 간접정범의 이용행위의 요건을 충족할 수 있을 것인가 하는 문제이다. 형법상 손괴죄의 구성요건 태양은 손괴, 은닉, 기타 효용상실로 되어 있음에 비하여 권리행사방해에서는 손괴죄의 구성요건 중 손괴, 은닉은 열거하면서도 '기타 효용상실'을 배제하고 있기 때문에, 이것이 입법자의 명시적 의사라면, '기타 효용상실' 행위에 의해서 권리행사방해의 결과가 발생하더라도 처벌되어서는 안될 것이다.

이는 소위 '행태의존적 결과범'의 문제인데, 이처럼 '합목적성' 혹은 불분명한 '입법자의 의도'를 근거로 특정한 구성요건에서 행태의존성을 배제하는 것은 치명적인 결과를 초래할 수 있다. 특히 재산범에서는 타인의 재산 손실을 초래하는 모든 행태를 처벌하는 것이 아니라, 특정 행태로 침해하는 행위를 각각 별도의 구성요건에서 처벌하는데, 이를 무시하는 경우 우리의 재산범죄 체계는 의미를 잃게 될 것이고, 동일하게 생명을 침해하는 결과를 초래하는 범죄를 기본범죄에 따라 분리 규율하는 체계도 무너지고 말 것이다.

나. 원심이 판단한 바에 의하더라도 이 사건 도어락은 피고인 소유의 물건일 뿐 공소외 3 소유의 물건은 아니라는 것이다. 따라서 앞서 본 법리에 비추어 보면, 공소외 3이 자기의 물건이 아닌 이 사건 도어락의 비밀번호를 변경하였다고 하더라도 권리행사방해죄가 성립할 수 없고, 이와 같이 정범인 공소외 3의 권리행사방해죄가 인정되지 않는 이상 교사자인 피고인에 대하여 권리행사방해교사죄도 성립할 수 없다.

다. 그런데도 피고인에 대하여 권리행사방해교사죄를 유죄로 판단한 원심판결에는 권리행사방해죄에서 '자기의 물건', 교사범의 성립에 관한 법리를 오해하여 판결에 영향을 미친 잘못이 있다. 이를 지적하는 상고이유 주장은 이유 있다.

4. 결론

그러므로 나머지 상고이유에 대한 판단을 생략한 채 원심판결을 파기하고 사건을 다시 심리·판단하도록 원심법원에 환송하기로 하여, 관여 대법관의 일치된 의견으로 주문과 같이 판결한다.

IV. 맺으며

법률의 언어, 특히 형법의 언어는 가능한 한 명확하게 지시 대상을 식별할 수 있도록 규정되어야 한다. 입법자의 무능함 때문이든, 무신경함 때문이든 잘못 입법된 단 한 글자 때문에 온 나라가 시끄러워질 수 있다는 점은 최근에 검찰청법에 사용된 '등'으로 인해 빚어진 혼란을 보면 알 수 있다. 세상이 발전하면 입법기술도 발전해야 할 것인데, 최근에도 너무 많은 법률들이 양산되면서 섬세하지 못한 예시적 입법 형식도 빈번하게 사용되어서 사실상 개방적 언어로 구성된 형벌구성요건들도 증가하고 있다.

그래서 더욱 하선생이 이 논문에서 개방적 구성요건에 대한 명확성 원칙 위반의 판단기준으로 제시한 기준, 즉 '1. 구체적인 불법행위유형을 충분하게 예시했는가?, 2. 입법자가 행위유형을 구체적이고 충분히 예시하는 것이 불가능했는가?, 3. 제한적 해석으로 불명확성이 치유될 수 있는가?'는 사전적, 적극적으로 입법자에 대한 요청으로 이해될 필요가 있다. 입법자는 자신들에게 부여된 입법권한을 행사함에 있어서 이 기준에 따라 무엇을 금지하는 지에 대해 명확하게 입법할 의무가 있다.

상관의 명령에 복종한 행위와 그 형사책임[*]

들어가며

한국 형법도그마틱의 지평을 넓히고 그 수준을 한 단계 끌어올리신 이형국 선생님의 정년퇴임기념 학술회의에서 발표의 기회를 갖게 된 것에 대하여 감사하며 대단한 영광으로 생각합니다.

오늘의 발표주제는 선생님께서 독일에서의 박사과정 때부터 관심을 기울이신 위법성분야 중에서 진부하지만 아직도 논의가 끝나지 않은 명령의 위법성과 구속력의 한계에 관한 것입니다. 이미 선생님께서는 이와 같은 주제로 1980년에 논문을 발표하셨고,[1] 위법한 직무상의 명령에 따른 행위의 형법상 책임문제는 중요한 의미를 갖으며 실제 문제화될 가능성이 높아 학문적 논의의 필요성이 요청되는 문제라는 지적은 20여년이 지난 지금에도 여전히 유효하다고 봅니다.

---

[*] 출처: 연세대학교 「법학연구」 제12권 제4호, 2002, 1~15면.
[1] 이형국, 위법한 명령에 따른 행위와 그 형사책임, 고시계 1980.4, 23면 이하.

Ⅰ. 서론

1. 문제상황의 상존: 비민주적 위계질서

군대, 수사기관이나 정보기관처럼 상하의 위계질서가 엄연한 국가기관에서 상관의 명시적 또는 묵시적 명령은 절대적인 힘을 발휘한다. 위법한 명령이든, 구속력이 없는 명령이든 상관의 명령이나 지시라면 부하는 앞뒤를 재지 않고 무조건적으로 따라야 할 것으로 여기는 것이다. 특히 그 상관이 인사권을 쥐고 있다면 복종의무가 그 어떤 의무(예컨대 불법회피의무)보다 우선한다고 생각한다. 부하를 이용해서 명령이라는 이름으로 불법을 행해서라도 자신의 이익과 영달을 꾀하려는 상관과 인사상의 불이익을 두려워하여 설사 그 명령이 위법하더라도 그 명령에 순응해야 할 것으로 받아들이는 부하가 있는 한 명령복종행위의 형사책임을 물어야 하는 상황은 언제든지 발생할 수 있는 것이다.

어찌 보면 희생자이기도 한 명령이행자의 형사책임을 논하는 것이 가혹한 것이라는 시각도 있을 수 있지만, 이와 같은 동정심은 명령의 내용이 피의자를 고문해서라도 자백을 받아내라는 것이라면(예컨대 박종철군 고문치사사건이나 서울지검 살인피의자 구타사망사건), 선거에 불법적인 방법을 동원해서라도 개입하라는 것이라면(안기부장 선거개입사건) 더 이상 발휘될 수 없을 것이다. 지시나 명령이 적법성의 요건을 충족하면 그 명령은 구속력이 있고 부하는 이를 따라야 할 법적 의무가 있다. 그렇다면 명령이행행위의 위법성 내지 책임의 한계는 어디인가. 위법한 명령이나 지시는 언제나 구속력이 없는 것이지만 책임조각사유로 작용하는 것인가. 아니면 위법하더라도 불법의 정도에 따라서는 구속력이 있는 것이어서 명령이행자는 일반적인 불법회피의무와 명령복종의무 사이에 충돌상황에 처하게 되는 것인가. 아니면 위법한 명령은 언제나 구속력이 없는 것인가.

2. 실제사례와 대법원의 판단

대법원은 지난 대선을 앞두고 안기부장이 부하에게 명령하여 선거에 개입하도록 한 사건에 대한 판결[2]에서, 안기부장의 지시에 따라 안기부의 자금으로 허위의 사실

---

2) 大判 1999.4.23, 99도636.

로 특정대통령후보를 비방하는 내용의 책자를 발간·배포하거나 기사를 게재하도록
한 피고인의 행위가 국가안전기획부법위반·공직선거및선거부정방지법위반·통신비
밀보호법위반·출판물에의한명예훼손에 해당하지만 정당행위로서 위법성이 조각되
거나 혹은 위법하더라도 적법행위에 대한 기대가능성이 없기 때문에 책임이 조각된
다는 피고인의 주장에 대하여, ① 상관의 지시에 따른 행위인지 여부를 불문하고 정
당방위의 요건(행위의 동기나 목적의 정당성, 행위의 수단이나 방법의 상당성, 보호법익과 침
해법익의 권형성, 긴급성, 보충성)3)을 갖추고 있지 못하며, ② 공무원인 상관은 하관에
대하여 범죄행위 등 위법한 행위를 하도록 명령할 직권이 없는 것이며, 또한 하관은
소속상관의 적법한 명령에 복종할 의무는 있으나 그 명령이 명백히 위법 내지 불법한
명령인 때에는 이는 벌써 직무상의 지시명령이라 할 수 없으므로 이에 따라야 할
의무가 없고, ③ 안기부가 엄격한 상명하복의 관계에 있는 조직이라고 하더라도 안
기부 직원의 정치관여가 법률로 엄격히 금지되어 있고, 피고인도 상관의 의도를 잘
알고 있었으며, 여기에 피고인의 경력이나 지위 등에 비추어 보면, 이 사건 범행이
강요된 행위로서 적법행위에 대한 기대가능성이 없다고 볼 수는 없다고 판시하였다.

이는 상관의 위법한 명령에 대한 하관의 복종의무에 관한 기존의 판례입장4)을 확
인한 판결이다. 이에 따르면 공무원이 그 직무를 수행함에 즈음하여 상관은 하관에
대하여 범죄행위 등 위법한 행위를 하도록 명령할 직권이 없는 것이며, 또한 하관은
소속상관의 적법한 명령에 복종할 의무는 있으나 그 명령이 명백히 위법 내지 불법한
명령인 때에는 이는 벌써 직무상의 지시명령이라 할 수 없으므로 이에 따라야 할
의무가 없고 안기부가 엄격한 상명하복의 관계에 있는 조직이라고 하더라도 그 범행
이 강요된 행위로서 적법행위에 대한 기대가능성이 없다고 볼 수는 없다는 것이다.

이 외에도 지휘관의 지시에 의한 군용물에 대한 업무상횡령사건5)과 알선수뢰사
건6)에서도 상명하복이 군대의 생명이라고 하더라도 상관이 범죄를 저지르라는 지시

---

3) 이와 같은 정당행위의 요건에 관해서는 大判 1996.11.12, 96도2214; 1997.3.28, 95도2674; 1998.
10.13, 97도3337; 1999.1.26, 98도3029.
4) 이 판결이 참조한 판례로는 大判 1980.5.20, 80도306 전원합의체(김재규 내란목적살인사건); 대
판 1988.2.23, 87도2358(박종철군 고문치사사건); 대판 1997.4.17, 96도3376 전원합의체(5·18내
란사건).
5) 大判 1966.1.25, 65도997.
6) 大判 1967.1.31, 66도1581.

까지 부하로서 복종하여야 하는 것은 아니므로 범죄구성요건을 충족시키는 부하의 복종행위는 위법하며 더 나아가 기대가능성이 없다고 볼 수 없다는 것이 판례의 입장이다.

3. 문제점

상관의 중대하고도 명백히 위법 내지 불법한 명령은 직무상의 지시명령이 아니어서 하관은 이에 복종할 의무가 없기 때문에 하관의 명령복종행위는 정당행위의 요건을 갖춘 행위도 아니고 적법행위에 대한 기대가능성이 없는 강요된 행위도 아니라는 대법원의 입장의 근거와 결론은 타당하다. 주 논점이 되고 있는 명백히 위법 내지 불법인 상관의 명령은[7] 구속력의 실질적 요건을 갖추지 못하여 구속력이 없고 이를 이행하는 하관의 행위는 위법하고 면책도 되지 않는다는 점에 대해서는 학설[8]도 판례와 마찬가지로 견해가 일치되어 있다.

이하에서는 학설과 판례에서 다루어졌지만 아직도 덜 해명되어졌다고 판단되는 문제점들, 예컨대 ① 위법한 명령은 언제나 구속력이 없는 것인지, 즉 명령의 위법성과 구속력과의 관계 ② 구속력이 인정되기 위한 요건 ③ 구속력이 있는 위법한 명령에 복종한 행위를 형법적으로 어떻게 취급해야 할 것인 지의 문제와 ④ 명령이행행위가 범죄에 해당함을 명령이행자가 인식하지 못한 경우에 이를 어떻게 취급해야 할 것인지 등을 중심으로 검토해 보고자 한다.

II. 명령의 적법성과 구속력: 형식적 및 실질적 적법성요건

상관의 지시 또는 명령에 복종하는 행위는 법령에 의한 행위로서 정당행위에 해당한다. 상관의 지시나 명령에 복종하는 행위가 형법구성요건을 충족시키더라도 그 지시나 명령이 적법하다면 정당화되는[9] 이유는 상관의 지시권한과 하관의 복종의무

---

7) 이하에서는 편의상 상관의 명령은 공무원의 직무상의 지시와 군대에서의 상관의 명령을 포함하는 용어로 사용한다.

8) 김일수/서보학, 형법총론, 2002, 368면; 박상기, 형법총론, 145; 배종대, 형법총론, 245; 손해목, 형법총론, 415면; 이재상, 형법총론, 270면; 임웅, 형법총론 183면; 정성근 형법총론, 267면.

9) 독일의 통설도 직무상의 지시나 군사상의 명령을 이행하는 행위가 형법구성요건을 충족하더라도 정당화된다고 본다(대표적으로 Jescheck/Weigend, Lehrbuch des Strafrechts AT, 5.Aufl., §35 II

는 국가질서의 전제요건이며 이는 법적으로 규율되어 있기 때문이다.

따라서 명령과 복종관계를 규율한 군인복무규율(제5조, 제6조, 제10조), 검찰청법(제7조) 또는 국가공무원법(제57조) 등의 근거에 의하여 추상적 권한을 갖고 절차와 형식을 갖추어 공무상의 목적을 달성하기 위하여 발령된 상관의 명령은 적법한 것으로 추정되고 이 명령에 복종한 행위는 구속력의 형식적 요건을 갖추었기 때문에 당연히 정당행위로서 위법성이 조각된다. 예컨대 군인복무규율 제6조는 "발령자가 건전한 판단과 결심 하에 적시 적절한 명령을 내려야 하며, 법규에 위배되거나 자기권한외의 사항을 명령하여서는 아니 된다"고 하여 상관이 부하에게 지시하는 의사표시인 명령이 적법하기 위한 요건을 명시하고 있다. 이 명령이 적법한 명령인 한 부하는 그 원인이나 이유를 묻지 말고 상관의 명령에 절대로 복종하여야 한다(군인복무규율 제10조).

또한 상관의 지시 또는 명령이 재량에 속하는 것일 때에는 그 지시 또는 명령은 의무합치적인 재량판단의 범위 내에 있어야 한다. 따라서 상관이 상황을 의무에 합치하는 재량판단에 따라 심사숙고하여 국가공권력을 투입할 수 있는 실제적인 요건이 갖추어졌다고 판단했다면 설사 실제로 그 요건이 구비되지 않았다고 하더라도 그에 따른 명령은 적법한 명령이며 이를 이행하는 행위도 정당화된다.[10] 그러나 명령 이행자가 상관의 판단이 착오에 기인한 것임을 알았고 또 상관이 착오하지 않고 사정을 올바르게 인식했더라면 그러한 명령을 발령하지 않았을 것이라는 사정이 있는 때에는 적법한 명령이 아니어서 구속력이 없게 된다.[11] 독일 연방대법원은 이 경우에 군인인 부하는 그것이 아무런 어려움 없이 가능하다면 상관에게 그 착오를 일깨워 주어야 할 의무가 있다고 보고, 착오를 알려주지 않고 상관의 명령을 이행했다면 형법적으로 책임을 져야 한다고 본다.[12]

2; LK-Hirsch, StGB, 11.Aufl., Vor §32 Rdn.174).

10) Jescheck/Weigend, §35 II 4.

11) Hirsch, LK, Vor §32 Rdn.176.

12) BGHSt. 19, 231.

Ⅲ. 위법한 명령의 구속력여부와 이에 복종하는 행위

1. 명령의 구속력을 판단하는 기준

명령(또는 지시)의 구속력의 형식적 요건은 명령(또는 지시)을 내릴 상관의 추상적 권한과 법에 정해진 절차와 형식준수이다. 따라서 법규에 위배되거나 자기권한외의 사항에 대한 명령은 적법한 명령이 아니어서 구속력이 없다.[13]

명령(또는 지시)의 구속력의 실질적 요건은 명령(또는 지시)이 법질서를 명백히 (예컨 대 인간의 존엄성, 국제법의 일반원칙, 형법상의 범죄구성요건을 실현하는 행위 등) 침해하지 않아야 된다는 점이다.[14] 따라서 부하에게 형법상 범죄를 저지르도록 하거나 명백히 인간의 존엄성을 침해하는 내용의 명령은 구속력의 실질적 요건을 갖추지 못한 명령 으로서 구속력이 없는 명령이다.

그러나 경범죄나 규칙위반에 대한 명령(또는 지시)의 경우에는 명령(또는 지시)을 이 행하는 자의 기능에 따라 달라질 수 있다. 예컨대 상명하복관계가 엄격한 군대조직 이나 경찰조직에서는 조직의 특성상 경범죄나 규칙위반에 대한 명령도 구속력이 있 다. 또한 상관의 명령을 이행하는 부하의 행위가 비교적 경미한 법위반에 해당하는 경우에는 상관의 명령은 구속력을 갖는다. 이에 반해서 훈련 중에 차량을 과속으로 운전하거나 전조등을 켜지 말고 운행하라는 명령과 같이 그 이행행위가 경우에 따라 서는 과실범의 구성요건(예컨대 과실사상의 죄)을 충족시킬 위험성이 있는 경우에는 결과발생이 없더라도 구속력이 없다고 본다.[15]

2. 구속력 있는 위법한 명령에 복종하는 행위

구속력을 가진 상관의 명령이 위법한 경우에 이에 복종한 행위를 어떻게 취급할 것인가.[16] 이 문제는 이익충돌상황에 관여된 세 사람(상관, 명령수령자, 명령이행행위로

---

13) 독일 형법 제113조(공무집행공무원에 대한 저항) 제3항은 직무집행행위가 적법하지 않다면 이에 저항하는 행위는 제113조에 의하여 처벌되는 것은 아니라고 규정하고 있다.

14) Jescheck/Weigend, §35 Ⅱ 2; Hirsch, LK, Vor §32 Rdn.174ff.

15) 김일수, 형법학원론[총칙강의], 1988, 589면. Jescheck/Weigend, §35 Ⅱ 2 b, Fn.13; Roxin, Strafrecht AT, Bd.I, 3.Aufl., S.677. 독일 판례는 명령이행자가 명령이행을 통해서 거의 개연적으로 과실범의 구성요건을 실현하게 될 수 있는 경우에도 그 명령의 구속력이 탈락하는지 여부에 관해서는 확답을 피하고 있다(BGHSt. 19, 232).

부터 불이익이나 침해를 받는 자)에 대한 보호필요성에 관한 것이다. 즉 위법한 명령의 구속력을 부정하여 명령이행행위를 통해서 불이익이나 법익침해를 받게 되는 私人인 피해자에게 정당방위권을 인정할 것인가 아니면 이익충돌상황에서 이익교량에 따라 위법한 명령이 구속력이 있지만 그 이행행위의 위법성을 부정하여 명령수령자가 정당방위의 객체가 되는 것으로부터 보호해야 할 것인가 아니면 아예 명령복종의 무를 부정하고 명령권자인 상관을 정당방위의 객체로 할 것인가의 문제이다.

(1) 위법성이 조각된다는 견해[17]

명령에 복종해야 할 의무를 갖는 하관의 명령이행행위가 위법 하다고 평가를 내리게 되면 복종의무를 다한 자가 정방방위의 대상이 된다는 점에서 불합리하다. 따라서 정당화된다고 보아야 한다.

정당화의 근거에 관해서는 위법한 명령을 이행해야 할 의무를 갖는 하관이 처해 있는 상황은 복종의무(작위의무)와 위법한 행위를 하지 말아야 할 의무(부작위의무)와의 충돌상황이기 때문에 의무의 충돌을 원용하자는 견해[18]와 작위의무와 부작위의무의 충돌은 전형적인 긴급피난의 일종이기 때문에 충돌하는 의무사이의 이익교량으로 해결하자는 견해[19]로 나누어진다. 어쨌든 명령이행행위가 경미한 위법에 해당

---

16) 이 문제에 관해서 독일에서는 위법한 명령은 명백히 구속력이 없음을 실정법에 명시하여 대부분 해결되었다. 예컨대 연방공무원법(Bundesbeamtengesetz: BBG) 제56조 3항에는 "공무원은 상관의 지시명령에 따른 행위가 형법적 또는 질서위반법적으로 처벌되는 것이 아니거나 인간의 존엄을 침해하지 않을 경우에 한해서 상관의 지시명령을 이행하여야 한다."고 규정하고 있다. 군형법 (Wehrstrafgesetz) 제22조도 직무상 목적을 위하여 발동된 것이 아니거나 명령이행이 인간의 존엄 성을 침해하거나 범죄를 행하게 되는 경우에는 그 명령은 구속력이 없고, 따라서 위법하지 않다고 명시하고 있다. 또한 명령이행자가 명령의 구속력을 착오로 인정한 경우에도 위법성은 조각된다. 군인지위법(Gesetz über die Rechtsstellung der Soldaten) 제11조 제2항 1호에는 "명령이행행위가 범죄를 구성하는 경우에는 그 명령은 이행되어서는 안된다."라고 규율되어 있고 제11조 제1항 2호에 따르면 인간의 존엄성을 침해하거나 직무상의 목적을 위하여 발동된 명령이 아니어서 명령에 따르지 않았더라도 명령불복종은 아니다.
17) 김일수, 형법학원론[총칙강의], 588면; Jakobs, Strafrecht AT, 2.Aufl., 16/14; Jescheck/Weigend, Lehrbuch des Strafrechts AT, 5.Aufl., §35 II 3; Lenckner, Der "rechtswidrige verbindliche Befehl" im Strafrecht - nur noch ein Relikt? Stree/Wessels-FS 1993, S.223; Sch/Sch/Lenckner, StGB, 24.Aufl., §32 Rdn.88a; Roxin, Strafrecht AT, Bd.I, 3.Aufl., S.676; Wessels, Strafrecht, 25.Aufl., Rdn.450.
18) Jescheck/Weigend, §35 II 3.

할 경우에는 복종의무가 우월하여 정당화 될 수 있지만 범죄수행이나 인간의 존엄성 침해와 같은 중대한 위법에 해당하는 경우에는 부작위의무가 우월하여 정당화될 수 없다.

(2) 위법하지만 면책될 수 있다는 견해[20]

위법한 명령이 불법한 것을 적법한 것으로 변하게 할 수 없다는 점과 만일 불법한 상관의 명령에 복종하는 행위가 정당화된다면 상관은 스스로 행하여 불법에 해당하는 것을 피하기 위하여 하관에게 명령하여 실행하게 하는 방식을 택하게 될 것이라는 점[21]때문에 위법하지만 적법행위에 대한 기대가능성이 없는 경우에만 책임이 조각될 수 있다는 것이다.

(3) 私見

명령이행행위가 정당화된다고 하더라도 불법이 법으로 바뀌는 것은 아니다. 왜냐하면 위법한 명령을 내린 상관의 행위는 적법하게 행위 하는 하관을 도구로 이용한 간접정범의 형태로서 여전히 불법은 그대로 남아 있기 때문이다.[22] 위법하지만 면책될 수 있다는 견해가 다수설과 판례[23]의 입장이지만 구속력을 갖는 상관의 명령에 복종하는 행위가 위법 하다고 본다면 복종의무를 다한 부하의 행위에 대해서 정당방위가 가능하게 된다는 점에서 부당하다. 복종의무를 다한 자를 정당방위의 대상이 되게 할 수는 없다.

물론 명령이행행위가 정당화되면 명령이행행위로 인해서 침해받게 될(침해받은) 피해자의 정당방위권이 부정되지만 그렇다고 하더라도 명령이행행위가 경미한 위법에

---

19) Roxin, Strafrecht AT, Bd.I, 3.Aufl., S.676.

20) 박상기, 형법총론 1999, 145면; 배종대, 형법총론 1999, 245면; 손해목, 형법총론 1996, 415면; 이재상, 형법총론 1999, 270면; 임웅, 형법총론 1999, 183면; 정성근, 형법총론 1996, 267면. Dreher/Tröndle, StGB, 47.Aufl., vor §32 Rdn.16; LK-Spendel, StGB, 11.Aufl., §32 Rdn.90, 100f.; Amelung, Die Rechtfertigung von Polizeivollzugsbeamten, JuS 1986, 337; Küper, Gesamtfragen der "Differenzierung" zwischen Rechtfertigung und Entschuldigung, JuS 1987, 92.

21) Amelung, Rechtfertigung von Polizeivollzugsbeamten, JuS 1986, 337; Oehler, Handeln auf Befehl, JuS 1963, 303, 306.

22) Lenckner, Stree/Wessels-FS, S.224f.; Roxin, Strafrecht AT, Bd.I, 3.Aufl., S.677.

23) 大判 1961.4.15, 4290형상201.

해당할 경우에만 정당화될 수 있기 때문에 그 침해의 정도가 심하지 않을 뿐만 아니라 국가에 대한 배상청구권은 보장되기 때문에 침해를 수인 하도록 하는 것이 가혹하거나 부당한 것은 아니라고 본다.24) 복종의무자의 이행행위가 정당화되기 때문에 이로 인해서 자기의 법익을 침해당하는 자는 복종의무자에 대한 정당방위는 허용되지 않지만 침해의 위법성을 요건으로 하지 않는 긴급피난은 가능할 수 있다.

명령이행행위가 정당화되지 못한다면 하관은 법적으로 요구되는 복종의무(작위의무)와 다른 한편으로는 법적으로 허용되지 않은 이행행위의 부작위(부작위의무) 사이의 충돌상황에 놓이게 된다.25) 작위의무와 부작위의무의 충돌은 엄격한 의미의 의무의 충돌은 아니다. 따라서 정당화의 근거는 작위의무와 부작위의무의 충돌이 전형적인 긴급피난에 해당하기 때문에 정당화적 긴급피난으로 보고 충돌하는 의무사이의 이익교량으로 해결하여야 한다.26) 명령이행으로 인한 침해가 경미한 경우에는 공무원의 복종의무이행의 이익이 불법행위회피의 이익보다 우선하지만, 명령이행이 범죄행위에 해당하거나 인간의 존엄성침해와 같은 중한 불법을 나타내는 경우에는 불법행위회피의 이익이 우월한 것이다.

3. 명령이행행위가 범죄에 해당함을 명령이행자가 인식하지 못한 경우

명령이행행위가 범죄에 해당함을 구체적인 명령이행자가 인식하지 못한 경우, 즉 명령이 구속력이 있다고 착오한 경우에는 그 명령은 위법하지만 구속력을 갖는다고 본다. 즉 명령수령자가 자신에게 요구된 행위가 범죄에 해당한다는 사실을 인식하지 못했고 그의 지식과 경험수준에 비추어 인식할 수 없었던 경우에는 범죄를 내용으로 하는 명령이라고 하더라도 구속력이 있다.27) 따라서 그의 명령이행행위는 구속력이 있지만 내용적으로는 위법한 명령에 복종하는 행위로서 다루어져야 한다.

독일 군형법 제22조 제1항은 명령이행행위가 범죄에 해당하거나 인간의 존엄성을 침해하는 경우에는 명령의 구속력이 없기 때문에 불복종행위(독일 군형법 제19조), 복종거부행위(독일 군형법 제20조)와 명령의 중과실적 불이행행위(독일 군형법 제21조)는

---

24) Roxin, Strafrecht AT, Bd.I, 3.Aufl., S.677.

25) Hirsch, LK, Rdn.177; Lenckner, Stree/Wessels-FS, S.224.

26) 김일수, 형법학원론(총론강의), 588면.

27) Lenckner, Stree/Wessels-FS, S.227; Roxin, Strafrecht AT, Bd.I, 3.Aufl., S.675.

위법하지 않으며 명령이행자가 구속력이 있다고 착오로 인정한 경우에도 그 이행행위는 위법하지 않다고 규정하고 있다.[28]

소위 여우고개사건에서 상관의 지시에 따른(이 사안에서는 상관의 직접적인 허가가 있었던 것은 아니지만) 당번병의 무단이탈행위가 당번병으로서 관사이탈행위를 임무범위 내의 행위로 오인하였고 그 오인에 정당한 이유가 있기 때문에 위법성이 없다는 대법원의 판결[29]은 비록 형법 제16조의 법률의 착오를 적용하고 있는 것처럼 보이지만[30] 고의설이나 책임설에 따라 해결하지 않고 위법성을 조각하는 것으로 보았다는 점에서 하관이 상관의 위법한 명령에 따른 행위가 범죄에 해당한다는 인식을 하지 못한 경우에는 구속력이 있는 위법한 명령으로서 그 이행행위는 위법성이 조각된다고 판단한 것으로 이해할 수 있을 것이다.

중대하고도 '명백한' 위법명령에 따른 행위는 정당행위에 해당하지 않는다는 판결[31]에서 알 수 있듯이 위법명령이 중대하고 명백하면 명령수령자도 자신의 명령복종행위가 범죄에 해당함을 쉽게 인식할 수 있고, 따라서 그 명령의 구속력은 인정될 수 없을 것이다. 소위 안기부장 선거개입사건에 대한 판결에서도 상관의 명령의 의미를 잘 알고 있었는지 여부, 즉 상관의 명령이 위법한지에 대한 인식은 적법행위에 대한 기대가능성판단의 자료로 삼고 있다.[32]

---

28) 독일 군형법상의 명령의 구속력과 구속력에 관한 착오에 관해서는 Schölz, Zur Verbindlichkeit des Befehls und zum Irrtum über die Verbindlichkeit(§22 WStG), in: Dreher-FS, 1977, S.479ff. 참조.

29) 소속중대장의 당번병이 근무시간 중은 물론 근무시간 후에도 밤늦게까지 수시로 영외에 있는 중대장의 관사에 머물면서 집안일을 도와주고 그 자녀들을 보살피며 중대장 또는 그 처의 심부름을 관사를 떠나서까지 시키는 일을 해오던 중 사건당일 중대장의 지시에 따라 관사를 지키고 있던 중 중대장과 함께 외출 나간 그 처로부터 24:00경 비가 오고 밤이 늦어 혼자 귀가할 수 없으니 관사로부터 1.5킬로미터 가량 떨어진 지점까지 우산을 들고 마중을 나오라는 연락을 받고 당번병으로서 당연히 해야 할 일로 생각하고 그 지점까지 나가 동인을 마중하여 그 다음날 01:00경 귀가하였다면 위와 같은 관사이탈행위는 중대장의 직접적인 허가를 받지 아니하였다 하더라도 당번병으로서의 그 임무범위내에 속하는 일로 오인하고 한 행위로서 그 오인에 정당한 이유가 있어 위법성이 없다고 볼 것이다(大判 1986.12.15, 86도1406).

30) 이 사례를 위법성조각사유의 객관적 전제사실에 관한 착오로 보고 형법 제16조에 따라 착오에 정당한 이유가 있는 금지착오로서 무죄라는 견해(배종대, 형법총론, 246면), 위법명령의 수행행위를 독자적인 위법성조각사유로 이해하는 견해(신동운, 판례백선 형법총론 1997, 247면)도 있다.

31) 大判 1988.2.23, 87도2358.

32) 大判 1999.4.23, 99도636: " ... 설령 안기부가 그 주장과 같이 엄격한 상명하복의 관계에 있는

110

4. 명령이행행위가 범죄에 해당하는지에 대해서 상관과 하관의 견해가 다른 경우

명령이행행위가 범죄에 해당하는지에 대해서 상관과 하관의 견해가 다른 경우에는 범죄에 해당한다고 본 하관의 견해가 사후에 타당한 것으로 밝혀졌다고 하더라도 상하의 위계질서의 속성상 그 상관의 명령은 위법하지만 구속력이 있다고 본다.[33] 상관의 명령이 위법한지가 불분명한 경우에는 법적 권한 및 직업적 전문경험의 측면과 위계질서의 공무원조직의 성격상 일응 상관의 명령이 적법한 것으로 추정해야 하기 때문이다.

Ⅳ. 구속력 없는 위법한 명령에 복종하는 행위

구속력이 없는 위법한 명령에 복종하는 행위는 위법성은 물론 책임도 조각되지 않는다.[34] 구속력이 없는 명령이란 구속력의 실질적 요건을 갖추지 못한 명령으로서 부하에게 형법상 범죄를 저지르도록 하거나 명백히 인간의 존엄성을 침해하는 내용의 명령을 말한다. 예컨대 대공수사단 직원은 상관의 명령에 절대 복종하여야 한다는 것이 불문율처럼 되어 있다하더라도 상관의 명령이 고문과 같이 가혹행위를 내용으로 한다면 이는 이미 직무상의 지시명령일 수 없다. 즉 따라야 할 의무가 없는, 구속력이 없는 위법한 명령이다. 따라서 이러한 명령에 복종하여 참고인을 고문치사한 행위는 정당행위가 될 수 없어서 위법하고 또한 책임이 인정된다. 여기서 대공수사단 직원은 상관의 명령에 절대 복종하여야 한다는 것이 불문율처럼 되어 있다 할지라도 국민의 기본권인 신체의 자유를 침해하는 고문행위 등이 금지되어 있는 우리

조직이라고 하더라도 안기부 직원의 정치관여가 법률로 엄격히 금지되어 있고, 피고인도 상피고인 권00의 의도를 잘 알고 있었으며, 여기에 피고인의 경력이나 지위 등에 비추어 보면, 이 사건 범행이 강요된 행위로서 적법행위에 대한 기대가능성이 없다고 볼 수는 없으므로, ..."

33) Roxin, Strafrecht AT, Bd.I, 3.Aufl., S.675.

34) 김일수, 형법학원론, 588면; 박상기, 형법총론, 145면; 배종대, 형법총론, 245면; 이재상, 형법총론, 270면. 대판 1967.1.31., 66도1581; 1980.5.20., 80도306 전원합의체; 1988.2.23., 87도2358; 1997.4.17., 96도3376 전원합의체. Ambos, Anmerkung zum BayObLG in NJW 1998, 392, NStZ 1998, 139

의 법질서에 비추어 강요된 행위로서 적법한 행위에 대한 기대가능성이 없는 경우가 아니기 때문에[35] 면책적 긴급피난도 아니며 따라서 책임이 인정된다.

V. 결어

1. 구속력 있는 위법한 명령에 복종하는 행위는 복종의무(작위의무)와 금지규범을 지켜야 할 부작위의무와의 충돌상황이기 때문에 서로 충돌하는 이익사이의 교량에 따라 정당화적 긴급피난이 인정된다.

2. 경범죄나 규칙위반에 대한 명령(또는 지시)은 상명하복관계가 엄격한 군대조직이나 경찰조직에서는 조직의 특성상 구속력이 있다. 또한 상관의 명령을 이행하는 하관의 행위가 비교적 경미한 법위반에 해당하는 경우에는 상관의 명령은 구속력을 갖는다.

3. 위법한 명령이라고 하더라도 명령수령자가 자신의 명령이행행위의 불법성(범죄구성요건해당성)을 인식하지 못했고 또 자신의 지식수준이나 경험수준에 비추어 인식할 수 없었을 때에는 구속력이 인정된다. 즉 구속력이 있는 위법한 명령에 복종하는 행위로서 취급할 수 있다.

4. 명령이행행위가 범죄에 해당하는지에 대해서 상관과 하관의 견해가 다른 경우에는 범죄에 해당한다고 본 하관의 견해가 사후에 타당한 것으로 밝혀졌다고 하더라도 상하의 위계질서의 속성상 그 상관의 명령은 위법하지만 구속력이 있다고 본다.

5. 구속력이 없는 위법한 명령에 복종하는 행위는 위법성은 물론 책임도 조각되지 않는다. 안기부장 선거개입사건에서 허위의 사실을 출판물에 게재·유포하여 타인의 명예를 훼손하여 형법상 범죄를 구성하고 또 안기부 직원이 법률상 금지되어 있는 정치에 관여하는 것을 내용으로 하는 상관의 명령은 위법한 명령이고, 명령수령자인 하관도 이러한 사실을 인식하였거나 인식할 수 있었기 때문에 명령의 구속력도 없다. 따라서 부하의 명령이행행위는 출판물에 의한 명예훼손죄 등을 구성하며 위법성은 조각되지 않는다. 더 나아가 안기부처럼 상명하복관계가 엄격하다고 하더라도 상관의 지시가 법률상 금지되어 있는 안기부 직원의 정치관여를 내용으로 하고 또 형

---

35) 大判 1988.2.23, 87도2358.

법상 범죄를 구성한다는 사실을 하관이 인식할 수 있었기 때문에 적법한 행위에 대한 기대가능성이 없다고 할 수 없다. 상관이 하관에게 명령하면서 그의 생명·신체에 위해를 가할 것을 협박한 것도 아니어서 형법 제12조의 강요된 행위에 해당하지 않는다.

6. 독일 연방공무원법이나 군형법처럼 구속력이 없는 위법한 명령의 한계를 명문화하여야 한다(주 16 참조). 지시명령에 따른 행위가 형법적으로 처벌되는 것이 아니거나 인간의 존엄을 침해하지 않을 경우에 한하여 상관의 지시명령은 구속력을 갖는다는 점을 분명하게 규정하여 명령이행자로 하여금 명령복종의무와 불법회피의무 사이의 충돌상황에 빠지지 않도록 하여야 한다.

[논평] 위법하지만 구속력 있는 명령

박민우*

Ⅰ. 들어가며

하태훈 선생은 '명령의 위법성과 구속력의 한계'를 "위법성 분야 중에서 진부하지만 아직도 논의가 끝나지 않은" 문제로 보았다. 20여 년이 지난 지금도 여전히 논의가 끝나지 않은 문제로 남아 있다. 후술하듯 우리나라 법제는 상관의 명령에 불복종할 수 있는 구체적 요건을 규정하지 않았기 때문이다. 이런 현실에서 하급자로 하여금 언제나 명령의 위법성을 스스로 판단하여 조금이라도 위법하면 불복종하도록 의무를 부과하고 그 위반을 형사처벌해야 한다는 주장은 무리[1]가 있다. 때로는 지나치게 가혹하기도 하다. 이 같은 딜레마는 최근 언론에도 비중 있게 보도된 서울중앙지법 2022. 10. 26. 선고 2019고합466 판결에서도 읽을 수 있다고 생각한다. 법원은 경찰관 신분의 피고인들에게 공직선거법위반죄 및 직권남용권리행사방해죄를 선고했다. 청와대 지시에 따라 2016년 총선 관련 정보를 수집하도록 명령한 혐의였다. 경찰 고위 간부였던 피고인들이 직권남용권리행사방해죄를 선고받은 이유는 하급자들로 하여금 위헌·위법한 정보활동을 하게 했다는 이유였는데, 검찰과 법원이 현실적인 구속력 때문에 명령을 수행할 수밖에 없었던 하급자들의 처지를 고려했던 것은 아닌지 추측해볼 수도 있는 대목이다. 직권남용권리행사방해죄가 성립한 이상, 위법한 명령을 이행했던 하급자는 범죄행위의 공범자가 아닌 피해자가 되기 때문이다.

어느 순간 공직사회에는 조금이라도 문제가 될 업무를 해서는 안 된다는 분위기가 강해졌고 적극적이고 진취적인 업무조차 터부시되고 있다고 한다. '내가 책임지겠다'는 상사의 말이 법적으로 어떤 의미도, 보호막도 되지 못하고 있기 때문이다. 물론 위법한 명령을 따른 행위를 옹호하거나 면죄부를 주어야 한다는 주장은 아니다. 다만, 하선생이 문제의식을 가졌던 당시와 마찬가지로 위법한 명령은 지금 현재

---

* 서울경찰청 경정, 법학박사
1) 이진국, "상관의 위법한 명령에 따른 행위", 형사법연구 제26권 제2호(2014. 6.), 377면.

도 여전히 법과 현실의 괴리에서 오는 문제가 많고, 학계에서도 중요한 주제로 다뤄져야 하는 논쟁이라는 점을 강조하고 싶다.

Ⅱ. 구속력이 있는 위법한 명령이 존재하는지

하선생은 명령의 구속력 판단 기준으로 형식적 요건과 실질적 요건을 제시했다. 전자는 상관의 추상적 권한과 법에 따른 절차와 형식의 준수다. 후자는 명령이 법질서를 명백히 침해하지 않는 것이다. 하지만 상명하복이 엄격한 군대나 경찰조직에서는 경범죄나 규칙위반에 해당하는 명령은 구속력을 가질 수 있다고 했다.

하선생과 달리 우리나라 형사법 체계에서는 어떠한 경우에도 '위법하지만 구속력 있는 명령'이 없다는 주장이 있다. 독일에서는 '위법하지만 구속력 있는 명령'으로 해석할 근거가 되는 조문이 있지만 우리나라는 그렇지 않다고 설명하는데 논거를 자세히 살펴보면 다음과 같다. 독일에서는 군형법(WStG) 제22조 제1항이 '명령이 구속적이지 않을 때' 명령에 불복종하는 것은 위법하지 않다고 규정하고 있어 불복종 행위의 위법성을 명령의 구속력을 기준으로 판단하는 반면, 우리나라는 독일과 같은 법조문이 없어 구속력을 기준으로 위법성을 판단할 수가 없다고 본다.[2] 경범죄나 규칙위반은 사안에 따라 사회상규상 허용되는 정당행위로 그 자체로 위법하지 않은 명령으로 인식해야 한다는 주장이다.[3]

여기서는 두 가지를 살펴보고 논증하려 한다. '위법하지만 구속력 있는 명령'이 우리나라 법제에서도 가능한 해석인지, 만약 그렇다면 경범죄나 규칙위반을 내용으로 하는 명령에 대해 구속력을 인정하는 근거가 무엇인지이다.

생각건대 하선생이 상정하는 '위법하지만 구속력 있는 명령'이 사실은 적법한 명령이라는 주장은, 형법 제20조 '사회상규' 조항 입법에 결정적 역할을 했다고 평가받고 있는 가인 김병로 선생의 견해와 맞닿아 있는 듯하다. 김병로 선생은 구성요건에 해당하는 행위에 곧바로 위법성을 인정하고 위법성 조각사유 유무를 검토하던 통설에 반대했다고 한다. 어떠한 행위가 위법하다고 판단되려면 형식적 위법성인 구성요

---

2) 최관호, "위법하지만 구속력 있는 명령에 복종한 행위의 위법성 판단", 일감법학 제38호(2017. 10.), 239면.

3) 최관호, 앞의 논문, 243-244면.

건 해당성이 충족될 뿐만 아니라 실질적 위법성이 있어야 하고, 실질적 위법성의 판단 기준은 사회상규라고 보았던 것이다.[4] 이상을 종합하면 하선생의 견해를 반박하는 입장의 근저에는, 외견상 위법한 명령이어서 형식적 위법성이 있더라도 경범죄나 규칙위반의 경우 사회상규상 실질적 위법성이 없다고 평가되어 결과적으로 적법한 명령이라는 생각이 자리잡고 있다고 짐작해볼 수 있다.

하지만 경범죄 등을 사회상규의 문제로 보아 구성요건해당성의 문제로 환원시키는 것은 다음과 같은 이유로 타당하지 않다고 생각한다. 첫째, 형법의 보장적 기능을 훼손할 수 있다. 구성요건은 형벌의 대상을 정형화하여 법률로 기술한 것으로 예측 가능해야 하는데, 구성요건해당성 판단에서 전형적인 불확정 개념인 사회상규[5]를 끌어들인다면 대중들은 무엇이 금지되고 무엇이 금지되지 않는지 알기 어려워진다. 사회상규가 구성요건 또는 구성요건해당성의 해석 기준으로 활용된다면 구성요건은 개방적 개념으로 변질될 가능성이 크다.[6]

둘째, 독일 형법에서 구성요건해당성배제원리인 사회적 상당성[7] 개념이 존재하는 이유는 우리와 같이 사회상규에 따른 정당행위 규정이 없기 때문[8]인 만큼, 사회상규를 독일의 사회적 상당성 개념과 유사하게 해석하기 곤란하다.

셋째, 구성요건해당성이 없는 행위와 위법성조각사유에 해당하는 행위는 법적 성격이 상이하다. 전자는 전체 법질서에서 보장된 권리를 폭넓게 향유할 수 있지만, 후자는 행위의 처벌 가치성은 인정되나 특수한 상황으로 말미암아 처벌만을 피하는 것에 불과해서 '불처벌'을 넘어서는 폭넓은 권리 보장이 곤란하다.[9] 따라서, 경범죄

---

4) 신동운, "형법 제20조 사회상규 규정의 성립경위", 서울대학교 법학 제47권 제2호(2006. 6.), 194-195면, 199면.
5) 대법원은 사회상규에 대해 "'법질서 전체의 정신이나 그 배후에 놓여 있는 사회윤리 내지 사회통념에 비추어 용인될 수 있는 행위"(대법원 2010. 5. 27. 선고 2010도2680 판결), "지극히 정상적인 생활형태의 하나로서 역사적으로 생성된 사회질서의 범위 안에 있는 것이라고 볼 수 있는 경우에는 일종의 의례적이거나 직무상의 행위"(대법원 2005. 8. 19. 선고 2005도2245 판결) 등으로 설명하고 있다.
6) 김성돈, "한국 형법의 사회상규조항의 기능과 형법학의 과제", 성균관법학, 제24권 제4호(2012. 12.), 272면.
7) Welzel은 정상적이고 역사적으로 형성된 사회윤리적 공동생활의 질서 내에 속한 행위는 비록 문언상 구성요건에 포섭시킬 수 있다고 하더라도 구성요건해당성을 배제시키는 것이라고 한다.
8) 김성돈, 「형법총론 제4판(2015)」, 354면.
9) 하민경, "구성요건해당성배제사유와 위법성조각사유의 구별 기준", 한양법학 제43집(2013. 8.),

나 규칙위반 명령을 이행한 행위를 처벌을 않더라도, 불처벌 이상의 법적 보호를 최소화하려면 명령의 위법성을 확인하는 절차가 필요하다.

덧붙이자면 사회상규에 따라 '처음부터 위법하지 않다'는 판단이나 일단 위법하지만 위법성이 조각된다는 판단은 결론에 있어 큰 차이가 없어 보인다. 그렇다면 현상의 정확한 이해와 평가를 위해 그 판단 과정이 보다 분명하게 드러나도록, 위법한 행위지만 위법성이 조각된다고 설명해야 합리적이다.

다음으로 경미범죄나 규칙위반에 해당하는 명령이 구속력이 있다고 보는 이유를 보충해보려 한다. 우선, 여기서 말하는 구속력의 성격부터 살펴봐야 하는데, 법률상 인정되는 구속력이 아닌 사실상 또는 현실적인 이유에서 오는 구속력을 의미한다고 보아야 한다. 전자는 형법 제12조 강요된 행위[10] 요건을 갖춘 경우만 해당할 수 있기 때문이다. 그렇다면 직접적인 법률 규정이 없음에도 경범죄나 규칙위반 명령이 가지는 현실적인 구속력을 인정해줘야 하는 이유를 밝힐 필요가 있다. 경범죄나 규칙위반은 일종의 상징입법과 유사한 성격을 가지는 경우가 많다는 점에 주목해보려고 한다. 금지행위에 대한 제재보다는 이러한 금지규정이 있다는 것이 더 중요한 경우가 많기 때문이다. 예컨대 경범죄처벌법 대상인 쓰레기 투기나 노상방뇨 등은 주변에서 쉽게 목격할 수 있는 행위지만 실제 단속이나 처벌 사례는 드물다. 그렇다고 금지규정이 잘못되었다고는 할 수 없다. 사회적 비난 가능성이 미미한, 더욱이 위반하더라도 크게 사회적으로 문제가 되지 않는 경우가 대부분인 경범죄나 규칙위반을 수반한 명령은 당사자에게 '현실적인' 구속력을 가지게 된다. 공무원에게는 국가공무원법 제57조에 따라 명령복종 의무가 있기 때문이다. 물론 추가적·구체적 요건 없이 경범죄나 규칙위반 명령에 대해 구속력을 인정하면 '위법하지만 구속력 있는 명령'이 광범위하게 확장된다 우려가 있을 수 있다. 하지만 후술하듯 종국적인 형사처벌 여부는 명령위반과 명령이행 사이 이익형량에 따라 결정되기 때문에, 구속력 인정 범위를 다소 넓게 인정하더라도 그 부작용은 크지 않을 것이다.

417- 418면.

10) 형법 제12조(강요된 행위) 저항할 수 없는 폭력이나 자기 또는 친족의 생명 신체에 대한 위해를 방어할 방법이 없는 협박에 의하여 강요된 행위는 벌하지 아니한다.

Ⅲ. 구속력이 있는 위법한 명령 복종이 형사처벌되지 않는 이유

구속력을 가진 위법한 명령이 존재한다고 한다면 이에 복종한 행위를 어떻게 취급해야 하는지를 소명해야 한다. i) 명령을 한 '상급자', ii) '명령 이행자', iii) 명령 이행으로 인한 '피해자'가 갖는 법적 지위가 달라지기 때문이다. '어떻게 취급하느냐'는 쉽게 말해 명령 수행자를 형사처벌하지 않는 이유를 위법성과 책임 조각 중 어디에서 찾느냐는 문제다. 피해자가 정당방위권을 행사할 수 있느냐, 가능하다면 정당방위의 객체를 상급자와 명령 이행자 중 누구로 볼 것인지의 문제가 놓여 있다.

하선생은 위법성이 조각된다는 견해와 적법행위에 대한 기대가능성이 없어 책임이 조각된다는 학설을 설명하고 후자가 다수설과 판례[11]라고 소개했다.[12] 부연하자면 독일에서는 책임이 조각되는 근거가 다양하게 제시되는데, '법질서 자체에 문제점이 있어 비난을 할 수 없다'는 견해나 '금지착오의 원리'를 적용하는 입장, '기대불가능성'을 이유로 들거나 '금지착오와 기대불가능성'의 절충[13]을 주장하는 이론 등이다.[14] 하지만 하선생은 다수설과 판례와는 달리 위법성이 조각된다는 견해를 취했다. 하선생이 다수설과 다른 입장을 취한 근저에는 '복종의무를 다한 자를 정당방위의 대상이 되게 할 수는 없다'는 생각이 있었다. 정당방위를 부정하더라도 국가배상청구권이 유효하고, 비교적 경미한 위법 명령에 대해서만 구속력을 인정하기 때문에 피해자가 수인해야 하는 법익 침해가 가혹하거나 부당하다고 볼 수 없다는 것이다.

위법성 조각을 주장하는 견해도 그 근거를 형법 제22조 긴급피난에서 찾는 입장과 형법 제20조 사회상규에서 확인하는 의견으로 나뉘는데, 선생은 긴급피난의 문제로 파악했다. 작위의무와 부작위의무가 충돌하는 정당화적 긴급피난이어서 충돌하는 의무 사이의 이익교량으로 해결해야 하는 문제라는 것이다.

여기서는 작위의무와 부작위의무의 충돌이 소위 '의무의 충돌' 문제인지 아니면

---

11) 대법원 1961. 4. 15, 4290형상201 판결.
12) '위법하지만 구속력 있는 명령'의 존재를 긍정하면서도, 지금까지 우리나라 판례는 상관의 위법하고 비구속적인 명령에 복종한 행위를 다뤘을 뿐, 위법하지만 구속력 있는 상관의 명령에 복종한 행위를 정면에서 다룬 판례는 없다는 견해도 있다.; 이진국, 앞의 논문, 384면.
13) 명령 이행자가 명령의 위법함을 몰랐다면 금지착오에 해당하고, 알았다면 기대불가능성의 문제라고 본다.
14) 이만종, "상관명령의 위법성에 관한 고찰", 법과 정책연구 제4권 제2호(2004. 12.), 661면-663면.

전형적인 긴급피난의 문제인지를 우선 살펴보려고 한다. 의무의 충돌로 보는 견해는 법적 의무인 이상 부작위의무를 제외할 이유가 없다고 본다.[15] 반면, 하선생은 앞선 다른 연구에서 작위의무와 부작위의무의 경합은 의무의 충돌이 아닌 전형적인 긴급피난이라고 설명했다.[16] 의무충돌은 적극적인 작위의무를 이행하지 않아 부작위범이 성립하는 문제로 이해한 견해[17]와 궤를 같이 한다.

하지만 작위의무와 부작위의무의 경합 역시 전형적인 의무의 충돌이 갖는 징표를 갖추고 있다. ⅰ) 작위의무와 부작위의무라는 둘 이상의 의무가 존재하고, ⅱ) 동시이행이 불가능한 긴급상황이며, ⅲ) 하나의 의무이행이 곧 다른 의무를 이행하지 못하는 결과를 가져오고, ⅳ) 충돌하는 의무는 법적 의무이며, ⅴ) 이 같은 의무충돌 상황은 하급자, 다시 말에 명령 이행자에게 귀책사유가 없기 때문이다.[18] 전형적인 긴급피난이라고 단정 짓기가 쉽지 않다.

다만, 하선생이 앞선 다른 연구에서 밝혔듯 의무의 충돌은 긴급피난 요건과 유사한 긴급상황이 존재하고, 긴급피난에서 사용되는 법익형량이 중요한 역할을 한다는 점에서 긴급피난의 일종 또는 긴급피난의 특수한 형태로 보아야 한다.[19] 그렇다면 작위의무와 부작위의무의 경합을 전형적인 긴급피난으로 보든 의무충돌로 보든 결과적으로 이익형량에 따른 긴급피난의 법리로 해결해야 한다는 점에서 차이가 없다. 요컨대 작위의무와 부작위의무의 경합 성격을 어떻게 보든, 사회상규가 아닌 긴급피난의 문제로 해결하는 것이 타당하다는 의미다.

---

15) Gallas, Pflichtenkollision als Schuldausschließungsgrund, FS-Mezger (1954), 311면 이하; 김준혁, "정당화적 의무충돌과 면책적 의무충돌", 형사정책 제33권 제4호(2022. 1.), 307면 재인용.

16) 의사가 업무상 지득한 비밀인 AIDS 환자에 대한 정보를 해당 환자의 약혼녀에게 알리는 것은, 감염을 막아야 하는 작위의무와 비밀유지라는 부작위의무의 충돌로 전형적인 긴급피난의 유형으로 보았다.; 하태훈, "면책적 의무의 충돌", 고시연구 통권 제263호(96.2), 36-37면.

17) 이재상, 형법총론, 249면.

18) 김준혁, 앞의 논문, 305면.; 다만, 저자는 작위의무와 부작위의무는 긴급피난과 본질적으로 동일하여 의무충돌에서 제외되어야 한다고 결론지었다.

19) 하태훈, "면책적 의무의 충돌", 고시연구 통권 제263호(96.2), 41면.

Ⅳ. 명령 이행자가 위법한 명령임을 인식하지 못한 경우 죄책

하선생은 명령 이행자가 위법한 명령이 아니라고 착오한 경우를 '위법하지만 구속력을 갖는 명령'의 하나로 보았다. 독일 군형법 제22조 제1항이 명령 이행자가 명령의 구속력이 있다고 착오한 경우 그 이행행위가 위법하지 않다고 규정하고 있다고도 덧붙였다. 같은 맥락에서 소위 여우고개 사건에서 상관의 지시에 따라 무단이탈 행위를 한 당번병에 대해 대법원이 그 오인에 정당한 이유가 있어 위법성이 없다고 판결한 것은 위법성을 조각한 것이라고 해석했다. 형법 제16조 법률의 착오로 보거나 위법성 조각사유 전제사실의 착오라는 견해도 있지만, 고의설이나 책임설에 따라 해결하지 않았다는 점에서 위법성 조각으로 본 것이다.

이와 관련해 하선생의 연구 이후 제정된 법률을 살펴보고자 한다. 「국제형사재판소에 관한 로마규정」의 국내적 이행을 위해 2007. 12. 21. 제정된 「국제형사재판소 관할범죄의 처벌에 관한 법률」(이하 '국제형사범죄법')이다. '집단살해죄등'이라는 특수한 범죄에 대해서만 적용되지만, 상급자의 명령에 따른 행위의 죄책을 비교적 상세히 규정했다는 점에서 시사점이 크다. 국제형사범죄법 제4조는 '상급자의 명령에 따른 행위'라는 표제어 하에 형법 제16조와 유사한 조문이 규정되어 있다.[20] 두 조문 모두 '오인에 정당한 이유가 있을 때' 처벌하지 않는데, 그 외 요건은 다르게 기술하고 있다. 형법 제16조는 '법령에 의하여 죄가 되지 아니하는 것으로 오인'한 경우 적용된다. 국제형사범죄법 제4조는 이를 더 상세히 기술하고 있다. 행위자가 ⅰ) 명령에 복종할 법적 의무가 있고, ⅱ) 자기의 행위가 불법임을 알지 못하고 ⅲ) 명령이 명백한 불법이 아니라고 오인한 경우다.[21] 이상의 ⅰ), ⅱ), ⅲ) 요건은 전형적인 '위

---

[20] 국제형사범죄법 제4조(상급자의 명령에 따른 행위) ① 정부 또는 상급자의 명령에 복종할 법적 의무가 있는 사람이 그 명령에 따른 자기의 행위가 불법임을 알지 못하고 집단살해죄등을 범한 경우에는 명령이 명백한 불법이 아니고 그 오인에 정당한 이유가 있을 때에만 처벌하지 아니한다.

[21] 이는 「국제형사재판소에 관한 로마규정(Rome Statute of the International Criminal Court)」 제33조 내용을 조문화한 것이다.; 동 규정 제33조는 '상급자의 명령과 법률의 규정' 표제어 하에 다음과 같이 규정하고 있다.
  1. 어떠한 자가 정부의 명령이나 군대 또는 민간인 상급자의 명령에 따라 재판소 관할범죄를 범하였다는 사실은, 다음의 경우를 제외하고는 그 자의 형사책임을 면제시켜 주지 아니한다.
  가. 그 자가 정부 또는 관련 상급자의 명령에 따라야 할 법적 의무하에 있었고,
  나. 그 자가 명령이 불법임을 알지 못하였으며,

법하지만 구속력을 갖는 명령'이다.

그렇다면 하선생이 명령 이행자가 위법한 명령이 아니라고 착오한 경우를 '위법하지만 구속력을 갖는 명령'으로 본 것은, 국제형사범죄법 제4조 입법에 의해 타당성이 뒷받침되고 있다고 생각한다.

다만, 하선생이 '위법하지만 구속력을 갖는 명령'이 불처벌되는 까닭을 형법 제16조가 아닌 위법성조각사유로 설명한 것은 설득력이 줄어드는 측면이 있다. 국제형사범죄법 제4조가 형법 제16조와 유사한 논리구조와 표현을 사용했는데, 형법 제16조의 범죄체계론적 지위에 대한 학계의 통설이 위법성 인식 결여에 따른 '책임조각[22]이기 때문이다. 선생의 당시 견해는 i) 우리 법제에 명령의 구속력을 착오한 경우에 대한 명시적 규정이 없었고, ii) 독일에서는 이 경우 '위법하지 않다'고 규정(군형법 제22조 제1항)한 것에 근거했다. 그런데 특수한 범죄에 적용되는 법률이긴 하지만 명령의 구속력을 착오한 경우를 형법 제16조와 거의 동일하게 취급하는 국제형사범죄법 제정이 이루어진 이상, 당시 선생이 제시한 근거의 설득력이 줄었다고 생각한다. 허나, 이는 당시의 논리 구성에 아쉬운 점이 있었던 것이 아니라 이후 이뤄진 입법 때문임을 강조하고 싶다.

V. 마치며

이상에서 살펴본 것처럼 하선생이 고민했던 '위법하지만 구속력 있는 명령'은 우리나라 법제에서 가능하고 타당한 해석이다. 명령 이행은 작위의무와 부작위 의무의 경합인데 이를 의무충돌로 보든 전형적인 긴급피난으로 보든 이익형량에 따라 위법성조각사유로 보아야 한다는 점에서 차이가 없다. 다만, 하선생 연구 이후 제정된 국제형사범죄법 제4조를 고려한다면, 명령의 위법성을 착오한 경우는 위법성조각사유가 아닌 형법 제16조 법률의 착오로 볼 여지가 많다.

하선생이 연구를 발표한 당시에는 상관의 위법한 명령이 주로 군·경찰·국정원(舊중앙정보부·안기부)처럼 상명하복이 중요한 특수한 공무원 조직에서 문제가 되었다. 하지만 근래 들어 각종 지원사업·인사권 행사 등과 관련하여 일반행정 영역에서도

다. 명령이 명백하게 불법적이지는 않았던 경우
22) 김성돈, "형법 제16조의 개정방안", 형사법연구 제22호(2004. 2.), 201면.

문제되는 경우가 늘어났고 실제 사법처리로 이어진 경우도 많다. 일반행정 영역에서는 재량행위와 직권남용 사이 판단이 어려운 경우가 다반사다. 하급자에게 모든 부담을 전가할 수만은 없다. 앞으로도 학계에서 상관의 위법한 명령에 대해 활발한 논의와 연구가 이뤄지기를 기대해본다.

소극적 구성요건개념과 허용구성요건착오[*]
- 법치국가와 형법; 심재우 선생의 형법사상에 대한 재조명 -

Ⅰ. 서론

1. 논제의 형법적 의미

소극적 구성요건표지이론(Die Lehre von den negativen Tatbestandsmerkmalen)처럼 - 정확히 표현하면 정당화요소(=위법성조각사유의 요건)의 형법이론적 및 형법체계적 지위에 관한 논의처럼 - 형법학적 기초문제에 다양한 논쟁거리를 제공한 이론도 드물다. 이 이론이 제시한 구성요건개념, 즉 불법판단에 본질적인 모든 표지가 구성요건에 포함되어 총체적 불법구성요건(Gesamtunrechttatbestand)이 되며 이에 따른 이단계 범죄체계(불법과 책임)는 그간의 지배적인 범죄체계였던 삼단계 범죄체계론(구성요건해당성, 위법성, 책임)에 대한 재조명의 기회를 제공하였고, 여기에서는 당연히 구성요건과 위법성과의 관계 및 각자의 형법체계적 지위와 기능 등이 새롭게 논의되게

---

[*] 출처: 김일수/배종대 편, 「법치국가와 형법: 심재우 선생의 형법사상에 대한 재조명」, 1998, 216~
247면.

되었다. 착오론에서도 주로 목적적 행위론자 내지 목적적 범죄체계론에 의해서 지지된 엄격책임설과의 비판적 의사소통을 통하여 난해한 착오론에 하나의 해결책을 제시하면서 논의의 폭을 넓혀 놓았다.

그러나 우리 형법학계에서는 소극적 구성요건표지이론과 그의 논리적 귀결인 범죄체계에 관한 논쟁은 아쉽게도 이루어지지 않았다.[1] 다만 이 이론이 논리적으로 명쾌한 하나의 해결책을 제시하고 있는 논쟁점인 위법성조각사유의 전제사실에 관한 착오의 형법적 취급에 관해서는 학설상의 논쟁이 아직까지 끝나지 않고 있는 문제영역으로 남아 있다.[2] 이에 반해서 독일에서는 소극적 구성요건표지이론이 여전히 옹호론자[3]의 힘을 얻어 - 이 이론이 시도한 이단계 범죄체계도[4] - 형법 도그마틱에서 한자리를 차지하고 있다.

위법성조각사유의 전제사실에 관한 착오문제를 둘러싼 이론적 대립은 이 착오의 유형을 위법성에 관한 착오의 유형으로서 금지착오로 보고 고의범이 성립한다는 - 독일에서는 목적적 행위개념에 기초한 목적적 범죄체계론자를 중심으로 한 - 입장과 이 착오형태를 구성요건착오의 유형으로 보고 고의가 조각된다는 소극적 구성요건

---

1) 유일하게 심재우, 「구성요건과 위법성과의 관계」(고시계 1981.11), 23면 이하; 「구성요건의 본질」(연세대 법률연구 제2집, 1982), 59면 이하; 「소극적 구성요건 개념」(고시연구 1986.4), 73면 이하; 「위법성조각사유의 전제사실에 관한 착오」(고려대 판례연구 제6집, 1994), 23면 이하.

2) 이 문제에 관한 최근의 논의로는 이재상, 「위법성조각사유의 전제사실의 착오」(고시계 1990.8), 51면 이하; 이훈동, 정당화사정의 착오에 관한 연구(한국외국어대 박사학위논문), 1991; 정진연, 「위법성조각사유의 객관적 전제사실에 관한 착오」(김종원 교수 화갑기념논문집, 1991), 265면 이하; 장영민, 「위법성조각사유의 착오와 책임설」(고시계 1992.7), 145면 이하; 정성근, 「위법성조각사유의 전제사실에 대한 착오」(성시탁 교수 화갑기념논문집, 1993), 381면 이하; 김종원, 「정당화사유의 착오에 관한 일고찰」(고시연구 1993.8), 20면 이하; 심재우, 「위법성조각사유의 전제사실에 관한 착오」(고려대 판례연구 제6집, 1994), 23면 이하; 하태훈, 「오상방위」(고시계 1994.11), 87면 이하.

3) Schünemann, Die deutschsprachige Strafrechtswissenschaft nach der Strafrechtsreform im Spiegel des Leipziger Kommentars und des Wiener Kommentars, GA 1985, 341, GA 1986, 293; Arthur Kaufmann, Einige Anmerkungen zu Irrtümern über den Irrtum, FS-Lackner 1987, S.185; SK-Samson, 6.Aufl., Vor §32 Rdn.9; Schroth, Die Annahme und das "Für-Möglich-Halten" von Umständen, die einen anerkannten Rechtfertigungsgrund begründen, FS-Arthur Kaufmann 1993, S.595.

4) 구성요건과 위법성을 각각 독자적인 체계적 범주로 보면서도 불법이라는 관점하에서 총체적 구성요건(Gesamttatbestand)으로 보는 견해로는 Roxin, Strafrecht AT Bd.1, 2.Aufl., §10 Rdn.19, Rdn.23.

표지이론의 논쟁으로 더욱 심화되었다. 전자의 입장은 위법성조각사유의 존재 및 그 한계에 관한 착오뿐만 아니라 위법성조각사유의 객관적 전제사실에 관한 착오(=허용구성요건착오) 등 행위의 위법성에 관한 모든 착오를 고의를 배제하는 구성요건착오가 아니라 책임이 문제되는 금지착오로 보는 엄격책임설을 취한다. 따라서 위법성조각사유의 전제사실에 관한 착오를 원칙적으로 고의범으로 처벌할 수 있다고 본다.

이에 반해서 후자의 입장은 구성요건을 범죄전형적인 구성요건요소 뿐만 아니라 위법성에 관련된 모든 요소를 포함하는 총체적 불법구성요건으로 이해하기 때문에 위법성조각사유의 전제사실에 관한 착오는 총체적 불법구성요건의 소극적 요소에 관한 착오로서 당연히 구성요건 착오가 된다고 한다.[5] 따라서 위법성조각사유의 객관적 전제사실에 관한 착오, 예컨대 정당방위상황이나 긴급피난상황에 관한 착오인 오상정당방위나 오상긴급피난에는 구성요건착오에 관한 규정이 직접적으로 적용되어 고의가 탈락된다. 다만 회피가능한 착오의 경우에는 과실범 처벌규정에 따라 과실범으로 처벌될 수 있다. 이는 결론적으로는 고의를 조각한다고 보는 고의설이나 고의는 조각되지 않지만 고의불법이 탈락된다는 고의불법배제적 제한적 책임설(=구성요건착오규정 유추적용설)과 동일한 입장이다. 여기서 최근에 많은 지지자를 얻고 있는 법효과제한적 책임설이 고의의 이중적 기능에 착안하여 고의불법은 존재하지만 고의책임이 배제되기 때문에 구성요건착오규정을 유추적용할 수는 없지만 - 과실범으로 처벌가능한 - 구성요건규정의 법효과를 부여한다는 해결책을 제시하여 위법성조각사유의 전제사실에 관한 착오를 둘러싼 이론적 대립은 더욱 복잡해져 가고 있다.

위법성조각사유의 전제사실에 관한 착오를 구성요건착오로 보느냐 아니면 금지착오로 보느냐 그것도 아니면 제3의 착오유형으로 보느냐하는 문제의 핵심은 구성요건을 어떻게 이해하느냐이다.[6] 따라서 이하에서는 구성요건의 개념 및 위법성과의 관계를 검토한 후 위법성조각 사유의 전제사실에 관한 착오의 해결방안을 모색하기로 한다.

---

5) Engisch, Tatbestands- und Verbotsirrtum bei Rechtfertigungsgründen, ZStW 70(1958), 566ff., 583ff.; Arthur Kaufmann, Tatbestand, Rechtfertigungsgründe und Irrtum, JZ 1956, 353ff., 393ff.; ders., Schuld und Strafe, S.102
6) 심재우, 「소극적 구성요건개념」(주1), 73면.

2. 소극적 구성요건표지이론과 목적적 범죄체계론과의 논쟁

심재우 선생의 정년퇴임 기념논문집에 실을 논문의 주제를 정하기 위해서 그 동안의 선생의 관심영역을 살펴보면서 나에게 학문의 길을 열어 주시고 학자의 참모습을 보여 주신 심선생과 또 다른 한 분을 떠올리게 하는 논제를 발견하였다. 소극적 구성요건개념과 위법성조각사유의 전제사실에 관한 착오의 문제가 바로 그것이다. 이 문제에 관해서 나의 미흡한 글로 축하를 드리고 싶은 심선생은 나의 박사학위논문을 지도한 히르쉬(Hirsch) 교수와는 각각 소극적 구성요건표지이론 및 이단계 범죄체계의 옹호자7)와 목적적 행위론 및 목적적 범죄체계론의 진영에 서서 상호비판적인 학문적 교류를 했다고 볼 수 있기 때문에 이 글을 쓰면서 두 사람의 형법이론적 업적을 되새기는 기회를 갖는다는 의미에서다.

히르쉬 교수는 자신의 박사학위논문8)에서 전후 엥기쉬(Engisch)와 아르투어 카우프만(Arthur Kaufmann) 등에 의해서 지지세력이 확장된 소극적 구성요건표지이론을 비판적으로 평가하면서 벨첼(Welzel)과 아르민 카우프만(Armin Kaufmann) 등의 목적적 범죄체계론의 입장과 착오론에서 엄격책임설의 타당성을 주장하였다.

우리 학계에서는 심선생이 특히 아르투어 카우프만의 입장에서 소극적 구성요건개념에 대한 오해를 제거하기 위한 노력을 기울였다. 심선생은 특히 소극적 구성요건표지이론이 갖고 있는 실질적 불법구성요건개념에서 죄형법정주의의 현대적 의의를 찾았고,9) 소극적 구성요건 개념에서의 착오론을 책임원칙의 관점에서 해결해야 하며 형사정책적 필요성은 책임원칙의 한도내에서만 고려되어야 법치국가형법에 합당한 것임을 강조하였다.10) 이러한 심선생의 노력에도 불구하고 학계의 문제에 대한 형법이론적 의미의 과소평가와 범죄체계론의 특성상 실무의 무관심으로 인하여 소극적 구성요건개념과 이단계 범죄체계에 관한 형법이론적 논쟁은 일어나지 않았다. 다만 심선생의 시도는 범죄체계론에 관한 논의의 단초를 제공하여 그 후 한동안 범죄체계구성에 관한 논의가 일시적으로 행해졌을 뿐이다.11)

---

7) 주1 참조.
8) Hirsch, Die Lehre von den negativen Tatbestandsmerkmalen, 1960.
9) 심재우, 「구성요건의 본질」(주1), 89면.
10) 심재우, 「위법성조각사유의 전제사실에 관한 착오」(주1), 45면 이하.
11) 본격적인 논의는 김일수, 「체계적 범죄론에 관한 방법론적 일고찰」(고려대 법학논집 제21집,

Ⅱ. 소극적 구성요건표지이론과 이단계 범죄체계

1. 구성요건과 위법성과의 관계

(1) 구성요건은 위법성의 존재근거(ratio essendi)

구성요건이 위법성의 인식근거(ratio cognosendi)인가 아니면 존재근거인가의 물음은 실익 없는 문제제기가 아니다. 인식근거로 보는 경우에는 반드시 삼단계 범죄체계를 취하는 것이 논리적이라든가, 존재근거로 보는 경우에는 필연적으로 이단계 범죄체계로 구성해야 하는 것은 아닐지라도[12] 구성요건과 위법성의 내용, 기능 및 양자의 관계에 관한 입장차이가 범죄론의 체계구성에서도 나타날 수 있으며 위법성조각사유의 법적 성질에서도 차이를 가져 올 수 있고, 바로 이 위법성조각사유에 관한 착오의 해결에도 그 차이가 나타나는 논쟁점이다.

구성요건을 유형화된 위법성으로서의 불법유형으로 보는 견해는 구성요건을 위법성의 존재근거로 보기 때문이다. 여기에는 두 가지 입장이 있다. 구성요건에 해당하는 행위는 위법하지만 불법조각사유가 존재하는 경우에 불법조각사유를 소극적 위법표지로 보는 입장에서는 아예 구성요건에 해당하지 않는다고 보는 반면, 구성요건과 위법성을 별개의 평가단계로 보는 입장에서는 구성요건에 해당하지만 예외적으로 위법하지 않다고 본다.

전자가 바로 소극적 구성요건표지이론의 입장이다. 이 입장이 위법성조각사유가 구성요건해당성을 확정하는 데 있어서 위법성의 존재를 전제하므로 위법성이 조각된 구성요건해당성이란 것은 있을 수 없기 때문이다.[13]

(2) 독자적인 법적 평가단계로서의 구성요건해당성: 이단계 범죄체계

범죄구성요건은 더 이상 벨링(Beling)이 의미하는 몰가치적 범주에 속하는 것이 아니라 구성요건은 불법을 유형화하고 그 불법의 요건을 명시한 것이며, 구성요건해당

1983), 1면 이하. 그 이전에도 염정철, 「범죄론의 체계에 관한 소고」『법철학과 형법』(황산덕 박사 화갑기념논문집, 1979), 177면 이하; 차용석, 「범죄론의 체계」(고시연구 1982.2), 142면 이하; 정성근,「범죄론의 체계」(고시계 1982.10), 71면 이하.

12) 김일수, 「구성요건과 위법성」(고시연구 1983.11), 41면.

13) 심재우, 「구성요건과 위법성과의 관계」(주1), 23면; 「소극적 구성요건개념」(주1), 74면.

성은 바로 불법의 핵심을 이루는 것이다. 이러한 점에서는 구성요건은 그 다음 범죄체계단계인 위법성과 본질적인 구별이 어렵게 된다. 왜냐하면 구성요건이 유형화된 불법의 적극적요건을 명시한 것이고 이로써 가벌적인 행위와 불가벌적인 행위와의 선별기능을 수행한다면 위법성은 소극적 불법요소인 정당화요건을 명시해 놓은 것이기 때문이며 양자는 불법평가라는 동일한 목적을 갖고 있기 때문이다.[14]

소극적 구성요건표지이론은 이러한 근거로 구성요건을 객체의 평가가 이미 주어져 있는 범죄표지의 총체로 본다. 따라서 삼단계 범죄체계에서처럼 구성요건이 가치중립적인 범죄성립요소일 뿐이어서 위법성단계에서 비로소 법적 평가를 거치는 것이 아니라 구성요건이 이미 독립적인 법적 평가단계로 이해된다.

구성요건이 반사회적 행위를 금지시켜 놓은 규범이라면 구성요건은 이미 불법구성요건이어야 하며 사회의미상 불법한 범죄행위가 아니면 구성요건에 해당할 수 없다.[15] 바로 위법성조각사유의 경우가 그 예라는 것이다. 위법성조각사유에 해당하는 행위는 법률상 허용되어 있기 때문에 금지규범에 해당하는 것이 아니며, 사회적 상당성이 있는 행위로서 구성요건해당성이 없는 적법한 행위인 것이다.

이러한 이유로 구성요건요소와 위법성조각사유의 요건을 하나의 총체적 구성요건으로 포괄하고 체계적으로는 하나의 평가단계로 통합한다. 따라서 소극적 구성요건표지이론은 범죄성립요소를 구성요건(적극적 불법요건)과 위법성(소극적 불법요건)을 하나의 단계로 묶은 총체적 불법구성요건으로 보고 이를 책임과 대칭시켜 놓은 소위 이단계 범죄체계를 주장한다.

(3) 이단계 범죄체계에 대한 평가

록신(Roxin)[16]은 이단계 범죄체계는 논리적인 체계구성일 뿐만 아니라[17] 목적론적 관점에서도 많은 장점을 갖는다[18]고 평가한다. 구성요건이 불법의 존재근거라는 관점에서는 구성요건에서 불법을 근거지우는 중요한 요소 중 일부를 떼어낼 이유가

---

14) Schünemann, GA 1985, 347.
15) 심재우, 「구성요건과 위법성과의 관계」(주1), 31면.
16) Roxin, Strafrecht AT, §10, Rdn.19ff.
17) Stratenwerth, Strafrecht AT I, 3.Aufl., Rdn.178.
18) Schünemann, Einführung in das strafrechtliche Systemdenken, in: Schünemann(Hrsg.), Grundfragen des modernen Strafrechtssystems, 1984, S.57.

없으며, 어떠한 사정을 불법을 근거지우는 사정으로서 아예 구성요건에 위치시킬 것인지 아니면 불법을 배제하는 사정으로서 위법성에 위치시킬 것인지는 우연에 의해 그렇게 되어버린 법규정의 문체상의 문제일 뿐이다. 따라서 양자는 서로 바꿀 수도 있는 것이지 본질적인 차이를 갖는 것은 아니다. 그렇다면 불법을 근거지우는 요소와 불법을 배제하는 요소는 통일체의 일부분일 뿐이며 상호 교환가능성이 있는 것이다.

예컨대 독일 형법상 강요죄(제240조)의 구성요건적 행위는 "위법하게 폭력 혹은 해악을 수반하는 협박으로 강요하는 행위"이다. 제2항에서는 "폭력의 행사나 해악의 고지가 추구하는 목적에 비해서 비난받을 만한 것으로 여겨질 때에 행위는 위법한 것"으로 규정하고 있다. 그렇다면 강요행위의 비난성을 근거지우는 사정은 불법을 근거지우는 사정으로서 구성요건에 해당한다. 따라서 고소권자가 고소하겠다고 으름장을 놓아 의사결정에 영향을 미치려는 행위는 사회적으로 용인되는 정상적인 해악의 고지이기 때문에 강요죄의 불법을 나타내지 못한다. 통상적으로는 위법성단계에서 검토되어야 할 정당방위상황에서의 해악의 고지도 비난성이 결여되었기 때문에 강요죄의 구성요건해당성이 부정된다.

절도죄의 주관적 구성요건요소인 불법영득의사도 마찬가지이다. 예를 들어 긴급피난상황에서 타인의 재물을 취거한 경우에 주관적 구성요건요소인 불법영득의사가 결여되었기 때문에 구성요건해당성이 부정된다. 즉 정당화사유의 요건이 구성요건해당성을 배제시키는 경우이다.

이와 같은 예에서 보듯이 어떠한 사정을 불법을 근거지우는 사정으로서 이미 구성요건에 위치시킬 것인지 아니면 불법을 배제하는 사정으로서 위법성에 위치시킬 것인지는 양자의 서로 바꿀 수 없는 본질적인 차이에 의해 정해지는 것이 아니라 불법을 근거지우는 요소와 불법을 배제하는 요소는 통일체의 일부분일 뿐이며 상호 교환가능성이 있다고 한다.

그러나 록신(Roxin)[19]은 이단계 범죄체계의 이와 같은 장점을 인정하면서도 범죄 전형적인 불법요소의 의미로서 구성요건을 위법성과는 독립적인 범주로 삼는다. 왜냐하면 록신에 의하면 구성요건과 위법성의 의미가 불법을 확인하는 것에서 끝나는 것이 아니라 오히려 특별한 형사정책적인 기능을 갖기 때문이다. 구성요건은 각각의

---

19) Roxin, Strafrecht AT, §10 Rdn.19ff.

범죄유형의 당벌성의 내용을 근거지우는 사정을 포함하며 모든 사람들이 알 수 있도록 제시된 추상적인 금지목록의 형태로 일반적으로 가벌적인 행동양식의 형상을 나타내고 일반인의 법인식에 영향을 미치거나 형벌의 위하력을 예고함으로써 일반예방적인 기능을 갖는다. 따라서 구성요건요소는 엄격한 의미의 죄형법정주의원칙 하에 놓이게 된다.

2. 소극적 구성요건개념

(1) 적극적 구성요건표지와 소극적 구성요건표지

구성요건을 이미 불법의 관점에서 내려진 가치평가로 보고 구성요건에 해당하는 행위를 금지의 실질로서의 구성요건적 행위로 이해한다면 구성요건에 불법을 정하는 사정의 일부분만을 포함시키고 다른 일부분을 위법성단계에 위치시키는 것은 모순이다. 행위의 불법에 대한 종국적인 판단은 불법을 근거지우는 요소와 불법을 배제하는 요소를 모두 고려하여야 가능하다. 그렇다면 불법을 근거지우는 구성요건요소와 불법을 배제하는 위법성조각사유는 양자가 함께 상호보충적으로 불법에 대한 종국적 평가를 가능하게 해 주는 동일한 기능을 갖는다.

구성요건은 범익침해적인 행위의 규범위반성에 대한 추상적인 가치평가가 아니라 구체적인 행위에 대한 종국적인 반가치판단(Unwerturteil)을 포함한다는 것이다. 위법성조각사유의 요건을 구성요건에 포함시키는 이유는 위법성조각사유의 요건이 구비되지 않아야지만 행위의 위법성여부에 대한 판단을 종국적으로 할 수 있기 때문이라는 것이다. 입법자가 애당초 규범명령을 정할 때에 미리 예외상황을 고려하기 때문에 금지규범은 불법배제를 통해서 애당초 제한된다는 것이다. 이러한 근거로 위법성조각사유의 요건을 구성요건으로 총괄하여 하나의 범죄구성요소로 보게 된다.

이러한 체계구성을 가능하게 한 구성요건개념이 바로 메르켈(Merkel)의 소극적 구성요건표지이론의 구성요건개념이다.[20] 이 이론에 의하면 형법각칙의 각 범죄구성요건에 모든 위법성조각사유의 요건을 적시해야 하지만 이를 입법기술적으로 총칙에 규정해 놓은 것에 불과하다는 것이다. 따라서 실제로 형법각칙의 범죄구성요건에는 적극적으로 불법을 근거지우는 범죄전형적인 요소만 기술되어 있지만, 이는 형법

---

20) Merkel, Lehrbuch des deutschen Strafrechts, 1889, S.82.

총칙에 규정되어 있는 불법을 배제하는 위법성조각사유의 요건이 내재되어 있다고 본다. 예컨대 정당방위행위처럼 위법성조각사유의 요건이 충족되면 행위가 범죄구성요건을 실현시키지 못하고 불법이 배제되기 때문에 위법성조각사유의 요건을 소극적 구성요건요소라 부른다.

소극적 구성요건표지이론은 구성요건을 범죄전형적인 요소뿐만 아니라 위법성에 관련된 모든 요소를 포함하는 구성요건으로 이해한다.[21] 즉 불법구성요건을 적극적 구성요건요소와 소극적 구성요건요소로 구분하여, 전자를 구성요건해당성으로 보고 후자를 위법성조각사유로 파악한다. 따라서 위법성조각사유의 요건이 존재하지 아니하여 구성요건에 해당하는 행위가 위법할 때 불법구성요건이 충족되며, 이에 반해서 소극적 구성요건인 위법성조각사유의 요건이 구비되면 불법구성요건이 충족되지 않은 것이다. 구성요건에 적극적 요소든, 소극적 요소든, 법문에 기술되어 있든, 기술되어 있지 않든, 작위요소든, 부작위요소든 불법평가에 중요한 모든 요소가 포함된다는 의미에서 구성요건을 총체적 불법구성요건이라고도 한다.[22]

(2) 범죄유형으로서의 구성요건과 금지의 실질로서의 구성요건[23]

소극적 구성요건개념에서 의미하는 구성요건해당성을 실질적 개념으로 이해하여 구성요건에 해당하는 금지의 실질이 있을 때에 구성요건해당성을 인정한다. 이는 단순히 범죄유형(Deliktstypus)으로서의 구성요건개념에서 의미하는 형식적 구성요건해당성과는 구별된다. 따라서 정당방위상황에서 사람을 살해한 행위는 범죄유형으로서의 살해행위가 있다는 점은 부정되는 것이 아니지만, 금지의 실질로서 살해행위가

---

21) Merkel, Lehrbuch des deutschen Strafrechts, 1889, S.82; Frank, Das Strafgesetzbuch für das Deutsche Reich, 18.Aufl., 1931, Vorbem.3 vor §51; Engisch, Der Unrechtstatbestand im Strafrecht, DJT-Festschrift, Bd.I, 1960, S.406; Arthur Kaufmann, Die Lehre von den negativen Tatbestandsmerkmalen, JZ 1954, 653; Arthur Kaufmann, Tatbestand, Rechtfertigungsgründe und Irrtum, JZ 1956, 353, 393; Schünemann, GA 1985, 347ff.; Schaffstein, Putative Rechtfertigungsgründe und finale Handlungslehre, MDR 1951, 199; Samson, SK, Vorbem.9 vor §32. 심재우, 「구성요건과 위법성과의 관계」(주1), 23면 이하; 「구성요건의 본질」(주1), 59면 이하; 「소극적 구성요건개념」(주1), 73면 이하; 「위법성조각사유의 전제사실에 관한 착오」(주1), 23면 이하.

22) Lang-Hinrichsen, Die irrtümliche Annahme eines Rechtfertigungsgrundes in der Rechtsprechung des BGH, JZ 1953, 362.

23) Arthur Kaufmann, Tatbestand, Rechtfertigungsgründe und Irrtum, in; Schuld und Strafe 1966, S.127ff.; 심재우, 「소극적 구성요건개념」(주1), 75면 이하.

있었다는 것을 부정하는 것이다. 즉 형식적인 구성요건해당성은 부정되지 않지만 실질적인 구성요건해당성이 부정된다는 것이다. 그렇다면 벨첼이 모기 죽이기의 예로써[24] 이단계 범죄체계를 비판하는 것은 소극적 구성요건개념의 오해에서 비롯된 것이다.[25]

아르투어 카우프만은 범죄유형으로서의 구성요건에 두 가지 중요한 의미를 부여한다. 범죄유형은 법치국가적 보장기능을 수행한다는 점과 형사소송절차에서 어떤 행위가 형법적으로 의미 있는 행위로서 소송대상이 되는가를 알려 준다는 점이다.[26] 즉 금지된 행위유형을 미리 정해 놓고 그러한 행위유형만이 형사절차의 대상이 된다는 점을 밝혀 놓은 것이 구성요건이라는 것이다. 그렇다면 가벌적인 행위가 존재하는지를 확정하기 위해서는 이러한 행위가 하나의 범죄유형에 해당하는가를 확인하여야 한다.

(3) 목적적 범죄체계론자에 의한 비판

소극적 구성요건이론에 관하여 상세한 검토를 거친 후에 비판적인 입장을 취하는 대표적인 학자가 목적적 범죄체계의 진영에 서 있는 히르쉬이다. 그는 자신의 박사학위논문[27]과 주석서[28]에서 몇 가지 설득력 있는 비판점을 제시하고 있다.

우선 소극적 구성요건표지이론에 의하면 애당초 구성요건에 해당하지 않는 행위이기 때문에 형법적으로 중요하지 않은 행위와 구성요건에 해당하지만 예외적으로 허용된 행위 사이의 가치평가의 차이가 없어지게 된다.[29] 이 이론에 의하면 양자 모두 구성요건해당성이 부정되기 때문이다. 예컨대 벨첼의 모기 죽이기의 예처럼 정당방위상황에서 방위행위로 사람을 살해한 경우에도 소극적 구성요건표지이론에 의하면 구성요건해당성 자체가 배제되기 때문에 형법적으로 중요하지 않은 행위인 모기 죽이는 행위와 다를 바 없게 된다는 것이다.

또한 금지 및 요구규범과 허용규범 사이의 규범이론적인 차이가 무시된다. 법질서

---

24) Welzel, Das Deutsche Strafrecht, 11.Aufl., S.81; ZStW 67(1955), 196, 210f.

25) 심재우, 「소극적 구성요건개념」(주1), 75면.

26) Arthur Kaufmann, a.a.O., S.128.

27) Hirsch, Die Lehre von den negativen Tatbestandsmerkmalen, 1960.

28) LK-Hirsch, vor §32 Rdn.8ff.

29) LK-Hirsch, vor §32 Rdn.8, 49.

에는 금지와 요구규범뿐만 아니라 규범위반적인 행위도 예외적으로 허용해 주는 독자적인 허용규범도 있다. 이 양자는 서로 본질적인 차이를 갖는 것이기 때문에 상호 입법기술적으로 위치가 뒤바뀔 수 있는 것이 아니다. 정당화사유를 언제든지 구성요건요소로 규정할 수 있다면 소극적 구성요건표지이론은 허용구성요건착오를 구성요건착오로 보고 고의불법을 배제시킴으로써 예컨대 오상방위의 피해자가 방위권을 갖지 못하게 되는 불합리한 결론을 갖게 된다. 정당방위의 객관적 요건이 구비되었다고 오인한 행위자의 오상방위행위는 소극적 구성요건표지이론에 의하면 고의가 탈락되어 고의불법이 없는 행위가 된다. 그렇다면 오상방위의 대상이 된 자, 즉 행위자가 착오로 공격자로 오인하고 공격의 대상이 된 자의 관점에서는 행위자의 행위는 적법한 행위가 되어 그에 대한 방위행위가 허용되지 않는다. 다시 말하면 자신은 행위자에게 실제로 현재의 부당한 공격을 하지 않았음에도 행위자의 행위는 적법한 행위로 평가되기 때문에 행위자의 오상방위행위를 그대로 감내할 수밖에 없다는 결론이다.

예를 들어 남편으로부터 일이 밀려 밤샘작업을 한다는 전화연락을 받고 혼자 잠든 부인이 잠결에 문을 열려는 소리를 듣고 남편이 아니라 도둑임을 직감하고 문뒤에서 야구방망이를 들고 서 있다가 들어오는 자를 향해 야구방망이를 휘둘러 쓰러뜨려 상해를 입혔는데 알고 보니 남편과 오랜만에 만나 술을 마시고 남편의 집으로 놀러온 시골 초등학교 동창생이었다는 사안을 상정해 보자. 여기서 부인은 남편이 밤샘작업를 한다는 전화를 받은 터이고 또 문을 잘 열지 못하는 것으로 미루어 도둑이 침입하는 것으로 오인하였으므로 정당방위상황에 대한 착오에 빠진 것이다. 즉 위법성조각사유의 전제사실에 관한 착오로서 자신의 행위가 정당방위에 해당한다고 오인한 것이다. 이 경우에 소극적 구성요건표지이론처럼 허용구성요건착오를 구성요건착오로 보고 부인의 상해 내지 폭행의 고의불법이 배제된다고 하면 부인의 행위는 적법한 행위가 된다. 따라서 남편의 친구입장에서 보면 자신의 생명 또는 신체에 대한 현재의 부인의 공격이 부당한 공격은 아니다. 그렇다면 남편의 친구는 부인의 공격에 대한 정당방위가 불가능하게 되는 것이다. 이러한 결론이 바로 금지규범과 허용규범의 차이를 무시한 소극적 구성요건표지이론의 불합리한 결론이라는 것이다.

더 나아가 이 이론은 구성요건고의가 배제된다고 보기 때문에 정범의 오상방위행위에 대한 악의의(=정당방위상황의 부존재를 알고 있는) 공범이 성립될 수 없는 문제점을 안고 있다고 지적한다. 공범종속성설에 의하면 교사범 또는 방조범이 성립하기 위하여는 정범의 고의가 필요하기 때문이다.

또한 모든 정당화요소를 총체적 구성요건으로 본다면 헌법상의 명확성의 원칙에 반할 위험성이 있다. 예컨대 사회상규나 관습으로부터 원용되는 초법규적 위법성조 각사유도 소극적 구성요건표지로서 구성요건요소로 본다면30) 성문화되지 않고 명확하지 않은 범죄구성요건도 가능하다는 결론에 이르게 되기 때문이다. 그렇다면 죄형법정주의원칙에 따라 범죄구성요건이 범죄와 형벌의 요건을 명확히 하여야 한다는 기능은 침식당하게 된다.

마지막으로 소극적 구성요건표지이론에 의하면 구성요건적 고의는 모든 위법성조 각사유의 부존재를 포함하여야 하는데 과연 이런 고의가 심리적인 관점에서 가능한가도 의문이라는 것이다.31)

(4) 쉬네만(Schünemann)의 반론32)

히르쉬의 비판적 문제제기를 반박하면서 소극적 구성요건표지이론과 2단계 범죄 체계의 형법이론적 장점을 부각시킨 쉬네만은 이미 언급한 비판점들은 독일의 다수설인 제한적 책임설(소위 구성요건착오규정유추적용설)의 결론에 대해서도 그대로 타당하다고 한다. 소극적 구성요건표지이론의 체계적 결론도출과는 다른 근거로 고의불법배제의 결론에 이르게 되는 제한적 책임설도 정당방위나 공범성립이 불가능하다는 비판을 받는다는 점을 밝히면서 소극적 구성요건표지이론의 체계적 및 이론적 모순이 아님을 주장한다.

우선 구성요건에 해당하지 않는 행위와 구성요건에 해당하지만 정당화되는 행위 사이의 가치평가의 차이는 법익보호에 지향된 형법의 관점에서는 중요하지 않다고 반박한다. 왜냐하면 이 양자는 법공동체내에서 공동생활의 필요불가결한 조건을 침해하는 사회유해성의 관점에서는 아무런 차이를 나타내지 않기 때문이다.

또한 금지와 허용규범의 규범이론적 관점에서의 차이는 분명하지만 형법의 목적

---

30) Arthur Kaufmann, Tatbestand, Rechtfertigungsgründe und Irrtum, in: Schuld und Strafe, 1966, S.133f.
31) Schroeder, LK, §16 Rdn.49; Hirsch, Die Lehre von den negativen Tatbestandsmerkmalen, 1960, S.267ff.
32) Schünemann, GA 1985, 341, GA 1986, 293.

이 시민들에게 사회유해적 행위를 하지 못하게 하려는 데 있다는 점에서는 동일한 차원의 가치단계에 놓여 있다고 주장한다.

정당방위의 성립가능성이 배제된다는 지적에 대해서도 정당방위의 객관적 정당화 상황 중 공격의 부당성을 행위반가치만으로 판단할 것인지 아니면 결과반가치에 지향하여 판단할 것인지는 구성요건고의의 대상과 관계없이 정해지며 전적으로 정당방위규정의 규범목적에 달려 있는 것이라면서 반박한다.

공범성립이 불가능하다는 지적도 타당치 않다. 왜냐하면 고의 없는 도구를 이용하는 간접정범의 형태가 가능하기 때문이며, 다만 신분범에서는 간접정범이 성립할 수 없기 때문에 가벌성의 흠결상태가 초래될 수 있지만 이는 입법자의 의도였다고 볼 수 있으므로 받아들일 수밖에 없다고 본다.

(5) 소결론

소극적 구성요건표지이론에 의한 이단계 범죄체계는 불법과 책임이 대칭됨으로써 체계요소간의 균형을 이룬다는 점과 구성요건과 위법성이 궁극적으로는 행위의 불법을 평가하려는 목적을 갖고 있음에 비추어 행위에 대한 종국적 반가치판단이 총체적 불법구성요건개념에서 행해진다는 점과 허용구성요건착오에 관해서 논리적인 해결책을 제시하고 있다는 점 등이 장점으로 평가될 수 있다. 그럼에도 불구하고 이단계 범죄체계는 목적론자에 의한 비판 이외에도 소극적 구성요건표지이론은 학계에서 비판의 대상이 되었다.[33]

고의가 구성요건실현에 대한 인식과 의욕이므로 소극적 구성요건표지이론에 의하면 적극적 구성요건표지뿐만 아니라 소극적 구성요건표지로서 위법성조각사유가 존재하지 않는다는 사실도 인식하여야 고의를 인정할 수 있다. 소극적 구성요건표지이론은 위법성조각사유를 총체적 불법구성요건으로 보기 때문에 고의는 행위사정뿐만 아니라 총체적 행위평가적인 사정에 미쳐야 한다. 과연 이러한 총체적 불법고의가 심리적인 관점에서 가능한가는 의문이다.

---

33) Jescheck/Weigend, Lehrbuch des Strafrechts AT, 5.Aufl., S.250; Roxin, Strafrecht AT Bd.1, 2.Aufl., S.226; Sch/Sch/Lenckner, StGB, 25.Aufl., Vorbem. 18 vor §13; Wessels, Strafrecht AT, 24.Aufl., Rdn.124ff.; 김일수, 한국형법 I (총론상), 251면 이하; 배종대, 형법총론 1996, 260면 이하; 손해목, 형법총론 1996, 192면 이하; 이재상, 형법총론 1995, 95면.

구성요건과 위법성이 불법을 확정하는 단계로서만 의미를 갖는 것이 아니라 각자 특별한 형사정책적 기능을 갖고 있다.[34] 위법성조각사유는 종국적으로 사회적 충돌 상황을 해결하기 위하여 개별적 및 구체적으로 내려지는 가치교량이다.[35] 이로써 법 익을 침해받지 않는 보호이익이 경우에 따라서는 법질서에 의해서 허용되는 다른 가 치 뒤로 물러서야 한다. 즉 위법성의 평가관점인 가치교량은 형법적인 가치교량뿐만 아니라 형법 이외의 사회적인 질서원칙에 따라 이루어지는 관점이다. 이에 반해서 구성요건의 금지목록은 - 물론 이미 구성요건단계에서 가치충돌에 대한 결정이 내려 져서 구체적인 상황이 규범의 영역에서 배제되는 경우도 있지만 - 추상적 및 일반적 인 범죄유형의 기술이며, 잠정적인 반가치평가의 산물이다. 이러한 점에서 구성요건 과 위법성조각사유는 본질적인 차이[36]가 있는 범죄체계요소이다.

위법성판단을 위한 가치교량은 형법적인 가치교량뿐만 아니라 형법이외의 사회적 인 질서원칙에 따라 행해진다. 이러한 의미에서 초법규적 위법성조각사유나 기타 사 회상규에 위배되지 않는 정당행위와 같은 일반적 초법규적 위법성조각사유도 위법 성조각사유로 인정될 수 있다. 그러나 이러한 명시되지 않은 위법성조각사유가 소극 적 구성요건표지로서 구성요건에 포함된다면 명확성의 원칙이 침해될 위험성을 열 어 놓는 것이다.

구성요건에 해당하지 않은 행위는 형법적으로 중요하지 않은 행위이기 때문에 당 벌적이지 못한 반면, 구성요건에 해당하지만 정당화되는 행위는 법익침해적인 행위 가 예외적으로 실질적인 불법을 나타내지 않기 때문에 당벌적이지 않은 것이다. 즉 구성요건은 가벌적인 행위와 불가벌적인 행위를 구별해주는 선별적 기능을 수행한 다.[37] 이러한 차이는 일반예방을 위해서 중요한 구성요건의 호소기능(Appellfunktion) 에 기인한다.[38] 즉 구성요건은 모든 사람들이 알 수 있도록 제시된 추상적인 금지목 록의 형태로 일반적으로 가벌적인 행동양식의 형상을 나타내고 일반인의 법인식에 영향을 미치거나 형벌의 위하력을 예고함으로써 일반예방적인 기능을 갖는다.

---

34) 김일수, 「구성요건과 위법성」(고시연구 1983.11), 39면.
35) Jescheck/Weigend, Lehrbuch des Strafrechts AT, 5.Aufl., S.250.
36) Jescheck/Weigend, Strafrecht AT, S.250f.
37) Wessels, Strafrecht AT, 24.Aufl., Rdn.124ff.
38) Naka, Appellfunktion des Tatbestandsvorsatzes, JZ 1961, 210; Welzel, Das Deutsche Strafrecht, 11.Aufl., S.68.

삼단계 범죄체계의 입장에서는 위법성조각사유에 해당하는 행위도 일단 구성요건에 해당하는 행위로 본다. 이에 대해서 이단계 범죄체계에서는 허용된 행위가 금지규범, 즉 구성요건에 해당한다는 것은 모순임을 지적한다.[39] 그러나 위법성조각사유에 해당하는 행위는 금지규범에 해당하지만 허용된 행위인 것이 아니라 애당초 허용규범에 해당하는 행위이다. 정당방위상황에서는 사람을 살해하는 것이 허용되어 있기 때문이다. 허용된 행위가 금지규범에 해당한다는 것이 모순이라는 지적은 구성요건만을 금지규범으로 보았기 때문이다.

Ⅲ. 위법성조각사유의 전제사실에 관한 착오

1. 위법성조각사유에 관한 착오의 형태와 성격

예컨대 방위행위가 정당화되기 위해서는 주관적 요소인 방위의사와 객관적 요소인 정당방위상황이 존재하여야 한다. 정당방위의 객관적 전제사실이 존재하지 않았음에도 불구하고 착오로 인정하면서 방위행위를 한 경우가 바로 오상방위이다. 즉 행위자가 정당방위상황인 자기 또는 타인의 법익에 대한 현재의 부당한 침해가 있다고 오신하고, 즉 침해의 현재성, 부당성 또는 침해 내지 공격이 있음을 착오로 인정하고 이에 대해 행한 방위행위가 오상방위이다. 이는 행위자가 법적으로 인정된 위법성조각사유의 구성요건적 전제요건을 착오로 인정하여 자기행위가 정당화된다고 오신한 행위의 일종이다. 이에는 오상방위 이외에도 오상긴급피난, 오상자구행위 등이 포함된다.

오상방위에 있어서 행위자의 착오는 존재하지 않는 정당방위상황이 존재한다고 믿은 경우로서 행위자의 표상대로 실현되었다면 위법성이 조각된다는 의미에서 위법성조각사유의 객관적 전제사실에 관한 착오(또는 허용구성요건착오[Erlaubnistatbestandsirrtum] 또는 허용상황의 착오)로도 불린다.

이에 반해서 법적으로 인정되지 않은 위법성조각사유를 인정된 것으로 오신한 허용규범의 착오와 위법성조각사유의 법적인 허용한계를 오인한 허용규범의 한계의 착오와는 구별된다. 이 양자는 허용착오(Erlaubnisirrtum)로서 금지착오의 일종으로(=

---

39) 심재우, 「구성요건과 위법성과의 관계」(주1), 32면.

간접적 금지착오) 취급해야 한다는 점에 대해서는 의견이 일치되어 있다.[40] 왜냐하면 여기서는 금지착오(=직접적 금지착오)에서와 같이 착오가 단지 행위의 금지여부에 관련되어 있어 구성요건적 고의성립에는 영향을 미치지 못하기 때문이다. 이 허용착오는 위법성조각사유의 전제사실에 관한 착오의 경우에 행위자가 객관적 정당화상황을 잘못 인식하였지만 법에 대한 행위자의 태도는 법질서에 어긋나지 않는다는 점에서 차이가 있다.

위법성조각사유의 전제사실에 관한 착오의 전형적인 형태인 오상방위행위는 객관적 측면으로는 잘못 행해진 방위행위와 이로 인한 구성요건적 결과 및 이 양자의 인과관계 내지 객관적 귀속으로, 주관적 측면으로는 행위자의 잘못된 표상으로 분석할 수 있다. 즉 행위자의 주관적 인식과 객관적 현실이 일치하지 않는 현상형태이다. 현행 형법은 착오를 제13조의 사실의 착오(=구성요건착오)와 제16조의 법률의 착오(=금지착오)로 구분하여 규율하고 있다. 그러면 과연 오상방위에서의 행위자의 착오와 같은 위법성조각사유의 전제사실에 관한 착오를 어떤 형태의 착오로 볼 것인가?

오상방위에서의 행위자의 오신은 한편으로는 위법성조각사유의 객관적 전제사실인 정당방위상황에 관련되어 있다는 점에서 법규범의 객관적 구성요건요소에 대한 착오인 구성요건착오와 구조적으로 비슷하고, 구성요건요소를 인식하였지만 행위자가 금지규범이 허용규범 뒤로 물러선다고 오인했다는 점에서 금지착오와 유사하다. 그러나 다른 한편으로는 구성요건요소를 실현시킨다는 사실을 인식한 점에서는 구성요건요소를 알지 못한 구성요건착오와 다르고 또 행위가 근본적으로 금지되었다는 사실을 알았다는 점에서는 금지 자체를 인식하지 못한 금지착오와 구별된다.

따라서 행위자가 착오로 인정한 위법성조각사유의 객관적 전제사실, 예컨대 정당방위상황이 존재했더라면 구성요건에 해당하는 행위가 정당화될 수 있는 위법성조각사유의 객관적 전제사실에 관한 착오는 독자적인 착오의 한 형태로 보는 것이 타당하다.[41] 문제는 이러한 착오의 형태를 형법적으로 어떻게 취급할 것인가이다.

---

40) BGHSt 2, 194, 197; 22, 223, 225; Jescheck/Weigend, Strafrecht AT, 4.Aufl., S.415 Fn.40 참조. 이재상, 형법총론 1990, 336면; 김일수, 한국형법 I 1992, 594면; 박상기, 형법총론 1994, 225면; 배종대, 형법총론 1993, 394면; 임 웅, 「위법성조각사유에 관한 착오」(월간고시 1987. 6), 42면; 정성근, 주2의 글, 384면.

41) Jescheck/Weigend, Strafrecht AT, S.416; 이재상, 형법총론, 336면; 김일수, 한국형법 I, 593면; 박상기, 형법총론, 229면.

2. 형법적 취급에 관한 현행법, 학설 및 판례의 태도

착오로 정당화사유가 존재한다고 오신하고 행위한 자는 고의범으로는 벌하지 않고, 단지 그 착오가 과실에 기인하고 과실범 처벌규정이 있는 경우에는 과실범으로 처벌한다고 명시한 오스트리아 형법(제8조)과는 달리 현행 형법은 위법성조각사유의 객관적 전제사실에 관한 착오를 규율하고 있지 않다. 이러한 형태의 착오는 실제 중요한 문제이고 이론적으로 논란이 되고 있지만 이의 형법적 취급에 관한 판례는 없다.[42]

마찬가지로 독일 형법은 제16조에 고의를 조각하는 구성요건착오와 제17조에 위법성의 인식이 결여되어 책임을 조각하는 금지착오를 규정하고 있지만, 위법성조각사유의 객관적 전제사실에 관한 착오의 문제를 규율하고 있지 않아 그 형법적 취급을 학설과 판례[43]에 맡겨놓고 있다.

원래 독일 형법초안(E 1962)에서는 이러한 착오를 구성요건착오와 금지착오와는 다른 종류의 착오형태로서 법규정화하고 있었다. 즉 제20조 제1항에서 "행위자가 행위시 정당화사정을 착오로 인정한 경우에는 고의범으로 벌하지 않는다"면서 원칙적으로 고의벌 배제를 명시하고, 제2항에서는 "행위자에게 착오에 대한 비난이 가능하고 과실범의 처벌규정이 있는 경우에는 과실범으로 처벌한다"고 규정하며 구별하여 취급하고 있었다. 그러나 이에 반해서 제39조 제2항에 따라 오상방위에는 정당방위 규정이 적용될 수 없고 다만 정당화사정에 대한 회피가능한 착오의 경우에만 감경된 고의벌로 처벌할 수 있었다. 따라서 정당화사정에 관한 착오가 고의벌이 배제될 수도 있고 경우에 따라서는 감경된 정도의 고의벌이 가능하기도 하였다. 이는 동일한 착오에 대한 형법적 평가가 달라질 수 있는 점과 여러 개의 정당화사유가 경합하는 경우에 모순을 드러낼 수 있다는 이유 등으로 많은 비판을 받게 되었고,[44] 결국 이 양 규정은 삭제되어 현행법은 기존처럼 이 문제의 해결을 학설과 판례에 맡기게 되

---

42) 다만 현재의 부당한 공격을 착오로 인정하고 방위한 행위는 오상방위로서 위법성이 조각되지 않는다는 오래된 판례가 있을 뿐이다(고조판 11.3.31)

43) 이에 관해서는 Arthur Kaufmann, Einige Anmerkungen zu Irrtumern über den Irrtum, FS-Lackner 1987, S.192ff; Roxin, Strafrecht AT Bd.1, §14 Rdn.51ff. 참조.

44) Roxin, Strafrecht AT Bd.1, §14 Rdn.52.

었다.

3. 엄격책임설의 입장

주로 목적적 행위론자 내지 목적적 범죄체계론에 의해서 지지된[45] 이 견해에 의하면 고의는 정당방위상황과 같은 객관적 정당화사정이 아니라 구성요건에만 미친다. 따라서 허용규범의 존재 및 그 한계에 관한 착오뿐만 아니라, 위법성조각사유의 객관적 전제사실에 관한 착오(=허용구성요건착오) 등 행위의 위법성에 관한 모든 착오를 - 이런 의미에서 "엄격"책임설 - 고의를 배제하는 구성요건착오가 아니라 책임이 문제되는 금지착오로 본다.

행위자가 구성요건을 실현한다는 것을 인식하고 따라서 그 자체로 금지된 것을 행한다는 것을 알았다면 구성요건고의의 호소적 기능(Appellfunktion des Tatbestandsvorsatzes)에 따라 사정을 면밀히 검토해야 할 계기를 가진 것이고 이를 소홀히 했다면 그러한 행위는 통상적인 구성요건착오보다 더 불법하다는 것이다.[46]

위법성조각사유의 객관적 전제사실을 착오로 오인한 행위자는 모든 구성요건적 사정을 인식하였다는 점에서 행위자의 잘못된 표상에 관계없이 고의로 행위한 것이다.[47] 다만 착오가 회피불가능한(=정당한 이유 있는 착오) 경우에는 책임이 조각되고 회피가능한 경우에는 고의범으로 처벌되지만 형이 감경될 수 있다. 이 견해에 의하면 예컨대 대낮에 길을 묻기 위해 다가서는 사람을 강도로 오인하고 방위하기 위하여 떠밀어 버린 행위는 고의적인 폭행행위가 된다.

독일 판례 중에도 "긴급피난의 요건에 대한 주의깊은 검토를 거치지 않고서 산모의 생명을 구하기 위한 낙태행위가 허용된다"고 믿고 낙태행위를 한 자를 금지착오로 취급하여 엄격책임설을 취한 판례가 있다.[48]

---

45) Welzel, Strafrecht AT, 11.Aufl., S.168f.; Maurach/Gössel, Strafrecht AT Bd. 2, 7.Aufl., S.60f., 116f.; Armin Kaufmann, Tatbestandseinschränkung und Rechtfertigung, JZ 1955, 37; Hirsch, Die Lehre von den negativen Tatbestandsmerkmalen 1960, S.314ff.; ders., Der Streit um Handlungs- und Unrechtslehre, ZStW 93(1981), 831ff., ZStW 94(1982), 239ff.; LK-Schroeder, §16 Rdn.47ff.; 김종원, 「정당화사유의 착오에 관한 일고찰」(주2), 20면; 정성근, 형법총론 1991, 216면 이하.
46) Naka, Appellfunktion des Tatbestandsvorsatzes, JZ 1961, 210.
47) 정성근, 형법총론, 216면.
48) BGHSt 3, 7.

4. 제한적 책임설의 입장

이 견해는 위법성조각사유의 객관적 전제사실에 관한 착오를 구성요건착오와 동등하게 취급한다. 행위자가 단지 위법하다는 법적 평가의 사실적인 요건에 관하여 착오한 것이지 법을 위반하려고 한 것은 아니기 때문이다. 따라서 고의책임이 부정되고 착오의 회피가능성여부에 따라 과실범으로 처벌될 가능성이 남아 있다. 그러나 법효과에 있어서 과실형벌의 적용이라는 원칙적인 결론에 도달하는 방법이 다양하여 구성요건착오규정을 직접적용하는 해결책과 유추적용하는 방안 등으로 구분된다. 여기서는 고의의 존재여부가 결정적인 차이점이다. 이로 인해서 구체적으로는 착오행위에 공범이 성립하는가, 미수가 가능한가 또한 위법한 고의행위가 존재하지 않는다면 이에 대한 법효과가 탈락되는가 아니면 단순히 고의책임이 탈락되는가가 문제된다.

책임설은 자신의 행위가 금지되었다는 사실을 착오로 인식하지 못한 경우에는 고의가 배제되는 것이 아니라 책임이 감경되는지 탈락된다고 본다. 그러나 제한적 책임설에 의하면 허용구성요건착오, 즉 위법성조각사유의 객관적 전제사실에 관한 착오의 경우에는 착오가 책임에 영향을 미치는 것이 아니라 고의배제적으로 작용한다는 점에서 책임설이 "제한적"으로 적용된다. 이러한 의미에서 이하에서는 제한적 책임설과 엄격책임설로 구별하여 비판적으로 검토하려 한다. 그러나 일반적으로 제한적 책임설은 구성요건착오규정을 유추적용하는 입장을 의미하고, 따라서 소극적 구성요건표지이론, 제한적 책임설(=구성요건착오규정 유추적용설), 법효과제한적 책임설, 엄격책임설 등으로 분류하기도 한다.[49]

(1) 소극적 구성요건표지이론의 입장

위법성조각사유의 객관적 전제사실에 관한 착오는 당연히 구성요건착오가 되기 때문에[50] 위법성조각사유의 객관적 전제사실에 관한 착오, 여기서는 정당방위상황

---

49) 김일수, 한국형법 I, 594면 이하. Roxin, Strafrecht AT Bd.1, §14 Rdn.53ff.; Jescheck/Weigend, Strafrecht AT, S.463ff.

50) Engisch, Tatbestands- und Verbotsirrtum bei Rechtfertigungsgründen, ZStW 70(1958), 566ff., 583ff.; Arthur Kaufmann, Tatbestand, Rechtfertigungsgründe und Irrtum, JZ 1956, 353ff., 393ff.; ders., Schuld und Strafe, S.102.

에 관한 착오인 오상방위에는 구성요건착오에 관한 규정이 직접적으로 적용되어 고의가 탈락된다. 그러나 회피가능한 착오의 경우에는 과실범 처벌규정에 따라 과실범으로 처벌될 수 있다.

예를 들어 객관적 정당방위상황이 존재한다고 착오로 인정하고 방위행위를 한 자는 금지된 살해의 고의, 즉 살인의 불법고의는 없는 것이다. 왜냐하면 행위자의 행위는 사회의미상 금지되어 있지 않기 때문에 행위자에게는 반사회적인 인식이 결여되어 있는 것이다. 물론 행위자도 사람을 살해한다는 인식은 있지만 그것이 법적으로 금지된 살해행위에 해당한다고 생각하지는 않기 때문에 불법고의가 없는 행위인 것이다.[51]

(2) 구성요건착오규정 유추적용설(=고의불법배제적 제한적 책임설)

예컨대 오상방위에서의 행위자의 오신은 위법성조각사유의 객관적 전제사실인 정당방위상황에 관련되어 있다는 점에서 법규범의 객관적 구성요건요소에 대한 착오인 구성요건착오와 구조적으로 유사하다. 그러나 행위자가 구성요건의 객관적 요소를 인식하고 있었다는 점에서 구성요건착오와 구별되기 때문에 구성요건착오에 관한 규정을 직접적용하여 구성요건적 고의를 탈락시키는 것이 아니라 유추적용하여 고의불법배제의 결론에 이르게 된다.[52] 구성요건착오규정을 직접적용하는 것이 아니라는 점에서는 소극적 구성요건표지이론과 다르지만 고의가 배제된다는 점에서는 결론적으로 소극적 구성요건표지이론과 동일하다.

고의범에 필요한 불법고의는 구성요건요소를 인식하고 더 나아가 위법성조각사유 중 어느 하나에도 해당하지 않는다는 사정을 인식해야 성립되는데, 위법성조각사유의 객관적 전제사실인 정당방위상황에 대한 착오는 후자에 대한 인식이 결여된 착오

---

51) 심재우, 「구성요건과 위법성과의 관계」(주1), 32면.
52) 김일수, 한국형법 I, 603면; 이형국, 형법총론연구 I 1990, 241면; 장영민, 「위법성조각사유의 착오와 책임설」(주2), 153면 이하. 독일의 판례 중에 이 견해를 취한 것이 있고 학설에서는 다수의 입장이다: BGHSt 3, 105, 194; 31, 286f.; 32, 247f.; BGH StrVert 1987, 99; SK-Rudolphi, §16, Rdn.10; Sch/Sch/Cramer, 24.Aufl., §16 Rdn.17; Stratenwerth, Strafrecht, 3.Aufl., S.153; Zilinski, StGB, Alternativ Kommentare Bd I, §15, 16 Rdn.55; Kuhlen, Die Unterscheidung von vorsatzausschliessendem und nichtvorsatzausschliessendem Irrtum 1987, S.331; Schlüchter, Normative Tatbestandsmerkmale 1983, S.172; Herzberg, Handeln in Unkenntnis einer Rechtfertigungslage, JA 1986, 192; Wolter, Objektive und personale Zurechnung von Verhalten, Gefahr und Verletzung in einem funktionalen Straftatsystem, 1981, 134, 165ff.

로서 불법고의가 성립되지 않고 또 고의벌로 처벌되지 않는다.[53]

독일 판례에서는 예컨대 징계행위를 정당화시키는 객관적 사정에 대한 착오의 경우에 "행위자는 법적 요구를 준수하려 했으나 자신의 행동의 토대가 된 객관적 사정에 관한 착오로 인하여 이 목적이 빗나간 것뿐이기 때문에 현실적인 사정이 아니라 오신한 사정을 행위자에게 유리하게 귀속시키는 구성요건착오의 규정취지에 합치되는 것"[54]이라며 구성요건착오규정 유추적용설의 입장을 취하고 있다. 정당화사정에 관한 착오는 고의를 배제하는 구성요건착오와 같이 평가해야 한다면서 구성요건착오규정을 유추적용해야 한다고 명시적으로 밝힌 판례[55]도 있다.

(3) 법효과지시적 책임설(= 법효과제한적 책임설)

위법성조각사유의 객관적 전제사실에 관한 착오의 경우에 행위자는 행위반가치의 실현을 원한 것이 아니기 때문에 고의불법은 존재하더라도 고의책임과 동등한 책임비난을 가할 수 없다. 즉 정당화인식으로 인한 행위반가치의 감소와 행위동기가 행위상황의 부주의한 검토에 기인함으로써 초래된 책임의 감소 때문에 고의책임과 동등한 책임비난을 가할 수 없다는 것이다. 다만 착오가 회피가능하였다면 과실불법의 책임을 지울 수 있다. 따라서 고의행위가 법효과에 있어서는 과실범과 동등하게 취급되어 고의범이 과실범으로 처벌된다. 이 점에서는 구성요건착오규정이 유추적용되는 것이다.

결론적으로 착오의 취급에 관하여는 구성요건착오규정 유추적용설과 차이는 없다. 왜냐하면 과실범으로 처벌될 수 있는 가능성이 있기 때문이다. 그러나 법효과지시적 책임설[56]에 의하면 예컨대 행위자가 정당방위상황이 존재한다고 오신하고 방위행위를 한 경우에도 원칙적으로 구성요건고의는 배제되지 않기 때문에 정범의 오상방위

---

53) 김일수, 한국형법 I, 603면.

54) BGHSt 3, 105(107).

55) BGHSt 32, 264(286f.).

56) 배종대, 형법총론, 397면; 이재상, 형법총론, 338면 이하; 박상기, 형법총론, 234면; 정진연, 「위법성조각사유의 객관적 전제사실에 관한 착오」(주2), 292면 이하; 임 웅, 「위법성조각사유에 관한 착오」(주40), 52면 이하; Blei, Strafrecht AT, 18.Aufl., S.206; Dreher, Der Irrtum über Rechtfertigungsgründe, FS-Heinitz 1972, S.223ff.; Jescheck/Weigend, Strafrecht AT, S.418; Lackner, StGB, 20.Aufl., §17 Anm.5b; Wessels, Strafrecht AT, 24.Aufl., §11 III 1c.

행위에 대한 악의의(=정당방위상황의 부존재를 알고 있는) 공범이 성립될 수 있다는 점이 특징이다. 공범종속성설에 의하면 교사범 또는 방조범이 성립하기 위하여는 정범이 고의범으로 처벌될 것이 요구되는 것이 아니라 정범의 고의가 필요하기 때문이다. 또한 오상방위로 행위하려는 자에 대한 정당방위가 가능하다고 본다. 왜냐하면 오상방위행위는 고의불법이 배제되지 않기 때문에 정당방위의 요건 중 "현재의 부당한 공격"이기 때문이다. 이 점이 고의가 배제된다고 보는 유추적용설과의 차이점이다.

고의행위를 법효과에 있어서 과실범과 동등하게 취급하자는 이 견해의 한 유형으로서 비독립적 책임설이 있다. 이 견해[57]는 예컨대 오상방위행위를 과실범 처벌규정이 있는 경우에는 고의행위를 인정하되 고의형벌을 과실범의 법정형 범위 내로 감소시키려 한다.

(4) 법효과독립적 책임설

행위자가 위법성조각사유의 객관적 전제사실을 착오로 인정한 경우를 구성요건착오와는 별개로 취급하여, 예컨대 오상방위행위를 고의행위로 볼 뿐만 아니라 그 착오행위가 회피가능한 경우에는 독자적인 형벌범위가 정해진다고 본다. 이는 필요적인 법률상 감경뿐만 아니라 임의적인 법률상 감경규정을 유추적용하여 고의형벌범위의 하한선을 넘어서는 방법으로 가능해진다.[58]

위법성조각사유의 객관적 전제사실을 착오로 인정한 행위를 그 착오가 회피가능한 경우에는 항상 - 과실범 처벌규정이 없더라도 - 과실범으로 취급하려는 견해[59]도 있다.

5. 비판적 검토

(1) 엄격책임설은 위법성조각사유의 객관적 전제사실에 관한 착오를 금지착오의 일반원칙에 따라, 즉 감경가능성이 있는 고의불법으로 취급한다. 따라서 해석학적으

---

57) Jakobs, Strafrecht AT, 2.Aufl., S.374f.

58) Krümpelmann, Die strafrechtliche Behandlung des Irrtums, ZStW-Beiheft 1978, 6; Pfaeffgen, Der Verrat in irriger Annahme eines illegalen Geheimnisses (§97b StGB) und die allgemeine Irrtumslehre, 1979, S.165ff.

59) Dreher, Der Irrtum über Rechtfertigungsgründe, FS-Heinitz 1972, S.207; Krümpelmann, Die strafrechtliche Behandlung des Irrtums, ZStW-Beiheft 1978, S.6ff., 47ff.

로 근거가 논리적이고 공범의 성립이라는 관점에서 가벌성의 흠결이 회피될 수 있다는 점이 장점이다. 그러나 이 이론은 위법성조각사유의 객관적 전제사실에 관한 착오의 경우에는 행위자가 자신이 무엇을 행하고 있는지를 착오로 알지 못한 행위가 문제됨으로써 평가에 관한 착오가 아니라 상황에 관한 착오라는 사실을 간과하였다는 점과 예컨대 군인이 주의의무 위반적인 착오로 동료병사를 적군으로 오인하고 사살한 행위를 살인죄로 처벌하게 되는, 법감정에 반하고 형사정책적으로도 바람직하지 않은 결론에 도달한다는 점이 지적된다.[60]

또한 정당화사정을 착오로 인정하여 자신의 행위가 법적으로 허용된 것이라고 믿은 착오자에게 (감경된 것이라 하더라도) 고의불법의 책임을 지운다는 것은 고의행위와 과실행위 사이의 가치 차이를 무시한 결론으로 보인다. 왜냐하면 착오자는 법과 불법에 대한 잘못된 표상을 가지고 행위한 것이 아니라 단지 행위사정을 주의깊게 검토하지 않은 조심성의 결여로써 원치 않았던 구성요건적 결과를 실현한 것이기 때문이다. 불법에 대한 올바른 인식을 갖고 있었지만 착오로 정당화되는 객관적 사정을 잘못 인정하고 행위한 자를 잘못된 법적 표상을 가지고 행위한 자와 동일시하는 것은 양자의 질적 차이를 무시한 것이다.

착오자가 구성요건실현에 대한 인식이 있었다는 것은 (착오로 잘못 인정한 객관적) 사정을 주의깊고 조심성있게 검토할 계기를 가진 것이라는 근거도 타당치 않다. 왜냐하면 그러한 주의깊은 행동에 대한 호소의 계기는 자신의 행동이 구성요건을 충족한다는 인식에서 나오는 것이 아니라 상황의 위험성을 감지하는 데서 나오는 것이기 때문이다. 행위자가 잘못 인식한 객관적 정당화상황을 행위자는 위험한 상황으로 느끼지 못했기 때문에 자신의 행동을 주의깊게 살펴 볼 계기를 가질 수도 없고, 그 상황이 행위자에게 경고의 계기를 줄 수도 없다. 그렇다면 상황을 충분히 주의깊게 검토하지 못하고 불법을 행한 자는 고의범이 아니라 과실로 행위한 자이다.[61]

(2) 구성요건착오규정 유추적용설이 위법성조각사유의 객관적 전제사실에 관한 착오에 대해 과실불법의 책임을 지우는 것은 과실구성요건이 결여된 때에는 불가벌이라는 결론에 이르게 된다는 점은 정당하지 못하다. 이에 대해서는 입법론적으로 특별한 과실범규정을 두는 방안,[62] 감경된 고의구성요건을 적용하려는 방안[63]과 민

---

60) 이재상, 형법총론, 336면.
61) Roxin, Strafrecht AT Bd.1, §14 Rdn.65.

법상의 손해배상으로 해결하려는 방안[64] 등이 제시되고 있다. 또한 위법성조각사유의 객관적 전제사실에 관한 착오는 고의를 조각한다는 보는 이 견해에 의하면 공범과 미수범의 성립이 불가능하기 때문에 가벌성의 흠결이 초래된다.

(3) 법효과지시적 책임설은 위법성조각사유의 객관적 전제사실에 관한 착오의 경우에 원칙적으로 구성요건고의를 인정하면서 고의책임비난과 고의벌이 아니라 과실범으로 처벌한다는 점에서 논리적 모순을 드러낸다. 왜냐하면 과실범의 형벌이 정당한 경우에 과실벌로 이끄는 의식형태는 고의가 아니라 과실이기 때문이다. 또한 허용구성요건착오의 경우에 행위자가 과연 법질서에 의해서 불법으로 평가될 행위를 행했다는 의미에서 고의의 행위반가치가 있는지도 의문이다.

(4) 소극적 구성요건표지이론의 이단계 범죄체계가 안고 있는 체계상의 문제점은 차치하고서라도 이 이론에 대해서는 고의행위의 행위반가치가 탈락되기 위해서는 정당화인식과 정당화사정이 일치되어야 하기 때문에 위법성조각사유의 객관적 전제사실을 착오로 인정하고 행한 행위는 여전히 고의행위라는 점에서 비판이 가능하다. 또 사회유해적행동의 추상적 기술이라는 법적 구성요건의 요소와 정당화사유의 요소가 서로 법적 성격이 구별되어야 한다는 점을 간과하고 있다. 또한 이 경우의 착오는 고의를 배제하기 때문에 공범성립이 불가능하여 가벌성의 흠결상태가 초래될 수 있다는 점이 문제점이다.

Ⅳ. 결론

구성요건이 불법의 존재근거라는 관점에서 구성요건이 불법을 근거지우는 요소와 불법을 배제시키는 요소를 모두 포함한다고 보는 소극적 구성요건표지이론에 따른 이단계 범죄체계는 논리적인 체계구성일 뿐만 아니라 목적론적 관점에서도 많은 장점을 갖는다. 그러나 구성요건과 위법성이 불법을 확정하는 단계로서만 의미를 갖는 것이 아니라 각자 특별한 형사정책적 기능을 갖고 있다는 점에서 양자는 독자적인 체계구성요소가 되어야 한다. 위법성조각사유는 종국적으로 사회적 충돌상황을 해

---

62) Dreher, a.a.O., S.227.
63) Krümpelmann, a.a.O.
64) Jakobs, a.a.O., S.375; Jescheck, a.a.O., S.419.

결하기 위하여 형법적 및 형법 이외의 사회적인 질서원칙에 따라 개별적 및 구체적으로 내려지는 가치교량임에 반해서 구성요건의 금지목록은 추상적 및 일반적인 범죄유형의 기술이며, 잠정적인 반가치평가의 산물이다.

위법성조각사유의 가치평가가 형법적 및 형법외적인 질서원칙에 따른 가치교량에 따라 이루어진다는 점에서 위법성조각사유를 소극적 구성요건표지로서 구성요건에 포함시킨다면 범죄구성요건에 엄격히 적용되는 죄형법정주의의 명확성원칙이 침해될 위험성이 열려지게 된다. 또한 구성요건은 모든 사람들이 알 수 있도록 제시된 추상적인 금지목록의 형태로 일반적으로 가벌적인 행동양식의 형상을 나타내고(=구성요건의 선별적 기능) 일반인의 법인식에 영향을 미치거나 형벌의 위하력을 예고함으로써 일반예방적인 기능(=구성요건의 호소적 기능)을 갖는다. 이러한 점에서 구성요건과 위법성조각사유는 본질적인 차이와 상이한 기능을 갖는 독자적인 범죄체계요소이어야 한다.

오상방위와 같은 위법성조각사유의 객관적 전제사실에 관한 착오를 형법적으로 어떻게 취급할 것인가에 관해서는 착오에 빠질 정도로 다양한 해결방안이 제시되었다. 그 중에서 형법이론적으로 설득력이 있는 이론은 제한적 책임설 중 구성요건착오규정을 유추적용하는 견해이다.

무엇보다도 위법성조각사유의 객관적 전제사실에 관한 착오는 금지착오에서와 같이 대상에 대한 잘못된 평가가 아니라 평가의 대상에 관한 것인 점에서 구성요건착오와 구조적으로 아주 유사하다. 이는 착오의 대상이 불법구성요건은 아니지만 허용구성요건을 충족시키는 상황내지 사정이라는 점에서도 알 수 있다. 따라서 정당화상황에 관하여 착오에 빠진 행위자는 구성요건착오에서와 같이 자신이 무엇을 행하는지를 인식하지 못한 것이다. 그러나 행위자가 구성요건의 객관적 요소를 인식하고 있었다는 점에서 구성요건착오와는 구별되기 때문에 구성요건착오에 관한 규정을 직접적용하여 구성요건적 고의를 탈락시키는 것이 아니라 유추적용하여 고의불법배제의 결론에 이르게 된다. 따라서 고의책임이 부정된다.

행위를 정당화시킬 수 있는 사정을 인식한 행위자는 그 사정을 착오로 인식했다하더라도 자신의 행위를 법규범에 합치시킨다는 목표하에서 행동한 것이다. 이러한 경우에도 행위자에게 고의행위에 대한 비난을 가한다든지 엄격책임설처럼 고의범의 법정형을 남겨 놓는다면 이는 고의와 과실 사이의 본질적인 차이를 혼동한 것이다.[65] 바로 정당화사정을 착오로 인정하여 자신의 행위가 법적으로 허용된 것이라고 믿은 착오자에게는 착오에 대한 과실여부를 검토해야 하는 것이다. 착오자의 행위동기는 법위반적 심정에 기인하는 것이 아니라 단지 행위 사정을 주의깊게 검토하지 않은 조심성의 결여에 있기 때문이다. 이로써 원치 않았던 구성요건적 결과가 실현된 것이다. 따라서 고의책임과 동등한 책임비난을 가하는 것은 정당하지 않다. 따라서 구성요건착오규정을 유추적용하여 착오에 회피가능성이 있는 경우에 과실범으로 처벌할 수 있어야 한다. 원래 과실범은 예외적으로 처벌규정이 있어야 처벌할 수 있다. 이는 형법의 보충성 내지 최후수단성을 고려한다면 타당한 것이다. 따라서 회피가능한 착오의 과실범성립과 관련하여 유추적용설이 갖는 가벌성의 흠결은 비판의 대상이 될 수 없다.

또한 구성요건착오규정을 유추적용한다면 고의가 배제되어 정범의 오상방위행위에 대한 악의의(=정당방위상황의 부존재를 알고 있는) 공범이 성립할 수 없다는 지적도 설득력이 떨어진다. 왜냐하면 이 경우에는 공범으로 처벌하는 것보다는 구성요건에 해당하지 않는 도구를 이용한 간접정범의 성립이 더 타당할 것이기 때문이다.[66] 허용구성요건착오의 경우에 피해자에게 착오자의 공격에 대한 정당방위권이 인정되지 않는다는 지적은 이론적으로는 타당하다. 왜냐하면 예컨대 오상방위의 경우에 착오자의 오상방위행위는 고의불법이 배제되는 행위로서 부당한 공격이 아니기 때문에 정당방위의 요건이 충족되지 않는다. 그러나 이 경우에 실제로 오상방위의 피해자가 오상방위자의 공격을 부당한 공격으로 알고 방위행위를 했다면 이를 피해자편에서 보면 또 다른 허용구성요건착오이다. 따라서 결론적으로 피해자도 처벌되지 않는 것이다.

마지막으로 이러한 형태의 착오에 관하여 학설이 다양한 견해를 제시하고 아직 판례가 형성되지 않은 이론적 상황을 고려한다면 - 이러한 상황에서 입법적 다수를 구하는 것도 어렵겠지만 - 입법적 단안으로 문제의 근본적인 해결을 시도하는 것은[67] 형법이론학의 발전에 도움이 될 수 없다.

---

65) Roxin, Strafrecht AT Bd.1, §14 Rdn.62.
66) Roxin, a.a.O., Rdn.72.
67) 입법적 단안을 주장하는 견해로는 임 웅, 「위법성조각사유에 관한 착오」(주40), 53면; 정진연, 「위법성조각사유의 객관적 전제사실에 관한 착오」(주2), 294면.

미수범 체계의 재정립*

Ⅰ. 들어가며

가벌적 행태의 일반적 표지는 객관적 측면과 주관적 측면으로 구분할 수 있다. 범죄체계상의 불법은 내적 요소와 외적 요소, 주관적 요소와 객관적 요소의 균형적 결합이다.[1] 불법은 언제나 양자가 결합되었을 때 인정된다. 그 균형적 합일체의 전형이 고의기수범이다. 행위자는 구성요건적 불법의 실현을 원하였고(주관적 측면, 행위불법) 원하는 바대로 구성요건적 결과가 실현되었다면(객관적 측면, 결과불법) 고의기수범이 성립한다.

이에 반해서 미수범은 양자가 불균형을 이룬 형태이다. 행위자는 구성요건적 결과실현을 원했으나(주관적 측면, 행위불법) 결과범에서의 '법익침해'나 위험범에서의 '법익침해의 위험성'이라는 결과는 발생하지 않았다. 물론 미수를 주관적 구성요소는 충족되었으나 객관적 구성요건요소가 충족되지 못한 경우로 개념정의하면서도 미수범의 처벌근거를 범죄의사라는 주관적 요소(행위불법)와 범죄적 인상 내지 법동요적

---

* 출처: 「형사법연구」 제22호 특집호, 2004, 234~248면.

[1] Hassemer는 미수범과 과실범을 행위측면과 행위자측면의 불균형(Ungleichgewicht zwischen Tat- und Täterseite)으로 표현한다(Einfürung in die Grundlagen des Strafrechts, 2.Aufl., 1990, S.187).

인상이라는 객관적 요소(결과불법)의 결합에서 찾는 입장[2]은 미수범을 주관과 객관의 불균형이라고 보지 않을 것이다.

분명한 사실은 미수범이나 과실범은 주관적 및 객관적 요소의 균형적 결합체인 고의기수범보다 불법의 정도가 낮다는 점이다. 이는 입법자가 모든 범죄의 미수범과 과실범을 처벌하지 않고 특별한 범죄유형의 경우로 제한하고 있으며, 과실범을 고의범보다 감경하여 처벌하고 미수범도 임의적 감경으로 취급하고 있다는 점을 통해서도 알 수 있다.

고의든 과실이든, 미수든 기수든 어떤 불법유형도 행위불법과 결과불법 사이의 내적 연관성이 인정되어야 성립한다. 과실범은 구성요건적 결과는 발생했지만(결과불법) 행위자가 이를 원한 것은 아니므로 주관적 측면이 결여되어 있다. 그러나 이 주관적 측면을 결과발생에 대한 예견가능성과 회피가능성에서 구하면서 객관과 주관의 상호 내적 관련성을 인정할 수 있기 때문에 불법이 성립한다고 평가하는 것이다. 미수는 주관적 측면은 존재하지만 구성요건적 결과의 부존재라는 객관적 측면이 결한 불법유형이다. 그러나 그것만으로는 불법을 인정할 수 없고, 주관적 측면과 객관적 측면의 상호 내적연관성이 인정되어야 한다. 미수도그마틱은 끊임없이 내적 연관성, 즉 불법을 근거지우기 위한 최소한의 객관적·외부적 측면을 찾아내려고 시도한다. 구성요건적 결과를 실현하기 위한 실행의 착수라는 객관적 요소, 결과발생이 불가능한 경우에 위험성 또는 범죄적 인상이라는 객관적 요소가 바로 그것이다.

그렇다 하더라도 미수는 기수의 마이너스다. 사실상 구성요건적 결과발생이 존재하지 않기 때문이다. 따라서 미수범의 처벌도 필요적 감경이 논리적이다. 또한 실행의 착수라는 범죄 실현의 단계가 불법의 객관적 요소를 일부라도 충족하기 시작해야 주관과 객관의 내적 관련성이 인정되고 가벌성의 문턱을 넘어서게 된다. 불능 미수는 객관적 요소가 존재할 수 없는 형태이므로 원칙적으로 불가벌이어야 한다. 예외적으로 주관의 표출이 구성요건적 결과실현과 내적 연관성을 갖는 때에 한하여 처벌할 수 있다. 중지 미수도 행위자가 실행행위를 중지하거나 아니면 결과발생을 방지하여, 한편으로는 불법의 객관적 요소가 실현되지 않게 되고 다른 한편으로는 이미 표출된 주관적 측면이 중지의 자의성으로 상쇄되므로써 처벌을 면하게 되는 것이다.

---

2) 김일수/서보학, 형법총론, 2004, 512면과 515면.

미수범체계를 재정립하기 위해서는 우선 미수의 불법을 불법의 객관적·외부적 측면과 주관적·내부적 측면 중에서 어느 일방만을 요구할 것인지 아니면 양자를 모두 요구할 것인지, 아니면 주관적 요소는 존재하고 객관적 요소는 존재하지 않지만 양자 사이의 내적 연관성을 요구할 것인지를 결정하여야 한다. 아래에서는 미수범은 주관적 요소(즉 행위불법)는 존재하고 객관적 요소(결과불법)는 충족되지 않더라도 적어도 양자 사이의 내적 연관성이 있어야 미수의 불법을 인정할 수 있다는 입장에서 현행 미수범 체계를 검토하여 필요한 입법적 제안을 하기로 한다.

II. 제정형법과 개정논의 경과

1951년 형법정부초안은 새로 채택한 불능범을 제외하고는 현행 형법과 같았다. 불능범은 '실행의 수단 또는 대상의 착오로 인하여 결과의 발생이 불가능한 때에는 형을 감경 또는 면제할 수 있다.'고 규정하였으나 제2대 국회의 법제사법위원회에서 형법의 보충성을 강조하는 방향에서 불능범의 성립요건으로 위험성의 표지를 규정한 수정안('불가능하드라도 위험성이 있는 때에는 처벌한다. 단, 그 형을 감경 또는 면제할 수 있다.')이 마련되었다.[3] 즉 결과발생이 불가능하더라도 원칙적으로 처벌하는 것에서 불능범의 처벌범위가 제한되었다. 이는 가능 미수와 불능 미수의 구분이 불명확하다는 점과 결과발생이 불가능하더라도 원칙적으로 처벌한다는 주관적 미수론에 의하면 미신범을 제외하고 처벌범위가 확대되어 가혹하다는 비판[4]을 수용하여 가벌성을 제한하는 요소로서 미수행위의 위험성표지가 받아들여진 것이다. 초안 제27조는 불능 미수의 가벌성에 관하여 분명한 입장을 밝히지 않았던 구형법과 비교하여 주목할 만한 변화이다. 또한 제25조에 착수 미수와 실행미수를 구별한 점과 제28조에 예비행위는 특별한 규정이 있는 경우에 한하여 처벌한다는 점이 미수의 영역에서 새로운 점 들이다.

1992년 형법개정안은 미수범체계를 현행 형법과 같이 유지하면서 표제와 조문순서만 손질하였다. 즉 형법 제26조의 표제를 중지범에서 중지 미수로, 제27조의 불능

---

3) 신동운, 불능범에 관한 형법 제27조의 성립경위, 서울대학교 법학 제41권 제4호, 2001.2, 39면 이하.

4) 서일교, 신형법, 1953, 113면.

미수범 체계의 재정립

151

범에서 불능 미수로 고쳐[5] 중지 미수와 불능 미수가 미수범의 일종임을 분명히 하고 있다. 또한 제28조의 예비·음모와 제29조의 미수범처벌의 순서를 바꾸었다.[6] 이 개정안을 마련한 형사법특별심의위원회는 준중지범 규정의 신설(불능 미수나 장애 미수가 될 경우에 자의에 의한 진지한 방지의 노력을 할 때에는 중지미수에 준한다)과 예비의 중지 규정의 신설 등을 논의하였지만 다수의견에 따라 현행체계를 유지하기로 하였다.[7]

Ⅲ. 미수범 체계의 재정립

1. 3개의 미수범유형 체계유지

불능 미수를 장애 미수의 일종으로 보는 견해가 있지만 불능 미수의 독자성을 인정하여 장애미수, 불능미수, 중지 미수로 나누는 견해[8]가 일반적이다.[9] 불능 미수를 장애 미수의 일종으로 보는 견해[10]는 아마도 제27조의 규정형식이 본문과 단서로 나뉘어 있어, 본문은 제25조의 제1항처럼 '(미수범으로) 처벌한다.'고 규정하여 제25조의 제1항의 미수범으로 보면서 단서에 따라 원칙적 임의적 감경과 예외적 임의적 감면으로 취급하고 있다고 해석하는 것 같다.

현행 형법의 미수범은 기수에 이르지 못한 원인을 기준으로 인과과정상의 장애나 이상에 그 원인이 있는 경우를 장애미수(제25조 제1항), 범죄의 기수에 이르지 못한 원인이 행위자의 의사에 의한 경우를 중지미수(제26조), 행위의 성질상 결과발생이 애당초 불가능해서 기수에 이를 수 없지만 위험성이 있는 경우를 불능미수(제27조)로 구분된다. 이 체계를 변경해야 할 필요성이나 당위성은 없다고 본다.

---

5) 판례는 불가벌적인 '불능범'(大判 1962.1.31, 61형상2612; 1966.4.22, 66도152; 1978.3.28, 77도4049)과 가벌적인 '불능미수'(大判 1984.2.14, 83도2967)로 표현하고 있다.

6) 법무부, 형법개정법률안 제안이유서, 1992, 41면 이하.

7) 형사법개정특별심의위원회, 형법개정요강 소위원회심의결과, 1989, 55면 이하.

8) 대표적으로 이재상, 형법총론, 355면; 천진호, 미수범이론의 발전과 전망, 형사법연구 제18호 (2002년 겨울), 153면.

9) 2004년 12월 10일, 11일에 부산 동아대학교 법과대학에서 개최된 형사법학회 학술발표회의 토론에서 경찰대 문성도 교수는 불능 미수를 포함한 장애 미수와 중지 미수로 구별하자는 견해를, 배재대 김용욱 교수는 가능 미수와 불능 미수로 구분하고 중지 미수는 인적처벌조각사유로 보자는 견해를 피력하였다.

10) 박정근, 형법 제27조의 범죄정형과 미수범의 신체계, 법정, 1968.5., 38면.

2. 미수범 처벌

3개의 미수형태의 처벌에 있어서도 장애 미수는 임의적 감경, 중지 미수는 필요적 감면, 불능 미수는 임의적 감면으로 차이가 있다. 구성요건적 결과가 실현된 기수와 비교하면 주관의 표출이 구성요건적 결과실현과 내적 연관성을 갖기 시작하는 미수는 불법의 양적 측면에서 차이가 있다. 따라서 미수처벌은 필요적 감경이 논리적이다. 그러나 법은 논리의 산물이 아니다. 특히 어떻게 처벌할 것인가는 입법정책의 문제이다.[11] 예컨대 독일도 1871년의 구형법이 필요적 감경으로 정하였으나, 나치시대인 1939년 Gewaltverbrechensverordnumg을 제정하면서 미수범 처벌을 필요적 감경에서 임의적 감경으로 변경하였다.

미수범은 주관적 요소(행위불법)는 존재하고 법익침해 내지는 법익침해의 위험성이라는 의미에서의 객관적 요소(결과불법)는 충족되지 않았기 때문에 미수의 불법이 기수의 불법보다 감소된 것이지만, 실행의 착수로 인하여 법익침해의 가능성이 열렸다는 점에서 적어도 양자 사이의 내적 연관성이 인정되기 때문에 결과불법이 전혀 없다고 평가할 수 없을 것이다. 따라서 현행 형법 제25조 제2항의 임의적 감경은 타당한 입법 정책적 결론이라고 본다.

3. 미종료미수(착수미수)의 중지와 종료미수(실행미수)의 중지의 차등취급 문제

중지 미수는 형을 감경 또는 면제한다(제26조). 즉, 중지 미수는 필요적 감면사유이며 인적 형면제사유이다. 제26조의 중지 미수는 착수미수(전단)와 실행미수(후단)를 구분하고 처벌도 필요적 감경과 필요적 면제로 구분하고 있다. 그러나 중지 미수의 처벌에 있어서 양자를 구별하는 것은 아니다.

따라서 어느 중지 미수의 유형에 어떤 법률효과를 부여할 것인가는 법관의 형의 양정에 속한다. 법관은 구체적인 양형사정(예컨대 중지의 동기, 실행행위로 인한 손해의 정도 등)을 고려하여 형을 면제할 것인가 아니면 감경할 것인가를 결정할 수 있다. 물론 실행행위를 다 한 경우와 다하지 않은 경우가 불법에 있어서 차이가 있을 수

---

11) 신동운, 형법총론, 2001, 451면.

있다. 왜냐하면 실행행위를 다하여 결과발생을 저지해야 하는 실행미수의 경우에는 이미 법익침해의 위험성이 상당한 정도에 이른 경우이고 착수 미수의 경우에는 중지 미수가 소극적인 부작위로도 족할 정도로 법익침해의 위험성이 낮기 때문에 후자가 전자보다 더 특별취급 받아야 할 것이다.

이러한 관점에서 착수 미수의 중지와 실행미수의 중지를 구별하여 전자를 불가벌 (또는 임의적 불가벌), 후자를 임의적 감경으로 취급하는 입법례도 있다(스위스 형법 제22조, 제23조, 오스트리아 형법 제16조, 그리스 형법 제44조 참조). 입법론적으로는 착수 미수의 중지 미수와 실행미수의 중지 미수를 구별하여 취급하는 것이 타당하다고 본다. 주관적 요소와 객관적 요소의 내적 관련성에 양적으로 차이가 있기 때문이다.

4. 준중지미수규정의 신설문제

행위자가 자의로 자신의 효과적인 행위를 통해서 결과발생이 방지될 것이라고 믿었으나 결과의 미발생은 실제로 그의 자의적이고 진지한 노력이 아니라 처음부터 놓여 있던 결과발생의 불가능성에 기인하는 경우나 제3자의 행위에 의한 경우에 중지 미수를 인정해야 할 것인가. 예를 들어 행위자가 자의에 의한 자신의 효과적인 행위를 통해서 결과발생이 방지될 것이라고 믿었으나 결과의 미발생은 실제로 그의 자의적이고 진지한 노력이 아니라 처음부터 놓여 있던 결과발생의 불가능성에 기인하는 사례에서 이와 같은 의문이 제기될 수 있다. 형법은 독일형법 제24조 제1항 제2문과 같은 규정을 두고 있지 않기 때문에, 또한 제26조는 종료 미수의 자의적 중지에 있어서 결과발생방지에 대한 자신의 행위와의 인과관계를 분명히 요건으로 하고 있기 때문에 중지 미수의 특전을 실행불능미수에 확대 적용할 수 있을 것인가가 문제이다.

이에 관한 견해를 보면 :

(1) 부정설[12]

실행행위를 다한 실행불능미수의 경우에 결과발생방지에 의한 중지 미수의 성립 가능성이 행위자에게 인정될 수 없다는 부정설은 현행 형법의 중지미수규정에서 논거를 찾고 있다. 즉, 제26조의 문언에 의하면 결과발생 방지행위와 결과불발생과의 인과관계가 중지 미수의 성립요건이다. 따라서 구성요건적 결과의 실현이 행위자의

---

12) 김종원(8인 공저), 신고 형법총론, 1978, 295면; 정영석, 형법총론, 1987, 215면.

실행행위 이후의 결과발생 방지행위에 의하여 저지된 것이 아니라, 행위자가 알지 못했던 실행의 수단 또는 대상의 불능에 기인하는 때에는 결과불발생과 행위자 자신의 방지행위 사이의 인과관계라는 중지 미수의 요건이 충족될 수 없다. 다시 말하면 실현가능성이 없는 구성요건적 결과는 그 발생이 방지될 수도 없다는 것이다.

(2) 肯定說[13]

그러나 제26조의 중지미수 규정을 행위자에게 유리하게 해석하려는 입장도 있다. 이 견해는 제27조의 불능 미수와 제26조의 중지 미수의 상이한 법률효과로부터 근거를 도출한다. 즉, 제26조의 중지 미수의 성립요건이 충족된 경우에 형법규범에 의해서 보호되는 법익을 실제 구체적으로 위태화시킨 행위자를 - 중지 미수의 법률효과인 '필요적' 감경 또는 면제 - 행위객체 또는 수단의 불능으로 인해서 결과발생의 위험이 처음부터 존재하지 않는 행위자보다 - 중지 미수가 인정되지 않기 때문에 제27조에 따라 '임의적' 감경 또는 면제 - 더 유리하게 취급하는 것이 정의에 합치되지 않는다는 점이다.

예컨대 행위자가 살인의 고의로 피해자에게 설탕을 극약으로 오인하고 투여하였으나, 잠시 후 사망의 결과를 저지하기 위하여 해독제를 먹이는 등의 진지한 노력을 다한 경우에 결과발생 방지행위와 결과불발생 사이에 인과관계가 결여되었다는 이유로 제26조의 중지미수규정을 적용할 수 없다면(행위의 위험성이 인정되는 한) 불능 미수로 처벌된다. 그러나 제27조는 임의적 감면만을 보장하지만 위 경우와는 달리 만일 행위자가 오인하지 않았더라면 제26조에 따라 반드시 형감경 또는 면제의 특혜를 받았을 것이다. 이것이 과연 정의로운 해결인가는 의문의 여지가 있다는 것이다.

또한 자의적인 중지를 통해서 책임이 탈락되는 것은 아니지만, 사후적으로 일정한 정도까지 상쇄되기 때문에 불능 미수의 경우에 자의로 중지한 행위자에게 불능 미수의 법률효과를 넘어서는 중지 미수의 효과를 보장하는 것이 중지미수규율의 입법취지에도 합치된다는 것이다.

불능 미수의 중지 미수가 현행법상으로도 가능하다는 이 견해를 취하면 실행불능 미수의 중지 미수의 요건으로서 결과불발생, 행위자의 결과발생방지를 위한 노력 및

---

13) 김일수/서보학, 형법총론, 542면; 박상기, 형법총론, 357면; 배종대, 형법총론, 446면; 오영근, 형법총론, 571면; 이재상, 형법총론, 382면; 임웅, 형법총론, 363면; 정성근/박광민, 형법총론, 403면.

주관적으로는 그 노력의 자의성과 진지성을 검토하여야 한다. 다른 요소는 이미 언급한 바 있으므로 결과발생을 방지하기 위한 노력의 진지성을 살펴보기로 하자. 진지한 노력이라 함은 이미 진행된 사건의 인과적 경과를 의식적이고 의욕적으로 되돌려 놓으려는 적극적인 행위의 표현으로서 결과발생의 방지를 위해 필요하고 상당한 조치를 다하는 것을 의미한다.

그러나 이는 행위자 자신의 직접적인 결과방지행위만을 의미하는 것이 아니라, 행위자의 결과방지의사에 기한 실행행위도 포함된다. 따라서 행위자에 의해서 유발된 제3자의 행위가 인과의 진행을 중단시켜 결과발생을 저지한 경우에도 중지 미수는 가능하다. 이때 제3자의 방지행위가 범인 자신이 결과발생을 방지한 것과 동일시 할 수 있어야 한다. 주어진 여건 하에서 행위자에게 알려진 이용할 수 있는 구조가능성을 다 취하거나 또는 그의 확신에 따라 결과발생의 방지를 가장 확실하게 저지할 수 있는 조치를 다한 경우에 진지한 노력을 인정할 수 있고 도움을 주려는 제3자를 불러오면서 그가 결과방지에 필요한 조치를 취할 것이라는 확신을 가진 자도 중지미수의 특별취급을 누릴 수 있다.

독일 형법 제24조 제1항 제2문에 의하면 행위자의 관여 없이 결과발생이 방지된 때에는 행위자가 자의적이고 진지하게 결과발생을 방지하기 위하여 노력했다면 중지미수에 해당한다.[14] 개정 전 독일 형법 제46조는 우리 형법 제26조의 요건처럼 객관적 관점에서 중지행위가 결과불발생의 실제적인 원인인 경우에만 행위자에게 중지 미수의 특전을 부여하고 있었다. 따라서 종래의 다수설에 따르면 결과불발생이 행위자의 결과발생 방지행위에 그 원인이 있는 것이 아니라 애당초 행위가 구성요건적 결과를 발생시킬 수 없다는 사실에 기인하는 경우에는 중지 미수를 부정한다. 이는 제46조가 실행미수의 중지의 요건으로 결과방지가 행위자 자신의 행위에 의하여야, 즉 행위자가 구성요건에 해당하는 결과를 실제로 방지해야 함을 요구하고 있기 때문이다.

규정의 문언에 충실한 해석을 토대로 제국법원(RG)은 일관된 판례[15]에서 (종료)불능 미수의 중지미수가능성을 다음과 같은 근거로 부정했다 : 불능미수의 경우에는 결과불발생이 이미 구성요건적 행위에 처음부터 존재하는 불가능성에 기인하기 때

---

14) 1931년 일본형법 가안 제23조 제2항에도 독일 형법 제24조 제1항 2문과 같은 규정이 있다.
15) RGSt. 17, 158; 51, 205; 65, 273; 68, 306; 77, 1.

문에 행위자 자신의 방지행위는 효과적일 수 없다.

물론 제국법원은 객관적으로 이해된 중지미수규정을 엄격하게 해석하면, 예컨대 실행수단이 불능한 미수의 경우에 형법적으로 보호되는 법익이 위태화 될 수 없음에도 불구하고 중지 미수의 성립이 불가능하다면 이는 (가능)미수가 자의적인 결과발생의 저지를 통해서 불가벌적 중지 미수가 되는 것과 비교하여 불균형이 생길 수 있다는 점을 인식했다. 왜냐하면 이로써 불능 미수의 행위자가 가능 미수의 행위자보다 더 불리하게 취급되기 때문이다. 그러나 제국법원은 명백한 법규정의 문언 때문에 이러한 결과를 감수할 수밖에 없었다. 문제의 해결은 무리한 법해석의 방법이 아니라 제46조 규정의 개정에 의하여야 한다는 입장이었다.

그 후 독일연방법원(BGH)은 중지미수규정이 개정되지 않았음에도 불구하고 치사량미달의 독약에 의한 소위 실행행위가 종료된 살인미수의 중지사건인 Luminal사례에 관해서 1958년의 BGHSt. 11, 324 판결에서 주관적 미수론의 관점을 취하면서 (실행종료)불능 미수의 중지 미수를 인정하였다. BGH는 이 판결에서 제46조의 요건 중 '결과발생의 방지'의 결과개념을 제국법원과 달리 해석하면서 (실행종료)불능 미수의 경우에도 제46조의 중지 미수의 요건이 충족된다고 하였다: 애당초 결과발생이 불가능한 미수를 행하는 행위자는, 그의 행위를 통해서 실제적으로 보여준 법적대적 의사가 형법적으로 보호되는 법익을 침해한 것은 아니지만 법질서를 위태화시켰기 때문에 처벌된다; 법공동체를 보호하고 평화롭게 하는 힘으로서 법질서에 대한 위험이 애당초 결과발생이 불가능한 미수의 가벌성을 정당화시키듯이, 이러한 위험을 행위자는 법익침해의 위험성을 방지하려는 자의적이고 진지한 노력을 통해서도 제거한다; 왜냐하면 이러한 행위자의 회오는 법공동체의 동요를 회복시키기에 적절한 것이기 때문이다.

독일 형법입법자는 이미 언급한 제46조 때문에 발생하는 불합리한 결과를 피하기 위해서 제24조 제1항 제2문에 새로운 중지미수규정을 도입하였다. 미수의 가벌성의 근거를 법적대적 의사의 표현에 있다고 보면 어떤 이유로 결과가 발생하지 않았는가에 관계없이 이와 상반된 의사의 표현으로 중지 미수가 성립될 수 있다. 이로써 이 규정에 의해서 행위가 중지자의 행위 관여 없이 기수에 이르지 않았을 때에 중지미수가 되기 위해서는 중지자의 자의적이고 진지한 범죄기수의 저지노력으로도 족하기 때문에, (실행종료)불능 미수의 중지 미수가 성립할 수 있다는 점이 분명해졌다.

또한 이 규정은 (중지자의 행위 없이) 구성요건적 결과발생이 없는 경우에 적용되기 때문에 - 행위자가 결과발생의 불가능성 또는 범행시도의 실패를 아직 모르고 있다는 전제하에 - 결과발생이 처음부터 불가능한 불능 미수뿐만 아니라 객관적으로 실패된 범행시도(실패된 미수) 및 결과발생방지를 위해 가능한 노력을 다한 행위자가 알지 못하는 사이에 피해자는 이미 제3자에 의해서 구조된 경우도 적용된다.

그러나 독일과 같은 명문규정이 없고 또 법문에 명백히 인과관계를 중지 미수의 성립요건으로 규정하고 있기 때문에 중지 미수의 입법취지를 고려한 긍정설은 문언의 가능한 의미를 벗어나는 해석으로 본다. 형의 불균형이 초래될 수 있다는 비판도 타당치 못하다. 이는 불능 미수가 임의적 감면이므로 실제 처벌에 있어서 감면의 방법을 선택할 수 있는 가능성이 있기 때문에 처벌의 불균형은 해소될 수 있다. 원천적으로 감면이 불가능하다면 처벌의 불균형이 초래될 수 있지만 임의적 감면이기 때문에 처벌의 불균형문제는 극단적인 경우에만 발생할 수 있다.

이 문제는 입법론적으로 독일 규정처럼 미수론에서 주관적 입장을 취할 것인가의 문제이며, 객관적 입장에 서 있는 현행 중지미수규정의 해석상으로는 부정설이 타당하다고 본다. 현행법 해석상 중지 미수의 특전은 구성요건적 결과를 자의로 실제 방지한 자만이 누릴 수 있다고 보는 것이 타당하다고 하더라도, 입법론적으로 우리 형법에도 이와 같은 규정을 두어야 한다.[16] 불법의 객관적 측면은 결과불발생으로 결한 상태이고 이미 존재했던 불법의 주관적 측면은 자의적이고 진지한 노력으로 상쇄되었기 때문에 중지 미수의 경우와 동일하다.

5. 예비의 중지규정의 신설문제

실행의 착수가 있기 전에, 즉 예비단계(또는 음모단계)에서 자의로 실행의 착수에 해당하는 행위 등 그 이후의 행위를 그만 둔 경우에 중지 미수의 규정(제26조)을 적용할 수 있는가. 自意性 등 중지 미수의 요건을 갖추었음에도 불구하고 중지미수규정을 적용하지 않으면 예비죄로 처벌되어야 하는데, 이는 예비보다 법익침해의 위험성이 더 큰 실행의 착수 이후에도 중지 미수를 적용하여 특별 취급하는 것과 균형이 맞지 않기 때문에 논란이 되고 있다.

---

16) 이형국, 형법총론연구 II(1986년), 515면; 하태훈, 불능 미수의 중지미수, 고시계 1993.6, 168면.

중지 미수도 미수의 일종이기 때문에 실행의 착수 이후에 적용될 수 있다는 견해이다. 판례도 예비 또는 음모단계에서의 중지는 관념상 인정할 수 없다는 입장[17]이다. 중지 미수는 범행의 실행에 착수한 후 자의로 그 행위를 중지한 때를 말하는 것이기 때문에 실행에 착수가 있기 전인 예비음모의 행위를 처벌하는 경우에 있어서는 중지범의 관념을 인정할 여지가 없다는 것이다.[18] 그러나 예비단계보다 불법의 정도가 중한 실행의 착수 이후에서는 자의적 중지가 형의 감면혜택을 받는 반면, 예비단계에서의 자의적 중지는 이러한 특별취급을 받지 못하고 예비 또는 음모죄로 처벌되기 때문에 형의 불균형이 있게 된다.

부정설의 입장에서 이러한 형의 불균형을 시정하려는 시도가 있다. 여기에는 예비는 자수에 이르렀을 때에만 자수에 대한 필요적 감면규정을 유추적용하자는 견해[19]와 예비를 처벌하는 경우에는 중지미수에 대해서도 형면제를 허용하지 않아야 한다는 견해가 있다.

이에 반해서 예비의 중지에 대해서도 중지 미수의 규정을 유추적용하자는 견해는 예외 없이 중지 미수의 규정을 준용해야 한다는 입장[20]과 예비의 형이 중지 미수보다 중한 경우(예컨대 형법 제90조, 제101조)에는 중지 미수의 규정을 유추적용하자는 입장[21]이 있다.

예비단계에서의 중지의 경우에 객관적 측면은 실행의 착수이전으로 불법성이 아직 드러나지 않은 상태이고, 주관적 측면은 자의적 중지로 불법성이 상쇄되어 있다. 따라서 객관적 및 주관적 요소의 불비, 양자의 상호 내적 관련성도 떨어져 불법이 상당히 약화된 형태이다. 그러나 고의범의 실현단계상 미수는 예비의 다음 단계이기 때문에 예비의 중지 미수는 논리적으로 모순이며, 일정한 예비행위를 행한 후에는 독립한 구성요건으로서 예비죄가 성립되는 것이기 때문에 예비죄에 정해진 법률효과를 부여하는 것이 타당하다는 근거 등으로 부정설이 타당하다고 본다.

더군다나 예비의 중지 미수의 문제에 관해서 입법적 다수를 얻을 수 있는가. 판례

---

17) 大判 1966.4.21, 66도152; 1966.7.12, 66도617; 1991.6.25, 91도436; 1999.4.9, 99도424.
18) 신동운, 형법총론, 474면; 하태훈, 사례중심 형법총론, 2002, 322면.
19) 김일수/서보학, 형법총론, 559면.
20) 오영근, 형법총론, 2002, 578면; 임웅, 형법총론, 2002, 349면.
21) 박상기, 형법총론, 2002, 360면; 배종대, 형법총론, 2002, 449면; 정성근/박광민, 형법총론, 2001, 377면; 이재상, 형법총론, 385면; 이형국, 형법총론, 1990, 267면; 조준현, 형법총론, 1998, 263면.

는 확고하게 예비의 중지를 인정하고 있지 않고 학설에서는 다툼이 있는 상황이기 때문이다.

6. 불능주체의 문제

결과발생의 불가능성이 다양한 구성요건요소에 대한 착오, 즉 행위객체, 수단 그리고 행위주체의 착오에 기인할 수 있음에도 형법 제27조는 주체의 불가능성의 경우를 상정하고 있지 않다. 따라서 결과발생이 불가능한 행위주체에 관한 착오를 불가벌적인 환각범의 일종으로 볼 것인지 아니면 불능 미수의 한 형태로 볼 것인지가 문제된다. 이 문제의 해결은 전적으로 판례와 학설에 일임되어 있다.

그러나 신분주체의 착오를 형법적으로 어떻게 취급할 것인가의 문제에 관한 판례도 없고 학문적으로도 논의가 미흡한 편이다. 이는 문제의 중요한 체계적 의의를 - 예를 들어 인적 불법의 범위와 한계, 형법적 특별규범의 인적 적용범위에 관한 이론, 법적 의무표지의 주관적 전제조건, 무엇보다도 규범적 구성요건요소에 관한 반전된 착오의 문제 - 올바르게 인식하지 못한 것에 기인한다. 또한 현실적이고 실무적인 중요성이 크지 않기 때문인데, 실질적으로 사건화가 거의 되지 않은 것은 실정법에 그 근거가 있다고 볼 수 있다. 왜냐하면 입법자가 신분범의 미수를 처벌할 수 있는 가능성을 제한했기 때문이다. 예를 들어 공무원 직무범죄 중 미수가 처벌되는 경우는 불법체포 및 감금(제124조), 간수자의 도주원조(제148조)와 허위공문서 등의 작성(제227조) 등이다. 또한 진정신분범 중에서 미수를 처벌하는 범죄는 허위진단서 등의 작성(제233조)과 횡령과 배임(제355조) 등이다.

신분범에서는 행위주체도 다른 요소와 마찬가지로 구성요건요소이고 법적 구성요건 중에서 주체는 객체와 수단과 동등한 가치를 갖는 것이기 때문에 신분주체로서의 자격에 대한 착오는 당연히 반전된 구성요건착오라는 근거로 불능 미수로 보는 견해[22]가 있다. 이에 따르면 신분주체에 관한 착오로 인하여 결과발생이 불가능한 경우에도 행위자의 표상에 의하면 불법구성요건을 실현하는 행위이기 때문에 불능미수에서 제외할 이유가 없고, 따라서 제27조의 위험성여부에 따라 그 가벌성이 결정되어져야 한다는 것이다.

---

22) 박상기, 형법총론, 2002, 366면.

그러나 형법 제27조는 모든 불능 미수를 처벌하는 것이 아니라, 결과발생은 불가능하지만 위험성이 있는 경우에 한하여 그 가벌성을 인정하고 있다. 이와 같이 불능 미수의 가벌성을 제한적으로 인정하고 있는 제27조의 규정을 주체의 착오로 인하여 결과발생이 불가능한 경우까지 확대하는 것은 법의 목적에도 부합하지 않을 뿐만 아니라, 죄형법정주의의 원칙에 의해서도 허용되지 않는다는 근거[23)]로 불가벌적인 환각범으로 취급한다. 또는 구성요건이 행위자가 자신의 힘으로 획득할 수 없는 신분주체로서의 자격을 토대로 특별한 법적 의무를 규정하고 있는 때에는, 즉 신분범의 경우에는 특별의무는 사실상 그러한 신분이 있는 자에 의해서만 침해될 수 있고, 따라서 착오로 그러한 신분이 있다고 오신한 자는 불능 미수의 영역에서 제외하는 것이 법의 객관적 목적에 합당하다는 근거를 제시한다. 또한 주체의 착오를 처벌하는 것은 일반 예방적 또는 특별 예방적 관점에서 불필요하다고 본다.

주체의 착오로 인하여 결과발생이 불가능한 경우에 불능 미수가 성립하는가 아니면 불가벌적인 환각범인가의 문제에 관한 견해의 차이는 문제해결의 출발점에서 비롯된다. 주체의 착오로 인한 결과발생의 불가능을 다른 구성요건요소에 관한 착오와 마찬가지로 불능미수로 이해하여 그 가벌성의 여부를 논의하는 입장은 미수론으로부터 출발하여 방법론상의 논리 일관된 체계적 해결을 시도하고, 이를 불가벌적인 환각범으로 파악하는 입장은 논의의 출발점을 신분범의 본질에서 구하고 있다.

전자의 견해에 따르면 신분범의 본질은 구성요건상 전제된 특별한 범죄주체만이 당해 신분범죄를 '기수'에 이르게 한다는데 있다. 특별한 신분자격은 기수의 구성요건을 기술하여 여기에 당해 범죄의 기수에 이르게 할 자격을 제한하는 의미밖에 없다는 것이다. 따라서 누구나 규범의 수명자가 될 수 있는 보통범과 그렇지 않은 신분범의 차이는 후자의 경우에 범죄행위의 기수는 단지 신분주체만이 가능하다는 점에 있게 되는 것이다.

이에 반해서 신분범의 본질을 불능주체의 미수행위의 법적 효과에 관한 방법론적 출발점으로 삼는 견해는 어디에 신분범의 특징이 있는가의 물음에서 출발한다. 일반적으로 형법상의 제재를 수반하는 금지 또는 요구규범은 모든 자연인에게 지향되어 있다. 그러나 일정한 범죄에 있어서는 구성요건적 행위가 일정한 신분관계를 가진

---

23) 김일수/서보학, 형법총론, 526면; 신동운, 형법총론, 478면; 오영근, 형법총론, 587면; 이재상, 형법총론, 393면 이하; 임웅, 형법총론, 369면; 정성근/박광민, 형법총론, 411면.

자에 의해서만 행해질 수 있도록 구별되어 있다. 이러한 신분적 요소는 특별의무의 표지이고 그 신분을 형성하는 특별한 법적 의무의 침해에 형법적으로 중요한 불법이 놓여있게 된다. 따라서 법적 의무는 '실제로' 그러한 신분이 있는 자에 의해서만 침해될 수 있고 신분주체성이 있다고 단순히 오신한 자에 의해서는 침해될 수 없는 것이다. 신분범의 구성요건적 행위는 비신분자에 의해서는 불가능하며 비신분자는 신분범죄행위를 기수에 이르게 할 수도 없을 뿐만 아니라 실행의 착수(즉, 미수)도 불가능하다는 것이다.

법규정이 행위자에게 특별한 인적인 자격과 관계를 요건으로 하고 있다면, 특정한 의무를 이행하라는 규범요소는 이러한 요건을 갖춘 자에게만 지향되어 있다.[24] 따라서 구성요건에 전제되어 있는 행위자자격이 있다고 오신하는 것으로는 아무도 행위자가 될 수 없다. 규범호소의 수명자가 결여되었다면, 자칭 구성요건에 반하는 실행된 범죄적인 의사와 규범호소 사이의 불일치는 논할 필요도 없게 된다. 즉, 신분범에 있어서 주체의 착오에는 주관적 행위 반가치(또는 의도 반가치)의 불법내용이 탈락되어 불가벌적으로 평가되는 것이다. 이는 소위 환각범과 같은 결과가 된다. 왜냐하면 환각범은 행위자가 행위사정은 올바르게 인식했음에도 자기의 행위가 금지되었다고 오신한 경우에 성립하는데, 이때에는 금지규범자체가 존재하지 않아서 규범의 호소가 결여되어 행위자의 '범죄적 결의'는 형법적으로 의미 없는 것이기 때문이다. 이때에는 행위자의 착오로 규범의 행위주체가 될 수 없는 것처럼 결여된 규범호소가 규범의 존재나 효력에 대한 착오에 의해서 생겨날 수 있는 것은 아니다.

7. 기타

(1) 미수범처벌 규정형식

독일 형법의 예처럼 중죄와 경죄로 구분하고(형법 제12조) 중죄의 미수는 별도의 규정 없이 처벌하도록 총론에 규정하고, 다만 경죄의 경우는 예외적으로 명문의 규정이 있을 때 처벌하는 규정형식을 취할 것인가(형법 제23조). 이 문제는 형법각칙의 범죄유형에 대한 법정형을 정비하면서 논해야 할 문제이다.[25]

---

24) 하태훈, 불능미수, 형사법연구 제4호, 1991, 79면; 불능주체의 가벌성, 김종원교수화갑기념논문집 1991, 447면 이하.

25) 2004년 12월 10일, 11일에 부산 동아대학교 법과대학에서 개최된 형사법학회 학술발표회의 토

예컨대 우리 형법에는 낙태(1년 이하)미수는 처벌규정이 없다. 독일의 경우 1969년에 형법을 개정하면서 낙태죄의 법정형을 3년 이하로 낮추고 미수범처벌규정을 두었다(218조).

(2) 실행의 착수의 개념정의 필요성

현행 형법 제25조는 가벌적 미수와 불가벌적 예비의 한계가 실행의 착수임을 밝히고 있지만 미수의 개념정의규정이 아니다. 독일 형법 제22조는 '개념정의'를 표제로 하여 주관적 측면인 '행위에 관한 행위자의 표상'(즉 개별적 행위자가 가지고 있는 주관적 범행계획으로서 주관적 요소)에 따라 '구성요건실현을 직접적으로 개시'(즉 객관적 요소)한 경우를 미수로 정의하고 있다.

Ⅳ. 입법제안

학설과 판례에서 다툼이 있는 문제영역에 대해서 입법자의 결단으로 어느 한편의 손을 들어주는 것은 가능하지도 않고 바람직하지 않다. 그로 인해서 형법해석학이나 판례의 발전을 기대할 수 없게 되기 때문이다. 미수범의 문제영역은 학설이나 판례에서 견해가 첨예하게 대립되고 있는 영역은 아니다. 아직 입장의 표명이 없었거나 의견이 대립되지 않는 문제에 대해서는 규정개정이나 신설이 필요하고 요구된다. 예컨대 미종료미수(착수미수)와 종료미수(실행미수)의 중지미수의 차등취급, 준중지미수, 미수범처벌 규정형식, 실행의 착수의 개념정의 등이 여기에 해당한다.

론에서 서울대 신동운 교수는 미수범처벌규정을 형법각칙의 범죄유형의 각 조문 제2항으로 배치하자고 주장하였다.

[논평] 미수범 체계의 재정립

이상수*

하태훈 선생은 독일 유학을 마치고 귀국한 1991년부터 강단에서 연구 활동 및 후학을 양성하는 일에 매진하셨다. 선생께서는 뜨거운 학문적 열정과 창의적인 연구 활동으로 한국 형사 법학의 발전을 선도해 오셨을 뿐만 아니라 인간과 시민사회에 대한 깊은 애정과 성찰을 기반으로 형사 사법제도의 개혁을 외치는 '사회참여형 형법학자'로서도 열과 성을 다하셨다.

하선생이 연구자로서 그리고 교육자로서 최선을 다해오신 30여 년의 한국 형사법 발전의 긴 여정을 마치시고 퇴임을 앞두고 계시니 시간이 참 빠름을 실감하게 된다. 이제는 선생의 가르침을 자양분으로 삼아 자라 온 제자들이 그 뜻을 이어받아 학문 연구와 사회적 실천이라는 두 영역을 더 확대·발전시켜야 할 것이다.

이 글은 하선생이 2004년 형사법연구에 발표하신 '미수범 체계의 재정립'이라는 제목의 논문에 관한 것이다. 선생은 이미 1991년 형사법연구에 '불능미수'라는 제목의 논문을 발표하시면서 당시에는 충분히 이슈가 되지 못했던 불능미수에 관한 독일과 한국의 이론, 학설과 판례의 태도에 대하여 선도적으로 논증하셨고,[1] 1999년에는 형사판례연구에서 '중지미수의 성립요건'에 관하여 치밀하고 섬세한 논리를 전개하였다. 부족한 저자가 선생의 퇴임을 기념하여 이러한 글을 쓰게 된 것에 대해 큰 영광으로 생각하면서, 선생이 비록 정년이라는 형식상의 이유로 강단을 떠나시지만 앞으로도 계속 강건하시고 한국 형사 법학계의 큰 버팀목으로 실재하시길 기대한다.

I.

형법상 범죄는 '고의기수범'을 기본형으로 한다. 기수는 범죄의 실행에 착수하여

---

* 중국 산동 사범대학교 법학과 부교수, 법학박사
1) 하선생은 이미 90년대 초반에 이 논문을 통해 독일 형법에서 미수범 체계의 발전과정과 관련지어 불능미수 규정을 설명하였고 불능미수에 대한 독일의 이론과 판례를 소개하였다.

구성요건을 완전히 실현한 경우로서, 행위자는 구성요건적 불법의 실현을 의욕하였고(주관적 측면), 의욕한 바대로 구성요건적 결과가 실현되었음을(객관적 측면) 의미한다. 즉 가벌적 행태의 일반적 표지인 객관적 측면과 주관적 측면이 모두 충족된 경우이다.

행위자가 범죄의 실행에 착수하였으나 그 범죄가 완성되지 않은 미수의 경우에는 실행의 착수가 있었다는 점에서 그 이전 단계인 '예비·음모'와 구별되고, 또 범죄가 미완성되었다는 점에서 범죄가 완성된 '기수'와 구별된다. 미수범은 범죄가 성립하기 위한 일반적인 요건인 행위자의 구성요건적 불법 실현의사가 존재하지만(주관적 측면), 결과범에서의 '법익침해'나 위험범에서의 '법익침해의 위험성'이라는 결과는 발생하지 않았다는 점(객관적 측면)에서 기수범과 차이가 있다.

가벌적 행태의 일반적 표지 중에서 객관적 요소(결과불법)가 충족되지 않은 미수범의 처벌근거에 대해서는 객관설, 주관설, 절충설 등이 주장되고 있다. 하선생은 미수범이나 과실범은 주관적 및 객관적 요소의 균형적 결합체인 고의기수범보다 불법의 정도가 낮다는 점을 분명히 지적하고, 이는 입법자가 모든 범죄의 미수범과 과실범을 처벌하지 않고 특별한 범죄유형의 경우로 처벌을 제한하고 있으며, 과실범을 고의범보다 감경하여 처벌하고 미수범도 임의적 감경 사유로 취급하고 있다는 점을 그 근거로 제시한다. 그리고 고의든 과실이든, 미수든 기수든 어떤 불법유형도 행위불법과 결과불법 사이의 내적 연관성이 인정되어야 성립하게 됨을 강조한다. 예를 들어 미수의 경우에는 '범죄 실현의사'라는 주관적 측면은 존재하지만 '구성요건적 결과'의 부존재라는 객관적 측면이 결여된 불법유형이다. 그러나 그것만으로는 불법을 인정할 수 없고, 주관적 측면과 객관적 측면의 상호 내적 연관성이 인정되어야 한다고 강변한다. 구성요건적 결과를 실현하기 위한 '실행의 착수'라는 객관적 요소, 결과발생이 불가능한 경우에 '위험성' 또는 '범죄적 인상'이라는 객관적 요소가 바로 그것이라고 한다. 이러한 관점에서 볼 때, 사실상 구성요건적 결과발생이 존재하지 않는 미수범의 처벌은 필요적 감경이 논리적이며[2] 불능미수는 객관적 요소가 존재할 수

---

2) 하선생은 미수범처벌의 경우 필요적 감경이 논리적이지만, 법은 논리의 산물이 아니라는 점을 지적한다. 특히 어떻게 처벌할 것인가는 입법정책의 영역임을 강조한다. 미수범은 주관적 요소(행위불법)는 존재하고 법익침해 내지는 법익침해의 위험성이라는 객관적 요소(결과불법)는 충족되지 않았기 때문에 기수범보다 그 불법이 감소된 것이지만, 실행의 착수로 인하여 법익침해의

없는 형태이므로 원칙적으로 불가벌이어야 하지만, 예외적으로 주관적 요소의 표출이 구성요건적 결과실현과 내적 연관성을 갖는 경우, 즉 위험성이 있는 경우에 한하여 처벌할 수 있게 된다. 중지 미수도 범죄의 실행에 착수한 행위자가 실행행위를 중지하거나 또는 범죄의 완성 전에 결과발생을 방지하여, 한편으로는 불법의 객관적 요소가 실현되지 않게 되고 다른 한편으로는 이미 표출된 주관적 측면이 '자의적 중지'에 의해 상쇄됨으로써 처벌을 면하게 된다는 것이다.

현행 형법은 제25조에서 장애미수, 제26조에서 중지미수, 제27조에서 불능미수를 규정하고 있다. 하선생은 미수범은 주관적 요소(행위불법)는 존재하고 객관적 요소(결과불법)는 충족되지 않더라도 적어도 양자 사이의 내적 연관성이 있어야 미수의 불법을 인정할 수 있다는 입장에서 현행 미수범 체계를 검토하고 필요한 입법적 제안을 한다.

II.

현행 형법은 제25조(장애미수), 제26조(중지미수), 제27조(불능미수)에서 세 가지 형태의 미수범을 규정하고 있다. 이들의 체계적 관계를 이해하는 방식으로 불능미수를 장애미수의 일종으로 보는 견해와, 불능미수의 독자성을 인정하여 장애미수, 불능미수, 중지미수의 독자적인 세 가지 유형으로 이해하는 견해가 있다.

불능미수를 장애미수의 일종으로 보는 견해는 형법상 미수범 체계를 장애미수와 중지미수로 분류한다(이분설).[3] 장애미수는 다시 범죄가 완성되지 못한 원인이 행위의 성질상 또는 사실상 범죄의 결과발생이 가능하였으나, 단순히 인과관계 진행상 장애로 인하여 성립하는 '협의의 장애미수'와 행위의 성질상 장애, 즉 실행행위의 수단과 대상의 착오로 인하여 결과의 발생이 불가능하였으나 위험성이 있을 때 성립하는 제27조의 '불능미수'로 구별된다는 것이다.

형법 제25조는 미수범의 일반적인 성립요건인 '실행의 착수'와 '범죄의 미완성'을

가능성이 열렸다는 점에서 적어도 양자 사이의 내적 연관성이 인정되기 때문에 결과불법이 전혀 없다고 평가할 수는 없다고 한다. 따라서 현행 형법 제25조 제2항의 임의적 감경은 타당한 입법정책이라고 결론짓는다.

3) 이재상, 형법총론(제6판), 박영사, 2010, 361면.

규정하고 있다. 범행이 기수에 이르지 못한 원인이 행위자의 자의적 의사에 의한 중지에 기인하거나 행위의 성질상 결과발생이 처음부터 불가능한 경우가 아니라, 행위 당시에 결과발생이 현실적으로 가능했지만 외부적인 사정에 의해서 범죄가 완성되지 못한 상황을 '장애미수'로 예정하고 있는 것이다. 그리고 제26조 이하에서 실행에 착수한 행위가 종료되지 못하거나 결과가 발생하지 않은 특별한 원인에 근거하여 독자적인 유형의 중지미수와 불능미수를 규정하고 있다. 따라서 이분설은 불능미수가 '결과불가능'이라는 독자적인 표지를 가지고 있음을 간과하고 본질적으로 다른 장애미수와 불능미수, 두 가지 유형의 미수를 광의의 장애미수로 포괄하고 있다는 점에서 문제가 있다.

하선생도 현행 형법의 미수범 체계를 기수에 이르지 못한 원인을 기준으로, 인과과정상의 장애나 이상에 그 원인이 있는 경우를 장애미수(제25조 제1항), 범죄의 기수에 이르지 못한 원인이 행위자의 의사에 의한 경우를 중지미수(제26조), 행위의 성질상 결과발생이 애당초 불가능해서 기수에 이를 수 없지만 위험성이 있는 경우를 불능미수(제27조)로 구분하면서 논의를 전개한다.

미수범이 성립하기 위해서는 주관적 요소인 고의 이외에도 객관적 요건으로 구성요건 실현의 개시를 의미하는 실행의 착수가 인정되어야 한다. 현행 형법 제25조는 가벌적 미수와 불가벌적 예비의 한계가 '실행의 착수'임을 밝히고 있지만 그 개념에 대해서는 정의하고 있지 않다. 하선생은 독일 형법 제22조의 '개념정의' 규정을[4] 예로 들면서 미수범 규정에서 '실행의 착수' 개념을 법률에서 규정할 것을 제안한다.

실행의 착수의 판단기준에 대해서는 객관설, 주관설, 절충설 등의 대립이 있지만, 주관적 요소와 객관적 요소를 모두 고려하는 절충설이 타당하다고 본다. 우리나라의 경우 절충설이 통설적 견해라고 할 수 있고, 독일은 절충설의 입장에서 실행의 착수 개념을 입법화하였다.[5] 절충설에 의하면 '행위자가 자신의 계획에 의하여 직접적으로 범죄구성요건의 실현으로 나아가는 행동이 있을 때', 또는 '범죄의사가 당해 구성요

---

4) 주관적 측면인 '행위에 관한 행위자의 표상'(즉 개별적 행위자가 가지고 있는 주관적 범행계획으로서 주관적 요소)에 따라 '구성요건실현을 직접적으로 개시'(즉 객관적 요소)한 경우를 미수로 정의하고 있다.

5) 정영일, "현행 미수범규정체계에 관한 입법론적 검토", 형사법연구 제19권 제3호, 한국형사법학회, 2007, 532면.

건의 보호법익을 직접적으로 위태롭게 할 만한 행위 속에 명백히 나타난 때' 실행의 착수가 인정된다.

실행의 착수는 범죄의 성립여부를 판단하는 중요한 기준이 되기 때문에 우리나라도 독일의 입법례와 같이 법률에서 그 개념을 정의하는 것이 필요하다. 실행의 착수 시기에 관한 입법화[6]는 법관에 의한 자의적 재판을 방지하고, 형법 수범자인 국민에게 법적 안정성과 예측가능성을 담보해 줌으로써 사법체계에 대한 신뢰를 높여줄 것이다.

Ⅲ.

형법 제26조는 중지미수를 규정하고 있고 중지미수는 형을 감경 또는 면제한다. 실행에 착수한 행위자가 자의로 범죄의 실행을 중지하거나 또는 결과의 발생을 방지할 때 중지미수가 인정된다. 즉 실행행위가 종료하기 전에는 실행행위를 중지하는 것이 필요하며(착수미수), 실행행위가 종료한 경우에는 실행행위로 인한 결과의 발생을 방지하는 것이 요구된다(실행미수). 이처럼 형법 제26조의 중지미수는 착수미수(전단)와 실행미수(후단)를 구분하고 처벌도 필요적 감경과 필요적 면제로 구분하고 있지만 중지미수의 처벌에 있어서는 양자를 구별하지 않는다.

어느 중지미수의 유형에 어떤 법률효과를 부여할 것인가는 법관의 재량에 속하지만, 하선생은 착수미수와 실행미수의 내적 관련성의 양적 차이에 착안하여 양자를 입법론적으로 구별하여 취급할 것을 제안한다. 착수미수의 경우에는 소극적인 부작위만으로도 중지미수의 요건을 충족할 정도로 법익침해의 위험성이 낮다고 할 수 있지만, 결과발생을 저지해야 하는 실행미수의 경우에는 이미 법익침해의 위험성이 상당한 정도에 이른 경우이기 때문에 착수미수가 실행미수보다 더 특별한 취급을 받아야 함을 피력한다.

형법 제26조와 같이 착수미수와 실행미수의 행위태양은 구분하지만 처벌은 양자를 일률적으로 필요적 감면에 의하는 경우, 법관이 구체적인 양형사정을 고려하여 형을 면제할 것인가 아니면 감경할 것인가를 결정할 수 있는 장점이 있다. 그러나

---

6) 절충설에 입각하여 "행위자가 자신의 범행계획에 따라 직접 범죄실현을 위한 행위를 개시한 때에는 실행의 착수가 있다."라고 규정하는 것도 가능할 것이다.

법익침해의 위험성이라는 불법의 측면에 있어서 양자는 상당한 차이가 있다. 따라서 입법론적으로는 착수미수와 실행미수를 구별하여 다르게 처벌하는 것이 타당하다고 본다. 하선생이 예를 들어 적시한 스위스 형법 제22조, 그리스 형법 제44조의 경우처럼, 착수미수를 불가벌(또는 임의적 불가벌), 실행미수를 임의적 감경으로 처벌하도록 입법화하는 것도 가능할 것이다.

실행의 착수가 있기 전 단계인 예비단계(또는 음모단계)에서 자의로 실행의 착수에 해당하는 행위 등 그 이후의 행위를 중지한 경우에 중지미수의 규정을 적용할 수 있는가가 문제 된다. 자의성 등 중지미수의 요건을 갖추었음에도 불구하고 중지미수 규정이 적용되지 않으면 예비죄로 처벌되는데, 이는 예비보다 법익침해의 위험성이 더 큰 실행의 착수 이후에도 중지미수 규정을 적용하여 형이 필요적으로 감면되는 등 특별히 취급되는 것과 균형이 맞지 않기 때문에 논란이 되고 있다

이에 대하여는 중지미수는 범행의 실행에 착수한 후 자의로 그 행위를 중지한 경우를 의미하는 것이기 때문에 실행에 착수가 있기 전인 예비·음모 행위를 처벌하는 경우에 있어서는 중지범의 관념을 인정할 여지가 없다는 부정설과 형의 불균형을 시정하기 위해 중지미수 규정의 유추적용을 긍정하는 견해가 있다.

하선생은 고의범의 실현단계상 미수는 예비의 다음 단계이기 때문에 예비의 중지미수는 논리적으로 모순이며, 일정한 예비행위를 행한 후에는 독립한 구성요건으로서 예비죄가 성립되는 것이기 때문에 예비죄에 정해진 법률효과를 부여하는 것이 타당하다는 근거 등으로 부정설이 타당하다고 본다. 중지미수의 개념이 실행의 착수를 전제한다는 측면에서 하선생의 견해가 일응 타당하다고 볼 수 있으나, 예비의 형이 중지미수의 형보다 무거운 때에는 형의 불균형이 발생한다는 문제가 있다. 따라서 이러한 문제를 해결하기 위해서는 예비의 중지에 관한 명시적 규정을 입법화하여 형의 불균형을 시정할 필요성이 있다고 생각된다.

범행의 자의적 중지를 형법적으로 특별하게 취급하는 것은 한편으로는 행위자에 대한 책임비난을 감소·소멸시키면서 다른 한편으로는 실행에 착수한 범죄자가 다시 합법의 세계로 회귀하도록 유도하는 형사정책적 고려가 그 밑바탕에 있다. 예비의 중지에도 이러한 목적을 동일하게 반영하여 형의 필요적 감면을 인정하고 감면의 대상이 되는 형도 예비죄의 법정형이 되어야 할 것이다.

Ⅳ.

  형법 제27조는 '불능범'이라는 표제하에 '실행의 수단 또는 대상의 착오로 인하여 결과의 발생이 불가능하더라도 위험성이 있는 때에는 처벌한다'고 규정하고 있다. 행위자가 자의로 자신의 행위를 통하여 결과발생이 방지될 것이라고 믿었으나 결과가 발생하지 않은 것은 실제로 그의 자의적이고 진지한 노력 때문이 아니라 처음부터 존재하였던 결과발생의 불가능성에 기인하는 경우나 제3자의 행위에 의한 경우에 중지미수를 인정할 수 있는지 여부가 문제된다. 현행 형법은 독일형법 제24조 제1항 제2문[7]과 같은 규정을 두고 있지 않고 형법 제26조가 중지미수의 요건으로 방지행위와 결과불발생 사이에 인과관계를 분명하게 요구하고 있기 때문에, 중지미수의 혜택을 처음부터 결과발생이 불가능한 불능미수의 경우에도 확대 적용할 수 있을 것인가의 문제가 발생하는 것이다.

  이에 대해서 부정설은 현행 형법규정의 중지미수 규정을 근거로 그 논거를 제시하고 있다. 즉 제26조 규정에서는 중지미수의 성립요건으로 결과발생 방지행위와 결과불발생과의 인과관계를 요구하고 있으므로, 결과가 발생하지 않은 것이 행위자가 인식하지 못했던 실행의 수단 또는 대상의 불능에 기인하는 때에는 중지미수 성립요건인 인과관계가 충족될 수 없다고 한다. 반면에 긍정설은 제26조 규정을 행위자에게 유리하게 해석하여 실행의 수단 또는 대상의 불능으로 처음부터 결과발생이 불가능한 경우에도 중지미수의 법적 효과인 필요적 감면 규정이 적용된다고 한다. 불능미수의 경우에 중지미수 규정을 적용하지 않는 경우에는 결과발생의 위험성은 적은데 결과방지를 위한 노력은 동일한 경우 결과발생의 위험성이 큰 경우보다 무겁게 처벌하게 되어 정의관념에 합치되지 않는다고 주장한다.

  하선생은 독일형법과 같은 명문규정이 없고 또 현행 형법 법문에 명백히 중지미수의 성립요건으로 인과관계를 규정하고 있기 때문에 중지미수의 입법취지를 고려한 긍정설은 문언의 가능한 의미를 벗어나는 해석으로 본다. 형의 불균형이 초래될 수 있다는 비판도 타당치 못하다고 한다. 왜냐하면 불능미수의 법적 효과가 임의적

---

7) 독일형법 제24조 제1항 제2문은 "범죄가 중지자의 관여 없이도 기수로 되지 않는 경우, 중지자가 범죄의 완성을 방지하기 위하여 자의로 그리고 진지하게 노력한 경우에는 처벌되지 아니한다." 고 규정하고 있다.

감면이므로 실제 처벌에 있어서 감면의 방법을 선택할 수 있는 가능성이 있기 때문에 처벌의 불균형은 극단적인 경우를 제외하고는 해소될 수 있다는 것이다. 다만 하선생은 현행법 해석상 중지미수의 특전은 구성요건적 결과를 자의로 실제 방지한 자만이 누릴 수 있다고 보는 것이 타당하다고 하더라도, 입법론적으로는 우리 형법에도 독일형법 제24조 제1항 제2문과 같은 규정을 두어야 한다고 제안한다. 불능미수의 불법의 객관적 측면은 결과불발생으로 결여된 상태이고 이미 존재했던 불법의 주관적 측면은 자의적이고 진지한 노력으로 상쇄되었기 때문에 중지미수의 경우와 동일하다고 평가되기 때문이다.

형법 제27조는 구성요건의 객관적 요소 중 착오로 인하여 행위의 '수단' 또는 '객체'가 흠결된 경우에 불가벌이 아니라' 위험성이 있는 한' 불능미수로 처벌한다. 결과발생의 불가능성이 다양한 구성요건요소에 대한 착오에 기인할 수 있음에도 형법 제27조는 주체의 불가능성에 대해서는 규정하지 않고 있다. 따라서 결과발생이 불가능한 행위주체에 관한 착오를 불가벌적인 환각범의 일종으로 볼 것인지 아니면 불능미수의 한 형태로 볼 것인지가 문제 된다.

신분범에서는 행위주체도 다른 요소와 마찬가지로 구성요건요소이고 법적 구성요건 중에서 주체는 객체 또는 수단과 동등한 가치를 갖는 것이기 때문에 신분주체로서의 자격에 대한 착오는 당연히 반전된 구성요건착오라는 근거로 불능미수로 보는 견해[8]가 있다. 이에 따르면 신분주체에 관한 착오로 인하여 결과발생이 불가능한 경우에도 행위자의 표상에 의하면 불법구성요건을 실현하는 행위이기 때문에 불능미수에서 제외할 이유가 없고, 따라서 제27조의 위험성 여부에 따라 그 가벌성이 결정되어야 한다는 것이다. 반면에 불능미수의 성립을 부정하는 견해는 구성요건이 행위자가 자신의 힘으로 획득할 수 없는 신분주체로서의 자격을 토대로 특별한 법적 의무를 규정하고 있는 신분범의 경우에는, 특별의무는 사실상 그러한 신분이 있는 자에 의해서만 침해될 수 있고, 따라서 착오로 그러한 신분이 있다고 오신한 자는 불능미수의 영역에서 제외하는 것이 법의 객관적 목적에 합당하다고 주장한다. 이 견해에 의하면 행위주체에 대한 착오는 불가벌적인 환각범으로 취급된다.

하선생은 법규범이 행위자에게 요구되는 특별한 인적인 자격과 관계를 규정하고

---

8) 박상기, 형법총론(제8판), 박영사, 2009, 361면.

있다면, 특정한 의무를 이행하라는 규범요소는 이러한 요건을 갖춘 자에게만 지향되어 있다고 지적한다. 따라서 구성요건에 전제되어 있는 행위자자격이 있다고 오신하는 것만으로는 그 누구도 행위자가 될 수 없고, 규범호소의 수명자가 결여되었다면 자칭 구성요건에 반하는 실행된 범죄적인 의사와 규범호소 사이의 불일치는 논할 필요도 없게 된다고 한다. 따라서 신분범에 있어서 주체의 착오는 주관적 행위반가치의 불법내용이 탈락되어 불가벌적으로 평가된다고 주장한다.

형법 제27조는 결과발생에 이르지 못한 원인과 관련하여 '실행의 수단 또는 대상의 착오' 두 가지 착오만 규정하고 있다. 이러한 입법 태도는 불능미수의 가벌성을 제한적으로 인정하려는 것으로서 형법의 해석을 통해서 행위주체의 착오에 기인한 경우에도 형법 제27조 규정을 통해 처벌을 확대하는 것은 죄형법정주의 원칙상 타당하고 볼 수 없다. 그리고 특정 구성요건이 행위자의 신분주체로서의 자격을 근거로 특별한 법적 의무를 규정하고 있는 경우에는 그 특별의무는 사실상 그러한 신분이 있는 자에 의해서만 침해될 수 있기 때문에, 착오로 그러한 신분이 있다고 오신한 자는 불능미수범의 영역에서 제외하는 것이 타당할 것이다.

중지미수의 성립요건[*]

[사건개요]

피고인은 자신의 아버지가 주거로 사용하는 건물 중 아버지의 방에서 아버지가 용돈을 주지 않는다는 이유로 라이터로 휴지에 불을 붙여 장롱안에 있는 옷가지에 불을 놓아 위 건물을 소훼하려 하였으나 불길이 치솟는 것을 보고 겁이나서 물을 부어 진화하였다.

[판결요지]

1. 범죄의 실행행위에 착수하고 그 범죄가 완수되기 전에 자기의 자유로운 의사에 따라 범죄의 실행행위를 중지한 경우에 그 중지가 일반 사회통념상 범죄를 완수함에 장애가 되는 사정에 의한 것이 아니라면 이는 중지미수에 해당한다.

2. 피고인이 장롱 안에 있는 옷가지에 불을 놓아 건물을 소훼하려 하였으나 불길이 치솟는 것을 보고 겁이 나서 물을 부어 불을 끈 것이라면, 위와 같은 경우 치솟는 불길에 놀라거나 자신의 신체안전에 대한 위해 또는 범행 발각시의 처벌 등에 두려움을 느끼는 것은 일반 사회통념상 범죄를 완수함에 장애가 되는 사정에 해당한다고

* 출처: 「형사판례연구」 제7권, 1999, 60~80면.

보아야 할 것이므로, 이를 자의에 의한 중지미수라고는 볼 수 없다.

[판결이유]

1. 원심이 유지한 제1심판결이 적법하게 조사, 채택한 증거들을 기록에 의하여 살펴보면, 피고인에 대한 제1심 판시 각 범죄사실을 유죄로 인정하고, 피고인이 이 사건 범행 당시 음주 및 간질발작으로 인하여 심신장애의 상태에 있었던 것이 아니라고 본 원심의 조처는 정당하고, 거기에 상고이유로서 주장하는 바와 같이 채증법칙에 위배하여 사실을 오인하였거나 심신장애에 관한 법리를 오해한 위법이 없다. 그리고 징역 10년 미만의 형이 선고된 이 사건에 있어서 양형부당의 점은 적법한 상고이유가 될 수 없다. 논지는 이유 없다.

2. 피고인이 이 사건 현주건조물방화미수 범행 당시 라이터로 휴지에 불을 붙여 장롱 안에 있는 옷가지에 놓긴 하였으나 이를 후회하고 스스로 곧 진화하였으므로 형의 필요적 감면사유인 중지미수에 해당한다는 상고이유의 주장은 원심에서 제기하지 아니한 새로운 주장으로서 원심판결에 대한 적법한 상고이유가 될 수 없을 뿐만 아니라, 직권으로 살펴보아도 상고이유로서 주장하는 바와 같이 피고인이 스스로 범행을 후회하여 진화한 것이라고 인정할 만한 자료가 없다. 그리고 범죄의 실행행위에 착수하고 그 범죄가 완수되기 전에 자기의 자유로운 의사에 따라 범죄의 실행행위를 중지한 경우에 그 중지가 일반 사회통념상 범죄를 완수함에 장애가 되는 사정에 의한 것이 아니라면 이를 중지미수에 해당한다고 할 것이지만(당원 1985.11.12. 선고, 85도2002 판결, 1993.10.12. 선고, 93도1851 판결 등 참조), 원심이 유지한 제1심판결이 적법하게 확정한 바와 같이, 피고인이 장롱 안에 있는 옷가지에 불을 놓아 건물을 소훼하려 하였으나 불길이 치솟는 것을 보고 겁이 나서 물을 부어 불을 끈 것이라면, 위와 같은 경우 치솟는 불길에 놀라거나 자신의 신체안전에 대한 위해 또는 범행발각시의 처벌 등에 두려움을 느끼는 것은 일반 사회통념상 범죄를 완수함에 장애가 되는 사정에 해당한다고 보아야 할 것이므로, 이를 자의에 의한 중지미수라고는 볼 수 없다. 논지도 이유 없다.

3. 그러므로 상고를 기각하고 상고 후의 구금일수 중 일부를 본형 중 징역형에 산입하기로 하여 관여 법관의 일치된 의견으로 주문과 같이 판결한다.

재판장 대법관 신성택

지창권(주심) 송진훈

[참조조문]

형법 제26조

형법 제26조, 형법 제164조 제1항, 제174조

[참조판례]

대법원 1985.11.12. 선고, 85도2002 판결(공1986, 91)

대법원 1992.7.28. 선고, 92도917 판결(공1992, 2696)

대법원 1993.10.12. 선고, 93도1851 판결(공1993하, 3129)

[원심판결]

부산고법 1997.4.3. 선고, 97노189 판결

[상고이유요지]

피고인은 뇌수술의 후유증으로 수시로 간질발작을 일으키곤 하는데 간질이 발작하여 자신도 모르는 경우가 많은 심신장애의 상태에 있는 심신상실자이며, 범행일시는 피고인이 출소한지 얼마 지나지 않은 시점이었으며 피고인의 아버지와 사소한 언쟁이 있은 후 라이터에 불을 붙여 옷가지에 놓긴 하였으나, 외적인 장애 요소 때문이 아니라 순전히 피고인의 내적인 심리 상태의 발로인 후회 등으로 인하여 누구의 도움도 없이 곧 이를 혼자 진화했던 것이다. 따라서 형의 임의적 감면사유인 장애미수나 불능미수에는 해당되지 않으며 이를 형의 필요적 감경사유인 중지미수로 보아야 할 것이다.

Ⅰ. 판결의 의미와 문제점

1. 판결의 의미

중지미수의 자의성을 어떻게 판단하냐에 따라서 필요적 감면의 혜택을 받느냐 아니면 임의적 감경규정의 적용을 받느냐가 결정된다.

전자와 후자 사이의 처벌의 차이는 중지미수의 자의성이 인정되어 형면제의 특별취급을 받는 경우와 자의성이 부정되어 해당 범죄의 기수의 법정형에 따라 처벌될 경우를 상정해 보면 알 수 있다. 그 차이는 평석 대상의 판결처럼 법정형이 중한 범죄유형의 경우에는 더욱 현저하다. 따라서 중지미수규정에 사용된 "자의"의 법적 의미와 판단방법에 관한 논의는 아주 중요하다. 대법원도 몇 차례 중지미수의 개념과 자의성판단에 관하여 언급한 바 있다.[1]

이 판결은 자의성판단에 관하여 판례의 일관된 입장인 소위 절충설을 다시 한번 확인한 판결이다. 즉 범죄의 실행행위의 중지가 일반 사회통념상 범죄를 완수함에 장애가 되는 사정 때문이라면 자의에 의한 중지미수라고 볼 수 없다는 종래의 견해를 유지하고 있다. 이에 의하면 피고인이 현주건조물방화죄의 실행에 착수하였다가 치솟는 불길을 보고 겁이 나서 물을 부어 끈 행위는 불길에 놀라거나 자신의 신체안전에 대한 위해 또는 범행 발각시의 처벌 등에 두려움을 느낀 데 기인하는 행위로서 일반 사회통념상 범죄를 완수함에 장애가 되는 사정에 해당하기 때문에 중지미수의 자의성이 부정된다. 그러나 만일 피고인이 스스로 범행을 후회하여 중지하거나 결과발생을 방지하였다면 중지미수의 자의성을 인정할 수 있다고 보았다.

2. 자의성 판단의 문제

여기서는 두려움 때문에 또는 겁이 나서 중지한 경우에 그 중지의사의 형성에 대한 계기가 현실로 눈앞에 나타난 범행의 결과(불길이 치솟는 상태)에서 기인하든, 범행의 결과로 인하여 자신의 신체에 위해가 초래될 위험성에 기인하든(치솟는 불길에 휩

---

1) 대판 1984.9.11. 84도1381; 대판 1985.11.12. 85도2002; 대판 1986.1.21. 85도2339; 대판 1986. 3.11. 85도2831, 대판 1993.4.13. 93도347; 대판 1993.10.12. 93도1851.

싸이게 될 상황), 아니면 은밀히 이루어지는 범죄유형과는 달리 누구나 인식할 수 있는 실현된 범행의 결과(연기 또는 불길)로 인하여 자신의 범행이 발각될 위험성이 커지게 된 데서 기인하든 구별없이 모두 일반 사회통념상 외부적 장애에 해당한다는 것이다. 즉 겁이 나서 중지한 경우에는 어떤 사유로 두려움을 갖게 되었고 중지의사를 형성하게 되었는지를 구별하지 않고 모두 외부적 장애사유로 볼 수 있다는 것이다.

그러나 범죄실현과정에서 대부분의 행위자는 겁을 먹거나 두려움을 갖기 마련이다. 그러한 심리적인 상황을 극복하고 감히 범행을 계속하는 것이 바로 불법을 근거지우는 법적대적 범죄에너지이다. 따라서 규범준수로 되돌아가려는 행위와 규범침해에 계속 머물러 있는 행위 사이의 심리적 갈등상황에서(즉 두렵지만 계속 범행을 수행하든지 또는 결과가 발생하도록 내버려 두든지 아니면 그만 둘 것인지) 범행을 중지했다면 자의성을 인정하여 중지미수의 특혜를 부여하는 것이 형사정책적인 관점에서도 타당한 것이 아닌가 하는 의문을 갖게 된다.[2] 물론 구체적인 사유로 인하여 겁을 내거나 두려움을 갖는다면 심리적 갈등상황에의 의사결정이 자유롭지 못하다고 볼 수도 있다. 예컨대 발각의 두려움은 행위자에게 일반적으로 존재하는 사유이다. 그러나 구체적으로 피해자가 아는 사람이어서 자신의 신분이 노출되어 처벌의 두려움이 생겼고, 이로 인해서 범행을 중지했다면 구체적인 외부사정이 중지의 의사형성에로 압박을 가한 경우가 될 수 있다. 즉 자율적인 동기에 의한 의사형성으로 볼 수 없는 것이다. 이러한 의문에서 출발하여 이하에서는 주로 중지미수의 주관적 요건인 자의성의 개념과 판단기준에 관하여 검토하기로 한다.

Ⅱ. 중지미수의 개념 및 용어사용의 부적절

1. "범죄의 완수"의 의미

우선 평석대상판결은 용어 및 개념사용에서 부적절한 부분을 드러내고 있다는 점을 지적할 수 있다. 판결에서는 "범죄의 완수"라는 용어를 사용하고 있다. 즉 중지미수의 개념을 언급하면서 범죄의 실행행위에 착수하고 그 범죄가 완수되기 전에 자기의 자유로운 의사에 따라 범죄의 실행행위를 중지한 경우에 그 중지가 일반 사회통

---

2) 이 경우도 자의성을 엄격하게 해석하는 판례의 태도를 지지하는 입장으로는 신양균, "판례에 나타난 중지미수", 「고시연구」(1998.5), 68면.

념상 범죄를 완수함에 장애가 되는 사정에 의한 것이 아니라면 이는 중지미수에 해당한다고 보아 범죄가 완수되기 전에 자의적인 중지미수가 가능함을 말하고 있다. 문제는 범죄의 완수가 무엇을 의미하는가이다. 실행행위의 완수를 뜻하는 것인지 아니면 소위 범죄의 완료 내지 종료를 뜻하는 것인지 불분명하다. 중지미수의 개념상으로는 실행행위를 다한 상태를 의미하는 것으로 보이지만 범죄의 완수라는 표현으로 보면 마치 범죄의 기수를 지나 범죄가 종료된 상태로도 이해할 수 있다.

범죄가 모든 법적 구성요건요소를 충족하여 완료에 이르기까지는 범죄의사실현의 여러 단계를 거치게 된다. 다시 말해서 범죄결의, 예비, 실행착수, 미수, 기수, 범죄완료의 시간적 진행과정을 거치게 된다. 실행에 착수하여 법적 구성요건의 모든 요소가 충족된 때 범죄가 성립한다. 이를 기수라 부르며 법규정에서는 행위의 종료 또는 결과의 발생이라고 한다(제25조 제1항). 범죄가 기수에 이르게 되면 중지미수가 성립하지 않는다는 점에서 언제 범죄의 기수에 도달했는가도 중요한 문제이다. 기수는 범죄의 종료(완료)와도 구별하여야 한다. 구성요건에 의해서 보호되는 범익침해가 행위자가 의욕한대로 발생한 때를 범죄의 실질적인 종료로 보아 기수와 구별한다.

범죄의 중지미수가 성립하기 위해서는 그 범죄가 기수에 이르지 않아야 한다.[3] 중지미수도 미수의 일종이기 때문이다. 물론 범죄의 기수와 범죄의 종료 사이에서도 중지미수가 가능하다는 입장에서 범죄의 완수라는 용어를 사용했다고 보기는 어렵다. 따라서 이러한 점을 고려한다면 여기서의 범죄의 완수는 범죄의 기수를 의미하는 것으로 보아야 한다. 그렇다면 범죄의 완수라는 용어보다는 범죄의 기수라는 용어가 더 정확한 용어사용으로 볼 수 있다.

2. 중지미수의 개념

방화죄의 행위는 불을 놓는 것이고 결과는 목적물을 소훼하는 것이다. 따라서 불을 놓아 소훼의 결과가 발생하지 않은 때는 방화죄의 미수가 된다. 그러므로 소훼의

---

3) 대판 1983.12.27. 83도2629: 대마관리법 제19조 제1항 제2호, 제4조 제3호 위반죄는 대마를 매매함으로써 성립하는 것이므로 설사 피고인이 대마 2상자를 사가지고 돌아오다 이 장사를 다시 하게 되면 내 인생을 망치게 된다는 생각이 들어 이를 불태웠다고 하더라도 이는 양형에 참작되는 사유는 될 수 있을지언정 이미 성립한 죄에는 아무 소장이 없어 이를 중지미수에 해당한다고 할 수 없다.

개념을 어떻게 이해하느냐에 따라 방화죄의 기수시기가 결정된다. 만일 이에 관해서 독립연소설을 취하면 불이 방화의 매개물을 떠나서 객체의 물건에 옮겨져 독립하여 연소할 수 있는 상태에 이르면 화력으로 인한 목적물에 대한 손괴의 대소에 관계없이 방화죄의 기수가 된다. 방화죄는 공공의 안전을 위태롭게 하는 범죄이기 때문에 범인의 행위가 공공의 위험을 구체화하는 상태를 야기했을 때 기수가 된다는 것이다. 판례의 입장이기도 하다.[4]

그러나 독립연소설도 그 목적물 자체에 불이 붙어야 함을 요하기 때문에 건조물 방화의 경우에는 건물의 지붕, 천정, 벽, 문기둥, 창틀 등에 불이 붙은 경우를 기수로 보며, 그 이외의 부속물, 즉 가구, 책장, 카페트 등에 불이 붙은 경우에는 아직 미수 단계이므로 이 때에 자의로 결과발생을 방지하면 중지미수가 성립할 수 있다. 바로 평석대상판결의 사안이 여기에 해당한다.

평석대상판결은 실행행위의 중지를 요구한 것으로 보아 착수미수(또는 미종료미수)의 중지미수의 요건을 언급한 것으로 보인다. 착수미수의 경우에는 더 이상 요구되는 행위를 중지하면, 다시 말하면 범행결의를 포기하고 더 이상의 행위를 하지 않는 부작위로도 중지미수가 된다(제26조 전단). 그러나 이 판결사안에서는 피고인이 불을 놓아 불이 아직 매개물을 떠나지 않은 상태에서 물을 부어 불을 껐기 때문에 방화미수(또는 종료미수)의 중지미수가 검토되어야 한다. 이미 매개물인 장롱의 옷가지에 불을 놓아 결과발생에 필요한 실행행위를 다했지만 아직 결과가 발생하지 않은 상태이기 때문에 중지미수가 되기 위해서는 더 이상의 행위를 그만 두는 것으로 족한 것이 아니라 적극적으로 결과발생을 방지할 수 있는 행위를 하여야 한다. 이 점에서 이 판결은 사안과 맞지 않는 중지미수의 개념과 유형을 언급하는 부정확성을 드러내고 있다.

이와 같은 중지미수의 개념은 참조판례로 제시한 판례들, 즉 히로뽕을 제조하다가 원료불량으로 인한 제조상의 애로, 제품의 판로문제, 범행탄로시의 처벌공포 등으로 히로뽕 제조를 단념하고 있다가 그 범행이 발각되어 검거된 경우를 중지미수로 볼 수 없다는 사례[5]와 다음에 만나 친해지면 응해 주겠다는 피해자의 간곡한 부탁에 따라 강간행위의 실행을 중지한 경우를 중지미수로 본 사례[6]에는 타당하다. 왜냐하

---

4) 대판 1970.3.24. 70도330.
5) 대판 1985.11.12. 85도2002.

면 두 사례는 실행행위를 중지한 소위 착수미수의 중지미수 여부가 문제되는 사례이기 때문이다.

Ⅲ. 자의성 판단

1. 실패된 미수와 자의성

중지미수가 되기 위해서는 행위자가 범죄의 기수에 도달하는 것이 가능하다고 생각했지만(주관적 관점) 자의로 중지하여야 한다. 따라서 행위자가 사건의 진행과정에서 그에게 주어진 가능한 행위수단으로는 결과실현을 꾀할 수 없었거나 없다는 확신을 가졌다면 자의적 중지이든 자의적이 아닌 중지이든 중지미수가 될 수 없는 실패된 미수가 된다.[7] 왜냐하면 중지미수는 계획한 범죄실행의 포기이고 이는 계속 실행가능한 범죄행위를 전제로 하기 때문이며, 더 이상 실현시킬 수 없는 범죄고의는 포기할 수도 없기 때문이다.

예컨대 살해의 고의로 권총을 발사했는데 빗나갔고, 방아쇠를 당겼으나 총알이 없어 더 이상 범행계획을 실현할 수 없어서 범행을 포기하였다면 행위자는 구체적인 행위계획을 실현시킬 수 없었기 때문에 중지미수가 적용될 여지가 없는 실패된 미수이다. 따라서 자의성을 판단할 필요없이 중지미수의 적용을 부정할 수 있다. 그러나 총알이 한발 더 장전되어 있는 것을 알면서 그만 두었다면 미종료미수(착수미수)로서 중지미수가 적용될 수 있는지를 검토하여야 한다.

2. 자의성 판단기준에 관한 학설과 판례의 입장

(1) 심리적 관점

중지의 의사결정에 이르게 된 동기형성과정을 중시하는 견해이다. 중지자의 의사결정을 강제하는 장애사유에 의한 중지가 아니라 자율적인 동기에 의한 중지 여부에 초점을 맞추는 견해들이다. 물론 중지의 동기가 반드시 윤리적인 가치를 지니는 것이어야 할 필요는 없다는 점과 중지의 동기가 외부적인 사정에 기인할 수도 있다는

---

6) 대판 1993.10.12. 93도1851.
7) LK-Vogler, 10.Aufl., §24 Rdn.82; 김일수, 「형법학원론[총론강의]」(1988), 765면.

점에 대해서는 의견이 일치되어 있다.

1) 객관설

자의성판단에 관하여 객관설은 외부적 사정에 의한 중지인가 아니면 내부적 동기에 의한 중지인가를 구별하여 전자를 장애미수, 후자를 중지미수로 본다. 그러나 인간의사의 발동은 어떠한 외부적 사정에 의하여 유발되는 것이 대부분이기 때문에 외부적 사정과 내부적 동기를 구별하는 것이 쉽지 않고, 내부적 동기를 해석함에 있어서 행위자의 심리상태에 의존해야 하기 때문에 중지미수가 지나치게 확대 될 위험성이 있다. 이 견해에 따르면 예컨대 경찰이 실제 오지 않았음에도 불구하고 온다고 착각하여 실행행위를 중지한 경우에도 중지미수의 자의성을 인정해야 한다.

2) 주관설

주관설에 따르면 후회 또는 연민 등과 같은 윤리적 동기로 그만 둔 경우를 중지미수로 보고 그 이외의 경우를 장애미수로 본다. 이 견해는 자의성과 윤리성을 혼동하고 있고, 윤리적 동기에서 중지한 경우만 중지미수를 인정하기 때문에 중지미수를 인정하는 범위가 지나치게 좁게 된다는 비판을 받는다. 예컨대 실행에 착수한 자가 꿈자리가 사나운 것을 상기하고는 그만 둔 경우라든가 실행행위 도중에 돌아가신 선친의 모습이 떠올라 그만 둔 경우 등은 자의적인 중지가 아니다.

3) Frank공식

할 수 있었음에도 하기를 원하지 않아서 그만 둔 경우가 중지미수이고, 하려고 하였지만 할 수 없어서 중지한 경우는 장애미수이다.[8] 이 견해는 자의성과 행위실행의 가능성을 혼동하였고, 어쩔 수 없이 포기할 수밖에 없어서 중지한 경우도 자의성을 인정하는 불합리한 점이 있다.

4) 절충설[9]

이 평석대상판결에서도 밝혔듯이 절충설은 일반 사회관념상 범죄수행에 장애가 될 사유가 있어 그만 둔 경우는 장애미수이고, 이러한 사유가 없음에도 자유로운 의사

---

8) Frank, Das Strafgesetzbuch für das Deutsche Reich, 18.Aufl., 1931, §46Ⅱ; 임웅, 「형법총론」 (1999), 321면.
9) 배종대, 「형법총론」(1996), 452면; 이재상, 「형법총론」(1995), 339면.

에 의하여 중지한 경우가 중지미수라고 한다(대판 1985.11.12. 85도2002; 1993.10.12. 93도 1851). 자의성은 자율적인 동기에 의하여 중지한 경우에 인정할 수 있기 때문에 외부적 또는 강제적 사유가 없음에도 불구하고 자유로운 의사에 의하여 중지한 경우에 자의성을 인정해야 한다. 즉 중지의 동기가 자율적인 동기인가 아니면 타율적인 동기인가를 구별하여 전자의 경우만 자의성을 인정하는 견해이다.

(2) 규범적 관점

자의성을 평가의 문제로 이해하고 자의성판단에서 중지미수를 특별취급하는 목적을 고려하는 견해이다. 독일에서 유력한 견해이며 형법해석학에 형사정책적 관점을 접목하려는 시도이다. 그러나 아직까지 구체적인 자의성판단의 기준을 제시하지 못한 상황이다.[10]

1) Bockelmann의 견해 : 중지행위에 대한 윤리적 평가[11]

Bockelmann은 다음 기회를 약속한 강간피해자를 믿고 범행을 중지한 사건에 대한 판례평석에서 행위자가 위험이 없고 유리한 다음 기회에 자신의 목적을 실현할 수 있음을 확신하고 그만 두었기 때문에 그의 중지행위는 윤리적으로는 비난받아 마땅하고 비난의 정도에 비추어 특혜를 부여해서는 안 된다면서 중지의 동기를 윤리적 기준이라는 규범적 요소로 측정하기 시작하였다. 중지미수의 요건은 대가를 받을 만한 중지행위여야만 독일 형법상의 불가벌이라는 특혜를 정당화시킬 수 있다는 점을 분명히 하고 있다는 것이다. 따라서 특혜를 받을 만한 중지행위는 도덕적으로 인정받을 만한(sittlich anerkannteswert) 행위여야 하며, 행위중지의 결심은 범행으로 인한 피해를 막을 뿐만 아니라 윤리적 관점에서 승인받을 수 있는 경우에 그에 상응하는 특혜를 받을 수 있는 것이다.

2) Roxin의 견해: 범죄자이성의 규준으로부터의 배반[12]

중지미수를 형사정책적 문제로 이해하면서 자의성도 규범적으로, 특히 형벌목적 관점에서 해석하려는 Roxin은 예컨대 머리에 일격을 가하여 살해할 생각으로 주먹

---

10) 임웅, 「형법총론」, 321면.
11) Bockelmann, Anmerkung zu RGSt. 75, 393, DR 1942, 432ff.
12) Roxin, Kriminalpolitik und Strafrechtssystem, 2.Aufl., 1973, S.37; Über den Rücktritt vom unbeendeten Versuch, Heinitz-FS 1972, S.256.

을 치켜들었다가 마지막 순간에 범행을 감행하지 못하고 그만 둔 행위자에게 심리적으로 계획된 행위를 실행하는 것이 가능했는가의 문제는 경험적으로는 판단하기 어렵기 때문에 규범적 관점에서 판단하여야 한다고 본다. 즉 범행의 중지가 범죄자집단의 규준에서 보면 비이성적인(또는 목적기여적인) 행동인 반면(그렇다면 비자의적) 법적 관점에서 보면 합법성으로의 회귀를 나타낸다는 점이 중지미수의 인정여부에 결정적으로 고려될 점이라는 것이다. 이는 행위자가 범행의 결과발생 이전에 원상회복을 시켰다면 그에 대한 형벌은 일반예방적(위하적) 목적이나 특별예방적 목적상 불필요해지기 때문이다. 중지미수의 자의성 판단에서 중요한 것은 행위자에게 중지의사를 결정하게 한 심리적 동기압박의 강도가 아니라 행위자가 행위를 전체적으로 판단하여 마지막 순간에 법의 궤도에 머물러 있었다는 사실이다.

이에 따르면 양심적 사유에 의한 중지행위는 합법성에로의 회귀이며 행위자의 범죄적 에너지가 범죄의 기수에는 미치지 못했기 때문에 중지행위의 자의성을 인정할 수 있다. 마찬가지로 중지행위가 정신적인 동요에 기인하는 경우에는 언제나 자의성을 인정할 수 있다. 왜냐하면 어떠한 외부적 장애사유가 없었음에도 불구하고 자신의 범죄실행행위를 내부적으로 감당하지 못하고 전향한 행위자는 범죄자이성의 규준으로부터 배반(Abfall von den Normen der Verbrechervernunft)한 것이기 때문이다. 이러한 관점에서는 중지미수가 성립하기 위해서는 범행의사의 종국적인 포기를 요건으로 하게 된다. 왜냐하면 나중에 좀 더 나은 기회에 범행을 하기 위하여 중지(정확히는 범행연기)한 행위는 합법성에로의 회귀가 아니기 때문이다. 또한 예컨대 가난한 피해자에게 재물을 강취하려고 실행에 착수했다가 이를 목격한 부유한 행인이 자신의 재물을 교부하겠다고 하여 재물강취행위를 포기한 경우에도[13] 심리적 관점과는 달리 Roxin의 견해에 따르면 중지미수의 특혜를 부여할 수 없게 된다.

3) Ulsenheimer의 견해: 법에 충실한 심정의 표현(Ausdruck rechtstreuer Gesinnung)[14]

Ulsenheimer에 따르면 중지의 기본요건은 실행행위의 중단 또는 결과발생의 방지라는 의식적인 전향이고, 반드시 전향의 동기가 있는 것이기 때문에 자의적인 중지

---

13) Roxin, Heinitz-FS, S.262.

14) Ulsenheimer, Grundfragen des Rücktritts vom Versuch in Theorie und Praxis, 1976, S.314ff.

인가 아니면 비자의적인 중지인가의 구별은 중지의 동기에서 찾아야 한다는 것이다. 다만 중지동기의 강약, 즉 양적 관점에서가 아니라 중지동기의 내용, 즉 질적인 요소에서 그 구별기준을 찾아야 한다. Ulsenheimer는 이러한 사실적 영역에 놓여 있는 중지의 동기를 가치판단의 객체로 보고 이를 법의 사회윤리적 질서라는 관점에서 법적 판단을 하려는 것이다.

자의성을 인정하기 위해서는 법의 궤도에로의 회귀라는 법에 충실한 심정의 전향이 요구되기 때문에 범행의 발각의 경우에는 범행발각이라는 객관적 사실 때문이 아니라 발각되었음을 인식하고 중지하였다면 자의성이 부정된다. 마찬가지로 피해자의 저항 때문에 중지한 경우에도 법적대적 의사가 법신뢰로 전향된 것이 아니기 때문에 자의성이 부정된다.

중지행위가 보상을 받기 위해서는 계획한 실행행위의 포기와 자의성이라는 중지미수의 요건이 구비되어야 한다. 전자의 요건이 충족되지 않아 중지미수를 인정할 수 없는 경우로는 이미 실행한 행위로 계획한 결과가 발생했다고 확신하고 더 이상의 행위를 하지 않은 경우, 계획한 결과가 사실적인 이유로 실현될 수 없다고 생각하고 범행을 포기한 경우, 예를 들어 피해자의 양해나 승낙이 있었기 때문에 구성요건 실현이 법적으로 불가능했던 경우, 쇼크로 더 이상의 행위를 할 수 없었던 경우 등을 들 수 있다.15) 이 경우에는 중지행위가 있을 수 없다는 것이다.

이에 반해서 더 이상의 행위를 중지했지만 법의 사회윤리적 요청을 준수하지 않았기 때문에 자의성을 인정할 수 없는 경우로는 범행발각의 경우를 들 수 있다.16) 예컨대 발각되었다고 믿고 그만 둔 경우의 중지의 동기가 바로 여기에 해당한다. 발각된 후에 결과실현의 가능성이 적어졌다고 판단하여 실행행위를 중지한 자의 행위는 법에 충실하겠다는 심정에로의 전환을 나타낸 행위가 아니라 범행계획에 대한 냉철한 범죄자적 계산이자 그런 상황에서 범행을 계속할 경우에 처하게 될 위험을 비교교량한 결과일 뿐이기 때문이다. 마찬가지로 범행이 발각된 상태에서 처벌받을 현실적인 위험에 처해 있음을 알고 두려워서 그만 둔 경우도 여기에 해당한다. 강간피해자가 다음 기회를 약속했거나 강간행위를 중지하는 경우에 재물교부를 약속했기 때문에 강간행위를 그만 둔 경우에도 행위자의 실행행위의 유형만 바뀌었을 뿐이지

---

15) Ulsenheimer, a.a.O., S.317ff.
16) Ulsenheimer, a.a.O., S.333ff.

범죄적 표상은 그대로 남아 있기 때문에 중지미수의 특혜를 받을 만한 자의적인 중지행위로 볼 수 없다.

4) 비판적 검토

자의성 판단에서 중지미수를 특별취급하는 목적을 고려하는 것은 중지자가 스스로 합법성의 세계로 복귀하였고 또 침해된 법질서를 다시 회복시켰기 때문에 일반예방적 및 특별예방적 관점에서 처벌이 불필요하다는 점에서 타당하다. 그러나 규범적 관점이 제시한 기준이 불명확하다는 점과 자의성을 사실을 토대로 하지 않은 순수한 법적 평가의 문제로 보기 때문에 원하는 결과를 얻기 위한 평가의 조작이 개입될 수 있다는 점에서 문제점을 안고 있다.

실제적으로는 자율적 동기와 타율적 동기로 구분하여 자의성을 판단하는 견해와 결론에 있어서는 거의 동일하다. 다만 보다 유리한 기회로 범행을 미루면서 중지한 경우에는 규범설에 따르면 중지동기가 보상받을 가치가 없는 경우이기 때문에 자의성을 부정한다[17]는 점에서 차이가 있다.

Ⅳ. 자의에 의한 중지: 자유로운 의사결정과 의사활동

1. 자의성 판단기준

중지미수는 실행행위의 포기 또는 결과발생의 방지라는 형태의 의식적인 방향전환을 요건으로 하기 때문에 동기없이 아무런 이유도 없이 이루어지는 것은 아니다. 따라서 중지의 동기를 고려하여야 한다. 법문언의 "자의로"는 어의상 중지자의 자유로운 의사결정을 의미한다. 이는 강제 내지 강요가 없는 상태에서의 의사결정과 의사활동을 말한다. 자율적인 의사결정과 활동을 방해하는 전형적인 사유로는 폭행 또는 협박, 즉 강요에 의하여 의사형성을 왜곡시키는 것이다.[18] 이는 여러 가지 행동가능성 중에서 선택을 조종하는 힘을 갖는 동기 내지 강요자의 개입을 의미한다.

중지미수의 자의성 판단에서는 실행행위의 계속(또는 결과발생하도록 내버려 두든지) 아니면 실행행위의 중지(또는 결과발생의 방지) 사이의 자유로운 선택가능성이 행위자

---

17) 박상기, 「형법총론」, 355면.
18) Küpper, Grenzen der normativierenden Strafrechtsdogmatik, 1990, S.190ff.

에게 미친 강요에 의하여 침해되었는지가 판단되어야 한다. 따라서 심리학적 관점에서 중지의 의사결정이 의사결정을 강요하는 장애사유가 아니라 자율적인 동기에 기인하는 경우에 자의성이 인정되어야 한다. 그러나 중지행위를 중지자 자신의 성과로 평가할 수 있어야 한다. 즉 자의성판단에 있어서 심리학적 관점에 치우치지 않도록 자율적 동기와 타율적 동기로 구분하여 형사정책적인 요구에 부합하도록 하여야 한다.[19]

따라서 외적인 강제상황에 의하여 범죄의 실행이 저지되거나 정신적인 압박에 의하여 범죄수행이 불가능해지지 않았음에도 불구하고 행위자가 의사결정의 지배자가 되어 자유로운 자기결정에 따라 범죄행위를 그만 둘 의사를 결정했다면 자율적 동기에 의한 중지로서 자의성이 인정되며,[20] 주어진 행위상황에서 범죄의 실행이 객관적으로 가능하고 행위자도 가능하다고 판단하였지만 범죄실현의 의사를 확정하게 한 의사추진력이 발생된 사태에 의해서 마비되어 버렸다면 타율적 동기에 의한 중지로서 자의성이 부정된다.[21]

2. 구체적인 사례유형

(1) 내적 동기에 의한 중지의 경우

사정변경이 없었음에도 불구하고 또는 외적인 범행수행상의 어려움이 없었음에도 불구하고 의사형성의 계기가 행위자의 내면으로부터 기인하는 경우, 예컨대 후회, 동정(연민의 정, 불쌍한 생각),[22] 공포, 양심의 가책,[23] 수치심, 용기상실 등의 이유로 그만 둔 경우에 자의성이 인정된다.[24] 또한 강간피해자가 다음에 만나 친해지면 응해주겠다고 간곡히 부탁하여 중지한 경우도[25] 중지의 동인은 외부에 있지만 이는

---

19) Hassemer, Die Freiwilligkeit des Rücktritts vom Versuch, in: Vom Nutzen und Nachteil der Sozialwissenschaften für das Strafrecht Ⅰ, (hrsg.) Lüderssen, Sack 1980, S.245. 이와 유사한 입장으로는 김일수, 「한국형법(Ⅱ)[총론 하]」(1992), 233면; 신양균, "판례에 나타난 중지미수", 「고시연구」(1998.5), 67면.

20) BGHSt. 7, 299; 9, 53; 20, 280; 35, 95, 186f.

21) LK-Vogler, §24 Rdn.86.

22) BGHSt. 21, 217.

23) 대판 1986.3.11. 85도2831: 범행전력 등을 생각하여 가책을 느낀 경우.

24) 배종대, 「형법총론」, 452면; 이재상, 「형법총론」, 339면.

25) 대판 1993.10.12. 93도1851.

내적 및 외적 강요상태에서의 의사결정이 아니므로 자율적 동기에 해당한다.[26] 또한 운이 나쁘다고 생각하고 그만 둔 경우나 꿈자리가 사납다고 중지한 경우도 범죄수행에 장애가 될 만한 사정 때문에 중지한 것이 아니기 때문에 자의성을 인정할 수 있다.

(2) 범행발각 또는 처벌의 두려움

의사형성의 계기가 제3자에 의한 발각이나 인지처럼 외부에서 기인하는 경우도 그로 인해서 애당초의 의사의 추진력이 마비될 정도가 아니라면 자율적 동기를 인정할 수 있다. 마찬가지로 처벌 또는 발각의(또는 과하여질 형벌효과에 대한) 두려움은 이미 범행 이전에 행위자가 예상할 수 있는 사정이기 때문에 극복할 수 없는 강제사정은 아니다.

추상적으로 또는 막연히 처벌되거나 발각될 위험성 또는 두려움 때문에 중지한 경우는 자의성을 인정해야 한다.[27] 처벌되거나 발각될 위험성은 행위에 필수적으로 수반된 위험(risk)이기 때문에, 이러한 사정은 저항할 수 없는 강제로 볼 수 없다.

이에 반해서 예컨대 피해자가 아는 사람이라든지, 경찰관이 잠복하고 있음을 알았다든지와 같이 구체적인 사정에 의하여 처벌 또는 발각의 두려움이나 위험성이 나타난 경우는 사후적인 위험증대로 행위자가 상황을 지배할 수 없는 상태에 놓이게 되며, 따라서 자신의 의사결정을 지배할 수 없는 상태가 된다. 즉 타율적 동기에 의한 중지로서 자의성이 부정된다.

따라서 범행발각의 두려움 때문에 중지한 경우(예컨대 강간에 착수했으나 아는 여자라서 형사고소의 두려움 때문에, 발각되었다고 믿고 두려워서)에는 타율적 동기에 의한 중지이므로 중지미수를 인정할 수 없다. 강간하려 했으나 아이가 잠에서 깨어나서 그만두었거나, 피해자의 남편이 시장에서 돌아온다고 하면서 임신중이라고 말하자 그만둔 경우는[28] 상황이 불리해졌거나 발각의 두려움 때문에 중지한 경우이고, 범행 당일 미리 제보를 받은 세관직원들이 범행장소 주변에 잠복근무를 하고 있어 그들이 왔다 갔다 하는 것을 본 피고인이 범행의 발각을 두려워한 나머지 자신이 분담하기로 한 실행행위에 이르지 못한 경우도 이는 피고인의 자의에 의한 중지가 아니다.[29]

---

26) BGHSt. 7, 296.
27) Küpper, a.a.O., S.193: 박상기, 「형법총론」, 355면.
28) 대판 1993.4.13. 93도347.

또한 피고인이 기밀탐지 임무를 부여받고 대한민국에 입국 기밀을 탐지 수집 중 경찰관이 피고인의 행적을 탐문하고 갔다는 말을 전해 듣고 지령사항 수행을 보류하고 있던 중 체포되었다면 발각의 두려움 때문에 범행을 중지하고 기밀탐지의 기회를 노리다가 검거된 것이므로 이를 중지미수로 볼 수 없다.[30]

자율적인 동기는 행위자의 주관적인 심정가치의 표현이므로 자의성은 행위자가 인식한 사실을 기초로 판단하여야 한다. 따라서 장애사유가 아님에도 장애사유로 인식한 경우는 타율적인 동기이고, 이와는 반대로 객관적으로는 장애사유가 존재하지만 행위자가 이를 인식하지 못하고 자율적으로 중지한 경우는 자의성을 인정할 수 있다.

(3) 강간피해자가 설득하여 강간행위를 중지한 경우

1) 다음 기회를 약속했기 때문에 강간행위를 중지한 경우

피해자의 약속이 중지의 의사결정에로 강제하거나 강요한 것이 아니기 때문에 자율적 동기로 보아야 한다. 판례도[31] 강간피해자가 다음에 만나 친해지면 응해주겠다고 간곡히 부탁하여 중지한 경우에 자의성을 인정한다.[32] 그러나 자의성판단에서 형사정책적 관점을 고려하여 중지동기가 보상받을 만한 동기인가를 판단기준으로 삼는 규범설은 유리한 기회를 잡기 위한 중지행위는 법에 충실한 심정의 표현(Zeichen rechtstreuer Gesinnung)이 아니라든지 규범준수의 준비(Normbefolgungsbereitschaft)가 충분하지 못하다는 이유로 중지미수의 자의성을 부정한다.[33]

자의적인 범행포기가 인정되더라도 범의의 확정적 포기여야 하는가의 문제가 남아 있다. 즉 중지미수를 인정하기 위해서 행위의 목적달성자체를 궁극적으로 포기할 것을 필요로 하는가의 문제이다. 독일의 다수설[34]은 행위자가 전체로서의 범죄실행

---

29) 대판 1986.1.21. 85도2339.

30) 대판 1984.8.11. 84도1381.

31) 대판 1993.10.12. 93도1851.

32) 독일 판례도 BGHSt. 7, 296; BGH NStZ 1988, 550. 그러나 RGSt. 75, 393에서는 자의성을 부정하였다.

33) Roxin, Heinitz-FS, S.259; Ulsenheimer, a.a.O., S.329f.; Walter, Der Rücktritt vom Versuch als Ausdruck des Bewahrungsgedankens im zurechnenden Strafrecht, 1980, S.94f.: 박상기, 「형법총론」, 355면.

34) 대표적으로 LK-Vogler, §24 Rdn.89.

을 단념하고 합법의 세계로 회귀할 것을 요구한다. 중지미수를 처벌하지 않는 독일 형법의 해석상 이와 같이 중지미수를 엄격하게 해석하는 것은 타당하다.

그러나 우리나라의 형법은 형을 감경 또는 면제하도록 규정하고 있어서 실행의 중지를 그렇게 엄격하게 해석하는 것은 불합리한 결과를 초래한다. 따라서 범죄실행의 중지는 계획된 구체적인 범죄실현 자체를 그만 두는 것이 아니라 이미 행하여진 구체적인 실행행위를 그만 두는 것이기 때문에 행위자가 보다 유리한 기회에 범행을 관철시키기 위해 잠정적으로 범죄실행을 유보한 때에도 중지미수가 된다. 이러한 의미에서 강간피해자가 다음에 만나 친해지면 응해주겠다고 간곡히 부탁하여 범행을 포기하고 피해자의 집으로 데려다 준 경우를 종국적 범행의 포기로 보기도 한다.35) 예컨대 피고인이 며칠 후에 다시 절도를 시도했다고 하더라도 범행중지 당시에는 절도범의의 확정적인 포기가 있었다고 본다. 중지미수규정의 해석상 일시유보나 범행방법의 변경 또는 실행시기의 연기 등도 실행행위의 중단으로 볼 수 있기 때문에 중지미수에 해당한다고 본다.

2) 강간피해자가 재물교부를 약속했기 때문에 강간행위를 그만 둔 경우

예를 들어 폭행당하여 강간의 위험에 처한 피해자가 행위를 중지하면 재물을 교부하겠다고 약속하여 재물을 교부받고 도망친 경우에 피해자의 약속이 중지의 의사결정에로 강제하거나 강요한 것이 아니기 때문에 자율적 동기로 보아야 한다. 그러나 Ulsenheimer는 범죄적 의도는 변함이 없고 강간행위의 중지는 법질서의 승인을 표현한 것이 아니며, 단지 폭행으로 인하여 저항할 수 없는 상황을 새로운 범행 (Ulsenheimer에 의하면 강도죄)에 이용한 것에 불과하기 때문에 자의성을 인정할 수 없다고 본다.36)

(4) 쇼크 또는 두려움에 의한 중지의 경우

행위자 자신에 의해서 실현된 행위의 결과를 보고 쇼크나 두려움 때문에 더 이상의 행위를 하지 않은 경우에는 자의성을 인정하여야 한다.37) 물론 이런 경우에도 그러한 쇼크나 두려움이 극심한 정신적인 압박으로 작용했다면 자의성은 부정된다.

---

35) 신양균, "판례에 나타난 중지미수", 「고시연구」(1998. 5), 70면.
36) Ulsenheimer, a.a.O., S.341f.
37) BGH MDR 1952, 530; BGHSt. 21, 216.

(5) 강한 정신적 장애로 인한 범죄의 실행 또는 완성이 불가능한 경우

예컨대 강간하기 위해 강제로 피해자의 옷을 벗겼으나 쇼크로 성욕상실 또는 성교 불능상태에 빠져 그만 둔 경우에는 자율적인 중지가 아니다.[38] 여기서는 외적인 상황이 행위자의 의사결정에 미친 영향의 정도에 따라 자의성 여부를 판단하여야 한다.

(6) 본질적인 사태의 변화 내지 상황이 불리해진 경우

예컨대 부녀가 생리 중이어서 성교에 부적합하다고 판단한 경우, 간음하기 전에 사정한 경우, 절도하려 했으나 재물의 가치가 적어서 그만 둔 경우,[39] 피해자의 저항이나 제3자가 출현한 경우, 도주로의 차단이나 변경 등으로 인해 행위자가 애당초 계획한 것보다 많은 범죄수행의 부담을 져야 하는 경우 또는 특정한 범행대상을 발견하지 못하여 그만 둔 경우[40] 등은 자율적 동기를 부정하는 외부적 상황이다.

예컨대 피고인은 강간하려 피해자를 폭행한 후 피해자가 수술한지 얼마 되지 않아 배가 아프다면서 애원하여 그만 둔 사례에서 피고인은 피해자를 불쌍히 여겼거나 설득되어 중지했다고 볼 수도 있으나 피해자의 복부수술로 인한 통증으로 상황이 불리해졌기 때문에 중지한 것이다. 피해자의 신체조건상 강간하기에 지장이 있다고 보았기 때문에 이는 일반의 경험칙상 강간행위를 수행함에 장애가 되는 외부적 사정에 의하여 중지한 것이지 자의성이 있는 것은 아니다.[41]

V. 결론

판례에서 사용된 "범죄의 완수"의 의미는 실행행위의 종료이다. 왜냐하면 "범죄의 실행행위에 착수하고 그 범죄가 완수되기 전에 자기의 자유로운 의사에 따라 범죄의 실행행위를 중지한 경우"를 중지미수로 규정하여 소위 착수미수의 중지미수의 요건을 언급하고 있기 때문이다. 만일 실행미수의 중지미수의 요건이라면 범죄의 기수에

---

38) 이재상, 「형법총론」, 339면.
39) BGHSt. 4, 59.
40) BGHSt. 13, 156.
41) 대판 1992.7.28. 92도917. 이 판례의 입장을 객관설로 이해하는 견해로는 박상기, 「형법총론」, 353면.

이르기 전에 결과발생을 방지할 것을 명시했어야 한다.

이 판례사안은 불을 놓아 매개물을 떠나기 전에 결과발생을 방지한 경우이다. 따라서 실행미수의 중지미수의 성립 여부가 문제된 사안이기 때문에 중지미수의 개념정의와 요건도 사안과 맞지 않고 또 이 경우에는 범죄의 기수에 이르기 전에 자의로 결과발생을 방지하여야 중지미수가 성립하기 때문에 "범죄의 완수"라는 용어사용도 부적절하다고 본다.

자의성판단에 있어서는 실행행위의 계속(또는 결과발생하도록 내버려 두든지) 아니면 실행행위의 중지(또는 결과발생의 방지) 사이의 자유로운 선택가능성이 행위자에게 미친 강요에 의하여 침해되었는지가 판단되어야 한다. 따라서 심리학적 관점에서 중지의 의사결정이 의사결정을 강요하는 장애사유가 아니라 자율적인 동기에 기인하는 경우에 자의성이 인정되어야 한다.

그렇다면 중지동기를 파악하기 위해서는 행위자의 심리적 상황의(가능한 한) 정확하고 구체적인 분석이 전제되어야 한다. 예컨대 겁 또는 두려움의 경우도 구체적 사실에 근거한 두려움인지 아니면 막연한 두려움인지를 구별하여야 한다. 이에 따라서 행위자가 예상할 수 없었고 극복할 수 없을 정도의 사후적인 위험증대로 행위자가 상황을 지배할 수 없는 상태에 놓이게 되었다면 행위자는 자신의 의사결정을 지배할 수 없는 상태가 된다. 즉 타율적 동기에 의한 중지로서 자의성이 부정되어야 한다.

이 사안에서 치솟는 불길에 놀라거나 불길에 휩싸이게 될 위험성 때문에 혹은 외부에서 범행을 인지할 수 있게 되어 발각의 두려움 때문에 중지한 경우는 일반적으로 방화죄에 수반되는 행위상황이다. 따라서 예상할 수 없었고 극복할 수 없는 정도의 사후적 위험증대로 볼 수 없다. 행위자는 여전히 외부적 상황을 지배할 수 있었고 자신의 의사결정을 지배할 수 있는 상황에 놓여 있었다고 본다. 즉 자율적인 의사결정으로서 자의성이 인정된다고 본다. 이러한 결론은 중지미수를 특별히 취급하는 형사정책적인 요구에 부합된다. 물론 치솟는 불길에 의한 신체위해의 위험성이 중지의 의사결정을 압박한 정도라면 자의성이 부정될 수 있다.

[논평] 중지의 가능성과 중지의 자의성

최민석*

괴테(1749~1832)의 말에 따르면 "삶의 모든 것은 원하지만 할 수 없는 것과, 할 수 있지만 원하지 않는 것으로 구성된다".[1] 괴테는 물론 중지미수의 자의성 판단기준을 논했던 게 아니었겠지만, 100년 후에 제기된 Frank 공식(1931)은 이 구분과 내용상 완전히 동일하다. 필자의 감상으로는 중지미수의 자의성 문제는 이렇게 문학적인 정서와 도덕철학의 난제가 어울려 형법으로 하여금 자신의 고유한 색채를 발하게 하는 지점 중 하나다.

하태훈 선생은 1999년 방화죄의 실행에 착수하였으나 불길이 치솟는 것을 보고 겁이 나서 진화한 사례에 관한 '대법원 1997.6.13. 선고 97도957 판결'을 평석하는 글을 발표한 바 있고, 이 글은 이후 지난 20년간 후행 연구자들에 의해 빈번히 인용되고 있다. 위 판결은 해당 사안에서 중지행위의 **자의성을 부정**하였다.

이 글에서 하선생은 중지행위의 자의성 판단기준에 관하여 참으로 다양한 관점의 견해를 심도 있게 검토하며 스스로 명확한 입장을 개진하고 있다. 요지는 치솟는 불길에 놀라는 것은 일반적으로 방화죄에 수반되는 행위상황이기 때문에, 여기서 중지하는 것은 행위자가 여전히 외부적 상황 및 자신의 의사결정을 지배할 수 있는 상황에서 내린 자율적인 의사결정으로서 **자의성이 인정된다**는 것이다. 형법의 모든 유익한 쟁점이 그러하듯, 중지의 자의성이라는 문제는 법리와 윤리를 집요하게 교차해가며 형법에 논리적 풍요로움을 부여한다.

이하는 하선생이 본 평석에서 특별히 주목한 요소, 특히 형법은 자의성 판단에서 어느 정도의 윤리성(중지의 가능성은 물론 중지의 윤리성을 논할 수 있는 전제다)을 요구할 수 있는지를 중심으로 논한다.

---

* 변호사, 박사과정수료

1) "Das ganze Leben besteht aus Wollen und Nicht-Vollbringen, Vollbringen und Nicht-Wollen." Goethe, Maximen und Reflexionen. Aphorismen und Aufzeichnungen. Nach den Handschriften des Goethe- und Schiller-Archivs hg. von Max Hecker, 1907(https://www.aphorismen.de/zitat/131992).

I.

평석의 대상이 된 판결은 "피고인이 장롱 안에 있는 옷가지에 불을 놓아 건물을 소훼하려 하였으나 불길이 치솟는 것을 보고 겁이 나서 물을 부어 불을 끈 것이라면, 위와 같은 경우 치솟는 **불길에 놀라거나** 자신의 **신체안전에 대한 위해** 또는 **범행 발각시의 처벌 등에 두려움**을 느끼는 것은 일반 **사회통념상 범죄를 완수함에 장애가 되는 사정**에 해당한다고 보아야 할 것이므로, 이를 자의에 의한 중지미수라고는 볼 수 없다"고 판단하였다.

즉 하선생이 지적하듯 이 판결은 두려움으로 중지한 경우에 그 중지의사의 형성에 대한 계기가 i) 현실로 눈앞에 나타난 범행의 결과(불길이 치솟음)에 기인하든, ii) 범행의 결과로 인하여 자신의 신체에 위해가 초래될 위험성(치솟는 불길에 휩싸이게 될 상황)에 기인하든, iii) 은밀히 이루어지는 범죄유형과는 달리 누구나 인식할 수 있는 실현된 범행의 결과(연기 또는 불길)로 인하여 자신의 범행이 발각될 위험성이 커지게 된 데서 기인하든 **구별 없이 모두** 일반 사회통념상 외부적 장애에 해당한다고 판단한다. 그러나 하선생은 이에 대해 우선 상식적인 의문을 제기하며, 범죄실현과정에서 대부분의 행위자는 두려움을 갖기 마련이고, 이러한 심리적인 상황을 극복하고 감히 범행을 계속하는 것이 바로 불법을 근거지우는 법적대적 범죄에너지라고 말한다. 따라서 이와 같은 규범준수로 되돌아가려는 행위와 규범침해에 계속 머물러 있는 행위 사이의 심리적 갈등상황에서 범행을 중지하였다면 자의성을 인정하여 중지미수의 특혜를 부여하는 것이 형사정책적인 관점에서도 타당하지 않겠냐는 것이다. 본고는 이해를 돕기 위해 아래와 같은 도표를 추가해 본다.

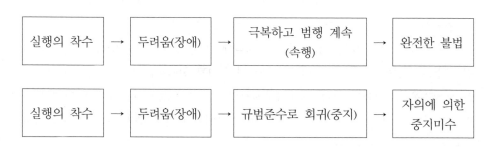

하선생의 주장은 두려움으로 인해 행위를 중지한 경우는, 이를 '극복하고 범행을 속행한다'는 바로 그 불법의 근거를 결여하고 있는 경우라는 관점으로 이해된다. '두려움'이라는 것은 보통 범행에 수반되는 것이고, 행위자는 아직 의사결정의 자유가 있기 때문이다. 특히 범행에 통상적으로 수반되는 두려움을 극복하는 것까지가 불법의 근거라고 보는 입장은 상식적이기도 하거니와 간명하고 타당한 접근이라고 생각한다. 사실 사례해결의 관점에서 이렇게 쉽게 넘어갈 여지가 있는 자의성의 판단기준 문제는, 이하에서 보는 바와 같이 논리적으로 복잡해지기 시작하면 끝이 없는 면도 있다. 여하튼 이러한 문제의식으로 하선생은 본 평석의 주요 내용인 자의성 판단기준에 관한 여러 의견의 검토에 착수한다.

II.

우선은 중지행위의 자의성을 판단하기 이전에, 학계에서 '실패된 미수'로 논의되는 개념유형을 확인하지 않을 수 없다. 하선생도 LK-Vogler 등 선행연구를 인용하며, 행위자가 사건의 진행과정에서 그에게 주어진 가능한 행위수단으로는 결과실현을 꾀할 수 없었거나 없다는 확신을 가졌다면 **자의적 중지이든 자의적이 아닌 중이지든 중지미수가 될 수 없는 실패된 미수**가 된다는 점을 분명히 해둔다. 당연한 말이지만, 중지미수가 되기 위해서는 행위자가 범죄의 기수에 도달하는 것이 가능하다고 생각했지만(주관적 관점) 자의로 중지해야 하기 때문이다. 예컨대 살해의 고의로 권총을 발사했는데 빗나갔고, 방아쇠를 당겼으나 총알이 더 없어 더 이상 범행계획을 실현할 수 없어서 범행을 포기하였다면 행위자는 구체적인 행위계획을 실현시킬 수 없었기 때문에 중지미수가 적용될 여지가 없는 실패된 미수라는 것이다. 따라서 자의성을 판단할 필요 없이 중지미수의 적용을 부정할 수 있다고 한다.

현재 학계에서도 이러한 '실패미수'의 개념에 큰 관심을 보이고 있다. 예컨대 실패한 미수는 행위를 속행하는 것이 불가능하여 **포기를 선택하는 것도 불가능한 상태**라고 특징지을 수 있다는 것이다. 행위자에게 선택의 가능성이 존재하지 않기 때문이다.[2] 필자의 소견으로는 여기서 '이미 열린 창문이기에 열릴 수 없다'는 당연한 논리

---

2) Lackner/Kühl, 25.Aufl.,2004, §24 Rdn.10(이용식, 중지미수에 관한 몇 가지 논점, 한국형사법학회 학술대회 논문집, 한국형사법학회, 2006, 3면에서 재인용).

가 힘을 발하고 있다. 여기서는 행위자의 주관적 측면에 있어서 실패하였다는 것이 중요한 것이라는 하선생 등의 지적 역시 받아들여지고 있다.[3]

그런데 '실패미수'라는 개념을 하나의 독자적 미수유형으로서 정립할 필요가 있을 것인지, 아니면 실패미수하고 하여 전개되고 있는 이론이 실제로는 중지행위의 인정요건으로서 그 행위의 속행가능성에 위치지어지고 있을 뿐이어서, 실패미수론은 형법 제26조의 '중지'의 해석론으로서만 전개되는 것인지[4]는 부수적 문제처럼 보이지만 살펴볼 필요는 있다.

실패미수는 중지미수가 부정되는 1유형으로서, 독일판례와 학설에서 이미 그 존재 자체는 정착되었다고 한다. 종래 일부견해가 법조문에 아무런 규정이 없는 개념을 중지미수를 부정하는 요소로서 인정하는 것이라는 이유로 실패미수에 대하야 회의를 나타내기도 하였으나, 이들도 이러한 사례들은 중지미수에 해당하지 않으며 따라서 중지미수가 인정되지 않는다고 승인하고 있다는 것이다. 단지 실패미수라는 개념적 용어 자체는 필요하지 않다는 정도로 비판의 의미는 축소되어 있다고 한다.[5]

생각건대 법조문에 기재돼 있지 않은 개념이 논리상 하나의 개념요소가 되는 경우는 얼마든지 있을 수 있고, 특히 요구된 행위의 '가능성' 여부의 검토는 아무런 규정이 없어도 이를 피할 수는 없다. 명령되는 행위의 이행가능성은, 물러설 수 없는 명령의 본성이기 때문이다. 이는 통상 '법은 불가능을 요구할 수 없다'는 명제로 부작위범이나 과실범에 있어서 불법론의 논리적 맥이 되지만, 어떠한 요소라도 그 요소의 이행(실현)가능성은, '열린 창문은 열릴 수 없다'는 당연한 정식에서 나타나는 것처럼 필연적인 전제다. 중지가 불가능한 경우의 문제는, 이것을 꼭 일유형으로 정립해야 하는지 여부와 관계없이 중지미수에 당연히 내재된 논리다.

여기서 프랑크 공식의 위상을 조금은 엿볼 수 있을 것 같다. 본고 서두에 소개된 괴테의 유형분류와 동일하게, 프랑크 공식은 "하려고 해도 할 수가 없어서" 그만둔 경우에는 자의성이 없어서 장애미수가 되고, "할 수는 있지만 원하지 않아서" 그만둔 경우에는 자의성이 있어서 중지미수가 된다고 한다. 이 공식에 의하면 극도의 공포심으로 그만둔 경우에는 '하려고 해도 할 수가 없어서' 그만둔 것이므로 장애미수

---

3) 이용식, 위의 논문, 3면.
4) NK-Zaczyk, 2.Aufl., 2005, §24 Rdn.19(이용식, 위의 논문, 6면에서 재인용)
5) 이용식, 위의 논문, 4면.

가 되고, 금고 안의 현금이 예상보다 훨씬 적어서 절취를 그만둔 경우에는 '할 수는 있지만 원하지 않아서' 그만둔 것이므로 중지미수가 된다고 한다.[6] 이와 같이 목표를 달성하는 것이 '불가능하기 때문에 못한 경우'에 이를 중지미수가 부정되는 독자적인 개념유형으로 발전시킨 것이 실패미수라면,[7] 프랑크의 공식을 취하는 견해도 사실상으로는 실패미수의 개념을 인정하고 있는 것으로 평가할 수 있다는 것이다.[8]

확실히 프랑크의 공식은 삶을 조망하는 괴테의 목소리처럼 너무나 포괄적인 일면이 있다. 그래서 틀린 말은 아니지만, 인생격언으로서의 가치 이외에 특별히 중지미수의 자의성 판단에 있어 유용한 기준도 아니라는 단점이 보인다. 이재상 교수의 프랑크 공식 비판에 대한 임웅 교수의 재반론을 보면 더욱 그러하다. 이재상 교수는 프랑크 공식이 '자의성'과 실행행위의 '가능성'을 혼동한 것이라고 비판하였는데, 이에 대한 임웅 교수의 응답은 반론인지 수긍인지 필자의 이해력이 미치지 못한다. 반론의 내용인즉 자의성에 관한 모든 학설이 (어차피) 행위실행의 가능 또는 불가능을 우선 전제로 설정해 놓기 때문에 그러한 비판은 타당하지 않다는 것이다. 나아가 임웅 교수는 프랑크 공식을 우리말로 쉽게 풀이하면, ① 가능하지만 '안한' 것인지, ② 불가능하기 때문에 '못한' 것인지를 가리자는 학설이라고 설명한다.[9] 되풀이하지만 '안한' 것인지 '못한' 것인지를 가리자는 것이 프랑크 공식의 요체임에는 이견이 없는 것 같다. 그리고 그러한 의미에서의 중지가 불가능한 경우를 중지미수의 논의에서 제외해야 할 필요는 지금까지 봐왔듯 분명하다. 문제는 중지가 가능한 경우에, 그 중지가 자의적으로 이루어졌는지를 판단하는 기준이다. 프랑크 공식에 대해서는, 중지가 불가능한 경우에 자동적으로 자의성을 부정하는 메커니즘을 말 그대로 논리적 공식으로서 확정하였다는 정도의 공적만을 인정해 주기로 하자.

Ⅲ.

그러면 좀 더 구체성이 있는 학설로 들어가 본다. 하선생은 자의성의 판단기준에

---

6) 임웅, 형법총론(제13정판), 법문사, 2022, 410면.
7) Roxin, AT II, §30 Rdn.79(이용식, 위의 논문, 12면에서 재인용).
8) 이용식, 위의 논문, 12면.
9) 임웅, 위의 책, 410면(각주 56).

관해, 심리적 관점으로서 i) 외부적 사정에 의한 중지이면 장애미수, 내부적 동기에 의한 중지이면 중지미수라는 **객관설**, ii) 후회, 연민 같은 윤리적 동기에 의한 중지의 경우만 중지미수로 보고 그 이외의 경우를 장애미수로 보는 **주관설**, iii) 앞서 살핀 **프랑크 공식**, iv) 일반 사회관념상 범죄수행에 장애가 될 사유가 있어 그만둔 경우에는 장애미수이고, 이러한 사유가 없음에도 자유로운 의사에 의하여 중지한 경우를 중지미수로 보는 (즉 자율적 동기인가 타율적 동기인가를 구별하여 전자에만 자의성을 인정하는) **판례의 절충설**을 소개하고 있다.

다른 한편 규범적 관점(중지미수를 특별취급하는 형사정책적 목적을 고려하는 견해)으로 i) 중지가 대가를 받을 만한, 즉 도덕적으로 인정받을 만한 행위여야만 독일형법상의 불가벌이라는 특혜를 받을 수 있다는 **Blockelmann**의 견해, ii) 범죄자이성의 규준으로부터의 배반, 즉 외부적 장애사유가 없는 상태에도 불구한 합법성에로의 전향, 회귀(범행의사의 종국적 포기)를 요구하는 **Roxin**의 견해, iii) 법에 충실한 심정의 전향을 요구하는 **Ulsenheimer**의 견해를 검토하면서, 이러한 규범적 관점들은 일반예방적, 특별예방적 관점에서 타당하나, 제시된 기준이 불명확하고, 자의성을 사실을 토대로 하지 않은 순수한 법적 평가의 문제로 보기 때문에 평가의 조작이 개입될 수 있다고 비판한다. 하선생은 다만 규범적 관점은 실제적으로는 **자율적 동기인가 타율적 동기인가를 구별**하여 전자에만 자의성을 인정하는 견해(심리적 관점 중 절충설)와 결론에 있어서는 거의 동일하다고 판단한다.

이러한 입장에서 구체적인 사례유형에 대한 하선생의 입장을 살펴보면, i) 후회, 동정, 연민, 공포, 양심의 가책 등의 내적 동기를 이유로 중지한 경우 자의성이 인정된다. ii) 강간피해자가 다음에 친해지면 응해주겠다고 간곡히 부탁하여 중지한 경우도, 강요상태의 의사결정이 아니므로 자율적 동기에 해당한다. iii) 범행발각의 두려움도 그로 인해서 의사의 추진력이 마비될 정도가 아니라면 자율성을 인정할 수 있다. 막연한 처벌우려 또는 발각될 위험성은 행위에 필수적으로 수반된 위험이기 때문에 이를 저항할 수 없는 강제로 볼 수 없다. 반면에 경찰관이 잠복하고 있음을 알아챈 경우처럼 구체적인 발각의 두려움은 타율적 동기에 의한 중지로서 자의성이 부정된다.

마지막으로 중지행위에 형벌 감경 또는 면제의 특별취급을 해주는 점과 가장 직접적으로 관련된 쟁점으로서 iv) 범의의 확정적 포기여야 하는지 여부에 대해서, 하선생은 행위자가 전체로서의 범죄실행을 단념하고 합법의 세계로 회귀할 것을 요구하는 독일의 다수설(대표적으로는 LK-Vogler)과는 달리, 우리나라의 형법은 형을 반드시 면제하는 것만이 아니라 감경도 할 수 있으므로 그 정도의 엄격한 요구는 할 수 없다는 입장을 취하고 있다. 따라서 행위자가 보다 유리한 기회에 범행을 관철시키기 위해 잠정적으로 범죄실행을 유보한 때에도 중지미수가 된다고 한다.

생각건대 형벌 면제의 단일한 취급만을 하는 독일형법의 해석으로는 중지행위가 종국적 결정이어야 한다는 사뭇 '도덕적인' 요구가 타당할 수 있는 반면에, 우리 형법의 해석으로는 형의 면제가 아닌 감경을 적용하는 경우에까지 그렇게 도덕적인 의사전향을 요구하는 것은 과도하다는 점에서 하선생의 의견은 타당하다. 행위를 중지한 사정을 참작해서 형을 감경하는 것은 마치 작량감경 요소의 일종으로 범행(실행에 착수한) 후의 태도라는 '정상'을 참작하는 것과 원리상 다르지 않다고 이해할 수 있을 것이다. 그러나 우리나라 형법에 의하더라도 형을 면제하는 경우, 즉 독일과 같은 불처벌의 특혜를 부여하는 경우의 사실관계에서는 그에 상응하는 도덕적 표지를 찾을 수 있어야 하지 않을까 한다. 이러한 한도에서 독일에서 논의되는 중지행위의 윤리적 가치 측면은 우리 형법의 해석론으로서도 참고할 여지가 있다.

Ⅳ.

중지행위의 원인이 된 동기를 자율적 동기와 타율적 동기로 구별하여 자의성을 판단하는 입장은, 이 역시 추상적이기는 하지만 대안이 없어 보인다. 자의성의 판단 기준에서 일체의 모호성을 제거하길 시도한다면 칸트의 해답처럼 형식적인 공식만이 남게 될 것이다. 자율적 동기설에 대한 비판 중에는 역시 칸트의 '자율성'에 대한 의견을 참조하며 그 판단의 어려움을 지적하는 입장이 있다. 즉 중지의 동기가 자율이냐 타율이냐는 판단은 자의냐 타의냐라는 심리적 판단보다도 더 난해한 철학적, 윤리학적 판단으로 이행한다고 한다. 자율이란 '이성의 자기입법'이요, 칸트의 표현을 빌린다면 '인간의 자유의지가 실천이성의 정언명령을 따르는 것'이므로, 그 판단이 자의성보다도 쉽지 않다는 것이다.[10] 과연 그러한가.

---

10) 임웅, 위의 책, 409면.

우선 칸트 자신이 드는 지극히 일상적인 예를 보면, 예컨대 가게 주인이 미숙한 고객에게 바가지를 씌우지 않는 것은 물론 의무에 맞는 일이나, 그렇다고 해서 그 상인이 의무로부터(aus Pflicht) 그렇게 처신한 것인지, 거래상 평판 등 사적인 이익을 고려하여 그렇게 행동한 것인지는 구별하기 쉽지 않다.[11] 겉으로 보면 같기 때문이다. 그렇지만 이러한 경우 상인이 단지 이익 때문에 합법적으로 행동한 것인지(이것만으로는 아직 자율적인 동기가 아니다), 합법적일 뿐만 아니라 도덕적으로, 즉 그것이 의무이기 때문에 그렇게 행한 것인지(이 경우에 그 행위는 자율적인 동기에 의한 것이다)를 구별하는 일이 중지미수의 여러 사례에서 자의성을 확인하는 작업보다 더 어렵다고는 단정할 수 없다. 본 평석대상 판결의 사안처럼 "불길이 치솟는 것을 보고 겁이 나서" 방화를 그만둔 경우에, 그 겁이라는 것이 발각의 구체적 염려를 말하는 것이라면 자율성 인정에 불리하게 고려될 수 있겠지만, 범행에 당연히 수반되는 정도의 심리적 상태일 뿐이라면 충분히 속행할 수 있는 상황, 즉 의사의 강요가 없는 상황인데도 어느 정도는 합법성으로 회귀하는 행위를 하였다고 평가될 여지가 있는 것이다. 그렇지만 이러한 기준이 있어도 역시 실사례에 적용하는 과정에서는 쉬운 판단이 아니다. 그 어려움을 생각하면 "자의냐 타의냐라는 심리적 판단보다도 더 난해한 철학적, 윤리학적 판단에로 이행"하는 정도의 난이도 상승은 일어나지 않는다. 오히려 구체적으로 참고 가능한 증거에 따라서는 칸트가 예로 든 상인이 이익이 아니라 의무에 근거해서 행동했는지 여부를 판단하는 것이 더 쉬울 수도 있다.

더욱 주목할 가치가 있는 것은 중지의 자율성을 인정하기 위하여 특히 규범적 관점에서 집요하게 요구하는 동기의 도덕성, 그 요구의 '과도함'이다. 규범적 관점(하 선생이 소개한 자들로는 Blockelmann, Roxin, Ulsenheimer과 같은 견해)이 사용하는 단어들에서 이 도덕적 가치관은 짙게 배어나온다. '도덕적으로 인정받을 만한(sittlich anerkannteswert)', '대가를 받을 만한' 행위(Blockelmann), '범죄자이성의 규준으로부터 배반(Abfall von den Normen der Verbrechervernunft)'하여 합법성에 회귀하는 행위(Roxin), '법에 충실한 심정의 표현(Ausdruck rechtstreuer Gesinnung)'으로서의 행위(Ulsenheimer).

통상적으로 형법은 일반인이 법을 준수하는 한 그 준수하는 동기가 무엇이든 관

---

11) 임마누엘 칸트(백종현 역), 윤리형이상학 정초, 아카넷, 2007, 85면.

여하지 않는다. 순수하게 도덕법칙에 대한 존경심에서 법을 준수하든, 처벌과 이익을 형량한 결과로 법준수의 이익이 더 크다고 계산하여 준수하든 그에 대한 형법적 판단은 원칙적으로 완전히 동일한 것이다. 보통은 법 이상의 것, 가령 법을 넘어선 윤리적 가치판단 같은 것만이 이러한 동기의 구별에 관심을 둔다. 그런데 중지미수에서 중지의 자율성 판단에 와서는 형법은, 특히 규범적 관점을 취하는 해석론은 그 용어부터 직접적으로 행위의 도덕성을 요구한다. 형법이 이렇게 인간의 행위에 형식적 합법성을 넘어서 당당히 도덕성을 요구하는 이유는, 그 대가로 처벌의 면제라는 특혜(우리나라 형법에서는 형 감경이 아닌 면제를 적용하는 경우)를 주기 때문이다.

어떤 면에서는 중지미수 규범이 기브 앤 테이크의 거래를 제안하는 것 같지만, 그 대가의 진지성을 보면 형사정책적으로나 일반의 정서면으로나 성공적인 교환이라고 생각한다. 여기서는 실로 합리적인 거래라고는 생각할 수 없는 물건이 양쪽이 놓인다. 한편에는 실행에 착수하여 의심 없이 성립한 미수의 범행을, 중지했다는 이유로 처벌하지 않는 파격적인 (과연 정의로운지 확신하기 어려울 법도 한) 제안이 오고, 다른 편에서는 합목적적인 '범죄자이성의 규준을 배반'하고, 형식적으로 적법할 뿐만 아니라 도덕적이기까지 한 동기에 기인하여 합법성으로 회귀하는, 사뭇 불가능해 보이는 윤리적인 행위가 놓인다.

이러한 거래조건의 '비정상성'은 이미 '범죄자이성의 규준으로부터 배반'이라는 표현에 잘 드러난다. 중지의 자율성은 합리적인 범죄자라면 취하지 않을 비계산적, 비이성적인 동기를 요구하는 것이다. 독일판례도 자의성판단의 기준을 범죄인이성(Verbrechervernunft)에 관련시켜 행위자가 **비이성적 이유**로 범행을 중지했다면 자의성이 존재하고, **이성적 이유**(발각이나 처벌의 위험)로 중지했다면 자의성이 없다고 판단한다.[12] 여기서 '이성'이란 물론 칸트가 말하는 것 같은 실천이성이 아니라 범죄적 합리성을 말한다. 즉 범행을 중지할 아무런 합리적 이유가 없는데도, 이미 시작한 범행을 단지 '법에 충실한 심정의 표현'을 위해 철회하는 것이다. 실로 '범죄자이성으로부터의 배반'이며, 흔히 일어나는 일은 아닐 것이다.

그렇다면 형을 면제하는 경우의 중미미수 규범은 원칙적으로는 법을 준수할 목적 이외에는 동기가 되지 말 것을 요구한다는 점에서, 다른 이유가 아니라 도덕법칙이

---

12) BGHSt 9, 50(김일수, 한국형법론 II, 박영사, 1997, 201면에서 재인용).

기 때문에 그에 따라 행위할 것을 요구하는 칸트의 공식과 구조적으로 다름이 없다. 이것이 아무런 쓸 데 없는 과도한 요구라고 해도 어쩔 수 없다. 윤리란 본성상 '과도한 것, 과잉인 것'이다.[13] 더구나 도덕철학과는 조금 다르게 형법에서는 이 특혜가 자발적인 법준수 의지를 권장한다는 점에서 (그 실효성은 증명되기 어렵지만) 최소한의 정책적 유용성은 있어 보인다. 다만 그 근거에서 본질적으로 같다는 것이다.

중지미수 규범이 결과를 동일하게 중시한다는 주장도 있지만[14] 본질적인 면에서는 결과를 사상한다고 봐야 한다. 결과의 불발생은 형면제의 검토를 개시할 조건일 뿐이다. 본론은 중지의 자율성 판단에서 전개되며, 그곳에서는 '동기'에 온 관심이 집중된다.

도덕철학을 일신한 칸트의 '자율성' 정의는 강박적으로 철저한 면이 있지만, 철학사에서 눈부신 성공을 거둔 것과 달리 형법에서 획기적인 도구성을 (특히 개별사안의 판정 면에서) 제공하지는 않을지도 모른다. 그러나 어떠한 종류의 자율성이든 그 본성을 이해하는 데에는 중요한 착안점을 준다고 생각한다.

형법이 불처벌이라는 특별취급까지 제안하면서 바라는 중지의 자율성이 어떠한 것인지에 대해서는 아래의 선언이 정확히는 표현하지 못하겠지만 그 정서를 짐작해 보려는 시도로 인용해본다.[15]

선의지는 그것이 생기게 하는 것이나 성취한 것으로 말미암아, 또 어떤 세워진 목적 달성에 쓸모 있음으로 말미암아 선한 것이 아니라, 오로지 그 의욕함으로 말미암아, 다시 말해 그 자체로 선한 것이다. (...) 아무것도 성취되지 못한 채, 오직 선의지만

---

13) 슬로베니아의 라캉 연구자 알렌카 주판치치는 칸트의 단지 '의무에 부합하는(pflichtmäßig)' 행동과 '의무에 근거한(aus pflicht)' 행동에 대한 칸트의 유명한 구분에 착안하여 후자는 합법성에 대하여 **도덕의 잉여적인 면**을 제시한다고 한다(알렌카 주판치치(이성민 역), 실재의 윤리, 도서출판 b, 2008, 35면). 특히 윤리는 본성상 과도하며, 사태의 원활한 진행, 즉 현실원칙에 의해 지배되는 삶과의 관계 속에서 윤리는 언제나 과도한 무언가로서, 교란시키는 '중단'으로서 나타난다고 한다(23면).

14) 손지선, 중지미수에서의 자의성 규명과정 정립을 위한 고찰, 형사법연구 제28권 1호, 2016, 32면은 행위자가 자의로 중지하였음에도 불구하고 결과가 발생하는 인과관계의 착오를 기수로 인정하는 것에서 추론할 수 있는 것은 중지미수에서 결과불발생, 즉 중지행위의 성공이 자의성과 마찬가지로 중요하다는 사실이라고 한다.

15) 임마누엘 칸트(백종현 역), 위의 책, 79-80면.

이 남는다 할지라도, 선의지는 보석과 같이 그 자체만으로도, 그 자신 온전한 가치를 가진 어떤 것으로서 빛날 터이다. 유용성이니 무익함이니 하는 것은 이 가치에 아무것도 증감시킬 수 없다.

불능미수[*]

Ⅰ. 서론

불능미수의 처벌근거의 문제를 다시 형법학적 논의에 붙이려는 시도는, 이미 독일의 입법자가 주관적 미수론의 입장을 제2차 형법개정법 제22조와 제23조에 밝혔기 때문에 불필요하고 의미없는 노력인 것처럼 보인다. 이는 더욱이 Feuerbach의 범죄개념정의 이후에 지속되었던 불능미수의 가벌성에 관한 학문적 논의에서 관철된 전통적인 판례의 주관론적 입장을 입법자가 승인한 것이기 때문에 더 그러하다. 또한 이 문제영역에 관한 논의의 길고 긴 이론사적 과정에 비추어 더이상 새로운 관점을 제시할 수 없을 것이라는 체념도 이유가 될 수 있다. 마지막으로 불능미수의 범죄체계 내에서의 의의 및 이론적인 결론이 미수의 실제적인 중요성과 서로 역관계에 놓여 있다는 점도 이 문제를 다시 다루어 보려는 시도를 꺾어놓기에 충분한 것처럼 보인다.[1]

---

* 출처: 「형사법연구」 제4호, 1991, 59~86면.

그러나 이와 같은 논의의 필요성에 대한 회의적인 태도는 최근의 논의상황에 비추어 올바르지 못하다는 점을 알 수 있다. 과연 1930년대 초까지 독일 형법학계에서 다수설이었던 객관적 미수론이 특히 1950년대 이후의 독일 형법 개정논의에서 그 중요성을 상실한 것이 타당한 것인가, 그리고 형법입법자가 1975년에 시행된 개정형법에 주관적 미수론에 근거한 미수규정을 개정, 신설한 것이 올바른 것이었나 하는 점이 최근에 논의의 대상이 되고 있기 때문이다. 한편으로는 주관적 미수론에 대한 비판이 불법론에서,[2] 다른 한편으로는 객관적 귀속이론과 관련하여[3] 제기되고 있으며, 입법자의 결정, 특히 독일 형법 제23조 3항의 규정이 1985년의 독일 형법학자대회 이후 비판의 대상[4]이 되고 있다. 따라서 이와 같은 학문적 동향에 따라 불능미수 내지 미수의 처벌근거를 다시 근본적으로 논의하는 것도 형법이론체계상 의미있는

---

1) 독일 연방최고법원 판례의 대부분도 불능미수의 가벌성에 관한 본질적인 문제보다는 대체적으로 "가벌적"인 것으로 보는 미수의 형태와 불가벌적인 "환각범(Wahndelikt)"과의 구별이 규범적 구성요건 착오와 관련하여 문제되고 있다. 이에 관하여는 Ha, Die strafrechtliche Behandlung des untauglichen Versuchs, S.117ff., Baden-Baden 1991.

2) Alwart, Strafwürdiges Versuchen, S.158ff., Berlin 1982; Zaczyk, Das Unrecht der versuchten Tat, S.126ff., Berlin 1989.

3) Frisch, Vorsatz und Risiko, S.92ff., Köln u.a. 1983; ders, Tatbestandsmässiges Verhalten und Zurechnung des Erfolgs, S.42f., Heidelberg 1988; Rudolphi, Der Zweck staatlichen Strafrechts und die strafrechtlichen Zurechnungsformen, in; Grundfragen des modernen Strafrechtssystems, S.69ff., Berlin/New York 1984; Wolter, Objektive und personale Zurechnung von Verhalten, Gefahr und Verletzung in einem funktionalen Straftatsystem, S.77ff., Berlin 1981.

4) Hirsch, Bilanz der Strafrechtsreform, in Gedächtnisschrift für Hilde Kaufmann, S.144, Berlin/New York 1986; ders., Hauptprobleme des dogmatischen Teils der deutschen Strafrechtsreform, in: Deutsch-Spanisches Strafechtskolloquium 1986, S.62f., Baden-Baden 1987; ders., Die Entwicklung der Strafrechtsdogmatik nach Welzel, in: Festschrift der Rechtswissenschaftlichen Fakultät zur 600-Jahr-Feier der Universität zu Köln, S.422f., Köln u.a. 1988; Jakobs, Kriminalisierung im Vorfeld einer Rechtsgutsverletzung, ZStW 97(1985), 751ff.; vgl. Gropp, Diskussionsbeitrage der Strafrechtslehrertagung 1985 in Frankfurt a.M., ZStW 97(1985), 921, 928; Maier, Diskussiosbericht von der Arbeitssitzung der Fachgruppe für Strafrechtsvergleichung, ZStW-Beiheft 1987, 141ff; Struensee, Versuchsvorsatz und Wahnkausalität, ZStW 102(1990), 21ff.; Maurach, Deutsches Strafrecht, Allgemeiner Teil, 4. Aufl, S.505, Karlsruhe 1971; Roxin/Stree/Zipf/Jung, Einführung in das neue Strafrecht, S.20ff., München 1974; Blei, Strafrecht I, Allgemeiner Teil, 18.Aufl., S.233, München 1983; Spendel, Zum Begriff des Vorsataes, in; Festschrift für Lackner, S.172, 180, Berlin/New York 1987; Weigend, Die Entwicklung der deutschen Versuchslehre, in: Strafrecht und Kriminalpolitik in Japan und Deutschland, S.126ff., Berlin 1989.

일이다.

독일형법 제23조 3항은 법률효과면에서의 해결을 통해서 주관적 미수론이 가져올 수 있는 극단적인 결과가 완화될 수 있다.5) 그러나 이 규정은 행위자의 현저한 무지(aus grobem Unverstand)로 인한 "절대적"으로 위험하지 않은 미수도 불법하다는 점을 전제로 하고 있기 때문에, 과연 형법입법자가 법익보호에 제한되어 있는 형법의 임무를 넘어서 수범자의 법신뢰적인 심정(rechtstreue Gesinnung)을 광범위하게 보호하려는 것이 아닌가 하는 의문을 갖게 한다. 따라서 법익보호에 지향된 형법이라는 관점에서 우선 (Ⅱ)에서는 독일 형법에 신설된 미수에 관한 법규정을 비판적으로 검토하기로 한다.

이론사가 나타내듯이 독일형법학은 1930년대 초반까지 독일제국법원(Reichsgericht)이 취하고 있던 주관적 미수론과 거리를 유지하고 있었으나, 그 이후 학설은 견해의 현격한 변화를 경험했다. 여기에 이론사적인 측면에서 중요하고도 해명이 필요한 관점이 놓여 있다. 따라서 (Ⅲ)에서는 미수론에서 서로 상반된 입장을 취하던 학설과 판례가 어떻게 견해의 일치(Konsens)을 이루었는가 하는 점을 규명하기로 한다.

(Ⅱ)와 (Ⅲ)에서는 또한 한국 형법의 미수규정을 소개하고 문제점을 제시하며 학설과 판례도 아울러 고찰한다. 여기서 중점이 되는 문제는 어떤 이론적인 근거로 한국의 형법입법자가 독일과는 달리 객관적 미수론의 입장을 취했는가 하는 점과 불능미수의 가벌성을 결정하는 위험성표식을 학설과 판례가 어떻게 이해하고 판단하는가 하는 문제이다.

(Ⅳ)에서는 (Ⅱ)와 (Ⅲ)에서 얻어진 인식과 결론을 토대로 미수의 불법을 근거지우고, 그로부터 구체적인 결론을 이끌어 내기로 한다. 미수의 불법을 이론적으로 근거지움에 있어서 고려해야 할 점은 개개 법익의 보호요구가 어떻게 사리에 합당하고 효과적으로 충족될 수 있는가 하는 점이다.

---

5) 주관적 미수론에 따르면 독일 형법 제23조 3항의 사례, 즉 행위자의 현저한 무지로 인한 불능미수의 경우도 행위의 주관적 측면, 즉 법적대적 의사의 실행 때문에 보통의 미수와 같이 처벌해야 하나, 이러한 불능미수의 처벌을 완화하여(즉 임의적 형면제 또는 감경) 법률효과면에서 해결하고 있다.

Ⅱ. 독일과 한국 형법에서의 불능미수

1. 독일 형법의 미수규정의 발전의 의의

구형법(1875)에서 입법자가 어떤 미수론의 견해를 갖고 있었는가는, 미수의 불법을 근거지우는데 있어서 주관적 관점과 객관적 관점과의 대립이 가장 잘 나타나는 불능미수의 가벌성에 관하여 입법자가 의도적으로 명시적 규정을 삼가했기 때문에 명확하게 대답할 수 있는 것은 아니다. 그러나 구형법의 미수규정들은 적어도 객관적 미수론의 입장에 기초하고 있지 않은가 하는 추론을 간접적으로 이끌어 낼 수 있다. 즉, 미수의 처벌을 필요적 감경으로 한 점6)(구형법 제44조 1항), 중지미수를 객관적 미수론의 입장에서 규정한 점,7) 그리고 미수의 개념정의에서 "실행의 착수(Anfang der Ausführung)"라는 표현을 사용한 점 등은 입법자의 미수론에 대한 입장을 간접적으로 나타내고 있다고 볼 수 있다.

독일제국법원은 이 규정 때문에 형법적인 보호법익이 위태화될 수 없는 불능미수가, 중지미수의 경우에는 법익침해의 위험성이 있는 통상의 미수보다 불리하게 취급되는 모순이 있음을 인식했지만 법규정 때문에 불능미수의 중시미수를 인정하지 않았다(RGSt. 17, 158; 51, 204; 65, 273; 68, 306; 77, 1). 그러나 이는 법규정의 개정을 통하여 해결되어야 함을 지적한바 있다(RGSt. 68, 309). 독일최고법원은 그러나 법개정 없이도 주관적 미수론을 토대로 하여 실행불능미수의 중지미수를 인정하였다(BGHSt. 11, 324).

1933년 이전까지의 일련의 형법개정시안(또는 초안)에서는 불능미수가 가벌적이라는 점을 분명히 하고 있고 미수규정 전반에 걸쳐서 주관적 미수론의 입장을 취하고 있었다.8)

---

6) 이 규정은 나치시대인 1939년 임의적 감경규정으로 바뀌었다. 그러나 임의적 감경으로 의 변천은 반드시 나치의 영향만은 아니다. 이미 Radbruch의 초안(1922년)에 책임원칙을 근거로 임의적 감경을 규정하고 있고, 오스트리아나 스위스의 형법에도 발견되어 진다.

7) 제44조에 실행미수의 중지의 경우에 구성요건적 결과발생의 방지가 행위자 자신의 행위에 의한(durch eigene Tätigkeit des Täters)것이어야 함을 명백히 하고 있어서 불능미수의 경우에는 중지미수의 성립가능성이 배제되었다.

8) 예를 들어 미수개념정의에서 "행위자의 표상에 따라 실행의 착수(Anfang der Ausführung nach der Vorstellung des Täters)"라는 표현을 쓰고 있는 점, 주관적 미수론의 극단적인 결과를 법률효과면에서 해결하려고한 점, 중지미수규정 그리고 임의적 감경규정 등. 이에 관해서는 Ha, a.a.O.,

2. 현행 독일형법 제22조 이하의 주관적 미수론의 입장

(1) 미수개념의 '행위에 대한 행위자의 표상에 따라(nach seiner Vorstellung von der Tat)'라는 표현

이 표현은 한편으로는 미수를 고의범의 경우에만 한정하려는 입법자의 의도를 나타내 주고 있고, 다른 한편으로는 불능미수도 가벌적이라는 점을 분명히 하고 있다. 왜냐하면, 예를 들어 착오로 장전되지 않은 총으로 사람을 사살하려고 한 자도 총을 겨누는 행위를 통해서 이미 그의 표상에 따라 구성요건 실현에 착수했다고 볼 수 있기 때문이다. 이로써 주관적 미수론의 입장에 서게 되었는데, 주관적 미수론을 논리적으로 이끌고 가면 불가벌적인 예비행위를 희생해서 가벌적인 미수의 범위를 넓혀갈 위험이 있게 되자, 미수의 개념에 "구성요건의 실현을 위한 직접적 개시(unmittelbares Ansetzen zur Tatbestandsverwirklichung)"라는 객관적인 요소를 삽입하였다.

(2) 불능미수는 원칙적으로 가벌적이다

이미 불능미수의 가벌성은 형법 제22조의 미수의 개념에서도 도출되지만, 특히 독일형법 제23조 3항에 분명히 하고 있다. 왜냐하면 행위자의 현저한 무지에 기인한 불능미수의 경우 형면제 또는 형의 감경이 가능하다는 점은, 그러한 미수의 경우에도 구성요건에 해당하고 근본적으로 가벌적인 미수가 존재한다는 점을 전제로 해야 하기 때문이다.

그러나 이 규정에서는 결과발생의 불가능성이 가벌여부 뿐만 아니라 형벌정도(das "Ob" und "Wie" der Strafbarkeit)에도 영향을 미치지 아니하며 보통의 미수와 같이 취급될 뿐이다. 단지 독일형법 제23조 3항에 규정된 법률효과는 미수의 불가능성이 아니라, 행위자의 현저한 무지에 관련되어 있는 것이다.

(3) 임의적 감경(형법 제23조 2항)

미수의 가벌성의 근거를 행위자의 범죄적인 의지와 그의 위험성에 있다고 보는 주관적 미수론의 입장에서는 결과가 발생했는지의 여부가 양형에 있어서 근본적으

S.40ff. 참조.

로 영향을 미칠 수 없다. 이러한 관점에서 독일형법은 제23조 2항에 임의적 감경규정을 두고 있다.

(4) 불능미수의 중지미수 성립가능성(형법 제24조 1항 2문)

이미 언급한 바와 같이[9] 객관적인 중지미수규정(구형법 제46조)이 가져온 모순을 제거하기 위해서 입법자는 독일형법 제24조 1항 2문에 주관적인 중지미수규정을 도입하였다. 이에 따르면 실행불능미수(beendeter untauglicher Versuch)의 경우에 행위자가 자의에 의해서 진지하게 결과발생을 방지하려고 노력한 경우에는, 비록 결과가 행위자의 행위에 의하지 아니하고 발생하지 아니한 경우라 하더라도, 행위자를 처벌할 수 없게(Straflosigkit) 된다.

3. 독일형법 제23조 3항의 불능미수규정에 대한 비판

(1) 형법 제23조 3항의 의미

행위자의 현저한 무지로 미수가 객체 또는 수단의 종류에 따라 도저히 기수에 이를 수 없음을 인식하지 못한 경우에는, 법원은 형법 제23조 3항에 따라 제2항에 의한 임의적 감경가능성 외에도 형을 면제하거나(Absehen von Strafe) 또는 재량에 따라 형을 감경할 수 있다. 형법 제23조 3항은 불능미수 중에서 불가벌적인 경우를 한계지울 수 있는 적절한 객관적 기준을 제시할 수 없다는 점을 고려한 것으로써 입법자는 이 모든 사례에 합리적인 결과를 이끌어 내기 위해서 하나의 융통성있는 해결책을 선호한 것이다.

이로써 입법자는 주관적 미수론의 극단적인 결과를 피할 수 있으며, 또한 무지로 인한 미수행위를 특별취급함으로써 법감정과의 상치와 형사정책적으로 불합리한 결론을 어느 정도 약화시킬 수 있다.

그러나 유감스럽게도 입법자는 형법 제23조 3항을 통해서 주관적 미수이론을 간접적으로 명시하였다.

---

9) 주6) 참조.

(2) 형법 제23조 3항의 적용을 위해서 가능미수와 불능미수를 구별해야 할
   필요성이 있는가?

독일 형법이 결과 발생이 가능하든지 불가능하든지를 구분하여 취급하고 있지 않음에도 불구하고, 새로운 형법 제23조 3항이 가능미수와 불능미수의 한계에 대한, 이미 극복된 것으로 여겨진 논쟁을 다시 불러일으킨 것이 아닌가 하는 의문이 제기된다. 왜냐하면 제23조 3항이 "도대체 기수에 이를 수 없는(überhaupt nicht zur Vollendung führen konnte) 미수"라는 분명치 않은 문언을 포함하고 있기 때문이다.

그러나 가능미수와 불능미수의 구별을 위한 객관적인 기준을 제시할 수 없다는 실제적인 어려움 때문에 입법자는 제23조 3항에 "현저한 무지(grober Unverstand)"라는 요소를 추가하여 한편으로는 이미 언급한 바와 같은 비난을 약화시켰으나, 다른 한편으로는 "현저한 무지로"라는 일반조항적 표현 때문에 법적용에 있어서 새로운 해석의 문제를 야기시켰다.

(3) 형법 제23조 3항은 미신범의 경우를 포함하는가?

형법 제23조 3항의 "현저한 무지로(aus grobem Unverstand)"라는 표현 때문에, 예를 들어 타인을 주문을 외워서 또는 미신적인 힘을 빌어 죽게 하려고 시도하는 사례도 이 조항에 포섭될 수 있는 것으로 생각할 수 있다. 이러한 견해의 타당성의 근거로서 1962년의 초안 제27조 3항[10]에 대한 초안의 이유를 들 수 있다. "미수가 전적으로 불능일 수도 어리석을 수도 또한 미신적일 수도 있다. 따라서 법질서에 대해 전혀 어떠한 위험도 형성하지 못할 수도 있지만, 그럼에도 불구하고 미수행위를 통해서 현저한 범죄적인 의지(verbrecherischer Wille)가 드러나게 되고, 이는 행위가 실패된 후에 다른 가능한 방법으로 다시 시도할 우려를 자아낸다."[11]

형법 제23조 3항의 새로운 규정 때문에, 지배적인 견해[12]에 의하면 불가벌적인

---

10) Entwurf eines Strafgesetzbuches E 1962 mit Begründung, S.144, Bonn 1961. 현행법의 제23조 3항과는 법률효과에 있어서 형면제 가능성과 임의적 감경의 순서만 바뀌어 있다.

11) 그러나 이 초안의 이유서의 다른 면(S.145)에서는 죽으라고 주문을 외우는 행위는 실현불가능한 기대나 소원에 불과하고, 통상 고의가 결하여 있다고 설명하고 있어 이유의 모순을 드러내고 있다.

12) 한편으로는 고의가 결하였기 때문에 (Dreher/Tröndle, Strafgesetzbuch und Nebengesetze, 44.Aufl.,

미신범도 형법 제23조 3항에 포함되는 미수의 한 형태로 파악하고,[13] 처벌은 형법 제23조 3항의 몇 가지 가능성 중에서 형면제를 우선해야 한다는 견해가 있다. 그러나 이러한 견해는 형법 제23조 3항의 적용범위를 부당하게 넓히는 결과를 초래한다. 형면제를 통해서 미신범을 처벌하지 않는 것과 같은 효과를 얻는다 하더라도, 형면제의 법률적 성질상, 즉 유책하지만 처벌을 면제하는(Schuldspruch ohne Strafausspruch) 것을 의미하기 때문에, 미신범의 경우에도 구성요건에 해당하고 위법 유책한 행위가 있다는 점을 인정하는 결과는 되는 것이다.

이는 제23조 3항의 도입으로 주관적 미수론의 극단적인 결과를 회피하려는 입법자의 의도와 맞지 않게 된다. 미신범을 형법 제23조 3항의 적용에서 배제시키는 것이 타당한데, 왜냐하면 형법 제23조 3항의 미수도 제22조의 미수개념을 전제로 하고 있기 때문이다.

(4) 형법 제23조 3항에 규정된 사례의 당벌성(Strafwürdigkeit)과 처벌필요성

현저한 무지로 인하여 결과발생의 가능성을 인식하지 못한 행위는 어느 누구라도 알 수 있는 무해한 행위임에도 불구하고 독일 형법 제23조 3항에 따라서 형면제의 경우는 행위자의 책임유무를, 법관의 재량에 따른 형감경의 경우는 행위자의 책임과 형량을 확정해야 한다는 점은 납득하기 어렵다.[14] Roxin은 현저한 무지로 인한 불능미수는 행위의 공공연한 무해성 때문에 법평화상태의 교란이 있을 수 없으므로 형벌필요성이 없다고 본다.[15]

---

§23 Rdn.5, München 1988), 또는 현실성의 한계를 넘어서서 형법 제22조의 의미의 구성요건 실현의 직접적 개시가 결하였기 때문에 (Gössel, Zur Strafbarkeit des Versuchs nach dem 2. Strafrechtsreformgesetz, GA 1971, 232ff.), 다른 한편으로는 인상설의 입장에서 (Jescheck, Lehrbuch des Strafechts, AT 2.Aufl., S.401ff.; Maurach/Gössel, Strafrecht, AT, Tb.2,7.Aufl., S.43f., Heidelberg 1989; Lackner, Strafgesetzbuch mit Erläuterungen, 18.Aufl., §22 Anm.2; Rudolphi, SK, §22 Rdn, 35) 미신범을 불가벌적으로 본다.

13) Baumann/Weber, AT, 9.Aufl., S.499; Stratenwerth, AT, 3.Aufl., Rdn.694f. 그러나 Stratenwerth는 미신범도 원칙적으로는 처벌할 수 있는 가능성을 열어둔 이러한 입법자의 결정을 부당한 것으로 이해한다.

14) Wagner, Die selbständige Bedeutung des Schuldspruchs im Strafrecht, insbesondere beim Absehen von Strafe gemass 16 StGB, GA 1972, 39, 이와는 달리 Alwart, a.a.O., S.235.

15) Roxin, Tatentschluss und Anfang der Ausführung beim Versuch, JuS 1979, 1; 또한 Wolter a.a.O., S.78 Anm. 48; Oehler, Das objektive Zweckmoment in der rechtswidrigen Handlung, S.120f.,

(5) 법관의 재량범위

입법자가 "현저한 무지로"라는 일반조항적인 표현을 씀으로써 형법 제23조 3항의 적용상 불명확성을 남겨놓은 점을 차치하고도, 형법 제23조 3항의 법률효과면에 대한 비난이 가해지고 있다.[16]

예를 들어 설탕에도 독약의 효능이 있다고 믿고 살인을 시도한 자는, 형법 제23조 3항의 경우에 해당하게 되어 법관에게는 양형에 있어서 몇 가지의 선택이 놓여 있게 된다. 즉, 형면제 가능성, 형법 제23조 3항 및 형법 제49조 2항에 따른 감경과 형벌 제23조 2항 및 제49조 1항에 따른 감경, 그리고 통상의 살인죄의 법정형 등이다. 그러나 양형과 관련하여 부여된 이와 같은 폭넓은 법관의 재량은 기본법 제103조 2항에 명시된 명확성의 원칙에 비추어 의문이다.

물론 제23조 3항의 범죄행위의 법률효과가 종류나 정도에 있어서 법관에게 자유로운 선택을 인정한 것은 아니라 하더라도, 입법자가 너무나 폭넓은 재량범위를 인정하여 거의 한계가 지워지지 않는 형벌범위의 가능성을 열어 놓았기 때문에, 법률효과의 상대적인 명확성에 대한 헌법적 요구를 충족시키지 못한 것으로 이해할 수 있다.

이러한 관점을 고려하여 학설에서는 형법 제23조 3항에 입법자가 형면제를 순서상 먼저 규정한 점에 비추어 임의적 감경규정을 적어도 필요적 감경규정으로 해석해야 한다는 견해는 위와 같은 비난을 면하기 위한 법해석이다.

(6) 소결론: 독일형법 제23조 3항은 불필요하게 신설된 규정이다.

형법 제23조 3항에 해당되는 사례는 실제로는 아주 드물게 발생할 것이기 때문에 그 적용범위가 매우 한정되어 있다. 이러한 실무적 중요성의 관점에서 보면 입법자는 이론적 체계적 완결성을 위해서 실용성이라는 측면을 도외시한 것이라는 비판이

Berlin 1959.

16) Roxin이 이점을 잘 지적했는데, 그에 따르면 입법자가 가능한 형사제재, 즉 기수와 동등한 형벌, 형법 제49조 2항에 따른 감경 그리고 형면제 중의 선택을 형사법관에게 맡겨놓음으로써 법적 안정성이 심각하게 침해될 소지가 있다는 것이다. Roxin/Stree/Zipf/Jung, Einführung in das neue Strafrecht, S.21f. 또한 Blei, Strafrecht I, AT, 18.Aufl., S.233, München 1983; Mayer, ZStW 87 (1975), 616; Baumann/Weber, Strafrecht AT, 9.Aufl., S.478, Bielefeld 1985; Maurach/Gössel, a.a.O., 53.

가능하다.

규범의 목적이 법익의 보호에 있다는 점과 금지규범과 요구규범의 내용을 고려한다면[17] 제23조 3항에 규정된, 명백히 위험하지 않은 행위의 불법성을 인정하고 이에 형법적인 제재의 필요성이 존재한다고 보는 것은 지극히 의문이다.

따라서 형법 제23조 3항의 신설규정은 문제의 "해결책"을 제시한 것이 아니라, 오히려 문제를 야기하고 내포한 불필요한 규정으로 여겨진다.

4. 한국형법의 미수규정

(1) 미수규정

입법자는 객관적 미수론의 입장에서 가능미수와 불능미수의 구별필요성으로부터 출발하여 제27조에 불능미수의 독립된 규정을 두었다. 이는 불능미수의 가벌성에 관해 분명한 입장을 밝히지 않았던 구형법과 비교해서 주목할 만한 변화이다.

그 외에도 제25조에 착수미수와 실행미수를 구별한 점 - 이는 제26조의 중지미수 규정에서도 발견되어 지는데 - 과 제28조에 예비행위는 특별한 규정이 있는 경우에만 처벌한다는 점이 미수의 영역에서 새로운 점이다.

(2) 제27조의 "가벌적인" 불능미수

법전편찬위원회의 형법요강에서는 불능미수는 위험하지 아니하면 처벌하지 않는다는 입장이었으나,[18] 후에 동위원회의 형법초안에서는 불능미수는 단지 형을 감경 또는 면제할 수 있다는 주관적 미수론의 입장으로 바뀌었다.

그러나 국회의 법제사법위원회에서는 형법초안에 대해서 두 가지 비판이 있었는데, 그 하나는 가능미수와 불능미수 사이의 구분이 불명확하다는 점이고, 다른 하나는 주관적 미수론에서 출발하는 이 초안은 미신범을 제외하고는 모두 처벌하게 되어 가혹하다는 점이다.[19]

이러한 점을 고려해서 법제사법위원회는 불능미수의 가벌성을 제한하는 요소로서

---

17) 이에 관해선 (IV) 참조.
18) 엄상섭, 형법요강해설 (1), 법정 1948.9, 19면. 이 입장은 1931년의 일본형법가안 제22조에 상응한다.
19) 이에 관해서는 서일교, 신형법, 1953, 113면 참조.

미수행위의 위험성을 받아들였고, 이와 같이 수정된 견해가 형법 제27조의 기초가 되었다.[20]

현행 형법의 미수규정의 적용을 위해서는 우선 제25조의 의미의 가능미수와 제27조의 불능미수를 구별해야 할 필요성과 불능미수의 가벌성여부를 결정하는 표지인 위험성 판단의 필요성을 인식해야 한다.

그러나 입법자는 수단과 객체의 가능성 내지 불가능성을 어떻게 이행할 것인가의 선결문제에 관해서 분명한 입장을 밝히지 아니한 채, 이를 전제로 하는 불능미수의 특별규정을 신설한 점은 형법해석과 적용에 이중의 부담을 지운 것이 된다.

III. 학설과 판례에서의 불능미수

1. 독일의 이론과 판례

(1) 객관적 구체적으로 위험한 미수행위: v.Liszt와 v.Hippel

19세기초 Feuerbach가 미수범의 특징적 요소로서 행위와 의도한 결과 사이의 인과관계와 외적 행위의 객관적 위험성[21]을 제시한 뒤, 이 미수개념 정의는 객관적 미수이론의 기초가 되었다. 즉 절대적 불능과 상대적 불능으로 구분한 Mittermaier의 구객관설과 v.Liszt와 v.Hippel의 위험성설(Gefährlichkeitstheorie) 또는 신객관설도 Feuerbach의 견해에 기인한다.

그러나 Mittermaier는 Feuerbach의 객관적 위험성개념을 "상대적 불능"개념으로 대치하여, 불능한 수단에 의한 미수행위의 가벌성여부를 설명하고 있다. 즉 어떠한 사정하에서도 의도한 범죄를 실현할 수 없는 추상적으로 불가능한 수단(예를 들어, 설탕으로 독살하려는 행위)과 불충분하거나 구체적으로 불가능한 수단으로 구별하여, 후자는 범죄의 완성에 적합한 수단이지만 사용방법의 잘못이라든가 불충분한 양을 사용했기 때문에 기수에 이르지 못한 경우로서 가벌적이라는 것이다.[22]

---

20) 어떤 근거로 입법자가 객관적 미수론의 입장에서 미수규정을 두었는가는 형법제정작업에서 1930년의 일본형법가안을 토대로 한 점과 그 당시의 판례가 객관적 미수론을 취하고 있었던 점에 기인하는 것으로 여겨진다.

21) Feuerbach, Lehrbuch des gemeinen in Deutschland gültigen Peinlichen Rechts, 9.Aufl., §42, Giessen 1826.

이와는 달리 v.Liszt는 Feuerbach의 미수의 중요한 개념요소로서의 위험성을 이론적으로 발전시켰다. 그는 Feuerbach의 견해가 문헌과 특히 판례에서 관철되고 있지 못함을 인식하고 위험성 평가방법의 구체화를 시도하였다. 우선 v.Liszt의 행위개념23)에 따르면 행위자의 의사에 의하여 야기된 외부세계의 변화가 곧 행위의 결과로서 행위개념의 본질적인 요소이고 "위험(Gefahr)" 또한 외부세계에 나타난 상태로서 결과(Erfolg)라는 것이다. 즉 위험이란 주어진 사정과 행위 당시 일반적으로 인식할 수 있었거나 행위자가 특히 알고 있었던 사정하에서 침해의 결과가 발생하리라는 개연성(Wahrscheinlichkeit)이 있는 상태이다.24)

여기에는 위험성 평가에 필요한 모든 관점, 즉 평가시기("행위당시 또는 ex-ante")와 위험평가에 고려될 자료("일반적으로 인식할 수 있거나 또는 행위자가 특히 알고 있었던 사정")와 가능성의 정도("개연성")가 내포되어 있다.

v.Liszt는 미수의 본질을 미수행위의 위험성에 있다고 보기 때문에 이와 같은 일반적인 위험개념을 미수영역에 적용시켜 다음과 같은 결론을 이끌어 내었다: 행위당시에 인식할 수 있었던 사정을 고려한 객관적 사후예측(objektiv-nach-tragliche Prognose)으로 예상한 결과의 실현가능성이 무시할 수 있을 정도로 적을 때 미수는 위험하지 않고 따라서 불가벌이다.25)

v.Hippel은 상당성이론(Adäquanztheorie)으로 v.Liszt의 구체적 위험성설을 발전시켰다. 그에 따르면 미수에 있어서의 위험판단은, 형법에 있어서 우연책임(Zufallshaftung)을 배제시킬 수 있는 상당성론에 의해서 내용이 확정될 수 있는 위험개념을 전제로 한다.26) 문제는 어떠한 기준으로 상당성 내지 개연성을 판단할 것인가 하는 것이다. v.Hippel은 v.Liszt의 객관적 사후예측 개념으로부터 출발해서 위험개념의 객관성 때문에 행위자만 행위당시에 알거나 알 수 있었던 사정을 배제하고 원칙적으로 행위당

---

22) Mittermaier, Der Bersuch von Verbrechen, bei denen es an den erforderlichen Gegenstände des Verbrechens mangelt und der Versuch mit untauglichen Mitteln, geprüft, GS 11(1859), 424; Feuerbach/Mittermaier, Lehrbuch des gemeinen in Deutschland gültigen Peinlichen Rechts, 14.Aufl., §42, Giessen 1847.

23) v.Liszt, Lehrbuch des Deutschen Strafrechts, 18.Aufl., S.125ff., Berlin 1911.

24) v.Liszt, a.a.O., S.129.

25) v.Liszt, a.a.O., S.214f.

26) v.Hippel, Deutsches Strafrecht, Bd. II, S.142ff., Berlin 1930.

시에(ex-ante) 객관적인 관찰자가 인식할 수 있었던 사정을 판단의 자료로 삼는다. 또한 인간행위의 예견되는 효과를 올바르게 평가하기 위해서 행위자의 특별한 인식내용도 고려한다. 이와 같은 양판단자료를 토대로 관료된 영역의 필요한 경험지식을 구비한 객관적 관찰자의 관점에서 판단되어져야 한다는 것이다.

이로써 가능성 또는 위험성 판단에 토대가 될 판단의 자료와 기준이 제시되었고, 남은 것은 인과과정의 상당성 혹은 미수의 위험성을 인정하기 위해서는 어느 정도의 개연성이 있어야 할 것인가의 문제이다. v.Hippel은 논리적 또는 수치상으로 정할 것이 아니라 정의와 합목적성을 고려하여 정해야 한다는 입장이다. 따라서 결과발생의 진지한 가능성이 있는 때에 미수의 위험성이 존재한다고 본다.

(2) 객관적 미수론의 형법이론에서의 의미상실

Mittermaier의 구객관설은 그 당시의 학설뿐만 아니라 판례에서도 받아들여졌고,[27] 지배적이었던 객관적 불법론에 상응하여 v.Liszt의 구체적 위험성설이 1930년대 초까지 다수설이었다. 그러나 다음과 같은 이유로 객관적 미수론은 독일 형법학계에서 그 중요성을 상실하였다.

첫째, Feuerbach나 Mittermaier의 객관설은 구성요건흠결(Mangel am Tatbestand)이론을 방법론적 출발점으로 삼았기 때문에, 이 이론의 모순점[28]을 그대로 갖고 있을 뿐만 아니라, 객관적으로 파악된 미수의 개념도 구성요건 흠결이론상 불능객체와 불능주체에는 적용될 수가 없어서 제한된 범위 내에서만 설득력을 가질 수밖에 없었다.

둘째, v.Liszt의 후계자인 Eb. Schmidt가 v.Liszt의 교과서를 개정하면서 구체적 위험성이론을 계속 주장하였지만, 이 이론을 구성요건 흠결이론에 따라 개념적으로 미수에 속하는 사례, 특히 방법의 불능에만 적용시켜[29] v.Liszt의 이론을 일관되게 발전시키지 못하였다.

---

27) Schuler, Der Mangel am Tatbestand, S.16, 60, Breslau 1914 참조.
28) 이론적으로 행위의 최종부분으로서의 결과를 다른 구성요건요소와 구별하는 것이 불가능할 뿐만 아니라, 구서요건흠결이론은 객체와 주체, 그리고 구성요건의 실행방법이 구체적으로 법규정에 명시된 경우는 개념상 미수가 될 수 없어서 처벌할 수 없게 되므로 형사정책적으로도 불합리한 결론에 도달한다. 이에 관해서는 Albrecht, Der untaugliche Versuch, S.18ff., Basel/Stuttgart 1973; Weigend, a.a.O., S.114 Anm. 5.
29) v.Liszt/Eb. Schmidt, Lehrbuch des deutschen Strafrechts, 25.Aufl., Bd. I, S.288ff., 300f., 302ff., Berlin/Leipzig 1927.

셋째, 객관적 미수론의 입장이었던 Mezger[30]도 가벌성의 근거를 법익에 대한 미수의 위험성에서 파악하였으나, 형법의 일반예방적 목적에서 출발하여 이 위험성을 행위가 타인에게 미친, 법익질서의 안전을 교란할 인상(Eindruck)이면 충분하다고 하여 미수행위의 위험성을 행위의 인상이라는 모호한 개념으로 대체하였다.

마지막으로 그 당시 주관적 미수론의 이론을 일관되게 취하고 있던 판례가 객관적 위험개념을 미수영역에서 부정했다는 점이다.

이와 같은 이유에서 1930년대 초 이후에는 객관적 미수론의 입장에 놓여있던 학설은 그 지지자를 점점 잃어 형법미수론의 논의에서 그 중요성을 상실하였다.

(3) 주관적 미수론에로의 변천

Maurach가 "미수라는 법형태는 새로운 범죄이론의 시금석(Prufstein)이자 Bewährungs-probe다"라고 지적한 바와 같이, 미수론은 형법이론의 변천, 특히 불법론의 발전과정과 궤를 같이하고 있다. 즉, 객관적 미수론으로부터 방향을 돌린 것은 이미 형법이론학에서 지난 수십 년 동안 이루어졌던 이론적 변혁과 깊은 관련을 맺고 있다.

우선 형법이론에서 주관적 미수론이 관철될 수 있었던 이유 중의 하나는 v.Buri의 견해를 받아들인 제국법원(RG)의 첫 판결이후 일관된 판례와 이를 그대로 수용한 연방최고법원(B호)판례의 확고한 입장이다.

또한 Engisch가 1933년에 의사형법(Willensstrafrecht)이라는 용어로 등장한 형법경향의 급변이 1945년 나치의 몰락이후에도 그대로 남아있다는 것은 이해하지 못할 사실이라고 언급한 바에서[31] 알 수 있듯이, 나치지배하에 의사형법(Willensstrafrecht)에서 범죄를 법익침해가 아니라 의무위반(Pflichtverletzung)으로 파악한 것이 미수이론의 변천에 영향을 미쳤다. 형벌목적으로서의 특별예방도 행위자의 위험성에 지향되어 있기 때문에 미수의 가벌성의 논의에서 주관적 미수론에 —비록 논리 필연적인 것은 아니지만— 유리하게 작용했다고 볼 수 있다.

결정적으로 주관적 미수이론에로의 변천에 기여한 것은 불법개념정의에 있어서 주관주의에로의 발전, 특히 인적 불법론(personale Unrechtslehre)의 영향이다.[32] 즉 구

---

30) Mezger, Strafrecht, Ein Lehrbuch, 3.Aufl., S.306, Berlin/München 1949.

31) Engisch, Der Unrechtstatbestand im Strafrecht, in; Hundert Jahre Deutsches Rechtsleben, Festschrift zum hundertjährigen Bestehen des Deutschen Juristentags, S.433 Anm. 68, Karlsruhe 1960.

성요건실현에 지향된 의사의 목적적 실행을 불법의 요소로서 강조함으로써 학설에서 지배적인 인적 불법론이 주관적 미수론에 유리하게 작용했다.

(4) 형벌목적사상에 기초한 인상설(Eindruckstheorie)

오늘날 지배적인 견해로서 인상설은 주관적인 미수론의 입장에서 출발하여, 미수행위의 가벌근거에 객관적인 요소를 보충하여, 주관적 미수론이 갖는 가벌성 확장의 위험을 제거하려고 한다. 우선 인상설은 미수의 처벌근거(Strafgrund)와 당벌성(Strafwürdigkeit)을 구별한다.

Jescheck을 인용해 보면,[33] 미수의 처벌근거는 행위규범에 반하는 의사에 있다고 보지만, 이것이 처벌되기 위해서는 행위에 지향된 의사의 실행을 통해서 법질서의 효력에 대한 법공동체의 신뢰를 동요시키고 법적 안정성과 따라서 법적 평화를 침해하는 것이어야 한다는 것이다.

이러한 관점에서 현행 독일형법의 미수규정, 즉 미수의 개념정의에서 객관적 요소로서의 "직접적 개시(형법 제22조)", 임의적 감경(형법 제23조 2항)과 현저한 무지로 인한 미수의 경우의 형면제 가능성 등을 가장 잘 이해할 수 있다고 본다.[34]

불능미수의 가벌성을 제한하기 위해 Wolter[35]는 위험한 인상(Eindruck der Gefähr-lichkeit)이라는 객관적 요소를 끌어들여, 이 요소가 결하는 경우에는 법적 평화의 교란과 그로 인한 보호법익에 대한 간접적인 침해가 없기 때문에 당벌성과 형벌 필요성(Strafbeduerftigkeit)이 탈락된다고 본다. 이로부터 Wolter는 다른 인상설의 주장자와는 달리,[36] 형법 제23조 3항의 현저한 무지로 인한 불능미수가 불가벌적이라는 결론을 이끌어 낸다.[37]

---

32) Weigend, a.a.O., S.119; Struensee, ZStW 102(1990), 22.

33) Jescheck, Lehrbuch des Strafrechts, AT, 2.Aufl. (1972), S.387, 4.Aufl(1988), S.463. Meyer, Kritik an der Neuregelung des Versuchsstrafbarkeit, ZStW 87(1975), 304; Vogler, LK, Vor §22 Rdn.14; Wessels, Strafrecht, AT, 19.Aufl., S.197, Heidelberg 1989.

34) Jescheck, a.a.O., S.463; Roxin, Tatentschluss und Anfang der Ausführung beim Versuch, JuS 1979, 1; Vogler, LK, Vor §22, Rdn.54ff.

35) Wolter, a.a.O., S.78f.

36) 예를 들어 Jescheck, a.a.O., S.463,은 형법 제23조 3항의 형면제가능성을 인상설로 정당화시키고 있다.

37) Wolter, a.a..O., S.78 Anm. 48, S.80.

이와 같은 내용과 결론을 제시한 인상설에서는 그러나 행위자의 행위에 의해 공격된 구체적인 법익의 위태화 내지 침해가능성이 문제가 되는 것이 아니라, 인상요소(Eindrucksmoment)를 고찰할 때 전체로서의 법질서의 침해가 문제가 된다는 점에서 이것이 죄형법정주의의 원칙에 합당한 것인지가 의문이다. 또한 인상설에서 미수의 가벌성의 근거로 내세우는 법적대적인 의사(Auflehnungswille)에 의한 법질서 내지 평화질서에 대한 추상적인 위험은 이미 주관론을 취하고 있던 판례[38]에서도 언급이 된 점과 또한 주관적 미수론과 구체적인 결론에 있어서 본질적인 차이가 없는 한 인상설이 위장된 주관적 미수론이라는 비판은 타당하다.

또한 인상설은 형사정책적인 고려, 즉 처벌의 의미와 목적에 관한 문제를 미수의 형법적인 구성요건에 해당하는 불법이 어디에 있는가의 이론적인 문제에 앞세움으로써 논리적인 모순에 빠지게 되었다는 비판이 가능하다.[39]

마지막으로 법익평화상태의 교란에 요구되는 정도를 어떤 기준으로 확정할 것인가하는 문제는 여전히 남게 된다.[40]

이러한 비판에도 불구하고 인상설이 학설에서 지배적인 견해로 도약한 이유는, 한편으로는 판례와 현행법의 입장인 주관적 미수론을 출발점으로 삼고 있기 때문이며, 다른한편으로는 오늘날 형법적 논의에서 전면에 서게 된 형법의 임무로서의 적극적 일반예방 내지 사회통합적 일반예방(positive Generalprävention 또는 Intergrationsprävention) 사상으로 미수의 당벌성을 판단하기 때문이다.

---

38) RGSt. 1, 443; 24, 383; BGHSt. 11, 271, 327; 30, 366 ("Es kommt für die Strafbarkeit des untauglichen Versuchs nicht massgebend auf die tatsächliche Gefährdung eines bestimmten Rechtsgutes, sondern auf die für sich gesehen schon gefährliche Auflehnug gegen die rechtlich geschützte Ordnung an.")

39) Burkhardt, Der "Rücktritt" als Rechtsfolgebestimmung, S.71f., Berlin 1975; Kühl, Grundfälle zu Vorbereitung, Versuch, Vollendung und Beendigung, JuS 1980, 507; Zaczyk, a.a.O., S.22f.; Weigend, a.a.O., S.12.

40) Kratzsch, Die Bemühungen um Präzisierung der Ansatzformel (§22 StGB-ein absolut untauglicher Versuch? JA 1983, 424f.; Weigend, a.a.O., S.122f.

2. 한국의 학설과 판례

(1) 용어의 문제

현행 형법 제27조는 위험성때문에 가벌적인 불능미수를 "불능범"이라는 개념으로 표현하고 있기 때문에 법조문의 표제와 규정의 내용과 불일치하는 것이 아닌가하는 의문이 제기되고 있다. 대법원의 판례는 양자를 구분하여 불가벌적인 불능미수를 불능범으로,[41] 가벌적인 불능미수를 불능미수[42]로 표현하고 있다.

학설은 위험성유무와 그에 따른 가벌성여부에 따라서 양자를 구별하는 견해[43]와 양자를 동일한 개념으로 보는 견해[44]로 나누어진다.

용어의 문제에 있어서 입법자나 판례 및 학설이 간과하고 있는 점은 그러나 불능미수 내지 불능범이라는 용어가 무엇을 의미하는가 하는 것이다. 이 용어는 범행의사의 실행이 행위자의 표상과는 달리 사실적 또는 법적 이유로 객관적 구성요건을 완전하게 실현시킬 수 없음을 의미한다. 따라서 이러한 실행행위가 가벌적인가 여부를 말해주고 있지 않는 용어로서 이는 어떠한 법적인 평가도 포함하고 있지 않다.

따라서 일반적으로 인정된 불능미수라는 개념에 가벌적인 사례만을 포함시키려는 것은 타당하지 않다.

(2) 대법원 판례의 입장

법규정이 가벌적인 불능미수와 장애(가능)미수(형법 제25조)에 상이한 법률효과를 마련하고 있는 점에 상응하여, 판례는 구성요건적 결과의 실현에 적합하지 않았지만 위험한 미수행위와 가능한 미수행위(장애미수)를 구별하고 있다.[45]

치사량에 현저히 미달하는 농약으로 사람을 살해하고자 시도한 사건에서 판례는

---

41) 대판 1954.12.21., 4287형상190; 대판 1954.1.30., 4286형상103; 대판 1962.1.31., 61형상2612; 대판 1966.4.22., 66도152; 대판 1978.3.28., 77도4049.

42) 대판 1984.2.14., 83도2967.

43) 김종원, 형법 제27조와 미수범, 법정, 1963.11., 26면; 동, 신고형법총론 (8인 공저), 306면; 손해목, 불능범, 고시계 1966.8, 43면; 심재우, 불능미수범, 고시연구 1982.10, 12면 이하; 이재상, 형법총론, 395면; 김일수, 형법학원론, 740면 이하; 동, 불능미수론, 고대 법학논집 23집, 19면.

44) 정영석, 형법총론, 233면; 이형국, 형법총론, 292면; 동, 불능미수 (상), 고시연구 1983.7, 128면; 황산덕, 형법총론, 235면.

45) 대판 1985.3.26., 85도206; 대판 1984.10.10., 84도1793.

- 그 살해행위가 불가능하지만 위험성 때문에 가벌적인가 여부를 판단함이 없이 -
결과발생이 사용한 행위수단의 양 때문에 불가능한 경우에는 행위의 위험성이 인정
되면 형법 제25조가 아니라 형법 제27조가 적용된다는 점을 분명히 하고 있다.[46]

위험판단에 관하여 상론한 대법원의 판례[47]를 보면, 행위의 위험성을 판단하려면
행위자가 행위당시에 인식한 사정을 토대로 일반인이 판단하여 결과발생의 가능성이
있느냐를 판단하여야 한다. 이는 구체적 위험성이론의 위험판단과 일치하는 것이다.

(3) 문헌에서의 위험개념과 위험판단

불능미수의 가벌성의 척도로서 미수행위의 위험성을 제시한 입법자의 의도에 상
응해서, 독일 판례에서 일관되게 취하고 있는 주관적 미수론의 주장자를 찾아볼 수
없다. 왜냐하면 이 주관론은 미수의 가벌근거를 행위자의 범죄적 의사의 실행에서만
보고 그 행위의 위험성은 고려하지 않기 때문이다.

또 소위 절대적 불능과 상대적 불능을 구분하는 구객관설의 지지자도 사라지게
되었는데, 이는 그 구별의 실제적인 어려움뿐만 아니라, 형사정책적인 측면에서 볼
때 부당한 결론에 이르기 때문이다. 더욱이 입법자가 형법개정의 논의에서 위험판단
에 있어서 사전적 고찰(ex-ante-Betrachtung)의 필요성을 강조하여 사후판단시를 기준
으로 하는 구객관설의 위험판단 방법을 인정하지 않았기 때문이다. "사후의 판단을
해 보아서 도저히 그러한 결과가 발생못하는 것이라고 하더라도 우리가 사전에 보아
서 역시 위험한 행위라고 생각되는 것은 역시 미수범을 처벌하자는 학설이 유력해진
것입니다."[48]

문헌의 대부분은 미수행위의 위험을 v.Liszt의 구체적 위험성설의 의미로,[49] 혹은
미수행위에 내포된 법질서에 대한 추상적 위험의 의미로,[50] 아니면 행위자의 행위의
법동요적 인상의 의미로[51] 이해하고 있다.

---

46) 대판 1984.2.14., 83도2967.
47) 대판 1978.3.28., 77도4049.
48) 서일교, 신형법 1953, 113면 참조.
49) 김종원, 신고형법총론 (8인 공저), 304면; 이재상, 형법총론, 403면.
50) 유병진, 한국형법 (총론), 160, 163면; 염정철, 형법총론, 417면; 황산덕, 형법총론, 240면; 정영석,
    형법총론, 240면.
51) 이형국, 형법총론, 302면; 김일수, 불능미수론, 고대 법학논집 23집, 8면 이하, 44면; 동, 형법학원
    론, 755면.

우선 이미 독일 학설에 관한 고찰에서 언급한 바 있는 구체적 위험성설의 기본원칙을 형법 제25조와 제27조의 해석에 그대로 적용할 수 없다는 점을 간과해서는 안된다. 왜냐하면 구체적 위험성설에서의 위험성 표지는 미수의 가벌여부를 결정하는 요소로서의 기능을 하지만, 우리 형법에서는 우선 사후(ex post)에 확정할 수 있는 개념인 가능미수와 불능미수를 구별한 뒤(형법 제25조와 제27조) 후자의 경우에만 위험성 표지가 가벌성을 근거지우기 때문이다(형법 제27조).

소위 추상적 위험성설은 불능미수의 모든 사례에서 타당한 것이 아니라 제한된 범위 내에서만 적용될 수 있다는 비판이 가능하다. 왜냐하면 불능객체에 대한 미수의 경우에는 행위객체의 존재여부 또는 존재론적 사실에 관한 착오가 문제이기 때문에 이 이론의 근거로 제시하는 경험칙에 관한 착오로 판단할 수 없는 것이기 때문이다. 이러한 비판은 독일의 추상적 위험설 내지 법질서 위험설의 지지자들이 불능객체의 문제만을 구성요건흠결이론으로 해결하고 있는 점[52]으로도 정당화될 수 있다. 뿐만 아니라 행위자가 인식한 사정만을 판단자료로 삼기 때문에 구체적인 결론에 있어서 주관적 미수론과 본질적인 차이가 없다.

독일과는 달리 인상설은 소수의 학자에 의해서 지지되고 있는데, 인상설이 미수의 위험성을 범죄적인 의사의 실행이 법공동체에 미친 법동요적 인상에서 봄으로써 위험성을 어떻게 이해할 것인가의 문제만을 해결할 뿐, 이러한 법동요적 인상이 언제 존재한다고 보며, 이를 어떻게 판단할 것인지의 문제는 여전히 남아있게 된다.

(4) 불능주체의 가벌성

이론적으로는 불능미수로 이끄는 착오가 다양한 구성요건요소, 즉 행위객체, 방법 그리고 주체에 관한 것일 수 있음에도 불구하고, 형법 제27조는 불능주체의 경우를 포함하고 있지 않다. 이러한 실정법 규정을 근거로 불능주체로 인한 미수를 불가벌적인 환각범(Wahndelikt)의 일종으로 보는 견해가 있다.[53] 또한 결과의 발생이 불가능한 경우에도 언제나 미수로 처벌하는 독일 형법과는 달리, 우리 형법은 실행의 수

---

52) M.E. Mayer, Der allgemeine Teil des deutschen Strafrechts, S.354ff. (363), Heidelberg 1915; Graf zu Dohna, Der Mangel am Tatbestand, in: Festgabe für Güterbock, S.61, Berlin 1910; Frank, Das Strafgesetzbuch für das Deutsche Reich, 18.Aufl., §43 III, Berlin 1908.

53) 유기천, 개정 형법학 (총론연구), 272면 이하; 심재우, 고시연구 1982. 10, 20면; 김종원, 신고형법 총론 (8인 공저), 305면; 이재상, 형법총론, 400면; 김일수, 형법학원론, 751면.

단 또는 대상의 착오로 인한 결과발생의 불가능의 경우에는 위험성이 있을 때만 처벌하고 있기 때문에, 이를 주체의 착오의 경우까지 확대하는 것은 죄형법정주의의 원칙에 반한다고 본다.[54] 이 외에도 신분주체의 착오로 인한 불능미수의 경우의 가벌성은 일반예방적 관점이나 특별예방적 관점에서도 정당화될 수 없다.[55]

이에 반해서 신분주체성에 관한 착오도 반전된 구성요건착오로서 다른 구성요건 요소와 같은 가치를 갖는 것이기 때문에 동등하게 불능미수로 취급해야 한다는 견해도 있다.[56]

주체의 착오로 인하여 결과발생이 불가능한 경우에 불능미수가 성립하느냐의 문제가 제기되는 것은 주로 규범이 특별한 인적 범위에 지향되어서 행위의 가벌성이 행위자의 특별한 의무 또는 주체로서의 자격을 전제로 한 진정신분범에서이다. 아무도 착오로 특별한 의무가 있다고 인정함으로써 스스로를 규범의 수명자로 만들 수 없다는 것은 자명하다. 따라서 비신분자가 진정신분범의 구성요건적 불법을 완성시킬 수도 없고 또한 시도할 수도 없다. 범죄가 기수에 이르는데 있어야 할 행위주체로서의 자격이 결하여 있는 자에게는 미수의 경우도 마찬가지이다.

Ⅳ. 미수의 불법과 구체적 결론

1. 서론

형법적 구성요건을 완전히 실현하지 못한 행위를 어떤 근거로 법질서에 반하는 것으로 보는가 하는 문제는 불법개념의 논의와 함께 발전해 왔으며 특히 불능미수의 형태 때문에 중요성을 얻게 되었다. 그러나 독일 형법 제22조와 제23조에 주관적 미수론의 입장이 받아들여지고, 특히 입법자가 누구에게나 인식 가능한, 전혀 불가능한 미수행위조차도 원칙적으로는 가벌적인 행위로 인정한 후에는 불능미수의 처벌근거를 다시 문제화하는 것이 무의미한 것으로 여겨졌다.

그럼에도 불구하고 과연 독일 형법 제23조 3항에 포함하고 있는 미수행위가 형법적으로 중요한 불법을 나타내는지 그리고 객관적으로 전혀 위험하지 않은 행위조차

---

54) 이재상, 형법총론, 400면.
55) 김일수, 형법학 원론, 751면.
56) 이형국, 고시연구 1983.8, 85면 이하.

도 원칙적인 형사제재하에 놓여 있는 것이 법익보호사상에 합치되는 것인지의 의문이 미수의 불법에 관한 문제를 다시 전개해야 할 충분한 필요성을 제시한다.

2. 행위반가치의 내용으로서 범죄적 의사의 실행을 통한 규범위반

(1) 실행된 범죄결의와 규범의 호소사이의 의사상치(Willenswiderspruch)

규범은 법적으로 긍정적으로 평가된 행위를 이행할 의무를 내용으로 하고 있고, 형법적인 금지와 요구의 형태로 법에 맞는 행위에로 나가도록 하는데 그 목적이 있다. 따라서 실행된 범죄결의와 규범의 호소사이의 상치가 규범위반성을 나타낸다.

이와 같은 명령적 성격을 갖는 행위규범에의 위반은, 독일 형법학에서 지배적인 인적 불법론에 따르면, 행위의 의도반가치(Intentionsunwert)로 표현된다. 행위의 의도반가치가 행위규범을 준수하지 않음으로써 표출된 법불복종(Rechtsungehorsam)으로서 형법적인 불법을 근거지우는 한 요소라는 것은 널리 인정되고 있다.[57]

(2) 구체적인 결론

법규범이 행위자에게 특정한 인적인 자격과 관계를 전제로 하고 있는 경우에는 일정한 의무의 이행이라는 규범의 호소도 또한 이러한 전제요건을 갖춘 자에게 지향되어 있다. 따라서 불능주체에서와 같이 규범의 호소의 수명자가 결한 경우에는 행위반가치의 주관적 요소인 실행된 범죄결의와 규범의 호소사이의 의사상치가 존재하지 않는다. 즉 주체의 착오로 인하여 결과발생이 불가능한 미수행위에는 구성요건적 불법을 인정할 수 없다.

마찬가지로 환각범의 경우도 행위자가 착오로 자기의 행위가 금지되었다고 인정한 행위는 규범의 호소가 결하여 있기 때문에 또는 이에 연관된 형법적으로 의미없는 범행결의 때문에 구성요건적 불법이 부인된다.

---

57) 물론 의도반가치가 형법적 불법을 근거지우는 유일한 요소라고 보는 견해도 있다. 예를 들어, Armin Kaufmann, Zum Stande der Lehre vom personalen Unrecht, in: Festschrift für Welzel, S.403, 411, Berlin/New York 1974; Lüderssen, Die strafrechtsgestaltende Kraft des Beweisrechts, ZStW 85(1973), 288, 292; Zielinski, Handlungs- und Erfolgsunwert im Unrechtsbegriff, S.135ff., 205ff., Berlin 1973.

3. 미수의 행위반가치의 조건으로서 행위당시에 확정될 결과가능성(행위의 상당성)

(1) 행위상당성의 요구

Gallas에 따르면[58] 형법에는 서로 연관된 두개의 평가규범이 기초하고 있는데, 여기에서는 한편으로는 행위자의 행위에 지향된 행위규범(Verhaltensnorm)으로서 범죄피해자를 위협하는 행위의 실행을 불승인하는 것과, 다른 한편으로는 법익 주체의 이익에 지향된 보호규범(Schutznorm)으로서 범죄피해자에게 보장된 불가침성의 침해를 불승인하는 것을 내용으로 하고 있다. 즉 피해자를 보호해야 할 필요성을 형법적인 불법개념의 규범이론적 토대안으로 끌어 들인다.

Gallas는 형법적 구성요건에 내재해 있는 보호 또는 보증규범(Schutz 또는 Gewähr-leistungsnorm)으로부터 행위반가치 외에도 결과반가치를 구성요건적 불법의 한 요소로서 파악한다. 이 결과반가치는 구성요건적 행위와 특별한 관계에 놓여 있는 결과로써 근거지워진다.[59] 즉, "행위상당성 있는(handlungsadäquat)" 결과의 실현만이 구성요건적 결과반가치를 구성한다. 무엇보다도 형법을 인간행위의 금지와 요구를 통한 법익보호를 목적으로 한다는 점에서 행위자뿐만 아니라 피해자도 고려한 불법개념은 설득력이 있다. 그러한 한에 있어서는 행위규범과 법익보호는 서로 수단과 방법관계(Mittel-Zweck-Verhältnis)에 놓여있게 된다.

따라서 이로부터 규범에 의해서 보호된 법익의 침해가 형법적 불법의 한 요소가 된다는 점을 이끌어 낼 수 있다. 그러나 규범의 보호목적상 구성요건적인 결과 반가치개념에는 하나의 제한이 필요한데, 결과반가치는 객관적인 목적관련성을 통해서 행위반가치와 개념적으로 결합되어야 한다. 이와 같은 결과반가치의 행위 반가치와의 결합은 한편으로는 우연책임의 회피로부터 다른 한편으로는 무엇이 행위규

---

58) Gallas, Zur Struktur des strafrechtlichen Unrechtsbegriffs, in: Festschrift für Bockelmann, S.162, München 1979; Krumpelmann, Die Bagatelldelikte, S.82ff., 87ff., Berlin 1966; Wolter, a.a.O., S.28; Küper, Entwicklungstendenzen der Strafrechtswissenschaft in der Gegenwart, GA 1980, 217는 피해자측면을 강조하는 것을 불법론에서의 피해자의 재발견(Wiederentdeckung des Opfers)이라고 표현한다.

59) Gallas, a.a.O., S 163. Wolter, a.a.O., S.28ff.는 위험한 행위와 결과사이의 특별한 관계를 제1의 결과반가치 내지 위험성반가치라고 표현한다.

범의 대상과 목적인가 하는 문제로부터 도출될 수 있다. 즉 형법적인 불법 개념에서 중요한 것은 보호법익의 침해 내지 위태화인데, 이는 구성요건적 행위와 우연하지 않게 결합된 것이어야 하며, 이의 회피를 구성요건적 행위가 목적하고 있는 것이어야 한다.

(2) 미수의 객관적 행위반가치로서 행위당시에 확정되어질 결과가능성

이미 암시한 바와 같이 규범위반적인 행위의 법익관련성은 범죄적 행위와 결합된 법익침해의 실제적 가능성에서[60] 또는 행위규범에 의해서 부인된 보호법익에 대한 행위의 객관적 위험성에서[61] 혹은 상당하고 법적으로 부인된 위험의 창출에서[62] 찾을 수 있다.

그러나 위험개념은 가능성판단(Möglichkeitsurteil)의 산물이고 적합성 내지 상당성(Eignung 또는 Adäquanz)은 가능성 개념으로부터 도출되는 것이라는 일반적인 인식에 따라서 규범위반적 행위의 법익관련성은 규범이 법익침해에 적합한, 즉 위험한 행위를 금지하고 이러한 규범위반적 행위만을 행위반가치의 구성요소로서 형법적 불법 개념에 포함시킬 수 있다.

이러한 규범이론적인 고찰로부터 얻어진 인식들은 미수의 가벌성의 논의에 그대로 적용할 수 있다. 물론 미수에 있어서는 귀속불가능하거나 상당하지 않은 조건관계들을 배제시키는 것이 문제되는 것은 아니지만, 상당성원칙(Adäquanzprinzip)의 근본사상은 미수행위의 객관적 위험성에 의미를 가질 수 있다. 즉 상당성이론은 예측의 관점으로부터 가능성판단을 내릴 수 있는 한은 규범위반적 행위의 행위반가치를 함께 근거지우는 위험개념의 충족을 위해서 기초를 제공하고 있다.

예측의 관점(Standpunkt der Prognose)은 행위의 시점에 존재하고 알려진 사정만을 가능성판단(위험판단)에 고려한다는 것과 평가자가 —실제로는 법관이— 행위시점의 상태로 돌아간다는 것을 의미한다.

그러나 이러한 가능성판단의 예측적 관점은 어떤 인식과 경험수준이 판단에 기초

---

60) Gallas, a.a.O., S.159.
61) Rudolphi, Der Zweck staatlichen Strafrechts und die strafrechtlichen Zurechnungsformen, in: Grundfragen des modernen Strafrechtssystems, S.77, 81, Berlin/New York 1984.
62) Wolter, a.a.O., S.29, 50; Frisch, a.a.O., S.74ff., 82ff.

가 되어야 하는가의 문제에는 아직 대답을 주고 있지 않다. 여기에 주관적 미수론과 객관적 미수론 사이의 갈림길이 놓여 있다. 즉 전자는 행위자의 정보수준을 가능성 판단의 판단기준으로 하고 있다. 그러나 가능성판단의 객관성을 유지하기 위해서는 행위자의 표상에만 의존하게 해서는 안 되며, 행위자에게 알려진 사정이외에도 행위시에 존재하고 객관적 관찰자에게도 일반적으로 알려진 사정을 고려의 대상으로 삼아야 한다.

(3) 구체적인 결론

1) 미수의 불법을 근거지우는 요소로서 객관적 위험성

규범이론적 고찰로부터, 가능성판단에 따라 확정할 수 있는 미수행위의 위험성이 실행된 범죄결의와 규범호소 사이의 상치와 함께 행위반가치의 구성요소가 된다는 점을 이끌어 낼

수 있다. 이와 같은 불법을 근거지우는 요소는 가능성판단, 즉 v.Hippel 이 제시한 사후예측(nachträgliche Prognose)의 방법에 의해서 확정되어진다.

따라서 이제는 "가능" 또는 "절대적" 혹은 "상대적 불능"이라는 개념은 의미가 없게 된다.

2) 구체적 사례에 있어서 위험성의 확정

첫째, 행위자의 정보수준이 객관적 관찰자의 그것과 일치할 경우는 미수행위의 구체적 위험성을 확정하는데 어려움은 없으며, 결론에 있어서는 행위자의 관점에만 지향된 주관적 미수론과 같다.[63]

둘째, 행위자의 사실인식이 객관적 관찰자의 인식가능한 사실을 넘어서는 경우에는 가능성 판단에서는 객관적 관찰자가 행위시에 인식할 수 없었던 행위자의 특별한 인식도 고려한다. 따라서 예를 들어 행위자가 행위객체가 당뇨병환자이거나 혈우병 환자라는 사실을 인식한 이상 설탕을 투여하거나 돌을 던지는 행위는 위험성있는 행위가 된다.

---

[63] 예를 들어 경찰관으로부터 탈취한, 실제로는 장전되지 않은 권총으로 사실을 시도한 행위는, 버스승객의 빈호주머니에 절도의 목적으로 손을 넣은 행위와 마찬가지로 객관적 관찰자도 장전된 것으로 또는 지갑 내지 훔칠 물건이 호주머니에 있는 것으로 인식할 수 있기 때문에 위험성이 있는 행위가 된다.

셋째, 객관적 관찰자의 정보수준을 기준으로 해야 할 사례에는, 예를 들어 미신범과 독일 형법 제23조 3항에 포섭될 사례가 속한다. 이러한 미수행위, 즉 주문을 외우는 행위, 설탕에 독약의 효능이 있다고 믿고 한 행위 또는 권총으로 비행기를 쏘아 추락시키려는 행위 등은 객관적 관찰자에게는 잘 알려진 경험법칙에 관한 착오이기 때문에 구체적 위험성 판단을 착오에 빠진 행위자의 임의적인 표상에 의존하게 할 수는 없다. 따라서 이러한 사례에 있어서 미수행위는 위험하지 않고, 따라서 미수의 불법도 나타내지 않는 행위이다.

3) 임의적 감경

미수행위의 위험성은 결과를 실현할 가능성을 의미하고 이는 미수의 불법을 근거지우는 요소이기 때문에, 미수를 필요적으로 기수보다 감경할 것인가 하는 문제에도 영향을 미친다.

미수의 불법을 근거지우는 위험성은 결과실현의 가능성이므로 결과발생에 비해서 마이너스이다. 따라서 행위책임에 근거한 형벌은 기수보다 가벼워야 하며, 이는 독일 형법 제49조 1항의 감경된 특별한 형벌범위(Sonderstrafrahmen)내에서 양형이 이루어져야 함을 의미한다.

V. 결론

미수의 불법을 근거지우는데 있어서 가능성 판단을 기초로 함으로써 형법의 임무로서 법익보호의 요구 또는 형법규범의 목적이 충분히 고려되었다. 또한 보호 법익에 대하여 행위당시에(ex-ante) 위험한 인간행위의 금지는 법익보호에 필요한 효율성을 보장한다.

뿐만 아니라 규범이론적 관점에서 파악된 미수의 불법내용은 이론적으로나 형사정책적으로도 납득할 만한 결론에 이르게 된다. 이는 주관적 미수론이나 이에 기초한 인상설이 미수의 가벌성을 넓게 인정하여 과연 이 이론이 법익보호에 지향된 형법과 심정형법 사이의 한계를 엄격히 지킬 수 있는가 하는 의문을 제기하는 점과 구객관설이나 구성요건흠결이론과 같은 객관적 미수론의 일부분이 미수를 개념적으로 축소하여 가벌적인 미수의 경우를 부당하게 제한하고 있는 점 등으로도 정당화될 수 있다.

하지만 여기에서 제시된 미수의 불법과 미수의 가벌성에 관한 논리적 귀결은 현행 독일 형법, 판례 그리고 다수설과는 근본적으로 상치한다. 그러나 이러한 이유 때문에 제시된 의견의 정당성이 의문시되어서는 안 된다. 왜냐하면 제시된 의견은 현행 형법 규정의 사물논리적 타당성에 대한 의문으로부터 출발했기 때문이고, 미수의 불법과 가벌성에 관하여 하나의 "미래지향적인(zukunftweisend)" 해결안을 제시한 것이기 때문이다.

그러나 이 해결방안이 입법론적으로 법개정에서 받아들여져야 하는 것을 요구하는 것도 아니다. 왜냐하면 이러한 요구는, 아직 학문적 논의와 판례에서 충분히 숙고되지 않은 형법이론적인 해결안을 법문에 규정화하는 것은 형법이론학의 발전에 장애가 될 수 있다는 점[64]을 고려하면 의미가 없기 때문이다.

(Ⅳ)에서 견해를 제시함으로써 의도한 것은 미수행위의 불법과 가벌성에 관한 문제를 독일 학설과 판례가 새로이 검토하여야 할 필요성과 형법입법자에게 앞으로의 개정논의에서 미수규정에 대한 전반적인 재검토의 필요성을 인식하게 하여 새로운 학문적 관심을 불러일으키는 부수적인 효과이다.

(Ⅳ)에서 제시된 미수의 불법과 결론은 본질적으로는 현행 형법과 일치한다. 따라서 형법 제27조의 해석상 필요한 위험성 판단에 유용하게 적용할 수 있다.

그러나 여기서 제시된 미수의 불법개념으로부터 도출된 결론은 두 가지 점에서 형법과 차이가 있음을 인식해야 한다. 그 하나는 형법 제25조와 제27조가 전제로 하고 있는 가능미수와 불능미수의 구별이 필요 없다는 점이고 다른 하나는 미수의 임의적 감경필요성은 형법 제25조와 제27조의 법률효과면과 다르다는 점이다.

---

64) Hirsch, Hauptprobleme des dogmatischen Teils der deutschen Strafrechtsrefom, in: Deutsch-Spanisches Strafrechtskolloquium 1986, S.47f.

[논평] 준강간죄의 불능미수

윤동호*

Ⅰ. 불능미수

'불능미수'는 1991년 형사법연구 4호에 하태훈 선생이 쓴 글의 제목이다. 독일에서 취득한 박사학위 논문[1]을 짧게 정리한 글이어서 그런 것인지 여러 번 읽은 후에야 이해가 되었다. 글을 읽으며, 2000년 여름 선생을 처음 뵌 후 2005년 여름 박사학위 논문을 받고 글을 처음 낼 때의 떨림과 설렘이 느껴졌다. 선생도 그러셨을까?

'법익침해에 상당한 규범위반적 행위만을 행위반가치의 구성요소로서 불법개념에 포함시켜야 한다[2]'는 것이 위 글의 핵심이다. 미수의 불법을 근거 짓는 요소는 '객관적 위험성'이므로 이를 인정할 수 없는 행위는 처벌할 수 없다. 객관적으로 전혀 위험하지 않은 행위도 원칙적인 형벌의 대상으로 삼는 것은 법익보호사상에 합치하지 않는다.[3] 객관적 미수론의 입장이다. 따라서 불능미수가 곧 가벌적인 것은 아니며, 장애미수와 불능미수를 구별할 필요도 없다.[4] 미수의 불법을 근거 짓는 행위의 객관적 위험성은 결과 실현의 가능성에 불과하므로 그 행위로 결과가 실제로 실현된 경우보다 불법이 낮다고 보는 것이 당연하다. 따라서 행위책임에 근거한 형벌은 기수보다 가벼워야 하므로 감경이 필요하다.

문제는 객관적 위험성 여부를 판단하는 것인데, 그 기준에 관해 하선생은 불능미수의 위험성 여부에 관한 구체적 위험설을 따른다. 이에 따르면 행위자의 인식과 객관적 관찰자의 인식이 일치하는 경우는 객관적 위험성 확정에 어려움이 없다. 행위자가 인식한 것이 객관적 관찰자가 인식한 것보다 더 많으면 행위자의 특별한 인식도 고려한다. 객관적 관찰자의 인식과 달리 행위자의 인식이 터무니없다면 객관적

---

* 국민대학교 법과대학 교수, 법학박사
1) Tae-Hoon Ha, Die strafrechtliche Behandlung des untauglichen Versuchs, Nomos Verl.-Ges., 1991.
2) 하태훈, "불능미수", 형사법연구 4호, 1991, 82면.
3) 하태훈, "불능미수", 형사법연구 4호, 1991, 80면.
4) 하태훈, "불능미수", 형사법연구 4호, 1991, 76면과 83면.

위험성이 전혀 없으므로 미수의 불법을 인정할 수 없다. 따라서 불능미수도 객관적 위험성이 없다면 처벌할 수 없다.

그런데 이런 해석적 해결방안이 입법으로 이어져야 하는 것은 아니라고 하선생은 말한다.[5] 학문적 논의와 판례에서 충분히 숙고되지 않은 형법이론적 해결방안을 입법화하면 오히려 형법이론학의 발전에 장애가 될 수 있다는 주장[6]에 근거한 것이다.

아래에서는 준강간죄의 불능미수를 인정한 대법원 판결의 사례에 대해서 위 글의 주장과 논리를 적용해봄으로써, 평소 사례와 판례의 중요성을 강조해온[7] 선생의 뜻을 다시 한번 새기고자 한다.

Ⅱ. 준강간죄의 불능미수를 인정한 대법원 판결의 사례

甲은 자신의 집에서 처 및 처의 여자 친구(피해자)와 술을 마셨다. 처가 먼저 잠이 들고, 피해자도 안방으로 자러 들어가자 甲은 피해자를 따라 들어갔다. 누워있는 피해자가 술에 만취하여 항거불능의 상태에 있다고 오인한 甲은 이를 이용하여 간음할 의도로 피해자의 옆에서 가슴을 만지고 팬티 속으로 손을 넣어 성기를 만지다가 바지와 팬티를 벗긴 후 1회 간음하였다. 그러나 피해자가 실제로는 반항이 불가능한 상태에 있지 않았고 甲이 처음에 자신의 가슴을 만질 때부터 무섭고 당황스러워서 제대로 반응하지 못했다.

제25조(미수범) ①범죄의 실행에 착수하여 행위를 종료하지 못하였거나 결과가 발생하지 아니한 때에는 미수범으로 처벌한다.

제27조(불능범) 실행의 수단 또는 대상의 착오로 인하여 결과의 발생이 불가능하더라도 위험성이 있는 때에는 처벌한다. 단 형을 감경 또는 면제할 수 있다.

제299조(준강간, 준강제추행) 사람의 심신상실 또는 항거불능의 상태를 이용하여 간음 또는 추행을 한 자는 제297조, 제297조의2 및 제298조의 예에 의한다.

---

5) 하태훈, "불능미수", 형사법연구 4호, 1991, 85면.

6) Hirsch, Hauptprobleme des dogmatischen Teils der deutschen Strafrechtsreform, in: Deutsch-Spanisches Strafrechtskolloquium, 1986, S.47f.

7) 하태훈, 사례판례중심 형법강의, 법원사, 2021.

> 제297조(강간) 폭행 또는 협박으로 사람을 강간한 자는 3년 이상의 유기징역에 처한다.
>
> 제300조(미수범) 제297조, 제297조, 제297조의2, 제298조 및 제299조의 미수범은 처벌한다.

　이 사례에서 이 판결의 다수의견은 甲에게 준강간죄의 불능미수가 성립한다고 본다.[8] 그러나 이 판결의 반대의견은 준강간죄의 결과가 발생하였으므로 미수범 자체가 성립할 수 없다고 본다. 다수의견과 반대의견 모두 준강간죄의 실행의 착수를 인정한다. 그러나 구성요건적 결과가 발생했는지 여부를 두고 다수의견은 부정한 반면, 반대의견은 인정한다. 이는 '성적 자기결정권 침해'라는 준강간죄의 구성요건적 결과의 의미를 다르게 보기 때문에 발생한 것이다. 반대의견은 준강간죄의 구성요건적 결과는 '간음'으로서 甲과 피해자 사이에 성기결합이 이루어졌으므로 성적 자기결정권이 침해되었다고 본다.[9] 이와 달리 다수의견은 '심신상실 또는 항거불능 상태에서 이루어진 간음'을 준강간죄의 구성요건적 결과라고 보고, 간음이 '심신상실 또는 항거불능 상태에서 이루어진 것이 아니므로' 성적 자기결정권이 침해되지 않았다고 본다.

　준강간죄의 객체를 반대의견은 '사람'으로 본다. 반면에 다수의견은 '심신상실 또는 항거불능 상태에 있는 사람'으로 본다. 甲의 인식과 달리 실행의 착수 당시부터 피해자는 심신상실 또는 항거불능 상태에 있지 않았으므로 구성요건적 결과의 발생이 불가능하고, 이는 행위자의 대상의 착오로 인한 것이므로 준강간죄의 불능미수가 성립한다고 본 것이다. 다수의견은 '심신상실 또는 항거불능의 상태'는 대상의 성질이자 실행수단의 전제라고 본다. 이와 달리 반대의견은 피해자가 준강간죄의 객체인 사람에 해당한다는 인식이 甲에게 있으므로 대상의 착오가 아니라 실행수단의 전제에 관한 착오에 불과하다고 본다.

---

8) 대법원 2019. 3. 28. 선고 2018도16002 전원합의체 판결.

9) 하선생은 반대의견이 준강간죄의 기수범을 인정했다고 본다(하태훈, 사례판례중심 형법강의, 법원사, 2021, 459면). 그러나 반대의견의 취지는 '심신상실 또는 항거불능 상태' 여부에 관한 증거를 따져서 준강간죄의 기수범의 성부만을 판단할 수 있다는 것이다. 그런데 반대의견에 따르면 준강간죄의 실행의 착수와 발생된 결과 사이의 인과관계 여부를 검토하여 이것이 부정되면 준강간죄의 장애미수가 성립할 수 있는데, 반대의견은 이를 검토하지 않는다.

Ⅲ. 하태훈 선생의 생각

준강간죄의 실행의 착수를 인정할 수 있을까. 법익침해에 대한 객관적 위험성을 인정할 수 있을까. 甲이 피해자의 가슴과 성기를 만질 때 피해자의 성적 자기결정권 침해의 위험이 발생했다고 볼 수 있다. 피해자가 술과 잠에 취해 누워있던 상태이므로 객관적 관찰자도 행위자처럼 피해자가 '심신상실 또는 항거불능 상태'라고 인식할 수 있었다고 볼 수 있기 때문이다.

준강간죄의 구성요건적 결과는 발생한 것인가. 준강간죄의 기수에 이른 것인가. 하선생은 피해자의 의사에 반하는 성기결합을 간음으로 보고 성적 자기결정권이 침해되었다고 본다.[10] 또한 하선생은 피해자가 '심신상실 또는 항거불능의 상태'에 있었다고 본다. 피해자가 '심신상실 또는 항거불능의 상태'에 있었는지 여부는 행위자가 인식한 사정과 일반인이 인식할 수 있는 사정을 고려하여 판단해야 하는데, 甲이 피해자와 함께 술을 마셨기 때문에 일반인도 그렇게 판단할 수 있었다는 것이다.[11] 甲의 행위로 인해 야기된 준강간죄의 객관적 위험성이 실현되었다고 본 것이다. 따라서 하선생은 甲에게 준강간죄의 기수범이 성립한다고 본다. 준강간죄의 구성요건적 결과가 발생한 것이므로 구성요건적 결과가 발생하지 않음을 전제로 하는 장애미수나 불능미수는 성립할 여지가 없다.

Ⅳ. 나의 생각

실행의 착수시기에 관한 형식적 객관설, 실질적 객관설, 주관적 객관설, 주관설 어느 학설에 따르더라도, 甲의 행위에 대해서 준강간죄의 실행의 착수를 부정하기는 어렵다. 간음의 고의로 가슴과 성기를 만진 후 간음도 있었기 때문이다. 甲은 준강간죄의 실행의 착수하여 그 행위를 모두 종료한 것이다.

형법 제25조와 제27조의 '결과'는 범죄구성요건의 충족 또는 실현으로서 기수를 의미한다. 구성요건적 결과로 표현할 수도 있지만, 결과범에서 말하는 결과보다 넓은 개념이다. '보호법익에 대한 침해(침해범의 경우) 또는 그럴 위험(위험범의 경우)'을

---

10) 하태훈, 사례판례중심 형법강의, 법원사, 2021, 448면.
11) 하태훈, 사례판례중심 형법강의, 법원사, 2021, 459면.

의미한다. 거동범의 경우에도 실행의 착수하였으나 구성요건이 충족되지 않을 수 있으므로, 거동범의 미수도 성립할 수 있다.

준강간죄는 침해범이므로 성적 자기결정권이 침해되어야 결과가 발생한 것으로 볼 수 있다. 그런데 이 사례의 피해자는 성적 자기결정권이 침해된 것으로 볼 수 없다. 그럴 위험만 발생한 것이다. 준강간죄는 피해자가 원하지 않는 간음으로부터 피해자를 보호하기 위한 규정이 아니라 '심신상실 또는 항거불능의 상태를 이용한 간음'으로부터 피해자를 보호하기 위한 규정이기 때문이다.

구성요건적 결과가 발생하지 않은 것으로 보면, 현행 형법은 불능미수와 장애미수를 구별하고 있으므로 甲의 행위에 대한 불능미수의 성부를 검토할 필요가 있다. 불능미수가 성립하려면 '실행의 수단 또는 대상의 착오로 인하여 결과의 발생이 불가능'해야 한다.

그렇다면 이 사례는 구성요건의 실현이 불가능한 경우인가. 구성요건 실현의 불가능 여부를 판단하는 기준은 무엇인가. 이는 규범적으로 구성요건 실현이 불가능하다는 것을 의미한다. 물론 사실적인 이유로 인한 규범적 불가능도 포함한다. 설탕물을 독약으로 오인하고 사람을 살해하려고 한 경우이다. 사망한 사람을 살해하려고 한 경우는 구성요건의 실현이 규범적으로 불가능한 경우이다. 살인죄의 객체인 사람은 살아있는 사람이기 때문이다. 그런데 예컨대 절도의 고의로 타인의 주머니에 손을 넣었는데 빈주머니였던 경우는 절도의 기수가 사실적으로는 불가능하지만 규범적으로 불가능한 경우가 아니다. 절취 행위 당시에 구성요건을 실현할 규범적 가능성이 있었기 때문이다.

위 사례는 성적 자기결정권의 침해가 규범적으로 가능했다. 피해자가 '심신상실 또는 항거불능 상태'가 아니었기 때문에 준강간죄의 성적 자기결정권이 침해되지 않은 것이지, 그런 상태에 있을 수 있었고, 그랬다면 준강간죄의 성적 자기결정권이 침해되었다. 또한 반대의견도 지적하듯이 준강간죄의 객체는 사람이다. '심신상실 또는 항거불능 상태'는 실행 수단의 전제이다. 甲은 대상의 착오를 한 것이 아니라 실행 수단의 전제를 착오한 것에 불과하다. 준강간죄의 불능미수가 성립할 수 없다. 따라서 甲에게는 준강간죄의 장애미수가 성립한다고 본다.

기능적 범행지배의 의미[*]

대상판결: 대법원 2003. 3. 28. 선고 2002도7477 판결

[사실의 개요]

피고인(이하 丙)은 2002. 3. 10. 20:30경 마산시 합성1동 소재 피시방 앞에서 공동피고인 1(이하 甲)이 인터넷 채팅을 통하여 알게 된 피해자 1(이하 A) 및 그 친구들인 피해자 2(이하 B) 및 공소외 1(이하 C)을 甲의 승용차에 태우고 甲이 운전하여 함께 창원시 동면 소재 주남저수지 부근을 드라이브하였다.

피해자 일행이 잠시 차에서 내린 사이에 공동피고인 2(이하 乙)의 제의로 甲은 B를, 乙은 A를, 丙은 C를 각 강간하기로 공모한 다음, 다시 피해자들을 차에 태워 5시간 정도 후인 다음 날 11일 01:00경 경남 함안군 칠북면 마산리 소재 야산 입구에 이르러 甲은 B의 얼굴을 손으로 1회 때리고 산 쪽으로 20m 가량 끌고 가 다시 손으로 얼굴을 때리며 겁을 주어 반항을 억압한 다음 1회 간음하여 강간하고, 乙은 A를 산

* 출처: 「형사판례연구」 제12호, 2004, 62~83면.

쪽으로 50m 가량 끌고 가 겁을 주어 반항을 억압한 다음 1회 간음하여 강간하였다.

甲은 강간이 끝난 후 야산 입구로 왔는데, 강간을 마친 乙이 자신이 강간한 피해자 A를 데리고 자기 쪽으로 오자 그녀를 인계받아 뺨을 때리면서 겁을 주어 반항을 억압한 다음 1회 간음하여 강간하고, 이로 인하여 A에게 약 2주간의 치료를 요하는 다발성 좌상 등을 입게 하였다.

한편 C의 진술에 의하면, 乙과 甲이 피해자들을 강간하기 위하여 숲 속으로 끌고 갈 때 丙은 야산 입구에 앉은 채 "우리 그대로 가만히 앉아 있자."고 하면서 자신의 몸에 손도 대지 않았고, 이에 丙 옆에 앉아 서로 각자 가지고 있던 담배를 피우면서 丙의 물음에 대하여 "고향은 거제이고, 현재 마산 구암동 이모 집에서 살고 있고, 마산 창동의 미용실에 근무하고 있다."라고 말하였고, 자신의 휴대폰으로 수 차 전화를 걸어 온 B의 남자친구인 공소외 2와 통화를 하기까지 하였는데, 그 때 丙이 통화를 제지하지도 아니하였고, 자신이 피해를 당하고 있는 친구들에게 데려다 달라고 하거나, 丙이 자신의 팔을 잡아 만류한 적은 없고 다만, 친구들이 애처로워 丙에게 "우리 친구들을 좀 보내주면 안 되느냐."고 부탁하자, 丙은 아무런 대꾸도 없이 그 자리에 앉아 있었다는 것이다.

[소송의 경과]

I. 제1심 판결이유요지(창원지방법원 2002. 8. 28. 선고 2002고합80 판결)

피해자들이 피고인들과 함께 차를 타고 가던 도중 집으로 돌아가겠다며 일시 차에서 내린 틈에 공동피고인 2, 공동피고인 1이 피해자들을 각 한 사람씩 나누어 강간하자고 제의한데 대하여, 피고인은 아무런 반대의 의사표시 없이 이를 수락한 다음 그때부터 피해자들을 다시 차에 태워 인근 야산으로 데려가서 공동피고인 2, 공동피고인 1이 이 사건 범행을 마칠 때까지 그들과 동행하였을 뿐만 아니라 그 과정에서 피해자 1과 2가 위 공동피고인들에게 끌려가 부근에서 강간당하는 것을 보고 들으면서도 이를 저지하기 위한 아무런 조치를 취하지 아니하였고, 오히려 피고인 또한 자신의 강간 상대방으로 정해진 피해자 공소외 1을 옆에 가만히 앉아 있도록 하여 다른 공동피고인들의 범행에 관여하지 못하도록 한 이상, 비록 피고인 자신은 다른 범죄로 가석방 중인 자신의 처지 및 처벌에 대한 두려움 때문에 공소외 1에게 직접적인 위해를 가하지 아니하였다고 하더라도 그러한 사정만으로 피고인이 다른 공동피고인들과의 공모관계에서 이탈하였다고 할 수는 없고, 피고인 역시 다른 공동피고인들의 실행행위에 묵시적으로 공동 가공함으로써 공모공동정범으로서의 죄책을 면할 수 없다 할 것이다.

Ⅱ. 제2심 판결이유요지(부산고등법원 2002. 12. 12. 선고 2002노682 판결)

1. 항소이유의 요지

피고인 및 그 변호인의 항소이유 제1점의 요지는, 피고인은 공동피고인 1, 공동피고인 2의 이 사건 강간 및 강간상해의 범행에 공모, 가담한 사실이 없음에도 원심이 이를 유죄로 인정한 것은 사실을 오인한 것이라는 취지이고, 그 제2점 및 공동피고인 1, 공동피고인 2와 그 변호인의 항소이유 요지는, 피고인들에 대한 원심의 양형은 너무 무거워서 부당하다는 것이다.

2. 판결이유요지

피고인의 사실오인의 주장은 이유 없다.

양형부당의 주장에 관하여 먼저, 공동피고인 1, 공동피고인 2에 대한 원심 양형의 당부에 관하여 보건대, 이 사건 범행은 위 피고인들이 인터넷 채팅을 통하여 밤늦게 만난 피해자들과 함께 야외로 놀러가는 도중에 성적 충동을 이기지 못하고 저지른 것으로서 피고인들과 쉽게 어울린 피해자들에게도 어느 정도의 귀책사유는 있다고 보이고, 그 밖에 위 피고인들의 나이, 학력, 직업, 가정환경, 그리고 범행의 동기 및 수단과 결과 등 기록에 나타난 양형의 조건들을 모두 참작하여 보면, 원심이 위 피고인들에 대하여 선고한 형량은 무거워서 부당하다고 판단되므로, 이에 관한 주장은 이유 있다.

그러나, 피고인의 경우, 이 사건 범행 중 형이 더 무거운 강간상해죄의 법정형이 무기징역 혹은 5년 이상의 징역이고, 위 공동피고인에게 작량감경의 사유 외에 이중으로 형을 감경할 사유가 없는 점 및 그 밖에 기록에 나타난 양형의 조건이 되는 여러 사정들을 종합하여 볼 때, 원심이 작량감경의 조치를 취하여 처단형기의 최하한인 징역 2년 6월을 선고한 것은 적정하다고 판단되므로 피고인의 양형부당의 주장은 이유 없다.

　따라서 피고인의 항소는 기각하고, 원심판결 중 공동피고인 1, 공동피고인 2에 대한 부분은 파기하고, 변론을 거쳐 범죄사실 및 증거의 요지, 법령의 적용 등에 관해서는 원심판결을 그대로 인용하여 다시 판결한다. 범죄사실에 대한 해당법조는, 공동피고인 1, 공동피고인 2의 강간상해의 점에 대해서는 각 형법 제301조, 제297조, 제30조(각 유기징역형 선택), 공동피고인 1, 공동피고인 2의 강간의 점에 대해서는 각 형법 제297조, 제30조(각 징역형 선택)이다

[대법원 판결요지]

　[1] 형법 제30조의 공동정범은 2인 이상이 공동하여 죄를 범하는 것으로서, 공동정범이 성립하기 위해서는 주관적 요건으로서 공동가공의 의사와 객관적 요건으로서 공동의사에 기한 기능적 행위 지배를 통한 범죄의 실행사실이 필요하고, 공동가공의 의사는 타인의 범행을 인식하면서도 이를 제지하지 아니하고 용인하는 것만으로는 부족하고 공동의 의사로 특정한 범죄행위를 하기 위하여 일체가 되어 서로 다른 사람의 행위를 이용하여 자기의 의사를 실행에 옮기는 것을 내용으로 하는 것이어야 한다.

　[2] 피해자 일행을 한 사람씩 나누어 강간하자는 피고인 일행의 제의에 아무런 대답도 하지 않고 따라 다니다가 자신의 강간 상대방으로 남겨진 공소외인에게 일체의 신체적 접촉도 시도하지 않은 채 다른 일행이 인근 숲 속에서 강간을 마칠 때까지 공소외인과 함께 이야기만 나눈 경우, 피고인에게 다른 일행의 강간 범행에 공동으로 가공할 의사가 있었다고 볼 수 없다고 한 사례.

[연구]

Ⅰ. 논점

1. 상고심에서의 논점

　평석 대상판결의 제1심과 항소심의 판결이유에 의하면, ① 공동피고인 甲과 乙은

강간죄와 강간상해죄의 공동정범이고 ② 피고인 丙은 乙의 강간제안에 대해 반대의사 표시 없이 수락한 다음 피해자들을 다시 甲이 운전하는 차에 태워 범행 장소인 야산으로 가는데 까지 동행했고 위 공동피고인들의 강간행위에 대해서 아무런 조치를 취하지 않았으며 피해자 C를 옆에 있게 하여 공동피고인들의 범행에 관여하지 못하도록 하는 등 위 공동피고인들의 실행행위에 묵시적으로 공동 가공함으로써 강간죄와 강간상해죄의 공모공동정범으로서의 죄책을 면할 수 없다.

이에 반해서 상고심은 丙에게 공동가공의 의사를 인정할 수 있는가에 대해서 원심과 다른 판단을 하고 있다. 즉, 丙은 피해자 일행을 한 사람씩 나누어 강간하자는 乙의 제안에 대해 아무런 대답도 하지 않고 따라 다니다가 자신이 맡은 피해자 C에게 일체의 신체적 접촉도 시도하지 않은 채 다른 일행이 각각 인근 산속의 다른 장소에서 강간을 마칠 때까지 C와 함께 이야기만 나누었기 때문에 丙에게 다른 일행의 강간 범행에 공동으로 가공할 의사가 있었다고 볼 수 없다는 것이다. 항소심과는 달리 공동가공의 의사를 부정했다는 결론에 있어서 대법원의 판단은 옳다고 본다.

2. 문제제기

상고심은 피고인 丙이 다투고 있는 공동가공의 의사의 유무에 대해서만 판단하고 있지만, 판결이유에 나타난 '피고인이 원심공동피고인 1, 2가 피해자들을 강간하려는 것을 보고도 이를 제지하지 아니하고 용인하였다고 하여 이들의 범행에 공동으로 가공할 의사가 있었다고 볼 수 없다.'는 법적 평가에 비추어 보면 만일 피고인 丙이 분담한 피해자 C를 강간했다고 가정하였을 경우에 甲, 乙, 丙 모두 강간죄의 공동정범이 성립할 것임을 전제한 것으로 보인다. 그러나 과연 강간의 고의로 피해자들을 나누어 각각 다른 장소에서 강간죄의 구성요건실현에 필요한 모든 행위를 각자가 단독으로 행했을 때(즉 폭행 또는 협박과 간음) 이를 강간죄의 '공동가공의 의사'로 강간의 '실행행위에 공동 가공'했다고 볼 수 있겠는가.

제1심과 항소심은 丙에 대해서는 공모공동정범이론을 근거로 丙이 다른 공동피고인들의 실행행위에 묵시적으로 공동 가공함으로써 공모공동정범으로서의 죄책을 면할 수 없다고 보았고, 甲과 乙에 대해서는 구체적인 근거를 제시하고 있지 않지만 마찬가지로 공모공동정범이론에 의하여 강간죄와 강간상해죄의 공동정범을 인정한 것으로 보인다. 그러나 분담한 실행행위가 각각 독립하여 강간죄에 해당하는 경우에 피해자를 나누어 강간하기로 하였다고 해서 공모공동정범의 주관적 요건으로서 강간죄의 공동가공의 의사를 인정할 수 있겠는가.

또한 공동정범의 정범성을 기능적 행위지배[1]에 있다고 본다면 피해자를 각각 분담하여 각자 강간죄의 실행행위를 다 한 경우에 모두를 하나의 강간죄의 공동정범, 또는 피해자수 만큼의 강간죄의 공동정범으로 볼 수 있을 것인가, 아니면 강간죄의 공동가공의 의사가 아니라 각자 강간의 단독정범의 고의로 강간을 실행한 것으로서 각자를 각각의 강간죄의 단독정범으로 볼 것인가이다.

예컨대 피해자 1명을 2명의 남자가 순차로 강간하기로 하고 1명이 지켜보는 (또는 망을 보는) 가운데 교대로 강간한 경우나 1명은 망만 보거나 피해자의 다리(또는 팔)를 잡아 주어 다른 1명이 강간을 용이하게 실행하도록 한 경우[2]와 - 이 경우는 성폭력범죄의처벌및피해자보호등에관한법률 제6조 특수강간죄(합동강간)가 성립할 것이다.[3] - 평석대상 판결의 공동피고인들의 경우를 동일하게 평가할 수 있겠는가. 만일 강간죄의 고의가 있어 丙도 다른 공동피고인처럼 각각 피해자를 나누어 강간했다고 하였을 경우에 甲이 B를 강간하고 乙이 A를 강간하는 동안 丙은 어떤 행위로 甲과 乙의 강간행위에 공동 작용했다고 볼 것인가. 각자는 다른 강간범행이 방해받지 않고 행해질 수 있도록 자신이 맡은 피해자를 강간하면서 결과적으로 감시와 방해요소제거라는 행위를 분담하였고 분담된 역할을 수행하였기 때문에 강간죄의 공동정범인가. 이러한 행위를 과연 기능적 행위지배라고 볼 수 있는가. 각자는 강간행위를 하였을 뿐 다른 참여자의 행위수행에 아무런 작용도 하지 않았는데 과연 강간죄에 대한 공동작용으로 보아 공동정범을 인정해야 할 것인가.

공동정범을 인정하더라도 甲과 乙은 각각 A와 B를 강간한 행위에 대해서는 2개의

---

1) 기능적 범행지배(funktionale Tatherrschaft)라는 용어가 적합하다고 보지만 대법원 판결에 따라 이하에서는 이 용어를 사용한다.

2) BGHSt. 27, 20(A가 용이하게 강간하도록 피해자의 양 다리를 꽉 잡고 있었던 B를 강간죄의 공동정범으로 처벌할 수 있겠는가에 관해서 B는 간음하지도 않았고 간음할 생각도 없었기 때문에 방조범으로 보았다).

3) 大判 1996. 7. 12, 95도2655: 강간범행도 양인이 연속적으로 행하면서 상대방이 강간범행의 실행행위를 하는 동안에 방문 밖에서 교대로 대기하고 있었던 이상 강간범행의 실행행위도 시간적으로나 장소적으로 협동관계에 있었다고 보아, 원심이 성폭력범죄의처벌및피해자보호등에관한법률위반의 점을 무죄로 판단한 것은 채증법칙 위배 및 합동범에 관한 법리를 오해하여 판결에 영향을 미친 위법이 있다는 이유로 원심판결을 파기한 사례.

강간죄를 공동으로 실행한 것이고, 甲이 A를 강간하여 상해를 입힌 행위에 대해서도 甲과 乙은 공동정범이 될 것이다. 공동정범으로 볼 수 없다면 甲은 B에 대한 강간죄와 A에 대한 강간상해죄의 실체적 경합범이고 乙은 A에 대한 강간죄의 단독정범이 될 것이다. 그러나 항소심은 甲과 乙을 하나의 강간죄의 공동정범과 하나의 강간상해죄의 공동정범으로 보고 있다. 물론 甲의 B에 대한 강간죄의 고소가 취소되었다면 A에 대해서만 甲과 乙의 강간죄의 형사책임이 문제된다.

아래에서는 상고심판결이 암묵적으로 전제하고 있는 공동정범의 성립가능성과 항소심이 甲과 乙에 대하여 강간죄 및 강간상해죄의 공동정범을 인정한 점을 중심으로 기능적 행위지배의 관점에서 비판적으로 검토하기로 한다.

II. 공동정범의 정범표지: 기능적 행위지배

행위지배설이란 객관적 요소나 주관적 요소만으로는 정범의 본질파악과 정범과 공범의 구별이 어렵게 되자 양요소의 결합으로 정범과 공범의 구별기준을 제시한 이론이다. 즉, 주관적 요소와 객관적 요소로 형성된 행위지배의 개념을 구별기준으로 삼는다. 여기서 행위지배란 구성요건에 해당하는 사건진행을 장악하거나 또는 사태의 핵심형상을 지배하는 것을 말한다. 바로 정범은 고의에 의해서 포괄된 구성요건적 사건의 핵심형상을 계획적으로 조종하거나 의사의 공동형성을 통해서 그 공동의사에 따라서 구성요건의 실현을 진행시키거나 저지하는 자다.[4] 공동정범은 타인과 작업분담을 통해서 범죄의 성공적 수행을 위해서 중요한 기능을 담당함으로써 구성요건실현을 지배하는 자이며 범죄 실현에 있어서 사태에 대한 결정적인 영향을 미쳐 핵심인물 내지 중심인물이 되는 자를 말한다.[5] 이에 반해서 공범은 자신의 행위지배 없이 단지 범행을 야기하거나 촉진시키는 자일뿐이다.

행위지배설에 따르면 타인과 함께 각자의 역할분담에 따라 공동으로 범행을 저지르는 자, 즉 타인과 공동으로 범행을 저지르는 자도 (공동)정범이다. 일반적으로 범죄

---

4) 손동권, 형법총칙론 2001, 401면; 신동운, 형법총론 2001, 530면; 임웅, 형법총론 2002, 388면; 정성근/박광민, 형법총론 2001, 486면.
5) 김일수/서보학, 형법총론 2004, 562면; 박상기, 형법총론 2002, 376면 이하; 배종대, 형법총론 2004, 480면.

에 참가하는 각자는 그 역할분담에 따라 전체 범죄계획의 수행에 필요한 부분을 분업적으로 실행한다. 따라서 부분적 가담행위도 전체적 행위지배가 될 수 있다. 이와 같이 공동의 범행결의에 기한 기능적 역할분담 때문에 (구성요건에 해당하건 해당하지 않건) 일부실행으로도 범행전체에 대한 귀속이 인정되는 것이다. 공동정범의 정범성은 바로 분업적 실행행위와 기능적 역할분담의 원리에 있다.[6] 따라서 예컨대 망보는 행위나 범죄계획을 수립, 지시, 조종하는 조직범죄의 두목도 정범이 된다.

판례[7]도 공동정범은 주관적 요건인 공동가공의사와 객관적 요건인 공동의사에 의한 기능적 행위지배를 통한 범죄의 실행사실이 있어야 성립한다고 보아 공동정범의 정범성을 기능적 행위지배에서 구하고 있는 것처럼 보인다.

Ⅲ. 기능적 행위지배 개념의 주관적 요소와 객관적 요소

1. 주관적 요소: 공동가공의 의사

분업적 작업수행을 통한 공동실행이 가능하기 위해서는 공동의 범행계획이 있어야 한다. 각각의 분담된 작업수행을 전체로서 하나의 범행으로 엮어주는 것이 바로 주관적 요소로서의 공동가공의 의사이므로 공동가공의 의사는 기능적 행위지배의 본질적 요소이다.[8] 공동사공의 의사는 전체 범죄 실행에서의 기능을 부여하는 각자의 역할분담을 주 내용으로 하기 때문에 의적 및 지적인 면에서 공동작용에 대한 상호 의사합치를 의미한다. 따라서 그러한 상황을 단순히 이용하겠다는 생각으로는 상호이해라고 볼 수 없다.[9]

이 사안에서 丙은 물론 甲과 乙은 범행을 '함께' 하겠다는데 대한 의사의 합치(즉 범행분담에 대한 의사의 합치)가 있었던 것이 아니다. 단지 피해자들을 나누어 각자 강간하겠다는데 대한 의사의 합치(피해자분담에 대한 의사의 합치), 정확하게 표현하자면 '피해자 나누기'에 대한 의사의 합치가 있었던 것이지 강간을 '함께 하자'는데 대한

---

6) 이재상, 형법총론 2003, 447면; Jescheck/Weigend, Lehrbuch des Strafrechts AT, 5.Aufl., S.674.
7) 大判 1993.3.9, 92도3204; 1996.1.26, 95도2461; 1997.1.24, 96도2427; 1997.9.30, 97도1940; 1998.6.26, 97도3297; 1998.9.22, 98도1832; 2000.4.7, 2000도576; 2001.11.9, 2001도4792.
8) 이재상, 형법총론 2003, 451면.
9) Roxin, Strafrecht AT, Bd. II, §25 III Rdn.191.

의사의 합치가 있었던 것은 아니다. 丙은 '피해자를 나누어 강간하기'라는 乙의 제안에 동의한 것처럼 보이지만 내심 애당초부터 자신에게 나누어진 피해자를 강간할 생각이 없었던 것이기 때문에 공동가공의 의사를 논할 수 없는 것이다. 물론 공동가공의 의사는 묵시적인 의사의 연락이나 암묵적인 의사의 상통으로 족하지만 이런 정도의 상호의사의 합치가 있다고 보기도 어렵다.

따라서 여기서의 문제는 공동정범 성립여부를 전제로 한 공동가공의 의사의 유무가 아니라 각각 단독정범으로서 강간죄의 고의가 있었는지가 검토되어야 한다. 강간죄는 피해자별로 각각 하나의 강간죄가 성립한다. 따라서 피해자들을 한명씩 맡아 각각 강간하기로 한 것은 하나의 강간죄의 공동의사형성에 기한 공동실행이 아니라 각각은 단독정범으로 강간죄의 실행행위를 한 것이다.

2. 객관적 요소: 공동가공의 사실

공동정범의 정범표지는 공동의사에 기한 역할분담과 분업적 실행을 통한 구성요건실현이다. 각자 범행계획실현에 중요한 역할을 분담하고 그 분담된 역할을 수행함으로써 기능적 행위지배가 가능해진다. 계획한 범죄실현을 가능하게 하든지, 용이하게 하든지, 범죄수행에 수반되는 위험을 현저히 감소시켜 주는 분담된 역할수행 내지 분담된 작업수행이 공동정범의 정범성이다.10)

예컨대 a, b, c 세 사람이 c에게 성경험을 갖도록 해주기로 공모하여 a가 망을 보고 b가 피해자를 폭행하고 c가 강간을 했다면 공동가담자 3인은 각자 구성요건적 사건경과를 장악하고 있었고 자신이 분담한 부분행위를 함으로써 구성요건실현에 기여했기 때문에 강간죄의 공동정범(합동강간)이 된다. 만일 친구 d는 이를 그저 지켜보고 있었다든지, 머뭇거리는 c의 귀에 대고 한번 해 보라고 말했다면 이는 실행행위의 분담으로 볼 수도 없고 구성요건실현에 본질적 기여라고 보기 어려워 공동정범이 아니라 방조범 내지 교사범이 성립한다.11)

---

10) Jescheck/Weigend, Lehrbuch des Strafrechts AT, 5.Aufl., S.674.

11) 부산고법 1994.4.20. 94노39 제2형사부판결: 헬스크럽 사장의 지시에 따라 그 종업원이 승용차를 대기시켜 놓고 있다가 사장이 피해자를 승용차에 강제로 태울 때 뒷문을 열어 주고, 사장이 피해자를 강간하려는 정을 알면서도 한적한 곳까지 승용차를 운전하여 가 주차시킨 후, 자리를 비켜줌으로써 그 사이 사장이 피해자를 차안에서 강간하여 치상케 한 경우, 사장이 피해자를 강간하기까지의 과정에서 종업원이 취한 일련의 행위는 사장의 강간행위에 공동가공할 의사로 그

다만 분담된 역할은 전체의 하나로서 범죄계획실현에 필요불가결해야 하며 전체 범행계획의 실현에 있어서 상호간에 기능면에서 독자적이고 대등한 관계에 있어야 한다.[12] 계획된 범죄의 성공적 실현이 분담된 역할수행에 달려있을 때 그 역할은 본질적이다. 본질적인지 여부는 행위 당시에 평가하여 한다.[13] 따라서 주인에게 발각될 경우를 대비하여 주먹을 잘 쓰는 친구가 망을 보는 동안 재물을 취거했는데 아무도 나타나지 않아 망을 본 친구가 결과적으로는 아무런 기여를 하지 못한 경우에도 행위 당시에는 본질적 역할수행이다. 분담된 행위가 구성요건실현에 중요한 행위라면 구성요건에 해당하지 않는 실행행위라도 공동의 실행행위가 된다. 예컨대 망을 보는 행위로 발각의 위험으로부터 벗어나 재물을 취거하게 한 경우의 망보는 행위가 그 예이다.

만일 이 사안에서 甲과 乙이 B와 A를 함께 폭행 또는 협박한 후 항거가 불능한 상태에서 피해자를 서로 다른 장소로 끌고 가 강간하거나 피해자 A와 B를 각각 나누어 강간하기로 하고 乙이 B를 감시 또는 붙들고 있는 사이에 甲이 A를 강간한 후 乙이 B를 강간했다면 범행계획을 실현하기 위한 공동가공의 사실이 인정되고 본질적 기여로 볼 수 있을 것이다. 마찬가지로 가담자 1인이 직접 강간행위를 하지 않았더라도 다른 가담자의 강간범행시에 피해자의 가족이나 친구를 감시하고 있었다면 강간죄의 공동정범이 성립할 것이다.[14]

IV. 기능적 행위지배의 존부가 문제되는 영역

1. 수죄를 각각 1죄씩 분담한 경우

예컨대 a, b, c는 밀린 임금도 받지 못하고 해고당하자 사장에게 복수하기로 하고 a는 사장을 살해하고, b는 사장이 경영하는 공장에 방화하고 c는 사장의 초등학생 아들에게 상해를 입히기로 하여 각각 계획한대로 실행하였다면 a, b, c를 살인죄, 방

실행행위를 분담한 합동범의 그것이라기 보다는 사장의 범행의도를 인식하고도 그 지시에 그대로 따름으로써 결과적으로 이를 도와준 방조행위에 그친다고 봄이 상당하다.

12) 문채규, 공동정범의 본질론에 대한 재검토, 안암법학 제12호(2000), 173면 이하.
13) Roxin, §25 III Rdn.212
14) 大判 1986.1.21, 84도2411.

화죄, 상해죄의 공동정범으로 볼 수 있을 것인가. 살인, 방화 및 상해를 전체의 하나의 단일한 범행계획으로 보고 그 일부를 각각 나누어 실행했다고 보면 공동정범이 될 수 있을 것이다. 공모공동정범이론에 의하면 a, b, c는 살인, 방화 및 상해에 대해서 - 범행계획이 좀 더 구체적이라면 - 공동의 의사형성이 있었지만 각자 맡은 범행 이외의 범행에는 나아가지 않은 것으로 보아 세 개의 범죄에 대한 공동정범을 인정해야 할 것이다.

그러나 행위지배설에 의하면 타인과 함께 각자 역할분담에 따라 공동으로 범행을 저지르는 자가 공동정범이다. 범죄에 참가한 각자가 공동의 의사에 기한 역할분담에 따라 전체 범행계획의 수행에 필요한 부분을 분업적으로 실행하기 때문에 부분적 가담행위로도 구성요건적 사건진행전체를 지배하고 있는 것이다. 공동정범은 작업분담적 행동원리 내지 기능적 역할분담의 원리에 기초하고 있으며 여기에 각자가 구성요건의 일부만 실현시킨 때에도 전체에 대한 책임을 지게 되는 근거가 있는 것이다.

그렇다면 여러 개의 범죄를 각각 분담해서 하나씩 독립적으로 행하는 경우에는 역할분담이 아니기 때문에 기능적 행위지배의 본질적 요소인 공동가공의 의사형성도 없을뿐더러 b와 c가 a의 살인행위에 기능적 역할분담의 형태로 가담한 사실도 없는 것이다. a의 살인행위에 b와 c의 방화 및 상해행위가 본질적으로 기여한 것도 아니다. 따라서 a, b, c는 살인죄, 방화죄 및 상해죄의 공동정범이 아니라 각자 자기가 행한 범죄에 대한 단독정범일 뿐이다.

이와는 달리 살인하여 재물을 강취할 생각으로 경비원 두 명을 각자 한 명씩 맡아 살해하고 재물을 강취하기로 한 경우라면 강도살인행위의 기능적 역할분담이 이루어져 강도살인죄의 공동정범이 될 수 있다. 각각의 살인행위는 하나의 강도살인행위에 본질적으로 기여하는 분담된 행위로 평가될 수 있기 때문이다.

2. 소위 공모공동정범의 경우

대법원은 공동정범이 성립하기 위하여 주관적 요건인 공동가공의 의사와 객관적 요건인 공동의사에 의한 기능적 행위 지배를 통한 범죄의 실행사실이 필요하다고 보면서도[15] 단순히 모의에 가담하고 실행행위의 분담이 없어도 공동정범이 될 수 있다

---

15) 大判 1993.3.9, 92도3204; 1996.1.26, 95도2461; 1997.1.24, 96도2427.

는 공모공동정범이론을 취하고 있다.[16]

근거로는 2인 이상이 일정한 범죄를 실현하려는 공동목적 하에 일심동체가 되면 (의사의 연대성) 그 중 일부가 범죄를 실행해도 실행행위를 분담하지 아니한 단순공모자도 실행자에 종속하여(실행의 종속성) 공동정범이 된다는 공동의사 주체설,[17] 단순공모자라 하더라도 타인과 공동하여 타인의 행위를 자신의 범죄의사의 수단으로 하여 범죄를 실행한 점에서 간접정범에 유사한 정범성을 가진 공동정범의 한 형태가 된다는 간접정범 유사설[18] 등이 있다.

그러나 공동정범의 정범성이 공동의 의사(공동정범의 주관적 요건)에 기한 실행행위의 분담(공동정범의 객관적 요건)에 있기 때문에 단순히 공동의 의사형성에 관여한 경우에는 공동정범의 객관적 요건이 결여되어 있다. 따라서 실행행위의 분담이 없어도 공동정범을 인정하는 공모공동정범이론은 타당치 못하다. 단순공모자를 공동정범의 객관적 요건인 공동의 실행행위의 분담자로 해석하는 것은 죄형법정주의에 상치된다. 이는 판례가 공동정범의 주관적 요건으로서 공동의사를 암묵적으로 또는 수인 사이에 순차적으로 상통하여 의사의 결합이 이루어지는 경우까지도 인정하고 있는 것과 결합된다면 공모공동정범개념으로 인하여 공동가공의 의사가 명시적인 의사표시나 의사연락형태로 존재하지 않으면서 또 공동의 실행행위가 없는 경우까지도 공동정범의 책임이 부단히 확대될 수 있게 된다. 더구나 공모자 사이에는 공동의 의사주체가 형성되었다는 이유로 단체책임을 인정하는 것은 개인책임의 원칙을 내용으로 하는 책임원칙에 반하며, 단순공모자 사이에는 간접정범과 유사한 이용행위가 있을 수 없고 또 공동정범의 정범성인 기능적 범행지배를 인정할 수 없기 때문에 공모공동정범의 개념을 부정하여야 한다.

물론 공모공동정범개념을 부정하면 집단의 배후에서 범행을 지휘하거나 중요한 역할을 수행하는 두목 또는 간부를 정범으로 처벌할 수 없어 집단범죄에 대한 형사정책적 대응이 불가능하다는 단점이 제기될 수 있다. 그러나 일정한 범위 내에서 단순공모자도 그 본질적인 범행기여에 따라 공동정범을 인정할 수 있는 방법이 기능적 행위지배설에 의해 가능하므로 큰 문제가 없다고 본다. 왜냐하면 공동의 실행행위는

---

16) 大判 1998.7.28, 98도1395; 1994.9.9, 94도1831.

17) 大判 1980.5.20, 80도306 전원합의체; 1983.3.8, 82도3248.

18) 大判 1988.4.12, 87도2368.

반드시 구성요건에 해당하는 행위일 것을 요하는 것이 아니라 각 가담자가 분업적으로 기능적 역할을 분담하여 공동으로 작용함으로써 범죄의 전체적 계획의 실현에 중요한 기여를 하는 행위이면 공동정범의 정범성표지인 기능적 행위 지배를 인정할 수 있기 때문이다. 따라서 공모자를 범죄현장으로 운반해 주는 행위, 절도를 공모하고 절취한 재물을 운반하는 행위나 망을 보는 행위도 범죄의 전체적인 과정상 성공을 위해 본질적인 것이므로 공동정범이 성립하는 것이다. 또한 범행 장소에서 범행에 기여해야 하는 것도 아니다. 전화기나 무전기 등으로 범죄의 실행행위를 지휘·협력하는 것도 공동의 실행행위이다. 범죄의 전체적인 과정상 성공을 위해 본질적인 것이어서 기능적 행위 지배를 인정할 수 있는 경우가 아니라면 그 가공의 정도에 따라 교사 또는 방조의 책임을 물을 수 있다.

3. 예비단계에서 범행기여행위를 분담한 경우

공동의 실행행위는 반드시 실행의 착수 이후의 행위여야 하는가. 즉 예비단계에서 본질적 기여행위를 하고 범죄 실행은 다른 공동참가자에게 맡긴 경우도 공동정범의 실행행위로 볼 수 있는가. 만일 실행의 착수 이후의 공동가공의 사실이 있어야 기능적 행위지배의 객관적 요건을 인정할 수 있다면 절도를 공모하고 열쇠수리공인 a가 아파트 문을 따자 b가 안으로 들어가 절취할 물건을 물색하여 절취하였다면 a의 행위는 절도죄실현의 본질적 기여에도 불구하고 절도죄의 공동실행이 될 수 없을 것이다.

이와 같이 공모자가 단순히 공모에만 참여한 것이 아니라 분담된 행위를 했지만, 분담된 행위가 예비단계의 행위이기 때문에 공동정범의 정범성인 기능적 행위 지배를 인정할 수 있는가가 문제된다. 즉 예비단계에서의 기여만으로도 공동정범이 성립할 수 있는가 아니면 범죄의 실행단계에서의 분업적 공동작업에 의한 기여가 있어야 하는가이다. 공동정범에서 각 가담자는 기능적 역할을 분담하여 공동으로 작용함으로써 전체 범행계획의 수행에 필요한 부분을 분업적으로 실행한다. 따라서 부분적 가담행위로도 전체적 행위지배가 가능해 진다. 이와 같이 공동의 범행결의에 기한 기능적 역할분담 때문에 일부실행으로도 범행전체에 대한 귀속이 인정되는 것이다.

그렇다면 공동의 실행행위는 반드시 구성요건에 해당하는 행위일 것을 요하는 것은 아니지만, 실행단계 이전의 예비행위의 공동 내지 분업적 수행으로는 일부실행에 의한 범행전체의 지배를 인정할 수 없는 것인가. 이에 대해서는 적어도 범죄의 실행단계에서의 분업적 공동작업이 있어야 한다는 견해[19]와 예비단계의 기여행위도 공동실행행위로 볼 수 있다는 견해[20]가 있다.

예비단계의 기여행위만으로는 범행전체에 대한 행위 지배를 인정할 수 없어 공동정범이 아니라 방조범이 성립한다고 본다면 공범과 정범의 구별에서 객관적·형식적 구별설로 회귀하는 결과가 된다. 물론 실행의 착수 이전의 행위가담이 본질적이 아닌 경우에도 공동가공의 사실을 인정한다면 주관설로 회귀하는 결과가 될 것이다. 따라서 중요한 것은 실행의 착수 이전의 행위기여인가 아니면 실행의 착수 이후의 행위기여인가가 아니라 공동작용이 행위지배의 부분을 이루고 있었는지여야 한다. 예컨대 a, b, c가 설 연휴에 빈집을 털기로 공모하고 작업을 분담하여 a는 빈 단독주택을 물색하여 그 집근처 차안에서 잠복하면서 그 집에 드나드는 사람이 없는 것으로 보아 집을 비운 것을 확인하고 문패를 보고 전화번호를 알아내어 아무도 없음을 다시 확인한 후, b와 c에게 연락하여 b와 c가 이 집에 침입하여 재물을 절취했다면 a가 b와 c가 빈집을 터는 동안 현장에 있었는지 여부에 관계없이 전체범죄계획에 본질적인 부분을 분담한 것으로 평가하여야 하고 범죄 실현에 본질적인 기여가 있는 것으로 보아 기능적 행위 지배를 인정할 수 있을 것이다.

4. 기수 이후 종료이전의 범행기여 가능여부

범죄실현의 시간적 과정 중 어느 단계까지 타인의 범죄행위에 공동정범으로서 참여할 수 있는지, 즉 승계적 공동정범이 성립 가능한 최후의 시점이 언제인가. 구성요건의 일부가 실현된 단계는 물론 모든 구성요건표지가 충족된 단계인 기수까지만 승계적 공동정범이 가능한 것인지, 아니면 과연 기수단계를 지나 구성요건적 법익침해

---

19) 김일수, 한국형법 II, 330면 이하; Herzberg, Täterschaft und Teilnahme, 1977, S.64ff.; Roxin, Täterschaft und Tatherrschaft, 5.Aufl., 1990, S.292ff., 645f.; Rudolphi, Zur Tatbestandsbezogenheit des Tatherrschaftsbegriffs bei der Mittäterschaft, Bockelmann-FS 1978, S.369.

20) BGHSt. 11, 268(272); BGH NStZ 1984, 413; BGH StV 1986, 384; BGHSt. 37, 289(292); BGH NStZ 1994, 432(433); Jakobs, Strafrecht AT, 2.Aufl., 21/50; Jescheck/Wiegend, Lehrbuch des Strafrechts AT, 5.Aufl., §63 III; Maurach/Gössel/Zipf, AT II, §49 Rdn.30, 36; Schönke/Schröder/Cramer, StGB, §25 Rdn.66. 안동준, 예비단계에서의 행위기여와 공동정범, 공범론과 형사법의 제문제(상)(심정 정성근교수화갑기념논문집), 61면; 이재상, 형법총론, 462면.
하태훈, 기능적 행위지배와 합동범, 고시계 1998.9, 88면에서는 부정설의 입장이었으나 예비단계에서의 기여행위도 기능적 행위지배가 인정될 수 있다는 견해로 변경한다.

가 행위자의 의도대로 실현된 범죄의 실질적 종료 내지 완료단계이전에도 가능한 것인지에 관해서는 견해가 대립된다. 범죄의 실현과정 중 어느 단계까지 타인의 범죄행위에 공동정범으로서 참여할 수 있는지의 문제에 관하여 판례[21]는 공동의 범행결의가 구성요건의 일부가 실현된 단계, 즉 기수 이전에 성립한 경우를 승계적 공동정범이라고 본다.

공동정범의 정범성은 분업적 역할분담의 수행을 매개로 하여 범죄구성요건을 실현하는 전체행위사정을 공동지배한다는 점이다. 즉, 공동의 범죄결의와 각자의 역할분담에 따른 공동의 구성요건실현이 각자를 실현된 구성요건전체의 불법에 대한 정범으로 취급하게 하는 요소이다. 여기서 공동의 범행지배를 가능하게 하는 분업적 행위실행은 전체범행계획의 수행에 필요한 역할분담이다. 이는 구성요건실현을 위해서 기능적으로 불가결한 역할분담이라는 의미에서 기능적 범행지배라 한다. 따라서 분업적으로 분담된 역할은 반드시 구성요건적 행위일 것을 요하는 것은 아니다.

그러나 분업적 역할분담에 따라 수행한 행위는 구성요건에 해당하는 행위일 필요는 없지만 반드시 구성요건실현에 기여한 행위여야 한다. 이는 분업적 역할분담행위라 하더라도 이미 모든 구성요건요소가 충족되어 구성요건실현에 기여할 수 없게 되었다면 공동정범의 정범성 내지 승계적 공동정범의 성립을 인정할 수 없다는 의미이다. 왜냐하면 범죄기수 이후의 행위는 법적 구성요건실현을 위한 행위가 될 수 없기 때문에 범죄기수와 범죄의 실질적 종료사이의 행위에 공동으로 작용한 사실만으로는 (승계적) 공동정범의 정범표지인 구성요건실현에 대한 기능적 범행지배를 근거지울 수 없기 때문이다. 이로써 가벌성의 부당한 확장이 회피되어질 수 있다.

예외적으로 계속범에서는 기수와 종료 사이에 위법행위가 계속되기 때문에 기수 이후라도 종료 이전에 승계적 공동정범으로서 위법행위에 가담할 수 있다.

5. 분담된 행위가 범행기여에 택일적인 경우

일반적인 공동정범의 형태는 공동의사에 기하여 분담된 각각의 실행행위가 합쳐져야(kumulativ) 계획된 범행이 실현된다. 그렇다면 분담된 각각의 행위로도 공모한 범행이 실현될 수 있는 경우에, 즉 분담된 행위가 범행기여에 택일적인(alternativ) 경

---

21) 大判 1953.8.4, 4286형상20: "원래 공동정범관계는 범죄가 기수되기 전에 성립되는 것이오 ...."

우에 실행되지 않은 택일적 분담행위를 수행하여야 할 가담자에게도 기능적 행위 지배를 인정할 수 있는가.

예를 들면 a와 b가 피해자를 살해하기 위하여 피해자가 귀가할 것으로 예상되는 2개의 길목에서 각각 잠복하고 있다가 a가 잠복한 곳으로 피해자가 나타나자 살해한 사건에서 b에게도 a의 살인행위에 대한 행위 지배를 인정할 수 있을 것인가. 이에 대해서는 기능적 행위 지배를 제한적으로 이해하여 공동정범의 실행행위는 언제나 구성요건실현의 누적적 공동작용을 전제로 하기 때문에 실행행위에 사실적으로 공동작용하지 않고 단순히 택일적 공동작용에 불과한 b는 살인죄의 공동정범이 아니라는 견해(살인미수 또는 살인죄의 방조범)[22]가 있다.

그러나 여러 개의 실행대비행위로 범죄성공의 확실성이 높아졌으며 피해자는 범죄피해를 피할 수 있는 가능성이 거의 0에 가깝게 되었다는 점에서 공동가공의 의사에 기하여 분담된 실행행위는 충분히 계획실현에 본질적 역할분담으로 볼 수 있다. 따라서 단순히 택일적 공동작용에 불과한 b의 행위로도 범행전체에 대한 기능적 행위 지배를 인정할 수 있고[23] b는 살인죄의 공동정범이 된다.

6. 중첩적 범행지배의 경우

예컨대 정치인 암살계획의 성공률을 높이기 위해서 테러조직의 20명의 대원이 각각 한발씩 총을 쏘아 1명의 정치인을 암살할 계획을 세우고 저격하여 암살하였으나 (몇 발은 빗나가고 몇 발은 다리 등 치명적이지 않은 부위에 맞았고 한 발이 심장을 관통하여 사망케 하였다면) 누구의 총알에 의한 것인지 확인할 수 없는 경우에도 기능적 행위 지배를 인정하여 20명 모두에게 살인죄의 공동정범을 인정할 수 있을 것인가. 이러한 의문은 20명이 암살에 대한 공동가공의 의사를 가졌지만 치명적인 부위를 맞추지 못한 행위자의 실행행위는 구성요건실현에 기여하지 못했다고 볼 수 있기 때문에 제기되는 것이다.[24] 이러한 경우에는 분업적 공동작용이라는 관점에서의 기능적 범

---

22) Rudolphi, a.a.O., S.379ff.
23) Roxin, a.a.O., S.65; BGHSt. 11, 268(272). 문채규, 앞의 논문, 174면; 박상기, 형법총론, 384면; 천진호, 공모공동정범소고, 공범론과 형사법의 제문제 상권(심정 정성근화갑기념논문집), 1997, 71면; 최호진, 범행지배와 공동정범의 정범표지(경북대 박사학위논문), 2003, 120면.
24) Herzberg, a.a.O., S.57f.

행지배의 원칙이 적용될 수 없지만 각자의 행위는 (행위시점에서 바라볼 때) 동가치적 범행기여로 볼 수 있기 때문에 공동정범이 성립한다고 볼 수 있을 것이다.[25]

그러나 계획된 범죄의 성공적 실현이 분담된 역할수행(20명 각각의 총알 1발)에 달려있고 분담된 역할수행이 서로 결과실현가능성을 강화시켜주는 효과를 가짐으로써 범죄성공에 결정적이기 때문에 그 역할은 구성요건실현에 본질적인 것이다.[26] 공동 작용이 범죄계획실현에 본질적인가 여부는 행위 당시에 판단하여야 하며 사후에 불필요한 것으로 판명되더라도 행위 당시의 기능적 행위지배는 인정되는 것이다.[27]

V. 요약 및 결론

1. 이 사안에서 피고인 丙이 일행의 제의에 아무런 대답도 하지 않고 소극적으로 따라간 점, 甲과 乙이 피해자 B와 A를 각각 강간하기 위하여 끌고 가 강간하는 동안 자신의 강간상대방으로 남겨진 C와 아무런 신체의 접촉도 없이 대화만 나눈 점, C의 남자친구의 휴대폰 통화를 제지하지 않은 점 등으로 보아 丙이 甲, 乙과 공모하였다가 공모관계에서 이탈한 것으로 볼 수 없고 애당초 공동의 의사형성에 가담하지 않은 것으로 본 대법원 판결이 타당하다고 본다.

평석 대상 대법원판결은 丙에게 다른 일행의 강간 범행에 공동으로 가공할 의사가 있었다고 볼 수 없다고 판단한 점으로 미루어 다른 일행의 범행에 공동 가공할 의사가 있었다면 강간죄의 공동정범이 성립할 수 있음을 전제하고 있다고 볼 수 있다. 그러나 피해자를 나누어 각각 따로 다른 장소에서 강간을 행한 것이 강간죄에 대한 공동의 의사형성과 공동의 실행으로 볼 수 없다. 즉 가담자 모두를 강간죄의 공동정범으로 볼 수 없고 각자 강간죄의 단독정범이 된다.

2. 항소심판결은 甲과 乙이 피해자 B와 A를 나누어 강간하기로 하고 甲은 B를, 乙은 A를 각기 폭행 또는 협박하여 다른 장소로 끌고 가 강간하고 다시 甲은 乙이

---

25) Herzberg, a.a.O., S.57ff.

26) Roxin, §25 III Rdn.230.

27) 기능적 행위지배를 인정하는 견해로는 Bloy, Die Beteiligungsform zu Zurechnungstypus im Strafrecht, 1985, S.372ff. 이에 반해서 공동정범을 부정하고 in dubio pro reo의 원칙에 따라 미수를 인정하는 견해로는 Stein, Die strafrechtliche Beteiligungsformenlehre, 1988, S.327f.

강간 후 데리고 온 A에게 상해를 입히고 강간한 행위에 대해서 甲과 乙을 강간죄의 공동정범과 강간상해죄의 공동정범을 인정하고 있다. 이는 공모공동정범이론에 따른 결론으로 보인다. 항소심처럼 강간죄의 공동정범과 강간상해죄의 공동정범을 인정한다면 적어도 甲에게 공동정범을 인정한 실익이 없다. 공동정범을 인정한다면 甲과 乙은 B와 A에 대한 강간죄의 공동정범, 즉 두개의 강간행위에 대한 공동정범과 강간상해죄에 대한 공동정범을 인정했어야 할 것이다. 이것이 공모공동정범의 논리적 결론으로 보인다. 이러한 점에서 공모공동정범이론에 따라 공동정범을 인정한다고 하더라도 1개의 강간죄의 공동정범과 1개의 강간상해죄의 공동정범을 인정한 항소심판결은 잘못된 것이다. 물론 甲의 B에 대한 강간죄의 고소가 취소되었다면 A에 대해서만 甲과 乙의 강간죄의 형사책임이 문제되기 때문에 위와 같은 항소심에 대한 비판은 타당치 않을 수 있다.

3. 또한 甲이 공모한대로 피해자를 나누어 강간한 후 다시 다른 피해자에게 상해를 가하고 강간한 행위에 대해서 乙에게 강간상해죄의 공동정범을 인정하기 위해서는 이에 대한 공모가 있었는지(왜냐하면 처음부터 피해자를 바꾸어 강간하기로 계획한 것이 아니기 때문에)를 대법원판결이 요구하는 공동가공의 의사의 개념('타인의 범행을 인식하면서도 이를 제지하지 아니하고 용인하는 것만으로는 부족하고 공동의 의사로 특정한 범죄행위를 하기 위하여 일체가 되어 서로 다른 사람의 행위를 이용하여 자기의 의사를 실행에 옮기는 것을 내용으로 하는 것')에 비추어 검토했어야 하고, 공동가공의 의사가 인정되더라도 객관적 요건으로서 공동의사에 기한 기능적 행위 지배를 통한 범죄의 실행사실이 있었는지를 확인했어야 한다. 이에 대한 검토 없이 乙에게 강간상해죄의 공동정범을 인정한 것은 공모공동정범이론을 지나치게 형사 정책적 필요성에 맞추어 확대 적용한 것이다. 아마도 乙이 A를 甲 쪽으로 데리고 오자 그녀를 인계받는 과정을 암묵적인 의사의 상통으로 보고 공동정범의 주관적 요건이 충족된 것으로 판단했을 것이다. 그러나 단순히 의사의 연락 내지 상통이 있었다는 이유만으로 정범의 성립을 인정하는 것은 범죄성립의 객관적 요건을 무시한 것으로서 형사사법의 주관화[28]를 초래할 것이다. 대법원 또는 하급심법원이 공동정범이 성립하기 위한 객관적 요건으로서 공동의사에 기한 기능적 행위 지배를 통한 범죄의 실행사실을 일관되게 요구하면

---

28) 신동운, 판례백선 형법총론(개정판), 384면.

서 스스로 이를 무시하는 모순을 저지르고 있는 것이다. 학설에서 거의 통설적으로 인정되고 있는 기능적 행위지배의 의미를 알지 못한 채 용어만 장식용으로 차용하고 있는 것이 아닌가 하는 의문이 들기도 한다. 여러 명이 범죄에 가담한 경우에 깊은 고민 없이 집단적·연대적 책임을 지우고 싶은 것이 실무의 일반적 경향이 아닌가 싶다.

4. 공동정범을 인정하는 실익은 일부실행으로 전부를 책임 지운다는데 있다. 즉 공동의 범행결의에 기한 기능적 역할분담 때문에 (구성요건에 해당하건 해당하지 않건) 일부실행으로도 범행전체에 대한 귀속이 인정되는데 있다. 따라서 전부실행행위를 한 자는 공동정범을 인정해야 할 실익도 없는 것이다. 이 사안에서 B를 강간한 甲은 강간죄의 단독정범이다. 乙도 마찬가지로 A에 대한 강간죄의 단독정범이다. 甲은 乙이 A를 강간하는 행위에 공동 작용했다고 보기 어렵고 전혀 이에 기여한 바가 없기 때문에, 또한 乙의 A에 대한 강간행위에 기능적 행위지배가 인정될 수 없기 때문에 공동정범이 될 수 없다. 乙도 甲의 B에 대한 강간죄에 대해서 마찬가지이다.

기능적 행위지배설의 입장에서는 각각 파트너를 정하여 강간하기로 모의한 것이 자기 이외의 피해자에 대한 강간행위에 관한 공동의 의사형성이라고 볼 수 없고 각자의 실행행위의 기능적 역할분담에 따른 행위로 볼 수 없기 때문에 각자 자신이 범한 강간죄의 단독정범으로 보는 것이 타당하다. 물론 피해자를 나누어 각기 다른 장소로 끌고 가기에 앞서 甲이 B의 뺨을 때림으로써 乙이 분담한 A에게 다른 공모자들 앞에서의 저항이 소용없고 순순히 응해야 할 것이라는 위협적인 요소로 작용했다고 하더라도 이로써 乙의 A에 대한 강간행위에 본질적으로 기여했다고 볼 수 없고 乙의 A에 대한 강간행위를 지배했다고 보기 어렵다. 또한 피해자를 나누어 각기 강간행위를 하였기 때문에 다른 공범자의 범행에 관여하지 못해 결과적으로 방해 없이 강간이 이루어졌다고 하더라도 이것만으로 다른 공범자의 행위를 포함하여 범죄 전체를 지배하고 있다고 볼 수 없다.

미성년자약취죄와 국외이송약취죄의 '약취'의 의미*
- 대법원 2013.6.20. 선고 2010도14328 전원합의체 판결에 대한 평석 -

[사실의 개요]

피고인은 베트남 국적의 여성으로서 2006.2.16. 공소외 1과 혼인하고 같은 해 4.30. 입국한 후 2007.8.12. 아들 공소외 2를 출산하여 천안시 두정동 소재 주거지에서 거주하며 공소외 1과 공동으로 공소외 2를 보호·양육하여 왔는데, 당시 공소외 1은 직장에 다녔고 피고인이 가사를 전담하였기 때문에 공소외 2에 대한 현실적인 보호·양육을 주로 피고인이 맡아왔다.

피고인은 2008.8.30. 수원의 친구에게 놀러 갔다가 늦어져 버스를 놓치는 바람에 다음날 귀가하였는데 화가 난 공소외 1로부터 며칠 동안 집을 나가라는 말을 듣고, 공소외 1이 자신을 이제 필요 없다고 생각하는 것 같아 자존심이 상한 데다 국내에는 마땅히 찾아갈 곳이 없어 생후 약 13개월 된 공소외 2를 데리고 친정인 베트남으로 돌아가기로 마음먹고, 2008.9.3. 공소외 1이 직장에 출근한 사이 공소외 2를 데리고 집을 나와 항공편으로 출국하여 베트남 친정으로 갔다. 공소외 2를 데리고 가기 위하여 공소외 1 측에 어떠한 폭행, 협박이나 실력 행사를 하지 않았다.

---

* 출처: 「고려법학」 제71호, 2013, 97~126면.

피고인은 공소외 2의 양육비를 벌기 위하여 공소외 2를 베트남 친정에 맡겨 둔 채 2008.9.17. 다시 우리나라에 입국하였는데, 그 사이 피고인의 부모 등이 공소외 2를 베트남에서 계속 보호·양육하고 있었고 피고인은 2010.5.13. 공소외 1과 협의하여 피고인을 공소외 2의 친권자 및 양육자로 정하여 이혼하기로 하고 법원으로부터 그 의사를 확인받았다. 피고인은 그때까지 공소외 1에게 공소외 2를 돌려주는 대가로 금전 등을 부당하게 요구하거나 이를 협의이혼의 조건으로 내세운 적이 없었고, 협의이혼 후 공소외 2의 양육비도 피고인이 부담하기로 하였다.

[소송의 경과]

I. 원심 판결요지: 대전고등법원 2010. 10. 8. 선고 2010노363 판결

베트남 국적 여성인 피고인이 남편 공소외 1의 의사에 반하여 아들인 피해자 공소외 2를 국외에 이송할 목적으로 주거지에서 데리고 나와 약취하고 이어서 베트남에 함께 입국함으로써 피해자를 국외에 이송하였다는 공소사실에 대하여, ① 피고인이 남편인 공소외 1과 헤어져 베트남으로 돌아갈 것을 결심한 때는 피해자가 태어난 지 만 13개월이 채 안되었으므로 피해자에게는 아버지보다 어머니의 손길이 더 필요했던 시기인 점, ② 당시 피해자의 아버지인 공소외 1은 직장을 다니고 있었으므로 피고인이 없는 상황에서 공소외 1 혼자 피해자를 양육한다는 것은 사실상 어려웠던 점, ③ 피고인이 아들인 어린 피해자를 집에 혼자 두고 나가는 것이 오히려 친권자의 보호·양육의무를 방기하는 행위로서 더 비난받을 행위로 평가될 수 있는 점, ④ 피해자가 비록 한국이 아닌 베트남에서 양육되고 있기는 하나 그곳은 피해자의 외가이므로 피해자가 한국에서 어머니인 피고인 없이 양육되는 것보다 불리한 상황에 처하였다고 단정하기 어려운 점 등의 사정을 종합하면, 피고인의 행위는 공소외 1의 보호·양육권을 침해한 것이라고 볼 수는 있으나 피해자 본인의 이익을 침해한 것이라고 볼 수는 없어 미성년자에 대한 약취에 해당하지 아니한다는 이유로, 무죄를 선고한 제1심을 그대로 유지하였다.

Ⅱ. 대법원 전원합의체 판결요지

1. 다수의견[대법원장 양승태(재판장), 대법관 양창수, 민일영, 이인복, 이상훈, 박병대, 박보영(주심), 김소영]

(1) 형법의 미성년자약취죄와 국외이송약취죄 등의 구성요건요소로서 약취란 폭행, 협박 또는 불법적인 사실상의 힘을 수단으로 사용하여 피해자를 그 의사에 반하여 자유로운 생활관계 또는 보호관계로부터 이탈시켜 자기 또는 제3자의 사실상 지배하에 옮기는 행위를 의미하고, 구체적 사건에서 어떤 행위가 약취에 해당하는지 여부는 행위의 목적과 의도, 행위 당시의 정황, 행위의 태양과 종류, 수단과 방법, 피해자의 상태 등 관련 사정을 종합하여 판단하여야 한다(대법원 2009.7.9. 선고 2009도3816 판결 등 참조).

(2) 미성년자를 보호·감독하는 사람이라고 하더라도 다른 보호감독자의 보호·양육권을 침해하거나 자신의 보호·양육권을 남용하여 미성년자 본인의 이익을 침해하는 때에는 미성년자에 대한 약취죄의 주체가 될 수 있는데(대법원 2008.1.31. 선고 2007도8011 판결 등 참조), 그 경우에도 해당 보호감독자에 대하여 약취죄의 성립을 인정할 수 있으려면 그 행위가 위와 같은 의미의 약취에 해당하여야 한다. 그렇지 아니하고 폭행, 협박 또는 불법적인 사실상의 힘을 사용하여 그 미성년자를 평온하던 종전의 보호·양육 상태로부터 이탈시켰다고 볼 수 없는 행위에 대해서까지 다른 보호감독자의 보호·양육권을 침해하였다는 이유로 미성년자에 대한 약취죄의 성립을 긍정하는 것은 형벌 법규의 문언 범위를 벗어나는 해석으로서 죄형법정주의의 원칙에 비추어 허용될 수 없다고 할 것이다.

따라서 부모가 이혼하였거나 별거하는 상황에서 미성년의 자녀를 부모의 일방이 평온하게 보호·양육하고 있는데, 상대방 부모가 폭행, 협박 또는 불법적인 사실상의 힘을 행사하여 그 보호·양육 상태를 깨뜨리고 자녀를 탈취하여 자기 또는 제3자의 사실상 지배하에 옮긴 경우, 그와 같은 행위는 특별한 사정이 없는 한 미성년자에 대한 약취죄를 구성한다고 볼 수 있다.

그러나 이와 달리 미성년의 자녀를 부모가 함께 동거하면서 보호·양육하여 오던 중 부모의 일방이 상대방 부모나 그 자녀에게 어떠한 폭행, 협박이나 불법적인 사실상의 힘을 행사함이 없이 그 자녀를 데리고 종전의 거소를 벗어나 다른 곳으로 옮겨 자녀에 대한 보호·양육을 계속하였다면, 그 행위가 보호·양육권의 남용에 해당한다는 등 특별한 사정이 없는 한 설령 이에 관하여 법원의 결정이나 상대방 부모의 동의를 얻지 아니하였다고 하더라도 그러한 행위에 대하여 곧바로 형법상 미성년자에 대한 약취죄의 성립을 인정할 수는 없다고 할 것이다.

(3) 피고인이 공소외 2를 데리고 베트남으로 떠난 행위는 어떠한 실력을 행사하여 공소외 2를 평온하던 종전의 보호·양육 상태로부터 이탈시킨 것이라기보다 친권자인 모(母)로서 출생 이후 줄곧 맡아왔던 공소외 2에 대한 보호·양육을 계속 유지한 행위라고 할 것이고, 이를 폭행, 협박 또는 불법적인 사실상의 힘을 사용하여 공소외 2를 자기 또는 제3자의 지배하에 옮긴 약취 행위로 볼 수는 없다고 할 것이다.

2. 반대의견(대법관 신영철, 김용덕, 고영한, 김창석, 김신)

(1) 다수의견의 견해는 대법원이 선언해 온 미성년자 관련 약취죄에 있어서 '약취 행위'의 개념이나 보호법익에 관한 법리를 오해한 것일 뿐만 아니라 형사 정책적 측면에서도 국가의 자국민에 대한 보호라는 기본적인 책무를 소홀히 하는 해석론이어서 동의할 수 없다.(중략)

(2) 부모 중 일방이 상대방과 동거하며 공동으로 보호·양육하던 유아를 국외로 데리고 나갔다면 '사실상의 힘'을 수단으로 사용하여 유아를 자신 또는 제3자의 사실상지배하에 옮겼다고 보아야 함에 이론이 있을 수 없다.

친권은 미성년 자녀의 양육과 감호 및 재산관리를 적절히 함으로써 그의 복리를 확보하도록 하기 위한 부모의 권리이자 의무의 성격을 갖는 것으로서, 민법 제909조에 의하면, 친권은 혼인관계가 유지되는 동안에는 부모의 의견이 일치하지 아니하거나 부모 일방이 친권을 행사할 수 없는 등 예외적인 경우를 제외하고는 부모가 공동으로 행사하는 것이 원칙이고(제2항, 제3항), 이혼하려는 경우에도 상대방과의 협의나 가정법원의 결정을 거치지 아니한 채 일방적으로 상대방의 친권행사를 배제하는 것은 허용되지 않는다(제4항).

따라서 공동친권자인 부모의 일방이 상대방의 동의나 가정법원의 결정이 없는 상태에서 유아를 데리고 공동양육의 장소를 이탈함으로써 상대방의 친권행사가 미칠 수 없도록 하였다면, 이는 특별한 사정이 없는 한 다른 공동친권자의 유아에 대한 보호·양육권을 침해한 것으로서 민법을 위반한 행위라고 할 것이다. 그뿐 아니라 유아로서도 다른 공동친권자로부터 보호·양육을 받거나 받을 수 있는 상태에서 배제되는 결과를 강요당하게 되어 아래에서 보는 바와 같이 유아의 이익을 현저히 해치게 될 것이므로 그 점에서도 위법성을 면할 수 없다. 따라서 어느 모로 보나 부모의 일방이 유아를 임의로 데리고 가면서 행사한 사실상의 힘은 특별한 사정이 없는 한 불법적이라고 할 것이며, 특히 장기간 또는 영구히 유아를 데리고 간 경우에는 그 불법성이 훨씬 더 크다는 점을 부인할 수 없을 것이다.

(3) 피고인이 공소외 2를 베트남으로 데려간 행위는 공소외 2의 이익을 침해하는 행위로 보기에 충분하다. 공동친권자 중 일방이 정당한 절차와 방법에 따르지 않고 다른 공동친권자의 의사에 반하여 자녀를 데리고 종전의 국내 거주지를 이탈하여 국외로 이전하는 행위는 자녀의 생활관계 또는 보호관계에 중대한 변경을 가져오는 행위로서 그 자녀의 이익을 심히 침해하는 것이라 아니할 수 없다. 왜냐하면, 위와 같은 행위는 부모 쌍방에 의한 공동 보호·양육관계를 부모 일방에 의한 보호·양육관계로 바꾸는 데서 더 나아가 우리 국적을 가진 자녀가 언어, 풍습, 문화, 생활환경 등이 전혀 다른 외국에서 일방 부모의 보호·양육과 국내 일가친척과의 교류에서 완전히 배제된 채 정체성의 극심한 혼란 및 정서적 불안정 등 상당한 정신적·심리적 충격을 겪으면서 성장해야 하는 생활관계 또는 보호관계의 중대한 변경에 해당함이 분명하기 때문이다.(중략)

덧붙여 국제결혼에 의한 다문화가정이 증가함에 따라 앞으로도 이 사건과 유사한 사례가 잇달아 발생할 수 있을 것으로 보이는데, 공동친권자인 부모 중 일방이 정당한 절차와 방법에 반하여 상대방 몰래 자녀를 데리고 출국해버리는 행위를 처벌할 수 없다고 한다면 형사 정책적 측면에서도 중대한 문제가 발생할 수 있음을 염려하지 않을 수 없다.

나아가 이 사건과 같이 일단 자녀가 외국으로 떠나버린 다음에는 자녀를 되찾아올 실효성 있는 방안을 찾기가 더욱 어렵다. 왜냐하면, 우리나라 법원에서 자녀의 인도를 명하는 민사재판 또는 가사재판을 받는다고 하더라도 외국에서 그 재판을 집행한다는 것은 현실적으로 기대할 수 없고, 우리나라가 근래 가입한 '국제적 아동탈취의 민사적 측면에 관한 협약' 등 국제조약에 의한 구제도 조약 가입국이라는 제한된 범위의 국가에 대해서만 시도할 수 있기 때문이다.

이러한 결론이 국민 일반의 정서와 법감정에 현저히 반하는 것임은 두말할 나위가 없다. 그뿐 아니라 이는 부모 중 일방이 아동에 대하여 공동으로 행사되는 양육권(rights of custody)을 배제하고 다른 국가로 아동을 이동하는 행위를 아동의 복리(interests of children)에 대한 침해행위로서 불법적(wrongful) 행위로 간주하는 위 협약에 명백히 배치되는 것으로서, 국제법적인 아동 보호 기준에도 위배된다(중략).

(4) 생략

3. 다수의견에 대한 보충의견(대법관 이인복, 이상훈, 박병대, 박보영, 김소영)

(1) 생략

(2) 형법은 제287조, 제288조 등에서 미성년자 관련 약취죄를 두면서 그 구성요건 행위를 '약취'라고만 규정하였는데, 위와 같은 형법의 본질과 그 규율 대상에 비추어 보면 형법상 '약취'라는 개념에는 그 자체로서 이미 중대한 사회 유해적 행위 또는 법익침해행위라는 법적 평가가 포함되어 있다고 할 것이다. 약취(略取)의 사전적 의미는 '폭행이나 협박 따위의 수단으로 타인을 자기의 실력적 지배 아래 둠, 또는 그런 행위'로서, 일상적 용법에도 위와 같은 의미가 어느 정도 반영되어 있다.

이와 같은 관점에서 볼 때 '현재 정당한 보호·양육권을 가지고 있지 아니한 부모가 폭행, 협박 또는 불법적인 사실상의 힘을 행사하여 상대방 부모에 의한 종전의 평온한 보호·양육 상태를 깨뜨리고 자녀를 탈취하는 행위'의 경우에는 이러한 행위가 사회의 기본질서와 가치를 침해하는 중대한 것으로서 미성년자에 대한 약취죄를 구성한다는 데에 의문이 없다.

그러나 '정당한 보호·양육권자로서 종전부터 직접 자녀를 보호·양육하여 온 부모가 폭행, 협박 또는 불법적인 사실상의 힘을 행사함이 없이 자녀를 데리고 사는 곳을 옮겨 그 보호·양육을 계속하는 행위'의 경우에는 상대방 부모와의 협의, 가정법원의 결정 등 가족관계 법령에서 정한 절차와 방법을 거치지 아니하였다는 점이 그 행위와 관련된 비난 요소의 거의 전부일 것이다. 그런데 부모의 일방이 가족관계 법령에서 정한 절차와 방법을 거치지 아니하고 친권 또는 보호·양육권을 행사하였다고 하여 과연 사회의 존립과 유지에 필요불가결한 기본가치를 침해하였으니 형법의 규율 대상이 되어야 한다고 할 수 있을까. 지금까지 우리 형법 체계는 이러한 행위를 적어도 약취죄로 파악하지는 아니하였다고 할 수 있다.

각급 법원에서 그동안 이러한 사안이 약취죄로 거의 다루어지지 않은 것도 이 때문일 것이고, 무엇보다 약취죄의 법정형은 이에 대한 입법자의 판단과 의사를 잘 보여준다. 형법 제287조의 미성년자약취죄의 법정형은 10년 이하의 징역형으로서, 미성년의 자녀를 보호·양육하는 부모에 의해 범해질 수 있는 형법상의 다른 범죄, 예를 들어 제271조 제1항의 유기죄(3년 이하의 징역 또는 500만 원 이하의 벌금), 제273조 제1항의 학대죄(2년 이하의 징역 또는 500만 원 이하의 벌금), 제274조의 아동혹사죄(5년 이하의 징역), 제275조 제1항 전문의 유기치상죄(7년 이하의 징역) 등은 물론, 아동에 대한 신체적·정서적 학대행위 등으로 인한 아동복지법위반죄(아동복지법 제71조 제1항 제2호, 제17조제3호 내지 제8호, 5년 이하의 징역 또는 3,000만 원 이하의 벌금) 보다 뚜렷이 높고, 또한 아동을 매매한 행위(다만 '아동·청소년의 성보호에 관한 법률' 제12조에 따른 매매는 제외)로 인한 아동복지법위반죄(아동복지법 제71조 제1항 제1호, 제17조 제1호, 10년 이하의 징역 또는 5,000만 원 이하의 벌금)보다도 높다. 그리고 형법 제288조 제3항의 국외이송약취죄 또는 피약취자국외이송죄의 법정형은 2년 이상 15년 이하의 징역형(구 형법 제289조 제1항 또는 제2항에 의하면 3년 이상의 징역형)으로서 일반 미성년자약취죄보다 현저히 높게 규정되어 있다.

이런 사정을 보면, 미성년의 자녀를 직접 보호·양육해 오던 부모의 일방이 폭행, 협박 또는 불법적인 사실상의 힘을 행사함이 없이 자녀를 데리고 사는 곳을 옮겨 그 보호·양육을 계속한 행위는 설령 옮긴 곳이 외국이라고 하더라도 특별한 사정이 없는 한 형법 제287조 등의 '약취'에 해당하지 않는다고 보는 것이 입법자의 의도나 관련 형사법의 전체 체계에 부합하는 해석일 것이다.

(3) 생략

(4) 미성년자 관련 약취죄의 보호법익으로서 미성년자의 자유와 안전 외에 보호·양육자의 보호·양육권을 인정하는 것 또한 그와 같은 보호·양육자에 의한 보호·양육 상태의 유지가 미성년자의 자유와 안전 보장을 위하여 중요하고 필요한 조치이기 때문이라고 할 것이고, 이는 부모의 친권 또는 보호·양육권이 단순한 권리만이 아니라 자녀의 복리를 위한 부모의 의무이기도 하다는 점과 맥락을 같이 한다. 형법 제31장의 약취죄를 범한 사람이 피해자를 안전한 장소로 풀어준 때에는 그 형을 감경할 수 있도록 규정한 것도(제295조의2) 미성년자 관련 약취죄의 궁극적인 보호법익은 미성년자의 자유와 안전이라는 점을 시사한다고 하겠다.

따라서 미성년자의 자유와 안전, 그리고 미성년자에 대한 보호·양육 상태의 유지라는 보호법익이 직접 침해되는 경우와 순수한 권리 측면에서의 부모의 보호·양육권 침해만이 문제가 되는 경우는 형법상 미성년자 관련 약취죄의 성립 여부와 관련하여 본질적인 차이를 두지 않을 수 없다.

(5) 생략

(6) 국제결혼으로 형성된 다문화가정에서 외국인 부모가 정당한 절차와 방법을 거치지 아니한 채 우리나라 부모의 동의 없이 자녀를 데리고 출국하는 사례가 계속 발생하여 그러한 현상이 중대한 사회문제로 이어진 상황임을 고려할 때, 이러한 현실에 대한 반대의견의 우려를 이해할 수는 있다. 이 사건과 같이 부모의 일방이 상대방의 동의나 가정법원의 결정이 없는 상태에서 미성년 자녀를 국외로 데리고 나간 경우에 대해서는 그 행위에 합당한 처벌규정을 제정하고, 여권의 발급·제한과 출입국관리 등 관계되는 제도를 개선하며, 국제결혼관련 국가와의 외교적 해결방안을 마련해 두는 등 반대의견에서 제기한 문제점의 시정과 해결을 위한 입법적·행정적 노력과 조치가 조속히 이어지기를 기대하고 또한 촉구하고자 한다.

[연구]**

Ⅰ. 판결의 의미와 쟁점

1. 판결의 의미

이 평석대상 대법원 전원합의체 판결은 남편(공소외 1)과의 불화로 몰래 어린 아들(공소외 2)을 데리고 베트남 친정으로 돌아간 피고인의 행위가 형법상 미성년자약취죄(제287조) 또는 국외이송약취죄(제288조 제3항)의 '약취' 행위에 해당하는가가 쟁점인 판결이다.

이 판결은 우리나라에서 국제결혼으로 다문화가정이 증가하고 국제이혼도 늘어나면서[1] 다문화가정의 부모 일방이 상대방의 동의 없이(또는 의사에 반하여) 자녀를 데

** 이 논문은 2013년 8월 30일 일본 와세다 대학에서 개최된 제8회 日韓法學會·韓日法學會 공동 심포지엄(대주제: 日韓의 국제적 아동 감호문제와 헤이그 아동 탈취 조약)에서 발표한 발표문을 수정·보완한 것이다.

1) 통계청, 인구동태통계연보(2012)에 의하면 2012년 우리나라 국제결혼이 28,325건으로 전체 혼인

리고 자신의 국가로 출국하는 사례가 적지 않게 발생하고 있고 또한 국내에서 이혼절차를 밟는 한국인 부모 중 일방이 자녀를 데리고 있어야 이혼소송에 유리하다고 판단하여 상대방의 동의 없이(또는 의사에 반하여) 자녀를 데리고 가는 사례가 급증하고 있는 현실에서, 어떤 경우에 형사처벌의 대상이 되는 '약취' 행위에 해당하는지에 관한 대법원의 첫 판단이라는 점에서 큰 의미를 갖는 판결이다.

국제결혼과 이혼이 증가하면서 결혼이민자가 아동을 데리고 국외로 출국하여 잠적하거나 귀국하지 않은 상태에서 한국의 부모 일방에게 연락하여 아동의 양육비 등을 무리하게 요구하는 경우가 있고, 이 평석대상 판결의 사건처럼 결혼이민자가 아동을 본국으로 데리고 갔다가 본국의 집에 맡겨 놓고 혼자 귀국하여 양육비를 벌기 위해 취업하거나 이혼 당시 자녀의 반환을 조건으로 금전이나 출입국상 체류자격을 부당하게 요구하는 행위 등 다양한 사례가 발생하고 있다.

국적을 달리하는 사람들 사이의 혼인과 이혼이 증가하고 다문화가정의 해체가 증가하고 있는 상황에서 우리나라는 양육권이 없는 자가 다른 협약국으로 부당하게 이동된 소위 탈취아동의 신속한 반환 등을 목적으로 하는 '국제적 아동탈취의 민사적 측면에 관한 협약'(Convention on the Civil Aspects of International Child Abduction 일명 '헤이그 국제아동탈취협약')[2]에 가입하였고 이를 이행하는 데 필요한 사항을 규정한 '헤이그 국제아동탈취협약 이행에 관한 법률'(2012.12.11. 제정, 2013.3.1. 시행)[3]을 제정하여 국제결혼이 파탄으로 끝난 이후 한쪽 배우자가 일방적으로 해외로 데려간 아이의 소재를 찾거나 도로 데려올 것을 요구하는 재판을 진행하기 위한 국내법적 근거가 마련되었다. 헤이그 국제아동탈취협약은 가입국과 그 가입의 수락을 선언한 국가 간에 있어서 해당 체약국과의 관계에서 발생한 아동의 불법적인 이동 또는 유치로

신고(327,073건)의 8.7%를 차지하고 다문화가정이 전체 국민의 1%인 57만 명에 달하는데, 국제이혼도 꾸준히 증가하여(이혼에서 차지하는 비율은 약 9.5% 정도) 가족해체문제가 사회문제로 대두되고 있다. 한국인과 외국인으로 이루어진 국제결혼 가정의 아동은 2013년 1월 1일 기준 약 16만 6천여 명으로 추산된다.

2) 이 협약은 한쪽 배우자가 해외로 불법 이동시킨 아동의 신속한 반환 등을 목적으로 1983년 12월 1일 발효됐다. 미국, 영국, 독일, 호주 등 89개국이 가입했다. 이 협약의 내용에 관해서는 김미경, 헤이그 국제아동탈취협약의 현황과 전망, 법학연구(부산대) 제52권 제3호 (통권 69호), 2011, 219면 이하.

3) 이 법률이 제정되기 전의 이행법률안에 관해서는 권재문, 국제적 아동탈취의 민사적 측면에 관한 협약 이행법률안, 법학연구(연세대), 2011, 1면 이하.

인하여 협약에 따른 양육권 등을 침해당한 경우에 적용이 가능하다. 현재 우리나라의 가입을 수락한 국가로 아르메니아, 세르비아, 우루과이, 세이셸, 아일랜드, 체코, 안도라, 도미니카 공화국, 엘살바도르, 과테말라, 니카라과, 에스토니아, 에콰도르, 우즈베키스탄, 뉴질랜드, 아르헨티나, 몬테니그로 등이 있다. 정작 대한민국 국민과 국제결혼한 사람이 많은 중국, 베트남, 태국, 캄보디아 등 국가들은 협약 미가입국으로 사실상 헤이그아동탈취협약에 따른 아동의 반환을 요구하는 사례가 발생할 가능성이 없는 상황이기는 하지만, 이 평석대상 판결은 헤이그 아동탈취협약 및 그 이행법률에 대한 국민적 관심을 환기시킬 수 있는 판결이라는 점에서 그 의미를 찾을 수 있다.

지금까지 미성년자약취죄나 국외이송약취죄는 학계에서 교과서 수준의 논의만 있을 정도로 관심의 대상이 아니었고 실무에서도 사건이나 판례가 별로 없는 범죄유형이었지만, 재판결과가 형사정책적 및 사회적으로 중요한 의미를 가질 뿐만 아니라 선례적 가치가 있기 때문에 대법원 전원합의체에서 공개 변론이 이루어진 것이다.

2. 쟁점

이 사건의 쟁점은 부모가 공동으로 어린 자녀를 키우다가 그 중 한 사람이 상대방과 협의하거나 가정법원의 결정을 거치지 않고 혼자 일방적으로 자녀를 데리고 외국으로 출국한 경우에 이를 약취죄로 처벌할 수 있는지 여부다. 미성년자를 보호·감독하는 사람이라고 하더라도 다른 보호감독자의 보호양육권을 침해하거나 자신의 보호양육권을 남용해 자녀의 이익을 침해하는 경우에는 미성년자약취죄의 주체가 될 수 있기 때문에[4] 이 사건 피고인도 미성년자약취죄의 주체가 될 수 있음은 분명하다. 문제는 피고인의 행위가 판례로 형성된 약취행위개념을 충족하느냐이다. 특히 가정에서 부부싸움 중에 벌어진 일이기 때문에 형법이 개입해야 할 필요성과 가벌성이 인정될 수 있는 행위가 있다고 볼 수 있는지가 쟁점이다.

다수의견은 피고인이 공소외 2를 데리고 베트남으로 떠난 행위는 어떠한 실력을 행사하여 공소외 2를 평온하던 종전의 보호·양육 상태로부터 이탈시킨 것이라기보

---

4) 대법원 2008.1.31. 선고 2007도8011 판결에서 외조부가 맡아서 양육해 오던 미성년인 아이를 본인의 의사에 반하여 강제로 차에 태우고 할아버지에게 간다는 등의 거짓말로 속인 후 사실상 자신의 지배하에 옮긴 친권자에 대하여 미성년자 약취·유인죄를 인정하였다.

다 친권자인 모(母)로서 출생 이후 줄곧 맡아왔던 공소외 2에 대한 보호·양육을 계속 유지한 행위이므로 이를 폭행, 협박 또는 불법적인 사실상의 힘을 사용하여 공소외 2를 자기 또는 제3자의 지배하에 옮긴 약취 행위로 볼 수는 없다는 것이다.

이에 반해서 반대의견은, 부모 중 일방이 상대방과 동거하며 공동으로 보호·양육하던 유아를 상대방의 동의나 가정법원의 결정이 없는 상태에서 국외로 데리고 나가 상대방의 친권행사를 곤란하게 한 행위는 '사실상의 힘'을 수단으로 사용해 유아를 자신 또는 제3자의 지배하에 옮겨 상대방의 보호·양육권을 침해한 행위라고 판단했다. 약취 행위에 해당하는지를 판단할 때 다른 보호감독자의 보호·양육권이 침해되었는지를 함께 고려하여야 한다는 것이다.

대법원 판례에 의하면 "약취행위는 피해자를 그 의사에 반하여 자유로운 생활관계 또는 보호관계로부터 범인이나 제3자의 사실상 지배하에 옮기는 행위5)를 말하는 것으로서, 폭행 또는 협박을 수단으로 사용하는 경우에 그 폭행 또는 협박의 정도는 상대방을 실력적 지배하에 둘 수 있을 정도이면 족하고 반드시 상대방의 반항을 억압할 정도의 것임을 요하지는 아니하며"6) 약취에는 폭행 또는 협박 이외의 사실상의 힘에 의한 경우도 포함된다.7)

여기서 과연 피고인이 영아인 공소외 2를 사실상의 힘을 수단으로 자신의 실력적 지배하에 둔 것으로 볼 수 있는지, 약취행위에 해당하는지를 판단할 때 미성년자약취죄의 보호법익과 형사 정책적 측면도 고려해야 하는지에 관한 견해가 대립된 것이다.

다수의견은 약취의 수단으로 폭행 또는 협박뿐만 아니라 '그 이외의 사실상의 힘'도 포함된다고 보면서도 종전의 보호·양육 상태로부터 이탈시키는 '불법적'인 사실상의 힘으로 제한 해석하여야 한다는 입장이다. 그래야 형벌법규의 문언 범위를 벗어나지 않는 해석으로서 죄형법정주의의 원칙에 어긋나지 않는다고 본다. 이에 반해서 반대의견은 영아를 데려간 행위도 사실상의 힘에 해당한다고 보면서 약취행위에 해당하는지를 판단하기 위하여 보호법익(여기서는 공소외 1의 보호·양육권)이 침해되었는지와 형사정책적 측면도 고려하여 조금은 넓게 해석하려는 입장이다.

이하에서는 이 판결의 쟁점인 약취행위의 개념에 대해서 검토하고자 한다. 먼저

---

5) 대법원 2008.1.17. 선고 2007도8485 판결.
6) 대법원 1991.8.13. 선고 91도1184 판결; 대법원 2009.7.9. 선고 2009도3816 판결.
7) 대법원 2009.7.9. 선고 2009도3816 판결.

약취행위의 개념과 관련이 있는 약취죄의 주체와 보호법익을 먼저 살펴본다.

Ⅱ. 미성년자 보호감독자 일방도 미성년자약취죄의 주체가 될 수 있는가

1. 미성년자약취죄의 보호법익

미성년자약취죄의 적용범위는 보호법익에 대한 이해에 달려 있다. 약취와 유인의 죄의 보호법익은 개인의 자유 중에 신체적 활동의 자유이다. 미성년자에 대한 약취유인죄의 보호법익은 피인취자인 미성년자 본인의 자유권이지만 미성년자라는 점에서 보호자가 있는 경우 보호자의 보호·양육·감독권도 부차적인 보호법익으로 본다.[8] 판례도 형법 제287조에 규정된 미성년자약취죄의 입법 취지는 심신의 발육이 불충분하고 지려와 경험이 풍부하지 못한 미성년자를 특별히 보호하기 위하여 그를 약취하는 행위를 처벌하려는 데 그 입법의 취지가 있으며, 미성년자의 자유 외에 보호감독자의 감호권도 그 보호법익으로 하고 있다고 본다.[9] 미성년자가 약취되었을 때 피인취자의 생명과 신체에 대한 침해가 우려되므로 생명·신체도 보호법익이라는 견해[10]도 있다.

독일에서는 미성년자인취죄의 보호법익을 부모 또는 가족법상의 친권(Sorgerecht)이라고 보았으나,[11] 1998년 형법 개정으로 제235조 제4항 1호에 '행위로 인하여 미성년자가 사망의 위험에 처하게 하거나 중한 상해나 신체적 또는 정신적 발달에 중대한 침해를 야기한 때에는 10년 이하의 자유형에 처한다.'고 규정하여 미성년자를 직접적으로 보호하고 있으므로[12] 미성년자의 신체적 및 정신적 완전성 자체가 보호법익이라고 본다.[13]

미성년자의 동의가 미성년자약취죄의 구성요건해당성을 배제하지 못한다는 사실

---

8) 김일수, 한국형법 III(각론 상), 1994, 329면; 김일수/서보학, 형법각론(제7판), 2007, 143면; 박상기, 형법각론(제7판), 2008, 131면; 배종대, 형법각론(제6전정판), 2006, 225면; 이재상, 형법각론(제9판), 2013, 130면.

9) 대법원 2003.2.11. 선고 2002도7115 판결.

10) 이형국, 미성년자 약취·유인죄, 고시계 1995.8, 107면.

11) BGHSt. 1, 364; 10, 378; 39, 243; 44, 355, 357.

12) Sonnen, Nomos Kommentar StGB Bd2, 3.Aufl., §235 Rdn.5.

13) Tröndle/Fischer, StGB 52.Aufl., §235 Rdn.2; Wieck-Noodt, Münchener Kommentar StGB Bd.8, 2003.

을 고려하면 미성년자의 자유에 관한 죄라고 보기 어렵다. 미성년자의 진의에 의한 동의가 있더라도 보호감독자의 동의 없이 감호권을 침해하여 약취자의 사실상의 지배 하로 옮기면 미성년자약취죄가 성립하므로[14] 이 죄의 보호법익을 보호자의 보호감독권으로 보는 것이 타당하다고 본다. 행위객체인 미성년자의 진정한 동의 여부에 관계없이 그의 보호감독자의 의사에 반하여 미성년자를 약취 또는 유인하면 범죄가 성립하기 때문이다.

2. 미성년자약취죄의 주체

따라서 미성년자를 보호·감독하는 사람이 자신의 보호·양육권을 남용하여 미성년자 본인의 이익을 침해하는 경우는 물론 미성년자를 보호·감독하는 사람이 수인인 경우 다른 보호감독자의 보호·양육권을 침해하면 미성년자에 대한 약취죄가 성립할 수 있다.[15] 이혼한 부모의 경우에 보호감독권에는 양육권자의 양육권뿐만 아니라 양육권을 갖지 않는 부모 일방의 면접교섭권도 포함된다.

이 사건 피고인은 남편인 공소외 1과 공소외 2를 공동으로 보호·양육하는 자이므로 미성년자약취죄의 주체가 될 수 있다. 이 판결에서 피고인의 행위로 다른 보호감독자의 보호·양육권이 침해되었다고 하더라도 피고인의 행위가 약취행위인가, 그로 인하여 영아의 신체적 활동의 자유가 침해되었는가가 인정되어야 미성년자약취죄가 성립할 수 있다.

III. 피고인의 행위는 약취행위인가

1. 미성년자약취죄와 국외이송약취죄에 관한 입법례

(1) 우리 형법은 미성년자약취죄와 국외이송약취죄의 행위를 '약취 또는 유인'으로 규정하면서 그 행위의 수단을 열거하거나 예시하고 있지 않다.[16] 약취와 유인은

---

14) 대법원 2003.2.11. 선고 2002도7115 판결.

15) 대법원 2008.1.31. 선고 2007도8011 판결. 독일 형법 제235조의 미성년자 인취죄의 경우도 마찬가지 Geppert, Zur strafbaren Kindesentziehung(§235 StGB) beim "Kampf um das gemeinsame Kind", Gedächtnisschrift für H. Kaufmann 1986, S.759.

16) 제287조(미성년자의 약취, 유인) 미성년자를 약취 또는 유인한 사람은 10년 이하의 징역에 처한다.
제288조(추행 등 목적 약취, 유인 등) ③ 국외에 이송할 목적으로 사람을 약취 또는 유인하거나

보호받는 상태 내지 자유로운 생활관계로부터 자기 또는 제3자의 실력적 지배 하로 옮기는 것이고, 약취는 폭행 또는 협박을 수단으로 하며 유인은 기망 또는 유혹을 수단으로 한다.

(2) 일본 형법[17]은 우리와 유사하게 규정하면서 유인이 아니라 유괴라는 용어를 사용하고 있다. 2005년 일부개정법률에서는 '국제적인 조직범죄방지에 관한 국제연합조약을 보충하는 인신(특히여성및아동)매매의 방지, 억지 및 처벌을 위한 의정서(이하 '인신매매의정서'라 한다.)'의 조기체결의 필요성 및 최근 인신매매 등 인신의 자유를 침해하는 범죄현상을 감안하여 인신매매죄 외에 소재국외이송목적의 약취·유괴죄 등을 신설함과 동시에 체포·감금죄나 미성년자약취·유괴죄의 법정형을 높였다.[18]

(3) 독일 형법[19]은 행위객체인 미성년자(18세 미만)와 아동(14세 미만)을 구분하여 행위주체와 행위수단을 달리 규정하고 있다. 제235조 제1항에 행위객체를 미성년자와 아동으로 나누어 전자를 '폭행, 협박 또는 위계'로 인취하거나(entziehen) 억류한(vorenthalten) 자와 후자를 그의 친척이 아닌 자가 인취하거나 억류한 자를 동일하게 처벌하고 있다. 미성년자의 경우는 행위주체가 친척이나 제3자이지만(제235조 제1항

약취 또는 유인된 사람을 국외에 이송한 사람도 제2항과 동일한 형으로 처벌한다.

17) 제224조(미성년자 약취 및 유괴) 미성년자를 약취하거나 유괴한 자는 3월 이상 7년 이하의 징역에 처한다.
   제226조(소재국외 이송목적 약취 및 유괴) 소재국외로 이송할 목적으로 사람을 약취 또는 유괴한 자는 2년 이상 유기징역에 처한다.
   제226조의2(인신매매) ① 사람을 매수한 자는 3월 이상 5년 이하의 징역에 처한다.
   ② 미성년자를 매수한 자는 3월 이상 7년 이하의 징역에 처한다.
   제226조의3(피약취자 등 소재국외 이송) 약취, 유괴 또는 매매된 자를 소재국 외로 이송한 자는 2년 이상의 유기징역에 처한다.
18) 도중진, 일본 형법의 개정(2005년) 동향, 형사정책연구소식 제97호, 2006, 9/10월호, 40면.
19) 제235조(미성년자 인취: Entziehung Minderjähriger) ① 다음 각 호의 1에 해당하는 자를 부모, 부모일방, 후견인 또는 보호자로부터 인취하거나 억류한 자는 5년 이하의 자유형 또는 벌금형에 처한다.
   1. 폭행, 해악으로 협박, 위계에 의하여 18세 미만자
   2. 친척관계에 속하지 않는 아동
   ② 아동을 부모, 부모일방, 후견인 또는 보호자로부터 다음 각 호의 1을 행한 자도 동일하게 처벌한다.
   1. 외국으로 데려갈 목적으로 인취한 행위
   2. 외국에 억류한 후 그곳에 체류하게 하거나 또는 그곳에 두고 온 행위

제1호) 아동의 경우는 친척이 아닌 제3자(제235조 제1항 제2호)여야 한다. 제235조 제2항의 국외인취의 경우 행위주체를 제한하고 있지 않아 친척이든 제3자이든 모두 행위주체가 될 수 있다.

또한 아동의 경우는 폭행, 협박 또는 위계의 수단을 사용하지 않아도 미성년자인 취죄가 성립한다. 제2항은 아동을 해외에 데려갈 목적으로 인취하거나 해외에 억류한 후 그곳에 체류하게 하거나(적극적 인취) 그곳에 두고 온 행위(소극적 인취)를 처벌한다. 아동을 다른 문화권인 국외로 인취하면 보호감독권은 실제적으로 일시적 뿐만 아니라 영구적으로 침해될 수 있기 때문에 제235조 제1항 제1호가 폭행 또는 협박을 행위수단으로 규정한 것과는 달리 입법자가 행위수단에 제한을 두지 않았다.[20]

1998년의 개정으로 폭행, 협박 또는 위계를 사용하지 않고 영아를 몰래 데려가거나 외국으로 데려간 행위를 처벌할 수 있게 되어 가벌성이 확장되었다. 개정 전에는 미성년자를 폭행, 협박 또는 위계로 인취하는 행위만 처벌대상이어서 부모의 집이나 병원에 있는 아이를 몰래 데려가거나 아이가 탄 유모차를 끌고 가버린 행위, 외국으로 데려가는 행위 등을 처벌할 수 없는 가벌성의 흠결이 있었다.

아이를 양육권이 있는 부모 일방의 의사에 반해서 국외로 데리고 가는 행위, 양육권이 있는 부모 일방의 동의를 얻고 국외로 데리고 갔다가 그곳에 체류하여 양육권자에게 돌려주지 않는 행위, 양육권이 있는 부모 일방이 다른 부모 일방의 면접교섭권을 침해하기 위해 아이를 국외로 데리고 가는 행위 등은 제235조 제2항 제1호에 해당하는 행위의 예이다.

국제 결혼한 다문화가정의 부모 중 일방(대부분 엄마)이 자신의 국가로 어린 아이를 데려간 경우에 아이를 자발적으로 돌려주지 않으면 상대방 국가의 가정법원의 판결이 필요한데, 아이를 데려간 부모 중 일방의 국가가 헤이그협약을 체결하지 않은 국가(특히 이슬람문화권 국가)일 경우에는 그 판결을 집행할 수 없어 아이를 돌려받을 수 있는 가능성은 거의 없다는 사실상의 문제가 남아 있다.[21] 그래서 독일 형법 제235조는 '무딘 칼(ein stumpfes Schwert)'로 불려진다.[22] 따라서 이러한 사례가 증가하고 있는 현실에서 부모 일방이 다른 일방의 동의를 구하지 않거나 의사에 반하여 아이

---

20) Sonnen, Nomos Kommentar StGB Bd2, 3.Aufl., §235 Rdn.19.
21) Sonnen, Nomos Kommentar StGB Bd2, 3.Aufl., §235 Rdn.10.
22) Caspary, Strafrechtliche Aspekte der Kindesentführung, FPR 2001, S.216.

를 국내의 어느 장소가 아니라 자신의 국가로 데려가는 행위는 행위의 불법성에 비추어 형법이 투입되어야 할 필요성(Strafbedürftigkeit)이 있다는 주장[23]이 있지만 다른 행위와 불법성을 비교할 때 당벌성(Strafwürdigkeit)이 인정될 수 있을 정도인지는 의문이다.

2. 약취행위개념

(1) 우리 형법은 미성년자약취죄의 구성요건에 해당하는 행위를 '약취'로 표현하고 행위수단을 열거하거나 예시하지 않아 어떤 행위가 약취행위가 될 것인지 학설과 판례에 맡겨져 있다. 일반적으로 약취란 폭행 또는 협박을 수단으로 사람을 보호받는 상태 내지 자유로운 생활관계로부터 자기 또는 제3자의 실력적 지배하에 옮기는 것을 말한다. 대법원 판례에 의하면 약취행위는 피해자를 그 의사에 반하여 자유로운 생활관계 또는 보호관계로부터 범인이나 제3자의 사실상 지배하에 옮기는 행위[24]를 말한다. 행위의 수단은 폭행 또는 협박이며 그 폭행 또는 협박의 정도는 상대방을 실력적 지배하에 둘 수 있을 정도이면 족하고 반드시 상대방의 반항을 억압할 정도의 것임을 요하지 않는다. 약취에는 폭행 또는 협박 이외의 사실상의 힘에 의한 경우도 포함된다. 어느 정도 시간적 계속을 유지하면서 장소적 분리를 통해서 보호감독권을 행사할 수 없게 만드는 행위를 말한다.

(2) 문제는 미성년자 또는 그의 보호감독권자에게 폭행 또는 협박을 가하여 미성년자를 그 의사에 반하여 자유로운 생활관계 또는 보호관계로부터 범인이나 제3자의 사실상 지배하에 옮기는 것이 아니라 의사능력이 없는 영유아를 보호감독권자가 다른 공동의 보호감독권자 몰래 데리고 간 행위를 폭행에 의한 약취행위로 볼 수 있을 것인지, 아니면 폭행 또는 협박 이외의 사실상의 힘에 의한 약취행위로 볼 수 있을 것인가이다. 이 사건 피고인이 13개월 된 공소외 2를 친정인 베트남으로 데리고 간 행위를 약취행위로 본다면 판례로 형성된 약취개념의 폭을 넘어서 결국 형벌법규의 문언 범위를 벗어나는 해석으로서 죄형법정주의의 원칙에 비추어 허용될 수 없는 것인지가 쟁점이다.

해석의 출발은 언어의 의미이다. 법문의 표현이 일상언어용법에서는 어떻게 이해

---

23) Sonnen, Nomos Kommentar StGB Bd2, 3.Aufl., §235 Rdn.11.
24) 대판 2003.2.11., 2002도7115; 2008.1.17., 2007도8485; 2009.7.9., 2009도3816.

되고 있는가로부터 출발하여야 한다.[25] 입법자가 사용한 언어의 의미는 변화된 지금의 언어용법에 따라 다를 수 있다. 언어용법은 시간이 지나고 상황이 변함에 따라 달라질 수 있기 때문에 지금의 일상 언어적 의미가 해석의 출발선이자 한계선이다.[26] 형법해석을 가능한 문언의 의미라는 한계 내에 두는 것은 형법의 법치국가적 제한원리인 죄형법정주의의 요청이다. 형벌법규의 해석에 있어서 법규정 문언의 가능한 의미를 벗어나는 경우에는 유추해석으로서 죄형법정주의에 위반하게 된다. 죄형법정주의가 시민의 자유를 보장하기 위한 것이기 때문에 법제정당시의 언어사용에 따를 것이 아니라 오늘날 시민에게 통용되는 언어의 의미에 맞추어야 한다.[27] 그래야 법규범의 수범자는 문언으로부터 도출할 수 있는 법률의 의미를 자신의 행동방향을 설정하는데 고려할 수 있게 된다. 법적용자는 법문언의 한계를 지켜야하고 문언의 가능한 의미의 한계 내에서 법률해석이 이루어져야만 법률의 예방적 효과를 얻을 수 있고 금지규범위반에 대하여 비난이 가능해진다.

약취(略取)의 사전적 의미는 '폭행이나 협박 따위의 수단으로 타인을 자기의 실력적 지배 아래 둠, 또는 그런 행위'로서, 통상적인 언어의 용법에서도 약취를 사전적 의미와 동일하게 사용하고 있다. 약취의 수단을 폭행이나 협박으로 제한하지 않고 '그 이외의 사실상의 힘'도 포함된다고 해석하는 것은 우리말의 통상적인 표현의 범위를 벗어나는 것은 아니다. 제3자가 보호감독권자인 부모 몰래 영아를 데려가는 것처럼 폭행 또는 협박을 수단으로 하지 않더라도 타인을 원래 생활관계나 보호관계에서 이탈시켜 자기의 실력적 지배하에 두는 것은 가능하다. 그렇다고 하더라도 '약취'의 수단으로서의 '사실상의 힘'은 폭행 또는 협박에 준하여 형법의 규율 대상이 될 만한 불법성을 갖춘 것을 의미한다고 해석해야 한다.

(3) 이와 달리 약취죄에서의 '사실상의 힘'을 단순히 자연적·물리적인 개념으로 이해하여 부모 중 일방이 유아를 국내든 국외든 몰래 데리고 간 모든 행위를 약취죄에서 말하는 '사실상의 힘'이 수단으로 사용되었다고 보는 것은 '약취'라는 법문언의 가능한 의미를 벗어나는 유추라고 본다. 원래의 생활관계나 보호관계에서 이탈시킨 것도 아니라 그 상태를 그대로 유지하고 있는 것이고 새롭게 자기의 실력적 지배하

---

25) Wank, Die juristische Begriffsbildung, 1985, S.19.
26) 하태훈, 형벌법규의 해석과 죄형법정원칙, 형사판례연구[11], 2003, 21면.
27) Scheffler, Die Wortsinngrenze bei der Auslegung, Jura 1996, 507.

에 둔 것이 아니라 자기의 실력적 지배 상태를 그대로 계속 유지하고 있는 것이기 때문이다.

사실상의 힘을 수단으로 한 약취행위는 폭행 또는 협박은 아니지만 제3자가 영아를 몰래 데리고 와 보호감독권자로부터 장소적으로 격리시키는 행위(예컨대 병원에 있는 신생아를 부모와 간호사 몰래 데려오거나 방안에서 잠들어 있는 아이를 몰래 들고 나온 행위 등)를 의미하는 것이다. 이에 반해서 부모 일방이 상대방의 의사에 반하여 영아를 데리고 나온 행위는 사실상의 물리력 행사로 볼 수는 있지만 부모 일방이 어린 아이를 계속 보호·양육하고 있었다면 지배 장소만 달라졌을 뿐 원래의 생활관계 또는 보호관계에서 이탈시켜 새로운 실력적 지배관계를 형성한 것이 아니므로 폭행 또는 협박에 준하는 정도의 사실상의 힘이라고 평가할 수 없어 미성년자약취죄의 약취라고 볼 수 없다. 또한 형법상 미성년자에 대한 약취죄를 인정할 정도로 아이의 신체활동의 자유가 침해된 것도 아니고 공동친권자의 아이에 대한 보호·양육·감독권이 침해되었다고 볼 수 없다.

(4) 다문화가정의 부모가 이혼하면서 부모 일방이 양육권을 갖고 타방은 면접교섭권을 갖고 있을 때 면접교섭권을 행사하지 못하도록 타방의 반대에도 불구하고 아이를 데리고 외국으로 가 외국에 장기 체류하거나 타방의 동의를 얻었지만 귀국을 약속한 일시에 귀국하지 않아 타방의 면접교섭권을 침해한 경우에 이를 미성년자 약취유인죄로 처벌할 수 있다. 아이를 데리고 간 부모 일방이 그 아이를 보호·양육·감독하지 않고 방치하거나 학대했다면 형법상 유기죄(제271조 제1항), 학대죄(제273조 제1항), 아동혹사죄(제274조) 또는 아동복지법 위반죄 등 다른 범죄로 처벌할 수 있을 것이다.

(5) 이 사안에서 피고인이 13개월 된 공소외 2를 친정인 베트남으로 데리고 간 행위를 폭행 또는 협박에 준하는 사실상의 힘을 수단으로 한 약취행위로 볼 수 없고, 또한 피고인은 남편인 공소외 1이 화가 나 며칠 동안 집을 나가라는 말을 듣고 갈 곳이 마땅치 않자 친정인 베트남으로 가면서 13개월 된 어린 아기를 집에 혼자 남겨두고 갈 수 없어 데리고 갔다는 점에서 행위의 목적과 의도, 행위 당시의 상황, 행위의 수단과 방법 등을 고려할 때 약취행위의 고의가 있다고 보기도 어렵다.

3. 반대의견의 문제점

(1) 피고인이 공소외 1과 공동으로 보호·양육하던 공소외 2를 외국으로 데리고 간 행위가 '사실상의 힘'을 수단으로 공소외 2를 피고인의 사실상의 지배하에 옮긴 것이어서 약취행위에 해당한다고 보는 반대의견은 대법원 판결로 형성된 약취개념의 범위를 넘어서는 유추적용이 되어 죄형법정주의에 반하는 해석이 될 것이다. 또한 반대의견은 미성년자약취죄의 보호법익인 공소외 1의 보호감독권이 침해되었다는 점, 피해자인 유아를 공동의 보호·양육관계로부터 부모 일방의 보호·양육관계로 변경하였고 그 변경된 장소가 아이의 국적인 한국이 아니라 생활환경이 전혀 다른 국외라는 점, 공소외 1이 일시적이 아니라 장기간 친권행사를 할 수 없었다는 점 등에 주목하여 약취행위를 넓게 파악한 것으로 보인다.

미성년자약취죄의 보호법익을 일차적으로 미성년의 자유권으로 보고 미성년자 보호자의 보호·양육·감독권은 부차적 보호법익이라고 보는 입장을 따르면서 부차적 보호감독권이 침해되었다고 미성년자약취죄를 인정하는 반대의견은 형법해석의 엄격성원칙에 반한다.[28]

(2) 반대의견처럼 약취개념을 넓게 파악하여 약취죄를 인정하면 다음과 같은 문제점이 발생할 수 있다. 예를 들어 피고인이 공소외 1로부터 며칠 동안 집을 나가라는 말을 듣고 공소외 2를 집에 혼자 두고 나왔다면 유기죄가 성립할 수 있을 것이다. 데리고 나올 수밖에 없는 상황에서 데리고 나오면 미성년자약취죄가 성립하고, 두고 나오면 보호 없는 상태가 되어 유기죄에 해당하는 진퇴양난의 상황에 처하게 될 것이다. 공소외 2의 생명·신체의 안전은 유기행위에 의해서 더 침해될 위험성이 있었지만 피고인은 공소외 2를 데리고 나옴으로써 사실상 그 위험발생을 방지한 것이다.

(3) 반대의견에 따르면, 국제 결혼한 다문화가정이 아니라 한국인 부부가 부부싸움 후 엄마가 아이를 데리고 국내 친정으로 가는 경우도 일시적으로 다른 보호감독자의 보호양육권을 침해하는 것이므로 미성년자약취죄가 성립한다. 국외로 데리고 가는 것이나 국내의 다른 장소로 이전하는 것이나 자기의 실력적 지배하에 옮긴다는 점에서는 동일하다. 그러나 이를 형사 처벌하는 것은 형법적으로나 형사정책적으로

---

28) 오영근, 미성년자약취죄 및 피약취자국외이송죄의 성립범위, 로앤비 천자평석 2013.7.17.

타당하지도 않고 바람직하지도 않다.

민법적으로 보면 상대방의 친권행사를 침해한 것이므로 위법하지만, 그 약취행위의 수단이 폭행 또는 협박에 준할 정도의 불법성을 띠고 있다고 보기는 어렵다. 부모중 일방이 상대방 단독양육의 자녀를 탈취하여 자신의 지배하에 옮긴 행위와 공동양육하는 자녀를 상대방의 의사에 반하여 자신의 단독 지배하에 옮긴 행위는 민법적으로 보면 불법성이 동일하지만 형법적으로는 불법의 정도가 차이가 있으므로 서로 구별해서 취급해야 한다. 전자의 경우는 사실상 보호·양육하고 있는 자가 아닌 자의 행위이지만, 후자는 민법상 공동양육권을 침해했다고 하더라도 사실상 보호·양육하고 있는 자에 의한 행위라는 점에서 형법적 불법성에서 차이가 있는 것이다.

행위주체와 행위수단을 고려한 불법의 정도면에서 보면 다음 순서로 경중을 구분할 수 있을 것이다.: ① 제3자가 폭행 또는 협박을 수단으로 미성년자를 약취한 행위 ② 제3자가 사실상의 힘을 이용한 경우(몰래 데려가는 경우) ③ 공동보호권자 중 일방이 폭행 또는 협박을 수단으로 약취한 경우 ④ 공동보호권자의 일방이 몰래 데려가는 경우. 이 사건의 경우에 해당하는 ④는 행위주체, 행위수단과 행위객체를 종합하여 고려해 보면 불법성이 가장 낮아 형법의 보충성원칙이 적용되어야 할 행위유형으로 평가할 수 있다. 이에 반해서 반대의견은 민법의 친권개념에 치중하여 ④의 경우도 형법상 미성년자약취행위에 해당한다고 보아 형법의 최후수단성이라는 관점에서 비판을 받을 수 있는 것이다.

독일 형법이 행위객체인 미성년자(18세 미만)와 아동(14세 미만)을 구분하고 행위주체와 행위수단을 달리 규정하여 처벌하고 있는 것은 바로 불법성에 따른 형법의 투입여부와 형벌의 정도가 고려된 것이라고 평가할 수 있다.

(3) 반대의견은 다문화가정의 특수한 상황을 고려하지 않고 '우리 국적을 가진 자녀가 언어, 풍습, 문화, 생활환경 등이 전혀 다른 외국에서 일방 부모의 보호·양육과 국내 일가친척과의 교류에서 완전히 배제된 채 정체성의 극심한 혼란 및 정서적 불안정 등 상당한 정신적·심리적 충격을 겪으면서 성장해야 하는 생활관계 또는 보호관계의 중대한 변경'이라고 판단하고 있다. 이는 한국 중심적 또는 남편 중심적 사고의 결과에 불과하다. 우리나라에 있는 다문화가정의 자녀들을 순전히 부모 중 일방의 국가인 우리나라 풍습이나 문화만을 익히도록 교육하는 것은 바람직하지도 않고 가능하지도 않다.

이 사건에서 공소외 2의 국적은 한국이지만 순수한 한국인이 아니며 아버지처럼 한국인이기도 하지만 어머니처럼 베트남인이기도 하다. 따라서 베트남에서의 생활이 공소외 2의 이익을 침해한다고 단정적으로 평가할 수 없다. 만일 베트남에서 베트남인과 결혼한 한국인 부인이 이 사건과 비슷한 상황에서 아이를 데리고 한국 친정에 왔다면 이 사건의 피고인과 마찬가지로 미성년자약취죄 또는 국외이송약취죄가 성립한다고 할 것인가.

Ⅳ. 결론

국제결혼으로 형성된 다문화가정에서 외국인인 부모 일방이 정당한 절차와 방법을 거치지 않고 한국인인 부모 일방의 동의 없이 자녀를 데리고 외국으로 출국하는 사례가 증가할 것으로 예상되는 상황에서 대법원 전원합의체 판결은 다수의견, 반대의견, 보충의견 모두 중요한 의미를 갖는다. 다수의견처럼 약취행위개념을 죄형법정주의 원칙에 맞게 제한 해석하는 것이 무엇보다도 우선되어야 하고, 반대의견처럼 예상되는 문제점을 드러내 보충의견과 같이 행정적, 입법적 대응이 필요함을 인식하게 한 판결이기 때문이다.

다문화가정에서 아이를 집에서 데리고 나와 국내에 머무르는 경우는 법원의 자녀인도명령을 받아 이를 집행할 수 있지만 아이를 데리고 외국으로 출국하면 현실적으로 우리 법원의 명령을 집행할 수 없는 어려움이 있고 우리나라가 최근에 가입한 '국제적 아동탈취의 민사적 측면에 관한 협약' 등 국제조약에 의한 구제도 조약 가입국이라는 제한된 범위의 국가에서만 가능하다. 그렇다고 하더라도 부모의 일방이 상대방의 동의나 가정법원의 결정이 없는 상태에서 미성년 자녀를 국외로 데리고 나가는 행위에 대한 형사처벌의 필요성이 있는지 의문이지만, 불법성이 인정되어 범죄화의 필요성이 있다고 하더라도 현행 형법의 해석이 아니라 입법적으로 해결해야 할 문제로 보인다.

제3자가 부모의 의사에 반해서 아이를 외국으로 데려가는 행위나 부모의 의사에 따라 외국으로 데려갔다가 다시 부모에게 돌려보내지 않는 행위는 약취로 볼 수 있기 때문에 현행 형법으로 처벌가능하다. 그러나 부모의 일방이 상대방의 의사에 반하거나 상대방의 동의를 받지 않고 아이를 외국으로 데려간 행위가 행위수단의 불법성(폭행 또는 협박처럼)과 피약취자의 이익침해(기존의 보호관계나 생활관계로부터의 이탈과 새로운 실력적 지배관계 형성)를 인정할 수 있을 것인지는 의문이지만, 공동보호감독자의 보호감독권 침해를 구제할 수 있는 형사법 이외의 방안이 마련되어야 할 것이다.

준강간죄(형법 제299조)와 성폭법 제8조의 '항거불능'의 의미[*]

───────── ▶목차◀ ─────────

▶ 대상판례 : 부산고등법원 2005. 4. 20. 2004노315 판결

1. 공소사실

피고인은 피고인 집 1층에 세 들어 살던 내연녀 이××의 딸인 피해자 이○○(여, 86. 7. 21.생)이 2등급 정신지체장애아로서 사물의 변별능력이 미약한 사실을 알고 이를 이용하여 피해자를 간음하기로 마음먹고, (1) 1999. 10. 일자불상 20:00경 울산 중구 소재 고등학교 부근 야산으로 피해자를 데려가 강제로 바닥에 눕히고 바지와 팬티를 벗긴 다음, 피해자와 1회 성교하여 강간하고, (2)-(7) 생략, (8) 2003. 8. 23. 낮 시간에 피해자의 집에서, 같은 방법으로 피해자와 1회 성교하여 피해자를 강간하였다.

2. 항소이유의 요지

(1) 피해자는 정신연령이 4세 내지 8세 정도에 불과한 정신지체 2급의 장애인이자 미성년자로서, 이 사건 각 범행 당시 정신상의 장애로 항거불능인 상태에 있었을 뿐만 아니라, 공소사실 제1.의 범행은 13세 3개월의 나이에 불과한 피해자를 야간에 야산 묘지 옆에서 간음한 것으로 피해자가 극도의 공포 속에 있었던 사정을 함께

───────────────

[*] 출처:「형사재판의 제문제」제6권, 고현철 대법관 퇴임기념 논문집, 2009, 295~313면.

고려하면, 위 범행 당시 피해자가 항거불능인 상태에 있었음이 분명하고, 그 후의 범행 당시에도 그와 같이 항거불능인 상태가 계속되었다고 할 것인데도, 원심은 이를 간과한 채 이 사건 공소사실 전부에 대하여 무죄를 선고하였으니, 원심판결에는 이 점에 관하여 법리를 오해하여 판결에 영향을 미친 위법이 있다.

(2) 가사, 피해자가 항거불능인 상태에 있지 않았다고 하더라도 적어도 형법 제302조의 미성년자등에 대한 간음죄는 성립하므로 피해자가 고소를 취소한 이 사건에 있어서 피고인에게 공소기각의 판결을 선고하여야 함에도 무죄를 선고한 원심판결에는 이 점에 관하여도 법리를 오해하여 판결에 영향에 미친 위법이 있다.

3. 판결이유

(1) 성폭력범죄의처벌및피해자보호등에관한법률 제8조는 신체장애 또는 정신상의 장애로 항거불능인 상태에 있음을 이용하여 여자를 간음하거나 사람을 추행한 자를 형법 제297조, 제298조의 강간 또는 강제추행의 죄에 정한 형으로 처벌하도록 규정하고 있는바, 위 법률 제8조에 정한 죄는 정신적 또는 신체적 사정으로 인하여 성적인 자기방어를 할 수 없는 사람에게 성적 자기결정권을 보호해 주는 것을 보호법익으로 하고 있고, 위 법률규정에서의 항거불능의 상태라 함은 심리적 또는 물리적으로 반항이 절대적으로 불가능하거나 현저히 곤란한 경우를 의미한다고 보아야 할 것이므로, 위 법률 제8조의 구성요건에 해당하기 위해서는 피해자가 신체장애 또는 정신상의 장애로 인하여 성적인 자기방어를 할 수 없는 항거불능의 상태에 있었어야 하고, 이러한 요건은 형법 제302조에서 미성년자 또는 심신미약자에 대하여 위계 또는 위력으로써 간음 또는 추행을 한 자의 처벌에 관하여 따로 규정하고 있는 점에 비추어 더욱 엄격하게 해석하여야 할 것이다(대법원 2003. 10. 24. 선고 2003도5322 판결 참조).

(2) 원심이 적법하게 채택하여 조사한 증거들과 당심에서 조사한 증거들을 종합하면 피해자의 장애상태에 관하여 아래의 사실을 인정할 수 있다.

1) 피해자는 1998. 11. 23. 등록된 장애인복지법 제2조 소정의 정신지체 2급 장애인(장애인복지법 시행규칙 제2조 제1항 별표 1에 의하면 2급의 정신지체인을 '지능지수가 35 이상 49 이하인 사람으로 일상생활의 단순한 행동을 훈련시킬 수 있고, 어느 정도의 감독과 도움을 받으면 복잡하지 아니하고 특수기술을 요하지 아니하는 직업을 가질 수 있는 사람'이라고

규정하고 있다)으로 지능지수가 낮아 학습능력이 초등학교 3-4학년 수준에 불과하기는 하나, 글을 읽고 쓸 줄 알고, 등하교도 스스로 하는 등 일상생활에는 큰 장애가 없으며, 중학교 2, 3학년 때에는 피해자의 모인 이××가 아파서 간호를 해야 한다고 걱정하고 이를 이유로 조퇴하는 등 사회적 성숙도에 있어서는 동료 학생들과 비슷하였다.

2) 피해자는 초등학교 재학 중 성교육을 받은 바 있고, 공소사실 제1.의 범행 한 달여 후 이××에게 생리가 나오지 않는다고 말하여 병원에 가서 임신사실을 확인하고, 낙태수술을 받았으며, 2000.경 피해자가 다니던 중학교 특수반 담당교사인 이△△에게 같은 방에서 이××와 피고인이 성관계하는 것을 보고 돌아누웠다고 말하였고, 중학교 2, 3학년 때 좋아하는 남학생과 손잡고 다니기도 하였다.

3) 피해자는 중학교 재학 당시 특수반에서 교육을 받았는데, 이△△은 피해자가 학습능력만 부진할 뿐 사회적 성숙도에서는 동료 학생들과 비슷하여 피해자를 일반 학급으로 옮기고자 하였으나, 이××가 학비면제를 받기 위해 특수반에 남기를 원하는 바람에 피해자는 계속 특수반에 남게 되었고, 피해자가 실업계 하위 고등학교에는 다닐 수 있을 정도의 능력이 되었으나, 학비면제를 받기 위하여 여자상업고등학교 특수반으로 진학하였다.

4) 공소사실 기재 각 범행에 대한 피해자의 수사기관과 원심 법정에서의 진술은 일부 잘못 기억하거나 진술이 번복된 부분이 있기는 하나, 각 범행 당시의 경위와 내용을 대부분 기억하고 있다.

5) 2002. 1. 4. 특수교육진단평가위원회 평가결과 피해자의 전체지능은 40, 기초학습기능은 2.5학년으로 쓰기점수는 높으나 정보처리력이 낮은 상태였고, 당심에서의 정신감정결과 2004. 12. 현재 한국형지능검사에 따른 전체지능은 47점이고, 지적능력이 크게 필요하지 않는 단순한 수행능력에서는 대체로 좋은 반응을 보이나, 일상생활을 영위하는데 필요한 기초상식, 문제해결능력, 자신의 분명한 의사표시 능력과 언어적인 표현능력과 관련된 분야에서 뚜렷하게 낮은 수행능력을 보이고 있으며, 위 감정 당시는 1999년 당시보다 매우 나아진 상태였다.

(3) 다음으로, 피해자가 이 사건 각 범행 당시 항거불능인 상태에 있었다는 점에 부합하거나 부합하는 듯 한 증거로는, 이△△의 수사기관 및 당심 법정에서의 진술과 당심에서의 피해자에 대한 정신감정결과가 있다.

살피건대, 이△△의 진술의 취지는 피해자와 같은 정신지체장애인은 자기보다 힘이나 능력을 더 많이 가지고 있는 사람에게는 위압감을 많이 느끼고 누가 시키지 않아도 이에 절대적으로 복종하는 경향이 심한데, 피해자는 피고인을 복종해야 하는 대상으로 생각하여 이 사건 각 범행 당시 항변하거나 소리를 지르는 등 반항할 수 없는 상태였으므로 항거불능인 상태에 있었다고 보아야 한다는 것이고, 위 정신감정 결과는 '평소에 안면이 있거나, 윗사람으로 보이는 사람의 강제적인 성행위 요구, 위협이나 협박에 의해 항거불능의 강간을 당할 정도의 지체장애가 있고, 신체적이고 정신적인 폭행과 협박은 본인에게 충분한 항거 불능의 사유가 된다'는 것인바, 위 증거들은 정신지체 장애인인 피해자가 반항하기 어렵고 약간의 위협이나 폭행이 있더라고 쉽게 강간당할 수 있다는 취지에 불과할 뿐이지 피해자가 성적인 자기방어를 할 수 없는 상태에 있었다는 의미로는 보이지 않는다.

(4) 소결론

위 인정사실에 나타난 바와 같은 피해자의 정신상 장애상태 및 그 정도, 성에 대한 인식 등과 이△△의 진술과 위 정신감정결과의 전체적인 내용 및 피해자가 정신지체로 인한 심신미약자에 해당한다는 위 정신감정인에 대한 사실조회결과 등을 종합해 보면, 이△△의 진술과 위 정신감정결과만으로 이 사건 각 범행 당시 피해자가 위 법률 제8조 소정의 항거불능인 상태에 있었다는 점을 인정하기 부족하고, 달리 피해자가 위 법률 제8조 소정의 항거불능인 상태에 있었다는 점에 관하여 이를 인정할 증거가 없는 이상, 위 공소사실은 모두 범죄의 증명이 없는 경우에 해당하고, 이 경우 위 법률 제8조 위반죄와 형법 제302조 위반죄는 앞서 본 바와 같이 구성요건을 달리함이 명백하므로, 강간치상죄로 공소가 제기된 사건에 있어서 그 치상의 점에 대한 증명이 없고 고소가 취소되었으면 강간죄에 대한 공소기각판결을 선고하여야 한다는 법리는 강간치상의 공소사실에 강간죄의 공소사실도 포함되어 있음을 전제로 하는 것으로 이 사건에 적용될 것이 아니다. 따라서, 이 사건 공소사실에 대하여 무죄를 선고하여야 하지 형법 제302조의 미성년자등에 대한 간음죄가 성립된 것으로 보아 공소기각의 판결을 선고하여야 하는 것은 아니므로, 검사의 위 주장은 모두 이유 없다.

[원심 : 울산지방법원 2004. 4. 23. 선고 2003고합275 판결]
판결이유요지 : 이 사건 공소사실은 이 사건 각 범행 당시 피해자가 성폭력범죄의처벌및피해자보호등에관한법률 제8조 소정의 정신상의 장애로 인하여 항거불능의 상태에 있었다는 점에 관하여 이를 인정할 만한 증거가 없으므로, 더 나아가 살펴 볼 필요 없이 그 범죄의 증명이 없는 경우에 해당되어 형사소송법 제325조 후단에 의하여 무죄를 선고한다.

[대법원 2007. 7. 27. 선고 2005도2994 판결]
[1] 성폭력범죄의 처벌 및 피해자보호 등에 관한 법률 제8조는 "신체장애 또는 정신상의 장애로 항거불능인 상태에 있음을 이용하여 여자를 간음하거나 사람에 대하여 추행한 자는 형법 제297조(강간) 또는 제298조(강제추행)에 정한 형으로 처벌한다."라고 규정하고 있다. 이는 장애인의 성적 자기결정권을 보호법익으로 하는 것으로서, 원래 1994. 1. 5. 법률 제4709호로 제정될 당시에는 단순히 "신체장애로 항거불능인 상태에 있음을 이용하여…"라고 규정하고 있던 것을 1997. 8. 22. 법률 제5358호로 개정하여 위와 같이 규정하기에 이른 것인데, 위와 같은 법률 개정은 장애인복지법에 명시된 신체장애 내지 정신장애 등을 가진 장애인을 망라함으로써 장애인의 범위를 확대하는 데에 개정 취지가 있다. 이러한 점을 고려할 때, 위 규정의 "신체장애 또는 정신상의 장애로 항거불능인 상태에 있음"이라 함은, 신체장애 또는 정신상의 장애 그 자체로 항거불능의 상태에 있는 경우 뿐 아니라 신체장애 또는 정신상의 장애가 주된 원인이 되어 심리적 또는 물리적으로 반항이 불가능하거나 현저히 곤란한 상태에 이른 경우를 포함하는 것으로 보아야 하고, 그 중 정신상의 장애가 주된 원인이 되어 항거불능인 상태에 있었는지 여부를 판단함에 있어서는 피해자의 정신상 장애의 정도뿐 아니라 피해자와 가해자의 신분을 비롯한 관계, 주변의 상황 내지 환경, 가해자의 행위 내용과 방법, 피해자의 인식과 반응의 내용 등을 종합적으로 검토해야 한다.
[2] 피고인이 별다른 강제력을 행사하지 않고서 지적 능력이 4-8세에 불과한 정신지체 장애여성을 간음하였고 장애여성도 이에 대하여 별다른 저항행위를 하지 아니한 사안에서, 피해자가 정신장애를 주된 원인으로 항거불능상태에 있었음을 이용하여 간음행위를 한 것으로서 성폭력범죄의 처벌 및 피해자보호 등에 관한 법률 제8조의

'항거불능인 상태'에 해당한다고 본 사례.

[연구]

Ⅰ. 문제제기

1. 대법원이 형법 제299조와 성폭력범죄의처벌및피해자보호등에관한법률(이하 '성폭법') 제8조의 '항거불능'을 동일하게 '심리적 또는 물리적으로 반항이 절대적으로 불가능하거나 현저히 곤란하게 한 경우'[1]로 제한하는 이유는 아마도 강간죄의 폭행 또는 협박의 정도에 관한 해석과 연관이 있는 것 같다. 강간죄에서는 폭행 또는 협박의 정도를 최협의로 보아 엄격하게 해석·적용하고 있는데, 준강간죄나 장애인간음죄 등의 행위태양은 항거불능의 상태를 단지 이용하는 행위이므로 이를 쉽게 인정하여 강간죄로 처벌하면 양자의 균형이 맞지 않는다고 보았을 것이다.

그러나 성폭법 제8조의 '항거불능'을 왜 절대적 불능이거나 현저히 곤란한 정도로 해석해야 하는지에 대해서는 타당한 근거를 제시하고 있지 못하다. 대법원의 논리라면 신체장애나 정신상의 장애 여성은 성적 자기결정의 자유를 보호받기 위해서는 비장애인여성과 마찬가지로 가해자가 인식할 수 있을 정도의 거부의사의 표현으로는 부족하고 어떤 형태로든 저항행위를 다하여 항거불능의 상태를 인정받아야 한다.

2. 또한 대법원은 형법 제302조에서 미성년자 또는 심신미약자에 대하여 위계 또는 위력으로 간음한 자의 처벌에 관해서 따로 규정하고 있다는 점에 비추어 성폭법 제8조의 '항거불능'을 엄격하게 해석해야 한다고 한다.[2] 5년 이하인 제302조의 법정형과의 현격한 차이를 고려한 것일 것이다. 그러나 양자의 불법의 정도가 동일하거나 비슷한데 법정형에 차이가 있다면 성폭법 제8조의 성립을 제한하도록 해석해야 하겠지만 양자의 불법은 엄연히 차이가 있다고 본다.

우선 행위객체가 거부의사를 형성할 수 없거나 거부의사를 외부로 분명히 표시할 수 없고 이를 표시했다고 하더라도 그 내용대로 실현할 수 없는 자와 미숙하지만

---

1) 준강간죄의 경우 : 대판 2000. 5. 26. 98도3257, 성폭법 제8조의 경우 : 대판 2000. 5. 26. 98도3257.

2) 대판 2003. 10. 24. 2003도5322.

성적 판단능력이 있는 자(미성년자 또는 심신미약자)라는 점과 행위태양이 전자는 피해자의 의사에 반한 행위이고 후자는 하자 있는 의사이기는 하나 피해자의 의사에 의한 행위라는 점에서 차이가 있다. 따라서 형법 제302조와 균형을 이루기 위한 성폭법 제8조의 엄격한 해석·적용의 정당성은 인정받기 어렵다고 본다.

더군다나 청소년의성보호에관한법률 제10조 제4항에 의하면 13세 이상 20세 미만 여자청소년에 대한 위계·위력에 의한 간음은 징역 5년 이상의 법정형이다. 따라서 양자의 균형 때문에 성폭법 제8조의 적용을 제한하여야 한다는 주장은 형법 제302조가 적용되는 아주 제한된 범위(즉 심신미약자나 19세 이상 20세 미만 자)내에서만 타당한 것이라고 볼 수 있다.

3. 형법 제305조는 13세 미만의 부녀를 간음한 자는 폭행, 협박, 위계, 위력이 없더라도 또한 피해자의 동의를 받았더라도 강간죄로 처벌한다. 이 대상판결에서 공소사실의 제1행위 시에 피해자가 정신연령이 4세 내지 8세 정도에 불과한 정신지체 2급의 장애인이자 미성년자[3]였기 때문에 형법 제305조의 취지에 비추어 항거불능상태에 있었는지 관계없이 강간죄로 처벌되어야 하는 것이 아닐까. 형법 제305조가 특별한 후견적 입법목적 하에 피해자의 의사 여부를 불문하고 성관념이 아직 성숙하지 않은 어린 미성년자를 보호하기 위한 규정이라면, 성관념을 형성하지 못하거나 성관념이 미숙한 장애여성도 보호해야 하는 것이 아닐까. 간음의 의미를 알고 이에 대해 자기방어를 할 것을 기대할 수 없다는 점에서 어린 미성년자와 다를 바 없는 그들에게 왜 엄격한 항거불능의 상황을 요구하는 것일까.

4. 형법 제299조는 '심신상실' 또는 '항거불능'을 동등하게 열거하고 있기 때문에 항거불능의 상태는 적어도 심신상실의 상태와 동일시 할 수 있는 상태여야 한다. 따라서 대법원이 '심신상실 이외의 원인 때문에 심리적 또는 물리적으로 반항이 절대적으로 불가능하거나 현저히 곤란한 경우'를 의미한다고 해석한 것은 지극히 타당하다. 그런데 성폭법 제8조에 관한 사안에서도 대법원은 '심리적 또는 물리적으로 반항이 절대적으로 불가능하거나 현저히 곤란한 경우를 의미'[4] 한다고 판시하여 준강간

---

3) 7세 내지 8세 정도의 지능이 있는 정신지체장애 1급인 피해자에 대하여 심신미약의 상태는 인정할 수 있으나 성폭법 제8조에서 말하는 항거불능의 상태를 인정할 수 없다고 한 판례로는 대판 2004. 5. 27. 2004도1449.

4) 대판 2003. 10. 24. 2003도5322.

죄의 '항거불능의 상태'와 동일하게 보고 있다.

과연 형법 제299조의 '항거불능의 상태'와 성폭법 제8조의 '항거불능인 상태에 있음'이 동일한 법문언이라는 이유로 동일한 의미로 해석·적용되어야 하는가. 양 조문은 동일하게 '항거불능'이란 법문언을 사용하고 있지만 자세히 들여다보면 달리 표현하고 있음을 발견할 수 있을 것이다. 즉 '심신상실 또는 항거불능의 상태를 이용하여'(제299조)와 달리 '장애로 항거불능인 상태에 있음을 이용하여'(성폭법 제8조)라고 규정하고 있다. 동일한 것을 달리 표현한 것일까, 그래서 의미 없는 차이에 불과한 것일까, 아니면 의도적으로 아주 다른 의미를 갖도록 표현한 것일까.

만일 동일한 의미로 이해한다면 성폭법 제8조가 무의미해 질지도 모른다. 항거불능의 상태가 인정되면 굳이 특별법인 성폭법을 적용하지 않더라도 제299조의 준강간죄가 성립하여 강간죄로 처벌할 수 있기 때문이다. 제299조의 '항거불능의 상태'를 이용한 간음은 폭행 또는 협박에 의한 간음과 불법성에서 차이가 없을 뿐만 아니라 성적 자기결정의 자유를 침해했다는 점에서도 동일하다. 이 죄는 성적 거부의사를 형성할 수 없는 자, 거부의사를 형성했다고 하더라도 제대로 외부에 표명할 수 없는 자, 그리고 외부에 표명했더라도 거부의사를 그 내용대로 실현할 수 없는 자 등의 성적 자기결정권을 보호하는데 있다. 그러므로 신체장애나 정신적 장애로 이러한 상황에 놓인 자도 보호되는 것이다.

5. 성폭법 제8조의 '항거불능'을 엄격하게 해석하는 태도와 맥을 같이 하는 강간죄의 폭행·협박의 정도에 관한 대법원 판례의 태도에 변화를 촉구해야 할 때라는 점을 고려하여 성폭법 제8조의 '항거불능인 상태에 있음'을 해석해야 한다. 태도변화의 조짐을 보여준 대법원 2005. 7. 28. 선고 2005도3071 판결은 '사후적으로 보아 피해자가 성교 이전에 범행 현장을 벗어날 수 있었다거나 피해자가 사력을 다하여 반항하지 않았다는 사정만으로 가해자의 폭행·협박이 피해자의 항거를 현저히 곤란하게 할 정도에 이르지 않았다고 섣불리 단정하여서는 안 된다.'고 판시하고 있다.

6. 성폭법 제8조의 항거불능의 상태에 있음은 인정되지 않지만 제302조의 심신미약자에 대한 위계 또는 위력에 의한 간음이 인정될 경우에 법원은 어떻게 해야 하는가. 이 대상판례의 경우에 공소사실 중 제1행위 시에 피해자는 13세 미만은 아니었으나(13세 3개월) 정신기능의 장애로 정상적인 판단능력이 부족한 자, 즉 심신미약자에 해당한다. 2004년의 정신감정결과에 의하면 피해자는 정신지체로 인한 심신미약

자다. 이는 피해 당시인 1999년 보다 매우 나아진 상태라는 점에서 피해자는 피해 당시 심신미약자에 해당한다고 볼 수 있을 것이다. 또한 가해자는 밤에(10월 어느날 22시) 야산 묘지 옆에서 저항하는 피해자를 강제로 바닥에 눕혀 옷을 벗기고 간음하였으므로 위력에 의한 간음이 인정될 수 있다. 특히 가해자는 피해자 모의 내연관계에 있는 자로서 평소 피해자의 모와 오빠를 때린 적이 있기 때문에 피해 당시 가해자의 지위나 위세에 눌려 피해자의 의사가 제압되었다고 볼 수 있을 것이다. 따라서 가해자의 행위는 제302조의 미성년자등 간음죄에 해당한다.

문제는 공소장변경 없이 법원이 직권으로 제302조를 적용하여 유죄판결을 내릴 수 있는가이다. 공소사실의 동일성과 대소포함관계가 인정된다면 공소장변경 없이 법원이 직권으로 제302조에 대한 유죄판결을 내릴 수 있는가. 아니면 구성요건을 달리하기 때문에 공소장변경절차를 거쳐야 하는가. 성폭법 제8조는 이용행위만 요구되는데 반해 제302조는 위계 또는 위력을 행사해야 하므로 대소포함관계를 인정할 수 없는 것인가. 아니면 사실관계는 동일한데 법률적 구성만 달리하는 것인가. 어느 경우라도 피고인의 방어권행사에 지장을 초래하지 않아야 한다는 공소장변경제도의 취지와 이념을 존중하여 판단해야 할 것이다.

II. 성폭법 입법취지 및 목적과 보호법익

1. 성폭법상의 성범죄는 다른 성적 자유에 관한 죄와 마찬가지로 성적 자기결정권 내지 성적 의사결정의 자유를 보호법익으로 한다. 성폭법 제8조의 '장애인에 대한 간음등'은 정신적 또는 신체적 사정으로 인하여 성적인 자기방어를 할 수 없는 사람에게 성적 자기결정권을 보호해주기 위한 규정이다. 가해자의 성적 행위에 대해서 장애여성이 거부의사를 표시하고 이를 가해자가 인식했음에도 불구하고 간음했다면 항거불능의 상태여부에 관계없이 장애여성의 성적 자기결정의 자유는 침해된다.

2. 성폭법 제8조가 없다고 가정하였을 때, 성범죄에서 가벌성의 흠결이 생긴다면 성폭법 제8조는 존재의의가 있을 것이다. 그러나 대법원이 해석하는 바와 같이 항거불능을 성폭법 제8조의 독자적인 요건으로 이해한다면 위에서 언급한 것처럼 형법 제299조가 있으므로 가벌성의 흠결은 생기지 않는다. 정신적 장애는 '심신상실'에 해당할 것이고 신체장애는 거의 대부분 그 자체가 항거불능의 상태일 것이기 때문이

다. 장애인에 대해서 ① 폭행 또는 협박으로 반항이 절대적으로 불가능하거나 현저히 곤란해졌다면 강간죄가 성립하고, ② 항거불능의 상태가 정신적 또는 신체적 장애 자체에 원인이 있다면 성폭법 제8조가 적용되며, ③ 정신적 또는 신체적 장애가 있지만 구체적 사정에 따라 항거불능의 상태가 아니라면 무죄일 수 있다. ①의 경우는 성폭법 제8조가 없더라도 강간죄가 성립하고, ②의 경우도 성폭법 제8조가 없어도 형법 제299조의 준강간죄가 성립한다.

그렇다면 성폭법 제8조는 불필요한 입법이 된다. 입법자는 왜 불필요해 보이는 성폭법 제8조를 규정했을까. 더 나아가 도입 당시에는 신체장애만 규정하다가 왜 정신적 장애를 추가하는 개정을 했을까. 바로 ③의 경우가 형법보호의 흠결이 생기는 경우일 텐데 바로 이런 경우에 장애인 피해자를 보호하기 위하여 성폭법이 제정되었을 것이다. 구체적인 상황에 따른 항거불능 여부에 관계없이 가해자를 처벌하고자 함일 것이다. 이는 성폭법 제8조의 항거불능상태에 있음을 바로 정신적 또는 신체적 장애와 동일한 의미로 해석해야 가능해진다. 장애인에 대한 간음행위가 형법 제299조의 준강간죄에 포섭되어야 함에도 불구하고 법원이 '항거불능의 상태'를 엄격하게 해석하여 장애인 성범죄 피해자를 보호하지 못하였기 때문에 특별법 규정이 필요했던 것이다.

이런 규정의 취지에 반하여 형법 제299조의 준강간처럼 '항거불능'을 엄격하게 해석하면 가해자의 성적 행위에 동의하지 않았음에도 불구하고 정신적 또는 신체적 장애로 인하여 거부의사를 외부로 표현할 수 없는 자를 보호할 수 없는 문제가 발생한다. 만일 저항을 하지 못하도록 폭행 또는 협박을 했다고 하더라도 강간죄가 요구하는 정도에 이르지 못했다면 강간죄도 성립하지 않고 준강간죄도 성립하지 않기 때문이다. 이는 입법자의 의사뿐만 아니라 법 규정의 취지와 목적에도 맞지 않는 해석이다.

Ⅲ. '신체장애 또는 정신상의 장애로 항거불능의 상태에 있음'의 의미

1. 형법 제302조의 준강간죄의 행위객체는 심신상실상태의 부녀 또는 항거불능상태에 빠진 부녀이다. 심신상실은 그 자체로 반항할 수 없는 상태이다. 항거불능상태는 심신상실 이외의 사유로 심리적 또는 육체적으로 반항할 수 없는 상태를 말한다.

항거불능의 사유는 제한이 없다.

2. 성폭법 제8조의 '신체장애 또는 정신상의 장애'와 '항거불능의 상태에 있음'은 별개의 구성요건요소인가, 아니면 항거불능은 독자적인 구성요건요소가 아니라 신체장애 또는 정신장애 자체가 '항거불능의 상태에 있음'인가. '항거불능의 상태에 있음'은 신체장애 또는 정신상의 장애를 제한하는 요소로만 기능하는 것일까. 즉 모든 신체장애나 정신상의 장애가 원칙적으로 '항거불능의 상태에 있음'인데, 예외적으로 항거불능의 상태에 있을 수 없는 신체장애나 정신상의 장애가 인정되는 것일까. 따라서 신체장애 또는 정신상의 장애는 원칙적으로 항거불능의 상태에 있음인가. 장애를 항거불능과 별개의 구성요건요소로 이해하면서 양자가 모두 충족되어야 장애인 간음이 인정된다고 해석하면 준강간죄보다 성립이 더 어려워지는 결과가 되고, 별도의 규정을 둔 취지가 무의미해 질 수 있기 때문에 이러한 의문이 제기되는 것이다.

성폭법 제8조가 '신체장애 또는 정신상의 장애로 항거불능인 상태에 있음'이라고 규정하고 있고 '신체장애 또는 정신상의 장애로 인하여 항거불능인 상태에 있음'라고 규정하고 있지 않으므로 항거불능인 상태가 신체장애나 정신장애로 인한 것이어야 할 것을 상정한 것도 아니고 신체장애나 정신상의 장애가 있음에도 불구하고 항거불능의 상태에 있지 않을 수 있음을 상정한 것이 아니다. 신체장애 또는 정신상의 장애가 바로 항거불능인 상태에 있음을 의미하는 것으로 해석하여야 한다. 따라서 장애인의 장애등급(장애인복지법 시행규칙)에 따라 항거불능의 상태에 있을 수 있는 장애와 항거가능한 상태의 장애로 구분될 수 있을 것이다.

심신상실자란 '심신장애로 인하여 사물을 변별할 능력이 없거나 의사를 결정할 능력이 없는 자'를 말한다(형법 제10조). 사물변별능력 또는 의사결정능력이 없는 사유가 심신장애여야 한다. 그러나 성폭법 제8조의 법문언은 '장애로 인하여'가 아니다. 개정되기 전에는 '신체장애로 항거불능의 상태에 있음'으로 표현되어 있었고, 이는 항거불능의 상태가 신체장애로 인할 것을 표현한 것이 아니다. 바로 '신체장애' 자체가 '항거불능의 상태에 있음'인 것이다.[5]

이렇게 해석하면 형법 제297조에서 규정한 강간죄의 해석상 인정되는 항거불능의 의미 및 형법 제299조에서 규정한 항거불능의 의미가 달라지는 것이어서 동일한 법

---

5) 김혜정, 성폭력범죄에 있어서 '항거불능인 상태'의 의미, 형사판례연구[14], 2006, 367면.

문언 내지 해석상 같이 사용되는 문언의 의미가 규정에 따라 달라져 개념의 혼돈이 있을 것이라는 비판이 제기될 수 있다. 그러나 법규정의 해석은 동일한 법문언이라도 다른 규정과의 관련 속에서 체계적으로 해석되어야 하고 행위객체가 다르기 때문에(일반여성과 장애여성) 행위객체와의 관련 속에서 달리 해석될 가능성은 있는 것이다. '항거불능'이란 '항거절대적 불능'의 줄임말이 아니라 '항거불가능'을 의미하는 것이므로 불가능한 상태란 정도에 따라 절대적 불능으로부터 가능성과 불가능성의 경계선(즉 50%의 가능성이 있는 경우)까지 다양하게 해석될 수 있는 것이다.

Ⅳ. 독일 형법의 경우

1. 독일 형법 제177조에 성적 강요와 강간이 규정되어 있다. 제1항은 성적 강요죄로서 ① 폭행, ② 생명 또는 신체에 현재의 위해를 가할 협박, ③ 피해자가 행위자의 영향 하에 보호 없이 놓이게 된 상황을 이용하여 피해자에게 행위자 또는 제3자의 성적 행위를 수인할 것을 강요하거나 행할 것을 강요한 때에는 1년 이상의 자유형에 처한다. 가중규정으로서 제2항은 피해자를 간음하거나 피해자를 저열하게 만드는(특히 신체내부로 삽입하는 행위와 결합된) 유사 성적 행위를 행한 경우 또는 여러 사람이 공동으로 행한 경우에는 2년 이상의 자유형에 처한다.

강간죄를 성적 강요죄의 가중규정형식으로 규정하고 있고, 강간을 성적 자기결정권에 대한 중대한 침해로서 간음과 성적 유사행위(구강이나 항문으로 삽입하는 행위 등)로 확대하여 중하게 처벌한다.

2. 제179조는 항거불능한 사람에 대한 성적 추행 및 강간을 규정하고 있다. 정신적 또는 신체적 사유로 성적 거부(또는 저항)의사를 형성할 수 없거나 충분히 형성할 수 없거나 이를 물리적으로 실현할 수 있는 능력이 없는 자를 보호하기 위한 규정이다.[6] ① 중독증을 포함하는 정신적 질병이나 장애, 심한 의식장애로 인하여, ② 신체적으로 저항할 수 없는 자를 항거불능상태를 이용하여 성적 행위를 하거나 하게 한 자는 6월 이상 10년 이하의 자유형에 처한다(제1항). 피해자와 간음하거나 유사 성적 행위를 한 자는 2년 이상의 자유형에 처한다(제5항 1호).

---

6) Schönke/Schroeder/Lenckner/Perron, Strafgesetzbuch, 26.Aufl., §179 Rdn.1.

3. 제177조 제1항 3호의 행위인 보호 없는 상태를 이용하는 행위는 폭행행위나 협박행위와 동등하게 규정되어 있다. 피해자가 저항해봤자 소용이 없을 것으로 예상하고 처음부터 신체적 저항을 포기하고 행위자는 이러한 사정을 성적 행위의 강요에 이용한 경우도 이용행위에 해당한다. 가벌성의 흠결을 메우기 위해 도입된 규정이다.[7] 제179조의 행위유형 중 2호와의 구별이 문제된다. 기본적으로는 1호와 2호는 폭행 또는 협박과 성적 행위의 강요 또는 강간이라는 2개의 행위로 구성되지만 3호는 성적 행위의 강요 또는 강간이라는 1개의 행위로 구성된다는 점에서 구별될 수 있다.

제177조 제1항 3호를 적용하기 위해서는 보호 없는 상태가 객관적으로 존재해야 한다. 예컨대 외딴 장소, 도망의 가능성이 없는 경우, 도움을 줄 수 있는 사람이 없어진 경우, 도움을 청할 수 없는 경우, 연령, 신체조건, 가해자와 피해자의 사회적 지위, 피해자의 심리적 상황 등처럼 행위자의 영향력이 아주 쉽게 효과를 발휘할 수 있는 객관적 상황이어야 한다.[8] 피해자가 놀라거나 공포심 때문에 또는 심리적 이유로 저항할 수 없는 경우, 타인의 도움을 전혀 기대할 수 없는 상황이거나 체력적으로 우월한 가해자에 대하여 저항이 무의미하다고 생각되어 저항을 포기한 경우도 포함된다.

이러한 객관적 상황이 가해자에 의해서 야기된 경우가 여기에 포함되고(제177조 제1항 3호) 그러한 상황에 놓인 피해자가 가해자의 행위객체가 된 경우는 제179조가 적용된다.[9]

제179조의 행위객체인 저항능력이 없는 피해자는 제177조 제1항 3호의 행위상황에 있는 행위객체와 거의 일치하기 때문에 양자의 구별이 어렵게 된다. 행위객체와 행위유형이 거의 동일함에도 불구하고 법정형에서 현저한 차이를 보이고 있기 때문에 장애인에 대한 차별이라는 비판을 받고 있다.[10]

그러나 학설과 판례는 양자의 적용범위가 완전히 일치하지는 않는다고 본다.[11] 왜냐하면 제177조 제1항 3호는 보호 없는 상태를 이용하더라도 피해자의 의사에 반하

---

7) Tröndle/Fischer, Strafgesetzbuch, 52.Aufl., §177 Rdn.23.
8) Tröndle/Fischer, Strafgesetzbuch, 52.Aufl., §177 Rdn.28.
9) BGHSt. 45, 253.
10) Oberlies, Selbstbestimmung und Behinderung, ZStW 114(2002), 130.
11) Oberlies, Selbstbestimmung und Behinderung, ZStW 114(2002), 132.

는 성적 강요가 있어야 적용되고, 제179조는 저항능력 없는 상태를 단순히 이용하기만 하면 성립하기 때문이다.[12] 입법자의 의사에 의하면 제179조는 강요적 성적 공격으로부터 장애인을 보호하기 위하여 성적 강요행위를 입증하기 어려운 사례에서 발생할 수 있는 가벌성의 흠결을 메우기 위한 규정이다.[13]

V. 강간죄 규정해석의 변화

1. 강간죄의 폭행 또는 협박의 정도에 관한 판례의 변화인가? 대법원 2005. 7. 28. 선고 2005도3071 판결에 의하면 '사후적으로 보아 피해자가 성교 이전에 범행 현장을 벗어날 수 있었다거나 피해자가 사력을 다하여 반항하지 않았다는 사정만으로 가해자의 폭행·협박이 피해자의 항거를 현저히 곤란하게 할 정도에 이르지 않았다고 섣불리 단정하여서는 안 된다.'고 판시하고 있다.

2. 대법원은 강간죄에 있어 폭행 또는 협박은 피해자의 항거를 현저히 곤란하게 할 정도의 것이어야 하고,[14] 그 폭행 또는 협박이 피해자의 항거를 현저히 곤란하게 할 정도의 것이었는지 여부는 유형력을 행사한 당해 폭행 및 협박의 내용과 정도는 물론이고, 유형력을 행사하게 된 경위, 피해자와의 관계, 범행 당시의 정황 등 제반 사정을 종합하여 판단하여야 한다고 본다.[15] 예컨대 아무도 없는 건물 내실에서 피해자와 함께 있다가 욕정을 일으켜 피고인의 몸에 새겨진 문신을 보고 겁을 먹은 피해자에게 자신이 전과자라고 말하면서 캔 맥주를 집어던지고 피해자의 뺨을 한번 때리면서 성행위를 요구한 경우 피해자의 항거를 현저히 곤란하게 할 정도의 유형력을 행사한 것으로 볼 수 있다.[16]

판례에 의하면 강간죄의 폭행 또는 협박을 인정하기 위해서는 피해자의 저항 내지 반항행위가 있어야 한다. 피해자의 적극적인 저항행위가 없었거나 거부의 의사표시가 고함 등으로 외부에 알려질 수 있는 경우가 아니라면 피해자의 반항을 억압할 정도의 유형력의 행사는 부정된다.[17] 따라서 가해자의 보복이나 기타 불이익 등이

---

12) Oberlies, Selbstbestimmung und Behinderung, ZStW 114(2002), 132.
13) BT-Drucks, 13/7663, S.5.
14) 대판 1988. 11. 8. 88도1628; 1999. 4. 9. 99도519.
15) 대판 1992. 4. 14. 92도259.
16) 대판 1999. 4. 9. 99도519.

두렵거나 수치심 등으로 인하여 애당초 저항이나 반항을 포기한 경우에는 강간죄가 요구하는 폭행 또는 협박에 해당하지 않게 된다.

3. 강간죄의 보호법익을 성적 자기결정의 자유로 본다면 피해자의 항거를 현저히 곤란하게 할 정도의 폭행 또는 협박이 있었는가가 아니라 피해자의 의사에 반하여 성행위를 강요했는가, 즉 성행위에 대한 피해자의 진지한 거부의 의사표시가 있었는가가 문의되어야 한다. 따라서 성행위에 대한 진지하고 명백한 거부의사표시를 하였지만 수치심이나 두려움으로 인하여 구조요청의 기회를 이용하지 않았다고 하더라도 판례의 입장과는 달리 강간죄가 성립한다고 보아야 할 것이다. 피해자의 심리적 상황(수치심, 불이익 또는 두려움)때문에 애초부터 저항을 포기할 수도 있다는 점과 남성에 대한 저항의 한계를 고려해야 한다.

미국이나 독일에서 저항요건을 완화하고 있는 경향을 참고하여야 한다. 예컨대 최후순간까지의 저항(resistance to the utmost)에서 합리적 수준의 저항(resonable resistance)으로 충분하다거나,[18] 폭력이 행해져 저항이 예상되었지만 현실적으로 저항이 없었던 경우에도 피해자의 저항을 극복하기 위한 수단으로서의 폭행이므로 강간죄를 인정한 독일 판례의 변화[19]는 강간죄의 보호법익을 성적 자기결정권으로 보는 태도와 부합하는 것이라고 판단된다.

Ⅵ. 이 대상판례의 경우

1. 성폭법 제8조의 '항거불능의 상태에 있음'이란 신체적 또는 정신적 장애로 가해자의 성적 요구에 대해서 거부 또는 저항의 의사를 충분히 형성하지 못하거나, 외부로 표현하지 못하거나 또는 실현시킬 수 없는 상태를 말한다. 이렇게 해석해야 성폭법 제8조의 보호법익이 '정신적 또는 신체적 사정으로 인하여 성적인 자기방어를 할 수 없는 사람에게 성적 자기결정권을 보호'[20]해 주는데 있다는 대법원의 태도와도 부합된다.

---

17) 대판 1990. 9. 28. 90도1562; 1991. 5. 28. 91도546.
18) 미국 판례에 관해서는 박상기, 형법각론, 2005, 151면 참조.
19) 이에 관해서는 Tröndle/Fischer, Strafgesetzbuch, 52.Aufl., §177 Rdn.6.
20) 대판 2003. 10. 24. 2003도5322.

따라서 성폭법 제8조는 ① 피해자가 저항의사를 형성하지 못하거나 저항의사를 외부로 표시하지 못할 정도의 정신적 또는 신체적 장애가 있다면 항거불능의 상태 여부에 관계없이 적용되고, ② 피해자가 저항의사를 가졌지만 이를 외부로 나타낼 수 없는 정도라면 ①과 마찬가지이고, ③ 피해자가 저항의사를 형성하고 이를 외부로 분명히 표시하였지만 가해자가 이를 무시하는 물리력을 행사하거나 협박을 가하였다면 성폭법 제8조가 적용되거나 형법 제297조의 강간죄가 성립할 수 있을 것이다.

이렇게 해석하면 결과적으로 장애여성에 대한 비동의 간음죄가 인정되는 것이다. 물론 여성은 언제나 약하고 보호받아야 할 존재라는 전제 하에 형법에 의해 과잉보호되는 것에는 반대하지만, 장애여성에 대한 비동의 간음죄가 장애여성을 과잉보호한다고 말할 수는 없을 것이다.

2. 피해자의 사리판단력이나 의사형성능력과 행위 당시의 피해자의 저항능력은 구별되어야 한다. 법원은 항거불능의 상태를 검토하면서 피해자의 연령이나 평소 행동, 전문가의 정신감정 등을 고려하여 사리판단력이나 의사형성능력이 있었는지를 판단하려고 한다. 그러나 이것이 인정된다고 해서 저항능력을 인정해서는 안 된다. 이 대상판례사안에서 피해 장애여성은 가해자의 성적 요구가 무엇을 의미하는지도 알고 이를 거부하는 의사도 형성할 수 있는 수준의 지적 능력은 갖추고 있다고 본다. 그러나 형성된 거부의사를 외부로 표출하거나 이를 실현시킬 능력이 있었는지는 의문이다. 또한 외부로 표출했지만 의사내용대로 실현할 수 있는 방어무기를 가지고 있었다고 보기도 어렵다. 육체적으로나 정신적으로 가해자에게 압도당하고 있는 상태였기 때문이다.

또한 행위 당시의 피해자의 정신적 장애정도를 판단해야 한다. 최초 행위 이후인 2000년 이후의 피해자의 상태(물론 제1 행위 이후에 수차례의 강간이 있었지만)를 판단할 것이 아니라 우선 공소사실 중 제1행위 시인 1999. 10.경에 피해자의 상태를 판단했어야 한다. 2003년에 겨우 초등학교 3-4학년 수준의 지적 능력이었고, 2004년 정신감정결과에 의하면 정신지체로 인한 심신미약자에 해당한다. 1999년보다 나아졌다는 2004년에도 심신미약에 해당한다면 항거불능의 상태에 있음이 인정될 수 있을 것이다.

3. 항거불능상태를 넓게 인정하거나 입법론[21]적으로 '항거불능'을 삭제하면 신체장애인 또는 정신장애인의 경우 상대방이 성폭법 제8조에 의해 처벌될 수 있으므로

성행위를 할 수 있는 권리를 침해받을 것이라는 우려는 제8조의 보호법익은 장애여성의 성적 자기결정의 자유이므로 동의가 있었다면 적용이 배제되는 것이므로 큰 문제가 되지 않는다고 본다. 성폭법 제8조가 장애인의 '성행위'를 보호하는 것이 아니라 성적 자기결정권, 따라서 장애인이 성적 요구에 동의(양해)하거나 장애인이 성행위를 요구했을 때에는 성폭법 제8조가 적용되지 않는다는 것은 분명하다. 피해 장애여성의 양해가 있더라도 양해의 의사표시가 기망이나 유혹 등에 의한 것이어서 법적으로 하자가 있을 때에는 성인 여성의 경우와는 달리 유효하지 않다고 보아야 한다.

Ⅶ. 성폭법 제8조와 형법 제302조와의 관계 : 공소장변경관련 문제

성폭법 제8조와 형법 제302조는 구성요건을 달리한다. 객체도 다를 뿐만 아니라 정신상의 장애가 인정되지 않는다고 당연히 심신미약이 인정되는 것은 아니므로 대소포함관계가 아니다. 행위도 다르다. 따라서 구성요건도 다르고 축소사실이라고 볼 수 없다. 그렇다면 이 평석대상사안은 사실관계는 동일하지만 법적 평가를 달리하는 경우인가. 항거불능상태를 인정할 수 없지만 심신미약상태를 인정할 수 있다면 위력에 해당하는 정도의 유형력이 있었기 때문에 법적 평가를 달리 하여 형법 제299조가 적용될 수 있는 것인가.

'사물의 변별능력이 미약한 사실을 알고 이를 이용하여 피해자를 간음하기로 피해자를 강제로 눕히고 옷을 벗긴 다음 1회 성교하여 강간했다'는 공소사실은 동일한데 법적 평가를 달리하는 경우로 이해한다면 다음 문제는 변경절차를 거쳐야 하는가, 아니면 법률해석 및 적용은 법원의 권한이자 의무이므로 공소장변경이 필요하지 않은가를 검토하여야 한다. 원칙적으로 공소사실을 변경한 것이 아니므로 피고인의 방어권행사에 불이익이 있는 경우가 아니다. 따라서 공소장변경 없이 법원이 직권으로 다른 죄를 인정할 수 있다.

이 사안에서는 법적 평가의 변경(항거불능의 상태가 아니라 심신미약으로 인정되고 항거불능의 상태를 이용한 것이 아니라 위력으로 간음한 것으로)이 피고인의 방어권행사에 실질

---

21) 이은영 의원이 대표 발의한 성폭법 일부개정안(2005. 6. 22.) 제8조 (장애인에 대한 간음 등) 신체장애 또는 정신상의 장애가 있음을 이용하여 여자를 간음하거나 사람에 대하여 추행한 자는 형법 제297조(강간) 또는 제298조(강제추행)에 정한 형으로 처벌한다.

적 불이익이 있다고 볼 수 없다. 공소사실에 대해서는 충분한 방어권행사를 했을 것이기 때문이다. 심신미약자에 대한 간음(형법 제302조)에 대해서 유죄를 인정하지 않는다면 현저히 정의와 형평에 반한다. 사안이 중대하기 때문이다. 이런 경우에는 법원이 유죄판결할 의무가 있다고 본다.[22]

문제는 이 사안에서 정의와 형평에 부합하는 유죄판결(형법 제302조)이 내려져야 하지만 소송요건이 흠결되었으므로 공소기각의 판결을 선고해야 한다.

Ⅷ. 마치며

성범죄의 보호법익은 더 이상 자신이 보호받기 위한 노력을 해야 보호되는 '정조'가 아니다. 성적 자기결정권으로서 자유에 관한 죄이다. 따라서 성범죄성립여부에서 항거불능한 정도의 유형력의 행사여부가 중요한 요소가 되는 것이 아니라 피해자의 의사에 반한 행위가 있었는가에 초점이 맞추어져야 한다.

장애인 피해여성이 '아니요'라고 말하지 않았다고 해서 이를 '예' 혹은 '예'일 수 있다는 예단을 가져서는 안 된다. 장애인의 경우 거부의사를 형성하는 것이 쉽지 않고 이를 외부로 분명하게 지속적으로 표시하는 것도 쉽지 않고, 의사내용을 실현하기도 어렵다고 해서 이를 무시해서 피해자의 동의가 있는 것으로 오해해서는 안 된다. 오히려 '예'라고 말하지 않았거나 말할 수 없는 자는 '아니요'라고 말한 것으로 인정해야[23] 성폭법 제8조의 규정취지에 부합하는 법적용이 이루어질 것이다.

최근 문제되었던 장애여성에 대한 간음사건의 경우에 거의 공통적으로 피해여성의 거부의사가 어떤 형태로든 가해자에게 전달되어 가해자는 이를 극복하기 위해 크고 작은 폭행 또는 협박을 행사하였다 성폭법 제8조의 보호법익이 성적 자기결정의 자유라고 본다면 항거가 불능할 정도의 폭행 또는 협박이 있었는지 관계없이 가해자가 피해자의 항거불능의 상태에 있음을 이용하기만 하면 장애인간음죄는 성립하는 것이다.

---

22) 대판 1990. 10. 26. 90도1229; 1991. 5. 28. 91도676; 2006. 3. 30. 2005모564.
23) Oberlies, Selbstbestimmung und Behinderung, ZStW 114(2002), 145.

승낙의 의사표시의 흠결과 주거침입죄의 성부[*]
- 대법원 1997. 3. 28. 선고 95도2674 판결 -

[사건개요]

안기부직원, 통일국민당 대통령선거 운동원과 그의 군대동기생인 피고인들은 안기부직원인 피고인이 피해자경영의 초원 즉석복국식당에서 부산시장 등이 참석하는 모임이 있을 것이라는 정보를 제공하자 대통령선거법 위반행위의 현장을 포착, 고발하고 그 증거를 수집하기 위하여 위 음식점에 손님을 가장하고 들어가 위 모임의 대화내용을 도청, 녹음하기로 의견의 일치를 보고 1992년 12월 7일, 8일과 9일 3차례에 걸쳐 위 음식점에 들어가 모임이 있을 만한 방으로서 도청용 송신기를 설치할 곳을 물색하는 등 상호 공모 공동하고, 그 후 같은 달 10일에 위 음식점 지하 내실에 손님을 가장하고 들어가 장롱 위와 환기 유리창틀 위에 도청용 송신기 각 1개를 설치하는 등 피해자의 주거에 침입하여 폭력행위등처벌에관한법률 위반(제2조 제2항, 제1항, 형법 제319조 제1항)으로 기소되었다.

[상고이유의 요지]

상고이유의 요지를 정리하면, 이 사건 음식점의 지하 내실은 공개된 초원 복집식당의 일부로서 (지하 내실, 1층 방 2개, 2층 방 3개 등 합60평) 다만 지하 내실은 야간에

---

 * 출처: 「형사판례연구」 제6권, 1998, 223~238면.

한하여 침소로 사용되고 주간이나 손님의 요청 또는 예약이 있을 경우 언제든지 영업장소로 공개되어 온 것이 사실이며 이는 시중의 대중음식점의 경우처럼 좁은 영업소의 경우 내실이라고 하여도 언제나 고객에게 공개되어 오는 현실에도 부합하여 이건의 경우 지하 내실 또한 3회 이상 예약 등에 의하여 피고인들에게 자청하여 제공한 것이 분명하므로 공개된 식당의 일부라 할 것이다.

위 지하 내실은 피고인들에게 주간에 피해자의 명시적이고도 호의적인 승낙과 안내에 의하여 3회 이상 음식을 취식하기 위하여 제공된 장소이며, 피해자가 피고인들이 도청기를 설치하려는 것을 알았더라면 승낙하지 않았을 것이라는 원심의 지적은 피해자의 승낙의 유효성을 해치지 않는 '승낙의 동기에 관한 착오'의 오해에서 비롯된 것으로 이 사건 지하 내실의 출입은 피해자의 진정한 승낙에 의한 것으로 보아 본죄의 구성요건해당성이 결여되었거나 위법성이 조각된다고 본다.

또한 피고인들이 설치한 도청용 송신기는 모임이 있는 시간에 제한적으로 원거리 조종으로 주거자가 아닌 제 3자의 육성만을 도청하게 되어 있으므로 제 3자의 프라이버시에 대한 침해는 있을지언정 원심이 인정하는 주거자의 사실상의 평온을 현저히 해친 것으로 볼 수 없다.

따라서 피고인들의 행위는 주거침입죄의 구성요건에 해당하지 않는 행위이나, 설사 해당한다 하더라도 대통령선거 기간중의 부정행위의 적발을 위한 도청행위는 그 보호법익에 있어서나 상당성에 있어서 공개된 식당에서의 범죄혐의자(기관장들의 부정선거행위)들의 프라이버시 보호와 비교 교량하면 정당행위로서 법적 평가를 받아야 할 것이다.

[대법원판결이유]

1. 피고인들 변호인의 상고이유에 대하여 판단한다.

(1) 상고이유 제1점에 대하여

일반인의 출입이 허용된 음식점이라 하더라도, 영업주의 명시적 또 추정적 의사에 반하여 들어간 것이라면 주거침입죄가 성립한다.

그런데 원심이 인용한 제1심판결이 채용한 증거들에 의하면, 이 사건 음식점에는 1992. 12. 11. 08:00경 평소 이 음식점을 종종 이용하여 오던 부산시장 등 기관장들의 조찬모임이 예약되어 있었던 사실, 피고인들은 같은 달 10. 12:00경 그 조찬모임에서의 대화내용을 도청하기 위한 도청용 송신기를 설치할 목적으로 손님을 가장하여 이 음식점에 들어간 사실을 알 수 있는바, 사정이 이와 같다면 영업자인 피해자가 출입을 허용하지 않았을 것으로 보는 것이 경험칙에 부합한다 할 것이므로, 피고인들은 주거침입죄의 죄책을 면할 수 없다(대법원 1978.10.10. 선고, 75도2665판결 참조). 같은 취지의 원심판결은 정당하고, 논지는 이유 없다.

　(2) 상고이유 제2점에 대하여

원심판결 이유에 의하면, 원심은 정당행위로 인정되기 위하여는 행위의 동기나 목적의 정당성뿐만 아니라 행위의 수단이나 방법의 상당성, 보호법익과 침해이익과의 법익균형성, 긴급성, 보충성 등의 요건을 갖추어야 할 것이라고 한 다음, 피고인들의 이 사건 범행이 비록 불법선거운동을 적발하려는 목적으로 이루어진 것이라 하더라도, 이 사건에서와 같이 타인의 주거에 도청장치를 설치하는 행위는 그 수단과 방법의 상당성을 결하는 것으로서 정당행위에 해당하지 않는다고 판단하였는바, 기록과 대조하여 검토하여 보면, 원심의 판단은 정당하고 소론과 같은 위법이 있다고 볼 수 없다. 논지도 이유 없다.

　2. 그러므로 피고인들의 상고를 모두 기각하기로 관여 법관의 의견이 일치되어 주문과 같이 판결한다.

　재판장 대법관 지창권 천경송
　신성택(주심) 송진훈

[제 2심판결: 서울지법 1995. 9. 28. 선고 95노1985]

원심이 적법하게 증거조사를 마쳐 채택한 증거들을 종합하여 보면 피고인들이 도청기를 설치한 장소는 이 음식점의 내실로서 평상시에는 위 음식점 주인의 동생 내외의 주거로 사용하며 특별한 손님들이 오는 경우에만 음식을 먹을 수 있는 장소로 제공되어 온 사실이 인정되며, 한편 주거침입죄에 있어서 주거자의 승낙은 위계나 폭행 등의 방법에 의하지 아니한 하자 없는 승낙이어야 하고 그 승낙의 여부는 주변 사정에 따라 추정될 수도 있다 할 것인바, 이 사건 피고인들이 비록 손님으로 가장하여 피해자의 승낙하에 위 내실에 들어갔으나, 피해자가 일반적으로 공개된 장소가 아닌 자신들의 주거로 활용하고 있는 내실에 피고인들이 도청기를 설치하려는 것을 알았다면 피고인들이 위 내실에 들어가는 것을 승낙하였으리라고는 보여지지 아니하므로 위 승낙은 위계에 의하여 이루어진 피해자의 진정한 의사에 반하는 것이라 할 것이고, 또한 피해자의 주거로 사용되는 방에 도청기를 설치하는 행위는 이 사건 당시 도청행위에 대한 처벌규정이 없어 위 도청행위가 형벌을 부과할 수 있는 범죄 행위는 아니라 할 것이지만 위 도청행위는 주거자의 평온을 현저히 침해하는 불법행위에 해당한다 할 것이며, 피고인들이 위와 같이 불법한 목적으로 피해자의 주거에 침입한 이상 피고인들의 이사건 행위를 주거침입죄에 해당한다고 본 원심의 판단은 옳고 위 항소 논지는 이유 없다.

다음으로 피고인들의 이 사건 행위가 정당행위에 해당하는지 여부에 대하여 살펴보면, 무릇 정당행위가 인정되기 위하여는 그 행위의 동기나 목적의 정당성뿐만 아니라 그 행위의 수단이나 방법의 상당성, 보호법익과 침해이익과의 법익균형성, 긴급성, 보충성 등의 요건을 갖추어야 할 것인바 피고인들의 범행이 비록 불법선거운동의 적발을 목적으로 이루어진 것이라 하더라도 이 사건과 같이 타인의 주거에 도청장치를 설치하는 행위는 그 수단, 방법의 상당성을 결하는 것으로서 사회상규에 반하는 행위라 할 것이므로 정당행위에 해당하지 않는다고 본 원심의 판단은 옳고 위 항소논지는 역시 이유 없다.[1] 다만 피고인들이 이 사건에 이르게 된 경위, 이 사건 관련자들에 대한 처분 결과 및 피고인들의 연령, 성행, 전과, 직업과 환경 그리고 범행 후의 정황 등 이 사건에 나타난 양형의 조건들을 참작하여 보면 원심이 피고인들에게 선고한 형량이 너무 무겁다고 인정되므로 이 점에서 원심판결은 부당하고 피고인들의 항소는 이유 있다.

[연구]

Ⅰ. 판결의 의미와 문제점

소위 초원복집사건으로 잘 알려진 이 사안에 대한 판결에서 대법원은 피고인들이 도청용 송신기를 설치할 목적으로 음식점에서 음식을 먹으려 한다는 사실을 영업주

---

1) 이 점에 관해서는 제1심판결 서울지법 1995. 3. 21. 선고, 92고단11296도 동일한 취지임.

가 알았더라면 출입을 허용하지 않았을 것이기 때문에 피고인의 출입행위는 영업주의 추정적 의사에(추정적 출입불허의사) 반하는 주거침입행위가 된다고 보았다. 또한 그러한 침입행위는 불법선거운동을 적발할 목적이었다 하더라도 행위의 수단이나 방법의 상당성을 결한 행위로서 정당행위가 될 수 없다는 것이다.

그러나 이 사안에서 피고인들은 비록 자신들의 목적을 숨기기는 하였지만 영업주의 명시적이고 현실적인 출입허가의 의사표시(=양해의 의사표시)를 받고 여러 번 음식점의 내실에 출입하였고 또 도청용 송신기를 설치할 당시에도 음식점 주인의 안내를 받아 내실에 출입하였다. 그렇다면 음식점의 출입행위는 피해자의 의사에 반하는 주거침입행위가 될 수 없을 것이다. 즉 주거침입죄의 구성요건해당성이 배제되는 행위가 된다. 그러나 문제는 주거권자의 의사표시에 흠결이 있는 경우에 이를 어떻게 처리할 것인가이다.

이 판결처럼 피고인들이 자신의 목적을 숨기고 받은 피해자의 승낙의 의사표시가 진정한 의사와 일치하지 않을 것이 경험칙에 부합할 것이기 때문에 의사표시의 유효성이 부정된다고 볼 것인지 아니면 피고인들이 전혀 피해자 모르게 (즉 흠결있는 승낙의 의사표시라도 받지 않고) 음식점에 들어온 것이 아니라 영업주의 현실적이고도 명시적인 승낙을 받은 경우에는 비록 사후의 추정적 혹은 가정적 의사가 이와 반대되는 것이라 하더라도 유효한 피해자의 승낙으로 보아야 할 것인지이다.

이 의문을 해결하기 위해서는 우선 주거침입죄에서 - 다수설[2]에 따라 - 피해자의 승낙은 주거침입죄의 구성요건해당성을 배제하는 양해이며, 이는 위법성조각사유인 피해자의 승낙과 구별된다는 점과 이로부터 의사표시의 흠결의 취급이 달라져야 한다는 점 등을 검토하여야 한다.

또한 이 판결처럼 주거침입죄의 구성요건해당성을 인정한 경우에도 이 사건에서의 피고인들의 행위가 정당행위의 요건을 충족하고 있는가도 살펴보아야 한다.

---

2) 대표적으로 이재상, 「형법총론」, 1995, 238면과 주 1); LK-Hirsch, 11.Aufl., vol §32 Rdn.96; Sch/Schröder/Lenckner, StGB, 25.Aufl., vor §32 Rdn.30ff.; BGHSt 23, 1; BGHSt 26, 70. 이에 반해서 피해자의 승낙과 양해를 구별하지 않고 구성요건해당성 배제사유로 보는 견해로는 김일수, 「형법총론」, 1995, 239면; Roxin, Strafrecht AT, Bd. I, §13 Rdn.12ff., 2.Aufl., 1994; SK- Samson, vor §32 Rdn.56ff.

Ⅱ. 구성요건해당성 배제사유로서의 양해

1. 피해자의 양해와 승낙의 구별

구성요건에는 그 구성요건적 행위가 피해자의 의사에 반하거나 피해자의 의사 없는 행위를 전제로 하는 법적 구성요건이 있다. 이 경우에는 당해자가 그러한 행위에 동의하면 구성요건적 행위자체가 성립할 수 없고, 따라서 이러한 범죄유형, 예컨대 강간죄(제297조), 개인의 비밀을 침해하는 범죄(제316조)나 주거침입죄(제319조)에서 피해자의 의사는 구성요건해당성 배제사유가 된다. 마찬가지로 절도죄(제329조)에서 점유자의 동의는 절취의 개념요소인 타인의 점유배제와 새로운 점유의 취득 중 전자를 충족시키지 못하게 하는 요소로서 구성요건해당성을 배제하는 피해자의 의사표시이다. 이를 통상 구성요건해당성 배제사유로서의 양해라 부른다. 판례[3]도 거주자의 의사에 반하여 타인의 주거에 들어가는 경우에 주거침입죄가 성립한다고 본다. 왜냐하면 주거자가 방문자의 방문을 환영했다면 주거 '침입'이 될 수 없기 때문이다.

이에 반해서 피해자의 승낙은 구성요건에 해당하는 행위의 위법성을 조각하는 효과를 갖는, 법익의 적법한 처분권자의 처분행위이다. 이는 개인의 자기결정권의 표현으로서 관습법적으로 또는 헌법적인 일반적 행동의 자유에 근거하여 정당화적 효력을 갖는 법적 보호의 포기이다.[4] 예컨대 상해죄의 경우 의사의 수술행위에 의한 상해는 피해자의 승낙에 의하여 구성요건에 해당하는 상해의 위법성이 조각되고, 손괴죄의 경우도 재물에 유형력을 행사하여 변형시키면 손괴에 해당하지만 피해자의 승낙으로 위법성이 조각된다.

예를 들어 피해자의 동의를 받아 피해자를 감금했다면 감금죄(제276조)의 보호법익인 신체활동의 자유가 침해되는 것은 아니다. 이에 반해서 입영을 기피하려는 입영대상자의 동의를 얻어 약을 사용하여 강제로 감량시킨 의사의 행위는 상해죄(제257조)의 보호법익인 신체의 완전성 내지신체의 불가침성을 침해하는 행위이다. 또한 고서화를 구입한 사람이 감정을 의뢰한 결과 모작임이 밝혀지자 화가 나서 그 감정인에게 찢어버리라고 말한 경우에는 비록 손괴에 대한 동의는 있었지만 손괴죄

---

3) 대판 1993.3.23, 92도455.
4) Roxin, §13 Rdn.3. 피해자의 승낙이 위법성을 배제하는 근거에 관하여는 이용식, "피해자의 승낙에 관한 소고", 「손해목교수화갑기념논문집」, 1993, 172면 이하.

(제366조)의 구성요건적 행위와 결과인 재물에 대한 유형력의 행사로 인한 재물의 변형상태가 존재함에는 변함이 없다. 이와 같은 차이는 법익보호의 대상을 법익주체의 의사로 볼 것인가 아니면 법익주체의 의사와 무관하게 존재하는 가치가 화체된 재화를 보호대상으로 하는가에 있다.

2. 피해자의 양해와 승낙과 의사표시의 흠결

양자의 차이[5]는 양해가 사실적인 성격을 갖고 있는 반면 승낙은 법적 성격을 갖고 있다는 점이다. 따라서 전자에서는 의사표시자의 자연적 의사로 족하며 통찰능력이 없는 어린아이나 정신병자도 유효한 양해의 의사표시가 가능하다고 보는 반면, 승낙은 승낙자의 통찰능력과 판단능력을 요건으로 한다는 점에서 구별된다.[6] 즉 피해자의 승낙의 경우에는 승낙자는 자신의 의사표시의 범위와 효과 등을 인식하고 비교 교량할 수 있는 능력을 갖고 있어야 한다. 바로 이 점 때문에 양자의 구별실익 중의 하나는 의사표시의 실결(착오, 기망 또는 강요에 의한 의사표시)의 경우에 의사표시의 유효성 여부의 처리가 달라지는 것이다. 일반적으로 양해의 경우에는 착오 또는 기망에 의한 의사표시의 흠결 또는 하자가 의미 없다.[7] 예컨대 이 판례의 사안처럼

---

5) 이와 같이 구성요건이나 위법성을 조각하기 위한 요건에 다르다는 점 이외에도 양자를 구별하는 실익은 고의의 내용, 착오론과 미수론에서의 차이이다. 구성요건해당성을 배제하는 양해의 경우에는 피해자의 양해가 있었다는 사실을 행위자가 인식하지 못했다면 구성요건이 충족되지 못하기 때문에 미수범으로 처벌될 수 있다. 만일 행위자가 유효한 양해가 없었음에도 불구하고 이를 있다고 오신한 경우에는 구성요건착오가 되기 때문에 고의가 배제된다. 착오에 정당한 이유가 없고 과실범을 처벌하는 규정이 있다면 과실범으로 처벌될 수 있다. 이에 반해서 위법성조각사유인 피해자의 승낙을 행위자가 인식하지 못한 경우에는 고의가 조각되는 것은 아니고, 기수범설과 미수범설이 대립되고 있는 주관적 정당화요소가 결한 경우의 문제가 된다. 또한 피해자의 승낙이 없음에도 불구하고 있다고 오신한 경우는 위법성조각사유의 전제사실에 관한 착오의 문제가 된다. 이에 관해서는 김일수, 「형법총론」, 237면 이하; 이용식, 앞의 논문, 183면 이하; Roxin, §13 Rdn.4ff.
6) 그리고 주거침입죄의 경우에는 절도죄와는 달리 양해의 유효성의 요건으로서 피해자의 행위능력 또는 판단능력을 요한다는 견해로는 이재상, 「형법총론」, 239면.
7) 이재상, 「형법총론」, 239면 이하에서는 타당하게도 절도죄와 주거침입죄의 경우에 의사표시의 하자가 영향이 없다고 본다. LK-Hirsch, 11.Aufl., vor §32 Rdn.10; Roxin, §13 Rdn.7. 그러나 기망에 의한 양해의 의사표시는 주거침입죄의 성립에 영향을 미치지 않는다는 견해는 SK-Samson, StGB BT, §123 Rdn.18. 같은 견해로 손동권, "97년도 형사법학계에서 논의된 문제들", 「법정고시」, 1998. 1, 88면.

피고인들이 도청장치를 설치할 목적이 있음을 숨기고 마치 음식만 먹을 것처럼 속여서 피해자로 하여금 음식점의 내실로 안내하게 했다면 피해자의 양해의 의사표시는 그대로 유효하기 때문에 피고인은 주거를 침입한 것은 아니다.

이에 반해서 승낙의 경우에는 의사표시의 흠결 또는 하자가 경우에 따라서는 의사표시의 유효성을 부인하는 효과를 갖는다.[8] 예컨대 판례에서 보듯이 의사의 설명의무와 관련하여 의사표시의 흠결이 의사표시의 유효성에 영향을 미치는 예가 바로 전형적인 예다. 피해자의 승낙이 자신의 착오에 기인하는 경우에 그 착오가 법익에 관한 착오일 경우에는 승낙의 유효성이 부정되지만, 동기의 착오에 기인한 경우에는 의사표시에 영향이 없다고 본다.[9] 이러한 이유로 판례[10]가 위법성을 조각하는 유효한 승낙에 관하여는 의사의 부정확 또는 불충분한 설명을 근거로 한 피해자의 승낙은 의사의 수술에 의한 상해의 위법성을 조각할 수 없다고 본 것은 타당하다.

이와 같이 민법상의 의미의 법률행위적 의사표시이론이 그대로 적용되지 않는다. 그 예로서 형법에서는 피해자의 행위능력이 요구되는 것도 아니며, 사후적인 승낙이나 양해가 법익침해를 정당화시킬 수도 없다. 이는 형법에서는 민법과는 달리 미성년자의 보호나 법적 거래질서의 보호를 목적으로 하는 것이 아니기 때문이다. 따라서 피해자의 양해나 승낙의 유효성은 민법상의 의사표시의 하자이론에 의할 것이 아니라 보호되는 행위객체에 대한 침해의 양해나 승낙이 법익주체의 의사결정의 자유의 표현인가에 달려 있다.[11]

Ⅲ. 주거권자의 착오에 의한 의사표시의 효력

유효한 동의(또는 양해)나 승낙은 동의나 승낙의 의사표시가 피해자의 진정한 의사와 일치하여야 구성요건해당성을 배제하거나 위법성을 조각시킬 수 있다. 그러나 이미 언급한 바와 같이 이 경우에도 예외는 있다. 즉 동의나 승낙의 의사표시에 부수하거나 동기를 형성한 착오에 기한 표상이 형법적으로 중요하지 않을 수 있다. 이 점을

---

8) Roxin, §13 Rdn.7.
9) 이용식, 앞의 논문, 182면.
10) 대판 1993.7.27, 92도2345.
11) Jescheck/Weigend, Lehrbuch des Strafrechts, 5.Aufl., S.381.

타당하게도 상고이유서는 피해자승낙의 유효성을 해치지 않는 '승낙의 동기에 관한 착오'로 지적하고 있다.

주거권자의 의사에 반하여야 주거침입죄의 구성요건인 '침입'행위가 되기 때문에 주거권자의 동의는 구성요건해당성을 배제하는 양해이다. 이 사안에서 음식점 주인은 자신의 주거의 평온을 보호받아야 할 지배관리공간에 대하여 의식적이고도 자유로운 상태에서 처분권을 행사했다. 손님을 내실로 기꺼이 안내했다는 점에서 의식적이고 명시적인 법익포기이며, 자율적으로 포기할 수 없는 강요상태에서의 승낙이 아니기 때문에 (예컨대 협박이나 물리적 강제력의 행사에 의한 승낙강요) 자유로운 처분권행사이다. 이 사안에서 피고인들은 음식을 먹으러 왔고, 이러한 이유로 주인은 이들을 기꺼이 내실로 안내하였기 때문에 타인의 주거에 '침입'하여 주거자의 사실상의 평온을 해친 사실이 없으며, 음식을 먹으면서 또는 먹고 나서 도청용 송신기를 설치한 행위는 영업자의 승낙에 의한 출입 이후의 행위이기 때문에 주거침입으로 볼 수 없다.

예컨대 전기검침원이 계량기를 검침하는 기회에 절도할 생각으로 이를 숨기고 주인의 안내로 집안으로 들어왔거나 전기검침원이 아닌 자가 검침원을 가장하여 주거에 들어와 절도를 할 생각으로 주인을 기망하여 문을 열고 들어오도록 하였다면 이 경우의 주인의 착오에 의한 의사표시는 피해자의 승낙의 유효성을 해치지 않는 '승낙의 동기에 관한 착오'에 불과하다.[12]

이 사안처럼 착오에 빠졌지만 현실적인 양해의 의사표시가 있는 경우와 절도의 목적으로 주거권자의 (착오에 의한 것이든 진의에 의한 것이든) 의사표시가 없음에도 불구하고 몰래 들어오거나 의사에 반하여 들어온 경우와는 구별하여야 한다.[13] 이러한

---

12) 유사한 예로서는 강도할 목적을 숨기고 집을 사려는 사람으로 가장하여 부동산중개인과 함께 거주자의 동의를 얻어 집구조를 살펴본 행위는 주거침입행위가 되지 않는다는 예이다(이형국, "주거권자의 동의와 주거침입의 한계", 「고시연구」, 1984. 9, 43면 주 14), 같은 취지로 주거권자의 출입허락동기를 고려하여 주거침입죄를 부정하는 견해로는 박상기, 「형법각론」, 1996, 238면.
13) 예컨대 범죄의 목적으로 주거권자의 본의에 반하여 그 주거에 침입한 행위(대판 1952.5.20, 4285형상80), 무상출입이 허용된 자라 하더라도 관리자의 의사에 반하거나 관리자의 인용치 않을 의사가 추측됨에 불구하고 주거침입이 감행된 것인 경우에는 주거침입죄가 성립하므로 피고인이 작업계약의 관계로 수시 지점장실에 출입하여 왔고 또 출입할 수 있는 위치에 있었다 하더라도 피고인이 폭행의 목적으로 지점장실에 들어간 경우(대판 1955.12.23, 4288형상25), 버스차장으로 버스회사의 차고나 사무실에 출입할 수 있다 하더라도 절취의 목적으로 들어간 경우(대판 1979.10.10, 79도1882) 등이다.

점에서 이 판결사안과는 전혀 다른 사안인 1978.10.10. 선고, 75도2665판결을 인용한 것은 부적절하다. 인용된 판결은 증거수집목적으로 정당의 회의장소에 도청기를 설치하기 위하여 몰래 들어간 사건에 관한 것이기 때문에 당연히 주거침입죄가 성립되기 때문이다. 평석대상판결과 또 다른 점은 회의장소는 (음식점의 일부가 회의장소로 이용된 경우에도) 음식점과는 달리 일반적으로 출입이 자유로운 곳이 아니며 회의장소에서의 도청이 정보담당 경찰에 의한 것이어서 (통신비밀보호법이 없었던 당시에도) 정당한 목적으로 행한 적법한 범위 내의 행위가 아니라는 점 등이다.

또한 대법원판결이 주장한 바와 같이 피고인이 도청용 송신기를 설치할 목적으로 손님을 가장하여 음식점에 들어간다는 사정을 영업자가 알았더라면 출입을 허용하지 않았을 것으로 보는 것이 경험칙에 부합한다는 논거[14]도 타당치 않다. 왜냐하면 이 사안에서는 영업자가 - 비록 피고인의 의도를 알지 못했지만 - 현실적인 양해의 의사표시를 분명히 했기 때문에 가정적인 혹은 추정적인 의사는 고려되어서는 안 되기 때문이다.[15] 피고인들은 현실적이고 명시적인 승낙이 없었더라면 들어가지 못했을 것이고, 또한 가정적이거나 추정적인 승낙거부의사가 현실적이고 명시적인 승낙을 뒤집을 수는 없기 때문이다. 가정적이거나 추정적인 승낙은 단지 현실적이고 명시적인 승낙의 의사표시가 없는 경우에만 고려될 수 있을 뿐이다. 이와 같은 이유로 남편의 부재중 처의 승낙아래 간통의 목적으로 주거에 들어간 경우도 처의 명시적이고 현실적인 승낙이 있었기 때문에 판례[16]와는 달리 주거침입죄의 성립을 부정해야 한다.[17]

---

14) 이 판결과 같은 취지의 판결로는 대리응시자의 시험장 입장은 시험관리자의 승낙 또는 추정된 의사에 반한 불법침입(대판 1967.12.19, 67도1281)이 성립한다는 판결이다. 기망에 의한 승낙도 주거권자의 침입거부를 극복하기 위한 하나의 형태라는 점에서 주거권자의 진정한 의사를 고려해야 한다는 견해로는 LK-Schaffer, §123 Rdn.27; SK-Rudolphi, §123 Rdn.18.

15) Sch/Sch/Lenckner, StGB, 25.Aufl., §123 Rdn.22; Wessels, Strafrecht BT 1,18.Aufl., S.118.

16) 간통의 목적으로 타인의 처의 동의하에 타인의 주거에 들어온 경우 일반적으로 본부가 그 자가 들어갈 것을 용인할 의사가 없음은 물론이고 그 본부의 주거에 대한 지배관리관계는 존속하므로 주거침입죄(대판 1958.5.23, 4291형상117; 대판 1969.9.23, 69도1130; 대판 1984,6.26, 83도685)가 성립한다.

17) 김일수, 「형법각론」, 1996, 184면; 배종대, 「형법각론」, 1996, 270면. 그러나 주거침입죄의 보호법익을 주거의 사실상의 평온이 아니라 사람이 주거의 평온을 확보하고 권한 없는 타인의 침입에 의하여 이를 방해받지 않는 권리인 주거권으로 보아 복수의 주거권자 중 어느 일방의 의사를 무시한 경우에는(예컨대 처의 승낙을 받고 간통목적으로 침입하여 남편의 의사가 무시된 경우)

만일 구성요건해당성을 배제하는 피해자의 승낙에 있어서 이 판결처럼 승낙자의 진정한 의사를 고려하여 승낙의 유효성을 판단한다면[18] 기망에 의한 재물의 취거는 사기죄가 아니라 언제나 절도죄가 성립해야 한다.[19] 피해자의 진정한 의사는 재물의 취거에 동의한 것이 아니기 때문이다. 그러나 이는 분명히 부당하다. 또한 예를 들어 뇌물을 전달하기 위하여 호텔방을 이용한 경우나 마약복용장소로 이용한 경우에도 영업자는 사후에 로비장소나 범행장소로 언론에 오르내리는 것을 꺼려했을 것이고 자신의 지배관리영역이 불법하게 이용되는 것을 원치 않을 것이며 따라서 이러한 목적으로 호텔방을 출입하는 것은 영업자의 추정적 의사에 반한다고 볼 수 있기 때문에 주거침입죄가 성립해야 한다. 그러나 이러한 결론은 동기의 착오의 무의미성을 오해한 결과로서 부당하다.

Ⅳ. 공개된 장소와 주거침입죄의 성립 여부

주거침입죄의 구성요건적 행위인 주거침입은 피해자의 의사에 반하여 주거 등에 신체를 들여놓는 행위를 말한다. 피해자의 의사는 명시적이든 그의 행동 또는 주위 사정을 통하여 알 수 있는 추정적 의사이든 관계없다. 주거권자의 동의(양해)는 특정인에 대하여 개별적으로 할 수 있고 음식점이나 백화점에서처럼 불특정다수인에게 개괄적으로 행해질 수 있다. 후자는 추정적 동의와는 구별된다.

개괄적 동의가 있는 공간에 위법한 목적이나 동기로 출입한 경우에 주거침입죄가 성립할 것인가가 문제된다. 음식점은 은행, 백화점이나 전시장과 같이 일반공중에게 개괄적인 출입허용이 존재하는 장소이기 때문에 절도나 강도와 같은 범죄의 목적이나 주거권자가 원치 않는 목적으로 침입하였다 하더라도 주거침입으로 볼 수 없다.[20] 그러나 판례는 다방, 당구장, 독서실 등의 영업소가 들어 있는 건물 중 공용으

주거권자의 의사에 반하여 주거에 침입한 것으로 보는 견해는 이재상, "주거침입죄의 보호법익, 간통의 목적으로 남편의 부재중 처의 승낙을 받고 들어간 경우 주거침입죄의 성부(대법원 1984. 6.26. 선고, 83도685판결)", 「판례월보」 176호, 69면. 마찬가지로 범죄의 목적이라 하더라도 복수의 주거권자가 있는 경우에는 일방의 의사를 무시하는 것이 기대가능하지 않기 때문에 어느 일방의 현실적인 승낙이 있더라도 주거침입죄가 성립한다는 견해로는 박상기, 「형법각론」, 239면.

18) 김일수, 「한국형법 Ⅲ(각론 상)」, 527면(결과에서 확인된 주거권자의 실질적 의사).
19) Wessels, Strafrecht BT 1, 18.Aufl., S.118.

로 사용되는 계단과 복도는 누구 자유롭게 통행할 수 있는 장소이기 때문에 범죄의 목적으로 들어가는 경우를 제외하고는 출입에 관하여 관리자나 소유자의 묵시적 승낙이 있다고 보아 주거침입죄를 구성하지 않는다고 하여 공개된 장소라 하더라도 범죄의 목적으로 침입한 경우에는 주거침입죄의 성립을 인정한다.[21] 평상시에 공개된 장소는 아니지만 특별히 날짜와 시간을 정하여 일반공중에게 출입을 허용한 경우, 예컨대 독일판례[22]처럼 주독미공군기지를 시민에게 특정한 시간을 정하여 공개한 기회(소위 오픈하우스)를 이용하여 반대시위를 벌일 의사로 들어간 경우에도 주거침입죄는 성립하지 않는다. 일반시민을 향한 명시적인 초대의사는 원치 않는 방문자를 제외한다는 주거권자의 추정적인 의사에 의하여 제한되지 않기 때문이라는 근거를 들고 있다. 그러나 이미 언급한 바와 같이 추정적인 의사가 현실적인 의사표시를 뒤집을 수 없다는 근거로 주거침입을 부정해야 한다. 또한 장소공개의 의사표시를 통하여 자신이 지배관리하는 영역에 대한 물리적 및 규범적 경계를 제거한 주거권자는 예상되는 불청객의 출입을 통제하기 위한 적극적인 의사표시가 이들에게 전달될 수 있는 조치를 취하여야만 주거권을 보호받을 수 있다.[23] 단순히 목적에 부합하지 않는 행동을 의도한 방문자의 출입이 주거권자의 추정적 배제의사에 의하여 금지되는 것은 아니다.

침입의 외적 형태가 개괄적인 출입허용에 부합되는 행동과는 다른 형태일 경우, 예를 들어 복면을 하거나 흉기로 무장하고 은행에 침입하는 경우에는 주거침입으로 볼 수 있다. 판례도 일반적으로 출입이 허가된 건물에 출입금지시간에 담벽을 넘어 들어가는 경우,[24] 관리자가 특별히 출입을 금지 내지 제한한 경우나,[25] 일반적으로 개방되어 있더라도 출입금지 내지 제한의사에 만하여 잠겨진 뒷문을 넘거나 철조망을 걷어내고 들어가는 경우처럼[26] 침입방법 자체가 일반적인 허가에 해당되지 않는 것이 분명하게 나타난 때에는 건조물침입죄 내지 퇴거불응죄가 성립한다고 본다.

20) 김일수, 「한국형법 Ⅲ」, 527면; 박상기, 「형법각론」, 238면; 배종대, 「형법각론」, 270면.
21) 대판 1985.2.8, 84도2917.
22) BGH NStZ 1985, 456.
23) Amelung, BGH NStZ 1985, 457 mit Anmerkung.
24) 대판 1990.3.13, 90도173.
25) 대판 1992.4.28, 91도2309; 대판 1996.5.10, 96도419 한국통신 노조사건.
26) 대판 1983.3.8, 82도1363.

이 사안에서 피고인들의 음식점출입은 일반공중에게 개괄적인 출입허용에 부합하는 행동이었기 때문에 주거침입죄를 구성하지 않는다. 문제는 피고인들이 내실로 입방하였다는 데 있다. 과연 내실까지도 공개된 음식점의 일부로 볼 수 있는가의 문제이다. 내실은 특별히 주거권자의 안내를 받은 자에게만 출입이 허용된 관례에 비추어 내실은 음식점을 이용하려는 일반공중에게 출입이 자유롭게 허용된 장소는 아니다. 따라서 이 사건 피고인들이 출입한 음식점의 내실이 일반공중에게 개괄적인 출입허용이 있는 음식점의 일부라는 근거는 주거침입죄의 성립을 부정할 근거가 될 수는 없다.

V. 정당행위의 성립요건

이 사건 피고인들의 행위가 주거침입행위로 인정된다고 하더라도 일반인의 출입이 자유로운 음식점이라는 영업장의 특성과 영업자의 주거권침해의 경미성 등을 고려한다면 사회상규에 반하지 않는 정당행위가 될 가능성도 있다. 그러나 이 판결은 정당행위로 인정되기 위하여는 행위의 동기나 목적의 정당성뿐만 아니라 행위의 수단이나 방법의 상당성, 보호법익과 침해이익과의 법익균형성, 긴급성, 보충성 등의 요건[27]을 갖추어야 할 것이라고 한 다음,[28] 피고인들의 이 사건 범행이 비록 불법선거운동을 적발하려는 목적으로 이루어진 것이라 하더라도, 이 사건에서와 같이 타인의 주거에 도청장치를 설치하는 행위는 그 수단과 방법의 상당성을 결하는 것으로서 정당행위에 해당하지 않는다고 보았다.

여기서 정당행위의 성립 여부가 검토될 행위는 도청장치를 설치하여 프라이버시를 침해한 행위가 아니라 주거에 침입하여 사생활의 평온을 해한 행위이다. 불법선거운동의 증거를 수집하기 위하여 수반된 주거침입행위는 침해된 장소가 일반인의 출입이 자유로운 음식점이라는 영업장의 특성과 사생활의 평온이라는 법익의 침해가 부정되거나 인정되더라도 그 정도가 경미한 점 등을 고려하면 불법선거운동의 적

---

27) 대판 1993.10.12, 93도875; 대판 1996.11.12, 96도2214.
28) 이러한 취지에서 사소한 일로 피해자에게 피고인이 폭행당하여 시비가 벌어지게 되자 피고인이 집으로 들어가는 피해자를 따라 그의 집으로 들어가 폭행한 이유를 따진 것이라면 위법성이 있는 주거침입이 아니라고 본다(대판 1967.9.26, 67도1089).

발목적과 주거침입이라는 수단 사이에는 상당성이 인정된다고 본다. 또한 긴급성과 보충성도 인정될 수 있다. 이 사건에서 몰래 내실에 출입한 것이 아니고, 피고인들이 입방 후 음식을 먹으면서 행할 의도를 숨기기는 하였지만 이는 불법한 목적이 아니기 때문에 더욱 그러하다.

Ⅵ. 결론

주거침입죄의 경우에 피해자의 승낙은 구성요건해당성을 배제하는 양해이다. 피해자의 동의에 의한 출입은 '침입'행위가 아니기 때문이다. 피해자의 양해의 경우에는 위법성조각사유인 피해자의 승낙과는 달리 의사표시의 흠결이 의사표시의 유효성에 영향을 미치지 않는다. 양해의 경우에는 승낙자의 자연적 의사로 족하며 따라서 의사표시에서 요구되는 통찰능력도 필요하지 않기 때문이며, 피해자의 현실적이고 명시적인 승낙의 의사표시가 존재하기 때문이다.

이 사안에서도 피고인들은 영업자의 명시적이고 현실적인 승낙을 받아 음식점의 내실로 안내되었기 때문에 주거'침입'행위로 볼 수 없다. 자신의 주거의 평온을 보호받아야 할 공간에 대하여 의식적이고도 자유로운 상태에서 처분권을 행사한 자의 주거의 사실상의 평온이라는 법익이 침해될 수 없기 때문이다.

바로 이 점에서 불법하거나 원치 않을 목적을 숨기고 피해자의 승낙을 받아 타인의 주거에 들어간 경우는(예컨대 대리응시목적사례, 간통목적사례 등과 초원복집사례) 피해자의 승낙을 받지 않고 또는 피해자의 명시적인 반대에도 불구하고 불법한 목적으로 타인의 주거에 들어간 경우(예컨대 정당지구당 회의실에 도청장치 설치목적사례)와 구별하여야 한다. 후자의 경우는 당연히 주거침입죄를 구성한다. 주거자의 현실적인 의사뿐만 아니라 추정적인 의사에 반하기 때문이다.

설사 판결처럼 구성요건해당성을 인정한다 하더라도 일반인의 출입이 자유로운 영업장의 특성(비록 내실이라 하더라도 음식점의 일부로 손님에게 제공된 사실)과 영업자의 사생활평온이라는 법익의 침해정도가 경미한 점을 고려한다면 사회상규에 반하지 않는 정당행위가 될 수 있다.

[논평] 주거침입죄의 해석에 대한 법치국가적 한계[*]

이종수[**]

I.

우리 헌법은 제14조에서 거주·이전의 자유를 보장하고 있으며, 형법은 제319조 제1항을 통해 이와 같은 주거에 관한 기본권을 침해하는 행위를 주거침입죄로 의율하고 있다. 주거침입죄는 절도나 강간 등 다른 범죄를 위한 수단적 범죄로서의 성격을 강하게 지니고 있는데, 하태훈 선생은 논문[1]을 통해 "일반인의 출입이 허용된 음식점이라 하더라도, 영업주의 명시적 또는 추정적 의사에 반하여 들어간 것이라면 주거침입죄가 성립한다."는 대법원 판결[2]을 강하게 비판하였고, 20여년이 지난 후 대법원은 전원합의체를 통하여 드디어 종래 판시 내용을 변경하였다.

하선생은 과거 여러 연구를 통하여 법치국가적 한계를 벗어나 가벌성의 영역을 지나치게 확장하는 형법적 해석과 적용을 경계하였다.[3] 이와 같은 그의 사상은 형법상 주거침입죄에 있어서도 예외가 될 수 없었는데, 하선생은 대상논문을 통하여 종래 대법원 판결의 이론적 겸함을 지적하였고, 이는 향후 대법원이 그 입장을 변경하는데 초석이 되었다고 평가할 수 있다.

---

 * 이 논문은 필자가 소속된 기관의 공식적인 견해와 무관함을 밝힌다.
** 고위공직자범죄수사처 검사, 법학박사
   恩師이신 하태훈 선생께서 정년을 맞이하셨습니다. 선생의 학문에 대한 열정과 헌신적인 실천은 항상 큰 울림으로 다가옵니다. 선생의 정년을 진심으로 축하 드리고, 가르침을 늘 새기도록 하겠습니다.
 1) 하태훈, "승낙의 의사표시의 흠결과 주거침입죄의 성부", 형사판례연구 제6권, 한국형사판례연구회, 1998, 223면 이하. 이하 필요한 경우 '대상논문'이라 한다.
 2) 대법원 1997. 3. 28. 선고 95도2674 판결. 이하 필요한 경우 '대상판결'이라 한다.
 3) 대표적으로 하태훈, "결함제조물로 인한 법익침해와 그 형사책임", 형사법연구 제17권, 한국형사법학회, 2002, 206~207면; 하태훈, "법치국가에서 형법과 형사소송법의 과제", 고려법학 제62호, 고려대학교 법학연구원, 2011, 46~47면. 법치국가적 측면에서 사법부 역시 비판적 공론의 대상이 되어야 한다는 연구로는 하태훈, "합리적인 사법제도 구현방안", 고려법학 제75호, 고려대학교 법학연구원, 2014, 119~120면.

II.

대법원은 대상판결인 소위 '초원복집 사건'에서 피고인들이 도청용 송신기를 설치할 목적으로 음식점에 출입하는 것을 알았다면 이를 허용하지 않았을 것이므로 피고인의 출입행위는 영업주의 추정적 의사에 반하여 주거침입죄가 된다고 보았다.[4]

이러한 대상판결에 대하여 하선생은 강간죄, 주거침입죄 등에 있어 피해자의 의사는 위법성조각사유인 '피해자의 승낙'이 아닌, 구성요건해당성 배제사유로서 '양해'에 해당한다고 할 것이고, 사실적 성격을 갖고 있는 '양해'는 '승낙'과 달리 착오 또는 기망에 의한 의사표시 흠결 내지 하자가 법적인 의미를 갖지 못한다고 강조하였다.

이와 같은 기본적인 관점에서 대상판결을 분석하건대, 피고인들은 음식을 먹으러 왔고, 주인 역시 그와 같은 이유로 피고인들을 내실로 안내하였다는 점에서 피고인들이 타인의 주거에 '침입'하여 주거자의 사실상의 평온을 해친 사실을 인정할 수 없으며, 음식을 먹거나 먹고난 후 도청용 송신기를 설치한 행위는 영업자의 승낙에 의한 출입 이후의 행위이므로 주거침입으로 볼 수 없다고 주장하였다.

나아가, 대상판결은 영업자의 추정적 의사를 고려하는 듯한 판시를 하기도 하였지만, 가정적이거나 추정적인 승낙은 단지 현실적이고 명시적인 승낙의 의사표시가 없는 경우에만 고려될 수 있을 뿐이라는 점에서 위와 같은 논거는 타당하지 않다고 할 것이며, 같은 이유로, 남편의 부재 중 처의 승낙 아래 간통의 목적으로 주거에 들어간 경우에도 처의 명시적이고 현실적인 승낙이 있었다는 점에서 주거침입죄가 성립하지 않는다고 보아야 한다고 하여 대상판결을 비판적으로 분석하였다.

---

4) 대법원 1997. 3. 28. 선고 95도2674 판결. "원심이 인용한 제1심판결이 채용한 증거들에 의하면, 이 사건 음식점에는 1992. 12. 11. 08:00경 평소 이 음식점을 종종 이용하여 오던 부산시장 등 기관장들의 조찬모임이 예약되어 있었던 사실, 피고인들은 같은 달 10. 12:00경 그 조찬모임에서의 대화내용을 도청하기 위한 도청용 송신기를 설치할 목적으로 손님을 가장하여 이 음식점에 들어간 사실을 알 수 있는바, 사정이 이와 같다면 영업자인 피해자가 출입을 허용하지 않았을 것으로 보는 것이 경험칙에 부합한다 할 것이므로, 피고인들은 주거침입죄의 죄책을 면할 수 없다."

Ⅲ.

형사법은 이론과 실무 간 간극이 큰 학문이다.[5] 하선생은 주거침입죄에 관한 대상 판결의 문제점을 이론적 측면에서 검토하였는데, 본 논문에서는 이와 함께 실무상 발생하는 문제점에 대하여도 지적해 보고자 한다.

주거침입죄의 실무상 문제점을 보다 실증적으로 분석하기 위해서는 형법상 규정 된 주거침입죄가 실무상 어느 정도 발생되어 검거가 되고, 이후 어느 정도 기소가 이루어지고 있는지 살펴볼 필요가 있다. 먼저, 주거침입죄의 발생과 검거 현황을 살 펴보건대, 아래 [표1]에서 보는 바와 같이 주거침입죄의 발생건수와 검거건수(인원)는 매년 증가하고 있음을 확인할 수 있다.

[표1] 주거침입죄의 발생 및 검거 현황(2011.~2020.)[6]

연도	발생건수	검거건수	검거인원
2011	6,467	5,323	5,538
2012	7,774	6,252	7,370
2013	8,405	6,510	8,063
2014	8,718	6,759	8,183
2015	10,346	7,828	9,467
2016	11,763	8,893	10,918
2017	11,966	8,992	11,045
2018	13,701	10,260	12,774
2019	17,181	12,400	15,425
2020	18,342	13,305	16,127

다음으로, 실제 위와 같이 주거침입죄로 발생되고 검거된 피의자들이 검찰에서 어 떻게 처분되고 있는지를 살펴보건대, 아래 [표2]와 같이 ① 전체적으로 주거침입죄 로 입건되는 수 자체가 매년 증가하고 있는 사실, ② 다만, 기소뿐만 아니라 불기소

---

5) 이근우, "정범론에 나타난 형사실무의 주관주의적 경향", 안암법학 제31권, 안암법학회, 2010, 69~72면; 이종수, "헌법적 형사소송법과 불구속수사·재판의 원칙 실현 방안", 고려대학교 법학 박사학위논문, 2022, 6면; 白取祐司, 刑事訴訟法(第9版), 日本評論社, 2017, 7면.

6) 법무연수원, 범죄백서, 2021, 136면.

되는 인원 역시 매년 증가하고 있는 사실 및 ③ 기소율이 35.5%(2016년), 34.85%(2017년)에서, 2018년 36.1%, 2019년 36.3%, 2020년 37.5%로 조금씩 증가하는 추세에 있다는 사실 역시 확인할 수 있다.

[표2] 주거침입죄 관련 기소 및 불기소 현황(2016.~2020.)[7]

		2016년	2017년	2018년	2019년	2020년
합계		**10,304**	**10,585**	**11,935**	**15,097**	**16,041**
기소	구속구공판	110	136	149	173	178
	불구속구공판	582	627	737	1,030	1,188
	구약식	2,970	2,926	3,434	4,278	4,651
	소계	3,662	3,689	4,320	5,481	6,017
불기소	혐의없음	2,729	2,888	3,206	4,444	4,901
	죄가안됨	94	118	153	149	157
	공소권없음	152	182	243	259	268
	기소유예	3,205	3,430	3,618	4,098	3,882
	소계	6,180	6,618	7,220	8,950	9,208

또한, 주거침입죄의 구속 현황에 대하여 살펴보건대, 아래 [표3]과 같이 전체범죄의 경우 입건수나 구속수가 전반적으로 줄어들고 있는 추세인데, 이에 반하여 주거침입죄는 전체 입건수와 구속수가 지속적으로 증가하는 특징을 보이고 있다.

[표3] 전체범죄 대비 주거침입죄의 연도별 입건 및 구속 현황(2015.~2020.)[8]

	2015		2016		2017		2018		2019		2020	
	합계	구속	합계	구속	합계	구속	합계	구속	합계	구속	합계	구속
전체범죄	1,264,762	26,800	1,327,988	27,225	1,206,975	24,650	1,100,313	21,805	1,092,750	22,274	1,015,603	20,268
주거침입	7,034	71	8,315	83	8,176	108	9,346	129	11,217	151	11,608	159

---

7) 법무연수원, 범죄백서, 2021, 290면.
8) 통계청 '범죄자 구속·불구속 상황' 통계(kosis.kr/statHtml/statHtml.do?orgld=135&tb

위와 같은 현황 내지 경향을 분석해 보건대, 전체 범죄가 지속적으로 감소하는 추세에 있다는 점을 고려하면, 주거침입죄의 경우 전반적으로 주거침입 혐의로 고소·고발하는 수 자체가 증가하고 있으며, 아울러 헌법적 형사소송법상 도출되는 불구속수사의 원칙과는 달리 적어도 주거침입죄에 있어서는 구속률 역시 증가하는 추세에 있다고 분석할 수 있을 것이다.9)

IV.

주거침입죄는 앞서 살펴본 바와 같이 그 자체로서 형법적인 의미를 갖고 있긴 하지만, 실무상으로는 다른 범죄와 '결합'하거나 다른 범죄의 '수단'으로서 의미를 갖는 경우가 많다. 이와 같이 소위 '도구적 성격'을 갖는 주거침입죄의 해석과 관련하여 종래 대법원은 ① 일반인의 출입이 허용되었더라도 범죄 목적으로 출입하였다면 주거침입죄가 성립한다거나,10) ② 남편의 부재 중 간통을 목적으로 처의 승낙 아래 주거에 들어간 경우에도 주거침입죄가 성립한다고 하여,11) 가벌성의 영역을 확장해 왔다.

이에 대하여 하선생은 대상논문을 통해 주거침입죄에 있어 피해자의 동의는 구성요건해당성을 배제하는 '양해'라고 할 것이고, '양해'가 갖는 사실적 성격에 의할 때 주거 관리자의 현실적인 동의가 있는 이상 주거침입죄가 성립할 여지가 없다고 하여 위와 같은 대법원의 해석에 제동을 걸었다. 본 논문에서는 주거침입죄의 확장적 해석 경향에 대한 법치국가적 제한으로서 '보호법익'의 해석을 통한 방안을 검토해 보고, 그러한 방식이 위와 같은 하선생의 시각과 어떻게 조화를 이룰 수 있는지 간략히 살펴보도록 하겠다.12)

1. 주거침입죄의 보호법익에 대하여는 전통적으로 주거권설과 (사실상)평온설이 대립하고 있는데, 그 내용을 최대한 간략히 정리해 보자면, ① 주거권설13)은 '주거'를

---

9) 헌법적 형사소송법상 불구속수사 및 재판의 원칙이 도출됨에도 불구하고, 실무상 다양한 원인으로 위와 같은 헌법적 원칙들이 지켜지지 않는다는 지적에 대하여는, 이종수, 앞의 학위 논문, 제6면 이하 참고.

10) 대법원 1997. 3. 28. 선고 95도2674 판결.

11) 대법원 1984. 6. 26. 선고 83도685 판결.

12) 본 논문의 성격을 고려하여, 이 부분에 대한 자세한 논의 및 검토는 향후 별도 연구논문을 통해 의견을 개진할 예정이다.

관리 내지 점유하고 있는 '주거권자'의 타인의 출입 내지 체류 여부 등에 대한 권리로서 '주거권'을 주거침입죄의 보호법익으로 보고 있는 반면,[14] ② (사실상)평온설은 주거권설이 이야기하는 주거권의 개념이 불명확하다거나, 주거권설에 의하면 소위 '간통사례'와 같은 경우 주거침입죄를 인정할 수밖에 없다거나,[15] 주거권을 법적인 권리로 이해하는 이상 임대차 기간이 종료한 임차인과 같은 사실상 주거를 이용하고 있는 자를 보호할 수 없게 된다는 점을 지적하고 있다.[16] 우리 대법원은 "주거침입죄는 사실상의 주거의 평온을 보호법익으로 하는 것이므로 그 주거자 또는 간수자가 건조물 등에 거주 또는 간수할 권리를 가지고 있는지의 여부는 범죄의 성립을 좌우하는 것이 아니"라고 하여 평온설의 입장을 취하고 있음을 분명히 하고 있다.[17]

이에 대하여, 주거권의 내용을 '주거에 대한 사실상의 평온을 보호받을 권리'로 이해하는 이상 결국 학설 대립의 실익이 없다는 지적[18]도 유력하게 제기되고 있지만, '주거의 평온'이란 개념은 지나치게 포괄적이고도 추상적이고,[19] 주거침입죄의 보호법익을 위와 같이 추상적인 '주거의 평온'이라고 이해할 경우 주거침입죄를 자칫 사회적 법익에 관한 범죄로 이해할 우려도 있다는 점[20] 등을 고려할 때, 기본적으로 주거침입죄의 보호법익 역시 규범적으로 이해할 필요가 있다.[21]

그렇다면, 형법상 주거침입죄는 주거지에 대한 거주·관리자의 실효적인 지배가 있는 경우를 전제로 하여,[22] 그와 같은 주거권자 내지 주거관리자가 주거의 평온을

---

13) 국내에서는 이재상/장영민/강동범, 형법각론(제11판), 박영사, 2019, 235~236면.

14) 과거 일본 대심원은 주거권설 중에서도 호주만의 주거권을 인정하는 소위 구주거권설의 입장에서 남편이 부재 중에 간통을 목적으로 출입한 상간자에게 주거침입죄를 인정하기도 하였지만(大審院 大正7年12月6日 刑錄24輯1506頁), 주거권설은 기본적으로 가장뿐만 아니라 주거에 관한 모든 구성원들이 주거권을 갖는 것으로 이해하고 있으며, 가장만의 주거권을 인정하는 견해는 1920년대 봉건적 사고의 결과물일 뿐, 학설로서는 아무런 가치가 없다는 지적으로는 류전철, 앞의 논문, 83면 참고.

15) 일본에서 평온설은 기본적으로 주거권설을 취하는 대심원 판례를 비판하며 제기되었다(西田典之, 刑法各論(第7版), 弘文堂, 2019, 109면).

16) 김일수/서보학, 앞의 책, 200면.

17) 대법원 1984. 4. 24. 선고 83도1429 판결.

18) 류전철, 앞의 논문, 85면; 최준혁, 앞의 논문, 415면.

19) 西田典之, 刑法各論(第7版), 弘文堂, 2019, 109면.

20) 이재상/장영민/강동범, 형법각론(제11판), 박영사, 2019, 235~236면.

21) 주거침입죄의 보호법익을 판단함에 있어 규범적 관점에서 이해할 필요가 있다는 지적으로는 류전철, 앞의 논문, 99면 참고.

방해받지 않을 권리나 다른 사람의 방해 없이 자유공간을 확보할 권리 또는 타인의 출입이나 체류 여부를 결정할 권리로서 그 보호법익을 규범적으로 파악할 필요가 있으며, 그와 같은 보호법익을 침해하지 않는 행위에 대하여는 주거침입죄가 성립할 수 없다고 해석할 수 있을 것이다.

2. 주거침입죄의 보호법익을 주거권에 있다고 보는 견해에서는 대상판결과 같이 관리자의 동의가 있다고 하더라도 주거에 대한 권리가 침해된 것으로 볼 수 있는 이상 주거침입죄가 성립한다는 입장을 취하고 있고,[23] 대법원은 주거침입죄의 보호법익을 사실상 평온으로 보면서도 대상판결을 포함한 일련의 판례를 통하여 공중의 출입이 허용된 장소라도 추정적 의사에 반한 경우에는 주거침입죄가 성립한다는 입장을 유지하여 왔다.[24]

하선생은 대상논문에서, ① 주거침입죄에서 피해자의 의사 내지 동의는 구성요건해당성 배제사유로서 '양해'라고 할 것인데,[25] ② '피해자의 승낙'과 달리 '양해'는 착오 또는 기망에 의한 의사표시 흠결 또는 하자가 형법상 의미를 갖지 않으므로,[26] ③ 주거권자의 동의가 있는 이상 설령 행위자에게 다른 목적이 있었다고 하더라도 그와 같은 '승낙의 동기에 관한 착오'는 피해자 승낙의 유효성에 영향을 미치지 않는 것으로 보아야 한다고 보아,[27] 대상판결과 같이 일반인의 출입이 허용된 음식점 등에 다른 목적을 숨긴 채 영업주의 승낙을 얻어 들어간 경우에는 피해자의 '양해'가 있었다고 볼 수 있다는 이유로 주거침입죄의 성립을 부인하여야 한다고 지적하였다.

국내 다수 견해는 피해자의 '동의'를 Ⓐ 구성요건해당성을 배제하는 '양해'와, Ⓑ 위법성을 조각하는 '피해자 승낙'으로 구별하고 있는데,[28] 이에 대하여는 형법은 제24조에서 피해자의 승낙만을 규정하고 있을 뿐인데도 '양해'라는 개념을 도입한 것은 실질적으로는 구성요건해당성이 배제되는 것이 아니라 구성요건해당성이 인정되지 않는 결론에 대하여 굳이 '양해'라는 일상언어로 표현한 것에 불과하고, 실무상 구성

---

22) 松原芳博, 刑法各論, 日本評論社, 2016, 110~111면.
23) 이재상/장영민/강동범, 앞의 책, 236면.
24) 대법원 1983. 7. 12. 선고 83도1394 판결; 대법원 1990. 3. 13. 선고 90도173 판결.
25) 대상논문, 제228면.
26) 대상논문, 제230면.
27) 대상논문, 제231면.
28) 이재상/장영민/강동범, 형법총론(제10판), 박영사, 2019, 286~287면.

요건해당성에 대한 미진한 심사가 있다고 하더라도 위법성조각 단계에서 판단할 수 있다는 점에서 '양해'를 인정할 이유가 없다는 견해가 유력하게 제기되고 있다.[29]

물론, 피해자의 승낙 이외에 '양해'를 인정한다고 하더라도 실제 범죄의 성립을 배제하는 법적 효과에 있어서는 그 차이를 인정할 수 없고, 실무상 변호인으로서도 "피해자의 동의가 있었다"는 이유로 공소사실을 부인한다는 의견을 밝힐 뿐, 그것이 구체적으로 양해에 해당하는지, 아니면 피해자 승낙으로서 위법성이 조각된다는 주장인지를 밝힐 이유가 없으며, 법관으로서도 판결문에는 피해자의 승낙이 있어 범죄가 성립되지 않는다는 정도로만 판시하면 될 뿐이라는 점에서 실무상 양자의 구별 실익이 크다고 보기는 어렵다.

그러나, 실무상 결과적으로 차이가 없다고 하더라도 구성요건해당성이 배제되는 것과 위법성이 배제되는 것 사이에는 엄연한 법적 차이가 존재한다고 하지 않을 수 없고,[30] 실무상 위법성조각 사유가 인정되는 사례가 극히 적다는 현실을 고려할 때, 구성요건의 성질상 해당 범죄가 보호하고자 하는 소위 '보호법익'에 대한 처분권한이 온전히 피해자에게 있다고 볼 수 있는 경우라면 '양해'라는 법적 개념을 인정하여 범죄체계의 첫 단계인 구성요건 단계에서 그 성립을 배제할 필요도 있다고 할 것이다. 실제, 개별 구성요건 중에서도 성폭력범죄의 처벌 등에 관한 특례법 제14조의 카메라등이용촬영죄나,[31] 형법 제331조의2[32]에서는 명시적으로 피해자의 의사에 반할 것을 요구하고 있기도 하다.

---

29) 배종대, 형법총론(제15판), 홍문사, 2021, 291~292면.

30) 예를 들어, 쟁의행위에 따른 업무방해를 기존 위법성 조각 단계에서 판단하던 대법원이 구성요건 단계의 문제로 파악하기 시작한 것은 대법원이 노동분야의 정책법원으로서 진일보한 태도를 보인 것이라고 평가할 수도 있다. 이에 대한 내용으로는 이종수, "상급자의 강압적 업무지시와 업무방해죄의 성립여부", 형사법의 신동향 통권 제63호, 대검찰청, 2019, 134~135면 참고.

31) **제14조(카메라 등을 이용한 촬영)** ① 카메라나 그 밖에 이와 유사한 기능을 갖춘 기계장치를 이용하여 성적 욕망 또는 수치심을 유발할 수 있는 사람의 신체를 촬영대상자의 의사에 반하여 촬영하는 자는 7년 이하의 징역 또는 5천만원 이하의 벌금에 처한다.

32) **제331조의2(자동차등 불법사용)** 권리자의 동의없이 타인의 자동차, 선박, 항공기 또는 원동기장치자전거를 일시 사용한 자는 3년 이하의 징역, 500만원 이하의 벌금, 구류 또는 과료에 처한다.

V.

주거침입죄는 그 자체로서도 형법적인 의미가 있긴 하지만, 다른 범죄의 수단 내지 도구적 성격을 갖게 되는 결과, 법치국가적 한계를 넘어서 주거침입죄의 처벌 범위를 지나치게 확장적으로 해석할 경우, 형법상 주거침입죄는 사회적 비난이 야기되는 범죄자를 가중처벌하는 도구로 전락해 버릴 위험이 상존하고 있다.

"나는 망치로 철학을 한다"라는 말과 함께 기존 사회를 지배했던 보편적인 가치를 비판하였던 니체(Friedrich Wilhelm Nietzsche)처럼, "처벌의 필요성이 인정된다고 하더라도 법치국가적 한계를 넘어설 수는 없다"는 하선생의 형법 사상은 대상논문을 통하여 주거침입죄에 대한 확장적 해석에도 '폭격'을 가하였고, 이에 따라 대법원은 ① 2021년 9월 공동거주자의 출입 금지에도 불구하고 다른 공동거주자가 이에 대항하여 공동생활의 장소에 들어간 사안에서 주거침입죄가 성립하지 않는다고 하였으며,[33] ② 2022년 9월에는 피고인들이 녹음·녹화장치를 설치하는 등의 목적으로 음식점에 들어간 사안에서, 피고인들이 음식점 영업주로부터 승낙을 받아 통상적인 출입방법에 따라 들어간 것은 주거침입죄에서 규정하는 침입행위에 해당하지 않고, 설령 다른 손님과의 대화를 녹음하기 위한 장치를 설치하기 위한 목적으로 음식점의 방실에 들어갔더라도, 그러한 사정만으로는 피고인들에게 주거침입죄가 성립하지 않는다고 하여 그 입장을 변경하였다.[34]

대법원의 위와 같은 입장변경의 근거에 대하여 명시적으로 주거침입죄에 있어 '양해'라는 개념을 인정하였다거나, 기존의 '사실상 평온설'을 수정하여 보호법익의 체계비판적 기능을 인정한 것인지는 명확하지 않지만, 하선생을 비롯한 학계의 비판을 수용하여 주거침입죄의 해석을 법치국가적 한계 안으로 돌려 놓았다는 점에서 그 의미를 찾을 수 있다고 할 것이다.

---

33) 대법원 2021. 9. 9. 선고 2020도12630 전원합의체 판결; 대법원 2021. 9. 9. 선고 2020도6085 전원합의체 판결.
34) 대법원 2022. 3. 24. 선고 2017도18272 전원합의체 판결.

현금자동인출기 부정사용에 대한 형법적 평가[*]
- 대법원 1995. 7. 28. 선고 95도997 판결 -

[사건개요]

피고인이 ① 1993년 12월 하순 일자불상 10시 00분경 서울 성북구 길음1동 551의 147 피고인이 세들어 살던 피해자 배정순의 집 안방 다락을 통하여 침입하고 그곳 장롱 서랍속에 있던 위 배정순의 딸 이현숙 소유의 삼성위너스카드 1매와 현금 2만원을 가지고 나와 이를 절취하고, ② 1993년 12월 21일경 서울 성북구 동선동 성신여대 전철역내 현금자동인출기에서 위 절취한 신용카드를 사용하여 현금서비스 50만원을, 1994년 1월 9일경 서울 도봉구 창동 창동 전철역내 현금자동인출기에서 같은 방법으로 현금서비스 금 50만원을 각 인출하여 각 이를 절취함과 아울러 위 절취한 신용카드를 부정사용하였다.

---

[*] 출처: 「형사판례연구」 제6권, 1998, 223~238면.

①의 공소사실에 대하여는 형법 제319조 제1항의 주거침입죄와 같은 법 제329조 소정의 절도죄로, 위 ②의 공소사실에 대하여는 형법 제329조 소정의 절도죄와 신용카드업법 제25조 제1항 소정의 부정사용죄의 상상적 경합범으로 각 제기된 위 공소사실에 대하여, 직권으로 위 ②의 공소사실에 대하여 살피면서 신용카드업법 제25조 제1항의 부정사용죄에 대하여는 위 부정사용죄의 구성요건적 행위인 사용이라 함은 신용카드소지인이 신용카드의 본래 용도인 대금결제를 위하여 가맹점에 신용카드를 제시, 매출전표를 작성, 교부하는 것을 의미하므로 절취한 신용카드를 이용하여 현금자동인출기에서 현금서비스를 받는 경우에는 이를 위 신용카드의 본래 용도인 대금결제의 수단으로 사용한 것이라고 볼 수 없다고 판단하고, 위 ②의 공소사실을 모두 유죄로 인정하여 상상적 경합범으로 처단(형이 더 중한 신용카드업법 위반죄로 처벌)한 제1심판결을 위법하다고 파기하면서 위 ①의 주거침입죄와 절도죄 및 위 ②의 절도죄만을 유죄로 인정하고 이들을 형법 제37조 경합범으로 처단하면서 위 신용카드업법과 상상적 경합범으로 공소제기된 위 ②의 절도죄가 유죄로 인정되므로 주문에서 위 신용카드업법 위반죄에 대하여 따로 무죄를 선고하지 아니한다.

[판결요지]

피고인이 피해자 명의의 신용카드를 부정사용해 현금자동인출기에서 현금을 인출하고 그 현금을 취득까지 한 행위는 신용카드업법 제25조 제1항의 부정사용죄에 해당할 뿐 아니라 그 현금을 취득함으로써 현금자동인출기 관리자의 의사에 반해 그의 지배를 배제하고 그 현금을 자기의 지배하에 옮겨놓는 것이 되므로 별도로 절도죄를 구성한다 할 것이고, 위 양죄의 관계는 그 보호법익이나 행위태양이 전혀 달라 실체적 경합관계에 있는 것으로 보아야 할 것이다.

[판결이유]

신용카드업법 제6조 제2항에 의하면 신용카드업자는 신용카드회원에 대한 물품 및 용역의 할부구매 또는 연불구매를 위한 자금의 융통(신용구매)을 위한 업무와 신용카드회원에 대한 자금의 융통(신용대출)을 위한 업무를 함께 영위할 수 있도록 규정하고 있고, 통상 신용카드업자는 카드회원에 대한 신용대출의 한 방법으로 현금자동인출기에 의한 현금서비스를 제공하고 있으므로, 신용카드회원이 대금결제를 위하여 가맹점에 신용카드를 제시하고 매출표에 서명하는 일련의 행위뿐 아니라, 신용카드를 현금인출기에 주입하고 비밀번호를 조작하여 현금서비스를 제공받는 일련의 행위도 신용카드의 본래 용도에 따라 사용하는 것으로 보아야 한다.

한편 신용카드업법 제25조 제1항 소정의 부정사용이라 함은 도난, 분실 또는 위조, 변조된 신용카드를 진정한 카드로서 신용카드의 본래의 용법에 따라 사용하는 경우를 말하는 것인데, 절취한 신용카드를 현금자동인출기에 주입하고 비밀번호를 조작하여 현금서비스를 제공받으려는 일련의 행위도 앞서 설시한 바와 같이 신용카드의 본래 용도에 따라 사용하는 경우에 해당하므로 같은 법조항 소정의 부정사용의 개념에 포함된다 할 것인데, 원심이 막연히 위 부정사용죄에 있어서 사용의 개념을 신용카드 소지인이 대금결제를 위하여 가맹점에 신용카드를 제시, 매출전표를 작성, 교부하는 것만으로 해석하여 위 공소사실에 대하여 무죄를 선고한 것은 필경 신용카드업법 제25조 제1항 소정의 부정사용의 법리를 오해한 위법을 저질렀다 할 것인바, 상상적 경합관계에 있는 수죄 중 그 일부만이 유죄로 인정된 경우와는 양형의 조건을 참작함에 있어서 차이가 생겨 선고형을 정함에 있어 차이가 있을 수 있어 위 위법은 판결결과에 영향을 미친 것이라 할 것이므로 (대법원 1984.3.13 선고 83도3006 판결 참조), 이와 함께 위 ①의 주거침입 및 절도죄와 경합범으로 하여 하나의 형을 선고한 원심판결은 모두 파기를 면치 못한다 할 것이다.

그리고 위 공소사실과 같이 피고인이 피해자 명의의 신용카드를 부정사용하여 현금자동인출기에서 현금을 인출하고 그 현금을 취득까지 한 행위는 앞서 본 바와 같이 신용카드업법 제25조 제1항의 부정사용죄에 해당할 뿐 아니라 그 현금을 취득함으로써 현금자동인출기 관리자의 의사에 반해 그의 지배를 배제하고 그 현금을 자기의 지배하에 옮겨 놓는 것이 되므로 별도로 절도죄를 구성한다 할 것이고, 위 양죄의 관계는 그 보호법익이나 행위태양이 전혀 달라 실체적 경합관계에 있는 것으로 보아야 할 것이다.

그러므로 원심판결을 파기하고 사건을 다시 심리판단하게 하기 위하여 원심법원에 환송하기로 관여법관들의 의견이 일치되어 주문과 같이 판결한다.

I. 판결의 의미와 문제점

본 판결은 현금자동인출기(CD; cash dispenser)에서 현금서비스를 제공받는 행위도 신용카드업법상의 신용카드 부정사용행위에 포함된다는 점과 이와는 별도로 형법상의 절도죄를 인정할 수 있다는 점을 밝힌 판결이다. 즉 신용카드업법상의 신용카드는 가장 일반적인 대금결제수단뿐만 아니라(동법 제6조 제2항 제2호) 신용대출수단(동법 제6조 제2항 제1호)으로도 사용될 수 있어서 타인의 카드로 현금서비스를 받는 행위는 신용카드업법상의 신용카드 부정사용행위가 된다는 것이다. 더 나아가 절취한 타인의 신용카드로 현금자동인출기에서 현금서비스를 받는 행위는 현금자동인출기의 관리자의 의사에 반하여 현금을 인출, 취득하였기 때문에 별도의 절도죄가 된다는 것이다. 또한 양죄는 보호법익이나 행위태양이 달라서 별개의 행위로 볼 수 있기 때문에 실체적 경합관계에 있다는 점이다.

대법원은 최근에 이미 절취한 타인의 신용카드로 대금을 결제하려고 제시하였다가 도난카드임이 발각되어 매출전표를 작성하기도 전에 검거된 사건에 대한 판결에서 신용카드부정사용의 개념과 기수시기를 밝히고 있다.1) 그러나 이 판결에서는 신용카드의 기능 중에서 신용구매(즉 물품 또는 용역의 할부 내지 연불구매를 위한 자금의 융통)의 경우만이 문제되었고, 이 경우에 신용카드의 사용은 대금결제를 위하여 가맹점에 신용카드를 제시하고 매출표에 서명하여 이를 건네주는 일련의 행위를 의미하기 때문에 단순히 신용카드를 제시하였으나 발각된 경우에는 불가벌적인 미수에 불과하다는 점을 밝히고 있다.

이에 비해서 본 판결은 신용카드사용의 범위를 현금서비스를 제공받는 행위까지 포함한다고 본 점과 무엇보다도 절취한 타인의 신용카드로 현금서비스를 받는 행위는 절도죄가 된다는 점을 밝힌 판결로서 중요한 의미를 갖는다.

신용카드사용의 범위를 현금서비스를 제공받는 행위까지 포함한다고 본 것은 신용카드업법의 규정상 당연한 해석이기 때문에 의문의 여지가 없다. 그러나 절취한

---

1) 대법원 1993.11.23 선고 93도604 판결. 이 판결에 대한 판례평석은 김우진, "신용카드부정사용죄의 기수시기," 형사판례연구(3), 1995, 286면 이하.

타인의 신용카드로 현금자동인출기에서 현금서비스를 받는 행위가 절도죄가 된다는 판결내용은 문제점을 안고 있다. 왜냐하면 현금자동인출기 관리자의 의사가 과연 어떤 것인가에 관해서는 판례가 절도죄 인정의 근거로 제시한 내용과 달리 해석하는 것도 가능하기 때문이다. 즉 현금자동인출기를 사실적으로 관리, 지배하는 자의 의사는 신용카드의 정당한 사용권자에게만 현금을 대출해 준다는 내용이지만, 신용카드의 정당한 사용권자인지의 여부는 신용카드 소지인이 카드의 정확한 비밀번호를 현금자동인출기에 입력하는 것으로 확인하고 맞는 경우에만 현금을 대출해 주겠다는 의사표시로 보아야 한다는 것이다. 그렇다면 현금이라는 재물의 점유자가 점유이전에 동의했기 때문에 절도죄의 구성요건 해당성조차도 부정된다는 것이다.

더 나아가 본 판결에서 인정하고 있는 신용카드 부정사용죄와 절도죄와의 관계도 과연 실체적 경합관계인지도 의문이다. 만일 판결과 같이 별도의 절도죄를 인정한다 할지라도 신용카드 부정사용행위는 신용카드를 현금자동인출기에 넣고 비밀번호와 현금서비스금액을 입력하여 현금을 인출하는 행위를 의미하기 때문에 신용카드 부정사용행위와 절취행위는 하나의 행위로 보아야 할 것이다. 따라서 양죄를 상상적 경합관계로 보는 것이 타당하다.

따라서 이하에서는 절취한 타인의 신용카드로 현금자동인출기를 통하여 현금서비스를 받은 경우에 한정해서 신용카드 부정사용행위와 절취행위와의 관계에 관해서 살펴보고자 한다. 통상 신용카드에는 현금카드의 기능이 추가되어 있고, 자기 구좌로부터의 현금인출과 현금서비스에 의한 신용대출의 방법은 차이가 없기 때문에 이하에서는 함께 고찰하기로 한다.

물론 이 판결사안의 삼성위너스카드는 현금서비스기능을 포함한 신용카드로서 현금카드기능이 추가되지 않은 신용카드이다.

Ⅱ. 현금서비스를 통한 현금 인출행위에 대한 형법적 평가

1. 현금자동인출기와 신용카드 및 현금카드의 기능

현금자동인출기는 은행의 로비 또는 외벽이나 역 또는 공항 등과 같이 사람이 많이 드나드는 곳에 설치하여 은행의 출납창구 이외에서도 은행의 고객이 현금카드를 이용하여 자기 구좌의 예금을 인출할 수 있고 또 자기 구좌의 잔액을 조회할 수 있는 기계장치이다. 더 나아가 이를 이용하여 신용카드의 경우에는 현금서비스 즉, 신용대출도 받을 수 있다. 현금자동인출기를 설치하고 작동시킨 행위는 현금자동지급기를 조작한 자에게 (1일 이용의 한도와 현금서비스의 한도 내에서) 원하는 양의 현금을 지급하겠다는 의사표시이다. 물론 현금의 지급은 요구되는 조건을 충족하고 있는지, 즉 정당하게 발급된 현금카드 내지 신용카드를 끼워넣어 잔액 또는 현금서비스한도액인지, 정당한 사용권자인지 여부를 규정대로 확인한 후에 이루어진다. 확인절차를 규정대로 통과하면 기계는 현금인출구에 입력한 양의 현금을 인출할 수 있는 상태에 놓게 된다.

현금자동인출기를 이용하기 위하여 은행의 고객은 자신의 예금구좌번호, 카드번호, 카드의 유효기간 등의 정보를 기계가 읽을 수 있는 자기스트라이프가 색인된 현금카드나 앞면에는 카드번호, 회원이름, 유효기간 등이 양각되고 뒷면에는 카드번호와 지정결제계좌번호가 기록된 자기스트라이프가 색인된 신용카드(또는 현금카드를 겸한 신용카드)를 발급받아야 한다. 또한 고객에게는 카드사용의 생명인 비밀번호가 부여되며, 은행과 고객은 이 비밀번호가 타인에게 알려지지 않도록 주의하여야 하며 비밀번호가 누설된 경우에는 신용카드 내지 현금카드는 플라스틱조각에 불과하게 된다.

이 카드를 사용하여 현금을 인출하기 위하여 현금자동인출기에 카드를 삽입시키면 우선 카드가 진정한 것인지 위조된 것인지를 분별하는 과정을 거친 다음 카드소지자가 정당한 사용권한이 있는지를 확인하기 위하여 이미 카드발급시에 설정된 고유한 비밀번호(PIN; Personal Identification Number)를 입력시킬 것을 요구한다. 입력한 비밀번호가 맞으면 지불정지 여부를 확인하고, 또 원하는 인출액수를 입력하면 예금잔고의 범위내에서 또는 신용대출의 한도내에서 현금이 지급된다.

2. 부정사용 가능성

행위자가 타인의 현금카드 또는 신용카드와 이에 속하는 비밀번호를 알고 있다면 카드의 정당한 권한자인 카드소유자는 행위자의 부정사용을 저지할 효과적인 방법이 없다. 물론 자신의 현금카드 또는 신용카드가 타인의 수중에 있다는 사실을 알고 주야간으로 가동되는 신고센터에 분실신고하여 지불정지를 요청하는 방법이 있지만, 이는 분실과 동시에 분실사실을 감지하고 또 분실신고와 동시에 모든 현금자동지급기에 지불정지조치가 취해져서 행위자의 부정사용의 기회가 박탈되어져야만 가능하다. 그러나 이러한 가능성은 거의 희박하다. 어쨌든 행위자는 지불정지조치가 있기 이전에는 단 1회의 부정사용으로도 현금카드 또는 신용카드 소지자의 재산권을 침해할 수 있는 기회를 갖는다.

3. 현금자동지급기의 인출된 현금의 타인성 여부

컴퓨터를 이용하여 어렵지 않게 타인의 구좌에 경제적 부담을 지우며 현금을 조달할 수 있는 새로운 방법으로 타인의 현금카드 또는 신용카드를 절취하고 이에 부여된 비밀번호를 알아내어 현금자동지급기를 이용하여 현금을 인출하거나 현금서비스를 받는 행위형태이다.

신용카드 또는 현금카드는 불법영득의 객체를 재물의 물체 자체로 보든 아니면 물체의 기능가치로 보든 어느 면에서도 별로 중하지 않은 플라스틱조각이기 때문에 - 그러나 절도죄의 객체임은 분명하다 - 이에 대한 점유배제와 점유취득은 별로 문제삼지 않는다. 오히려 이러한 이유 때문에 이를 사용하여 인출된 현금이 형법적 관심의 대상인 것이다. 신용카드 또는 현금카드를 한번 사용하여 현금을 인출하고 반환할 의사로 행위한 경우에는 더욱 그러하다.

현금자동인출기를 이용하여 인출한 현금에 대해서 절도죄가 성립할 수 있는가의 문제는 인출된 현금이 여전히 현금자동지급기의 관리자의 점유하에 있는가, 아니면 구좌의 소유자 즉, 현금카드 또는 신용카드의 소유자에게 있는가, 아니면 현금인출을 조작한 자 즉, 비밀번호를 알고 있는 현금카드 내지 신용카드 소지자에게 있는가의 문제이다. 다시 말해서 은행 또는 카드회사가 현금자동인출기의 사용규정에 따라 이용하는 불특정인에게 현금을 지급하거나 대출하겠다는 민법상의 소유권이전 내지 점유이전의사가 카드와 비밀번호의 정당한 사용권자에게만 해당하는지 아니면 누구든지 카드와 비밀번호를 소지한 자에게 해당하는 것인지의 문제이다.

결론적으로 말하면 은행은 현금카드 또는 신용카드와 비밀번호 소지자가 요구한 현금 또는 현금서비스를 내주도록 기계조작을 함으로써 은행의 동의아래 인출이 이루어져서 구성요건해당성조차도 없기 때문에 절도죄의 절취행위가 아니다.[2]

---

2) Wessels, Strafrecht BT 2, 12.Aufl., S.42; Huff, Die missbräuchliche Benutzung von Geldautomaten-benutzung durch den Kontoinhaber?, NJW 1986, 903; Wiechers, Forum: Strafrecht und Technisierung des Zahlungsverkehrs, JuS 1979, 847; Lenckner, Computerkriminalität und Vermögensdelikte 1981, S.24f.; BGHSt. 35, 152. 김영환, "신용카드부정사용에 관한 형법해석론의 난점," 형사판례연구

물론 카드발행자가 실제로 정당한 카드사용권자인지를 확인하기 위하여 비밀번호를 요구하고 있는 점에 비추어 바로 이 정당한 카드사용권자에게만 현금을 교부하려 했기 때문에 현금카드 또는 신용카드를 부정사용한 경우에는 인출된 현금의 (소유권은 물론) 점유는 여전히 현금자동인출기의 관리자에게 있다[3]는 해석도 가능하다. 그러나 은행 또는 카드회사는 카드소유자인 정당한 사용권자에게만 현금의 점유를 이전하겠다는 조건부 이전의사를 갖고 있다는 주장은 현금자동인출기가 조작, 작동될 때에 은행 또는 카드회사가 실제로 현금의 점유 내지 소유권이전의 결정과정에 관여하지 못한다는 사실을 고려한다면 타당치 않다고 본다.

그러나 통상적으로 현금자동인출기의 관리자는 카드소지 여부와 그 카드에 속하는 비밀번호의 인지 여부를 확인하도록 기계장치를 조작하여 이러한 기능체계를 통하여 현금자동인출기를 사용할 수 있는 자인지를 확인하여 부정사용을 방지하고 있다. 따라서 현금자동인출기의 지시에 따라 기계를 조작하는 자에게 현금을 교부하겠다는 의사표시를 했다고 볼 수 있다. 즉 카드와 비밀번호의 소지자가 현금을 인출할 수 있도록 입력한 액수의 현금을 현금자동지급기의 현금인출구를 열어 교부하는 것은 조건 없는 점유이전의 의사표현이다. 이러한 점유이전의 의사표시는 신용카드 또는 현금카드 회사의 규약[4]에 분명히 드러나 있다고 본다. 즉 회사의 현금에 대한 조건 없는 (다시 말해서 실제로 정당한 사용권자에게만 제한적으로가 아니라) 점유이전의 의사는 부당한 사용의 불이익이 카드의 소유자에게 있다는 규약내용에서 확인되고 있다.

조건 없는 점유이전의 의사라는 점에서 커피자판기와 같은 자동판매기와 현금자동인출기는 차이가 있다. 전자의 경우에는 관리자의 의사는 요구되는 동전 또는 지

---

(3), 318면.

3) 김우진, 앞의 논문, 296면; 김일수, 「한국형법IV」, 239면; 장영민·조영관, 「컴퓨터범죄에 관한 연구」, 형사정책연구원, 133면; 차용석, "컴퓨터에 관련된 범죄와 형법(하)," 고시연구, 1988.6, 110면. 대법원 1986.3.25 선고 85도1572 판결의 적용죄명 참조. Gropp, Die Codekarte: der Schlüssel zum Diebstahl, JZ 1983, 487; Lenckner/Winkelbauer, Strafrechtliche Probleme im modernen Zahlungsverkehr, wistra 1984, 86.

4) 예를 들어 한국외환은행 현금카드규약 제4조: ① 카드를 분실, 도난, 훼손, 오손하였을 때는 즉시 발행점에 신고하여야 하며 신고전에 발생한 손해에 대하여는 당행은 책임을 지지 아니합니다. ② CD, ATM 및 온라인 단말기에 의하여 기계출된 비밀번호와 대조하여 틀림없다고 인정하고 현금을 지급한 경우, 카드의 위조, 변조, 도용으로 인하여 발생한 사고나 손해에 대하여 당행은 책임지지 아니합니다.

폐를 투입시켜야만 상응하는 물품을 건네주겠다는 내용이라는 점에서 조건부 점유이전(물론 소유권이전도 포함하여)의 의사이다. 따라서 위조동전을 투입시켜 뽑은 커피의 점유는 여전히 판매기의 관리자에게 있기 때문에 절도죄의 구성요건인 점유배제와 새로운 점유취득이 인정된다.[5]

4. 다른 재산범죄의 성립여부

(1) 횡령죄

현금카드에 의한 현금인출은 자기 구좌의 예금에 대한 청구권의 행사이므로 현금에 대한 소유권도 이전된다. 또한 신용카드에 의한 현금서비스의 경우도 신용카드의 정당한 소유자에게 대출된 현금의 소유권이 이전된다.

그러나 절취한 현금카드를 사용하여 현금을 인출한 경우(신용카드의 경우에는 현금서비스)에는 새로운 (단독)점유의 취득은 인정되지만 - 따라서 점유이탈물 횡령죄의 객체가 아니다 - 소유권은 여전히 현금자동인출기의 관리자인 금융기관에게 있다. 따라서 불법하게 타인 소유의 현금을 취득한 행위는 절도죄의 구성요건을 충족시키지는 못하지만 횡령죄의 영득행위로 볼 수 있을 것인지가 문제된다. 여기서의 문제는 횡령죄가 성립하기 위해서는 횡령행위 이전에 재물에 대한 점유가 있어야 하는데 현금자동인출기의 현금인출구에서 현금을 인출한 행위로 비로소 현금에 대한 점유가 개시되기 때문이다. 즉 점유취득과 동시에 횡령이 이루어진 경우에도 횡령죄가 성립하는가이다. 또한 현금을 취득한 자가 타인의 재물을 보관하는 자인가도 문제된다.

통상 횡령은 점유하고 있는 타인의 재물을 영득하는 행위이지만 횡령행위가 점유취득과 동시에 이루어질 수도 있다. 그러나 횡령죄의 본질상 그 점유는 위탁관계에 의한 것이어야 하기 때문에 절취한 현금카드를 사용하여 현금을 인출한 자(신용카드의 경우에는 현금서비스)는 횡령행위의 주체인 타인의 재물을 보관하는 자가 될 수 없다.

(2) 사기죄

사기죄에서의 기망의 대상은 사람이다. 그러나 절취한 현금카드를 이용하여 현금자동인출기로부터 현금을 인출한 것은 사람을 기망한 것에 기인하는 것이 아니고[6]

---

5) Sch/Sch/Eser, StGB, 24.Aufl., §242, Rdn.29.
6) 장영민·조영관, 앞의 책, 130면.

또 착오에 빠져 재산상의 손해를 초래할 처분행위를 야기한 것도 아니다.[7]

착오는 외부적 사실인 현실과 사람의 내면적 관념이 불일치하는 것을 말한다. 착오를 초래할 기망행위는 피기망자의 내면적, 지적 관념세계에 영향을 미쳐 외부적 사실과 다른 관념을 갖게 하는 행위이다.

절취한 현금카드(또는 신용카드)의 부정사용자의 기망행위는 외관상 적법하게 보이는 현금자동인출기의 사용행위를 통하여 은행 또는 카드회사에 이에 상응하는 청구권이 있음을 주장하는 데 있다. 그러나 이러한 주장을 내용으로 하는 기망행위는 타인으로 하여금 그의 관념세계에 영향을 미쳐 착오에 빠지게 해야 하기 때문에 관념을 형성할 수 없는 현금자동인출기를 속이는 것은 기망행위로 볼 수 없다.

그렇다면 기계를 속임으로써 사람을 기망한 것으로 볼 수 있는가. computer와 인간의 분업이 이루어지는 곳에서는 현금자동인출기를 속이는 방법으로도 그 기계를 조작, 작동시키는 자의 관념세계에 영향을 미쳐 착오에 빠지게 하는 것으로 볼 수 있다는 견해[8]도 있다. 그러나 이 경우에도 기망자에 의하여 조작된 computer의 작업결과를 기계의 설치 및 관리자가 알고 있어야 하며 더 나아가 그에 의한 재산처분행위가 있어야 사기죄에서의 기망으로 볼 수 있다.[9] 그래야만 행위자의 기망에 의한 인간의 잘못된 관념이 있는 것이고 착오와 처분행위 사이에 인과관계도 인정할 수 있는 것이다.

(3) 배임죄

또한 배임죄에 해당하지 않는다. 배임죄는 타인의 사무를 관리하는 자만이 주체가 될 수 있기 때문이다.

(4) 중간결론

결론적으로 타인의 현금카드를 절취하고 이에 설정된 비밀번호를 알아내어 현금자동인출기로부터 현금을 인출하거나 신용카드로 현금서비스를 받아 어렵지 않게 타인의 구좌에 경제적 부담을 지우는 현금조달방법은 현행 형법으로는 규율이 불가능한 행위유형이다.

---

7) Otto, Die neuere Rechtsprechung zu den Vermögensdelikten, JZ 1985, 70.
8) Haft, Computerkriminalität und Datenschutz, DSWR 1979. 49ff. 에서는 "computer가 매개한 착오"라고 표현한다.
9) Sch/Sch/Cramer, StGB, 24.Aufl., §263, Rdn.53.

5. 개정 형법상의 컴퓨터 등 사용사기죄(제347조의2)

1996년 7월 1일부터 시행될 개정 형법은 소위 컴퓨터범죄[10]라는 새로운 범죄구성요건을 신실함으로써 형법의 영역을 확장하였다.[11] 경제거래생활의 변화에 따라서 컴퓨터 자체뿐만 아니라 컴퓨터가 저장하고 처리하는 데이터는 그 권한자에게는 다른 재산적 이익과 마찬가지로 아주 가치 있는 것인 반면 이에 대한 침해행위[12]는 현행 형법규정으로써는 규율될 수 없었기 때문에 개정 형법은 형법적 보호의 흠결상태를 메우려는 목적을 갖고 있다.[13]

재산범죄영역에 있어서 가장 중요한 구성요건은 컴퓨터를 사용하여 재산상의 불법한 이득을 얻는 행위를 규율하는 컴퓨터 등 사용사기죄이다(개정형법 제347조의2). 불법한 재산상의 이익을 얻기 위하여 컴퓨터데이터 혹은 컴퓨터프로그램을 만들어

---

10) 일반적으로 컴퓨터 범죄를 컴퓨터시스템에 가해지는 범죄 또는 이를 악용하는 범죄라든가 아니면 컴퓨터를 행위객체로 하거나 컴퓨터를 다른 범죄의 수단으로 이용하는 범죄라고 하여 포괄적으로 이해한다. 예컨대 Mühlen, Computer-Kriminalität-Gefahren und Abwehrmassnahme, 1974, S.17ff.; Lenckner, Computerkriminalität und Vermögensdelikte, S.9ff.; Lampe, Die strafrechtliche Behandlung der sog. Computerkriminalität, GA 1975, 1(행위의 수단과 목적인 컴퓨터에 적극적으로 개입하거나 의무위반적으로 불개입하는 것); Tiedemann, Computerkriminalität und Missbrauch von Bankomaten, WM 1983, 1326(컴퓨터와 관련하여 시도되는 모든 종류의 위법하고 사회침해적인 행위). 우리나라에서도 이 철, 「컴퓨터범죄와 소프트웨어보호」, 1995, 27면; 최영호, 「컴퓨터와 범죄현상」, 1995, 26면.

  그러나 컴퓨터범죄에 포함되어져야 할 행위는 컴퓨터를 통해서 재산적 손해를 끼치는 행위 중에서 컴퓨터에 전형적이고 특징적인 행태이어야 한다. 따라서 여기에는 컴퓨터사용사기죄(예컨대 컴퓨터 정보통신시스템의 남용, 현금자동지급기의 남용)와 컴퓨터데이터 손괴죄 등이 포함될 수 있다.

11) 새로운 구성요건으로는 컴퓨터 사용사기죄(제347조의2), 컴퓨터에 의한 업무방해죄(제314조 제2항), 공전자기록의 위작, 변작(제227조의2), 사전자기록의 위작, 변작(제232조의2), 컴퓨터 데이터 탐지죄(제316조 제2항, 140조 제3항) 등이 있다. 또한 전자기록 등 특수매체기록이 행위객체로 포함된 규정으로는 공용물파괴죄(제141조), 공정증서원본 등 부실기재죄(제228조), 위조 등 공문서행사죄(제229조), 손괴죄(제366조) 등이 있다.

12) 1992년 11월부터 1994년 12월까지 자료부정입력, 프로그램 변조, 컴퓨터 방해, 신용카드 범죄, 자료부정입수 및 유출, 컴퓨터 오용, 해킹 등 118건의 컴퓨터 범죄가 발생하였다. 우리나라 컴퓨터범죄의 현황에 관해서는 이 철, 앞의 책, 50면 이하 참조.

  독일의 경우 전자적 자금이체영역에서만 해명되지 않은 손실이 적어도 연간 50억 DM정도로 추산하고 있다(Müller/Wabnitz, Wirtschaftskriminalität, 2.Aufl., 1986. S.209).

13) 이미 현행법상으로는 컴퓨터 프로그램 보호법에서 프로그램 저작권 침해행위를 규율하고 있다(제34조, 제35조).

내거나 부정한 또는 불완전한 데이터를 사용하거나 권한 없이 데이터를 사용하여, 정보처리과정에 영향을 미치는 방법으로 타인의 재산에 손해를 가하는 행위가 컴퓨터 사기행위이다.

개정 형법 제347조의2의 컴퓨터 등 사용사기죄는 이러한 행위유형중 컴퓨터 등 정보처리장치에 허위의 정보 또는 부정한 명령을 입력하여 정보처리를 하게 하여 재산상의 이익을 취득하는 행위만을 규율대상으로 한다. 따라서 예컨대 허위의 입금데이터를 입력하는 행위, 프로그램을 구성하는 개개의 명령을 부정하게 변경, 삭제, 추가하거나 프로그램자체를 변경하는 등 프로그램을 조작하는 행위 등이다.

그러나 현금카드를 이용한 범죄와 같이 진실한 데이터를 권한 없이 사용하여 현금자동인출기에서 현금을 인출하는 행위유형 또는 신용카드를 권한 없이 사용하여 신용대출을 받는 행위유형은 여기에 해당하지 않는다.[14]

소위 전자적 자금거래시스템을 이용하여 현금이 아니라 장부상의 자금이 이동하는 경우에 대한 형법적 평가는 더욱 어렵다. 예컨대 절취한 현금카드로 현금을 인출하지 않고 현금카드 소유자의 예금구좌에서 행위자 자신 또는 제3자의 구좌로 이체시킨 경우에는 현금인출구의 현금을 인출하지 않고도 타인에게 재산상의 손해를 끼치게 된다. 이러한 방식으로 권한 없이 타인의 예금을 이동시키는 행위가 개정형법상 재산죄의 규율대상이 되는지는 의문이다. 왜냐하면 여기서 문제되는 예금은 전자적으로 입력된 자금(소위 대체현금)으로서 유체물도 아니며 또 사무적 관리만이 가능하여 형법상 재산죄에서 의미하는 재물이 아니기 때문이다.[15]

6. 여론: 현금카드(내지 신용카드)를 이용한 현금 없는 자금거래행위

(1) 현금카드를 반환할 의사로 사용한 행위

현금카드를 절취한 경우에는 점유자(또는 소유자)의 의사에 반하여 타인의 재물을 취거하였으므로 현금카드 자체에 대한 절도죄를 인정하는 데는 이견이 없다.[16] 문제

---

14) 장영민·조영관, 앞의 책, 185면 이하; 장영민, "형법개정의 컴퓨터범죄," 고시계, 1996.2, 49면. 그러나 형법개정법률안의 이유서에 (제16장 제211조) 의하면 진정한 데이터의 무권한사용도 부정한 명령을 입력하는 행위에 포함된다.

15) Sch/Sch/Eser, §242, Rdn.3; Frey, Computerkriminalität in eigentums- und vermögensstrafrechtlicher Sicht 1987, S.54, 165.

는 현금카드를 사용하여 현금을 인출하든지 아니면 현금카드를 복제하고 돌려줄 계획으로 절취한 경우이다.

본 사안의 경우에도 절도죄의 객관적 구성요건요소로서 재물, 타인성 등은 인정된다. 그러나 재산죄에서 필요한 특별한 주관적 구성요건요소인 불법영득의사가 결한 경우이기 때문에 절도죄를 인정할 수 없다.[17] 예금통장과는 달리 현금카드는 고객의 은행에 대한 청구권이 화체되어 있는 것이 아니라 단지 현금인출을 가능하게 해주는 단순히 열쇠기능만을 갖고 있는 것이다. 따라서 현금인출행위를 통해서도 카드 자체의 특수한 기능가치에는 아무런 변화가 없다. 이 경우에는 단지 불법영득의사가 결여된, 불가벌적 사용절도가 성립할 뿐이다.[18] 물론 현금카드나 신용카드의 사용횟수의 제한이 뒤따르지만 이는 카드 자체의 가치변화는 아니다. 또한 복제하고 돌려준 경우에도 카드의 자기스트라이프에 저장된 데이터는 재물성이 부정되고 또 복제행위로 카드 자체의 특수한 기능가치가 훼손되지 않기 때문에 불법영득의사를 인정할 수 없다.

(2) 자기 또는 타인의 구좌에 이체한 행위

컴퓨터기술과 데이터통신기술의 발전은 사회경제활동의 변화를 가져왔다. 즉 각

---

16) 카드의 재물성을 인정하는 견해로는 이재상, "불법영득의사와 크레디트사기," 고시계, 1994.6, 199면; 이상돈, "신용카드의 절도와 사기," 고시연구, 1995.1, 132면.
   이러한 경우에는 재산죄에서 필요한 특별한 주관적 구성요건요소인 불법영득의사를 인정할 수 있을 것인지가 문제된다. 통상 반환의사는 불법영득의사의 소극적 요소인 권리자를 배제한다는 의사가 없는 경우이다. 그러나 반환의사가 있더라도 불법영득의사를 인정할 수 있는 경우가 있다. 일시적인 사용으로 재물의 가치가 소멸되었거나 현저히 감소된 경우에는 소유자를 종래의 지위에서 배제한다는 불법영득의사의 소극적 요소를 인정할 수 있다는 것이다. 이는 영득행위의 객체가 무엇인가의 문제와 관련이 있다. 통설(대표적으로 김일수, 「한국형법 IV」, 58면 주1) 참조)과 판례(대법원 1981.10.13 선고 81도2394 판결)의 입장인 절충설에 따라 재물의 물체 그 자체와 그 물체 속에 화체된 특수한 기능가치가 영득행위의 대상이라고 본다.
17) 김일수, 앞의 책, 60면; 배종대, 「형법각론」, 288면; 이재상, 「형법각론」, 262면; 장영민·조영관, 앞의 책, 132면. AG Stuttgart NJW 1986, 2653. 다른 입장은 AG Kulmbach NJW 1985, 2282.
18) Lenckner/Winkelbauer, Strafrechtliche Probleme im moderner Zahlungsverkehr, Wistra 1984, 85; Jungwirth, Diebstahlsvarianten im Zusammenhang mit Geldausgabeautomaten, MDR 1987, 537; Dencker, Besprechung von Aufsäzen und Anmerkungen zum Straf- und Strafprozessrecht, NStZ 1982, 155; Tiedemann, Computerkriminalität und Missbrauch von Bankomaten, WM 1983, 1331; Bandekow, Strafbarer Missbrauch des elektronishen Zahlungsverkehrs, 1989, S.139. 또한 BGHSt. 35, 152; BayObLG NJW, 1987, 663; BGH NJW 1988, 979. 그러나 다른 견해로는 Seelmann, Grundfälle zu den Eigentumsdelikten, JuS 1985, 289.

종 금융거래관계에 있어서 종래의 재화의 현실적 이전 없이도 데이터의 교환으로 처리할 수 있게 되었다. 은행업무의 통합온라인시스템화, 증권거래의 온라인시스템, 크레디트카드시스템 등 금융전산망시스템은 각종 금융기관이 온라인시스템을 통하여 컴퓨터에 의한 채권 및 채무의 청산, 자금이체업무 등을 현금거래 없이도 가능하게 하였다. 물론 지불거래에 있어서 중요한 수단은 여전히 현금, 또는 어음 및 수표지만 전자적 자금이체방법은 이용횟수와 양에 있어서 현저한 증가추세를 보이고 있다.[19]

현금 없는 금융거래를 가능하게 한 컴퓨터에 의한 전자적 자금거래체계는 우선 두 가지 형태로 구분할 수 있다. 우선 자금이체과정의 일부가 전자화된 수단을 이용해서 이루어지는 경우이다. 이는 자금이체행위를 시작함에 있어서는 전통적인 방법인 서면을 사용하지만 그 이후의 과정이 컴퓨터에 의한 전자적 자금처리인 경우이다. 또한 자금이체과정이 전적으로 전자적 방법에 의해서 개시되고 처리되는 경우인데, 형법적으로 문제되는 형태는 후자이다.

소위 전자적 자금거래시스템을 이용하여 현금이 아니라 장부상의 자금이 이동하는 경우에 대한 형법적 평가는 더욱 어렵다. 예컨대 절취한 현금카드로 - 현금카드기능이 부가되지 않은 신용카드로는 불가능하다 - 현금을 인출하지 않고 현금카드 소유자의 예금구좌에서 행위자 자신 또는 제3자의 구좌로 이체시킨 경우에는 현금인출구에서 현금을 인출하지 않고도 타인에게 재산상의 손해를 끼치게 된다. 이러한 방식으로[20] 권한 없이 타인의 예금을 이동시키는 행위가 형법상 재산죄의 규율대상

---

19) 한국은행 보도자료에 의하면 어음 수표 및 자기앞 수표 등 장표방식에 의한 결제가 1994년에 1,171,539천 건, 5,808,740십억원인데 비해 전자방식은 435,801천 건, 238,387십억원으로 주 거래수단이 아님을 알 수 있다. 그러나 1993년에 비해 건수로는 45.1%(장표방식은 9.5%), 거래액수로는 115.4%(장표방식은 6.5%) 증가율을 나타내고 있다.

20) 이러한 남용가능성은 정보통신시스템을 이용한 소위 Home-Banking이 일반화되는 경우에 더욱 커진다. 정보통신시스템의 기능은 다양하지만 무엇보다도 은행의 컴퓨터와 연결되어 이루어지는 전자적 자금거래의 특수한 형태인 소위 Home-Banking 기능이다. 즉 고객이 은행창구가 아닌 가정이나 사무실에서 다양한 은행업무를 PC화면앞에서 처리할 수 있는 기능이다. 예컨대 Home-Banking을 이용하여 자신의 예금구좌로부터의 이체, 주식매매 등이 가능하다. 더 나아가 잔액조회, 경제소식 또는 주식시세 등의 정보를 제공받을 수 있다. 이와 같은 공개적인 정보의 교환 이외에도 소규모의 제한된 그룹내에서의 공개되지 않는 정보교환도 가능하다. 정보통신시스템을 통한 지불거래의 남용은 Home-Banking업무를 비밀번호를 아는 권한 없는 자가 사용함으로써 발생한다. 정보통신 시스템을 이용하여 거래은행의 컴퓨터에 접속하여 타인의 은행비밀번호를 입력하면 은행의 다양한 업무를 권한 없이 이용할 수 있다. 예컨대 타인의 구좌에서 행위자 자신

이 되는지는 의문이다.

왜냐하면 여기서 문제되는 예금은 전자적으로 입력된 자금(소위 대체현금)으로서 유체물도 아니며 또한 사무적 관리만이 가능하여 형법상 재산죄에서 의미하는 재물이 아니기 때문이다.[21] 역시 마찬가지로 나중에 전자적으로 입력된 장부상의 자금을 인출하더라도 이는 이미 청구권자의 인출행위로서 타인의 재물이 아니다. 따라서 절도죄와 횡령죄의 객체가 될 수 없다.

또한 절취한 현금카드로 권한 없이 현금카드 소유자의 예금구좌에서 행위자 자신 또는 제3자의 구좌로 이체시키도록 조작한 행위는 사기죄의 구성요건에도 해당하지 않는다. 전자적 자금거래는 은행의 온라인시스템에 의하여 사람의 개입 없이 자동적으로 이루어지기 때문에 사람의 의식세계에 영향을 미치지 않는다. 즉 사람의 착오를 야기할 기망행위가 결여된 것이기 때문에 사기죄의 구성요건에 해당하지 않는다.[22]

또한 배임죄에도 해당하지 않는다. 배임죄는 타인의 사무를 관리하는 자만이 주체가 되기 때문이다.

Ⅲ. 신용카드 부정사용의 기수시기

1. 신용구매행위의 경우

판례는 신용카드 부정사용죄의 구성요건인 신용카드의 사용을 신용카드의 소지인이 신용카드의 본래의 용도인 대금결제를 위하여 가맹점에 신용카드를 제시하고 매출표에 서명하고 이를 교부하는 일련의 행위로 보고[23] 단순히 신용카드를 제시하는 행위는 신용카드업법 제25조 제1항의 신용카드 부정사용죄의 실행에 착수한 행위로서 불가벌적인 미수행위에 불과하다고 본다.[24]

의 구좌로 예금을 이체시키거나 타인의 구좌의 예금으로 주식을 매입할 수 있다. 타인의 부정사용의 결과는 통상 피해자가 자신의 구좌의 잔액을 조회하는 과정에서 비로소 밝혀지게 된다. 따라서 행위자는 이체된 자금을 인출하거나 매입하게 한 주식을 인도받는 데는 시간적으로 어려움이 없게 된다.

21) Sch/Sch/Eser, §242, Rdn.3; Frey, Computerkriminalität in eigentums- und vermögensstrafrechtlicher Sicht 1987, S.54, 165; 이 철, 앞의 책, 115면.

22) Frey, a.a.O., S.166.

23) 대법원 1992. 6. 9 선고 92도77 판결; 1995. 7. 28 선고 95도997 판결.

24) 대법원 1993. 11. 23 선고 93도604 판결.

문제는 매출표에 서명하여 교부한 행위를 단지 권한 없는 자가 서명하여 가맹점에 교부하는 행위로 볼 것인지25) 아니면 교부받은 가맹점이 서명을 확인하여 이상없음의 표시로 매출표 중의 한 장을 다시 교부할 수 있는 상태 내지 교부하는 행위로 볼 것인지이다. 이는 서명된 매출표를 교부받은 가맹점이 서명에 이상이 있음을 발견하고 대금결제를 거부하는 경우에도 이미 신용카드 부정사용죄의 기수로 볼 것인지 아니면 신용카드를 제시하고 매출표를 작성, 교부하기 이전에 도난카드임이 발각된 경우와 같이 아직 미수단계로 볼 것인지에 관한 것이다.

신용카드 부정사용죄가 재산적 법익에 관한 범죄유형은 아니더라도 신용카드에 대한 신뢰성은 신용카드의 기능인 대금결제가 정당한 권한자 이외의 자에 의해서 이루어진 경우에 침해된다고 보아야 한다. 따라서 도난신고에 의해서 부당한 대금결제가 방지된 경우뿐만 아니라 정당한 권한자 여부에 대한 가맹점의 확인단계에서 부당한 대금결제가 이루어지지 않은 경우에도 신용카드의 부정사용이 기수에 도달했다고 보기 어렵다.

2. 현금서비스를 통한 신용대출행위의 경우

대금결제수단으로서의 신용카드의 사용과 마찬가지로 현금서비스를 통한 신용대출행위의 경우에도 신용카드를 현금자동인출기에 넣어 비밀번호를 입력하고 원하는 현금서비스 금액을 입력하여 현금인출구에 교부된 현금을 인출하는 일련의 행위를 신용카드 부정사용으로 보아야 한다.

본 판결은 절취한 신용카드를 현금자동인출기에 넣고 비밀번호를 조작하여 현금서비스를 제공받으려는 일련의 행위를 신용카드 부정사용으로 보고 있다. 이는 어의상뿐만 아니라 현금인출구의 현금을 인출하고 취득하는 행위를 별도의 절도죄로 인정하여 신용카드 부정사용과는 실체적 경합관계로 보는 점에 비추어 인출조작을 마친 때26)를 신용카드 부정사용죄의 기수로 보는 것 같다.

그러나 인출조작후 현금인출구에 교부된 현금의 취득은 인출조작행위의 결과로서 분리할 수 없는 하나의 일련의 행위로 평가하여야 한다. 또한 이렇게 봄으로써 절취한 현금카드로 현금을 인출하지 않고 이체시키는 경우와 균형을 이룰 수 있게 된다.

---

25) 김우진, 앞의 논문, 294면.
26) 김우진, 앞의 논문, 296면.

이와는 달리 현금카드 겸용의 신용카드를 대금결제나 현금서비스의 제공을 받기 위하여 사용하지 않고 단지 예금구좌에서 예금을 인출하는 행위는 신용카드의 사용 행위가 아니다. 따라서 절취한 신용카드로 현금카드의 기능만 사용했다면 신용카드 업법 제25조 제1항의 신용카드 부정사용죄에 해당하지 않는다.

Ⅳ. 죄수와 경합관계

본 판결과 같이 절취한 신용카드로 현금자동인출기를 이용하여 현금서비스를 받은 경우에 현금자동인출기를 조작하는 행위와 현금인출구에 교부된 현금을 취득하는 행위를 구분하여 전자가 신용카드 부정사용죄의 기수이고 후자를 별도로 절도죄로 본다면 양자는 실체적 경합관계이다. 대법원은 판결문에서 피해자명의의 신용카드를 부정사용하여 현금자동인출기에서 현금을 인출하고 그 현금을 취득한 행위는 신용카드업법상의 신용카드 부정사용죄와 형법상의 절도죄가 성립하고 양죄는 그 보호법익이나 행위태양이 전혀 달라 실체적 경합관계에 있다고 밝히고 있다.

그러나 본 판결의 사안에서는 이미 언급한 바와 같은 근거로 현금인출 및 취득행위가 별도의 절도죄를 구성하지 않기 때문에 신용카드 부정사용죄만 성립한다. 만일 별도의 절도죄가 성립한다 할지라도 신용카드를 현금자동인출기에 넣어 비밀번호를 입력하고 원하는 현금서비스 금액을 입력하여 현금인출구에 교부된 현금을 인출하는 일련의 행위를 신용카드 부정사용죄로 보면 1개의 행위로 신용카드 부정사용죄와 절도죄의 구성요건을 실현시킨 상상적 경합범이 된다.

통상 금고의 열쇠를 훔쳐 금고 안의 현금과 귀중품을 절취했다면 열쇠의 절도에 대해서는 별로 관심을 기울이지 않는다. 이는 잠금장치가 되어 있는 용기 안의 재물을 절취하기 위하여는 열쇠가 필수적이기 때문에 열쇠의 절취는 불가벌적 사전행위 내지 수반행위로 볼 수 있기 때문이다. 또한 열쇠와 금고 안의 재물은 동일한 법익에 속하기 때문에 열쇠의 절취를 별도로 평가하지 않는다. 이와 같은 근거로 부정사용의 목적으로 현금카드 내지 신용카드를 절취하여 실제 사용한 경우에 카드절취를 불가벌적 사전행위 내지 수반행위로 볼 것인지도 검토해 볼 필요가 있다. 절취와 부정사용행위는 각각 하나의 행위의 비독자적인 부분행위로 보아야 한다. (절취한) 신용카드를 부정사용하기 위하여는 반드시 신용카드를 절취하여야 하며 신용카드절취의 불법내용은 신용카드 부정사용의 불법내용에 비해 경미하기 때문이다. 따라서 신용카드절취행위는 신용카드 부정사용죄에 흡수되어야 한다.

V. 결론

타인의 현금카드를 절취하고 이에 설정된 비밀번호를 알아내어 현금자동인출기로부터 현금을 인출하거나 신용카드로 현금서비스를 받아 어렵지 않게 타인의 구좌에 경제적 부담을 지우는 현금조달방법은 현행법상으로는 전통적인 절도, 사기, 횡령 및 배임죄의 행위유형으로 볼 수 없다.

따라서 본 판결의 사안에 대해서는 신용카드업법 제25조 제1항의 부정사용죄만이 성립한다. 신용카드의 절취행위는 여기에 흡수된다.

또한 현금을 인출하지 않고 온라인시스템을 이용하여 절취한 현금카드로 타인의 구좌에서 행위자 자신의 구좌로 예금을 이체시키도록 조작하는 행위인 전자적 자금거래시스템의 부정사용행위도 전통적인 재산범죄의 영역에 포함되지 못한다.

더 나아가 이상의 행위는 개정 형법의 컴퓨터 등 사용사기죄(제347조의2)에 의해서도 규율될 수 없다. 왜냐하면 이 신설범죄유형은 컴퓨터 등 정보처리장치에 허위의 정보 또는 부정한 명령을 입력하여 정보처리를 하게 하여 재산상의 이익을 취득하는 행위만을 규율대상으로 하기 때문이다. 따라서 컴퓨터사기죄의 구성요건에 앞으로 빈번하게 발생할 수 있는 행위유형인 진정한 데이터의 권한 없는 사용행위도 포함시켜야 한다. 이러한 행위의 결과불법은 타인의 재산이라는 법익의 침해에 있고 행위불법은 행위객체에 대한 특별한 행위형태와 이 행위수행의 비난받을 만한 범죄의도와 사회적 유해성에 있다.[27]

---

27) Bandekow, Strafbarer Missbrauch des elektronischen Zahlungsverkehrs, 1989, S.298ff.

부동산거래관계에 있어서 고지의무와 부작위에 의한 기망*

[사건개요]

피고인이 공소의 조규종에게 이 사건 토지의 일부를 매도하고 그 계약금 및 중도금을 수령하였으므로 위 매매계약을 일방적으로 해제할 수 없는 처지에 있음에도 불구하고, 피해자에게 이 사건 토지를 매도함에 있어서 위와 같은 사실을 고지하지 아니하고 숨김으로써 이 사건 토지의 양수에 아무런 문제가 없으리라고 믿는 피해자로부터 계약금의 명목으로 금원을 교부 받았다.

[판결요지]

1. 원심법원의 판결요지

위 공소사실에 대하여 다음과 같은 이유로 무죄를 선고한다.

부동산의 2중매매에 있어서 제2의 매수인에게 단순히 제1의 매매사실을 고지하지 아니하였다는 사실만으로는 기망행위를 한 것이라고 할 수 없고, 제2의 매수인에게

---

* 출처: 「형사판례연구」 제2권, 1994, 191~210면.

당초부터 소유권을 이전하여 줄 의사가 없었음에도 있는 듯이 속이거나, 매매목적물에 관하여 이미 제3자의 신청에 의하여 처분금지가처분결정이 된 경우 등과 같이 그 매매계약을 이행함에 있어서 어떤 법률상의 제한이 있음에도 이를 고지하지 아니하고 매매계약을 체결하는 경우 등에만, 제2의 매수인에 대한 사기죄가 성립된다고 할 것인바, 이 사건에 있어서는 피고인이 당초 제2의 매수인인 피해자와 매매계약을 체결할 당시 매매목적물인 이 사건 토지에 관하여 제1의 매수인인 위 조규종의 신청에 의한 처분금지가처분결정이 내려진 사실을 전혀 알지 못하였으므로, 이를 고지하지 않았다고 하여 바로 피고인이 피해자와 매매계약을 체결함에 있어서 기망의 고의가 있었다고 단정할 수 없고, 그밖에 달리 피고인에게 피해자에 대한 사기죄의 범의가 있었음을 인정할 증거가 없다.

2. 대법원의 판결요지

부동산을 매매함에 있어서 매도인이 매수인에게 매매와 관련된 어떤 구체적인 사정을 고지하지 아니함으로써, 장차 매매의 효력이나 매매에 따른 채무의 이행에 장애를 가져와 매수인이 매매목적물에 대한 권리를 확보하지 못할 위험이 생길 수 있음을 알면서도, 매수인에게 그와 같은 사정을 고지하지 아니한 채 매매계약을 체결하고 매매대금을 교부받는 한편 매수인은 그와 같은 사정을 고지받았더라면 매매계약을 체결하지 아니하거나 매매대금을 지급하지 아니하였을 것임이 경험칙상 명백한 경우에는, '신의성실의 원칙상 매수인에게 미리 그와 같은 사정을 고지할 의무가 매도인에게 있다고 할 것이므로, 매도인이 매수인에게 그와 같은 사정을 고지하지 아니한 것이 사기죄의 구성요건인 기망에 해당한다고 할 것이지만', 매매로 인한 법률관계에 아무런 영향도 미칠 수 없는 것이어서 매수인의 권리의 실현에 장애가 되지 아니하는 사유까지 매도인이 매수인에게 고지할 의무가 있다고 볼 수 없는 것인바, 부동산의 2중매매에 있어서 소론과 같은 매도인이 제1의 매매계약을 일방적으로 해제할 수 없는 처지에 있었다는 사정만으로는, 바로 제2의 매매계약의 효력이나 그 매매계약에 따르는 채무의 이행에 장애를 가져오는 것이라고 볼 수 없음은 물론, 제2의 매수인의 매매목적물에 대한 권리의 실현에 장애가 된다고도 볼 수 없는 것이므로(제2의 매수인의 권리의 실현으로 인하여 제1의 매수인에 대한 관계에서 배임죄가 성립할 것인지의 여부는 별 문제로 하고), 매도인이 제2의 매수인에게 그와 같은 사정을 고지하지 아니하였다고 하여 제2의 매수인을 기망한 것이라고 평가할 수는 없을 것이다.

[연구]

I. 판례의 입장 및 문제제기

1. 본 판결의 의미내용 및 판례의 입장

(1) 본 판결의 의미내용

소위 부동산의 2중매매에 있어서 매도인이 제2의 매수인과 매매계약을 체결할 때 제1의 매수인과의 매매계약이 이미 성립하여 계약금 및 중도금까지 수령한 사실을 고지하지 않은 것이 부작위에 의한 기망행위로 평가될 수 있는지에 관한 판결이다.

대법원은 본 판결을 통해서 부동산매매에 있어서 매도인의 고지의무가 신의성실에 원칙에 그 법적 근거를 갖고 있음을 다시 확인하고,[1] 구체적으로 고지의무의 성립요건으로서 첫째, 매매에 관련된 구체적인 사정을 고지하지 아니함으로써 매수인이 매매목적물에 대한 권리를 확보하지 못할 위험이 있는 사정, 즉 법률관계의 효력에 영향을 미치거나 매수인의 권리실현에 장애가 되는 사유, 둘째, 행위자가 이와 같은 사정을 알고 있을 것, 셋째, 상대방이 위와 같은 사정을 고지받았더라면 당해계약을 체결하지 않았거나 재산상의 처분행위를 하지 않았을 것이 경험칙상 분명한 경우 등을 들고 있다.[2] 즉 본 판결은 부동산의 2중매매에 있어서 매도인의 고지의무에 관한 기존의 일관된 입장을 고수한 판결이며, 위와 같은 요건이 갖추어진 경우에만 신의성실의 원칙상 고지의무를 인정하여 이를 이행하지 않은 행위자의 행위가 부작위에 의한 기망행위로서 사기죄가 성립한다는 취지의 판결이다.

이 판결이 기초하고 있는 사안에서는 피고인이 사건토지의 일부를 매도하고 계약금과 중도금을 수령하여 일방적으로 매매계약을 해제할 수 없는 상황이지만, 그 사

---

1) 이미 대판 1980.7.8, 79도2734; 대판 1983.3.22, 82도2837; 대판 1983.9.13, 83도823; 대판 1984.9.25, 84도882; 대판; 1985.3.12, 84도93; 대판 1985.3.26, 84도301; 대판 1986.9.9, 86도956; 대판 1987.10.13, 86도1912; 대판 1991.7.23, 91도458; 대판 1992.8.14, 91도2202.

2) 대판 1984.9.25, 84도882; 대판 1985.3.12, 84도93; 대판 1985.3.26, 84도301; 대판 1987.10.13, 86도1912; 대판 1991.7.23, 91도458.

정만으로는 피해자인 제2의 매수인이 이 토지에 대한 권리를 실현하는데 장애가 되는 사유가 아니기 때문에, 또한 - 원심에서 인정한 바와 같이 - 그러한 사정이 있었다 하더라도(본 건에서는 제1의 매수인의 신청에 의한 매매목적물에 대한 처분금지가처분결정) 매도인이 이를 알지 못하였기 때문에 위 세 가지 요건을 모두 충족시키지 못하므로 피고인이 제1의 매매사실을 묵비한 것은 고지의무불이행으로서 부작위에 의한 기망행위가 될 수 없다는 것이다.

(2) 종래의 판례의 입장

1) 부동산거래관계에 있어서 고지의무와 부작위에 의한 기망에 관한 종래의 판례는 본 판결과 같은 기본원칙에서 출발하여 이미 언급한 고지의무의 세 가지 구체적 요건을 충족하는 경우 부작위에 의한 기망을 인정하고 있다. 예컨대 전대차금지, 제소전화해성립과 점유권이전금지가처분결정이 있는 사실(대판 1980.7.8, 79도2734), 매매목적물에 대한 소송계속사실(대판 1983.3.22. 82도2837), 매매목적물에 대한 명도소송의 계속과 점유이전금지가처분이 되어 있는 사실(대판 1985.3.26, 84도301), 매매목적물에 관한 재심소송이 계속중인 사정(대판 1986.9.9, 86도956), 매매목적물에 관하여 유언으로 재단법인에 출연되었는지 여부가 문제되고 다른 부동산에 관해서는 이미 위 유언이 유효하다는 판결이 있었다는 사실(대판 1992.8.14, 91도2201) 등을 불고지한 경우이다.

한편 고지의무의 세 가지 구체적 요건이 흠결되어 부작위에 의한 기망행위를 부정한 판례를 보면, 특히 법률관계의 효력에 영향이 없고 상대방의 권리실현에 장애가 되지 않는 사유이기 때문에 고지의무가 없다고 본 경우로는 아파트분양업무와 관련하여 받은 유죄판결은 사법상 효력, 즉 피해자의 소유권취득에 영향을 미치지 않는 사정의 경우(대판 1983.9.13, 83도823), 회사의 공장부지매매의 경우에 회사정리절차의 진행사실을 고지하지 않았더라도 피고인이 매매계약과 동시에 가등기특약을 하고 회사정리절차개시 전에 가등기를 필한 경우(대판 1984.9.25, 84도882), 공사도급계약을 체결함에 있어서 토지에 관한 담보조의 가등기가 설정되어 있고 또한 담보로 이용되고 있다는 사실을 고지하지 않았다 하더라도 그 토지상에 건립되는 연립주택이 일부분양되면 그 담보권을 소멸시킬 수 있고 또 이 사실에 개의치 않고 다수도급업자가 경쟁입찰에 응하여 온 사실의 경우(대판 1985.3.12, 84도93) 등이다. 또한 예컨대 도시계획저촉에 관한 통지를 관할구청으로부터 받은 바 없고, 매매직전에 대지에 관한 도시계획확인원에도 저촉사실의 기재에 없는 때에는 사실의 구체적 내용을 알지 못하기 때문에 고지의무가 없다고 본다(대판 1985.4.9, 85도17).

2) 그밖에도 고지의무의 법적 근거로서 신의성실의 원칙을 언급하고 있지는 않지만, 고지의무의 요건이 충족되어 부작위에 의한 기망행위를 인정하는 판례가 있다. 예컨대 매매목적물인 대지 중 일부가 도로화되어 있다는 사실은 대금결정의 참작 또는 계약을 체결하지 아니할 사유이므로 매매목적물의 하자고지의무 불이행은 기망행위가 된다고 본 사례(대판 1971.7.27, 71도977), 전세를 놓을 때 그 부동산이 제3자에게 경락허가결정이 된 사실은 일상경험칙상 인정될 수 있는 계약의 중요한 조건의 하나이므로 고지의무가 있다고 본 사례(대판 1974.3.12, 74도164), 토지를 매도함에 있어서 채무담보를 위한 가등기와 근저당설정등기가 경료된 사실을 고지하지 않은 경우(대판 1981.8.20, 81도1638; 이와 유사한 사안에서 대판 1990.11.13, 90도1218), 임대차보증금을 담보로 제공하고도 이 사실을 은폐하고 피해자와 전대차계약을 맺고 계약금을 받은 경우(대판 1991.11.12, 91도2270) 등이다.

고지의무 구체적 요건이 갖추어지지 않아 기망행위 내지 사기죄의 성립을 부정한 경우로는 부동산의 2중매매사실의 불고지의 경우 제2의 매매계약의 효력이나 매매계약에 따른 채무의 이행에 장애를 가져오지 않고 제2의 매수인의 매매목적물에 대한 권리실현의 장애가 된다고 볼 수 없기 때문에(대판 1956.5.8, 56형상21; 대판 1969. 1.29, 69도1921; 대판 1970.5.26, 70도777; 대판 1971.12.21, 71도1480; 대판 1983.6.28, 82도1684; 대판 1984.5.9, 83도3194; 대판 1987.12.8, 87도1839), 근저당권설정등기사실을 불고지한 경우라도 매수인이 그 사실을 알았더라면 매매계약을 체결하지 아니하였으리라는 사정이 없기 때문에(대판 1972.3.28, 72도255), 임대차계약시 목적물이 피고인소유의 건물이었다면 그 대지의 일부가 타인에게 속했다 하더라도 대지인도 및 건물철거소송이 확정되지 않은 이상 그 건물사용의 권리는 피고인에게 있으므로(대판 1979.2.13, 78도2211), 임대차계약을 체결함에 있어서 목적물에 관하여 가등기담보가 설정된 사실을 고지하지 않았더라도 임대차목적물의 시가가 임대차보증금과 가등기담보로 차용한 금액의 합산을 월등히 초과하고 그 가등기가 곧 말소되었기 때문에(대판 1985.4.9, 85도326), 임대차계약을 체결하면서 매도목적으로 복덕방에 내놓았다는 사실을 고지하지 않았더라도 매수인과의 사이에 임대차보증금을 매매대금에서 공제하여 매수인이 임대인의 지위를 승계하기로 약정하였기 때문에(대판 1985. 11.12, 85도1914) 고지의무를 부정하였다.

또한 임대인이 임대차계약 당시 저당권설정사실을 고지하지 않았지만 그 당시 부동산이 경매되리라는 사정을 몰랐기 때문에(대판 1985.9.10, 85도1306) 고지의무를 부정하는 경우도 있다.

(3) 법적 고지의무를 인정하지 않은 판례

이상의 판례와는 달리 애당초 법적 고지의무 자체를 부정한 입장도 있다. 원래 부동산등기는 부동산상의 권리를 공시하는 것이므로 부동산소유자는 그 부동산의 처분에 있어서 상대방에 대해 그 부동산에 이미 등기되어 있는 한 저당권의 존재에 관하여 법률상의 고지의무를 인정할 수 없다고 보며(대판 1959.12.18, 4292형상554), 또한 부동산의 매매에 있어서 매주가 등기부에 등재되어 있는 담보제공사실을 고지하지 아니한 경우에도 기망행위를 부정하고 있다(대판 1970.5.26, 70도481). 따라서 이 판례에 따르면 부동산거래에 있어서 매매 등의 목적물에 하자가 있는지를 확인하는 것은 등기부의 열람을 통해서 매수인 또는 임차인이 해야 할 의무이며, 매주 또는 임대인의 법률상 고지의무에 속하지 않는다는 것이다.

그밖에 법률상 고지의무의 인정 여부에 관해서는 불분명하지만 불고지를 사기죄의 범의인정사유로 보지 않은 판결로는 소송계속 중인 사실을 고지하지 않은 행위(대판 1983.12.27, 82도2497),[3] 대지에 채무담보를 위한 가등기와 근저당설정등기가 경료된 사실을 고지하지 않은 행위(대판 1979.7.10, 79도1133) 등이 있다.

2. 연구대상 및 문제제기

(1) 본 판결은 부동산을 매매함에 있어서 일정한 사정에 관한 매도인의 고지의무가 신의성실의 원칙에 근거하며, 고지의무를 다하지 아니하면 사기죄의 객관적 구성요건인 기망에 해당한다고 봄으로써 부작위에 의한 기망행위도 가능함을 분명히 하고 있다. 즉 부동산매매계약의 효력이나 매매에 따르는 채무의 이행에 장애를 가져와 매수인이 매매목적물에 대한 권리를 확보하지 못하게 할 사정을 매도인이 고지하

---

3) 그러나 대판 1983.3.22, 82도2837에서는 신의성실을 원칙으로 하는 거래의 필요상 매도인은 매매시 매매목적물에 대한 소송계속사실을 매수인에게 고지할 법률상 의무가 있다고 판시하였다.

지 아니함으로써, 매수인을 착오에 빠지게 하거나 착오상태를 계속시켜 이를 이용하는 경우도 기망행위의 행위태양에 속하게 된다.

따라서 판결이 언급하고 있는 부작위에 의한 기망행위, 고지의무의 법적 근거로서 신의성실의 원칙과 부동산거래관계에 있어서 고지의무의 성립요건에 관해서 비판적으로 고찰해 볼 필요가 있다.

(2) 결론적으로 본 판결의 원칙적 입장에 관해서는 긍정적인 평가를 내릴 수 있지만 몇 가지 점에서 의문이 제기될 수 있다.

첫째, 부동산거래에 있어서 과연 매도인에게 형벌을 근거지우는 고지의무를 일반적으로 부과할 수 있을 것인가 하는 것이다. 오늘날 우리는 자신의 이익의 극대화를 목표로 하는 자유시장경제체제와 경쟁모델 속에 살고 있다. 이러한 체제와 모델 내에서는 우월한 많은 정보를 최대한 이용하는 것이 원칙적으로 정당하기 때문에 여기서 서로 이해가 대립되는 당사자 중 어느 일방에게만 고지의무를 부과하여 상대방의 재산상 이익의 보호에 주의를 기울이도록 할 수 있을 것인가는 다시 한번 검토해봐야 할 문제이다.

둘째, 설사 부동산거래관계의 어느 일방당사자에게 상대방의 착오를 제거해야 할 보증인적 지위를 인정하고 이로부터 구성요건실현의 회피 내지 방지를 위한 특별한 법적 의무, 즉 고지의무를 부과한다하더라도 보증인적 지위와 이로부터 도출되는 작위의무가 신의성실의 원칙에 그 발생근거를 갖고 있는지는 의문이다. 왜냐하면 일반적으로 사법상의 원칙인 신의성실의 원칙에서 형벌을 근거지우는 고지의무를 도출하는 것은 죄형법정주의의 명확성의 원칙이라는 관점과 형법의 단편적 성격 (fragmentarischer Charakter)[4]을 고려한다면 당연한 것이 아니기 때문이다.

마지막으로 고지의무를 매도인의 법적 의무로 인정한다 하더라도 이미 언급한 바와 같이 판례에서 제시하는 세 가지 성립요건으로 충분할 것인가 아니면 요건을 보충하여 고지의무의 인정범위를 제한해야 할 필요성은 없는가의 문제이다.

---

4) Maass, Betrug verübt durch Schweigen, S.146.

II. 부작위에 의한 기망행위와 고지의무

1. 사기죄의 구성요건적 행위태양으로서의 기망행위

사기죄는 사적인 재산권의 침해로부터 개개인을 보호한다. 그러나 전체로서의 재산권은 그 범위가 광범위하기 때문에 형법은 단지 특별한 공격형태로부터의 재산권 침해만을 보호한다. 이는 모든 불법한 재산상의 손해에 대해서 형사제재수단으로써 반응한다면 형사법과 민사법의 구별이라는 전통적인 원칙이 흐려지게 되고, 이로써 형법의 최후수단성(ultima ratio)이 무의미해지기 때문이다.

따라서 형사입법자는 예컨대 강도죄의 폭행협박행위, 배임죄의 특별한 신임관계를 위배한 행위와 사기죄의 기망행위와 같은 단지 특정한 불법적인 재산침해행위만을 형법적으로 보호한다. 사기죄는 재산적 법익에 대한 기망행위라는 특별한 공격형태로부터 전체로서의 재산권을 보호하는 범죄이다. 사기죄에서의 행위자의 행위는 기망, 즉 피해자의 착오를 야기시키는 행위에 있기 때문에 문서위조 또는 변조와 통화위조행위 등은 재산상의 손해를 초래하는 행위이지만 이는 사기죄의 준비적 행위로서 재산권에 대한 특별한 공격행위인 기망행위와는 구별된다.

2. 기망행위의 의미

사기죄의 행위는 피기망자에게 착오를 일으키게 하는 기망행위다. 형법은 기망행위의 유형을 명시하고 있지 않기 때문에 기망행위에는 타인의 재산상의 손해를 겨냥하여 착오라는 결과를 야기시키는 모든 행위가 포함된다. 따라서 허위의 사실을 주장하거나 진실한 사실을 왜곡 또는 은폐하는 행위이면 그것이 허위의 사실을 진실인 것처럼 언어 또는 문서로써 명시적으로 주장하는 행위이든 행동을 통하여 그러한 주장을 추론하도록 하는 묵시적 행위이든 아니면 거래상대방에게 존재하는 착오를 사실의 고지를 통해서 제거하지 않거나 또는 거래상대방 스스로 착오에 빠지는 것을 저지하지 않는 부작위든 제한이 없다.

판례에 따르면 사기죄의 요건으로서의 기망은 널리 재산상의 거래관계에 있어서 지켜야 할 신의와 성실의 의무를 저버리는 모든 적극적 또는 소극적 행위를 의미한다.[5]

---

5) 대판 1961.3.31, 4294형상4; 대판 1983.6.28, 83도1013; 대판 1984.2.14, 83도2857; 대판 1987. 10.13, 86도1912; 대판 1988.3.8, 87도1872.

학설에서도[6] 기망행위가 반드시 작위에 제한되지 않고 부작위에 의해서도 가능하다는 점에 관해서는 의견의 일치를 보고 있다. 따라서 단순한 묵비, 즉 존재하는 착오를 사실의 고지를 통해서 제거하지 않는 것 또는 피해자가 스스로 착오에 빠지는 것을 저지하지 않아서 착오상태를 계속시키는 것도 기망으로 평가할 수 있는 행위태양이 된다. 물론 이때 행위자가 보증인적 지위에 놓여서 보증인적 의무(여기서는 고지의무)가 존재해야 하며 이 작위의무위반(=부작위)이 작위와 동가치성을 가져야 한다는 부작위범의 일반원칙이 전제되어야 하는 것은 자명하다. 이와 같은 부작위에 의한 기망행위는 작위에 의한 기망행위와 구별되며 후자는 허위의 사실을 분명히 언어로 표시하는 것, 즉 객관적인 진실에 반하는 사실을 주장하는 명시적 기망과 허위의 사실을 주장을 통해서 분명히 표현하지는 않지만 일반적인 법적 거래관행을 고려하여 그의 전체행동을 통해서 알 수 있도록 하는 묵시적 기망[7]을 포함한다.

3. 묵시적 기망행위와 부작위에 의한 기망행위의 구별

그러나 이와 같은 사기죄의 기망행위의 행위태양은 그 구별이 용이하지 않다. 명시적 기망과 묵시적 기망의 한계는, 착오에 빠지는 것이 주장뿐만 아니라 주장하려는 대상의 조작에 기인하기 때문에 불분명하다. 이는 주장하려는 대상의 조작이 통상 언어에 의한 교류를 통해서 구체적인 의미내용을 갖는 일반적으로 인정된 표시와 공통적이고 따라서 언어를 통한 의사소통과 동가치적이기 때문이다.[8]

---

6) 이재상, 형법각론, 1990, 314면; 정성근, 형법각론, 1991, 403면 이하; 진계호, 형법각론, 1990, 353면; 장진원, 사기죄에 있어서 고지의무위반, 검찰 94호(1986), 82면; 구본민, 부작위에 의한 기망과 사기, 법무연구 18호, 18면.

독일문헌으로는 Schönke/Schröder/Cramer, StGB, 24.Aufl., §263, Rdn.23; LK-Lackner, StGB, 10.Aufl., §263, Rdn.65; Maurach/Maiwald, BT Bd.1, S.413; Otto, Grundkurs Strafrecht, Die einzelne Delikte, 1997, S.224; Arzt/Weber, Strafrecht BT, 2.Aufl., S.146; Maass, Betrug verübt durch Schweigen, S.5f.; Volk, Täuschung durch Unterlassen beim Betrug, JuS 1981, 880.

이와는 달리 부작위에 의한 기망행위의 불가벌성을 주장하는 견해로는 Naucke, Zur Lehre vom strafbaren Betrug, S.106ff.; Grünwald, Der Vorsatz des Unterlassungsdelikts, FS-H. Mayer, 1966, S.291. 또한 제한적으로 Herzberg, Die Unterlassung im Strafrecht und das Garantenprinzip, 1972, S.82; Bockelmann, Betrug verübt durch Schweigen, FS-E. Schmidt, 1961, S.441ff.

7) Schönke/Schröder/Cramer, StGB, 24.Aufl., §263, Rdn.23; LK-Lackner, StGB, 10.Aufl., §263, Rdn.65.

8) LK-Lackner, StGB, 10.Aufl., §263, Rdn.21.

또한 작위에 의한 기망과 부작위에 의한 기망과의 한계도 유동적이다. 왜냐하면 사실을 묵비하는 것을 부작위에 의한 기망으로 취급하게 하는 보증인적 지위는 고지하지 않는 것이 사실의 흠결을 묵시적으로 주장하는 것으로서도 보이게 하기 때문이다.

우리 대법원판례에서도 고지의무의 존부를 관하여 언급하고 있지만 실제 묵시적 기망으로서 고지의무의 유무를 논할 필요가 없었던 경우가 발견되어진다. 예컨대 이전등기사실을 숨긴 채 동 가옥에 거주하며 또 주민등록이 있는 채무자가 동 가옥의 소유권자인양 타인에게 임대한 경우는 대법원판결9)이 고지의무위반으로 사기죄를 구성한다고 본 것과는 달리 묵시적 기망행위에 속한다. 왜냐하면 부동산을 매도하거나 임대하는 자는 그가 소유권자 또는 처분권이 있는 자이고, 체결된 계약대로 이행할 의사가 있음을 묵시적으로 설명하는 것이기 때문이다.10)

이는 실제로 묵시적 기망과 부작위에 의한 기망의 한계가 뚜렷하지 않다는 데 기인하지만 사기죄의 객관적 구성요건의 첫 단계인 기망행위의 검토에 있어서는 우선 분명하고 간단할 뿐만 아니라 별도의 요건이 필요 없는 행위태양인 명시적 기망행위를 먼저 문의하고, 그 다음에 묵시적 기망행위를 검토한 후 고지의무의 유무와 부작위에 의한 이 고지의무의 침해가 있는지를 살펴보는 순서로 기망행위의 존부를 확인해야 함을 고려하지 않은 결과이기도 하다. 또한 행위자의 전체적 행위를 판단대상으로 하지 않고 행위의 일부분에 초점을 맞추어 평가한 오류의 결과이기도 하다. 따라서 예컨대 이전하지 않고는 가동할 수 없게 된 플라스틱 공장을 매도함에 있어서 매도인이 이 사정을 고지하지 아니하고 공장을 운영하는 데 아무런 문제가 없다고 말하였다면(대판 1991.7.23, 91도458), 이는 신의성실원칙상의 고지의무의 위반으로서 부작위에 의한 기망이 아니라 적극적·명시적 기망이 되는 것이다. 그러므로 매도인에게 법률적 고지의무가 있는지를 살펴볼 필요 없이 작위에 의한 기망행위를 곧바로 인정할 수 있는 것이다. 또한 예컨대 소유권유보부매매의 목적물을 채무담보로 제공한 채무자가 그 사실을 묵비했다면 이는 고지의무위반으로서 부작위에 의한 기망행위가 되는 것이 아니라, 그의 전체적 행위는 자기가 제공한 담보물이 담보물로서 유

---

9) 1984.1.31, 83도1501.
10) 예컨대 건물을 매도하는 자는 자기가 그 건물의 소유권자 또는 처분권자이고 매매목적물 양도 등의 계약상의 의무를 이행하고자 함을 묵시적으로 설명하는 것으로 보아야 한다. 이와 같은 견해로는 LK-Lackner, §263, Rdn.34, 40; Maass, a.a.O., S.147.

용함을 주장한 것으로 평가될 수 있기 때문에 묵시적 기망으로서 작위에 의한 기망 행위가 되는 것이다.

4. 고지의무와 부작위에 의한 기망행위

(1) 고지의무의 적용범위 확대

예컨대 관세법 또는 조세법과 같은 공법뿐만 아니라 계약당사자 사이에서와 같은 사법에서도 자신의 이익추구와 상반되는 진실의무는 그 적용범위가 확대되고 있다. 따라서 사기의 피해자는 기망행위자로부터 포괄적인 해명 내지 고지의무를 기대할 수 있게 되었고 이로써 피해자는 그의 주의의무를 덜게 되었다.

특히 판례는 고지의무의 발생근거로서 신의성실의 원칙을 끌어들이고 이를 일반적으로 사기죄의 특징적인 해명의무로 인정하고 있다. 그러나 특히 부동산거래에 있어서와 같이 매도인에게 형벌을 근거지우는 고지의무를 과연 사법적 기본원리로부터 제한 없이 일반적으로 부과할 수 있을 것인가 하는 것은 의문이다. 왜냐하면 우리 민법은 물권변동의 공시제도를 마련해 놓고 있어서 매매목적물의 법적 상태를 용이하게 알 수 있기 때문이다. 따라서 신의성실의 원칙이 보증인적 지위의 발생근거가 되는 것인지 여부와 어떤 경우에 발생근거가 된다고 볼 것인지가 검토되어져야 한다.

(2) 부동산거래관계에 있어서 고지의무

보증인적 의무는 전통적으로 법령, 계약, 선행행위에서 발생한다고 본다.11) 형법 제18조의 해석에 관해서도 "위험발생을 방지할 의무"를 법률상·계약상의 지위와 의무로, "자기의 행위로 인하여 위험발생의 원인을 야기한 자"를 선행행위로부터 발생하는 보증인적 지위와 의무로 파악한다.12)

거래에 있어서 매도인에게 형벌을 근거지우는 고지의무를 일반적으로 부과할 수 있을 것인가? 대법원판례는 기본적으로 매도인의 고지의무를 인정하면서 많은 구체적인 사례에서 그 고지의무의 요건이 충족되지 않았음을 이유로 고지의무를 다하지 아니한 부작위에 의한 기망행위를 부정하고 있다.

그러나 재산권이라는 보호법익에 대한 "일반적·포괄적" 보증인적 지위를 인정하

---

11) 이재상, 형법총론, 129면 이하; 정성근, 형법총론, 439면 이하; 이형국, 형법총론, 410면 이하.
12) 김일수, 한국형법 II, 552면.

는 것은 소유권과는 달리 포괄적인 전체로서의 재산을 보호하는 사기죄가 특정한 공격형태, 즉 기망(Täuschung)을 처벌하는 것이기 때문에 - 배임죄에서는 신임관계의 침해행위 - 행위자에게는 특별한 진실의무를 부과해야 한다는 관점에서 타당치 않다. 또한 보증인적 지위 및 의무의 확대는 사법적 계약위반을 포함한 모든 계약위반 행위를 형법적 제재안으로 끌어들여야 하는 위험이 따르게 된다. 더 나아가 부작위에 의한 기망을 가능하게 하는 고지의무의 확대는 배임죄와의 한계를 모호하게 한다. 왜냐하면 피기망자에게 진실을 설명해야 할 보증인적 의무는 결국 그의 재산을 보호해야 할 의무를 의미하는데, 이러한 재산보호의무를 형법은 아주 제한된 범위 내에서 배임죄의 구성요건으로 규율하고 있기 때문이다. 마지막으로 통상의 일상적인 매매계약에 있어서는 구매자가 정보를 구하거나 판매자에 대한 질문을 통해서 자기이익보호에 힘쓰는 것이 거래의 관행임에 비추어, 부동산매매에 있어서는 공시방법이 있어 매매목적물에 대한 정보를 구하는 것이 용이함에도 매도인에게 고지의무를 폭넓게 인정하는 것은 모순이다.

(3) 고지의무적용의 제한 필요성

원칙적으로 자유시장경제체제에서 거래의 참여자는 스스로 좀 더 좋은 정보, 우월한 지식을 통해서 자기의 이익을 극대화해야 한다. 따라서 거래관계에서 지게 될 위험은 거래당사자 사이의 위험분담(Risikoverteilung)의 원칙[13]에 따라 자기가 감수해야 한다. 예컨대 일상적인 구매행위와 같은 통상의 매매계약관계에서는 원칙적으로 형벌을 근거지우는 어느 일방의 고지의무는 없다.[14] 즉 상품의 판매자가 상품의 질, 상태 또는 상품가격의 적정성 및 가격의 내역에 관해서 구매의욕을 가진 자에게 고지할 의무는 없다. 오히려 구매자가 가격과 품질비교를 통한 정보와 판매자에게 문의함으로써 자기 이익을 극대화해야 한다. 또한 상품의 상태와 가치를 검토할 수 있는 상태에 놓여 있지 않는 구매자의 무경험이 판매자의 희생으로 보상되어지지도 않는다. 왜냐하면 경험자 또는 더 좋은 정보의 소유자가 자신의 우월한 정보와 이로 인한 가능한 경제적 이익을 상대방을 위해서 포기하게 하는 것은 현재의 경제제도하

---

13) Schönke/Schröder/Cramer, StGB, §263, Rdn.14.

14) Maass, a.a.O., S.128ff.; Krey, Strafrecht BT Bd. 2, 4.Aufl., S.121; LK-Lackner, StGB, 10.Aufl., §263, Rdn.63.

에서는 모순된 행동이기 때문이다.[15] 따라서 판매자가 사실을 고지 또는 설명해야 할 의무가 있는가는 거래당사자사이에 예외적으로 특별한 신뢰관계가 존재하는가에 달려 있다.[16] 일상적인 매매계약과는 달리 부동산을 목적물로 하는 거래관계에서는 목적물의 하자가 계약체결상 결정적인 중요성을 갖는다는 점, 부동산에는 현실적 지배를 수반하지 않는 저당권과 같은 제한물권이 설정되어 그 물권의 속성상 외부에서 물권의 존재를 쉽게 인식하기 어렵다는 점 등을 고려할 때 작위의무의 중요성이 인정되기 때문에 행위자와 피해자간 특별한 신뢰관계가 존재한다고 보는 것이 타당하다. 이러한 특별한 신뢰관계 때문에 착오상태를 방지·제거해야 할 고지의무와 행위자에 의한 피해자의 재산침해를 방지해야 할 재산보호의무가 보증인적 의무를 근거지운다고 본다.

Ⅲ. 고지의무의 발생근거로서 신의성실의 원칙[17]

1. 판례와 학설의 입장

본 판결은 이미 언급한 바와 같이[18] 부동산거래관계에서 매도인은 법률상 고지의

---

15) Maass. a.a.O., S.129.

16) Maass. a.a.O., S.35ff.

17) 독일에서는 30년대 초반까지 부작위에 의한 기망을 아주 제한적으로 인정하려는 경향 때문에 신의성실의 원칙(Grundsatz von Treu und Glauben)에 따른 고지의무의 문제가 제기되지 않았고, 판례와 학설은 민법의 근간을 이루는 기본원칙인 신의성실의 원칙을 위반하는 경우라도 보증인적 지위 및 의무를 인정하지 않았다. 그 후 RGSt. 70, 151(156)에서 신의성실의 원칙으로부터의 보증인적 지위를 인정하는 근거를 상세히 제시함으로써 사기죄에 특유한 고지의무의 법적 근거로서 신의성실의 원칙이 일반적으로 인정되는 길이 열리게 되었다. BGHSt. 6, 198(Heizungsanlagefall)에서도 계약의 일방당사자는 계약체결에 중요한 사정을 타방당사자에게 고지하여야 할 법적 의무가 있고 이는 신의성실의 원칙에서 도출된다고 판시하였고, 학설도 이를 지지하고 있다(예컨대 Schönke/Schröder/Cramer, StGB, 24.Aufl., §263, Rdn.23; LK-Lackner, StGB, 10.Aufl., §263, Rdn.65; Maurach/Maiwald, BT.Bd.1, S.417ff.; Dreher/Tröndle, Strafgesetzbuch, 44.Aufl., §263, Rdn.12ff.; Wessels, Strafrecht, BT II, 12.Aufl., S.122ff.; Blei, Strafrecht, BT, 12.Aufl., S.224ff.; Seier, Kündigungsbetrug durch Verschweigen des Wegfalls von Eigenbedarf. NJW1988, 1619). 이에 반대하는 견해로는 Welzel, Das Deutsche Strafrecht, 11.Aufl., S.369; Baumann, Betrug durch vom Geschaftspartner nicht verstandene Vertragsformulierung, JZ 1957, 369; Maass, a.a.O., 1982, S.145ff.; Triffterer, Abgrenzungsprobleme beim Betrug durch Schweigen, JuS 1971, 183.

18) 예컨대 "거래의 신의성실원칙상"(대판 1992.8.14, 91도2202; 대판 1987.10.13, 86도1912; 대판

무가 있는 자이며 이는 신의성실의 원칙에서 나오는 것이라고 본다.[19] 따라서 매도인이 거래상대방의 착오상태를 알고도 사실을 고지하지 아니하면 고지의무위반으로 부작위에 의한 기망이 성립하게 된다. 학설에서도 법령, 계약, 선행행위 이외에 신의성실의 원칙을 행위자가 상대방의 착오를 제거해야 할 보증인적 지위의 발생근거로 본다.[20] 이는 조리에 의한 작위의무를 인정하는 것으로서 보증인적 지위를 규율하기 위해 초법규적 근거를 끌어들여 그 범위가 확대되는 결과를 초래한다.

학설과 판례에서와 같이 신의성실의 원칙에서 법적 고지의무를 도출하는 것은 아마도 사기죄의 보호법익에 관한 논의의 영향을 받은 것으로 보인다. 학설에서는 사기죄의 보호법익이 전체로서의 재산에 있다는 점에 관해서는 이론이 없지만 재산권 이외에도 거래의 진실성, 신의성실 또는 타인의 신뢰도 사기죄 구성요건의 보호영역으로 보는 견해도 있다.[21]

또한 판례에서도 기망을 "널리 재산상의 거래관계에 있어서 자타상호간 지켜야 할 신의와 성실의 의무를 배반하는 것"(대판 1961.3.31, 4294형상4), "널리 거래관계에서 지켜야 하는 신의칙에 반하는 행위"(대판 1984.2.14, 83도2995)로 봄으로써 사기죄의 보호법익을 넓게 보고 있다. 이렇게 많은 법익을 구성요건의 보호영역에 포함시

1991.7.23, 91도458); "신의성실을 원칙으로 하는 거래의 필요상"(대판 1983.3.22, 82도2837).

19) 대법원은 최근 대판 1993.7.13, 93도14에서도 매도인이 토지를 매매하면서 매매목적물에 대하여 토지계획이 수립되어 장차 협의 매수되거나 수용될 것이라는 사정을 알고도 매수인에게 고지하지 않은 것은 신의칙상의 고지의무를 다하지 않은 것으로 부작위에 의한 사기죄를 구성한다고 판시하였다.

20) 이재상, 형법각론, 1990, 314면; 진계호, 형법각론, 1990, 353면; 유기천, 형법각론강의(상), 1974, 262면; 정영석, 형법각론, 1979, 334면; 김종원, 형법각론(상), 1973, 213면; 황산덕, 형법각론, 1978, 299면.

21) 유기천, 형법각론강의, 253면; 김종원, 형법각론(상), 212면; 진계호, 형법각론, 348면.
독일에서는 나치시대에 사기죄의 보호법익을 진실성, 신의성실 또는 타인의 신뢰로 보았고 (Borst, NJW 1935, 1221f.; Henkel, ZAkDR 1939, 133; Kohlrausch, FS-Schlegelberger 1936, S.203), 그 뒤에도 이를 재산권과 함께 보호법익으로 보는 견해도 있지만(Mezger, Studienbuch, 7.Aufl., §56 III; Gutmann, MDR 1963, 3), 오늘날 통설은 전적으로 전체로서의 재산(Vermögen)에 있다고 본다(예컨대 Arzt/Weber, Strafrecht BT, 2.Aufl., S.140; Schönke/Schröder/Cramer, §263, Rdn.1; LK-Lackner, §263, Rdn.4; SK-Samson, §263, Rdn.1; Maurach/Maiwald, BT Bd. 1, S.407ff.; Dreher/Tröndle, Strafgesetzbuch, 44.Aufl., §263, Rdn.1; Wessels, Strafrecht, BT II, 12.Aufl., S.117; Bockelmann, Der Unrechtsgehalt des Betruges, FS-Kohlrausch, S.240; Naucke, Zur Lehre vom strafbaren Betrug, S.103).

킴으로써 사기죄의 재산범죄적 성격 내지 재산적 침해의 요구가 모호해지며[22] 구성
요건적 행위가 불분명해지는 결과가 초래되었으며, 이로써 형벌을 근거지우는 고지
의무를 신의칙에서 일반적으로 도출하게 된 것이다.

2. 비판적 고찰

그러나 과연 사법상의 원칙인 신의성실의 원칙이 형법적으로 의미 있는 법적 의
무인 고지의무를 근거지우고[23] 이를 일반적으로 매매계약, 특히 부동산을 매매목적
물로 하는 거래관계에 적용할 수 있는가는 의문이다.[24] 왜냐하면 사법상의 제도인
신의성실의 원칙이 보증인적 지위 및 의무를 근거지울 정도로 명확성을 갖지 못하
기 때문에 죄형법정주의의 명확성의 요구에 반하기 때문이다. 이로써 보증인적 지
위 및 의무의 내용과 한계가 불분명해지고 이에 의해 형벌을 근거지우는 보증인적
지위의 부당한 확대가 초래될 수 있다.[25] 또한 예컨대 모든 구조의무의 침해가 타인
의 생명과 신체에 대한 보증인적 지위를 근거지우거나 민법적 고지의무의 위반이
언제나 형법적으로 충분한 보증인의무 위반으로 평가되는 것이 아니라는 점[26]을 고
려한다면 거래상의 신의와 성실의 의무 위반이 모두 사기죄의 구성요건적 행위가
될 수 없다는 사실이다. 예컨대 매도인이 목적물의 하자를 묵비한 것은 신의에 위배
되는 행위이지만, 이로써 형법이 여기에 개입해야만 하는가의 문제가 당연히 긍정
되는 것은 아니다. 이는 곧 우리의 법질서내에서의 형법의 기능에 관련된 문제이다.
형법은 보호법익과 관련하여 단지 보충적 성격만을 가지고 있을 뿐만 아니라 단순한
계약위반을 규율대상으로 하지는 않는다. 따라서 형법은 형법 외적인 법영역에서 법
률효과와 결부되어 있는 모든 위반행위를 제재하는 것은 아니다. 즉 위법한 것이 모
두 가벌적인 것은 아니다. 이는 형법의 최후수단성(ultima ratio) 내지 보충성의 원칙

---

22) 박상기, 사기죄, 고시연구 1992.1, 114면.
23) 독일에서도 고지의무의 발생근거로서 신의성실의 원칙을 일반적으로 인정하면서도 구체적인 사
   례에서는 부정한 경우가 있다. 예컨대 OLG Köln NJW 1979, 278; 1980, 2367; OLG Frankfurt
   NJW 1971, 527.
24) 그러나 판례의 입장에 동조하는 견해로는 장진원, 검찰 제94호 1986, 109면 이하; 구본민, 법무
   연구 18호, 36면 이하.
25) 박상기, 전게논문, 121면.
26) Maass, a.a.O., S.18, 146.

(Subsidiaritätsprinzip)에서 근거하고 있다. 입법자는 모든 법익을 포괄적인 형법적 보호를 위해서 어떠한 불법행위도 모두 형사제재의 형태로 규율해서는 안 된다.

이와 같은 비판적인 고찰로부터 신의성실의 원칙에 의한 보증인적 지위 및 의무의 내용과 한계를 명백히 하고 이를 제한적으로 해석해야 할 필요성을 도출해 낼 수 있다. 따라서 언제 신의성실의 원칙으로부터 형법적으로 중요한 보증인의 의무를 이끌어 낼 것인가, 그 성립요건은 무엇인가가 이와 같은 비판적 관점을 고려하여 논의되어져야 한다.

IV. 부동산거래관계에 있어서 고지의무의 성립요건

본 판결에서는 고지의무의 구체적 성립요건으로서 다음과 같이 판시하고 있다. "부동산을 매매함에 있어서 매도인이 매수인에게 매매와 관련된 어떤 구체적인 사정을 고지하지 아니함으로써, 장차 매매의 효력이나 매매에 따른 채무의 이행에 장애를 가져와 매수인이 매매목적물에 대한 권리를 확보하지 못할 위험이 생길 수 있음을 알면서도, 매수인에게 그와 같은 사정을 고지하지 아니한 채 매매계약을 체결하고 매매대금을 교부받는 한편, 매수인은 그와 같은 사정을 고지받았더라면 매매계약을 체결하지 아니하거나 매매대금을 지급하지 아니하였을 것임이 경험칙상 명백한 경우," 즉 첫째, 고지하지 아니함으로써 장래 그 거래관계의 효력 또는 채무의 이행에 장애를 가져와 계약상의 채권을 확보하지 못할 위험이 있는 사항, 둘째, 상대방이 그와 같은 사정에 관하여 고지를 받았더라면 당해 거래관계에 임하지 아니하였거나 이를 지속하여 재물 등을 교부하지 아니하였을 것이 경험칙상 명백한 것(예컨대 도시계획에 편입된 사실, 매매목적물인 대지의 일부가 사실상 도로로 사용되고 있는 사실 등), 셋째, 행위자가 이와 같은 사정을 알았을 것 등이다.

그러나 이미 언급한 바와 같이 부동산거래관계에 있어서는 행위자와 피해자간의 사기죄에 특별한 신뢰관계로부터 고지의무가 근거지워진다는 점과 고지의무의 발생근거로서의 신의성실의 원칙이 문제점을 내포하고 있다는 점을 고려한다면 고지의무의 제한적 인정이 필요하다. 따라서 위의 세 가지 요건에 덧붙여서 부동산등기부에 공시되어 있지 않은 사정도 고지의무의 요건으로 보아야 한다. 즉 위와 같은 사정들도 피해자가 등기부열람을 통해서 확인할 수 있는 한 고지할 의무는 없다. 왜냐하면 부동산거래가 빈번해지고 복잡해짐에 따라 거래당사자가 반드시 등기부를 열람하여야만 등기사실의 유무를 알 수 있고 확인하는 것이 통상적인 거래관행이므로 이를 매도인(내지 임대인)의 고지의무의 내용으로 볼 것이 아니라 매수인(내지 임차인)의 주의의무로 보는 것이 타당하기 때문이다.[27] 일단 등기부에 공시됨으로써 매매목적물의 상태가 드러나기 때문에 이 때에는 피해자의 행위자에 대한 특별한 신뢰관계가 유지되지 않는다고 본다. 따라서 예컨대 부동산의 소유자는 그 부동산의 처분에 있어서 상대방에게 등기된 저당권의 존재, 채무담보를 위한 가등기와 근저당권설정등기가 경료된 사실, 저당권이 설정되어 경매진행중인 사실, 소유권이전등기된 사실 등을 법률상 고지해야 할 의무가 없다고 보아야 한다. 그러나 등기가 원인 무효인 경우(대판 1967.12.5, 67도1152) 또는 등기부와 실제로 다른 경우에는 이를 고지해야 한다.

V. 결론

부동산거래관계에 있어서 보증인적 지위의 발생근거와 보증인적의무 - 여기서는 고지의무 - 의 내용에 관한 비판적 고찰로부터 다음과 같은 결론에 이르게 된다. 즉 부동산의 2중매매의 경우에 등기되어 있지 않은 제1의 매매사실은 제2의 매수인에게 고지되어야 할 사항이다. 그러나 이로써 곧바로 매도인의 고지의무가 인정되는 것은 아니다. IV에서 언급한 네 가지 요건이 다 구비되어야 매도인의 고지의무가 성립되기 때문이다. 문제가 되는 것은 첫째, 고지하지 아니함으로써 장래 그 거래관계의 효력 또는 채무의 이행에 장애를 가져와 계약상의 채권을 확보하지 못할 위험이 있는 사항과 둘째, 상대방이 그와 같은 사정에 관하여 고지를 받았더라면 당해 거래관계에 임하지 아니하였거나 이를 지속하여 재물 등을 교부하지 아니하였을 것이 경험칙상 명백할 것이라는 요건이다. 이는 본 판결에서와 같이 제1의 매수인으로부터 중도금까지 받은 상황이라도 아직 등기되지 않은 상태이므로 부동산의 물권변동에 관해서 형식주의를 취하고 있는 민법하에서는 계약체결상 또는 채무의 이행 등에 장애가 되는 사유가 될 수 없다.

---

27) 이희권, 고지의무와 사기죄, 검찰 제57호 1975, 205면.

따라서 위의 성립요건이 다 구비되지 못한 사례로서 매도인의 고지의무는 부정되어야 한다. 이와 같은 결론은 본 판결과 같은 부동산의 2중매매의 경우의 판례입장과 일치한다. 다만 계약체결상 또는 채무의 이행 등에 장애가 되는 사유가 등기된 경우에는 고지의무가 없다고 보는 점에서 일부 판례(예컨대 전세를 놓을 때 그 부동산이 제3자에게 경락허가결정이 된 사실은 일상경험칙상 인정될 수 있는 계약의 중요한 조건의 하나이므로 고지의무가 있다고 본 사례: 대판 1974.3.12, 74도164, 토지를 매도함에 있어서 채무담보를 위한 가등기와 근저당설정등기가 경료된 사실을 고지하지 않은 경우: 대판 1981.8.20, 81도1638, 이와 유사한 사안에서 대판 1990.1.13, 90도1218)와는 결론을 달리한다.

[논평] 부작위에 의한 기망과 고지의무

이석배*

하태훈 선생은 초기에 학위와 관련된 미수론과 복사문서의 문서성은 물론 형법상 점유개념, 현금자동인출기 부정사용, 사기죄 등 재산범죄 관련하여 의미있는 연구성과를 남겼다. 특히 복사문서의 문서성과 현금자동인출기 부정사용은 학계에는 물론이고 입법에도 영향을 미쳤다.

복사문서의 문서성과 관련하여서는 하선생의 입장과는 반대로 입법이 되었지만(형법 제237조의2), 도그마티커의 관점에서 보면 비판자체가 받아들여진 것으로 볼 수 있다. 규정을 새로 도입하지 않고서는 해석상 비판을 피하기가 어려웠을 것이기 때문이다. 즉 복사문서의 문서성을 명문으로 인정하지 않은 상황에서 대법원이 판례를 변경하여 복사문서의 위조와 그 행사를 처벌하는 것에 대한 부담감을 주는 비판이었다.

현금자동지급기 부정사용의 경우도 판례가 절도죄로 보았으나, 타인의 신용카드를 현금지급기에서 사용하고 돌려준 경우에 카드 자체의 가치 하락이 없기 때문에 카드에 대한 절도는 물론, 현금에 대해서도 절도죄는 성립하지 않는다는 입장을 도그마틱적으로 논증하여 컴퓨터등 사용사기죄(형법 제347조의2)의 입법에 기여하였다.

여기서 중심으로 다루게 될 글은 '대법원 1991. 12. 24. 선고 91도2698판결'에 대한 평석으로, 부동산 이중매매에서 매도인이 제2 매수인과 매매계약을 체결할 때 제1 매수인과 매매계약이 성립하여 계약금과 중도금을 받은 사실을 고지하지 않은 것이 부작위에 의한 기망행위가 되는지 그리고 신의성실원칙에 의해 매도인에게 고지의무를 인정할 수 있는지에 대한 것이다.

I.

이 판결은 부동산 이중매매의 경우 매도인의 고지의무에 관하여 기존의 일관된

---

* 단국대학교 법과대학 교수, 법학박사

대법원의 입장을 고수한 것으로, i) 매매에 관련된 구체적인 사정을 고지하지 않음으로써 매수인의 권리실현에 장애가 되는 사유 또는 법률관계에 영향을 미치는 사유가 있을 것, ii) 행위자가 이러한 사유를 알고 있을 것, iii) 상대방이 이와 같은 내용을 고지받았더라면 당해 계약을 체결하지 않았을 것이 경험칙상 분명할 것이라는 세 가지 요소를 충족하는 경우에 고지의무를 인정하고 있다. 즉 판례는 부동산매매의 경우 일정한 사정에 관한 매도인의 고지의무가 신의성실의 원칙에서 도출되고, 이 고지의무를 다하지 않으면 사기죄의 기망행위에 해당한다고 해석함으로써 부작위에 의한 기망행위를 인정하고 있다.

이 판결과 관련하여 하선생은 네 가지 쟁점을 제기하고 논증하였다.[1]

1) 판례가 고지의무를 근거로 부작위 기망행위로 본 사례들이 묵시적 기망행위는 아닌지.

2) 부동산거래에서 매도인이 가벌성의 근거가 되는 고지의무를 일반적으로 부담한다는 것이 우리 헌법 제119조에 근거한 자유시장경제체계 안에서 타당한 것인지.

3) 설령 이 고지의무를 인정한다고 하더라도 신의성실의 원칙에 따라 보증인지위와 보증인의무(고지의무)를 도출하는 것이 죄형법정원칙, 구체적으로 명확성의 원칙에 위반되는 것은 아닌지.

4) 위의 두 쟁점에 대한 판례의 관점을 인정한다고 하더라도 판례가 말하는 세가지 성립요건으로 충분한 것인지.

II.

신의성실에 의한 고지의무의 성립을 인정하고 이에 의해 부작위에 의한 사기죄를 논증하는 판례의 입장에 대하여 많은 비판이 있었다. 그러나 이러한 비판적 논의의 중심은 고지의무를 인정한다는 것에 있으며 행위가 작위인지 부작위인지에 대한 평가에 관한 것은 아니다. 하지만 보증인 의무를 논하기 위해서는 위 행위가 부작위에 의한 기망이라고 평가될 수 있어야 한다는 전제조건이 충족되어야 한다. 다수설은 기망의 방법에 대하여 작위와 부작위에 의한 기망으로 구분하고, 다시 작위에 의한

---

1) 논평 대상 평석에서 논점제기에서는 2), 3), 4)만 다루었지만 본문에서 1)에 대한 논의도 이루어짐. 대상 평석 198~202면 참고.

기망을 명시적 기망과 묵시적 기망으로 나누고 있지만, 이러한 구분이 왜 필요한 것이며 어디서 온 것인지에 대하여는 침묵하고 있다. 하지만 우선 명시적 기망과 묵시적 기망의 구별이 어디에서 온 것인지 그리고 그 구별이 필요한 것인지 검토해보아야 한다. 이를 통하여 행위에 대해 부작위에 의한 기망이라는 판례의 평가에 대해서 다시 검토해 볼 필요가 있기 때문이다.

일반적으로 학설은 기망행위의 방법에는 제한이 없으며 작위와 부작위에 의한 기망으로 나눌 수 있는데, 작위의 기망은 다시 명시적 기망과 묵시적 기망으로 나눌 수 있다고 한다. 이에 따르면 명시적 기망행위는 의사표시가 '언어 또는 문서'에 의해 표현 된 경우이고 묵시적 기망행위는 의사표시가 언어나 문서에 의한 적극적인 의사표시 없이 '행동'에 의해 상대방에게 허위사실을 인식시키는 것이라고 한다. 이때, 행위자의 태도에 설명가치가 인정되고, 이러한 행위자의 태도가 상대방의 착오에 작용하였다면 묵시적 기망이 되고 그렇지 않다면 부작위에 의한 기망이 된다고 보고 있다. 설명가치라는 개념은 의식적인 의사표시에 포함되어 상대방을 착오에 빠지게 만드는 역할을 한다. 결국 설명가치의 기능은 행위자의 행위에 의해서 상대방이 착오에 빠졌는지, 아니면 스스로 착오에 빠졌는지를 구별하는 것이다.

대법원은 "기망은 널리 재산상의 거래관계에 있어서 지켜야할 신의와 성실의 의무를 저버리는 모든 적극적 또는 소극적 행위"를 의미한다고 본다. 즉 사기죄에서의 기망행위를 작위와 부작위로 분류할 뿐, 학설과는 달리 작위의 기망행위를 명시적 기망행위와 묵시적 기망행위로 구별하지는 않는다. 대법원의 기준에 따르면 대부분의 묵시적 기망행위는 중요한 사실을 숨기고 고지하지 않은 행위이며, 그 사실에 대한 고지의무를 신의성실에 의하여 인정하고 부작위로 보아 가벌성을 무한히 확장할 위험에 노출되어 있다.

대상 평석에서 하선생은 이 점을 지적한다. 대법원 1984. 1. 31. 선고 83도1501 판결과 대법원 1991. 7. 23. 선고 91도458 판결을 예로써 판례가 적극적 기망행위가 있었음에도 불구하고 고지의무위반으로 부작위에 의한 기망행위를 인정하였다는 점을 적절히 지적하였다.

다만 필자가 부작위에 의한 기망행위가 불가능하다고 생각하는 것은 아니지만, 실제 판례에서 부작위에 의한 기망행위가 될 수 있는 사례들을 찾지 못했다. 대법원은 변제의 의사나 능력이 없음에도 이를 숨긴 채 타인에게 금원 대여를 요청하여 동인의 배서가 된 어음이나 수표로 할인받은 행위,[2] 특정 질병을 앓고 있는 사람이 보험회사가 정한 약관에 그 질병에 대한 고지의무를 규정하고 있음을 알면서도 이를 고지하지 아니한 채 그 사실을 모르는 보험회사와 그 질병을 담보하는 보험계약을 체결한 다음 바로 그 질병의 발병을 사유로 한 보험금 청구행위,[3] 빌딩을 경락받은 피고인들이 수분양자들과 사이에 대출금으로 충당되는 중도금을 제외한 계약금과 잔금의 지급을 유예하고 재매입을 보장하는 등의 비정상적인 이면약정을 체결하고 점포를 분양하였음에도, 금융기관에 대해서는 그러한 이면약정의 내용을 감춘 채 분양 중도금의 집단적 대출을 교섭하여 중도금 대출 명목으로 금원을 지급받은 행위,[4] 임차인에게 임대목적물이 경매진행중인 사실을 알리지 않고 임대차계약 체결한 행위,[5] 특정 시술을 받으면 아들을 낳을 수 있을 것이라는 착오에 빠져있는 피해자들에게 그 시술의 효과와 원리에 대해 사실대로 고지하지 않고 아들을 낳을 수 있는 시술인 것처럼 가장한 일련의 시술과 처방행위,[6] 이전등기사실을 숨긴 채 주민등록을 동 가옥에 유지한 행위자가 가옥의 소유권자인양 타인에게 임대한 행위,[7] 토지를 매도함에 있어서 채무담보를 위한 가등기와 근저당권설정등기가 경료되어 있는 사실을 숨기고 이를 고지하지 아니하여 이를 알지 못한 매수인에게 그 토지를 매수하게 한 행위,[8] 매도인이 목적물에 대하여 토지계획이 수립되어 장차 협의 매수되거나 수용될 것이라는 사정을 알고도 매수인에게 고지하지 않고 토지를 매매한 행위[9] 등의 경우에 부작위에 의한 기망행위를 인정하였다.

하지만 위의 사례들은 허위의 사실을 숨긴 행위, 즉 불완전한 정보의 제공에 의해서 사람의 착오를 일으킨 이중적 의미의 행위로, "작위범으로 보는 것이 원칙"이라고 하여 보충관계설을 취했던 대법원의 입장에 따르면[10] 모두 작위에 의한 (다수설에 따르면 묵시적) 기망행위로 평가되었어야 했다.[11] 그리고 인과관계를 중심으로 작위와

---

2) 대법원 2007. 4. 12. 선고 2007도1033 판결; 대법원 1998. 12. 9. 선고 98도3282 판결.
3) 대법원 2007. 4. 12. 선고 2007도967 판결.
4) 대법원 2006. 2. 23. 선고 2005도8645 판결.
5) 대법원 1998. 12. 8. 선고 98도3263 판결.
6) 대법원 2000. 1. 28. 선고 99도2884 판결.
7) 대법원 1984. 1. 31. 선고 83도1501 판결.
8) 대법원 1981. 8. 20. 선고 81도1638 판결.
9) 대법원 1993. 7. 13. 선고 93도14 판결; 대법원 1991. 12. 24. 선고 91도2698 판결 등.
10) 대법원 2004. 6. 24. 선고 2002도995 판결.

부작위를 구별하는 이 글의 입장에서도[12] 위의 판례들은 작위와 부작위 모두 인과관계를 인정할 수 있고, 보충관계설에 따라 모두 작위에 의한 기망행위가 된다.

더욱이 대법원은 어업피해보상금을 수령할 목적으로 어업면허를 취득한 후 실제로 아무런 양식어업행위를 하지 않았으면서도 양식어업을 한 것처럼 서류를 꾸며 피해조사를 나온 연구원에게 연평균어획량을 허위로 대답하고 어업피해보상금을 수령한 경우,[13] 이전하지 않고는 가동할 수 없게 된 플라스틱 공장을 매도함에 있어서 매도인이 이 사정을 고지하지 아니하고 공장을 운영하는데 아무런 문제가 없다고 말한 행위[14] 등에도 부작위에 의한 기망행위를 인정했으나, 이러한 경우는 명시적으로 허위의 고지가 있었던 행위에 의해 착오가 야기된 것으로 볼 수 있고 작위에 의한 (다수설에 따르면 명시적) 기망행위가 된다.

덧붙여 위 판례의 입장은 작위와 부작위의 구별에 대하여 "어떠한 범죄가 적극적 작위에 의하여 이루어질 수 있음은 물론 결과의 발생을 방지하지 아니하는 소극적 부작위에 의하여도 실현될 수 있는 경우에, 행위자가 자신의 신체적 활동이나 물리적·화학적 작용을 통하여 적극적으로 타인의 법익 상황을 악화시킴으로써 결국 그 타인의 법익을 침해하기에 이르렀다면, 이는 작위에 의한 범죄로 봄이 원칙"이라고 판시하고 있는 대법원의 입장에 비추어 보아도 상호모순된다.

필자는 판례가 이론적으로는 작위로 평가되었어야 할 사례에 대하여 고지의무를 근거로 보증인 지위가 인정될 수 있는 경우에 유죄의 논증을 쉽게 하기 위하여 부작위에 의한 기망행위로 판단하는 경향을 보이는 것으로 이해하고 있다. 이 점에 대하여는 판례가 학계의 이론을 받아들여 기망행위에 대한 해석을 더 구체화 해야 한다고 생각한다.

---

11) 이러한 사례들의 대부분이 문서에 의한 경우이고 이러한 행위들은 모두 명시적 기망행위로 평가해야 한다는 견해도 있다. 이정원, "부작위에 의한 사기죄에서의 기망행위와 공동정범?", 「비교형사법연구」 제8권 제1호, 2006, 333, 343면 이하. 반대로 의심스러운 경우에는 법원에게 논증부담이 큰 부작위로 논증해야 한다는 견해도 있다. 이상돈, "신용카드의 부정사용과 형법해석정책", 법률신문 2003. 10. 27. 참고.
12) 이에 대하여 자세한 것은 이석배, "형법상 이중적 의미를 가지는 행위의 작위·부작위 구별과 형사책임의 귀속", 「형사법연구」 제25호, 2006, 55면 이하 참고.
13) 대법원 2004. 6. 11. 선고 2004도1553 판결.
14) 대법원 1991. 7. 23. 선고 91도458 판결.

Ⅲ.

하선생의 대상평석에서 중심은 고지의무에 대한 것이다. 즉 판례가 고지의무의 발생근거로서 신의성실의 원칙을 끌어들여 일반적인 사기죄의 특징적인 해명의무로 보고 있다는 점이다. 여기서 형법상 부작위범에서 가벌성의 근거이자 (이원설에 따를 때) 위법성의 핵심인 보증인의무로서 고지의무를 사법(私法)상 기본원리에서 아무 제한없이 가져올 수 있는 것인가에 대한 물음이다. 선생은 형법상 사기죄의 가벌성 근거가 되는 보증인의무는 전체적인 재산에 대한 일반적·포괄적 보증인의무와는 다르고 사기죄의 특수한 행위태양, 즉 기망행위와 관련성이 있어야 한다는 점을 적절하게 지적하고 있다. 만약 판례가 주장하는 것처럼 신의성실원칙에 의해 고지의무를 인정한다면, 모든 계약위반이 부작위범에서 보증인의무 위반이 되어 형법상 제재안으로 끌어와야 하기 때문이다. 그리고 이 고지의무의 확대가 배임죄와 경계를 모호하게 한다는 점은 중요한 지적이다. 피기망자에게 진실을 설명해야 할 고지의무를 폭넓게 인정하면, 결국 재산호보의무가 되고 배임죄에서 재산보호의무와 구별이 어려워지기 때문이다. 자본주의 경제체계에서 스스로 자기이익을 보호해야 하고, 특히 이 판례에서 문제가 된 부동산 거래에서는 이미 공시제도가 정착되어 있기 때문에 그 부동산에 대한 정보는 스스로 찾는 것이 타당하다. 따라서 판례가 인정하고 있는 고지의무의 확대는 제한되어야 한다.

하선생은 여기서 고지의무의 근거는 거래당사자 사이에 특별한 신뢰관계여야 한다고 제안한다. 부동산거래에서는 일상적인 매매계약과 달리 특별한 신뢰관계를 인정한다. 그 근거로 부동산거래에서는 목적물의 하자가 계약체결상 결정적인 중요성을 갖고, 현실적 지배를 수반하지 않는 저당권과 같은 담보물권이 설정되어 있는 경우에는 외부에서 그 담보물권의 존재를 쉽게 인식하기 어렵다는 점을 제시한다.

하지만 어떤 거래관계이든 목적물의 하자는 계약체결에서 가장 중요한 내용이고, 담보물권의 경우도 공시제도에 의해서 보완이 충분히 가능하므로, 자본주의경제체계에서 스스로 자신의 재산을 보호해야 한다고 보고 특별한 신뢰관계를 부정하는 것이 오히려 논리적으로 보인다.

위에서 본 것처럼 하선생은 부동산 거래관계에서는 고지의무의 근거가 되는 특별한 신뢰관계를 인정하지만, 판례가 인정하는 것처럼 넓게 고지의무를 인정하는 것은 비판한다. 그 근거는 신의성실의 원칙이 갖는 모호성이 명확성 원칙에 반하고, 사법(私法)상 고지의무 위반이 바로 형법상 보증인의무 위반인 고지의무 위반은 아니라는 점이다. 이것이 형법의 최후수단성, 보충성의 원칙을 지키는 것이라고 타당하게 지적한다.

그리고 고지의무의 내용을 축소하는 방법으로, 판례가 인정하는 세 가지 요건, 즉 i) 매매에 관련된 구체적인 사정을 고지하지 않음으로써 매수인의 권리실현에 장애가 되는 사유 또는 법률관계에 영향을 미치는 사유가 있을 것, ii) 행위자가 이러한 사유를 알고 있을 것, iii) 상대방이 아와 같은 내용을 고지받았더라면 당해 계약을 체결하지 않았을 것이 경험칙상 분명할 것이라는 세 가지 요건을 충족하는 경우, 이 외에도 공시제도를 통해 확인할 수 있는 내용에 대하여는 당사자가 등기부를 열람하여 확인하는 것이 통상 거래관행이므로 이것을 매도인의 고지의무 내용으로 볼 것이 아니라 매수인의 주의의무로 보는 것이 타당하다는 입장이다. 다만 등기부와 다른 내용이 있다면 이는 고지해야 한다고 한다.

이 주장은 기존에 학계에서는 제기된 적이 없었던 견해로 차후 사기죄의 해석과 관련하여 판례의 입장이 고지의무를 무한히 확장할 수 있다는 점에서 부동산거래에서라도 그 범위를 축소해석 할 수 있는 기준을 제시했다는 점에서 큰 의미가 있는 것으로 본다.

다만, 위에서도 언급한 것처럼 특별한 신뢰관계를 인정하고 등기부로 확인할 수 없는 경우에만 고지의무를 인정하는 것이 아니라, 대상 판결의 경우에는 묵시적 기망행위로 보는 것이 타당하다고 생각한다. 다만 실제 다수설과 판례가 부작위 기망행위로 보고 고지의무를 인정한다는 입장을 존중하면서 실무적 판단을 고려한다면 그 범위를 축소해석하는 기준을 제시했다는 점에서 의미가 있다.

Ⅳ.

독일 형법의 해석론에 등장하는 설명가치는 묵시적 기망행위가 가지는 특징이 아니라 작위의 기망행위가 가지는 특징이다. 명시적 기망행위의 경우에는 작위를 통해 드러나는 사실 자체가 허위의 사실이므로 설명가치가 당연하게 인정될 수 있으며 묵시적 기망행위도 작위를 통해 명백하게 허위의 사실이 드러나는 것은 아니지만, 전체적인 행위자의 말과 행동을 통하여 드러나는 형상이 허위의 사실을 추론할 수 있는 경우에 인정된다. 이에 따르면, 명시적 기망행위와 묵시적 기망행위를 구분 기준은 언어와 문서에 의하느냐 거동에 의하느냐에 있는 것이 아니라 행위자의 행위에서 허위의 정보가 밖으로 명백하게 드러났는지, 그렇지 않은지에 있다.[15]

이 사례에서 이중매매 행위는 허위의 사실을 숨긴 행위, 불완전한 정보의 제공에 의해서 사람의 착오를 일으킨 이중적 의미의 행위이므로 "어떠한 범죄가 적극적 작위에 의하여 이루어질 수 있음은 물론 결과의 발생을 방지하지 아니하는 소극적 부작위에 의하여도 실현될 수 있는 경우에, 행위자가 자신의 신체적 활동이나 물리적·화학적 작용을 통하여 적극적으로 타인의 법익 상황을 악화시킴으로써 결국 그 타인의 법익을 침해하기에 이르렀다면, 이는 작위에 의한 범죄로 봄이 원칙"이라는 우리 대법원의 입장에 따르면 작위에 의한 (다수설에 따르면 묵시적) 적극적 기망행위로 평가되었어야 했다.[16]

근본적으로 대법원이 사기죄에서 기망행위를 해석하는 기준인 "기망은 널리 재산상의 거래관계에 있어서 지켜야할 신의와 성실의 의무를 저버리는 모든 적극적 또는 소극적 행위"라고 정의한다면 묵시적 기망행위는 모두 부작위 기망행위가 되고, 고지의무를 신의성실에 따라 부과한다면 사기죄는 모두 중요한 사실을 허위로 고지하거나 고지하지 않는 행위이기 때문에 모두 고지의무 위반이 된다.

---

15) 자세한 설명은 '이석배, "묵시적 기망행위와 부작위에 의한 기망행위", 「비교형사법연구」 제10권 제1호, 2008' 참고.

16) 대법원은 수입쇠고기를 한우로 속여 판매한 경우를 허위의 고지라고 보아 사기죄를 인정하였는데, 아들을 낳는 시술의 사례도 이 사례와 비슷한 구조를 가지고 있다. (대법원 1997.9.9. 선고 97도1561)

컴퓨터범죄에 대한 형법적 대응*

Ⅰ. 서언

1. 데이터와 데이터처리기술의 발전과 형법적 대응의 필요성

데이터와 같은 새로운 무형적 가치의 등장과 컴퓨터기술의 도입과 필연적으로 결합된 새로운 형태의 위험으로 특징지워지는 오늘날의 정보사회는 정보처리기술의 영역에 대한 안전과 범죄로부터의 예방을 위한 새로운 전략을 필요로 하게 하였다. 이는 소위 새로운 범죄유형인 컴퓨터범죄(Computerkriminalität; computer crime)가 경제범죄의 영역뿐만 아니라 컴퓨터의 도움으로 행해지는 개인의 인격권침해, 더 나아가 소프트웨어의 무단복제행위, 현금카드내 무단복제행위, 현금카드 내지 신용카드를 사용하여 금융거래를 가능하게 한 현금자동지급기 등 전자이체시스템의 조작1)과

---

* 출처: 정진세 외 5인, "컴퓨터 법에 있어서의 책임에 관한 연구", 「홍익논총」 제27집, 1995, 153~290면 중 223면 이하 Ⅴ. 컴퓨터범죄에 대한 형법적 대응 부분 발췌.

소위 해킹(Hacking)이라 불리우는 정보통신체계의 남용 등 새로운 법익에 대한 공격으로 퍼져가고 있는 사정을 고려한다면 시급한 현실적 요구임을 알 수 있다.

이에 상응하여 1995년 12월 2일에 국회본회의에서 의결된 형법개정법률안은 소위 컴퓨터범죄라는 새로운 범죄구성요건을 신설함으로써 형법의 영역을 확장하였다. 이 신종 범죄현상은 기존의 형법규정으로써는 규율될 수 없었기 때문에 형법개정안은 이러한 형법적 보호의 흠결상태를 메우려는 목적을 갖고 있다.[2]

경제거래생활의 변화에 따라서 컴퓨터 자체뿐만 아니라 컴퓨터가 저장하고 처리하는 데이터는 그 권한자에게는 다른 재산적 이익과 마찬가지로 아주 가치있는 것이다. 따라서 개정안에서 데이터로 표현된 모든 정보가 형법적 보호의 객체로서 인정된 점과 데이터처리장치의 사용증가로 야기된 경제거래관계에서의 컴퓨터범죄를 새로운 범죄구성요건[3]으로 규율하려는 점은 긍정적으로 평가할 수 있다.

형법개정안에 대해서는 우선 컴퓨터관련 법익침해행위를 형법적으로 범죄화하여 규율할 형사정책적 필요성이 있는가. 있다면 과연 무엇을 법익으로 이해하며 그 보호의 객체를 어떻게 한정할 것인가의 문제와 더 나아가 형법개정안이 사용하고 있는 전자기록 또는 특수매체기록 등과 같은 용어의 의미를 어떻게 구체화 내지 명확화할 것인가의 형법해석학적 문제가 논의의 중점에 놓여 있다. 또한 데이터처리장치와 현금없는 새로운 지불방식의 사용증가는 과연 형법개정안이 모든 가능한 컴퓨터범죄

---

1) 예컨대 흔히 발생하는 사례인 타인의 신용카드를 절취하여 현금자동지급기를 부정사용하여 현금서비스를 받은 행위에 대하여 대법원은 신용카드에 대한 절도죄외에 신용카드업법 제25조 제1항의 신용카드 부정사용죄와 인출한 현금에 대한 절도죄의 실체적 경합관계를 인정한다(대판 1995. 7. 28 선고, 95도997). 현금카드의 부정사용에 대하여도 동일한 형법적 평가가 내려질 것이다.
   절취한 신용카드로 대금을 결제하는 등의 부정사용에 대한 형법적 평가에 관해서는 대판 1993. 11. 23 선고, 93도604와 이에 대한 판례평석으로 김우진, 신용카드 부정사용죄의 기수시기, 형사판례연구(3) 1995, 286면 이하 참조.
2) 현행법상으로는 컴퓨터프로그램보호법에서 프로그램저작권 침해행위를 규율하고 있다(제34조, 제35조).
3) 새로운 구성요건으로는 컴퓨터 사용사기죄(제347조의 2), 컴퓨터에 의한 업무방해죄(제314조 2항), 공전자기록의 위작, 변작(제227조의2 이하), 사전자기록의 위작, 변작(제232조의 2), 컴퓨터데이터탐지죄(제316조 2항, 제104조 3항) 등이 있다. 또한 전자기록 등 특수매체기록이 행위객체로 포함된 규정으로는 공용물파괴죄(제141조), 공정증서원본 등 불실기재죄(제228조), 위조 등 공문서행사죄(제229조), 손괴죄(제366조) 등이 있다.

를 포함할 수 있는가도 문제된다.

2. 연구범위 및 방법

이하에서는 컴퓨터범죄에 대한 예방과 통제전략의 일반적 원칙, 컴퓨터범죄의 개념을 고찰한 후 컴퓨터범죄 중 소위 전자적 자금거래시스템을 이용하여 현금없는 자금거래과정상 나타날 수 있는 법익침해행위에 한정하여 고찰하고, 이러한 행위유형이 현행법상으로 규율가능한 것인지, 그렇지 않다면 과연 형법개정안이 이러한 유형의 컴퓨터범죄를 포함할 수 있는가의 문제도 함께 고찰하여 필요한 보충적 구성요건의 유형을 제시해 보기로 한다.

컴퓨터의 도입으로 가능해진 현금자동지급기의 보급과 데이터정보시스템의 이용으로 은행의 금융업무가 은행창구 이외에서 현금거래가 아닌 형태로도 가능해졌다. 이에 따라 기계적 흠결로 인한 문제점뿐만 아니라, 정보처리과정에 인간이 불법적으로 개입하여 재산적 손해를 끼치는 인간의 남용으로 인한 범죄현상이 발생하게 되었다.

컴퓨터범죄에 대한 올바른 형법적 대응책을 찾아내는 작업에 선행되어야 할 연구는 컴퓨터 및 정보의 오용과 남용실태, 그 위험성 등에 대한 범죄학적 분석이다.[4] 그러나 이와 같은 경험적 사례연구는 몇 가지 난점을 갖고 있다. 우선 발각이 어려워서 형사소추가 쉽지 않다는 점과 기업 등이 자신들의 이미지 손상과 자체적인 보안장치의 부재가 노출되는 점을 고려하여 공표를 꺼리고 기업내부적으로 해결하려는 경향 때문에 실제로는 많지 않은 사례만이 알려지기 때문이다.[5] 은행과 기업은 고객으로부터 불안하고 믿을 수 없는 거래상대방이라는 오명을 남기지 않기 위하여 컴퓨터오남용에 의한 금융사고 등을 덮어두려 한다. 따라서 제한적이지만 우리나라의 민

---

[4] 1992년 11월부터 1994년 12월까지 자료부정입력, 프로그램변조, 컴퓨터방해, 신용카드범죄, 자료부정입수 및 유출, 컴퓨터오용, 해킹 등 118건이 컴퓨터범죄가 발생하였다.
독일의 경우 전자적 자금이체영역에서만 해명되지 않은 손실이 적어도 연간 50억DM정도로 추산하고 있다(Müller/Wabnitz, Wirtschaftskriminalität, 2,Aufl., 1986, S.209).

[5] 우리나라에서도 소위 해킹이라 불리는 시스템파괴행위, 즉 시스템의 암호를 해독하여 시스템내에 침투하여 자료를 파괴하거나 훔쳐가는 행위 또는 바이러스를 침투시키는 행위가 비교적 최근에 알려지기 시작하였다(예컨대 한글암호체계를 해독한 사건. 인터넷을 통하여 특히 연구전산망에 침입한 사건 등).

·형사사건화된 사례와 외국의 사례 등을 분석하여 범죄현상에 대한 정확한 인식을 통하여 형법적 보호규정의 필요성을 검토하기로 한다.

II. 컴퓨터범죄의 유형과 컴퓨터범죄에 대한 예방 및 통제전략의 일반적 원칙

1. 컴퓨터범죄의 일반적 유형

(1) 컴퓨터범죄 개념[6]

컴퓨터범죄에 포함되어져야 할 행위는 컴퓨터를 통해서 재산적 손해를 끼치는 행위 중에서 컴퓨터에 전형적이고 특징적인 행태이어야 한다.[7] 따라서 여기에는 컴퓨

---

6) 일반적으로 컴퓨터범죄를 컴퓨터시스템에 가해지는 범죄 또는 이를 악용하는 범죄라든가 아니면 컴퓨터를 행위객체로 하거나 컴퓨터를 다른 범죄의 수단으로 이용하는 범죄라고 하여 포괄적으로 이해한다. 예컨대 Mühlen, Computer-Kriminalität - Gefahren und Abwehrmaßnahme, 1974, S.17ff.: Lenckner. Computer-Kriminalität und Vermögensdelikte, S.9ff.: Lampe. Die strafrechtliche Behandlung der sog. Computer-Kriminalität, GA 1975, 1 (행위의 수단과 목적인 컴퓨터에 적극적으로 개입하거나 의무위반적으로 불개입하는 것); Tiedemann, Computerkriminalität und Mißbrauch von Bankomaten. WM 1983. 1326 (컴퓨터와 관련하여 시도되는 모든 종류의 위법하고 사회침해적인 행위).

7) 따라서 재산적 손해라는 요건때문에 컴퓨터 등 정보처리장치 또는 전자기록 등 특수매체기록을 손괴하거나 정보처리장치에 허위의 정보 또는 부정한 명령을 입력하거나 기타의 방법으로 정보처리에 장애를 발생시켜 사람의 업무를 방해하는 컴퓨터에 의한 업무방해죄는 컴퓨터범죄에 포함되지 않는다. 물론 현행형법의 업무방해행위에는 허위사실유포, 기타 위계 또는 위력으로 사람의 업무를 방해하는 행위를 포함하므로 이러한 컴퓨터의 부정조작에 의한 업무처리행위는 규율될 수 없기 때문에 새로운 규정이 필요하다. 따라서 형법개정법률안 제314조 2항은 컴퓨터 등 정보처리장치 또는 전자기록 등 특수매체기록을 손괴하거나 정보처리장치에 허위정보 또는 부정한 명령을 입력하거나 기타의 방법으로 정보처리에 장애를 발생하게 하여 업무를 방해하는 행위를 규율하고 있다.
또한 전자기록 등 특수매체기록을 위조 또는 변조하는 행위도 컴퓨터범죄에 포함되지 않는다. 물론 컴퓨터데이터가 법적 거래에 있어서 증명기능을 갖기 때문에 이를 보호해야 할 필요성은 충분히 인정된다. 왜냐하면 전자적 방식으로 컴퓨터 기타 특수매체(예컨대 자기디스크, 자기테이프, 광디스크, 자기드럼 등)에 기록, 보관, 처리된 데이터를 종래의 문서개념에 포함시킬 수 없기 때문이다. 전자기록은 자기테이프 또는 자기디스크 등에 존재하는 기록이기 때문에 문서의 개념요소 중 의사표시 가독성이라는 요건을 충족시킬 수 없다. 그 기록은 출력되기 전에는 가독적 형태의 부호로 표시되었다고 보기 어렵기 때문이다. 또한 컴퓨터화면에 나타난 문자나 부호도 계속성이 결여되어 있으므로 문서로 보기 어렵다. 따라서 형법개정법률안 제309조 이하에는 이

터에 입력된 정보의 내용에 관계된 자의 인격권침해 행태는 제외되며,[8] 이는 또한 비밀침해로부터의 인격권보호가 현행 형법의 규정으로도 가능하기 때문에 컴퓨터에 전형적인 행위유형으로 볼 수 없다. 즉 행위객체가 컴퓨터에 정보화되어 있는 것이든 서류철에 기재되어 있는 것이든 차이가 없을 뿐만 아니라 이를 컴퓨터를 통해서 빼어내든 사진기로 촬영하여 빼내든 법적 평가가 다르지 않기 때문이다.

일반적으로 컴퓨터범죄는 컴퓨터정보 또는 프로그램을 고의로 변형, 파괴, 부정사용함으로써 또는 컴퓨터자체를 통해서 재산침해를 초래하는 행위를 포함한다고 본다.[9] 즉 컴퓨터와 관련한 정보처리과정에 불법적으로 개입하여 재산상의 손해를 초래하는 모든 범죄행위를 컴퓨터범죄로 정의한다.[10] 일반적으로 컴퓨터범죄의 행위유형으로 언급되어지는 것으로는 행위객체인 데이터에 행위자가 영향을 미치는 행위의 종류에 따라 컴퓨터조작을 통한 데이터의 변형, 데이터의 파괴, 데이터의 부정사용 및 입수행위와 경우에 따라서는 소위 해커의 행위와 컴퓨터 자체를 부정사용하는 행위 등이 있다.

데이터의 변형 또는 파괴행위는 현행법상의 재물손괴와 유사하지만 데이터가 재물인가의 여부에 따라서는 새로운 규정을 필요로 한다. 또한 데이터의 부정사용과 입수행위와 이러한 행위가 정보통신망을 통해서 이루어지는 해킹은 현행법상의 비밀침해죄에 의해서도 보호가 불가능 하다.[11] 왜냐하면 현행 형법상의 비밀침해방법은 개피행위이기 때문이다. 따라서 비밀침해죄에 의해서 보호될 수 있도록 입법적 고려가 요구되며,[12] 더 나아가 그 행위로 인한 재산적 손해가 야기된 경우에는 별도

러한 특수매체기록을 위조 또는 변조로부터 보호하는 규정을 신설하고 있다.

8) 행정전산망에 의하여 주민등록제도가 컴퓨터에 의하여 처리되고 부동산관리, 전과사실 등이 컴퓨터 시스템화되면 데이터의 누출 및 부정사용의 가능성은 커지고 이로써 기본권이 침해될 우려도 심각해진다.

9) Möhrenschlager, Computerkriminalität und andere. Delikte im Bereich der Informationstechnik, Tagungsbericht, ZStW 105(1993), 922f.

10) Zimmerli/Liebl, Computermißbrauch, Computer-Sicherheit, 1984. S.16. : Zweifel, Buchführungsdelikte mittels EDV und Maßnahme zu deren Verhinderung, 1984, S.3.

11) 물론 컴퓨터프로그램보호법은 컴퓨터프로그램의 탐지행위를 처벌하여 프로그램저작자의 권리를 보호하고 있다.

12) 형법개정법률안은 기존의 비밀침해행위에 컴퓨터에 입력된 전자기록 등 특수매체기록을 기술적 수단을 이용하여 그 내용을 지득하는 행위까지 포함하여 규율하고 있다(제182조).

의 규정이 필요한가가 논의되어져야 한다.

그 밖에도 현금자동지급기의 남용, 컴퓨터정보통신시스템의 남용 등도 컴퓨터조작을 통한 데이터의 변형행위와 마찬가지로 전형적인 컴퓨터범죄로 볼 수 있다.

(2) 전형적인 컴퓨터범죄의 유형

컴퓨터의 기능은 입력된 데이터를 기억하고 일정한 프로그램에 따라 처리하여 그 결과인 데이터를 여러 태양으로 출력시키는 것이다. 따라서 전형적인 컴퓨터범죄를 컴퓨터데이터의 처리 및 보존기능에 따라 구분하는 것이 바람직하다.[13)]

1) 컴퓨터 사기죄

불법한 재산상의 이익을 얻기 위하여 컴퓨터데이터 혹은 컴퓨터프로그램을 만들어내거나 부정한 또는 불완전한 데이터를 사용하거나 권한없이 데이터를 사용하여, 정보처리과정에 영향을 미치는 방법으로 타인의 재산에 손해를 가하는 행위가 컴퓨터 사기행위이다. 기존의 사기행위가 기망을 수단으로 인간의 의사결정과정에 영향을 미치는 행위인 반면, 새로운 행위유형은 재산적으로 중요한 정보처리과정에 침해를 가하여 재산상의 손해를 야기하는 행위이다. 여기에는 정보통신(소위 데이터통신)시스템을 불법적으로 이용하여 터미널을 통해 타인의 구좌에 있는 예금을 자신의 구좌로 이체시키는 소위 전자적 자금이체행위도 포함된다.

형법개정법률안 제347조의 2 컴퓨터 등 사용사기죄는 이러한 행위유형 중 컴퓨터 등 정보처리장치에 허위의 정보 또는 부정한 명령을 입력하여 정보처리를 하게 하여 재산상의 이익을 취득하는 행위만을 규율대상으로 한다.[14)] 따라서 예컨대 허위의 입금데이터를 입력하는 행위, 프로그램을 구성하는 개개의 명령을 하게 부정하게 변경, 삭제, 추가하거나 프로그램자체를 변경하는 등 프로그램을 조작하는 행위 등을 포함한다.

2) 컴퓨터데이터 손괴죄

컴퓨터데이터 혹은 프로그램을 손괴, 은닉 또는 기타의 방법으로 효용을 해하는

---

13) 장영민/조영관, 컴퓨터범죄에 관한 연구, 형사정책연구원 1991.12, 32면; Sieber, Computer-kriminalität und Strafrecht, S.39ff.

14) 따라서 여기에는 타인의 현금카드를 비밀번호를 알아낸 다음 현금자동지급기를 통하여 현금을 인출하는 행위와 같이 진실한 정보를 권한없는 자가 사용한 행위는 포함되지 않는다.

행위가 컴퓨터데이터 손괴행위이다. 기존의 손괴죄의 행위객체는 재물이다. 만일 컴퓨터데이터의 재물성을 인정한다면 새로운 구성요건이 불필요하다. 재물이란 유체물 및 관리가능한 동력을 의미한다.

데이터는 유체물은 아니지만 관리가능한 동력인가가 문제된다. 그러나 여기서의 관리는 물리적 관리만을 의미하며 사무적 관리는 포함되지 않는다. 또한 컴퓨터데이터는 동력도 아니다. 따라서 컴퓨터데이터는 기존의 재물개념에 포함되지 않는다. 따라서 이를 보호하기 위해서는 이를 포함할 수 있는 새로운 손괴구성요건이 필요하다.[15]

2. 컴퓨터범죄에 대한 예방 및 통제전략의 일반적 원칙

오늘날의 사회가 현대적 정보기술의 효율성과 안전성에 전적으로 의존되어 있기 때문에 컴퓨터범죄로부터의 예방이 현실적으로 중요한 문제라는 점을 인정할 수 있다. 그러나 반드시 법적인 조치만이 컴퓨터범죄로부터의 보호와 사전적 통제의 포괄적이고 효과적인 전략이라고 볼 수는 없다. 오히려 요구되는 것은 컴퓨터사용자 또는 기업내부적인 자발적인 보호장치와 통제 매카니즘의 구축이다.

형법적 조치만이 컴퓨터와 관련된 사회유해적 행위 내지 컴퓨터의 오용행위에 대응할 수 있는 것은 아니다. 따라서 컴퓨터범죄에 포함되어져야 할 행위는 컴퓨터를 통해서 재산적 손해를 끼치는 행위 중에서 컴퓨터에 전형적이고 특징적인 행태여야 한다.

그러나 정보보호를 위한 형법적 규율은 컴퓨터에 입력되어 있는 데이터와 같은 무형적 재화의 특성을 고려함이 없이 기존의 유체물에 대한 형법적 보호규정을 유추적용하는 방식으로는 불가능하다. 즉 물적 재화와 정신적 재화에 대한 법적 평가의 차이를 토대로 하여 정보의 형법적 보호를 위한 새로운 독자적인 원칙이 제시되어져야 한다. 왜냐하면 통상 유체물은 일정한 사람의 배타적인 소유 또는 점유의 대상이 될 수 있지만, 정보는 공적이고 공개적인 성격의 재화일 뿐만 아니라 정보통신망을 통한 정보와 데이터의 이동이 용이하고 자유로워서 유체물과 같은 배타성이 보장될 수 없기 때문이다.[16]

---

15) 형법개정법률안 제366조의 재물손괴죄의 객체에는 타인의 재물이외에 전자기록 등 특수매체기록을 포함시키고 있다.

또한 정신적 재화에 대한 법적 평가에 있어서 특징적인 것은 정보보호는 정보의 소유자 또는 사용권자의 경제적 이익뿐만 아니라 그 정보에 관련된 사람의 이익도 함께 포함되어져야 한다는 점이다. 이는 전자와 관련하여 형법이 두 가지 관점을 고려해야 함을 의미한다: 첫째는 형법이 정보의 사용과 비밀유지를 위하여 간섭해야 할 것인가, 한다면 어느 범위 내에서 보장이 가능할 것인가와 둘째로는 정보의 불가침성, 처분성 및 정확성 등을 어느 범위 내에서 형법적으로 보장할 것인가의 문제이다. 후자와 관련해서는 컴퓨터에 입력한 정보의 내용에 관계되는 자의 인격권보호의 필요성이다. 또한 컴퓨터범죄에 대응하기 위한 형법규정 또는 형법개정규정이 현실적으로 얼마나 효과적으로 실무에서 적용되고 실현될 수 있는가를 고려하여 형법적 규율이 정해져야 한다. 더 나아가 여기에는 컴퓨터기술과 정보기술의 발전과 이에 따른 오용 및 남용의 형태를 미리 예측하여 반영하여야 한다. 데이터통신기술의 발달로 컴퓨터 전문가나 기업내의 실무가에 의해서 뿐만 아니라, 일반인에 의해서도 쉽게 오용될 가능성이 있고 또 그 유형도 다양해질 것이기 때문이다.

마지막으로 자동화된 정보통신망을 이용한 정보와 데이터의 이동이 용이한 점에 비추어 또 이로 인해서 한 국가에서의 행위가 그 효과는 다른 국가에서 발생할 수 있기 때문에 외국과의 협조체계 및 외국규정 등도 고려될 필요가 있다. 컴퓨터와 통신의 결합은 국가간을 넘나드는 정보의 유동성을 가속화시켰고, 이로써 국내적 해결과 통제는 무의미하게 되었다. 따라서 국가간의 협조체계구축과 법규정의 단일화작업이 요구되고 있다.[17)

Ⅲ. 전자적 자금거래시스템을 이용한 불법행위

1. 전자적 자금거래체계의 현실적 중요성

컴퓨터기술과 데이터통신기술의 발전은 사회경제활동의 변화를 가져왔다. 즉 각종 금융거래 관계에 있어서 종래의 재화의 현실적 이전없이도 데이터의 교환으로 처리할 수 있게 되었다. 은행업무의 통합온라인시스템화, 증권거래의 온라인시스템, 크레디트카드시스템 등 금융전산망시스템은 각종 금융기관이 온라인시스템을 통하여

---

16) Sieber, Der Strafrechtlicher Schutz der Information, ZStW 103(1991), 187f.
17) Sieber, ZStW 103(1991), 172f.

컴퓨터에 의한 채권 및 채무의 청산, 자금이체업무 등을 현금거래없이도 가능하게 하였다.

물론 지불거래에 있어서 중요한 수단은 여전히 현금, 또는 어음 및 수표지만 전자적 자금이체방법은 이용횟수와 양에 있어서 현저한 증가추세를 보이고 있다.[18]

2. 전자적 자금거래체계의 구체적 형태와 부정사용 가능성

컴퓨터기술과 데이터통신기술의 발전은 사회경제활동의 변화를 가져왔을 뿐만 아니라 그 오·남용의 가능성과 현실때문에 수사기관 및 법원과 더 나아가 입법자에게 새로운 형태의 임무를 부여했고 이를 수행하기 위한 노력을 요구하게 되었다.

컴퓨터를 이용하여 어렵지 않게 타인의 구좌에 경제적 부담을 지우며 현금을 조달할 수 있는 새로운 방법은 흔히 일어날 수 있는 수법으로서 타인의 현금카드를 절취하고 이에 부여된 비밀번호를 알아내어 현금자동지급기를 이용하여 현금을 인출하는 행위형태이다. 문제는 이러한 행위가 현금카드의 절취행위 이외에 현금을 인출하는 행가 현행법상 어떤 재산범죄의 구성요건을 충족시키는가 아니면 가벌성의 흠결을 나타내어 새로운 규정을 필요로 하는가이다.

현금없는 금융거래를 가능하게 한 컴퓨터에 의한 전자적 자금거래체계는 우선 두 가지 형태로 구분할 수 있다. 우선 자금이체과정의 일부가 전자화된 수단을 이용해서 이루어지는 경우이다. 이는 자금이체행위를 시작함에 있어서는 전통적인 방법인 서면을 사용하지만 그 이후의 과정이 컴퓨터에 의한 전자적 자금처리인 경우이다. 또한 자금이체과정이 전적으로 전자적 방법에 의해서 개시되고 처리되는 경우인데, 형법적으로 문제되는 형태는 후자이다.

이와 같은 무권한자의 부정사용 이외에도 허위정보 또는 부정한 명령을 입력하는 행위도 있다. 즉 컴퓨터 등 정보처리장치에 허위의 정보 또는 부정한 명령을 입력하여 정보처리를 하게하여 재산상의 이익을 취득하는 행위이다. 예컨대 허위의 입금데이터를 입력하는 행위, 프로그램을 구성하는 개개의 명령을 부정하게 변경, 삭제, 추

---

18) 한국은행 보도자료에 의하면 어음 수표 및 자기앞수표 등 장표방식에 의한 결제가 1994년에 1,171,539천건, 5,808,740십억원인데 비해 전자방식은 435,801천건, 238,387십억원으로 주 거래수단이 아님을 알 수 있다. 그러나 1993년에 비해 건수로는 45.1%(장표방식은 9.5%), 거래액수로는 115.4%(장표방식은 6.5%) 증가율을 나타내고 있다.

가하거나 프로그램자체를 변경하는 등 프로그램을 조작하는 행위 등이 있다.

(1) 현금카드 또는 신용카드와 현금자동지급기

1) 현금자동지급기와 현금카드 또는 신용카드의 기능

현금자동지급기는 은행의 로비 또는 외벽이나 역 또는 공항 등과 같이 사람이 많이 드나드는 곳에 설치하여 은행의 출납창구 이외에서도 은행의 고객이 현금을 인출할 수 있고 또한 자기의 구좌의 잔액을 조회할 수 있는 기계장치이다. 현금자동지급기를 설치하고 작동시킨 행위는 현금자동지급기를 조작한 자에게 (자신의 예금구좌 한도 및 1일 이용한도와 현금서비스의 한도내에서) 원하는 양의 현금을 지급하겠다는 의사표시이다. 물론 현금의 지급은 요구되는 조건을 충족하고 있는지, 즉 정당하게 발급된 현금카드 내지 신용카드를 끼워 넣어 잔액 또는 현금서비스 한도액인지, 정당한 사용권자인지 여부를 규정대로 확인한 후에 이루어진다. 확인절차를 규정대로 통과하면 기계는 현금인출구에 입력한 양의 현금을 인출할 수 있는 상태에 놓게 된다.

현금자동지급기를 이용하기 위하여 은행의 고객은 자신의 예금구좌번호, 카드번호, 카드의 유효기간 등의 정보를 기계가 읽을 수 있는 자기스트라이프가 색인된 현금카드나 앞면에는 카드번호, 회원이름, 유효기간 등이 양각되고 뒷면에는 카드번호와 지정결제 계좌번호가 기록된 자기스트라이프가 색인된 신용카드(또는 현금카드를 겸한 신용카드)를 발급받아야 한다. 또한 고객에게는 카드사용의 생명인 비밀번호가 부여되며, 은행과 고객은 이 비밀번호가 타인에게 알려지지 않도록 주의하여야 하며 비밀번호가 누설된 경우에는 신용카드 내지 현금카드는 플라스틱 조각에 불과하게 된다.

이 카드를 사용하여 현금을 인출하기 위하여 현금자동지급기에 카드를 삽입시키면 우선 카드가 진정한 것인지 위조된 것인지를 분별하는 과정을 거친 다음 카드소지자가 정당한 사용권한이 있는지를 확인하기 위하여 고유한 비밀번호(PIN: personal identification number)를 입력시킬 것을 요구한다. 입력한 비밀번호가 맞으면 지불정지여부를 확인하고, 또 원하는 인출액수를 입력하면 예금잔고의 범위내에서 현금이 지급된다.

2) 부정사용 가능성

행위자가 타인의 현금카드와 이에 속하는 비밀번호를 알고 있다면 카드의 정당한 권한자인 카드소유자는 행위자의 부정사용을 저지할 효과적인 방법이 없다. 물론 자신의 현금카드가 타인의 수중에 있다는 사실을 알고 분실신고를 하여 지불정지를 요청하는 방법이 있지만, 이는 분실과 동시에 분실사실을 감지하고 또 분실신고와 동시에 모든 현금자동지급기에 지불정지조치가 취해져서 행위자의 부정사용 기회가 박탈되어져야만 가능하다. 그러나 이러한 가능성은 거의 희박하다. 어쨌든 행위자는 지불정지조치가 있기 이전에는 단 1회의 부정사용으로도 현금카드소지자의 재산권을 침해할 수 있는 기회를 갖는다.

(2) 정보통신시스템을 이용한 Home Banking[19]

1) 정보통신시스템의 기능

정보통신시스템은 기존의 전기통신망에 접속하여 언제 어디서든지 적은 비용으로 다양한 정보를 교환하고 의사를 전달할 수 있는 정보통신체계이다. 또한 전자화된 정보의 교환은 현금없는 지불거래의 영역에 이용될 수 있다.

정보통신시스템을 이용하려면 전화통신망을 통하여 다양한 정보를 제공하려는 정보제공자가 가입되어 있는 정보은행에 연결되어야 한다. 이러한 정보는 전화선을 통하여 가입자에게 송신되며 이는 회원의 컴퓨터모니터에 화면으로 나타나 읽을 수 있는 정보로 변환된다. 정보통신시스템의 회원은 전화가입자로서 자신의 PC에 전화기를 접속시키고 통신정보를 모니터화면으로 바꾸어주는 모뎀을 설치하여야 한다. 전화기와 화면사이에 설치된 모뎀은 전화선을 통하여 송신된 아날로그 신호를 화면에서 변환되어 나타나는 디지털신호로 전환시킨다.

정보통신시스템의 회원은 정보를 이용하기 위해서는 고유의 비밀번호를 부여받는다. 정보를 이용하기 위해서는 비밀번호를 입력해야 한다. 이 비밀번호는 타인의 권

---

19) 정보통신시스템의 회원은 이 시스템을 이용하여 가정에서 혹은 직장과 같이 은행창구 이외에서 은행의 업무를 직접 수행할 수 있는 소위 Home-Banking이외에도 각종의 정보를 자신의 컴퓨터 터미널을 통해 제공받을 수 있다. 이 시스템이용자는 물론 사용료를 지불하여야 하는데 이 과정에서 타인의 회원번호나 비밀번호를 제시함으로써 사용료를 타인의 부담으로 무료로 사용할 가능성이 있다. 그러나 이러한 행위유형은 본 연구가 전자적 자금거래과정상 타인에게 재산상의 손해를 끼치는 행위유형만을 연구대상으로 하기 때문에 본 연구의 범위를 벗어난다. 물론 이러한 행위도 피해자의 경제적 손실만큼의 재산적 이득을 행위자가 누리기 때문에 현행 형법상 규율이 가능한가를 검토한 후 그렇지 않다면 입법론적인 방안을 마련하여야 한다.

한없는 使用으로부터 보호하는 장치이다.

정보통신시스템의 기능은 다양하지만 무엇보다도 은행의 컴퓨터와 연결되어 이루어지는 전자적 자금거래의 특수한 형태인 소위 Home-Banking 기능이다. 즉 고객이 은행창구가 아닌 가정이나 사무실에서 다양한 은행업무를 PC화면 앞에서 처리할 수 있는 기능이다. 예컨대 Home-Banking을 이용하여 자신의 예금구좌로부터의 이체, 주식매매 등이 가능하다. 더 나아가 잔액조회, 경제소식 또는 주식시세 등의 정보를 제공받을 수 있다. 이와 같은 공개적인 정보의 교환이외에도 소규모의 제한된 그룹 내에서의 공개되지 않는 정보교환도 가능하다.

2) 부정사용의 형태

정보통신시스템의 부정사용은 컴퓨터시스템을 이용하는데 열쇠기능을 하는 현금 카드와 보조 수단없이도 가능하다. 다만 타인의 비밀번호를 이용하여 권한자임을 사칭하면 된다. 이를 통해서 타인의 구좌에 손실을 끼치는 부정사용이나 타인에게 사용료를 부담하게 하는 부정사용이 이루어진다.

정보통신시스템을 통한 지불거래의 남용은 Home-Banking업무를 비밀번호를 아는 권한없는 자가 사용함으로써 발생한다. 정보통신시스템을 이용하여 거래은행의 컴퓨터에 접속하여 타인의 은행비밀번호를 입력하면 은행의 다양한 업무를 권한없이 이용할 수 있다. 예컨대 타인의 구좌에서 행위자 자신의 구좌로 예금을 이체시키거나 타인의 구좌의 예금으로 주식을 매입할 수 있다.

타인의 부정사용의 결과는 통상 피해자가 자신의 구좌의 잔액을 조회하는 과정에서 비로소 밝혀지게 된다. 따라서 행위자는 이체된 자금을 인출하거나 매입하게 한 주식을 인도받는데는 시간적으로 어려움이 없게 된다.

타인의 이름으로 정보통신시스템을 이용하여 정보를 제공받는 경우에 사용료는 비밀번호를 통해서 피해자에게 청구된다. 통상 정보통신시스템의 사용료는 비싸기 때문에 행위자가 잠시 사용한 경우에도 피해자에게는 많은 손해가 주어지게 된다. 또한 일시적인 사용이기 때문에 행위자가 발각될 위험성도 없고 행위자를 밝혀낼 수도 없다. 따라서 소위 해커에게는 적은 비용으로 많은 정보를 얻으려는 유혹이 될 수 있다.

Ⅳ. 전자적 자금거래체계의 부정사용과 현행 형법규정

1. 권한없는 자의 현금자동지급기를 이용한 자금거래

(1) 현급자동지급기의 인출된 현금의 타인성

컴퓨터를 이용하여 어렵지 않게 타인의 구좌에 경제적 부담을 지우며 현금을 조달할 수 있는 새로운 방법은 흔히 일어날 수 있는 수법으로서 타인의 현금카드를 절취하고 이에 부여된 비밀번호를 알아내어 현금자동지급기를 이용하여 현금을 인출하는 행위형태이다. 이 행위유형을 현행형법 구성요건에 포섭시키는데는 현저한 어려움이 뒤따른다.

신용카드 또는 현금카드는 불법영득의 객체를 재물의 물체 자체로 보든 아니면 물체의 기능가치로 보든 어느 면에서도 별로 중하지 않은 플라스틱 조각이기 때문에 - 그러나 절도죄의 객체임은 분명하다 - 이에 대한 점유배제와 점유취득은 별로 문제삼지 않는다. 오히려 이러한 이유때문에 이를 사용하여 인출된 현금이 형법적 관심의 대상인 것이다. 신용카드 또는 현금카드를 한번 사용하여 현금을 인출하고 반환할 의사로 행위한 경우에는 더욱 그러하다.

현금자동인출기를 이용하여 인출한 현금에 대해서 절도죄가 성립할 수 있는가의 문제는 인출된 현금이 여전히 현금자동지급기의 관리자의 점유하에 있는가, 아니면 구좌의 소유자 즉, 현금카드 또는 신용카드의 소유자에게 있는가, 아니면 현금인출을 조작한 자 즉, 비밀번호를 알고 있는 현금카드 내지 신용카드 소지자에게 있는가의 문제이다.[20] 다시 말해서 은행 또는 카드회사가 현금자동인출기의 사용규정에 따라 이용하는 불특정인에게 현금을 지급하거나 대출하겠다는 민법상의 소유권이전 내지 점유이전의사가 카드와 비밀번호의 정당한 사용권자에게만 해당하는지 아니면 누구든지 카드와 비밀번호를 소지한 자에게 해당하는 것인지의 문제이다.

현금카드를 절취한 경우에는 현금카드 자체에 대한 절도죄를 인정하는데는 異見이 없지만 문제는 현금카드를 사용하고 돌려줄 계획으로 절취한 경우이다. 이 경우에는 재산죄에서 필요한 특별한 주관적 구성요건요소인 불법영득의사가 결한 경우이기 때문에 절도죄를 인정할 수 없다.[21] 예금통장과는 달리 현금카드는 고객의 은

---

20) 대판 1995.7.28 95도997 참고.

행에 대한 청구권이 화체되어 있는 것이 아니라 단지 현금인출을 가능하게 해주는 단순히 열쇠기능만을 갖고 있는 것이다. 따라서 현금인출행위를 통해서도 카드자체 에는 아무런 변화가 없다. 이 경우에는 단지 불법영득의사가 결여된, 불가벌적 사용 절도가 성립할 뿐이다.[22]

현금자동지급기를 이용하여 인출한 현금에 관해서도 절도죄가 성립할 수 없다.[23] 왜냐하면 은행은 현금카드 또는 신용카드와 비밀번호 소지자가 요구한 현금 또는 현 금서비스를 내주도록 기계조작을 함으로써 은행의 동의 아래 인출이 이루어져서 구 성요건해당성조차도 없기 때문에 절도죄의 절취행위가 아니다.[24]

물론 카드발행자가 실제로 정당한 카드사용권자인지를 확인하기 위하여 비밀번호 를 요구하고 있는 점에 비추어 바로 이 정당한 카드사용권자에게만 현금을 교부하려 했기 때문에 현금카드 또는 신용카드를 부정사용한 경우에는 인출된 현금의 (소유권 은 물론) 점유는 여전히 현금자동인출기의 관리자에게 있다[25]는 해석도 가능하다. 그 러나 은행 또는 카드회사는 카드소유자인 정당한 사용권자에게만 현금의 점유를 이 전하겠다는 조건부 이전의사를 갖고 있다는 주장은 현금자동인출기가 조작, 작동될

---

21) AG Stuttgart NJW 1986, 2653. 다른 입장은 AG Kulmbach NJW 1985, 2282.

22) Lenckner/Winkelbauer, Strafrechtliche Probleme im moderner Zahlungsverkehr, Wistra 1984, 85; Jungwirth. Diebstahlsvarianten im Zusammenhang mit Geldausgabeautomaten, MDR 1987, 537: Dencker, Besprechung von Aufsätzen und Anmerkungen zum Straf- und Strafprozeßrecht. NStZ 1982, 155: Tiedemann, Computerkriminalität und Mißbrauch von Bankomaten, WM 1983, 1331. 또한 BayObLG NJW. 1987, 663: BGH NJW 1988, 979.

23) Huff, Strafbarkeit der mißbräuchlichen Geldautomatenbenutzung durch den Kontoinhaber, NJW 1986, 903: Wiechers, Forum: Strafrecht und Technisierung des Zahlungsverkehrs, JuS 1979, 847. 이에 반해서 인출한 현금에 대한 절도죄를 인정하는 견해로는 Gropp. Die Codekarte: der Schlüssel zum Diebstahl, JZ 1983, 487.

24) Wessels. Strafrecht BT 2, 17,Aufl., S.43: Huff. Strafbarkeit der mißbräuchlichen Geldautomaten- benutzung durch den Kontoinhaber, NJW 1986, 903: Wiechers, Forum: Strafrecht und Technisierung des Zahlungsverkehrs, JuS 1979, 847: Lenckner, Computerkriminalität und Vermögensdelikte 1981, S.24f. BGHSt. 35. 152.
김영환, 신용카드 부정사용에 관한 형법해석론의 난점, 형사판례연구 [3], 318면.

25) 김우진, 신용카드 부정사용죄의 기수시기, 296면; 김일수, 한국형법 IV, 239면; 장영민/조영관, 컴퓨터 범죄에 관한 연구, 133면; 차용석, 컴퓨터에 관련된 범죄와 형법(하), 고시연구 1988. 6, 110면; 대판 1986. 3. 25. 85도 1572의 적용죄명 참조; Gropp, Die Codekarte: der Schlüssel zum Diebstahl, JZ 1983. 487; Lenckner/Winkelbauer, Strafrechtliche Probleme im modernen Zahlungs- verkehr, wistra 1984. 86.

376

때에 은행 또는 카드회사가 실제로 현금의 점유 내지 소유권이전의 결정과정에 관여하지 못한다는 사실을 고려한다면 타당치 않다고 본다.

그러나 통상적으로 현금자동인출기의 관리자는 카드소지 여부와 그 카드에 속하는 비밀번호의 인지 여부를 확인하도록 기계장치를 조작하여 이러한 기능체계를 통하여 현금자동인출기를 사용할 수 있는 자인지를 확인하여 부정사용을 방지하고 있다. 따라서 현금자동인출기의 지시에 따라 기계를 조작하는 자에게 현금을 교부하겠다는 의사표시를 했다고 볼 수 있다. 즉 카드와 비밀번호의 소지자가 현금을 인출할 수 있도록 입력한 액수의 현금을 현금자동지급기의 현금인출구를 열어 교부하는 것은 조건없는 점유이전의 의사표현이다. 이러한 점유이전의 의사표시는 신용카드 또는 현금카드회사의 규약[26]에 분명히 드러나 있다고 본다. 즉 회사의 현금에 대한 조건없는 (다시 말해서 실제로 정당한 사용권자에게만 제한적으로가 아니라) 점유이전의 의사는 부당한 사용의 불이익이 카드의 소유자에게 있다는 규약내용에서 확인되고 있다.

조건없는 점유이전의 의사라는 점에서 커피자판기와 같은 자동판매기와 현금자동인출기는 차이가 있다. 전자의 경우에는 관리자의 의사는 요구되는 동전 또는 지폐를 투입시켜야만 상응하는 물품을 건네주겠다는 내용이라는 점에서 조건부 점유이전 (물론 소유권이전도 포함하여)의 의사이다. 따라서 위조동전을 투입시켜 뽑은 커피의 점유는 여전히 판매기의 관리자에게 있기 때문에 절도죄의 구성요건인 점유배제와 새로운 점유취득이 인정된다.[27]

(2) 다른 재산범죄의 성립여부

1) 횡령죄

현금카드에 의한 현금인출은 자기 구좌의 예금에 대한 청구권의 행사이므로 현금에 대한 소유권도 이전된다. 또한 신용카드에 의한 현금서비스의 경우도 신용카드의 정당한 소유자에게 대출된 현금의 소유권이 이전된다.

---

26) 예를 들어 한국외환은행 현금카드규약 제4조: ① 카드를 분실, 도난, 훼손, 오손하였을때는 즉시 발행점에 신고하여야 하며 신고전에 발생한 손해에 대하여는 당행은 책임을 지지 아니합니다. ② CD, ATM 및 온라인 단말기에 의하여 기계출된 비밀번호와 대조하여 틀림없다고 인정하고 현금을 지급한 경우, 카드의 위조, 변조, 도용으로 인하여 발생한 사고나 손해에 대하여 당행은 책임지지 아니합니다.

27) Sch/Sch/Eser, StGB, 24.Aufl., §242 Rdn.29.

그러나 절취한 현금카드를 사용하여 현금을 인출한 경우 (신용카드의 경우에는 현금서비스)에는 새로운 (단독)점유의 취득은 인정되지만 - 따라서 점유이탈물 횡령죄의 객체가 아니다 - 소유권은 여전히 현금자동인출기의 관리자인 금융기관에게 있다. 따라서 불법하게 타인 소유의 현금을 취득한 행위는 절도죄의 구성요건을 충족시키지는 못하지만 횡령죄의 영득행위로 볼 수 있을 것인지가 문제된다. 여기서의 문제는 횡령죄가 성립하기 위해서는 횡령행위 이전에 재물에 대한 점유가 있어야 하는데 현금자동인출기의 현금인출구에서 현금을 인출한 행위로 비로소 현금에 대한 점유가 개시되기 때문이다. 즉 점유취득과 동시에 횡령이 이루어진 경우에도 횡령죄가 성립하는가이다. 또한 현금을 취득한 자가 타인의 재물을 보관하는 자인가도 문제된다.

통상 횡령은 점유하고 있는 타인의 재물을 영득하는 행위이지만 횡령행위가 점유취득과 동시에 이루어질 수도 있다. 그러나 횡령죄의 본질상 그 점유는 위탁관계에 의한 것이어야 하기 때문에 절취한 현금카드를 사용하여 현금을 인출한 자(신용카드의 경우에는 현금서비스)는 횡령행위의 주체인 타인의 재물을 보관하는 자가 될 수 없다.

2) 사기죄

사기죄에서의 기망의 대상은 사람이다. 그러나 절취한 현금카드를 이용하여 현금자동인출기로부터 현금을 인출한 것은 사람을 기망한 것에 기인하는 것이 아니고[28] 또 착오에 빠져 재산상의 손해를 초래할 처분행위를 야기한 것도 아니기 때문이다.[29]

착오는 외부적 사실인 현실과 사람의 내면적 관념이 불일치하는 것을 말한다. 착오를 초래할 기망행위는 피기망자의 내면적, 지적 관념세계에 영향을 미쳐 외부적 사실과 다른 관념을 갖게 하는 행위이다.

절취한 현금카드(또는 신용카드)의 부정사용자의 기망행위는 외관상 적법하게 보이는 현금자동인출기의 사용행위를 통하여 은행 또는 카드회사에 이에 상응하는 청구권이 있음을 주장하는데 있다. 그러나 이러한 주장을 내용으로 하는 기망행위는 타인으로 하여금 그의 관념세계에 영향을 미쳐 착오에 빠지게 해야 하기 때문에 관념을 형성할 수 없는 현금자동인출기를 속이는 것은 기망행위로 볼 수 없다.

그렇다면 기계를 속임으로써 사람을 기망한 것으로 볼 수 있는가. computer와 인

---

28) 장영민/조영관, 컴퓨터 범죄에 관한 연구, 130면.
29) Otto, Die neuere Rechtsprechung zu den Vermögensdelikten, JZ 1985, 70.

간의 분업이 이루어지는 곳에서는 현금자동인출기를 속이는 방법으로도 그 기계를 조작, 작동시키는 자의 관념세계에 영향을 미쳐 착오에 빠지게 하는 것으로 볼 수 있다는 견해30)도 있다. 그러나 이 경우에도 기망자에 의하여 조작된 computer의 작업결과를 기계의 설치 및 관리자가 알고 있어야 하며 더 나아가 그에 의한 재산처분행위가 있어야 사기죄에서의 기망으로 볼 수 있다.31) 그래야만 행위자의 기망에 의한 인간의 잘못된 관념이 있는 것이고 착오와 처분행위 사이에 인과관계도 인정할 수 있는 것이다.

(3) 중간결론

결론적으로 타인의 현금카드를 절취하고 이에 설정된 비밀번호를 알아내어 현금자동인출기로부터 현금을 인출하거나 신용카드로 현금서비스를 받아 어렵지 않게 타인의 구좌에 경제적 부담을 지우는 현금조달방법은 현행 형법으로는 규율이 불가능한 행위유형이다.

2. 권한없는 자의 정보통신시스템을 이용한 Home-Banking

(1) 현금카드를 반환할 의사로 사용한 행위

현금카드를 절취한 경우에는 점유자(또는 소유자)의 의사에 반하여 타인의 재물을 취거하였으므로 현금카드 자체에 대한 절도죄를 인정하는데는 이견이 없다.32) 문제는 현금카드를 사용하여 현금을 인출하든지 아니면 현금카드를 복제하고 돌려줄 계획으로 절취한 경우이다. 이 경우에도 절도죄의 객관적 구성요건요소로서 재물, 타인성 등이 인정된다. 그러나 재산죄에서 필요한 특별한 주관적 구성요건요소인 불법영득의사가 결한 경우이기 때문에 절도죄를 인정할 수 없다.33) 예금통장과는 달리

---

30) Haft, Computerkriminalität und Datenschutz, DSWR 1979, 49ff. 에서는 "computer가 매개한 착오"라고 표현한다.

31) Sch/Sch/Cramer. StGB, 24.Aufl., §263 Rdn.53.

32) 카드의 재물성을 인정하는 견해로는 이재상, 불법영득의사와 크레디트사기, 고시계 1994.6, 199면; 이상돈, 신용카드의 절도와 사기, 고시연구 1995.1, 132면.

33) 김일수, 한국형법 IV, 60면; 배종대, 형법각론, 288면; 이재상, 형법각론, 262면; 장영민/조영관, 컴퓨터범죄에 관한 연구, 132면. AG Stuttgart NJW 1986, 2653. 다른 입장은 AG Kulmbach NJW 1985, 2282.

현금카드는 고객의 은행에 대한 청구권이 화체되어 있는 것이 아니라 단지 현금인출을 가능하게 해주는 단순히 열쇠기능만을 갖고 있는 것이다. 따라서 현금인출행위를 통해서도 카드자체의 특수한 기능가치에는 아무런 변화가 없다. 이 경우에는 단지 불법영득의사가 결여된, 불가벌적 사용절도가 성립할 뿐이다.[34] 물론 현금카드나 신용카드의 사용횟수의 제한이 뒤따르지만 이는 카드 자체의 가치변화는 아니다. 또한 복제하고 돌려준 경우에도 카드의 자기스트라이프에 저장된 데이터는 재물성이 부정되고 또 복제행위로 카드 자체의 특수한 기능가치가 훼손되지 않기 때문에 불법영득의사를 인정할 수 없다.

(2) 자기 또는 타인의 구좌에 이체한 행위

정보통신시스템의 부정사용은 컴퓨터시스템을 이용하는데 열쇠기능을 하는 현금카드와 같은 보조수단없이도 가능하다. 다만 타인의 비밀번호를 이용하여 권한자임을 사칭하면 된다. 따라서 현금자동지급기의 사례와는 다른 형법구성요건이 해당될 것인가가 검토되어져야 한다.

정보통신시스템을 통한 지불거래의 남용은 Home-Banking업무를 비밀번호를 아는 권한없는 자가 예컨대 타인의 구좌에서 행위자 자신의 구좌로 예금을 이체시키거나 타인의 구좌의 예금으로 주식을 매입할 수 있다. 그러나 이러한 방식으로 권한없이 타인의 예금을 이동시키는 행위는 재산죄의 규율대상이 될 수 없다.[35] 왜냐하면 여기서 문제되는 예금은 전자적으로 입력된 자금(대체현금: Giral-Geld)으로서 형법상의 재산죄에서 의미하는 재물이 될 수 없다.[36] 역시 마찬가지로 나중에 전자적으로

---

34) Lenckner/Winkelbauer, Strafrechtliche Probleme im moderner Zahlungsverkehr, Wistra 1984, 85: Jungwirth. Diebstahlsvarianten im Zusammenhang mit Geldausgabeautomaten. MDR 1987, 537: Dencker, Besprechung von Aufsätzen und Anmerkungen zum Straf- und Strafprozeßrecht, NStZ 1982, 155: Tiedemann, Computerkriminalität und Mißbrauch von Bankomaten, WM 1983, 1331: Bandekow, Strafbarer Mißbrauch des èlektronischen Zahlungsverkehrs, 1989, S.139: Wessels, a.a.O.. S.42. 또한 BGHSt. 35. 152: BayObLG NJW, 1987, 663: BGH NJW 1988, 979. 그러나 다른 견해로는 Seelmann, Grundfälle zu den Eigentumsdelikten. JuS 1985. 289.

35) Lenckner/Winkelbauer, Wistra 1984. 87f.

36) Sch/Sch/Eser. & 242 Rdn.3: Frey. Computerkriminalität in eigentums- und vermögensstrafrechtlicher Sicht 1987, S.54. 165: Sieg. Strafrechtlicher Schutz gegen Computerkriminalität, Jura 1986, 356. OLG München JZ 1977, 409.

입력된 장부상 자금을 인출하더라도 이는 이미 청구권자의 인출행위로서 타인의 재물일 수 없다.

정보통신시스템을 이용하여 타인의 구좌에서 행위자 자신의 구좌로 예금을 이체시키도록 조작하거나 타인의 사용료부담으로 정보를 이용하는 행위는 사기죄의 구성요건에 해당할 것인지가 문제될 수 있다. 그러나 통상 정보통신시스템을 통한 자금거래는 은행의 온라인시스템에 의해서 사람의 개입없이 자동적으로 이루어지고 정보사용료도 전화요금과 같이 자동적으로 계산되어 청구서가 작성되기 때문에 사람의 의식세계에 영향을 미치지 않는다. 정보통신시스템에 의한 예금이체가 수작업으로 이루어지는 경우를 제외하고는 사람에 대한 기망이 결여된 행위이다. 따라서 정보통신시스템의 남용행위는 기망행위의 결여를 근거로 사기죄의 구성요건해당성은 부정된다.[37]

또한 배임죄에 해당하지 않는다. 배임죄는 타인의 사무를 관리하는 자만이 주체가 될 수 있기 때문이다.

V. 전자적 자금거래체계의 부정사용과 형법개정법률안

1995년에 확정된 형법개정법률안은 소위 컴퓨터범죄라는 새로운 범죄구성요건을 신설함으로써 형법의 영역을 확장하였다. 이 신종 범죄현상은 기존의 형법규정으로써는 규율될 수 없었기 때문에 형법개정안은 이러한 형법적 보호의 흠결상태를 메우려는 목적을 갖고 있다. 경제거래생활의 변화에 따라서 컴퓨터 자체뿐만 아니라 컴퓨터가 저장하고 처리하는 데이터는 그 권한자에게는 다른 재산적 이익과 마찬가지로 아주 가치있는 것이다. 따라서 개정안에서 데이터로 표현된 모든 정보가 형법적 보호의 객체로서 인정된 점과 데이터처리장치의 사용증가로 야기된 경제거래관계에서의 컴퓨터범죄를 새로운 범죄구성요건으로 규율하려는 점은 긍정적으로 평가할 수 있다.

재산범죄영역에 있어서 가장 중요한 구성요건은 컴퓨터를 사용하여 재산상의 불법한 이득을 얻는 행위를 규율하는 컴퓨터 등 사용사기죄이다. 불법한 재산상의 이

---

37) Frey, a.a.O.. S.166.

익을 얻기 위하여 컴퓨터 데이터 혹은 컴퓨터프로그램을 만들어내거나 부정한 또는 불완전한 데이터를 사용하거나 권한없이 데이터를 사용하여, 정보처리과정에 영향을 미치는 방법으로 타인의 재산에 손해를 가하는 행위가 컴퓨터 사기행위이다.

형법개정법률안 제347조의 2 컴퓨터 등 사용사기죄는 이러한 행위유형 중 컴퓨터 등 정보처리장치에 허위의 정보 또는 부정한 명령을 입력하여 정보처리를 하게 하여 재산상의 이익을 취득하는 행위만을 규율대상으로 한다. 따라서 예컨대 허위의 입금 데이터를 입력하는 행위, 프로그램을 구성하는 개개의 명령을 부정하게 변경, 삭제, 추가하거나 프로그램자체를 변경하는 등 프로그램을 조작하는 행위 등이다.

그러나 현금카드를 이용한 범죄와 같이 진실한 데이터를 권한 없이 사용하여 현금자동지급기에서 현금을 인출하는 행위유형은 여기에 해당하지 않는다.[38] 또한 여기에는 정보통신(소위 데이터통신)시스템을 불법적으로 이용하여 터미널을 통해 타인의 구좌에 있는 예금을 자신의 구좌로 이체시키는 소위 전자적 자금이체행위도 포함되지 않는다.

VI. 입법론 및 결론

데이터와 같은 새로운 무형적 가치의 등장과 컴퓨터기술의 도입과 필연적으로 결합된 새로운 형태의 위험으로 특징지워지는 오늘날의 정보사회는 정보처리기술의 영역에 대한 안전과 범죄로부터의 예방을 위한 새로운 전략을 필요로 하게 하였다. 이는 새로운 범죄유형인 컴퓨터범죄가 인격권침해뿐만 아니라 더 나아가 현금자동지급기 등 전자이체시스템의 조작과 소위 해킹(Hacking)이라 불리우는 정보통신체계의 남용 등 경제범죄의 영역으로서 새로운 법익에 대한 공격으로 퍼져가고 있는 사정을 고려한다면 시급한 현실적 요구임을 알 수 있다.

이러한 요구는 사회경제활동주체뿐만 아니라 그 오·남용의 가능성과 현실때문에 수사기관 및 법원과 더 나아가 입법자에게 새로운 형태의 임무를 부여했고 이를 수행하기 위한 새로운 노력과 전략을 요구하게 되었다.

특히 전자적 자금거래시스템의 부정사용행위가 현행법과 형법개정법률안에 의해

---

38) 장영민/조영관, 컴퓨터범죄에 관한 연구, 185면 이하.

서 규율될 수 있는가는 의문이다. 타인의 현금카드를 절취하고 이에 부여된 비밀번호를 알아내어 현금자동지급기로부터 현금을 인출하여 어렵지 않게 타인의 구좌에 경제적 부담을 지우는 현금조달방법은 현행법상으로는 전통적인 절도, 사기, 횡령 및 배임죄의 행위유형으로 볼 수 없다.

또한 마찬가지로 정보통신시스템을 이용하여 타인의 구좌에서 행위자 자신의 구좌로 예금을 이체시키도록 조작하거나 타인의 사용료부담으로 정보를 이용하는 행위도 전통적인 재산범죄의 영역에 포함되지 못한다.

더 나아가 형법개정법률안의 컴퓨터 등 사용사기죄에 의해서도 규율될 수 없다. 왜냐하면 이 신설범죄유형은 컴퓨터 등 정보처리장치에 허위의 정보 또는 부정한 명령을 입력하여 정보처리를 하게 하여 재산상의 이익을 취득하는 행위만을 규율대상으로 하기 때문이다. 따라서 컴퓨터 사기죄의 구성요건에 앞으로 빈번하게 발생할 수 있는 행위유형인 진정한 데이터의 권한없는 사용행위도 포함시켜야 한다. 이러한 행위는 타인의 현금이나 재산적 가치를 취득하는 행위로서 현금없는 자금거래체계를 남용하는데 그 결과불법과 행위불법의 내용이 있다.

전자적 자금거래체계의 남용행위의 불법에 대한 제재수단으로서 형벌이 적절하고 필요한 수단으로 생각된다. 이러한 불법행위의 결과불법은 타인의 재산이라는 법익의 침해에 있고 행위불법은 행위객체에 대한 특별한 행위형태와 이 행위수행의 비난받을 만한 범죄의도와 사회적 유해성에 있다.[39] 따라서 형법의 최후수단성을 고려하더라도 전자적 자금거래체계의 남용행위에 대한 형사제재는 형벌필요성과 가벌성의 측면에서도 타당한 법적 제재이다.

---

39) Bandekow, Strafbarer Mißbrauch des elektronischen Zahlungsverkehrs, 1989, S.298ff.

[논평] 컴퓨터 등 사용사기죄의 해석과 적용범위

신상훈*

하태훈 선생은 이 글을 통해 90년대 이후 컴퓨터의 보급과 데이터기반 서비스체계의 확산에 따라 증가하던 컴퓨터 범죄에 대한 형법적 대응방안을 제시하였다. 컴퓨터 및 정보통신망을 이용한 재산범죄에 있어 재물성과 처분행위의 존재, 기망행위의 상대방 등에 대한 기존의 학문적 실무적 논의는 새롭게 등장한 컴퓨터 이용 재산범죄행위의 행위 양태를 모두 포섭하지 못하는 문제가 있었다.

하선생은 이 글에서 컴퓨터 등 사용사기죄를 신설한 1995년 12월 형법 개정안에 대한 평가와 포섭범위에 대한 구체적 논증을 통해 향후 개정 법률의 적용 범위에 대한 가이드라인을 제시하고 있다. 또한 신설 이후에도 여전히 포섭되지 않는 권한 없는 자의 정보입력에 대한 문제점을 논증하여 2001년 당해행위를 포섭할 수 있도록 하는 조문 개정을 이끌어 내었다. 구체적으로는 컴퓨터 범죄에 대한 정의, 탈취한 신용카드 및 현금카드 등 사용행위에 대한 법적 평가, 권한 없는 자의 부정사용행위 등의 가벌성 등을 행위 유형별로 논증함으로써 형법 제374조의2 컴퓨터 등 사용사기죄 해석 및 적용의 이정표를 제시하였다.

I.

80년대 후반 이후 가정에 퍼스널 컴퓨터가 보급되기 시작하고 90년대에 들어 모뎀을 이용한 정보통신망의 활용이 증가함에 따라 기존 구성요건에 포섭되지 않는 새로운 유형의 범죄행위가 등장하기 시작했다. 하선생은 컴퓨터범죄를 정의하면서, 컴퓨터를 통해서 재산적 손해를 끼치는 행위 중에서 컴퓨터에 전형적이고 특징적인 행태이어야 한다고 개념을 명확히 함으로써 무분별한 논의의 확장을 지양하고 논증의 초점을 분명히 하고 있다. 이에 따르면 컴퓨터에 입력된 정보의 내용에 관계된 자의

---

* 한국거래소, 박사과정수료

인격권침해나 비밀침해처럼, 컴퓨터를 이용하지 않는 경우와 컴퓨터를 이용한 경우의 법적 평가가 동일한 것은 컴퓨터범죄의 논의 영역에서 제외된다. 결국 컴퓨터범죄란 컴퓨터가 처리하는 정보나 프로그램 등을 부정하게 이용하거나 그 기능을 변경하여 법익을 침해하는 행위를 일컫는다.

컴퓨터범죄의 경우 사기죄에서의 재산상의 이익처럼 기존의 범죄 구성요건에서 보호하는 개인적 법익 외에도 컴퓨터 및 정보통신망의 기능훼손이라는 추가적인 법익침해가 발생한다. 컴퓨터의 기능훼손에는 컴퓨터 자체에 내재된 정보의 훼손이나 프로그램의 기능 이상뿐만 아니라 컴퓨터가 처리하는 정보에 신뢰성에 대한 훼손이 포함될 수밖에 없다. 따라서 컴퓨터를 이용한 범죄에 대한 불법성 평가를 컴퓨터를 이용하지 않고 행해진 기존 유형의 범죄와 동등하게 평가해야 할 것인지에 대한 의문이 생긴다. 대부분의 행위가 온라인상의 데이터를 통해 이루어지는 현대 정보화사회에서 컴퓨터의 기능 및 정보처리과정에 대한 신뢰는 사회기반을 이루는 인프라에 대한 신뢰와 동일한 것이고 이에 대한 침해와 훼손은 시스템에 대한 불신을 야기하여 관련된 법익을 심각하게 침해할 수 있기 때문이다.

하선생은 이 부분에 대해 기존의 구성요건적 행위와 구분되는 컴퓨터 범죄의 특징적인 양태를 언급하고 있을 뿐 불법성 정도의 평가 등에 대한 구체적인 논증은 하지 않았다. 다만, 오늘날의 사회가 현대적 정보기술의 효율성과 안정성에 전적으로 의존되어 있기 때문에 컴퓨터범죄로부터의 예방이 현실적으로 중요한 문제라는 점을 인정하면서도 반드시 법적인 조치만이 컴퓨터범죄로부터의 보호와 예방적 통제의 포괄적이고 효과적인 전략이라고 볼 수 없다고 언급한다. 또한 컴퓨터범죄에 대응하기 위한 형법규정이 현실적으로 얼마나 효과적으로 실무에서 적용되고 실현될 수 있는가를 고려하여 형법적 규율이 정해져야 한다고 명시하고 있다. 이를 통해 볼 때 하선생은 컴퓨터범죄의 위험성과 법익침해에 대한 개별적인 평가가 필요하다는 점을 인식하면서도 한편으로는 형벌의 최후수단성에 비추어 1995년 당시의 수준에서는 형법이 그러한 불법성에 대해 직접적으로 개입하는 것이 시기상조라고 판단한 것으로 보인다. 그러나 근 30여년이 지난 현재에 이르러 컴퓨터 등을 이용한 정보통신기술의 발달과 확산에 따라 컴퓨터 및 정보처리기능에 대한 보호는 사회의 근간을 이루는 인프라에 대한 보호로 무엇보다 중요해지고 있으며 이를 침해하는 행위양태도 다양해지고 있다. 따라서 컴퓨터범죄에 대한 정의와 법익보호, 불법성의 평가에 따른 형벌의 투입에 있어서도 과거에 비해 좀 더 적극적으로 대처할 필요가 높아지고 있다. 기존에 존재하던 범죄 구성요건의 입법적, 해석적 확장을 통한 대응만으로는 기능 침해로 인한 위험에 대처하기에 불충분해지고 있는 상황이다. 이에 따라 국회에서도 전자거래기본법 제정(1999년, 현 전자문서 및 전자거래 기본법), 정보통신망이용촉진등에관한법률 전면개정(1999년, 구 전산망보급확장과이용촉진에관한법률 전면개정) 등을 통해 컴퓨터 및 정보통신망 기능의 침해에 대한 형벌 규정을 전면에 배치함으로써 대응하고 있다.

Ⅱ.

과거와 달리 현대사회에서 대부분의 거래는 전자적 방법을 통해 이루어진다. 2021년 가계지출액 중 현금의 비중은 21.6%에 불과하고 신용/체크카드 또는 계좌이체의 비중은 77.4%에 달한다. 기업의 경우 전통적인 현금 및 어음/수표를 통한 지출액 비중은 5.9%에 불과한 반면 계좌이체 지출액 비중은 86%에 달한다.[1] 이러한 상황에서 실물의 교부를 통한 점유 이전 방식을 전제로 한 전통적인 형법의 구성요건으로는 범죄 행위태양을 모두 포섭할 수 없다.

하선생은 이 글에서 대표적인 예로 타인의 현금카드를 절취하고 이에 부여된 비밀번호를 알아내어 현금자동지급기를 이용하여 현금을 인출하는 행위를 들고 있다. 특히 타인의 현금카드를 이용하여 현금자동지급기에서 현금을 인출한 후 이를 다시 돌려준 경우 현금카드 자체에 대한 불법영득 의사가 없고 예금통장과 달리 현금카드 자체에는 아무런 가치가 없기 때문에 가치가 감소하였다고 볼 수도 없다. 또한 인출한 현금에 대해서도 은행의 동의가 존재하였으므로 구성요건 해당성이 없다. 일부 견해는 카드발행자가 정당한 카드 사용권자에게만 현금을 교부하려 했기 때문이라는 점을 근거로 위와 같은 경우 인출된 현금의 점유가 여전히 현금자동인출기의 관리자에게 있다는 해석을 통해 기존 구성요건에 해당 범죄행위를 포섭하고자 노력하나, 하선생은 이러한 유추해석을 경계하고 은행 또는 카드회사가 현금인출기가 조작될 때 현금의 점유 내지 소유권이전의 결정과정에 관여하지 못하므로 인출한 현금에

---

1) 한국은행 보도자료, "2021년 경제주체별 현금사용행태 조사 결과", 2022.6.15.

대해 절도죄가 성립할 수 없다고 논증한다.

대법원은 95도997 판결에서 현금 취득행위를 현금자동인출기 관리자의 의사에 반하여 그의 지배를 배제하고 그 현금을 자기의 지배하에 옮겨 놓는 것으로 별도의 절도죄를 구성한다고 판시하였으나[2] 이는 새로운 유형의 범죄행위를 기존 구성요건으로 처벌해야 하는 실질적 필요성에 따라 해석을 지나치게 확장한 판결이다.

현재에 이르러는 단순히 플라스틱 형태의 카드 뿐 아니라 삼성페이, 애플페이와 같이 휴대폰에 카드기능을 넣어 결제하는 형태, 각종 은행앱 등을 통해 휴대폰으로 바로 현금지급기에서 현금을 인출하는 형태, 큐알코드(QR-code)를 통해 직접 재화를 결제하거나 상품권을 인출하는 형태 등 컴퓨터 및 정보통신망을 이용한 지불거래 방법이 다양화되고 있다. 그러나 적용 법리에 있어서는 하선생이 논한 법리에서 크게 벗어나지 않는다. 상기의 방법을 이용하여 상점 등에서 결제를 하고 휴대폰 등을 돌려줄 경우에는 신용카드 등 부정사용죄 외에 (상점주인에 대한 사기죄를 별론으로 하고) 휴대폰을 이용하여 현금지급기에서 현금을 인출하거나 결제한 행위에 대한 별도의 절도죄가 성립한다고는 볼 수 없다. 다만 큐알코드의 경우 한번 사용한 큐알코드는 다시 사용할 수 없고 특별한 경우를 제외하면 타인에게 이전이 가능하며 소지자에게 상응하는 재산상 이익을 제공한다는 점을 감안할 때 예금통장과 마찬가지로 권리나 가치가 화체된 재물에 해당한다고 볼 수도 있을 것이다.

Ⅲ.

하선생은 타인의 현금카드 및 신용카드를 현금자동지급기에 사용한 경우에 대한 논증에 그치지 않고, 홈뱅킹 등 정보통신망을 이용하여 비밀번호를 통해 권한자임을 사칭한 자가 이를 부정사용하는 경우에까지 논증의 영역을 확장하였다. 정보통신시스템을 통한 지불거래의 남용은 홈뱅킹 업무를 비밀번호를 아는 권한 없는 자가 사용함으로써 발생한다. 이 경우 권한 없이 타인의 예금을 이동시키는 행위는 숫자로 표상되어 있는 예금데이터 자체는 재산죄에서의 재물이 될 수 없고, 이동시킨 예금을 인출하더라도 이는 이미 예금계좌의 소유주가 인출한 행위가 되어 타인의 재물이

---

2) 대법원 1995.7.28. 선고 95도997 판결.

라고 볼 수 없기 때문에 재산죄로 규율하기 어렵다. 또한 기망의 대상인 사람이 존재하지 않기 때문에 사기죄로 의율 할 수도 없다.

하선생은 이러한 논증을 통해 95년 형법개정안에서 신설되는 컴퓨터 등 사용사기죄의 문제점을 지적한다. 형법 제347조의2 컴퓨터 등 사용사기죄는 95년 신설 당시 "컴퓨터 등 정보처리장치에 허위의 정보 또는 부정한 명령을 입력하여 정보처리를 하게 하여 재산상의 이익을 취득하는 행위"만을 규율대상으로 하고 있었다. 하선생은 권한 없는 자의 부정사용행위의 경우 허위의 정보 또는 부정한 명령을 입력하지 않았고 진실한 데이터를 권한 없이 이용했을 뿐이기 때문에 개정안의 규율범위에 포섭될 수 없다고 한다.

하선생의 이러한 견해에 대해서는 입법취지 등을 감안할 때 지나친 축소해석이며 부정한 명령을 입력하는 행위에 권한없는 자가 비밀번호를 입력하는 행위를 포함한다고 광의로 해석하여 컴퓨터 등 사용사기죄로 처벌할 수 있다는 반대견해가 있다. 대법원은 2002도2363 판결에서 최초 신설된 컴퓨터 등 사용사기(2001년 개정 이전의 것) 규정의 입법취지와 목적은 프로그램 자체는 변경함이 없이 명령을 입력할 권한 없는 자가 명령을 입력하는 것도 부정한 명령을 입력하는 행위에 포함한다고 보아 진실한 자료의 권한 없는 사용에 의한 재산상 이익 취득행위도 처벌대상으로 삼으려는 것이었음을 알 수 있다고 판시하였다. 또한 사후 권한 없이 정보를 입력, 변경하여 정보처리를 하게 하는 행위를 따로 규정하는 내용의 개정을 하게 되었다 하더라도 기존 규정상으로 그러한 행위가 처벌대상에서 제외되어 있었다고 볼 수는 없으며, 이러한 해석이 죄형법정주의에 의하여 금지되는 유추적용에 해당한다고 할 수 없다고 하였다.[3]

위 판례는 형벌법규의 해석에 있어 목적론적 해석을 적극 활용하였다. 최초에 컴퓨터 등 사용사기죄를 입법한 취지에 비추어 기존 법규로 처벌할 수 없던 새로운 유형의 범죄양태를 형법 규정으로 포섭하기 위해 컴퓨터 등 사용사기죄가 신설되었다고 본 것이다. 그러나 형법 규정의 해석은 원칙적으로 문언의 의미를 벗어나지 않아야 하고 목적론적 해석방법은 문언이 다의적으로 해석될 수 있을 때 그 의미가 무엇인지를 찾기 위해 보충적으로 활용되어야 한다. 그런데 "정보처리장치에 허위의

---

3) 대법원 2003.1.10. 선고 2002도2363 판결.

정보 또는 부정한 명령을 입력하여 정보처리를 하게 하여"의 의미는 명확하여 문언상 다의적으로 해석될 여지가 없다. 그럼에도 불구하고 대법원이 목적론적 해석방법을 동원하며 확장해석을 한 것은 이미 해당행위를 처벌하도록 법이 개정된 상황에서 개정되기 이전의 행위에 대해 법적 평가를 달리할 필요가 없다는 현실적인 이유로 인한 것으로 보인다.

그러나 문언적 범위를 벗어나는 목적론적 해석은 유추해석에 다름 아니고, 행위시법 원칙에 의해 행위 당시 처벌할 수 없는 행위를 법 개정 이후 처벌하도록 하는 것은 더더욱 형법의 기본 원칙에 어긋난다. 형법의 적용에 있어서는 그 보장적 기능을 감안하여 죄형법정주의에 따라 가능한 한 보수적으로 접근해야 한다는 점을 미루어 볼 때 위 판례에서 나타나는 대법원의 법률 해석은 문제가 있다. 오히려 하선생의 견해와 동일하게 판시한 해당 판결의 원심 판결이 죄형법정주의를 준수한 바람직한 법률 해석이라고 생각된다.

컴퓨터 등 사용사기죄에 대한 하선생의 논증은 2001년 해당 조문을 개정하기 위한 국회 논의 과정에서 적극적으로 활용된다. 국회는 2001.12.29. 형법개정안을 통해 제347조의2에 권한 없이 정보를 입력·변경하는 행위를 구성요건에 추가함으로써 기존의 논란을 입법을 통해 해결하였다. 당시 법률 의안과 심사보고서, 소위원회 보고 내용 등을 종합하면, 권한 없는 자가 정보를 입력·변경하는 행위에 대해 컴퓨터 등 사용사기죄에 해당할 수 있는지 논란이 있어왔고, 대법원은 이를 해석을 통해 절도죄 등으로 의율해 왔으나 죄형법정주의에 어긋난다는 논란이 있었고 절도죄에 비해 컴퓨터 등 사용사기죄의 법정형이 높음에도 불구하고 이를 적용할 수 없어 해당 조항이 사문화가 될 우려가 있어 제347조의2를 개정한다고 하고 있다. 이는 하선생이 이 글에서 지적한 법조문의 문제점을 그대로 받아들인 것으로, 대법원 2002도 2623 판결의 내용과 달리, 기존의 입법이 흠결이 있었다는 반성적 고려에서 입법자가 법을 개정한 것이라 보는 것이 합당하다.

IV.

이 글이 발표된 이후 26년이 지나는 동안 컴퓨터와 정보통신체계도 크게 변화하여 왔다. 집마다 한 대가 있을까말까 하던 퍼스널 컴퓨터는 오늘날 모든 사람이 손에

쥐고 다니는 스마트폰으로 변화하였고, 전화선을 통해 오랜 시간이 걸려 텍스트 데이터 위주로 전달하던 정보통신망은 전세계로 이어진 인터넷망을 통해 실시간 영상을 자유롭게 시청하고 실시간으로 회의를 진행할 수 있을 정도로 발달하였다. 컴퓨터를 이용한 지불거래의 유형도 크게 증가하여 현재는 대부분의 금융거래가 컴퓨터 및 인터넷을 통해 이루어진다. 핀테크 기술의 확산으로 인해 편리성이 증가함과 동시에 범죄에의 악용가능성과 이로 인해 기능이 침해되었을 때의 위험성이 과거에 비해 현저히 증가하게 되었다. 이에 따라 형법도 각종 특별법을 통해 조금씩 전면에 배치되고 있다. 빠르게 변화하는 범죄양태에 대응하기 위해 형법이 보호적 기능을 다하기 위한 수단으로써 개입하는 것은 반드시 필요하다. 그러나 그러한 개입이 충분한 학문적 논증 없이 구체적 타당성에만 초점을 맞춰 무분별하게 이루어지는 것은 경계해야 한다. 이 글에서 나타난 하선생의 논증 방식은 새롭게 등장하는 범죄양태를 규율함에 있어 우리가 어떠한 방식으로 접근해야 하는지를 알려준다. 무엇보다 죄형법정주의의 정신에 입각하여 무분별한 유추해석의 여지를 차단하고 구체적인 행위 양태에 대한 치밀한 도그마틱적 분석을 통해 형법의 보호적 기능뿐만 아니라 보장적 기능을 강조한 것이야말로 이 글이 가지는 가장 중요한 의의라 할 것이다.

수사공보준칙과 피의사실공표죄*

Ⅰ. 들어가며

"수사 내내 무시된 '알권리'와 도 넘은 '피의사실공표' 사이에서 춤춰야 하는 검찰." 국민적 관심이 집중된 형사사건이 터질 때마다 검찰이 들어야 하는 비난이다. 수사 도중 검찰이 언론브리핑을 해 주지 않으면 언론에서는 국민의 알권리가 제약되고 있다고 비판적 논조를 쏟아낸다. 반면 수사 도중 매일 언론브리핑을 하면 피의자나 참고인은 물론 공정한 수사를 원하는 측에서는 검찰이 국민의 알권리를 방패삼아 피의자 또는 참고인의 명예나 사생활을 침해하고 있다고 비판하면서 수사의 공정성에 의문을 제기하고 무죄추정의 원칙과 공정한 재판을 받을 권리는 뒷전으로 밀리게 되었다고 비난한다.

이러한 딜레마를 타개해 보고자 법무부는 '수사공보시스템'을 구축해 놓았지만 수사를 담당하고 있는 검찰이 지침을 잘 지키지 않아 상황은 나아지지 않고 있다. 2009년 대검찰청 중앙수사부의 '박연차 정·관계 로비사건' 수사과정에서 노무현 전 대통령에 관한 의혹이 검찰관계자의 입을 통해 언론에 공개되고 그 후 노 전 대통령

---

* 출처: 「안암법학」 제48호, 2015, 59~90면.

서거로 이어져,[1] 피의자·참고인 등 사건관계인의 인권보호 관점에서 검찰의 언론브리핑을 통한 피의사실공표 관행에 메스를 가해야 한다는 목소리가 커졌다. 이러한 비난의 화살을 피하기 어려웠던 법무부는 피의사실공표로 인한 인권침해문제를 개선하겠다며 '수사공보제도 개선위원회'를 발족시켜, 법무부훈령(제761호)의 제목을 '인권보호'로 장식하며 수사공보준칙을 제정하였다.

2010년 1월 22일 시행된 '인권보호를 위한 수사공보준칙'(이하 '수사공보준칙'이라 한다)의 핵심은 피의자·참고인 등 사건관계인의 인권보호다. 수사공보준칙의 목적(제1조)은 피의자·참고인 등 사건관계인의 인권, 수사의 공정성 및 무죄추정의 원칙과 국민의 알권리가 조화되는 수사공보제도의 확립이다. 법무부가 2010년 2월 발간한 수사공보준칙 자료집은 "최근 몇몇 사건의 수사 과정에서 수사공보의 한계가 문제되는 등 수사공보와 관련한 사건관계인의 인권보호 문제가 큰 쟁점으로 떠오른 바 있어 법무부는 2009년 6월부터 사건관계인의 인권보호를 강화하는 방향으로 수사공보제도의 개선 작업에 착수하여 학계·언론계·법조계 인사 등으로 구성된 수사공보제도 개선위원회를 설치하였고, 동 위원회의 건의안을 포함한 내외부의 의견을 폭넓게 수렴하여 인권보호를 위한 수사공보준칙을 마련, 시행하게 되었다."고 수사공보준칙의 제정배경과 취지 등을 소개하고 있다.

비슷한 시기에 사법부도 법원에서 체포·구속영장 등이 외부로 유출되어 피의사실이 공표되거나 타인의 명예를 훼손하게 되는 것을 사전에 예방하기 위하여 '인신구속사무의 처리에 관한 예규'(재형 2003-4)를 개정하여 체포·구속영장 및 그 청구서는 법령에 의하여 허용되는 경우를 제외하고는 이를 열람하게 하거나 그 사본을 교부하는 등으로 공개하여서는 아니 된다는 규정을 신설하였다(개정 2010.6.18.). 국회에서도 형법 제126조의 피의사실 공표죄의 개정안으로 박상천 의원이 대표발의 한 '형법 일부개정법률안[2]과 이한성 의원이 대표 발의한 '형법 일부개정법률안'[3]이 제안된

---

1) 당시의 언론보도 횟수와 내용 등에 관해서는 김재윤, 피의사실 공표죄 관련 법적 쟁점 고찰, 언론중재 2010 가을, 88면.

2) 형법 일부개정법률안(의안번호 1805988, 박상천 의원 대표발의, 2009.9.11.) 개정안의 주요 내용은, 「형법」제126조의2(수사상황 등의 공식발표 등)를 신설하여 중대한 공익상의 필요가 있는 경우에는 수사기관의 수사상황 등 공식발표를 허용하고 처벌대상에 공판청구 전에 혐의사실과 수사상황의 내용이 포함된 수사관계 서류, 증거물 등을 공개하는 행위를 포함시켰고(안 제126조의2 제1항), 수사기관의 수사상황 등 발표, 공개는 해당 수사기관의 장의 승인을 받은 후 지정된

바 있다. 피의사실공표의 문제가 심각한 상황임을 알 수 있는 전방위적 법제도 개선 시도였다.

기소 전 수사내용 공개의 원칙적 금지를 핵심으로 한 수사공보준칙의 제정·시행으로 한편으로는 의도적으로 수사정보를 언론에 흘리는 검찰의 잘못된 수사관행을 바로잡는 계기가 되길 기대했지만, 과연 수사공보준칙 위반자에 대한 철저한 조사와 징계, 피의사실공표에 대한 처벌 등이 이루어져 새로운 수사관행을 만들어 갈 수 있을 것인지에 대한 회의론이 더 컸던 것 같다. 안타깝게도 회의론은 머지않아 현실화되었다. 수사공보준칙을 시행한지 얼마 되지 않아 한명숙 전 국무총리[4]와 곽노현 서울시 교육감에 대한 수사[5]에서 피의사실을 과도하게 공표하거나 혐의와 무관한 내용을 언론에 흘리는 등 수사공보준칙위반을 반복하는 관행을 버리지 못했다. 그 이후에도 내란음모죄 혐의를 받고 있던 이석기 통합진보당 의원과 관련한 녹취록 공판 전 언론 공개(2013년), 국가정보원의 대선·정치 개입 의혹 사건 수사담당자의 언론

자가 하도록 하되, 그 경우에도 혐의사실과 직접 관련이 없는 혐의자의 명예나 사생활에 관한 사항은 발표, 공개할 수 없도록 하는 등 몇 가지 한계를 명시하고 이를 위반하는 행위에 대한 처벌규정을 두었음(안 제126조의2 제2항).

3) 형법 일부개정법률안(의안번호 1807961, 이한성 의원 대표발의, 2010.3.24.) 개정안의 내용은, 「형법」 제126조에서는 3년 이하의 징역 또는 5년 이하의 자격정지로 형량이 너무 가벼워 국민의 인권보장을 위하여 피의사실공표죄의 법정형을 7년 이하의 징역 또는 10년 이하의 자격정지로 상향하여 피의사실공표를 엄벌에 처함으로써 수사 중인 사건의 피의사실이 공표되어 피의자의 인권이 침해되는 일이 없도록 하려는 것임(안 제126조).

4) 검찰은 2009년 12월 한명숙 전 국무총리가 재임기간 중 공기업 인사 청탁 명목으로 곽모 전 대한통운 사장으로부터 5만 달러를 받았다는 혐의(뇌물수수)로 기소했는데(대법원 무죄판결 확정), 이 사건 1심 선고가 내려지기 하루 전인 2010년 4월 한 전 총리의 불법정치자금 9억 원 수수 사건 수사에 착수하면서 피의사실을 공개하였다. 이에 대해 한 전 총리 측은 피의사실 공표 혐의로 검찰을 형사고소한 바 있다. 불법정치자금 사건에서 한 전 총리에게 돈을 건넨 건설업자 한모씨는 검찰에서 금품 전달과정을 자세히 진술하였으나 1심 법정에서 진술을 번복하여 1심은 한씨의 증언을 믿을 수 없다며 한 전 총리에게 무죄를 선고했지만, 대법원 전원합의체는 2015년 8월 20일 돈을 줬다는 한씨의 진술이 인정된다는 이유로 한 전 총리의 상고를 8(상고기각)대 5 (파기환송) 의견으로 기각하고 징역 2년에 추징금 8억8000만원을 선고한 원심 판결을 확정했다.

5) 검찰은 2011년 8월 곽노현 서울시 교육감이 2010년 서울시교육감 선거를 앞두고 후보 단일화의 대가로 최측근인 한국방송통신대 교수 강모씨를 통해 당시 상대 후보였던 박모 교수에게 총 2억 원을 건네 후보자 매수혐의로 수사를 시작하면서 수차례 피의사실을 공표했다는 비판을 받았다. 대법원은 2012년 9월27일(2012도4637)에서 피고인 곽노현에 대하여 징역 1년을 선고한 원심의 형을 확정했다.

인터뷰를 통한 혐의사실 공표(2013년), 고 성완종 경남기업 회장 리스트 수사(2015년) 공개, 민주사회를 위한 변호사 모임 출신 변호사들의 수임제한 변호사법위반 사건 (2015년) 언론 공개 등 수사사건의 혐의사실 및 수사상황이 그대로 언론에 노출되는 일이 끊이질 않았다.[6]

그러나 수사공보준칙을 위반했는지 여부 대한 조사와 그에 따른 징계가 있었다는 법무부의 보도자료를 본 적이 없고, 더 나아가 피의사실공표에 대한 수사 또는 기소가 이루어졌다는 언론보도는 더더욱 없었다. 이러한 상황은 시행된 지 5년이 지난 지금이 수사공보준칙의 문제점을 파악하여 실효성을 확보할 수 있는 개선안을 마련하고 거의 사문화된 피의사실공표죄의 규범력을 살려낼 방안이 필요한 시점임을 말해준다.

이하에서는 국민의 알권리 및 언론보도의 자유와 피의자·피고인의 인격권 및 무죄추정의 원칙과의 긴장관계를 어떻게 조화롭게 해결해야 할 것인지의 관점에서 공판청구 전 피의사실공표가 3년 이하의 징역을 법정형으로 하는 중대한 범죄로서 형법상 금지되어 있음에도 공소제기 전 수사공보가 수사공보준칙에 의한 행위라는 이유로 허용될 수 있는지, 준칙으로 형법상 금지된 행위를 정당화시킬 수 있는지, 아니면 준칙이 아니라 '수사공보에 관한 법률(가칭)'과 같은 법적 근거를 마련하여 허용해야 할 것인지, 허용될 수 있다면 어떤 요건에서 수사공보가 허용되어야 하는지, 국민의 알권리와 공정한 수사 및 재판과 피의자 인권보호 사이의 이익교량을 통한 수사공보와 피의사실공표죄의 한계는 어디인지를 찾아보고자 한다.

Ⅱ. 수사공보준칙의 의의·내용과 문제점 및 개선방안

1. 수사공보준칙의 의의

수사공보준칙은 법무부훈령이다. 훈령은 상급관청이 하급관청의 권한행사를 지휘하기 위하여 발하는 명령을 말한다. 직무수행에 관한 지침을 시달하고 법령해석에 통일을 기할 목적으로 발하여진다. 대통령훈령과 장관이 발령한 훈령·고시는 모두 행정규칙이고, 행정규칙은 법률, 대통령령, 총리령·부령 등 법령에서 위임한 사항이

---

6) 이에 관해서는 미디어오늘 2015.2.26., 연합뉴스 4.10., 7.14. 등 언론보도 참조.

나 법령의 집행에 필요한 사항을 정하기도 하고, 행정기관이나 공무원이 내부적으로 지켜야 할 사항을 정하는 것이다. 훈령은 국회에서 제정한 법률, 행정부에서 제정한 명령(대통령령·총리령·부령), 지방자치단체의 조례·규칙·대법원 규칙·국회 규칙 등을 포함하는 법령과 구별된다.

수사공보준칙 시행 이후에, 법무부령도 아닌 법무부훈령인 수사공보준칙에 의해 수사공보라는 이름으로 피의사실공표를 허용할 수 있는 것인지, 형법 제126조에서 명문으로 금지하고 있는 피의사실 공표행위를 법무부훈령으로 예외를 설정하여 위법성을 조각시킬 수 있는 것인지, 수사공보준칙은 법령에서 위임한 사항도 아니고 법령의 집행에 필요한 사항을 정한 것도 아니어서 행정기관이나 공무원이 내부적으로 지켜야 할 사항을 정한 것이라면 과연 이 법무부훈령이 형법 제20조의 '법령에 의한 행위'에 해당할 수 있는 것인지, 그렇지 않다면 형법상 어떤 위법성조각사유로 위법성이 조각될 수 있는지 등등의 문제가 제기되고 있다.

피의사실공표와 관련하여 가장 중요한 쟁점은 수사공보준칙에 따른 피의사실 공표 행위가 위법성이 조각되어 허용될 수 있는가이다. 수사공보준칙이 상위법령에 근거하여 정당하게 규율된 것이라면 수사공보에 의한 피의사실 공표행위는 형법 제20조의 '법령에 의한 행위'로 정당화될 수 있다. 문제는 수사공보준칙을 정당화시켜 줄 상위 법령이 없다는 점이다. 수사공보준칙은 국가기관 내부의 규율에 불과한 훈령이다. 그래서 피의사실공표에 관한 상위 법률규정을 형법 또는 형사소송법에 두어야한다는 지적[7]도 있다. 예컨대 형법 제126조에 예외적으로 법령에 의한 수사공보가 허용될 수 있다는 취지를 명시하고 수사공보에 관한 규정을 법무부훈령이 아니라 검찰청법 등에 두는 방안[8]을 생각할 수 있다.

현재로서는 피의사실공표에 관한 허용규범으로서 상위 법률 근거규정이 없어서 수사공보준칙에 의한 피의사실 공표행위는 형법 제20조의 '법령에 의한 행위'에 해당할 수 없지만 '기타 사회상규에 위배되지 아니하는 행위'에 포섭될 가능성[9]은 남

---

7) 김재윤, 피의사실 공표죄 관련 법적 쟁점 고찰, 언론중재 2010 가을, 100면; 문봉규, 피의사실공표죄의 형사법적 한계와 허용범위, 외법논집 제35권 제1호(2011.2), 176면; 주승희, 피의사실공표죄의 법적 쟁점 검토, 고려법학 제63호(2011.12), 178면.

8) 이근우, 중간수사발표에 대한 피의사실공표죄 적용의 몇 가지 쟁점, 비교형사법연구 제10권 제1호(2008), 269면 이하.

9) 이에 관해서는 이원석, 알권리와 피의사실공표죄의 관계, 해외파견검사연구논문집 제21집 제2권

아 있다. 무죄추정의 원칙, 피의자의 명예보호와 공정한 사법 등 피의사실공표죄의 존재근거, 피의사실공표 목적의 공익성과 공표내용의 공공성, 공표의 필요성, 공표된 피의사실의 객관성 및 정확성, 공표의 절차와 형식, 그 표현방법, 피의사실공표로 인한 피침해이익의 성질과 내용 등을 비교형량하여 위법성이 조각될 여지가 있는 것이다. 대법원 판례는 사회상규 위배여부의 기준으로 행위의 동기나 목적의 정당성, 수단이나 방법의 상당성, 보호법익과 침해법익과의 법익균형성, 긴급성, 그 행위 외에 다른 수단이나 방법이 없다는 보충성 등을 제시하고 있다.[10] 이에 반해서 공소제기전 단계에서 피의사실을 공표할 긴급성과 보충성이 없다는 이유로 기타 사회상규에 반하지 않는 행위로서의 정당행위가 될 수 없다는 견해[11]도 있다.

  대법원이 피의사실공표죄에 관해 판시한 형사판례는 아직 없지만, 수사기관의 피의사실공표와 관련한 손해배상책임에 대하여 판시한 민사판례는 있다. 수사공보준칙은 수사기관의 피의사실 공표행위가 허용되기 위한 요건 및 그 위법성 조각 여부의 판단 기준을 제시한 대법원의 민사판결을 참고하여 규정한 것으로 보인다.[12] 대법원 1999. 1.26. 선고 97다10215, 10222 판결은 피의자가 피의사실을 강력히 부인하고 있음에도 불구하고 회사의 기밀 누설 및 배임 혐의로 피의자를 구속한 날 추가 보강수사를 하지 않은 채 참고인 측의 불확실한 진술만을 근거로 마치 피의자의 범행이 확정된 듯한 표현을 사용하여 검사가 검사실에서 기자들에게 피의사실을 공표한 사안에 대하여 "일반 국민들은 사회에서 발생하는 제반 범죄에 관한 알권리를 가지고 있고 수사기관이 피의사실에 관하여 발표를 하는 것은 국민들의 이러한 권리를 충족하기 위한 방법의 일환이라 할 것이나, 한편 헌법 제27조 제4항은 형사피고인에 대한 무죄추정의 원칙을 천명하고 있고, 형법 제126조는 검찰, 경찰 기타 범죄수사

  (2006), 법무연수원, 157면 이하 참조.
10) 대법원 2014.03.27. 선고 2012도11204 판결; 대법원 2011.03.17. 선고 2006도8839 전원합의체 판결; 대법원 2009.06.11. 선고 2009도2114 판결; 대법원 2007.07.27. 선고 2007도4378 판결; 대법원 2007.05.11. 선고 2006도4328 판결; 대법원 2007.03.29. 선고 2006도9307 판결; 대법원 2006.04.13. 선고 2005도9396 판결; 대법원 2005.09.30. 선고 2005도3940 판결; 대법원 2003. 09.26. 선고 2003도3000 판결.
11) 박혜진, 형법적 관점에서 바라본 피의사실공표죄의 제문제, 비교형사법연구 제13권 제2호(2011), 177면.
12) 수사기관의 피의사실공표로 인한 손해배상판결을 형사상의 피의사실공표죄의 위법성조각의 법리로 적용할 수 있다는 견해로는 한위수, 피의사실공표죄의 적용과 한계, 신문과방송 2009.8, 39면.

에 관한 직무를 행하는 자 또는 이를 감독하거나 보조하는 자가 그 직무를 행함에 당하여 지득한 피의사실을 공판청구 전에 공표하는 행위를 범죄로 규정하고 있으며, 형사소송법 제198조는 검사, 사법경찰관리 기타 직무상 수사에 관계있는 자는 비밀을 엄수하며 피의자 또는 다른 사람의 인권을 존중하여야 한다고 규정하고 있는바, 수사기관의 피의사실 공표행위는 공권력에 의한 수사결과를 바탕으로 한 것으로 국민들에게 그 내용이 진실이라는 강한 신뢰를 부여함은 물론 그로 인하여 피의자나 피해자 나아가 그 주변 인물들에 대하여 치명적인 피해를 가할 수도 있다는 점을 고려할 때, 수사기관의 발표는 원칙적으로 일반 국민들의 정당한 관심의 대상이 되는 사항에 관하여 객관적이고도 충분한 증거나 자료를 바탕으로 한 사실 발표에 한정되어야 하고, 이를 발표함에 있어서도 정당한 목적 하에 수사결과를 발표할 수 있는 권한을 가진 자에 의하여 공식의 절차에 따라 행하여져야 하며, 무죄추정의 원칙에 반하여 유죄를 속단하게 할 우려가 있는 표현이나 추측 또는 예단을 불러일으킬 우려가 있는 표현을 피하는 등 그 내용이나 표현 방법에 대하여도 유념하지 않으면 안 되므로, 수사기관의 피의사실 공표행위가 위법성을 조각하는지의 여부를 판단함에 있어서는 공표 목적의 공익성과 공표 내용의 공공성, 공표의 필요성, 공표된 피의사실의 객관성 및 정확성, 공표의 절차와 형식, 그 표현 방법, 피의사실의 공표로 인하여 생기는 피침해이익의 성질, 내용 등을 종합적으로 참작하여야 한다."고 판시하였다. 피의자 인권 보호 측면에서 수사 기관의 위법성 조각 사유에 엄격한 요건이 갖춰져야 한다는 대법원 판례는 지금까지 계속 유지되고 있다.[13]

무죄추정의 원칙과 피의자 인권존중을 감안하여 대법원 판례가 제시한 수사기관의 피의사실 공표행위의 요건을 정리하면, ① 일반 국민들의 정당한 관심의 대상일 것, ② 객관적이고도 충분한 증거나 자료를 바탕으로 하는 사실 발표에 한정할 것, ③ 정당한 목적 하에 수사결과를 발표할 수 있는 권한을 가진 자에 의해 공식의 절차에 따라 행할 것, ④ 무죄추정원칙에 반하여 유죄를 속단하게 할 우려가 있는 표현이나 추측 또는 예단을 불러일으킬 우려가 있는 표현을 피할 것이다. 나아가 대법원 판례는 언론기관이 피의사실을 보도할 때의 원칙과 기준으로 ① 보도에 앞서 피의사실의 진실성을 뒷받침할 적절하고도 충분한 취재를 하여야 하고, ② 보도내용이

---

13) 대법원 2001.11.30. 선고 2000다68474 판결; 대법원 2002.05.10. 선고 2000다50213 판결; 대법원 2002.09.24. 선고 2001다49692 판결; 대법원 2007.06.29. 선고 2005다55510 판결.

객관적이고 공정하여야 하며, ③ 무죄추정의 원칙에 입각하여 유죄를 암시하거나 유죄의 인상을 줄 우려가 있는 용어나 표현을 사용해서는 안 된다는 것을 제시하였다.

2. 수사공보의 원칙: 알권리 對 공정한 수사·재판의 원칙 및 인권보호와의 조화

수사와 재판 관련 기사가 언론의 주요기사로 보도되고 있는 현실에서 언론보도의 자유와 피의자·피고인의 인격권 및 무죄추정의 원칙과의 긴장관계를 어떻게 해결해야 할 것이며, 언론보도의 자유와 공정한 재판의 원칙이 어떻게 조화롭게 해결될 수 있을 것인지는 아주 중요한 문제이다. 현실적으로는 국민의 알권리충족이라는 공익성을 근거로 수사기관은 공공연하게 피의사실을 공표하고, 언론사의 기자들은 수사기관이 공표한 피의사실은 물론이거니와 영장청구기록을 열람하여 알게 된 사실이나 자체 취재내용을 관행적으로 기사화하고 있다.

중대하고 중요한 사건에 관한 보도가 헌법상 언론에 보장된 보도의 자유를 누리는 영역에 해당하고, 국민에게는 알권리의 대상이 되는 것이어서 보도를 제한하거나 금지하는 것 역시 기본권 침해의 결과를 야기할 수 있다. 사회구성원으로서 반사회적 현상인 범죄에 관해서 어떤 범죄가 언제, 얼마나 발생했고 누가 범죄를 저질렀으며 그 피해자가 누구인지에 관해서는 국민은 알아야 할 필요성이 있기 때문에 대중매체는 범죄사건을 보도함으로써 국민의 알권리에 봉사하는 책임을 다하는 것이다. 그러나 자주 선정적·단정적이고 과장된 범죄사실보도는 진실 여부를 떠나 그 자체만으로 용의자 또는 피의자(피고인)는 물론 범죄피해자의 명예나 사생활 등 기본권을 침해하고, 수사나 재판의 결과 무죄임이 밝혀지더라도 보도로 인한 정신적·물질적 피해에 대한 명예회복이나 금전적인 보상은 불가능해진다. 또한 사건수사나 재판에 지장을 초래하거나 영향을 미칠 수도 있다.

수사공보를 뒷받침하는 권리 및 원칙으로는 보도의 자유, 알권리, 재판공개의 원칙 등을 들 수 있고, 보도의 자유를 제한하는 기본권 및 기본원리로는 명예권, 사생활의 비밀을 유지할 권리, 공정한 재판을 받을 권리, 무죄추정의 원칙 등을 들 수 있다.[14] 그 외에 수사 및 재판보도의 형사 정책적 문제점으로는 보도내용이 지나치

---

14) 하태훈, 매스컴을 이용한 피의자(내지 용의자) 공개수배의 형사소송법적 문제점과 개선방안, 안 암법학 제11권(2000), 170면 이하; 하태훈, 공정한 재판의 원칙과 보도의 자유, 형사법연구 제6권

게 상세하고 범죄사실 이외의 주변 사실도 포함되어 피의자 또는 피고인에게 형벌 이외의 사실상의 치욕형의 기능을 한다는 점, 이러한 보도가 형의 집행 종료 후 사회 복귀에 심각한 장애 사유가 되므로 재사회화에 배치될 수 있다는 점, 또 피의자·피고인의 초상 및 신상정보 뿐만 아니라 주변 가족의 신상정보까지도 보도되는 경우가 많고 이들까지 직장을 그만두고 심지어 이혼을 당하는 사례까지도 나타나는 등 사실상의 연좌제로 기능하고 있는 점, 나아가 피해자나 관련자들이 신분노출의 우려 때문에 범죄 신고나 수사협조를 하는 것을 꺼리게 되며 이것은 공동체 유지에 필수적인 범죄의 발견과 처벌에 장애를 초래할 수도 있다는 점, 범죄보도의 사실감을 높이기 위해 지나치게 상세한 보도를 하게 됨으로써 범행을 자극하거나 범행 수법을 알리게 되는 역기능도 발생한다는 점 등이다.[15]

피의사실의 공개는 언론기관의 직접적인 취재보다는 수사기관이 수사실적을 알리고 홍보하기 위한 수단으로 언론에 흘리는 정보에 의하여[16] 수사의 초기단계에서부터 이루어지고 있다. 수사기관의 피의사실 공개로 아직 기소도 되지 않은 피의자를 언론에서 마치 범죄자인 것처럼 다루면서 수사의 결과 또는 공소사실에 대한 증거물, 기타 전과사실, 피고인의 경력 및 성격, 범행동기 등이 보도된다면 피의자의 인격권이 침해됨은 물론 수사기관의 심증이 법관에게 연속될 위험이 있게 되고, 법관은 백지상태에서 공판정에서의 양 당사자의 공격과 방어를 기초로 심리해야 한다는 원칙이 실현되기 어렵게 될 수 있다.

수사공보준칙은 이와 같은 기본권 사이의 긴장관계를 조화롭게 해결해야 한다는 관점에서 수사공보준칙의 목적(제1조)과 해석 적용 원칙(제6조)[17]을 규정하고, 이러한

(1993), 202면 이하.

15) 하태훈, 매스컴을 이용한 피의자(내지 용의자) 공개수배의 형사소송법적 문제점과 개선방안, 안암법학 제11권(2000), 167면 이하.

16) 설문조사에 의하면 피의사실공표의 이유가 수사기관이 언론을 활용하기 위한 것이라는 응답이 54.6%이고 국민의 알권리를 위한 것이라는 응답은 21.5%로 국민의 알권리를 빙자한 언론보도의 활용에 그 이유가 있다. 이에 관해서는 조동시/정대필, 피의사실보도와 언론보도, 신문과방송 2009.8, 821면.

17) 제6조[해석과 적용] ① 이 준칙은 사건관계인의 명예나 사생활 등 인권과 공정한 재판을 받을 권리, 국민의 알권리, 수사의 효율성 및 공정성이 균형을 이루도록 해석되어야 하고, 국민의 알권리 등을 이유로 사건관계인의 인권이 부당하게 침해되지 않도록 유의하여야 한다. ② 이 준칙은 수사사건의 공보에 관한 법무부 및 대검찰청의 다른 훈령, 예규, 지침, 지시에 우선하여

관점을 수사기관의 사건관계인의 명예와 사생활 등 인권보호 책무(제4조)와 차별금지(제5조)에 반영하고 있다. 수사 또는 내사 중이거나 이를 종결한 범죄사건에 대하여 수사 또는 내사를 착수한 때부터 재판에 의하여 확정될 때까지 수사공보준칙이 적용됨을 분명히 하면서(제2조), 피의사실공개행위를 원칙적으로 금지하되(제3조, 제9조),[18] 예외적으로 제한적 공개에 대한 가이드라인을 설정하여 허용하고 있다(제10조).

3. 수사공보준칙의 내용과 문제점

(1) 공보의 요건, 방식, 범위와 시기: 불명확하고 광범위한 예외

수사공보준칙 제2장에 수사공보의 주체, 요건, 방식과 절차, 범위와 시기에 관하여 엄격한 원칙을 정한 것은 매우 바람직하다. 예컨대 기소 전 혐의사실 및 수사상황 등 일체의 수사내용 원칙적 공개금지(제9조), 공보자료에 의한 공보 원칙(제11조), 익명 사용 및 실명공개 금지(제16조), 필요 최소한의 공보 범위(제13조), 사건관계인의 인격 및 사생활 등 공개금지정보(제19조), 수사과정의 촬영 등 금지(제22조) 등이 원칙에 관한 규정들이다.

수사공보준칙은 수사공보의 주체, 요건, 방식과 절차, 범위와 시기에 관한 엄격한 원칙규정 뒤에 예외규정을 두고 있다는 점이 문제점으로 지적될 수 있다. 아주 폭넓게 예외를 인정하고 있을 뿐만 아니라 추상적이고 불명확한 법문언을 사용하여 자의적 해석 적용의 가능성이 존재하여 경우에 따라서는 원칙과 예외가 뒤바뀌는 현상이 발생할 우려가 크다. 이러한 광범위한 예외조항때문에 공개금지가 원칙이 아니라 예외로 전락할 위험성이 있다.[19]

제10조의 기소 전 예외적 공개를 보면, 제1항[20]의 2호('범죄로 인한 피해의 급속한

적용된다.

18) 제3조[수사사건의 공개금지] 수사사건에 관하여는 이 준칙이 정하는 바에 의하여 공보하는 경우를 제외하고는 그 내용을 공표하거나 그 밖의 방법으로 공개할 수 없다.
제9조[기소 전 공개금지] ① 공소제기 전의 수사사건에 대하여는 혐의사실 및 수사상황을 비롯하여 그 내용 일체를 공개하여서는 아니 된다. ② 수사 또는 내사가 종결되어, 불기소하거나 입건 이외의 내사종결의 종국처분을 한 사건(이하 "불기소사건"이라 한다)은 공소제기 전의 수사사건으로 본다.
19) 김재윤, 피의사실 공표죄 관련 법적 쟁점 고찰, 언론중재 2010 가을, 100면.
20) 제10조[예외적 공개] ① 제9조의 규정에 불구하고 다음 각 호의 어느 하나에 해당하는 경우에는 공소제기 전이라도 본장 제4절이 규정하는 범위 내에서 수사사건의 내용을 공개할 수 있다.

확산 또는 동종 범죄의 발생이 심각하게 우려되는 경우')와 3호('공공의 안전에 대한 급박한 위협이나 그 대응조치에 관하여 국민들이 즉시 알 필요가 있는 경우')는 내용상 차이가 없다. 2호의 경우에는 수사사건의 내용을 전부 공개할 필요도 없다. 단순히 범죄명과 범죄수법만 제공하는 보도 자료를 배포해도 범죄발생 및 피해발생을 예방할 수 있다. 3호의 공공의 안전에 대한 급박한 위협이 있어 피의사실을 공개해야 할 경우가 있는지 상정하기 어렵다. 4호('범인의 검거 또는 중요한 증거 발견을 위하여 정보 제공 등 국민들의 협조가 필수적인 경우')의 범인검거를 위한 경우라면 공개수배의 요건과 절차에 따라 이를 이용하면 될 것이다. 따라서 제10조의 예외적 공개사유는 1호의 경우가 대표적이므로 이를 본문에 넣어 예외사유를 나열하지 않는 것이 예외가 넓지 않다는 인상을 줄 수 있다. 또한 예외적 공개의 경우에 공개사유를 충족하는지를 판단하는 절차를 두고 그 사유를 서면으로 남기도록 하는 것이 필요하다.

또한 공보자료에 의한 공보가 원칙이지만(제11조) 제12조에 구두공보의 예외를 넓게 인정하고 있다. 공보자료를 작성하는 과정에서 공보에서 준수해야 할 원칙과 공보의 범위 등이 신중하게 검토될 수 있지만 이러한 절차를 거치지 않는 구두공보를 넓게 인정하고 사후 서면보고로 대체하는 것은 공보자료에 의한 공보의 원칙을 허물 수 있는 예외조항으로 운용될 가능성이 크다.

제18조의 단계별 공개허용정보[21]도 '내사'나 수사의 '착수'의 경우도 포함하고 있

---

1. 사건관계인의 명예 또는 사생활 등 인권을 침해하거나 수사에 지장을 초래하는 중대한 오보 또는 추측성 보도를 방지할 필요가 있는 경우
2. 범죄로 인한 피해의 급속한 확산 또는 동종 범죄의 발생이 심각하게 우려되는 경우
3. 공공의 안전에 대한 급박한 위협이나 그 대응조치에 관하여 국민들이 즉시 알 필요가 있는 경우
4. 범인의 검거 또는 중요한 증거 발견을 위하여 정보 제공 등 국민들의 협조가 필수적인 경우
② 불기소사건이 다음 각 호의 어느 하나에 해당하는 경우에는 제1항 제1호에 해당하는 것으로 본다.
1. 종국처분 전에 사건 내용이 언론에 공개되어 대중에게 널리 알려진 경우
2. 관련사건을 기소하면서 수사결과를 발표하는 경우

[21] 제18조[공개허용정보] ① 수사사건 내용 중 수사 단계별로 공개할 수 있는 정보는 다음 각 호와 같다(제1호에서 제7호까지 및 제8호 나목은 제10조 제1항 각 호의 어느 하나에 해당하는 경우에 한하며, 사람, 기관 또는 기업의 실명 공개 여부는 제16조 및 제17조의 기준에 의한다).
1. 수사의뢰: 정부, 지방자치단체 및 공공기관으로부터 수사의뢰를 받은 사건(이첩·통보받은 사건을 포함한다)으로서 수사의뢰(이첩·통보) 사실이 알려져 언론에서 확인을 요청한 경우에 한하여 다음 각 목의 정보

다는 점에서 문제이다. 언론사가 자체 조사하여 보도하는 것을 막을 수 없지만 수사기관의 공보는 공적으로 사실을 확인해 주는 것이기 때문에 무죄추정의 원칙상 매우 제한적이어야 한다. 따라서 내사나 수사가 착수단계에 있는 경우에는 예외 없는 절대적 공개금지여야 한다. 아직 피내사자나 피의자에 대하여 수사기관이 주관적·추상적 혐의를 갖고 있는 내사착수단계나 주관적·구체적 혐의를 갖고 있는 수사착수단계이기 때문에 무죄추정의 원칙에 의해서 강하게 보호되어야 한다. 또한 고소·고발이 제기된 사건도 그 사실이 알려져 언론에서 확인을 요청하면 피고소·고발인, 죄명, 고소·고발인 등에 관해서 정보를 공개할 수 있다(제18조 제1항 2호). 그러나 누구든지 고소나 고발을 할 수 있기 때문에 피고소인 또는 피고발인이 범죄혐의자라고 볼 수 없다는 점에서 언론에서 확인을 요청한다고 수사기관이 이를 공적으로 확인해 줄 것이 아니라 공정한 수사, 피의자의 인격권, 무죄추정의 원칙 등을 들어 언론보도를 자제해야 한다고 안내해야 한다.

제18조 제1항 6호[22]는 구속영장의 발부사실뿐만 아니라 '청구사실'까지 언론의 확

가. 피내사자 및 대상 기관 또는 기업
나. 죄명(죄명이 특정되지 않은 경우 죄명에 준하는 범위 내의 혐의 요지, 이하 같다)
다. 수사의뢰(이첩·통보) 기관
라. 수사의뢰(이첩·통보)를 받았다는 사실
2. 고소·고발: 정부, 지방자치단체 및 공공기관이 고소·고발을 제기하거나 정당 및 시민·사회단체가 제17조 제2항의 공적 인물에 대하여 고소·고발을 제기한 사건으로서 고소·고발 사실이 알려져 언론에서 확인을 요청한 경우에 한하여 다음 각 목의 정보
가. 피고소·고발인
나. 죄명
다. 고소·고발인
라. 고소·고발장이 접수되었다는 사실 및 그 일시
22) 6. 체포·구속 : 영장의 청구·발부 사실(구속영장에 한한다) 또는 집행 사실, 적부심 청구 사실이 공개되어 언론에서 확인을 요청한 경우나 피의자가 제17조 제2항의 공적 인물인 경우 다음 각 목의 정보
가. 피의자
나. 죄명
다. 영장에 기재된 범위 내의 혐의사실
라. 구속영장 청구 일시
마. 구속영장 발부 여부
바. 체포·구속영장 집행 일시(영장을 집행한 후에 한한다)
사. 체포·구속적부심 청구 일시 및 인용 여부

인요청에 따라 정보를 공개할 수 있도록 규정하고 있다. 그러나 기소 전 단계에서는 체포 또는 구속영장이 '발부'된 경우에 한해서 예외적으로 공개할 수 있도록 해야 한다. 다만 수사기관이 행한 구체적인 행위, 즉 소환조사 여부, 영장청구 여부, 공소 제기 여부 등 구체적 행위의 여부에 대해서만 알릴 수 있도록 하고 그 외의 내용은 일체 공표하지 않도록 하며, 그 조사의 내용이나 영장의 내용에 대해서는 공소제기 때까지 공표하지 않도록 해야 할 것이다.

제18조 8호는 수사종결 시 기소 및 불기소사건의 공개를 폭넓게 인정하고 있다. 기소사건의 경우 수시기관은 수사 활동을 통한 객관적 증거확보로 범죄혐의의 개연 성과 유죄의 확신이 있다고 판단한 사건이기 때문이다. 이러한 경우라 하더라도 형 사소송의 일방당사자의 주장일 뿐이다. 무기대등의 원칙에 따라 수사단계에서도 수 사기관의 공격에 대한 방어의 기회를 제공해야 한다. 즉 공개허용정보에는 피고인(내 지 변호인)의 주장 내지 반박도 포함되어야 한다.

(2) 수사공보준칙 위반행위에 대한 조치 미비

수사공보준칙에 위반하여 수사사건의 내용을 공개한 자가 있을 때에는 각급 검찰 청의 장은 즉시 검찰총장에게 보고한 후 감찰을 실시하여 공개 경위, 내용, 이유 등 을 조사하여야 한다(제32조). 그러나 조사결과 위반자에 대한 조치가 규정되어 있지 않아 수사공보준칙의 실효성을 담보하지 못하고 있다. 지금까지의 관행으로 보면 직 무위반행위에 대한 자체 내부감찰은 비공식적 통제과정으로 운영되어 왔기 때문에 감찰 본래의 기능을 수행하기 어렵다. 내부적 통제는 제 식구 감싸기의 유혹 때문에 공정성을 담보하기가 어렵다.

수사공보준칙이 시행되기 직전인 2010년 1월 6일 서울중앙지검 형사1부는 노무 현 전 대통령의 피의사실을 공표한 혐의로 고발된 당시 대검찰청 수사팀(이인규 중수 부장, 홍만표 수사기획관, 우병우 중수1과장)에 대해 일부 피의사실을 공표한 것을 인정하 면서도 공표의 목적이 국민의 알권리와 공공의 이익이라는 이유로 '죄가 안 됨' 불기 소처분을 내려 스스로 면죄부를 발부했다. 검찰은 내부의 '나쁜 빨대(일명 취재원)'라 는 단어까지 쓰며 언론에 등장한 '익명의 검찰관계자'를 색출하겠다고 했지만 색출, 징계, 처벌 어느 하나 이루어진 것 없이 끝나 버렸다.[23]

아. 석방 일시

수사공보준칙은 노무현 전 대통령 서거 이후에 피의자 인권보호를 위한 수사관행의 개선을 목적으로 만들어졌지만, 시행 얼마 되지 않은 시점인 2012년 5월 노건평씨 피의사실 공표로 수사공보준칙이 장식품에 불과하다는 것이 증명되었다. 노건평씨 비자금 의혹을 언론에 공개하여 문제가 되자 스스로 노 씨와 비자금은 연관성이 없다고 해명한 창원지방검찰청의 공보담당자 이준명 차장검사에 대한 조사와 징계, 더 나아가 명예훼손죄와 피의사실공표죄의 수사와 기소가 이루어지지 않았다.24) 수사공보준칙 위반행위에 대한 조치(제32조)도 미흡하고25) 처벌규정도 없으며 수사와 기소권을 검찰이 갖고 있는 이상 수사공보준칙이 실효성을 갖지 못하는 한계가 있음을 보여준 사건이다.

따라서 수사공보준칙 위반행위에 대한 외부적 통제가 가능하도록 해야 한다. 국민으로부터 신뢰받는 검찰이 되기 위해서는 검찰의 정치적 중립 못지않게 검찰내부의 비리와 직무위반에 대한 자정시스템을 강화해야 한다. 지금까지의 내부적 감찰을 통한 자기통제는 부적법한 검찰권행사와 검사의 도덕적 해이를 외부적으로 노출시키지 않도록 운영되었다. 감찰관 직위의 개방직화와 감찰위원회의 개방화 및 의결기구화가 실질적으로 이루어져 수사공보준칙 위반과 같은 행위에 대한 통제가 실질적으로 이루어져야 한다.26) 물론 감찰 결과에 따라 징계사유가 있으면 징계하면 되겠지만 징계에 그칠 사안이 아닌 경우가 문제이다. 피의사실공표는 엄연히 형법상 범죄에 해당하는 것이기 때문에 감찰결과에 따라 검찰의 직권수사가 이루어지고 공소제기까지 이어져야 피의사실공표행위가 근절될 수 있다.

수사공보준칙을 지키는 않는 것도 문제지만 차별적으로 지키는 것이 더 큰 문제다. 소위 죽은 권력이나 힘 빠진 권력과 살아있는 권력에 관련된 수사사건에 대한 검찰의 언론브리핑의 내용과 횟수가 차별적임은 누구나 다 아는 사실이다. 대한변협의 '2011 인권보고서'에 의하면 "2010년 '인권보호를 위한 수사공보준칙'이 마련됐음

---

23) 한국일보 2012.5.21.
24) 2012년 6월 15일 언론인권센터, 언론개혁시민연대, 전국언론노동조합은 대검찰청 앞에서 기자회견을 열고 창원지검 이준명 차장검사의 피의사실 공표를 비판하며 고발장을 접수했다. 대검 감찰본부(본부장 이준호)는 이준명 검사에 대해 수사사실을 부적절하게 언론에 알렸다는 이유로 경징계를 청구했다.
25) 김재윤, 피의사실 공표죄 관련 법적 쟁점 고찰, 언론중재 2010 가을, 100면.
26) 하태훈, 검찰권 통제 및 검찰제도 개혁 방안, 법과사회 제37권(2009), 109면.

에도 2011년 곽노현 서울시 교육감에 대한 선거법 위반 수사 당시 피의사실 공표 논란이 다시 일었다."고 평가했다. 수사기관은 자신들의 필요에 따라 수사 상황을 폭넓게 공개하기도 하고 반대로 철저하게 보안을 유지하는 재량권을 행사한다. 공개 당시의 정권 관련 수사정보는 수사공보준칙에 따라 비밀을 지키고 있지만, 검찰의 논리에 따른다면 오히려 정권 관련 뇌물수수나 불법정치자금 수수가 국민들의 관심사이고 국민의 알권리와 공공의 이익이 더 클 것이므로 수사상황을 공개하는 것이 맞을 것이다. 예컨대 이명박 대통령 임기 중의 국정원 대선 개입 의혹 사건에 대해서는 상당한 수사 보안이 지켜진 반면 이석기 국회의원 내란음모사건의 경우 수사 과정에서 중요한 증거물이 그대로 언론을 통해 공개된 바 있다. 여야 정치권이나 진보·보수 시민단체 등에서도 사건의 성격과 사건관련성에 따른 유·불리에 따라 때로는 국민의 알권리를 들어 철저한 진상규명과 수사상황 공개를 요구하기도 하고 반대로 무죄추정의 원칙과 공정한 재판 등을 이유로 피의사실을 공표하지 말라고 주장하기도 한다. 야권 등에 대한 수사가 진행될 경우 피의사실공표죄를 둘러싼 논란이 강하게 제기됐다는 것은 결국 수사기관이 야권과 관련한 인물에 대한 수사과정에서 피의사실에 해당하는 정보를 언론에 흘리는 경우가 더 많았음을 방증하는 것으로 볼 수 있다.[27]

(3) 수사공보준칙의 근거 법(률)규정 미미

'훈령·예규 등의 발령 및 관리에 관한 규정' 제2조는 훈령입안에 관한 기본원칙으로 필요성, 적법성, 적절성, 조화성, 명확성을 요구하고 있다. 무엇보다도 법률에 근거 없이 국민의 권리·의무에 관한 사항을 규정하거나 법령의 내용과 다른 사항 또는 다른 중앙행정기관의 소관업무에 관한 사항을 규정해서는 안 된다(적법성). 국민의 권리·의무에 관한 중요한 사항은 법령에 직접 규정하도록 하고, 국민의 권리·의무에 관한 세부 기준 등은 법률의 명시적인 위임이 있는 경우에만 훈령·예규 등에 규정하되, 법령의 취지를 고려해야 한다는 취지다.

수사공보준칙은 법무부훈령이다. 훈령을 제정할 때에는 법적 근거가 있어야 한다. 법령과 다른 사항을 규정해서도 안 된다. 형법은 피의사실공표를 금지하고 있는데

---

27) 심석태, 피의사실공표죄의 의의와 실효성 및 개선 방향, 법무부 주최 인권의 날 기념 국제심포지엄(2013.12.12.-13.) 자료집 미디어와 인권, 26면.

법무부훈련은 수사공보라는 이름으로 그 예외를 인정하고 있다. 수사공보는 피의자 (내지 참고인)의 인격, 직업, 공동생활 영역에서 돌이킬 수 없는 정도의 기본권을 침해할 위험성이 매우 높다는 점과 공정한 재판을 받을 권리 및 무죄추정을 받을 권리가 위태로워질 수 있다는 점을 고려한다면 법치국가이념에 따라 형법 또는 형사소송법에 수사공보의 요건과 절차 및 효력 등에 한 법률적 근거를 갖추어야 한다. 그 법률적 근거를 토대로 현행과 같은 법무부훈령인 수사공보준칙을 두어야 한다.

경찰청 훈령인 범죄수사규칙 제178조[28]에 의한 공개수배도 마찬가지의 문제를 안고 있다. 공개수배란 수사기관이 도주하거나 숨어 소재불명된 피의자 혹은 수형인에 대하여 비공개 지명수배만으로는 더 이상 형사절차를 진행시킬 수 없을 때 주요 지명피의자 등에 대하여 수배서를 공공장소에 게시하는 등의 방법으로 실시하는 수사처분이다. 수사기관은 매스컴을 이용한 공개수배를 통하여 용의자나 피의자의 사진과 이름을 제한 없이 공개하여 수사의 효율성을 높일 수 있는 기회를 갖지만 이를 공개하는 수사기관의 행위는 형법상 피의사실공표에 해당한다.[29] 수사기관 내부의 의사연락 수단이자 공조수사의 한 형태인 지명수배[30]와는 달리 공개수배제도는 주요 지명피의자에 대하여 일반인에게 피의자의 얼굴과 인적 사항을 알려 지명피의자의 검거나 소재발견에 협조를 구하는 수배제도이므로 공판청구 전에 피의사실을 공표하는 것이다. 따라서 공개수배자의 인격, 직업, 공동생활 영역에서 돌이킬 수 없는 정도의 기본권을 침해 할 위험성이 매우 높다는 점과 지명수배 또는 공개수배는 체포영장 또는 구속영장이 발부되어 있는 자에 대한 영장집행의 특수한 형태라는 점을

---

28) 제178조(공개수배) ① 경찰청장은 지명수배·통보한 후 6월이 경과하여도 검거하지 못한 주요 지명피의자에 대하여는 종합공개수배할 수 있다. ② 경찰관서장은 사건수배에 있어서 피의자의 인적사항이 명백히 밝혀져 긴급한 공개수배가 필요하다고 인정될 때에는 공개 수배할 수 있다. ③ 전항의 공개수배는 사진·현상·전단 그 밖의 방법에 의한다.

29) 하태훈, 매스컴을 이용한 피의자(내지 용의자) 공개수배의 형사소송법적 문제점과 개선방안, 안암법학 제11권(2000), 188면.

30) 지명수배에 관해서 "법률상 지명수배에 관한 구체적이고 명시적인 규정이 없어서 지명수배가 강제처분인지의 여부 및 지명수배를 함에 있어 공개대상이 되는 개인정보의 범위 등에 관하여 논란의 여지가 있으므로, 지명수배제도에 관한 법률상의 근거 규정을 구체적으로 명시하여 지명수배처분의 요건, 절차 등을 명확히 하고, 사법기관으로 하여금 이에 관여하게 하여 지명수배가 적절하게 행하여짐으로써, 혹시 발생할 수도 있는 기본권 침해의 여지를 미연에 방지하는 것이 바람직하다."고 판시한 판결은 서울고등법원 2007.03.30. 선고 2006나31964 판결.

고려한다면 법치국가이념에 따라 형사소송법에 공개수배의 요건과 절차 및 효력, 수배자에 대한 체포와 호송 등에 한 법률적 근거를 갖추고 그 시행세칙으로 현행과 같은 법무부령, 경찰청훈령 및 예규를 두어야 한다.[31]

4. 수사공보준칙 개선방안

(1) 피의사실공표의 엄격한 예외로서 수사공보의 법적 근거 필요

수사공보준칙은 피의사실공표죄가 엄연히 형법에 규정되어 있음에도 공소제기 전에 예외적으로 수사공보를 허용하고 있다. 법적 근거도 없는 법무부훈령으로 수사공보준칙을 제정하여 피의사실공표를 정당화시켜주고 있는 것이다. 이에 관해서는 '특정강력범죄처벌에 관한 특례법'을 참고할 만하다. 2011년 9월 15일에 개정된 내용에 의하면 검사와 사법경찰관은 범행수단이 잔인하고 중대한 피해가 발생한 특정강력범죄사건의 피의자가 그 죄를 범하였다고 믿을 만한 충분한 증거가 있는 경우 국민의 알권리 보장, 피의자의 재범방지 및 범죄예방 등 오로지 공공의 이익을 위하여 필요할 때 특정강력범죄사건의 피의자의 얼굴, 성명 및 나이 등 신상에 관한 정보를 공개할 수 있다(제8조의2). 이처럼 피의자의 신상정보공개에 의한 피의사실공표를 정당화시킬 수 있는 법적 근거를 두고 있다.

수사공보에 관한 사항은 헌법상 보장된 무죄추정의 원칙, 피의자의 공정한 재판을 받을 권리, 사생활 등 기본권을 침해할 우려가 상당히 높다는 점에서 법무부훈령이라는 하위 행정규칙으로 규율할 것이 아니라 형법 또는 형사소송법과 같은 법률의 형식으로 규율하는 것이 타당하다. 현행 수사공보준칙은 '수사공보에 관한 법률(가칭)'로 승격되어 제정되어야 한다.

(2) 수사공보 허용여부와 공보내용의 기준: 범죄혐의의 정도

아무리 범죄혐의가 상당하여 무죄의 추정을 깨뜨릴 수 있을 정도, 즉 유죄판결을 받을 고도의 개연성이 인정될 정도의 혐의(현저한 범죄혐의)라고 하더라도 유죄판결이 확정되기 전까지는 무죄추정의 원칙에 따라 피의자(또는 피고인)는 무죄로 추정 받을 권리가 보장되어 있다. 그러나 수사기관은 다른 한편으로는 국민의 알권리보장요구

---

31) 하태훈, 매스컴을 이용한 피의자(내지 용의자) 공개수배의 형사소송법적 문제점과 개선방안, 안암법학 제11권(2000), 177면.

를 충족시켜야 하고 언론보도의 자유를 보장하기 위하여 언론의 공개요구를 무시할 수 없는 이익충돌상황에 놓이게 된다. 이런 갈등상황에서 형법상 피의사실공표죄와 형사소송법상 수사담당자의 비밀엄수 및 인권존중의무에 관한 규정(형사소송법 제198조)을 고집하거나 아니면 국민의 알권리를 빙자한 제한 없는 피의사실공표를 허용할 수는 없는 것이다.

피의자의 인권과 사법 절차적 기본권으로서 무죄추정의 원칙과 공정한 재판의 보장, 국민의 알권리와 언론보도의 자유는 민주주의적 법치국가에서 보호되어야 할 기본가치이다. 그러나 이들은 많은 경우에 기본권의 상충관계에 놓이게 된다. 따라서 인권보호와 진실발견을 위한 공정한 재판의 보장과 국민의 알권리, 여론형성 및 국가기관의 감시통제기능을 수행하는 언론보도의 자유 사이의 충돌은 상호 충돌하는 이익간의 비교교량을 통하여 규범 조화적으로 해결되어야 한다.[32]

수사공보는 한편으로는 공표 목적의 공익성과 공표내용의 공익성, 공표의 필요성이 인정되어야 하고 다른 한편으로는 공표된 피의사실의 객관성과 정확성, 공표의 절차와 형식, 공표의 표현방법, 피의사실 공표로 인한 피침해이익의 성질과 내용 등이 고려되어야 한다. 이익교량을 통해서 도출된 수사공보의 기준은 시간적으로는 피의사실공표죄에서 정하고 있는 '공소제기 전'이어야 한다. 공판청구 전의 피의사실은 아직 객관성이나 정확성이 떨어지거나 수사기관 일방의 주장에 불과하고 공표의 목적이나 내용의 공익성, 공표의 필요성이 크지 않다고 볼 수 있기 때문에 원칙적으로 수사공보가 금지되어야 한다. 이것이 바로 피의사실공표죄의 입법취지이다.

그러나 공판청구 전이라고 하더라도 수사의 진행상황에 따라서는 피의사실의 객관성이 담보될 수 있고 사건의 중대성이나 피의자의 지위 등에 비추어 공표 목적의 공익성과 공표내용의 공익성, 공표의 필요성이 인정되는 경우가 있을 수 있다. 그 기준은 바로 범죄혐의의 정도여야 한다. 범죄혐의의 정도에 따라 수사공보의 허용여부가 결정되어야 하며 수사공보가 허용된다고 하더라도 범죄혐의의 정도에 따라 공보대상의 정보가 정해져야 한다.

범죄혐의는 수사단계와 수사방법에 따라 용어상으로는 추상적 혐의(내사단계), 구체적 혐의(수사개시), 충분한 혐의(공소제기), 현저한 혐의(강제수사), 혐의확인(유죄판결)

---

32) 김상겸, 피의사실공표의 허용범위와 한계, 형사법의 신동향 제27호(2010.8), 20면.

로 구별할 수 있다.[33] 내사단계와 수사개시단계의 혐의는 수사기관의 주관적 혐의라고 볼 수 있고 어느 정도 수사가 진행되어 객관적 증거가 확보되면 객관적 혐의로 발전하게 된다.

따라서 ① 수사기관의 주관적 혐의에 불과한 내사단계와 수사개시 및 초기단계에서는 수사공보가 예외 없이 불허되어야 한다. ② 구체적 혐의와 충분한 혐의 사이의 수사중간단계(소위 중간수사결과 발표단계)에서는 객관적 증거의 확보여부에 따라 수사공보 여부가 결정되어야 한다. 이 단계에서는 수사공보가 허용되더라도 공개대상의 혐의사실은 피의자의 이름, 신분 및 신상정보와 사진을 제외한 객관적 증거로 확인된 범죄사실(일시와 장소, 방법, 피해범위와 정도, 수사진행상황 등)이어야 한다.[34]

③ 신체의 자유를 침해하는 강제수사의 경우에 체포·구속의 요건으로 범죄혐의의 상당성을 요구하고 있는데 이는 무죄의 추정을 깨뜨릴 수 있을 정도, 즉 유죄판결을 받을 고도의 개연성이 인정될 정도의 혐의가 있어야 한다. 이는 단순한 의심보다는 높고 유죄판결에 필요한 정도보다 낮은 정도의 혐의 수준(probable cause)을 의미한다. 따라서 현저한 범죄혐의를 요하는 강제수사의 경우에는 인신구속이라는 기본권침해라는 점에서 높은 범죄혐의의 정도를 요구하는 것이고 체포·구속영장이 발부된 경우에는 법원이 이를 인정한 것이므로 수사공보가 허용되어야 한다. 이에 반해서 체포·구속영장이 '청구'된 사실은 수사공보의 대상이 되어서는 안 된다. 마찬가지로 압수·수색영장의 경우도 영장이 발부되었다면 수사공보가 허용되어야 한다. ④ 기소단계는 수사기관이 유죄를 추정할 수 있는 정도의 혐의와 객관적 증거가 있는 경우(즉 충분하고도 객관적인 혐의)이기 때문에 수사공보가 허용되어야 한다.

수사공보가 허용되는 경우라도 대상범죄를 제한해야 한다. 고위공직자의 부정부패사건이나 정치인의 선거법 또는 정치자금법 위반사건처럼 공보의 공적 이익이 큰 범죄, 연쇄성범죄나 보이스피싱처럼 범죄예방 차원에서 국민에게 긴급히 알려야 할 필요성이 있는 범죄 등으로 제한해야 한다.

마지막으로 어느 경우라도 수사공보가 허용되는 경우에는 반드시 피의자(또는 참고인)에게 수서공보의 허용여부와 공개정보 등을 알려주고 그에 대한 반론의 기회를

---

33) 배종대/이상돈/정승환/이주원, 신형사소송법(제3판 2011), 88면 이하.
34) 김봉수, 피의사실공표죄(형법 제126조)의 규범적 한계에 관한 고찰, 경찰법연구 제9권 제1호 (2011), 68면.

제공해야 한다. 수사단계의 피의자는 단순히 수사의 객체가 아니기 때문이다. 당사자로서 무기대등의 원칙에 따라 수사기관의 주장에 대한 방어가 공판심리절차에서와 마찬가지로 수사단계에서도 보장되어야 한다.

Ⅲ. 수사공보에 관한 법률(가칭) 위반에 대한 피의사실공표죄 적용 방안

1. 사문화된 피의사실공표죄

수사기관이 공판청구 전에 피의사실을 공표하면 형법 제126조에 따라 피의사실공표죄가 성립한다. 그러나 이 법조항은 거의 사문화되었다.[35] 피의사실 공표행위는 자주 발생하지만 피의사실공표죄의 규범은 잠자고 있어 법규범과 현실의 괴리가 심각한 범죄 중의 하나이다. 피의사실공표죄가 사문화된 것은 수사기관의 범죄행위에 대해서 수사권과 기소권을 독점한 검찰이 그 권한을 의도적으로 행사하지 않는데 원인이 있다.[36] 아무리 범죄혐의가 있어도 수사기관이 수사를 개시하지 않으면 실체적 진실발견은 어려워진다. 설사 검찰수사가 진행되더라도 기소하지 않으면 공개된 법정에서 진실이 무엇인지 다투어 볼 수도 없다. 이처럼 수사권뿐만 아니라 검찰의 기소권 독점과 불기소처분을 내릴 수 있는 기소재량권이 검찰 권력의 핵심이다. 그러나 검찰의 독점적 권한을 통제할 제도적 장치는 전무하다.

2006년부터 2011년까지 검찰에 접수된 208건의 피의사실 공표 사건에 대해서 검찰은 한 건도 기소하지 않았다.[37] 서영교(새정치민주연합) 국회 법제사법위원회 의원이 2014년 법무부로부터 제출받은 '피의사실 공표 사건접수 현황'을 살펴보면 지난 2009년부터 2014년 6월까지 피의사실공표죄로 고소·고발된 사건은 총 198건이지만, 기소된 건은 전무한 것으로 나타났다. 156건은 불기소처분되었으며 42건은 미제로 남았다.

수사기관의 공판청구 전 피의사실공표죄는 사문화되었지만 수사기관의 피의사실 공표행위가 허용되기 위한 요건 및 그 위법성 조각 여부의 판단 기준을 제시한 1999

---

35) 사문화의 원인분석에 관해서는 김봉수, 피의사실공표죄(형법 제126조)의 규범적 한계에 관한 고찰, 경찰법연구 제9권 제1호(2011), 60면 이하.

36) 김재윤, 피의사실 공표죄 관련 법적 쟁점 고찰, 언론중재 2010 가을, 90면.

37) 한국일보 2012.5.21.

년 대법원 판결38) 이후로 피의사실공표가 민사상 불법행위라는 점은 확인되었다.

2. 여전히 존중되어야 할 피의사실공표죄의 입법취지

그렇다고 피의사실공표죄의 입법취지까지 사라진 것은 아니다. 보호법익과 보호의 필요성이 피의사실공표죄를 비범죄화시킬 정도로 없어지거나 감소된 것도 아니다. 피의사실이 공판청구 전에 공개되면 피의자의 명예가 훼손되고 사생활이 침해될 염려가 있을 뿐만 아니라, 무엇보다도 피의사실공표로 증거인멸이나 피의자 도피 등 범죄수사에 지장이 초래될 수 있고 여론에 의해 수사와 재판이 영향을 받을 수 있기 때문에 이를 방지하여 수사권을 보장하기 위한 형벌규정이다.

피의사실공표죄는 1953년 형법 제정 때 입법화된 조문으로 당시 법제사법위원장 대리였던 엄상섭 의원의 입법취지 설명39)을 보면 피의사실공표죄의 입법취지가 수사기관의 수사기능 보호에 있기도 하지만 법제사법위원회에서 피의사실공표죄를 신설하여 수정한 이유는 무죄추정의 원칙에 충실한 피의자인권보호에 있다. 피의사실공표죄는 공무원의 직무에 관한 죄이므로 그 보호법익은 우선적으로는 국가의 범죄

---

38) 대법원 1999.01.26. 선고 97다10215 판결.
39) 한국형사정책연구원, 형법제정자료집(1990), 343면: "이것을 법제사법위원회에서 신설해서 수정한 취지는 이렇습니다. 요새 조끔만 경찰서문 앞에만 가도 당장에 신문에 나고 여러 가지로 말썽이 되어서 그 혐의사실을 받는 사람은 신용유지상 명예유지상 대단한 곤란을 받는 것입니다. 그러나 우리 형법에서나 혹은 기타 세계 어느 나라에서도 지금 문명국 형법이나 형사재판제도 하에서는 확정판결이 있기 전까지는 무죄의 추정을 받는다는 것은 관념상으로 생각할 뿐만 아니라 우리가 사실에 있어서도 확정판결되기 전에는 여러 가지 방면으로 이 사람이 범죄혐의자로서 받는 모든 불이익을 제거하는데 신중한 노력을 해야 될 것입니다. 필요불가결의 이외에는 그 사람한테 범죄혐의자로 인해서 받는 모든 불이익을 제거해야 될 것입니다. 그런 의미에서 본다면 아까 말씀드린 바와 같이 좀 경찰서문 앞이나 검찰청문 앞에만 가도 그것이 신문에 보도가 되어 가지구 시끄럽게 떠드는 것은 대단한 곤란한 문제라고 생각합니다. 그도 또한 어떤 신문기자가 탐문한 기사정도로 낸다면 그렇게 폐단이 없을지는 모르겠지만, 때때로는 수사관이나 혹은 기타의 권위 있는 사람의 담화발표로서도 나오고 혹은 권위 있는 사람의 말한 바에 의해서도 나오고 이렇게 되어서 대단히 곤란하고 때로는 경찰서에 한번 잡혀 갔지만 신문에만 떠들어 놓고 수사한 결과 아모런 결론도 나지 못하는 형편도 있습니다. 그러나 한번 신문이나 소문이 퍼진 뒤에는 업찌러진 물을 다시 주어담지 못하는 결과가 나서 그 피해자의 처지는 대단히 곤란할 것이다. 이러한 입장에서 이 조문을 신설한 것입니다." 반대 견해는 주로 이 규정은 내부 행정징계절차로 족한 것을 형벌로 처벌한다고 하는 점과 언론 자유의 침해가 될 수 있다고 하는 취지로 이 규정에 대해 의문을 제기하는 견해로 유기천, 형법학 각론강의(1982), 274면; 주석 형법각칙, 한국사법행정학회(1992), 148면.

수사기능이다.[40] 그러나 그 입법과정에서의 논의를 보면 피의자의 인격권보호와 무죄추정을 받을 권리보장도 중요한 입법취지이다. 다른 한편으로 범죄사실에 관한 국민의 알권리와 이를 근거로 한 언론보도의 자유도 보장되어야 한다. 이 양자의 조화가 바로 시간적으로 공소제기 전 피의사실 공표의 금지다. 공소가 제기된 후에도 확정판결 전까지는 무죄추정을 받을 권리도 있고 피의자의 명예나 사생활 등 인격권이 보호되어야 하지만 국민의 알권리도 중요한 공적 영역이기 때문에 공소제기 후에는 피의사실 공개가 허용되는 것이다.

공판청구 전 수사기관의 피의사실공표는 수사기관 일방의 주장이다. 이를 토대로 언론보도가 이루어진다면 여론에 영향을 미치게 되고 언론에 의한 유죄판단이 내려지게 될 위험성이 크다. 국민참여재판제도가 도입된 후에는 피의사실공표에 따른 여론재판은 배심원에게 일정한 영향을 미쳐 공정한 재판을 받을 권리가 침해될 수 있다는 점에서 문제의 심각성이 있다. 당해사건의 내용이 수사공보의 형식으로 공개되고 언론보도에 의해서 알려지게 된다면 일반인과 잠재적인 배심원들의 의사결정에 암묵적인 편견이 형성되고 기억 속에 자리 잡게 되어 실제 당해사건의 배심원이 되는 경우에는 사실판단에 영향을 미칠 수 있기 때문이다.

피의자를 단순히 수사의 객체로 보거나 거의 100% 가까운 사건에서 유죄판결을 받던 과거에는 피의사실이 공소제기 전 공표되더라도 별 지장이 없다고 판단할 수 있을 것이다. 또한 피고인이 된 피의자는 공소제기 후 공판정에서 충분한 방어의 기회를 갖기 때문에 피의사실이 공소제기 전에 공표되더라도 별 문제가 없다고 볼 수 있을 것이다. 그러나 피의자는 수사의 객체가 아니라 소송주체이다. 피의자도 변호인의 도움을 받아 검사와 대등한 지위에 놓일 수 있다. 공판중심주의 강화 등으로 무죄율이 상승하여 수사단계에서의 피의사실공표가 유·무죄판단에 영향을 미칠 가능성이 높아졌다. 2014년 10월 대법원이 발간한 '2014 사법연감'에 따르면 2013년 1심 판결을 선고받은 23만691명 중 3만2543명이 무죄선고를 받아 14.11%의 무죄율을 보였다. 2009년까지 5%미만이던 무죄율은 2010년 8.8%로 상승한 후 2011년 19.44%로 급증했다. 2012년에는 23.49%로 사상 최고치를 기록했고, 2013년에는 14.11%이었다. 공판중심주의가 강화되면서 법원이 까다로운 증거를 요구하는 측면

---

40) 이에 관해서는 이재상, 형법각론(제8판 2012), 708면.

도 있지만 무죄가 난 5건 중 1건은 수사 미진과 공소 유지 소홀 등 검사 과오 때문으로 분석됐다.[41]

피의사실공표죄가 알권리에 대한 과도한 제한이고, 무죄추정의 원칙과 공정한 재판을 받을 권리를 침해하지 않는다는 근거로 위헌가능성을 제기한 견해[42]도 있고, 무죄추정의 원칙은 형사피고인에 대한 유죄판결 확정까지의 입증책임이 검찰에 있다는 것을 말할 뿐이고 체포·구속이나 피의사실공표의 제한원리가 될 수 없다는 견해[43]도 있다. 더 나아가 피의사실공표죄를 군이 존치할 필요가 있는 것인지는 심히 의문이라 아니할 수 없으며 피의자 개인의 사생활의 비밀과 자유, 명예 및 형사사법절차에서의 제반 권리의 보호는 범죄수사에 대한 공보, 언론보도의 관행을 수사기관, 언론기관 내부의 규율통제로 개선하는 것이 종래의 범죄 구성요건화로 인한 피의자 인권침해의 억제보다 실효적이라는 견해도 제기되고 있다.[44]

3. 피의사실공표죄의 규범력 강화방안

정치적으로나 사회적으로 중요한 사건이 터지면 수사상황이 방송을 타고 신문을 장식한다. 검찰은 오보를 막기 위한 최소한의 장치가 브리핑이고, 언론은 언론대로 국민의 알 권리라는 무기로 피의사실을 기사화한다. 수사기관이 공판을 청구하기도 전에 피의사실을 브리핑 형식으로 공개하고 언론이 취재내용을 덧붙여 활자화하면 시민들은 유죄가 틀림없다고 단정한다. 무죄추정의 원칙은 간데없고 유죄심증만 쌓이게 된다. 그런 상황에서 이미 피의자는 범죄자가 되고 비난의 화살이 쏟아져 자신을 방어하기도 어렵고 공정한 수사와 재판도 기대할 수 없게 된다. 혹여 무죄판결이 난다하더라도 짓이겨진 피의자의 명예는 회복될 수 없다. 그래서 공소제기 전에 피의사실을 공표하면 처벌하는 형벌규정이 있는 것이고, 수사기관에게 수사상 비밀엄수와 관련자들의 인권존중의무를 부여하는 것이다.

사문화된 피의사실공표죄의 규범력을 살려내려면 수사기관의 피의사실공표에 대

---

41) 조선일보 2015.5.13.
42) 문재완, 피의사실공표죄의 헌법적 검토, 세계헌법연구 제20권 제3호(2014), 18면 이하.
43) 안성수, 피의사실 공표죄의 적용과 한계, 인권과 정의 제396호(2009), 131면.
44) 이원석, 알권리와 피의사실공표죄의 관계, 해외파견검사연구논문집 제21집 제2권(2006), 법무연수원, 199면 이하.

해서 수사가 엄정히 이루어져 기소되어야 한다. 검찰의 기소재량에 대해서는 피의사실공표죄 고발사건에 대한 검찰의 불기소처분에 대해서 재정신청이 가능하도록 해야 한다. 수사조차 개시되지 않는 경우를 대비해서 고위공직자비리조사처와 같은 별도의 수사기구를 설치하는 것도 하나의 해결방안이다. 제18대 국회의 사법제도개혁특별위원회 6인 소위원회는 2011년 3월 10일 대검중수부 폐지와 특별수사청 신설, 법조일원화 방안, 대법관 6명 증원을 포함한 상고심제도, 전관변호사 수임제한 방안 등 검찰, 법원, 변호사 관련 사법개혁 합의사항을 발표하였는데,[45] 그 합의안에는 피의사실공표죄 고발 사건도 재정신청대상으로 확대한다는 내용이 포함되어 있었다.

재정신청 확대와 함께 재정신청절차에서 공소유지를 검사가 아닌 공익변호사가 하는 방안이 현실적인 방안으로 제시되었다. 이에 형사소송법이 개정되어 2012년 1월 1일부터 재정신청의 대상을 형법 제126조의 죄에 대한 고발사건까지 확대하였다. 다만 피공표자의 명시한 의사에 반하여는 할 수 없도록 단서를 두었다(제260조제1항). 검사의 불기소처분에 대한 사법적 통제장치로서 재정신청제도가 제대로 작동한다면 피의사실공표로 인한 피의자인권침해가 줄어들 수 있을 것이다.

피의사실공표죄의 고발사건에 대한 불기소처분에 대해서 재정신청이 가능하도록 형사소송법이 개정되었지만 수사공보준칙의 실효성을 담보하기 위해서는 피의사실공표죄에 대한 고소 또는 고발 사건은 예외적 기소강제주의를 채택하고 고소인 또는 고발인이 검사와 함께 공소를 유지하는 부대사인소추제도를 예외적으로 도입하는 방안, 피의사실공표죄의 고발사건에 대하여 검찰이 수사조차 시작하지 않을 경우에는 재정신청제도는 무용지물이라는 점에서 피의사실공표 등 검사의 불법과 비리 등을 포함하여 고위공직자의 범죄행위에 대한 특별수사기구(예컨대 고위공직자비리조사처)를 신설하는 방안, 피의사실공표죄를 포함함 수사기관의 직무상 범죄에 대해 수사권을 조정해 검찰의 피의사실공표에 대해서는 경찰이 수사하고 경찰의 피의사실공표에 대해서는 검찰이 수사를 담당케 하고 적어도 수사기관의 직무상 범죄에 대한 재정신청절차에서 법원이 공소유지변호사를 지정하도록 형사소송법을 개정하는 방안(변협 '2011 인권보고서'), 검사의 피의사실공표죄에 대한 불기소처분을 검찰시민위원회의 의결로 재수사 및 기소강제가 가능하도록 하는 방안 등 다양한 통제수단이

---

45) 합의안 내용에 관해서는 법률신문 2011.4.25.

비교 검토되어야 한다.

Ⅳ. 나가며

법무부훈령으로 시행되고 있는 수사공보준칙의 내용이 피의사실공표를 근원적으로 차단하는 데 미흡한 점이 없지 않지만, 일단 구두브리핑의 요건을 엄격히 제한하고 수사공보의 요건이나 절차 등을 명확히 규정한 점, 무죄추정의 원칙을 강화한 점, 초상권 보호규정을 명시적으로 마련한 점 등을 볼 때 이전보다 진일보한 것으로 평할 수 있다. 그러나 원칙을 형해화할 수 있는 넓은 예외, 예외요건의 불명확성, 위반자에 대한 조치 및 처벌 미흡 등으로 수사공보준칙이 꾀하고자 하는 사건관계인의 인권보호와 새로운 수사관행의 정착은 실현되기 매우 어렵다고 본다. 무엇보다도 위반자에 대한 철저한 감찰과 관련자 징계 또는 처벌이 뒷받침되어야 불법적 수사관행이 개선될 수 있을 것이다.

무엇보다도 피의사실공표의 엄격한 예외로서 수사공보의 법적 근거가 필요하다. 피의사실공표죄가 엄연히 형법에 규정되어 있음에도 공소제기 전에 예외적으로 수사공보를 허용하기 위해서는 수사공보에 의한 피의사실공표를 정당화시켜줄 수 있는 법적 근거가 마련되어야 한다. 가칭 '수사공보에 관한 법률'을 제정하여 이 법적 근거에 따라 수사공보 허용여부와 공보내용의 기준을 수사단계에서의 범죄혐의의 정도에 따라 법무부훈령으로 정해 수사지침으로 준수될 수 있도록 해야 한다. 피의사실공표가 법령에 의한 행위로 위법성이 조각될 수 있도록 해야 한다.

검찰의 수사권 및 기소권을 통제할 수 있는 법적 또는 사법적 방안이 강구되어야 피의사실공표죄의 규범력이 살아날 수 있다. 피의사실공표죄의 고발사건에 대한 재정신청제도만으로는 실효성 있는 통제가 되기 어렵다.

마지막으로 언론은 국민의 알권리를 내세워 범죄보도에 치중할 것이 아니라 국가권력의 민주적 통제에 기여하고자 한다면 특히 고위공직자나 정치인의 부정부패사건 등 범죄수사가 은폐·조작되고 있는지, 수사가 공정하게 진행되고 있는지, 검찰이 공소권을 정치적으로 독립하여 적정하게 행사하고 있는지 등등에 초점을 맞추어 권력 감시 및 비판과 함께 국민의 알권리도 충족시켜야 할 것이다.

[논평] 형사사건의 공보에 관한 규정과 피의사실공표죄

최　란*

하태훈 선생은 국민의 알권리 및 언론의 자유와 같은 민주주의적 법치국가의 기본가치를 폭넓게 보장하면서도 피의자의 인권을 보호하고 무죄추정원칙이나 공정한 재판의 보장과 같은 사법 절차적 기본권이 준수될 수 있는 방안을 오래 고민해왔다. 그리고 그러한 고민의 결정(結晶)은 "공정한 재판의 원칙과 보도의 자유",[1] "수사공보준칙과 피의사실공표죄", "매스컴을 이용한 피의자(내지 용의자) 공개수배의 형사소송법적 문제점과 개선방안"[2] 등의 논문과 칼럼니스트로 남긴 글들[3]에 나눠 담겼다.

이 글은 그 가운데 2015년 안암법학에 실렸던 "수사공보준칙과 피의사실공표죄"를 대상으로 한다. 대상 논문은 2010년 제정된 「인권보호를 위한 수사공보준칙(이하 수사공보준칙)」[4]의 형식상·내용상의 문제점을 비판적으로 고찰하고 있다. '인권보호'를 전면에 내세우고 있음에도 피의사실 공표의 개연성을 온전히 지워내지 않은 수사공보준칙의 형식과 내용에 대한 대상 논문의 비판은 선명하고 날카롭다. 나아가 제안하고 있는 개선방안은 피의자의 인권보호에 보다 충실하면서도 국민의 알권리나 언론의 자유 등 충돌하는 가치를 함부로 위축시키지 않는다. 이러한 대상 논문의 가치는 이후 이루어진 여러 번의 개정과 제정의 과정에 대상 논문의 지적과 개선안이 다수 반영되어 있음을 통해 확인할 수 있다.

다만, 「인권보호를 위한 수사공보준칙」에서 「형사사건 공개금지 등에 관한 규정(2019, 이하 형사사건공개금지규정)」[5]으로, 그리고 「형사사건의 공보에 관한 규정(2022)

---

* 고려대학교 법학연구원 전임연구원, 법학박사

1) 하태훈, "공정한 재판의 원칙과 보도의 자유", 형사법연구 제6권, 한국형사법학회, 1993.

2) 하태훈, "매스컴을 이용한 피의자(내지 용의자) 공개수배의 형사소송법적 문제점과 개선방안", 안암법학 제11호, 안암법학회, 2000.

3) 관련된 최근 글로는, 경향신문의 「하태훈의 법과 사회」에 실린 "검사장은 기자에게 무엇이었나 (2020)", "'미리 알 권리'도 알권리인가(2020)", "피의사실 흘리기·받아쓰기 지나치다(2019)" 등.

4) 법무부훈령 제761호.

5) 법무부훈령 제1256호.

」이란 제명으로 운용되고 있는 오늘날에 이르러 더욱, 수사공보준칙에 대한 하선생의 문제의식이 여전히 유효하다는 것은 아쉬운 지점이라 하지 않을 수 없다.

I.

우리 형법 제126조는 수사기관이 공소제기 전에 피의사실을 공표하는 행위를 명문으로 금지하고 있다. 그럼에도 수사공보준칙은 수사공보라는 이름으로 수사상황을 대외적으로 알릴 수 있는 '예외적인 경우'를 정해두고 있다. 이에 대상 논문은 수사공보준칙의 '법무부훈령'으로서의 규정형식의 문제점을 다음과 같은 두 가지 관점으로 나누어 검토하고, 형법 또는 형사소송법과 같은 법률의 형식으로 규정할 것을 제안한다.

① 법무부훈령에 불과한 수사공보준칙의 규정을 근거로 피의사실 공표행위를 정당화 할 수 있는가. 만일 그렇다면 그 기준은 무엇인가.
② 수사공보준칙은 피의자(내지 참고인)의 기본권을 침해할 위험성이 매우 높고, 무죄의 추정이나 공정한 재판 받을 권리를 위태롭게 할 수 있는 행위를 허용하고 있다는 점에서 국민의 자유와 권리에 직접적인 영향을 미치는 내용을 담고 있다고 할 것인데 법률에 근거 없이 단지 훈령으로 이러한 내용의 규정을 둘 수 있는가.

하선생은 먼저, 수사공보준칙이 훈령입안에 관한 기본원칙인 필요성, 적법성, 적절성, 조화성, 명확성 가운데 특히 '법률에 근거 없이 국민의 권리·의무에 관한 사항을 규정하거나 법령의 내용과 다른 사항 또는 다른 중앙행정기관의 소관업무에 관한 사항을 규정해서는 안 된다'는 적법성 원칙에 있어서 문제가 될 수 있음을 지적한다. 수사공보는 피의자의 기본권 및 공정한 재판받을 권리를 침해할 위험성이 높은 행위이기 때문에 그 요건과 절차 및 효력에 대해 법률적 근거를 갖춰야 한다는 것이다.
다만 엄격히 제한된 범위 내에서의 수사공보 행위는 형법 제20조의 '기타 사회상규에 위배되지 아니하는 행위'로 위법성이 조각될 여지가 있음을 부정하고 있지 않음에 미루어 이러한 규정형식이 법률유보 원칙에 위배되어 위헌이라고 본 것은 아니라고 할 것이다. 이는 아주 엄격한 요건 하의 제한적인 허용을 전제하고 있기는 하나, 공소제기 전이라고 하더라도 수사공보가 필요한 경우가 있음을 현실적으로 고려한 해석이라고 할 것이다. 그러면서도 수사공보준칙이 정하고 있는 예외적으로 공개가 인정되는 경우라고 하더라도 모두 정당행위로 정당화 될 수 없다는 점을 분명히 밝히고 있으며, 피의사실 공표의 예외적 공개는 '수사공보에 관한 법률(가칭)'을 신설하여 법률에 근거하여 행하여야 함을 재차 강조하고 있다.

Ⅱ.

다음으로 대상 논문에서는 수사공보준칙의 내용과 관련하여 다음과 같은 문제점을 지적하고 있다.

수사공보준칙은 엄격한 원칙규정 뒤에 예외를 인정하는 형식을 취하고 있으나, "아주 폭넓게 예외를 인정하고 있을 뿐만 아니라 추상적이고 불명확한 법문언을 사용하여 자의적 해석 적용의 가능성이 존재하며 경우에 따라서는 원칙과 예외가 뒤바뀌는 현상이 발생할 우려가 크다."

그리고 이를 개선하기 위하여, 예외적인 수사공보의 필요성을 인정할 수 있는 경우로 '사건관계인의 명예 또는 사생활 등 인권을 침해하거나 수사에 지장을 초래하는 중대한 오보 또는 추측성 보도를 방지할 필요가 있는 경우(제10조 제1항 제1호)' 정도만 규정해두고, 그 외 열거해 놓은 예외적 공개 사유들을 통합하거나 삭제하는 등 조문을 정비6)하여 예외인정 요건을 보다 명확히 하고 예외인정의 범위를 제한할 것, 그리고 범죄혐의의 정도를 기준으로 수사공보 허용여부를 결정할 것과 수사공보가 예외적으로 허용되는 경우라고 하더라도 범죄혐의의 정도에 따라 공개범위를 정할 것 등을 제안하였다.

나아가 그 방법에 있어서도, 예외적 공개 사유에 충족하는지 여부를 판단하기 위

---

6) 하선생은 조문 정비의 방안을 다음과 같이 제시하고 있다. ① 폭넓은 예외적 공개사유 가운데 내용이 일부 중복되고, 피의사실 공개의 필요성을 상정하기 어려운 사유(제2호 '범죄로 인한 피해의 급속한 확산 또는 동종 범죄의 발생이 심각하게 우려되는 경우', 제3호 '공공의 안전에 대한 급박한 위협이나 그 대응조치에 관하여 국민들이 즉시 알 필요가 있는 경우')를 정비하고, 제2호의 경우 단순히 범죄명과 범죄수법만 공개하도록 할 것, ② 제4호인 '범인 검거 또는 중요한 증거 발견을 위하여 정보 제공 등 국민의 협조가 필수적인 경우'는 공개수배의 요건과 절차를 따르면 되므로 삭제할 것.

한 절차를 마련하고, 공개인정 요건의 어디에 해당하여 공개하였는지를 서면으로 남길 것, 공보자료에 의한 공보원칙을 바로 세울 수 있도록 구두공보를 허용하는 예외적인 경우를 제한, 축소할 것을 제안하였다.

대상 논문의 이러한 개선제안은 수사공보준칙 폐지 이후 제정된 형사사건공개금지규정의 내용에 상당부분 반영되어 있음을 확인할 수 있다.[7] 살펴보면, 먼저 형사사건공개금지규정은 검사를 비롯한 검찰공무원 및 법무부 소속 공무원이 형사사건에 대한 정보를 공개하는 것은 원칙적으로 금지되는 것임을 분명히 하기 위하여 제명 및 목적에 이를 반영하였으며, 예외적 공개 요건 및 범위를 보다 명확히 하고 세분화하여 예외적으로 공개의 필요성이 인정되는 경우를 축소, 제한하였다(제9조). 더하여 예외적 공개를 위한 요건에 범죄 혐의의 정도를 반영하였고, 예외적 공개가 허용되는 경우라고 할지라도 공개되는 정보는 객관적이고 충분한 증거나 자료를 바탕으로 하는 것으로 한정하였다(제9조 제1항, 제2항).[8]

다음으로, 예외적 공개 요건 가운데 하나인 '오보가 발생할 것이 명백한 경우'의 판단근거 등을 서면으로 남기도록 하였으며 승인·보관 등의 절차를 구체화하였다(제15조 제4항, 제5항). 공보자료가 아닌 구두로 형사사건에 대한 정보를 공개하는 것은 예외적인 경우에 한한다는 점을 조문의 제목에 명시하였고, 그 요건과 범위를 축소, 제한하였다(제16조).

나아가 하선생은 대상 논문에서 "수사공보준칙 위반행위에 대한 조치도 미흡하고 처벌규정도 없으며 수사와 기소권을 검찰이 갖고 있는 이상 수사공보준칙이 실효성을 갖지 못하는 한계가 있음"을 지적하며, "수사공보준칙 위반과 같은 행위에 대한 통제가 실질적으로 이루어져야"함을 강조한다.

검찰은 내부의 비리와 직무위반에 대한 자정시스템으로 감찰제도를 두고 있으나 검찰의 내부적 문제를 외부에 노출시키지 않는 자기통제의 방식으로 구성, 운영되고 있다. 따라서 수사공보준칙을 위반한 형사사건 공개행위는 물론 검사의 도덕적 해이 등도 실질적으로 통제되기 어려운 구조이다. 이에 대상 논문은 수사공보준칙 위반에

---

7) 형사사건공개금지규정은 제정 이후 두 번의 개정을 거쳤는데, 상기의 내용은 2021년 8월 17일에 시행된 법무부훈령 제1373호를 기준으로 정리한 것이다.

8) 나아가 국민들에게 알릴 필요가 있는 중요사건의 경우(제9조 제1항 제5호)에 공개할 수 있는 정보의 내용과 범위를 수사단계별로 세분화하여 명시하였다(제9조 제5항).

대한 실질적 통제의 필요성과 통제절차 마련에 대한 논의를 중심으로 현행 감찰제도의 문제점 및 검찰권력에 대한 외부적 통제의 필요성을 다시금 확인하고 있다.

그 외에도 대상 논문은 피의자의 당사자 지위를 확인하고 무기대등원칙을 보장할 수 있도록 수사공보가 허용되는 어느 경우라도 반드시 피의자(또는 참고인)에게 수사공보의 허용여부와 공개정보 등을 알려주고 그에 대한 반론의 기회를 보장해야 함을 강조하고 있다.

이러한 대상 논문에서의 주장은, 이후 수사공보행위를 견제할 수 있도록 민간위원이 참여하는 형사사건공개심의위원회제도를 신설하고(형사사건공개금지규정 제21조), 인권보호관에 의한 진상조사제도 및 진상조사 후 내사, 또는 감찰과 징계로 이어지는 위반행위에 대한 통제절차를 마련하고(동 규정 제32조의 2), 무엇보다 피의자의 반론권을 보장하는 규정을 훈령 내에 마련한 것(동 규정 제9조 제1항)에 마중물이 되어주었다고 할 것이다.

대상 논문에서 하선생은 국민의 알권리 및 언론의 자유와 같은 민주주의적 법치국가의 기본가치와 피의자의 명예권과 같은 인격권은 물론 무죄추정의 원칙, 공정한 재판의 보장과 같은 사법 절차적 기본권간의 갈등관계를 조화롭게 해결하기 위하여 수사공보준칙이 존재하는 것임을 여러 번 확인한다. 그리고 검사는 재판의 당사자 혹은 수사의 주체로서의 역할수행에 그쳐서는 안 되며 공익의 대표자이자 피고인의 정당한 이익을 옹호하여야 할 의무 있는 자임을 강조한다. 우리사회가 검찰에게 부여하고 있는 권력의 많은 부분은 피고인의 정당한 이익을 보호하여야 하는 검찰의 의무에서 비롯된 것임을 잊지 말아야 한다는 것이다.

더욱이 우리 법은 검사 등의 공소제기 전 수사공보 행위에 대해 상기의 의무에 입각한 이행을 요구하는데 그치지 않고 이에 대해 불법이라 평가하고 있다. 그리고 그것이 궁극적으로 피의자의 인권보호를 위한 행위이거나, 수사공보 행위로 인하여 침해된 법익보다 보호된 법익이 우월하다는 평가가 가능한 때에야 비로소 위법성이 상쇄될 수 있다. 따라서 수사공보준칙은 업무의 필요에 따라 '공보에 대한 사항'을 정한 가이드라인 이상의 의미를 갖는다. 우리 법체계가 금지하고 있는 행위에 대한 예외적 허용 요건을 밝히고 이를 준수하지 않는 행위에 대한 불법평가가 가능한 한계를 명확히 제시하여야 하는 것이기 때문이다. 그러한 의미에서 형사사건공개금지규정의 경우 여전히 훈령의 형식에 머무르고 있다는 점 등에 있어 문제라고 하지 않을 수 없으나, 그 제정의 취지 및 방향에 있어서는 수사공보준칙보다 한 걸음 나아 간 것이라는 평가가 가능하다.

Ⅲ.

형사사건공개금지규정은 올해 7월 25일부터 「형사사건의 공보에 관한 규정(이하 공보에 관한 규정)」이란 제명으로 개정, 운용되고 있다. 달라진 것은 제명만이 아니다. 공보에 관한 규정은 "사건관계인의 인권을 철저히 보호하면서 형사사건 공보의 공익 적 목적도 충분히 달성"할 수 있도록 "공보요건을 현실화"하고 공보의 방식 또한 다 양화하는 방향으로 개정되었다.9) 이에 대해 법무부는 '기존의 형사사건공개금지규정 이 지나치게 제한적이어서 국민의 알권리 보장에 미흡하고 오보대응 미비로 수사에 대한 불신이 가중된다는 지적'을 반영한 것임을 개정의 이유로 밝히고 있다.10)

다만, 해당 훈령이 단순히 상급관청인 법무부가 하급관청인 대검찰청 등의 권한 행사를 지시하기 위하여 발하는 명령을 넘어서서 피의자의 명예권 등 인격권이나 공 정한 재판을 받을 권리에 직접적인 영향을 미칠 수 있다는 점을 고려하면 이번 개정 의 내용 및 방향은 상당히 우려스럽다. 간단히 언급하면 다음과 같다.

공보에 관한 규정은 형사사건, 특히 공소제기 전의 형사사건은 그 내용이 공개되 어서는 안 된다는 점을 여전히 원칙으로 하고 있다. 다만, 예외적 공개요건 및 그 범위를 다시 확대하였다. 특히 개정 전의 규정이 '사건관계인 등의 명예, 사생활 등 인권을 침해하는 등의 오보가 실제로 존재하거나 취재요청 내용 등을 고려할 때 오 보가 발생할 것이 명백하여 신속하게 그 진상을 바로잡는 것이 필요한 경우'11)라고 하여, '오보가 발생했거나 발생할 것이 명백한 경우'로 한정하고 있던 예외적 공개요 건을 '오보 및 추측성 보도가 발생했거나 발생할 것이 명백한 경우'까지 확대하고 있다.12) 이는 "공표여부를 판단하는 것이 모호하며, 경우에 따라서는 새로운 의혹을

---

9) 법무부훈령 제1437호 제정·개정 이유.
10) 법무부, 보도자료(2022.07.22.), "인권보호와 알권리 보장의 조화를 위한 「형사사건의 공보에 관한 규정」 개정 시행".
11) 형사사건 공개 금지 등에 관한 규정 제9조 제1호.
12) 형사사건 공보에 관한 규정 제9조 제1호.

생산할 수 있게 된다"[13]고 지적된 바 있는 수사공보준칙상의 예외적 공보요건에 관한 법문과 더 닮은 것으로 명확성이나 자의적 해석 가능성이 문제될 수 있다.

더욱이 법문에 예외적 공개가 가능한 구체적인 범죄유형을 명시하고 있던 것을 삭제하고,[14] 예외적 공개 요건에 해당한다고 하더라도 그 공개 여부와 범위를 민간위원 등에게 심의할 수 있도록 한 형사사건공개심의위원회 제도를 폐지하여 예외적 공개가 한층 더 용이할 수 있도록 하였다.[15] 넓어진 예외적 공개인정 범위로 인하여 금지의 원칙과 공개의 예외가 뒤바뀔 것을 다시 우려해야 하는 상황이 된 것이다. 나아가 전문공보관에 의한 공보자료 배포 방식의 원칙에서 벗어난 다양한 공보방식의 예외를 인정하고 있으며,[16] 공보자료의 앞부분에 '예외적 공개의 요건 및 범위'의 어디에 해당하여 공보하는 것인지를 명시하도록 한 규정 또한 삭제하였다.[17] 마지막으로 공소제기 전 검찰의 공보에 대한 피의자 측의 반론이 있는 경우 검찰에서 같은 방식으로 그 반론을 공개하도록 하는 피의자 반론권 규정을 폐지하였고, 인권보호관에 의한 진상조사 결과 범죄의 존재여부를 확인할 필요가 있는 경우 내사사건으로 수리하도록 한 규정도 삭제하였다.

법무부는 형사사건공개심의위원회를 폐지한 이유를 '제도가 되었던 18개월 남짓의 시간동안 위원회에 회부된 총 62건의 형사사건에 대하여 모두 공개의결하는 등 기대했던 효과에 미치지 못했기 때문'이라고 밝히고 있다.[18] 피의자 반론권 보장 규

---

13) 이원상, "형사정책적 관점에서 수사기관의 피의사실 공표에 대한 소고_독일과의 비교를 바탕으로", 법학논집 제26집 제3호, 조선대학교 법학연구원, 2019, 228면.

14) 형사사건 공보에 관한 규정 제9조 제2호, 제3호.

15) 그 밖에도 불기소처분 사건에 대한 예외적 공개 요건으로 '기타 인권보호 등 공익을 위하여 수사 경과 등을 국민에게 알릴 필요가 있는 경우'를 추가하고 수사경위, 수사상황 등 뿐만 아니라 '수사의 의의' 등을 공개할 수 있도록 하였으며(제10조), 마찬가지로 공소제기 후의 공개범위에 '범행경과 및 수사의 의의'를 포함하고, 제한적 요건인 '사건관계인, 검사 또는 수사업무 종사자의 명예, 사생활 등 인권을 침해하는 오보가 실제로 존재하거나 취재요청 내용 등을 고려할 때 오보가 발생할 것이 명백하여 신속하게 그 진상을 바로잡는 것이 필요한 경우'를 삭제(제11조)하는 등 수사의 단계별로도 예외적 공개 요건 및 그 범위가 확대되었다.

16) 형사사건 공보에 관한 규정 제14조 및 제15조.

17) 형사사건 공개 금지 등에 관한 규정 제15조(공보자료에 의한 공개원칙)와 제16조(예외적 구두공개)규정이 형사사건 공보에 관한 규정 제15조(공보방식)로 통합되었으며 상기의 규정은 삭제되었다.

18) 법무부, 보도자료(2022.07.22.), "인권보호와 알권리 보장의 조화를 위한 「형사사건의 공보에 관한 규정」 개정 시행".

정은 보도의 자유를 제약한다는 언론계의 주장 및 이제까지 행사된 바 없다는 점을 고려하여 폐지한다고 하고 있으며,[19] 인권보호관의 내사착수 규정을 삭제한 이유는 찾을 수 없었다. 그리고 그 외 대부분의 개정이유는 '수사공보의 신속성과 효율성 도모'에 있다.

IV.

2015년, 수사공보준칙에 대한 하선생의 지적과 제안은 이후 몇 번의 제·개정을 거친 현행 공보에 관한 규정에 대해서도 여전히, 보다 더 유효하다. 타당하다. 상기의 법무부훈령에 근거한 공보행위가 피의사실공표죄의 위법성을 조각할 수 있을지 의문이다. 규정의 형식과 내용에 대한 위헌시비의 가능성은 물론, 법무부가 밝히고 있는 개정이유가 타당한지 여부는 차치하더라도 상기와 같이 그때그때 손쉽게 개정하여 바로 적용할 수 있다는 점 또한 문제다. 대상 논문에서 강조하고 있는 것처럼 하루 속히 피의사실 공표의 엄격한 예외로서 수사공보의 요건과 절차 및 효력 등에 대한 법률적 근거가 갖춰져야 한다. 그럼에도 법률안 제안조차 거의 이루어지고 있지 않은 현실이 아쉽다.

「고위공직자범죄수사처 설치 및 운영에 관한 법률」[20] 시행으로 검사 등의 피의사실공표 행위에 대하여 수사는 물론 기소의 가능성도 열렸다. 일각에서는 이로 인해 수사공보의 형식이 달라질 것이라 기대하기도 한다.[21] 낙관하기 쉽지는 않으나 사문화되었던 피의사실공표죄가 규범력을 회복할 수 있을지 기다려볼 일이다.

---

19) 법무부, 보도자료(2022.07.22.), "인권보호와 알권리 보장의 조화를 위한 「형사사건의 공보에 관한 규정」 개정 시행".

20) 법률 제18861호.

21) 서울신문(2022.07.03.), "공수처의 피의사실공표 수사 권한, '검찰 티타임'부활 변수로 작용할까", https://www.seoul.co.kr/news/newsView.php?id=20220703500099 (최종검색일: 2022.11.15.)

재정신청제도 활성화 방안과 재개정 논의[*]

I. 재개정 필요성

1. 권한다툼으로 왜곡된 제도 구성

개정된 제도가 시행되자마자 재개정 논의의 대상이 되었다면 그 이유는 분명 잘못 개정된 탓일 것이다. 재정신청제도가 그러하다. 제도의 실효성보다는 관련 기관들의 이해관계가 과도하게 제도구성에 영향을 미쳤기 때문이다. 검찰이 재정신청 대상범죄를 1973년 개정 형사소송법 이전으로 원상회복시켜야 한다는데 동의하면서도 불기소처분에 대한 사법적 통제를 꺼리고, 내심 법원의 권한이 확대될 것에 반대하여 국회 법제사법위원회 심의과정에서 예외 없는 기소독점주의를 근거로 공소유지 권한을 지켜낸 것이다. 재정신청제도의 문제점은 바로 여기에서 비롯된다. 공소유지 변호사제도는 사법제도개혁추진위원회 당시 어렵게 검찰과 타협하여 2006년 법무부

---

* 출처: 「사법」 제13호, 2010, 35~64면.

법안으로 국회에 제출되었으나 국회 입법단계에서 공소유지기능을 검사가 담당하는 것으로 변경되었다. 바로 공소유지 검사제도가 재정신청제도의 실효성을 떨어뜨려 이에 대한 재개정의 요구가 높은 것이다.

검찰이 불기소처분결정을 내린 사건에 대해 법원의 재정결정에 의해 공소가 제기되었을 때, 그 형사재판의 공소유지 기능을 누가 담당할 것인지는 재정신청제도의 취지를 달성할 수 있느냐의 여부를 가늠할 중요한 문제이다. 재정신청제도는 피해자 보호 관점뿐만 아니라 검찰의 기소독점과 기소재량의 오류를 법원에 의해 교정할 수 있는 기회를 보장한 것이다. 따라서 법원에 의해 재정신청이 받아들여져 공소 제기된 사건의 공소유지를 검찰이 맡는 것은 공소제기를 원치 않았던 검찰에게 억지로 떠맡기는 격이다. 2007년 형사소송법 개정을 위해 정부가 국회에 제출한 형사소송법 개정원안은 재정신청 대상 사건의 범위를 모든 고소사건으로 확대하고 공소유지 담당변호사 제도를 그대로 유지하는 내용이었다. 그러나 국회 법사위의 논의과정에서 검찰 측의 강력한 요청에 따라 독일의 입법례[1]를 참조하여 공소유지 변호사제도를 없애고 검사가 공소유지를 담당하자는 견해가 제시되었고, 결국 공소유지권을 검사에게 맡기는 개정안이 통과되었다.

이러한 법개정이 가져올 문제점을 법원행정처가 발간한 형사소송법 개정법률 해설서에서 다음과 같이 지적하고 있다: "공소유지 변호사제도의 폐지와 검사의 공소유지는 당초 불기소처분을 하였던 검찰이 법원의 공소제기 결정에 대하여 어느 정도 성실하게 공소유지활동을 할 것인지 여부에 따라 제도의 성패가 달려있다고 해도 과언이

---

1) 우리 형사소송법은 독일의 기소강제절차와 매우 유사하게 개정되었다. 2008.1.1.부터 시행된 개정 형사소송법은 재정신청 대상범죄를 모든 범죄에 확대하고 공소유지 변호사제도를 폐지하여 법원의 공소제기결정에 따라 검사가 공소제기 및 공소유지를 담당하며 검사의 공소취소를 제한하였으며, 유책신청인의 비용부담제도, 심리비공개, 재정신청사건기록에 대한 열람·등사의 제한 규정을 두고 있다.
기소강제절차에 관한 독일 형사소송법 규정의 주요한 내용은, ① 고소인이자 피해자인 신청권자, ② 사인소추에 따른 소추가 가능한 경우와 기소편의주의에 따라 기소유예 처분한 경우를 제외한 신청대상, ③ 검찰항고전치주의, ④ 법원의 공소제기결정에 따른 검사의 공소제기의무, ⑤ 검사의 공소유지담당, ⑥ 변호사강제주의(재정신청서에 변호사의 서명이 필수요건), ⑦ 재정신청을 기각한 경우에 신청인에게 소송비용 부담 등이다. 독일의 기소강제절차에 관해서는 하태훈, 독일의 기소강제절차, 한국형사법학의 이론과 실천(정암 정성진박사 고희기념논문집 2010년), 627면 이하 참조.

아니다."[2] 그 문제점이 공소유지 검사의 무죄구형사례의 증가로 현실화되고 있다.

2. 공소유지 검사의 무죄구형사례 증가

법원이 재정신청사건에서 공소제기결정을 내려도 검찰이 공판법원에서 무죄를 구형하거나 아예 구형을 하지 않는 등 공소유지를 제대로 하지 않고 있다. 2009년 1월 서울고등법원 형사11부는 2008년 총선 당시 '뉴타운 공약'과 관련해 공직선거법상 허위사실공표 혐의로 고발된 정몽준 의원에 대한 검찰의 불기소결정(무혐의처분)이 부당하다는 재정신청을 받아들여 공소제기결정을 하였다. 이에 따라 불구속 기소된 피고인 정몽준 의원에 대한 공직선거법 위반 형사재판이 서울중앙지방법원 형사합의 21부에서 진행되었는데, 검찰은 2009년 3월 10일 결심공판에서 다른 공판사건과는 달리 피고인에 대한 유죄 주장과 함께 합당한 처벌을 구하는 구형도 하지 않은 채 "지금까지 제출된 증거와 법률에 따라 현명한 판단을 해주시기 바란다."고 밝히고 구형을 하지 않았다.[3] 이에 대해서는 특정 정치인에 대한 '봐주기 구형' 아니냐는 비난이 제기되었다. 그러나 검찰은 검찰의 무혐의처분결정 사건에 대한 법원의 재정신청을 받아들여 기소한 사건에 대하여는 공소유지 과정에서 새로이 밝혀진 증거 등을 종합하여 유죄 또는 무죄 구형을 하고 있으며, 공소유지 과정을 통해서도 무죄에 대한 확신이 있는 한 무죄 구형을 할 수 밖에 없다는 입장이다.[4] 이는 검찰의 불기소처분결정이 부당하여 형사재판을 진행하는 재정신청제도의 취지에 반하는 것이다. 이 사건은 1심과 항소심(2009노714)에서 유죄가 인정되어 벌금 80만원이 선고되었고 대법원에서 원심판단을 인정해 확정되었다.

이런 경우가 정몽준 의원 사건만 있는 것이 아니라 다수 발생하고 있다. 대검찰청의 통계에 따르면[5] 검찰은 지난 2008년 재정신청대상이 확대된 이후부터 2009년 8

---

2) 형사소송법 개정법률 해설, 법원행정처(2007), 71면.

3) 한겨레신문 2009.3.11.자.

4) 대검찰청 대변인 조은석 검사가 2009년 3월 11일 제출한 보도자료에 의하면, 검찰은 형사소송법 개정으로 재정신청 제도가 모든 고소사건으로 확대된 2008. 1. 1.이후부터 현재까지 인용된 재정신청 사건 51건을 기소하여, 그 중 16건(7건은 현재 1심 계류 중)에 대하여 무죄구형을 한 사실이 있으며, 무죄구형한 사건 중 1심선고가 완료된 9건 중 6건에 대하여 무죄가 선고되었다(참고로 유죄를 구형하였으나 무죄가 선고된 사건도 4건에 이르고 있음).

5) 인터넷 법률신문 2010.4.8.자.

월까지 법원이 내린 총 103건의 공소제기결정사건[6) 중 38.8%에 해당하는 40건에 대해 무죄를 구형하거나 '법원의 판단을 구한다.'며 아예 구형을 하지 않은 것으로 나타났다. 이에 반해 1심 법원에서 40건의 사건 중 거의 절반에 가까운 17건이 유죄판결 선고된 것으로 나타나 검찰이 법원의 공소제기결정에도 불구하고 사건을 충실하게 처리하지 않고 있다는 비판이 제기되고 있다.[7) 검찰이 공익의 대변자로서 성실하게 공소유지 기능을 담당하지 않고 있음이 확인된 것이다. 무죄를 주장하는 검사가 공소유지기능을 담당하는 모순적인 상황은 기소독점주의의 한계를 개선하려는 재정신청제도의 취지를 몰각시키는 것이다.

3. 검찰의 공소제기명령율 '0%', 무죄판결에 대한 항소율 '0%'

재정신청대상이 모든 범죄의 고소사건으로 확대되고 항고전치주의를 도입한 이후에도 검찰항고제도의 한계를 드러내고 있다. 고등검찰청이나 대검찰청이 항고 또는

---

6) 이 통계는 비공식적으로 법원행정처 사법정책실에 문의하여 받은 통계와는 차이가 있다. 2008년 1월 1일부터 2010년 5월 31일까지 재정신청 인용건수는 2008년 121건(일부인용 27건 포함), 2009년 122건(일부인용 54건), 2010년 5월 31일 현재 69건(일부인용 38건)이고 모두 기소되었다. 이 중 2008년 무죄건수 41건(34.2%), 실형건수 16건(13.3%), 집행유예건수 33건(27.5%), 벌금 22건(18.3%)이고 2009년 무죄건수 33건(45.2%), 실형건수 9건(12.3%), 집행유예건수 12건 (16.4%), 벌금 13건(19.2%)이다. 유죄판결 비율은 2008년 59.1%, 2009년 47.9%이다.

7) 참여연대 사법감시센터가 법원행정처로부터 통계자료를 받아 분석한 박영선 의원(민주당 법사위원)을 통해 확인한 바에 따르면 2008년 1월부터 2009년 6월 말까지 공소제기 재정결정 사건(134건) 중 판결이 선고된 사건은 모두 61건이었고, 61건 중 검사가 무죄를 구형하거나 구형 의견을 제시하지 않는 등 소극적 태도를 보였지만 유죄판결이 선고된 경우는 13건인데 이는 공소제기 재정결정 사건의 재판결과 유죄가 선고된 42건의 30.9%에 해당하며, 이는 검사가 무죄를 구형하거나 구형 의견을 제시하지 않은 사건 전체 28건 중에서 46.4%에 해당하는 사건에서 잘못된 '무죄 구형' 또는 '구형 포기'라는 것을 보여주는 통계이다. 15건은 검찰이 무죄구형을 하고 재판부도 무죄판결을 내렸고 4건은 검찰이 유죄구형을 했지만 재판부가 무죄판결을 내린 것이다. 이에 관해서는 참여연대 이슈리포트(2009.9.30), "재정신청사건에서 모순에 빠진 검찰, 욕심에 비해 성실하지 않은 검찰이 재정신청제도를 흔들고 있다" 참조.

[표1] 판결 선고 공소제기 재정결정 사건 구형 – 판결 현황(2008~2009.6.23)				
		검사		
		유죄	무죄	계
판결	유죄	29	13	42
	무죄	4	15	19
	계	33	28	61

재항고사건에서 재수사명령이나 공소제기명령을 내린 예가 전혀 없다. 국회 법제사법위원회 소속 친박연대 노철래 의원이 2009년 대검찰청 국정감사에서 공개한 자료에 따르면 검찰은 지난해 5,500건, 올해 들어 6월까지 2,609건의 재정신청을 접수받았으나, 이 가운데 단 한 건도 공소제기명령을 내리지 않았다. 반면 법원은 이 기간 총 6,869건의 재정신청을 접수 받아 135건의 공소제기결정을 내렸고, 재판까지 이어진 총 61건의 사건 가운데 68.8%인 42건이 유죄판결을 받았다.

검찰의 공익의 대변자로서의 역할을 다하지 않는 것은 여기에 그치지 않는다. 검찰은 공소제기결정에 따라 기소한 사건들이 1심에서 무죄가 선고되면 아예 항소를 하지 않는 것으로 나타났다. 대검찰청 통계에 따르면 검찰은 2008년부터 2009년 8월까지 1심에서 무죄가 선고된 30여건의 사건 중 항소한 경우는 단 1건도 없다. 검찰이 처음부터 공소 제기한 사건에서 무죄를 구형하거나 구형을 하지 않은 사례는 단 한 건도 없을 뿐만 아니라 이에 대해 무죄가 선고되는 경우 거의 대부분 상소를 하고 있는 태도와 비교하면 검찰이 두 종류의 사건을 대하는 태도가 현저하게 다르다는 것을 알 수 있다.

4. 재정법원의 소극적 자세

재정신청제도가 기소편의주의에 대한 통제장치라는 입법의도에 맞게 기능하지 못한 것은 오로지 재정신청 대상범죄가 극히 일부 범죄로 제한되어 있었다는 점에 기인하는 것은 아니다. 1961년 제1차 형사소송법 개정 전에는 대상범죄는 제한이 없었지만 심리기간(20일)이 짧았고 증거조사 또는 강제 처분권을 부여하지 않고 당사자 심문권만 인정되어 그 본래의 취지를 살리기 어려웠다.[8] 제도적인 탓뿐만 아니라 검찰의 결정에 대한 사법적 통제라는 점에서 부담을 느껴 법원이 부심판결정에 대한 소극적 태도를 취했다는 점에 있다. 그리고 재정심리절차가 기소여부를 결정하는 절차로서 공소제기 이전의 수사와 유사한 성격을 갖기 때문에 대립당사자를 전제로 하는 대심구조가 아니라는 점이 재정법원으로 하여금 소극적 심리방식을 취하게 한 것이다.

---

8) 권기훈, 개정 형사소송법상 재정신청사건의 처리절차, 형사재판의 쟁점과 과제(사법발전재단 2008년), 331면; 김태명, 재판상 준기소절차의 활성화 방안, 비교형사법연구 제8권 제1호(2006년), 370면.

이러한 태도와 관행은 1961년 개정 형사소송법에서 증거 조사권을 인정한 이후에도 마찬가지였다. 그동안 법원은 재정신청 사건에서 증거조사권이 있음에도 불구하고 제출된 수사기록 등을 보고 판단하였고, 증거조사를 하지 않는 것이 관행이었다. 항고절차에 준한다는 규정을 들어 구두변론을 요하지 않고 서면심리만으로 족하다고 보았다. 재정 신청인이나 피의자의 심리참여가 재량(형사소송규칙 제24조 2항)이어서 현실적으로 당사자들의 심리참여가 배제되고 있다. 법원은 재정법원의 심리절차를 소송적 성격보다는 공소제기 전 수사적 성격을 갖는 절차라고 이해하면서 대립당사자를 전제로 한 소송관계인의 서류·증거물 열람·등사권, 증거신청권, 증거조사참여권 등의 규정이 적용되지 않는 것으로 보고 실체진실발견에 소극적인 태도를 취하였다.[9]

재정신청제도의 경우 단지 기소여부의 판단자가 검사에서 법관으로 바뀐 것이어서 재정법원도 재정신청서와 수사기록만 보고 구두 변론 없이 불기소처분의 당부를 판단한다면 법적 판단이 다른 사안만 공소제기결정을 내릴 가능성이 있다. 그렇다면 재정신청사건의 인용률은 아주 낮을 수밖에 없다. 예컨대 사실관계는 수사기관에서 인정한 사실과 동일하지만 강간죄의 성립요건인 폭행·협박의 개념과 정도에 대한 판단이 다른 경우에 재정법원은 별도의 증거조사나 당사자신문을 통하지 않고도 수사서류만 보고 인용여부를 결정할 수 있을 것이다.[10] 그러나 대부분의 재정신청사건에서는 사실관계에 대한 다툼이 있는 것이므로 증거조사 및 사실조사가 이루어져야 올바른 재정결정이 내려질 수 있는 것이다.

---

9) 서울고등법원, 재정신청사건 실무편람(1999년), 32면 이하.
10) 서울고법 형사20부(재판장 서기석 수석부장판사)는 강간치상 피해자 B씨가 "검찰이 가해자에게 불기소처분을 내린 것은 잘못"이라며 낸 재정신청을 받아들여 공소제기결정을 내렸다(2010초재 401). 유부남인 A씨는 2008년10월 후배 소개로 알게 된 B씨를 경기도 고양시 소재 한 모텔로 데려가 강제로 성관계를 맺었다. B씨는 모텔로 들어가기 전 성관계 의사가 없음을 분명히 밝힌 상태였다. A씨는 총각행세를 하며 결혼할 마음이 있는 것처럼 행동하던 중이었고, 결혼에 관한 중요한 얘기를 나누자며 B씨를 모텔로 데리고 들어갔다. 그는 피해자를 침대에 눕힌 뒤 어깨를 짓누르거나 마치 때릴 것처럼 험악한 표정을 지으며 강간한 사건에서 검찰은 피해자가 발로 걷어차는 등 적극적으로 저항하지도 않았고, 어깨를 누르거나 인상을 쓰는 정도의 행위는 강간죄 성립을 위한 폭행·협박에 해당하지 않는다는 이유로 무혐의처분을 내렸다. B씨는 검찰처분에 불복해 서울고법에 재정신청을 했고 재판부는 "피해자가 사력을 다해 반항하지 못했다고 하더라도 강간 당시 제반 상황에 비춰 피의자가 험악한 인상을 짓고 어깨를 누르는 정도의 행위를 한 것만으로도 충분히 강간죄 성립요건인 폭행·협박에 해당한다."면서 신청을 받아줬다.

검찰이 공소유지를 제대로 하지 않아 재정법원의 직권증거조사의 필요성이 대두하고 있다. 검찰은 검사동일체원칙이 작동하다보니 기존의 불기소처분과 검찰청법상의 항고절차에서 고등검찰청에 의해 항고기각처분을 받은 사건에 관해 법원의 공소제기결정이 있다는 이유만으로 검사가 불기소처분 및 항고기각결정과 달리 법원의 결정에 따라 공소유지에 열심히 임할 것이라고 기대하는 것은 사실상 어렵다. 검사가 공소유지를 위한 노력, 즉 유죄를 입증하기 위한 노력을 하지 않아 재판부에서 직권으로 증거조사를 해야 할 필요성이 제기되고 있는 현실이다.

송부된 수사기록과 증거물은 불기소처분에 맞춰진 것이므로 재정법원이 이를 토대로 판단한다면 재정신청의 인용률은 아주 낮을 것이다. 재정법원은 증거조사권을 적극적으로 행사해야 제도취지에 맞는 성과를 거둘 수 있다. 불기소처분에 맞추어진 수사결과만 보고 판단한다면 이 제도는 유명무실해진다. "재정신청의 증거수집은 그 사건에 대하여 가장 열의를 갖는 신청인 또는 대리인으로 하여금 하도록 하고, 법원은 이들이 제출한 증거를 기초로 판단하는 것이 가장 효과적이고 적당하다."는 재정신청사건 실무편람[11]의 실무지침을 새겨들어야 한다.

5. 학계, 법조계와 정치권의 재개정 논의

2007년 형사소송법 개정을 통해 전면 수정된 재정신청제도가 시행된 지 2년이 지난 2010년 3월 한나라당이 국회에 제출한 사법개혁안 중 형사소송법 개정안에 재정신청제도에 관한 개정안이 포함되어 있다. 법조계에서도 재정신청제도의 실효성을 높이기 위해 공소유지를 위한 지정변호사제도를 재도입해야 한다는 지적이 제기되고 있다. 물론 학계에서도 개정 형사소송법에 대한 비판적 논의가 개정 형사소송법이 통과된 이후에 줄곧 진행되었다.[12] 현재 여야는 재정신청을 고발사건까지 확대하는 데는 합의했으나 공소유지담당 변호사제 도입은 합의점을 찾기 못하고 있다. 각종 통계와 공소유지 담당자에 관한 형사소송법의 입법과정, 공소유지에 임하는 검사

---

11) 서울고등법원, 재정신청사건 실무편람, 76면.
12) 김태명, 개정 형사소송법상 재정신청제도에 대한 비판적 검토, 형사법연구 제19권 제4호(2007 겨울), 75면 이하; 김태명, 다시 개정되어야 할 재정신청제도, 2010년도 춘계 형사정책세미나 자료집(한국형사정책연구원), 71면 이하; 박기석, 개정 형사소송법의 재정신청제도, 비교형사법연구 제9권 제2호(2007년), 197면 이하; 신양균, 개정형사소송법의 쟁점과 과제, 형사재판의 제문제 [제6권](2009년); 고현철 대법관 퇴임기념 논문집, 831면 이하.

의 자세, 검찰의 조직적 측면 등을 종합해 본다면 재정신청제도의 실효성을 높이기 위해서는 지정변호사제도의 재도입을 적극 검토하는 것이 바람직하다.

한국형사정책연구원이 '형사사법 개혁의 성과와 과제'를 주제로 개최한 2010년도 춘계 형사정책세미나에서 김태명 전북대 법학전문대학원 교수는 '다시 개정되어야 할 재정신청제도'란 논문발표를 통해 현행 재정신청제도의 개정을 주장했다. 국회 사법개혁특별위원회(위원장 이주영)는 2010년 4월 13일 오전 국회 제3회의장에서 서보학 경희대 법학전문대학원 교수 등 학계와 법조계 인사들을 진술인으로 초청해 '국민을 위한 사법제도개혁, 검찰관계법에 관한 공청회'를 개최했다. 서 교수는 국민적 의혹이 집중된 대형비리, 부패사건 등은 언론보도를 통해 알게 된 시민단체의 고발 등으로 수사가 시작되는 경우가 많아 재정신청이 인정되지 않음으로써 검사의 기소재량권을 견제할 수단이 없기 때문에 검찰의 기소독점권을 견제하기 위해서는 재정신청 대상사건을 고발사건을 포함한 모든 사건으로 확대해야 한다고 주장했다. 서 교수는 재정신청제도에 대해서 재정신청 이후 검사들의 공소유지가 매우 불성실하다는 평가가 지배적이라며 재정신청절차에서 기소가 결정된 사건에 대한 공소유지를 형사소송법 개정 전과 같이 변호사가 선임돼 담당해야 한다고 덧붙였다. 이에 반해서 이헌 시민과 함께하는 변호사모임 대표는 재정신청대상을 확대하는 것은 형사소송법의 기본이념인 기소독점주의의 중대한 예외이므로 최소한으로 허용돼야 한다며 고발사건까지 포함된다면 민중소송화되거나 형사소송이 민사분쟁해결의 수단으로 전락할 우려가 있다고 주장했다.

II. 제도취지를 살리는 재정법원의 제도운영 방안

1. 재정신청제도의 존재의의

재정신청제도는 피해자의 권리를 보호하기 위하여 기소독점주의와 기소편의주의를 규제한 것이다.[13] 형식적으로는 검사가 공소를 제기함으로써 기소독점주의의 예외를 인정하고 있지 않지만 실질적으로는 재정법원의 재정신청인용은 검사의 기소를 강제하는 것이므로 기소재량이 박탈되는 결과를 갖는 것이며 이로써 검찰의 기소

---

13) 이재상, 신형사소송법(2008년), 357면.

독점은 깨지게 되는 것이다. 재정신청사건에서 검사가 공소제기권을 갖는다고 해도 이는 재정법원의 결정을 강제적으로 따르는 것일 뿐이고, 따라서 기소독점유지는 껍데기일 뿐이다. 그래서 재정신청제도에 대한 형사소송법의 개정으로 소추기관이 검사로 일원화되고 기소일원주의가 강화되었다는 평가[14]는 자기위안에 불과하다.

개정 형사소송법이 입법례로 참고한 독일의 기소강제절차는 고소인인 피해자에게 검찰이 기소법정원칙을 유지하고 있는지 여부를 독립적인 법원의 사법적 심사에 맡길 수 있게 하는 제도이다.[15] 범죄피해자는 검사의 기소독점 때문에 충분한 범죄혐의가 있음에도 불구하고 범인에 대한 형사절차를 스스로 진행시킬 수 없으므로 기소강제절차는 피해자에게 사법적 심사를 통한 기소강제의 가능성을 열어주는 것이다. 이 제도는 역사적으로 피해자로부터 형사 소추권을 박탈하여 국가소추기관인 검찰에게 기소권을 부여한 것이 정당한가라는 논란에서 출발한다.[16] 피해자를 보호하고 기소법정주의를 준수하기 위한 제도이다.[17]

기소강제절차는 기소법정원칙에서 직접 도출되는 것이 아니고, 기소법정원칙과 검사의 기소독점주의(독일 형사소송법 제152조 1항)로부터 나오는 범죄피해자의 주관적 권리를 보호하기 위한 독일 기본법 제19조 4항 권리구제절차("공권력에 의해서 그 권리를 침해당한 자에게는 권리구제절차가 열려있다.")이다.[18] 기소강제절차는 재정 신청률이나 그 성공률이 매우 낮음에도 불구하고 무시할 수 없는 기소법정주의의 유지와 관련한 예방효과 때문에 존재의의를 갖는 것이다.[19] 또한 검찰에 대해 여전히 가시지 않는 국민의 불신을 해소하는데 기여하기도 한다.[20]

독일의 기소강제절차의 실무현실은 낮은 신청률, 아주 적은 기소결정 건수와 매우 드문 유죄판결 건수가 특징적이다. 1982년은 신청건수 1792건 중 8건만 기소 결정되고 그중에서 1건만 유죄판결을 받았다.[21] 1985년의 경우는 불기소처분 400건 당

---

14) 이완규, 개정법상 재정신청제도의 몇 가지 쟁점, 법조 2008.2(통권617호), 177면 이하.

15) Kirsten Graalmann-Scheerer, StPO Löwe-Rosenberg Großkommentar, 25.Aufl., §172 Rdn.1; Roxin, Strafverfahrensrecht, 25.Aufl., §39 Rdn.1(S.320); Bischoff, Die Praxis des Klageerzwingsverfahrens, NStZ 1988, 63; OLG Karlsruhe Justiz 1977, 206.

16) Meyer-Krapp, Klageerzwingungsverfahren, 2008, S.2.

17) Schmid, Karlsruher Kommentar StPO, §172 Rdn.1.

18) Roxin, Strafverfahrensrecht, 25.Aufl., §39 Rdn.1(S.320).

19) Schmid, Karlsruher Kommentar StPO, §172 Rdn.1.

20) Schmid, Karlsruher Kommentar StPO, §172 Rdn.1.

1건 정도의 재정 신청률을 보였다. 1998년 2500건 정도에서 매년 증가하고 있지만 0.25% 정도의 신청률은 2000년 이후에도 변함이 없다. 신청률이 낮은 이유는 다양한 원인이 있겠지만 낮은 성공률이 신청의 장애요소임이 분명하다.[22] 그렇다고 제도의 폐지를 주장하는 목소리는 크지 않다. 예방적 효과가 있기 때문이다.[23] 재정신청이라는 무기로 검찰을 위협하여 기소법정원칙을 유지하는 효과를 갖고, 검사에게는 자신이 수사한 사건에 대한 처분이 사법부의 결정에 맡겨지는 것을 막기 위하여 주의 깊은 수사권과 공소권 행사를 하도록 영향을 미치는 제도적 의미를 갖는다. 그래서 검찰을 통제하는 효과적인 수단으로 여겨진다.[24]

기소강제절차는 공소제기원칙과 관련이 있다. 독일은 기소독점주의를 유지하기 위하여 피해자에게 독립적인 법원에 의한 사후심사의 기회를 제공하는 기소강제절차를 두고 있다. 그렇다면 기소강제절차는 소송구조와 관계있는가. 즉 재정신청제도는 직권주의 소송구조에서나 가능한 것인가. 이에 관해서는 재정신청제도를 직권주의 소송구조에서나 가능한 제도로 이해하는 견해[25]가 있다. 당사자주의에서는 소추 여부를 당사자인 소추권자(검사)에게 맡여야 하며 법원이 소추권자의 소추권행사를 강제하거나 소추권자의 불기소처분의 당부를 심사하기 위하여 스스로 조사를 하는 것은, 재판이 당사자의 주장과 입증에 의해서 진행되고 법원은 제3자의 입장에서 판단만 하는 당사자주의 소송구조와 모순된다는 것이다. 또한 우리의 형사소송의 구조를 당사자주의로 파악하면서 재정신청제도의 전면적 확대는 구조적 정합성을 갖지 못하는 조치라고 본다. 이 견해는 우리 형사소송법이 당사자주의적 방향으로 개정되어 왔는데, 이를 이해하지 못하고 검찰권을 통제하는데 급급한 나머지 재정신청의 대상을 전면적으로 확대한 것 등은 형사소송법개정의 치명적 문제점이라고 한다.[26]

---

21) Roxin, Strafverfahrensrecht, 25.Aufl.(1998), §39 Rdn.3(S.320); Bischoff, Die Praxis des Klage-erzwingungsverfahrens, NStZ 1988, 63f.

22) Bischoff, Die Praxis des Klageerzwingungsverfahrens, NStZ 1988, 64.

23) Kirsten Graalmann-Scheerer, StPO Löwe-Rosenberg Großkommentar, 25.Aufl.(2001), §172 Rdn.3.

24) Bischoff, Die Praxis des Klageerzwingungsverfahrens, NStZ 1988, 64.

25) 이완규, 앞의 논문, 139면 이하.

26) 그러나 1954년 형사소송법 제정 당시의 입법자도 검사의 부당한 불기소처분을 견제하기 위하여 모든 고소·고발 사건에 재정신청제도를 도입하기로 하였고, 1987년 부천경찰서 성고문 사건을 계기로 재정신청제도에 대한 논의가 활발해져 1994년 공직선거법 및 선거부정방지법 등의 개별 입법을 통해 재정신청의 범위가 확대되었다. 이는 소송구조와 무관하게 검찰권에 대한 합리적

그러나 이 견해는 우선 우리나라의 형사소송구조가 당사자주의의 핵심인 당사자처분주의와 당사자추행주의를 채택하고 있지 않다는 점에서 당사자주의가 아니라는 점을 간과한 것이다. 우리 형사소송법에 당사자주의적 요소로 인정된 것들은 소송구조와 관계있는 것이 아니라 사법적 기본권으로서 헌법이 형사소송법에 구체화된 것뿐이다. 기소강제절차는 피해자보호 관점과 검찰의 기소재량의 통제[27]에 그 존재의의를 갖기 때문에 기소법정주의냐 기소편의주의냐에 따라 제도인정여부가 달라지는 것이 아니고, 소송구조와 논리 필연적으로 관련이 있는 것도 아니다. 나치시대에 검찰권한 강화를 위하여 기소강제절차가 폐지됨으로써 개인의 권리가 제한된 독일 형사소송법의 개정 역사를 보면 이 점을 알 수 있다.

2. 제도취지에 부합하는 제도운영

사법제도개혁추진위원회의 재정신청 관련 형사소송법 개정안 설명자료(2005.5.9)에 의하면 예상 재정신청 건수를 산정하면서 검찰항고전치주의를 전제로 재정 신청률이 재항고율과 동일하다고 가정할 때 재정신청 규모는 약 8,000명 수준이 될 것이나, 제도 시행 초기에는 재정신청 전면 확대에 따라 심리적 기대로 인하여 그보다 상당히 많은 신청이 예상된다고 보았다. 2008년 재정신청사건은 9,473건, 2009년은 10,935건, 2010년 5월 31일 현재 5,682건으로 제도를 구상할 때 예상했던 수준이다. 이런 정도라면 충실한 심리가 가능한 사건수라고 판단된다.

재정신청 대상범죄가 확대되었다고 재정신청제도가 취지대로 활성화되는 것은 아니다. 1973년 형사소송법 개정으로 재정신청의 대상범죄가 제한되기 전에도 이 제도가 활용되지 않았다. 심리기간이 짧아 원천적으로 충실한 심리가 불가능하기도 했지만 필요한 때 당사자를 심문할 수 있을 뿐이어서 제도운영에 어려움이 있어 본래의 제도취지를 살리기 어려웠다.[28] 그래서 1961년 재정법원의 심리범위를 '당사자심문'에서 '증거조사'로 변경하였다. 심리기간이 3개월로 연장된 것은 충실한 심리를 보장하기 위한 것이다.

통제의 필요성에 따라 도입여부(또는 대상범죄의 확대여부)가 법정책적 관점에서 결정된 것이다.
27) 조국, 강조되어야 할 예외로서의 재정신청제도, 형사판례연구 8호(2000년), 550면 이하; 하승수, 검찰권남용에 대한 통제수단으로서의 재정신청제도, 법과사회 16·17호(1999년), 54면 이하.
28) 권기훈, 앞의 논문, 331면.

충실한 심리를 위해서는 기존 관행처럼 송부된 수사관계서류 및 증거물만 검토하여 불기소처분의 당부를 판단할 것이 아니다. 재정신청사건의 인용여부를 수사기록만으로 판단한다면 검사의 결정과 거의 일치할 것이다. 검사의 심증이 그대로 전달될 것이기 때문이다. 이는 조서재판에서 경험한 바 있다. 그동안 유죄율이 높았던 이유는 조서재판의 관행으로 검사의 유죄심증이 조서를 통해 재판부로 이어진 데 있다. 그러나 개정 형사소송법상 공판중심주의가 강화된 반면 검찰의 공판기능은 변화된 공판 환경에 뒤쳐져 있어서 무죄율이 급증하고 있다. 2003년 0.17%에 불과하던 1심 무죄율은 2007년 0.26%로 늘어났고 개정 형소법이 시행된 지난해에는 0.3%를 기록했다. 올해는 지난 3월말 기준으로 0.34%를 기록했다. 6년 전과 비교할 때 두 배나 상승한 셈이다. 같은 기간 2심 무죄율도 두 배 상승했다. 2003년에는 2심 무죄율이 0.7%였지만 올해는 3월말 기준으로 1.46%에 달한 것이다.[29] 구속영장실질심사제도의 도입으로 서면으로 구속영장발부여부를 심사하던 관행에서 법원이 피의자를 심문하여 구속여부를 결정하기 시작한 후 구속영장 발부율이 낮아지고 있는 점을 고려한다면 검찰의 수사기록만으로 불기소처분의 당부를 판단하는 재정법원의 소극적 태도는 재정신청 인용률을 떨어뜨리게 될 것이다.

재정신청제도가 활성화되지 못하는 또 다른 원인은 제도의 성격에 대한 법원의 소극적 태도이다. 학계나 실무에서는 대체적으로 형사소송과 유사한 성격을 갖고 있다고 본다.[30] 공소제기 전의 절차로서 수사와 유사한 성격을 갖고 있다는 점을 부인할 수 없고 재정법원은 검사의 의견서와 수사기록을 보고 변론없이 판단할 수 있다는 점에서 당사자가 대립하는 소송구조의 절차가 아니라 밀행성의 원칙과 직권주의가 지배하는 소송절차라는 것이다. 이러한 태도는 제도의 취지를 살리는 운용을 저해한다. 개정 형사소송법의 신청사건 심리비공개(제262조 3항)와 관련 서류 및 증거물 열람·등사금지(제262조의2) 규정을 들어 재정심리절차가 밀행성의 원칙이 지배하는 수사의 성격을 갖고 있다[31]고 보는 것은 입법취지를 오해한 것이다. 관련 서류

---

29) 법률신문 2009.5.14.

30) 이재상, 신형사소송법(2008년), 362면; 이은모, 형사소송법(2010년), 373면; 손동권, 형사소송법(2010년), 365면; 배종대/이상돈/정승환, 신형사소송법(2008년), 263면 이하; 박승진, 바람직한 재정신청절차의 운용방안 연구, 형사정책연구 제19권 제4호(2008·겨울), 110면.

31) 전승수, 개정형사소송법상 재정신청제도, 형사법의 신동향 제14호(2008년), 71면.

및 증거물 열람·등사금지는 민사소송을 위한 증거서류 확보목적으로 재정신청을 남용하는 것을 방지하기 위한 대책이다.

재정신청방식에 관해서 개정 형사소송법은 형사소송규칙 제119조의 규정을 제260조 4항으로 옮겨 재정신청서에 재정신청의 대상이 되는 사건의 범죄사실과 증거 등 재정신청을 이유 있게 하는 사유를 기재하도록 하였다. 이는 단지 규정의 위치변경이 아니라 그만큼 규정의 의미가 중요해졌음을 강조한 것으로 보아야 한다. 한편으로는 재정신청인은 재정법원을 설득할 수 있을 정도로 재정신청사유를 구체적으로 기재해야 한다는 의미이고, 다른 한편으로는 재정법원은 재정신청이 이유 있는 것인지에 대하여 보다 충실한 검토를 해야 한다는 입법자의 의도가 담겨 있는 것이다. 충실한 심리를 위해서는 기존 관행처럼 검찰로부터 송부받은 수사관계 서류 및 증거물만 검토하여 불기소처분의 당부를 판단할 것이 아니라 재정신청인 또는 대리인인 변호사를 참여시켜야 한다.[32] 재정신청인이 변호사를 대리인으로 내세워 재정신청을 했다면 단지 재정신청서를 작성하는데 도움을 받기 위함이 아닐 것이기 때문이다. 재정신청인과 그 대리인인 변호사는 검사가 불기소처분한 사건이 공소제기되어야 한다고 주장하는 자이므로 검사의 역할을 대신 수행한다.[33] 재정심리절차에 참여시켜 범죄피해자보호 차원에서 수사관련 정보와 절차진행상황 등을 알려주어야 한다.

3. 재정신청인의 권한 확대운용 가능성

(1) 재정신청인의 심리참여권, 증거신청권 등

개정법은 개정 전과 마찬가지로 검사나 재정신청인의 심리참여권을 보장하고 있지 않다. 재정신청사건은 항고의 절차에 준하도록 하고 있기 때문이다(제262조 2항). 항고절차는 구두변론에 의함을 요하지 않고 서면심리가 허용된다(제37조 2항). 따라서 공소 제기된 사건이지만 공판심리절차로 진행되어야 하는 것은 아니며 법정에서의 심리를 요하는 것도 아니다. 재정 신청인이나 피의자의 참여가 권리로 보장된 것이 아니라 참여여부는 법원의 재량으로 결정한다. 그러나 심리비공개는 재정신청인

---

32) 박승진, 앞의 논문, 111면.
33) 박승진, 앞의 논문, 112면.

의 절차참여권을 부정하는 것은 아니다. 당사자를 참여시키면 재정법원이 수사기관화된다는 우려와 재정법원의 조사권인정은 공판절차에서 당사자주의를 강화해 온 경향과 달리 직권주의적 요소의 강화를 의미한다는 비판[34]이 있다. 그러나 재정법원의 절차는 공판절차가 아니고 공소제기여부를 결정하는 수사절차의 성격을 갖는 것이므로 조사권을 인정해야 한다.

재정법원의 증거조사는 직권에 의한 증거조사(제295조 단서)를 의미한다고 보아야 하므로 검사나 재정신청인 또는 이해관계인에게 증거신청권을 부여하고 있다고 볼 수 없다.[35] 그러나 재정법원이 증거조사를 하면서 재정신청인 또는 그 대리인에게 증거를 수집하게 하고 이들이 제출한 증거를 토대로 판단하는 것까지 허용되지 않은 것은 아니다.[36] 재정결정을 위한 증인신문을 하는 경우에 재정 신청인이나 피의자 등을 참여시킬 것인가는 재정법원의 재량이므로(규칙 제24조 2항) 재정 신청인이나 피의자에게 증인신문참여권은 보장되어 있지 않다.[37] 피의자신문이나 참고인조사의 경우도 마찬가지다. 그러나 신청인과 피의자의 절차참여기회를 확대해야 한다.[38] 이는 헌법상 기본권으로 보장된 피해자의 재판절차진술권과 범죄피해자보호법 제3조(형사절차 참여보장 등) 등의 근거를 두고 있다. 여기서 재판절차는 재정법원의 심리절차도 포함된다고 보아야 한다. 재정법원은 사건의 이해당사자인 재정 신청인에게 증거수집하게 해서 제출한 증거를 기초로 판단해야 한다.[39]

(2) 재정신청사건 기록의 열람·등사권

범죄 피해자가 형사절차에 주체적으로 참여할 수 있으려면 형사절차의 수사기록 및 공판기록에 대한 열람·접근권을 보장하고 공판정에서의 진술권을 확대할 필요가 있다. 이러한 취지에서 개정 형사소송법은 피해자 등에게 소송기록 열람·등사를 허용하고 있다(제294조의4). 이 규정은 범죄피해자이자 고소인인 재정 신청인에게도 적용되는 것이므로 굳이 재정신청제도에 이에 관한 규정을 따로 둘 필요가 없었다. 그

---

34) 법무부, 개정형사소송법(2007년), 140면.
35) 권기훈, 앞의 논문, 346면.
36) 박승진, 앞의 논문, 113면.
37) 권기훈, 앞의 논문, 346면.
38) 서울고등법원, 재정신청사건 실무편람, 18면.
39) 서울고등법원, 재정신청사건 실무편람, 76면.

래서 정부원안에는 재정신청사건 기록의 열람·등사권과 그 제한에 관한 규정을 두지 않았다.

그러나 국회 법사위 논의과정에서, 재정법원의 심리는 기소여부를 결정하기 위하여 행하는 수사에 준하는 절차라는 점과 정식 기소되지 않은 수사기록에 대하여 피의자나 고소인 등 이해관계인이 무분별하게 기록을 열람·등사하는 경우 수사의 비밀을 해칠 수 있고 민사사송 제출용 증거서류를 확보할 목적으로 재정신청을 하거나 또는 수사기록의 열람·등사 목적으로 재정신청을 남발할 우려가 있다는 점 등이 고려되어 재정신청사건 기록의 열람·등사를 금지하는 규정을 두게 되었다. 재정신청 절차에서 법원이 작성한 서류나 당사자가 제출한 서류는 예외로 하였으나 수사기록은 예외 없이 열람 또는 등사의 대상에서 제외하였다.

그러나 피해자 등에게 소송기록 열람·등사를 허용하는 규정을 신설한 개정 형사소송법의 취지를 살려 재정법원은 제294조의4 3항에 따라 "피해자 등의 권리구제를 위하여 필요하다고 인정하거나 그 밖의 정당한 사유가 있는 경우" 예외적으로 소송 계속 중인 사건의 피해자인 재정 신청인 또는 그 대리인에게 소송기록의 열람·등사를 허가해야 한다.

4. 재정법원의 적극적인 권한 활용 필요성

(1) 증거조사

현행법은 재정신청절차의 심리방식에 관하여, "법원은 필요 있는 때에는 증거를 조사할 수 있다."는 규정을 두고 있다. 형사소송법 제정 시에는 "법원은 필요 있는 때에는 당사자를 신문할 수 있다."고 규정하였다가 1961. 9. 1. 현재와 같이 개정되었다. 개정안이 논의되는 과정에서 대상범죄가 전면 확대되는 것과 관련하여 심리방식을 현재의 규정으로 유지할 것인가 아니면 증거조사의 방식으로 강제처분을 제외할 필요성이 있는지 여부에 관하여 의견이 대립되었으나 현행 규정을 그대로 유지하기로 하였다.

재정법원은 필요한 경우에는 증거조사를 할 수 있다(제260조 2항). 또한 재정법원은 항고의 절차에 따라 재정신청을 기각하거나 공소제기하는 결정을 하므로 재정법원의 재판은 결정에 해당하고 결정을 함에는 제37조 3항에 따라 사실을 조사할 수 있다. 따라서 증인신문이나 감정을 명할 수 있다(형사소송규칙 제24조 1항). 재정법원은 당사자 신문, 사실조사 및 증거조사를 할 수 있다.[40] 따라서 서류 또는 물건에 대한 증거조사, 참고인조사, 증인신문, 검증, 감정, 통역, 번역 등이 허용된다. 신청인의 출석 및 의견청취, 검사 및 사법경찰관의 의견청취도 가능하다. 피의자신문도 증거를 조사하는 경우에 해당하므로 허용된다.[41] 불기소처분 이후에 발견된 증거나 사실도 판단자료로 삼을 수 있다.[42]

(2) 강제처분 허용여부

개정안이 논의되는 과정에서 대상범죄가 전면 확대되는 것과 관련하여 심리방식을 현재의 규정으로 유지할 것인가 아니면 증거조사의 방식으로 강제처분을 제외할 필요성이 있는지 여부에 관하여 의견이 대립되었으나 현행 규정을 그대로 유지하기로 하였다.

재정법원의 강제처분 허용여부에 관해서는 견해가 대립한다. 수소법원의 강제처분에 관한 규정을 준용하여 재정법원은 수소법원과 동일한 권한을 갖는다는 견해,[43] 재정법원은 수소법원이 아니므로 강제처분 법정주의에 따라 명문의 규정이 없는 한 강제처분은 허용되지 않는다는 견해,[44] 증거조사는 사실조사 또는 증거수집과 구별된다는 전제 아래 강제처분은 증거의 수집에 해당하므로 허용되지 않는다는 견해,[45] 강제처분이 핵심적인 증거에 관한 것이어서 이를 조사하지 않으면 기소 여부를 가릴 수 없는 것과 같은 사정이 있는 경우에 예외적으로 그 강제처분 허용된다는 견해[46] 등이 있다.

법원은 필요한 때 압수·수색·검증을 할 수 있다. 여기에는 재정법원도 포함되므로 압수·수색 등 강제처분은 수소법원과 동일한 권한을 갖는다.[47] 재정법원이 피의자를 구인 또는 구금할 수 있는지는 피고인에 대한 구인 또는 구속의 규정을 준용할

---

40) 이흥락, 재정신청제도의 특징과 한계, 서울대학교 법학박사학위논문(2010년), 132면.
41) 법원행정처, 법원실무제요 형사[I](2008년), 456면; 이재상, 신형사소송법(2008년), 363면.
42) 신양균, 형사소송법 (2009년), 361면; 이은모, 형사소송법, 374면.
43) 신동운, 신형사소송법(2009년), 376면 이하; 이재상, 신형사소송법(2008년), 363면; 임동규, 형사소송법(2009년), 317면.
44) 정웅석/백승민, 형사소송법(2008년), 667면 이하.
45) 이완규, 앞의 논문, 153면 이하.
46) 법원행정처, 법원실무제요 형사[I](2008년), 457면.
47) 권기훈, 앞의 논문, 348면; 이재상, 신형사소송법(2008년), 363면.

수 있는지 문제이다. 재정법원이 수사기관이 아니므로 피의자 구인이 허용되지 않는 다는 견해[48]가 있지만, 재정법원이 피의자를 신문할 수 있는 이상 피의자가 소환에 응하지 않으면 구인해야 하므로 피의자 구인이 허용된다고 보아야 한다.[49]

재정신청대상을 모든 범죄로 확대하고 법원의 광범위한 조사권한을 인정하면 소추와 심판의 분리원칙을 훼손하여 규문주의로 회귀하는 것이라는 검찰 측의 비판[50]은 타당치 않다. 적어도 재정신청을 심리하는 법원(고등법원)과 재정법원의 공소제기 결정에 따라 검찰이 공소제기한 수소법원(지방법원)은 구별되어 있고 법원은 검찰과 달리 검사동일체원칙이 통용되는 조직이 아니라는 점에서 소추와 심판은 분리되어 있다고 볼 수 있다. 재정법원의 조사권 인정은 직권주의적 요소의 강화를 의미하며 공판절차에서 당사자주의를 강조해온 경향과도 배치된다는 지적[51]도 직권주의와 당사자주의에 대한 오해와 우리나라 형사소송구조를 당사자주의로 오해한 결과일 뿐이다.

우리 형사소송법은 '증거수집'이라는 용어 사용하고 있지 않다. 따라서 강제처분과 같은 증거수집에 대한 명문규정이 없으므로 재정법원의 강제처분이 허용된다고 하는 것은 강제처분 법정주의에 어긋난다[52]는 언급은 잘못이다. 증거의 조사는 사실의 조사보다 좁은 개념이므로 제262조 1항의 단서(증거조사)와 제37조 3항(사실조사)이 병행적으로 적용된다고 해석하는 것은 타당치 않다는 해석론[53]도 논리적이지 못하다. 제262조 1항과 제37조 3항은 특별법과 일반법의 관계에 있는 것이 아니다. 증거는 사실인정의 근거가 되는 자료이고 증거조사는 사실인정에 관한 심증을 얻기 위해 각종의 증거방법을 조사하여 그 내용을 감지하는 소송행위이다. 증거조사의 방법과 절차는 법으로 정하고 있다. 따라서 증거의 조사와 사실의 조사는 다른 개념이지 대소관계에 있는 개념은 아니다.

수사단계에서의 강제처분은 법원의 사법적 통제를 받기 때문에 피의자가 보호를 받게 되지만 재정신청단계에서 재정법원이 아무런 제약 없이 강제처분을 하게 되는

---

48) 이재상, 신형사소송법(2008년), 363면.
49) 법원행정처, 법원실무제요 형사[I], 457면; 권기훈, 앞의 논문, 349면.
50) 법무부, 개정 형사소송법(2007년), 140면.
51) 법무부, 개정 형사소송법(2007년), 140면.
52) 강구진, 형사소송법원론(1982년), 256면; 백형구, 형사소송법강의(2001년), 434면.
53) 이완규, 앞의 논문, 153면 이하.

것은 문제라는 검찰 측의 지적[54]은 영장주의의 의미를 오해한 것에 불과하다. 법원은 피고인에 대한 구속도 할 수 있는 권한이 있다.

독일의 경우 법원은 재판을 준비하기 위하여 사실조사(Ermittlung)를 명할 수 있다(독일 형사소송법 제173조 3항). 여기에 압수·수색 등 강제처분이나 구속이나 감정유치 등 구금에 관한 처분도 포함되는가. 사실조사란 수사절차에서 행해지는 모든 종류의 사실조사행위를 포함한다. 압수·수색 등은 당연히 포함되나 구금에 관한 처분은 허용되지 않는다고 본다.[55]

5. 공소유지 검사의 무죄구형의 가부

공소유지 검사의 무죄구형의 가부에 관해서, 현행법이 공소취소를 제한(제264조의2)하고 있는 취지와 무죄를 구형하려면 공소를 취소하는 것이 마땅한데 공소취소는 형사소송법이 허용하고 있지 않은 점, 그리고 공소제기 재정결정된 사건에서 검사도 무죄를 구형하고 피고인도 무죄를 주장하면 다툼의 실익이 없는 것인데 이를 위해 재정법원이 재정신청을 인용한 것은 아닐 것이라는 점 등을 고려하면 무죄구형은 허용되지 않는다고 본다. 이에 반해서 현행법은 공소취소의 제한 이외에 검사의 무죄의 의견진술을 막는 규정을 두고 있지 않다는 이유로 무죄구형이 허용된다는 견해[56]도 있다.

Ⅲ. 제도취지에 부합하는 개정방안

1. 공소유지 변호사제도로 복귀

이미 살펴본 것처럼 검찰은 지난 2008년 재정신청대상이 확대된 이후부터 2009년 8월까지 법원이 내린 총 103건의 공소제기결정사건 중 38.8%에 해당하는 40건에 대해 무죄를 구형하거나 '법원의 판단을 구한다.'며 아예 구형을 하지 않은 것으로 나타났다. 이에 반해 1심 법원에서 40건의 사건 중 거의 절반에 가까운 17건이 유죄 판결 선고된 것으로 나타나 검찰이 법원의 공소제기결정에도 불구하고 사건을 충실

---

54) 김호철, 재정신청 전면 확대 법안 검토, 사법제도개혁추진위원회 자료집 844면.

55) Kirsten Graalmann-Scheerer, StPO Löwe-Rosenberg Großkommentar, 25.Aufl., §173 Rdn.13.

56) 이흥락, 앞의 논문, 169면.

하게 처리하지 않고 있다는 비판이 제기되고 있다. 검찰이 공익의 대변자로서 성실하게 공소유지 기능을 담당하지 않고 있음이 통계와 구체적 사례를 통해서 확인된 것이다. 무죄를 주장하는 검사가 공소유지기능을 담당하는 모순적인 상황은 기소독점주의의 한계를 개선하려는 재정신청제도의 취지를 몰각시키는 것이다. 무죄라고 믿는 검찰에게 재정신청이 받아들여진 공소제기 재정결정 사건의 공소제기 및 유지 기능을 담당하는 것은 명백한 모순상황인 만큼 이를 근본적으로 해결해야 한다.

이러한 모순상황을 해결하기 위해서는 재정결정 사건의 공소유지 기능은 불기소 처분을 내린 검찰이 아닌 특별검사의 지위를 갖는 제3자(변호사)에게 맡기는 것이 가장 바람직하다. 이는 이미 과거 형사소송법(2007년 4월 개정 이전)에서 '공소유지 담당변호사제도(구 형사소송법 265조 공소의 유지와 지정변호사)'를 둔 적이 있었던 만큼 불가능한 일도 아니다. 이런 개선이 있을 경우에야 비로소, 기소독점주의의 폐해를 막기 위한 재정신청 제도의 취지가 달성될 수 있을 뿐만 아니라, 공소제기 재정결정 사건에서 무죄를 주장함으로써 검찰이 부담하게 되는 불필요한 논란을 잠재울 수 있게 된다. 이와 관련하여 민주당 박영선 의원이 발의(의안번호 5992, 2009년 9월 11일)한 형사소송법 개정안에는 재정신청 대상 사건을 고소사건 외 고발사건까지 포괄하도록 하는 동시에, 공소유지 담당변호사제도를 복원하는 내용도 포함되어 있다.

지정변호사제도는 사실상 수사 및 공소제기, 공소유지 등이 모두 법원에 의해 행해지므로 규문주의적 형사절차로 환원하는 것이라는 비판을 면하기 어렵다는 분석[57]은 재판부가 공소유지를 담당하는 변호사를 지정할 뿐 그의 공소유지에 대해서는 간섭하는 구조가 아님에도 마치 지정변호사가 재판부와 동일한 판단을 할 것이라는 편견에서 나온 비판일 뿐이다. 그렇다면 현행 국선변호인제도도 마찬가지의 문제점을 안고 있다고 비판해야 한다. 또한 지정변호사제도는 국가의 소추기관인 검사를 완전히 배제하는 제도라는 시각[58]은 이미 재정신청제도가 소추기관으로서 검사의 역할과 기능을 제한하고 있는 제도라는 점을 이해하지 못한 것이고 지정변호사에게 법률상으로 검사의 지위와 역할이 부여된 것이므로 그가 곧 검사라는 점을 간과한 잘못된 인식이다.

검사에게 공소유지를 맡겨야 한다는 입장에서는 여전히 검사의 공익의 대표성과

---

57) 이완규, 앞의 논문, 171면.
58) 이완규, 앞의 논문, 172면.

객관의무를 인정하지만 현실은 그렇지 않음은 공소유지 검사제도로 개정된 형사소송법이 시행된 이후의 통계에 나타나고 있다. 공소유지 검사제도의 당위성으로, 피고소인의 무죄추정을 유지하기 위하여 재정심리법원의 공소제기 결정과 공소 제기된 사건을 담당하는 공판법원과의 심증의 연속을 차단해야 하는데 이는 객관적인 국가기관인 검사가 할 수 있다는 논거[59]를 들고 있는데, 그 이유로 드는 직업법관 위주의 관료체제인 사법부 조직상 사실심법원인 지방법원 단독판사나 합의부가 고등법원 합의부의 재정결정에 심리적 부담을 가질 수 있다는 인식은 동일체원칙이 통용되는 검찰에서나 가능한 상상일 뿐이다.

2. 附帶公訴(Nebenklage) 도입방안

부대공소제도는 피해자가 소송절차상의 고유권한을 갖고 공소제기자로서 검사와 함께 공소에 참여하는 독일 형사소송법상의 제도를 말한다(독일 형사소송법 제395조 이하). 이 제도는 범죄피해의 보상과 피해자의 권리를 보호하기 위한 절차참여의 기회를 보장하려는 취지뿐만 아니라 검찰의 공소권을 통제하기 위한 제도적 장치이다. 독일 형사소송법 제395조에 의하면 기소강제절차에 의해 공소제기된 범죄피해자로서 기소를 강제당한 검사가 공소유지를 소홀히 할 염려가 있는 때 부대공소참여가 인정된다.

공소유지 변호사제도로 복귀하거나 공소유지 검사제도를 유지하는 경우에는 재정신청인에게 국선변호인을 붙여 예외적으로 검사와 함께 공소제기에 참여할 수 있는 방안을 대안으로 검토할 수 있다. 재정신청인은 재정신청이 받아들여져 공소제기된 사건의 공판절차에서 피고인의 유죄를 주장하는 자이므로 부대공소 제기자로서 소송에 참가하여 검사의 역할을 수행하게 하는 방안이다. 재정신청인 또는 그 대리인인 변호사에게 수사기록열람권, 증거조사 신청권 등을 인정해야 한다.

3. 재정신청대상 확대방안

2005년 사법제도개혁추진위원회 안처럼 고발사건을 재정신청의 대상으로 포함시켜야 한다. 국가적 또는 사회적 법익침해처럼 피해자가 없는 경우에 일반 시민이나

---

59) 이완규, 앞의 논문, 176면.

시민단체에 의한 공익 목적의 고발에 의해 수사가 개시된다. 이에 대한 검사의 공소권행사에 통제가 가능해야 한다.[60] 권리침해도 없고 직접적인 이해관계도 없는 사람들에 의한 고발남용과 검증되지 않은 소추욕으로 남용될 가능성이 있다[61]고 하면 이를 통제할 수 있는 방안을 마련하는 것이 타당하지 전면적으로 금지하는 것은 과잉금지이다. 고발인에게 확대되더라도 국가적 또는 사회적 법익이라도 개인이 실질적인 피해자라면 고소권이 주어지므로 실제 고발사건은 많지 않을 것이므로 인정해도 별 문제없을 것이다. 고발인에게도 재정신청을 인정한다면 기소독점주의의 예외가 확대되는 것이지만 기소독점주의는 헌법적 원리도 아니다. 재정신청의 남용을 방지를 위해 비용부담제도가 도입되었으므로 고발인에 의한 재정신청의 남용은 어느 정도 통제가 될 수 있을 것이다.

4. 소송기록 열람·등사권 등 재정신청인(피해자) 보호방안

재정법원의 충실한 심리를 위해서는 기존 관행처럼 검찰로부터 송부받은 수사관계 서류 및 증거물만 검토하여 불기소처분의 당부를 판단할 것이 아니라 재정신청인 또는 대리인인 변호사를 참여시켜야 한다.[62] 재정신청인이 변호사를 대리인으로 내세워 재정신청을 했다면 단지 재정신청서를 작성하는데 도움을 받기 위함이 아닐 것이기 때문이다. 재정신청인과 그 대리인인 변호사는 검사가 불기소처분한 사건이 공소제기되어야 한다고 주장하는 자이므로 검사의 역할을 대신 수행한다.[63] 그렇다면 그들에게 수사관련 정보에 접근할 수 있어야 하고 그 정보를 제공해 주어야 한다. 범죄피해자보호를 위해서 일반적으로 정보를 제공하면서 재정신청에서만 재정신청의 남용을 막기 위해 정보접근을 차단하는 것은 모순이다. 원칙적으로 허용하고 남용의 소지를 막기 위한 예외적 금지로 규제했어야 한다. 민사 분쟁을 형사절차를 통해서 해결하고자 하는 우리의 법현실에서[64] 재정신청제도가 민사소송의 증거를 확

---

60) 김태명, 다시 개정되어야 할 재정신청제도, 90면 이하.
61) 이완규, 앞의 논문, 161면.
62) 박승진, 앞의 논문, 111면.
63) 박승진, 앞의 논문, 112면.
64) 2008년 사법연감에 의하면 2008년 접수된 재정신청 사건의 조명별 인원수 총 11,249명 중 민사 분쟁의 형사사건화의 의혹이 있는 재산범죄(사기, 공갈, 횡령, 배임)의 비율이 약 40%(4,432명) 정도이다.

보하기 위한 수단으로 악용되는 것은 막아야 하지만 그렇다고 무문별한 남용사례를 막는 장치를 두는 방식이 아니라 열람·등사를 전면적으로 금지하는 것은 재정신청 절차를 형사소송에 유사한 재판절차로 보는 한 개정되어야 한다.

Ⅵ. 나가며

재정신청제도는 피해자의 권리를 보호하기 위하여 기소독점주의와 기소편의주의를 규제하는 제도이다. 제도는 범죄피해자보호라는 관점에서 구성되어야 한다. 그러나 개정 형사소송법은 범죄피해자보호와 재정신청 남용가능성 사이에서 지나치게 후자를 염려한 결과의 산물로 볼 수 있다. 또한 기소독점주의 고수와 공익의 대표자로서 검사의 객관의무에 대한 이상이 어우러져 제도내용이 구성되다 보니 실제 제도의 취지에 부합하지 않는 운용결과를 보여주고 있다. 공소유지 검사제도가 이 같은 문제의 원인이라는 사실은 통계자료가 나타내 주고 있다. 제도운영의 또 다른 문제점은 재정법원이 재정신청절차가 공소제기 전 수사와 유사한 성격을 갖고 있다는 인식 때문에 제도운영에 아주 소극적이라는 점이다.

제도의 취지를 살리기 위해서는 재정법원은 범죄피해자보호라는 관점에서 재정신청인 또는 그 대리인인 변호사의 심리절차참여를 최대한 보장하여야 한다. 증거조사 등 재정법원의 권한을 적극적으로 행사해야 한다. 제도취지에 부합하는 개정방안으로 공소유지 변호사제도로의 복귀, 공소유지 검사제도가 유지되는 경우 예외적 부대공소제도 도입, 재정신청대상 확대, 재정신청인의 절차참여권과 기록열람·등사권 등 보장이 이루어져야 한다.

재정신청제도는 사후적 사법통제를 원하지 않는 검사로 하여금 적정한 공소권행사를 유도하여 범죄혐의에 대한 공평한 형사소추를 보장하고 형사소추의 자의성을 배제할 수 있다. 상명하복관계에 의한 정치적 영향의 위험성을 차단할 수 있고 정치적 고려에 의한 불기소처분을 막을 수 있는 장치이다. 재정신청제도가 이 같은 예방효과를 갖는다면 사후적으로도 통제장치로서 실효성 있게 운용되어야 하고, 그 실효성을 저해하는 제도구성은 입법론적으로 재고되어야 한다.

[논평] 재정신청제도의 실질적 운용 방안

김병언*

Ⅰ. 들어가며

재정신청제도는 검찰이 불기소한 고소, 고발 사건을 그 검사 소속의 지방검찰청 소재지를 관할하는 고등법원(이하 "관할 고등법원"이라 한다)에 해당 사건의 기소 당부를 판단하여 달라는 신청이다.1) 재정신청제도의 취지에 맞추어, 형사소송법에서는 공소유지 담당변호사에게 공소유지권한을 부여하였다가 2007년 형사소송법이 개정2)됨에 따라 공소유지 담당변호사가 명문에서 사라지고 그 권한은 검사에게 귀속되었다.

위 개정 형사소송법 시행에 대해 하태훈 선생은 재정신청제도는 피해자의 권리를 보호하기 위하여 기소독점주의와 기소편의주의를 규제하는 제도이며, 따라서 범죄 피해자보호의 관점에서 구성되어야 하는데, 개정 형사소송법은 범죄피해자보호보다 재정신청남용가능성을 지나치게 염려한 결과로 실제 제도의 취지에 부합하지 않는 운용결과를 보여주고 있다고 지적하였다. 또한 실제 운용현황을 제시하면서 형사소송법의 재개정이 입법론적으로 재고되어야함을 보여주었고, 재정법원의 소극적 태도를 개선하고, 대상범죄의 확대를 통하여 피해자 구제 및 불기소처분의 사법적 통제가 필요하다고 지적하였다.

본 글에서는 하선생의 '재정신청제도 활성화 방안과 재개정 논의'를 바탕으로, 현시점에서의 재정신청제도의 실질적 운용 방안, 입법론에 대해서 논하기로 한다.

---

* 서울지방변호사회 변호사
1) 형사소송법 제260조 참고.
2) 법률 제8730호, 2007. 12. 21., 일부개정.

Ⅱ. 재정신청제도의 필요성

재정신청제도의 실질적 운용 방안을 살펴보려면 그 전에 재정신청제도의 필요성을 확인할 필요가 있다. 범죄피해자 등이 고소, 고발하였는데 담당검사가 불기소한 경우 여기에 어떻게 불복할 수 있는지가 문제된다. 범죄피해자는 검찰항고로써 불복할 수 있으나 이것만으로는 충분치 않다. 통상적으로 동일기관에서의 이의신청[3]은 태생적으로 웬만해서는 구제가 어렵고 그렇기 때문에 객관적 판단을 받을 수 있는 법원에 구제신청이 가능하게 되어 있다. 다만 여타의 행정처분과 불기소처분의 성격은 다소 다른 면이 있으나, 본질적으로 이의신청에 의한 구제 여부와 법원 판단의 필요성은 다르지 않을 것이고, 오히려 범죄, 형사처벌과 관련된 것이라면, 법원 판단의 필요성이 더 클 것이다. 이와 같은 맥락에서, 재정신청제도는 불기소처분에 대한 최종 구제수단의 역할을 할 것이어서, 반드시 필요한 것이다.

Ⅲ. 제도신청제도의 실태

재정신청제도의 최근 5년간 실태를 보면, 2016년에는 신청 19,317건, 공소제기결정 99건, 2017년에는 신청 21,225건, 공소제기결정 186건, 2018년에는 24,187건, 공소제기결정 115건, 2019년에는 32,977건, 공소제기결정 107건, 2020년에는 28,883건, 공소제기결정 167건으로 파악되어 있다.[4]

2019년은 0.32%의 인용률로 최근 5년 중 가장 낮은 수치를 보이고 있고, 2017년은 0.87%로 가장 높은 인용률을 보여주고 있어 인용률은 항상 1%를 밑돌고 있다. 이는 남용되는 고소, 고발 사건 수를 고려하더라도 매우 낮은 수치라 할 것이다.

한편, 어렵게 공소제기결정이 되더라도, 검사의 무죄구형 등 또 다른 문제점이 있다. 여기에 대해서는 하선생이 명확히 그 부당함을 제기하고 있는데, 공소제기결정이 있었음에도 공소유지 단계에서 검사가 무죄구형하는 경우가 상당하다는 것으로, 단적으로 2009년 정몽준 의원의 공직선거법 위반 사례에서 확인할 수 있었다. 이런 경향은 그대로 유지되고 있어, 2017년 권은희 의원 공직선거법 위반 및 염동열 의원

---

3) 사실상 검찰항고는 처분청에 대한 이의신청이라고 볼 수 있다.
4) 2021 사법연감 750면, 표46. 재정신청사건 누년비교표 참고.

공직선거법 위반 사건에서도 검찰은 무죄 구형을 한 바 있다.[5]

무죄구형은 재정법원의 결정을 무력화시키고, 재정신청제도의 의의를 몰각시킬 수 있다. 물론 재정법원의 결정이 무조건 타당하다고 볼 수는 없으나, 최소한 재정법원 결정에 반하는 무죄구형을 허용하는 것은 심각한 구조적 모순이라 할 것이다. 또한 무죄구형 사건에서 최종적으로 법원이 유죄로 판단한 경우가 적지 않다는 점은 무죄구형의 명분이 없다는 사실을 직접적으로 보여주는 예이다.

Ⅳ. 검사의 무죄구형 및 무죄판결에 대한 항소율

하선생이 논한 검사의 무죄구형, 무죄판결에 대한 항소율 문제는 재정신청제도의 구조적인 문제로 보인다. 재정법원의 공소제기결정이 있더라도 공판검사는 수사검사의 불기소처분에 반하여 공소유지에 어려운 점이 있다. 검사는 법관과 다르게 검찰총장을 정점으로 하여 지휘, 감독을 받는 상명하복의 관계이고, 수사검사가 공판검사보다 사건을 심도있게 파악하고 있으므로 기존 수사결과를 쉽게 배척하가도 어렵다. 그래서 무죄구형의 사례가 발생하는 것이다. 이것은 검찰의 조직문화에서 비롯된 내재적 문제라고도 할 수 있다. 이에 대해 하선생은 "무죄라고 믿는 검찰에게 재정신청이 받아들여진 공소제기 재정결정 사건의 공소제기 및 유지 기능을 담당하는 것은 명백한 모순적인 상황"이라고 하였는데 적확한 표현이라 하겠다. 이와 함께 무죄판결의 항소율이 0%라는 것도 동일한 측면에서 발생한 것으로 보인다.

검사의 무죄구형, 무죄판결에 대한 항소율은 검사가 공소유지권한을 가진다면 불가피하게 발생하는 문제이다. 즉, 검사가 공소유지를 하는 것 그 자체에서 비롯되는 문제인 것이어서 이를 직접적으로 개선하지 않고서는 해결이 어렵다. 따라서 개정 형사소송법 이전의 공소유지 담당변호사를 다시 도입할 필요가 있다. 공소유지 담당변호사는 기존 수사검사, 항고검사와 아무런 관련이 없어 부담없이 재정사건을 보다 객관적이고 공정하게 바라볼 수 있다. 하선생 역시 공소유지 담당변호사의 필요성을 제기하며, 2007년 4월 이전의 형사소송법상의 공소유지 담당변호사를 언급하고 있다. 형사소송법 제정 당시의 입법자는 공소유지 담당변호사의 도입을 공정성을 담보

---

5) 한계레신문 2017.4.26.자.

하기 위함이라 하였는데[6] 공정성 담보에서 나아가 제도적 모순을 소거하는 역할도 수행하고 있는 것이다.

이처럼 공소유지 담당변호사를 다시 도입하면 재정신청제도의 모순적 상황의 해결과 공정성도 담보할 수 있다. 공소유지 담당변호사의 지정과 관련하여, 재정법원이 대한변호사협회 또는 각 지방변호사회장의 추천을 받는 변호사 중에서 지정하는 방안이나 국선전담변호사와 같이 공소유지를 전문적으로 할 변호사 인력을 확보하는 방법 등을 고려할 수 있다.

변호사가 고소대리인으로 지정된 사건에서는 해당 변호사가 공소유지 담당변호사가 되는 방안도 있는데, 사건을 가장 잘 알고 주도적으로 검사역할을 할 것이라는 점, 별개의 공소유지 담당변호사 지정 절차가 필요없어 신속한 재판이 가능하다는 점, 공소유지 담당변호사를 지정을 위한 제도 마련이 간명한 점이 장점이라 할 것이다. 다만 당사자가 직접 고소, 고발한 경우에는 고소대리인 변호사가 없어 이를 적용할 수 없기 때문에 이 경우에는 불가피하게 재정법원이 지정하는 변호사를 공고유지 담당변호사로 지정하는 절차가 필요하다.

이처럼 검사의 무죄구형, 무죄판결에 대한 항소율 문제는 공소유지 담당변호사제도를 도입하면, 어려움없이 극복할 수 있다.

V. 재정법원의 소극적 태도 및 극복방안

재정법원은 항고절차에 준하여 서면심리만으로 결론을 내리고, 공소제기 전 수사와 유사한 것으로 보아, 대립당사자 구조에서 이루어지는 절차를 적용하지 않았다. 하지만 수사기록의 서면심리로는 불기소처분, 항고기각처분과 다른 결론을 내리기 어렵다. 사실관계나 법률적 평가가 첨예하게 대립되고 복잡한 사건일수록 그 경향은 심해질 것이다. 형사소송에서 공판중심주의를 꾀한 것도 구두변론을 통한 실체적 진실을 밝히기 위함인데, 재정신청절차에서도 실체적진실발견을 소홀히 할 이유는 없기 때문에 실체적진실발견을 위하여 법원의 직권증거조사, 당사자의 참여권 등이 보장되어야 한다.

---

6) 한영수, 재정신청제도의 문제점과 개선방안, 인권과 정의 2016년 11월 107면 이하.

하선생이 논한 바와 같이 법원은 대립당사자구조에 의한 소송관계인의 서류, 증거물열람등사권, 증거조사참여권 등을 배제하고 있는 것이 현실이고, 수사기록만으로 사실관계를 확정짓게 된다. 그러나 영장실질심사와 같이 당사자 심문을 필수적으로 거친다면, 법관은 보다 명확한 사실관계를 확인하고 수사기록에 나타나지 않은 사건의 경위 등을 용이하게 파악할 수 있다. 당사자 심문절차가 도입될 경우 당사자의 기록열람등사권을 보장하여, 고소·고발인이 피고소인, 피고발인의 진술, 증거제출현황을 알게 하여야 한다.

한편 재정법원은 법률이 부여한 증거조사권한을 적극적으로 활용할 필요가 있다. 다만 이와 같은 재정법원의 증거조사는 입법론의 차원이 아니라 법원실무 차원에서 문제인바 법원이 실무지침으로 정비할 사항이다.

한편 재정사건의 구체적 심리를 위하여 재정법원의 강제처분이 허용되는지 문제가 되는데, 법원은 필요한 경우 압수·수색·검증을 할 수 있으므로 재정법원은 압수·수색·검증을 할 수 있다고 해석된다. 재정법원의 구인, 구속의 허용 여부도 문제되는데, 재정법원에게 피의자심문권한이 주어질 경우 소환에 응하지 않는 피의자에 대해서는 강제구인이 필요할 것이므로 재정법원의 구인, 구속을 허용하는 것이 바람직하다.

VI. 대상범죄의 확대

개정 형사소송법에서는 형법 제123조부터 제125조까지를 제외한 고발사건은 재정신청대상에 해당되지 않는다. 형사소송법에 재정신청이 등장한 이래 고소와 고발사건을 구별한 적은 없었다.[7] 그런데 검찰의 불기소처분에 대한 통제는 고발사건이라 하여 달라지지 않고, 피해자가 드러나지 않는 범죄는 고발을 통해서 처벌이 가능하기 때문에 현실적 필요성도 매우 크다. 특히 보건범죄, 환경범죄, 권력형 부패 사건의 경우 피해자가 아닌 내부자, 시민단체 등의 고발로 수사가 개시되는 경우가 많고 해당 범죄의 사회적 영향이 큰 경우도 많다. 따라서 모든 고발사건에 대해서도 재정신청이 가능하도록 재정신청의 대상을 확대함이 타당하다.

---

7) 한영수, 재정신청제도의 문제점과 개선방안, 인권과 정의 2016년 11월 109면 이하.

Ⅶ. 검찰항고제도의 한계

현행 형사소송법은 검찰항고전치주의를 채택하고 있다. 형사소송법 제260조 제2항은 "제1항에 따른 재정신청을 하려면「검찰청법」제10조에 따른 항고를 거쳐야 한다. 다만, 다음 각 호의 어느 하나에 해당하는 경우에는 그러하지 아니하다"라고 규정하고 있어 원칙적으로 검찰항고를 거치도록 하고 있다.[8]

검찰항고는 필요적전치주의에서 임의적전치주의로 변경하거나 절차폐지도 고려할 필요가 있다. 검찰항고는 태생적으로 인용가능성이 전무할 수밖에 없다. 검찰항고는 행정처분에 대한 이의신청과 유사하여 오판시정의 기회가 있으나 현실적으로 이를 기대하는 것은 어렵다. 또한 행정심판에서도 대부분 임의적전치주의를 취하고 있는 점을 감안하면, 검찰항고를 필요적전치주의로 유지할 명분도 없다.

검찰항고의 인용률은 대략 10% 내외[9]인데 여기에서의 인용률은 공소제기명령, 재기수사명령, 주문변경명령 등을 모두 포함한 수치로써 공소제기명령보다는 재기수사명령 등의 사례가 압도적으로 많을 것으로 보인다.[10] 재정법원의 공소제기결정에 반하여 무죄구형이 이루어지고 있는 현실에 비추어 보면, 검찰 스스로 불기소처분을 변경하여 공소제기를 하는 것보다는 재정신청에서 공소제기결정을 하는 비율이 훨씬 높을 것이기 때문에 공소제기명령은 거의 이루어지지 않고 있다고 보인다. 결국 검찰항고를 통한 공소제기는 사실상 기대하기 어렵다.

이처럼 검찰항고는 제도적으로 필요적전치주의를 유지할 근거가 없다. 오히려 고소·고발인에게는 불필요한 절차로 여겨질 수 있다. 그러므로 입법론적으로 검찰항고는 임의적전치주의 내지 폐지가 타당하다.

---

8) 형사소송법 제260조 ② 제1항에 따른 재정신청을 하려면「검찰청법」제10조에 따른 항고를 거쳐야 한다. 다만, 다음 각 호의 어느 하나에 해당하는 경우에는 그러하지 아니하다.
  1. 항고 이후 재기수사가 이루어진 다음에 다시 공소를 제기하지 아니한다는 통지를 받은 경우
  2. 항고 신청 후 항고에 대한 처분이 행하여지지 아니하고 3개월이 경과한 경우
  3. 검사가 공소시효 만료일 30일 전까지 공소를 제기하지 아니하는 경우
9) 대검찰청 검찰통계시스템 항고 재항고 접수/처리 현황 참고. 2021년 항고사건 19,551건 중 2,012건, 2020년 34,597건 중 3,233건, 2019년 31,992건 중 3,199건 재기수상명령 등 인용.
10) 검찰항고에서 공소제기명령 인용률은 구체적 통계를 확인하기 어렵다.

VIII. 나가며

재정신청제도의 기본취지는 범죄피해자의 권익보호이다. 2007년 개정 형사소송법 당시부터 현재까지 재정신청제도는 제도설계의 구조적 문제, 법원의 소극적 태도로 인하여 범죄피해자 보호에 미흡한 것이 사실이다. 이는 공소제기결정 인용률에서 확인할 수 있다. 명문 규정상 범죄피해자 당사자에 대한 심문권 결여 등은 재정신청제도의 실제적 의미를 퇴색시키고 있기도 하다.

입법론적으로 공소유지변호사의 재도입, 당사자의 기록열람등사권 보장, 필수적 심문절차를 규정하여야 한다. 또한 실무적으로 법원의 적극적인 증거조사권한 활용이 요청된다. 검찰항고제는 임의적인 절차 내지 명문에서 삭제하는 것이 바람직하다.

다만 재정신청제도의 실질적 운용에서 검찰의 역할은 축소되고, 법원의 역할이 증대되는 것을 검찰의 수사 공정성, 신뢰성을 의심하는 것으로 해석하여서는 안된다. 이는 재정신청제도의 내재적, 구조적 제도 설정의 문제로 보아야한다.

따라서 재정신청제도의 본질에 맞도록 제도를 개선하여 범죄피해자를 위한 실질적 운용을 위하여 현행 재정신청제도는 상당부분 개정하여야 한다.

공판절차 이분론(상, 하)[*]

Ⅰ. 서론

1. 연구의 목적 및 의의

공판절차 이분론은 실무[1])에서 뿐만 아니라 학계[2])에서도 형사사법제도의 개선방안의 하나로서 비교적 최근에 인식된 문제영역이다. 이는 영미의 공판절차 이분모델과 같이 공판절차를 범죄사실의 존부에 관한 입증단계와 범죄에 대한 법률효과인 형벌(내지 보안처분)을 정하는 양형을 위한 정상의 입증단계로 절차상 분리하여, 전자가 인정된 경우에 한하여(통상 Tatinterlokut 또는 Schuldinterlokut) 행위자의 인격을 포함

─────────────

* 출처: (상) 「형사정책연구」 제6권 제4호 (통권 제24호), 1995, 117~149면.
　　　　(하) 「형사정책연구」 제7권 제1호 (통권 제25호), 1996, 201~233면.
1) 법원행정처, 양형적정화방안 모색을 위한 토론회 결과보고서 1995, 189면 이하.
2) 강구진, 형사소송법원론 1982, 31면 이하; 김일수, 공판절차의 이분론, 월간고시 1983. 12, 59면 이하; 신동운, 형사소송법 1993, 434면 이하; 이재상, 형사소송법 1994, 57면.

한 양형사정을 조사하는 단계를 진행시키는 것을 의미한다.

공판절차의 분리는 대륙법체계의 형사사법 실무에서는 아직 생소한 제도이다. 그러나 1969년 제10회 국제형법학회의에서 공판절차의 이분이 형사절차의 개선방안[3]으로 결정된 이래 독일, 프랑스 및 일본에서도 형벌목적에 대한 변화된 인식을 토대로 피고인의 소송법상 지위의 개선과 법치국가적 보장을 위하여 영미의 이분된 공판절차제도의 도입 가능성이 논의의 대상이 되었다.

독일에서 60년대부터 활발하게 논의된 이유는 특별예방에로의 형사정책의 변화, 즉 형벌목적에 대한 인식의 변화에 있다.[4] 특히 범죄자의 교육, 개선을 통한 재사회화가 형법의 임무라는 사상이 독일 형법개정 과정에서 선택초안(Alternativ-Entwurf)의 형사제재체계에 도입되어 행위자가 형법의 관심대상이 되었다. 이러한 변화된 인식이 형사소송법의 해석과 입법론에도 영향을 미쳤기 때문이다.

이와 같은 세계적 경향에 부응하여 이 문제가 우리나라에서도 80년대 이후에 형법학계와 실무에서 논의되기 시작하였다. 공판절차 이분론은 피고인의 소송법상의 권리보장 및 지위향상과 양형인자로서의 행위자인격과 예상되는 형벌의 효과에 관한 조사를 통한 양형의 합리화의 관점에서 뿐만 아니라 소송경제와 신속한 재판의 진행을 위한 방안으로서 제시된 문제이다.

본 연구에서는 과연 현행법상의 공판절차의 문제점이 무엇인지, 공판절차 이분의 장점이 있는 것인지, 있다면 이를 활용하기 위하여 공판절차의 구조를 변경, 개선해야 할 것인지, 아니면 현행법상의 공판절차 내에서도 사실인정에 관한 증거와 양형에 필요한 정상증거를 절차상 분리하여 조사하는 것이 해석론적으로도 가능한 것인지를 검토한다.

2. 현행 공판절차의 문제점과 개선논의

공판절차는 형사소송의 핵심절차이며 장점이다. 이 단계에서 피고인이 유죄인지

---

3) 제10회 국제형법학회의(X.Kongress der Association Internationale de Droit Penal)의 결정문의 내용은 다음과 같다: 적어도 중한 범죄에 관한 공판절차에서 제1단계는 범죄행위와 유책여부의 확정에 한정하여 공소사실의 입증과 심리를 진행시키고, 유죄가 확정된 후에 피고인의 인격에 관한 요소 등 양형사유를 검토하여 이에 상응한 제재수단을 결정하여야 한다.

4) Dahs jun., Praktische Probleme des Schuldinterlokuts, GA 1971, 362.

무죄인지가 확정되며, 따라서 형사절차가 법공동체에 의해서 정당하다고 느낄만하고 또 적절한 결과로써 매듭지어 졌는지가 결정되기 때문이다.

공판절차는 구형사소송법이래로 변함없이 범죄사실의 존부에 관한 입증단계와 범죄에 대한 법률효과인 형벌(내지 보안처분)을 정하는 양형을 위한 정상의 입증단계를 절차상 분리하지 않고 공개된 가운데 진행되어 재판부는 유무죄와 형벌의 종류 및 양을 정한다.

이러한 전통적인 공판절차는 합리적인 양형을 위하여 필요한 피고인의 인격을 조사하는데 충분한 시간과 기회가 주어져 있지 아니하고, 양형의 중요한 사유로서 피고인의 인격적 상황, 특히 피고인의 전과, 전력, 경제사정, 교육정도, 사생활 등이 노출되어진다. 이 시점은 아직 피고인의 유무죄가 불확정적인 단계이다. 양형사유와 인격에 관한 심리가 공개된 공판절차에서 이루어지기 때문에 특히 법적 또는 사실적인 이유에서 무죄판결이 선고될 경우에는 피고인의 사생활과 인격권이 부당하게 (불필요하게) 침해되는 결과가 된다. 또한 유죄판결이 선고될 사건의 경우에도 피고인의 개인적인 사정이 공개되어 - 특히 중한 범죄사건일수록 공적인 관심이 높아서 - 피고인의 장래의 사회생활에 영향을 미칠 가능성이 있더라도 공개된 공판절차를 감수해야 한다. 물론 형사피고인은 형사절차에서 그의 인격권에 대한 어느 정도의 제한을 감수해야 하지만 그것은 형사소송의 목적을 달성하기 위한 최소한에 그쳐야 한다. 따라서 피고인의 인격권에 대한 제한을 공판절차의 구조를 개선함으로써 최소화하는 것이 곧 법치국가원리에 부합되는 것이다.

또한 현행 형사소송구조에서는 변호인에게도 피고인의 방어권보장에 기여하기 위한 변호권의 적절한 행사가 보장되어 있지 못하다. 왜냐하면 피고인의 무죄임을 확신하더라도 유죄판결을 대비하여 양형에 필요한 사정들을 주장함으로써 법원에게는 변호인조차도 무죄를 확신하고 있지 못하다는 인상을 주며, 피고인에게도 신뢰를 주지 못할 가능성이 있기 때문이다.

따라서 이러한 문제점을 개선하기 위한 방안으로서 언제 어떤 형태로 피고인의 인격과 부과될 형사제재의 예상되는 효과 등을 조사하여야 할 것인가가 관심의 대상이 되었다. 그러나 개선방안으로 제시되는 공판절차의 이분은 필연적으로 소송기간의 연장 또는 소송의 지연을 초래한다는 점과 사실인정단계와 형의 양정단계중 어느 단계에 속하는지의 구분이 논란이 되는 - 예컨대 책임문제5) 또는 그 밖의 양형사유 등과 같이 - 사정이 있다는 점, 즉 행위요소와 행위자요소의 구별이 어렵다는 점 또는 피고인의 인격과 형사제재의 적절성은 행형단계에서 비로소 올바르게 평가될 수 있다는 주장 등으로 공판절차의 분리에 관한 논의는 합의점에 도달하지 못하고 있는 상황이다.

Ⅱ. 영미의 공판절차와 독일의 공판절차 이분론

1. 영국과 미국의 형사사법과 이분된 형사절차의 진행

(1) 영국의 형사사법제도

1) 배심제도와 형사사법

유죄평결과 양형판단의 단계로 형사절차를 분리하여 진행하는 형사사법제도의 기원은 12세기 후반의 배심원제도에 있다. 법률적 전문교육과 직업적 경험이 결여되어 있는 비전문가인 배심원의 참여는 배심원이 유·무죄판단의 임무를 갖기 때문에 필연적으로 절차의 분리를 필요로 한다.

영국의 형사사법제도를 개괄적으로 요약하면: 가벼운 범죄에 해당하는 형사사건의 제1심법원인 치안판사법원(magistrates' courts)은 통상 2 내지 5명(예외적으로 7명 또는 1명의 직업법관)의 법률전문가가 아닌 일반인인 치안판사로 구성되어 있다. 거의 대부분의 형사사건은 치안판사법원에서 약식절차로 진행된다. 중한 범죄는 직업법관과 배심원으로 구성되는 형사법원(crown court)에서 다루어진다. 이와 같이 중간 정도 또는 중한 범죄의 경우에는 명예적인 비직업법관이 제1심법원에 참여하여 법관의 임무를 수행하고 있다.[6]

2) 사실인정절차와 양형절차

여기서 피고인이 유죄의 답변을 하면(guilty plea) 공소제기된 행위에 대한 증거조사가 생략되어 수소법원은 형의 양을 정하는 절차를 진행시켜 형선고(sentence)로 형

---

5) 소위 Göttinger Modell을 중심으로 작성된 공판절차에 관한 형사소송법대안(AE-StPO-HV)은 불법과 책임을 구분하여 불법(Unrecht)이 인정된 후에 책임능력과 형사제재수단을 확정하는 행위중간판단(Tatinterlokut)모델을 취하고 있다.

6) Huber, Die Stellung und Ausbildung von Richtern an Strafgerichten in England und Wales, JZ 1983, 133.

사절차를 종료시킨다. 그러나 피고인이 무죄를 주장하면 배심원은 그의 행위와 유·무죄여부를 판단하여야 한다.

　형사법원에서의 공판절차는 배심원앞에서의 변호인의 최고진술과 함께 증거조사가 진행되고, 배심원은 증거조사 후에 재판장으로부터 증거요약과 이에 대한 논평 또는 적용될 법내용 등을 고지받고 합의 후에 유·무죄에 대한 평결(verdict)을 함으로써 공판절차의 제1단계가 종료된다. 이어서 유죄평결인 경우에는 제2단계인 양형을 위한 심리절차가 진행되고 이는 재판장의 형사제재수단의 선고(sentence)로써 종료된다.

　가벼운 범죄에 해당하는 형사사건의 제1심법원인 치안판사법원에서 형사사건의 대부분이 다루어지며, 많지 않은 사건만이 형사법원에서 공판절차가 진행된다. 치안판사법원에서 다루어지는 대부분의 사건은 유죄의 답변이 있는 경우이기 때문에 배심원이 사실인정단계에서 유·무죄를 평결해야 할 사건의 비율은 높지 않다. 따라서 공판절차의 이분으로 인한 사법기관의 시간적 업무부담은 그리 심각한 정도는 아니다.[7]

　물론 절차의 이분은 개별사건에 있어서는 필연적으로 소송기간의 연장을 초래하지만, guilty plea제도와 기소편의주의에 의한 심판대상의 제한가능성때문에 전체적으로는 형사사법의 업무부담을 가중시키는 것은 아니다.

　배심원이 사실문제를 판단함에 있어서 외부적 영향에 좌우될 수 있다는 불신때문에 증거법상 까다로운 증거법원칙이 적용된다.[8] 예컨대 유무죄판결 전에 피고인의 전과사실 또는 전력을 공판절차에서 언급하는 것이 금지된다거나 전문법칙의 적용[9]과 자백의 경우 자백의 임의성에 대해 다툼이 있는 때에는 배심원을 배제한 별도의 절차에서 사건을 다루어야 한다는[10] 점이다.

---

7) Knittel, Zweiteilung der Hauptverhandlung nach englischem Vorbild? Schwinge-FS 1973, S.217f.

8) Herrmann, Die Reform der deutschen Hauptverhandlung nach dem Vorbild des anglo-amerikanischen Strafverfathrens, Bonn 1971, S.301ff., 434f.

9) Cornisch, The Jury, London 1968, p.84.

10) Cross, Evidence, 4th Edition, London 1974, p.58 이하.

(2) 미국의 형사사법제도

1) 배심제도

헌법 제6 개정조항에 따라 모든 피고인은 - 피고인이 유죄의 답변을 하면 배심원의 유죄평결과 같은 효력이 발생하는 기소사실 인부절차(arraignment)와 6월 이하의 자유형이 법정형인 경미범죄(petty offenses)를 제외하고[11] - 배심원이 참여한 법원에서 공개된 신속한 재판(trial by jury)을 받을 권리를 갖는다.[12] 물론 피고인은 중립적인 사실판단자로서 배심원을 포기하고 판사를 선택할 수 있다(bench trial).[13] 이 재판을 받을 권리는 제14조 개정조항의 적법절차의 원칙(due process of law)으로 부터도 도출된다.

2) 기소사실 인부제도

기소사실 인부절차는 미국 형사사법의 특징 중의 하나이다. 여기서 상세히 언급하는 이유는 미국 형사사법에서 이 제도가 차지하는 비중이 커서, 공판절차에 의해서 유무죄가 판단되는 형사사건이 많지 않다는 선이해가 이분된 공판절차제도를 이해하는데 필요하기 때문이다.

대배심(grand jury) 또는 검사에 의해서 공소가 제기된 모든 사건이 공판절차에 의해서 심리되고 판결되어지는 것은 아니다.[14] 90% 정도의 사건[15]은 피고인이 공소제기된 범죄사실에 대해서 유죄의 답변(guilty plea)을 하면 공판절차가 진행되지 않고 배심원의 유죄평결이 있는 것으로 간주되는 기소사실 인부절차로 해결된다. 법원이 공판기일 전에 기일을 정하여 피고인에게 공소장의 내용과 피고인의 권리를 고지하고 또 그에게 공소제기된 사건에 관해서 입장을 밝힐 기회를 주게 된다(arraignment).

---

11) Supreme Court의 판례: Boldwin v. New York, 399 U.S.66(1970).

12) Duncan v. Luisiana, 391 U.S. 145(1968).

13) Israel/Kamisar/LaFave, Criminal Procedure and the Constitution, 1991 Edition, p.12.

14) 유죄판결을 받을 가능성이 없거나 형사소추의 공적 이익이 없는 사건은 불기소처분으로 형사소송절차가 중지되기도 한다(screening). 또한 피고인의 인격에 맞는 처우를 위해서 조건부로 석방되는 경우도 있다(diversion). 공소제기후 공판기일전에 공소취소로 종결되는 경우도 있다(nolle prosequi). 이 경우 연방법과 몇 개의 주법은 법관의 동의를 받도록 규정하고 있다(Federal Rule of Criminal Prosedure: FRCP, Rule 48a).

15) Israel/Kamisar/LaFave, 1991 Edition, p.96 이하; LaFave, American Journal of Comparative Law 1970, p.522, 539.

이때 피고인이 공소제기된 사건에 대한 혐의내용을 인정하는 진술을 하면 법원은 피고인의 범행과 공소사실에 대한 법적 평가에 관해서 다툼이 없는 것으로 보게 된다.[16] 따라서 법원의 임무 중 양형절차의 진행과 형선고만이 남게 된다.

이에 반해서 법원의 공판기일 전의 절차에서 피고인이 공소제기된 사건에 대한 혐의내용을 부인하면(not guilty) 배심법원에서의 공판절차가 진행된다.

이 제도에 의해서 사실인정여부를 판단하기 위한 공판절차가 생략되는 사건의 비율은 아주 높기 때문에 미국의 형사사법의 업무부담이 상당히 경감되어 있는 상황이다. 유죄답변의 비율이 높은 이유는 미국 형사사법에서 통상적으로 행해지고 있는 협상제도(plea bargaining)을 통해서 검사와 피고인 또는 변호인이 범죄사실 또는 형벌측면에서 합의를 이끌어 내려는 노력에 기인하는 것 같다.[17]

여기서 검사는 피고인이 범죄사실에 대해 자백을 대가로 경미한 범죄로 기소한다든지 아니면 다른 범죄사실에 대한 기소를 포기하겠다는 약속을 한다. 이는 결국 자백을 유도하기 때문에 유죄답변이 흔히 이용될 수 있는 것이다.

(3) 배심원의 유무죄판결(verdict)과 법원의 형선고(sentencing)

공판절차는 사실심리절차로서 피고인의 유무죄를 판단한다. 사실심리절차는 당사자주의 소송절차(adversary proceeding)로 대립당사자의 입증과 주장으로 진행된다. 이 절차에서는 배심원이 참여하기 때문에 엄격한 증거법칙과 적법 절차의 원칙이 적용된다.

공개된 공판절차에서 양 당사자는 모두진술, 증인신문과 교차신문(cross-examine),[18] 최후진술의 기회를 갖는다. 최후진술로서 공판절차가 종결되면 배심원들은 평의한다. 만일 배심원이 상당한 시간이 경과한 후에도 유무죄에 대한 판단을 내리지 못하

---

16) 이와 유사한 제도로 plea of nolo contendere(=no contest)가 있다. 이 제도는 유죄의 답변이 그 이후의 소송절차나 민사소송에서 피고인 자신에게 불리하게 작용하는 것을 원하지 않고, 따라서 구속력이 없다는 점이 guilty plea와 다르다. 통상 이러한 유죄답변의 형식은 법원의 동의하에만 가능하다(FRCP, Rule 11 b). 이에 관해서는 Kerper, Criminal Justice 1972, p.289.

17) Schmid, Strafverfahren und Strafrecht in den Vereinigten Staaten, 2.Aufl., S.59; Israel/Kamisar/LaFave, 1991 Edition, p.12.

18) 독일의 Wechselverhör(교호신문)과 구별하기 위하여 교차신문이라는 용어를 사용한다. 차이점에 관해서는 Grunhut, Die Bedeutung englischer Verfahrensformen für eine deutsche Strafverfahrensreform, v. Weber-FS, 1963과 아래의 II. 2. 나. 참조.

면 법원은 설명을 통하여 배심원의 혼동상황을 정리해 줄 수 있고, 아니면 배심원을 배제시킬 수 있다. 배심원이 일치된 평결을 내리지 못하면(hung jury) 새로운 배심으로 재심리한다. 그러나 대부분의 공판에서 배심원은 유무죄의 평결에 도달한다.

배심원의 평결은 무죄(not guilty, accuqittal), 공소제기된 범죄에 대한 유죄(guilty on all charges), 공소제기된 범죄에 대한 부분유죄(guilty of some of the charges), 덜 중한 범죄에 대한 유죄(guilty of a lesser offense) 또는 책임능력 결여로 인한 무죄(not guilty by reason of insanity) 등으로 구별된다.

유죄판결이 만장일치로 결정되어져야 한다는 원칙은 무너져서 주형사소송법에 따라서 12명중 9 내지 10명의 찬성으로 가능한 경우도 있고 6명의 배심원인 경우에는 만장일치를 요하는 주도 있다.[19] 원칙적으로 무죄판결을 배심원의 만장일치를 요한다. 이 경우에는 검사는 사건을 다시 배심절차로 진행시킬 수 없다.

배심원이 공판을 통하여 유죄평결을 하면 형벌을 선고하는 새로운 절차가 계속 진행된다. 물론 피고인이 유죄답변(guilty plea)을 한 경우도 마찬가지이다. 양형판단은 영미의 전통에 따라 직업법관의 몫이다. 후자의 판단은 유죄판결을 선고받은 자에 대한 신문(sentence hearing, penalty hearing)을 통해서 이루어진다.[20] 이 절차에서는 유무죄 판단절차와는 달리 증거법칙과 적법 절차의 원칙이 비교적 완화되어 적용된다. 예컨대 양형조사관이 작성한 피고인에 대한 인격조사서가 전문법칙의 적용을 받지 않고,[21] 또 피고인의 인격보호를 위해서 재판공개의 원칙이 예외적으로 적용되지 않을 수 있다.

2. 독일의 형사사법[22]과 공판절차 이분론

(1) 독일의 형사사법

독일의 형사사법의 특징도 비직업법관인 명예직법관(Laienrichter 또는 Schöffe)이 공

---

19) Burch v. Louisiana, 441 U.S. 130(1979).

20) Israel/Kamisar/LaFave, 1991 Edition, p.736.

21) 이상철, 판결전 조사제도에 관한 연구, 한국형사정책연구원 1994, 42면.

22) 구법원(Amtsgericht)의 재판부는 단독판사와 Schöffengericht이다. 대소형사부(Strafkammer)는 지방법원(Landgericht)의 재판부이고 대형사부를 Schwurgericht라고 부른다. 여기서는 살인, 과실치사 등 중죄를 관할한다. 고등법원(Oberlandesgericht)과 연방법원(Bundesgerichtshof)에는 명예직법관이 참여하지 않는다.

판절차에 참여한다는 점이다.[23] 독일 법원조직법 제30조와 제77조 1항에 따라 명예직 법관은 직업법관과 동일한 권한을 갖고 유·무죄여부 뿐만 아니라 양형문제도 함께 판단한다. 이러한 명예직 법관제도는 법치국가적 이념의 산물이며 국민의 형사사법의 이해에 기여하고 또한 사법정의에 대한 신뢰를 강화시켜준다는 점에서 중요한 기능을 한다.

영미법상의 배심원제도와 독일의 명예직 법관제도를 비교해 보면 많은 차이점을 발견할 수 있다.[24] 무엇보다도 명예직 법관은 직업법관의 영향하에 있다는 점이다. 대형사부(Schwurgericht)는 3명의 직업법관과 2명의 명예직 법관으로 구성되기 때문에 명예직 법관이 판결에 결정적으로 영향을 미치지는 못한다. 또한 1명의 직업법관과 2명의 명예직 법관, 1 내지 2명의 직업법관과 2명의 명예직 법관으로 구성되어 있는 Schöffengericht에서는 수적으로 명예직 법관이 다수라 하더라도 통상 법률전문가인 직업법관의 결정에 따르고 있는 현실이다.

(2) 현행 공판절차의 진행과정과 문제점

공소제기된 사건은 법원의 중간절차(Zwischenverfahren)에 의하여 공판개시여부가 결정된다. 법원은 피고인이 공소제기된 범죄행위에 충분한 혐의가 인정되는 경우에는 공판절차의 개시를 결정하고(형사소송법 제203조) 그렇지 않으면 이유를 제시하여 기각결정으로 절차를 종결시킨다(형사소송법 제204조).

공판절차의 개시가 결정되면 공판기일을 지정하고 피고인 등을 소환하며, 필요한 경우에는 증거신청을 하도록 하는 등의 공판준비절차를 진행한다(형사소송법 제213조에서 제225조 a까지).

공판기일의 공판절차(형사소송법 제243조 이하)는 사건의 호명으로 개시되어 피고인에 대한 인정신문이 행해지고 검사의 공소요지낭독과 진술거부권고시에 이어 진술을 원하는 피고인이 경우에는 피고인신문(형사소송법 제243조 제4항; 제136조 제2항)이

---

23) 원래 독일에서는 합의부의 직업법관과 동일한 역할과 권한을 갖는 명예직 법관인 Schöffe와 Schwurgericht에서 유무죄를 판단하는 Geschworence(영미법상의 배심원과 같은)가 비직업법관으로서 형사절차를 참여하였다. 그러나 비직업법관이 외부적 영향이 약하고, 법해석의 복잡화로 인하여 올바른 판단을 기대하기 어렵다는 점 때문에 Schwurgericht는 1924년에 폐지되었다. 1972년에 Schöffe로 통일되어 표시되었지만 법원인 Schwurgericht는 그대로 유지되었다.

24) Blau, Die Teilung des Strafverfahrens in zwei Abschnitte, ZStW 81(1969), 49.

진행된다. 피고인의 전과사실은 재판에 중요한 경우에는 확인되어져야 하는데 그 시기는 재판장이 정한다(형사소송법 제243조 4항). 피고인신문 후에는 법원은 진실발견을 위하여 직권으로 재판에 있어서 중요한 모든 사실과 증거자료에 관하여 증거조사를 한다(형사소송법 제244조 이하). 여기서 영미법과 우리나라의 형사소송법과 다른 점은 예컨대 증인신문에 있어서 주도적인 역할은 검사와 피고인 및 변호인이 아니라 재판장이 수행한다는 점이다. 이것은 독일 형사소송의 구조가 직권주의 소송구조임을 단적으로 보여주는 요소이다.

증거조사가 종결되면 검사의 논고와 구형, 피고인 또는 변호인의 최후진술을 듣는다(형사소송법 제258조). 마지막으로 재판부의 합의과정을 거쳐(형사소송법 제263조, 법원조직법 제192조 이하) 판결주문 낭독과 판결이유를 고지하는 판결 선고절차가 진행되고(형사소송법 제268조) 상소에 관하여 고지한 후 제1심 소송절차는 종결된다(형사소송법 제35조의 a).

이상과 같은 기존의 공판절차에서는 범죄행위와 양형결정에 중요한 사정들에 관한 증거가 하나의 공판절차에서 분리되지 않고 제시된다. 특히 인정신문을 포함한 피고인신문을 통하여 행해진다. 여기서는 피고인임을 확인할 수 있는 사정을 질문하고 진술거부권을 고지한 후에 전과사실, 가족관계, 직업, 경제적 상황, 교육정도, 성장과정, 병력, 공동피고인 또는 증인과의 관계 등 사건에 관련해서 피고인을 신문한다.[25] 이와 같은 피고인의 인격에 관한 공개된 재판에서의 신문내용은 피고인의 유죄가 입증되지 않으면 전혀 불필요하게 된다. 이는 피고인의 인격권침해일 뿐만 아니라 법원에게는 유무죄판단에 있어서 예단을 갖게하여 중립적 판단자로서의 지위를 위태롭게 하는 결과를 갖는다.[26]

(3) 공판절차이분에 관한 논의현황

공판절차의 제1단계에서는 범죄행위의 유책여부의 확정에 한정하여 입증과 심리를 하고 유죄가 확정된 후에 피고인의 인격 등에 관한 요소를 조사, 심리하여 이에 상응하는 정당한 제재수단을 결정하자는 형사소송구조의 개선에 대한 요구는 60년

---

25) Blau, ZStW 81(1969), 34.

26) Dahs, Fortschrittliches Strafrecht in rückständigem Strafverfahren, NJW 1970, 1705; Roxin, Strafverfahrensrecht, 21.Aufl., S.283.

대부터 관심을 끌기 시작하였다.[27] 이는 1969년 로마에서 개최된 국제형법학회에서 독일의 판사와 변호사가 공판절차의 이분에 찬성하는 내용[28]의 주제발표를 행한 것에 기인한다.

그러나 논의가 활발하게 된 배경은 형벌목적에 대한 변화된 인식과 행위자의 재사회화에 지향된 형사정책이 독일 형법개정과정에서 선택초안의 제재수단체계에 도입되어 형법의 관심의 중점이 행위에서 행위자로 이동된 점에 있다고 보여진다. 또한 100여년된 형사소송법의 개정목적이 피고인 및 변호인의 소송법상의 법치국가적 보장과 지위향상 및 그 밖의 소송주체의 지위와 기능개선에 있고 이에 따라 영미식의 공판절차구조[29]와 공판절차진행이 하나의 모델로 제시되었기 때문이다.

이와 같은 논의에서 주목할 만한 것은 공판절차에 관한 형사소송법대안(AE-StPo-HV)이다.[30] 이 대안은 법치국가적 및 사회국가적 이념에 부응하는 공판절차구조의 개선안으로 무엇보다도 공판절차의 이분방안을 제시하고 있다. 이 모델은 피고인의 인격권의 보호와 합리적인 양형의 보장을 가능하게 하는 방안으로 제시된 것이다.

공판절차의 분리방안 중에는[31] 소위 책임 중간판단 방법(Schuldinterlokut)이 가장

---

27) 논의역사에 관해서는 Blau, ZStW 81(1969), 31ff.

28) Blau, ZStW 81(1969), 31; Fischinger, Die Teilung des Strafverfahrens in zwei Abschnitte, ZStW 81(1969), 49.

29) 공판절차의 개선논의에서는 당사자주의 소송구조(adversary system; Parteiverfahren)의 도입여부가 중점이었다. 법원이 공소장을 포함한 수사서류를 참고하여 심리를 진행함으로써 수사기관의 심증과 관점을 그대로 이어받아 진실발견을 위한 중립적 판단자로서의 임무가 올바르게 수행되지 못하게 될 염려가 있다는 점과 이로써 피고인이 자칫 심리의 대상으로 전락하고 법원은 피고인을 자신의 반대당사자로 인식할 위험이 있다는 점 등이 직권주의(Ermittlungsmaxime)의 문제점으로 인식되게 되었다. 당사자주의 소송구조의 도입을 찬성하는 견해로는 Herrmann, a.a.O., 53ff.; Roxin, Die Reform der Hauptverhandlung im deutschen Strafprozess, in: Probleme der Strafprozessreform 1975, S.52; Schünemann, Zur Reform der Hauptverhandlung im Strafprozess, GA 1978, 161ff.
기존의 구조를 유지하면서 검사와 변호인이 피고인신문과 증거조사절차를 주도적으로 진행하고 법원의 보충적 질문과 신문만을 허용하는 교호신문제도(Wechselverhör)에 찬성하는 견해로는 Roxin, Fragen der Hauptverhandlungsreform im Strafprozess, Schmidt-Leicher-FS 1977, S.145.

30) Alternativ-Entwurf, Novelle zur Strafprozessordnung, Reform der Hauptvehandlung, hrsg. Von Arbeitkreis AE, 1985.

31) 이를 찬성하는 견해로는 Achenbach, Zweiteilung des Strafverfahrens-Plädoyer für eine "kleine Lösung", JR 1974, 401; Dahs jun., GA 1971, 353; Grünhut, v.Weber-FS 1963, S.343; Herrmann, Die Reform der deutschen Hauptverhandlung nach dem Vorbild des anglo-amerikanischen

선호되는 구조개선안이다. 그 외에도 책임관점에서 형벌의 정도를 결정하는 단계와 예방의 관점에서 형벌의 종류를 정하는 단계로 구분하는 행위 책임판단 모델(Tatschuldinterlokut),[32] 구성요건 해당성, 정당화사유 및 책임조각 사유를 확정하는 단계와 책임능력을 판단하는 단계로 구분하는 행위 중간판단 모델(Tatinterlokut)[33] 등이 입법론적으로 논의되기도 하며, 현행 소송법 해석상으로도 가능하다고 보는 소위 비형식적 행위 중간판단 모델[34] 또는 비형식적 책임 중간판단 모델[35]도 주장된다.

3. 공판절차 이분론의 이론적 근거

(1) 특별예방사상과 피고인의 인격보호

오늘날 형벌의 임무는 행위자의 재사회화에 있다. 행형법도 수형자에게 장래에는 사회적 책임감을 갖고 범죄없는 생활을 영위할 수 있도록 해주는 재사회화행정을 목적으로 한다(StVollzG 제2조). 이러한 임무와 목적을 실현하기 위해서는[36] 형벌(내지 다른 형사제재)의 종류와 양을 결정하는 데 있어서 피고인에 대한 인격과 개인적 사정을 철저히 조사할 필요가 있다. 이렇게 해야만 특별예방사상을 지향하는 형법을 실

Strafverfahren, 1971; Jescheck, Der Strafprozess-Aktuelles und Zeitloses, JZ 1970, 201; Peters, Verhandlungen des 41. DJT, Bd.I, 2(1955), S.51; Wolter, Schuldinterlokut und Strafzumessung, GA 1980, 81; Roxin, Die Reform der Hauptverhandlung im deutschen Strafprozesss, S.52; ders., Strafverfahrensrecht, 21.Aufl., S.283; Dünnebier, Diskussionsbeitrag auf der Tagung für Rechtsvergleichung in Bremen 1960, ZStW 72(1960), 676.

이에 반대하는 견해: Heinitz, Zweiteilung der Hauptverhandlung? v. Lübtow-FG 1970, S.835; ders., Die Individualisierung der Strafen und Massnahmen in der Reform des Strafrechts und Strafprozesses, 1960; Grünwald, Diskussionsbeitrag auf der Strafrechtslehrertagung 1972 in Kiel, ZStW 85(1973), 457; Krey, Diskussionsbeitrag auf der Strafrechtslehrertagung 1972 in Kiel, ZStW 85(1973), 454.

32) Horn, Tatschuld-Interlokut und Strafzumessung, ZStW 85(1973), 7.

33) AE-StPO-HV 참조.

34) Schöch, Strafzumessung und Persönlichkeitsschutz in der Hauptverhandlung - Erfahrungen aus einer Erprobung des informellen Tatinterlokuts, Bruns-FS 1978, S.460; Achenbach, JR 1974, 404; Krauss, Richter und Sachverständiger im Strafverfahren, ZStW85(1973), 355ff.; Roxin, Die Reform der Hauptverhandlung, S.70; Dahs, jun., GA 1971, 360f.

35) Kleinknecht, "Informelles Schuldinterlokut" im Strafprozess nach geltendem Recht, Heinitz-FS 1972, S.651; Bruns, Strafzumessungsrecht, 2.Aufl., 1974, S.182; Peters, 41. DJT(1955), S.55; ders., Der Strafprozess in der Fortentwicklung 1970, S.9.

36) Wolter, GA 1980, 81.

현시킬 수 있고 또 변화된 행형목적을 갖고 있는 행형을 준비해 줄 수 있는 것이다. 이는 많은 시간과 노력을 요하는 증거조사와 분석과정에서 이루어져야 하기 때문에 지금과는 다른 별도의 절차가(경우에 따라서는) 비공개로 진행될 것이 요구된다.

이 별도의 절차는 양형을 위하여만 피고인의 인적 사항, 즉 피고인의 전과, 전력, 교육정도, 가족관계, 경제사정, 사생활 등이 노출되는 것을 방지함으로써 피고인을 보호한다. 특히 현행 공판절차에서는 무죄판결이 선고될 경우에는 양형에 중요한 사실과 인격에 관한 심리가 공개된 공판절차에서 이루어지기 때문에 피고인의 사생활과 인격권이 부당하게 침해되고 피고인이 단순한 심리객체로 전락된다는 점[37]을 고려한다면 피고인보호를 위한 제도개선을 필연적임을 알 수 있다.[38] 기존의 절차에서와 같이 무죄판결의 경우에도 불필요하게 피고인의 사생활이 노출된다면 혐의를 벗은 피고인이 다시 정상적인 사회생활을 하는데 있어서 장애요인이 될 것이다.

또한 유죄판결이 선고될 사건의 경우에도 피고인의 개인적인 사정이 공개되어 피고인의 장래의 사회생활에 영향을 미칠 가능성이 인정되면 피고인의 신청에 의하여 원칙적으로 재판의 비공개를 인정해야 한다. 즉 재판공개의 원칙에 대한 양형단계에서의 합리적 제한이 가능해야 한다. 이것은 형법의 임무가 행위자의 재사회화에 있다는 변화된 형벌사상에 부응하는 형사절차의 구조이다. 심리대상에 따른 공판절차의 분리는 이러한 목적을 갖는 형사소송절차의 양형과정과 행형을 연결시켜주는 기능을 하게 될 것이다.

(2) 양형의 합리화와 철저화[39]

양형절차는 유죄판결에 단순히 부속되어 있는 것이 아니라 독자적인 의미를 갖는 절차이다.[40] 그러나 현행의 일원적 공판절차의 진행은 이점을 분명히 하지 못하고 있다. 이분된 공판절차의 두 번째 단계에서 피고인의 인격과 부과될 형사제재의 예상되는 효과 등을 심도있게 조사함으로써 법관으로 하여금 정당하고 개별적이며, 재

---

37) Wolter, a.a.O., S.85.
38) Roxin, Strafverfahrensrecht, 21.Aufl., S.283; Achenbach, JR 1974, 401.
39) Dahs, NJW 1970, 1705f.; Kleinknecht, Heinitz-FS 1972, S.654f.; Schunck, Die Zweiteilung der Hauptverhandlung 1982, S.7.
40) Bruns, Strafzumessungsrecht, 1.Aufl., 1967, S.227; Heckner, Die Zweiteilung der Hauptverhandlung nach Schuld- und Reaktionsfrage (Schuldinterlokut) 1973, S.3.

사회화에 지향된 형벌의 종류와 양을 찾아내는 것을 가능하게 한다.

형법의 형사제재수단 체계, 특히 집행유예 및 선고유예와 보안처분제도는 피고인의 다양한 개인적 사정을 정확하게 확인할 것을 전제로 한다.[41] 예를 들어 독일 형법 제46조는 행위자의 장래의 사회생활에 미칠 형벌의 영향, 행위자의 범행이전의 생활, 인적 및 경제적 상황 등을 중요한 양형사유로 열거하고 있고, 제56조는 유죄선고를 받은 자의 인격과 생활상, 집행유예가 미칠 영향 등을 집행유예선고의 고려사항으로 규정하고 있다.

피고인의 개인적 사정은 피고인의 인격에 관한 심도있는 조사와 분석을 통해서만 확정될 수 있다. 이러한 어려운 임무는 법관 혼자서 행할 수 있는 것은 아니다. 경우에 따라서는 사법보조관 외에도 행위자의 주변인물인 교사, 친지, 보호관찰관뿐만 아니라 정신병 내지 심리학 분야의 전무가 등을 참여시켜야 가능해진다.

양형의 합리화와 철저화의 전제조건은 양형자료의 수집과 조사가 판결전에 이루어져야 한다는 점이다. 이를 위해서는 판결전 조사제도가 활용되어져야 한다. 미국에서는 형의 선고전에 보호관찰관(probation officer)으로 하여금 피고인에 대한 양형자료를 조사하고 이를 법원에 보고하도록 하여 피고인에 대한 적정하고 타당한 양형이 가능하도록 한다. 독일에서는 공판절차가 사실인정절차와 양형심리절차로 분리되어 있지 않지만 판결전 조사제도인 사법보조제도(Gerichtshilfe)를 이용하여 사법보조관이 피의자 또는 피고인의 인격과 성장과정 및 환경등을 조사하여 보고하도록 한다(독일 형사소송법 제160조 3항, 제463조의 d).

(3) 피고인과 변호인의 방어권 및 변호권 보장

지금의 전통적인 형사소송절차는 변호인에게 변호권의 적절한 행사가 보장되어 있지 못하다. 왜냐하면 변호인은 피고인의 유무죄에 대해서 공판절차의 진행상황을 통해서도 확신하지 못하면 유죄일 경우를 대비한 증거신청 및 변호와 무죄임을 주장하는 변론을 동시에 할 수밖에 없기 때문이다.[42]

또한 피고인이 무죄임을 확신하더라도 유죄판결을 대비하여 - 유죄로 인정될 경우에는 벌금형 또는 집행유예를 받기 위해서 - 양형에서 유리하게 작용할 사정들을 주

---

41) Heckner, a.a.O., S.4.
42) Fischinger, ZStW 81(1969), 50ff.; Dahs jun., GA 1971, 354; Kleinknecht, Heinitz-FS 1972, S.655.

장하고 증거신청을 함으로써 상호 모순되는 주장과 입증을 하게 되고 이로써 법원에게는 변호인조차도 무죄를 확신하고 있지 못하다는 인상을 주며 피고인에게도 신뢰를 주지 못할 가능성이 있기 때문이다. 피고인 또는 변호인은 입증과 주장의 설득력을 스스로 감소시키는 방어전략의 모순에 빠지게 되는 것이다.

이는 피고인에게도 마찬가지이다. 유죄판결을 받을 것인지가 법적인 혹은 사실적인 이유에서 불분명한 상황이거나 유죄판결일 경우를 대비해서 가벼운 형벌을 받을 수 있게 할 사정이나 범행동기 등을 진술하고자 할 경우에는 피고인은 혹시 자신이 진술하고 제시한 사정들이 불리하게 작용하여 유죄판결의 개연성을 높이는 작용을 하지 않을까 염려하여 주저하게 된다.

이러한 변호권의 딜레마를 해소시켜주는 방안이 바로 공판절차를 이분하는 것이다. 이는 공판절차를 사실인정단계와 양형절차로 분리함으로써 전단계에서는 피고인과 변호인이 사실인정에 필요한 주장과 입증에 주력할 수 있게 하고, 또 무죄를 주장하고 입증하는데 아무런 거리낌이 없도록 함으로써 가능하게 된다.

마지막으로 이러한 딜레마는 이론적으로 검사에게도 문제일 수 있다. 검사는 피고인의 정당한 이익을 옹호해야 할 공익적 지위에 있으며 객관의무를 갖는다.[43] 공익의 대표자로서 검사가 진실을 탐지하고 법을 적용발견하는 것은 당연하다.[44] 만일 검사가 이 지위와 의무에 충실하여 피고인의 무죄를 주장하는 경우에는 위에서 언급한 피고인 내지 변호인의 방어권 및 변호권에 딜레마를 가져온다.[45]

(4) 법원의 예단배제

범죄사실의 존부에 관한 입증단계에서 법원에 의한 사실확정이 이루어지기도 전에 전과사실과 피고인의 개인적 사정 등이 언급되어지기 때문에 - 특히 배심원 또는 명예직 법관이 참여하는 형사사법제도에서는[46] - 법원의 예단의 위험성이 있다.[47]

---

43) Roxin, Strafverfahrensrecht, 21.Aufl., S.48f.; Wagner, Der objektive Staatsanwalt-Idee und Wirklichkeit, JZ 1974, 212.

44) 독일 형사소송법은 검사가 피고인에게 유리한 사정도 수사할 것을 요구하고 있고(제160조 2항), 피고인을 위하여 상소할 수 있으며(제296조 2항) 피고인의 무죄를 위하여 재심을 청구할 수 있다(제365조, 제301조)고 규정하고 있다.

45) Kleinknecht, a.a.O., S.656.

46) Römer, Das Schuldinterlokut, GA 1969, 335f.; Dahs jun., GA 1971, 354; Fischinger, ZStW 81 (1969), 54.

이를 방지하기 위해서는 예단을 줄 가능성이 있는 사정이 따로 언급될 수 있는 절차가 필요하다.

이는 우리 헌법의 무죄추정의 원칙(헌법 제27조 4항, 형사소송법 제275조의2)와 법원의 예단배제를 위하여 형사소송법상 인정된 공소장일본주의(형사소송규칙 제118조 2항)의 취지에도 부합한다. 그러나 독일의 경우에 사정이 다르다. 물론 독일은 비직업법관이 참여하는 형사사법제도를 갖기 때문에 법원의 예단이 문제될 수 있다. 그러나 명예직 법관은 직업법관의 영향하에 있다. 대형사부(Schwurgericht)에서는 명예직법관의 수가 직업법관의 수보다 적기 때문에 판결에 결정적으로 영향을 미치지는 못한다. Schöffengericht에서는 수적으로 명예직 법관이 다수라 하더라도 통상 법률전문가인 직업법관의 결정에 따르고 있는 현실이다. 따라서 법원의 예단의 위험성은 전문직업교육과 경험을 갖춘 직업법관의 통제로 인하여 무시할 정도로 작다고 본다.[48]

또한 법원은 공소제기 후에 공판절차를 개시할 것인지를 결정하기 때문에 이미 소송서류의 내용을 알고 있다는 점과 우리와 같은 공소장일본주의가 통용되지 않고 오히려 공소장에 수사의 중요한 결과를 기재하여야 하는 점(형사소송법 제199조, 제200조) 등에 비추어 법원이 불공정한 재판을 할 위험성이 있다는 추측은 설득력이 별로 없다. 다만 범죄사실의 존부에 관한 입증단계에서 법원에 의한 사실확정이 이루어지기도 전에 전과사실과 피고인의 개인적 사정 등이 언급되어지는 현행 절차는 무죄추정의 원칙에는 반하는 것이다.[49]

(5) 사법에 대한 신뢰형성

행위자는 예컨대 전력 또는 전과와 같은 자신의 개인적인 사정이 범죄사실 인정 여부에 있어서 불리하게 작용하고 또 그러한 사정이 공개된 재판에서 노출되어 피고인의 인격권이 침해된 반면, 양형에 있어서는 전혀 고려되지 않았다고 생각한다면 유죄판결과 형량에 대하여 쉽게 승복하려 하지 않을 것이다. 그러나 공소제기된 사건이 이분된 절차에 객관적이고 정당하게, 충분히 심리가 진행되었음을 피부로 느낀 피고인은 판결의 정당성을 인정할 것이다. 이로써 피고인 뿐만 아니라 일반인에게도

---

47) Heckner, a.a.O., S.3.

48) Kleinknecht, a.a.O., S.656.

49) Schubarth, Zur Tragweite der Grundsatzes der Unschuldvermutung, 1978, S.20.

사법에 대한 신뢰는 강화될 수 있다.

또한 정당한 형사제재수단을 결정하는 절차에 피고인이 적극적으로 참여하고 협조함으로써 자발적인 양형절차에서 결정된 결과를 기꺼이 받아들이게 될 것이다.[50] 피고인 내지 변호인과 검사는 유죄판결을 전제로 하여 양형절차에 참여하기 때문에 불필요한 주장과 입증을 피하고 양형에 중요한 사정과 쟁점사항에 집중할 수 있다. 이로써 기존의 공판절차에서 보다 양형결정에 대한 정당성을 확보할 수 있다.[51]

(6) 소송경제

제1단계의 공판절차에서의 증거조사결과 피고인의 불법행위에 대한 비난이 입증되지 못하면, 더 이상 양형사유를 수집하고 조사하여 언급할 필요가 없게 되기 때문에 절차는 종결된다.[52] 기존의 일원적 공판절차에서는 양형에 중요한 사정이 유무죄 판단 이전에도 범죄사실에 관한 자료와 함께 심리된다. 그러나 이는 무죄판결의 경우에는 불필요한 심리절차이기 때문에 공판절차의 분리로서 개선되어져야 한다.

4. 공판절차 이분에 대한 비판논거

그러나 학계와는 달리 주로 실무가들은 공판절차의 이분에 반대하는 입장이다. 특히 독일법관협회의 의장단의 결정은 현행 형사소송법이 피고인에게 공정한 재판을 보장하고 있다는 점과 막대한 인적 요소의 투입없이는 현실적으로 실현불가능하고 또한 공판절차 이분의 필요성의 논거는 입증되지 않은 가설에 불과하다는 점을 지적하고 있다. 또 형사소송의 지연을 초래한다는 점을 근거로 공판절차의 분리를 분명히 반대하고 있다.[53]

제2단계에서 새롭게 증인 또는 감정인을 신청하고 소환해야 하므로 공판절차의 연장과 판결선고절차의 지연이 초래된다. 또한 피고인 또는 변호인의 권리보장은 필

---

50) Krauss, Richter und Sachverständiger im Strafverfahren, ZStW 85(1973), 358.

51) Kleinknecht, a.a.O., S.657.

52) Dahs, NJW 1970, 1706.

53) Informationen des Deutschen Richterbundes Nr.5/1976, 17; Tröndle, DRiZ 1970, 216; ders., Besprechung von Th. Kleinknecht: Strafprozessordnung, 30.Aufl., MDR 1972, 88. 그러나 독일법관 협의회의 형법위원회 회의(1975. 7-10)와 공공노조의 법관과 검사 전문직 그룹은 임의적인 책임 중간 판단모델을 찬성한다. 이에 관해서는 Dästner, DRiZ 1977, 9ff.

연적으로 소송기간의 연장을 의미한다. 물론 예컨대 증거신청권같은 방어권보장의 경우에는 소송기간이 길어지더라도 감수해야 하지만 과연 공판절차의 이분으로 인한 소송지연까지 감수해야 할 것인가는 의문이다.[54]

또한 행위와 행위자요소 또는 범죄사실과 양형사실의 분리 불가능성도 지적된다.[55] 더 나아가 제2단계의 재판부를 새로 구성할 것인지, 누구로 구성할 것인지도 문제점이다. 제1단계의 재판부와 동일하게 하는 방안, 사회심리학자, 심리치료사, 사법보조관 등의 감정인으로 구성하는 방안, 양자를 혼합하는 방안 등이 제시되고 있다.[56]

Ⅲ. 독일에서 논의된 공판절차 이분형태

1. 서 론

(1) 기본이념

독일 형법이 몇 차례의 개정을 통하여 지향해 온 행위자형법의 요구와 목적을 실현시키기 위해서는 형사절차의 구조변화가 필요하다. 행위에 지향된 응보사상에서 행위자에 지향된 예방사상에로의 변화와 특별예상사상이 구체화된 형사체제체계는 필연적으로 행위자에게 지향된 형사소송의 진행을 요구하게 되었다.

이에 부응하여 법조계 및 변호사협회와 학계에서는 오래전부터 공판절차에 관한 형사소송법규정을 전면적으로 개정해야 한다는 목소리가 커지게 되었고, 1985년에 독일과 스위스의 형법학자들이 형사소송법 선택안(Alternativ-Entwurf)을 마련하여 이러한 요구를 수용하게 되었다.

공판절차의 전면적인 개선을 시도하는 것은[57] 독일 헌법이념에 부응하는 것으로서, 형사소송의 당사자인 피의자 또는 피고인에게 주체로서의 지위와 인격권을 보장함으로 형사소송의 법치국가적이고 사회국가적인(Rechts- und Sozialstaatlichkeit)요구

---

54) Heinitz, v.Lübtow-FG 1970, S.838.

55) Heinitz, a.a.O., S.841ff.

56) Begründung zum AE, S.61f. 참조.

57) 형사소송법의 전면적 개정을 주장하는 견해: Schreiber, in: Strafprozess und Reform, 1979, S.23; Wassermann, in: Strafprozess und Reform, 1979, S.11.

가 실현될 수 있다는 것이다.[58]

(2) 이분의 구체적 형태

공판절차의 가장 중점적인 개선노력은 공판절차를 범죄사실 인정절차와 양형절차로 분리하는 데 있다. 여기서는 소위 책임 중간판단 모델(Schuldinterlokut)[59]과 행위 중간판단 모델(Tatinterlokut)[60]이 일반적으로 선호되는 분리모델로서 논의되고, 양형이론에 기초하여 제시된 행위책임 중간판단 모델(Tatschuldinterlokut)[61]과 책임판단여지 중간판단 모델(Schuldspielrauminterlokut)[62] 등 다양한 형태가 주장되고 있다.

(3) 실현가능성

그러나 이러한 이론적 근거를 갖는 공판절차모델의 실현가능성이 문제이다. 선택안은 이분된 공판절차모델의 장점과 실현가능성을 Niedersachsen주의 법원에서 현행 형사소송법하에서 비형식적 행위 중간판단 모델(Tatinterlokut)을 실험적으로 운용한 경험적 결과에서 구하고 있다.

실증적 연구는 절차의 이분의 피고인의 인격보호에 유리하고 또 양형의 적정화와 합리화에도 기여함을 보여주고 있다. 또한 이 경험적 연구에 의해서 공판절차 이분에 대한 비판적 논거가 단순히 추측에 불과함이 입증되었다.[63] : 우선 행위요소와 행위자요소를 분리하여 심리하는 것이 불가능하다는 점과 공판절차이분이 필연적으로 형사소송절차의 지연을 초래한다는 점은 합리적인 형사절차규정을 만들어내고 또 운용함으로써 장애요인이 될 수 없음이 밝혀졌다. 또한 전형사절차의 진행기간이 비교적 길어지는 현상은 절차의 이분에 기인하는 것이 아니라 양형단계의 합리화에 그 원인이 있음도 설득력있게 확인되었다.

---

58) 이러한 관점에서 Wolter, Schuldinterlokut und Strafzumessung, Rechts- und Sozialstaat, Rechts- und Sozialwissenschaften im Strafprozess, GA 1980, 81.

59) Wolter, a.a.O., S.89ff.

60) Achenbach, JR 1974, 404; Roxin, Die Reform der Hauptverhandlung, 1975, S.70.

61) Horn, Tatschuld-Interlokut und Strafzumessung, ZStW 85(1973), 7ff.

62) Mösl, DRiZ 1979, 165f.; Schaffstein, Gallas-FS, S.102.

63) 이에 관해서는 아래 III. 5. (4) 참고.

2. Alternativ-Entwurf의 행위 중간판단(Tatinterlokut)모델

(1) 기본구조

위에서 언급한 이론적 근거와 경험적 연구를 통하여 선택안은 공판절차의 이분모델 중에서 소위 행위 중간판단모델을 취하고 있다. 이 모델을 선호하는 근거로는 책임능력의 확정은 양형보다도 더 심도있는 인격조사가 요구된다는 사실이 실험적 연구를 통하여 확인되었다는 점이다. 또한 책임능력을 확정하기 위하여 필요한 감정인은 철저한 인격심리를 통한 형사제재의 결정뿐만 아니라[64] 피고인에게 미치는 형벌의 효과예측에도 도움을 줄 수 있다는 점도 고려되었다.

이 모델은 책임 중간판단모델과는 달리 책임능력문제를 제2단계에서 다루고 제1단계에서는 공소제기된 범죄행위의 객관적 및 주관적 구성요건요소, 위법성조각사유, 불법의식, 책임조각사유, 인적 처벌조각사유 및 객관적 처벌조건 등의 존부를 판단하는 방안이다. 제2단계에서는 제1단계에서 확정된 범죄사실을 토대로 책임능력, 형벌가중 및 감경사유, 누범가중여부와 그 밖의 양형사유 등 모든 형사제재결정에 필요한 사정이 다루어진다.[65]

그러나 선택안 제243조 2항 2문은 중요한 예외사유를 규정하고 있다. 범죄사실의 확정을 위해서 피고인의 정신장애로 인한 책임무능력(형법 제20조) 및 한정책임능력(형법 제21조), 그의 인격적 및 사회적 상황이 관련되어 있는 행위사정이 이미 제1단계에서 심리될 것이 요구되는 경우에는 법원은 예외를 인정할 수 있다(제239조 2항 AE).[66] 예를 들어 원인에 있어서 자유로운 행위(actio libera in causa)의 경우에는 구성요건해당성의 검토단계에서 이미 책임능력의 유무가 문제되기 때문에 이러한 예외사유에 해당하게 된다.

더 나아가 피고인의 인격적 및 사회적 상황을 조사함이 없이는 행위의 구성요건해당성을 확정할 수 없는 경우가 있을 수 있다. 예컨대 법원은 행위자의 경제적 사정을 고려하지 않고는 영업범에서의 행위의 영업성(Gewerbmaissgkeit) 또는 부양의무위반행위(형법 제170조의 b)를 확실하게 결정할 수 없는 경우에도 예외사유가 된다.

---

64) Krauss, ZStW 85(1973), 356.

65) Begründung zum AE, S.54f.

66) Herrmann, Eine neue Hauptverhandlungsmodell, ZStW 100(1988), 75.

(2) 증거조사절차[67]

피고인신문 후의 증거조사절차는 증인 또는 감정인의 신문으로 진행된다. 현행법은 증거의 신청권자가 먼저 신문을 하는 방법을 규정하고 있지만, 선택안은 법원이 증인 또는 감정인에게 먼저 진술하도록 한 후에 교호신문절차를 진행하도록 하고 있다. 근거는 신청권자가 먼저 하도록 한다면 신청을 많이 하는 측이 유리하고, 이는 통상 검사측이기 때문에 중립적인 상태에서 출발할 수 있도록 한다는 데 있다.

(3) 중간결정의 구속력[68]

법원이 제1단계 심리 후에 피고인이 공소제기된 범죄를 행했다는 결론에 도달하면 양형을 위한 분명하고 의심할 여지가 없는 출발상황을 만들어 놓아야 한다.[69] 즉 독립해서 이의를 제기할 수 없는 중간결정(Interlokut)을 입증된 범죄행위와 적용법조를 명기하여 문서로 작성하여야 한다(제239조 4, 5항 AE).

제2단계 공판절차인 양형절차에서는 법원은 서면으로 작성된 중간결정에 구속된다(제240조 1항 AE). 따라서 중간결정의 토대가 된 사실확정에 대해 다투려는 증거신청은 허용되지 않는다. 구속력은 중간결정의 토대가 된 확정된 사실이 아니라 단지 주문에만 미친다. 중간결정의 구속력은 양형단계가 진행됨에 따라 새로운 사실이나 증거자료를 제시하여 중간결정의 당부에 의문을 제기할 수 있는 가능성을 원칙적으로 차단함으로써 공판절차의 이분을 실현하게 한다.

그러나 제2단계에서 새로운 사실을 토대로 중간결정이 잘못되었다는 점이 밝혀진 경우에는 예외적으로 시정될 가능성이 있어야 한다. 따라서 법원은 일치된 결정으로[70] 직권으로 피고인을 위하여(제240조 2항 AE),[71] 또한 검찰의 신청으로 피고인에게 불리하게(제240조 3항 AE) 구속력을 취소할 수 있다는 규정을 두고 있다. 예컨대 전자는 새로운 사실로 인하여 피고인이 무죄가 되거나 가벼운 형사법이 적용되어 가

---

67) Begründung zum AE, S.71.

68) Begründung zum AE, S.63f.

69) Herrmann, ZStW 100(1988), 76.

70) 통상의 2/3가 아니라 만장일치를 요구하는 이유는 중간결정의 구속력을 유지하기 위해서는 중간결정의 부당성이 명백한 경우로 제한할 필요가 있기 때문이며, 만장일치가 아니면 피고인이나 변호인이 1/3의 법관의 생각을 바꾸려고 끊임없이 시도할 것이기 때문이다.

71) 독일 형사소송법 제359조 Nr.5의 재심사유와 비교.

벼운 형벌 또는 보완처분이 고려될 수 있는 경우이다. 이와 같은 예외적 사유는 제한적으로 해석되어야 중간결정의 구속력이 보장될 수 있다. 언제나 사실 확정의 부당성을 검증할 수 있는 예외사유를 인정받기 위한 증거신청의 남용위험이 도사리고 있기 때문이다.

(4) 교호신문제도[72]

선택안은 재판장의 업무감경과 변호인 및 검찰의 지위강화를 위하여 소위 영미식은 교차신문제도(Kreuzverhör: cross-examine)와 현행 공판심리구조의 혼합형인 교호신문제도(Wechselverhör)를 도입하였다(제243조 5항 AE).[73] 이는 영미식의 소송구조와 같이 검사와 피고인 내지 변호인에게 주도적 지위를 인정하여 당사자사이의 공격과 방어, 주장과 입증에 의하여 심리가 진행되는 당사자주의와 전통적인 독일식인 철저한 직권주의구조의 혼합형이다.[74]

이에 따라서 소송진행권한은 재판장에게 그대로 남아 있지만(제238조 1항 AE) 피고인, 증인 및 감정인에 대한 신문은 변호인과-변호인이 없는 피고인의 경우에는 재판장이 검사와 순차적으로 신문하며 재판장이 먼저(제243조 7항 AE) 검사의 신문권에 의해서 주도적으로 진해되어지게 되었다. 피고인에 대한 신문은 변호인과 검사의 순서로 진행된다(제243조 5항 AE).

재판장은 교호신문이 끝난 후에, 합의부판사, 명예직 법관, 검사 또는 변호인은 요구에 의하여 보충적인 신문을 할 수 있다(제243조 6항 AE). 보충신문권은 변호인과 검사의 수차례에 걸친 순차적인 신문에 의하여 사건이 이미 해명되어졌지만, 불분명하고 대답되어지지 않은 질문이 있거나 오해의 여지가 있는 것에 관해서만 인정된다.

교호신문은 변호인이 먼저 질문을 하는 순서를 진행된다(제243조 5항 AE). 변호인이 먼저 하는 이유는 검사는 이미 수사절차의 진행과 공소제기를 통해서 피의자에 대한 충분한 신문을 행했고 이 결과를 제시하여 자신의 주장과 입증방침을 법원에 알릴 기회를 가졌지만, 변호인은 자신의 주장을 표시할 기회가 없었기 때문이다. 또

---

72) Begründung zum AE, S.67ff.
73) 교차신문제도를 채택하지 않은 이유는 이 제도는 법원의 실체진실 발견의무와 검사의 객관의무에 상충되어 독일 형사소송법의 기본원칙의 포기를 의미하기 때문이다.
74) Dahs, Reform der Hauptverhandlung, Schorn-FS 1966, S.14ff.; Roxin, a.a.O., S.56ff.

한 무죄임을 주장하는 자에게 우선 진술의 기회를 제공하는 것이 법치국가원리에 부합하는 것이기도 하다. 이 기회에 피고인도 수사단계에서 하지 못했던 진술을 할 수 있는 가능성을 갖게 된다.

이러한 교호신문제도에 관한 규정은 공판절차의 1단계인 사실인정절차에만 적용된다. 양형절차에서는 우선적으로 피고인에게 자신의 인격적 및 사회적인 상황에 관하여 진술할 기회가 주어진다(제243조 b 4항 AE). 이어서 사법보조관이 신문되어진다.

(5) 양형절차와 사법보조관의 보고서[75]

1) 양형절차

행위 중간판단 절차의 구조는 범죄사실확정 후에 휴정기간을 필요로 한다. 선택안 제243조의 b 1항에 따라 양형결정절차는 사실인정절차 후 중간결정에 있어서 진행되는데, 사법보조관의 보고서제출을 명한 경우 또는 증인 내지 감정인의 소환을 명한 경우와 공판절차의 휴정기간이 양형결정절차의 준비를 위하여 충분하지 못할 경우에는 법원은 2개월을 초과하지 않는 범위내에서 절차의 중단을 결정할 수 있다(제243조 b 2항 AE).

법원은 피고인의 인격에 관한 서류의 내용파악과 증인 또는 감정인의 소환 등 양형절차의 준비를 위하여 시간을 필요로 한다.[76] 이 경우에 집중심리주의(Konzentrationsmaxime)와 신속한 재판의 원칙이 고려되어져야 한다. 그러나 자백사건의 경우에는 제170조 a 4항 AE에 따라 인격에 관한 서류는 사실에 관한 서류와 함께 제출되기 때문에 법원은 전 공판절차를 준비할 수 있다. 따라서 양형절차의 준비없이 즉, 휴정하지 않고도 곧바로 진행이 가능하다.

양형절차에서 재판장은 피고인에게 자신의 인적·사회적 상황을 보고하도록 한다. 그 다음에 사법보조관의 보고를 듣는다. 피고인의 인격에 관한 가능한 한 폭넓고 적절한 진술을 통해서 양형을 위한 대화가 가능하도록 하기 위하여 사법보조관의 보고는 피고인의 진술에 이어서 재판장이나 검사 또는 변호인의 질문에 앞서서 행해진다. 이렇게 함으로써 모든 공판절차의 참여자가 동일한 정보상황에서 질문할 수 있고 이는 구두주의에 합당하기 때문이다. 피고인과 사법보조관에 대한 검사와 변호인

---

75) Begründung zum AE, S.71ff.
76) Herrmann, ZStW 100(1988), 76.

의 질문은 교호신문절차를 엄격히 지킬 필요는 없고 재판장의 재량에 맡겨 진행하도록 하여 마음을 열고 자유로운 가운데 필요하고 합목적적인 제재수단에 관한 결정이 이루어지도록 하는 것이 바람직하다.

책임능력의 유무와 개별적이고 적절한 형사제재를 찾아내기 위하여 피고인의 인격을 심도있게 조사하는 것은 개인의 사생활의 비밀 등이 노출될 우려를 갖게 한다. 따라서 피고인의 인격권을 보호하기 위하여 피고인의 신청으로 공판절차를 비공개할 수 있도록 하여야 한다(제243조 b AE).

그러나 피고인보호를 위한 양형절차의 비공개는 일반의 정보공개에 대한 관심과도 상충되며, 법적용의 당부에 관한 검증을 위해서도 공개하는 것이 사법의 신뢰 형성에 도움이 된다. 따라서 이익충돌을 조화롭게 해결하기 위하여 예외사유를 인정하고 있다. 즉 피고인보호의 이익은 정보의 공개에 관한 공적 관심의 뒤편으로 물러서게 한다. 예컨대 책임능력이나 형사제재에 관한 판결이 아주 논란이 되는 사회적인 관심의 대상이 된 사안의 경우나 재판의 공개원칙이 배제된 판결이 사법에 대한 일반의 불신을 초래할 위험이 있는 사안의 경우에는 양형절차는 피고인의 신청에 의하여 비공개로 진행될 수 있다.

2) 사법보조관의 양형조사보고서

중간결정 이후에 인격에 관한 서류가 법원에 제출되어 진다. 사법보조관의 보고서가 제출되어 있지 않으면 재판장은 사법보조관에게 보고서제출을 명할 수 있다. 증인과 감정인을 소환할 필요가 있으면 이미 소환되지 않은 경우에는 소환을 명한다(제243조 b 1항 AE).

양형절차에서 형벌이 피고인에게 미치는 효과를 예측하고 형의 종류와 양을 결정하는 이분된 공판제도에서는 법원의 보조가 중요한 역할을 한다. 현행법에서는 검찰은 범죄사실의 확정에 중요한 사정을 수사하기 위하여 법원의 도움을 받을 수 있다(독일 형사소송법 제160조 3항). 이 임의규정은 실무상 거의 활용되지 못하는 실정이다.

그러나 형사제재문제에 주된 관심을 갖는 선택안은, 양형결정에 중요한 피고인의 인격적 상황에 관한 조사가 공판절차에서는 제한적으로 가능하기 때문에 행위의 법적 효과결정에 중요한 사정을 수사하여야 하는 검사는 사법보조관의 도움을 받도록 규정하고 있다(제160조 3항 AE). 다만 사법보조관의 조사없이도 형법 제46조의 기본원칙과 형사제재에 관한 다른 규정을 충족시키는 결정을 내릴 수 있는 경우에는 예외가 인정된다(제160조 3항 AE).[77)]

학계에서 논란이 되고 있는 사법보조관의 이용시기에 관하여 선택안은 중도적 방안을 채택하고 있다. 사법보조관에 의한 판결전 조사는 가능하면 빨리 이미 수사의 개시단계부터 이루어져야 한다는 요구도 있고, 피고인의 인격에 관한 조사를 범죄사실의 확정전 까지는 인정하지 말고 중간결정 이후 양형절차가 시작되면 양형조사관(내지 사법보조관)을 투입하자는 주장도 있다. 한편으로는 무죄추정의 원칙과 피고인의 인격보호와 다른 한편으로는 형사제재결정에 중요한 사정을 포함하여 모든 사정을 수사하여야 하는 검사의 이해라는 긴장관계속에서 선택안은 조화로운 해결책으로서 양형조사관이 피고인의 인격영역에 뛰어들 수 있는 시기를 피고인의 범행임이 충분히 인정될 수 있는 때로 본다. 이 시기는 통상 공소제기시이다(제160조 4항 AE). 그러나 피고인의 동의가 있는 경우에는 이보다 빨리 판결전 조사가 이루어질 수 있다(제160조 4항 2문 AE).

양형절차에서는 양형조사관의 조사내용에 관해서 신문되어질 수 있다. 그러나 이는 임의적이다(제243조 b 4항 AE). 양형조사관이 출석하지 않은 경우에는 재판장은 양형조사관의 조사보고서를 갖고 있는 피고인을 신문한다.

3) 사법보조제도(Gerichtshilfe)

공판절차이분의 주된 목적은 양형절차의 강화를 통하여 피고인의 인격에 관한 조사와 심리를 철저히 하자는데 있다.[78)] 물론 검사는 제160조 3항 AE에 따라 양형에도 중요한 사정에 관해서도 수사하여야 하지만, 이는 검사 내지 사법경찰의 인적, 물적, 심리적 요인으로 인하여 불가능하다. 따라서 이를 전담하는 조사관이 필요하다.

선택안은 사법보조관제도를 활용하여 검찰 또는 법원의 요청으로 피고인의 인적, 사회적 상황을 조사하도록 하고 있다(제150조 1항 AE). 사법보조관은 서류의 열람 또는 구속된 피의자 내지 피고인과의 접견 등을 통하여 피고인의 인격적, 사회적 상황을 조사하여 범행에 대한 적절한 형사제재의 결정을 준비해 주는 역할을 한다.

---

77) Begründung zum AE, S.34ff.
78) Begründung zum AE, S.29.

형사소송법 제160조 3항 2문과 제463조 d에 사법보조제도를 규정함으로써 이제 50여년 동안 비공식적으로 실시되어 온 제도의 확대가능성이 마련되었다.[79] 이 이후로 실무와 학계에서는 사법보조제도의 법적 제도화의 확대를 지속적으로 주장하였다. 이 제도가 모든 연방주에서 실시되고 있고 사법제도로서 정착이 되었지만 아직도 검찰과 법원은 - 주법과 직무규정에 의하면 사법보조관의 주임무가 수사와 공판절차에 있음을 규정하고 있지만 - 형집행절차와 사면절차에만 투입하고 있는 실정이다.

(6) 기록열람권[80]

공판절차의 이분에 상응하여 검사는 수사개시부터 피의자의 범죄사실에 관한 조서와 인격에 관한 조서를 구분하여 작성, 제출하여야 한다. 검사는 공소장과 함께 범죄사실에 관한 조서를 제출하고, 인격에 관한 조서는 피의자가 자백했고 이 조서의 내용이 양형단계의 준비를 위하여 필요한 경우에만 공소장과 함께 제출되어진다(제170조 a 4항 AE).[81]

수사기록열람권은 직업법관에게만 허용된다(제241조 1항 AE). 현행 독일의 형사소송법은 수사서류열람권에 관하여 규정하고 있지 않지만, 통상 직업법관에게는 제한 없는 열람권을 보장하고 명예직 법관에게는 수사서류 뿐만 아니라 공소장의 열람도 허용해서는 안된다고 본다. 근거로는 구두주의와 직접주의를 들고 있다. 즉 재판부의 심증형성은 공판정에서의 조사와 심리를 통해서만 이루어져야 한다는 것이다. 이는 직업법관에게도 통용되는 것이지만, 재판장은 소송진행을 위하여 미리 열람할 필요가 있고,[82] 재판장이나 합의부원은 수사서류의 내용을 알아야만 공판개시를 결정할 수 있기 때문에 구별하여 인정해야 한다.

또 수사서류의 열람을 명예직 법관에게 불허하는 이유는 이들은 직업적 교육을 받지 못했고 직업적 경험이 없기 때문에 수사서류를 통하여 심증형성했는지 아니면 공판절차의 결과를 토대로 심증을 형성했는지를 구분하지 못하기 때문에 공정한 재

---

79) 이와 같은 사법보조제도는 양형절차를 준비하기 위하여 실무상으로 행해져 오던 관행이었기 때문에 이를 포기할 수 없었고 또 이는 행위자 지향적이고 특별 예방적으로 다양화된 실체법의 형사제재체계에도 부합하는 것이었다.

80) Begründung zum AE, S.65ff.

81) Begründung zum AE, S.38.

82) Peters, Strafprozess, 4.Aufl., 1985, S.545.

판을 위해서도 구별하여 취급해야 한다.

진실발견을 위해 공판절차에 관여하는 사람 모두에게는 물론이고 법관에게도 차별없이 소송서류와 수사기록을 열람하지 못하도록 하는 방안은 편견없는 공정한 재판의 진행과 구두주의 및 직접주의의 실현을 보장한다는 장점은 있다. 또한 이러한 방안은 선택안이 채택하고 있는 새로운 신문방법, 즉 교호신문제도이 취지에도 부합할 것이다. 왜냐하면 이 제도에서는 검사와 변호인이 주도적으로 공격과 방어를 진행하고 법관은 제3자적 지위에서 공판절차를 진행하므로 공판개시전에 미리 원활한 공판진행을 위해 소송서류와 수사기록의 내용을 파악할 필요가 없기 때문이다.

그러나 선택안은 수사서류열람권에 차별을 두는 방안을 채택하고 있다. 즉 직업법관인 재판장에게는 미리 수사기록의 내용을 지득할 것을 허용하는데 이는 특히 재판장이 공판정에서 다투어질 대상에 관한 소송서류와 공소장 등의 내용이 무엇인지를 알아야지만 법관의 석명의무를 이행할 수 있기 때문이다. 검사와 변호인의 교호신문 후에도 여전히 사건에 대한 사실상 및 법률상 사항이 불명료하다고 판단되면 재판장은 보충신문을 통하여 이를 분명하게 할 수 있다. 그러나 검사와 변호인의 주장과 입증이 불충분하다는 판단은 서류의 내용과 비교함으로써 가능하다. 이러한 이유에서도 명예직 법관이나 합의부원과는 달리 재판장에게는 미리 소송서류와 공소장의 수사결과의 내용을 알 수 있는 기회를 주어야 한다.

그러나 이와 같은 원칙은 현실적이지 못하다. 왜냐하면 합의부원도 공소장에 첨부된 수사결과를 토대로 이루어지는 공판개시결정에 관여하고 또 구속결정도 내리기 때문이다. 따라서 수사서류내용에 관한 정보권과 관련해서는 직업법관과 명예직 법관을 구별하여 후자에게만 정보권을 불허하는 방안이 타당하다.

(7) 양형절차의 재판부구성[83]

제2단계의 양형심리절차에 재판의 주체가 누구여야 하는가가 문제된다. 절차의 성질상 심리학자, 사회심리학자, 정신치료사, 사법보조관 등 감정인이 전적으로 재판부를 구성하여야 한다는 방안, 제1단계의 법관에 의한 동일한 재판부구성방안, 그리고 양자가 혼합하여 구성하는 방안 등이 논의된다. 소송기간의 지연, 법적 문제의 판단, 직업경험자인 법관의 참여, 새로운 재판부 구성과 진행의 어려움 등을 고려하

---

83) Begründung zum AE, S.61f.

여 동일한 재판부로 절차를 계속하는 방안이 타당하다. 양형심리절차의 철저화를 기하기 위하여 감정인을 증인으로 소환하는 방안이 적극 활용되어져서 동일한 재판부의 단점을 보충하여야 한다.

(8) 판결이유와 불복방법[84]

유죄판결의 경우에는 판결이유도 사실인정단계의 결론과 책임능력 및 형벌(내지 보안처분)에 관한 양형단계의 결론으로 구성된다. 이는 공판절차의 이분의 당연한 결과이다. 책임능력의 문제는 제239조 1항 AE에 따라 제2부분에 속하지만 제239조 2항 AE에 따라 이미 사실인정에 필요했던 경우에는 판결이유의 제1부분에서 언급되어져야 한다.

제1부분에는 입증된 사실과 적용된 형법규정을 표시하여야 하며, 제2부분은 중용한 참작사유와 적용법조를 명시해야 한다(제267조 AE).

항소심의 공판절차는 제239조 1항 AE에 따라 두 단계로 구성된다(제324조 AE). 이는 제1심의 공판절차와 마찬가지로 양형문제를 철저히 다루기 위한 목적과 특히 무죄판결의 경우 피고인의 인격권보호를 위한 것이다.

(9) 비판적 고찰[85]

1) 현행 법상황과 제도를 바꾸기 위해서는 변화의 실무적 필요성과 무엇보다도 변화된 내용의 실현가능성이 있는가가 검토되어야 한다.

2) 선택안의 행위 중간판단 모델이 소송기간을 단축할 것이라는 주장이다. 이에 반해서 두 번의 변론과 두 번의 심의는 소송의 지연을 초래한다는 반론도 있다. 분명한 것은 무죄판결의 경우에는 소송기간이 현저히 단축될 수도 있다는 점이다. 그러나 중간판결이 유죄판결인 경우에는 소송기간이 길어질 가능성도 배제할 수 없다. 물론 선택안의 주장자들은 사실인정절차 이후에 잠깐 동안의 휴정 후에 곧바로 양형절차를 진행시킬 수 있다고 한다. 그러나 현실적으로는 불가능할 것이다. 왜냐하면 피고인의 인격에 관한 서류의 내용을 파악하기 위해서는 많은 시간이 필요하고 피고

---

84) Begründung zum AE, S.76ff., 84f.
85) 선택안에 동의하는 견해로는 Herrmann, ZStW 100(1988), 74ff., 비판적으로는 Dahs, ZRP 1986, 181; Ziegert, StV 1986, 412; Riess, Hauptverhandlungsreform-Reform des Strafverfahrens, Lackner-FS 1987, S.965, 970ff.

인이 다수인 경우에는 더욱 그렇기 때문이다.

3) 행위 중간판단 모델의 적용범위와 관련하여 경미하거나 중간 정도의 범죄에 대한 공판절차에서는 피고인의 인격에 관한 심리가 필요하지 않는 것이 일반적이어서 공판절차를 이분하는 것이 비례성의 원칙과 소송경제의 원칙에 위배되는 것이 아니냐는 의문이 제기될 수 있다.

4) 이러한 문제점을 고려하면 과연 형식적인 공판절차의 이분이 타당할 것인가는 의문이다. 따라서 현행 공판절차에 관한 법규정의 범위내에서 비형식적인 중간 판결의 형식을 취하는 방법이 가능한가가 검토되어져야 한다. 공판절차의 이분이 갖는 장점은 피고인의 인격적 사정이 유죄판결이 나기도 전에 공개된 재판에서 노출되는 것이 방지되어 피고인의 인격권이 보호된다는 점이다. 그러나 피고인의 사생활의 비밀 등이 불필요하게 공판절차의 초기부터 침해되는 것을 막기 위한 방안은 법원조직법 제172조 1항 Nr.2에 따라 예외적인 재판의 비공개가능성을 활용하는 것이다. 또한 유무죄의 문제를 판단한 후에 비로소 양형문제를 다루는 것이 오늘날 일반적인 실무관행이다. 현행법하에서도 양형에 중요한 증거는 통상 사실인정을 위한 증거조사가 끝난 후에 제출하도록 하고 전과사실도 사실인정을 위한 증거조사 이후에 거론하는 것이 가능하다. 이는 실질적으로는 공판절차의 이분과 같은 효과를 갖는 방안이다.

5) 공판절차의 분리의 중요한 논거중의 하나는 피고인의 인격에 관한 상황이 미리 알려지므로써 심증형성에 영향을 미칠 것이라는 추측이다. 그러나 이러한 이론적인 가정은 구체적인 예로써 입증된 것은 아니다.[86] 오히려 심증형성에 영향을 미치는 요소는 예컨대 공소장에 기재된 수사결과, 공판개시여부를 결정하는 중간절차에 제출된 서류, 구속여부 등에 있다고도 보여진다.

6) 공판절차이분의 논거로서 소송경제를 들 수 있다. 피고인이 무죄판결을 받는 경우에는 양형판단이 불필요하기 때문이라는 것이다. 그러나 통상 통계적으로 무죄판결의 비율이 아주 낮기 때문에 소송경제적 측면의 장점은 아주 설득력이 없다.

7) 공판절차의 분리에 반대하는 논거로서 사실인정사유와 양형사유를 엄격히 분리하는 것이 불가능하다는 점이다. 왜냐하면 사실인정에 중요한 사정은 통상 양형판

---

86) Dästner, Flexibles Schuldinterlokut, DRiZ 1977, 13.

단에도 중요하기 때문이다. 또한 행위의 구성요건해당성은 행위자의 인격적 및 사회적인 상황을 고려하지 않고는 판단될 수 없는 경우가 흔하기 때문이다. 이러한 점을 고려하여 선택안은 양형절차에서 다루어져야 할 사정을 사실인정단계에서 평가할 수 있도록 하고 있다. 그렇다면 현행상황과 변화 개선된 것은 별로 없는 것이다.

8) 교호신문제도는 법원과 마찬가지로 검사와 변호인에게도 수사결과가 첨부된 공소장 기타 소송서류에 대한 열람권이 인정될 것을 전제로 한다. 미리 준비절차가 보장되어야 교호신문을 통한 효과적인 소송진행이 가능하기 때문이다. 또한 이로써 공판절차가 신속하게 진행될 수 있다.

9) 행위 중간판단 모델은 독일 형법 제20조의 정신적 장애로 인한 책임무능력과 제21조의 한정책임능력을 제2단계에서 확정한다. 이는 감정인의 감정이 필요하기 때문에 별도의 절차에서 철저히 다루어져야 한다는 이유이다.[87] 그러나 책임능력은 특별예방적 관점에서 관찰해야 할 개인적, 심리적 요소이기 때문에 피고인의 인격과 함께 조사분석되어야 하는 것이 아니라, 일반예방적 관점에서 관찰해야 할 규범적, 윤리적 요소이다. 따라서 제1단계인 범죄사실 인정절차에서 확정되어져야 한다.[88]

또한 책임능력이 제1단계에서 확정되지 않으면 중간판단으로 유죄결정을 받은 피고인은 제2단계의 양형과정에서 자신의 책임무능력(또는 한정책임능력)에 촛점을 맞추어 입증하고 주장할 가능성이 있다.[89] 이런 경우에는 공판절차의 이분의 장점과 의미가 사라지게 된다.

3. 책임 중간판단 모델(Schuldinterokut)

(1) 기본구조와 진행방식

행위 중간판단 모델과의 구별점은 책임능력의 유무를 어느 단계에서 다루느냐에 있다. 책임 중간판단 모델은 책임능력문제(독일 형법 제20조의 정신장애로 인한 책임무능력과 제21조의 한정책임능력)를 포함한 범죄사실 인정단계와 전 단계가 인정된 경우의 양형단계를 구분한다.[90]

---

87) Krauss, ZStW 85(1973), 356; Schöch, Bruns-FS, S.461.

88) Wolter, a.a.O., S.98.

89) Wolter, a.a.O., S.98.

90) Wolter, a.a.O., S.98.

제1단계는 적법 절차내에서 무죄추정의 원칙이 지켜지고 피고인의 법치국가적 권리가 존중되는 가운데 피고인에 대한 공소사실의 당부를 결정하여 중간판단 (Interlokut)을 내린다. 중간판단의 결과 공판절차가 무죄판결 혹은 법원에 의한 절차의 중지로 종결되는 경우[91]가 아니면 제2단계에서는 구속력있는 유죄판결을 전제로 하여 피고인은 원칙적으로 유죄로 추정되고 따라서 특히 행형에서의 재사회화 필요성의 관점에서 피고인에게 정당하고 적절한 형사제재를 결정하는 절차를 진행시킨다.

제2단계에서는 제1단계와는 달리 배심원의 배제가 바람직하며[92] 공판절차의 기본원칙인 구두주의와 직접주의가 제한될 수 있고 엄격한 증명의 원칙이 완화되어 적용되어야 한다.[93] 그 근거로는 양형의 기초자료로서 활용되는 피고인의 인격 및 환경 등에 관한 사법보조관의 조사보고서의 증거능력문제와 감정인 등의 활용이 용이하도록 하기 위함이다.[94]

(2) 문제점과 해결방안

행위 중간판단 모델처럼 책임 중간판단 모델(Schuldinterokut)에 대한 문제점은 중간판단인 유죄판단의 구속력과 소송지연에 대한 우려이다. 또한 모든 형사절차에서 이 모델이 실현가능한 것인지도 의문이다.

우선 중간판단인 유죄판단의 구속력은 제2단계의 피고인 인격조사와 재사회화과정을 원활히 진행하기 위하여 인정되어야 할 것이다.[95] 또한 중간판단에 불복방법을 허용하면 이는 필연적으로 소송의 지연을 초래할 것이기 때문에 중간판단 이후의 상소는 형양문제에 제한하는 것이 바람직하다. 그러나 예외적으로 제2단계에서 새로운 사실이 발견되어 법원의 일치된 견해로 무죄판결을 선고할 수 있도록 해야 한다.

공판절차를 분리하여 진행하면 소송이 지연되고 경우에 따라서는 피고인의 구속

---

91) 예컨대 현행 독일 형사소송법에 따라 경미한 사안의 경우(제153조 2항)에 검사와 피고인의 동의를 얻어, 또는 부담 또는 지시를 부과하여 임시로 절차를 중지하는 경우(제153 a조 2항)와 법원이 검사와 피고인의 동의를 얻어 절차를 중지시키는 경우(제153 b조 2항) 등이 있다.

92) Wolter, a.a.O., S.92.

93) Blau, Die Teilung des Strafverfahrens in zwei Abschnitte. Schuldspruch und Strafausspruch, ZStW81(1969), 45; Dahs, Fortschrittliches Strafrecht in rückständigem Strafverfahren, NJW 1970, 1709.

94) Wolter, a.a.O., S.92.

95) Wolter, a.a.O., S.102.

이 연장될 것이라는 추측은 타당하지만 이는 책임확정과 양형에 중요한 사정을 조사하고 분석하기 위하여 감정인 또는 사법보조관을 활용하기 때문이지, 절차의 분리에서 나오는 결과는 아니다.

소송의 신속한 진행을 위해서는 제1단계 종결 전이라도 유죄판결이 확실한 경우에는 피고인 및 변호인의 동의하에 미리 사법보조관의 조사를 명하는 방법을 생각할 수 있다. 이는 미국에서 양형보조관으로서 보호관찰관을 활용하는 방식인데 무죄추정의 원칙에 위배될 뿐만 아니라 유무죄판단이 있기 전의 단계에서 과연 피고인과 사법보조관간에 필요한 신뢰관계가 형성될 수 있는가가 의문이다.

책임 중간판단 모델을 모든 형사절차에서 운영할 수 있을 것인가도 문제이다. 모든 형사사건에서 적용할 수 있다는 견해[96]와 피고인의 신청이나 재판장의 재량에 따라 적용하자는 견해[97]가 있다. 또한 부과될 형벌이 자유형 또는 자유박탈을 수반하는 보안처분인 경우, 즉 형사부(Strafkammer)사건에만 적용하자는 견해[98]도 있다.

4. 양형이론에 기초한 분리모델

(1) 행위책임 중간판단 모델(Tatschuldinterlokut)

이 모델은 제1단계에서 유무죄판단은 물론 책임원칙의 관점에서 형벌의 양까지 결정하고 제2단계에서는 예방사상의 관점에서 형벌의 종류(예컨대 벌금형, 자유형, 집행유예 등)를 정하는 모델이다. 양형에서 책임과 예방의 관계를 규명하면서 양형과정의 단계에 따라서 형벌목적이 갖는 의미와 가치를 달리 평가하여야 한다는 위가이론(내지 단계이론)[99]에 근거하여, 본래의 의미의 양형단계인 형벌의 양의 결정은 오직 책임을 기초로 하고 광의의 양형인 형벌종류의 택일에는 예방적 관점을 끌어들이는[100] 이론적 배경을 갖고 있다. 그러나 제1단계의 형벌의 양은 실제 선고될 형량을 의미하는 것은 아니다.[101] 제2단계에서는 형벌이 피고인에게 미칠 영향이라는 관점에서

96) Schöch, Bruns-FS, S.473; Dölling, Die Zweiteilung der Hauptverhandlung 1978, S.253.

97) Blau, a.a.O., S.48; Knittel, Zweiteilung der Hauptverhandlung nach englischem Vorbild? Schwinge-FS 1973, S.223.

98) Wolter, a.a.O., S.104.

99) Henkel, Die "richtige" Strafe, 1969, S.23; Horn, Systematischer Kommentar zu StGB, §46 Rdn.4ff.; ders., Bruns-FS 1978, S.186ff.; Schöch, Schaffstein-FS, S.255ff.

100) Horn, ZStW 85(1973), 7ff.

피고인의 전력, 전과, 위험성, 범죄적 에너지, 성격, 심정, 범행동기, 회오, 원상회복 노력 등이 고려되어 정당한 형벌이 선택된다.

이 견해에 대한 비판점은 위가이론에 대한 문제점이 그대로 적용된다. 무엇보다도 독일 형법 제46조 1항의 규정취지에 부합하지 않는다는 점이다.[102] 왜냐하면 이 규정에는 "형벌이 행위자의 장래의 공동체삶에 미치는 영향"이라는 표현을 통해서 양형에 있어서 특별예방적 관점이 고려되어야 함을 분명히하고 있기 때문이다. 또한 형벌종류를 정함에 있어서 책임을 고려하지 않고 일면적으로 예방적 관점을 토대로 하는데 대한 근거가 부족하다.[103]

(2) 책임판단여지 중간판단 모델(Schuldspielrauminterlokut)[104]

이 모델은 양형이론의 책임판단 여지이론[105]에 기초하여 공판절차의 제1단계에서는 양형을 책임판단여지까지 확정하고 제2단계에서는 특별예방적 관점을 고려하여 이 책임판단여지내에서 책임형벌을 정하거나 책임의 최하한을 넘어서 정하는 방안이다. 책임판단여지는 책임에 적합한 형벌을 하한선으로 하고 "여전히" 책임에 적합한 형벌을 상한선으로 하는 책임범위이다. 이 범위내에서 법관이 예방적 관점에서 정당하고 적절한 형벌을 정하는 것이다.

이에 대하여도 행위책임 중간판단 모델에 대한 비판점이 그대로 해당된다. 또한 양형에서의 책임판단여지이론은 공판절차의 이분과 결합하지 않고도 형의 양정 (Strafzumessung)과 선고형의 양정(Strafbemessung)을 구분하여 양형과정을 진행시킬 수 있는 실무상 적용가능한 이론이다.

5. 비형식적 중간판단 모델

(1) 서론

중간판단 모델을 현행 형사소송법을 개정하지 않고 현행 공판절차 구조하에서

---

101) Horn, ZStW 85(1973), 24.
102) 김일수, 형법학원론 1988, 1181면.
103) Wolter, a.a.O., S.97.
104) Mösl, DRiZ 1979, 165f.; Schaffstein, Gallas-FS, S.102.
105) BGHSt. 7, 32; 20, 266; BGH JR 1979, 383.

(informelles Tat- 또는 Schuldinterlokut) 비형식적으로 운용해보자는 제안은 공판절차에 관한 형사소송법 개정의 실현가능성에 대한 회의에서 출발한다.[106] 지금까지의 구체적인 입법론적 제안[107]에도 불구하고 중간판단제도를 어떻게 형사소송법에 규정화할 수 있을 것인지가 문제라는 것이다.[108] 이는 형사소송법개정을 위한 제1차법률에 관한 정부안[109]에 책임중간판단제도가 포함되어 있지 않은 점을 통해서도 알 수 있다. 또한 중간판단모델이 소송의 지연을 초래할 것이라는 우려때문에 바로 이 점이 재판의 형식으로 (통상 결정으로) 행해지는 중간판단보다는 비형식적인 중간판단 모델을 선호하는 이유이다.

따라서 현행법내에서 일정한 사안의 경우에 중간판단모델을 실무적으로 운용하는 방안을 모색하여야 한다. 비형식적 중간판단모델의 장점은 실험적 운용을 통한 경험이 입법자의 개정작업에 도움을 줄 수 있다는 점이다.[110] 또한 중간판단을 형식화하는 모델처럼 사실인정단계 후에 재판의 형식을 갖추지는 않더라도 중간판단을 내려 줌으로써 공정한 재판이 보장되고 또 정당한 재판과 소송경제가 보장될 수 있다.

현행 독일 형사소송법에서는 법원이 공판절차를 일원적으로 진행시킬 것인지, 공판의 심리대상을 범죄사실과 양형사실로 나누어 진행시킬 것인지 (책임중간판단: Schuldinterokut), 아니면 책임능력을 양형사유와 함께 심리하는 행위중간판단 (Tatinterlokut)의 방식을 취할 것인지를 확정적으로 규율하고 있지 않은 상태이다. 이에 착안하여 형사소송법의 공판절차에 관한 전면적인 개정에 부담을 느낀 일부 학자들이 현행법하에서도 가능한 소위 비형식적 중간판단모델을 제시하고 있다.[111]

---

106) Dästner, DRiZ 1977, 11f.

107) 예컨대 Dahs jun., NJW 1970, 1705ff.

108) Kleinknecht, a.a.O., S.652.

109) Regierungsentwurf eines Ersten Gesetzes zur Reform des Strafvefahrensrechts

110) Kleinknecht, a.a.O., S.653.

111) Blau, a.a.O., S.40; Bruns, Strafzumessungsrecht, 1.Aufl., 1967, S.217f.; Peters, 41. DJT (1955); Römer, GA 1969, 347; Dölling, Die Zweiteilung der Hauptverhandlung. Eine Erprobung vor Einzelrichtern und Schöffengerichten, 1978; Schunck, Die Zweiteilung der Hauptverhandlung. Eine Erprobung des informellen Tatinterlokuts bei Strafkammern, 1982.

(2) 비형식적 행위중간판단모델의 기본적 구조와 진행방식

1) 현행법상의 근거

공판절차 제1단계의 관심대상은 피고인이 불법의식을 갖고 고의 또는 과실로 불법한 행위를 행했는가 여부를 밝히는 문제이다. 이 단계의 공판절차를 통하여 범죄사실이 입증된 경우에 제2단계에서는 책임능력유무와 형사제재문제가 다루어진다.[112]

공판절차를 분리하자는 주장도 책임능력을 제1단계에서 범죄사실과 함께 확정할 것인가 아니면 사실인정 후에 제2단계에서 다룰 것인가에 관해서는 견해가 나누어진다. 후자의 견해를 지지하는 입장은 그 근거를 현행법에서 찾는다. 우선 독일형법 제21조에서 입법자는 한정책임능력이 양형사유임을 밝히고 있다고 본다.[113]

또한 양형사유인 한정책임능력과 제20조의 정신장애로 인한 책임무능력을 분리할 수 없기 때문에 책임능력에 관해서는 양형단계에서 다루어져야 한다고 본다. 책임능력을 확정하기 위한 증거조사는 피고인의 인격영역을 깊숙이 관여하는 것이기 때문에 피고인의 인격이 보호되는 별도의 절차에서 다루어질 필요가 있다. 물론 구성요건실현여부에 대한 증거조사와 책임능력에 대한 증거조사가 서로 분리될 수 없는 경우에는 예외적으로 책임능력이 제1단계에서 확인되어질 수 있다.[114]

또한 독일 형사소송법 제243조의 피고인에 대한 인정신문은 통상적으로 피고인임을 알 수 있는 사정, 즉 성명, 주소, 가족관계, 직업 등에 한한다. 따라서 전과사실, 이력, 소득수준, 가정사정 등과 같은 피고인의 극히 개인적인 사정은 별도의 절차에서 질문되어져야 한다. 물론 피고인의 전과사실을 언급하는 것이 공소제기된 사건의 범인임을 확정하는데 도움이 되는 경우에는 (예컨대 행위수행방법의 유사성과 같이) 전과사실도 제1단계의 사실인정절차에서 다루어질 수 있다.[115] 그러나 이 경우에도 명예직 법관이 참여하는 재판부에서는 단순히 전과사실을 아는 것이 범행에 대한 심증형성에 영향을 미칠 위험성이 있음[116]을 충분히 고려하여야 한다.

---

112) Schöch, Bruns-FS, S.460.
113) Schöch, Bruns-FS, S.460; Schunck, a.a.O., S.44ff.; Dölling, a.a.O., S.22.
114) Schunck, a.a.O., S.23; Dölling, a.a.O., S.23.
115) Schunck, a.a.O., S.24; Dölling, a.a.O., S.31.
116) Dästner, DRiZ 1977, 10; Schöch, Bruns-FS, S.461.

2) 이단계 기본구조

공판절차는 두 단계로 구분된다. 제1단계의 대상은 피고인이 불법행위를 행했는가의 문제이다. 제2단계에서는 행위의 법률효과, 즉 형사제재의 문제가 다루어진다. 책임능력은 사실인정과 책임능력에 관한 증거조사가 분리되어서 진행될 수 없는 경우를 제외하고는 제2단계에서 확정된다.[117]

어떤 사정이 어느 단계에서 다루어져야 할 것인가는 재판장이 정한다. 중간결정의 재판은 임시적이며 구속력이 없다. 따라서 새로운 사실이 발견되어지는 경우에는 언제든지 정정되어질 수 있다.[118] 이것이 현행법과 상치되지 않는 방안이다. 중간결정의 내용과 형식은 법원의 재량에 맡겨져 있다.

3) 제1단계 공판절차의 진행[119]

재판장은 인정신문을 통해서 피고인임을 확인하여야 한다. 이를 위하여 필요한 성명, 연령, 본적, 주거 및 직업에 관한 질문 이외에 예컨대 전과여부와 소득수준과 같이 책임 또는 양형문제에 필요한 피고인이 인격과 개인적 사정에 관하여 질문해서는 안된다.[120]

검사의 모두진술과 피고인의 진술거부권을 고지한 후에, 진술거부권을 행사하지 않는 피고인에 대한 신문에서는 사실인정에 필요한 사항만을 신문한다. 여기에 속하는 사항으로는 공소제기된 범죄의 객관적 및 주관적 구성요건요소, 가중적 및 감경적 구성요건, 객관적 처벌조건, 정당화사유, 불법의식, 면책사유, 범죄참가형태 (정범, 방조범, 교사범), 인적 처벌조각사유 등이 있다.

사실인정을 위한 증거조사단계에서는 검사와 변호인은 사실인정에 필요하고 중요한 모든 관점을 제시한다. 사실확정에 필요한 경우에는 예외적으로 피고인의 인적 사정(예컨대 범행동기 또는 부양의무 위반행위의 경우에 소득수준, 경제적 능력 등)에 관하여 증거조사가 이루어질 수 있다.[121] 전과사실은 범죄사실여부를 검토하기 위하여 필요한 경우에는 제1단계에서 언급될 수 있다고 본다.

---

117) Schöch, Bruns-FS, S.461.
118) Schunck, a.a.O., S.25; Schöch, Bruns-FS, S.461.
119) Schunck, a.a.O., S.22ff.; Dölling, a.a.O., S.30ff.
120) Schöch, Bruns-FS, S.461.
121) Schöch, Bruns-FS, S.461.

490

증거조사에 이어서 검사와 변호인 및 피고인의 최후변론을 들은 후에 재판부는 사실인정여부에 관한 합의과정을 진행한다. 재판부는 피고인의 위법한 행위를 입증하지 못했다는 결론에 도달하면 무죄판결을 선고하거나 증거조사의 결과 행위의 위법성이 밝혀진 경우에는 책임능력과 양형문제를 다루어야 한다는 중간결정을 내려야 한다. 중간결정의 구속력은 현행법상 인정할 수 없다.[122]

4) 제2단계의 공판절차

법원이 제1단계의 종국절차로서 중간합의의 결과 피고인의 불법행위가 입증되었다고 판단되면 판결로서 유죄를 선고하여야 한다. 중간결정에 이어서 제2단계로서 형사제재를 결정하는 절차를 진행시킨다. 이 단계에서는 독일 형법 제46조의 양형에 중요한 사정 등이 조사, 분석되어져야 한다. 특히 이 단계에서는 사법보조관의 보고서 또는 책임능력에 관한 감정인의 감정서도 제출되어져야 한다.

제2단계는 피고인의 책임능력판단과 양형을 위한 피고인신문으로 시작한다. 책임무능력일 가능성이 있는 경우에는 이에 대한 증거조사가 이루어져야 한다. 이어서 양형을 위한 절차가 진행된다. 이 절차는 경우에 따라서는 비공개로 진행될 수 있다. 양형절차에서 다루어져야 할 사항으로는 형의 종류, 선고될 형의 양(법률상 및 재판상 감경사유, 형의 가중사유), 보호관찰을 위한 집행유예(보호관찰기간, 보호관찰관의 지도와 감독, 부담과 지시), 형을 유보한 경고(선고유예), 벌금형의 일수정액을 정하는데 고려될 피고인의 개인적 및 경제적 사정, 벌금형의 납부경감조치, 보안처분의 확정, 부과형, 몰수 및 추정 등이 있다. 이러한 사항을 판단하기 위해서는 피고인의 인격, 생활상황, 전력 등 행위책임평가와 부과될 형벌의 특별예방적 효과판단에 중요한 사정을 조사하여야 한다.

사법보조관의 양형을 위한 조사가 있는 경우에는 이 단계에서 보고를 들어야 한다. 피고인의 인격에 관한 조사는 양형에 필요한 경우에 한해서 비례성의 원칙이 지켜지는 한도내에서 허용된다.

양형에 관하여 검사와 변호인의 최후변론과 피고인의 최후진술을 들은 후에 법원은 합의과정을 거쳐 책임유무와 형벌에 관하여 판결을 선고한다. 이 최종판결은 사실인정유무와 양형에 관한 내용을 모두 포함하여야 한다.

---

122) Schunck, a.a.O., S.25; Schöch, Bruns-FS, S.461.

제2단계에서는 피고인의 개인적인 상황이 언급되어지기 때문에 피고인의 인격권 보호를 이유로 재판의 비공개가 요구된다.[123] 독일 법원조직법 제171조 a는 피고인을 정신병원 또는 금단시설에 수용하는 것에 관한 절차인 경우에는 공판절차를 일부 또는 전부 비공개할 수 있다고 규정하고 있다. 또한 제172조 Nr. 2에 따르면 중요한 영업상 또는 업무상 비밀, 발명비밀이나 세금비밀 등이 언급되어질 경우에 이를 공개하는 것이 현저히 보호할 만한 이익을 침해하는 것일 때에는 법원은 재판의 일부 또는 전부를 비공개할 수 있다. 따라서 피고인의 사생활이 언급되어질 양형절차는 법원조직법 제171조 a와 제172조의 요건에 따라 공개재판의 원칙의 예외가 인정되는 가운데 진행될 수 있다.

(3) 비형식적 책임중간판단모델[124]의 기본구조와 진행방식

1) 서

범죄사실은 범죄의 법적 구성요소가 되는 사실을 말한다. 따라서 책임능력은 범죄성립요소이기 때문에 제1단계에서 다루어져야 한다. 또한 책임은 비난가능성으로서 심리적 개념이 아니라 규범적 개념이기 때문에 다른 범죄요소와 함께 사실인정단계에서 확정되어져야 한다. 제2단계에서는 이에 기초하여 국가가 범죄행위에 대해서 어떤 형사제재를 가할 것인가를 결정하여야 한다.

2) 인정신문과 피고인신문

형사소송법 제243조의 인정신문과 피고인신문의 대상을 구분하여야 한다. 피고인신문에 속하는 사정은 피고인의 인적 사항에 대한 신문 후에 검사가 공소요지를 낭독하고 재판장이 진술거부권을 고지한 후에 사건에 관한(zur Sache) 것이 포함 되도록 규정하고 있기 때문이다. 여기에 속하는 것은 사실인정 또는 양형결정에 영향을 미치는 모든 사정이다. 그러나 이러한 사정에 대한 신문은 공소사실에 대한 진술거부

---

123) Peters, a.a.O., S.52; Jescheck, JZ 1970, 206. 피고인의 신청에 의한 비공개는 Roxin, in: Problem der Strafprozessreform 1975, S.64.

124) Kleinknecht, a.a.O., S.651ff.; Krauth, Bericht über die Verhandlungen der Sektion II des 10. Kongress der internationalen Strafvereinigung in Rom 1969, JZ 1970, 300; Tröndle, Besprechung von Th. Kleinknecht: Strafprozessordnung, 30.Aufl., MDR 1972, 88; Hanack, Besprechung von Dahs: Handbuch des Strafverteidigers, 3.Aufl., JZ 1971, 528; Peters, a.a.O., S.55.

권이 있음을 고지받은 후에 진행된다. 따라서 인정신문사항과 피고인신문사항이 분명히 구분되어져야 한다.

인정신문은 피고인임을 확인하기 위한 피고인의 인적 사항에 대한 질문이다. 또한 순전히 소송상 중요한 인적 상황인 소송능력, 변호인이 없는 경우에 자신을 변호할 능력이 있는가를 확인할 수 있다.[125] 그러나 피고인의 이력, 즉 성장과정, 학력 및 성적, 주변환경 등은 진술거부권고지 이후의 단계인 사건에 대한 피고인 신문과정의 신문사항이다.

피고인 신문단계에서는 우선 유무죄판단에 중요한 요소와 사정에 한해서 신문하여야 한다. 양형결정에 중요한 사정은 유무죄판단을 위한 증거조사를 통하여 무죄가 아닐 것이 확실한 경우에만 신문되고 조사되어져야 한다. 그러나 이와 같은 구분은 실무에서 항상 지켜질 수 있는 것은 아니다. 예컨대 증인신문에서 피고인의 증언을 범행에 관한 진술과 - 증인이 알고 있는 경우 - 양형에 중요한 사정에 관한 진술을 구분하여 진술하게 할 수는 없기 때문이다.

3) 전과사실

독일 형사소송법은 공판절차의 순서에 관해서는 제243조 2항에 피고인에 대한 인정신문과 제4항에 공소사건에 대한 피고인신문이 규정되어 있고, 4항에 피고인의 전과사실은 재판에 있어서 중요한 경우에만 확인되며 그 시기는 재판장이 정하도록 하고 있다. 따라서 전과사실에 관련하여 어떤 경우가 재판에 있어서 중요한 경우인지 또 피고인의 어떤 전과사실을 언제 언급할 것인지는 공판절차의 진행에 관한 재판장의 재량에 속한다. 물론 제243조 4항은 피고인에게 진술거부권을 고지하고 진술을 원하는 피고인을 신문하여야 한다고 규정하고, 이어서 전과사실에 관해서 언급하고 있기 때문에 규정의 위치로 보아 전과사실은 인정신문에 해당하는 것이 아니라, 당연히 공소제기된 사건에 관한 피고인 신문단계에 해당하는 것으로 보아야 한다.[126]

그러나 전과사실이 형사제재의 종류와 양뿐만 아니라 유무죄판단에도 중요한 경우에는 사실인정을 위한 증거조사에서 이미 언급되어질 수 있다. 예컨대 새로운 범행의 고의가 이전의 확정된 범죄와 연결되어 있다든지 행위수행방법이 유사하여 새

---

125) Roxin, Strafverfahrensrecht, S.156; Kleinknecht, a.a.O., S.659.
126) Kleinknecht, a.a., O., S.661; Dästner, DRiZ 1977, 10.

로운 범행에 대한 추정을 가능하게 한다든지 하는 경우이다. 물론 이러한 추정은 논리필연적인 것이 아니기 때문에 사실인정을 위한 증거조사단계에서 전과사실을 확인하는 것은 아주 제한적으로 허용되어져야 한다.[127] 따라서 전과사실은 원칙적으로 피고인의 과거의 삶의 일부로서 사실인정을 위한 증거조사 후에 양형단계에서 비로소 언급되어져야 한다.[128]

4) 구분된 2단계의 진행방식

증거조사가 종결된 후에는 독일 형사소송법 제258조에 따라 검사와 피고인에게 자신의 주장과 입증에 대하여 최후진술을 하도록 한다. 이어서 재판부는 중간합의과정을 갖는다. 비형식적인 책임중간판단모델은 중간판단이 비형식적이다. 즉 재판의 방식(예컨대 판결, 결정, 명령)으로서의 결정형식으로 중간판단을 공식화하는 것이 아니라, 1단계에서 2단계의 진행이 법원의 묵시적인 행동을 통해서 계속되는 것이다. 무죄판결 또는 법원에 의한 절차의 중지가 아닐 경우에 재판부는 중간합의를 거친 후에 예상되는 유죄판단에 관해서 어떤 확신에 도달했는지를 묵시적인 행동을 통해서 알 수 있도록 해야 한다.[129] 이 단계에서는 구속력을 갖는 종국적인 언명일 필요는 없다.[130] 또한 중간판단은 재판의 형식을 취할 필요는 없고, 다만 형사절차가 제2단계로 진행된다는 점을 분명히 제시하는 정도로 족하다.

제2단계의 목표는 정당한 형사제재수단의 결정이다. 이를 위해서도 역시 증거조사가 진행되어야 한다. 이어서 독일 형사소송법 제258조에 따라 검사와 피고인에게 형사제재에 관한 자신의 주장과 입증에 대하여 최후진술을 하도록 한다. 이 단계에서는 유죄의 비형식적 중간판단에 대한 새로운 증거를 신청할 수 있고, 또 이의를 제기할 수 있다.[131]

(4) 실험적 운용과 분석결과

1) (비형식적인) 행위 중간판단 모델(Tatinterlokut)은 독일 Niedersachsen주의 법원에

---

127) Kleinknecht, a.a.O., S.663.

128) Blau, a.a.O., S.35; Kleinknecht-Meyer, Strafprozessordnung, 39.Aufl. 1989, §243 Anm. 5.

129) Blau, a.a.O., S.36.

130) Kleinknecht, a.a.O., S.665.

131) Kleinknecht, a.a.O., S.667.

서 시범적으로 운용되었었다. 1976년에 주 법무부의 지원으로 Schöch와 Schreiber에 의해서 주도된 프로젝트는 현행 공판절차를 사실인정절차와 양형절차로 비형식적으로 분리하는 비형식적 중간판단 모델을 Niedersachsen주의 법원에서 실험적 운용하였다. 실험적 연구의 목적은 공판절차 이분이 실무상 가능한가, 중간결정모델의 예측된 가설적인 영향[132]을 실증적으로 분석하고 또 찬성과 반대의 주장논거가 타당한가 등을 검증하는데 있었다.[133] 이로부터 얻어진 경험적 연구결과[134]에서는 현실성이 있는 것으로 입증되었다. 또한 중간판단에 대한 비판점으로 제시된 논거들이 다음과 같이 설득력없는 가설임이 밝혀졌다.

2) 실증적 연구결과에 의하면 많은 법관이 현행법하에서의 실험적 운용에 동의하였고, 단독판사와 참심법원(Schöffengericht)의 185건의 형사절차와 87건의 형사부(Strafkammer)의 제1심 또는 항소심절차에서 중간판단 모델에 따라 공판절차가 진행되었다. 연구방법은 실험적 운용에 참여하지 않은 자들의 관찰과 참여자들의 중간판단모델의 진행과정 및 실용성에 대한 설문조사를 통한 통계자료를 기존의 일원적인 공판절차의 진행과 비교분석하는 경험적 연구였다. 이를 통하여 나타난 중간판단 모델의 장점과 문제점을 정리하여 공판절차의 이분이 양형의 적정화와 합리화에도 기여하며[135] 무엇보다도 비형식적인 행위 중간판단 모델이 현실적으로 실현가능하다는[136] 경험적 연구결과를 보여주고 있다.

3) 비형식적인 행위 중간판단 모델에 의하면 제2단계는 피고인의 책임능력판단과 양형을 위한 피고인신문으로 시작한다. 책임무능력일 가능성이 있는 경우에는 이에 대한 증거조사가 이루어져야 한다. 다만 사실인정과 책임능력에 관한 증거조사가 분리되어서 진행될 수 없는 경우에는 예외적으로 제1단계에서 확정된다.[137]

문제점으로 나타난 것은 바로 책임능력에 관한 증거조사와 이를 어느 단계에서

---

132) 몇 가지로 요약하면 1) 양형의 철저화, 2) 인격보호에 유리, 3) 공판의 지연, 4) 변호권의 딜레마 해소, 5) 법원의 예단차단 등등 (Schöch, Bruns-FS, S.459f.).
133) Schöch, Bruns-FS, S.459.
134) Dölling, a.a.O., S.117ff.; Schunck, a.a.O., S.72ff.
135) 짧은 기간 동안의 실험으로는 이 모델이 양형의 개별화에 기여하였는지를 검증할 수 없다는 분석은 Schöch, Bruns-FS, S.467; Roxin, in: Probleme der Strafprozessreform 1975, S.64f.
136) Dölling, a.a.O., S.117ff.; Schunck, a.a.O., S.72ff.
137) Schöch, Bruns-FS, S.461; Dolling, a.a.O., S.145; Schunck, a.a.O., S.97; Hermann, Ein neues Hauptverhandlungsmodell, ZStW 100(1988), 75.

확정할 것인가였다. 경험적 연구결과에 의하면 많은 경우에 책임능력이 이미 제1단계의 공판절차에서 다루어졌다는 것이다.[138] 이는 사실인정과 책임능력에 관한 증거조사가 분리되어서 진행될 수 없는 예외적인 경우였을 수도 있고 (예컨대 형법 제323조 a의 명정상태에서의 범죄행위를 확정할 경우처럼), 아니면 기존 절차의 진행습관때문에 제2단계에서 피고인의 책임능력을 확정해야 한다는 행위중간판단모델의 특징을 염두에 두지 않은 결과일 수도 있다.

4) 피고인의 인적 사정이 중간판단 이전에는 불필요하게 언급되지 않으므로써 피고인의 인격보호에 유리할 것이라는 기대가 경험적 연구를 통해서도 입증되었다.[139] 피고인 내지 변호인의 주장과 입증방침도 어느 정도 분명해 질 수 있었다. 따라서 기존 절차에서 볼 수 있는 무죄주장과 동시에 - 재판부가 유죄를 인정할 경우를 대비하여 - 양형상 유리한 자료를 제출하거나 주장하는 모순된 행동을 피할 수 있게 되었다.[140]

그러나 행위 중간판단 모델에서는 책임능력이 제1단계에서 확정되지 않기 때문에 중간판단으로 유죄결정을 받은 피고인은 제2단계의 양형과정에서 자신의 책임무능력(또는 한정책임능력)에 초점을 맞추어 입증과 주장을 계속할 가능성이 있다는 비판점은 경험적으로도 타당한 것으로 판명되었다.[141] 따라서 행위 중간판단 모델은 이런 점에서는 공판절차의 이분의 장점과 의미를 살리지 못한 결과가 되었다.

5) 소송기간이 지연될 우려가 있다는 비판점에 대해서 실증적 연구결과는 소송기술적인 이유가 아니라 제2단계인 양형과정의 철저화와 합리화의 결과임을 나타내고 있다. 형사제재의 결정을 위하여 피고인이 심도있게 신문되어지고 증거조사가 진행되고 형법 제46조 2항의 양형사유가 자세히 조사되었기 때문에 단독판사와 참심법원에서의 실증적 연구에서는 약 30%정도 소송기간이 기존의 절차보다 길어지게 되었다.[142]

그러나 형사부에서의 경험적 연구[143]에서는 소송기간과 양형과정의 철저화라는

---

138) 31건의 중간결정사건에서 17건은 제1단계에서, 6건은 제1단계와 제2단계에서, 8건은 전적으로 제2단계에서 책임능력이 다루어졌다 (Dölling, a.a.O., S.140ff.).

139) Dölling, a.a.O., S.152f.; Schunck, a.a.O., S.140f.; Schöch, Bruns-FS, S.467.

140) Dölling, a.a.O., S.174; Schunck, a.a.O., S.172.

141) Dölling, a.a.O., S.174; Schunck, a.a.O., S.172.

142) Dölling, a.a.O., S.182ff., 218ff.

관점에서 기존 절차와 분명한 차이를 보이지 않았다. 이로부터 모든 형사사건에 공판절차 이분제도를 적용할 것은 아니라는 잠정적인 결론도 가능하다.[144] 특히 중한 자유형이 법정형인 범죄의 경우에는 형벌의 기간, 집행유예여부 등은 피고인 인격에 대한 심도있는 분석과 평가가 있어야 하므로, 또 중한 범죄의 경우에는 일반인의 관심이 높아 피고인의 인격권보호의 필요성이 더욱 크다는 이유로 형사부사건에서만 공판절차를 분리, 실시하자는 의견도 있다.[145]

그러나 분명한 점은 공판절차이분의 제도적 장점을 위해서는 양형단계를 위한 철저한 준비가 필요하다는 점이다.[146] 예컨대 사법보조제도를 활용하여 피고인의 인격에 관한 조사와 형사제재가 미칠 영향분석 등 사건준비가 요구된다. 이로써 중간판단이 유죄판단인 경우에는 공판절차의 진행기간은 길어지게 된다.

6) 제1단계의 결과로서 유죄의 중간판단은 구속력이 있지만 제한적으로는 제2단계에서 수정될 수 있다. 그러나 실험적 연구는 중간판단이 수정된 경우도 없었고, 재판부가 중간판단의 당부를 새롭게 심리해야 할 필요가 있었던 사례도 거의 없었다.[147]

V. 공판절차 이분제도의 도입필요성과 가능성

1. 공판절차의 이분에 관한 논의현황

(1) 논의현황

공판절차 이분론은 우리의 실무[148]에서 뿐만 아니라 학계[149]에서도 형사사법제도의 개선방안의 하나로서 비교적 최근에 인식된 문제영역이다. 공판절차의 절차상 분리는 우리나라와 같은 대륙법체계의 형사사법실무에서는 아직 생소한 제도이다. 그러나 대륙법체계에서도 형법과 행형법에 대한 변화된 인식을 토대로 피고인의 소송

---

143) Schunck, a.a.O., S.174f.

144) Knittel, Schwinge-FS, S.222.

145) Achenbach, JR 1974, 403f.; Blau, a.a.O., S.48; Schunck, a.a.O., S.7f.

146) Hermann, Literaturbericht. Strafprozess, ZStW 95(1983), 136.

147) Dölling, a.a.O., S.144; Schunck, a.a.O., S.120.

148) 법원행정처, 양형적정화방안 모색을 위한 토론회 결과보고서 1995, 189면 이하.

149) 강구진, 형사소송법원론 1982, 31면 이하; 김일수, 공판절차의 이분론, 월간고시 1983. 12, 59면 이하; 신동운, 형사소송법 1993, 434면 이하; 이재상, 형사소송법 1994, 57면.

법상 지위의 개선과 법치국가적 보장을 위하여 영미의 이분된 공판절차제도의 도입 가능성이 논의의 대상이 되었는데, 이와 같은 세계적 경향에 부응하여 우리나라에서도 80년대 이후에 형법학계와 실무에서 논의되기 시작하였다. 하지만 아직은 교과서에 공판절차 이분제도의 이론적 근거와 외국의 개정논의현황이 간략하게 소개되고 있는 정도이다.

논의되는 형태로는 입법론적으로 이분된 공판절차를 도입하자는 견해[150]와 현행법내에서 해석, 운용할 수 있다는 견해가 있는데 이런 경우에도 전과, 누범, 상습범 등은 양형사유이고 책임능력은 범죄사실이라고 보는 견해[151]와 책임능력까지도 양형사정으로 보는 견해가 있다.[152]

(2) 실무의 입장(법원)

1) 양형심리절차를 분리하는 방안에 대한 의견조사

법원행정처는 1995년 2월 양형적정화방안의 모색을 위하여 실무가(법원, 검찰, 변호사협회)와 학계 등이 참여한 가운데 토론회를 개최한 바 있다.[153] 여기서는 양형에 관련된 법적 및 제도적 문제점을 중심으로 양형기준, 양형심리방법, 구체적인 범죄유형에서의 양형적정화방안 등이 논의되었다.

이 토론회에서도 양형적정화를 위한 제도적 방안으로 양형심리절차를 분리하여 별도의 절차로 하는 방안이 제기되었고 이에 관한 각급 법원의 의견수렴결과가 분석되었다.[154] 이 방안은 현행법내에서도 공판절차의 분리운영이 가능하다는 전제아래 제1단계의 심리내용을 범죄성립여부로 보는 소위 비형식적 책임중간판단모델(informelles Schuldinterlokut)로 보인다. 또한 중간판단이 재판의 형식을 갖춘 것이 아니라 재판부가 제1단계 후에 유죄의 심증이 형성되면 제2단계를 진행하기 때문에 비형식적인 중간판단모델이다.

---

150) 이재상, 형사소송법, 60면.
151) 이재상, 형사소송법, 61면.
152) 강구진, 형사소송법원론, 33면.
153) 법원행정처, 양형적정화방안 모색을 위한 토론회 결과보고서 1995.
154) 각급법원의 의견수렴은 법원행정처가 1994년에 마련한 "사법운영의 합리화방안"에 따라 1994년 9월과 10월에 실시한 것이다.

2) 공판절차 분리의 기본구조와 진행방식

의견수렴의 내용인 공판절차이분의 기본구조는 범죄사실의 인정절차와 양형심리절차의 구분이다.[155] 구체적으로는 공소장 접수 2주일 이내로 지정된 공판기일에서 피고인이 자백한 경우에는 다음 기일까지 피고인 또는 변호인은 양형에 관한 자료를 제출하고 법원도 자체적으로 양형에 대하여 조사한 후 다음 2회 기일에 양형에 관하여 충분한 심리를 진행시킨다. 이에 반해서 피고인이 첫 기일에 공소사실에 대해서 부인하는 경우에는 유무죄판단만을 위한 증거조사를 거쳐 유죄의 심증이 형성되면 피고인자백의 경우와 같은 양형심리절차를 진행시킨다.

3) 의견수렴의 결과와 비판적 검토

이와 같은 기본구조와 절차진행방식에 관하여 극히 일부 법관만이 형사절차의 내실화를 통한 형사사법에 대한 신뢰제고를 근거로 찬성하였다.[156] 또한 공판절차의 분리로 인하여 우려되는 소송의 지연문제는 제1회 공판기일이 기소 후 20일 내지 1달 이후로 지정되는 실무관행을 제1회 공판기일의 조속한 지정으로 탈피하고, 또 이로써 미결구금일수도 단축시키는 효과도 얻을 수 있다고 보았다.

그러나 거의 모든 법원이 양형심리절차를 구분하여 진행하는 방안을 반대하였다. 그 근거[157]로는 양형절차를 범죄사실의 인정단계에서 엄격히 분리하여 진행하는 제도는 배심제도를 갖고 있는 영미의 특징적 제도이며, 무익한 절차의 반복으로 인한 소송지연우려, 범죄사실과 양형사유의 구별이 쉽지 않고 수사실무에서 많은 양형인자가 조사되는 점, 양형사유에 대한 철저한 심리가 필요한 경우에는 현행법하에서도 특별기일을 열 수 있는 점, 양형심리절차를 분리하여 진행하더라도 양형의 적정화가 이루어질 수 없다는 점 등을 제시하고 있다.

그러나 소송지연은 공판절차를 분리하여 진행함으로써 초래되는 것이 아니라 양형의 적정화를 위한 양형심리절차의 심도있고 철저한 진행의 결과이며, 소송기간은 제1회 공판기일의 조속한 지정으로 어느 정도 해소될 수 있고, 또한 중간판단절차를 형식화하지 않는 방식으로 진행함으로써 단축시킬 수 있다. 수사과정에서 양형인자

---

155) 법원행정처, 양형적정화방안 모색을 위한 토론회 결과보고서 1995, 189면 이하.
156) 법원행정처, 190면.
157) 법원행정처, 190면.

를 조사하는 관행이 양형심리절차를 반대하는 근거가 될 수 없으며 오히려 양형의 철저화를 기하기 위해서는 수사단계에서도 양형자료를 조사하여 다만 이를 양형심리절차에서만 언급하자는 것이다. 또한 제1단계 진행 후에 무죄판결이 선고되면 양형심리절차가 필요없으므로 무익한 절차의 반복이 아니다.

마지막으로 양형심리절차를 분리하여 진행하더라도 양형의 부정적문제가 해소될 수 없다는 단언은 설득력없는 가정에 불과하다.

법정형을 기준으로 중요사건에 한하여 피고인이 요청한 경우 또는 법원이 필요하다고 인정한 경우에 양형심리절차를 분리하자는 보충의견은 현행제도하에서 운용이 가능한 방안이라고 본다. 덧붙여서 기소 즉시 재판부가 공소장을 송달한 후 피고인으로부터 서면으로 공소사실에 대한 인정여부를 확인받는 피고인의 공소사실에 대한 답변서제도를 도입하여 유죄의 답변이 있는 경우에는 당사자에게 양형자료를 공판기일 이전에 제출토록하여 제1회 공판기일에 양형절차를 진행하자는 견해도 타당한 방안이다.158) 이로써 소송지연에 대한 우려를 어느 정도 해소시킬 수 있고 동시에 양형심리의 철저화를 기할 수 있게 된다.

4) 양형조사관(사법보조관)제도의 도입여부

양형심리절차를 분리하는 방안과 함께 판결전 조사제도의 도입여부에 대한 의견조사도 행해졌다.159) 기본내용은 법원이 필요한 경우 양형조사관(사법보조관)에게 제1회와 제2회 기일사이에 피고인의 정상에 관한 자료를 수집하여 양형조사보고서를 작성, 제출하게 하자는 것이다.

이에 대해서는 도입의견이 반대의견보다 약간 다수로 조사되었다. 찬성견해의 논거는 양형심리의 내실화를 기하기 위하여 철저한 양형조사와 양형정보의 확보를 중립적인 기관인 법원(사법보조관)이 주선하여야 한다는 점이다.

반대의견은 사법보조관제도의 실효성에 대한 의문, 당사자주의 현행구조에서는 양형자료의 수집 및 제출도 당사자에게 맡기되 다만 양형자료의 균형적 수집을 도모하기 위하여 피고인에 대한 변호제도의 보완으로 족하다는 점, 양형조사자료의 신뢰성과 공정성 확보장치의 어려움 등을 들어 양형조사관(사법보조관)제도의 도입을 반

---

158) 법원행정처, 191면 이하.
159) 이에 관해서 법원행정처, 191면 이하.

대하고 있다.

그러나 현재 소년사건에 관하여 판결전 조사제도를 일부 시행하고 있고, 사법보조관은 중립적인 지위에서 양형자료를 조사하여 보고할 수 있도록 법원의 소속공무원으로 하고 또 양형사유가 단순하지 않을 중요사건에서만 시행하는 방법으로 양형조사관(사법보조관)제도의 도입에 대한 우려를 최소화시킬 수 있다고 본다.

2. 공판절차 이분의 필요성

(1) 피고인의 인격권보호와 재사회화사상

분리된 별도의 양형심리절차는 양형을 위하여만 필요한 피고인의 인적 사항이 노출되는 것을 방지함으로써 피고인을 보호한다. 특히 현행 공판절차에서는 무죄판결이 선고될 경우에도 양형에 중요한 사실과 인격에 관한 심리가 공개된 공판절차에서 이루어지기 때문에 피고인의 사생활과 인격권이 부당하게 침해되고, 피고인이 단순한 심리객체로 전락된다는 점을 고려한다면 피고인보호를 위한 제도개선은 필연적임을 알 수 있다.

이와 같이 피고인의 인격보호를 강화하고 특별예방에 중요한 사정들을 철저하게 고려함으로써 피고인의 재사회화에 유리한 제재수단이 결정되어질 것이다. 이렇게 해야만 형벌의 종류 및 목적과 양형에서 특별예방사상을 지향하는 형법을 실현시킬 수 있고[160] 또 변화된 목적을 갖고 있는 행형을 준비해 줄 수 있는 것이다.

(2) 양형의 합리화와 철저화[161]

이분된 공판절차의 두 번째 단계에서 피고인의 인격과 부과될 형사제재의 예상되는 효과 등을 심도있게 조사함으로써 법관에게 정당하고 개별적이고, 재사회화에 지향된 형벌의 종류와 양을 찾아내는 것을 가능하게 한다.

형법 제51조는 양형조건을 규정하고 있고, 형법의 형사제재수단체계, 특히 집행유예 및 선고유예와 보안처분제도는 피고인의 다양한 개인적 사정을 정확하게 확인할 것을 전제로 한다(형법 제59조, 제62조, 사회보호법 제7조, 제11조).

이는 양형이 유무죄 판단 후의 또 다른 합리적인 법발견과정이어야 함을 나타내

---

160) 강구진, 형사소송법원론, 32면; 신동운, 형사소송법, 436면; 이재상, 형사소송법, 59면.
161) 강구진, 형사소송법원론, 32면; 신동운, 형사소송법, 436면; 이재상, 형사소송법, 59면.

주고 있다. 확정되어져야 할 피고인의 개인적 사정은 피고인의 인격에 관한 심도있는 조사와 분석을 통해서만 확정될 수 있다.

(3) 피고인과 변호인의 방어권 및 변호권보장

지금의 일원적 형사소송절차는 변호인에게도 피고인의 방어권보장에 기여하기 위한 변호권의 적절한 행사가 보장되어 있지 못한다. 왜냐하면 변호인은 피고인의 유무죄에 대해서 공판절차의 진행상황을 통해서도 확신하지 못하면 유죄일 경우를 대비한 증거신청 및 변호와 무죄임을 주장하는 변론을 동시에 할 수 밖에 없기 때문이다.[162]

또한 피고인이 무죄임을 확신하더라도 유죄판결을 대비하여 - 유죄로 인정될 경우에는 벌금형 또는 집행유예를 받기 위해서 - 양형에서 유리하게 작용할 사정들을 주장하고 증거신청을 함으로써 상호 모순되는 주장과 입증을 하게 되고, 이로써 법원에게는 변호인조차도 무죄를 확신하고 있지 못하다는 인상을 주며 피고인에게도 신뢰를 주지 못할 가능성이 있기 때문이다. 피고인 또는 변호인은 입증과 주장의 설득력을 스스로 감소시키는 방어전략의 모순에 빠지게 되는 것이다.

따라서 무죄변론 및 주장과 양형단계의 정상론을 구별하여 방어하고 변호할 수 있도록 해야 한다.

(4) 법원의 예단배제

범죄사실의 재부에 관한 입증단계에서 법원에 의한 사실확정이 이루어지기도 전에 전과사실과 피고인의 개인적 사정 등이 언급되어지기 때문에 법원의 예단의 위험성이 있다.[163] 이를 방지하기 위해서는 예단을 줄 가능성이 있는 사정이 따로 언급될 수 있는 절차가 필요하다.

이는 우리 헌법의 무죄추정의 원칙(헌법 제27조 4항, 형사소송법 제275조의2)와 법원의 예단배제를 위하여 형사소송법상 인정된 공소장일본주의(형사소송규칙 제118조 2항)의 취지에도 부합한다.[164]

---

162) 신동운, 형사소송법, 436면; 이재상, 형사소송법, 59면.
163) 강구진, 형사소송법원론, 31면; 신동운, 형사소송법, 435면; 이재상, 형사소송법, 58면.
164) 신동운, 형사소송법, 435면; 이재상, 형사소송법, 58면.

(5) 사법에 대한 신뢰형성

행위자는 예컨대 전력 또는 전과와 같은 자신의 개인적인 사정이 양형에 있어서는 전혀 고려되지 않았다고 생각한다면 유죄판결과 형량에 대하여 쉽게 승복하려 하지 않을 것이다. 그러나 공소제기된 사건이 이분된 절차에서 사실인정단계 뿐만 아니라 양형절차에서도 객관적이고 정당하게 충분히 심리가 진행되었음을 피부로 느낀 피고인은 판결의 정당성을 인정할 것이다. 이로써 피고인 자신뿐만 아니라 일반인에게도 사법에 대한 신뢰는 강화될 수 있다. 뿐만 아니라 예단이 배제된 공판절차의 진행으로 피고인의 재판의 공정성에 대한 신뢰가 형성될 수 있다.

또한 정당한 형사제재수단을 결정하는 절차에 피고인이 적극적으로 참여하고 협조함으로써 자발적인 양형절차에서 결정된 결과를 기꺼이 받아들이게 될 것이다.

(6) 소송경제

제1단계의 공판절차에서의 증거조사결과 피고인의 불법행위에 대한 비난이 입증되지 못하면 절차는 종결된다. 따라서 더 이상 양형에 중요한 사정을 수집하고 조사하여 언급할 필요가 없게 된다.[165] 이로써 신속한 재판이 실현될 수도 있다.

유죄가 인정된 경우에도 피고인 내지 변호인과 검사는 유죄판결을 전제로 하여 양형절차에 참여하기 때문에 무엇을 해야 하는지를 분명히 인식하고 있다. 따라서 불필요한 주장과 입증을 피하고 양형에 중요한 사정과 쟁점사항에 집중할 수 있다.

3. 공판절차 이분의 문제점 및 중간결론

(1) 공판절차의 지연

양형절차를 범죄사실의 인정단계에서 엄격히 분리하여 진행하는 제도는 절차의 반복으로 인한 소송지연우려와 전문성을 갖춘 양형조사관의 확보없이는 양형절차의 추가로 인한[166] 공판절차의 지연가능성이 문제점으로 지적된다.

---

165) 신동운, 형사소송법, 436면; 이재상, 형사소송법, 59면.
166) 신동운, 형사소송법, 438면.

(2) 범죄사실과 양형사유의 구별 불가능성

범죄사실과 양형사유의 구별이 쉽지 않다는 점이다. 또한 범죄사실의 인정에 필수요소인 책임능력 등은 행위자의 인격과 분리하여 다루어질 수 없다는 점도 지적된다. 예컨대 상습범의 범죄인의 습벽은 피고인의 인격의 내용으로서 범죄사실을 구성하는 필수적인 요소라는 것이다.[167]

(3) 판결전 조사제도[168]의 도입필요성

양형심리절차의 철저화와 합리화라는 어려운 임무는 법관 혼자서 행할 수 있는 것은 아니다. 양형의 합리화와 철저화의 전제조건은 양형자료의 수집과 조사가 판결전에 이루어져야 한다는 점이다. 이를 위해서는 판결전 조사제도가 활용되어져야 한다.[169] 경우에 따라서는 사법보조관 외에도 행위자의 주변인물인 교사, 친지, 보호관찰관 뿐만 아니라 정신병 내지 심리학 분야의 전문가 등 양형조사관을 참여시켜야 가능해진다.

(4) 중간결론

소송지연의 문제는 공판절차를 분리하여 진행하는 결과가 아니라 양형의 적정화를 위한 양형심리절차의 심도있고 철저한 진행의 결과이며, 중간판단절차를 형식화하지 않는 방식으로 진행함으로써 단축시킬 수 있다. 입법론적으로는 중간판단 (Interlokut)에 구속력을 인정하여[170] 원칙적으로 양형심리단계에서는 중간판단에 대해 독자적으로 이의를 제기할 수 없도록 하고 새로운 사실이 발견되어 중간판단의 당부에 고도의 의심이 있는 경우에만 아주 제한적으로 유죄판단을 번복할 수 있는 기회를 주는 방안[171]으로 소송지연을 막을 수 있다.

또한 사실인정절차의 진행으로 재판부가 유죄의 심증을 형성한 경우에는 제2단계

---

167) 신동운, 형사소송법, 437면.
168) 이에 관해서는 이상철, 판결전 조사제도에 관한 연구, 한국형사정책연구원 1994.
169) 강구진, 형사소송법원론, 32면; 신동운, 형사소송법, 437면 이하; 이재상, 형사소송법, 58면; 이상철, 판결전 조사제도에 관한 연구, 73면 이하.
170) 이재상, 형사소송법, 61면.
171) 강구진, 형사소송법원론, 33면.

전이라도 양형조사관의 조사활동을 명하는 방법[172]으로 양형심리절차의 기간을 줄일 수 있다. 제1단계 진행 후에 무죄판결이 선고되면 양형심리절차가 필요없으므로 무익한 절차의 반복이 아니다. 더 나아가 전문성을 갖춘 양형조사관이 확보되어야만 공판절차의 분리가 제기능을 발휘할 수 있고 또 이분된 공판절차를 도입하여 실시할 수 있으므로 이로 인한 공판절차의 지연가능성은 문제점이 될 수 없다.

범죄사실과 양형사유의 구별이 어렵다는 점은 타당한 지적이지만, 이는 예외규정을 두어 해결할 수 있다. 예컨대 피고인의 인격의 내용이 범죄사실을 구성하는 필수적인 요소인 경우에는 사실인정단계에서 예외적으로 언급하고 확정하는 방안이다.[173]

이상의 비판적 검토로부터 공판절차의 이분의 필요성은 충분히 검증되었다고 본다. 물론 우리의 경우에는 실험적인 운용을 통한 경험적 연구가 결여되어 있기 때문에 분리된 공판절차의 실현가능성에 대해서 단언할 수 없을 지라도 현행법내에서도 적용가능한 중간판단모델을 발견할 수 있을 것이다.

이론상의 합의와 실무적 경험적 연구결과도 없는 상황에서 입법론을 주장하는 것은 무리이다. 따라서 우선 현행 형사소송법내에서 실험적 운용의 시도가 필요하다. 실험적 운용을 통한 경험적 연구가 합의를 도출해낼 수 있는 하나의 방법이고, 이를 통해서 입법자에게 실증된 입법자료를 제공할 수 있기 때문이다. 이를 통해서만이 분리모델의 장단점을 비교분석할 수 있고 또 논의가 가설적인 논거에 머무르지 않고 진전될 수 있기 때문이다.

그러나 문제는 양형심리절차를 분리하여 별도의 절차로 하는 방안에 관한 각급 법원의 의견수렴결과에서 알 수 있듯이 거의 모든 법원이 이 방안을 반대하였기 때문에 실험적 운영이 쉽지 않다는 것이다. 또한 현행법이라는 장애물로 인해 실험적 운영이 어렵기 때문에 현행법을 가능한 한 이분된 공판절차의 진행에 유리하도록 넓게 해석하여야 한다.

분리절차를 찬성하는 몇 개의 법원에서 시범적으로 실시하는 방안을 모색해야 한다. 중간판단모델을 시범적으로 운용하는 그룹, 중간판단모델을 운영했던 경험이 있는 법관이 일원적 공판절차를 진행하는 그룹과 전통적인 일원적 공판절차를 진행하는 그룹 등 3개 그룹으로 구분하여 서로의 경험을 비교검토하는 방식으로 실증적

---

172) 이재상, 형사소송법, 60면.
173) 김일수, 공판절차 이분론, 월간고시 1983. 12, 66면 이하; Fischinger, ZStW 81(1969), 54.

연구를 진행할 수 있다. 특히 실무에서 우려하는 절차의 반복으로 인한 전체 소송기간의 연장문제와 범죄사실과 행위자 인격에 관한 사정의 구분이 어렵다는점 등의 문제점이 보완된 중간판단 모델을 시범운영모델로 삼아야 한다.

4. 공판절차 이분의 구체적 형태

가. 비형식적 행위 중간판단 모델

현행 형사소송법은 공판절차의 진행방식과 순서에 관해서 구체적으로 언급하고 있지 않다. 물론 대체적인 진행순서를 정하고 있고 또 피고인 신문단계에서는 공소사실과 정상에 관한 필요한 사항을 신문할 수 있다는 규정(형사소송법 제286조의2)이 있다. 그러나 법원이 사실인정과 형의 양정에 관한 심증을 형성하기 위한 피고인신문과 증거조사의 양자를 구분하여 진행할 것인가 아니면 아무런 제한 없이 심리할 수 있는 것인가에 관해서는 규정이 언급하고 있지 않기 때문에 재판장의 재량으로 보인다. 따라서 이러한 재량의 범위내에서 비형식적으로 공판절차를 분리하여 진행하는 비형식적 중간판단모델이 가능하다.

문제는 책임능력을 어느 단계에서 확정할 것인가이다. 제1단계인 사실인정절차에서 언급하여야 한다는 견해는 책임능력이 범죄성립요소이기 때문에 제1단계인 범죄사실 인정절차에서 확정되어져야 한다고 본다. 또한 책임능력이 제1단계에서 확정되지 않으면 중간판단으로 유죄결정을 받은 피고인은 제2단계의 양형과정에서 자신의 책임무능력(또는 한정책임능력)에 초점을 맞추어 입증하고 주장할 가능성이 있다. 이런 경우에는 공판절차의 이분의 장점과 의미가 사라지게 되기 때문이라는 근거를 제시한다.

그러나 적절한 이분형태는 행위 중간판단 모델로 본다. 책임 중간판단 모델은 책임은 범죄성립에 관한 것이라는 형식적 논리에 근거한다. 그러나 공판절차의 분리문제는 이러한 형식적 근거에 얽매여서는 안된다. 여기서는 양형의 철저화와 합리화를 통한 형사사법정의의 실현에 관한 것이기 때문이다. 또한 범죄사실의 인정단계에서는 과연 피고인이 불법의식을 갖고 고의 또는 과실로 불법한 행위를 했는가가 밝혀지는 단계이다. 또한 현행 형법도 심신장애로 인하여 사물을 변별할 능력이나 의사를 결정할 능력이 미약한 경우를 양형사유로 보고 있다(제10조 2항). 더 나아가 책임능력을 확정하기 위한 증거조사는 피고인의 인격영역을 깊숙히 다루는 것이고 감정인의 도움없이는 확정이 불가능한 경우가 대부분이기 때문에 피고인의 인격이 보호되는 별도의 절차에서 다루어져야 한다. 따라서 법원은 범죄사실에 관한 증거조사를 통하여 위법한 행위가 존재한다는 결론에 도달하면 제2단계를 진행시켜야 한다. 물론 예외적으로 구성요건 실현여부에 대한 증거조사가 책임능력에 대한 증거조사와 서로 분리가 불가능한 경우에는 제1단계에서 행해질 수 있다.

(2) 사법보조관제도의 도입

제2단계인 양형심리절차의 내실화를 기하기 위하여 사법보조관제도는 필수적이다. 문제는 언제 사법보조관의 조사가 이루어져야 하는가이다. 사법보조관의 양형조사는 피고인과의 신뢰관계를 전제로 해야 가능한데 이 조사가 이미 사실인정단계에서 이루어진다면 피고인과의 협조관계를 유지할 수 없다. 이러한 이유에서 이미 수사의 단계에서의 사법보조관의 판결전 조사는 바람직하지 않는 방식이다. 또한 공소제기시부터 양형조사관이 피고인의 인격적 상황에 깊숙히 관여할 수 있게 하자는 견해도 무죄를 주장하는 피고인과의 조화 및 협조문제와 무죄추정의 원칙상 타당한 해결이 아니다. 그러나 제1단계가 완전히 진행된 후 중간결정이후에 시작하는 방안은 소송의 지연이라는 문제점을 안고 있다.

따라서 중간해결방안으로 제1단계의 진행결과 유죄의 심증이 어느 정도 현성된 후에 양형조사가 이루어지는 방식이 바람직하다. 물론 피고인의 동의가 있는 경우에는 이보다 앞서서도 가능해야 한다.

(3) 양형심리절차의 재판부구성

제1단계와 제2단계의 재판부를 동일한 재판부로 구성하는 방안이 현실적이다. 제2단계의 특성상 전적으로 전문가에 의하여 구성되어지거나 적어도 일부 참여한 재판부의 구성을 주장하기도 하지만 이는 현실적으로 재판부 구성과 공판절차진행의 어려움을 안고 있다. 또한 별도의 재판부구성은 필연적으로 소송의 지연을 초래한다. 따라서 감정인의 감정을 이용하거나 증인으로 소환하여 신문하는 방법이 가장 현실적인 방법이다.

Ⅵ. 결론

1. 공판절차의 새로운 구성은 피고인의 지위와 권리개선을 위하여 필수적이다. 전통적인 일원적 공판절차 진행방식에서 탈피하여 범죄사실과 형의 종류 및 양에 관한 증거조사와 결정을 분리하여 진행함으로써 피고인의 인격보호가 보장되고 제2단계인 양형심리절차의 철저화 및 적정화가 이루어질 수 있다. 또한 이러한 소송법적 개선방안이 곧 변화된 형법사상과 행형목적을 실현하기 위한 전제조건이다.

2. 양형심리절차를 분리하여 별도의 절차로 하는 방안에 관한 연구는 비교법적으로는 독일에서의 개정논의와 실험적운용의 결과를 고려할 수 있다. 별도의 분리된 양형심리절차가 제도적으로 보장된 영미제도의 실무적 경험은 우리에게 도움이 되지 못한다. 왜냐하면 우리와는 상이한 소송구조와 사법체계를 갖고 있기 때문이다.

3. 비교법적 고찰과 현행법은 비형식적 행위 중간판단 모델을 가장 현실적이고 바람직한 분리방안으로 제시해 준다. 이에 따라서 책임능력(책임조각사유, 금지착오)를 포함한 양형사유는 제2단계에서 조사분석되어 확정되어야 한다. 양형심리절차가 별도의 절차에서 이루어짐으로써 이에 대한 증거조사가 철저하고 자유롭게 행해지는 장점을 갖는다. 이를 위해서는 증거법칙의 완화가 있어야 한다. 또한 직접주의와 구두주의도 피고인의 이익을 위하여 제한적으로 적용될 필요가 있다. 양형심리절차에서는 양형사유, 피고인이 인격, 형사제재가 피고인에게 미칠 영향, 범행동기 등이 조사분석되어 형벌의 종류 및 양, 보안처분, 집행유예 또는 선고유예여부 등에 대한 선택과 결정이 내려져야 한다.

4. 양형심리절차가 심도있게 진행되기 위해서는 반드시 사법보조관에 의한 판결전 조사제도가 도입되어야 한다. 제1단계의 진행결과 유죄의 심증이 어느 정도 형성된 후에 양형조사가 이루어지는 방식이 무죄추정의 원칙과 양형조사의 전제가 되는 피고인과의 협조관계유지라는 관점에서 가장 바람직하다.

5. 제1단계의 재판부와 제2단계의 재판부를 동일하게 구성하는 방안이 현실적이다. 별도의 재판부구성은 구성 및 절차상의 어려움뿐만 아니라 필연적으로 소송의 지연을 초래한다. 따라서 피고인의 인격조사를 위하여 요구되는 심리학자, 심리치료사, 사회복지사 등 감정인은 - 이들을 제2단계의 재판부로 구성할 것이 아니라 - 감정을 이용하거나 증인으로 소환하여 신문하는 방법으로 활용할 수 있다. 물론 사법보조관

의 양형조사결과는 반드시 제2단계의 양형심리절차에서 보고하도록 해야 한다.

6. 중간판단(Interlokut)은 결정으로서 구두로 한다. 현행법상으로는 중간결정에 구속력을 인정할 수 없다. 따라서 중간결정은 임시적이며 언제든지 수정될 수 있어야 한다. 그러나 입법론적으로는 중간결정의 구속력을 인정하여 제2단계에서 이에 대한 이의를 제기할 수 없도록 하여야 한다. 그렇지 않으면 피고인 및 변호인은 중간결정의 당부에 관하여 제2단계에서도 문제제기하여 번복하려할 것이기 때문이다.

7. 공판절차의 분리의 결과 예컨대 범행에 중요한 사정과 양형에 중요한 사정을 모두 증언할 동일인의 증인에 대한 각각의 증거조사가 행해져야 하기 때문에 소송지연이 초래된다. 이는 공판절차의 분리진행이 갖는 장점을 위해서는 감수해야할 불이익이다. 다만 이를 해소시키기 위해서는 공판기일 또는 증인소환기일 등을 신속하게 지정하는 등의 배려가 요구된다.

또한 소송지연에 대한 우려를 어느 정도 해소시키고 동시에 양형심리의 철저화를 기하기 위하여 입법론적으로는 기소 즉시 재판부가 공소장을 송달한 후, 피고인으로부터 서면으로 공소사실에 대한 인정여부를 확인받는, 피고인의 공소사실에 대한 답변서제도를 도입하여 유죄의 답변이 있는 경우에는 당사자에게 양형자료를 공판기일 이전에 제출토록하여 제1회공판기일에 양형절차를 진행하고, 피고인이 공소사실에 대해서 부인하는 경우에는 유무죄판단만을 위한 증거조사를 거쳐 유죄의 심증이 형성되면 피고인자백의 경우와 같은 양형심리절차를 지행시키는 방안도 고려될 수 있다.

8. 이론상의 합의와 실무적 경험적 연구결과도 없는 상황에서 입법론을 주장하는 것은 무리이다. 따라서 우선 현행 형사소송법내에서 실험적 운용의 시도가 필요하다. 실험적 운용을 통한 경험적 연구가 합의를 도출해낼 수 있는 하나의 방법이고, 이를 통해서 입법자에게 실증된 입법자료를 제공할 수 있기 때문이다. 이를 통해서만이 분리모델의 장단점을 비교분석할 수 있고 또 논의가 가설적인 논거에 머무르지 않고 진전될 수 있기 때문이다. 우선 분리절차를 찬성하는 몇 개의 법원에서 시범적으로 실시하는 방안을 모색해야 한다. 중간판단 모델을 시범적으로 운용하는 그룹, 중간판단 모델을 운영했던 경험이 있는 법관이 일원적 공판절차를 진행하는 그룹과 공판절차의 분리를 반대하여 전통적인 일원적 공판절차를 진행하는 그룹 등 3개 그룹으로 구분하여 서로의 경험을 비교. 검토하는 방식으로 실증적 연구를 진행할 수 있다.

국제인권기준에 비추어 본 북한 개정 형사소송법(2004년)*

Ⅰ. 북한 형사법연구의 필요성

그동안 우리 형사법학계는 북한 형법 및 형사소송법에 관한 연구에 많은 관심을 기울이지 못했었다.[1] 이는 무엇보다도 북한 법제가 공개되지 않아 어떤 법률이 제정되어 있는지, 어떤 내용을 담고 있는지 알 수 없었다는 점과 법률은 단지 권력의 도구에 불과할 뿐 법률보다 당과 국가권력이 우위에 있기 때문에 법률이 북한사회에서 차지하는 비중이 높지 않았다는 점 등을 그 원인으로 볼 수 있지만, 무엇보다도 북한 법제에 관한 연구의 현실적 필요성도 그다지 높지 않았었다.

북한에도 사회주의헌법을 정점으로 한 형식적인 법률체계(법률과 명령)가 존재하지만 실질적으로 법률의 상위규범은 주체사상, 김일성과 김정일의 교시, 이를 실천하기 위한 조선노동당의 혁명노선과 결정이고[2] 법은 정치의 표현으로서 정치에 종속

---

* 출처:「중앙법학」제11권 제2호, 2009, 193~217면.
1) 이 논문은 엠네스티 법률가위원회 인권세미나(2002년 12월 14일)에서 발표한 발제문을 토대로 2004년에 개정된 북한형사소송법의 내용을 반영하여 전면적으로 수정·보완한 것이다.

되어 있기 때문에[3] 형사법의 법규범성은 한계를 가질 수밖에 없었다. 따라서 법규범으로서의 기능상 한계를 갖는 법률보다는 실질적으로 최고의 규범력을 갖는 주체사상과 교시, 당의 사법정책 등에 관심이 쏠려 있었다.

이제 자료접근의 곤란이라는 상황은 바뀌었다. 북한은 1990년 이후에 법이 체제수호의 수단일 뿐이라는 인식에는 변함이 없었지만 인권적 요소를 반영하고 법제화를 통해 사회문제를 해결하려는 변화가 나타나기 시작하였고,[4] 2004년 8월에는 1990년대 이후에 제정 또는 개정된 형사소송법과 상속법 등 112개 법률이 실린 [조선민주주의인민공화국 법전](대중용)을 발간하여 공개했다. 탈북자들의 증언을 통해서 법률의 존재와 (형사)법적용의 현실 등을 제한적으로나마 알 수 있게 되었고, 국제인권기구의 인권보고서 등 인권실상을 파악할 수 있는 자료가 매년 증가하고 있다.

또한 연구의 현실적 필요성도 높아졌다. 남북교류가 활발해짐에 따라 북한 법률이 남측 주민에게 직접 적용될 가능성이 생긴 것이다. 「개성공업지구와 금강산관광지구의 출입 및 체류에 관한 합의서」(2004년 1월 29일 작성) 제10조(신변안전보장)[5]에 의하면 북측은 인원[6]이 지구에 적용되는 법질서를 위반하였을 경우 이를 중지시킨 후

---

2) 법무부, 개정 북한형사법제 해설, 2005, 1면.

3) 김수암, 북한의 형사법제상 형사처리절차와 적용 실태, 통일연구원 연구총서(2005), 9면.

4) 김수암, 북한의 형사법제상 형사처리절차와 적용 실태, 통일연구원 연구총서(2005), 12면.

5) 합의서 제10조(신변안전보장)

　1. 북측은 인원의 신체, 주거, 개인재산의 불가침권을 보장한다.

　2. 북측은 인원이 지구에 적용되는 법질서를 위반하였을 경우 이를 중지시킨 후 조사하고 대상자의 위반내용을 남측에 통보하며 위반정도에 따라 경고 또는 범칙금을 부과하거나 남측 지역으로 추방한다. 다만 남과 북이 합의하는 엄중한 위반행위에 대하여는 쌍방이 별도로 합의하여 처리한다.

　3. 북측은 인원이 조사를 받는 동안 그의 기본적인 권리를 보장한다.

　4. 남측은 법질서를 위반하고 남측 지역으로 추방된 인원에 대하여 북측의 의견을 고려하여 조사, 처리하고 그 결과에 대하여 북측에 통보하며, 법질서위반행위의 재발방지에 필요한 대책을 세운다.

　5. 남과 북은 인원의 불법행위로 인하여 발생한 인적 및 물질적 피해의 보상 문제에 대하여 적극 협력하여 해결한다.

　6. 외국인이 법질서를 위반하였을 경우에는 북측과 해당 국가 사이에 맺은 조약이 있을 경우 그에 따른다.

6) 합의서 제1조의 정의에 의하면 "인원"이란 남측 지역에서 지구에 출입 및 체류하는 남측의 주민과 해외동포, 외국인을 의미한다.

조사하고 대상자의 위반내용을 남측에 통보하며 위반정도에 따라 경고 또는 범칙금을 부과하거나 남측 지역으로 추방 또는 남과 북이 합의하는 엄중한 위반행위에 대하여는 쌍방이 별도로 합의하여 처리한다. 또한 북측은 인원이 조사를 받는 동안 그의 기본적인 권리를 보장한다고 규정하고 있다. 이에 따라 개성공업지구와 금강산관광지구에 출입·체류하는 남측 주민이 북한 법령을 위반하였을 경우에 북한 법령이 정하는 기본적인 권리가 보장된 상태에서 북한 법령(경우에 따라서는 북한 형사소송법)에 따라 조사받게 된다.

이와 같이 남북한의 인적 교류와 접촉이 빈번해지면서 범죄행위 내지 위법행위의 처리 문제가 현안이 될 가능성이 높아졌고, 머지않아 북한 법령이 우리 국민에게 직접 적용되는 사례가 발생할 수도 있을 것이다.[7] 따라서 북한지역에 한시적으로 체재하거나 북한지역을 방문하는 우리 남측 주민 또는 외국인에게 적용될 북한 형사법, 특히 북한 형사소송법이 우리 헌법 및 형사소송법이 인정하고 있는 사법 절차적 기본권에 관한 규정들을 포함하고 있는지, 국제적 인권기준에 비추어 어느 정도 수준의 인권을 보장하고 있는지를 검토해야 한다. 남북한의 형사법은 이질화가 심화된 상태이며, 특히 국제인권기준에 비추어보면 형사절차에서의 피의자 및 피고인의 권리에서 그 차이가 어느 정도인지 비교·분석해야 할 것이다.

이와 같이 북한 형사법제 연구[8]는 남북교류협력의 확대에 따라 발생할 것으로 예상되는 형사사건에 적용될 북한 형사법과 우리 형사법 사이의 상호 상충되는 부분을 분석하여 이를 해결할 수 있는 방안을 마련하고 우리 남측 주민의 신변안전보장을 위한 법제도적 장치를 마련하는 기초가 되며, 나아가 남북한 사법·법률통합을 대비하기 위한 준비 작업이라는 점에 그 의미가 있다. 특히 형사소송법에 대한 연구는 남측 주민에게 적용될 북한 형사소송법이 피의자 또는 피고인의 권리를 보장하고 있

---

7) 통일부는 2009년 3월 30일 "북한의 개성공업지구 출입국 사업부가 2009년 3월 30일 개성공단 내 모 기업의 우리 측 직원 1명이 정치체제 비난 등의 행동으로 '개성공업지구의 출입 및 체류에 관한 합의서', '개성공업지구 출입체류 규정 시행 규칙' 등에 따라 관계당국에 체포되어 조사가 진행 중이며 관련 합의서 등이 정하고 있는 대로 조사 기간 동안 피조사자의 건강과 신변 안전, 인권은 충분히 보장할 것이라고 밝혀왔다."고 발표하면서 "피조사자에 대한 접견권과 변호권 등 기본 권리를 보장하라는 메시지를 북에 보내고 있다."고 밝혔다.
8) 개정 북한 형법에 관해서는 한인섭, 2004년 북한형법 개정, 그 내용과 의미 - 죄형법정주의를 향한 일대 진전인가 -, 서울대학교 법학 제46권 제1호, 413면 이하 참조.

는지 등을 밝혀 남측 주민이 받게 될지도 모르는 인권침해에 미리 대비하고 개선요 구사항이 있는지를 검토하여야 한다.

Ⅱ. 북한 인권감시의 정당성과 필요성

인권이란 인간의 존엄을 법적으로 실현하기 위한 수단으로 인정된 주관적 권리이 다. 이러한 인권은 세계 어디에서든 인간의 공동체의 기초로서, 평화와 정의의 기초 로서 존재하고 일반적으로 받아들여져야 하는 개인의 권리이다. 어떤 국가나 집단에 의해서도 침해당하지 않으며 자신의 의사에 의해서도 포기할 수 없는 不可侵, 不可 讓의 권리이다. 인간이라면 누구나 어떠한 사회적 조건에 있든 상관없이 인간이라는 이유만으로 누려야 할 평등하고 양도할 수 없는 천부적 권리이다. 그래서 인권의 천 부성과 보편성이라고 부르는 것이다.

인권보장은 국가의 책임이자 의무이다. 그러나 국가는 종종 국가형벌권의 발동을 통한 공동체의 보존 및 공공질서의 확립을 이유로 국가의 형사소추이익이 단지 범죄 의 혐의를 받고 있는 개인의 자유권보다 우선한다고 생각한다. 형사소추를 통한 질 서의 확보와 개인의 자유영역의 보장이 모두 국가의 의무라는 기본이념을 망각하고 국가 對 개인이라는 이분법적 사고의 틀 속에서 충돌상황을 규율하려고 한다.

이와 같이 국가가 자국민의 인권을 보호하지 못하고 인권침해사례가 발생하면 국 제사회의 감시를 피하지 못한다. 바로 인권의 절대성과 보편성이 타국의 인권침해에 대한 개입을 정당화 시켜준다. 즉 다른 나라에 대해 국민의 인권보호를 권고하고 인 권침해를 지적할 수 있다. 그러나 가장 정당하고 효과적인 개입은 유엔을 통한 개입 이다. 유엔은 국제인권장전 등을 통해 인권을 강제하거나 권유할 수 있다.[9] 국제사 회뿐만 아니라 인권 NGO도 각국 정부의 인권이행을 감시하고 촉구하는 중요한 역 할을 담당한다.

우리가 북한 형사소송법을 국제적 인권기준으로 들여다보는 것도 인권의 보편성 에 기한 국제사회나 인권 NGO 개입의 한 형태이다. 북한도 1966년 국제인권규약에 가입하였으며, 따라서 국제인권규범의 구속을 받는다고 볼 수 있다. 그러나 여기에

---

9) 이금순·김수암, 개혁·개방과정에서의 인권의제: 이론과 실제, 통일연구원(연구총서 06-17), 190면.

는 한계가 있다. 다른 국가와는 달리 북한은 아직도 국제사회의 일원으로 개방되어 있는 나라가 아니다. 법의 존재조차도 최근에서야 제대로 알려졌다. 그 나라의 인권수준을 가늠하려면 인권보장을 위한 법과 제도뿐만 아니라 인권현실을 알아야 한다.[10] 인권보장을 위한 헌법과 형사소송법의 규범적 현실뿐만 아니라 헌법현실과 형사소송법의 운용실태를 알아야 한다.

예컨대 그 나라의 법정책적 상황에 대한 지진계로서 기능하는 체포와 구속의 운용이 어떻게 이루어지고 있는지를 알아야 그 나라의 인권의 실제를 알 수 있을 것이다. 그러나 북한의 경우 이 양자에 대한 접근이 제한적이다. 규범적 현실을 파악하기 위한 입법 자료나 법규정해설서 등과 같은 자료가 거의 알려져 있지 않다. 실상적 인권지수를 파악할 수 있는 자료는 별로 없다.[11] 인권침해에 관한 북한 자체 보고서도 존재하지 않는다. 따라서 단순히 헌법과 형사소송법 등 법조문만을 참고로 형사사법제도와 관련한 문헌적 인권지수를 추론할 수밖에 없다.

물론 이러한 연구방법에는 한계는 있다. 특히 국제인권규범과 기준에 비추어 북한 형사소송법을 들여다보는 것은 문서상의 인권지수만을 파악하는 것이기 때문이다. 그 나라의 인권지수를 가늠할 수 있는 척도인 형사소송법 규정 자체뿐만 아니라 그 적용현실을 관찰할 수 있어야 제대로 된 연구가 될 수 있다. 북한은 법보다는 유교적인 전통문화의 관행이 지배하는 사회다. 사법권의 독립이 보장되지 않고 있으며, 개인의 자유는 정치적 편의에 따라 언제든지 제약될 수 있다. 사회주의 발전에 장애가 되는 모든 권리와 자유는 제약될 수 있다는 전통적인 의식이 강하다. 유교적인 전통문화가 강하여 죄형법정주의보다는 유추해석, 소급효력 인정, 공소시효 불인정 등의 관행이 지속되고 있다. 또한 북한의 인권개념은 북한식 사회주의와 주체사상을 반영한 '우리식 인권'의 개념과 기준[12]이어서 다른 국가와의 비교에 한계가 있다.

이하에서는 이와 같은 제한된 사정 하에서 헌법과 형사소송법 등 법조문에 나타

---

10) 인권현실에 관한 탈북자 조사결과에 관해서는 동국대학교 북한학연구소, 북한인권 상황에 관한 국내 탈북자 의식조사, 2004년도 국가인권위원회 연구용역보고서 참조.
11) 통일연구원, 북한인권백서 2006에 새터민의 진술을 통한 북한의 인권실상에 관하여 언급되어 있다.
12) 정태욱, 북한의 법질서와 인권개념, 북한인권법제연구(국가인권위원회 2006), 4면 이하; 김수암, 북한의 인권의식과 인권정책, 북한인권 국제심포지엄(2006.11.30. 국가인권위원회·경남대 극동문제연구소) 자료집, 161면.

난 북한의 사법제도와 인권수준을 가늠해 보기로 한다. 그 가늠자는 세계인권선언 제8조부터 11조에 규정된 사법적 권리이다. 정당한 법절차에 따라 재판을 받을 권리, 법 앞의 평등, 인신보호권, 자의적 체포와 구금으로부터 보호받을 권리, 무죄추정을 받을 권리, 법의 소급적용으로부터 보호받을 권리 등이 북한 형사소송법(형법 포함)에 어떻게 투영되어 있는지 살펴보기로 한다.

Ⅲ. 북한의 사법조직과 형사소송법의 法源

1. 북한의 사법조직과 제도 개관

북한 사회주의헌법(1998.9.5. 개정)은 제6장 국가기구 중 제7절에 검찰소와 재판소에 관하여 규정하고 있다.

제147조 이하에 검찰조직(제147조 중앙검찰소, 도·시·군검찰소와 특별검찰소), 검사의 임명 및 해임(제148조, 제149조), 검찰의 임무(제150조 준법에 대한 일반감시, 국가기관의 결정 및 지시에 대한 위반여부감시, 법위반자 적발 및 책임추궁), 상급 검찰소에 대한 상명하복관계(제151조) 등 검찰제도가 규정되어 있다.

제153조 이하에는 재판소조직(제153조 중앙재판소, 도재판소, 인민재판소와 특별재판소), 판사 및 인민참심원의 임기 및 임명(제154조, 제155조), 재판소의 임무(제156조 재판활동, 준법감시 및 계도, 재판집행, 공증사업), 재판부의 구성(제157조 판사 1명과 2명의 인민참심원, 특별한 경우에는 판사 3명) 등 재판제도와 재판기관의 활동 등이 규정되어 있다. 그 이외에도 법해석의 원칙(제6조)[13], 공개재판의 원칙과 피소자의 변호권보장(제158조)이 규정되어 있다. 피소자의 이익옹호자로서의 변호사의 임무 등 변호사제도는 변호사법에 규정되어 있다.

북한 헌법은 재판의 독립과 법에 의한 재판(제160조)을 보장하고 있다. 그러나 재판소는 재판에서 독자적이며 재판활동을 법에 의거하여 수행한다고 규정하면서도 최고재판기관으로서 중앙재판소가 모든 재판사업을 감독하도록 하며(제161조), 중앙재판소는 자기 사업에 대하여 최고인민회의와 그 휴회 중에 최고인민회의 상임위원회 앞에 책임을 지도록 하여(제162조) 사실상 재판의 독립성을 침해하고 법에 의한

---

13) 제6조 재판소는 주체의 사상체계에서 기초하여 법을 로동계급적 입장에서 해석하고 적용한다.

재판이 보장되지 못하게 하는 규정이 혼재되어 있어 헌법규정 사이의 모순을 드러내고 있다.

2. 형사소송법의 法源

(1) 형사소송법

가장 중요한 형사소송법의 법원은 1950년에 제정되고 2004년 5월 6일 최고인민회의 상임위원회 정령 제436호로 수정·보충된 형사소송법[14]이다. 이는 1992년에 개정된 형사소송법(총 10장 305조)을 전면적으로 개정한 것이다.

개정 형사소송법은, ① 제1장 형사소송법의 기본 ② 제2장 일반규정 ③ 제3장 증거 ④ 제4장 변호 ⑤ 제5장 관할 ⑥ 제6장 수사 ⑦ 제7장 예심 ⑧ 제8장 기소 ⑨ 제9장 제1심 재판 ⑩ 제10장 제2심 재판 ⑪ 제11장 비상상소와 재심 ⑫ 제12장 판결, 판정의 집행 등 총 439개 조로 구성되어 있다.[15] 형사소송의 기본원칙과 내용은 개정 전과 동일하지만 규정을 체계화하고 내용을 구체화한 것이다.

(2) 재판소구성법과 변호사법

재판소구성법(1976.1.10. 최고인민회의상설회의 결정)은 재판소의 독립성[16], 공개재판의 원칙[17], 변호권을 포함한 소송상의 권리보장[18], 二審制[19], 비상상소와 재심(제37조, 제38조), 재판소의 조직(제2장 재판소의 조직), 재판소의 임무(제3장) 등을 주 내용으로 하고 있다.

---

14) 북한 형사소송법 개정의 역사에 관해서는 통일연구원, 북한의 형사법제상의 형사처리절차와 적용 실태(연구총서 05-13), 20면 참조.

15) 1999년 9월 2일 개정된 형사소송법은 제1장 형사소송법의 기본, 제2장 일반규정, 제3장 증거, 제4장 수사와 예심, 제5장 기소, 제6장 변호, 제7장 재판, 제8장 제2심판, 제9장 비상상소와 재심, 제10장 판결·판정의 집행 등 총 305개조로 구성되어 있었다.

16) 제5조 재판소는 조선로동당의 령도 밑에 국가의 법령에 철절히 의거하여 사업한다. 재판소는 재판에서 독자적이다.

17) 제32조 모든 재판은 공개한다. 국가 및 군사적 비밀을 보장할 필요가 있거나 그 밖에 법에 정해진 경우에는 재판소의 판정으로 재판을 공개하지 않을 수 있다.

18) 제33조 재판에서는 사건의 정확한 해결을 위하여 변호권을 비롯한 모든 소송상의 권리를 보장한다.

19) 제36조 제1심 재판에 대하여 상소, 항의가 제기된 경우에는 해당 상급재판소의 판사 3명으로서 제2심 재판을 한다.

변호사법(1993.12.23. 최고인민회의상설회의 결정)에는 인권보장임무[20], 국가의 변호사선택권보장(제4조), 형사사건기록열람권과 접견교통권 및 서신거래권(제9조) 등 변호사의 권리와 의무(제2장) 등이 규정되어 있다.

Ⅳ. 국제인권기준에 비추어 본 북한 형사소송법

1. 북한 헌법상의 사법 절차적 기본권

북한 헌법에 규정된 사법 절차적 기본권으로는 인신의 불가침과 강제처분법정주의[21], 국가의 기본권보장의무[22], 공개재판의 원칙과 변호권보장[23]이 전부이다. 오늘날 법치국가적 이념을 표방하는 서방세계와 우리나라의 헌법이 인간의 존엄과 가치, 국가의 기본권보장의무, 강제처분법정주의 및 영장주의, 진술거부권, 변호인의 조력을 받을 권리, 구속적부심사청구권, 자백배제법칙과 자백보강법칙, 일사부재리의 원칙, 공개재판 및 신속한 재판을 받을 권리, 무죄추정의 원칙, 형사보상청구권 등을 명시함으로써 형사소송절차에서 피의자와 피고인의 기본권보장과 사법적 보호의 철저화를 천명하고 있는 것과는 상당한 차이가 있다.

따라서 북한 헌법이 형사소송의 재판규범을 형성하고 있다고 보기 어렵고, 형사소송법을 응용된 헌법 또는 헌법의 구체화규범이라고 볼 수 있을 정도로 형사절차상의 인권보장이 헌법에 규정되어 있는 것도 아니다. 그래서 헌법이 형사소송법의 法源이며 형사소송법의 해석에 있어서 실정법체계 중에서 최고이자 기본법인 헌법의 이념에 부합되어야 한다고 말하기에는 부족함이 있다.

---

20) 제2조 조선민주주의인민공화국에서 변호사는 변호활동과 법률상 방조를 통하여 인권을 보장하고 국가의 법률제도를 옹호한다.
21) 제79조 공민은 인신과 주택의 불가침, 서신의 비밀을 보장받는다. 법에 근거하지 않고는 공민을 구속하거나 체포할 수 없으며 살림집을 수색할 수 없다.
22) 제64조 국가는 모든 공민에게 참다운 민주주의적 권리와 자유, 행복한 물질문화생활을 실질적으로 보장한다.
23) 제158조 재판은 공개하며 피소자의 변호권을 보장한다. 법이 정한데 따라 재판을 공개하지 않을 수 있다.

2. 개정 형사소송법의 특징

(1) 변화의 배경

현행 북한 형사소송법은 1992년에 세계적인 탈 이데올로기 추세와 대내외 비판을 의식하여 전근대적인 규정을 삭제하고 인권 보장적 측면에서 외형상 진일보한 규정들을 도입하였다.[24] 이는 형법개정과 궤를 같이 하는 것이다. 2004년 개정된 형법은 유추해석 허용규정을 삭제하고[25] 죄형법정주의를 명시[26]하였으며 범죄구성요건을 구체화하였다.

이와 같이 국제인권기준에 어느 정도 부합하는 방향으로 형사법을 정비한 것은 유엔, 한국 및 국제 NGO 등의 북한 인권에 대한 개선요구를 피하기 위한 방편으로 추측된다. 2004년 4월에 형법을 개정하고, 5월에 형사소송법을 개정하여 6월에 북한 법전을 공개한 것은 이를 과시하기 위한 일련의 조치로 보인다.

러시아, 중국 등 과거 동맹국의 사법개혁의 영향도 있었을 것이다. 러시아는 공산주의가 붕괴된 후 11년, 신형법이 개정된 후 5년 반이 지난 2001년 12월 5일에 1960년에 제정된 소비에트연방 사회주의 공화국 형사소송법을 전면 개정하여 무수히 많은 인권 침해적 요소들을 제거하였다.[27] 러시아 개정 형사소송법은 제2장에 기본원칙에 관한 14개의 규정을 두고 있다. ① 형사소송의 목적(제6조) ② 적법절차(제7조) ③ 인간의 존엄과 가치존중(제9조) ④ 인격의 불가침성(제10조) ⑤ 형사소송에서의 인간과 시민의 권리와 자유보장(제11조) ⑥주거의 불가침(제12조) ⑦ 통신비밀(제13조) ⑧ 무죄추정(제14조) ⑨ 변호인의 조력을 받을 권리(제16조) ⑩ 자유심증주의(제17조) ⑪ 상소권(제19조) 등 헌법에 규정된 사법적 기본권이 그대로 포함되어 있다.

---

24) 법무부, 개정 북한형사법제 해설, 2005, 2면.

25) 1987년 형법 제10조 범죄행위를 한 경우 그와 똑같은 행위를 규정한 조항이 없을 때에는 이 법 가운데서 그 종류와 위험성으로 보아 가장 비슷한 행위를 규정한 조항에 따라 형사책임을 지운다. 그러나 규범의 종류와 위험성으로 보아 그와 유사한 행위를 규정한 조항이 없는 경우에는 형사책임을 지울 수 없으며 해당 조항에서 규정한 침해대상과 사회관계, 주관적 표징과 범인의 표징의 한계를 넘어 유추할 수 없다.

26) 형법 제6조(형법에 규정된 행위에 대해서만 형사책임을 지우는 원칙) 국가는 형법에서 범죄로 규정된 행위에 대해서만 형사책임을 지우도록 한다.

27) Friedrich-Christian Schroeder, Die neue russische Strafprozessordnung - Durchbruch zum fairen Strafverfahren? Forschungsverbund Ost- und Südosteuropa Arbeitspapier Nr.10(2002), S.7.

개정 북한 형사소송법에서도 이와 유사한 점들을 발견할 수 있다. 제1장에 형사소송법의 기본원칙들을 규정하고 있다. 예컨대 ① 형사소송법의 사명(제1조) ② 형사소송의 기본원칙(제2조 계급로선의 관철원칙, 제3조 군중로선의 관철원칙, 제6조 범죄의 미연방지원칙) ③ 과학성, 객관성, 신중성, 공정성의 보장원칙(제4조) ④ 인권의 보장원칙(제5조) ⑤ 법에 규정된 원칙과 절차, 방법의 준수원칙(제8조) 등이 바로 러시아 개정 형사소송법과 유사한 규정체제와 내용이다.

(2) 형사소송법의 기본원칙

북한 형사소송법의 특징 중의 하나는 제1장에 형사소송법의 기본이라 하여 헌법에 포함되어야 할 원칙이 포함되어 있다는 점이다. 형사소송법의 사명(제1조)의 변화도 눈에 띈다. "조선민주주의 인민공화국의 형사소송법은 수사, 예심, 기소, 재판에서 제도와 질서를 엄격히 세워 형사사건을 정확히 취급 처리하는 데 이바지 한다."고 규정하여 개정 전 "범죄와의 투쟁을 통하여 국가주권과 사회주의 제도를 보위하고 인민들의 자주적이며 창조적인 생활을 보장한다."는 내용에서 정치적 이념을 탈색시켜 중립적으로 형사소송법의 사명을 표현하고 있다.

제2조(계급로선의 관철원칙), 제3조(군중로선의 관철원칙), 제6조(범죄의 미연방지원칙)는 그 내용상 변화는 없다. 제4조 형사사건의 취급 처리에서 과학성과 객관성, 신중성 보장에서 공정성이 추가되었고, 제8조(법에 규정된 원칙과 절차, 방법의 준수원칙)는 개정 전에는 제2장 일반규정에 위치하고 있었던 규정이고 제7조가 제1장 형사소송법의 기본으로 위치를 변경하여 그 규정들의 중요성을 인식한 것이라고 평가할 수 있을 것이다.

특이한 것은 형사소송법의 기본에서 행위의 주체가 개정 전과 마찬가지로 국가라는 점인데, 국가가 주체적으로 "~한다."가 아니라 "~하도록 한다."로 수정하였다. 이는 국가의 감독을 명시한 것이 아닌가 하는 의심이 드는 변화이다. 예컨대 제8조의 적법절차의 원칙에서 개정 전의 제7조에서는 "수사, 예심, 검찰, 재판 기관에서 형사사건에 대한 취급과 처리는 이 법에 규정된 원칙과 방법, 절차에 따라 한다."로 하여 주체가 수사기관, 예심원, 검찰, 재판기관이었는데 이를 "국가는 형사사건에 대한 취급과 처리를 이 법에 규정된 원칙과 절차, 방법에 따라 하도록 한다."고 하여 주체를 국가로 하였다. 이는 단순히 수사기관, 예심원, 검찰, 재판 기관을 통칭하여 국가로 본 것일 수도 있지만 사법작용에 대한 국가의 감독 및 통제를 강화한 것이라는 추측이 가능하다.

3. 형사소송절차와 인권보장

(1) 형사절차의 진행개관[28]

형사절차는 기본적으로 범죄가 발생하면 수사기관에 의한 수사와 예심, 기소, 재판소에 의한 재판, 상소 등을 거쳐 유죄판결이 확정되면 이를 집행하는 절차로 진행된다.

형사사건의 취급시작은 수사원의 수사시작결정으로 진행된다(제29조). 수사할 범죄 자료를 얻은 수사원은 곧 근거를 밝힌 수사시작결정을 하고 수사를 시작하여야 한다(제135조). 수사의 임무는 범죄자가 적발하여 예심에 넘기는 것이다(제146조).

북한 형사절차의 특징은 수사와 기소 사이에 예심절차를 두고 있는 것이다. 예심(반국가범죄사건은 국가보위기관 예심원, 일반범죄사건은 사회안전기관 또는 검찰기관 예심원 등)의 임무는 피심자를 확정하고 범죄사건의 전모를 완전하고 정확하게 밝히는 것이다(제148조). 예심에서 밝혀야 할 사항은 객관적 증거에 근거하여 피심자가 저지른 범죄의 성격, 동기와 목적, 범죄의 수단과 방법, 행위의 정도와 결과, 범죄를 저지른데 서 논 역할과 책임정도 같은 범죄사건의 해결에 의의를 가지는 모든 사실이다(제149조). 수사기관으로부터 사건을 넘겨받은 후 48시간 안에 예심시작결정을 하고 피심자를 확정하는데 충분한 자료를 얻었으면 형사책임추궁결정을 한다(제157조, 제158조). 피심자에게 형사책임추궁결정을 알려준 때부터 48시간 안에 피심자에게 알리고 변호인의 방조를 받을 수 있음을 알려야 하며(제159조), 이때부터 48시간 안으로 심문하여야 한다(제162조).

예심원은 범죄사건의 전모와 범죄를 밝히는데 의의를 가지는 모든 사실이 완전하고 정확하게 밝혀지고 그것을 증명할 수 있는 증거를 충분히 수집하여 피심자를 재판에 넘길 수 있다고 인정될 때에는 검사의 참가 밑에 예심을 끝내는 절차를 진행한다(제254조, 제256조). 예심원은 예심종결조서를 작성하고(제257조), 사건기록과 증거

---

28) 김수암, 북한의 형사법제상 형사처리절차와 적용 실태, 통일연구원 연구총서(2005), 79면 이하 참조; 법원행정처, 북한 사법제도 개관, 1996 참조.

물을 검사에게 넘겨야 한다(제258조).

검사는 예심을 충분하고 옳게 진행하였을 경우 기소장을 작성하여 피심자를 재판소에 기소하여야 한다(제265조). 예심원으로부터 사건기록을 접수한 검사는 10일 안으로 검토 처리해야 한다(제262조).

기소된 사건은 재판준비 절차를 거쳐 재판회부결정(제292조), 검사환송판정(제293조), 이송판정(제294조) 등이 결정된다. 재판회부결정에 따라 재판에 넘겨지면 재판소에서 제1심 재판의 절차가 진행된다. 제1심 재판은 재판심리시작, 사실심리, 논고와 변론, 피소자의 마지막 말, 판결의 선고절차로 진행된다(제301조).

비상상소와 재심을 인정한다(제384조, 제403조).

(2) 형사절차의 기본구조와 특징

북한 형사소송법은 원칙적으로 탄핵주의를 취하고 있다. 검사의 기소에 의한 재판소의 재판심리로 형사절차가 진행된다. 원칙적으로 수사권은 수사기관(사회 안전, 국가보위기관의 수사 일군)과 인민보안, 검찰, 안전보위, 인민무력기관의 예심원이 행하며(제11조) 검사는 필요에 따라 수사할 수 있고(제10조), 형사사건에 대한 기소는 검사만이 할 수 있어 기소독점주의를 취하고 있다(제12조). 재판의 담당자는 재판소다(제13조).

우리 형사절차와 비교하여 예심제(제148조 이하), 재판준비를 통한 재판심리개시 여부결정(제289조 이하), 3급 2심제의 상소제도, 비법률가의 사법참여(재판소구성법 제12조: 인민참심원제와 재판원선거제, 제274조 인민참심원, 제179조 현지재판 등), 민·형사절차의 미분리(제70조 이하의 손해배상제도) 등이 특징적이다.

(3) 국가의 인권보장의무

제5조에서 "국가는 형사사건의 취급 처리에서 인권을 철저히 보장하도록 한다."고 규정하여 근대형사소송법의 기본원칙인 인권보장규범으로서의 형사소송법을 명시하고 있다. 또한 제4조에 "국가는 형사사건의 취급 처리에서 과학성과 객관성, 신중성, 공정성을 보장하도록 한다."고 규정하고 있다.

검사는 위법적인 수사와 예심을 바로잡거나(제147조, 제146조), 비법적으로 체포 또는 구속된 자를 발견하였을 때에는 즉시 석방하여야 하는 인권감시의무를 갖고 있다(제177조).

(4) 피심자·피소자 권리보장

1) 피심자심문

피의자심문시간의 제한규정을 신설하여(제163조) 특별한 경우를 제외하고 원칙적으로 오전 8시에서 오후 8시까지로 규정하고 야간 또는 밤샘조사를 금지했다. 이 시간 외의 심문에는 검사가 참여하여야 한다.

강제적인 심문이나 유도심문 금지 규정은 그대로 두고 있으나(제167조), 1999년 형사소송법 제93조의 강압적인 방법에 의한 피심자진술의 증거사용금지 조항은 제94조의 피심자의 자백이나 자백이 유일한 증거일 경우 증명되지 않은 것으로 인정한다는 내용과 함께 제3장(증거) 제98조로 위치를 변경하여 증거사용금지를 강조하고 있다.

개정 형사소송법은 제170조에 피심자의 권리(의견진술권, 조사요구권, 소송관계자 교체요구권, 심문조서 기재권 및 수정요구권, 권리침해시 검사에게 의견제기권 등)를 우리 형사소송법처럼 거의 망라하여 규정하고, 피심자의 적극적인 항변권을 인정하고 피의자를 심문하는 예심원이 이를 고지하도록 하고 있다(제169조).

2) 체포제도와 강제처분 법정주의 및 적법절차의 원칙

개정 형사소송법은 구속처분 외에 체포제도를 신설하였다. 예심원은 예심 또는 재판을 회피하거나 범죄사건의 조사를 방해할 수 있는 피심자를 체포하거나 구속처분을 할 수 있다(제176조). 또한 법에 규정되지 않거나 법에 정해진 절차에 의하지 않는 체포나 구속을 금지하여(제177조, 제180조) 강제처분 법정주의와 적법절차의 원칙을 선언하고 비법적인 체포나 구속을 안 검사는 석방의무를 진다고 규정하고 있다. 체포 또는 구속처분은 형사책임추궁결정 이후에 할 수 있다(제178조).

체포 또는 구류구속처분의 사유를 개정 전에는 1년 이상의 로동교화형이나 사형을 줄 수 있는 범죄사건의 피심자가 증거를 없애거나 조사를 방해하거나 예심 또는 재판을 회피할 수 있다고 인정되는 경우로 정하였다. 범죄사건을 유기로동교화형(1년부터 15년), 무기로동교화형, 사형으로 개정한 것은 동일하나 증거를 없앨 염려가 있는 경우는 제외하였고 로동단련형(6개월부터 2년)의 경우도 특별히 필요한 경우 체포 또는 구류구속처분을 할 수 있도록 하였다.

검사의 승인에 의한 체포영장제도는 1999년에 도입되었다(제107조, 개정 형사소송법 제181조). 그러나 이는 구속처분 외의 별도의 인신구속제도가 아니라 피심자를 구류하는 구속처분을 집행하기 위해서는 체포가 필요하고 이때 검사가 승인한 체포장을 제시하도록 한 것이다. 개정 형사소송법은 체포 또는 구속의 통지를 '48시간 안으로 피심자뿐만 아니라 가족 또는 소속단체에게 체포 또는 구속의 사유와 장소를 고지' 하도록 하고 있다(제183조). 예심원에게는 체포영장이 없는 상태에서 불구속 피심자를 체포할 수 있는 일종의 '긴급체포' 권한을 인정하지 않고 반드시 검사에게 체포영장 발급 신청서를 보내 승인을 받도록 했다(제180조, 제181조).

3) 구류기간의 단축

개정 전에는 범죄의 종류를 구분하지 않고 예심 단계에서 피심자를 2개월까지 구류할 수 있었으나, 개정 형사소송법에서는 로동단련형을 줄 수 있는 경미한 사건에 대해서는 구류기간을 10일로 대폭 단축했다. 또한 재판소에서 돌려보낸 유기로동교화형, 무기로동교화형, 사형을 줄 수 있는 범죄사건의 예심단계에서는 20일, 로동단련형을 줄 수 있는 범죄사건의 경우는 7일로 구류기간을 제한하는 규정을 두고 있다(제187조). 이는 비례성의 원칙의 표현으로 볼 수 있다. 구류 기간 연장 역시 종전에는 '특별히 복잡한 사건'에 대해서는 최대 5개월까지 피심자를 구류할 수 있도록 했지만 개정법에서는 최대 3개월로 2개월을 단축했다(제188조).

종전까지 검사는 예심기관에서 사건을 넘겨받은 지 15일 이내 사건을 재판소에 기소하면 됐지만 신법에서는 중범죄는 10일, 로동단련형이 예상되는 경미한 범죄에 대해서는 3일 이내 반드시 기소하도록 강제했다(제262조).

재판을 위한 구류 기간도 제1심과 제2심에서 각각 최대 1개월까지 허용하던 것을 25일로 5일씩 단축했으며 로동단련형이 예상되는 피소자에 대해서는 15일까지만 구금할 수 있도록 했다(제282조).

(5) 적법절차와 적정절차의 원칙

1998년 9월에 개정된 헌법 제79조는 "법에 근거하지 않고는 공민을 구속하거나 체포할 수 없으며 살림집을 수색할 수 없다."고 규정하여 신체의 자유보장을 선언하고 있다.

"국가는 형사사건에 대한 취급과 처리는 이 법에 규정된 원칙과 절차, 방법에 따라 하도록 한다."고 규정하여(제8조) 적법절차의 원칙을 명문화하였다. 증거수집도 법에 따라 하도록 하였고(제88조), 법에 규정되어 있지 않거나 법에 규정된 절차를 따르지 않고 체포 또는 구속을 할 수 없도록 하였다(제177조). 체포 또는 구속처분의 사유, 종류, 일반요건 등을 법으로 정하고(제176조 이하), 사람을 체포 또는 구속하였을 때에는 48시간 안으로 그의 가족 또는 소속단체에 체포 또는 구속의 이유와 장소 등을 같은 알려주도록 하여(제183조) 강제처분 법정주의와 체포이유고지제도를 취하고 있다.

그러나 압수 또는 수색은 검사의 승인 하에 이루어지고(제217조) 야간 수색·압수는 금지되지만(제220조) 법원의 영장에 의한 강제처분이라는 영장주의를 취하고 있지 않다.

강제처분 중에서 예심원의 구속처분의 종류에는 구류구속처분 외에 자택구속처분과 지역구속처분이 있다(제184조). 특이한 점은 자택구속처분이다. 질병, 임신 같은 사정으로 구류구속처분이 적합하지 않다고 인정되면 2명의 보증인이 피심자를 언제든지 예심원 또는 재판소의 요구대로 보내겠다는 보증서를 제출하면 자택구속처분이 허용된다(제189조). 또한 피심자의 서약서를 받고 정해준 지역 또는 사는 곳을 벗어나지 못하게 하는 지역구속처분도 있다(제190조).

공평한 법원의 구성을 위하여 제척 및 기피제도가 인정되어 있으며(제16조 이하) 이는 수사원, 예심원 및 검사 등에게도 적용된다. 재판장은 피소자 인정신문 후 피소자의 권리와 의무를 고지하고(제302조), 예심단계에서도 예심원이 피심자를 심문하기 전에 그의 권리를 고지하여야 한다(제169조). 피소자는 재판심리 전 기소장등본 및 판정서 등본을 송달받을 권리가 있다(제298조).

또한 예심단계에서 피심자심문 전 진술권이 보장되어 있고(제171조), 피심조서열람 및 정정신청권(제175조), 예심종결 후 기록열람권(제255조)과 피소자 공판정출석(제281조) 및 재정의무(제284조)가 규정되어 있다.

(6) 변호인의 조력을 받을 권리

북한 헌법 제158조는 피소자의 변호권보장을 규정하고 있다. 형사소송법은 형사사건의 취급 처리에서 피심자와 피소자의 변호권이 보장됨을 밝히고 있다(제106조). 변호인을 선정하여 방조받을 권리도 보장된다(제108조). 재판소는 변호인을 선정하지 않은 피심자를 위하여 해당 변호사회에 의뢰하여 변호인을 선정해 준다(제111조).

변호인은 법에 따라 형사사건이 정확히 취급 처리되고 피심자와 피소자의 권리가 보장되도록 하는 임무를 갖고 있다(제107조). 변호인의 임무는 적법절차의 준수여부와 피시자 및 피소자의 권리보장여부를 감시하는 것이다. 변호인의 담화권(제117조, 우리의 접견교통권)과 사건기록열람권(제118조)이 인정된다. 피심자, 피소자의 법적 권리가 보장되지 않고 있는 사실을 알았을 경우 검사 또는 재판소에 의견을 제기할 수 있고 검사 또는 재판소는 3일 안에 이를 처리하여 결과를 통지해 주어야 한다(제121조).

특이한 점은 변호인의 방조를 받을 권리를 포기할 수 있다는 점이다(제109조). 또한 변호사법 제6조에는 변호사활동의 독자성을 인정하면서도 해당 변호사회의 지도 밑에 활동한다는 규정(제8조)을 둔 것으로 보아 실질적 변호가 이루어질 수 없음을 알 수 있다.[29)]

(7) 공개재판의 원칙과 재판의 독자성보장

개정 형사소송법은 재판공개의 원칙을 채택하고 예외적으로 국가 또는 개인의 비밀을 지켜야 할 필요가 있거나 사회적으로 나쁜 영향을 줄 수 있는 경우에만 비공개할 수 있도록 하였다. 그러나 판결 선고는 반드시 공개하도록 했다(제271조).

제272조(재판의 독자성 보장)에서 "재판소는 재판에서 독자적이며 그것을 법에 의거하여 수행한다."고 규정하여 재판의 독립성을 인정하고 적법절차의 원칙을 명시하고 있다. 그러나 현지재판의 조직(제172조, 구법 제179조)은 그대로 두어 군중각성과 범죄예방을 위한 현지공개재판(소위 인민재판)을 조직·진행하여 기관, 기업소, 단체의 대표자가 범죄자의 행위를 폭로, 규탄할 수 있게 하였다.

재판의 독자성을 보장하면서도 검사가 재판에 대하여 감시한다는 규정(제14조)을 두고 검사는 재판에 참가하거나 재판기록을 검토할 수 있으며 위법행위를 발견하였을 경우에 재판소에 의견을 제시할 수 있도록 하여(제288조) 검사에게 재판소 감시·통제의 권한을 부여하고 있다.

(8) 증거법원칙

증거법원칙으로는 과학적·객관적 증거에 기초한 형사사건의 취급 처리와 적법절차에 의한 증거수집이라는 증거재판주의(제88조)를 취하고 있다.

---

29) 통일연구원, 북한인권백서 2006, 75면 이하 참조.

강압이나 유도에 의한 진술의 증거능력배제와 유일한 불리한 증거의 증거능력배제(자백의 보강법칙)를 규정하고 있다(제98조). 구두변론주의와 직접주의를 채택하여 논고와 변론은 재판심리에서 검토 확인된 증거에 기초하도록 하고 있다(제329조).

(9) 상소권보장

제1심 판결, 판정에 대하여 의견이 있을 때에는 피소자, 변호인, 손해보상청구자는 상급재판소에 상소할 수 있고 검사도 항의할 수 있다(제357조). 파기 환송된 사건을 재판하는 제1심 재판소는 처음 판결을 내린 재판소가 정한 형벌보다 무거운 형을 내릴 수 없다는 불이익변경금지원칙을 채택하고 있다(제381조).

V. 미비한 인권보장제도 및 절차

1. 형사소송(법)의 목적, 이념, 사명

1999년 형사소송법은 그 사명을 범죄와의 투쟁을 통한 국가주권과 사회주의제도의 보위에 두고 있었는데, 2004년 개정 형사소송법은 그 기능을 수사, 예심, 기소, 재판에서 제도와 질서를 엄격히 세워 형사사건을 정확히 처리하는 것으로 보고 있다. 이는 형사소송법에서 정치적 색채를 약화시키기 위한 변화라고 볼 수 있다. 형사소송법은 인권의 보장원칙(제6조)을 선언하고 있다. 그래서 형식적으로는 형사소송법을 개인의 권리보장규범으로 보고 있다고 평가할 수 있겠다.

그러나 실제로는 특정계급의 보호를 사명으로 하면서 국가이념실현과 사회적 교양수단(제2조 계급노선의 관철원칙)이자 범죄예방 수단(제6조)으로 삼고 있다. 즉 보장적 기능보다는 보호적, 교육적 기능이 중시되고 있다. 적법절차(제8조)를 규정하면서 형사사건의 취급 처리에서 군중의 힘과 지혜에 의거하도록 한 점(제3조)은 북한 사회에서 법이 차지하고 있는 위치를 알 수 있게 한다.

2. 실질적 재판소의 독립과 적법절차의 원칙

헌법(제160조)과 재판소구성법(제5조)은 재판소의 독립과 법에 따른 재판을 천명하고 있지만 형식적인 독립성보장 규정이다. 헌법에 의하면 입법권을 행사하는 최고인민회의에서 중앙검찰소 소장을 임명 또는 해임하고, 중앙재판소 소장을 선거 또는 소환하며 최고인민회의의 휴회 중의 상설기구인 최고인민회의 상임위원회가 헌법과 현행 법, 규정을 해석하는 권한을 갖고 중앙재판소 판사, 인민참심원을 선거 또는 소환한다(제110조). 또한 지방주권기관인 지방인민회의는 해당 재판소의 판사, 인민참심원을 선거 또는 소환한다. 이와 같이 입법부에 의한 임명과 입법부의 헌법 및 법해석의 권한과 중앙재판소의 자기 사업에 대한 최고인민회의 앞의 책임(헌법 제162조) 등에 비추어 법관의 신분보장이나 헌법과 법률에 의하여 양심에 따라 재판하는 직무상의 독립 등 사법권의 독립은 원천적으로 봉쇄되어 있다.

현지재판과 군중재판(제286조, 제324조와 제325조)제도도 사법부의 독립을 저해하는 요소가 된다. 실제 현지재판이 빈번하게 이루어지는 것으로 조사되었다고 한다.[30]

3. 재판에 대한 검찰의 감시권한

검찰의 권력이 강화되어 있다. 형사소송법 제14조는 검사가 수사와 예심뿐만 아니라 재판까지 감시할 권한을 부여하고 있다. 제288조에 의하면 검사는 재판에 참가하거나 재판기록을 검토할 수 있으며 위법행위를 발견하였을 경우 재판소에 의견을 제시할 수 있다.

4. 인권보장제도의 미흡

개인의 인권보장도 원천적으로 미흡하다. 헌법 제63조에 의하면 조선민주주의인민공화국에서 공민의 권리와 의무는 '하나는 전체를 위하여, 전체는 하나를 위하여'라는 집단주의원칙을 선언하고 있기 때문이다. 개인의 권리 내지 기본권은 집단인 국가가 보장하는 범위 내에서만 인정될 수 있다. 따라서 개인이 국가권력의 침해로부터 기본권을 방어하고 보장을 청구할 수 있는 길이 봉쇄되어 있다.

형사절차상 인권보장제도의 미비를 지적할 수 있다. 구속 전 피의자심문제도, 구속적부심제도, 보석제도 등이 미비하여 있다(국제인권 B규약 제9조). 무죄추정의 원칙(국제인권 B규약 제14조 제2항)과 일사부재리원칙(국제인권 B규약 제17조 제7항)도 채택되어 있지 않다. 이에 반해서 국제인권 B규약 제14조 제3항의 불리한 진술강요금지는 강제적인 심문금지(제167조)로 규정되어 있다.

---

30) 왕미양, 북한인권백서 발간 기념 세미나, 인권과정의 제363호(2006.11), 89면.

법관에 의한 영장주의를 채택하지 않아 수사단계에서 피심자·피소자에 대하여 구인·구금·구류·압수·수색 등 강제처분을 할 경우에 재판소의 영장을 필요로 하지 않고 검사의 승인으로 충분하다. 수색·압수는 검사의 승인 하에 한다(제217조). 마찬가지로 법원의 영장 없는 현행범인 체포 또는 긴급압수·수색이 아니라 검사의 승인 없는 범죄혐의자 및 범죄자의 체포, 수색, 압수를 허용하는 것이나(제143조), 체포 후 구금한 때에는 체포 48시간 안에 구금결정서에 대한 검사의 승인을 받도록 하여(제144조) 법관에 의한 영장주의를 인정하지 않고 검사의 승인에 의한 강제처분을 허용하고 있다.

5. 인민참심제도의 문제점

비법률가의 사법참여는 민주주의의 이념실현으로서 긍정적이지만 인민참심원의 선거권자는 노동자, 농민을 비롯한 근로자로 제한되어 있는 점(재판소구성법 제15조)이 계급 차별적 이념의 산물로 보인다.

6. 공소장일본주의의 미채택

예단배제를 위한 공소장일본주의를 채택하지 않아 검사는 기소하면서 기소장에 증거물을 첨부한다(제267조).

VI. 결어

북한의 형사사법제도는 그동안 여러 차례의 법 개정을 통하여 비민주적이고 인권침해적인 요소가 상당히 제거된 것으로 보인다.[31] 적법절차와 법정절차의 원칙을 채택, 강화하였고 수사와 예심, 재판에 관한 절차규정을 명확하고 구체적으로 조문화하였다.

그러나 형사소송법의 본질과 사명이 개인의 인권보장, 실체적 진실발견, 적법절차의 원리를 기본이념으로 하는 우리의 형사소송법과는 다르다. 국가주권과 사회주의제도의 보위를 북한 형사소송법의 기능으로 여긴다. 이에 따라 노동 계급적 원칙과

---

31) 김동균, 북한의 인권문제: 북한의 인권 법제를 중심으로, 인권과정의 제361호(2006.9), 69면.

군중노선을 견지하여 형사소송법이 여전히 정치적 색채를 띠고 있다.

형사소송법 제4조에 인권보장을 천명하고 있지만 보편적인 국제인권기준에 비추어 보면 아직 형사소송법을 인권보장규범으로 평가하기에는 부족하다. 헌법에도 인권보장을 위한 사법 절차적 기본권이 명시되지 않은 점도 피의자 및 피고인의 인권보장보다는 체제수호 및 국가질서를 앞세운 것이라는 비판이 가능하다. 법관, 검사 및 변호사의 임무와 자격 등에서 강조되는 주석의 지시나 당의 정책과 노동자계급, 집단주의원칙 등이 강조되고 있는 점이 이러한 비판의 근거가 될 수 있다.

규범과 규범현실은 또한 엄연한 괴리를 나타내는 것이 일반적이고 또 법에 의한 지배보다는 당의 지도이념이나 통치자에 의한 지배가 여전하다는 점에서 일반인의 인권뿐만 아니라 피의자 및 피고인(피심자 및 피소자)의 실제 인권지수는 문헌적 인권지수보다 훨씬 낮을 것으로 추정된다. 탈북자를 대상으로 한 조사[32]에서도 범죄자의 법적 보호를 받을 권리가 보장되지 않는다는 증언이 이를 뒷받침한다. 북한의 인권상황은 1990년대 중반부터 직면하게 된 경제난으로 인해 더욱 악화된 것으로 보고 있다.[33] 경제적·사회적 권리침해뿐만 아니라 시민적·정치적 권리침해가 심각한 것으로 보고되고 있다.[34] 형사사법절차 중 예심과정에서 변호인의 조력을 받을 권리가 침해되고 수사과정에서 강압적 심문이 이루어지는 것으로 알려졌다.[35]

어느 나라나 법 규정과 법 현실은 괴리가 있게 마련이지만 북한은 인권상황에 대한 국제적 감시와 비난을 모면하기 위하여 형사 법제를 국제기준에 맞추어 어느 정도 인권 친화적으로 개선하였지만 아직 현실은 그에 미치지 못하는 것으로 보인다. 인권법규의 구비뿐만 아니라 실상적 인권지수를 높이는 것 또한 한국과 서방세계의 도움이 절실한 상황임이 분명하다.

32) 동국대학교 북한학연구소, 북한인권 상황에 관한 국내탈북자 의식조사, 2004년도 국가인권위원회 연구용역보고서, 130면 이하 참조.

33) 이금순·김수암, 개혁·개방과정에서의 인권의제: 이론과 실제, 통일연구원(연구총서 06-17), 202면 이하.

34) 김동균, 북한의 인권문제: 북한의 인권 법제를 중심으로, 인권과정의 제361호(2006.9), 64면.

35) 이재원, 북한인권백서 발간 기념 세미나, 인권과정의 제363호(2006.11), 86면.

[논평] 통일대비 북한 형사소송법에 관한 고찰

최진호*

Ⅰ. 들어가며

하태훈 선생은 지난 2009년 '국제인권기준에 비추어 본 북한 개정 형사소송법 (2004년)'이라는 논문을 발표하시면서 북한 형사소송법분야에서 의미 있는 연구 성과를 남기셨다. 선생이 본 논문을 발표할 당시에는 북한 형사소송법 관련 연구는 찾아보기가 쉽지 않았었다. 특히 2022년 9월 현재 논문검색사이트(RISS)를 확인한 결과 1988년부터 지금까지 약 60여 편의 북한 형사소송법 관련 논문들이 등록되어 있는데 선생이 해당 논문을 집필했을 당시에는 관련 논문이 약 6편 정도가 확인된 것으로 보아 북한 형사소송법분야에 대한 연구가 쉽지 않았으리라고 짐작할 수 있다.

그럼에도 불구하고 선생은 2004년 북한 형사소송법 개정에 따라 북한 형사소송법의 연구가 필요하다고 판단하셨고 이에 대한 논문을 작성하신 것이 바로 본 논문이다. 당시 북한 형사법에 대한 학계의 인식은 북한 법제가 공개되지 않았던 점과 북한법은 단지 권력의 도구에 불과한 뿐 법률보다 당과 국가권력이 우위에 있기 때문에 법률이 북한사회에서 차지하는 비중이 높지 않았다는 점을 들고 있었다. 하지만 2004년 8월 북한법률들이 대거 공개되면서 북한법 체계 및 적용에 대해서 널리 알려지기 시작하였고 또한 개성공단 운영에 따라 개성공업지구 내 남·북한 주민들이 법적 문제가 발생하면 어떻게 처리해야 하는지에 대한 문제가 대두되면서 북한의 법제에 대한 연구가 필요하게 되었다.

이에 따라 하선생은 이러한 미래를 내다보시면서 남북한의 인적 교류와 접촉이 빈번해진다면 범죄행위 내지 위법행위 처리문제에 대한 발생가능성이 높아질 것이며, 머지않아 북한 법령이 우리 국민에게 직접 적용되는 사례가 발생할 수도 있을 것이라는 상황 하에 북한 형사소송법상의 인권적 실상을 파악하시면서 북한 인권감

---

* 고려대학교 법학연구원 전임연구원, 법학박사

시의 정당성과 필요성을 강조하셨다.

그러므로 본 글에서는 지난 2018년에 개정된 북한 형사소송법을 기반으로 선생이 누누이 강조하셨던 국제인권기준에 비추어 지금의 북한 형사소송법을 살펴보기로 한다. 향후 남·북한의 관개가 개선되고 통일을 향한 발걸음이 시작된다면 통일을 대비한 북한 법제들에 대한 연구는 반드시 필요할 것이다. 특히 북한 형사소송법에 대한 연구는 더욱 그러할 것이다.

Ⅱ. 북한 형사소송법의 기본원칙과 구조

북한 형사소송법은 제1장에서 형사소송법의 기본이라는 원칙을 포함하고 있다. 이는 일반적인 법체계로 볼 때 헌법상에 구성되어야 할 부분인데 일반 법률에 포함되어 있다는 것이 특이점이라 할 것이다. 제1조(형사소송법의 사명)에서는 "조선민주주의인민공화국 형사소송법은 수사, 예심, 기소, 재판에서 제도와 질서를 엄격히 세워 형사사건을 정확히 취급처리하는데 이바지한다."라고 규정하고 있어 수사, 예심, 기소, 재판의 과정으로 이루어진다는 것을 알 수 있다.

그리고 특기할 만한 사항은 제6조(인권의 보장원칙)를 들 수 있는데 "국가는 형사사건의 취급처리에서 인권을 철저히 보장하도록 한다."라고 하여 인권보장을 천명하고 있다. 반면 제2조(계급로선의 관철원칙), 제3조(군중로선의 관철원칙)의 규정을 유지하고 있는데 이는 서로 상충되는 규정으로서 북한 형사소송법이 국제사회에서는 인권을 중시한다는 것을 선전한다는 것과 동시에 북한 내부에서는 프롤레타리아 독재를 내세운 체제의 수호를 형사소송법을 통해 관철할 수 있도록 분위기를 조성하고 있다.

결국 북한 형사소송법은 인권적인 측면을 중시하는 것처럼 보이나 결국 체제유지를 위한 법적 도구의 역할을 하고 있다. 이는 법 제8조(법에 규정된 원칙과 절차, 방법의 준수원칙)에서 "국가는 형사사건에 대한 취급과 처리를 이 법에 규정된 원칙과 절차, 방법에 하도록 한다."라고 명시하고 있는데 이는 사법작용에 대한 국가의 감독 및 통제를 강화한 것이라고 할 것이다.

수사는 수사원이 수사시작결정을 한 때부터 수사는 시작된다. 또한 예심은 우리나라 형사소송법에는 없는 규정으로서 예심원이 피심자를 확정하고 범죄사건의 전모를 완전하고 정확하게 밝히는 역할을 하고 있다. 굳이 우리 형사소송법과 비교한다면 수사는 내사와 유사하고 예심은 수사와 유사하다 할 것이다.

형사재판의 경우 우리나라는 3심제를 원칙으로 하고 있으나 북한은 3급 2심제를 기본으로 하고 있다. 특히 중앙재판소 제1심재판에서 채택한 판결과 판정은 상소가 불가능하며 1심으로 재판이 종료된다. 또한 관할제도가 편의적으로 규정되어 있는데 제53조(중앙재판소관할) 하단에서는 "필요에 따라 어느 재판소의 관할에 속하는 제1심이든지 직접 재판하거나 같은 급 또는 같은 종류의 다른 재판소에 보낼 수 있다."라고 한다.

변호사제도에 관하여는 우리나라의 변호사와는 좀 다르다. 우리나라 변호사는 기본적 인권과 사회정의를 실현하는 것을 사명으로 하는데 북한 변호사는 공민의 법적 권리와 이익보호 외에도 법의 정확한 집행을 보장하는 데 이바지하는 것을 사명으로 하고 있으며 인권보장 이외에도 북한의 법률제도를 옹호해야 한다고 명시하고 있다. 이는 북한 변호사들은 인권보호라는 것은 별개로 하더라도 체제유지에 더욱 앞장을 서야 한다는 것을 의미하며, 피고인의 입장 대변이 아닌 피고인의 죄를 폭로하거나 당 정책을 설명하는 역할에 불과하다는 것을 보여준다. 그밖에 비상상소심과 재심을 두고 있으며, 우리나라 형사소송법에 없는 손해보상과 재산담보처분제도를 두고 있다.

Ⅲ. 북한 형사소송법을 논하는 이유

선생은 북한 형사소송법을 국제인권기준에 비추어 보시면서 형사소송법의 기본원칙 및 형사절차의 기본구조, 국가의 인권보장의무, 피심자·피소자에 대한 권리보장, 적법절차와 적정절차의 원칙, 변호인의 조력을 받을 권리, 공개재판의 원칙과 재판의 독자성 보장 등 북한 형사소송법상 형사소송절차와 인권보장에 대해 논하시면서 국제인권기준상 미비한 부분에 대해 강조하셨다. 이는 다른 측면으로 볼 때 통일을 준비하는 우리로서는 이러한 미비한 부분으로 인해 통일과정상 남·북한 간의 많은 갈등을 야기할 수 있다는 것을 미리 짐작케 하는 부분이기도 하다.

하선생이 강조하신 북한 형사소송법상의 미비한 인권보장제도 및 절차에 대해 우리가 이해하고 통일을 준비하는 것과 잘 이해하지 못하면서 준비하는 과정은 차이가 크다 할 것이다. 특히 통일의 완성단계인 법적 통합단계에서 서로 간의 이해가 부족함으로 인해 생길 수 있는 부작용에 대해 대비를 하지 않으면 안 될 것이다. 그러므로 북한 형사소송법상의 미비한 인권보장제도 및 절차에 대해 선생이 논한 내용을 정리해 보면 다음과 같다.

첫째, 형사소송(법)의 목적, 이념, 사명 부분으로 인권보장의 원칙을 두고 있는데 실제로는 특정계급의 보호를 사명으로 하면서 국가이념실현과 사회적 교양수단이자 범죄예방 수단으로 삼고 있다. 즉 보장적 기능보다는 보호적, 교육적 기능이 중시되고 있다. 또한 적법절차(제8조)를 규정하면서 형사사건의 취급 처리에서 군중의 힘과 지혜에 의거하도록 한 점(제3조)은 북한 사회에서의 법이 차지하고 있는 위치를 알 수 있다.

둘째, 실질적 재판소의 독립과 적법절차의 원칙에 대한 부분이다. 북한헌법(제160조)과 재판소구성법(제5조)은 재판소의 독립과 법에 따른 재판을 천명하고 있지만 형식적인 독립성보장 규정이며 법관의 신분보장이나 헌법과 법률에 의하여 양심에 따라 재판하는 직무상의 독립 등 사법권의 독립은 원천적으로 봉쇄되어 있다. 또한 현지재판과 군중재판제도도 사법부의 독립을 저해하는 요소로서 실제로도 현지재판이 빈번하게 이루어지고 있다.

셋째, 재판에 대한 검찰의 감시권한이다. 북한 형사소송법상 검찰은 엄청난 권력을 부여받고 있다. 형사소송법 제14조는 검사가 수사와 예심뿐만 아니라 재판까지 감시할 권한을 부여하고 있다. 제288조에 의하면 검사는 재판에 참가하거나 재판기록을 검토할 수 있으며 위법행위를 발견하였을 경우에는 재판소에 의견을 제시하고 있다.

넷째, 인권보장제도의 미흡이다. 헌법 제63조에 의하면 조선민주주의인민공화국에서 공민의 권리와 의무는 '하나는 전체를 위하여, 전체는 하나를 위하여'라는 집단주의원칙을 선언하고 있기 때문이다. 또한 구속 전 피의자심문제도, 구속적부심제도, 보석제도 등이 미비하며 일사부재리원칙도 채택되어 있지 않다. 또한 법관에 의한 영장주의를 채택하지 않아 수사단계에서 피심자·피소자에 대한 구인·구금·구류·압수·수색 등 강제처분을 할 경우에 재판소의 영장은 필요없으며 검사의 승인으로도 충분하다.

Ⅳ. 통일 대비 북한 형사소송법의 활용 여부의 검토

하선생은 이러한 북한형사소송법상 미흡한 인권보장적 제도들이 통일을 준비하는 우리들에게 있어서는 개선되어야 할 것이며, 우리나라와 서방세계가 이에 대한 관심을 많이 가지고 개선할 수 있도록 노력해야 한다고 주장하고 있다. 물론 통일이 이루어질 수 있는 여건들이 조성되고 남·북한의 통일법제가 본격적으로 논의되기 시작된다면 법적 동화를 위해서라도 남·북한 주민들은 남·북한의 법체계를 이해해야 할 것이며 이러한 과정이 늦어진다면 통일의 과정 또한 험난할 것으로 생각된다.

물론 통일이라는 것이 언제 다가올지는 모르나 북한 형사법체계가 남한과 비슷한 수준으로 개선의 여지가 있다면 이러한 법적 동화과정은 원활히 이루어질 것이다. 그러나 과연 북한 형사법체계가 남한과 비슷해 질 수 있는 가능성은 현실적으로 어려워 보인다. 이러한 이유로 통일 대비 북한 형사소송법의 활용 여부에 대한 검토작업은 미리 선행되어야 한다. 우리나라의 통일방안인 민족공동체 통일방안을 근거로 하여 점진통일이 이루어지든 아니면 어떠한 급변사태로 인한 급변통일이 이루어지든 간에 지금의 북한 형사법체계는 쉽게 변하지 않기 때문이다. 그렇다면 통일 대비 북한 형사소송법을 과연 어떻게 활용할 것인지가 문제해결의 핵심일 것이다. 하지만 이러한 통일 단계에서 지금의 북한 형사소송법을 그대로 활용하자는 것은 절대 아니다.

선생은 이러한 상황을 예측하시어 북한 형사소송법상의 미흡한 인권보장적 제도들이 개선되지 않는 이상 통일법제를 논하기에는 쉽지 않다는 것을 말씀하시고 있는지도 모른다. 물론 선생의 의견에는 동감하며, 이러한 전제 하에 북한 형사소송법의 활용에 대해 통일을 앞둔 시점이라면 과연 가능할지가 본 글의 핵심일 것이다.

기술한 바와 같이 북한 형사소송법은 인권침해적 규정들이 상당히 포진되어 있다. 그런데 통일을 하는 과정에 있어서 독일 통일과정에서도 그러했듯이 서독이 동독의 형사법의 일부 조문을 통일형법이 발효되기 전까지 활용한 사례가 있듯이 과연 북한 형사소송법의 모든 규정을 폐기할 필요가 과연 있을 것인가? 북한 형사소송법의 체제유지 및 인권침해적 규정들은 배제하되 순수하게 절차적인 것들을 명시한 규정들에 대해서는 활용할 수 있는 방법이 있지 않을까? 남·북한이 체제가 통합되기 위해서는 과도기가 필요할 텐데 과도기 상에서 어느 일방적인 법 체제를 적용하는 것은 또다른 통합의 걸림돌이 될 수도 있기 때문이다. 이것이 바로 북한 형사소송법의 활용 여부에 대한 필요성을 생각해 보자 하는 것이다.

이러한 북한 형사소송법이 활용 가능한 규정들을 찾아서 통일시 과도기 단계에서 적용될 수 있는 규정들을 미리 검토하는 작업이야 말로 통일을 준비하는 우리들에게 시사하는 바가 클 것이다. 예를 들면 북한 형사소송법상 수사 및 예심의 규정에서는 수사에 필요한 진술의 정취 및 반복조사금지, 체포에서는 비법적인 체포 구속의 금지. 또한 순수한 절차적 부분을 규정하고 있는 검증과 심리실험, 감정, 수색과 압수, 증인신문의 개별화 및 형사미성년자의 증인심문, 반복기소의 금지, 비상상소와 재심 등의 규정이다.

V. 마치며

급변하는 세계정세 속에 남북관계라는 배는 다시 한 번 안개 속으로 접어들고 있다. 이러한 안개 속에서 통일로 가기 위한 등대를 찾는 노력은 지속적으로 이루어져야 한다. 통일대비 남·북한 법제를 연구해야 하는 이유가 바로 통일로 가기 위한 등대를 찾는 노력이라 할 것이며 특히 북한형사소송법에 대한 연구는 더욱 필요하다고 본다. 왜냐하면 북한 형법에 대한 연구는 나름 많은 학자들에 의해 연구되었고 지금도 연구되고 있는 분야인 반면, 북한 형사소송법은 어느 정도 연구되어 있지만 북한 체제유지를 위한 절차법이라는 인식, 그리고 인권보호라는 미명 하에 제정되어 있는 이러한 절차법이 과연 북한에서 잘 지켜지고 있는지에 대한 의구심은 지울 수 없기 때문이다.

그러므로 선생은 본인의 논문에서 강조하셨듯이 "북한의 인권상황에 대한 국제적 감시와 비난을 모면하기 위하여 형사 법제를 국제기준에 맞추어 어느 정도 인권친화적으로 개선하였지만 아직 현실은 그에 미치지 못하는 것으로 보인다."라고 말씀하신 부분을 향후 북한법제를 연구하는 학자들이 명심해야 할 것이다. 이러한 선생의 북한법 체제에 대한 기본적인 접근방식을 기반으로 하여 통일이 될 때 또는 통일이 되어가는 과정에 있을 때 우리나라의 법 체제가 과연 북한주민들에게 잘 적용될 수 있을 것인지에 대해 입법자와 관련 행정부처의 노력이 필요하다. 특히 민간 전문가, 그리고 탈북민들과 공동으로 하여 통일 과정에서 있어서 북한 주민들에게 필요한 법률, 그리고 그들에게 이러한 법률들을 어떻게 전파하고 가르쳐야 하는지에 대해 심도 있는 연구가 향후 지속적으로 연구되어야 할 것이다.

증인 또는 범죄피해자 보호제도[*]

Ⅰ. 서론

1. 논의의 현실적 필요성

형사절차상의 범죄피해자 및 증인보호에 관한 법정책적 논의가 필요하게 된 현실적 이유는 최근에 발생한 증인에 대한 일련의 보복범죄행위에 있다. 일반적으로 증인 또는 증인의 가족에 대한 물리적 또는 정신적 테러행위(예컨대 협박 또는 협박전화, 폭행 또는 보복살해 등)는 강력범죄나 조직폭력범죄의 영역에서 발생하였고 또 발생할 것이 예상된다.[1] 이는 조직범죄의 수사와 형사소추에서 증인의 증언이 차지하는 비

---

* 출처: 「피해자학연구」 제4호, 1996, 3~20면.
1) 예컨대 피고인에게 불리한 증언을 한 범죄피해자가 피고인의 조직원에 의하여 서울 동부지원 앞에서 살해된 90년도의 동화파 보복살해사건이 그 대표적 예이다. 이 사건을 계기로 증인과 범죄피해자보호를 위한 특정강력범죄의 처벌에 관한 특례법이 제정되었다. 독일에서도 증인보호가 조직범죄에 대한 예방과 수사 및 형사소추를 위한 효과적인 전략임을 인식하고 1992년에 Das Gesetz zur Bekämpfung des illegalen Rauschgifthandels und anderer Erscheinungsformen der

중이 크기 때문에 더욱 그러하다.[2]

　그러나 최근에는 특정강력범죄의 처벌에 관한 특례법상의 강력범죄에 해당하지 않는 강간범(예컨대 94년 말경 강간죄로 복역하고 출소한 자의 보복살해사건) 또는 단순한 구류사건(예컨대 1995년 4월에 발생한 보복사건으로 행위자가 피해자 또는 신고자에게 보복하기 위해 그의 집에 LP가스통의 가스를 주입하고 불을 질러 사망케 한 사건)에서 보듯이 범죄피해자나 목격자(또는 신고자)에 대한 보복의 위험이 - 특정범죄영역에서 제한되지 않고 - 증가하고 있음을 알 수 있다.

　범죄피해자 또는 목격자와 그의 가족구성원의 생명, 신체 및 자유에 대한 침해위험은 그 자체가 불법한 행위일 뿐만 아니라, 증인 또는 참고인출석을 방지하거나 증인 또는 참고인으로서의 진술에 대한 두려움을 야기시켜 증언을 변경하도록 하여 중요한 증거자료로서 활용할 수 없게 되거나, 허위의 진술을 유발하여 법치국가적 요청인 실체진실발견에 지장을 가져온다. 또한 이는 범죄사건의 해결과 상관관계를 갖고 있는 범죄신고율에도 부정적인 영향을 미치게 된다.

　이와 같은 점에서 범죄피해자 및 증인을 보호해야 할 필요성이 인정된다. 그러나 범죄피해자 및 증인보호는 신변에 대한 안전보장에 그치지 않고, 더 나아가 재판의 공개로부터 인격권보호, 소송법상의 참여권보장을 통한 보호와 지위개선, 국가에 의한 피해자구조 또는 범죄자로부터의 정신적 물질적 손해배상을 통한 재산적 보호 등이 보장될 때 범죄피해자 및 증인에 대한 진정한 의미의 보호가 이루어지는 것이다.

　그러나 현행형사소송법은 범죄피해자나 목격자가 증인의 지위로서 받는 보복위협이나 위험상황에도 불구하고 원칙적으로는 출석의무와 증언의무를 부여하고 있고, 또한 증인이나 그의 가족의 형사상의 범죄로 위협당하고 있다는 사실은 법적으로는 출석을 거부하거나 증언을 거부할 수 있는 사유로 인정되고 있지 않기 때문에 현행법의 증인에 대한 기본적 입장의 변화가 선행되어야 한다.

　따라서 현행법상 인정되고 있는 범죄피해자 또는 증인의 소송법상의 지위와 권리에 관하여 수사절차, 공판절차 및 피해자의 구제절차 등 소송절차 전 단계에 걸쳐

　　Organisierten Kriminalität(OrgKG)를 제정하였다. 이 법의 주요 내용의 하나인 증인보호(특히 증인의 신변보호를 위한 경찰예방조치와 재판 비공개)에 관해서는 Böttcher, Der gefährdete Zeuge um Strafverfahren, FS-Schüler-Springorum 1993, S.541ff.

　2) Böttcher, a.a.O., S.541; 박찬홍, 범죄피해자 보호대책, 검사세미나 연수자료집 10집 1991, 58면.

고찰해 볼 필요가 있으며, 입법론적으로 범죄피해자를 고려한 형사절차의 구성으로 현행 소송법상의 범죄피해자의 불완전하고 수동적인 지위 내지 절차의 객체로서의 지위에서 벗어나도록 하는 문제에 관심을 기울여야 할 필요성이 있다.

2. 논의현황과 입법적 노력

이와 같은 현실적 필요성과 피해자의 권리와 지위에 관한 구체적인 입법조치의 세계적인 경향[3]에 발맞추어, 우리나라에서도 1980년대에 들어와 범죄피해자에 대한 관심이 가시화되기 시작했다.[4]

우리나라의 경우 일련의 입법적 노력을 통해서 형사절차에 있어서 피해자의 정당한 이익과 지위보장을 추구하고 있다. 예컨대 헌법 제27조 5항은 범죄피해자의 진술권을 개인의 사법적 기본권으로 신설하였고, 이를 형사소송법 제294조의2에 구체화하였다. 또한 1981년의 소송촉진등에관한법률 제25조에 배상명령제도가 도입되었고, 피해자 내지 증인보호규정을 포함하는 1990년의 특정강력범죄의 처벌에 관한 특례법과 성폭력 범죄의 처벌 및 피해자보호 등에 관한 법률 등도 제정되었다. 더 나아

---

3) 예를 들어 1984년의 제55차 독일법률가대회(주제: 범죄피해자의 형사소송법상의 지위)와 1973년 예루살렘, 1976년 보스톤과 1979년 독일 뮌스터에서 열린 범죄피해자학에 관한 국제 심포지움이 방향전환의 중요한 촉매가 되었고, 이에 부응한 각국의 구체적인 입법조치를 열거하면, 1982년의 미연방 피해자 및 증인보호법과 1983년의 피해자 증인구조를 위한 미연방 법무장관의 지침, 1986년 독일의 "형사절차에 있어서 피해자의 지위향상을 위한 제1법률(1. Opferschutzgesetz)", 1986년 유엔총회에서 결의된 "Declaration of Justice for Victims of Crime and Abuse of Power(중요 내용으로는 피해장의 권리고지, 협박과 폭행의 위협으로부터의 보호, 행위자나 국가적 기관에 의한 원상회복 등)." 1983년 프랑스의 "renforcant la protection des victmes d'infractions", 1991년 스위스의 피해자 부조법(Opferhilfegesetz) 등이다.
4) 김일수, 형사상 원상회복제도의 형사정책적 기능과 효용에 관한 연구, 성곡논총 제21집, 1990; 안동준, 범죄피해자의 법적 지위와 그 전망, 형사정책연구 1990, 162면; 이재상, 범죄피해자에 원상회복, 형사정책연구 1991; 이재상, 형사절차에서의 피해자보호, 피해자학연구 1992, 37면; 이재상/이호중, 형사절차상의 피해자 보호방안, 형사정책연구원 1993; 장규원, 독일형사법에서의 손해원상회복, 피해자학연구 1992, 107면; 조덕제, 범죄 피해자의 보호에 관한 연구, 검찰 1990년 제2집, 238면; 박찬홍, 범죄피해자 보호대책, 검사세미나 연수자료집 10집 1991, 57면; 하태훈, 범죄피해자의 형사절차상의 지위와 권리, 안암법학 창간호, 1993. 또한 이영란, 성폭력특별법의 형법적 고찰, 피해자학연구 제3호 1994; 한인섭, 성폭력특별법과 피해자보호제도: 그 문제점과 개선점, 피해자학연구 제3호 1994; 미국의 법제에 관해서는 김영철, 미국의 피해자 및 증인보호에 관한 연구, 해외파견검사연구논문집 제9집 1993, 359면 이하.

가 국가에 의한 범죄피해자 보상제도인 범죄피해자 구조법이 1987년에 제정, 시행되어 이제는 형사절차 이외의 영역에서도 범죄피해자 및 증인보호에 관심을 기울이고 있다.

최근 법무부는 증인보호의 현실적인 필요성 때문에 1995년에 범죄신고자보호 등에 관한 법률안을 마련하여 공청회를 개최하였으나[5] 국회에 제출하지는 못하였다. 그 주요내용으로는 범죄신고자에 대한 구체적이고 실질적인 보호방안(예컨대 범죄신고자등에 대한 국선변호인 선임, 보복우려 범죄신고자 등에 대한 신변안전조치강화 범죄신고자에 대한 사생활보호 및 인적 사항누설금지 등), 범죄신고자 등에 대한 제1회 공판기일전 증인신문절차를 법원이 영상물로 촬영하여 증거보전하는 방안, 재판과정상의 보호조치(예컨대 재판의 비공개, 피고인퇴정 신청권, 보복우려 범죄에 대한 집중심리제도, 보복우려 피고인에 대한 보석불허 등)와 보복범죄자에 대한 가중처벌규정의 확대와 범죄신고자에 관한 인적 사항누설자에 대한 처벌규정 등이다.[6]

3. 형사정책적 방향전환과 범죄피해자의 재발견

전통적인 형법사상하에서는 국가의 형벌권을 구체화하고 실현하기 위한 형사소송은 국가적 형사소추체제의 가능성과 피고인(내지 피의자)의 방어권보장사이의 법정책적 투쟁에 관심이 집중되어, 법익침해의 당사자인 피해자는 형사절차참여의 제2선[7]에 물러서게 되었다. 또한 일면적으로 범죄자의 치료교정을 통한 재사회화에 역점을 둔 특별예방적 형법이념하에서도 형법이론학 및 형사소송이론과 법정책의 중점이

---

5) 공청회에서의 토론내용에 관해서는 오영근, 1995년도 형사법 학계, 판례의 동향과 발전, 고시연구 1996.1, 86면.

6) 범죄피해자의 지위개선과 보호조치에 관한 논의에서 염두해야 할 점은 피해자의 지위개선이 피고인(내지 피의자)의 방어권을 침해하는 결과를 초래해서는 안 된다는 점이다(이재상, 형사절차에서의 피해자보호, 피해자학연구 1992, 37면; Weigend, Deliktspfer und Strafverfahren, S.452f.). 따라서 예컨대 구속요건의 완화, 위법하게 수집한 증거의 증거 능력인정, 전문법칙의 완화(예를 들어 검사작성의 참고인 진술조서의 증거능력에 관하여 성립진정의 요건을 완화하는 방안) 또는 가석방요건의 강화 등은 피해자보호에 유리하더라도 피고인의 방어권을 침해하는 결과를 초래한다면 인정될 수 없다. 피고인의 방어권은 헌법적으로 보장된 기본권이기 때문에 형사절차상의 피해자보호와 지위개선은 피고인보호영역이 침해되지 않은 한도내에서, 설사 침해된다 하더라도 다른 조치로써 보상될 수 있는 한에서 논의되어져야 한다.

7) Jung, Die Stellung des Verletzten im Strafprozess, ZStW 93(1981), 1152; Riess, Die Rechtsstellung des Verletzten im Strafverfahren, 1984, S.9.

범죄자의 소송법적 지위와 권리의 보장에 놓여 있었다.

그러나 이와 같이 범죄피해자가 형사절차에서 도외시되고 형사정책적으로도 범죄피해자에 대한 관심이 배제된 결과, 형사사법이 사법정의에 대한 공동체의 기대에 부응하리라는 신뢰가 감소되었다.[8] 다른 한편으로는 범죄로 인하여 생겨난 갈등의 해결에는 갈등형성에 관여된 모든 사람, 즉 공동체, 행위자, 피해자 등의 참여가 필요하다는 사회심리학적 인식[9]이 점점 형사법논의의 새로운 관점으로 부각되게 되었다. 이러한 이유에서 범죄로 침해된 법적 평화의 효과적인 회복을 위해서 종래의 국가-범죄자모델에 의한 갈등해결방법은 새로운 관점을 요구하게 되었고, 범죄피해자학에로의 형사정책적 방향전환이 바로 이러한 요구를 충족시킬 수 있는 새로운 사고경향이 되었다.

이러한 패러다임의 변화는 다음과 같은 몇 가지 사실로써 분명해졌거나 또는 여기에 기인한다. 첫째, 형사정책의 위기이다.[10] 독일 형법개정작업에 있어서 열광적으로 신봉되었던 범죄인의 재사회화사상은 치료교정실무의 보잘 것 없는 성과 때문에 관점의 변화를 요구했고, 이로써 형사정책적 변화는 이에 대한 반격으로 범죄피해자에게 유리한 방향으로 진행되게 되었다.

둘째, 형사사법의 업무과중도 새로운 형사정책을 요구하게 되었다.[11] 증가하는 경미범죄에 대한 투쟁의 새로운 방안을 모색하면서 손해배상과 형벌의 한계에 대한 재검토가 이루어지고[12] 구체적으로 원상회복제도의 활용가능성이 고려되면서 범죄피해자관점이 부각되었다.

셋째, 피해자학(Viktimologie)이 독립된 학문영역으로 인정되면서[13] 피해자의 상황

---

8) Hirsch, Zur Stellung des Verletzten im Straf- und Strafverfahrensrecht, in: Gedächtnisschrift für Armin Kaufmann, S.701.

9) Jung, a.a.O., S.1152.

10) Jescheck, Die Krise der Kriminalpolitik, ZStW 91(1979), 1037; Frehsee, Schadenswiedergutmachung als Instrument strafrechtlicher Sozialkontrolle, 1987, S.3.

11) Frechsee, a.a.O., S.4.

12) Jung, a.a.O., S.1147; Albrecht, Strafrechtsvefremdende Schattenjustiz - Zehn Thesen zum Täter-Opfer-Ausgleich, FS-Schüler-Springorum 1993, S.81ff.; Pfeiffer, Opferperspektiven, FS-Schüler-Springorum 1993, S.53ff.; Roxin, Die Wiedergutmachung im strafrechtlichen Sanktionssystem, FS-Lerche 1993, S.301ff.

13) Roxin, Wiedergutmachung im Strafsystem, der Strafzwecke, in: Wiedergutmachung und Strafrecht,

과 피해자의 요구에 대한 인식이 새로워졌다. 피해자와 범죄자간의 관계, 피해자의 범행기여, 피해자의 피해, 피해자편에서의 범죄예방, 고소인으로서의 피해자, 피해자가 되는 과정, 어린이 또는 부녀자 등의 특별한 피해자지위,[14] 형사절차를 통한 제2의 피해자화 등 범죄피해자에 대한 꾸준한 연구성과는 범죄행위에 있어서 피해자의 역할과 의미를 해명하였고, 이로써 범죄행위가 일면적으로 범죄자의 일탈행위라는 점에 의문이 제기되었다. 따라서 범죄피해자가 형법적 사회통제의 중요한 심급이라는 사실이 인정되게 되었다. 이와 같은 인식변화에는 독일과 미국의 범죄피해자보호와 부조를 위한 실질적인 활동이 기여하였다.[15]

Ⅱ. 범죄피해자 및 증인의 형사절차상의 지위보장의 정당성

형법규범이 개개인의 법익을 보호하지만 법익이 침해된 경우에는 법익의 향유자인 개인이 아니라 법공동체의 대리인으로서 국가가 형사절차를 통해서 법익침해에 대한 법공동체의 제재요구를 실현시킨다. 왜냐하면 범죄는 규범침해이고 이는 공동체의 공동생활에 필요한 기본가치의 보호를 통한 법적 평화와 법적 안정성유지를 위해 해명되고 소추되어 처벌되어져야 할 것이기 때문이다. 따라서 형사절차는 법공동체와 범죄자간의 법적 투쟁이며 법공동체의 임무이다. 이러한 이유에서 범죄피해자는 형사절차에 결정적으로 영향을 미치는(형사절차의 개시, 진행, 종결 등) 중심적인 역할을 하는 자가 될 수 없음은 분명하다.

그렇다고 해서 범죄피해자가 아무런 권리도 없이 단순히 경찰에 정보를 제공하는 참고인 또는 형사절차의 객체로서, 단순히 증거방법으로서 증인으로 취급당해야 한다는 결론은 필연적이지 않다. 그러나 이와 같은 전통적 형사절차에서는 공적 형사절차의 원칙을 해치지 않는 범위내에서 범죄피해자에게 수동적 지위를 넘어서는 특별한 소송법적 지위를 보장해 주어야 할 필요성은 그 근거를 요한다.

형사절차에 피해자의 이익이 어떻게, 어느 정도 투영되어야 하는가와 어디서 절차

Schöch(Hrsg.) 1987, S.42; Hirsch, a.a.O., S.699; Schüler-Springorum, Über Viktimologie, FS-Honig 1970, S.201ff.

14) Schneider, Gewalt in der Familie, FS-Schüler-Springorum 1993, S.19ff.

15) Schöch, Die Stellung des Verletzten im Strafverfahren, NStZ 1984, 386.

의 진행과정을 결정해 나가는 힘을 얻어낼 것인가는 형벌의 목적 내지 형법의 임무와 형사절차의 목적에서 구해져야 한다.

적정한 사법절차에 의해서 발견된 실체진실에 기초한 정당한 판결을 통한 법적 평화의 재건이라는 형사절차의 목적16)을 위해서는 그 결정과정에 관련된 이익이 투영되어야 하며, 따라서 피해자의 소송절차참여는 반드시 보장되어야 한다. 오늘날의 형사절차는 공적 이해를 대변하는 국가의 형벌권에 관한 것이다. 국가형벌권은 피해자이익이 침해되면 발동하기 때문에, 여기에서도 피해자참여의 정당성이 도출될 수 있다.

형사절차의 목적인 범죄해명을 통한 법적 평화의 재건을 위한 필수적인 전제조건은 실체진실발견인데 피해자참여가 - 단순히 증인으로가 아니라 - 이에 기여할 수 있으며, 범죄인과 사회뿐만 아니라 범죄인과 피해자사이에서도 만족할 만한 갈등해소가 주어질 때 평화로운 공동사회질서가 회복된다. 이는 소위 통합예방(Integrations-prävention)이라는 형벌목적에도 부합한다.17) 왜냐하면 보상이익과 원상회복청구권을 갖는 범죄피해자에게 정당한 형사절차상의 지위를 인정해 주고 범죄자에 대한 정당한 형사제재를 판단하는 절차에 참여시킴으로써 피해자와 가해자간의 갈등을 해결하고 범죄로 인해 야기된 일반인의 법적 불안감을 해소시켜 침해된 법적 평화가 회복될 수 있기 때문이다.

Ⅲ. 현행법상의 범죄피해자 및 증인보호와 그의 지위

1. 범죄피해자 보호제도

(1) 수사절차에 있어서

수사절차에 있어서 피해자보호를 위한 규정은 없다. 물론 범죄피해자가 참고인으로서 수사기관에 진술할 기회는 주어지지만(형소법 제221조) 진술여부는 참고인의 임의에 속한다. 증인과는 달리 수사기관은 참고인의 출석과 진술을 강요할 수 없고, 단지 참고인이 출석 또는 진술을 거부하는 경우에는 검사가 제1회 공판기일전에 한

---

16) Roxin, Strafverfahrensrecht, 21.Aufl., S.2; Weigen, a.a.O., S.195ff.; Riess, a.a.O., S.52.

17) Kaiser, Viktimologie, FS-Schüler-Springorum 1993, S.3.

하여 증인신문을 청구할 수 있다(형소법 제221조의2).

(2) 공판절차에 있어서

공판절차에 있어서 피해자는 피고인의 소송법적 공격객체이다. 이는 피고인이 피해자의 승낙이 있었음을 항변하기도 하고, 범행의 성립에 공동책임이 있다거나 또는 예컨대 사기죄에 있어서 피해자가 자기의 기망행위에 너무도 쉽게 빠져들었다거나 양형에 있어서 유리한 사정이 되도록 피해자를 끌어들이는 사실을 통해서 피해자가 방어를 위한 공격대상이 되고 있음을 알 수 있다. 따라서 이와 같은 점을 고려한다면 피해자를 공판절차에서 보호해야할 필요성은 충분히 인정된다.

그러나 수사절차와 마찬가지로 공판절차에서도 범죄피해자를 보호하기 위한 특별한 배려는 없다. 공판절차에서 피해자는 증인으로서의 지위를 갖고 이에 상응하는 보호를 받을 뿐이다.

1) 증언시 피고인배제를 통한 범죄피해자보호

특히 제297조에 따라서 증인인 범죄피해자는 피고인 또는 어떤 재정인의 면전에서 충분한 진술을 할 수 없다고 인정되는 경우에 재판장은 그를 퇴정하게 하고 진술하게 한다. 이로써 범죄피해자로부터 증인으로서 진실을 진술하기 두렵게 할 상황을 미리 배제시키거나 범죄피해자의 신체 및 자유에 대한 침해위협을 제거시켜 실체진실발견에 기여하게 된다.

2) 심리의 비공개를 통한 범죄피해자보호

헌법은 공개재판을 받을 권리를 국민의 기본권으로 보장하고(제27조 3항) 재판공개의 원칙을 천명하고 있으며(제109조), 이에 상응하여 법원조직법은 재판의 심리와 판결은 공개한다는 공개주의를 명시하고 있다(제57조). 그러나 재판에 대한 국민의 통제기능을 수행하는 공개주의 때문에 증인으로서의 범죄피해자는 공개된 재판에서 증언을 해야 하는 불이익을 감수해야 한다. 즉 피해자는 자신의 사적 영역에 관련된 증언내용이 - 법원조직법 제57조와 소년보호사건에 관한 심리(소년법 제23조 2항)의 경우의 예외가 아닌 한은 - 공개되는 것으로부터 어떠한 보호도 받을 수 없다. 즉 공개재판의 원칙은 인격권보호와 서로 긴장관계에 놓이게 된다.[18]

---

18) 이 점에서는 피해자, 증인 또는 다른 소송관여자뿐만 아니라 피의자 및 피고인도 마찬가지이다.

이로써 범죄피해자는 방청객과 보도진 앞에서 증언해야 하는 추가적인 고통을 피할 수 없으며, 이는 두려움이 없고 공정한 상태에서 진술에 장애가 되는 것이기 때문에 진실발견에도 도움이 되지 못한다. 실제로는 공개재판의 원칙 때문에 강간피해자가 강간죄의 형사소추에 필요한 고소를 단념하여 실체진실발견을 통한 형사사법정의의 실현이 좌초되는 결과를 초래하기도 한다.

(3) 특정강력범죄의 처벌에 관한 특례법상의 보호조치

특강법의 적용범위가 살인, 강도, 강간, 약취유인 등 강력범죄에 제한되어 있기는 하지만 피해자(또는 증인) 및 그의 가족의 생명, 신체, 명예, 사생활 비밀의 침해를 방지할 수 있는 피해자보호 특칙이다. 여기에는 피고인의 보석취소(제6조), 증인에 대한 신변안전조치(제7조)와 출판 등으로부터의 피해자보호(제8조) 등이 있다.

(4) 성폭력범죄의 처벌 및 피해자보호 등에 관한 법률상의 보호조치

성폭력범죄 피해자의 인격권보호를 위하여 제22조의 심리의 비공개(예컨대 증인신문의 비공개신청권, 법정외의 장소에서의 증인신문 등), 수사 또는 재판담당공무원의 피해자의 사생활보호 및 비밀엄수의무(제21조), 고소권행사의 특칙, 피해자를 위한 상담과 보호제도 등이 있다.

2. 피해자의 권리

(1) 친고죄에서의 고소

범죄피해자는 수사기관에 범죄사실을 신고하여 범인의 처벌을 구하는 의사표시인 고소를 행할 수 있다. 즉 고소권행사를 통하여 수사의 단서를 제공함으로써 형사절차에 참여한다. 이때 검사는 고소를 수리한 날로부터 3개월 내에 수사를 완료하여 공소제기여부를 결정해야 하므로(형소법 제257조) 고소인인 피해자의 고소는 수사절차에서 중요한 의미를 갖는다.

그러나 무엇보다도 친고죄에 있어서 고소는 - 반의사불벌죄에 있어서는 범인의 처벌을 희망하지 않는다는 의사표시 - 소송조건이기 때문에 범죄의 피해자는 형사절차형성에 절대적 권한을 행사할 수 있다. 왜냐하면 피해자의 고소가 있어야 공소를 제기할 수 있을 뿐만 아니라 고소권을 행사하지 않으므로써 국가형벌권의 실현을 저지할 수 있기 때문이다.[19] 일정한 범죄의 경우에 국가는 피해자개인에게 범죄인에 대한 형사소추와 처벌이 공적으로 이익이 있다는 의사표시를 하게하고, 또한 제1심 판결선고전까지 그 의사표시를 취소할 수 있게 함으로써(형소법 제232조 1항) - 반의사불벌죄의 경우에는 처벌을 원한다는 의사표시의 철회를 통해서(형소법 제232조 3항) - 형사절차형성뿐만 아니라 형사절차종결에도 결정적인 영향을 미친다.

공소권의 주체인 검사는 수사가 종결되면 그 결과를 고소인인 피해자에게 통지함으로써 - 공소제기 또는 불기소처분통지(형소법 제258조 1항)와 불기소처분의 이유고지(형소법 제259조) - 피해자의 권리를 보호한다. 따라서 수사절차에 있어서는 피해자의 이익과 권리가 어느 정도 보장된다고 볼 수 있다. 그러나 이러한 절대적 권리도 공소제기후 공판절차 진행단계에서는 아무런 기능도 하지 못하는 잊혀진 형상에 불과하다. 왜냐하면 공소제기된 후에는 공소사실 또는 공판기일에 대하여 어떠한 정보도 받지 못하여 증거제출, 피해자의 진술권행사준비, 증인신문대비 및 배상명령신청 등 피해자의 이익실현에 어려움이 있게 되기 때문이다.

(2) 검찰권행사의 통제를 통한 형사절차 참여권 - 항고와 재정신청

범죄피해자의 형사절차 참여권은 검사의 공소권행사에 대한 통제를 통해서도 실현된다. 공소제기에 충분한 범죄의 객관적 혐의정도에 관하여 검사와 그 범죄의 피해자간에 견해가 대립되는 경우에는 법원의 심판에 맡길수 있는 기회를 범죄피해자에게 부여하는 것은 대륙법계의 형사소송절차에서는 일반적인 것이다. 우리나라의 형사사법제도상의 불기소처분에 대한 항고제도(검찰청법 제10조)와 재정신청제도(형소법 제260조)는 기소편의주의를 규제하기 위한 법적 장치로서 범죄피해자의 이익보호에 기여할 수 있는 제도이다. 검사의 불기소처분통지(형소법 제258조 1항)와 불기소처분의 이유고지(형소법 제259조)도 물론 적정한 공소권행사를 위한 규제가 될 수 있다.

그러나 현행법상 기소편의주의와 기소독점주의의 규제제도로서 항고제도는 검사동일체원칙 때문에, 재정신청제도는 고소인이 검사의 불기소처분사건을 법원에 회부시켜줄 것을 요구하는 강력한 통제권임에도 불구하고 대상의 엄격한 제한과 현실적인 부심판결정률의 저조 등 때문에 공소권의 적정한 행사를 위한 효율적인 법적 통제수단이 되는가는 의문이다.

---

19) 신동운, 형사소송법 1993, 61면; Riess, a.a.O., S.16.

그 밖에 검찰권행사에 대한 통제방법으로 언급될 수 있는 것은 헌법소원제도[20]이다(헌법 제111조 1항 5호, 헌법재판소법 제68조 1항). 범죄피해자는 검사가 독점하고 있는 형사소추권의 불행사로 인하여 헌법상 보장된 기본권을 - 예컨대 피해자의 법정진술권과 평등권[21] - 침해받은 자이기 때문에 헌법소원을 제기하여 법관에 의한 통제가능성을 이용할 수 있다.

(3) 진술권행사를 통한 형사절차 참여권

헌법 제27조 5항은 범죄피해자의 진술권을 개인의 사법적 기본권으로 신설하였고, 이를 형사소송법 제294조의2에 구체화하였다. 따라서 법원은 범죄로 인한 피해자의 신청이 있는 경우에는 원칙적으로 - 공판절차 또는 수사절차에서 충분히 진술하여 다시 진술할 필요가 없다고 인정되거나, 피해자의 진술이 공판절차를 현저히 지연시킬 우려가 있는 경우를 제외하고 - 그 피해자를 증인으로 증인신문절차에 따라 신문해야 한다. 이는 개정전의 형사소송법이 검사, 피고인 또는 변호인에게만 증인신청권을 인정하여 법원이 직권으로 피해자를 증인으로 채택하지 않는 한 피해자는 당해사건에 관한 의견을 진술할 기회가 없었던 점을 개정하여 범죄피해자의 이익을 보호하기 위한 형사절차 참여권으로 인정된 것이다. 따라서 범죄피해자는 소송절차에 적극적으로 참여하여 당해사건에 관한 법률적 가치판단이나 평가에 관한 진술을 할 수 있는 기회를 갖는 소송절차상의 권리자로 지위가 개선되었다.

(4) 소송진행상황에 대하여 고지받을 권리

이미 피해자의 고소권에서 언급한 바와 같이 친고죄에 있어서 고소권은 형사절차 형성과 종결에 절대적인 영향을 미치는 피해자의 권리이다. 검사는 고소사건에 관한 공소제기여부, 공소취소 및 타관송치 등의 처분취지를 고지함으로써(형소법 제258조 1항), 또 피해자는 공소불제기처분의 이유설명을 청구함으로써(형소법 제259조) 수사종결처분에 대한 알권리가 충족될 수 있다. 이에 따라 사후절차를 준비할 수 있는

---

20) 신동운, 형사소송법 1993, 189면 이하; 이석연, 불기소처분에 대한 헌법소원 연구 1991, 2면.
21) 헌재 1989.4.17, 89헌마3 결정; 1989.7.14, 헌마10 결정; 1990.4.2, 89헌마83 결정; 1990.11.19, 89헌마116 결정; 1990.12.26, 90헌마45 결정. 헌법재판소의 일관된 입장과는 달리 재판청구권의 침해로 보는 견해도 있다. 예컨대 신동운, 검사의 불기소처분에 대한 헌법소원, 판례월보 제233호, 44면 이하; 이석연, 앞의 논문, 80면 이하.

기회가 보장될 수 있다.

3. 요약 및 문제점

피해자의 권리와 지위에 관한 구체적인 입법조치의 세계적인 경향에 발맞추어, 우리나라에서도 1980년대에 들어와 범죄피해자의 소송법적 지위와 범죄피해자(또는 범죄신고자) 및 증인보호문제에 대한 관심이 가시화되기 시작했다.

그러나 이미 언급한 바와 같이 수사절차와 공판절차에서의 피해자의 보호와 권리보장을 위한 법규정과 제도가 불충분하거나 불완전하여 형사소송에서 중대한 이해관계를 갖는 범죄피해자가 수사절차에서 공판절차에 이르기까지 고유한 권리와 지위를 갖고 참여하고 있다고 보기 어렵다. 단지 증인으로서 진실발견에 참여하는 수동적 지위만 인정되고 있는 실정이다. 오히려 현행법은 증인을 증거방법으로서 효과적으로 이용하는 것만을 보장하고 있다. 예컨대 증인의 출석의무와 증언의무 때문에 증인의 인격권침해의 우려가 있는 경우에도 이를 방지할 수 있는 조치를 취할 수 없다.

공소제기된 후에는 공판기일, 피고인의 구속여부 또는 공판진행상황 등에 대하여 어떠한 정보도 받지 못한다. 따라서 피해자는 증거제출, 피해자의 진술권행사, 증인신문준비 및 배상명령신청 등 피해자의 이익실현에 어려움을 갖게 된다.

또한 피고인이 변호인을 통해 소송계속 중의 관계서류 및 증거물에 대한 열람 또는 등사할 수 있도록 하여 방어권을 보장하고 있지만, 피해자에게는 현행법에 인정되어 있는 진술권행사를 위해서라도 공판진행상황을 파악할 수 있어야 함에도 이를 위한 기록열람등사권은 부여되어 있지 않다.

피해자가 수사기관에서 참고인으로 진술하는 경우이든 공판절차에서 증인으로 신문되는 경우이든 범죄피해자는 심리적 또는 법률적 도움을 받을 수 없다. 그러나 이러한 경우에 변호인을 선임하여 증인신문시와 배상명령사건에 있어서 법률적인 조력을 받게 하고, 신뢰할 수 있는 변호인이 함께 있음으로써 심리적인 안정상태에서 자신의 의견을 진술할 수 있게 되어야 피해자의 이익보호와 실체진실발견에도 기여하게 될 것이다.

마지막으로 피해자의 법정진술권을 제한할 수 있는 예외조항이 광범위하게 인정된 점도 문제점이다.

Ⅳ. 범죄피해자 및 증인보호를 위한 구체적 방안

국가적 형사절차에서의 피해자의 지위개선에 관한 논의에서 고려되어야 할 것은 피해자의 이익과 피고인(내지 피의자)의 이익과의 충돌관계를 어떻게 조화시킬 것인가이다. 즉 양자택일의 문제가 아니라, 또한 현재의 법률상황과 실무를 완전히 뒤바꾸는 문제가 아니라, 피해자를 국가형벌권에 기초한 현재의 형사법체계내에 기능적으로 구별되는 지위와 권리를 갖는 소송참여자로서 위치시켜 피해자의 정당한 이익을 보장하는 문제이어야 한다. 이러한 기본원칙을 침해하지 않는 범위내에서 입법론적으로 논의될 수 있는, 특히 실현가능한 개선안은 다음과 같다.

1. 범죄피해자 또는 증인의 신변보호조치

중범죄 또는 조직범죄의 영역에서 뿐만 아니라 일상적으로 발생하는 가벼운 범죄의 영역에서도 (피해자인) 증인과 그의 가족은 특히 형사소송절차가 진행되는 동안 행위자의 보복행위의 위협으로부터 불안한 상태에 놓이게 된다. 따라서 형사소송절차의 진행단계에 따라 이러한 위험을 제거하는 조치가 필요하다.

무엇보다 중요한 사실은, 경찰, 검찰, 법원의 공조가 있어야만 효과적인 신변보호가 이루어질 수 있다는 점이다. 우선 사법경찰과 검찰은 범죄발생시 또는 범죄신고 접수시에 피해자에 대한 보복위험성을 예측하여 확정해야 한다. 이때 구체적인 위험상태의 평가에 고려될 요소로는 범죄행위의 종류와 경중, 행위자의 위험성, 행위자의 환경, 증인의 인적 사항, 소송절차의 진행상황 등이다.[22]

이러한 위험성이 예측된 사건의 경우에는[23] 목격자의 신분노출을 피하거나 피해자와의 대면을 피하기 위하여 대질신문을 억제해야 하며, 우편·전화와 같이 직접 출두하지 않는 수사, 출장수사 등의 방법을 취하고, 증거보전절차를 취하여 참고인의 소환을 가급적 줄이는 방안도 고려될 수 있다.[24] 또한 물리적·정신적 테러를 당할 위험이 있는 증인의 경우에는 증인소환장의 주소와 이름을 제3자의 것으로 대체하

---

22) Krehl, Der Schutz von Zeugen im Strafverfahren, NJW 1991, 85.
23) 보복범죄 전담검사제도에 관해서는 박찬홍, 범죄피해자 보호대책, 검사세미나 연수자료집 10집 1991, 60면.
24) 박찬홍, 범죄피해자 보호대책, 검사세미나 연수자료집 10집 1991, 62면.

는 방법도 생각해 볼 수 있다. 변호인의 기록열람등사권 행사시에 범죄피해자의 이름을 가리는 방안도 범죄피해자의 신분노출을 방지할 수 있는 방안의 하나이다. 이러한 노력은 수사기관에 대한 불신을 해소시켜 범죄피해자(또는 신고자)가 사건해명에 적극적으로 참여하게 할 수 있고 또한 이로써 범죄신고율도 높아질 것이다.

2. 피해자 및 증인의 인격권보호

인간의 존엄과 가치의 헌법적 보장은 적정절차의 보장과 사회적 약자인 피해자의 보호가 국가의 의무임을 의미한다. 이는 법치국가와 사회국가이념에도 합당하다. 이로써 범죄피해자화에 책임 없는 피해자가 입은 직접적인 신체상의 또는 물적 손해뿐만 아니라 정신적 피해가 범죄자의 형사소추절차를 통해서 악화되거나 커지지 않도록 해야 한다.

증인(또는 참고인)으로서의 피해자의 명예, 자유, 사생활의 비밀 등 인격보호를 위한 조치가 증인신문절차(또는 수사절차)에서 특히 강구되어져야 한다. 예컨대 - 특히 성범죄의 경우에 - 피해자의 개인적 생활영역과 같이 보호되어야 할 이익이 침해될 염려가 있는 경우 또는 증인 또는 그 가족의 생명, 신체에 대한 현저한 위협이 예견되는 경우에는 증인의 비공개신청을 기다리지 말고 증인에게 반드시 재판부가 능동적으로 증인과 피고인의 의사를 묻고 나서 재판의 비공개청구권을 인정하거나[25] 또는 방청을 제한하고, 증인신문시의 질문내용이 명예 또는 사생활의 비밀에 속하는 경우에 질문을 제한한다거나,[26] 법원이 불필요한 반복된 질문에 적극적으로 통제할 수 있도록 하고, 더 나아가 질문의 대답이 명예에 관한 것일 때에 답변거부권을 인정해야 한다.

또한 현행법은 이러한 취지에서 증인이 증언시 피고인의 면전에서는 진실을 진술하지 않을 염려가 있는 때에는 피고인을 법정에서 퇴정할 수 있도록 하여 피고인과의 대면없이 자유롭게 신문에 참여할 수 있도록 하고 있고(제297조의 분리신문제도: 독

---

25) 공개재판의 원칙의 예외로서 재판부에 따라서는 강간죄 등의 증인 신문의 경우에 증인에게 미리 비공개상태에서의 증언을 원하는가를 묻고 증인이 원하는 경우에는 비공개재판을 하는 경우도 있다. 그러나 재판진행상 번거로움 때문에 활용되고 있지 못한 형편이다.
26) 예컨대 독일 형사소송법 제68조의 a 1항에 따르면 증인의 불명예가 되거나 개인적 생활영역과 관련된 사실에 - 후자는 1987년의 개정에 의해서 - 대해서는 불가결한 경우에만 신문할 수 있다.

일형소법 제247조, 법원조직법 제171조의 b), 이 경우에도 피고인의 가족 등도 함께 퇴정하도록 하여 사생활의 비밀보호뿐만 아니라 증인에 대한 신체적 위협을 차단하고 자유로운 상태에서 증언하도록 한다.

증인의 사정을 고려하여 법정외에 소환하거나 현재지에 신문할 수 있도록 하고 있다(제165조). 재판부가 증인의 신분이 노출되지 않도록 증인의 직장이나 주거지가 아닌 제3의 장소에 출장하여 증인신문하는 방안이다. 이로써 방해받지 않은 상태에서의 증인신문과 증언이 진행될 수 있어야 한다. 형소법상의 증거보전절차(제184조)도 활용되어야 한다.

그러나 이와 같은 증인보호조치가 피고인의 방어권인 증인신문권(형소법 제161조의 2)과 소송절차참여권인 공판정출석권(형소법 제276조)이 침해되지 않도록 하여야 한다. 따라서 재판장은 피고인에게 피고인퇴정시 행해진 증인의 증언요지를 고지하여야 한다(제297조 2항). 이 경우에도 여전히 피고인의 증인에 대한 직접적인 반대신문권은 제한된다고 보지만, 피고인은 그의 변호인을 통해서 증인에 대한 질문이 가능하기 때문에 피고인의 증인신문권의 본질적인 침해는 아니라고 본다. 따라서 변호인이 없는 피고인의 경우는 반드시 국선변호인을 선정해주어야 한다.

출판 등으로부터 범죄피해자를 보호하기 위한 조치(특강법 제8조)로서 법원에게 보도금지 명령권을 부여하는 방안도 고려될 수 있다.

3. 변호인의 조력을 받을 권리

범죄피해자는 형사절차에서의 신문을 부담스럽고 두려운 것으로 여기며, 자신의 권리에 대해서 알지 못한다. 따라서 반드시 변호인이 아니더라도 신뢰할 수 있는 인물로부터 수사단계와 공판절차에서의 신문시 법률적인 조력을 받게 하여(독일형소법 제406조의 f) 피해자가 심리적인 안정상태에서 자신의 의견을 진술할 수 있게 되어야 피해자의 이익보호와 실체진실발견에도 기여하게 될 것이다.[27] 이로써 경우에 따라서는 위증도 방지할 수 있다.

---

27) Weigend, a.a.O., S.461f.

4. 공소권 행사에 대한 통제

범죄피해자가 범죄행위에 대한 형벌부과에 대해 갖고 있는 정당한 보상이익을 충족시키기 위해서 또한 국가가 기소권을 독점하기 때문에 범죄피해자의 정의에 대한 요구가 무시되지 않도록 하기 위해서, 공소제기에 충분한 범죄의 객관적 혐의정도에 관하여 검사와 그 범죄의 피해자간에 견해가 대립되는 경우에는 법원의 심판에 맡길 수 있는 기회를 범죄피해자에게 폭넓게 부여해야 한다. 우리나라의 형사사법제도상의 재정신청제도(형소법 제260조)는 기소편의주의를 규제하기 위한 법적 장치로서 범죄피해자의 이익보호에 기여할 수 있는 제도이다.

그러나 현행법상 기소편의주의와 기소독점주의의 규제제도로서 재정신청제도는 고소인의 검사의 불기소처분사건을 법원에 회부시켜줄 것을 요구하는 강력한 통제권임에도 불구하고 대상의 엄격한 제한과 현실적으로 저조한 부심판결결정률 때문에 공소권의 적절한 행사를 위한 효율적인 법적 통제수단이 되지 못하고 있다.

따라서 재정신청사건의 대상범위를 모든 범죄로 확대하여 기소편의주의의 사법적 통제가 피해자의 신청에 의해 가능하도록 해야 한다.

5. 고지받을 권리와 기록열람권 보장

공판기일에 소환받은 증인은 과태료부과라는 제재수단으로 강제하는 출석의무와 증언의무를 갖는다. 그러나 증인(또는 피해자)은 공소제기된 후에는 공판기일, 피고인의 구속여부 또는 공판진행상황 등에 대하여 어떠한 정보도 받지 못한다. 따라서 피해자는 증거제출, 피해자의 진술권행사, 증인출두여부를 미리 예상한 증인신문준비 및 배상명령신청 등 피해자의 이익실현에 어려움을 갖게 된다. 또한 피고인이 변호인을 통해 소송계속 중의 관계서류 및 증거물에 대한 열람 또는 등사할 수 있도록 하여 방어권을 보장하고 있지만, 피해자에게는 현행법에 인정되어 있는 진술권행사를 위해서라도 수사상황과 공판진행상황을 파악할 수 있어야 함에도 이를 위한 기록열람등사권은 부여되어 있지 않다.

따라서 공소가 제기된 경우에는 공판기일 등 공판진행상황, 피고인의 구속여부와 판결주문 등의 재판결과(독일형소법 제406조의 d) 등을 피해자(또는 증인)에게 통지하여야 한다. 또한 변호인을 통한 기록열람권을 인정하여(독일형소법 제406조의 e) - 다만

수사목적을 방해할 염려가 있는 경우에 수사종결전단계에서는 제한적으로 - 수사상
황과 공판진행상황에 대한 정보를 얻도록 해야 한다. 더 나아가 증인소환장에는 비
공개 재판신청권이 있음을 고지하여야 한다.

이를 통해서 국가소추주의를 취하고 있는 현행 제도상 공권력을 통한 처벌욕구충
족여부에 대한 알 권리가 보장되고 또한 이로써 피해자의 다른 권리실현과 함께 사
후절차강구가 가능할 수 있게 된다.

6. 증언의 부담을 최소화하는 방안

증언을 위한 법정대기실, 별도의 출입문설치, 동행차량의 제공, 증인출석시 받는
비용의 현실화, 증인이 피고용자인 경우 고용자에 대한 공식적인 통지와 양해 등은
증거방법으로서 증인이 받을 수 있는 형사절차에서의 불안감과 압박감을 해소시켜
심리적으로 안정된 상태에서 자유롭게 증언하게 할 수 있는 방안이다. 형사사법이
증인을 형사절차에의 참여를 강제하고 있는 한은, 이로부터 받을 수 있는 부담을 최
소화시키는 것은 바로 형사사법의 의무이다.

V. 결론

국가적 형사절차에서의 피해자 및 증인의 지위개선에 관한 논의에서 고려되어야
할 것은 피해자의 이익과 피고인(내지 피의자)의 이익과의 충돌관계를 어떻게 조화시
킬 것인가이다. 피해자를 국가형벌권에 기초한 현재의 형사법체계내에 기능적으로
구별되는 지위와 권리를 갖는 소송참여자로서 위치를 피해자의 정당한 이익을 보장
하는 문제이어야 한다.

피해자의 지위개선에 관한 논의의 출발점이 되어야 할 것으로는 첫째, 국가와 범
죄자의 법적 투쟁이라는 전통적인 형태의 형사절차의 존재와 기능이 무엇인가 즉,
형사절차에서 문제가 되는 것은 단지 가해자와 피해자사이의 갈등의 해소가 아니기
때문에 피해자의 요구와 이익이 무엇인가가 일차적으로 문의되는 것은 아니라는 점,
둘째, 피해자의 권한강화가 피고인(내지 피의자)에게 정당하게 인정된 소송상 권리와
보장을 침해하는 결과를 초래해서는 안 된다는 점, 즉 형사절차상의 피해자보호와
지위개선은 피고인보호영역이 침해되지 않는 한도내에서, 설사 침해된다하더라도

다른 조치로써 보상될 수 있는 한에서 논의도 이어져야 한다는 점이다.

이와 같은 피해자 및 증인 지위에 관한 논의의 기본적 출발점을 고려하고, 또한 입법론적 대안의 현실적 입법가능성을 염두에 두면서 - 왜냐하면 범죄피해자에 관한 학문적 연구가 미진할 뿐만 아니라, 소송경제, 효율성 및 편의성을 고려하는 실무의 태도에 비추어 외국의 입법례에서 찾아볼 수 있는 제도의 도입주장은 신중을 기해야 하기 때문에 - 제시할 수 있는 입법론적 대안과 개선방안은 다음과 같다. 즉 피해자 및 증인의 인격권을 보호하기 위한 재판의 비공개청구권인정 및 증인신문방법의 개선, 변호인의 조력을 받을 권리보장, 공소권행사에 대한 통제수단으로서 재정신청제도의 대상범위확대, 피해자 및 증인의 권리실현을 위한 공소제기여부 등을 고지받을 권리보장 등이다.

[논평] 증인 또는 범죄피해자 보호제도에 대한 고찰

홍소현*

하선생이 이글을 발표할 당시인 1995년의 형사사법체계는 기존의 재사회화에 중점을 둔 형사정책들이 큰 성과를 거두지 못함에 따라 형사사법시스템 전반에 걸쳐 징벌적 형사사법 모델로의 관점의 변화를 요구받고 있었다. 이와 더불어 피해자학이 독립된 학문의 영역으로 인정받기 시작하면서 피해자가 형사소송절차에서 갖는 독자적 지위 내지 권리에 대한 관심이 증가하고 피해자보호에 대한 필요성이 구체화되어 피해자가 소송절차의 참여자로 인정받기 시작하였다. 우리의 형사소송법도 피해자에게 참고인 내지 증인의 지위를 인정하고 소송절차에 참여시키는 한편, 1987년 개정을 통하여 피해자가 소송절차에 능동적으로 참여하여 진술할 수 있는 권리를 보장하였다. 이후 피해자의 소송절차 내에서의 역할이 증가하면서 범죄 피해자 및 증인에 대한 보복성 강력범죄 역시 증가하였는데, 이에 따라 피해자가 소송절차 내에서 실체적 진실을 밝힐 중요한 역할을 부담하고 그 기능을 다 할 수 있도록 피해자의 권익보호를 위한 제도적 개선이 요구되었다. 하선생 역시 이 글을 통해 범죄피해자의 소송법상 지위와 권익보호의 필요성 및 그 보호를 위한 구체적 입법안 등을 제언하였다.

I.

피해자보호에 관한 논의에 앞서, 하선생은 기존의 주류적 입장인 특별예방을 목적으로 하는 형사소송법체계 내에서 피해자는 중심적 역할의 주체가 될 수 없다는 한계를 인정하는 한편, 피해자가 형사소송 절차의 독립된 기능적 주체로 편입되기 위해서는 통합예방적 관점에서 형사절차를 이해할 필요가 있음을 지적한다. 실체적 진실에 기초한 정당한 판결을 통한 법적 평화의 재건을 목적으로 하는 통합예방적 관

---

* 변호사, 법학박사

점에서, 피해자는 소송절차에서 배제될 수 없는 중요한 당사자이다. 그러나 원론적으로 형사사법절차는 법공동체와 범죄자간의 법적 투쟁이며 법공동체의 임무인 바, 범죄피해자는 형사절차 내에서 피고인이나 국가와 같은 당사자적 지위를 보장받을 수 없다. 그럼에도 불구하고, 피해자가 실체적 진실발견에 기여하는 기능적 의미와 피해자의 절차참여로 인해 피해가 회복됨으로써 얻어지는 사회통합의 효과의 중요성을 고려해 보았을 때, 피해자를 소송참여자로 인정하고 그 권리를 보장하고 신변을 보호하기 위한 제도는 반드시 마련되어야 한다고 보았다.

1995년 당시 형사소송법은 수사에서부터 공판절차에 이르기까지 피해자의 절차참여를 일정부분 보장하고 있었다. 수사단계에서는 고소권 및 처벌불원의 의사표시 등을 통해 형사절차의 개시와 종결에 참여케 하고, 항고와 제정신청 등을 통해 검사의 공소권행사를 통제할 수 있게 하였으며, 수사 및 공판절차에서 각 참고인 및 증인으로서 진술할 수 있는 기회를 부여하였다. 특히 1987년 형사소송법 개정을 통하여 피해자가 증인으로 채택되지 않더라도 당해사건에 관한 의견을 적극적으로 진술할 수 있도록 하는 등 일견 피해자의 진술권 및 참여권을 적극적으로 보장하는 듯 보였으나, 피해자의 권리행사는 제한적이고 피해자의 신변과 인격권을 보호하기 위한 장치는 불충분하거나 전무하였다. 당시 피해자를 대상으로 하는 보복성 범죄 등 피해자가 소송절차에 참여함으로써 발생하는 2차 피해들 - 신변의 위협, 인격권의 침해, 진술권행사를 위한 알권리 제한 - 이 다수 확인되고 있었음에도 불구하고 피해자의 참여권을 강화하고 보호하기 위한 제도를 마련하지 못했던 이유는, 앞서 하선생이 지적한 바와 같이, 피고인의 방어권보장과 피해자의 권리보호가 긴장관계에 놓여있기 때문이라고 보았다. 피해자의 권익보호를 위한 제도적 개선을 요구하는 요청이 꾸준히 제기될수록 피고인의 권리보장이라는 형법의 근원적 기능이 약화될 위험성이 증가한다. 따라서 하선생은 피해자의 권리를 보장하고 신변을 보호하는 제도를 마련함에 있어 피고인의 방어권이 중요하게 고려되어야 함을 전제로 논의를 진행하였다.

Ⅱ.

1. 진술권 보호 및 인격권 보호

당시의 형사소송법은 피해자는 수사절차에서 참고인의 신분으로 수사기관에서 진술할 기회를 갖되, 수사기관은 출석과 진술을 강요할 수 없고, 단지 참고인이 출석 또는 진술을 거부하는 경우, 검사가 제1회 공판기일 전에 한하여 증인신문을 청구할 수 있었다. 공판절차에서 피해자는 증인으로서 진술할 기회를 부여받고 분리신문, 법정 외 소환 내지 현재지 신문, 증거보전절차 등을 활용하여 피고인과 격리된 상태에서 증언할 수 있게 하는 등 증인에 상응하는 보호를 받을 수 있게 하였다.

그러나 공판절차 중의 피해자는 피고인의 소송법적 공격 객체임을 고려한다면, 공판절차에서 통상 증인이 받는 보호 이상의 보호가 필요함에도 불구하고, 피해자에 대한 보호조치에 대한 규정은 별도로 마련되어 있지 않았다. 피해자의 진술이 실체적 발견에 무엇보다도 중요한 역할을 함에도 불구하고, 피해자에 대한 적절한 보호조치가 이루어지지 않는다면 이는 결국 실체적 진실발견을 저해하는 결과로 이어질 수 있다고 지적하였다.

이 같은 문제를 해결하기 위해 하선생은 당시 성폭력 범죄의 처벌 및 피해자보호 등에 관한 법률 등 특별법에서만 인정되고 있는 재판의 비공개청구권의 범위를 확대하고, 2차피해가 우려되는 반복적 질문을 금지 하는 등의 방식으로 증인신문방법을 개선하는 한편, 형사소송법 제297조 피고인등의 퇴정, 제165조 법정 외 신문, 제 184조 증거보전의 청구 등을 적극적으로 활용하여야 한다고 하였다.[1] 또한 진술 과정에서 피해자가 자신의 권리를 충분히 인지하고 심리적으로 안정된 상태에서 자신의 의견을 진술 할 수 있도록 변호인의 조력을 받을 권리를 인정하여 반드시 변호인이 아니더라도 신뢰할 수 있고 조언할 수 있는 인물과 동석하여 그로부터 적절한 조력을 받게 하고, 그 외에도 별도의 대기실 및 출입문등을 마련하는 등 증언으로 인한

---

[1] 하선생은 이와 같은 주장을 함에 있어서도 피고인의 방어권이 충분히 보장되어야 함을 강조하였는데, 피해자 보호를 위해 공판정에서 배제된 피고인의 증인신문권 및 반대신문권, 공판정출석권 등이 문제될 수 있다고 보았다. 그러나 형사소송법 제 297조2항에 따라 재판장이 피고인의 퇴정시 증언요지를 고지하는 것과 더불어 직접적반대신문권의 보장을 위해 변호인이 선정된다면 본질적인 침해는 아니라고 하였다.

부담을 경감시킬 적절한 방안을 마련하여야 한다고 제언하였다.

2. 알권리 및 공소통제권의 실질적 보장

하선생은 소송절차에 참여하는 피해자의 진술권이 충분히 보장되기 위한 전제로서 알권리의 중요성을 강조하면서, 절차내의 정보 비대칭이 증인 및 피해자의 진술권보장을 제한하는 요인이라고 지적하였다. 수사단계에서의 피해자는 검사로부터 공소제기 또는 불기소처분 통지와 불기소처분의 이유를 고지 받을 권리를 가진다. 피해자는 고지받은 수사의 결과가 검사의 불기소처분인 경우, 형사소송법 제260조의 재정신청, 검찰청법 제10조 의 항고제도 등으로 검사의 공소권을 통제할 수 있다. 그러나 수사기관으로부터 고지받는 정보의 범위가 제한적이고, 나아가 재정신청 등의 이의신청권이 보장되고 있다 하더라도, 당시 신청의 대상이 엄격하게 제한되어 있었던 점, 검사동일체원칙으로 인해 원처분과 다른 결정이 사실상 매우 어려웠던 점 등의 이유로 사실상 절차참여의 효과를 기대할 수 없다고 보았다. 공판단계에서 피해자의 알권리는 더욱 제한적이었다. 피해자는 수사가 종결되고 사건이 공판의 단계로 넘어간 이후의 관련 정보는 고지 받을 수 없었으며, 열람 등사권 등 정보청구에 관한 인정규정도 없었던 바, 피해자가 스스로 정보를 취득하는 것도 사실상 불가능하였다. 하선생은 피해자가 공소제기 후 공판절차 진행단계에서 어떠한 정보도 취득할 수 없기 때문에 증거제출, 진술권행사준비, 증인신문대비 및 배상명령 신청 등 피해자의 권리 행사 및 이익실현이 충분히 보장될 수 없으며, 이는 피해자의 진술권 행사의 침해로 이어진다고 비판하였다.

하선생은 피해자가 형사절차에 참여하여 충분히 보호받고 권리를 행사하기 위해서는 알권리의 보장이 매우 중요하며, 이를 위해 수사 및 공판의 진행상황과 결과를 고지받을 권리와 기록열람권을 보장할 것을 제언하였다. 특히 공소가 제기된 경우, 독일의 형사소송법의 규정과 같이 공판기일 등 공판진행상황과 피고인의 구속여부, 재판결과 등을 피해자에게 통지하는 것이 바람직하며, 공판 과정에서도 피해자에게 변호인의 조력을 받을 권리를 보장하는 것과 더불어 변호인을 통한 기록열람권을 인정하여야 한다고 보았다.

3. 신변보호조치

형사절차에 중요한 증인 내지 참고인으로 참여하고 있는 피해자의 신변을 보호하기 위한 조치는 피해자의 신체적 재산적 법익과 가장 밀접한 관련을 가짐에도 불구하고 이를 위한 규정은 미흡하다고 지적하였다. 특정강력범죄의 처벌에 관한특례법상의 보호조치, 성폭력범죄의 처벌 및 피해자 보호 등에 관한 법률에 피해자의 신변보호를 위한 규정이 마련되어 있을 뿐이었다. 여기에 대해 하선생은 경찰 검찰 법원의 공조로서 효과적인 피해자의 신변보호가 가능함을 지적하면서, 수사단계에서부터 보복위험성을 예측하여 피해자 등의 신분노출 및 대면을 최소화하고 증거보전절차 등을 취하여 소환을 가급적 줄이는 등의 방법을 제안하였다. 또한 직접적 위해를 미연에 방지하기 위하여 소환장의 주소, 이름 등을 제3자의 것으로 대체하거나 변호인의 기록열람등사권 행사시 범죄피해자의 이름을 가리는 방안 등으로 범죄자의 신분노출을 방지할 것을 촉구하였다.

Ⅲ.

이 글은 하선생이 1995년 발표한 이후 현재에 이르기까지 피해자의 권익보호를 위한 규정을 마련하고 개선함에 있어 입법의 방향성에 대한 이정표의 역할을 하고 있다. 특히 이글에서 하선생이 제언한 입법안들은 2007년 형사소송법의 개정에 다수 반영되었다.[2]

2007년 개정 형사소송법은 피해자의 진술권의 행사범위를 확대하고 실효적으로 보장하기 위한 보호규정들을 신설하는 등 피해자의 절차참여권을 확대하였다. 우선 기존의 피해자 진술권을 규정하였던 법 제294조의2의 개정을 통하여 피해자의 법정 진술을 신청할 수 있는 신청자의 범위를 피해자 뿐 아니라 피해자 사망시 배우자,

---

2) 2007년 개정형사소송법은 피해자를 보호하기 위한 규정을 다수 신설하고 기존의 규정을 개선하여 법정진술권의 확장, 진술의 비공개 결정, 신뢰관계자의 동석, 비디오 중계방식에 의한 신문과 차폐장치, 피해자통지제도, 피해자의 기록 열람 등사, 재정신청범위의 확대 등 하선생의 제언이 다수 반영된 보호조치들을 도입하여 피해자의 진술권을 실질적으로 보장하기 위한 제도적 기반을 마련하였다.

직계친족, 형제자매 등을 포함한 법정대리인으로 확대하였고, 피해자 아닌 자가 신청한 경우에는 진술을 배제하도록 하던 기존 규정을 삭제하여 진술권 행사의 범위가 상대적으로 확장되었다. 또한 피해자 진술권의 배제사유에서 수사절차에서 충분히 진술하여 다시 진술할 필요가 없다고 인정되는 경우를 제외시킴으로서 피해자가 원할 경우 다시 진술할 권리를 보장하는 한편, 진술권을 행사하는 피해자의 인격권 보호를 위해 피해자의 사생활의 비밀이나 신변보호를 위하여 필요하다고 인정되는 때에는 결정으로 심리를 공개하지 않을 수 있도록 동법 제294조의3을 신설하였다. 피고인의 방어권을 침해하지 아니하는 범위 내에서 피고인의 방어권과 피해자의 인격권 간의 이익형량을 통해 공개재판주의의 예외를 인정할 수 있도록 한 것이다.

　피해자의 진술권을 실효적으로 보장하기 위하여 2007년 개정형사소송법은 동법 제163조의2, 제221조 제3항, 제276조의2 등을 신설하여 피해자가 신뢰관계에 있는 자와 법정에 동석할 수 있는 근거를 마련하였다. 특히 13세 미만의 피해자 또는 정신적 장애로 사물의 변별능력이나 의사결정능력이 미약한 피해자의 경우에는 재판에 지장을 초래할 우려 등 특별한 이유가 없는 한 신뢰관계에 있는 자의 필요적 동석을 규정하는 한편, 동석자는 소송절차의 진행에 있어 법원이나 소송관계인의 신문이나 증인의 진술을 방해하지 않고 진술내용에도 부당한 영향을 줄 우려가 없는 경우로 제한하고, 피고인 신문의 경우에도 특별한 보호를 필요로 하는 경우에는 신뢰관계 있는 자의 동석을 가능하게 하였다. 이는 피해자의 심리적 안정을 도모하고 인격권을 보호하여 피해자의 진술권을 실질적으로 보장하면서도, 이로 인하여 피고인의 방어권이 제한되지 않도록 하여야 한다는 하선생의 의견이 반영된 것으로 보인다.

　형사소송법상의 증거방법을 적극적으로 활용하여 피해자의 인격권에 대한 침해없이 진술권을 최대한 보장하여야 한다는 하선생의 제언은 동법 제165조의2 비디오 중계방식에 의한 신문과 차폐장치 등으로 입법화되었다. 개정 전 형사소송법은 성폭력사건의 경우 검사, 피해자 또는 변호인의 의견을 들어 비디오 방식에 의한 신문을 가능하도록 규정하고 있었는데, 2007년 개정형사소송법에서는 동 규정을 신설하여 성폭력 피해자 등 특정범죄 피해자에 국한하지 않고 형사절차에 있어 보호의 필요성이 있는 모든 피해자가 비디오 방식에 의한 신문을 통해 인격권을 보호하고 진술권을 보장하였다. 동시에 증인신문장소에 차폐시설을 설치할 수 있는 규정을 마련함으로써 실체적 진실 발견에 필요한 정확한 증거를 확보하고 피고인의 반대신문권의 제약을 최소화하면서도 피해자 입장에서는 진술의 태도나 표정관찰 등으로부터 자유로울 수 있도록 하였다. 피해자가 증언하는 과정에서 피고인과의 대면으로부터 받는 부담감을 경감하면서도 피해자의 법정진술을 통해 정확한 증거를 확보하고 피고인의 반대신문권이 보장된다는 점에서 하선생이 강조하였던 피해자의 인격권과 피고인의 방어권간의 긴장관계를 고려한 규정이라고 본다.

알권리 및 공소통제권의 실질적 보장을 위한 제도의 개선에도 하선생의 의견이 반영되었다. 하선생은 피해자가 형사절차에 참여하면서 자신의 권리를 제대로 행사하기 위해서는 당해사건의 기록 및 절차진행 상황에 대한 알권리가 보장되어야 한다고 주장하였다. 이는 피해자가 사건 절차진행에 관한 정보획득의 기회를 제도적으로 보장받음으로써 피해자의 진술권, 증거제출, 나아가 배상청구권 등을 충분히 행사할 수 있다는 점에서 매우 중요한 의미를 갖는다. 또한 법 제260조 재정신청에서 재정신청의 대상이 되는 범죄 부분을 삭제함으로써 검사의 기소권 통제를 통한 피해자의 절차참여권을 확대하였다.

하선생은 당시 사회적 이슈였던 피해자 대상의 보복성범죄를 예방하고 피해자를 보호하여 실체적 진실발견을 담보하기 위해서는 경찰, 검찰, 법원의 긴밀한 공조를 전제로 수사단계에서부터 보복위험성을 예측하여 피해자 등의 신분노출 및 대면을 최소화하고 증거보전절차 등을 취하여 소환을 가급적 최소화 하는 등 피해자의 신변을 적극적으로 보호할 것을 촉구하였으나, 2007년 개정형사소송법에 보복성범죄로부터 피해자를 적극적으로 보호할 수 있는 규정이 마련되지는 못하였다. 그러나 하선생이 피해자보호를 위해 필요하다고 지적하였던 바와 같이, 동법 제165조의2 비디오 중계방식에 의한 신문과 차폐장치, 제294조의3 진술의 비공개 등의 규정을 통하여 간접적으로나마 피해자의 신분노출 및 대면을 최소화하는 효과를 거둘 수 있게 되었다.

하선생의 의견이 다수 반영된 2007년 개정형사소송법의 피해자 보호규정은 피해자의 법정 진술권을 실질적으로 보장하기 위한 합리적인 조치였으며, 2022년 현재에 이르기까지 피해자 보호를 위한 제도적 기초로서 개선을 거듭하고 있다. 오늘날 피해자가 형사소송절차에서 갖는 중요성은 여러번 강조하여도 지나치지 않다. 개인 미디어의 보급과 파급력의 확산, 통신 영상기술 플랫폼의 발전과 변화 속에서 피해자의 인격권을 보호하고 나아가 신변을 보호하기 위한 입법적 노력은 계속되어야 한다. 그 과정에서 하선생의 이 글은 피해자의 절차참여권과 인격권보호를 위한 이정표라는데 큰 의미가 있다고 할 것이다.

압수절차가 위법한 압수물의 증거능력[*]

대법원 1996.5.14. 선고, 96초88 결정(위헌제청 요청)

[결정요지]

압수물은 압수절차가 위법하다고 하더라도 물건 자체의 성질, 형상에 변경을 가져오는 것은 아니어서 그 형태 등에 관한 증거가치에는 변함이 없어 증거능력이 있다.

[결정이유]

1. 이 사건 신청의 요지는 수사기관이 긴급구속시 구속할 수 있는 자의 소유, 소지 또는 보관하는 물건에 대하여 사후영장발부기간 동안 영장 없이 압수, 수색할 수 있다고 규정한 형사소송법 제217조 제1항은 위헌인데, 위헌인 위 조항에 의하여 신청인이 소지, 보관하고 있던 물건을 압수당하였고 그 압수물이 증거로 제출되었으므로 위 조항의 위헌 여부가 이 사건 재판의 전제가 된다는 취지이다.

2. 압수물을 압수절차가 위법하다고 하더라도 물건 자체의 성질, 형상에 변경을 가

---

 * 출처: 「형사판례연구」 제5권, 1997, 247~265면.

져오는 것은 아니어서 그 형태 등에 관한 증거가치에는 변함이 없어 증거능력이 있다고 할 것인바(대판 1987.6.23, 87도705; 대판 1994.2.8, 93도3318 참조), 설령 위 형사소송법 제217조 제1항이 위헌이라서 신청인에 대한 긴급구속시 행하여진 압수절차가 위법한 것이라고 하더라도 그 압수물이 법원에 증거로 제출된 이상 그 증거능력은 있고, 나아가 신청인이 그 제출된 압수물을 증거로 함에 동의한 이상 이 사건에서는, 법원으로서는 위 조항의 위헌 여부와 관계없이 위 압수물을 유죄의 증거로 삼을 수 있으므로, 위 조항의 위헌 여부는 이 사건 재판의 전제가 되지 아니한다고 할 것이다.

3. 그러므로 신청인의 이 사건 위험심판제청신청은 부적법하여 이를 각하하기로 하여 관여 법관의 일치된 의견으로 주문과 같이 결정한다.

[참조조문]
형사소송법 제206조, 제207조, 제217조 제1항, 제307조

[참조판례]
대법원 1968.9.17. 선고, 68도932판결; 대법원 1987.6.23. 선고, 87도705판결; 대법원 1994.2.8. 선고, 93도3318판결

[연구]

I. 판결의 의미와 논점

1. 판결의 의미

이 판결은 압수수색에 관하여 영장주의의 예외를 인정한 형사소송법 제217조 제1항의 위헌 여부가 재판의 전제가 된다는 이유로 위헌 제청을 한 사건에 관한 것이다. 이에 대해서 대법원은 제217조 제1항의 위헌 여부가 재판의 전제가 되지 않는다고 판단하면서, 설령 위 규정이 위헌이어서 이 규정에 의한 압수수색이 위법하다고 하더라도 압수물의 증거능력은 인정되기 때문에 위 조항의 위헌 여부에 관계없이 압수물을 증거로 사용하여 유죄를 인정할 수 있다는 근거를 제시하고 있다.

위법한 절차에 의하여 수집된 증거들이 공판정에서 그 위법의 여부 및 위법의 정도에 대한 판단 없이 자백의 신빙성, 증거의 진실성, 증거가치 등을 고려하여 증거로서 사용하고 있는 재판실무의 현실을 보여주는 판결이다. 이는 기본권보장보다는 국가형벌권의 행사와 효율적인 형사사법의 실현에 높은 가치를 두고 있음을 의미한다. 즉 범죄투쟁의 효율성과 형사사법의 기능성이라는 형사정책적 고려가 숨겨져 있는 판결이다.

판례가 압수물과 같은 비진술증거의 경우에 진술증거와는 달리 그 증거능력을 인정하는 이유는 압수물의 경우에는 헌법상 보장된 절차의 위반이 있다 하더라도 그 형성에는 변함이 없어 절차의 위법이 증거의 증명력에 영향을 미치지 않으며 또한 적법한 절차에 의해서도 동일한 증거물을 다시 압수할 수 있기 때문에 소송경제적인 측면을 고려했을 것이다.

더 나아가 증거가치의 불변이라는 근거 외에도 위법하게 수집한 압수물의 증거능력을 인정할 수 있는 이유로는 압수물이 법원에 증거로 제출되어 적법한 증거조사를 거쳤고 또한 신청인이 그 제출된 압수물을 증거로 함에 동의했다는 점이다.

압수절차가 위법한 압수물의 증거능력을 인정하는 이 판결은 기존 판례의 입장을 고수한 것이며, 진술거부권의 고지와 변호인의 접견교통권보장과 같은 적법절차를 위반하여 얻어 낸 진술증거의 증거능력을 부정한 최근의 판례와는 대조적인 판결이다.

2. 위법수집증거의 증거능력에 관한 기존판례의 입장

(1) 압수절차가 위법한 압수물의 경우

압수물은 압수절차가 위법하다고 하더라도 물건 자체의 성질, 형상에 변경을 가져오는 것은 아니어서 그 형태 등에 관한 증거가치에는 변함이 없어 증거능력이 있다고 본 1968년의 판결(대판 1968.9.17, 68도932 사경의 영장 없는 압수수색) 이래 지금까지 압수절차가 위법한 압수물의 증거능력을 인정하고 있다(대판 1987.6.23, 87도705 영장 없는 사경의 압수수색; 대판 1994.2.8, 93도3318).

사법경찰관이 압수수색영장 없이 압수한 압수물의 증거능력에 관한 1968년 판결에서 대법원은 그 압수물의 형상 등에 관한 증거가치에는 변함이 없다 할 것이므로 증거능력이 있다 할 것이고 따라서 그 압수물에 관하여 공판정에서 적법한 증거조사를 하여 이를 증거로 채용한 조치는 위법이 아니라고 판시하였다.

(2) 진술거부권을 고지하지 않은 경우의 피의자의 진술

형사소송법 제200조 제2항의 피의자에 대한 진술거부권의 고지는 헌법이 보장하는 형사상 자기에게 불이익한 진술을 강요당하지 않는 자기부죄거부의 권리에 터잡은 것이기 때문에 수사기관이 피해자를 신문함에 있어서 피의자에게 미리 진술거부권을 고지하지 않은 때에는 그 피의자의 진술은 위법하게 수집한 증거로서 진술의 임의성과 관계없이 증거능력이 부정된다는 것이 대법원 판례[1]의 입장이다.

이 판결에서 대법원은 검사와 피고인의 대화내용과 장면이 담긴 비디오테이프를 피의자신문조서와 실질적으로 같다고 인정하면서 다만 진술거부권이 있음을 고지한 사실을 인정할 만한 자료가 없기 때문에 이 비디오테이프를 위법하게 수집한 증거로 보아 증거능력을 부정하였다.

(3) 변호인의 접견교통권 침해

변호인의 조력을 받을 권리를 규정하고 있는 헌법 제12조 제4항과, 절차상 또는 시기상 아무런 제약 없이 변호인의 피고인 또는 피의자와의 접견교통권을 보장하고 있고 또 구속된 피고인 또는 피의자에 대한 변호인의 접견교통권을 규정한 형사소송법 제34조, 제89조, 제90조, 제91조 등의 규정에 의하면 변호인의 접견교통권은 신체구속을 당한 피고인이나 피의자의 인권보장과 방어준비를 위하여 필수불가결한 권리로서 법령에 의한 제한이 없는 한 침해되어서는 안 된다.[2] 또한 구속된 피고인이나 피의자의 심리적 불안감을 해소시켜 줄 수 있고, 인권침해가 있는 경우에는 변호인으로 하여금 인권보장적 조치를 강구할 수 있게 하기 때문에 접견교통권은 절대적으로 보장되어져야 한다.

변호인과의 접견교통권은 헌법상 보장된 변호인의 조력을 받을 권리의 중핵을 이루는 것으로서 변호인과 접견교통이 위법하게 제한된 상태에서는 실질적으로 변호인의 조력을 기대할 수 없으므로 헌법상의 기본권이 침해된 상태에서 얻어진 피의자의 자백은 그 증거능력이 부정되어야 한다.[3]

---

1) 대판 1992.6.23, 92도682. 마찬가지로 증거사용을 금지하는 독일판례로는 BGHSt. 38, 214; 39, 349, 350.
2) 대판 1991.3.28, 91모24; 대판 1990.2.13., 89모37.
3) 대판 1990.9.25, 90도1586; 대판 1990.8.24, 90도1285.

3. 논점제기

수사절차에서 적정절차의 원칙을 확인해 준 미국의 판결(변호인의 조력을 받을 권리에 관한 Escobedo판결과 진술거부권 고지에 관한 Miranda판결)[4]과 같은 정도의 의의를 갖는 진술증거의 증거능력에 관한 판결과는 달리 대법원은 압수물에 관해서는 다른 입장을 보이고 있다. 따라서 한편으로는 수사절차의 법치국가성을 분명히 확인해 주고 다른 한편으로는 위법수사를 승인해 주는 모순된 결과를 안고 있다.

정당한 판결의 전제는 진실규명이다. 진실규명은 법원과 수사기관의 임무이지만 이로 인해서 개인의 인격권과 사적 영역이 침해되기도 한다. 진술거부권, 압수수색의 금지 등이 인정되는 이유도 바로 여기에 있다.

1987년 헌법개정에 의하여 명시된 적법절차의 원칙(제12조 제1항 후문, 제12조 제3항)은 절차적 적법절차와 실체적 적법절차로 이해된다. 적법절차의 원칙은 법치국가적 요청이다. 적법절차의 원칙은 형사절차에 있어서 인신구속을 포함한 강제수사에 구체적 절차의 적법성과 정당성을 요구한다.[5] 바로 이러한 헌법적 요구가 무시된 경우에는 사법적 효과가 뒤따라야 한다. 피의자 내지 피고인의 사법절차적 기본권이 침해된 가운데 얻어진 증거의 증거능력이 부정된다는 사법적 판단이 바로 그것이다. 국가행정작용에 대한 사법적 통제(영장주의, 증거사용금지)와 적법절차를 통하여 시민의 자유가 보장되고 국가형벌권의 행사라는 공적 이익과 개인의 권리보장이 조화롭게 실현될 수 있는 것이다. 이러한 관점에서 적법절차의 명백한 위반으로 얻어 낸 압수물의 증거능력을 인정하는 판결은 타당치 못하다.

또한 절차의 위법으로 얻어 낸 진술증거의 증거능력을 부정한 획기적인 판례의 태도와 불일치하는 것이다. 마찬가지로 판례의 태도는 위법수집증거의 증거능력을 배제하여야 한다는 학설의 거의 일치된 입장[6]에 정면으로 배치된다는 점에서도 피

---

4) Escobedo v. Illinois, 378 U.S. 748(1964); Miranda v. Arizona, 384 U.S. 436(1966).

5) 신동운, "형사절차와 적법절차의 원칙", 「형사법학의 현대적 과제」, 동산손해목박사화갑기념논문집, 1993, 710면.

6) 강구진, 「형사소송법원론」, 1982, 506면; 배종대·이상돈, 「형사소송법」, 1996, 476면 이하; 백형구, 「형사소송법강의」, 1996, 616면; 송광섭, "위법수집증거의 증거능력", 「형사법연구」, 제7호, 1994, 147면 이하; 신동운, 「형사소송법 I」, 1996, 151면 이하; 신양균, 「형사소송법」, 1996, 142면; 이재상, 「형사소송법」, 1994, 541면 이하.

의자 및 피고인의 소송법적 지위에 어떤 영향을 미치는가에 관한 평가 없이 단지 압수대상물이 물건이라는 점만 고려한 이 판결의 타당성 여부를 검토해 볼 필요성이 충분하다.

압수물이 법원에 증거로 제출되어(이의제기 없이) 적법한 증거조사를 거쳤고 또한 신청인이 그 제출된 압수물을 증거로 함에 동의했다는 점으로도 증거능력을 인정할 수 있다는 근거는 타당치 않다. 왜냐하면 증거수집의 위법인 경우에는 공판정에 증거로 제출될 수 없고 따라서 증거조사도 할 수 없어야 하며, 과연 신청인이 헌법상 보장된 영장주의의 위반을 증거로 함에 동의한다고 하여 그 위법이 치유될 수 있는 성질의 것인가도 의문이기 때문이다. 즉 증거동의의 대상이 되는가도 문제된다.

II. 제217조 제1항의 의미와 위헌 여부

1. 대물적 강제수사로서의 압수수색

압수는 증거물 또는 몰수할 것으로 사료되는 물건의 점유를 강제적으로 취득하는 처분이고, 수색은 증거물 또는 몰수할 물건을 발견하기 위하여 사람의 신체, 물건, 주거 기타 장소에 강제력을 행사하는 처분이다. 즉 증거될 물건 또는 몰수할 물건을 수집, 보전함을 목적으로 행하는 대물적 강제처분이다.

강제처분은 소송절차의 진행이나 형벌의 집행을 확보하기 위한 처분으로서 반드시 개인의 기본권을 침해한다. 특히 압수 및 수색은 개인의 프라이버시권과 재산권 침해를 수반한다. 따라서 형사소송법은 강제처분에 의한 강제수사를 예외적으로 인정하고(제199조 제1항), 그 종류 및 요건과 집행절차를 법으로 정해 놓고 있다(강제처분 법정주의, 영장주의, 비례성의 원칙 등).

특히 영장주의는 강제처분의 법치국가적 제한과 적법절차원칙의 표현이다. 헌법 제12조 제3항은 압수수색은 적법한 절차에 따라 검사의 신청에 의하여 법관이 발부한 영장에 의하여 함을 규정하고 있고, 이에 따라 형사소송법 제215조는 사전영장에 의한 압수수색을 원칙으로 한다. 다만 사안의 긴급성을 이유로 다음과 같은 영장주의의 예외를 인정하고 있다.

2. 영장주의의 예외

(1) 사후영장에 의한 압수수색(제216조 제3항)

범행중 또는 범행 직후의 범죄장소에서 긴급을 요하여 압수수색영장을 발부받을 수 없는 때에는 사전의 압수수색영장 없이 압수수색할 수 있지만 사후에 지체없이 압수수색영장을 발부받아야 한다. 이 규정은 동조 제1항 제2호의 현행 범인의 체포에 실패한 경우에 발생한 긴급상황에 대처하기 위한 압수수색은 사전의 압수수색영장 없이 가능하다.

(2) 사전 또는 사후의 압수수색영장이 필요 없는 경우

1) 제216조 제1항 제2호

검사 또는 사법경찰관이 구속영장에 의하여 피의자를 구속하거나 긴급구속 또는 현행 범인을 체포할 때 필요하면 압수수색영장 없이 체포현장에서 압수, 수색, 검증을 할 수 있다(제216조 제1항 제2호). 압수수색영장 없이 행해지는 대물적 강제수사이기 때문에 이 규정을 제한적으로 해석하여야 한다. 따라서 압수수색의 범위에 영향을 미치는 이 제도의 법적 성질문제와 체포현장의 의미를 한정적으로 이해하여야 한다.

법적 성질에 관하여 대는 소를 포함한다는 논리명제를 근거로 한 견해[7]는 대(이미 발부된 구속영장 또는 사후에 발부될 구속영장)와 소(압수수색영장)가 질적으로 동일하지만 양적으로 구별되는 경우에만 타당하다는 점을 간과한 견해이다. 인신구속에 의한 기본권 침해와 압수수색에 의한 기본권 침해가 동질이지만 양적인 차이라는 점은 기본권에 대한 오해이다(자유권과 재산권). 그렇다면 이 견해는 구속영장을 발부받은 경우에는 피의자가 소유하는 물건도 당연히 압수수색영장 없이 압수수색할 수 있다고 보아야 한다. 이 견해에 의하면 영장 없이 행하는 압수수색의 범위가 부당하게 확대될 위험이 있다.

압수수색영장 없이 행해지는 대물적 강제수사라는 점에서 압수수색의 범위를 제한하는 긴급행위설이 타당하다. 즉 구속하는 자의 안전을 위한 범위 내에서 또한 피의자의 증거손괴, 은닉행위를 예방하기 위한 범위 내에서만 압수수색이 허용되어져

---

7) 신동운, 「형사소송법 I」, 230면.

야 한다.[8)]

체포현장이란 체포의 장소와 동일성이 인정되는 장소적 범위를 위미한다. 체포당하는 자의 신체 및 그의 직접 지배하에 있는 장소에 제한된다. 체포와 압수수색과의 시간적 접착성의 정도에 관해서는 영장에 의하지 않은 압수수색임에 비추어 강제처분의 남용을 금지하기 위해서는 피의자가 현실적으로 체포되는 경우로 제한하여야 한다. 따라서 체포가 실패되었거나 체포가 이루어지지 않은 경우에는 긴급압수수색 후에 사후영장을 발부받아야 한다.[9)]

2) 제216조 제1항 제1호

검사 또는 사법경찰관이 구속영장에 의하여 피의자를 구속하거나 긴급구속 또는 현행 범인을 체포할 때 타인의 주거나 타인이 간수하는 가옥, 건조물, 항공기, 선차 내에 들어가서 피의자를 수색할 수 있다. 즉 구속 또는 체포의 기회에 피의자의 소재를 발견하기 위하여 체포에 앞서 피의자와 제3자의 주거 등을 영장없이 수색할 수 있다.

3) 제216조 제2항

검사 또는 사법경찰관이 피고인에 대한 구속영장을 집행할 때 필요한 경우 그 집행장소에서 영자 없이 압수수색을 할 수 있다.

4) 제217조 제1항

긴급구속의 대사인 자가 소유, 소지, 보관하는 물건을 긴급구속기간 내에 영장 없이 압수수색하는 것이다. 피의자를 긴급체포하는 경우에 체포현장에서 영장 없이 압수수색할 수 있는 규정이 있기 때문에(제216조 제1항 제2호), 제217조 제1항은 신체구속에 선행하거나 신체구속이 행해지지 않은 상태에서의 긴급압수수색을 위한 것이다. 그러나 이 규정의 "체포할 수 있는 자"의 의미를 긴급체포된 자로 보아야 한다.[10)]

---

8) 배종대·이상돈, 「형사소송법」, 269면; 이재상, 「형사소송법」, 294면.
9) 배종대·이상돈, 「형사소송법」, 270면; 신동운, 「형사소송법Ⅰ」, 231면, 체포할 피의자가 현재하는 장소에서 압수수색하면 족하며, 체포에 착수하면 성공 여부에 관계없이 압수수색이 허용된다는 견해로는 이재상, 「형사소송법」, 295면.
10) 배종대·이상돈, 「형사소송법」, 271면; 백형구, 「형사소송법강의」, 242면; 이재상, 「형사소송법」, 297면.

왜냐하면 체포에 수반하지 않는 압수수색에 대한 영장주의의 예외인정은 영장주의를 무의미하게 하기 때문이다. 또한 제2항이 구속영장을 발부받지 못한 경우의 처리를 규정하고 있는 점에 비추어 제1항은 긴급구속하고 사후에 구속영장을 발부받은 경우를 상정하여야 하기 때문이다. 이렇게 제한적으로 해석했을 경우에 제216조 제1항 제2호에 의한 체포현장에서의 영장 없는 압수수색과의 차이는 압수수색의 장소와 범위에 있다.

체포현장에서 압수한 물건(구속영장에 의한 구속의 경우를 제외)과 긴급구속의 대상인 피의자로부터 압수한 물건은 사후에 구속영장을 발부받으면 별도로 압수수색영장을 발부받을 필요 없이 계속 압수상태를 유지할 수 있지만, 사후구속영장을 발부받지 못하면 즉시 환부하여야 하며 압수상태를 유지하려면 별도의 압수수색영장을 발부받아야 한다(제217조 제2항).

3. 제217조 제1항의 위헌문제

영장주의의 예외가 구속에 수반하는 압수수색의 경우가 아니라 긴급구속시 구속할 수 있는 자에 대한 압수수색의 경우이기 때문에, 또한 구속영장을 발부받으면 사후에 압수수색영장을 발부받을 필요도 없다는 점에서 위헌 여부가 문제된다.

법문에 "긴급구속할 수 있는 자"로 규정되어 있어서 구속에 수반하지 않는 경우의 영장주의의 예외로 해석할 수 있다는 점과 체포현장에서의 영장 없는 압수수색과는 달리 영장 없이 가능한 압수수색의 대상이 상당히 넓다는 점에 비추어 입법론적으로는 사후영장을 발부받도록 하는 것이 타당하다고 본다.[11] 위헌의 소지가 있다고 보며 제한적 해석이 필요한 규정이다.

Ⅲ. 압수절차가 위법한 압수물의 증거능력

1. 위법수집증거의 증거능력

(영장이 필요함에도 불구하고) 영장 없이 압수한 압수물, 진술거부권을 고지하지 않고 얻어 낸 피의자 또는 피고인의 진술, 선서 없이 행한 증인의 증언, 증인신문절차의

---

11) 백형구, 「형사소송법강의」, 242면; 이재상, 「형사소송법」, 296면.

위법[12] 등과 같이 위법한 절차와 방식에 의하여 수집한 증거를 증거로 사용할 수 있는가에 관한 일반적인 명시적 규정이 현행 형사소송법에는 없다. 물론 부분적으로는 금지된 신문방식에 의한 자백의 증거능력이 없다는 소위 자백배제법칙(제309조)과 불법감청에 의하여 지득 또는 채록된 전기통신내용의 증거사용금지원칙(통신비밀보호법 제4조)이 있다.

미국연방대법원은 1914년 Weeks사건[13]에서 수정헌법 제4조의 프라이버시권에 내포되어 있는 자의적인 압수수색금지원칙을 근거로 압수절차가 위법한 압수물의 증거능력을 부정하였고, 1961년 Mapp사건을 계기로 연방헌법 제14조 적정절차의 원리를 근거로 주의 사건에 대해서도 적용된다는 판례가 나오면서 위법수집증거배제법칙이 확립되게 되었다.

물론 증거사용금지의 근거를 범죄인의 유죄판결을 위하여 경찰의 위법에 의한 증거방법의 사용을 금지한다는 형사사법의 염결성에서 찾기도 하고, 증거사용금지가 수사기관의 위법수사의 억제에 유일한 효과적인 방법[14]으로 보기도 한다.[15] 그러나 연방대법원이 70년대 이후 보수적인노선을 취하면서 위법수집증거배제법칙의 적용을 제한하는 판결[16]을 내기도 하였다. 위법수사억지효과에 대한 부정적 시각에서 이 원칙의 확대적용을 반대하거나 이 원칙의 적용을 경찰의 중대한 법위반에 대한 책임 내지 악의에 제한하려는 움직임도 있었다.

독일에서도 증거수집금지와 증거사용금지를 내용으로 하는 증거금지원칙이 진실

---

12) 형사소송법 제184조의 증거보전절차에 의한 증인신문이 아니라 제221조의2에 의한 증인신문에서는 피고인 및 변호인의 참여가(개정 전에는) 필수적인 요건이 아니기 때문에(동조 제5항) 피고인이나 변호인에게 증인신문에 참여할 기회를 부여하지 않은 것은 절차의 위법은 아니다(대판 1981.9.22, 81도1994; 대판 1991.12.27, 91도2527; 대판 1992.6.23, 92도769). 그러나 제184조의 증거보전절차에 의한 증인신문을 하면서 증인신문에 참여할 기회를 주지 않았고 변호인이 제1회 공판기일에서 위 증인신문조서의 증거조사에 관하여 이의신청을 했다면 증인신문절차의 위법으로서 증인신문조서의 증거능력은 없다(대판 1992.2.28, 91도2337).

13) Weeks v. U.S. 232 U.S. 383(1914).

14) 위법수사에 대한 다른 법적 효과로는 형법상의 범죄성립, 정당방위의 대상, 민사상의 손해배상책임, 국가배상책임 등이 있다.

15) Elkins v. U.S. 346 U.S. 213(1960); Mapp v. Ohio 367 U.S. 643, 655(1961).

16) 미란다법칙을 위법하여 작성한 피의자신문조서와 위법한 수색으로 압수한 증거방법을 피고인의 진술의 신빙성에 대한 탄핵증거로 사용한 판례로는 Harris v. New York 401 U.S. 222(1971); U.S. v. Calandra 414 U.S. 338(1974).

발견의 한계로서 증거능력을 제한하는 원칙으로 인정되어 있다. 침해된 절차에 관한 규정의 목적과 규정의 침해가 피의자 및 피고인의 소송법적 지위에 미치는 영향을 고려하여 피의자 및 피고인의 권리영역을 본질적으로 침해하는 경우에만 증거로 사용할 수 없다는 권리영역이론(Rechtskreistheorie)이 독일연방법원의 입장이다.[17] 그러나 피의자 또는 피고인보호를 위한 규정이 존중되어져야 할 뿐만 아니라 형사절차의 사법정형성의 보장도 그들의 권리영역에 속하기 때문에 본질적 권리영역의 침해 여부가 증거금지의 유용한 기준이 될 수 없다는 비판[18]도 설득력을 얻고 있다. 수사단계에서 수사기관에 의한 법률위반은 반드시 피의자(내지 피고인)의 권리를 침해하기 때문에도 권리영역의 침해 여부가 증거사용금지의 명확한 기준이 될 수 없다.[19]

가설적 수사절차의 진행,[20] 즉 영장을 발부받아 적법한 절차에 의해서 다시 압수할 수 있다는 근거,[21] 아니면 법관이 알았더라면 영장을 발부하였을 것이 인정되는 경우에는 증거능력을 인정하자는 견해도 있다. 다시 말해서 영장을 발부받지 않은 위법이 회피될 수 있는 것이어서 증거수집상의 위법이 증거법적으로 중요하지 않다고 볼 수 있고 또 증거가치가 이러한 위법에 의해서 변하는 것이 아닐 경우에는 증거능력을 인정해야 한다는 것이다.

위법수집증거의 증거능력에 관한 독일과 미국의 차이는 미국헌법에는 절차적 기본권, 예컨대 적정절차의 원칙이 명시되어 있기 때문에 시민의 절차적 적법절차 및 실체적 적법절차의 보장과 수사기관의 허용된 수사의 한계설정에 관심을 갖고 있는 반면에[22] 독일에서는 증거사용금지의 원칙이 주로 실체법적 기본권, 인격권 및 사적

---

17) BGHSt. 11,213,215. 인간의 존엄 및 인격권과 형사소추의 공적 이익이라는 충돌되는 이익간의 이익교량에 의하여 증거능력을 인정한 경우도 있다(BGHSt. 19, 325, 332; 34, 397. 여기서는 일기장과 유사한 메모장에 대해 중한 범죄의 증거로서 사용을 인정).

18) Rudolphi, Die Revisibilität von Verfahrensmängeln im Strafprozess, MDR 1970, 93; Sydow, Kritik der Lehre von den Beweisverboten, 1976.

19) Benfer, Grundrechtseingriffe im Ermittlungsverfahren, 2.Aufl., 1990, S.326.

20) 가설적 수사절차의 진행이라는 근거로 위법수집 증거의 증거능력을 인정하려는 판례와 학설로는 BGH Urt. v. 15.2.1989 NStZ 1989, 375f.; Rogall, Hypothetische Ermittlungsverläufe im Strafprozeß, NStZ 1988, 385ff.

21) Dencker, Verwertungsverbote im Strafprozeß, 1977, S.80ff.

22) 물론 증거사용금지를 개인의 프라이버시권의 보호필요성에서 구한 판결로는 Elkins v. U.S. 346 U.S. 213(1960); Mapp v. Ohio 367 U.S. 643, 655(1961).

영역의 보호에 그 임무를 갖고 있다는 점이다. 독일에서는 증거사용금지라는 무기가 개인의 실체법적 권리의 실현을 위한 소송법적 수단으로 여겨진다. 즉 기본권보호장치로서의 위법수집증거배제법칙이 기능하여야 한다. 그러나 미국에서는 증거사용금지의 형사정책적 측면, 즉 형사소추실무에 미칠 영향과 효과적인 범죄투쟁에 어느 정도의 지장을 초래할 것인가 등이 주로 고려된다.[23]

우리나라에서도 통설의 입장은 적정절차에 의하지 않고 수집된 증거의 증거사용 금지의 근거를 금지된 수사방법에 대한 유혹으로부터 차단하여 위법수사를 억제하고 기본권 침해를 방지하고 사법의 염결성을 보장하기 위하여 적정절차의 원칙이 지켜져야 한다는 점에 두고 있다.

2. 실체진실발견의 한계로서의 적법절차의 원칙

위법하게 수집한 증거방법을 피고인에게 불리하게 사용할 수 있는지 또는 어떤 요건하에서 증거로서 사용할 수 있는지에 관하여 형사소송법은 명문의 규정을 갖고 있지 않다. 즉 일반적인 위법수집증거배제법칙을 - 자백진술에 관한 제309조를 제외하고는 - 법규정으로부터 도출해 낼 수는 없다. 이는 헌법으로부터 직접적으로 도출할 수 있다. 형사소송법은 법치국가이념의 지배를 받는다. 이 이념의 구체화가 바로 제309조이다.

실체진실이 어떤 방식과 절차를 통해서, 어떠한 희생을 감수해서라도 발견되어져야 한다는 것은 형사소송의 목적 내지 이념일 수 없다.[24] 진실은 법치국가에서 허용될 수 없는 방식으로 밝혀질 수도 있다. 그렇다면 그 한계는 바로 증거금지원칙에 의하여 설정되어야 한다. 이는 사실관계확정(수사기관뿐만 아니라 사실심법원)의 한계로서 증거수집금지와 증거수집금지를 위반하여 수집한 증거에 대한 평가의 금지를 내용으로 한다.

법치국가적 형사소송이념과 상치되는 절차의 중대한 위반은 필연적으로 이로써 얻어진 증거의 사용을 부정하는 결론에 도달해야 한다. 그 증거가 진실규명에 중요한 가치를 갖는 것이라 하더라도 형사사법의 효율성보다는 법치국가적 이익을 위하여 증거사용금지의 원칙이 지켜져야 한다.[25]

---

23) Herrmann, Aufgaben und Grenzen der Beweisverwertungsverbote, Jescheck-FS Bd. II 1985, S.1291.
24) BGHSt. 14, 358, 365; 31, 304, 309.

3. 소결론

정당한 판결의 전제인 실체진실이 어떤 방식과 절차를 통해서, 어떠한 희생을 감수해서라도 발견되어져야 한다는 것은 형사소송의 목적내지 이념이 아니다. 진실은 법치국가에서 허용될 수 있는 방식으로 밝혀져야 한다. 법치국가적 형사소송이념과 상치되는 절차의 중대한 위반은 필연적으로 이로써 얻어진 증거의 사용을 부정하는 결론에 도달해야한다. 그 증거가 진실규명에 중요한 가치를 갖는 것이라 하더라도 법치국가적 이익을 위하여 증거사용금지의 원칙이 지켜져야 한다.

증거사용금지라는 무기는 개인의 사법절차적 기본권과 실체법적 권리의 실현을 위한 소송법적 수단이어야 한다. 바로 위법수집증거배제법칙이 기본권보호장치로서 기능하여야 한다. 이로써 증거금지가 수사기관에 대해서 일반예방적 효과를 미쳐 수사기관의 위법수사를 억제할 수 있으며, 사법의 염결성도 유지될 수 있는 것이다.

따라서 법치국가적 요구인 영장주의에 위반하여 압수한 압수물을 증거로 사용할 수 없어야 한다. 증거능력이 있다는 대법원판결의 근거는 효과적인 형사소추와 실체진실발견에 대한 공적 관심을 통한 기능적 형사사법의 유지를 적법절차를 통한 기본권보장보다 우선하는 것으로 본 것이다. 또한 절차의 위법이 증거의 증명력에 영향을 미치지 않으며 또한 적법한 절차에 의해서도 동일한 증거물을 압수할 수 있기 때문에 소송경제적인 측면을 고려해야 한다는 것이다. 그러나 그 압수물은 다시 압수수색영장을 발부받아 적법하게 압수할 수 있다는 가정은 위법하게 압수물의 존재를 알았기 때문에 가능한 것이고 만일 위법하게 압수되지 않았다라면 그 사이 폐기되거나 은닉, 인멸되었을 가능성도 있기 때문에―자기부죄의 기대불가능성―타당한 가설이 될 수 없다.

Ⅳ. 증거동의의 문제

이 판결은 위법하게 수집한 압수물의 증거능력을 인정할 수 있는 이유로 압수물이 법원에 증거로 제출되어 적법한 증거조사를 거쳤고 또한 신청인이 그 제출된 압

---

25) BGHSt. 31, 304, 309.

수물을 증거로 함에 동의했다는 점을 들고 있다.

제318조에 의한 증거동의는 증거능력이 없는 전문증거에 증거능력을 부여하는 소송행위이다. 이의 본질은 전문법칙의 근거가 반대신문권의 보장에 있다는 점에서 반대신문권의 포기에 있다.[26] 따라서 반대신문권과 무관한 위법하게 수집한 증거나 제309조에 위반하여 얻어 낸 자백 등은 증거동의의 대상이 될 수 없다.[27] 또한 반대신문권과 관계없고 전문법칙의 제한도 받지 않는 증거물도 증거동의의 대상이 될 수 없다.[28] 증거동의에 관한 제318조에 동의의 대상으로 "물건"이 남아 있는 것은 입법의 착오라고 한다.[29] 물건은 반대신문권과 관계없고 또 물적 증거로서 전문법칙의 제한을 받지 않기 때문에 증거동의의 대상으로 볼 수 없다.

이와 같은 현행법해석상의 이유와 사법절차적 기본권이 개인의 자의에 따라 처분될 수 있는 것은 아니고 적정절차의 헌법적 요구에 대한 침해가 개인의 동의에 의하여 치유될 수는 없다는 점에서 판례의 입장은 타당치 않다.

V. 위법수집증거에 의하여 획득한 증거의 증거능력

예를 들어 압수절차가 위법한 압수물에 의하여 획득된 다른 증거처럼 위법하게 수집된 제1차 증거(독수)에 의해 발견된 제2차 증거(과실)의 증거능력을 인정할 것인가도 논란이 되는 문제이다. 이는 위법수집증거의 증거능력배제법칙이 직접적으로 위법하게 수집한 증거에만 한정되는 것인지 아니면 이로부터 얻어진 다른 증거도 포함되는지의 문제이다. 만일 제1차 증거의 수집과정상의 위법이 제2차 증거에까지 미

---

26) 대판 1983.3.8, 82도2873. 학설로는 대표적으로 배종대·이상돈, 「형사소송법」, 554면, 참고문헌은 553면 주 3), 4) 참조.

27) 배종대·이상돈, 「형사소송법」, 554면; 백형구, 「형사소송법강의」, 651면; 신동운, 「형사소송법」, 1993, 667면; 이재상, 「형사소송법」, 591면.
그러나 증거동의의 본질을 증거의 증거능력에 대한 당사자의 처분권을 인정한 것으로 보는 견해(신현주, 「형사소송법」, 1984, 303면)에 의하면 모든 증거능력의 제한이 당사자의 동의에 의하여 제거된다고 보기 때문에 전문증거뿐만 아니라 위법한 절차에 의해 수집된 증거물도 동의의 대상이 된다.

28) 배종대·이상돈, 「형사소송법」, 553면; 백형구, 「형사소송법강의」, 651면; 이재상, 「형사소송법」, 594면.

29) 신동운, 「형사소송법」, 670면.

친다고 본다면 제2차 증거의 제출뿐만 아니라 증거평가도 허용되어서는 안 된다(소위 파급효 또는 먼거리효과; Fernwirkung).[30] 그렇다면 예를 들어[31] 피살자의 사체를 피의자를 고문하여 얻어 낸 자백을 통해서 비로소 찾아냈고 사체에서 발견된 혈흔이 피의자의 것으로 판명되었다면 이 사체를 증거로 사용할 수 없다. 이 견해는 파급효를 부정하여 제2차 증거의 증거능력을 인정한다면 수사기관의 위법한 수사에 의한 증거수집을 막을 수 없고 따라서 위법수집증거의 증거능력배제법칙이 무의미해진다는 근거를 제시한다. 이로써 수사기관의 위법수사를 예방할 수 있는 교육적 효과를 얻을 수 있다는 것이다.

이에 반해서 위법수집증거의 증거능력배제법칙이 직접적으로 위법하게 수집한 증거에 한정되는 것으로 보는 견해[32]에 의하면 위 사례에서의 사체의 증거능력은 문제없이 인정된다.

이와 같은 극단적 해결방식에서 벗어나 파급효를 예외적으로 부정하려는 견해도 있다. 예컨대 독일연방법원의 판례처럼[33] 절차상의 하자의 영향을 제한하여 증거수집상의 금지위반과 이로부터 획득한 파생증거 사이의 조건적 인과관계를 인정할 수

---

30) 대표적으로 배종대·이상돈, 「형사소송법」, 481면.
   BGHSt. 29, 244(통신비밀의제한에관한법률위반사건에서 통신비밀의자유에관한 기본법 제10조의 침해를 이유로 파급효를 인정한 판결). Gründwald, Menschenrechte im Strafprozeß. StV 1987, 470; Gründwald, Das Beweisrecht der StPO, 1993. S.158f.; Fezer, Teilhabe und Verantwortung, JZ 1987, 937; Koriath, Über Beweisverbot im Strafprozeß, 1994, S.103f.

31) 위법한 압수수색의 경우도 마찬가지이다. 소위 독수의 과실이론은 미국의 형사소송판례에서 발전된 증거법이론으로서 압수수색이 위법하면 이로부터 얻어진 정보도 역시 위법성에 감염된 것으로서 독수와 마찬가지로 버려져야 한다는 원칙이다(Silverthrone Lumber Co. v. U.S. 251 U.S. 385 [1919]). 이 판결에서 미국연방대법원은 위법하게 서류를 압수수색하여 이를 사진찍어 놓았다가 법원의 반환명령으로 그 서류원본을 피고인에게 돌려 준 다음 그 서류사본에 기하여 피고인에 대하여 서류의 원본을 제출하라는 명령을 법원에 신청한 경우에, 위 사본을 위법수집증거로 보고 또 원본제출명령신청을 기각하였다. 미국에서의 논의에 관해서는 Harris, Verwertungsverbot für mittelbar erlangte Beweismittel: Die Fernwirkungsdoktrin in der Rechtsprechung im deutschen und amerikanischen Recht. StrV 1991, 313ff. 오영근·박미숙, "위법수집증거배제법칙에 관한 연구", 「한국형사정책연구원」, 1995, 133면 이하 참조.

32) BGHSt. 32, 68; 35, 32(허용되지 않은 도청의 경우에 증인과 피고인의 자백이 직접적으로 위법한 도청으로 영향을 받았다는 조건적 인과관계가 인정되어야 파급효를 인정한다는 판결). Rogall, Geginwärtiger Stand und Entwicklungstendezen der Lehre von den strafprozessualen Beweisverboten, ZStW 91(1979), 39; Sarstedt, Beweisregeln im Strafprozeß, FS-E. Hirsch 1968, S.23.

33) BGHSt. 32, 71.

있는 경우가 아니면 파생증거를 증거로 평가할 수 있다는 견해이다. 절차상의 하자의 영향을 제한할 수밖에 없는 이유는 조건적 인과관계를 확정할 수 없는 어려움에 있다. 또한 위법한 절차로 얻어 낸 증거를 통해서 간접적으로 획득한 증거는 당시의 수사진행상황을 고려하여 절차의 위반 없이도 획득할 수 있었을 고도의 개연성이 인정되는 경우에 한하여 증거로 사용할 수 있다는 견해도 있다.[34] 증거수집에 관한 금지규정을 위반하여 획득한 증거를 통하여 얻어 낸 파생증거의 증거능력을 인정하면 그 금지규정의 보호목적이 1차적인 위반으로 침해된 정도보다 더욱 심화되는 경우에만 파생증거를 사용할 수 없다는 견해[35]와 이익교량이론에 따라 개인적 법익의 보호 및 실현이라는 개인적 이익과 형사소추라는 공적 이익 사이의 비교교량이 증거평가금지원칙의 범위를 결정하는 데 결정적 기준이라는 견해[36]도 있다. 또한 증거사용금지의 파급효의 제한적용을 임의성 없는 자백에 의하여 획득된 파생증거[37] 또는 강제자백으로 수집한 증거에 한하자는[38] 견해도 있다.

소위 독수의 과실도 증거평가에서 배제시켜야 하는가의 문제는 유죄임이 거의 확실한 피고인이라도 위법수집증거의 증거능력배제법칙이라는 법치국가적 요청에 따라 또는 위법수집증거의 배제를 통한 위법수사의 억제라는 예방적 효과를 위하여 무죄방면해야 한다는 딜레마에 놓여 있는 문제이다. 이러한 형사정책적 이유로 파급효를 제한적으로 부정해야 할 현실적인 필요성이 대두된다.[39] 예컨대 절차의 하자가 중요하지 않은 경우나 절차의 하자를 피고인의 행위로 치유되는 경우와 같이 형사소추라는 공적 이익이 개인적인 이익보다 우월하다고 평가되는 경우에는 파급효를 제한적으로 부정해야 한다. 따라서 영장주의의 위반이나 고문금지 등과 같은 중요한 헌법상의 원칙을 위반하여 획득한 증거에 의한 다른 증거에는 증거능력부정의 파급효가 인정되어야 한다. 이익교량의 경우에는 위에서 언급한 절차의 하자 정도나 위반한 금지규정의 중요성뿐만 아니라 개인적 법익의 침해 정도나 해결해야 할 범죄의

---

34) Roxin, Strafverfahrensrecht, 24.Aufl., §24 Ⅳ.

35) Ranft, Strafprozeßrecht, 1991, S.366.

36) Rogall, a.a.O., S.40. 비례성의 원칙을 침해한 경우에 개인적 이익의 우위를 인정하여 증거평가금지의 파급효를 인정한 판례로는 BVerfGE 44, 383f.

37) 백형구, 「형사소송법강의」, 509면; 정영석·이형국, 「형사소송법」, 1994, 342면.

38) 정영석, 「형사소송법」, 1982, 152면.

39) 배종대·이상돈, 「형사소송법」, 482면.

경중 등도 고려되어야 한다.

VI. 결론

1. 위법하게 수집한 증거의 증거능력에 관하여 진술증거와 비진술증거를 구별할 이유가 없다. 절차의 위법이 법치국가적 요청인 적법절차의 위반에 있기 때문이다. 적법절차의 원칙은 법치국가적 요청이다. 국가행정작용에 대한 사법적 통제(영장주의, 증거사용금지)와 적법절차를 통하여 시민의 자유가 보장되고 국가형벌권의 행사라는 공적 이익과 개인의 권리보장이 조화롭게 실현될 수 있는 것이다. 이러한 관점에서 적법절차의 명백한 위반으로 얻어 낸 압수물의 증거능력을 인정하는 판결은 타당치 못하다. 위법수집증거의 증거능력배제법칙이 압수물에도 인정되어야 한다. 위법하게 수집한 증거의 사용금지는 실체진실발견의 한계이다.

2. 제217조 제1항의 법문에 "긴급구속할 수 있는 자"로 규정되어 구속에 수반하지 않는 경우의 영장주의의 예외로 해석할 수 있다는 점과 체포현장에서의 영장 없는 압수수색과는 달리 영장 없이 가능한 압수수색의 대상이 상당히 넓다는 점에 비추어 입법론적으로는 사후영장을 발부받도록 하는 것이 타당하다고 본다. 위헌의 소지가 있다고 보면 제한적 해석이 필요한 규정이다.

3. 제318조에 의한 증거동의는 증거능력이 없는 전문증거에 증거능력을 부여하는 소송행위이며 이의 본질은 반대신문권의 포기에 있다. 따라서 반대신문권과 무관한 위법하게 수집한 증거나 제309조에 위반하여 얻어 낸 자백 등은 증거동의의 대상이 될 수 없다. 따라서 이 판결이 제시한 압수절차가 위법한 압수물의 증거능력의 인정근거는 타당성을 잃은 근거이다.

4. 부가적으로 위법수집증거의 증거능력배제법칙의 보장을 위해서 독수의 과실이론까지 인정되어야 하며, 위법하게 수집한 증거를 탄핵증거로도 사용할 수 없어야 한다. 다만 형사정책적 관점에서 형사소추라는 공적 이익이 증거수집을 위한 금지규정의 위반으로 침해된 개인적인 이익보다 우월하다고 평가되는 경우에는 파급효를 제한적으로 부정해야 한다.

사인에 의한 증거수집과 그 증거능력*

Ⅰ. 문제제기

1. 실체진실발견과 법치국가적 요청

정당한 판결의 전제는 진실규명이다. 소송의 실체에 관하여 사안의 진상을 규명하고 객관적 진실을 발견하려는 원리인 실체진실주의가 형사소송의 지도이념 내지 최고의 목적으로 이해되고 있다. 그러나 이는 진실이 어떠한 방법이나 절차에 의하여 발견되어져도 된다는 것을 의미하지는 않는다. 실체진실이 어떤 방식과 절차를 통해서, 어떠한 희생을 감수해서라도 발견되어져야 한다는 것은 형사소송의 원칙일 수 없다.[1] 왜냐하면 자유민주주의의 최고가치이자 헌법적으로 요청되는 인간의 존엄과 가치의 보장하에서 형사절차가 진행되어져야 하기 때문이다. 즉 실체진실은 피의자

---

* 출처:「형사법연구」제12호, 1999, 25~46면.
1) BGHSt. 14, 358, 365; 31, 304, 309.

내지 피고인의 인권을 옹호하는, 법치국가원리에 입각한 적정절차(또는 사법정형성)에 의하여 발견되어져야 하고 또한 신속한 재판을 통해서 규명되어져야만 객관적 진실로서 그 정당성을 갖게 된다.[2] 이와 같이 실체적 진실발견주의와 적정절차원칙의 갈등관계를 이미 Beling은 형사소송의 진실발견의 한계로서 증거금지[3]로 표현한 바 있고, 또한 양자의 상충관계는 불과 물의 관계처럼 상극관계[4]로 특징지워지기도 한다.

피의자 또는 피고인의 기본권과 인간으로서의 존엄과 가치(헌법 제10조)는 피의자 또는 피고인을 단순히 형사소송의 객체로 전락시키는 것을 막아 준다. 이러한 법치국가적 요청 때문에 형사소송법을 '응용된 헌법'이라고도 부른다. 헌법적 형사소송의 의미가 가장 분명히 드러나는 곳은 바로 증거법이다. 피고인의 자백만으로 범죄사실을 인정할 수 없다든지(제309조의 자백배제법칙), 전문증거는 증거능력이 없다든지(제310조의2의 전문법칙), 피고인의 자백이 그 피고인에게 불이익한 유일한 증거일 경우에는 유죄의 증거로 할 수 없다는(제310조의 자백의 보강법칙) 등의 증거법원칙은 실체적 진실발견만이 형사소송의 유일한 목적일 수 없음과 동시에 헌법이념이 구체적으로 형사소송법에 반영되었음을 나타내 주는 것이다.

2. 위법수집증거배제법칙과 사인이 수집한 증거

위법수집증거배제법칙도 형사피의자나 피고인의 기본권을 실체적 진실발견이라는 국가적 이익보다 우선적으로 보호함으로써 인간의 존엄과 가치를 보장하라는 법치국가적 요청이다. 이러한 법치국가적 요청 때문에 국가는 자신의 진실발견활동으로 인하여 개인의 기본권침해가 최소한에 그치도록 하여야 한다.[5] 그러나 진실은 법치국가에서 허용될 수 없는 방식으로 밝혀질 수도 있다. 바로 이러한 헌법적 요구가 무시된 경우에는 사법적 효과가 뒤따라야 한다.

---

2) 헌법재판소도 제12조 제2항의 자기부죄진술거부권의 의의에 관해서 "헌법이 진술거부권을 기본적 권리로 보장하는 것은 형사피의자나 피고인의 인권을 형사소송의 목적인 실체적 진실발견이나 구체적 사회정의의 실현이라는 국가적 이익보다 우선적으로 보호함으로써 인간의 존엄과 생존가치를 보장하고 나아가 비인간적인 자백의 강요와 고문을 근절하려는데 있다"고 판시하여 기본권보장의무가 실체진실발견의무보다 우위에 있음을 밝히고 있다(헌 1990.8.27. 선고, 89헌가118).

3) Beling, Die Beweisverbote als Grenzen der Wahrheiterforschung im Strafprozeß, 1903.

4) Schmidt-Leichner, Anmerkung zu BGH NJW 1966, 1718f.

5) 배종대/이상돈, 형사소송법 1999, 508면.

피의자 내지 피고인의 기본권이 침해된 가운데 얻어진 증거의 증거능력이 부정된다는 사법적 판단, 즉 진실발견의 한계로서 증거금지원칙이 바로 그것이다. 이는 사실관계확정(수사기관에서 뿐만 아니라 사실심법원에서)의 한계로서 증거수집금지와 이를 위반하여 수집한 증거에 대한 평가의 금지를 내용으로 한다. 그 증거가 진실규명에 중요한 가치를 갖는 것이라 하더라도 형사사법의 효율성보다는 법치국가적 이익을 위하여 증거사용금지의 원칙이 지켜져야 한다. 증거사용금지라는 무기는 개인의 사법절차적 기본권과 실체법적 권리의 실현을 위한 소송법적 수단이어야 한다. 바로 위법수집증거배제법칙이 기본권 보호장치로서 기능하여야 한다. 이로써 증거금지가 수사기관에 대해서 일반예방적 효과를 미쳐 수사기관의 위법수사를 억제할 수 있으며, 사법의 염결성도 유지될 수 있는 것이다.[6]

이와 같은 법치국가적 요청이 국가기관에 지향되어 있다는 점은 분명하다. 그러나 과연 사인에게도 진실발견의 한계로서 법치국가적 요청을 부담지울 수 있겠는가. 사인이 개인의 기본권을 침해하든지 아니면 형사소송법규정을 위반하여 증거를 수집하였을 경우에도 증거금지원칙이 그대로 적용될 수 있는가. 위법수집증거배제법칙이 사인에 의하여 수집된 증거에도 그대로 적용되는가. 이하에서는 우선 사인에 의한 증거수집이 허용되는지, 허용된다면 그 한계가 무엇인지가 검토되어져야 한다. 여기서는 헌법, 형법 또는 통신비밀보호법 등을 고려하여 사인에 의한 증거수집의 위법성을 판단하여야 한다. 만일 사인에 의한 위법한 증거수집이라면 그 증거의 증거금지여부가 문제된다. 예컨대 사인이 타인의 기본권을 침해하여 수집한 증거가 위법하게 수집한 증거인지, 위법하게 수집한 증거라면 증거로 사용될 수 있는지, 아니면 수집방법이 위법하지 않더라도 증거로 사용하는 것이 부정되어야 하는지 등이 검토되어져야 한다.

---

6) 위법수집증거배제법칙의 정당성과 효과에 대한 미국의 논쟁에 관해서는 조국, 미국 위법수집증거배제법칙에 관한 일고, 형사정책연구 제9권 제4호, 1998, 145면 이하 참조.

Ⅱ. 사인이 수집한 증거의 증거능력에 관한 판례의 입장

1. 기본권침해 내지 형사소송법위반과 위법수집증거배제법칙

(1) 진술거부권을 고지하지 않은 경우의 피의자의 진술

형사소송법 제200조 제2항의 피의자에 대한 진술거부권의 고지는 헌법이 보장하는 형사상 자기에게 불이익한 진술을 강요당하지 않는 자기부죄거부의 권리에 터잡은 것이기 때문에 수사기관이 피의자를 신문함에 있어서 피의자에게 미리 진술거부권을 고지하지 않은 때에는 그 피의자의 진술은 위법하게 수집한 증거로서 진술의 임의성과 관계없이 증거능력이 부정된다는 것이 대법원 판례[7]의 입장이다.

(2) 변호인의 접견교통권 침해

변호인의 조력을 받을 권리를 규정하고 있는 헌법 제12조 제4항과, 절차상 또는 시기상 아무런 제약없이 변호인의 피고인 또는 피의자와의 접견교통권을 보장하고 있고 또 구속된 피고인 또는 피의자에 대한 변호인의 접견교통권을 규정한 형사소송법 제34조, 제89조, 제90조, 제91조 등의 규정에 의하면 변호인의 접견교통권은 신체구속을 당한 피고인이나 피의자의 인권보장과 방어준비를 위하여 필수불가결한 권리로서 법령에 의한 제한이 없는 한 침해되어서는 안 된다.[8] 또한 구속된 피고인이나 피의자의 심리적 불안감을 해소시켜 줄 수 있고, 인권침해가 있는 경우에는 변호인으로 하여금 인권보장적 조치를 강구할 수 있게 하기 때문에 접견교통권은 절대적으로 보장되어져야 한다.

변호인과의 접견교통권은 헌법상 보장된 변호인의 조력을 받을 권리의 중핵을 이루는 것으로서 변호인과의 접견교통이 위법하게 제한된 상태에서는 실질적으로 변호인의 조력을 기대할 수 없으므로 헌법상의 기본권이 침해된 상태에서 얻어진 피의자의 자백은 그 증거능력이 부정되어야 한다.[9]

---

7) 대판 1992.6.23, 92도682. 마찬가지로 증거사용을 금지하는 독일판례로는 BGHSt. 38, 214; 39, 349, 350.

8) 대결 1991.3.28, 91모24; 1990.2.13, 89모37.

9) 대판 1990.9.25, 90도1586; 1990.8.24, 90도1285.

(3) 압수절차가 위법한 압수물의 경우

압수물은 압수절차가 위법하다고 하더라도 물건 자체의 성질, 형상에 변경을 가져오는 것은 아니어서 그 형태 등에 관한 증거가치에는 변함이 없어 증거능력이 있다고 본 1968년의 판결[10] 이래 지금까지 압수절차가 위법한 압수물의 증거능력을 인정하고 있다.[11]

2. 사인이 수집한 증거와 위법수집증거배제법칙

(1) 사인이 대화상대방 몰래 비밀리에 녹음한 녹음테이프

대법원은 사인이 피고인 아닌 자의 진술을 비밀녹음한 녹음테이프 및 그에 대한 검증조서의 증거능력을 인정하기 위한 요건에 대한 판결[12]에서 제313조 제1항에 따라 원진술자의 진술에 의하여 녹음테이프에 녹음된 진술내용이 자신이 진술한 내용대로 녹음된 것임이 인정되면 증거자료로 사용할 수 있다고 본다. 또한 피해자가 피고인 모르게 전화통화내용을 녹음한 것이라고 하여 그 녹음테이프가 위법하게 수집된 증거라고 할 수 없다는 판결[13]을 내린 바 있다. 대법원은 사인에 의한 대화의 비밀녹음이 일정한 요건[14]을 갖추면 위법하게 수집된 증거로서 증거능력이 없다고 볼

---

10) 대판 1968.9.17, 68도932; 사경의 영장없는 압수수색.
11) 대판 1987.6.23, 87도705; 영장없는 사경의 압수수색; 1994.2.8, 93도3318; 대결 1996.5.14, 96초 88(이 결정에 대한 비판적 판례평석으로 하태훈, 압수절차가 위법한 압수물의 증거능력, 형사판 례연구[5], 1997, 247면 이하 참조)
12) 대판 1997.3.28, 96도2417. 이 판례에 대한 평석으로는 강동범, 녹음테이프의 증거능력, 형사판 례연구[6], 1998, 457면 이하 참조.
13) 대판 1997.3.28, 97도240.
14) 수사기관이 아닌 사인이 피고인 아닌 사람과의 대화내용을 녹음한 녹음테이프는 형사소송법 제 311조, 제312조 규정 이외의 피고인 아닌 자의 진술을 기재한 서류와 다를 바 없으므로, 피고인 이 그 녹음테이프를 증거로 할 수 있음에 동의하지 아니하는 이상 그 증거능력을 부여하기 위하 여는 첫째, 녹음테이프가 원본이거나 원본으로부터 복사한 사본일 경우(녹음디스크에 복사할 경 우에도 동일하다)에는 복사과정에서 편집되는 등의 인위적 개작없이 원본의 내용 그대로 복사된 사본일 것, 둘째 형사소송법 제313조 제1항에 따라 공판준비나 공판기일에서 원진술자의 진술에 의하여 그 녹음테이프에 녹음된 각자의 진술내용이 자신이 진술한 대로 녹음된 것이라는 점이 인정되어야 할 것이고(대법원 1997.3.28. 선고 96도2417 판결 참조), 사인이 피고인 아닌 사람과 의 대화내용을 대화 상대방 몰래 녹음하였다고 하더라도 위 판시와 같은 조건이 갖추어진 이상 그것만으로는 그 녹음테이프가 위법하게 수집된 증거로서 증거능력이 없다고 할 수 없으며, 사

수 없다[15]면서 위에서 언급한 판례입장을 다시 확인하고 있다.

(2) 상간자에 의하여 촬영된 나체사진

간통현장에서 공갈목적으로 피고인의 나체사진을 촬영한 경우에 사진의 증거능력에 관하여 "모든 국민의 인간으로서의 존엄과 가치를 보장하는 것은 국가기관의 기본적인 의무에 속하는 것이고, 이는 형사절차에서도 당연히 구현되어야 하는 것이기는 하나 그렇다고 하여 국민의 사생활 영역에 관계된 모든 증거의 제출이 곧바로 금지되는 것으로 볼 수는 없고, 법원으로서는 효과적인 형사소추 및 형사소송에서의 진실발견이라는 공익과 개인의 사생활의 보호이익을 비교형량하여 그 허용여부를 결정하고, 적절한 증거조사의 방법을 선택함으로써 국민의 인간으로서의 존엄성에 대한 침해를 피할 수 있다"[16]고 판시하였다. 따라서 "이 사건 사진은 범죄현장의 사진으로서 피고인에 대한 형사소추를 위하여 반드시 필요한 증거로 보이므로, 공익의 실현을 위하여는 이 사건 사진을 범죄의 증거로 제출되는 것이 허용되어야 하고, 이로 말미암아 피고인의 사생활의 비밀을 침해하는 결과를 초래한다 하더라도 이는 피고인이 수인하여야 할 기본권의 제한에 해당한다"는 것이다.

이에 반해서 항소심은 "피고인으로부터 금원을 갈취하기 위한 목적으로 사진을 촬영한 것이고, 피고인이 이를 모르고 촬영에 이용당한 것이므로 이 사건 사진의 촬영은 임의성이 배제된 상태에서 이루어진 것이고, 인격의 불가침의 핵심적인 부분을 침해한 것으로서 증거능력이 부정되어야 하고, 나아가 국가기관이 이를 형사소송 절차에서 증거로 사용하는 것은 피고인의 인격권, 초상권을 다시 한번 중대하게 침해하는 것이므로 이 점에서도 증거능력이 없다"[17]고 보았다.

(3) 요약

판례의 입장은 ① 증거수집방법의 위법성에 관해서는 피해자가 피고인 모르게 전

인이 피고인 아닌 사람과의 대화내용을 상대방 몰래 비디오로 촬영·녹음한 경우에도 그 비디오테이프의 진술부분에 대하여도 위와 마찬가지로 취급하여야 할 것이다.

15) 대판 1999.3.9, 98도3169.
16) 대판 1997.9.30, 97도1230. 이에 대한 판례평석으로는 김대휘, 사진과 비디오테이프의 증거능력, 형사판례연구[6], 1998, 436면 이하 참조.
17) 서울지방법원 1997.4.9, 96노5541.

화통화내용을 녹음한 것이라고 하여 그 녹음테이프가 위법하게 수집된 증거라고 할 수 없다는 점, ② 따라서 기본권을 침해하거나 위법한 방법으로 사인이 증거를 수집한 경우에 그 증거의 제출이 당연히 금지되는 것은 아니고, ③ 법원으로서는 효과적인 형사소추 및 형사소송에서의 진실발견이라는 공익과 개인의 사생활의 보호이익을 비교형량하여 그 허용여부를 결정하고, ④ 적절한 증거조사의 방법을 선택함으로써 국민의 인간으로서의 존엄성에 대한 침해를 피할 수 있다는 점으로 정리할 수 있다. 기본권침해의 방법과 내용에 관계없이 이익교량을 통해서 증거제출여부를 결정하고, 증거로 제출되어 증거로 사용됨으로써 침해될 새로운 기본권침해는 고려하지 않는다는 점에서 독일 연방대법원의 입장과 구별된다.

3. 독일 판례의 입장[18]

(1) 전화통화의 일방이 피고인 몰래 녹음한 녹음테이프[19]

독일 형법 제201조에 의하면 비공개로 행한 타인의 발언을 녹음하거나 이렇게 녹음된 것을 사용하거나 제3자로 하여금 접할 수 있게 하는 자는 처벌된다. 연방대법원의 판결에 의하면 피고인과의 사적인 대화를 비밀리에 녹음한 녹음테이프는 피고인의 동의가 없는 한 그에 대한 유죄의 증거로 사용할 수 없다. 이에 대한 법적 근거로서 불가침인 인간의 존엄성(기본법 제1조 제1항), 인격의 자유로운 발현권(기본법 제2조 제1항)과 인권 및 자유권보호에 관한 협약 제8조에 따른 사생활과 가족생활의 존중요구를 들고 있다. 특히 인격의 자유로운 자기결정권에는 저작권과 마찬가지로 자신이 행한 발언에 대한 권리도 포함된다. 따라서 화자는 누가 자신의 발언을 들을 수 있고 녹음할 수 있는지 또는 청취자의 기억에서 지워야 할 것인지 등을 결정할

---

18) 이에 관해서는 원형식, 형사소송법상의 증거사용금지에 관한 연구, 형사정책연구 제9권 제1호, 1998 봄호, 209면 이하 참조.

19) BGHSt 14, 358(사건개요 : 변호사인 피고인은, A녀에 대한 강간죄로 유죄판결을 받은 상인 K에 대한 형사사건에서 부대소송제기자인 A녀를 대리하였다. 항소한 K는 그의 변호인을 통하거나 여자친구를 통해서 A녀가 요구한 피해변상을 하는 조건으로 A녀가 1심에서 한 증언을 자기에게 유리하게 변경할 것인지에 관해서 피고인과 협상하였다. K의 여자친구는 협상을 위해서 피고인의 변호사사무실을 1회 방문하였고 피고인과 2회 전화통화를 하였다. 그러나 항소심에서 K는 피해변상을 조건으로 증언을 변경하도록 부탁한 것은 자기가 아니라 피고인이었다고 진술하였다. 이에 대한 증거로서 K의 여자친구가 3회에 걸친 피고인과의 대화를 피고인 모르게 비밀녹음한 녹음테이프를 제출하였다. 모든 참여자의 동의하에 녹음테이프를 청취하였다).

권리를 갖는다. 발언과 음성을 녹음해도 되는지, 녹음테이프를 재생시켜도 되는지 등을 결정할 권리는 화자에게 있다. 녹음은 언어를 화자로부터 분리시켜 객체로 독립시키기 때문에 양도가능한 물건처럼 바꾸어 버린다. 또한 자신의 발언이 녹음되어 재생될 수 있다고 생각한다면 사상의 자유로운 표현과 자유로운 언어구사가 제한되거나 방해받아 인격의 자유로운 발현이 저해되고 인간관계를 해치게 된다.

인간은 공동체내에서 살아가기 때문에 인격권은 타인의 권리, 헌법질서와 도덕률 등의 한계를 갖는다. 따라서 자신의 행한 발언에 대한 권리도 이러한 한계를 위법하게 초과한 경우에는 침해된 법익에 대한 방위와 침해된 법 또는 도덕질서의 회복을 수인해야 하며 이를 위해서 비밀녹음이 상당한 수단이라면 녹음테이프의 증거평가에 대해서 이의를 제기할 수 없게 된다.

이러한 사유가 존재하지 않기 때문에 이 사안에서 비밀녹음행위의 위법성을 인정하였다. 더 나아가 비밀녹음을 통해서 피고인의 일반적인 인격권이 침해되었고 이를 증거로 사용하게 된다면 피고인의 권리가 다시 침해되기 때문에 증거사용을 금지하였다. 증거사용금지의 이론적 근거는 형사소송법상 진술강요금지규정(제136조 제1항)과 의사결정 및 의사표현의 자유(제136a조)에 대한 침해금지에서 구하고 있다.

(2) 타인의 일기장[20]

위증죄로 기소된 피고인의 일기장을 불륜관계에 있던 A가 절취하여 보관하던 중 관계가 악화된 후에 피고인이 이를 돌려달라고 요구하였으나 A의 처 B가 형사소추기관에 증거로 제출한 사건에 대해서 연방대법원은 작성자의 인격과 관련되어 있고 작성자가 제3자에게 공개되는 것을 원치않는 일기장이 형사절차에서 작성자의 의사에 반하여 증거로 사용된다면 인간의 존엄과 인격의 자유로운 발현권이 침해된다고 보면서 형사소추에 대한 국가의 이익이 사생활의 비밀에 대한 개인의 이익과 비교하여 우월한 경우에는 증거로 사용할 수 있다[21]고 보았다. 따라서 인간의 존엄과 인격권의 영역에서도 비교교량에 따라 증거사용여부가 결정될 수 있다는 입장으로 변경되었다. 이 사안에서는 위증이 사생활의 비밀에 대한 피고인의 권리를 양보하는 것이 정당화 될 정도의 중대한 불법은 아니기 때문에 인격권이 형사소추에 대한 공적

---

20) BGHSt 19, 325; 34, 397.
21) BGHSt 19, 325.

인 이익보다 우선한다고 보아 증거사용을 부정하였다.

마찬가지로 살인죄로 기소된 피고인의 일기장의 증거사용에 관해서 연방대법원[22)]은 일기장을 수사기관이 적법절차에 의하여 압수하였다고 하여 당연히 증거사용이 인정되는 것은 아니라는 전제하에서 일기장의 증거사용이 작성자의 기본권을 침해하는 경우에는 상충되는 이익간의 비교교량을 통하여 증거사용여부를 결정하여야 한다고 본다. 그러나 이 사안에서는 일기장의 내용이 살인범행 후의 정신적 갈등에 관한 것이기 때문에 작성자의 인격의 표현이라고 볼 수 없어서 불가침의 인격권의 보호막에 의한 보호가치는 없는 것으로 판단하였다.

(3) 대화의 일방이 비밀리에 녹음한 녹음테이프[23)]

계약체결에 관한 대화내용을 비밀리에 녹음한 사건에 대해서 연방헌법재판소는 기본법 제1조 제1항의 불가침인 인간의 존엄성과 국가권력에 대한 이의 존중과 보호요구, 제2조 제1항의 인격의 자유로운 발현권을 근거로 공권력이 침해할 수 없는 개인의 사적 생활형성의 영역을 인정하고, 절대적으로 보호되는 핵심영역은 우월한 공공의 이익이 있다고 하더라도 비례의 원칙에 입각한 비교교량이 행해질 수 없음을 밝히고 있다. 문제된 비밀녹음의 경우에는 인격의 자유로운 발현권이 침해되며, 구체적으로는 자신이 행한 발언에 대하여 녹음여부, 녹음자, 재생여부 및 재생시의 청취자 등을 발언자 스스로 정할 수 있는 권리가 침해된다는 것이다. 물론 비밀녹음행위가 인격권의 핵심영역을 침해하는 경우도 있고 비교교량이 가능한 주변영역을 침해하는 경우도 있으며,[24)] 이 사안에서는 계약체결내용을 녹음한 것이기 때문에 후자

---

22) BGHSt 34, 397.

23) BVerfGE 34, 238.

24) 연방헌법재판소는 인간의 사적 생활영역을 3단계로 구분한다. 제1단계는 공권력이 침해할 수 없는, 절대적으로 보호되는 핵심영역이고, 제2단계는 사회적 관련성을 갖고 있는 사적 생활영역이며 제3단계는 인격의 자유로운 발현권과 관계없는 사적 생활영역이다. 제1단계인 핵심영역이 침해된 경우에는 적법하게 수집된 증거라 하더라도 그 증거사용이 절대적으로 금지되며, 제2단계의 경우에는 이익교량을 통하여 금거사용금지여부가 결정되어져야 하고 제3단계의 경우에는 인격권 또는 그 보호영역을 침해하는 것이 아니라 거래영역을 침해한 것이기 때문에 원칙적으로 증거능력이 인정된다. 따라서 연방헌법재판소의 이러한 구분을 3단계이론 내지 핵심영역이론 (Kernbereichtheorie)이라고 부른다. 이에 관해서는 한영수, 위법수집증거(물)의 배제 또는 사용에 관한 체계적인 이론의 형성, 형사법연구 제11호, 1999, 417면 이하.

의 영역침해에 관한 것이다.

Ⅲ. 사인에 의한 증거수집의 허용문제

1. 사인에 의한 증거수집의 중요성

과학적, 기술적 장비의 발달로 인하여 전화감청, 비디오촬영이나 녹음 등의 방법으로 범죄의 피해자나 피의자 또는 피고인 같은 사인도 범죄의 증거수집이 가능해졌다. 이로 인해서 일반 사인이 관련자의 법익이나 기본권을 침해하는 위법한 방법으로 증거를 수집하는 사례가 급증하였다. 피의자 또는 피고인이나 증인(참고인)은 사건을 직접 경험한 자이기 때문에 앞으로 전개될 법적 다툼에서 자신의 법적 보호를 위하여 진실발견을 위한 필요한 사실들을 더 잘 발견하고 수집할 수 있다는 점에서 사인에 의한 증거수집의 필요성과 중요성은 인정되어야 한다. 더 나아가 피해자의 경우에는 민사법적 청구권의 실현이라는 관점에서도 그 정당성을 인정할 수 있다.[25]

범죄피해자는 형사소추기관이 아직 수사에 착수하지 않거나 수사착수를 거부한 경우, 또는 수사기관에 의한 수사가 진행되고 있다고 하더라도 스스로 또는 변호사나 사설탐정 등 타인을 시켜서 증거를 수집하는 등의 수사를 할 수 있다.[26] 피의자나 피고인의 경우도 마찬가지이다.

2. 사인의 의미

사인은 형사소송법 등에 따라 형사소추기관에 부여된 법적 의무에 구속되지 않는다. 예컨대 범죄피해자가 범행목격자를 조사하면서 증언거부권을 고지(제160조, 제148조, 제149조)하지 않아도 된다. 이런 이유로 형사소추기관은 범죄수사의 효율성과 편의성을 저해할지도 모르는 형사소송법 등의 규정과 국가형벌권의 법치국가적 한계로부터 자유롭기 위하여 사인에게 수사기관의 임무를 일부 부여할 수도 있다.

사인과 국가를 구별하는 것은 어렵지 않지만, 문제는 공적 임무가 사인에 의해서 수행되는 경우가 있기 때문에 그 한계를 긋기가 쉽지 않다는 점이다. 예컨대 조직범죄나 마약범죄 등 효율적인 수사를 위해서 수사기관의 정보원 또는 끄나풀로 활동하

---

25) Krey, Zur Problematik privater Ermittlungen des durch eine Straftat Verletzten. 1994, S.24.
26) Krey. a.a.O., S.31f.

는 사인과 같은 경우이다.

사인이란 국가와 대립되는 개념이며, 여기서 국가는 형사소추기관을 의미한다. 사인이 수사기관의 수사활동에 참여하는 경우는 여기서 의미하는 사인에 포함되지 않는다. 수사기관의 부탁을 받고 타인의 대화를 비밀리에 녹음했다면 비록 그 녹음자가 사인이라 하더라도 사인에 의한 증거수집으로 볼 수 없다.[27] 따라서 사인과 수사기관사이에 증거수집 등에 관한 구체적인 협의가 있었다면 이에 따라 행위한 사인은 국가수사기관의 도구에 불과하기 때문에 수사기관에 적용되는 형사소송규정이 그대로 적용되어야 한다.[28] 예컨대 수사기관이 수사기관의 정보원(사인)을 범죄혐의자에게 접근하게 하여 전화를 도청하게 하였다면 이는 기능적으로는 수사기관의 행위로 볼 수밖에 없다.

이에 반해서 사인(또는 사인의 변호사나 사설탐정 등)이 스스로 증거를 수집하여 그 결과를 수사기관에 제공하는 경우가 수사의 허용여부와 위법하게 수집한 증거의 증거능력의 인정여부가 문제되는 경우이다.

IV. 사인에 의한 증거수집의 위법성문제

1. 사인에 의한 증거수집의 한계

사인에 의한 증거수집은 이로 인해서 침해될 이익의 관점에서 여러 가지 한계가 그어진다. 우선 형법적 한계로서 신체의 완전성, 의사결정 및 활동의 자유, 장소이전의 자유, 주거권, 명예 등 개인적 법익보호와 기타 인격권보호(성명권, 초상권, 프라이버시 등)를 들 수 있다. 다만 피해자의 양해가 있는 경우에는 구성요건적인 법익 또는 이익침해는 없는 것이기 때문에 사인에 의한 적법한 증거수집의 한계내에 있는 것이다. 물론 이 경우에도 인간의 존엄성과 같은 기본권의 핵심영역을 침해한 경우에는 양해의 효과는 없다. 정당방위, 긴급피난 또는 정당행위 등 위법성조각사유에 의하

---

27) 독일 연방법원은 진실발견을 위한 수사활동으로 인한 기본권침해를 제한하기 위하여 형사소추기관에게 부과된 의무를 피하려는 수사기관의 편법을 막기 위하여 사법경찰이 끄나풀을 피고인의 구속장소에 몰래 투입시켜 피고인의 대화를 엿듣게 한 행위를 허용되지 않는 것으로 보았다 (BGHSt. 34, 362).

28) Frank, Die Verwertbarkeit rechtswidriger Tonbandaufnahmen Privater, 1996, S.30.

여 정당화될 수 있다.

일반적 인격권의 내용으로서 자신의 발언이나 말에 대한 권리[29]도 사인에 의한 증거수집의 헌법상 한계이다. 증거수집행위가 타인의 자연스러운 대화, 즉 일시적이고 휘발적이며 언제나 수정가능하고 더 발전시킬 수 있는 발언의 권리를 침해해서는 안 된다.[30] 대화자의 발언이 녹음되고 있을지도 모른다고 염려하면서 대화한다면 그렇지 많은 경우보다 더욱 조심스럽게 표현할 것이기 때문에 발언의 자연스러움은 침해되게 된다. 이러한 기본권은 독일 형법에서는 제201조에서, 우리는 통신비밀보호법 제16조에서 법적으로 보호하고 있다. 따라서 녹음행위의 한계와 위법성은 통신비밀보호법의 규정에 따라 정해질 수 있다.

2. 통신비밀보호법상의 한계

(1) 규율대상 및 행위유형

통신비밀보호법(이하 통비법)은 통신 및 대화의 비밀과 자유를 보호하기 위하여(제1조) 그 보호대상으로서 전기통신, 대화 및 우편의 비밀과 자유(제2조 1호)로 규정하고 있다. 구체적으로는 국가기관(이 경우는 당사자의 동의나 통신제한조치의 허가를 받지 않고)이나 일반 사인이 전기통신을 전자장치나 기계장치 등을 사용하여 감청하는 행위와 공개되지 아니한 타인간의 대화를 녹음하거나 청취하는 행위이다.

통비법상 전기통신의 감청행위는 금지된다(제3조). 여기서 감청이라 함은 전기통신에 대하여 당사자의 동의없이 전자장치, 기계장치 등을 사용하여 통신의 음향 문언 부호 영상을 청취 공독하여 그 내용을 지득 또는 채록하거나 전기통신의 송수신을 방해하는 행위를 말한다(제2조 7호). 제3조의 규정에 위반하여 불법감청에 의하여 지득 또는 채록된 전기통신의 내용은 증거로 사용될 수 없다(제4조). 제4조의 증거사용금지규정은 공개되지 아니한 타인간의 대화를 녹음하거나 전자장치 또는 기계적 수단을 이용하여 청취한 경우에도 적용된다(제14조).

여기서 문제되는 행위는 전화의 일방당사자가 상대방과의 전화통화내용을 비밀리에 녹음하는 행위이다. 또한 제3자가 전화통화의 일방당사자의 동의를 얻어 통화내

---

29) BVerfGE 34, 238, 247.
30) Frank, a.a.O., S.41.

용을 비밀리에 녹음하는 행위도 통비법상의 감청에 해당하는지가 문제된다. 통비법은 공개되지 아니한 타인간의 대화를 녹음하거나 청취하는 행위도 금지하고 있다(제3조). 따라서 대화의 일방당사자가 상대방의 동의를 받지 않고 녹음하는 행위는 통비법상 규제대상이 아니다. 그렇다고 상대방의 기본권침해가 없다고 볼 것인가는 검토를 요한다.

(2) 당사자의 동의와 위법성의 문제

1) 전화의 일방당사자가 상대방 몰래 녹음하는 경우

통비법상의 대화도청은 아니다. 통비법상의 대화도청은 공개되지 아니한 "타인간의 대화"를 대상으로 하기 때문이다. 그러나 통비법은 전화통화의 경우 감청의 대상을 제한하고 있지 않기 때문에 전화통화의 일방당사자가 상대방 몰래 전화통화내용을 녹음하는 행위가 감청에 해당할 것인지는 해석에 맡겨져 있다.

전화통화의 경우에 통신비밀은 통화자간에 적용되는 것이 아니기 때문에 각자가 제3자에게 통화내용을 듣게 하는 것은 각각의 통화자의 자유라고 본다. 전화의 경우 일방당사자가 예컨대 스피커폰을 이용하여 통화하면 타인이 청취할 수 있을 것임은 통화자 각자가 예견할 수 있기 때문에 전화통화자는 이를 전제로 대화할 것이다. 그렇다 하더라도 녹음의 경우는 다르다고 본다. 상대방에게 녹음행위까지 수인할 것을 기대할 수는 없다. 자신의 발언이 재생가능한 형태로 남아 언제 누구에게라도 공개될 수 있다면 이를 원치 않는 전화통화자는 자신의 발언의 수신자의 범위 등을 결정할 수 있는 권리가 침해되기 때문이다. 따라서 통비법상의 불법감청으로 보아야 할 것이다.[31] 마찬가지로 제3자가 전화통화의 일방당사자의 동의를 얻어 통화내용을 비밀리에 녹음하는 행위도 통비법상의 감청에 해당한다고 본다.

2) 대화의 일방당사자가 상대방의 동의를 받지 않고 녹음하는 경우

통비법은 대화의 경우에 타인간의 대화만을 규율대상으로 한다. 따라서 대화의 일방당사자가 상대방의 동의를 받지 않고 녹음하는 행위는 통비법상의 위법행위는 아니다. 그러나 전화의 일방당사자가 상대방 몰래 녹음하는 경우처럼 자신의 발언에 대한 권리를 포함하는 인격권이 침해된다고 보아야 한다.

---

31) 권영세, 현행 통신비밀보호법상 도청행위의 의의 및 범위, 저스티스 제30권 제4호, 127면.

3) 제3자가 대화자 일방의 동의를 얻고 몰래 녹음하거나 숨어서 듣는 경우

통비법상의 규율대상이 아니다. 왜냐하면 통비법은 타인간의 대화의 녹음이나 청취를 금지하고 있기 때문이다. 제3자가 대화자 일방의 동의를 얻었지만 대화상대방은 이를 알지 못하기 때문에 대화의 일방당사자가 상대방의 동의를 받지 않고 녹음하는 경우처럼 대화상대방의 기본권침해로 보아야 한다.

(3) 비밀녹음 행위의 정당화문제

비밀녹음행위가 통비법상의 감청이나 도청에 해당하든(공개되지 않은 타인간의 대화를 녹음하거나 청취하는 행위), 아니면 기본권 침해행위에 해당하든 관계없이 일정한 요건하에서 정당화될 수 있다. 계획된 범죄를 신고할 목적이나 이미 행해진 범죄의 증거를 수집하기 위하여 비밀녹음한 행위는 긴급피난이나 정당행위 또는 정당방위로 정당화될 수 있다. 강요전화를 녹음하는 경우는 정당방위에 해당할 수 있다.

예컨대 판례[32]는 피고인이 범행 후 강간피해자에게 전화를 걸어오자 피해자가 증거를 수집하려고 그 전화내용을 녹음한 경우에 그 녹음테이프가 피고인 모르게 녹음된 것이라고 하여 이를 위법하게 수집된 증거라 할 수 없다고 본다. 판례는 구체적으로 그 근거를 제시하고 있지 않지만 아마도 정당행위의 기타 사회상규에 위배되지 않는 행위에 해당하는 것으로 보는 듯하다. 대화상대방의 프라이버시에 대한 침해는 실체적 진실발견(정당성), 녹음대상진술의 자의성(상당성), 녹음상황의 긴급성(긴급성), 녹음대상진술의 재현곤란(보충성), 녹음자의 형사처벌관련성(균형성)에 의하여 정당화될 수 있다고 본다.[33]

V. 사인이 수집한 증거의 증거능력문제

1. 수사기관이 위법하게 수집한 증거의 증거능력문제와의 비교

증거능력에 관한 형사소송법규정의 효력은 전적으로 형사사법기관(수사기관 및 법원)에 미친다.[34] 예컨대 수사기관이 피의자를 고문하거나 기망하여 얻어낸 자백은

---

32) 대판 1997.3.28, 97도240.
33) 강동범, 앞의 글, 474면.
34) 미국연방대법원은 1921년 Burdeau v. McDowell 사건에서 위법수집증거배제법칙은 주권기관의

임의성이 없는 증거로서, 또는 위법하게 수집한 증거로서 증거능력이 부정된다. 그러나 증거수집에 관한 법적 규정을 위반하여 증거를 수집하였다고 해서 언제나 그 증거의 증거능력을 부정해야 하는가. 타인의 권리를 침해하여 수집한 증거라고 해서 언제든지 증거제출이 금지되고 증거사용이 허용되지 않아야 하는가.

이에 관해서 독일에서는 논란이 되고 있다.[35] 연방헌법재판소는[36] 삼단계이론을 취하여, ① 기본법 제2조 제1항 1문에서 보장된 불가침적인 사적 생활의 핵심영역을 침해해서 수집한 증거이고 그 증거능력을 인정한다면 이 영역에 대한 새로운 침해의 결과를 초래하는 경우(형사소송에서 기본권의 절대적 보호영역), ② 비례성의 요구가 엄격히 지켜지면서 우월한 공적이익이 존재하는 사적 영역에 대한 침해의 경우와 ③ 일반적으로 증거능력이 인정되는 사회적 사적 영역으로 구분한다.

2. 사인에 의한 증거수집의 위법성과 증거능력과의 관계

그렇다면 사인(예컨대 범죄피해자, 그의 변호사나 그가 고용한 사설탐정 등)이 증거를 수집하여 수사기관에 제공한 경우에 증거수집이 허용되지 않은 방법으로 행해졌다면 (예컨대 가해자를 폭행 또는 협박하여 얻어낸 자백, 강간범이 범행 후 피해자에게 전화를 걸어오자 몰래 녹음한 전화내용이나 피해자가 불법감청으로 얻어낸 가해자와 제3자의 범행에 관한 대화내용 등) 증거사용이 금지되는가. 아니면 허용된다면 어떤 요건을 갖추어야 하는가.

증거수집의 위법성이 증거능력판단에 어떤 영향을 미치는가. 증거수집과정의 위법성이 반드시 증거사용금지로 이어지는 것은 아니다.[37] 왜냐하면 사인에 의한 위법한 증거수집과 위법하게 수집한 증거를 국가가 형사소송절차에 받아들임으로써 발생하는 침해와는 구별되기 때문이다. 증거수집과정이 위법하지 않더라도 그 증거의 사용으로 피해자의 권리가 침해된다면 경우에 따라서는 증거사용이 금지될 수 있으

행위에 대한 견제장치이며 국가기관 이외의 자에게 가해지는 제한은 아니라고 한다(이는 신동운, 위법수집증거배제법칙과 나체사진의 증거능력, 10면에서 인용한 것임. 이 미발간 논문은 대법원 형사실무연구회에서 지난 1999년 5월 31일 발표된 것이다).

35) 이에 관해서는 Rogall, Geginwärtiger stand und Entwicklungstendenen der Lehre von den strafprozessualen Beweisverboten, ZStW 91(1979), 22ff.

36) BVerfGE 34, 238.

37) 대판 1997.9.30, 97도1230: "국민의 사생활영역에 관계된 모든 증거의 제출이 곧바로 금지되는 것으로 볼 수 없고,…". 한영수, 앞의 글, 410면.

며, 이와는 반대로 위법하게 수집된 증거라도 증거능력을 인정해야 할 필요가 있을 것이다.[38] 즉 증거사용금지여부는 법원에 의한 증거사용이 상대방의 기본권에 대한 새로운 침해를 의미하느냐도 고려되어야 한다. 예컨대 사적 대화를 비밀리에 녹음한 녹음테이프의 증거사용여부를 판단함에 있어서는 증거수집방법의 위법성뿐만 아니라 법정에서 그 녹음테이프를 청취하고 증거로 평가하는 행위로 새롭게 침해될 이익도 고려되어야 하는 것이다.

3. 사인이 위법하게 수집한 증거의 증거능력

(1) 원칙적 인정설

증거수집방법의 실체법적 위법성과 소송법상의 증거능력문제는 엄격히 구분된다는 관점에서 사인이 위법하게 수집한 증거라도 그 증거능력에는 영향을 미치지 않는다고 보아 원칙적으로 증거능력을 인정한다.[39]

대법원[40]도 간통현장에서 공갈목적으로 피고인의 나체사진을 촬영한 경우에 사진의 증거능력에 관하여 "모든 국민의 인간으로서의 존엄과 가치를 보장하는 것은 국가기관의 기본적인 의무에 속하는 것이고, 이는 형사절차에서도 당연히 구현되어야 하는 것이기는 하나 그렇다고 하여 국민의 사생활 영역에 관계된 모든 증거의 제출이 곧바로 금지되는 것은 아니"라고 보아 원칙적인 인정설의 입장을 취하고 있다.

그러나 사인이 위법하게 수집한 증거의 증거능력을 평가함에 있어서 기본권보장보다는 진실발견이라는 소송법적 이익을 우선하는 것은 법치국가적 요청을 고려하지 않은 결과이다. 또한 증거능력을 인정한다면 법정에서 증거로 사용됨으로써 다시 한번 대화자의 자신의 발언에 대한 권리를 침해받게 된다.

따라서 예외적으로 인권을 현저히 침해하는 방법이나 인간의 존엄성을 중대하게 침해하는 방법으로 증거를 수집한 경우에는 증거능력을 부정하자는 견해[41]와 증거

---

38) 대판 1997.9.30, 97도1230: "범죄현장의 사진으로서 피고인에 대한 형사소추를 위하여 반드시 필요한 증거로 보이므로, 공익의 실현을 위하여는 이 사건 사진을 범죄의 증거로 제출하는 것이 허용되어야 하고, 이로 말미암아 피고인의 사생활의 비밀을 침해하는 결과를 초래한다 하더라도 이는 피고인이 수인하여야 할 기본권의 제한에 해당한다고 보아야 할 것이다."

39) BGHSt. 27, 357; 36, 172. Roxin, §24 Rdn.45; KK-Pelchen, vol §48 Rdn.52.

40) 대판 1997.9.30, 97도1230.

41) Kleinknecht, NJW 1966, 1543; LR-Hanack, §136a Rdn.10; Krey, Zur Problematik privater

수집방법이 아니라 증거사용 자체가 헌법 또는 법규정을 침해하는 경우에는 예외적으로 증거능력을 부정하자는 견해[42]로 수정을 가하는 입장도 있다.

(2) 부정설

인간의 존엄성보장에 대한 국가의 임무는 사인에 의한 침해의 경우에도 그대로 타당하다는 견해이다.[43] 따라서 사인에 의해 위법하게 수집된 증거의 증거능력은 부정되어야 한다거나 사인에 의해 위법하게 수집된 증거의 증거능력여부도 국가소추기관에 의해 수집된 증거의 평가에서 고려되는 기준이 그대로 적용되어야 한다고 본다. 국가에 의한 수사가 성공적이지 못할 경우에는 통제할 수 없는 사인에 의한 폭력적 수사가 이를 대신하게 될 위험성이 있게 되고 개인적 법익을 침해하는 방법으로 행한 사인의 수사의 도움으로 국가형벌권을 행사하는 것은 법치국가원칙을 본질적으로 침해하기 때문이다.

사인에 의하여 위법하게 녹음된 녹음테이프의 증거사용에 관한 독일 연방대법원의 판시에 따르면 대화상대방이 피고인의 인격권을 침해하면서 피고인과의 사적 대화를 비밀리에 녹음한 경우에 형사소송에서 피고인의 동의없이 그 녹음테이프를 증거방법으로 사용하는 것을 허용하지 않는다.[44] 증거사용을 인정한다면 법정에서 그 녹음테이프를 청취하고 원진술자인 피고인이 자신의 음성임을 확인하여야 하는데 이는 자신의 범행에 대해서 스스로 증언을 강요하는 것으로서 법치국가적 형사소송원칙에 어긋나는 것이다.[45]

국가는 실체적 진실발견을 위하여 어떠한 대가를 치를 수 있는 것은 아니라는 법치국가적 이념에 충실한 입장이다. 이는 위와 같은 법적 견해가 경우에 따라서는 사건해결을 위한 유일하고도 중요한 방법을 사용하지 못하는 결과를 초래할 수도 있지만 이를 감수할 수밖에 없다[46]는 연방대법원판결의 표현에서도 잘 나타나 있다.

Ermittlungen des durch eine Straftat Verletzten, Berlin 1994, S.100.

42) BGHSt. 14, 358; KK-Boujong, §136a Rdn.27.

43) Jescheck, Gutachten für des 46. DJT., S.48; Kühne, Strafprozessuale Beweisverbote und Art. 1 I Grundgesetz, 1970, S.126, 130; Sydow, Kritik der Lehre von den Beweisverboten, 1976, S.108ff.

44) BGHSt 14, 358.

45) BGHSt 14, 364f.

46) BGHSt 14, 365.

(3) 절충설 : 핵심영역과 비교교량영역의 구분

증거평가가 금지된 불가침의 핵심영역과 증거평가여부를 정하는 이익교량이 가능한 영역, 그리고 사적 생활영역으로 구분하려는 견해이다.[47] 인간은 공동체와 관련되고 공동체에 결합된 법존재로서 국가의 일정한 강제처분을 감수하여야 한다는 것이다. 즉 기본권보장의 한계를 인정하는 견해이다.

독일 연방헌법재판소[48]는 사인에 의한 비밀녹음의 증거능력에 관해서 사적 영역에 대한 침해의 정도와 기소된 범죄의 행위불법의 정도사이의 비례성의 원칙을 고려한 비교교량의 원칙을 주장하고 있다. 형사사건의 중요성을 고려하여 침해된 법공동체의 형사소추이익과 사법정형적인(justizformig) 절차진행의무 사이를 비교교량하여 증거사용여부를 결정한다. 타인의 생명 또는 신체에 대한 범죄나 자유민주적 기본질서를 침해하는 범죄처럼 중대한 범죄의 경우에는 증거사용이 허용되어진다. 물론 법정형에 나타난 불법비난의 정도만 고려되어서는 안 된다. 구체적인 사안에서의 구체적인 행위불법과 기본권침해의 정도, 녹음테이프의 증거방법으로서의 중요성 등이 고려될 요소들이다.

이는 서로 상충되는 형사소송의 목적 내지 이념인 진실발견주의와 개인의 기본권보장을 위한 적정절차의 원칙이 조화를 이루는 개별적 해결방식이다. 문제는 핵심영역과 비교교량영역의 구별을 어떻게 할 것인가에 놓여있다.

(4) 사인에 의한 비밀녹음의 경우

사인에 의한 비밀녹음에 대해서는 그 위법성여부가 사안에 따라 다를 수 있기 때문에[49] 위의 사인이 위법하게 수집한 증거의 증거능력에 관한 견해와 달리 정리하면 다음과 같다.

사인에 의한 비밀녹음은 허용되지 않은 사인의 증거수집방법이다. 비밀녹음의 증

---

47) Gössel, Kritische Bemerkungen zum gegenwärtigen Stand der Lehre von den Beweisverboten im Strafverfahren, NJW 1981, 655; KK-Pelchen, Vor §48 Rdn.52; Kleinknecht/Meyer-Goßner, Strafprozeßordnung. Kommentar, 42.Aufl., Einl. Rdn.56b; LR-Gollwitzer, Die Strafprozeßordnung und das Gerichtsverfassungsgesetz. Kommentar, §244 Rdn.201ff.
48) BVerfGE 34, 249f.
49) Ⅳ. 2. (2) 참조.

거능력에 관해서는 비밀녹음의 주체가 당사자녹음이든 제3자녹음이든 녹음행위가 위법하면 증거능력이 부정된다는 견해,[50] 제3자녹음의 경우에는 이익교량에 따라 증거능력을 인정하자는 견해,[51] 사인의 비밀녹음의 방법이 기망에 의한 것이거나 개인의 인격권이 침해되었다고 볼 수 있는 경우에는 증거능력을 부정하지만 프라이버시를 기대할 수 없는 상황에서 행한 대화의 비밀녹음은 증거능력을 인정하자는 견해,[52] 수사기관이든 사인이든 비밀녹음이면 증거능력을 부정해야 한다는 견해[53] 등이 있다.

그러나 위법한 비밀녹음이라도 인격권침해의 정도에 따라 증거능력인정여부가 결정되어야 한다. 비밀녹음이라도 대화의 내용이 개인의 사적인 삶의 영역에 놓여 있지 않은 경우에는 비밀녹음행위 자체는 위법하더라도 이를 증거로 사용하는 법원의 행위에 의하여 관련자의 기본권이 새롭게 침해되는 것은 아니기 때문에 증거능력을 인정하여야 한다.[54]

(5) 사견

1) 인격의 핵심영역을 침해하는 경우

증거수집방법이 인간의 존엄성과 같은 기본권의 핵심영역을 침해하는 경우에는 그 증거의 사용에 의해서도 그의 사적 영역에 대한 새로운 침해가 우려된다. 헌법은 개인에게 절대적으로 보호되어야 할 사적 생활영역을 보장하고 어떠한 공적인 권력의 간섭을 배제시키는 사적 영역을 인정하고 있다. 인간의 존엄성은 절대불가침이고 국가는 이를 존중하고 보장해야 할 의무를 갖는다는 점이 바로 그것이다. 이것은 인격의 자유로운 발현의 전제가 되는 것이다. 따라서 인격권을 침해하는 방법으로 수집된 증거를 국가가 유죄인정의 자료로 삼는다면 국가가 기본권보장의무를 위반하는 것이다.

---

50) 강동범, 앞의 글, 473면 이하; 백형구, 형사소송법 1998, 469면; 곽종석, 사진녹음테이프의 증거능력, 형사증거법(하), 재판자료집 제23집, 법원행정처 1994, 466면.
51) 김대휘, 앞의 글, 13면 이하.
52) 이재상, 사진과 녹음테이프의 증거능력, 고시계 1997.12, 174면 이하; 이재상, 형사소송법 1994, 583면.
53) 배종대/이상돈, 형사소송법 1999, 581면; 신동운, 형사소송법 1993, 657면.
54) 사인의 비밀녹음에 대해 증거능력을 부정하는 견해로는 신동운, 형사소송법 1993, 657면.

절대적으로 보호되는 불가침의 인격권의 핵심영역은 증거능력인정여부에서 어떠한 비교교량도 있을 수 없다. 공적 이익이 아무리 현저하다고 하더라도 비례성의 원칙을 척도로 한 비교교량이 이루어질 수 없는 영역이다. 예컨대 이혼소송에서의 증거를 수집하기 위해 부부간의 침실에서의 대화를 비밀리에 녹음한 경우나 제3자를 옆방에 들어오게 하여 엿듣게 하는 경우가 여기에 해당한다. 가족간의 긴밀한 관계나 교회영역도 여기에 속할 수 있다. 상간자에 의하여 촬영된 나체사진의 경우도 촬영에는 동의했다 하더라도 이를 증거로 제출하여 증거로 평가한다면 이로 인하여 개인의 기본권이 침해되고 이는 개인에게 절대적으로 보호되어야 할 사적생활영역을 침해하는 것으로 볼 수 있다.

2) 증거수집의 위법성이 중대하지 않은 경우 : 이익교량의 원칙

일반적인 인격권의 영역에서는 구체적인 사례에서 사정을 고려하여 증거능력을 인정함으로써 얻게 될 이익과 침해될 이익사이의 비교교량이 가능하다. 여기서는 한편으로는 형사소추 되어야 할 범죄의 종류와 경중, 범죄혐의의 정도, 예상되는 형벌의 정도, 당해 증거의 중요도와 다른 증거의 유무 등이 고려되고 다른 한편으로는 침해당한 기본권의 종류와 강도, 침해의 기간, 침해로 인한 손해 등이 비교교량 되어야 한다.

증거수집의 위법성이 중대하지 않은 경우로는 예컨대 범죄하자는 전화약속을 녹음한 경우를 들 수 있다. 피고인의 일기장이라 하더라도 범행일지형식이라든지 범행 후의 심적갈등상황을 묘사한 것이라면 개인의 자유로운 인격권의 발현으로 볼 수 없기 때문에 이익교량이 가능한 영역에 속한다고 본다.

고교 교사가 학생 여러 명과 집에서 사적인 대화를 나누다가 피고인이 수업시간에 국가보안법위반에 해당하는 발언을 했다는 학생들의 말을 비밀리에 녹음한 사건에서[55] 공소외인 교사가 어떻게 비밀녹음을 하게 되었는지(예컨대 수사기관의 부탁을 받았다면 이는 수사기관에 의한 위법하게 수집한 증거가 될 수 있다) 알 수 없지만, 교사와의 개별상담이 아니라 학생 여러 명과의 대화였기 때문에 비밀녹음으로 인하여 불가침의 사적 생활영역이 침해되었다고 볼 수는 없다. 따라서 이익교량의 영역에 해당한다고 본다.

---

55) 대판 1997.3.28, 96도2417.

3) 사적 거래영역이 아닌 사회생활영역을 침해하는 경우

인격권 또는 그 보호영역을 침해하는 경우가 아닌 거래영역을 침해한 경우에는 원칙적으로 증거능력을 인정해야 한다. 계약내용에 관한 전화내용의 비밀녹음이 여기에 속한다.

4) 피해자가 동의한 경우나 증거사용이 피고인에게 유리한 경우

수사기관이 위법하게 수집한 증거와는 달리 사인이 위법하게 수집한 증거라도 증거동의의 대상이 될 수 있다. 따라서 피해자가 동의한 경우나 증거사용이 피고인에게 유리한 경우에는 증거능력을 인정할 수 있다.

[논평] 위법수집증거 배제법칙의 확장

황성욱*

2000년 9월, 안암동 구법학관 지하 계단강의실에서 중년에 갓 접어든 하태훈 선생을 처음 뵈었던 기억이 아직도 생생합니다. 제가 어느덧 그 무렵 선생의 연배가 된 것을 보니 세월이 꽤나 흐른 것 같기는 합니다. 그럼에도 불구하고 아직 이룬 것 없는 제 모습을 보고 반성을 많이 하게 됩니다. 정년을 진심으로 축하드리며, 앞으로도 항상 건강한 모습으로 후학들에게 많은 가르침을 주시면 감사하겠습니다.

I.

선생은 평소 법치국가적 형사법의 관점에서 위험예방을 위한 형사소추의 효율성 추구를 경계하면서, 책임원칙과 같은 국가형벌권에 대한 전통적 제약원리에 따른 형사소송의 법치국가성 보장을 주장하여 왔다.[1] 이 글에서는 이러한 생각의 연장선상에 놓여있는 것으로, 1999년 한국형사법학회 하계학술회의에서 발표되고, 같은 해 11월 출간된 형사법연구 12호에 게재된 "사인에 의한 증거수집과 그 증거능력"이라는 논문(이하 '논문')에 관하여 검토하고자 한다.

논문이 발표된 당시에는 소위 「성질·형상 불변론」[2]이 굳건하게 지배하고 있어 수사기관의 위법하게 수집한 물적 증거가 별다른 제한 없이 법정에 현출될 수 있었다. 이러한 상황에서 국가기관도 아닌 사인이 위법하게 증거를 수집한 경우를 어떻게 볼 것인지에 대한 본격적인 논의가 있기도 어려웠을 것이다. 사인 소추의 전통이

---

* 대법원 재판연구관(판사), 박사과정수료
1) 하태훈, "법치국가에서의 형법과 형사소송법의 과제" 고려법학 62호, 고려대학교 법학연구원 (2011) 등.
2) 대법원 1968. 9. 17. 선고 68도932 판결 등 다수("압수절차가 위법하다고 하더라도 물건 자체의 성질, 형상에 변경을 가져오는 것은 아니어서 그 형태 등에 관한 증거가치에는 변함이 없어 증거능력이 있다."). 대법원은 2007년 제주지사사건에서 성질·형상 불변론을 공식적으로 폐기하였다 (대법원 2007. 11. 15. 선고 2007도3061 전원합의체 판결).

존재하지 않았고, 권위주의 정부의 강력한 수사권 행사로 사회 불만을 억누르고 체제질서를 유지하고 있던 당시 우리나라에서, 개인이 형사사건의 증거를 직접 수집한다는 개념이 쉽게 와 닿을 수 있었다고 보기도 어렵다. 그러나 테크놀로지의 발달과 함께 찾아 온 경제 성장은 개인용 전자기기의 광범위한 보급을 초래하였고, 이는 수사기관이 범죄의 단서를 발견하기 어려운 지극히 사적인 영역에서 종래 생각하지 못했던 문제를 발생시켰다.[3] 그 대표적인 예가 강간 피해자의 증거 확보를 위한 비밀녹음이 문제가 된 97도240 사건[4]과 간통 현장을 촬영한 사진이 문제가 된 97도1230 사건[5]이었다. 위 판결에서 대법원은 녹음물과 사진의 증거 사용을 긍정하였다. 그러나 이는 당시 대법원이 물적 증거의 증거능력에 관하여 취하고 있었던 성질·형상 불변론의 입장에서 볼 때 당연한 귀결로 볼 여지도 있다.

II.

선생은 이처럼 형사절차에서 사인이 수집한 증거에 관한 문제 상황이 발생할 무렵, 가장 먼저[6] 이와 관련된 논점을 유형별로 일목요연하게 정리하고, 사인이 위법

---

3) 같은 관점으로 박미숙, "사인에 의한 비밀녹음테이프의 증거능력", 형사판례연구(11), 형사판례연구회(2003), 369면.

4) 대법원 1997. 3. 28. 선고 97도240 판결. 논문에서 인용하고 있는 96도2417 판결은 97도240 판결과 같은 날 선고되었다. 96도2417 사건에서도 사인의 비밀녹음이 등장하기는 하나, 이 사건원심은 비밀녹음에 관한 공소사실에 대하여 전문법칙에 따라 진정성립이 인정되지 아니한다는 이유로 녹음물 및 이에 관한 검증조서의 증거능력을 부정하고 무죄를 선고하였다. 이에 검사가 녹음물 등이 전문법칙 예외에 해당함을 주장하면서 상고한 사건으로, 96도2417 사건에서는 위법수집증거 배제법칙이 전면적으로 문제되지는 아니하였다.

5) 대법원 1997. 9. 30. 선고 97도1230 판결. 다만 이 사건에서 흥미로운 점은, 사진 촬영 자체는 간통 상대방에 의해 이루어졌다는 점이다. 즉, 이 사건은 업무상 알게 된 유부녀와 불륜관계를 맺은 남성이 공갈 목적으로 나체사진을 촬영하였는데, 이를 알게 된 남성의 배우자가 남성과 유부녀를 간통으로 고소하면서 위 사진을 증거로 제출한 사안이었다. 공갈 목적으로 촬영되었다는 점에 있어서는 사인의 위법수집증거로 볼 수 있으나, 만일 상대방의 동의 하에 연인 간 기념사진 등 다른 목적으로 촬영되었다면 사인의 위법수집증거 문제가 쟁점이 될 수는 없었다고 본다.

6) 논문 발행 이전인 1998년 강동범 교수가 판례월보에 96도2417 사건의 평석을 게재하였으나(강동범, "녹음테이프의 증거능력", 판례월보 328호, 판례월보사(1998), 37면 이하), 사인의 위법수집증거를 전면적으로 다룬 논문이라기보다는 논제와 같이 녹음테이프 일반에 관한 증거능력을

하게 수집한 증거를 어떻게 취급하여야 할 것인가에 대하여 독일에서 논의되던 이론을 소개함과 아울러 독일연방헌법재판소가 취한 3단계 이론을 통하여 문제를 해결할 수 있음을 주장하였다. 즉, 증거수집에 의하여 침해될 수 있는 기본권을 세 가지 단계로 구분하여, 증거 수집행위가 인간 존엄과 같은 기본권의 핵심영역을 침범하는 경우에는 절대적 증거사용의 금지가 요구되고, 반대로 인격권과 무관한 거래영역을 침해하는 것에 불과한 경우에는 원칙적으로 증거능력을 인정할 수 있으며, 양자의 중간에 있는 영역, 즉 일반적인 인격권이 문제되는 사안에서는 이익교량의 원칙에 따라 증거 수집을 통한 이익이 우월할 경우에는 증거능력을 부여하고, 그렇지 않은 경우에는 증거능력을 부인한다는 것이다.

한편 선생은 중간영역에서의 이익교량에서 고려하여야 할 사항으로 소추될 범죄의 종류와 경중, 범죄 혐의의 정도, 예상되는 처벌수위, 당해 증거의 중요도와 다른 증거의 유무와 같은 사정과 함께 침해당한 기본권의 종류와 강도, 침해의 기간, 침해로 인한 손해를 제시하였다. 그리고 3단계 이론과 무관하게 피해자[7]가 동의한 경우와 피고인에게 유리한 증거에 대하여는 증거능력을 인정하여야 한다는 주장을 하여 사인의 위법수집증거가 증거 동의를 인정하지 않는 국가기관의 위법수집증거와는 구분된다는 점을 명확히 하였다.

이는 종래 비밀녹음에 한정하여 논의되던 사인의 위법수집증거 문제를 증거수집 일반으로 확장하는 한편, 수사기관 수집 증거와 증거능력을 차별 취급하고, 명확한 이론적 근거를 통해 비밀녹음에 대하여 다수설이 취하던 전면적 증거능력 부정론과 차별되는 절충적 입장을 제시하는 점에서 의미가 있다.

다룬 논문으로 보여진다. 97도1230 판결에 관한 김대휘 전 법원장의 형사판례연구 게재 평석(김대휘, "사진과 비디오테이프의 증거능력", 형사판례연구(6), 형사판례연구회(1998), 436면 이하)은 통신비밀보호법의 해석과 관련하여 당사자 녹음을 어떻게 볼 것인지에 관한 논증 과정에서 이익교량에 관한 일부 언급이 있기는 하나(목차 IV. 이하 참조) 이 역시 전체적으로는 논제와 같이 전문법칙의 관점에서 사진 등의 증거능력을 어떻게 인정할지에 주안점을 둔 평석으로 보인다.

7) 논문에 사용된 '피해자'의 개념은 범죄 피해자를 지칭하는 개념이라기보다는 증거 수집으로 인하여 기본권을 침해당한 상대방을 의미하는 것이 논문의 전체 맥락에 비추어 합당한 것으로 보인다.

Ⅲ.

논문이 발표된 이후 학계에는 다양한 후속 논의가 이루어졌고, 이 논문 및 그 후속 논문이라 할 수 있는 공직선거 및 선거부정방지법 위반 사건8)에 관한 형사판례연구회 판례평석9)을 인용한 다수의 논문들이 발표되었다.10) 논문에서 주장된 3단계 이론 이외에 이후의 논의에서 주장된 견해들은 다음과 같이 정리해 볼 수 있다. 먼저, 부당한 목적이나 방법에 의한 비밀녹음은 증거능력을 인정하지 않지만, 사생활의 비밀을 기대하기 어려운 상황에서 행한 비밀녹음의 증거능력은 인정하자는 견해,11) 비밀녹음의 경우에는 예외 없이 증거능력을 부정하자는 견해12)가 있다. 위 두

---

8) 대법원 1999. 3. 9. 선고 98도3169 판결(상대방 동의 없이 대화내용을 녹음한 사건).

9) 하태훈, "사인이 비밀리에 녹음한 녹음테이프의 증거능력", 형사판례연구(8), 형사판례연구회(2000), 502면 이하.

10) 하선생의 논문 및 후속 판례평석을 인용한 저작들로는 변종필, "사인에 의한 위법수집증거와 그 증거능력", 고시계 45권 5호, 고시계사(2000), 89면 이하; 한영수, "음주측정을 위한 '동의 없는 채혈'과 '혈액의 압수'", 형사판례연구 9호, 형사판례연구회(2001), 353면 이하; 안경옥, "사인이 비밀녹음·녹화한 (비디오)테이프의 증거능력", 영남법학 9권1호, 영남대학교 법학연구소(2002), 215면 이하; 천진호, "위법수집증거배제법칙의 사인효", 비교형사법연구 제4권 제2호, 한국비교형사법학회(2002), 359면 이하; 박미숙, 각주 3)의 글, 366면 이하; 박강우, "사인이 행한 비밀녹음의 증거능력", 고시연구 31권 4호, 고시연구사(2004), 170면 이하; 오경식, "통신비밀보호법의 형사법적 검토", 형사정책 16권 1호, 한국형사정책학회(2004), 53면 이하; 조국, "개정 통신비밀보호법의 의의, 한계 및 쟁점 소고", 형사정책연구 15권 4호, 형사정책연구원(2004), 103면 이하; 오지용, "무단사진촬영과 관련한 불법행위책임의 성부", 법학연구 17권 2호, 충북대학교 법학연구소(2006), 365면 이하(민사불법행위에 관한 논문인데 선생의 견해를 절충설로 소개하고 있다); 하태영, "개정형사소송법 제308조의2 위법수집증거배제법칙의 법적 의미와 적용범위", 형사법연구 제19권 제4호, 한국형사법학회(2007), 157면 이하; 최석윤, "법이 정한 절차에 따르지 아니하고 수집된 압수물의 증거능력", 형사법연구 제20권 제1호, 한국형사법학회(2008), 259면 이하; 김종구, "사인이 수집한 형사사건의 증거와 증거배제법칙", 형사법연구 제20권 제2호, 한국형사법학회(2008), 203면 이하; 신양균, "우리나라 형사소송법상 위법수집증거배제법칙", 형사법연구 제26권 제2호, 한국형사법학회(2014), 447면 이하 등이 있다.

11) 이재상, 형사소송법(신정판), 박영사(1995), 583면. 배종대, 이상돈 교수의 교과서에서는 이재상 교수가 사인의 비밀녹음에 대하여 증거능력을 긍정하는 것처럼 소개하고 있으나(배종대, 이상돈, 형사소송법(제3판), 홍문사(1999), 580면), 이는 부정확한 인용으로 보인다. 다만, 이재상 교수는 이후 통신비밀보호법의 취지에 비추어 부정설로 견해를 변경한 것으로 보인다(이재상, 형사소송법(제5판 중판), 박영사(1999), 641면).

12) 배종대, 이상돈, 위의 책, 580면 등 다수설.

견해는 논문 이전에도 존재하던 '사인의 비밀녹음' 쟁점에 관한 견해였다는 특징이 있다. 다음으로 위법수집증거 배제법칙은 위법수사의 억제에 이론적 근거가 있으므로, 위법수사의 가능성이 없는 사인의 위법수집증거는 증명력의 평가에 있어 그 사정을 고려하면 족하다는 견해가 있다.[13] 한편 신동운 교수는 이익교량설의 적용범위와 관련하여, 3단계 이론을 권리범위설로 분류하면서, 이익형량설이라는 이름으로 침해되는 기본권의 중요성과 관계없이 모든 영역에서 공익과 사생활보호의 이익을 비교형량하여 증거배제 여부를 결정하여야 한다는 주장을 하기도 한다.[14]

Ⅳ.

위에서 본 두 건의 판결 이후 한동안 대법원에서 사인의 위법수집증거에 관한 의미있는 판시가 나오지는 않았다. 앞서 본 선거법위반 사건 판결(98도3169) 역시 고지 없는 대화자 일방의 비밀녹음에 관한 사안이기는 하나, 그러한 사정만으로 위법수집증거에 해당한다고 볼 수 없다는 대법원의 판단은 성질·형상 불변론에 따른 기계적인 결론에 불과한 것으로 보인다. 그리고 실제 재판에서 쟁점이 된 부분도 무단 녹음행위의 불법성이나 그에 따른 위법수집증거 해당 여부라기보다는 녹음테이프의 변개여부나 이와 관련한 진정성립 인정 여부에 관한 부분으로 사인의 위법수집증거 쟁점과는 다소 거리가 있다.

그러던 중 2007년 대법원 전원합의체 판결로 성질·형상 불변론이 폐기되었다.[15] 국회가 2007. 4. 30. 본회의에서 위법수집증거 배제법칙을 명문화(제308조의2)한 형사소송법 일부개정법률안을 통과시킨 이후 그 시행 직전에 이루어졌다는 아쉬움은 있으나, 성질·형상 불변론이 사라짐으로써 사인의 위법수집증거에 대한 종래 판례의 태도 또한 그대로 유지되기는 어려워 보였다.

대법원은 개정 형사소송법이 시행된지 얼마 안 된 시점이었던 2008. 6. 26. 퇴사하던 직원이 절취한 회사의 업무일지의 뒷면에 회사 운영자의 불법행위(사문서위조)의 증거가 기재되어 있었던 경우에 그 증거능력을 인정하는 판시를 내놓게 되었

---

13) 심희기, 형사소송법의 쟁점, 삼영사(2003), 385면.
14) 신동운, 신형사소송법(제3판), 법문사(2011), 1143면.
15) 각주 2)의 전원합의체 판결.

다.[16] 대법원은 위 사건 판결에서 먼저 절취한 증거에 적혀있던 내용이 「사생활 영역과 관계된 자유로운 인격권의 발현물」이라고 볼 수는 없다고 전제하였다. 그런 다음 해당 증거가 형사소추에 필수적인 증거이고, 증거 사용으로 인한 공익에 비추어 피고인이 느낄 사생활 침해는 수인하여야 할 기본권 제한의 범위에 속한다고 보아 그 증거능력을 인정하였다.

불법 수집된 증거물이 회사의 거래장부인 점에서, 원칙적으로 증거능력이 인정되는 거래영역에 속하는 증거가 아닌지 하는 의문이 있을 수도 있겠다. 그러나 실제 형사사건의 증거로 쓰인 부분이 장부에 기재된 회계처리 내역이 아니라, 이면지의 뒷면에 기재된 피고인의 사문서위조 연습 흔적이라는 점에서, 이익교량의 원칙이 지배하는 중간영역으로 보는 것이 올바른 해석이며, 결국 이 판결은 하선생이 주장했던 3단계 이론에 영향을 받은 판시로 평가할 수 있다.[17]

V.

이후 사인의 위법수집증거는 다양한 영역에서 문제되었고, 신동운 교수의 주장처럼 단계 구분 없이 이익형량설에 의하여 증거능력을 판단하였다고 볼만한 판결도 있었다.[18] 그러나 이는 헌법재판소[19]에 의하여 2015년 단순위헌결정이 내려져 폐지되기까지 강력한 규범력을 발휘하여 왔던 간통죄의 한국적 특수성이나, 종래 선례인 97도1230 판결과의 정합성 측면에서 바라볼 필요가 있다고 본다. 뿐만 아니라, 위 2008도3990 판결에서 남편이 침입한 주거는 별거하던 부인이 부동산에 이를 매물로 내 놓은 후 더 이상 거주하지 않던 공가(空家)였다는 점에서, 3단계 이론에 의할 경우에도 핵심영역에 속하는 이익이 침해되었다고 단정할 수 있는지 다소 의문이다.

---

16) 대법원 2008. 6. 26. 선고 2008도1584 판결(공간된 판결은 아님).
17) 이 사건에 관한 대법원 판례해설(이우철, "사인이 위법하게 수집(절취)한 증거의 증거능력", 대법원판례해설 76호, 법원행정처(2008), 474면 이하)도 선생의 접근방법을 비중 있게 검토하고 있다.
18) 대표적인 것이 별거중인 아내의 집에 남편이 동의 없이 들어가 간통 증거인 휴지 등을 수거하여 수사기관에 제출한 사안인 대법원 2010. 9. 9. 선고 2008도3990 판결. 신동운 교수는 판례가 자신의 이익형량설을 따르고 있다는 근거로 이 판결을 제시한다.
19) 헌법재판소 2015. 2. 26. 선고 2009헌바17 결정.

그리고 이후에 선고된 2010도12244 판결[20]에서는 법원이 사생활의 이익과 증거사용의 편익을 비교형량 함에 있어 "증거수집 과정에서 사생활 기타 인격적 이익을 침해하게 된 경위와 그 침해의 내용 및 정도"도 함께 고려하여야 한다고 판시하였는데, 이는 순수한 이익형량설의 입장이라기보다는 3단계 이론의 취지를 수용하여 변형한 것으로 해석할 수 있다.[21]

VI.

2020년대 이후에는 형사사법체제의 대변혁과 함께 현재 진행 중인 민사소송구조의 개선논의로 인하여 형사절차에 있어 사인의 증거수집에 관한 논의가 새로운 국면에 접어들 것으로 예상된다.

먼저, 형사사법체제의 대변혁과 관련하여, 실현이 난망한 과제로만 여겨졌던 검·경 수사권 조정이 현실화되고 실제 시행에까지 이르게 되면서, 사인의 증거수집 필요성이 한층 증대되게 되었다. 뿐만 아니라 논란이 있었던 「탐정업(민간조사업)」도 이를 허용하는 방향으로 법률 개정이 시작되어[22] 사인의 증거수집 가능성 또한 증대되

---

20) 대법원 2013. 11. 28. 선고 2010도12244 판결(사인이 수신이 완료된 전자우편을 해킹하여 형사사건의 증거로 제출한 사건). 이 사건에서 대법원은 해킹된 전자우편의 증거능력을 인정하였는데, 해당 전자우편이 지방자치단체 인트라넷의 업무용 계정에서 해킹되었다는 점에서, 이 사건역시 3단계 이론에서 증거사용이 절대적으로 금지되는 핵심영역에 속한다고 단정하기는 어렵다고 본다.

21) 이 사건에 대한 대법원 판례해설(김승주, "사인에 의한 위법수집증거: 비교형량론의 구체화", 대법원판례해설 98호, 법원행정처(2014), 485면 이하)에서는 신동운 교수의 이익형량설에 의할 경우 결론적으로 '형사소추의 공익'이 우월하다는 입장에 서서 그 증거능력을 인정하는 경우가 대다수가 될 가능성이 커 헌법상 자기정보결정권 보호가 무색해진다는 난점이 있다고 지적하면서, 이러한 측면에서 3단계 이론이 정당성을 가지고 있다고 평가하는 한편, 위 판결이 이를 해결하기 위해 3단계 이론을 전면적으로 취하지는 않았으나, 그 취지에 따라 인격권 보호를 위한 수정법리를 제시하였다고 평가하고 있다.

22) 2020. 8. 5. 시행된 개정 「신용정보의 이용 및 보호에 관한 법률」은 신용정보회사 이외의 자가특정인의 사생활 등을 조사할 수 없도록 한 규정을 삭제하고, 신용정보회사가 탐정업 명칭 사용을 하지 못하도록 규정하여 반대해석상 일반인의 탐정업 명칭 사용 등을 허용하는 것으로 평가되고 있다(서울신문 2020. 8. 4.자 10면 "한국판 '셜록' 간판만 '탐정' 기사 참조). 다만, 변호사법에 따라 변호사 이외의 자는 영리목적으로 타인의 법률사무를 처리할 수 없으므로, 추가적인 입법 없이 위 법률 개정만으로 탐정에 의한 형사사건의 증거수집까지 허용된다고 보기는 어렵다.

게 되었다. 향후 변호사법이 개정되어 형사사건의 증거수집행위까지 허용될 경우, 탐정이 수집한 형사사건의 증거를 어떻게 볼 것인지에 대하여는 논의가 필요하다고 생각된다. 특히 사인이 직접 수집한 증거와, (탐정과 같이) 제3자에게 위탁하여 수집한 증거를 같게 취급할 수 있는지는 쉽게 결론내리기 어려운 문제라고 본다.

다음으로 민사소송구조의 개선논의와 관련하여 문제되는 것은 디스커버리(Discovery, 증거개시)제도의 도입이다.[23] 증거개시제도의 도입은 변호사단체로부터 오래전부터 주장되고 있는 내용으로, 최근 대법원 사법행정자문회의가 그 법제화를 추진한다는 소식도 들려와 입법화 가능성이 한층 높아졌다. 증거개시제도는 민사사건에서 의료소송의 의무기록이나 제조물결함소송의 제품설계자료와 같이 소송의 승패를 좌우할 주요 증거가 한쪽 당사자에게 몰려 있어(증거의 구조적 편제) 반대 당사자가 이를 획득하기 곤란한 경우, 입증책임 분배의 일반원칙에 따라 증거를 제출하지 못한 당사자가 패소판결을 선고받게 되는 문제를 해결하기 위해 상대방이 가진 관련 증거를 모두 제출토록 강제하는 것을 말한다. 그런데 이러한 형태의 증거수집이 가능케 될 경우, 취득한 증거의 사용범위를 현실적으로 제한하기는 어려울 것이므로, 민사소송의 증거개시 결과 확인된 자료가 고스란히 형사사건의 증거로 제출되는 일이 빈번히 발생할 것으로 예상된다. 이 경우 증거개시에 의하여 획득한 자료를 사인이 수집한 증거로 보아야 할 것인지도 분명치 아니할 뿐만 아니라, 처음부터 형사사건의 증거수집을 목적으로 민사소송을 제기하는 상황도 충분히 예상할 수 있으므로(형사사건의 민사사건화[24]), 이를 어떻게 취급할 것인지에 대하여도 많은 논의가 필요하다고 본다.

VII.

지금까지 하선생의 논문이 주는 의미와 그 영향에 관하여 간략하게나마 검토해 보았다. 사인의 증거수집은 사인간 분쟁해결절차인 민사소송에서는 당연한 개념이지만, 국가형벌권의 행사절차인 형사소송에 있어서는 비교적 생소한 개념이었다. 그

---

23) 디스커버리제도의 전반적 내용에 관하여는 전원열, "민사소송절차상 디스커버리 도입에 관한 검토", 인권과 정의 501호, 대한변호사협회(2021), 110면 이하 참조.
24) 소멸시효나 기타 권리장애, 멸각사유의 존재로 인하여 민사상 청구권 인정여부가 불명확함에도 형사고소를 위하여 일단 민사소송을 제기하는 경우를 생각해볼 수 있다.

러나 이 논문을 계기로 우리나라에서도 다양한 논의가 이루어졌고, 이는 이후의 대법원 판결에도 일정부분 영향을 미쳤다. 또한 형사사법절차에서 사인의 증거수집에 관하여 새로운 문제 상황이 끊임없이 발생하고 있는 오늘의 현실에 비추어, 하선생의 견해는 앞으로도 중요한 의미를 가지고 있다고 하겠다. 다시 한 번 선생의 정년퇴임을 축하드리며, 이 글을 마치고자 한다.

통화자일방의 동의를 받은 제3자의 전화녹음과 통신비밀보호법위반*

대법원 2002.10.8. 선고 2002도123 판결[1]

[사실관계]

피고인은 1999.6.18. 11:00경 천안시 목천면 신계리 소재 모 아파트 상가내 자신이 경영하는 이용원에서 경쟁업체를 공중위생법위반죄로 고발하는 데 사용할 목적으로 공소외 원모로 하여금 같은 상가내 모 미용실 박모에게 전화를 걸어 '귓불을 뚫어주느냐'는 용건으로 통화하게 한 다음 그 내용을 녹음함으로써 공개되지 아니한 타인간의 대화를 녹음하였다.

검사는 피고인에 대한 이 사건 공소사실을 적시함에 있어 피고인이 공소외 원모를 시켜 박모와 통화하게 한 다음 그 내용을 녹음하였다고 하여 전화통화의 감청사실을 기재한 후 이를 공개되지 아니한 타인간의 대화를 녹음한 것이라고 하였다.

---

* 출처: 「안암법학」 제17호, 2003, 75~98면.
1) 집50(2)형,736; 공2002.12.1.(167), 2770.

구 통신비밀보호법(2001.12.29. 법률 제6546호로 개정되기 전의 것)에서는 그 규율의 대상을 통신과 대화로 분류하고 그 중 통신을 다시 우편물과 전기통신으로 나눈 다음, 동법 제2조 제3호로 '전기통신'이라 함은 유선·무선·광선 및 기타의 전자적 방식에 의하여 모든 종류의 음향·문언·부호 또는 영상을 송신하거나 수신하는 것을 말한다고 규정하고 있는바, 전화통화가 위 법에서 규정하고 있는 전기통신에 해당함은 전화통화의 성질 및 위 규정 내용에 비추어 명백하므로 이를 동법 제3조 제1항 소정의 '타인간의 대화'에 포함시킬 수는 없고, 나아가, 동법 제2조 제7호가 규정한 '전기통신의 감청'은 그 전호의 '우편물의 검열' 규정과 아울러 고찰할 때 제3자가 전기통신의 당사자인 송신인과 수신인의 동의를 받지 아니하고 같은 호 소정의 각 행위를 하는 것만을 말한다고 풀이함이 상당하다고 할 것이므로, 전기통신에 해당하는 전화통화 당사자의 일방이 상대방 모르게 통화내용을 녹음(위 법에는 '채록'이라고 규정한다)하는 것은 여기의 감청에 해당하지 아니하지만(따라서 전화통화 당사자의 일방이 상대방 몰래 통화내용을 녹음하더라도, 대화 당사자 일방이 상대방 모르게 그 대화내용을 녹음한 경우와 마찬가지로 동법 제3조 제1항 위반이 되지 아니한다), 제3자의 경우는 설령 전화통화 당사자 일방의 동의를 받고 그 통화내용을 녹음하였다 하더라도 그 상대방의 동의가 없었던 이상, 사생활 및 통신의 불가침을 국민의 기본권의 하나로 선언하고 있는 헌법규정과 통신비밀의 보호와 통신의 자유신장을 목적으로 제정된 통신비밀보호법의 취지에 비추어 이는 동법 제3조 제1항 위반이 된다고 해석하여야 할 것이다(이 점은 제3자가 공개되지 아니한 타인간의 대화를 녹음한 경우에도 마찬가지이다).

[사건경과]

원심(대전지법 2001.12.13. 선고 2001노237 판결)은, 개정 전 통신비밀보호법(2001.12.29. 법률 제6546호로 개정되기 전의 것) 제3조에서 공개되지 아니한 타인간의 대화를 녹음하는 행위를 금지하는 이유는 대화당사자 사이에 대화의 비밀성을 보장하는 것이고, 대화의 일방이 상대방과의 대화를 상대방의 승낙 없이 녹음하는 경우에는 위 조문의 구성요건에 해당하지 아니하는 점 등을 고려해 보면 피고인이 일방당사자의 동의를 받아 녹음한 이 사건 행위는 대화자 일방의 상대방 승낙 없는 녹음행위와 동일하다고 볼 것이라는 이유로 무죄를 선고한 원심을 그대로 유지하였다. 이에 대하여 검사가 상고하였다.

[연구]

Ⅰ. 판결의 의미와 논점제기

1. 판결의 의미

평석대상판결은 통신비밀보호법(이하 통비법)의 규율대상과 금지행위의 유형에 관한 판결이다. 이 판결 이전에도 타인간의 전화통화의 녹음을 불법감청으로 보고 통비법 제4조에 의하여 증거능력을 부정한 판결(대법원 2001.10.9. 선고 2001도3106 판결)[2]이 있었다. 이 판결에서는 ① 전화통화가 통비법 제2조 제3호의 '전기통신'에 해당하는지, 아니면 제3조 제1항의 타인간의 '대화'에 포함되는지, ② 전화통화내용의 녹음이 제2조 제7호에서 규정한 전기통신 등에 대한 당사자 동의 없이 기계장치 등을 사용한 채록에 해당하여 감청이라고 볼 것인지, ③ 감청에 해당하더라도 전화통화의 일방당사자가 통화상대방 모르게 통화내용을 녹음하는 행위가 제3조 제1항에 위반되는지, 아니면 이와는 달리 제3자가 전화통화 당사자 일방의 동의를 받고 그 통화내용을 녹음한 행위만 제3조 제1항에 위반되는 것인지 등에 관해서 검토·언급하고 있다. 이는 제3조 제1항의 당사자의 동의를 일방당사자로 볼 것인지(일방동의

---

2) 대법원 2001.10.9. 선고 2001도3106 판결: "…녹음테이프 검증조서의 기재 중 피고인과 공소외인 간의 대화를 녹음한 부분은 공개되지 아니한 타인간의 대화를 녹음한 것이므로 위 법 제14조 제2항 및 제4조의 규정에 의하여 그 증거능력이 없고, 피고인들간의 전화통화를 녹음한 부분은 피고인의 동의 없이 불법감청한 것이므로 위 법 제4조에 의하여 그 증거능력이 없다. 또한, 녹음테이프 검증조서의 기재 중 고소인이 피고인과의 대화를 녹음한 부분은 타인간의 대화를 녹음한 것이 아니므로 위 법 제14조의 적용을 받지는 않지만, 그 녹음테이프에 대해서 실시한 검증의 내용은 녹음테이프에 녹음된 대화의 내용이 검증조서에 첨부된 녹취서에 기재된 내용과 같은 것에 불과하여 증거자료가 되는 것은 여전히 녹음테이프에 녹음된 대화의 내용이라 할 것인바, 그 중 피고인의 진술내용은 실질적으로 형사소송법 제311조, 제312조 규정 이외에 피고인의 진술을 기재한 서류와 다를 바 없으므로, 피고인이 그 녹음테이프를 증거로 할 수 있음에 동의하지 않은 이상 그 녹음테이프의 검증조서의 기재 중 피고인의 진술내용을 증거로 사용하기 위해서는 형사소송법 제313조 제1항 단서에 따라 공판준비 또는 공판기일에서 그 작성자인 고소인의 진술에 의하여 녹음테이프에 녹음된 피고인의 진술내용이 피고인이 진술한 대로 녹음된 것이라는 점이 증명되고 그 진술이 특히 신빙할 수 있는 상태하에서 행하여진 것으로 인정되어야 한다."

설), 아니면 쌍방당사자로 볼 것인지(쌍방동의설), 아니면 녹음주체를 전화통화의 일방 당사자와 제3자로 구분하여 달리 볼 것인지에 관한 문제이다.

이전의 판결 중에는 피해자가 피고인으로부터 걸려온 전화내용을 비밀녹음한 녹음테이프의 증거능력에 관해서 위법하게 수집된 증거라고 할 수 없다고 하여 통비법의 불법감청 또는 대화녹음인지에 관한 언급 없이 증거수집의 적법성을 인정하여(대법원 1997.3.28. 선고 97도240 판결) 전화통화의 일방당사자에 의한 통화내용 녹음은 통비법위반이 아니라고 본 것이라고 평가할 수 있는 판결이 있고, 사인이 대화상대방 몰래 대화내용을 녹음한 경우 증거능력을 인정한 것(대법원 1999.3.9. 선고 98도3169 판결)³)으로 보아 대화녹음의 경우 일방동의설에 따라 통비법위반여부를 판단했다고 평가할 수 있을 것이다.⁴)

2. 문제제기

이 판결의 내용 중에서 ① 전화통화가 통비법 제2조 제3호의 '전기통신'에 해당하는지, 아니면 제3조 제1항의 '타인간의 대화'에 포함되는지에 관해서는 구 통비법 제2조 제3호에 개정 통비법과는 달리 '전화·전자우편·회원제정보서비스·모사전송·무선호출'과 같은 예시 없이 '유선·무선·광선 및 기타 전자적 방식에 의하여 모든 종류의 음향·문언·부호 또는 영상을 송신하거나 수신하는 것'으로 정의하고 있지만, 전화가 전기통신에 해당함은 이론의 여지가 없다.⁵) 물론 원심은 전화를 전기통

---

3) 대법원 1999.3.9. 선고 98도3169 판결: "수사기관이 아닌 사인이 피고인 아닌 사람과의 대화내용을 녹음한 녹음테이프는 형사소송법 제311조, 제312조 규정 이외의 피고인 아닌 자의 진술을 기재한 서류와 다를 바 없으므로, 피고인이 그 녹음테이프를 증거로 할 수 있음에 동의하지 아니하는 이상 그 증거능력을 부여하기 위하여는 첫째, 녹음테이프가 원본이거나 원본으로부터 복사한 사본일 경우에는 복사과정에서 편집되는 등 인위적 개작 없이 원본의 내용 그대로 복사된 사본일 것, 둘째 형사소송법 제313조 제1항에 따라 공판준비나 공판기일에서 원진술자의 진술에 의하여 그 녹음테이프에 녹음된 각자의 진술내용이 자신이 진술한 대로 녹음된 것이라는 점이 인정되어야 할 것이고, 사인이 피고인 아닌 사람과의 대화내용을 대화상대방 몰래 녹음하였다고 하더라도 위 판시와 같은 조건이 갖추어진 이상 그것만으로는 그 녹음테이프가 위법하게 수집된 증거로서 증거능력이 없다고 할 수 없으며, 사인이 피고인 아닌 사람과의 대화내용을 상대 몰래 비디오로 촬영 녹음한 경우에도 그 비디오테이프의 진술부분에 대하여도 위와 마찬가지로 취급하여야 할 것이다."
4) 심희기, "통화·대화의 당사자녹음·청취와 제3자 녹음·청취의 적법성-대법원 2002.10.8. 선고 2002도123 판결, 통신비밀보호법위반-", 「고시연구」, 2002.12, 203면.

신으로 보지 않고 제3조의 타인간의 대화로 보고 있지만 이는 전기통신의 법적 개념 정의에 맞지 않는 해석으로 보인다. 원심판결 직후에 통비법 제2조 제3호가 개정되어 명시적으로 전화를 예시적으로 열거하고 있고, 이 개정규정을 적용하지 않더라도 구 통비법상으로도 전화를 유·무선에 의한 음향의 송수신으로 볼 수 있기 때문에 전화는 타인간의 대화가 아니라 전기통신으로 보는 것이 타당하다.

　문제는 전화의 일방당사자가 상대방과의 전화통화내용을 비밀리에 녹음하는 행위와 제3자가 전화통화의 일방당사자의 동의를 얻어 통화내용을 비밀리에 녹음하는 행위가 통비법상의 감청에 해당하는지이다. 즉 ② 전화통화내용의 녹음이 제2조 제7호에서 규정한 전기통신 등에 대한 당사자 동의 없이 기계장치 등을 사용한 채록에 해당하여 감청이라고 볼 것인지와, ③ 감청에 해당하더라도 전화통화 당사자의 일방이 상대방 모르게 통화내용을 녹음하는 행위가 제3조 제1항에 위반되는지, 아니면 이와는 달리 제3자가 전화통화 당사자 일방의 동의를 받고 그 통화내용을 녹음한 행위만 제3조 제1항에 위반되는 것인지이다.

　②에 관해서는 통비법이 제2조 제7호에서 '감청'을 '전기통신에 대하여 당사자의 동의 없이 전자장치·기계장치 등을 사용하여 통신의 음향·문언·부호·영상을 청취·공독하여 그 내용을 지득 또는 채록하거나 전기통신의 송·수신을 방해하는 것'으로 개념정의하여 과연 전화통화를 녹음하는 것이(전화기에 부착되어 있는 녹음기능을 이용하든지, 아니면 별도의 녹음기로 녹음하든지) 청취·공독을 위하여 기계장치를 사용한 것으로 볼 수 있는지, 아니면 전자장치·기계장치가 통신의 음향 등을 청취·공독, 내용 지득 또는 채록 중 어느 하나의 과정에 사용되면 족하다고 보아 전화통화녹음도 감청으로 볼 수 있는지 문제된다.

　전화통화의 녹음을 감청으로 보더라도 ③ 전화통화 당사자의 일방이 상대방 모르게 통화내용을 녹음하는 행위가 제3조 제1항에 위반되는지, 아니면 이와는 달리 제3자가 전화통화 당사자 일방의 동의를 받고 그 통화내용을 녹음한 행위만 제3조 제1항에 위반되는 것인지도 다툼의 대상이 되고 있다. 이 판결에서는 전화통화 일방당사자의 녹음행위와 제3자의 일방당사자의 동의에 의한 녹음행위를 구별하여 전자의 경우에는 당사자의 동의를 일방동의로, 후자의 경우에는 쌍방동의로 해석하여 전자

---

5) 신구 통비법의 관련조문은 「참조조문」을 참고할 것.

는 통비법위반이 아니고 후자만 통비법위반으로 보고 있다.

이러한 해석은 휘발성의 발언이 음성녹음으로 저장됨으로써 발언의 도달범위가 발언자가 정한 범위를 넘어서게 되어 통신(대화)의 비밀 및 통신(대화)의 자유가 제한된다는 점에서 통비법에 충실한 해석인가가 의문이다. 그러나 통비법 제3조 제1항의 '타인간'의 대화라는 문언에 충실한 해석의 결과라고 보더라도 과연 제3자가 일방당사자의 동의를 얻어 녹음한 행위를 일방당사자에 의한 녹음 행위와 달리 보아야 할 타당한 근거가 있는 것인지도 의문이다. 또한 이 판결에서 통비법 '제2조 제7호가 규정한 전기통신의 감청을 그 전호의 우편물의 검열규정과 아울러 고찰할 때 제3자가 전기통신의 당사자인 송신인과 수신인의 동의를 받지 아니하고 같은 호 소정의 각 행위를 하는 것만을 말한다고 풀이함이 상당하다고 할 것'이라고 하여 쌍방동의설을 취하면서도 제3자가 일방당사자의 동의를 얻은 경우에도 제2조 제7호의 전기통신감청으로 보는 근거가 무엇인지 밝혀져야 한다.

II. 통신비밀보호법의 보호법익과 규율대상

1. 입법목적 및 보호법익

통비법은 일정한 요건하에 범죄수사 및 국가안보 등을 위한 통신제한조치(즉 우편물의 검열과 전기통신의 감청)를 합법화하고 이와 같은 요건과 절차를 충족하지 못한 감청이나 대화녹음 등의 행위를 처벌함으로써 통신비밀을 보호하고 통신의 자유를 신장하기 위한 목적으로 제정되었다.

개인의 인격권의 발현은 개개인에게 공동체, 국가나 타인과의 관계 속에서 사적인 자유 및 비밀공간을 보장하여야 가능하다. 발언의 비밀성, 수신범위결정권과 발언의 자연스러움을 내용으로 하는 통신 및 대화의 비밀과 (표현의) 자유가 여기에 속한다.[6] 따라서 통비법의 입법목적에 비추어 통비법은 일반적 인격권의 내용으로서 자신의 발언이나 말(전기통신을 포함하여)에 대한 권리침해를 금지하고 있다고 본다. 이는 타인의 자연스러운 대화, 즉 일시적이고 휘발적이며 언제나 수정가능하고 더 발전시킬 수 있는 발언에 대한 자기결정권[7]을 의미한다. 대화자의 발언이 발언자가 정

---

6) Sch/Sch/Lackner, StGB, 26.Aufl., §201 Rdn.2; Rudolphi/Horn/Samson, SK-StGB, §201 Rdn.2.

7) BVerfGE 34, 238.

한 수신자의 범위를 넘어서 제3자가 비밀리에 듣고 있다고 걱정하거나 녹음되고 있을지도 모른다고 염려하면서 대화한다면 그렇지 않은 경우보다 더욱 조심스럽게 표현할 것이기 때문에 발언의 자연스러움과 비밀성은 침해되게 된다.

2. 전기통신의 감청과 비공개의 타인간 대화의 녹음 또는 청취

통비법은 행위대상을 통신과 대화로 구분하고 전자에는 우편물과 전기통신이 포함된다(제2조). 전기통신의 감청과 공개되지 아니한 타인간 대화의 녹음 또는 청취를 규율대상으로 한다(제3조). 통신은 직접 대면하지 않고 행해지는 의사(정보)의 교환을 말하며, 대화는 전자적 방식의 중계에 의하지 않은, 원칙적으로 장소적으로 근접한 현장에 있는 당사자간의 육성에 의한 의사소통행위를 말한다.[8] 따라서 무선호출기의 음성메시지, 전화수화기상의 송화자의 발언은 화자의 육성이 전자적 장치를 통과하면서 변조 등의 과정중에 있거나 그 과정을 거쳐 재합성된 것이고, 육성의 통상적인 도달거리 밖에 있는 당사자간의 의사전달행위로서 대화가 아니라 전기통신이다.[9] 구두대화는 서면이나 다른 부호(모르스부호 등)로 표현된 말과 대비되는 개념이다.

비공개에 관해서는, 수인 사이의 대화의 경우에는 참가자 또는 청취자가 제한되어 있는지, 발언장소가 어디인지, 아니면 제3자에게 공개되어 있는지에 따라 공개되지 아니한 대화인지를 판단해야 한다. 일반적으로 대중연설은 공개성이 인정되지만, 정당의 회의나 전당대회처럼 다수인이 참가하는 대중집회라 하더라도 참석자의 범위가 한정되어 있다면 공개되지 아니한 대화일 수 있다. 신분확인을 거쳐 입장시키는 등 출입통제와 같은 특별한 조치가 있는 경우에는 공개성을 부정하여야 한다. 노조의 집회처럼 참가자가 제한되어 있지만 공개된 장소에서 확성기를 통하여 발언하는 경우에는 비공개성은 부정되어야 한다. 비공개적이지만 실제적인 공개성을 인정해야 하는 경우도 있다. 예컨대 경찰의 무전통신이나 콜택시의 무선통신처럼 공개적인 대화는 아니지만 통상적인 수신기로 들을 수 있는 대화는 비공개성이 부정되어야 한다.[10]

통비법의 금지행위는 제3조 및 제16조의 우편물검열, 전기통신감청(청취 등, 지득

---

8) 권영세, "현행 통신비밀보호법상 '감청행위'의 의의 및 범위", 「저스티스」 통권 제46호, 1997.12, 134면.
9) 권영세, 앞의 논문, 134면.
10) Sch/Sch/Lackner, StGB, §201 Rdn.9.

또는 채록과 전기통신의 송수신방해행위 포함), 대화녹음 또는 청취, 제4조 및 제14조의 증거사용금지와 제16조의 앞의 행위에 의하여 취득한 통신 또는 대화의 내용공개 또는 누설 등이다. 여기서 채록에 녹음도 포함될 것인가에 대해서는 녹음과 채록은 그 통상적인 언어의 용법이 다르지만 통비법에서는 전기통신의 경우는 채록으로, 대화의 경우는 녹음으로 구별하여 사용하고 있다고 해석할 수 있겠다. 이 판결에서도 전화통화의 녹음을 채록으로 이해하고 있다.

통비법은 제14조에서 '누구든지 공개되지 아니한 타인간의 대화를 녹음하거나 전자장치 또는 기계적 수단을 이용하여 청취할 수 없다'고 규정하여 단순히 제3자가 대화를 엿듣는 행위는 금지되는 행위로 보지 않는다.[11] 대화는 전기통신도 아니고, 전자장치·기계장치 등을 이용한 청취도 아니므로 감청도 아니고 제14조의 의미의 청취도 아니고 녹음도 아니다. 따라서 통비법의 금지행위에 해당하지 않는다.

3. 감청과 녹음

(1) 의미

녹음은 일시적이고 휘발성의 발언을 언제든지 직접 재현가능한 음성저장물형태로 변형시켜 발언의 자연스러움을 침해하는 행위를 말하며, 감청은 기술적인 수단으로 대화와 통신의 비밀성을 침해하면서 청취(자)의 범위를 확장시키는 것을 말한다. 녹음의 경우에는 자신이 행한 발언에 대하여 녹음여부, 녹음자, 재생여부 및 재생시의 청취자 등을 발언자 스스로 정할 수 있는 발언(말)에 대한 자기결정권이 침해되는 것이다. 마찬가지로 감청의 경우도 통신 및 대화의 비밀과 수신자의 범위를 정할 권리가 침해된다.

감청은 전자장치, 기계장치 등을 통하여 이루어져야 한다. 감청설비라 함은 대화 또는 전기통신의 감청에 사용될 수 있는 전자장치·기계장치 기타 설비를 말한다. 다만 전기통신 기기·기구 또는 그 부품으로서 일반적으로 사용되는 것 및 청각교정을 위한 보청기 또는 이와 유사한 용도로 일반적으로 사용되는 것은 제외된다. 따라서 감청설비는 타인의 발언을 증폭하거나 전송함으로써 원래 화자가 예상했던 정상적인 발언의 도달범위를 확장시켜 수신자의 범위가 확대되도록 하는 일체의 장치(예컨

---

11) 권영세, 앞의 논문, 135면.

대 지향성 마이크, 초소형 송신기, 전화도청기 등)를 말한다.[12] 그러나 전화기에 부착된 스피커폰이나 브란치(extension phone)와 같이 전화통화를 함께 들을 수 있는 장비는 일반화된 것이고 통상적인 전화기에 내장된 것이어서 통화자는 이를 통해서 제3자가 함께 들을 수도 있다는 것을 예상할 수 있는 것이기 때문에 감청설비가 아니라고 본다.[13] 이에 반해서 감청목적으로 브란치를 설치하였다면 감청설비에 해당한다.

(2) 대화감청을 규율하고 있는가

통비법상 전기통신의 감청행위는 금지된다(제13조). 여기서 감청이라 함은 전기통신에 대하여 당사자의 동의 없이 전자장치, 기계장치 등을 사용하여 통신의 음향·문언·부호 또는 영상을 청취·공독하여 그 내용을 지득 또는 채록하거나 전기통신의 송수신을 방해하는 행위를 말한다(제2조 제7호).

그렇다면 통비법은 대화감청을 규율하고 있는가. 통비법 제2조 제7호에 의하면 감청대상을 전기통신으로 보아 대화는 제외되는 것으로 보인다.[14] 그러나 동법 제2조 제8호는 감청설비를 대화 또는 전기통신의 감청에 사용될 수 있는 전자장치·기계장치 기타 설비로 보아 대화도 감청대상으로 보고 있다. 감청은 화자에 의해서 정해진 발언의 도달범위를 넘어서 수신자의 범위를 기계장치 등을 사용하여 확대하는 행위를 말한다. 그렇다면 제3자가 대화를 아무런 기계적 장치 없이 엿듣는 것은 감청에 해당하지 않는다.[15] 이에 반해서 옆방에서 청진기를 벽에 대고 듣는 행위는 감청에 해당한다고 본다. 따라서 대화감청도 가능하며 통비법이 규율하고 있다고 해석하여야 한다.

(3) 전화통화녹음이 감청인가

전화통화녹음이 감청에 해당하는가, 과연 전화기에 내장된 녹음장치를 이용하는 것이 감청설비에 해당하는 기술적 수단에 의한 음향의 청취인가. 미국법은 통신내용을 전자적 방법에 의하여 획득하는 감청행위로 본다고 한다.[16] 독일 형법 제201조

---

12) Sch/Sch/Lackner, StGB, 26. Aufl, §201 Rdn.19; Rudolphi/Horn/Samson, SK-StGB, §201 Rdn.18.
13) 감청설비에 해당한다는 견해로는 Sch/Sch/Lackner, StGB, §201 Rdn.19.
14) 권영세, 앞의 논문, 117면.
15) 권영세, 앞의 논문, 124면.
16) 권영세, 앞의 논문, 125면. 미국법상의 도청 등에 관해서는 윤정석, "도청 및 전자적 감시방법의

제2항은 감청대상을 행위자가 알지 못하도록 되어 있는 타인의 말로 보기 때문에 전화통화의 일방당사자는 감청의 주체가 될 수 없고, 이를 녹음했다면 제201조 제1 항의 권한 없이 공개되지 아니한 타인의 발언을 녹음하는 행위에 해당한다.

통비법은 전자장치·기계장치 등을 사용하여 통신의 음향 등을 청취·공독하여 그 내용을 지득 또는 채록하는 것을 감청으로 개념정의하고 있으므로 청취·공독을 위 하여 장치를 사용하는 것으로 해석해야 한다. 따라서 전화와 같은 전기통신을 녹음 기로 녹음하는 행위는 감청이 아니다. 이에 반해서 전자장치·기계장치가 통신의 음 향 등을 청취·공독, 내용지득 또는 채록 중 어느 하나의 과정에 사용되면 족하다고 보아 전화통화녹음도 감청으로 보는 견해[17]도 있다. 녹음은 일시적이고 휘발성의 발 언을 언제라도 직접적으로 재생가능한 음성저장물형태로 고정시키는 행위이고 발언 의 자연스러움을 침해하는 것이므로 일방당사자에 의한 전화녹음은 감청에 해당한 다고 한다. 그러나 감청이 아니라는 입장에서는 타인의 대화녹음으로 볼 수밖에 없 고 우리 현행법은 타인간의 대화만을 규율대상으로 하고 있기 때문에 일방당사자에 의한 전화녹음은 - 부당하지만 - 통비법위반이 아니라고 볼 수밖에 없다.

Ⅲ. 당사자 일방의 동의와 통비법위반

1. 감청의 경우

(1) 전화통화의 일방당사자의 녹음행위

통비법 제2조 제7호의 당사자의 동의가 일방당사자의 동의를 의미하는가, 아니면 쌍방당사자를 의미하는가. 제2조 제4호에서 당사자를 우편물의 발송인과 수취인, 전기 통신의 송신인과 수신인으로 개념정의하고 있기 때문에 양 당사자로 보아야 하는가.

일방동의설은 일방당사자의 동의가 있는 경우에는 '당사자의 동의'가 있는 것으로 보아 감청이 허용된다고 본다.[18] 일방당사자의 동의가 있으면 통신의 비밀성이 인정

사용에 관한 법리상 문제점", 「법조」, 1993.5(상), 6(중), 7(하) 참조.

17) 권영세, 앞의 논문, 127면.

18) 이재상, 형사소송법, 박영사, 2002, 209면; 이재상, "현행법상 도청의 법리와 그 개선방향", 「형사 정책연구」 제7권 제2호(통권 제26호), 1996, 212면; 천진호, "위법수집증거배제법칙의 사인적 효 력", 「법조」, 2003.3, 133면.

되지 않는다는 것을 논거로 한다. 이에 반해서 쌍방동의설[19]에 의하면 예컨대 전화 통화 당사자 일방의 동의를 받고 그 통화 내용을 녹음한 경우에 그 상대방의 동의가 없었다면 사생활 및 통신의 불가침을 국민의 기본권의 하나로 선언하고 있는 헌법규 정과 통신비밀의 보호와 통신의 자유신장을 목적으로 제정된 법의 취지에 비추어 이 는 동법 제3조 제1항 위반이 된다.

전화통화의 경우에 통신비밀은 통화자간에 적용되는 것이 아니기 때문에 각자가 제3자에게 통화내용을 듣게 하는 것은 각각의 통화자의 자유라고 본다. 전화의 경우 일방당사자가 예컨대 스피커폰을 이용하여 통화하면 타인이 청취할 수 있을 것임은 통화자 각자가 예견할 수 있기 때문에 전화통화자는 이를 전제로 대화할 것이다. 그 렇다 하더라도 녹음의 경우는 다르다고 본다. 상대방에게 녹음행위까지 수인할 것을 기대할 수는 없다. 자신의 발언이 재생가능한 형태로 남아 언제 누구에게라도 공개 될 수 있다면 이를 원치 않는 전화통화자는 자신의 발언의 수신자의 범위 등을 결정 할 수 있는 권리가 침해되기 때문이다. 따라서 통비법상의 불법감청으로 보아야 할 것이다.[20] 전기통신의 경우 비록 당사자 일방이 동의하였다 하더라도 여전히 다른 당사자의 사생활, 일반적 인격권, 통신의 비밀, 사생활 비밀의 자유, 정보에 대한 자 기결정권 등이 침해된다. 또한 통비법 제2조 4호가 당사자를 송신인과 수신인으로 보기 때문에 전기통신의 양방당사자의 동의가 없었다면 불법감청이 된다고 보는 것 이 타당하다.

(2) 제3자의 전화통화 일방당사자의 동의를 받은 녹음행위

제3자의 사주를 받고 전화통화의 일방당사자가 녹음했다면 일방당사자의 녹음행 위는 타인간의 대화를 녹음한 것이 아니므로 통비법위반행위가 아니다. 따라서 사주 한 제3자는 교사범이 될 수 없다. 그렇다면 간접정범이 성립될 수 있는가. 그렇지 않다. 일방 당사자의 녹음행위는 통비법의 구성요건에 해당하지 않는 행위이기 때문 에 처벌되지 않는 자를 이용한 것이지만 정을 알고 있으므로 간접정범의 정범성인

---

19) 백형구, 알기쉬운 형사소송법, 2002, 363면; 신동운, 형사소송법 Ⅰ, 1997, 258면; 배종대·이상
   돈, 형사소송법, 2001, 216면 이하; 신양균, 형사소송법, 2000, 224면; 심희기, 형사소송법의 쟁점
   (제2판), 2002, 414면.
20) 권영세, 앞의 논문, 127면.

의사지배를 인정할 수 없을 것이다.

제3자의 부탁을 받고 상대방과 대화하면서 이를 제3자가 녹음할 것을 알면서 녹음에 동의했다면 달라지는가. 통비법이 규율대상을 대화 중 '타인간'의 대화로 한정한 것은 당사자의 일방이 상대방 모르게 비밀리에 녹음을 하더라도 그 상대방은 당사자간에 알려질 것을 전제로 대화하기 때문에 상대방의 법익이 침해된 것이 아니어서 처벌되는 행위가 아니라고 본 것이라면 제3자가 녹음하더라도 당사자 일방의 동의가 있는 이상 대화의 비밀성은 침해되는 것은 아니다. 따라서 대화의 녹음의 경우에 대화의 일방당사자에 의한 녹음인가, 아니면 제3자가 일방당사자의 동의를 받은 녹음인가를 구별할 성질상 차이가 없다.

그렇다면 전화통화와 대화를 구별해야 하는가. 양자는 대화의 비밀성과 녹음행위가 대화의 자연스러움을 해쳐 대화내용을 재생가능한 상태로 만든다는 점에서는 차이가 없다. 다만 대화가 전기통신이라는 수단을 이용한 것인가 아니면 육성인가의 차이일 뿐이다. 따라서 통비법이 타인간의 대화의 녹음을 금지했다면 금지된 행위는 제3자가 대화의 양 당사자 모르게 녹음한 경우로 제한하여야 한다. 이는 전화통화의 녹음의 경우도 마찬가지이다.

2. 대화의 경우

(1) 대화의 일방당사자가 상대방의 동의를 받지 않고 녹음하는 경우

통비법은 대화의 경우에 공개되지 아니한 타인간의 대화만을 규율대상으로 한다.[21] 따라서 대화의 일방당사자가 상대방의 동의를 받지 않고 녹음하는 행위는 통비법상의 위법행위는 아니다.[22] 이에 반해서 당사자 일방에 의한 비밀녹음도 통비법이 금지하고 있는 타인간의 대화의 녹음금지에 해당한다고 보는 견해[23]도 있다. 통비법의 입법목적과 기본권보호를 고려한다면 '타인간의 대화의 녹음금지'란 법문의 의미에서 당사자 일방에 의한 녹음의 경우를 제외할 필요는 없다는 것이다.

물론 전화의 일방당사자가 상대방 몰래 녹음하는 경우처럼 자신의 발언에 대한

---

21) 이에 대한 반대 견해로는 변종필, "사인이 위법수집한 증거의 증거능력-대법원 판례를 중심으로-", 「법률정보판례연구」 제1집 제1호, 법률정보판례연구회, 1999. 11, 77면 참조.

22) 천진호, 앞의 논문, 136면.

23) 변종필, 앞의 논문, 77면 이하.

권리를 포함하는 인격권이 침해된다. 그러나 '타인간의 대화'라는 법문언의 의미에 충실한 해석에 의하면 당사자 일방의 대화녹음행위는 통비법상 규제대상이 아니라고 보아야 한다. 대화의 비밀과 상대방의 사생활 보호라는 기본권보장의 측면에서는 입법론적으로 통비법의 규율대상을 '타인간'의 대화가 아니라 '타인의 발언'으로 하여 대화나 통신의 당사자가 상대방 몰래 녹음하는 행위도 금지하여야 할 것이다.

(2) 제3자가 대화자 일방의 동의를 얻고 몰래 녹음하거나 숨어서 듣는 경우

통비법상의 규율대상이 아니다. 왜냐하면 통비법은 타인간의 대화의 녹음이나 청취를 금지하고 있기 때문이다. 그러나 제3자가 대화자 일방의 동의를 얻었지만 대화상대방은 이를 알지 못하기 때문에 대화의 일방당사자가 상대방의 동의를 받지 않고 녹음하는 경우처럼 대화상대방의 기본권침해로 보아야 한다.

3. 독일 판례의 입장[24]

(1) 전화통화의 일방이 피고인 몰래 녹음한 녹음테이프[25]

독일 형법 제201조에 의하면 비공개로 행한 타인의 발언을 녹음하거나 이렇게 녹음된 것을 사용하거나 제3자로 하여금 접할 수 있게 하는 자는 처벌된다. 연방대법원의 판결에 의하면 피고인과의 사적인 대화를 비밀리에 녹음한 녹음테이프는 피고인의 동의가 없는 한 그에 대한 유죄의 증거로 사용할 수 없다. 이에 대한 법적 근거로서 불가침인 인간의 존엄성(기본법 제1조 제1항), 인격의 자유로운 발현권(기본법 제2조 제1항)과 인권 및 자유권보호에 관한 협약 제8조에 따른 사생활과 가족생활의 존중요구를 들고 있다. 특히 인격의 자유로운 자기결정권에는 저작권과 마찬가지로 자

---

24) 이에 관해서는 원형식, "형사소송법상의 증거사용금지에 관한 연구",「형사정책연구」제9권 제1호, 1998 봄호, 209면 이하 참조.

25) BGHSt 14, 358(사건개요: 변호사인 피고인은, A녀에 대한 강간죄로 유죄판결을 받은 상인 K에 대한 형사사건에서 부대소송제기자인 A녀를 대리하였다. 항소한 K는 그의 변호인을 통하거나 여자친구를 통해서 A녀가 요구한 피해변상을 하는 조건으로 A녀가 1심에서 한 증언을 자기에게 유리하게 변경할 것인지에 관해서 피고인과 협상하였다. K의 여자친구는 협상을 위해서 피고인의 변호사사무실을 1회 방문하였고 피고인과 2회 전화통화를 하였다. 그러나 항소심에서 K는 피해변상을 조건으로 증언을 변경하도록 부탁한 것은 자기가 아니라 피고인이었다고 진술하였다. 이에 대한 증거로서 K의 여자친구가 3회에 걸친 피고인과의 대화를 피고인 모르게 비밀녹음한 녹음테이프를 제출하였다 모든 참여자의 동의하에 녹음테이프를 청취하였다).

신이 행한 발언에 대한 권리도 포함된다. 따라서 화자는 누가 자신의 발언을 들을 수 있고 녹음할 수 있는지 또는 청취자의 기억에서 지워야 할 것인지 등을 결정할 권리를 갖는다. 발언과 음성을 녹음해도 되는지, 녹음테이프를 재생시켜도 되는지 등을 결정할 권리는 화자에게 있다. 녹음은 언어를 화자로부터 분리시켜 객체로 독립시키기 때문에 양도가능한 물건처럼 바꾸어 버린다. 또한 자신의 발언이 녹음되어 재생될 수 있다고 생각한다면 사상의 자유로운 표현과 자유로운 언어구사가 제한되거나 방해받아 인격의 자유로운 발현이 저해되고 인간관계를 해치게 된다.

인간은 공동체 내에서 살아가기 때문에 인격권은 타인의 권리, 헌법질서와 도덕률 등의 한계를 갖는다. 따라서 자신의 행한 발언에 대한 권리도 이러한 한계를 위법하게 초과한 경우에는 침해된 법익에 대한 방위와 침해된 법 또는 도덕질서의 회복을 수인해야 하며 이를 위해서 비밀녹음이 상당한 수단이라면 녹음테이프의 증거평가에 대해서 이의를 제기할 수 없게 된다.

이러한 사유가 존재하지 않기 때문에 이 사안에서 비밀녹음행위의 위법성을 인정하였다. 더 나아가 비밀녹음을 통해서 피고인의 일반적인 인격권이 침해되었고 이를 증거로 사용하게 된다면 피고인의 권리가 다시 침해되기 때문에 증거사용을 금지하였다. 증거사용금지의 이론적 근거는 형사소송법상 진술강요금지규정(제136조 제1항)과 의사결정 및 의사표현의 자유(제136a조)에 대한 침해금지에서 구하고 있다.

(2) 대화의 일방이 비밀리에 녹음한 녹음테이프[26]

계약체결에 관한 대화내용을 비밀리에 녹음한 사건에 대해서 연방헌법재판소는 기본법 제1조 제1항의 불가침인 인간의 존엄성과 국가권력에 대한 이의 존중과 보호요구, 제2조 제1항의 인격의 자유로운 발현권을 근거로 공권력이 침해할 수 없는 개인의 사적 생활형성의 영역을 인정하고, 절대적으로 보호되는 핵심영역은 우월한 공공의 이익이 있다고 하더라도 비례의 원칙에 입각한 비교교량이 행해질 수 없음을 밝히고 있다. 문제된 비밀녹음의 경우에는 인격의 자유로운 발현권이 침해되며, 구체적으로는 자신이 행한 발언에 대하여 녹음여부, 녹음자, 재생여부 및 재생시의 청취자 등을 발언자 스스로 정할 수 있는 권리가 침해된다는 것이다. 물론 비밀녹음행위가 인격권의 핵심영역을 침해하는 경우도 있고 비교교량이 가능한 주변영역을 침

---

26) BVerfGE 34, 238.

해하는 경우도 있으며,[27] 이 사안에서는 계약체결내용을 녹음한 것이기 때문에 후자의 영역침해에 관한 것이다.

Ⅳ. 감청이나 비밀녹음 행위의 정당화문제

비밀녹음행위가 통비법상의 감청에 해당하든, 아니면 통비법위반은 아니지만 기본권 침해행위에 해당하든 관계없이 일정한 요건하에서 정당화될 수 있다. 불법한 공격이 행해지고 있거나 계획된 범죄를 신고할 목적 또는 이미 행해진 범죄의 증거를 수집하기 위하여 감청이나 비밀녹음을 한 행위는 긴급피난이나 정당행위 또는 정당방위로 정당화될 수 있다. 예컨대 강요전화나 유괴범의 협박전화를 녹음하는 경우는 정당방위에 해당할 수 있다. 추정적 승낙도 정당화사유로 고려될 수 있다. 그러나 통비법의 취지상 정당화사유를 폭넓게 인정하는 것은 타당치 않다.

예컨대 판례[28]는 피고인이 범행 후 강간피해자에게 전화를 걸어오자 피해자가 증거를 수집하려고 그 전화내용을 녹음한 경우에 그 녹음테이프가 피고인 모르게 녹음된 것이라고 하여 이를 위법하게 수집된 증거라 할 수 없다고 본다. 판례는 구체적으로 그 근거를 제시하고 있지 않지만 아마도 정당행위의 기타 사회상규에 위배되지 않는 행위에 해당하는 것으로 보는 듯하다. 대화상대방의 프라이버시에 대한 침해는 실체적 진실발견(정당성), 녹음대상진술의 자의성(상당성), 녹음상황의 긴급성(긴급성), 녹음대상진술의 재현곤란(보충성), 녹음자의 형사처벌관련성(균형성)에 의하여 정당화될 수 있다고 본다.[29]

---

27) 연방헌법재판소는 인간의 사적 생활영역을 3단계로 구분한다. 제1단계는 공권력이 침해할 수 없는, 절대적으로 보호되는 핵심영역이고, 제2단계는 사회적 관련성을 갖고 있는 사적 생활영역이며, 제3단계는 인격의 자유로운 발현권과 관계없는 사적 생활영역이다. 제1단계인 핵심영역이 침해된 경우에는 적법하게 수집된 증거라 하더라도 그 증거사용이 절대적으로 금지되며, 제2단계의 경우에는 이익교량을 통하여 증거사용금지여부가 결정되어져야 하고 제3단계의 경우에는 인격권 또는 그 보호영역을 침해하는 것이 아니라 거래영역을 침해한 것이기 때문에 원칙적으로 증거능력이 인정된다. 따라서 연방헌법재판소의 이러한 구분을 3단계이론 내지 핵심영역이론 (Kernbereichtheorie)이라고 부른다. 이에 관해서는 한영수, "위법수집증거(물)의 배제 또는 사용에 관한 체계적인 이론의 형성", 「형사법연구」 제11호, 1999, 417면 이하 참조.

28) 대법원 1997.3.28. 선고 97도240 판결.

29) 강동범, "녹음테이프의 증거능력-대법원 1997.3.28. 선고 96도2417 판결-", 「형사판례 연구(6)」,

V. 입법론적 제안

1. 통비법이 보호하려는 헌법적 기본권은 통신 및 대화의 비밀만이 아니라 통신 및 대화의 자유이다. 통신 및 대화의 비밀과 자유는 감청이나 녹음으로 침해된다. 대화나 전화통화의 일방당사자는 상대방이 자신의 발언을 듣는다는 것은 대화인 이상은 당연히 전제되는 것이므로 이에 대한 동의가 있는 것이다. 따라서 상대방과의 관계에 있어서는 대화의 비밀성은 없어지게 된다. 그러나 상대방이 자신도 모르게 자신의 발언을 녹음할 것까지 동의한 것인가. 전화통화나 대화를 일방당사자가 녹음하면 통신 및 대화의 자유는 침해된다. 만일 상대방이 자신의 발언이 녹음된다고 알았더라면 발언은 위축되거나 조심스러워져 자연스러운 발언의 자유는 침해되는 것이며, 녹음될 것을 몰랐더라도 녹음될 것이라고 염려하면서 대화한다면 역시 발언의 자유는 제한을 받게 되는 것이다.

따라서 입법론적으로는 - 독일 형법 제201조처럼 - '타인간'의 '대화'가 아니라 '타인'의 '발언'으로 개정하여 제3자가 대화의 양 당사자 모르게 녹음한 경우나 대화의 일방당사자가 상대방 모르게 녹음하는 경우 모두 금지행위로 보고 처벌대상으로 하여야 할 것이다.[30] 그래야만 자신의 발언의 수신자가 누구인지를 정할 자유와 일시적이고 휘발적이어서 언제나 수정가능하고 자유롭게 발전시킬 수 있는 발언의 권리가 보장되는 것이다. 도감청은 수신자의 범위가 화자 모르게 확대되는 것이며 녹음은 화자의 발언이 재생가능한 형태가 되어 언제 누구에게라도 공개될 수 있어 결국 발언의 수신자의 범위를 결정할 수 있는 권리가 침해된다. 이는 대화의 상대방이든 제3자이든 누구에 의해서도 침해될 수 있는 것이다. 따라서 대화 상대방도 포함될 수 있도록 '타인'의 '발언'으로 하여야 통비법이 목적하는 통신 및 대화의 비밀과 자유의 보호와 신장이 완전하게 달성될 수 있는 것이다.

2. 대화감청도 현실적으로 가능하다. 그러나 현행 통비법은 감청설비에는 대화의 감청도 가능한 것으로 개념정의하면서 감청의 대상을 전기통신으로 한정하기 때문에 대화의 청취를 금지하면서도 통상적으로 아무런 장치 없이 귀로 듣는 것을 금지하는 것이 아니라 녹음이라는 불법행위에 상응하게 기술적 수단을 이용한 청취로 제

474면.
30) 권영세, 앞의 논문, 135면.

한하고 있다. 또한 전기통신의 당사자는 감청의 주체가 될 수 없는 것처럼 대화의 기술적 수단을 이용한 청취도 제3자만이 가능하기 때문에 청취대상의 대화를 '타인간'의 대화로 한정한 것이다. 그 결과 대화당사자의 녹음행위는 처벌대상에서 제외된 것이다. 이로써 현행법 해석상 당사자 일방의 동의를 받은 제3자나 당사자 일방의 대화 또는 전기통신의 녹음행위가 규율대상에서 제외된다는 것이다. 따라서 이러한 규정들간의 불일치에서 오는 모순된 결과를 시정해야 할 필요가 있다.

Ⅵ. 결론

1. 전화통화는 통비법 규정의 해석상 제3조 제1항 소정의 '타인간의 대화'가 아니라 제2조 제7호가 규정한 '전기통신'에 해당한다.

2. 통비법은 전자장치·기계장치 등을 사용하여 통신의 음향 등을 청취·공독하여 그 내용을 지득 또는 채록하는 것을 감청으로 정의하고 있으므로 청취·공독을 위하여 장치를 사용하는 것으로 해석해야 한다. 따라서 전화와 같은 전기통신의 내용을 녹음하는 행위는 감청이 아니다. 타인의 대화의 녹음으로 보아야 한다.

3. 전화통화내용의 녹음을 타인의 대화로 본다면 전화통화의 일방당사자에 의한 비밀녹음은 통비법 위반행위가 아니다. 왜냐하면 대화의 경우에는 '타인간'의 대화를 대상으로 하기 때문이다. 그렇다면 제3자가 전화통화의 일방당사자의 동의를 얻어 상대방 모르게 녹음하는 행위도 일방당사자와 제3자는 상대방의 관점에서는 동일대화상대방으로 보아야 하기 때문에 일방당사자의 녹음과 동일하게 취급해야 한다.

4. 입법론적으로는 '타인간'의 대화가 아니라 '타인'의 발언(말)으로 규율대상을 확대하여 제3자나, 대화 일방당사자의 동의를 받은 제3자나 대화의 일방당사자에 의한 녹음행위 모두 규율대상으로 하여야 한다.

5. 대상판결에서는 제3자가 전기통신의 당사자인 송신인과 수신인의 동의를 받지 않고 감청하는 행위와 제3자가 타인간의 대화를 양 당사자 모르게 녹음하는 행위만을 통비법 위반행위로 본다.

대상판결은 전화통화의 녹음을 감청으로 보고 대화의 녹음과 전기통신의 감청을 구분하지 않고 제3자가 대화나 전기통신의 일방당사자의 동의를 받은 경우에는 대화녹음이나 전화내용녹음(채록, 즉 감청)을 불법감청으로 본다. 이에 반해서 대화당사자 일방이나 전화통화 당사자 일방이 상대방 모르게 대화내용을 녹음하거나 통화내용을 녹음하는 것은 불법감청에 해당한다고 본다. 그 근거로 '상대방의 동의가 없는 이상 사생활 및 통신의 불가침을 국민의 기본권의 하나로 선언하고 있는 헌법규정과 통신비밀의 보호와 통신의 자유신장을 목적으로 제정된 통비법의 취지'를 제시하고 있다.

제3자가 대화나 전화통화의 일방당사자의 동의를 얻더라도 그 상대방은 동의가 있었는지를 알지 못하고 자신의 발언이 녹음된다는 사실을 알지 못하기 때문에 사생활, 통신의 비밀과 자유 및 자신의 발언에 대한 자기결정권은 침해되는 것이다. 이는 당사자 일방이 상대방 모르게 녹음하는 경우에도 마찬가지이다. 따라서 양자를 동일하게 취급하여야 한다.

[참조조문]

[구 통신비밀보호법](2001.12.29. 법률 제6546호로 개정되기 전의 것)
제2조(정의) 이 법에서 사용하는 용어의 정의는 다음과 같다
1. "통신"이라 함은 우편물 및 전기통신을 말한다.
2. "우편물"이라 함은 우편법에 의한 통상우편물과 소포우편물을 말한다.
3. "전기통신"이라 함은 유선·무선·광선 및 기타의 전자적 방식에 의하여 모든 종류의 음향·문언·부호 또는 영상을 송신하거나 수신하는 것을 말한다.
4. "당사자"라 함은 우편물의 발송인과 수취인, 전기통신의 송신인과 수신인을 말한다.
5. "내국인"이라 함은 대한민국의 통치권이 사실상 행사되고 있는 지역에 주소 또는 거소를 두고 있는 대한민국 국민을 말한다.
6. "검열"이라 함은 우편물에 대하여 당사자의 동의 없이 이를 개봉하거나 기타의 방법으로 그 내용을 지득 또는 채록하거나 유치하는 것을 말한다.
7. "감청"이라 함은 전기통신에 대하여 당사자의 동의 없이 전자장치·기계장치 등을 사용하여 통신의 음향·문언·부호·영상을 청취·공독하여 그 내용을 지득 또는 채록하거나 전기통신의 송·수신을 방해하는 것을 말한다.
8. "감청설비"라 함은 대화 또는 전기통신의 감청에 사용될 수 있는 전자장치·기계장치 기타 설비를 말한다. 다만, 전기통신 기기·기구 또는 그 부품으로서 일반적으

로 사용되는 것 및 청각교정을 위한 보청기 또는 이와 유사한 용도로 일반적으로 사용되는 것 중에서, 대통령령이 정하는 것은 제외한다.

제3조(통신 및 대화비밀의 보호) 누구든지 이 법과 형사소송법 또는 군사법원법의 규정에 의하지 아니하고는 우편물의 검열 또는 전기통신의 감청을 하거나 공개되지 아니한 타인간의 대화를 녹음 또는 청취하지 못한다. 다만, 다음 각호의 경우에는 당해 법률이 정하는 바에 의한다. <개정 2000.12.29>

제4조(불법검열에 의한 우편물의 내용과 불법감청에 의한 전기통신내용의 증거사용 금지) 제3조의 규정에 위반하여, 불법검열에 의하여 취득한 우편물이나 그 내용 및 불법감청에 의하여 지득 또는 채록된 전기통신의 내용은 재판 또는 징계 절차에서 증거로 사용할 수 없다.

제16조(벌칙) 다음 각호의 1에 해당하는 자는 7년 이하의 징역에 처한다.

1. 제3조의 규정에 위반하여 우편물의 검열, 전기통신의 감청 또는 공개되지 아니한 타인간의 대화를 녹음 또는 청취하거나 그 취득한 통신 또는 대화의 내용을 공개하거나 누설한 자

2. 제11조의 규정에 위반하여 통신의 내용 또는 공개되지 아니한 타인간의 대화의 내용을 공개하거나 누설한 자

[통신비밀보호법](2001.12.29. 법률 제6546호 개정)

제2조(정의) 이 법에서 사용하는 용어의 정의는 다음과 같다. <개정 2001.12.29>

1. ~2. 상동

3. "전기통신"이라 함은 전화·전자우편·회원제정보서비스·모사전송·무선호출 등과 같이 유선·무선·광선 및 기타의 전자적 방식에 의하여 모든 종류의 음향·문언·부호 또는 영상을 송신하거나 수신하는 것을 말한다.

4. ~8. 상동

9. "전자우편"이라 함은 컴퓨터 통신망을 통해서 메시지를 전송하는 것 또는 전송된 메시지를 말한다.

10. "회원제정보서비스"라 함은 특정의 회원이나 계약자에게 제공하는 정보서비스 또는 그와 같은 네트워크의 방식을 말한다.

11. "통신사실확인자료"라 함은 가입자의 전기통신일시, 전기통신개시·종료시간, 발

·착신 통신번호 등 상대방의 가입자번호, 사용도수 그 밖에 대통령령으로 정하는 전기통신사실에 관한 자료를 말한다.

제14조(타인의 대화비밀 침해금지) ① 누구든지 공개되지 아니한 타인간의 대화를 녹음하거나 전자장치 또는 기계적 수단을 이용하여 청취할 수 없다.

② 제4조 내지 제8조, 제9조 제1항 전단 및 제3항, 제9조의2, 제11조 제1항·제3항·제4항 및 제12조의 규정은 제1항의 규정에 의한 녹음 또는 청취에 관하여 이를 적용한다. <개정 2001.12.29.>

[논평] 통화자일방의 동의를 받은 제3자 전화녹음의 통비법 위반 문제에 관한 단견

류동훈*

형사법을 바라보는 하태훈 선생의 시선은 비범하다. 그는 보통의 평범한 의견을 늘어놓지 않는다. 특히 인권의 관점에서 매우 진보적이다. 하선생의 글 '통화자일방의 동의를 받은 제3자의 전화녹음과 통신비밀보호법위반 : 대법원 2002. 10. 8. 선고 2002도123 판결' 역시 그러하다. 그는 통신비밀보호법(이하 '통비법'이라고만 한다)의 제정 취지인 국민의 통신의 비밀과 자유의 보호, 더 나아가 인간의 존엄성, 인격권을 근거로 하여 대상 판결의 논리적 모순을 날카롭게 지적하고 있다. 또한 그에 그치지 아니하고 법 개정의 필요성을 설파하며 개정안을 제시한다. 천부적인 인간의 자유와 권리를 최대한 보장하기 위하여 법을 어떻게 해석하고 운용하여야 하는지에 대한 그의 태도에 적극 공감하며 경의를 표하는 바이다. 다만 발제자는 하선생이 내린 결론에 대하여는 '조금은' 다른 견해를 가지고 있다.

I. 들어가며

대상판결[1]의 사실관계는 이러하다. 피고인은 공소외 A를 고발할 목적으로 공소외 B로 하여금 A에게 전화를 걸어 고발 관련 내용으로 통화를 하게 하고 그 내용을 녹음한 것으로 공소제기되었다. 검사는 피고인이 '공개되지 아니한 타인간의 대화를 녹음'하였다고 주장하였다. 이에 대법원은 전화통화가 - 타인간의 대화가 아닌 - '전기통신'에 해당함이 명백하다며, 전기통신의 '감청'은 제3자가 그 통신의 당사자인 '수신인과 송신인'의 동의를 받지 않고 전자장치나 기계장치 등을 사용하여 통신의 음향 등을 청취·공독하여 그 내용을 지득·채록하는 등의 행위를 하는 것이라고 하였다. 그러나 제3자가 전화통화 일방 당사자만의 동의를 받고 그 상대방 모르게 통

변호사, 법학박사
1) 대법원 2002. 10. 8. 선고 2002도123 판결.

- 631 -

화내용을 녹음하는 것은 통비법 위반이라고 하면서, 전화통화의 일방 당사자가 그 상대방이 알지 못하게 통화내용을 직접 녹음하는 것은 통비법에서 금지하고 있는 감청에 해당하지 않는다고 판단하였다.

이에 하선생은 크게 세 가지 쟁점을 정리하여 검증하고 있다. 우선 전화통화가 통비법 제2조 제3호의 '전기통신'인지, 아니면 제3조 제1항의 '타인간의 대화'인지 살펴본다. 다음으로 '전화통화의 녹음'이 통비법 제2조 제7호에서 정하고 있는 '감청'에 해당하는지 검토한 후, 제3자가 전화통화 일방 당사자만의 동의를 받고 통화내용을 녹음한 경우를 통비법 위반으로 보면서 전화통화 일방 당사자가 상대방이 알지 못하게 직접 통화내용을 녹음한 경우는 통비법 위반으로 보지 않는 것이 타당한 것인지 비판한다. 제3자가 일방 당사자만의 동의를 받고 녹음한 경우와 일방 당사자가 상대방 모르게 직접 녹음한 경우를 왜 다르게 취급하느냐는 것이다.

발제자는 이 세 가지 쟁점에 대해 다시 고찰해 보고자 한다.

Ⅱ. 전화통화가 '전기통신'인가, '타인간의 대화'인가?

대상판결은 통비법이 규율의 대상을 통신과 대화로 분류하고 그 중 통신을 다시 우편물과 전기통신으로 나눈 다음, 같은 법 제2조 제3호로 '전기통신'이라 함은 유선·무선·광선 및 기타의 전자적 방식에 의하여 모든 종류의 음향·문언·부호 또는 영상을 송신하거나 수신하는 것을 말한다고 규정하고 있는바 '전화통화'가 같은 법에서 규정하고 있는 전기통신에 해당함은 전화통화의 성질 및 같은 법 규정 내용에 비추어 명백하다며 이를 '타인간의 대화'에 포함시킬 수 없다고 판시하였다. 하선생도 같은 의견이다. 전화통화가 전기통신에 해당함에는 이론의 여지가 없다는 것이다. 발제자 역시 동의한다. '대화'는 전자적 방식에 의하지 아니하고 물리적으로 근접한 장소에서 당사자 사이 육성에 의하여 의사를 주고받는 행위를 말한다고 봄이 타당하다. 대상판결의 원심판결 직후인 2001. 12. 29. 통비법 제2조 제3호는 '전기통신'에 대하여 '전화·전자우편·회원제정보서비스·모사전송·무선호출 등과 같이 유선·무선·광선 및 기타의 전자적 방식에 의하여 모든 종류의 음향·문언·부호 또는 영상을 송신하거나 수신하는 것을 말한다.'며 전기통신의 개념에 '전화'를 명시적으로 예시하는 것으로 개정되었다. 더 이상 논란이 있는 쟁점이라고 보기 어렵다.

Ⅲ. 전화통화의 녹음이 '감청'인가, '대화의 녹음'인가?

대상판결은 전화통화가 전기통신에 해당함을 전제로 그 녹음을 '감청'이라고 판단하고 있다. 통비법 제2조 제7호가 '감청'의 개념에 대해 '전기통신에 대하여 당사자의 동의 없이 전자장치·기계장치 등을 사용하여 통신의 음향·문언·부호·영상을 청취·공독하여 그 내용을 지득 또는 채록하거나 전기통신의 송·수신을 방해하는 것을 말한다.'고 정의하고 있는데, 전화통화의 녹음이란 여기서의 '채록'에 해당한다는 것이다.

이에 대해 하선생은 다른 의견이다. '감청'이란 통신의 음향 등을 청취하거나 공독하기 위하여 별도의 '장치'를 사용하여야 하는데 전화기에 일반적으로 내장된 녹음기능은 이에 해당하지 않으므로 감청이 아닌 '대화의 녹음'이라는 것이다. 통상 전화기에는 녹음기능이 있다는 사실이 현저하므로 전화통화를 하는 당사자로서는 당사자 아닌 누구든 녹음기능을 통하여 자신의 대화내용을 청취할 수 있음을 쉽게 예상할 수 있기 때문이라고 한다.

그러나 발제자는 대상판결의 판단에 동의한다. 우선 감청이란 '전기통신'에 대한 것이다. 전화통화가 전기통신임에 해당함은 앞서 본 바와 같다. 물론 통비법 제2조 제8호가 '감청설비'에 대하여 '대화 또는 전기통신의 감청에 사용될 수 있는 전자장치·기계장치 기타 설비를 말한다.'고 정의하면서 대화 역시 개념적으로 감청의 대상이 될 수 있음을 전제하고 있지만, 그렇다고 하여도 통상적으로 전화기에 내장된 장치 등이 왜 감청설비에서 제외되는 것인지 쉽게 수긍되지 않는다. 통비법 제2조 제7호의 문언적 해석상 통상적인 전화기의 내장 장치를 통신의 음향 등을 청취·공독하여 그 내용을 지득·채록할 수 있는 전자장치나 기계장치가 아니라고 보기 곤란해 보인다. 전화기 내장 녹음기능을 이용한 녹음 역시 화자가 예상할 수 있는 범위 밖의 청취자에게까지 도달하게 한다. 전화기 녹음기능을 예상할 수 있는 화자라면 별도의 장치에 의한 녹음까지 예상할 수 있다. 즉 양자를 달리 볼 이유가 없다. 전화통화를 이론의 여지없는 전기통신이라고 하면서 그 녹음을 대화의 녹음으로 보는 것 역시 잘 이해되지 않는다.

전화통화에 대하여 하선생이 말하는 대화의 녹음으로 볼 수 있는 경우란 다음과 같은 경우일 것이다. 피고인이 공소외 C와의 전화통화를 끝낸 뒤 C가 통화종료 버튼을 제대로 누르지 않은 점을 이용하여 C가 당시 함께 있던 공소외 D와 나눈 대화를 청취하고 녹음한 사안이다. 대법원[2]은 이에 대해 피고인은 - 감청이 아니라 - 공개되지 아니한 타인간의 대화를 청취·녹음하여 통비법 제3조 제1항을 위반하였다고 판단하였다. 타당한 판단이다. C와 D는 물리적으로 근접한 현장에서 서로 대화를 나누었고, 피고인은 이를 전화기를 통하여 청취·녹음했기 때문이다.

Ⅳ. '일방동의설'인가, '쌍방동의설'인가?

대상판결은 통비법의 '감청'이란 제3자가 전기통신의 당사자인 수신인과 송신인의 동의를 받지 않고 같은 법 제2조 제7호 소정의 행위를 하는 것만을 말한다며, 전화통화 당사자의 일방이 그 상대방이 알지 못하게 통화내용을 녹음하는 것은 여기에서 말하는 '감청'에 해당하지 않는다고 한다. 그리고 이와 같은 결론은 공개되지 아니한 대화의 경우에도 마찬가지로 적용된다고 한다.

그러나 하선생은 비판한다. 대상판결에 대한 그의 지적 중 가장 핵심적인 부분이다. 제3자가 전화통화 일방 당사자의 동의를 받고 녹음한 경우는 통비법에서 금지하고 있는 감청으로 보면서, 일방 당사자가 그 상대방이 알지 못하게 직접 녹음한 경우는 통비법에서 금지하는 감청이 아니라고 볼 타당한 근거가 없다고 한다. 즉 전자의 경우는 전화통화 쌍방 당사자의 동의가 있어야 위법한 감청이 되지 않고(쌍방동의설) 후자의 경우는 일방 당사자의 동의만 있어도 위법한 감청이 되지 않는데(일방동의설), 양자는 휘발성의 발언이 화자의 예상 범위를 넘는 청취자에게까지 전달되어 통신의 비밀과 자유를 제한한다는 점에서 서로 동일하므로 달리 취급할 합리적인 이유가 없다는 것이다. 통비법의 입법목적은 일시적이고 언제나 수정할 수 있는 자신의 발언에 대한 자기결정권을 보장하고 그로써 일반적 인격권에 대한 권리침해를 금하는 것이므로, 이에 대한 완전한 보호를 위해서는 전화통화의 일방 당사자가 그 상대방이 알지 못하게 통화내용을 녹음하는 경우도 '쌍방동의설'의 입장에서 통비법에서 금지하는 위법한 감청으로 취급해야 한다고 한다. 다만 하선생은 전화통화의 녹음을 공개되지 아니한 '타인간의 대화' 녹음으로 보므로, 통비법 제3조 제1항이 '타인간의 대화'라고 규정하고 있는 이상 이와 같은 논란은 계속될 여지가 있는바 이를 '타인의 발언'으로 개정하여 '쌍방동의설'을 보다 확고하게 할 필요가 있다는 취지로 제언한다.

---

2) 대법원 2016. 5. 12. 선고 2013도15616 판결.

발제자는 기본권 보호 및 신장의 필요성에 대한 하선생의 취지에 대해서는 공감하는 바이나, 대상판결의 해석과 검토 결론에 대해서는 다른 의견이다. 하선생은 일방 당사자가 그 상대방 모르게 직접 통화내용을 녹음하더라도 - 대상판결의 결론과 다르게 - 휘발성의 발언이 저장물의 형태로 고정되어 언제든지 재생 가능하므로 그 통신의 비밀과 자유를 침해한다고 한다. 그러나 전화통화 당사자 사이에는 이미 충분한 통신의 비밀과 자유가 보장되어 있다. 통화내용을 실시간으로 녹음하든, 통화를 종료한 후 통화내용을 일기장에 적어두든, 어떠한 방식으로 그 내용을 기록하더라도 그것은 당사자 사이 서로가 서로에게 발언하는 순간 - 명시적인 반대의사의 표현이 없는 한 - 원칙적으로 양해된 것으로 보아야 한다. 그것은 서로의 발언을 청취하는 권한에 정당하게 포함되는 것이다. 만약 당사자 사이 일방 당사자의 녹음행위를 감청으로 보아 처벌한다면 형사처벌의 범위가 지나치게 확장된다. 일방 당사자는 오로지 자신이 들을 목적으로 기록해 두는 경우도 있을 것이다. 즉 문제는 그 녹음 저장물을 제3자에게 공개하거나 누설하는 경우이다. 당사자가 아닌 제3자가 일방 당사자만의 동의를 얻어 통화내용을 녹음하는 경우도 같은 취지에서 문제가 되는 것이다. 대상판결의 논지 역시 이와 같은 궤에 있다고 보인다. 결국 형사처벌의 대상으로 삼을 수 있는 경우란 통화 등 내용이 당사자가 아닌 제3자에게 - 쌍방당사자의 동의 없이 - 공개 또는 누설되는 경우다.[3]

나아가 감청 행위와 감청을 통하여 알게 된 내용을 공개 또는 누설하는 행위를 구별할 필요가 있다. 통비법의 벌칙 규정인 제16조는 감청 행위(제1항 제1호)와 감청에 따라 알게 된 통신 등 내용을 공개 또는 누설하는 행위(제1항 제2호)를 구분하고 있다. 다만 제2호는 '감청에 따라' 알게 된 내용을 공개 또는 누설하는 행위만을 처벌하고 있어, 감청이 아닌 녹음에 의해 알게 된 내용을 공개하거나 누설하는 행위는

---

[3] 한편 대상판결 역시 완전하지 않다. 제3자로 하여금 녹음하도록 동의한 일방 당사자의 통비법 위반 여부에 대한 판단이 없다. 검사가 그 일방 당사자를 기소하지 않았기 때문일 것이다. 검사는 그 당사자의 동의는 통비법 위반행위가 아니라고 판단한 듯하다. 하지만 제3자가 그 당사자를 통하여 감청하는 이상, 그 당사자는 제3자의 감청행위에 공동으로 또는 종속하여 기여하고 있다고 봄이 타당하다. 하선생은 동의한 일방 당사자를 정범의 위치에 두고 제3자를 간접정범 또는 협의의 공범의 위치에 두어 그 성부를 판단하고자 하나, 앞서 검토한 바와 같이 감청은 당사자 사이 내밀한 통신 등의 내용이 제3자에게 공개될 때 비로소 문제된다고 볼 것인바, 제3자를 감청의 직접정범의 위치에 두고 그에 동의한 일방당사자를 공범의 위치에 두는 것이 타당하다 사료된다.

처벌의 대상에서 제외되어 있다. 즉 일방 당사자가 상대방 모르게 녹음한 행위로부터 알게 된 내용을 그 상대방의 동의 없이 제3자에게 공개 또는 누설하는 행위를 처벌하기 위해서는 법 개정이 필요하다. 다만 그와 같은 처벌의 경우에도 형사처벌의 범위가 지나치게 확대되는 것을 방지하기 위하여 피해자의 고소가 있는 때에만 공소를 제기할 수 있도록 하는 방법도 생각해 볼 수 있다. 인권을 최우선으로 생각한다면 하선생의 견해가 백 번 옳다. 다만 논평자의 인권의식은 아직 하선생의 그것에 한참 미치지 못하는 듯하다.

V. 나가며

전화통화는 타인간의 대화가 아니라 전기통신이다. 통비법은 '전기통신'의 개념에 명시적으로 '전화'를 예시하고 있다. 이에 대한 이견이 있다고 보기 어렵다.

그렇다면 전화통화를 녹음하는 행위는 - 전기통신을 대상으로 하는 - '감청'으로 보아야 논리적이다. 통비법이 대화 역시 감청의 대상으로 삼는 듯 하지만 전화기의 녹음장치를 감청설비로 보지 않을 설득력 있는 이유가 없다. 통비법 제2조 제7호의 문언적 해석에 비추어도 그렇다.

전화통화의 일방 당사자가 상대방 모르게 직접 녹음하는 행위와 제3자가 일방 당사자만의 동의를 얻어 그 상대방 모르게 녹음하는 행위를 달리 취급하는 것은 다른 것을 다르게 취급하는 것으로 합리적인 이유가 있다. 전자의 경우를 형사처벌하는 것은 지나치다. 일방 당사자가 상대방 모르게 녹음하였다는 사실 하나만으로 감청이라며 처벌하는 것은 형사처벌의 범위를 불필요하게 확장한다. 후자의 경우는 제3자가 당사자 사이 통화 등의 자유와 비밀을 침해하므로 감청으로 보아 처벌함이 마땅하다. 결국 처벌의 핵심이 되는 근거는 당사자 사이 내밀한 것으로 여겨졌던 통화 등 내용이 쌍방 당사자의 동의 없이 제3자 등에게 공개되거나 누설되는지 여부이다. 대상판결의 결론에 동의한다. 다만 전자의 경우, 녹음행위를 한 일방 당사자가 상대방 동의 없이 그 녹음 저장물을 제3자 등에게 공개하거나 누설한 행위를 처벌하는 규정은 없다. 금지된 감청에 의해 알게 된 내용 등을 공개하거나 누설한 행위를 처벌하는 규정 제16조 제1항 제2호만이 있을 뿐이다. 처벌의 흠결을 보완하기 위해서는 해당 조문을 개정할 필요가 있다.

검사작성의 피의자신문조서와 참고인진술조서의 증거능력*

대상판결: 대법원 2004. 12. 16. 선고 2002도537 전원합의체 판결
　　　　　헌법재판소 2005. 5. 26. 선고 2003헌가7

[대법원판결요지 및 이유요지]

Ⅰ. 판결요지

형사소송법 제312조 제1항 본문은 "검사가 피의자나 피의자 아닌 자의 진술을 기재한 조서와 검사 또는 사법경찰관이 검증의 결과를 기재한 조서는 공판준비 또는 공판기일에서의 원진술자의 진술에 의하여 그 성립의 진정함이 인정된 때에 증거로 할 수 있다."고 규정하고 있는데, 여기서 성립의 진정이라 함은 간인·서명·날인 등 조서의 형식적인 진정 성립과 그 조서의 내용이 원진술자가 진술한 대로 기재된 것

---

* 출처: 「형사판례연구」 제14호, 2006, 212~237면.

이라는 실질적인 진정 성립을 모두 의미하는 것이고, 위 법문의 문언상 성립의 진정은 '원진술자의 진술에 의하여' 인정되는 방법 외에 다른 방법을 규정하고 있지 아니하므로, 실질적 진정 성립도 원진술자의 진술에 의하여서만 인정될 수 있는 것이라고 보아야 하며, 이는 검사 작성의 피고인이 된 피의자신문조서의 경우에도 다르지 않다고 할 것인바, 검사가 피의자나 피의자 아닌 자의 진술을 기재한 조서는 공판준비 또는 공판기일에서 원진술자의 진술에 의하여 형식적 진정 성립뿐만 아니라 실질적 진정 성립까지 인정된 때에 한하여 비로소 그 성립의 진정함이 인정되어 증거로 사용할 수 있다고 보아야 한다.

Ⅱ. 판결이유

1. 형사소송법 제312조 제1항 본문은 "검사가 피의자나 피의자 아닌 자의 진술을 기재한 조서와 검사 또는 사법경찰관이 검증의 결과를 기재한 조서는 공판준비 또는 공판기일에서의 원진술자의 진술에 의하여 그 성립의 진정함이 인정된 때에 증거로 할 수 있다."고 규정하고 있다. 여기서 성립의 진정이라 함은 간인·서명·날인 등 조서의 형식적인 진정 성립과 그 조서의 내용이 원진술자가 진술한 대로 기재된 것이라는 실질적인 진정 성립을 모두 의미하는 것이다(대법원 1990. 10. 16. 선고 90도1474 판결, 2002. 8. 23. 선고 2002도2112 판결 등 다수).

그리고 위 법문의 문언상 성립의 진정은 '원진술자의 진술에 의하여' 인정되는 방법 외에 다른 방법을 규정하고 있지 아니하므로, 실질적 진정 성립도 원진술자의 진술에 의하여서만 인정될 수 있는 것이라고 보아야 하며, 이는 검사 작성의 피고인이 된 피의자신문조서의 경우에도 다르지 않다고 할 것이다. 형사소송법 제244조 제2항, 제3항은 피의자신문조서에 대한 피의자의 조서열람권, 증감변경청구권 등을 규정하고 있기는 하나, 위와 같은 형사소송법의 규정만으로 피고인이 공판정에서 검사의 피의자신문조서에 대하여 그 형식적 진정 성립을 인정하였다고 하여 곧바로 그 조서의 실질적 진정 성립까지 추정된다고 보기는 어렵다.

위 법문에 따르면, 검사가 피의자 아닌 자에 대하여 작성한 조서의 경우도 공판준비 또는 공판기일에서 원진술자의 진술에 의하여 그 진정 성립이 인정되어야 증거로 할 수 있고, 이와 관련하여 대법원은, 만일 원진술자가 그 진술조서의 형식적 진정

성립은 인정하면서도 그 기재 내용이 진술내용과 다르다고 하여 실질적 진정 성립을 부인하는 경우에는 그 진술조서의 진정 성립은 인정되지 아니하여 증거능력이 없다고 판시하여 왔는바(대법원 2001. 10. 23. 선고 2001도4111 판결, 2003. 10. 24. 선고 2002도4572 판결 등), 검사가 작성한 피의자신문조서와 피의자 아닌 자에 대한 진술조서는 모두 형사소송법 제312조 제1항의 동일한 요건에 따라 진정 성립 여부가 결정되고, 실무상으로도 피의자나 참고인의 조서열람권, 증감변경청구권 등을 달리 취급하고 있지 아니한 점 등에 비추어 보면, 검사가 작성한 피의자신문조서와 피의자 아닌 자에 대한 진술조서의 진정 성립 인정 요건을 구별하여 달리 취급할 합리적인 이유도 없다고 할 것이다.

따라서 검사가 피의자나 피의자 아닌 자의 진술을 기재한 조서는 공판준비 또는 공판기일에서 원진술자의 진술에 의하여 형식적 진정 성립뿐만 아니라 실질적 진정 성립까지 인정된 때에 한하여 비로소 그 성립의 진정함이 인정되어 증거로 사용할 수 있다고 보아야 할 것이며, 그와 같이 해석하는 것이 우리 형사소송법이 취하고 있는 직접심리주의 및 구두변론주의를 내용으로 하는 공판중심주의의 이념에 부합하는 것이라고 할 것이다.

이와는 달리, 원진술자인 피고인이 공판정에서 간인과 서명, 무인한 사실이 있음을 인정하여 형식적 진정 성립이 인정되면 거기에 기재된 내용이 자기의 진술내용과 다르게 기재되었다고 하여 그 실질적 진정 성립을 다투더라도 그 간인과 서명, 무인이 형사소송법 제244조 제2항, 제3항의 절차를 거치지 않고 된 것이라고 볼 사정이 발견되지 않는 한 그 실질적 진정 성립이 추정되는 것으로 본 종전 대법원의 견해(대법원 1984. 6. 26. 선고 84도748 판결, 1986. 3. 25. 선고 86도218 판결, 1992. 6. 23. 선고 92도769 판결, 1994. 1. 25. 선고 93도1747 판결, 1995. 5. 12. 선고 95도484 판결, 1998. 6. 9. 선고 98도980 판결, 1999. 7. 23. 선고 99도1860 판결, 2000. 6. 13. 선고 99도1581 판결, 2000. 7. 28. 선고 2000도2617 판결, 2001. 4. 10. 선고 2001도221 판결, 2001. 6. 29. 선고 2001도1049 판결, 2001. 8. 24. 선고 2001도3319 판결, 2001. 9. 28. 선고 2001도4395 판결, 2002. 12. 6. 선고 2002도4232 판결, 2003. 10. 23. 선고 2003도4411 판결 등 다수)는 위 견해와 배치되는 범위 내에서 이를 모두 변경하기로 한다.

2. [생략]

[헌법재판소 결정]

Ⅰ. 사건의 개요 및 심판대상

제청신청인은 사기죄로 광주지방법원 해남지원에 2001고단416호로 기소되어 재판을 받던 중, '피고인이 된 피의자'에 대한 검사 작성의 피의자신문조서(이하 '검사작성 피의자신문조서'라 한다)는 피고인이 공판정에서 그 내용을 부인하는 경우에도 증거능력을 인정할 수 있도록 규정한 형사소송법(1961. 9. 1. 법률 제705호로 개정된 것. 이하 "법"이라 한다) 제312조 제1항에 대하여 위헌법률심판 제청신청을 하였고, 위 법원은 그 신청을 받아들여 이 사건 위헌법률심판제청을 하였다.

심판의 대상은 법 제312조 제1항 본문 중 "검사가 피의자의 진술을 기재한 조서" 부분 및 동 조항 단서(이하 '이 사건 법률조항'이라고 한다)의 위헌 여부이다.

Ⅱ. 결정이유의 요지

(1) 검사작성의 피의자신문조서에 대한 증거능력의 인정요건을 정한 이 사건 법률조항은 전문법칙의 예외조항으로서, 전문법칙의 채택 여부 내용 등은 기본적으로 입법자가 우리 사회의 법 현실, 수사관행, 우리 형사재판의 구조 등 제반사정을 종합적으로 판단하여 결정할 성질의 것이고, 이 사건 법률조항에 대한 위헌심사의 기준은 헌법 제27조 재판청구권, 그중에서도 '공정한 재판을 받을 권리'의 침해 여부라고 할 것이다.

(2) 이 사건 법률조항 본문이 검사작성 피의자신문조서에 대하여 그것이 전문증거임에도 불구하고 검사 이외의 수사기관이 작성한 피의자신문조서와는 달리 이 사건 법률조항 단서의 특히 신빙할 수 있는 상태(이하 '특신상태'라고 한다) 하의 진술이라는 조건하에 증거능력을 인정할 수 있도록 한 것은, 검사의 소송법적 지위를 고려하고 형사소송법이 목적으로 하는 적법절차에 의한 실체적 진실의 발견과 신속한 재판을 위한 것으로서 그 목적의 정당성과 내용의 합리성이 인정된다. 더욱이, 검사작성 피의자신문조서는 공판준비 또는 공판기일에서 원진술자의 진술에 의하여 형식적 진정 성립뿐만 아니라 실질적 진정 성립까지 인정된 때에 한하여 비로소 그 성립의

진정함이 인정되어 증거로 사용할 수 있다는 대법원의 새로운 판결에 의할 경우 이 사건 법률조항 본문으로 말미암아 피고인의 방어권 행사가 부당하게 곤란하게 된다든지 평등원칙을 위배하여 공정한 재판을 받을 권리가 침해된다고 할 수 없다.

(3) 피고인이 검사작성 피의자신문조서에 대하여 내용을 부인하는 경우에도 성립의 진정과 특신상태의 존재를 요건으로 하여 그 증거능력을 인정하는 이 사건 법률조항 단서 역시 적법절차에 의한 실체적 진실의 발견과 신속한 재판을 위한 것으로서 그 목적의 정당성이 인정되고, 법원으로 하여금 특신상태의 존재 여부를 심사하게 한 후 그 존재가 인정되는 경우에만 증거능력을 부여함으로써 그 적용범위를 목적달성에 필요한 범위내로 한정하고 있으므로, 그 내용에 있어서 합리성과 정당성을 갖춘 규정이라고 할 것이다.

(4) 결국, 이 사건 법률조항은 입법자의 입법형성의 범위를 벗어난 것이어서 그로 말미암아 피고인의 공정한 재판을 받을 권리 등을 침해한다고 볼 수 없으므로 헌법에 위반되지 아니한다.

재판관 김경일, 재판관 전효숙의 법정의견에 대한 보충의견

특신상태를 사실상 추정하여 온 법원의 실무관행은 본래 법원의 재판영역에 속하는 것일 뿐, 이 사건 법률조항 단서의 불명확성에서 발생한 것이 아니다. 다만, 아직도 이 사건 법률조항의 명확성에 관한 논란이 계속되고 있고, 형사재판에서의 직접주의, 공판중심주의가 강조되는 오늘날의 현실을 감안하여 검사작성 피의자신문조서의 증거능력을 부여하기 위한 요건을 좀 더 구체적으로 명확하게 규정하는 입법조치가 필요하다고 할 것이다.

재판관 윤영철, 재판관 권성, 재판관 김효종, 재판관 이상경의 반대의견

(1) 이 사건 법률조항은 검사작성 피의자신문조서에 대한 증거능력을 부여하는 요건에 관한 것으로서 전문법칙의 예외인바, 피고인에게 불이익하게 작용할 수 있으므로 명확성의 원칙이 보다 높은 정도로 요구된다. 그런데 형사재판의 실무상 이 사건 법률조항 단서가 요구하는 특신상태가 사실상 추정되어 피고인이 그 입증의 부담을 안도록 운영되고 있다는 것은, 결국 이 사건 법률조항 단서가 담고 있는 의미가 명확하지 않음으로 인한 것으로 볼 수밖에 없다. 또한 이 사건 법률조항 단서가 증거

능력 부여의 요건으로 규정한 '특히 신빙할 수 있는 상태'라는 법문언이 지니고 있는 모호성은 헌법상 원칙인 명확성 원칙의 요청을 충족시켰다고 보기 어렵다.

(2) 입법자가 법 제312조 제1항을 통하여 경찰이 작성한 피의자신문조서와 구별하여 검사가 작성한 피의자신문조서에 대하여 보다 우월한 효력을 부여하기 위하여 가중요건을 설정함에 있어서는 법 제312조 제1항 단서와 같이 '특히 신빙할 수 있는 상태'라는 모호한 요건을 규정함에 그칠 것이 아니라, 피의자의 변호인 참여 요구권에 대한 고지 절차 등을 통한 변호인 참여의 실질적인 보장이 증거능력 부여의 전제조건임을 명백히 하여 증거능력 부여의 요건을 보다 명확히 하는 한편 검사가 행하는 피의자신문의 절차적 투명성을 강조하는 입법적 조치를 고려하였어야 할 것이다. 그럼에도 불구하고 입법자는 법 제312조 제1항 단서의 내용을 정함에 있어서 입법자에 부여된 입법적 형성의 의무를 게을리 하여 검사 작성의 피의자신문조서에 대한 증거능력 부여의 요건을 불명확하게 규율하였다.

(3) 따라서 이 사건 법률조항 단서는 법규범의 정립에 요구되는 명확성의 원칙에 위배되는 위헌적인 법률이라고 판단된다. 다만 이에 대하여 단순 위헌을 선고하면 피고인의 지위를 더욱 불리하게 하므로, 피고인에 대한 입증부담 전가의 해소, 변호인참여의 실질적 보장 등의 입법적 개선을 촉구하는 헌법불합치 결정을 선고함이 상당하다.

[연구]

Ⅰ. 문제제기: 판결의 의미와 논점

1. 조서재판을 극복하려는 실무의 노력은 최고법원의 판결에서 나타나고 있다. 헌법 제27조가 보장하고 있는 공정한 재판을 받을 권리 속에는 신속하고 공개된 법정의 법관의 면전에서 모든 증거자료가 조사·진술되고 이에 대하여 피고인이 공격·방어할 수 있는 기회가 보장되는 재판, 즉 원칙적으로 당사자주의와 구두변론주의가 보장되어 당사자가 공소사실에 대한 답변과 입증 및 반증하는 등 공격·방어권이 충분히 보장되는 재판을 받을 권리가 포함되어 있다.[1]

대법원은 최근에 우리 형사사법의 문제점을 인식하기 시작했고 그 반성적 고려에서 구속된 피의자의 신문에 변호인의 참여가 원칙적으로 허용된다는 결정[2]이나 실질적으로 검사에 의하여 조사가 이루어지지 않은 검사 작성의 피의자신문조서의 증거능력을 부인한 판결,[3] 검사 작성 피의자신문조서의 진정 성립 요건에 관한 종래의 이른바 '추정론'을 폐기한 판결[4] 등을 내린 바 있다.

특히 종래의 추정론을 폐기한 전원합의체 판결은 공판정에서 재판부가 생생하게 들은 피고인의 목소리보다 검찰청의 수사검사 앞에서의 진술을 기재한 조서가 더 우대받던 관행에 제동을 걸고, 자백중심의 수사와 조서재판의 관행에서 벗어나지 못하게 하는 핵심규정인 제312조 1항의 적용에 있어서 20여 년 동안 일관되게 유지한 판례입장을 변경하였다.[5] 이제 '피의자가 내 앞에서 이렇게 자백했다'는 검사의 일방적 주장인 검사작성의 피의자신문조서가 피고인이 '그렇게 자백한 적 없다'는 법정 주장으로 그동안 조서가 누려왔던 막강한 지위가 흔들리게 된 것이다.

지금까지는 법원은 검사가 작성한 피의자신문조서에 피의자가 직접 서명하거나 날인했다면 그 조서에는 피의자의 진술이 그대로 기재된 것으로 추정하였다. 따라서 아무리 피의자였던 피고인이 재판정에서 조서에는 자신이 자백한 것으로 적혀 있지만 검사 앞에서 그렇게 자백한 적이 없다고 다투더라도(진술대로 기재되지 않았다고 주장하거나 진술기재부분에 대해 그런 취지로 진술한 것이 아니라고 주장한 경우) 특별히 수사과정의 가혹행위 등이 입증되지 않는 한 받아들여지지 않았다. 그래서 피고인의 공판정에서의 생생한 진술이 아니라 전문증거에 불과한 조서에 의한 재판이 진행되고, 우리의 공판심리절차가 이름뿐이라는 비판을 받아왔다. 검사의 유죄의 심증이 조서를 통해서 그대로 법관의 유죄심증으로 이어지고 재판부는 검사의 조서를

1) 헌재결 1996.12.26. 94헌바1(피고인 등의 반대신문권을 제한하고 있는 형사소송법 제221조의2 제5항은 피고인들의 공격·방어권을 과다히 제한하는 것으로써 그 자체의 내용이나 대법원의 제한적 해석에 의하더라도 그 입법목적을 달성하기에 필요한 입법수단으로서의 합리성 내지 정당성이 인정될 수는 없다고 할 것이므로, 헌법상의 적법절차의 원칙 및 청구인의 공정한 재판을 받을 권리를 침해하고 있다).
2) 대법원 2003. 11. 11. 2003모402 결정(이른바 송두율교수 사건).
3) 대법원 2003. 10. 9. 선고 2002도4372 판결.
4) 대법원 2004. 12. 16. 선고 2002도537 전원합의체 판결.
5) 이 판결 이후에도 대법원 2005.1.14. 선고 2004도6646 판결; 2005.3.10. 선고 2004도8493(이 판결은 피의자신문조서 중 일부의 진술기재부분에 대하여 자신의 진술취지와 다르게 기재되었다고 주장하며 실질적 진정 성립을 부정한 사례).

추인하므로써 수사의 재판화와 조서재판의 오명에서 벗어나지 못하였다. 또한 무죄율이 0.17%(2004년에 1,409,396명 중 2,447명)인 현실을 검사의 수사철저화의 공로가 아니라 재판은 있으나마나 한, 즉 공판의 형해화와 공판의 주변화6)를 증명하는 것이라는 지적을 받았던 것이다.

2. 법관의 유·무죄심증은 일반인에게 공개된 법정에서 직접 검사와 피고인의 변호인사이에 벌어지는 공격과 방어를 통하여 얻어져야 한다. 검사의 일방적 주장인 공소장이나 피의자신문조서에 의하여 심증이 형성되어서는 안 된다. 이것이 바로 형사소송의 기본원칙인 공판중심주의이다. 이는 사건부담이 많고 비효율적이라는 이유로도 생략되어서는 안 될 형사절차의 핵심원칙이다. 법관은 집무실에서 조서의 죽은 글자로부터 진실을 캐내려 들지 말고 공판정에서 피고인의 생생한 목소리, 얼굴빛과 진술태도 등을 통해서 실체적 진실을 가리고 올바른 양형판단을 해야 한다는 원칙이다.

이 검사작성의 피의자신문조서와 참고인진술조서의 증거능력 부여요건에 관한 전원합의체 판결은 공판중심주의적 법정심리절차의 실현을 위한 첫걸음을 디뎠다는 의미를 갖는 판결이라고 본다. 늦으나마 학계의 비판을 받아들였다는 점에서 매우 긍정적이다. 법정에서 피고인의 방어권을 실질적으로 강화하고 직접심리주의 및 공판중심주의를 실현함으로써 법치국가적 형사재판의 모델을 확립하는 계기가 될 것으로 평가할 수 있다.

3. 이 전원합의체 판결은 검사가 작성한 피의자신문조서와 피의자 아닌 자에 대한 진술조서는 모두 형사소송법 제312조 제1항의 동일한 요건에 따라 진정 성립 여부가 결정되고, 실무상으로도 피의자나 참고인의 조서열람권, 증감변경청구권 등을 달리 취급하고 있지 아니한 점 등에 비추어 보면, 검사가 작성한 피의자신문조서와 피의자 아닌 자에 대한 진술조서의 진정 성립 인정 요건을 구별하여 달리 취급할 합리적인 이유도 없다고 하여 진술조서의 진정 성립에 관한 한 기존 판례입장을 확인하였다.

다른 한편으로 이 판결은 다른 논쟁을 불러 일으켰다. 전원합의체 판결이 제312조 제1항 본문과 단서의 관계를 어떻게 바라보고 있는지에 대해서 법원과 검찰의 해석

---

6) 이상돈, 조서재판과 공판중심주의, 고시계 2005.6, 164면.

이 서로 다르다. 즉 진정 성립뿐만 아니라 특신 상황이 인정되어야 하는지, 아니면 진정 성립 인정 여부와는 관계없이 특신 상황만 인정되면 피의자신문조서의 증거능력이 인정되는지에 관해서 견해의 대립이 재연하게 된 것이다.

이하에서는, 대법원이 직접심리주의 및 구두변론주의를 내용으로 하는 공판중심주의의 이념에 부합된 규정해석을 언급하고 있고, 헌법재판소의 결정에서 '제312조 1항 단서규정의 명확성에 관한 논란을 불식시키고 형사재판에서의 직접주의, 공판중심주의가 강조되는 오늘날의 현실을 감안하여 검사작성 피의자신문조서의 증거능력을 부여하기 위한 요건을 좀 더 구체적으로 명확하게 규정하는 입법조치가 필요하다.'는 법정의견에 대한 보충의견과 '입법자가 제312조 제1항 단서의 내용을 정함에 있어서 피의자의 변호인 참여 요구권에 대한 고지 절차 등을 통한 변호인 참여의 실질적인 보장이 증거능력 부여의 전제조건임을 명백히 하여 증거능력 부여의 요건을 보다 명확히 하는 한편, 검사가 행하는 피의자신문의 절차적 투명성을 강조하는 입법적 조치를 고려하였어야 함에도 불구하고 입법자에게 부여된 입법적 형성의 의무를 게을리 하여 검사 작성의 피의자신문조서에 대한 증거능력 부여의 요건을 불명확하게 규율하였으므로 법규범의 정립에 요구되는 명확성의 원칙에 위배되는 위헌적인 법률이라고 판단된다.'면서 피고인에 대한 입증부담 전가의 해소, 변호인참여의 실질적 보장 등의 입법적 개선을 촉구하는 헌법불합치라는 반대의견이 투영되었다고 볼 수 있는 사법제도개혁추진위원회(이하 사개추위라 한다)의 형사소송법 개정안에 기초한 형사소송법 개정법률안(2006.1.6. 의안번호 3759) 중 증거법규정을 평석대상판결과 관련하여 검토하기로 한다.

Ⅱ. 공판중심주의 실현과 형사소송법 개정법률안

2003년 대법원에 설치된 사법개혁위원회는 건의문에서, 현행 형사소송법상 증거에 관한 규정은 피고인의 반대신문권 보장, 직접주의, 구두주의에 충실하지 못하다는 지적이 있으므로, 이러한 문제점을 극복하여 공판중심주의를 구현하고, 국민사법참여제도를 도입하기 위해서는 증거법을 전면적으로 재검토할 필요가 있다고 보았다. 이는 공판중심주의를 실현하고 피고인의 방어권을 보장하기 위해서 대법원판례 변경(평석대상판결)으로 논란이 되고 있는 검사작성의 피의자신문조서 뿐만 아니라 진술조서에 관한 규정 등 증거법규정을 전면적으로 재검토하여 정비해야 한다는 취지이다.

이 건의문을 추진하기 위하여 2005년 1월에 대통령자문기구로 설치된 사개추위는 제5차 회의(2005.7.18.)에서 형사소송법 개정안을 의결하였는데, 증거법부분에 대해서 수사와 재판의 실무 관점에서 우려의 목소리가 적지 않았다. 무엇보다도 검찰은 검사작성의 피의자신문조서의 증거능력이 제한적으로나마 인정된 것(개정법률안 제312조)에 대해서는 안도하면서도 수사과정기록제도(개정법률안 제244조의4)나 피의자신문시 변호인참여권보장(개정법률안 제243조의2), 참고인진술조서의 증거능력 인정요건의 엄격화(개정법률안 제314조, 제316조) 등에 대해서는 수사현실을 무시한 방안이라고 반발하였다. 피의자 및 피고인의 방어권을 보장하면 피해자의 인권이 침해될 우려가 있다며 비판하는 여성시민단체도 있었다.[7] 학계도 마찬가지다. 공판중심주의의 실현을 외치면서 내놓은 개정안이 현행법규정과 변경된 판례보다 나아진 것인가, 개정안으로 자백중심의 수사와 조서재판의 관행을 불식시킬 수 있는가, 피의자진술의 영상녹화(개정법률안 제244조의2)와 그 증거능력인정(개정법률안 제312조의2)을 두고도 비디오재판의 우려를 언급하면서 공판중심주의에 역행하는 것이라고 비판하였다.[8]

이는 대부분 현실진단에 대한 인식차이와 공판중심주의의 의미에 관한 견해차이 내지 오해에 기인한다고 본다. 조서재판의 관행 자체를 부정하는 입장에서부터 이상은 좋으나 여건이 허락하지 않는다는 현실론과 이상적인 공판중심주의를 실현해야 한다는 당위성의 관점까지 스펙트럼이 다양하기 때문이다. 예컨대 증거개시제도와 관련하여 검사와 피고인을 대등하게 보아 증거개시의 범위 등을 동일하게 해야 한다거나 당사자주의는 인권 옹호적, 직권주의는 반인권적이라는 이분법적 도식에서 개정안을 비판적으로 바라보는 시각도 있다. 그러나 피의자 및 피고인의 방어권은 소송구조가 어떠냐에 따라 달라지는 것이 아니라 헌법적 보장이다. 당사자처분주의가 인정되지 않고 당사자에 의해서만 소송이 진행(당사자추행주의)되지 않는 우리의 형사

---

7) 이미경, 공판중심주의관련 형사소송법 개정안과 성폭력 피해 생존자의 인권, 공판중심주의 확립을 위한 형사소송법 개정안 공청회(2005. 6.24.) 자료집, 103면 이하.

8) 천진호, 형사소송법 개정안과 공판중심주의의 올바른 자리매김, 공판중심주의 확립을 위한 형사소송법 개정안 공청회(2005. 6.24.) 자료집, 153면 이하; 강동범, "공판중심주의적 법정심리절차의 확립방안"에 대한 토론, 공판중심주의 확립을 위한 형사소송법 개정안 공청회(2005. 6.24.) 자료집, 39면 이하.

소송은 당사자주의 소송구조가 아니다. 개정안이 철저한 당사자주의 관점에서 마련된 것이 아니다. 수사기관의 심증이 법관의 심증으로 그대로 이어지는 것을 충실한 공판심리를 통해서 막아보자는 것이 개정안의 핵심취지이다.

III. 공판중심주의 실현과 자백중심의 수사관행 탈피

1. 공판중심주의의 의미

헌법재판소의 결정에 의하면, 헌법 제27조가 보장하고 있는 공정한 재판을 받을 권리 속에는 신속하고 공개된 법정의 법관의 면전에서 모든 증거자료가 조사·진술되고 이에 대하여 피고인이 공격·방어할 수 있는 기회가 보장되는 재판, 즉 원칙적으로 당사자주의와 구두변론주의가 보장되어 당사자가 공소사실에 대한 답변과 입증 및 반증하는 등 공격·방어권이 충분히 보장되는 재판을 받을 권리가 포함되어 있다.

그러나 지금까지 우리는 형사법정에서 검사와 변호인 사이에 벌어져야 할 치열한 구두변론을 본 기억이 별로 없다. 공개된 법정에서 당사자들의 공격과 방어가 교차하는 법정공방을 지켜보면서 유무죄와 형의 종류와 양을 결정하는 것이 아니라 법관집무실에서 검사가 제출한 수사서류더미를 뒤적여 보면서 유죄의 심증을 형성해도 상관없도록 법이 규정되어 있기 때문이다. 법정에서 심리절차가 열린다고 하여도 사건부담 때문에 절차가 축소되거나 생략되는 것이 보통이다. 공판심리의 효율성에 치중하여 앙상한 뼈만 남아있는 공판절차가 진행되다보니 방청객은 물론이고 피고인조차도 재판이 어떻게 진행되어 어떤 결론이 났는지도 잘 모른다.

피의자·피고인의 방어권보장이나 공개재판주의, 직접심리주의, 구두변론주의와 같은 공판절차의 기본원칙은 헌법과 형사소송법에 그저 기록되어 있을 뿐 법전과 실무현실은 엄연한 괴리를 보이고 있다. 형사사건의 실체를 공개된 법정에서 심리된 것을 기초로 판단한다는 공판중심주의가 실현되기 위해서는 공판이 열리기 전에 피고인이나 변호인에게 수사기록 등을 열람하게 하여 피고인의 방어권을 보장하고 공판준비를 철저하게 하여 공판정에서 집중적으로 증거조사 등 심리가 이루어지도록 하여야 한다. 무엇보다도 피고인의 반대신문권보장, 직접주의, 구두주의에 충실하지 못하게 한 형사소송법상의 증거법규정을 전면적으로 재검토하고 공소사실을 실질적으로 다투는 피고인이 공판정에서 자신을 방어할 수 있기 위해서 피고인신문제도나 법정구조를 재검토해야 한다. 이와 같은 건의내용은 2007년부터 도입되는 국민사법 참여제도의 시행에 필수적이다.

2. 자백중심의 수사관행 탈피

검찰도 인정하듯이 공판중심주의의 실현은 거스를 수 없는 방향이다.[9] 법정에서 당사자들의 공방을 통해서, 그리고 물증을 통해서 실체적 진실을 발견해 나가는 과정이 독일이나 미국 등 선진국에서 볼 수 있는 재판모습이다. 이에 반해서 우리는 지금도 여전히 검찰의 수사결과를 조서로 확인하는 재판, 자백이 기재된 조서만 제출하면 거의 유죄가 인정되는 통과 의례적 재판, 자백이 증거의 왕의 권좌에서 요지부동인 재판을 경험하고 있다.

피고인이 공판정에 나와 있음에도 그의 진술을 들어보는 대신에 신문조서를 증거로 쓴다는 것은 재판제도 자체를 부정하는 것과 같다. 이제 더 이상 피의자나 피고인의 입에 의지하는 수사와 재판이 진행되어서는 안 된다. 앞으로 사법경찰이나 검찰의 수사는 기소여부와 공판을 대비하기 위한 수사여야 한다. 한마디로 게임은 공판정이라는 링 위에서 피고인과 변호인, 검사 모두가 참여한 가운데 벌어져야 한다. 어느 일방(검사 또는 사법경찰관)이 변호인도 없는 폐쇄된 조사실에서 주도하는 수사절차가 본 게임화 되는 것을 막자는 것이 공판중심주의의 핵심이다. 공개된 법정이 형사절차의 중심에 서야 투명성도 확보되어 국민의 감시와 통제가 가능해져 사법신뢰도 회복될 것이다. 이를 통해서 자백편중의 수사관행도 지양될 것이며 자백을 강요하는 고문과 같은 위법수사의 유혹도 사라지게 되어 수사기관에 대한 신뢰도 높아질 수 있을 것이다. 또한 허위자백의 위험으로부터 벗어날 수 있을 것이다.

허위자백이 오판의 최대 원인임은 우리나라나 독일[10]과 미국에서도 입증된 바 있다. 예컨대 독일 문헌에 의하면 처음 수사대상이 된 피의자(특히 지적 수준이 평균인 이하인 자, 어리거나 나이든 사람)나 성범죄의 혐의를 받고 있는 자는 인신구속이나 질시 받는 공판심리의 대상이 된다는 데 대한 두려움, 자신의 무죄를 입증할 증거가

---

9) 이완규, 공판중심주의와 증거법의 이상, 현실 그리고 미래, 공판중심주의 확립을 위한 형사소송법 개정안 공청회(2005. 6.24.) 자료집, 115면 이하.

10) Eisenberg, Beweisrecht der StPO, 2.Aufl., 1996, Rdn.729.

전혀 없는 절박한 상황에서 처벌될 지도 모른다는 두려움 때문에 피의자는 고립무원 상태에서 닥쳐올 불편함을 피하기 위하여 허위 자백하는 경우가 적지 않다고 한다.[11] 자신이 범한 큰 범죄를 은폐하기 위해 범하지도 않은 작은 범죄를 허위 자백하는 경우나 다른 범죄자를 보호하기 위해 허위 자백하는 경우도 있다.

미국의 증거법은 법률적 교육을 받은 것도 아니고 법률 실무적 경험도 없는 일반 시민이 사실판단자로서 역할을 하고 있는 배심재판제도의 산물이다. 법관과 배심원은 사살판단자로서 법정에 현출된 증거를 평가하여 유무죄를 판단하게 된다. 이 사실판단자에게 가장 강력한 영향을 미치는 것이 바로 피의자의 유죄자백이라고 한다.[12] 그런데 밀폐된 조사공간에서의 자백은 증거허용의 필수적 요건인 임의성과 신뢰성이 떨어진다.[13] 이러한 자백이 오판의 가장 큰 원인인 것이다.

무고한 자의 허위자백은 3가지 유형이 있다. 첫째 경찰의 강압이 없었음에도 불구하고 과거범죄에 대한 무의식적 속죄욕구, 가족이나 친구 보호 등을 이유로 하는 자백(자발형), 둘째 조사자의 위협, 협박이나 약속 등에 의한 자백(강요형), 셋째 강요, 협박, 피곤 등으로 자신이 범죄를 범했다고 믿는 상태에서의 자백(자기최면형)이 있다.[14] 그 외에도 경찰이 피의자가 자백한 것으로 조작하거나 피의자의 진술에 사용된 단어에 대한 오해나 잘못된 해석으로 인한 뉘앙스 차이가 허위자백의 원인이라고 한다.[15]

수사기관은 폐쇄된 조사실에서 피의자의 자백을 얻어내면 더 이상 자백에 대한 보강증거를 확보할 인센티브가 없어지는 셈이다.[16] 법정에서 자백은 법관과 배심원

---

11) Eisenberg, Rdn.731ff.

12) G. Daniel Lassiter/Andrew L. Geers, Videotaped Interrogations and Confessions: A Simple Change in Camers Perspective Alters Verdicts in Simulated Trials, Journal of Applied Psychology 2002, Vol.87 Nr.5, 867.

13) Steven A. Drizin/Marissa J. Reich, Heeding the lessons of history, 52 Drake Law Review 622 (Summer 2004).

14) R. Conti, The Psychology of false Confessions, The Journal of Credibility Assessment and Witness Psychology, Vol 2, No.1, 14.

15) Wayne T. Westling, Something is rotten in the Interrogation Room: Let try Video Oversight, 34 John Marshall Law Review 537, 543.

16) 조사에 의하면 검사의 61%가 자백이 필수적이거나 중요하다고 답변했다. 이에 관해서는 Cassel/ Hayman, Police Interrogation in the 1990s: An empirical Study of the Effects of Miranda 43 UCLA L. Rev. 839, 906-907(1996) 참고.

에게 설득력이 매우 큰 증거로 받아들여지고, 때로는 목격자의 증언보다도, 때로는 조사경찰이 법정에서 피의자가 신문 당시 무엇을 말했는지를 증언하는 것보다 더 강력한 영향력을 갖기 때문이다.[17] 여전히 허위자백에 의한 오판사례와 오판의 위험성이 증가하고 있는 현실에서 자백의 신뢰성을 확보하기 위한 방안으로 피의자 진술(내지 자백)의 전자적 기록요청이 미국 학계와 실무에서 끊임없이 주장되고 있다.[18]

Ⅳ. 조서를 공판정에 현출하는 방법

1. 개정법률안의 의미

수사단계에서 피의자와 참고인의 진술내용을 기재한 조서가 피고인의 내용부인과 증거사용 부동의로 법정에 제출되어 증거 조사될 수 없다고 하더라도 그 내용이 공판정에 현출될 수 있는 길이 아예 봉쇄된 것은 아니다. 우선 원칙적으로 피의자신문조서의 증거능력 요건을 엄격히 하는 대신 피고인을 조사하였던 검사, 사법경찰관 등의 조사과정에 관한 증언에 증거능력을 부여하는 규정(개정법률안 제316조)을 두었기 때문이다. 조사자로 하여금 피고인이 수사과정에서 진술한 바를 증언하게 하되 피고인 측의 반대신문을 통하여 탄핵받도록 함으로써 실체적 진실발견과 피고인의 방어권 보장 사이에 조화를 도모한 규정이다.[19]

사법경찰관이 작성한 피의자신문조서의 경우에는 현행법에 의하면 피고인이 내용을 부인하면 증거로 사용할 수 없고, 판례에 의하면 조사자인 사법경찰관의 법정증

---

17) Kassin/Neumann, On the power of confession evidence: An experimental test of the fundamental difference hypothesis, Law and Human Behavior 21(1997), 469; Mccormick, Handbook of the law of evidence, 2nd ed. 1972; Wigmore, Evidence(Vol.3), 1970; 29A Am. Jur. 2d Evidence §718, §5.
18) Inbau/Reid/Buckley/Jayne, Criminal Interrogation and Confessions, Fourth Edition, 2001, 393; Thomas P. Sullivan, Police Experiences with Recording Custodial Interrogations, Nr. 1 Summer 2004, 26-28.; American Bar Association New York County Lawyers' Association Criminal Justice Section, Report to the House of Delegates(February 2004).
19) 외국 입법례로는 일본 형사소송법 제324조 (전문 진술의 증거능력) ① 피고인 이외의 자의 공판준비 또는 공판기일에 있어서의 공술로서 피고인의 공술을 그 내용으로 하는 것에 대하여는 제322조의 규정을 준용한다.
② 피고인 이외의 자의 공판준비 또는 공판기일에 있어서의 공술로서 피고인 이외의 자의 공술을 그 내용으로 하는 것에 대하여는 제321조 제1항 제3호의 규정을 준용한다.

언의 증거능력도 부정되므로(대법원 1975.5.27. 선고 75도1089 판결), 사법경찰관이 조사자로서 법정에서 증언할 수 있도록 한 개정법률안은 현행법과 판례의 입장보다 개악된 것이라는 지적은 일면 타당하다. 그러나 위증의 부담을 안고 증언해야 하는 사법경찰관으로서는 적법절차에 따라 투명하고 정확한 수사하지 않을 수 없을 것이라는 점에서 긍정적으로 평가할 수 있을 것이다.

2. 직접주의 및 구두변론주의와 조사자증언

구두변론주의란 공판정에서 구두로 진술되고 다투어진 자료를 토대로 판결해야 한다는 원칙이다. 이 원칙은 헌법상 법적 청문권과 공개주의에 근거한다. 직접주의는 법원이 실체에 가장 가까운 증거자료를 이용하여 직접 증거조사를 통하여 피고사건에 대한 유·무죄의 심증을 형성하여야 한다는 원칙을 말한다.[20] 직접주의의 요청에 따라 판결은 수소법원 자신의 인식에 기초하여야 하며, 법관은 공판기일에 중단 없이 재정해야 하고 증거조사를 다른 사람에게 맡겨서는 안 된다. 또한 직접주의는 법원이 공판기일에 조사하는 증거 중에서 증명대상이 되는 사실과 가장 근접한 원본증거를 판결의 기초로 삼아야 하며 대체증거를 토대로 판결해서는 안 된다는 것을 내용으로 한다. 따라서 증인의 증언이나 감정인의 감정의견을 기재한 서증보다는 인증우선의 원칙이 적용되는 것이다.

그렇다면 조사자를 증인으로 세워 피고인의 진술내용을 확인하는 것이 직접주의와 구두변론주의를 내용으로 하는 공판중심주의에 역행하는 것인가. 그렇지 않다. 조사자가 조서를 낭독하여 그것이 그대로 증거로 사용되는 것도 아니고 조사자의 증언이 법정공방의 대상이 되어 이것이 증거로 사용되기 때문이다.

독일 형사소송법에 규정은 없지만 해석상 조사자에게 그가 수사단계에서 작성한 신문조서를 기억을 되살리는 데 도움을 주기 위해 조서낭독의 형태로 제시되었을 때 그가 구체적인 신문내용을 기억하고 있다면 그 조서의 내용은 간접적으로 판결에 사용될 수 있다. 다만 조서가 정확하게 작성된 것이라고만 말했을 때에는 그러하지 아니하다. 그러나 이때의 조서낭독은 서면에 대한 증거조사가 아니라 조사자를 증인으

---

20) 독일 형사소송법 제250조는 증인신문에 관한 직접주의원칙을 표명한 것이다('사실에 대한 증거가 사람의 인식에 기초한 것일 때에는 이 사람을 공판정에서 신문하여야 한다. 신문은 이전의 신문조서나 진술서면의 낭독으로 대체될 수 없다').

로 내세웠을 때 증인신문의 보조수단으로 사용한 것에 불과하다. 따라서 조서를 그대로 낭독할 것이 아니라 내용의 요지를 알려주는 정도여야 한다. 다만 피고인이 공판절차에서 진술거부권을 행사하면 신문조서는 제시의 대상이 될 수 없다. 참고인진술조서도 그 참고인이 공판절차에서 정당한 증언거부권을 행사하면 조서는 낭독될 수 없고(독일 형소법 제252조), 참고인진술조서는 증거로 사용될 수 없다. 증인이나 감정증인에 관해서는 기억환기목적의 조서낭독이 규정되어 있다.[21]

V. 공판중심주의와 영상녹화물의 증거사용 허부

1. 개정법률안의 내용

우리나라에도 국민의 사법참여재판이 2007년에 도입될 전망이다. 국민참여재판에서의 배심원은 수사 및 재판업무를 위해 직업교육을 받았거나 경험이 있는 사람이 아니라 생업에 종사하는 시민들이기 때문에 가급적 빨리 집중적으로 재판을 마친 후 다시 생업으로 돌아가게 하여야 한다. 따라서 공판이 종결될 때까지 연일 집중적으로 심리가 이루어져야 하며, 공판정에 출석한 피고인의 진술과 증인의 증언, 제출된 증거를 관찰하고 그것으로부터 얻은 인식을 통해 유·무죄 여부를 판단할 수밖에 없다. 따라서 국민의 사법참여재판은 종래 조서재판을 가능하게 했던 형사소송법 규정과 수사 및 재판 관행을 개선할 것을 요구하고 있고 구두변론주의, 직접주의, 집중심리 등 공판중심주의가 실현되어야 사법참여재판이 성공할 것으로 예상할 수 있다.

허위자백에 의한 오판을 방지하고 피의자의 인권을 보장하며 수사과정의 공정성 및 투명성을 확보하기 위한 제도적 장치로서 피의자 조사과정에 대한 영상녹화제도

---

21) 독일 형사소송법 제251조(조서의 낭독) ② 피고인에게 변호인이 있는 경우 검사, 변호인, 피고인이 동의한 때에는 증인, 감정인 또는 공동피의자에 대한 신문을 이들의 서면진술을 포함하는 기록이나 이들에 대한 다른 신문조서의 낭독으로 대체할 수 있다. 그밖에 증인, 감정인 또는 공동피의자가 사망하였거나 다른 사유로 인하여 이들에 대한 법원의 신문이 상당기간 이루어질 수 없는 경우에만 낭독을 허용한다.
제253조(기억을 돕기 위한 낭독과 모순시 낭독) ① 증인이나 감정인이 일정 사실을 더 이상 기억할 수 없다고 밝히는 경우 이들에 대한 과거 신문내용 중 이들의 기억을 도울 수 있는 조서의 관련 부분을 낭독할 수 있다.
② 공판을 중단하는 이외의 다른 방법으로는 신문에서 나타난 과거 진술과의 모순을 확인하거나 제거할 수 없는 경우에도 전항과 같은 동일한 조치를 취할 수 있다.

의 도입문제가 사개추위의 형사소송법개정과 관련하여 활발하게 논의되었다. 검찰은 피의자신문조서의 정확성(실질적 진정 성립)과 임의성(특신상황)을 확보하고 수사절차의 투명성과 적법성을 높이기 위하여 신문과정을 영상녹화하고 이를 증거로 제출하려고 한다. 이미 수사과정 녹음·녹화제를 시범실시하면서[22] 법정에 녹음·녹화 물을 증거로 제출하고 있다.

사개추위는 형사소송법개정안에 피의자 조사과정에 대한 엄격한 영상녹화 기준을 마련하였다. 피의자 진술의 녹화는 피의자 또는 변호인의 동의가 있는 때에는 한하여 가능하며, 반드시 조사의 전 과정과 객관적인 정황을 모두 녹화하도록 함으로써 일방적인 편집과 왜곡을 방지하고, 피의자 또는 변호인의 요구가 있는 경우 영상녹화물을 재생하여 시청하게 하고, 그 내용에 대하여 이의를 진술하는 때에는 그 취지를 서면에 기재하게 하였다(개정법률안 제244조의2).[23]

그러나 이를 수사기관 작성 조서와 동일하게 볼 것인지, 아니면 성질 상 다른 것으로 볼 것인지는 영상녹화물이 공판중심주의의 실현과 피고인의 방어권 보장의 요구에 부합하는 새로운 증거자료인지를 검토해야 결론을 내릴 수 있을 것이다. 왜냐하면 수사기관 작성의 피의자신문조서의 증거사용을 금지하고 원진술자를 공판정에서 신문하여 그 진술내용을 증거로 한다는 것이 공판중심주의인데 이를 영상녹화물로 대체하는 것은 공판중심주의의 이념에 부합하는지가 의문스럽기 때문이다.

---

22) 대검찰청의 검사신문실 등 시범실시청 지정(2004.11.24. 대검 과학수사과-6124)에 의거하여 검사신문실은 남부지검, 여성아동조사실은 중앙, 남부, 인천, 수원 등 4개 지검에 각 1개씩, 일반조사실은 중앙과 인천에 각 1개, 남부에 2개 설치되었다. 검사신문실의 대상사건은 구속사건 중 차장검사가 지정한 사건, 혐의유무가 불분명하고 사안이 복잡하여 장시간의 조사가 예상되어 쟁점을 정리한 사건 중 기소를 위해 검사의 직접신문이 필요한 사건, 경찰에서 무혐의의견으로 송치되어 추가 조사 없이 경찰 의견대로 처리하여야 할 사건 중 사건관계인에 대한 사안 설명 및 결정요지 고지가 필요한 사건, 조사 과정에서 검사에 대한 직접 면담 및 상담을 요구하는 사건 관계인에 대한 접견, 진정 사건 중 검사의 직접 면담 내지 상담이 필요한 사건 등이다.

23) 제244조의2(피의자진술의 영상녹화) ① 피의자의 진술은 피의자 또는 변호인의 동의가 있는 때에는 영상 녹화할 수 있다. 이 경우 조사의 전 과정 및 객관적 정황을 모두 영상 녹화하여야 한다.
② 제1항의 규정에 의한 영상녹화가 완료된 때에는 피의자 또는 변호인 앞에서 지체 없이 그 원본을 봉인하고 피의자로 하여금 기명날인 또는 서명하게 하여야 한다.
③ 제2항의 경우에 피의자 또는 변호인의 요구가 있는 때에는 영상녹화물을 재생하여 시청하게 하여야 한다. 이 경우 그 내용에 대하여 이의를 진술하는 때에는 그 취지를 기재한 서면을 첨부하여야 한다.

애당초 사개추위는 이에 대한 단일안을 마련하지 못하고 3개의 안으로 제4차 회의(2005.5.16.)에 상정한 바 있다. 제1안은 피의자의 수사기관에서의 진술을 담은 영상녹화물의 증거능력을 피의자신문조서와 동일하게 취급하는 안이다. 영상녹화물의 경우에는 피고인의 방어권이 충분히 보장되기 어렵고 밀행적·일방적으로 진행되는 수사절차에서의 진술을 담은 점에서 볼 때 피의자신문조서와 다를 바가 없기 때문이다.

제2안은 영상녹화의 절차 및 요건을 엄격히 규정하여 증거능력을 부여하는 방안이다. 예컨대 피의자 또는 변호인의 동의를 받아 조사의 전 과정을 녹화하고 피의자의 진술을 녹화한 때에는 녹취서 또는 진술 요지서를 작성하도록 하며 피의자가 녹화된 결과를 보고 이의를 제기할 수 있는 기회를 부여하도록 하는 등의 요건과 절차가 마련된 경우에 조사자가 증인으로 나와 피고인의 수사단계에서의 진술내용을 증언하였으나 그 내용의 진위에 다툼이 계속되어 이를 확인할 필요가 있는 때에 피고인의 진술이 변호인의 참여하에 이루어지는 등 특히 신빙할 수 있는 상태 하에서 행하여졌고, 그 진술의 전 과정을 객관적으로 영상 녹화하였음이 인정되고 영상녹화물의 재생으로 인하여 불공정한 편견이나 혼란을 야기할 우려가 없는 때 피고인의 수사기관에서의 진술을 내용으로 하는 영상 녹화물을 증거로 사용할 수 있다는 안이다.

제3안은 피의자신문 시 영상녹화 또는 조서 작성을 선택할 수 있도록 하는 안으로서, 영상녹화는 진술내용의 누락, 기재의 부정확성 등의 위험을 내포한 조서보다 신문과정을 정확하게 기록하는 방법이므로 영상녹화를 하는 경우 조서를 따로 작성할 필요가 없고 피의자의 진술을 녹화한 때에는 진술내용을 요약하여 기재한 신문 요지서를 작성하여 수사기록에 편철하도록 하며 영상 녹화물 원본은 봉인한 후 피의자로 하여금 원본에 서명, 날인하게 하고, 피의자가 요구하는 경우에는 재생하여 보여주고 이의가 없을 때 서명, 날인하게 하여 검사, 검사의 신문에 참여한 자, 또는 피고인의 진술 등에 의하여 진정 성립(피고인이 진술한 내용이 조사의 전 과정에 있어 조작이나 허위 없이 녹화되었음)이 인정되고 피고인의 수사단계에서의 진술이 특히 신빙할 수 있는 상태 하에서 행하여진 때에 한하여만 증거능력을 부여한다는 안이다. 제3안은 검찰 측이 주장한 안이다. 사개추위 제5차 회의(2005.7.18.)에서 의결된 안24)은 제2안과 제3안을 절충한 것이다.

2. 영상녹화제도의 장점과 문제점 비교분석

영상녹화의 허용여부에 대해서는, 피의자는 물론 조사자도 자신의 모든 동작이나 말이 그대로 녹음 녹화된다는 사실과 그대로 재현될 수 있다는 사실 때문에 녹음녹화장치에 의해 방해를 받기 쉽고, 따라서 진술이 자유롭지 못하게 된다는 이유로 허용해서는 안 된다는 견해도 있고, 피의자나 조사자는 기계장치에 의해 녹음 녹화되고 있다는 사실을 곧 인식하지 못하게 되거나 잊어버리고 조사실의 분위기에 적응해 가기도 하기 때문에 임의성을 확보할 수 있다는 반론도 있다.

전자적 기록제도(녹음 또는 영상녹화)는 분명 장점이 많은 제도이다. 이미 미국 일부 주에서는 법적 제도로 인정하고 있고(예컨대 일리노이 주, 텍사스 주) 주 최고법원에 의해 인정되었으며(예컨대 알라스카 주, 미네소타 주, 매사츄세스 주, 위스콘신 주) 일부 주의 경찰서에서의 시행 결과도 긍정적으로 보고되고 있다.[25] 그 중에서도 조사과정의 투명성이 확보될 수 있다는 점과 조사자의 자기통제 효과가 가장 큰 장점일 것이다. 전자적 기록제도를 통해서 신문과정이 신뢰할 만한 과정과 방법을 통해서 녹음 또는 영상 녹화된다면 수사관의 조사태도를 감시하는 기능 때문에 재판과정에서 수사경찰의 신문방법이나 행동이 더 이상 논란의 대상이 되지 않을 것이고 수사관의 강요, 가혹행위 등 불법수사 여부에 대한 허튼 주장을 방지할 수 있으면 신문과정에서 피의자가 무엇을 진술했는지에 관한 법정증언공방도 줄어들 것이다.[26] 녹음 또는 영상

---

24) 제312조의2(피의자 진술에 관한 영상녹화물) ① 검사 또는 사법경찰관 앞에서의 피고인의 진술을 내용으로 하는 영상녹화물은 공판준비 또는 공판기일에 피고인이 검사 또는 사법경찰관 앞에서 일정한 진술을 한 사실을 인정하지 아니하고, 검사·사법경찰관 또는 그 조사에 참여한 자의 공판준비 또는 공판기일에의 진술 그 밖에 다른 방법으로 이를 증명하기 어려운 때에 한하여 증거로 할 수 있다.

② 제1항의 규정에 의한 영상녹화물은 적법한 절차와 방식에 따라 영상녹화된 것으로서 공판준비 또는 공판기일에 피고인·검사·사법경찰관 또는 그 조사에 참여한 자의 진술에 의하여 조사의 모든 과정이 객관적으로 영상녹화된 것임이 증명되고, 영상 녹화된 진술이 변호인의 참여하에 이루어지는 등 특히 신빙할 수 있는 상태 하에서 행하여졌음이 증명된 것이어야 한다.

③ 제1항의 영상녹화물을 증거로 제출하는 경우에는 녹취서를 함께 제출하여야 한다.

25) Report of the Supreme Court Special Committee on Recordation of Custodial Interrogations, April 15, 2005, 29면 이하 참조.

26) Wayne T. Westling, Something is rotten in the Interrogation Room: Let try Video Oversight, 34 John Marshall Law Review 537, 554.

녹화 테이프는 진술과 조사자의 질문의 상세한 부분, 진술자와 조사자의 태도까지 보존되어 불법수사나 오남용기소의 입증자료가 되기 때문이다. 조사경찰관이 법정 증언을 하는 경우에도 피의자진술의 세세한 부분까지 다시 기억해내야 하는 어려움과 수고스러움을 덜 수 있다.[27]

녹음 또는 영상 녹화장치는 지나간 사건을 현재화할 수 있고, 구두진술이나 그림보다도 무엇이 발생했었는지를 더 정확하고 완벽하게 재현하는 장치이다. 이와 같이 피의자는 물론 조사자도 자신의 모든 동작이나 말이 그대로 녹음 또는 영상 녹화된다는 점과 그대로 몇 번이고 재현될 수 있다는 점 때문에 녹음 또는 영상녹화의 기계장치에 의해 방해를 받기 쉽고, 따라서 진술이 자유롭지 못하게 될 수 있을 것이다. 신문과정의 동적 전개에 부자연스러운 제한을 만들어 낼 수도 있을 것이다. 자신의 진술이나 진술태도가 녹음 또는 영상 녹화되고 있다는 사실을 안 피의자가 진술을 거부하거나 묵비권을 행사할 수도 있을 것이다. 물론 피의자나 조사자는 기계장치에 의해 녹음 녹화되고 있다는 사실을 곧 인식하지 못하게 되거나 잊어버리고 조사실의 분위기에 적응해 가기 때문에 진술의 임의성을 확보할 수 있다는 반론도 있을 수 있다. 따라서 피의자에게 녹음 또는 영상녹화 사실을 알리지 않아도 되는지, 알려야 하지만 장치를 노출시키지 말아야 할 것인지, 녹음 또는 영상녹화에 대한 동의를 얻더라도 장치가 숨겨져 있으면 피의자는 아무런 제약을 받지 않고 진술할 수 있는지 등등 관한 법심리학적 연구가 필요하다. 마찬가지로 자백이 담긴 영상녹화테이프가 법관 또는 배심원에게 선입견(bias)을 줄 수 있는 것은 아닌지, 사실판단자가 접할 수 있는 증거자료가 카메라가 잡은 장면에 한정되는 것은 아닌지, 피의자진술의 임의성판단이 카메라각도에 의해서 영향을 받을 수 있는 것은 아닌지 등등에 관한 실증적 연구도 필요하다.

형사소송법 개정법률안이 통과된다면 우리나라에도 피의자 조사과정에 대한 영상녹화제도가 도입될 것이다. 개정법률안은 영상녹화에 관한 절차와 방식을 규정하고 있고, 이 영상녹화물이 증거능력을 갖기 위한 요건도 정하고 있다.[28] 형사소송법 개

---

27) Inbau/Reid/Buckley/Jayne, Criminal Interrogation and Confessions, Fourth Edition, 2001, 394.
28) 피의자의 진술내용을 담은 녹화물의 증거허용여부에 관한 미국 판례에 관해서는 김후곤, 피의자의 진술내용을 담은 녹화물(videotape)의 증거능력(admissibility) 관련 미국 판례 개관, 검찰 연구자료(2005.5.16.) 참조.

정 법률안이 통과된다고 하더라도 실무경험과 연구, 특히 법심리학적 관점에서의 연구(예컨대 녹음녹화장치가 피의자의 진술태도에 미치는 영향, 영상녹화물에 의한 배심원의 선입견 여부, 변호인 참여가 피의자의 진술에 미치는 영향 등)가 일천한 우리로서는 미국의 실무경험과 입법례 및 판례 등을 분석 검토하는 것이 필요하다. 연구 성과물들이 축적되어야 제도시행의 문제점을 최소화할 수 있고 그 제도가 우리 형사사법에 뿌리내릴 수 있을 것이다.

일정한 범죄유형을 정해서 원칙적으로 예외 없이 조사실에 들어서는 순간부터 종료 시까지 의도적인 중단 없이 녹음 또는 영상녹화 한다고 하더라도 피의자는 자신의 자백이 강요에 의한 것이라는 주장을 할 것이다. 예컨대 영상녹화 전 카메라의 눈이 비춰지지 않는 경찰차 안이나 수사 도중에 휴게실이나 화장실에서 협박이나 회유가 있었다고 주장할 것이다. 또한 배심재판에서 검사가 녹음 또는 영상녹화테이프를 증거로 제출하면 피고인 측은 진술자나 조사경찰의 목소리의 억양 등을 지적하거나 녹음녹화가 시작되기 전이나 조사실 밖에서 강요 또는 회유가 있었음을 주장하면서 임의성 없는 자백이라고 다투게 되면 배심원들이 그 주장을 받아들일 가능성이 존재하기 때문에 섣불리 녹음테이프나 영상녹화테이프를 제출하는 것이 검사 측에게 유리한 것만은 아니다. 마찬가지로 녹음 또는 영상녹화를 했다는 사실만으로 자백진술의 임의성이 별도의 검토 없이 자동적으로 인정되는 결과를 초래할 수도 있을 것이다.

영상녹화물의 증거능력을 피고인신문조서의 증거능력과 달리 취급해야 할 것인가는 의문이다. 피의자신문 당시의 피의자의 진술을 그대로 재현하기 위한 녹음 또는 영상녹화물이 제작되어 증거로 제출된 경우에 피의자였던 피고인이 수사단계에서 자백하는 장면을 영상 녹화한 그 영상녹화물을 공판정에서 상영한 것은 간접사실에 대한 검증에 불과하다. 또한 이 영상녹화자의 증언은 그 영상녹화물의 신빙성을 담보하기 위한 것이지 영상녹화물의 증거능력의 요건은 아니다. 따라서 피의자신문조서와 동일하게 취급해야 할 것이다.

Ⅵ. 결어

형사소송법 제312조 제1항 단서의 '특별히 신빙할 수 있는 상태'라는 법문은 평석

대상 헌법재판소 결정의 반대의견처럼 헌법상 원칙인 명확성의 요청을 충족시켰다고 보기 어렵다. 이러한 취지를 받아들여 개정법률안은 "피고인이 된 피의자의 진술이 기재된 조서는 그 진술이 특히 신빙할 수 있는 상태 하에 행하여진 때 한하여 피의자였던 피고인의 공판준비 또는 공판기일에서의 진술에 불구하고 증거로 할 수 있다"를 "그 조서에 기재된 진술이 변호인의 참여 하에 이루어지는 등 특히 신빙할 수 있는 상태 하에서 행하여졌음이 증명된 때 한하여 증거로 할 수 있다"고 개정하여(마찬가지로 개정법률안 제314조와 제316조), 특신상태가 사실상 추정되어 피고인이 그 입증의 부담을 안도록 운영되던 관행에서 벗어나 특신상태가 '증명'되어야 조서의 증거능력을 인정하도록 하였다.

평석대상 전원합의체 판결은, 조서의 증거능력 요건인 성립진정에 관하여 피고인이 법정에서 아무리 조서기재내용이 자기가 검사 또는 사법경찰관 앞에서 진술한 내용과 다르다고 주장하더라도 형식적 성립진정이 인정되면 실질적 진정성립을 추정하던 종래의 관행에서 벗어나 피고인의 법정진술에 귀를 기울여야 한다는 취지의 판결로서 공판중심주의적 법정심리절차의 실현을 위한 첫 발을 내디뎠다고 평가할 수 있겠다. 이 판결을 계기로 과거 수십 년 동안 형사사법의 효율성을 지나치게 강조한 형사실무관행에 변화가 있을 것으로 예상된다. 법정에서 피고인의 방어권을 실질적으로 강화하고 직접심리주의 및 공판중심주의를 실현함으로써 법치국가적 형사재판의 모델을 확립하는 계기가 되기를 기대한다. 2007년에 도입될 국민의 사법참여재판은 종래 조서재판을 가능케 했던 형사소송법 규정과 수사 및 재판 관행을 개선할 것을 요구하고 있고 구두변론주의, 직접주의, 집중심리 등 공판중심주의가 실현되어야 사법참여재판이 성공할 것으로 예상할 수 있다. 평석대상 판결은 이와 같은 변화를 준비하는 판결로 볼 수 있을 것이다.

[논평] 조서재판의 극복과 공판중심주의의 실현 : 조서의 증거능력과 증명력[*]

김영태^{**}

하태훈 선생은 우리나라 형사재판의 폐해 중 하나로 지적되어온 조서재판(調書裁判)의 문제점을 공판중심주의의 관점에서 지적하고 조서재판의 극복방안 및 공판중심주의의 실현방안에 대하여 의미있는 연구성과를 남겼다.

형사소송법은 공판 및 수사과정에서 각종 조서의 작성에 대하여 규정하고 있는 바, 조서(調書, Protocol, Protokoll, Procès-verbal)란 조사한 사실을 적은 문서1) 또는 소송절차의 진행경과와 내용을 공증하기 위하여 소송법상의 기관이 작성하는 공문서2)를 말한다. 또한, 조서재판이란 사실인정자(법원)가 '소송관계인의 공판정에서의 진술' 이외에 '각종의 조서에 지나치게 의존하는 재판현실'을 비판할 때 사용되는 개념으로서 이에 따르면 피고인은 형사소송의 주체가 아니라 단순한 심리의 객체로 취급될 수 밖에 없으므로 공판심리절차가 형해화(形骸化) 되었고 이는 형사사법에 대한 불신의 한 원인이 되었다.3)

조서재판의 문제점에 대하여는 그동안 학계에서 문제제기가 계속되었으며4) 사법경찰관에 의한 신문과정에서 피의자에 의하여 작성 제출된 진술서의 증거능력을 부정하는 대법원 전원합의체판결5)·실질적으로 검사에 의하여 조사가 이루어지지 않

---

* 이글은 필자의 개인적 견해이다.
** 서울중앙지방검찰청 검사, 법학박사
1) 인터넷 네이버 국어사전 (2023. 2.1. 방문)
2) 사법연수원, 법원실무제요 형사 [1] - 총론·제1심 공판(1) -, 2022, 142면.
3) 하태훈, "공판중심주의 확립을 위한 형사소송법 개정안과 수사환경의 변화", 경찰개혁론(최응렬 편저), 법문사, 2006, 265면.
4) 심희기, "일제강점기 조서재판의 실태", 형사법연구(제25호), 2006; 이상돈, "조서재판과 공판중심주의", 고시계, 2005; 차용석, "조서재판의 문제점과 증인재판", 법률신문 1791-1793호 (1988. 10) 등.
5) 대법원 1982. 9. 14. 선고 82도1479 전원합의체판결. 이 판결(다수의견)은 형사소송법 규정들의 입법취지 그리고 공익의 유지와 개인의 기본적 인권의 보장이라는 형사소송법의 기본이념들을

은 검사작성의 피의자신문조서의 증거능력을 부인한 대법원 판결6) 등 실무에서도 조서재판을 극복하려는 노력이 진행되었다.7) 그러나, 조서재판을 극복한 이후의 대안 즉, 피의자와 참고인의 수사기관에서의 진술을 공판정에 현출하는 방안 및 공판중심주의의 실현 방안에 대하여 깊이 있게 논의한 것은 하선생의 이글이 처음이 아닌가 생각된다.

Ⅰ.

여기에서 논의할 하선생의 글은 '대법원 2004. 12. 16. 선고 2002도537 전원합의체 판결'(이하 '대상판결'이라 약칭한다)과 '헌법재판소 2005. 5. 26.자 2003헌가7 결정'(이하 ' 대상결정'이라 약칭한다)에 대한 평석이다.

대상판결은 형사소송법 제312조(1961. 9. 1. 법률 제705호로 개정된 것) 제1항 본문에서 규정하고 있는 성립의 진정이라 함은 간인·서명·날인 등 조서의 형식적인 진정성립과 그 조서의 내용이 원진술자가 진술한 대로 기재된 것이라는 실질적인 진정성립을 모두 의미하는 것이고, 위 법문의 문언상 성립의 진정은 '원진술자의 진술에 의하여' 인정되는 방법 외에 다른 방법을 규정하고 있지 아니하므로, 실질적 진정성립도 원진술자의 진술에 의하여서만 인정될 수 있는 것이라고 보아야 한다고 판시하면서, 이와는 달리 원진술자인 피고인이 공판정에서 간인과 서명, 무인한 사실이

종합고찰하여 볼 때, 사법경찰관이 피의자를 조사하는 과정에서 형사소송법 제244조에 의하여 피의자신문조서에 기재됨이 마땅한 피의자의 진술내용을 진술서의 형식으로 피의자로 하여금 기재하여 제출케 한 경우에는 그 진술서의 증거능력 유무는 '검사 이외의 수사기관이 작성한 피의자신문조서'와 마찬가지로 형사소송법 제312조 제2항에 따라 결정되어야 할 것이고 동법 제313조 제1항 본문에 따라 결정할 것이 아니라는 내용이다.

6) 대법원 2003. 10. 9. 선고 2002도4372 판결. 이 판결은 검찰주사 등이 검사의 지시에 따라 검사가 착석하지 않은 상태에서 피의자였던 피고인을 신문하여 작성하고 검사는 검찰주사 등의 조사 직후 피고인에게 개괄적으로 질문하였을 뿐인 경우에 검사작성 피의자신문조서는 형사소송법 제312조 제1항 소정의 '검사가 피의자나 피의자 아닌 자의 진술을 기재한 조서'에 해당하지 않는다는 내용이다.

7) 이상훈·정성민·백광균, "수사기관 작성 조서의 증거 사용에 관한 연구 : 2020년 개정 형사소송법에 따른 실무 변화 모색", 사법정책연구원, 2021, 435면. 이에 의하면 우리 형사소송법 제정 및 개정의 역사는 수사기관 작성 조서에 의존해오던 재판, 이른바 '조서재판'에 대한 끊임없는 반성과 극복, 이를 통한 공판중심주의의 실현을 위한 길고도 험난한 여정이라고 한다.

있음을 인정하여 형식적 진정 성립이 인정되면 거기에 기재된 내용이 자기의 진술내용과 다르게 기재되었다고 하여 그 실질적 진정 성립을 다투더라도 그 간인과 서명, 무인이 형사소송법 제244조(1954. 9. 23. 법률 제341호로 제정된 것) 제2항8)·제3항9)의 절차를 거치지 않고 된 것이라고 볼 사정이 발견되지 않는 한 그 실질적 진정 성립이 추정되는 것이라고 본 종전 대법원의 견해를 모두 변경하였다.10)

또한, 대상결정은 형사소송법 제312조(1961. 9. 1. 법률 제705호로 개정된 것) 제1항은 전문법칙(傳聞法則)의 예외조항으로서, 전문법칙의 채택여부 내용 등은 기본적으로 입법자가 우리 사회의 법 현실, 수사관행, 우리 형사재판의 구조 등 제반사정을 종합적으로 판단하여 결정할 성질의 것이고, 이 사건 법률조항에 대한 위헌심사의 기준은 헌법 제27조 재판청구권, 그 중에서도 '공정한 재판을 받을 권리'의 침해 여부라고 판시하면서, 이 사건 법률조항 본문이 검사작성 피의자신문조서에 대하여 그것이 전문증거임에도 불구하고 검사 이외의 수사기관이 작성한 피의자신문조서와 달리 이 사건 법률조항 단서의 특히 신빙할 수 있는 상태(이하 '특신상태'라고 한다)하의 진술이라는 조건하에 증거능력을 인정할 수 있도록 한 것은, 검사의 소송법적 지위를 고려하고 형사소송법이 목적으로 하는 적법절차에 의한 실체적 진실의 발견과 신속한 재판을 위한 것으로서 그 목적의 정당성과 내용의 합리성이 인정되며, 더욱이, 검사작성 피의자신문조서는 공판준비 또는 공판기일에서 원진술자의 진술에 의하여

---

8) 형사소송법 제244조(1954. 9. 23. 법률 제341호로 제정된 것) 제2항은 "전항의 조서는 피의자에게 열람하게 하거나 읽어 들려주어야 하며 오기가 있고 없음을 물어 피의자가 증감, 변경의 청구를 하였을 때에는 그 진술을 조서에 기재하여야 한다"라고 규정하였으며, 2007. 6. 1. 법률 제8496호로 일부 개정되면서 "제1항의 조서는 피의자에게 열람하게 하거나 읽어 들려주어야 하며, 진술한 대로 기재되지 아니하였거나 사실과 다른 부분의 유무를 물어 피의자가 증감 또는 변경의 청구 등 이의를 제기하거나 의견을 진술한 때에는 이를 조서에 추가로 기재하여야 한다. 이 경우 피의자가 이의를 제기하였던 부분은 읽을 수 있도록 남겨두어야 한다"라고 변경되었고, 현행 형사소송법 규정도 이와 같다.

9) 형사소송법 제244조(1954. 9. 23. 법률 제341호로 제정된 것) 제3항은 "피의자가 조서에 오기가 없음을 진술한 때에는 피의자로 하여금 그 조서에 간인한 후 서명 또는 기명날인하게 한다"라고 규정하였으며, 2007. 6. 1. 법률 제8496호로 일부 개정되면서 "피의자가 조서에 대하여 이의나 의견이 없음을 진술한 때에는 피의자로 하여금 그 취지를 자필로 기재하게 하고 조서에 간인한 후 기명날인 또는 서명하게 한다"라고 변경되었고, 현행 형사소송법 규정도 이와 같다.

10) 이 판결의 사건개요에 대하여는 이정수, "검사 작성 조서의 진정성립과 증거능력-실질적 진정성립 추정 여부와 그 인정방법"-, 법조(제585호), 2005, 236-237면 참조.

형식적 진정성립 뿐만 아니라 실질적 진정성립까지 인정된 때에 한하여 비로소 그 성립의 진정함이 인정되어 증거로 사용할 수 있다는 대법원의 새로운 판결[11])에 의할 경우 이 사건 법률조항 본문으로 말미암아 피고인의 방어권 행사가 부당하게 곤란하게 된다든지 평등원칙을 위배하여 공정한 재판을 받을 권리가 침해된다고 할 수 없으며, 피고인이 검사작성 피의자신문조서에 대하여 내용을 부인하는 경우에도 성립의 진정과 특신상태의 존재를 요건으로 하여 그 증거능력을 인정하는 이 사건 법률조항 단서 역시 적법절차에 의한 실제적 진실의 발견과 신속한 재판을 위한 것으로서 그 목적의 정당성이 인정되고, 법원으로 하여금 특신상태의 존재 여부를 심사하게 한 후 그 존재가 인정되는 경우에만 증거능력을 부여함으로써 그 적용범위를 목적달성에 필요한 범위 내로 한정하고 있으므로, 그 내용에 있어서 합리성과 정당성을 갖춘 규정이라고 할 것이므로 이 사건 법률조항은 입법자의 입법형성의 범위를 벗어난 것이어서 그로 말미암아 피고인의 공정한 재판을 받을 권리 등을 침해한다고 볼 수 없으므로 헌법에 위반되지 않는다고 판시하였다.[12)]

하선생은 이 글에서 대상판결 및 대상결정은 공판중심주의적 법정심리절차의 실현을 위한 첫걸음을 디뎠다는 의미를 가지며 법정에서 피고인의 방어권을 실질적으로 강화하고 직접심리주의 및 공판중심주의를 실현함으로써 법치국가적 형사재판의 모델을 확립하는 계기가 될 것으로 평가될 수 있다고 그 의미를 부여하였다.

---

11) 헌법재판소의 결정문에는 명시되지 아니하였지만 이 글에서의 논의대상인 대법원 2004. 12. 16. 선고 2002도537 전원합의체판결을 의미하는 것으로 판단된다.
12) 이 결정에 대하여는 '특신상태를 사실상 추정하여 온 법원의 실무관행은 본래 법원의 재판영역에 속하는 것일 뿐, 이 사건 법률조항 단서의 불명확성에서 발생한 것이 아니지만, 아직도 이 사건 법률조항의 명확성에 관한 논란이 계속되고 있고, 형사재판에서의 직접주의, 공판중심주의가 강조되는 오늘날의 현실을 감안하여 검사작성 피의자신문조서의 증거능력을 부여하기 위한 요건을 좀 더 구체적으로 명확하게 규정하는 입법조치가 필요하다'는 취지의 재판관 김경일, 재판관 전효숙의 보충의견 및 '이 사건 법률조항 단서는 법규정의 정립에 요구되는 명확성의 원칙에 위배되는 위헌적인 법률이라고 판단되지만, 이에 대하여 단순 위헌을 선고하면 피고인의 지위를 더욱 불리하게 하므로, 피고인에 대한 입증부담 전가의 해소, 변호인참여의 실질적 보장 등의 입법적 개선을 촉구하는 헌법불합치결정을 선고함이 상당하다'는 취지의 재판관 윤영철, 재판관 권성, 재판관 김효종, 재판관 이상경의 반대의견이 있다.

II.

형사소송법 제312조(1961. 9. 1. 법률 제705호로 개정된 것)는 대상판결과 대상결정 이후인 2007. 6. 1. 법률 제8496호로 개정되었는 바, 그 개정내용에 따르면 수사과정에서 작성된 조서를 검사작성 피의자신문조서와 검사 이외의 수사기관이 작성한 피의자신문조서, 검사 또는 사법경찰관이 피고인이 아닌 자의 진술을 기재한 조서로 각 구분하여 그 증거능력 부여조건을 달리 규정하였다.

즉, 검사가 피고인이 된 피의자의 진술을 기재한 조서는 적법한 절차와 방식에 따라 작성된 것으로서 피고인이 진술한 내용과 동일하게 기재되어 있음이 공판준비 또는 공판기일에서의 피고인의 진술에 의하여 인정되고, 그 조서에 기재된 진술이 특히 신빙할 수 있는 상태하에서 행하여졌음이 증명된 때에 한하여 증거로 할 수 있으며(제1항), 제1항에도 불구하고 피고인이 그 조서의 성립의 진정을 부인하는 경우에는 그 조서에 기재된 진술이 피고인이 진술한 내용과 동일하게 기재되어 있음이 영상녹화물이나 그 밖의 객관적인 방법에 의하여 증명되고, 그 조서에 기재된 진술이 특히 신빙할 수 있는 상태 하에서 행하여 졌음이 증명된 때에 한하여 증거로 할 수 있음(제2항)에 반하여, 검사 이외의 수사기관이 작성한 피의자신문조서는 적법한 절차와 방식에 따라 작성된 것으로서 공판준비 또는 공판기일에 그 피의자였던 피고인 또는 변호인이 그 내용을 인정할 때에 한하여 증거로 할 수 있다(제3항)[13].

또한, 검사 또는 사법경찰관이 피고인이 아닌 자의 진술을 기재한 조서는 적법한 절차와 방식에 따라 작성된 것으로서 그 조서가 검사 또는 사법경찰관 앞에서 진술한 내용과 동일하게 기재되어 있음이 원진술자의 공판준비 또는 공판기일에서의 진술이나 영상녹화물 또는 그 밖의 객관적인 방법에 의하여 증명되고, 피고인 또는 변호인이 공판준비 또는 공판기일에 그 기재내용에 관하여 원진술자를 신문할 수 있었던 때에는 증거로 할 수 있으나, 다만 그 조서에 기재된 진술이 특히 신빙할 수 있는 상태하에서 행하여졌음이 증명된 때에 한하도록 규정하였다(제4항).

그런데, 형사소송법 제312조(2007. 6. 1. 법률 제8496호로 개정된 것)는 2020. 2. 4. 법률 제16924호로 다시 개정되면서 제312조 제1항은 '검사가 작성한 피의자신문조

---

13) 제3항에서 규정하고 있는 내용은 1954. 9. 23. 법률 제341호 제정된 형사소송법 및 현행 형사소송법의 규정내용과 동일하다.

서는 적법한 절차와 방식에 따라 작성된 것으로서 공판준비, 공판기일에 그 피의자였던 피고인 또는 변호인이 그 내용을 인정할 때에 한정하여 증거로 할 수 있다'라고 변경되었으며, 제312조 제2항은 삭제되었다. 그 개정이유는 2018. 6. 21. 법무부장관과 행정안전부장관이 발표한 「검·경 수사권 조정 합의문」의 취지에 따라 검찰과 경찰로 하여금 국민의 안전과 인권 수호를 위하여 서로 협력하게 하고, 수사권이 국민을 위해 민주적이고 효율적으로 행사되도록 하기 위함이라고 한다.[14]

형사소송법 제312조(2020. 2. 4. 법률 제16924호로 개정된 것) 제1항은 공포 후 4년 내에 시행하되 그 기간 내에 대통령령으로 정하는 시점부터 시행하도록 하였는데, 2020. 10. 7. 제정·시행된 대통령령 제3109호 '법률 제16908호 검찰청법 일부개정법률 및 법률 제16924호 형사소송법 일부개정법률의 시행일에 관한 규정' 제2조 단서에 따라 2022. 1. 1.부터 시행되었으며, '조서재판'이 사라지고 법정공방 중심으로 형사재판이 바뀐다는 기대감이 나오고 있다.[15]

따라서, 현재 검사작성 피의자신문조서의 증거능력 부여 조건은 첫째, 적법한 절차와 방식에 따라 작성될 것, 둘째 공판준비 또는 공판기일에 피의자였던 피고인 또는 변호인이 그 내용을 인정하여야 하며 이러한 요건을 구비하지 못한 경우에는 증거로 사용할 수 없게 되었으며, 이는 검사 이외의 수사기관에서 작성한 피의자신문조서의 증거능력 부여조건과 동일하게 되었다.

Ⅲ.

하선생이 이글에서 강조하는 중심 내용은 조서재판의 극복과 공판중심주의의 실현에 대한 것인데, 먼저 조서재판의 극복에 대하여 살펴본다.

---

14) 한편, '검·경 수사권조정 합의문' 5의 가.항에 의하면 수사권 조정은 자치경찰제와 함께 추진하기로 하였다. 즉, 검경수사권조정과 자치경찰제는 같은 비중을 가지고 있었으나 자치경찰제에 대한 구상이 명확하지 않았고 관심도 적었으며, 그에 따라 자치경찰제는 불충분하게 시행되었고 경찰권한에 대한 분산과 견제시스템은 제대로 마련되지 않았다고 하는 견해(김인회, "김인회의 경찰을 생각한다", 도서출판 준평, 2021, 69-71면)가 있으며, 위 합의문 이후 현재 운영되는 자치경찰제와 관련하여 "기형적 자치경찰 뜯어고치자"는 견해(2022. 11. 17.자 국민일보 오피니언 기사자료)도 제시되고 있다.
15) 2022. 1. 2.자 인터넷 연합뉴스 "'조서재판' 사라지고 법정공방 중심...형사재판 바뀐다"라는 제하의 기사 등 참조.

하선생은 이글에서 조서재판의 관행 자체를 부정하는 입장에서부터 이상은 좋으나 여건이 허락하지 않는다는 현실론, 이상적인 공판중심주의를 실현해야 한다는 당위론의 관점까지 스펙트럼이 다양하다고 설명하였다.[16] 또한, 우리의 형사사법체제에서 조서재판이 이루어진 연유 및 그 원인에 대한 논의가 분분한 바,[17] 그 이유 중 하나로 검사작성 피의자신문조서와 검사 이외의 수사기관에서 작성한 피의자신문조서의 증거능력 부여조건이 다르기 때문이라고 지적되기도 하였다.

그러면, 입법자들은 왜 증거능력 부여조건을 다르게 규정하였을까? 형사소송법 제정시 국회에 제출된 정부안[18] 제299조는 "검사·수사관·사법경찰관의 피의자 또는 피의자 아닌 자의 진술을 기재한 조서, 검증·감정의 결과를 기재한 조서 및 압수한 서류나 물품은 공판준비기일에 피고인이나 피고인 아닌 자의 진술에 의해 그 성

---

16) 조서재판의 유래에 대하여 사실확정이 배심원이 있는 법정 즉, 배심재판(陪審裁判, Jury Trial)에서 이루어지고 배심판결에 대한 상소가 불가능한 영국의 재판에서는 수사기관의 조서이든 법원의 조서이든 작성할 필요가 없는 반면, 수사와 재판이 분리되고 판결에 대한 상소가 가능하여 수사기관과 재판기관 상호간 및 판결법원과 상소법원 상호간의 소통이 필요한 프랑스의 재판에서는 조서작성이 필요하며 그에 따라 조서재판이 이루어졌다라고 설명하는 견해가 있다. Jonh H. Langbein(김희균 역), "르네상스의 갈림길-배심재판과 조서재판"(원제 : Prosecuting the Crime in the Renaissance), 한국형사정책연구원, 2012, 210-211면.

17) 우리나라 조서재판의 유래에 대한 연구결과를 찾아볼 수는 없지만 이렇게 유추해 볼 수도 있지 않을까 생각한다. 1446년 세종대왕이 훈민정음(訓民正音)을 창제하기 이전에, 그리고 훈민정음 창제 이후에도 오랫동안 우리나라 국민들의 문자 및 언어생활은 이원화(二元化) 되어 있었다. 왕과 귀족, 관리(특히, 고급관리), 양반들은 한자를 사용하였던 반면 백성들은 한자를 알지 못하였다. 따라서 백성들간에 각종 송사(訟事)가 발생하였을 경우 이를 실무적으로 처리하는 하급관리들은 백성들의 주장과 이야기를 왕과 귀족, 고급 관리들에게 전달하기 위하여 이두(吏讀)라는 표기법으로 작성된 각종 공문서를 작성하였으며, 왕과 귀족, 고급관리들은 이두로 작성된 공문서를 통하여 백성들의 주장과 이야기를 접하였을 것이다. 이러한 공문서 작성 관행도 조서재판이 우리나라에 쉽게 뿌리내릴 수 있게 한 원인 중 하나일 것이다(박영준, 시정곤, 정주리, 최경봉, 우리말의 수수께끼, 김영사, 2002, 51-56면 참조). 더욱이, 조선시대 말인 1894년 갑오경장(甲午更張) 이후의 근대화과정에서 우리나라에 계수(繼受)된 대륙법계 형사사법제도(특히 예심제도), 그리고 일제강점기를 거치면서 우리말을 알지 못하는 일본인 판사는 공판과정에서 수사기관이 일본어로 작성한 조서에 더욱 의존할 수밖에 없었을 것이며, 이는 조서재판의 관행을 더욱 심화시켰을 것이고, 1945년 광복이후에도 판사와 검사, 변호사의 부족 등 여러 가지 사정으로 인하여 조서재판의 관행을 쉽사리 타파하지 못하였기 때문일 것이다.

18) 정부의 형사소송법안은 초대 대법원장이고 법전편찬위원회 위원장이었던 김병로 선생이 거의 단신으로 성안한 초안에 기초하였다고 한다. 한인섭, "형사소송법 제정과정과 김병로", 충남대학교 법학연구(제28권 제2호), 2017, 104면.

립의 진정함이 인정될 때에는 증거로 할 수 있다"라고 되어 있었으나, 국회 법사위에서 의결한 형사소송법안은 위 조항에 "다만, 검사 이외의 수사기관에서 작성한 피의자의 진술조서는 그 피고인 또는 변호인이 공판정에서 그 내용을 인정할 때에 한해 증거로 할 수 있다"라는 단서가 추가되었다.[19] 이러한 단서가 추가된 이유에 대하여 형사소송법 제정당시 최대의 실무적 현안은 경찰의 고문을 어떻게 방지할 것인가 하는 점이었으며 그 근원을 꺾어버리는 조치 중 하나의 방법이 경찰에서 작성하는 피의자신문조서의 증거능력을 제한하거나 부인하는 방안이었기 때문이며, 고문 근절을 위한 이러한 방안은 검찰작성의 피의자신문조서에도 마찬가지라는 논의가 제기되었으나 "비교적 경찰보다는 인적 요소가 조금 우월하다고 볼 수 있는 검찰기관이 작성한 조서에서까지 이러한 증빙력을 주지 않는다면 소송이 지연되고 여러 가지 문제가 있을 것"이라고 보았기 때문에 검찰조서는 정부안대로 '그 성립의 진정이 인정된 때에' 증거능력을 부여하는 것으로 규정되었다고 한다.[20]

1954. 2. 19. 제2대 국회는 법사위 수정안이 포함된 형사소송법안을 의결하였으나, 정부는 1954. 3. 13. 법사위 추가수정안에 대하여 이의[21]를 달아 위 형사소송법안에 대하여 거부권을 행사하였으며 국회는 재의결하여 원안을 확정하여 1954. 3. 20. 정부로 송부하였다. 그러나, 정부는 위 형사소송법안을 공포하지 아니하였으며 제3대 국회의원 총선거가 이루어진 이후인 1954. 9. 23. 법률 제341호로 공포하였으며, 그에 따라 1954. 10. 14.부터 효력이 발생하게 되었으며,[22] 피의자의 진술내용이 피의사실을 인정하기 위한 사건인 경우에는 피의자가 검사 이외의 수사기관에서 피의사실을 인정하였다고 하여도 사건이 검찰에 송치되면 검사는 피의자를 상대로 피의자신문조서를 다시 작성하게 되었으며, 이는 2중 조사라는 점에서 피의자의 인권보호 측면뿐만 아니라 소송경제적인 측면에서도 적절하지 않다는 비판을 받게 되었다.

하선생은 이글에서 공판중심주의의 실현은 거스를 수 없는 방향이며, 법정에서 당사자들의 공방을 통해서, 그리고 물증을 통해서 실체적 진실을 발견해 나가는 독일

---

19) 문준영, 법원과 검찰의 탄생, 역사비평사, 2010, 849-850면.
20) 한인섭, "형사소송법 제정과정과 김병로", 충남대학교 법학연구(제28권 제2호), 2017, 122-125면.
21) 정부는 이의 사유의 제1사유로 피의자신문조서의 증거능력을 부인하고 제한하는 점을 적시하였다. 한인섭, "형사소송법 제정과정과 김병로", 충남대학교 법학연구(제28권 제2호), 2017, 125면.
22) 문준영, 법원과 검찰의 탄생, 역사비평사, 2010, 849-850면; 한인섭, 형사소송법 제정과 김병로, 충남대학교 법학연구(제28권 제2호), 2017, 118-119면.

이나 미국 등의 재판제도와 달리 검찰의 수사결과를 조서로 확인하는 재판, 자백이 기재된 조서만 제출하면 거의 유죄가 인정되는 통과 의례적 재판, 자백이 증거의 왕의 권좌에서 요지부동인 재판을 경험하고 있다고 지적하면서, 피고인이 공판정에 나와 있음에도 그의 진술을 들어보는 대신에 신문조서를 증거로 쓴다는 것은 재판제도 자체를 부정하는 것과 같으며 공개된 법정이 형사절차의 중심에 서야 투명성도 확보되어 국민의 감시와 통제가 가능해져 사법신뢰도 회복될 것이라고 하였으며, 필자도 이에 전적으로 동의한다.

대상판결과 대상결정, 그리고 그 이후에 이루어진 형사소송법의 개정 등에 의하여 피의자였던 피고인의 증거부동의로 인하여 수사기관에서 작성된 피의자신문조서는 더 이상 증거로 사용될 수 없다는 점에서 조서재판은 극복되었다고도 평가할 수 있을 것이다.

그런데, 한편으로는 조서재판이 단순히 수사기관에서 작성된 조서 때문에 기인한 것인지는 의문이다. 형사소송법 제308조는 "증거의 증명력은 법관의 자유판단에 의한다"라고 규정하고 있으며 이 규정은 1954. 9. 23. 법률 제341호로 형사소송법이 제정된 이후 현재까지 변경사항이 없다. 이 규정에 따르면 법관이 증거능력이 있는 증거 중 필요한 증거를 채택·사용하고 증거의 실질적인 가치를 평가하여 사실을 인정하는 것은 법관의 자유심증(自由心證)에 속한다는 것으로서,[23] 법률의 규정에 의하여 증명력이 인정되는 것[24]을 제외한 나머지 증거들에 대하여는 법관의 자유심증에 따라 증거를 취사선택한 다음 사실확인이 이루어진다.

따라서, 수사기관에서 작성된 조서의 기재내용과 공판정에서 이루어지는 진술이 상이한 경우에 법관은 충실한 공판진행후 자유심증에 따라 사실확정을 하여야 함에도 불구하고 그러하지 아니한 것이 조서재판의 관행으로 이어진 것은 아닌지 의문이다.[25] 과거 권위주의 통치하에서 법원의 독립성이 위협받던 시절에는 자유심증주의에 의한 사실확정 및 그에 따른 판결이 쉽지 않았을 것으로 보이지만, 1993. 2. 26.

---

23) 대법원 2015. 8. 20. 선고 2013도11650 전원합의체판결 등.
24) 예를 들면, 공판조서의 증명력에 대하여 규정한 형사소송법 제56조의 규정이 대표적이다.
25) 이와 관련하여 우리의 형사사법제도에 대하여 증거능력 판단에만 머무는 재판이라고 평가하는 견해가 있다. 한제희, "'한국식' 형사증거법의 실태와 고민", 형사소송이론과 실무(제12권 제2호), 한국형사소송법학회, 2020, 281-289면.

문민정부의 출범 및 1993년 윤관 대법원장 취임과 동시에 구성된 '사법제도발전위원회'[26]의 사법제도의 개혁건의[27] 이후에는 법원의 독립성이 위협받는 상황이 아니었기 때문에 법원은 수사기관에 의해 작성된 조서에 **의지하지 아니하고** 법관의 자유심증에 따라 조서에 기재된 진술내용의 신빙성을 충분히 판단할 수 있었을 것이기 때문이다.

또한, 수사기관에서 작성된 조서의 증거능력에 대한 외국의 입법례를 살펴보아도 미국이나 독일 등 대부분의 국가에서 조서의 증거능력을 인정하고 있음을 알 수 있다.[28] 더 나아가 피고인이 수사기관에서 한 진술이 기재된 조서에 관하여 피고인이 내용이나 진정성립을 인정하지 않는다는 이유만으로 그 증거능력을 부정하는 것은 미국이나 일본에 존재하지 않는 우리나라의 독창적인 제도라고 한다.[29] 이러한 외국의 형사사법제도를 과연 조서재판이라고 하거나, 공판중심주의가 실현되지 아니하였다고 평가할 수는 없을 것이다.[30]

한편, 조서재판의 폐해는 수사과정에서 이루어지는 조서조작에 의하여 더욱 가중되는 바, 그 심각성 및 폐해에 대하여는 다음과 같은 표현이 있을 정도이다.

---

26) '사법제도발전위원회'는 1993년 윤관 대법원장의 취임과 동시에 사법부의 주도로 법조계·학계·정계·언론계·사회단체 인사 등을 망라하여 구성되었으며 ① 구속영장실질심사제도와 기소전 보석제도의 도입 등 인권을 더욱 보호하기 위한 개선안, ② 시·군법원의 창설 등 국민의 편익 증진을 위한 제도 도입안, ③ 특허법원과 행정법원 등 전문법원의 설치, 법관근무평정제도의 도입 등 사법의 전문성·공정성 확보를 위한 개선안, ④ 법관인사위원회와 판사회의 설치 등 사법의 독립성을 강화하는 방안 등을 포함하는 사법제도개혁안이 마련되었다. 권순일, "대한민국의 사법개혁, 현황과 전망", 사법(제1권 제39호), 사법발전재단, 2017, 2-3면.
27) 사법제도발전위원회(위원장 현승종 전 국무총리)는 1994. 2. 16. 그 활동기한을 종료하면서 대법원장에게 '사법제도 개선안'을 건의하였는 바, 그 내용에 간이한 상설법원 및 고등법원 지부 설치, 구속영장 실질심사제도, 기소전 보석제도 도입, 사법부의 예산안 요구권 및 법률안 제출권 등에 대한 내용은 포함되어 있었으나 조서재판의 극복방안에 대하여는 언급이 없다.
28) 이정수, "검사 작성 조서의 진정성립과 증거능력-실질적 진정성립 추정 여부와 그 인정방법"-, 법조(제585호), 2005, 249-253면; 최병천, "피의자신문조서의 증거능력-미국과의 비교법적 고찰-", 법학연구(통권 제59집), 전북대 법학연구소, 2019, 90-91면 등.
29) 최병천, "피의자신문조서의 증거능력-미국과의 비교법적 고찰-", 법학연구(통권 제59집), 전북대 법학연구소, 2019, 91면.
30) 이와 관련하여 공판중심주의는 구 형사소송법상의 예심제도를 폐지한 데서 비롯된 역사적 개념이며, 우리나라와 일본에서만 사용하는 개념이라는 견해가 있다. 이상돈, "조서재판과 공판중심주의", 고시계, 2005, 163면.

"주먹으로 치고 몽둥이로 때리는 고문보다 잔혹하고 교묘한게 뭔 줄 알아요? 많이 배워서 똑똑한 놈들이 저지르는 '조서 조작'이에요! 이게 정말 무서운 거예요. 때리면 흔적이라도 남죠. 교묘하게 피의자가 허위 자백하게 만들고 조서 조작하는 건 훗날 검증하기도 어려워요. 배운 놈들이 요즘 그런 짓을 한다니까!"[31]

따라서, 조서재판을 극복하는 것 못지 않게 조서조작이 이루어지지 않도록 감시하고 통제하며, 조서조작자 또는 이에 관여한 사람을 엄벌함으로써 조서조작이 발생하지 않도록 하고, 가사 조서조작이 이루어졌다고 하여도 공판과정에서 반드시 밝혀질 수 있는 형사사법체제의 구축이 더 필요할 것이다.

Ⅳ.

다음으로 공판중심주의의 실현에 대하여 살펴본다. 공판중심주의(公判中心主義)란 형사사건의 실체에 대한 유죄·무죄의 심증(心證) 형성은 법정에서의 심리에 의하여야 한다'는 원칙으로,[32] 그 주요 원리는 법관의 면전에서 직접 조사한 증거만을 재판의 기초로 삼을 수 있고 증명 대상이 되는 사실과 가장 가까운 원본 증거를 재판의 기초로 삼아야 하며 원본 증거의 대체물 사용은 원칙적으로 허용되어서는 안된다는 실질적 직접심리주의(直接審理主義)이다.[33] 공판중심주의를 채택하는 이유는 법관이 법정에서 직접 원본 증거를 조사하는 방법을 통하여 사건에 대한 신선하고 정확한 심증을 형성할 수 있고 피고인에게 원본 증거에 관한 직접적인 의견진술의 기회를 부여함으로써 실체적 진실을 발견하고 공정한 재판을 실현할 수 있기 때문이다.[34]

그런데, 공판중심주의를 실현한다는 것은 공판 및 수사과정에서 각종 조서의 작성을 배제하거나, 공판 및 수사과정에서 이루어진 피의자였던 피고인의 진술을 배제하는 것을 전제로 하는 것인가? 필자는 그렇지 않다고 생각한다.

형사소송법은 공판 및 수사과정에서 각종 조서를 작성하도록 규정하고 있다. 먼

---

31) 박상규·박준영, "지연된 정의", 후마니타스, 2017, 28면.
32) 신동운, "신형사소송법(제5판)", 법문사, 2014, 829면.
33) 대법원 2006. 12. 8. 선고 2005도9730 판결.
34) 대법원 2006. 11. 24. 선고 2006도4994 판결.

저, 공판과정에서 피고인, 피의자, 증인, 감정인, 통역인 또는 번역인을 신문(訊問)하는 때에는 신문에 참여한 법원사무관 등이 조서를 작성하여야 하며(제48조 제1항), 검증, 압수 또는 수색에 관하여는 조서를 작성하여야 하고(제49조 제1항), 공판기일의 소송절차에 관하여는 참여한 법원사무관 등이 공판조서를 작성하여야 한다(제51조 제1항). 공판기일의 소송절차로서 공판조서에 기재된 것은 그 조서만으로 증명한다(제56조).[35] 그리고, 수사과정에서 검사가 피의자를 신문함에는 검찰청수사관 또는 서기관이나 서기를 참여하게 하여야 하고 사법경찰관이 피의자를 신문함에는 사법경찰리를 참여하게 하여야 하며(제243조),[36] 피의자의 진술은 조서에 기재하여야 한다(제244조 제1항). 즉, 형사소송법은 수사기관으로 하여금 각종 조서를 작성하도록 규정하고 있으며, 2020. 2. 4. 법률 제16924호로 개정된 형사소송법 제312조 규정이 시행되어도 수사기관이 피의자신문시 조서를 작성할 의무가 있는 점에는 변화가 없다.[37]

또한, 수사기관에서 피의자 또는 참고인에 대한 진술을 청취하는 것은 수사방법의 일종이므로 이를 금지할 수는 없으며, 공판 이전에 또는 공판정 이외에서 이루어진 피의자였던 피고인의 진술내용은 공소사실을 인정하기 위한 것이든, 피고인의 주장을 탄핵하기 위한 것이든 그 증거가치가 매우 높기 때문에[38] 이를 공판정으로 현출할 필요성이 있다.

---

35) 이는 증거법정주의(證據法定主義)로서 자유심증주의(自由心證主義)의 예외라고 한다.

36) 이와 관련하여 현행 수사실무 중 사법경찰리가 피의자를 신문하고 사법경찰관이 참여하는 수사관행이 있으며 '2021. 2. 25.자 국가수사본부의 사법경찰리 작성 피의자신문조서 보완수사요구에 대한 지침'은 이러한 수사방식에 문제가 없다는 취지인데, 이러한 피의자신문 또는 피의자신문조서 작성이 적법한 것인지에 대한 심도 있는 연구 및 검토가 필요하다. 강구욱, "사법경찰관리에 관한 소고-사법경찰리의 독자적 수사권 행사에 관한 문제를 중심으로-", 외법논집(제37권 제3호), 2013, 203-213면 참조.

37) 이상훈·정성민·백광균, "수사기관 작성 조서의 증거 사용에 관한 연구 : 2020년 개정 형사소송법에 따른 실무 변화 모색", 사법정책연구원, 2021, 436면.

38) 살인 등 중요강력 사건에서 피의자의 자백이 허위인지 여부를 확인하는 방법 중 하나가 피의자가 직접 경험을 한 사람이 아니라면 도저히 진술할 수 없는 내용을 말하고 있는지, 즉 "비밀의 폭로"가 있는지 여부인 바, 이러한 "비밀의 폭로"가 있는 피의자의 수사기관에서의 진술이라면 그 진술의 신빙성이 매우 높을 것이다. 김상준, "무죄판결과 법관의 사실인정", 경인문화사, 2013, 161-162면. 물론, 그러한 진술이 고문·폭행·협박·신체구속의 부당한 장기화 또는 기망 기타의 방법으로 임의로 진술한 것이 아니라고 의심할 만한 이유가 있는 때에는 형사소송법 제309조에 의하여 이를 증거로 하지 못한다.

한편, 사법제도개혁추진위원회(2005. 1. 대통령 자문기구로 설치되었다)의 형사소송법 개정안에 기초한 형사소송법 개정법률안(2006. 1. 6. 의안번호 3769)은 피의자 진술의 영상녹화 규정을 두었는 바, 이 규정은 2007. 6. 1. 법률 제8496호로 개정되면서 형사소송법 제244조의2로 입법화되었으며 동 규정은 현재도 유효하다.

그런데 형사소송법 312조(2007. 6. 1. 법률 제8496호로 개정된 것) 제2항은, 제1항에도 불구하고 피고인이 검사작성 피의자신문조서의 성립을 부인하는 경우에는 그 조서에 기재된 진술이 피고인이 진술한 내용과 동일하게 기재되어 있음이 영상녹화물이나 그 밖의 객관적인 방법에 의하여 증명되고, 그 조서에 기재된 진술이 특히 신빙할 수 있는 상태하에서 행하여졌음이 증명된 때에 한하여 증거로 할 수 있다고 규정하고 있으며, 형사소송법 제244조의2(2007. 6. 1. 법률 제8496호로 개정된 것)의 규정에 따라 이루어진 영상녹화물에 의하여 검사작성 피의자신문조서의 기재내용이 피고인이 진술한 내용과 동일하게 기재되어 있음을 확인할 수 있었다.

하선생은 이글에서 피의자진술의 영상녹화와 그 증거능력인정에 대하여는 비디오 재판의 우려를 언급하면서 공판중심주의에 역행하는 것이라고 비판하는 의견이 제기되기도 하였지만, 이는 대부분 현실진단에 대한 인식차이와 공판중심주의의 의미에 관한 견해차이 내지 오해에 기인한다고 평가하였으며, 또한 피의자진술의 영상녹화 규정은 조사과정의 투명성이 확보되고 조사자의 자기 통제 효과가 있는 등 장점이 많으며, 신문과정이 신뢰할 만한 과정과 방법을 통해서 영상녹화된다면 수사기관의 조사태도를 감시하는 기능 때문에 재판과정에서 수사경찰의 신문방법이나 행동이 더 이상 논란의 대상이 되지 않을 것이고, 수사관의 강요, 가혹행위 등 불법수사 여부에 대한 근거 없는 주장을 방지할 수 있다면 신문과정에서 피의자가 무엇을 진술했는지에 관한 법정증언공방도 줄어들 것이라고 평가하였다. 그 평가는 타당하다고 판단된다. 또한, 피의자진술의 영상녹화물의 증거능력에 대하여 하선생은 이글에서 피의자신문조서와 동일하게 취급해야 할 것이라고 견해를 밝히고 있지만, 형사소송법에는 아무런 규정이 없으며 판례[39]는 참고인에 대한 영상녹화물에 대하여 공소사실을 직접 증명할 수 있는 독립적인 증거로 사용될 수는 없다고 하며, 헌법재판소는 영상물에 수록된 19세 미만 성폭력범죄 피해자 진술에 관한 증거능력 특례를 규

---

39) 대법원 2014. 7. 10. 선고 2012도5041 판결.

정한 성폭력범죄의처벌등에관한특례법 제30조 제6항40)에 대하여 위헌결정을 하였다.41) 영상녹화물의 증거능력을 어떻게 결정할 것인지에 대한 후학들의 추가적인 논의가 필요하다.

그런데, 2020. 2. 4. 법률 제16924호로 형사소송법이 개정되면서 제312조(2007. 6. 1. 법률 제8496호로 개정된 것) 제2항이 삭제됨에 따라 피의자였던 피고인에 대한 검사 작성 피의자신문조서는 피고인이 진정성립을 부인하면 증거로 사용될 방법이 완전 봉쇄되었다.

하선생은 이글에서, 수사단계에서 피의자와 참고인의 진술내용을 기재한 조서가 피고인의 내용부인과 증거사용 부동의로 법정에 제출되어 증거 조사 될 수 없다고 하더라도 그 내용이 공판정에 현출될 수 있는 길이 아예 봉쇄된 것은 아니라고 설명한다. 즉, 사법제도개혁추진위원회(2005. 1. 대통령 자문기구로 설치되었다)의 형사소송법 개정안에 기초한 형사소송법 개정법률안(2006. 1. 6. 의안번호 3769)에 '피고인을 조사하였던 검사, 사법경찰관 등의 조사과정에 관한 증언에 증거능력을 부여하는 규정(제316조)'을 두었는 바, 이 규정을 통하여 조서의 기재내용, 즉 피의자나 참고인의 진술내용을 공판정에 현출할 수 있다는 것이다. 조사과정에 관한 증언규정은 조사자로 하여금 피고인이 수사과정에서 진술한 바를 증언하게 하되 피고인 측의 반대신문을 통하여 탄핵받도록 함으로써 실체적 진실발견과 피고인의 방어권 보장 사이에 조화를 도모한 규정이라고 설명하였다. 위 개정법률안에 기초한 형사소송법 제316조 (2007. 6. 1. 법률 제8496호로 개정된 것)은 현재도 유효하므로, 하선생의 설명은 기본적으로 타당하다.

하선생은 특히, 사법경찰관이 작성한 피의자신문조서의 경우에는 형사소송법 (2007. 6. 1. 법률 제8496호로 개정되기 이전의 것)에 의하면 피고인이 내용을 부인하면 증거로 사용할 수 없고, 판례42)에 의하면 조사자인 사법경찰관의 법정증언의 증거능

---

40) "제1항에 따라 촬영한 영상물에 수록된 피해자의 진술은 공판준비기일 또는 공판기일에 피해자나 조사 과정에 동석하였던 신뢰관계인에 있는 사람 또는 진술조력인의 진술에 의하여 그 성립의 진정함이 인정된 경우에 증거로 할 수 있다"

41) 헌법재판소 2021. 12. 23. 2018헌바524 결정.

42) 대법원 1975. 5. 27. 선고 75도1089 판결; 대법원 19834. 2. 28. 선고 83도3223, 83감도538 판결; 대법원 1985. 2. 13. 선고 84도2897 판결; 대법원 1995. 3. 24. 선고 94도2287 판결; 대법원 1997. 10. 28. 선고 97도2211 판결; 대법원 1999. 12. 28. 선고 99도4776 판결 등.

력도 부정되므로, 사법경찰관이 조사자로서 법정에서 증언할 수 있도록 한 사개추위의 개정법률안은 형사소송법(2007. 6. 1. 법률 제8496호로 개정되기 이전의 것)과 판례의 입장보다 개악(改惡)되었다고 판단되지만, 위증의 부담을 안고 증언해야 하는 사법경찰관으로서는 적법절차에 따라 투명하고 공정한 수사를 하지 않을 수 없을 것이라는 점에서 긍정적이라고 평가하였으며, 이러한 하선생의 평가는 타당하다고 생각된다.

V.

대상판결 및 대상결정, 그리고 그 이후에 이루어진 형사소송법 개정 특히 2020. 2. 4. 법률 제16924호로 개정된 형사소송법 제312조 규정이 2022. 1. 1.부터 시행됨으로 인하여 공판정에서 피의자였던 피고인이 검사작성 피의자신문조서의 진정성립을 부인하는 경우에는 이를 증거로 사용할 수 없게 되었으므로, 조서에 의존하는 재판은 더 이상 이루어지지 않을 것이므로 조서재판은 극복되었으며 공판중심주의는 실현되었다고 평가할 수 있을 것이다.

그렇지만, 이러한 형사소송법의 개정이 형사재판 전반에 미칠 영향은 소송경제 및 실체 진실 발견이라는 두 축을 중요하게 고려하여 검토할 필요가 있다. 즉, 공판중심주의의 실천적 구현으로서 공판심리의 실질화가 추구되어야 함은 물론이며, 이는 실체 진실발견에 기여할 수 있어야 하기 때문이다.[43]

형사소송법은 수사과정에서의 피의자 인권보호를 위하여 피의자 조사시 준수사항 등에 대하여 많은 규정을 하였다. 이러한 규정을 준수하여 작성된 피의자신문조서가 아무런 법적 하자가 없음에도 불구하고 공판준비 또는 공판기일에서의 피고인의 진정성립 부인으로 인하여 증거로 사용될 수 없는 것이 형사정책적으로, 그리고 소송경제적으로 타당한 것인지에 대한 논의 및 수사과정에서 이루어진 피의자 진술의 공판정에의 현출 방안, 특히 조사자 증언 제도 등에 대한 많은 연구와 검토가 있어야 할 것이다.

---

43) 이상훈·정성민·백광균, "수사기관 작성 조서의 증거 사용에 관한 연구 : 2020년 개정 형사소송법에 따른 실무 변화 모색", 사법정책연구원, 2021, 437면.

형사소송절차상의 협상제도

Ⅰ. 문제제기

1. 수사상의 비공식적 협상현실

2003년 10월부터 시작된 정치인, 고위공직자, 기업인 등에 대한 불법대선정치자금 수사과정에서 피의자가 한강에 투신자살한 사건이 연이어 발생하자 그 원인을 분석한 기사 중에, 계좌추적이 불가능하고 돈의 사용처가 불확실한 현금수수의 경우에는 자존심 건드리기 방식과 수사협조 대가로 구형량을 감해주는 소위 플리바게닝(plea bargaining)이 활용된다는 추측보도가 있었다.[1] 또한 검찰이 피의자 자살의 원

---

* 출처: 「비교형사법연구」 제6권 제2호, 2004, 211~238면.
1) 주간동아 434호 2004.5., 131면.

인을 밝힐 수 있는 수사기록을 공개하지 못하는 결정적인 원인으로 가벼운 죄를 고백하는 대신 무거운 죄를 눈감아주는 검찰과 피의자 사이의 정치적 타협, 이른바 플리바게닝이 암암리에 사용되기 때문이라는 것이다. 피의자들은 검찰의 끈질긴 압박과 회유로부터 받게 되는 심리적 고통과 자존심 건드리기 수사방식 때문에 결국 거래(deal), 즉 자백＝불구속, 부인＝구속이라는 협상을 하게 되는 것이다.[2]

민사소송과는 달리 형사소송은 국가형벌권의 실현절차이고 실체진실발견을 그 이념과 목적으로 삼기 때문에 당사자 사이의 합의에 의한 소송물 처분권(즉 당사자처분주의)은 원칙적으로 인정하지 않는다. 그렇다고 하더라도 피의자·피고인과 수사기관 및 법원이 서로 적대적으로 한 치의 타협도 없이 형사소송을 마치 양자 또는 다자대결처럼 진행하는 것은 아니다. 피의자나 피고인으로서 소송상의 지위와 권리가 인정되면 필연적으로 소송은 수사기관과 법원 사이의 의사소통과정으로 진행되기 때문에 부분적으로라도 합의의 가능성이 있게 되는 것이다. 이러한 점에서 형사절차의 현실에서 소송주체들 간에 서로의 이익을 위해서 합의를 도출해내는 것은 당연한 것일 수 있다.[3]

공소제기 전단계에서는 피의자와 그 변호인의 전략은 공소제기를 피하는 일이고 이를 위해서라면 기소여부에 대한 자유재량여지가 주어진 검찰에게 일정한 반대급부를 제공하고 그 대가로 불기소처분이나 낮은 구형을 약속받는 것이다.

이와 같이 소송결과와 소송절차에 대한 다양한 형태의 타협은 부분적으로든 비공식적으로든, 아니면 공식적으로든 현실적으로 형사소송실무에서 일어나고 있고 오늘날 학계에서도 더 이상 낯선 주제가 아니다.[4] 비공식적이기는 하지만 우리나라에서도 이미 실무현실에서는 당사자 사이의 합의가 광범위하게 일어나고 있고, 실제로도 중요한 기능을 하고 있다. 작년 불법정치자금수사와 관련하여 기업들이 수사에 협조하고 관련 사실을 고백하면 입건을 유예하거나 구약식기소하여 경한 처벌을 받게 하겠다는 검찰의 선처방침이 이를 입증한다.[5]

---

2) 오마이뉴스 2004.5.11, 18 : 05.

3) Weigend, Absprache in ausländischen Strafvefahren, 1990, S.1.

4) 가장 최근의 연구로는 박형관, 미국 유죄답변형상(Plea Bargaining)의 의의 및 기능, 해외연수검사 연구논문집(Ⅰ) 제18집, 법무연수원, 2003; 윤동호, 형사절차와 협상, 한국형사정책연구원, 2003.

5) 작년 불법정치자금 수사와 관련하여 '불법 정치자금 고백 후 일괄 사면'이라는 정치적 타협이 정치권과 재계에서 시도되었다. 검찰은 한나라당이 연수원과 당사를 매각하여 국가에 헌납하는

2. 연구의 필요성

이러한 현실이 나타나는 원인은 여러 측면에서 찾아볼 수 있지만 특히 산업발전과 사회변화에 따른 범죄의 증가를 주된 원인으로 꼽을 수 있다. 범죄의 증가로 검찰과 법원은 과중한 업무로 시달리고 있으며, 이에 대처하기 위하여 형사사법의 기능적 효율성을 지향하는 실무에서 형식적이든 비공식적이든 신속하게 형사사건의 처리를 원하기 때문이다. 협상제도가 공식화되어 협상으로 형사재판절차가 종결되면 특별한 경우가 아닌 한 상소로 다투어지지 않으므로 항소사건이 줄어들게 되고 항소법원의 사건부담경감이라는 효과를 얻게 된다.

이렇게 현실에서 나타나고 있는 형사절차에서의 협상을 우리의 형사소송법의 원칙과 틀 안에서 정당화될 수 있는 것인지, 또 정당화된다면 수용의 필요성이 있는 것인지 연구해야 할 필요성은 늘 존재한다. 문제는 소송절차의 방식에 대한 협상이 아니라 소송결과에 대한 협상이다. 후자는 소송절차를 아예 대체해버리기 때문에 그 허용여부가 문제되는 것이다. 특정한 형벌의 선고, 형사절차의 종결, 무죄판결 등과 같이 협상의 결과가 적법한 절차에 의해서 얻어지는 것이 아니라 은밀하고 비공식적인 합의에 의해 이루어져 공판심리를 대체하는 결과를 갖게 되기 때문이다.

이는 기소법정주의 국가보다는 기소편의주의 국가에서 흔히 있을 수 있는 것이다. 기소법정주의 국가인 이탈리아와 스페인에서도 공소제기 후의 협상가능성을 공식화하고 실정법화했다. 오스트리아도 행위자의 책임이 경미하거나 행위의 결과가 중요치 않거나 사후에 원상회복을 통해서 제거되어 형벌필요성이 결여된 사례를 절차의 중지를 통해서 공소제기전에 검사가 처리할 수 있는 가능성을 열어 두었다. 미국의 경우 Guilty Plea로 증거조사가 이루어지는 공판절차 없이 형사절차종결 되는 것이 90%이상이라고 한다. 따라서 Plea Bargaining제도와 Guilty Plea없이는 형사사법이 기능적으로 작동하지 못할 위험이 있다고 예측한다.[6]

협상제도의 기원은 미국에서부터 찾아볼 수가 있는데 미국은 우리나라와는 소송

조건으로 수사유예를 언급한 바 있고, 정치인이나 고위공직자관련 사건에서 공공연히 딜(deal, plea bargaining)이 시도되고 있다고 한다.

6) 외국의 입법례에 관해서는 Weigend, Absprache in ausländischen Strafverfahren, 1990, S.31 이하 참조.

구조 자체가 완전히 다른 형태를 가지고 있다. 따라서 우리나라와 같은 소송구조에서도 받아들일 수 있는가의 문제는 또 다른 측면의 연구를 필요로 한다. 우선 우리 형사소송의 구조를 어떻게 파악할 것인가에 대하여 알아보아야 한다. 형사소송의 구조에 따라서 협상의 수용여부 혹은 협상의 수용범위가 달라질 수 있기 때문이다. 법치국가가 사법정의를 거래한다는 비난에도 불구하고[7] 미국식의 플리바게닝(Plea Bargaining)이 우리 형사소송의 이념과 형사소송의 구조에 부합할 것인지를 검토하고 가능한 공식적 또는 비공식적 협상 방안을 모색하고자 한다. 독일은 우리와 형사소송구조가 유사하기 때문에 독일에서의 소송결과에 대한 협상의 허용여부와 그 구속력에 관한 논의[8]는 우리에게 중요한 참고자료가 될 수 있다. 따라서 미국의 제도와 함께 독일의 학계와 실무의 입장을 비교법적으로 분석하기로 한다.

Ⅱ. 형사소송의 이념과 형사소송의 구조

1. 형사소송법의 법치국가성

공적 형사사법이 확립된 오늘날의 형벌권은 피해자개인의 사적 영역이 아니라 국가에게 있기 때문에 형법규범이 침해된 경우에는 국가형벌권이 발동한다. 국가는 형벌권의 실현을 통해서 범죄로부터 국민을 보호해야 하며, 범죄를 수사하고 공판을 진행하여 형벌을 과하고 선고된 형벌을 집행함으로써 법적 평화를 회복시킬 수 있는 일정한 절차를 법적으로 규정하여야 한다.

이러한 형사소송절차를 통해서 국가형벌권이 구체화되고 실현되지만, 형사사법정의의 실현절차는 필연적으로 개인의 기본적 인권의 침해를 수반한다. 즉 형벌권이 실현되는 절차인 형사소송에서는 범죄로 인하여 생겨난 국가와 개인(범죄자)간의 이익충돌이 가장 첨예하게 나타나게 된다. 범죄혐의로 인하여 야기된 국가와 개인간의 갈등상황은 한편으로는 국가형벌권의 발동 및 절차와 그 한계가 법적으로 정확하게 규정되어 있어야만, 다른 한편으로는 피의자 또는 피고인의 권리와 지위가 법적으로 보장되어야만 조화롭게 해결될 수 있다. 즉 형사절차는 법치국가이념에 충실하여야

---

7) 하태훈, '불법 정치자금 사면 안 된다'(동아시론), 동아일보 2003.11.10.

8) Schünemann, Absprachen in Strafverfahren? Grundlagen, Gegenstände und Grenzen, Gutachten B zum 58. Duetschen Juristentag München 1990; Weigend, Absprachen in ausländischen Strsfverfahren, 1990.

한다. 따라서 법치국가적 이념을 표방하는 오늘날의 헌법에서는 국가 대 개인이라는 이분법적 사고의 틀 속에서 충돌상황을 규율하려하지 않고, 형사소추를 통한 질서의 확보와 개인의 자유영역의 보장이 모두 국가의 의무라는 기본이념을 출발점으로 삼는다. 우리 헌법도 인간의 존엄과 가치, 국가의 기본권 보장의무, 무죄추정의 원칙, 적법절차의 원칙, 강제처분 법정주의 및 영장주의 등을 명시함으로써 형사소송절차에서의 피의자와 피고인의 기본권보장과 사법적 보호의 철저화를 천명하고 있다.

2. 실체적 진실발견과 법적 평화의 회복

형법이 구체적으로 실현되기 위해서는 객관적 사건의 진상이 밝혀져 범죄에 대한 혐의의 진부가 규명되어져야 한다. 이를 형사소송에서의 실체적 진실주의라 한다. 이러한 의미에서 형사소송은 사법상의 분쟁에서의 대립당사자의 공격과 방어에 의한 진상규명과 법적 판단인 민사소송과 구별된다. 형사소송은 피고인과 피해자간의 법적 분쟁을 해결하기 위한 사적 관계가 아니라 국가형벌권의 범위와 한계를 확정하여 형벌권을 실현하는 절차이기 때문이다. 이러한 점에서 형사소송은 당사자주의 소송구조가 아니라 직권주의 소송구조를 기본으로 한다.

일반적으로 소송의 실체에 관하여 사안의 진상을 규명하고 객관적 진실을 발견하려는 원리인 실체진실주의가 형사소송의 지도이념 내지 최고의 목적으로 이해되고 있다. 그러나 이는 실체진실이 어떠한 방법이나 절차에 의하여 발견되어져도 된다는 것을 의미하지는 않는다. 왜냐하면 자유민주주의의 최고 가치이자 헌법적으로 보장되어 있는 인간의 존엄과 가치의 보호 내에서 형사절차가 이루어져야 하기 때문이다. 즉 실체진실은 피의자 내지 피고인의 인권을 옹호하는 법치국가원리에 입각한 적정절차에 의하여 발견되어져야 하고 또한 신속한 재판을 통해서 발견되어져야만 객관적 진실로서 정당성을 갖게 된다.

그러나 법치국가 헌법이념에 입각한 적정절차와 신속한 재판을 통하여 실체진실을 발견하는 것이 형사소송의 목적일 수는 없다. 형사소송의 궁극적 목적은 단지 진실발견을 통하여 유무죄여부를 판단하는 데 있는 것이 아니라, 더 나아가 범죄로 인한 법공동체의 동요상태와 침해된 형법규범의 효력을 회복시키므로써 법적 평화를 다시 만들어 내는데 있다.[9] 이로써 동시에 형사소송은 형법을 실현시키는 것이다.

3. 헌법과 형사소송법과의 관계

국가가 형벌권을 행사함에 있어서는 필연적으로 헌법에 보장된 개인의 기본적 인권을 침해하게 된다. 그러나 국가는 형법규범의 실현을 통하여 공공의 안전과 침해된 법질서를 회복시켜야 하는 임무를 갖고 있다. 이와 같이 국가의 임무가 공공의 이익과 개인의 자유의 보호라는 서로 상충되는 긴장관계에 놓여 있게 되는데 이를 적절히 조화시키기 위하여 헌법은 개인의 기본적 인권을 침해하는 경우에는 반드시 법률에 의하여 정해진 절차에 따라 행하도록 요구한다.

헌법 제12조 1항은 형사소송법의 기본원칙인 형사절차 법정주의를 규정하고 있다. 이는 형사절차가 법률에 의하여야 한다는 것을 의미할 뿐만 아니라 공정한 절차, 즉 적정절차(due process of law)에 의하여 형벌권이 실현되어야 함을 의미한다. 이 이외에도 헌법은 개인의 자유, 특히 형사피의자나 형사피고인의 기본권을 보장하기 위하여 형사절차에 관한 상세한 규정을 두고 있다 : 진술거부권, 영장주의, 변호인의 조력을 받을 권리, 구속적부심사청구권, 자백배제법칙과 자백보강법칙, 일사부재리의 원칙, 공개재판 및 신속한 재판을 받을 권리, 무죄추정의 원칙, 형사보상청구권 등.

이와 같이 헌법에 의하여 형사절차가 규율되는 점을 헌법적 형사소송(또는 형사소송은 응용된 헌법, 형사소송의 헌법화, 헌법의 지진계로서의 형사소송법[10])이라고 표현한다. 이는 형사절차상의 인권보장이 헌법에 규정되어 있고 따라서 헌법이 형사소송법의 법원이고 형사소송법의 해석에 있어서 실정법체계 중에서 최고이자 기본법인 헌법의 이념에 부합되어야 한다는 의미이다.

4. 형사소송의 구조

형사소송은 법정에서 범죄혐의를 받고 있는 피고인에 대하여 유·무죄를 판단하기 위한 공판절차와 그 절차에 따라 이루어지는 일련의 소송활동을 말한다. 이러한 공판절차에서 법관의 최종판결시까지 방향설정기능을 수행하는 이념이 바로 형사소송의 목적이다. 일반적으로 형사소송의 목적으로는 ① 실체적 진실발견 ② 적정절차의 원칙 ③ 신속한 재판의 원칙 등을 말한다. 하지만 이러한 것들을 소송의 목적으로

---

9) Roxin, Strafverfahrensrecht, 24.Aufl., 1995, S.2.
10) Roxin, a.a.O., S.9.

한다고 하더라도 이들의 의미와 그들 사이의 관계에 관해서 동일한 입장에 서있는 것은 아니며, 일반적으로 소송구조를 어떻게 취하는가, 즉 어떤 소송목적을 중시하느냐에 따라서 형사소송의 이해에 차이가 생기게 된다.

우리 나라의 형사소송법의 입장에 대한 대다수 학설들은 실체적 진실발견과 적정절차라는 두 원칙이 형사소송의 이념 내지 목적이라는 데에는 별 이론이 없어 보인다. 다만 어느 쪽을 우리 나라의 기본구조로 보느냐에 대해서만 논란이 있을 뿐이다. 이 연구는 실체적 진실발견에 우위를 두면서 적정절차의 원칙과 조화를 이루는 문제가 중요하다는 입장을 토대로 하고 있다. 직권주의는 절대적인 원칙이 아니라 실체적 진실발견을 위해서 유용한 제도일 뿐이다 즉, 직권주의는 실체적 진실발견이라는 목적 실현을 위한 수단에 불과하다. 따라서 우리나라의 형사소송구조를 직권주의냐 당사자주의냐의 문제[11]로 이분화하는 것은 어차피 양 구조의 성격을 모두 지니고 있는 것을 자신의 선이해에 따라 해석해내는 것에 불과해 보인다.

여기서 중요한 것은 우리나라의 형사소송상 인정되는 위의 두 가지 원칙을 어떻게 조화롭고 통일적으로 해석하느냐이다. 실체적 진실발견과 적정절차의 원칙 등은 모두 다 그 보다는 상위개념으로 볼 수 있는 정의의 원칙 혹은 법치국가의 원칙으로부터 나온다. 왜냐하면 형사소송의 궁극적 목적은 실체적 진실발견이나 적정절차의 원칙 그 자체가 아니라, 그러한 과정을 통한 법적 평화의 회복이기 때문이다. 따라서 법적 평화회복에 도움을 줄 수 있는가를 정의의 원칙의 관점에서 두 원칙을 조화롭게 해결하는 것이 중요하다.

Ⅲ. 우리 형사소송 실무에서의 협상형태

1. 협상의 통로와 가능성

대륙법계에 속하는 우리나라도 수사단계와 재판단계에서 절차협상의 가능성은 존재한다. 피의자 또는 피고인의 소송절차에 임하는 태도에 따라 각종의 혜택이 주어진다. 수사기관과 법원은 폭넓은 재량권이 협상을 가능하게 한다. 검사의 기소편의주의가 소송물처분주의와 변론주의와 같은 당사자주의를 실현하는 제도를 수사기관

---

11) 이에 관해서는 배종대/이상돈, 형사소송법, 2004, 24면 이하 참조.

과 피의자·피고인과의 공식화된 타협 내지 협상을 통해서 가능하게 한다. 기소유예(형소법 제247조), 공소취소제도(제255조), 약식절차(제448조 이하) 등이 그 예이다. 더 나아가 당사자에게 증거능력에 관한 협상권을 부여하는 증거동의제도(제318조)와 증거능력과 증거조사절차의 엄격성을 해제하는 간이공판절차(제286조의2)도 형사사법기관과 피의자·피고인 간의 협상통로로 활용되고 있다.

2. 검사의 기소재량권

검사는 수사종결처분으로서 기소 또는 불기소 여부를 결정한다. 수사결과 공소제기에 충분한 범죄혐의가 인정되고 유죄판결을 받을 조건도 갖추었다고 판단되더라도 형법 제51조를 고려한 재량에 따라 불기소처분을 할 수 있다. 공소를 제기했더라도 공소취소도 가능하다. 이 경우에 검사는 피의자 및 피고인의 수사단계에서의 태도에 대한 대가로서의 관용, 피해자의 이익, 소송경제 등을 고려하여 재량권을 행사할 수 있다. 이와 같이 검사의 폭넓은 재량권이 인정되는 기소편의주의와 기소변경주의를 취하는 우리의 실무에서는 피의자·피고인과 검사 사이에 협상이 개입될 수 있는 여지가 있게 된다.

3. 검사의 약식명령청구권

약식절차는 지방법원의 관할 사건에 대하여 검사의 청구가 있는 경우에 공판절차를 거치지 않고 검사가 제출한 자료만을 조사하여 약식명령으로 피고인에게 벌금, 과료 또는 몰수의 형을 과하는 간이한 재판절차이다. 이 제도는 경미한 사건에 대한 공판절차를 생략함으로서 소송경제와 피고인의 이익보호에 기여할 수 있는 제도지만 헌법이 보장하고 있는 공정한 재판의 원칙과 공개재판을 받을 권리를 침해하는 것이 아닌가 하는 위헌성의 문제를 안고 있다. 그러나 불복하는 피고인에게 포기할 수 없는 정식재판권이 보장되어 있기 때문에 위헌이 아니라고 본다.

피의자는 형사절차로부터 신속하게 해방될 수 있기 때문에 검사의 무리한 약식절차의 유혹에 걸려들 우려가 있게 된다. 이러한 문제점에 대해서 검사와 피의자간의 명시적 또는 묵시적 협상의 수단이 되는 경우에는 약식절차의 문제점이 더욱 확대되고, 유죄답변협상은 이미 우리 형사소송절차에 있어서 사실상 중요한 역할을 하고 있다는 점에서 검찰청의 조사실 문 안에서 일어나는 존재하지만 존재가 부정되는 비공식절차로 남겨둘 것이 아니라 어떠한 형태로든 어떠한 형식이로든 공식적이고 합리적인 취급이 시급하다고 지적12)이 있다. 재판부도 정식재판청구를 피하기 위해 지나치게 낮은 형을 선고할 위험성도 도사려 있다.13)

4. 법치국가이념과 신속·간이한 사건처리: 범칙금통고처분과 즉결심판절차

신속한 재판의 진행은 한편으로는 국가형벌권의 효과적인 실현에 기여하고 다른 한편으로는 피고인의 이익보호14)를 위한 헌법적 기본권이다. 재판의 신속한 진행으로 형벌권의 신속한 실현이 가능하고 이로써 형벌의 일반예방효과 달성할 수 있으며 특별예방효과, 즉 피고인의 사회복귀에도 도움이 될 수 있다.15) 뿐만 아니라 형사절차의 조속한 해결은 형사절차에 소요되는 비용과 부담을 줄여 준다.16) 즉 신속한 재판은 소송경제, 형벌목적의 실현과 형사사법에 대한 국민의 신뢰성확보라는 공적 이익의 관점에서도 요구되는 원칙이다.17)

같은 취지로 헌법재판소 판결(1995.6.29, 93헌바45) : "신속한 재판을 받을 권리는 주로 피고인의 이익을 보호하기 위하여 인정된 기본권이지만 동시에 실체적 진실발견, 소송경제 재판에 대한 국민의 신뢰와 형벌목적의 달성과 같은 공공의 이익에도

---

12) 신현주, 형사소송법, 2002, 836면.
13) 신동운, 형사소송법, 1993, 921면.
14) BGHSt. 26, 228, 232.
15) 형사소송절차의 지연은 형벌의 예방기능이라는 형사제재수단의 효용성을 감소시킬 수 있다. 공동체의 구성원이 피고인에 대한 형벌부과를 피고인의 불법행위에 대한 공동체의 반응으로 인식해야 하는데, 통상 소송절차가 신속하게 진행되지 못하고 지연되면 이러한 위하적인 형벌효과(Abstreckungswirkung der Strafe)가 감소하게 된다. 또한 형벌이 갖는 규범 안정적 효과(norm-stabilisierende Wirkung)와 학습효과(Lerneffekt)도 사라지게 된다. 이에 관해서는 Imme Roxin, Die Rechtsfolgen schwerwiegendender Rechtsstaatsverstoße in der Strafrechtspflege, 1988, S.162ff.
16) 물론 적법한 절차에 의한 공정하고 충분한 심리를 통한 재판의 진행으로 소송당사자들이 재판의 진행과 결과에 대한 신뢰를 갖는다면 하나의 심급에서 소송이 종결될 수도 있다는 점에서 다소 신속성이 떨어지더라도 소송경제적인 측면에서 유리하다고 볼 수 있다. 왜냐하면 절차의 하자나 사실인정의 오류를 이유로 재판결과에 불복하여 모든 심급을 다 거친다면 오히려 피고인과 형사사법이 져야 할 시간과 비용의 부담은 커지기 때문이다. 이러한 관점에서 급증하는 상고사건에 대한 대책으로 대법원의 업무의 편의성을 앞세운 상소허가제를 도입할 것이 아니라 하급심에서 충분한 시간과 노력으로 공정한 재판을 진행할 수 있도록 법관 수를 늘려야 한다. 이것이 국민에게 신속하고 공정한 재판을 받을 권리를 보장하는 최선책이다.
17) 배종대/이상돈, 형사소송법, 2004, 20면.

근거가 있기 때문에 어느 면에서는 이중적 성격을 갖고 있다고 할 수 있어, 형사사법 체계 자체를 위하여도 아주 중요한 의미를 갖는 기본권이다."

그러나 무엇보다도 헌법 제27조 제3항에 신속한 재판의 원칙을 기본권의 하나로 규정한 것은 피고인의 이익을 위한 것이다. 왜냐하면 신속한 재판은 피의자 또는 피고인의 정신적 부담을 최소화할 수 있고, 구속된 피의자 또는 피고인의 장기간의 미결구금을 방지함으로써 인신구속의 중압감에서 해방시킬 수 있고 재판이 진행되는 동안 피의자나 피고인이 갖는 불안한 심리적 지위와 상태 및 사회적 비난과 이로 인한 (직업과 신용 등) 경제적 손실을 최소화할 수 있으며 피고인이나 증인의 기억상실이나 사망, 증거멸실 등으로 인한 방어권행사의 장애요인을 제거할 수 있기 때문이다. 또한 신속한 재판이 진행되지 않는다면 피의자 및 피고인에게는 실질적으로 형사처벌의 효과를 미치게 되기 때문이다.

즉결심판제도는 범증이 명백하고 죄질이 경미한 사건을 통상의 형사소송절차에 의하지 아니하고 신속하고 간이한 절차에 의하여 구류를 포함한 경미한 형을 선고하는 특별형사절차를 말한다. 즉결심판에 관한 절차법과 법원조직법에 따라 20만 원 이하의 벌금, 구류, 과료에 처할 경미한 범죄에 대해서(즉결심판에관한절차법 제2조, 법원조직법 제34조 제1항 3호) 지방법원, 지방법원지원, 시군 법원의 판사가 경찰서장 또는 해양경찰서장의 심판청구를 받아(즉결심판에관한절차법 제3조, 이하 법률명칭 생략) 심리과정에서도 증거능력의 특칙이 인정되는 등(제10조) 간이·신속한 절차에 의해서 사건을 처리하는 제도이다.

이 절차의 취지는 죄증이 명백하고 죄질이 경미한 사건을 신속하고 적정하게 처리함으로써 소송경제를 도모하려는데 있다. 인적 및 물적 자원의 한계로 인해 폭증하는 경미한 사건에 대한 검사의 기소권 행사와 법원에 의한 정식형사절차의 진행이 불가능한 현실이 이 제도의 필요성과 유용성을 높여주고 있다. 이 제도를 통해서 그나마 법원 및 검찰은 선택과 집중의 원리에 따라 한정된 인적 자원을 중범죄나 복잡한 사건에 투입하여 공판절차를 정상적으로 운영할 수 있게 되고, 이로써 제한된 인적 및 물적 자원의 합리적 활용과 소송경제라는 형사사법의 기능적 효율성을 높일 수 있게 된다.[18]

---

18) 1995년 12월 20일에 공포되고 1997년부터 시행된 제8차 개정 형사소송법에는 형사절차의 신속한 진행을 통해서 소송경제를 꾀하기 위한 방안들이 강화되었다. 예컨대 대표변호인제도(제32조

즉결심판제도는 범증이 명백한 경미한 사건이라는 이유로 약식명령절차보다도 더 신속한 심판절차를 통해서 피고인을 형사절차에서 해방시킨다는 점에서 형사절차의 장기화로 인한 시간적, 정신적 및 경제적 부담을 최소화해 주기 때문에 피의자 내지 피고인의 이익보호를 위한 제도라고 할 수 있다. 그러나 이 제도의 연혁에 비추어 볼 때 피의자 또는 피고인을 위한 제도라고 할 수는 없다. 이 제도는 일제하에서 대부분의 형사사건의 처리를 경찰 또는 헌병에게 맡겼던 범죄즉결례에 그 근원을 두고 있고,[19] 해방직후에 정규법관의 부족과 사건의 폭증으로 인하여 형사사건을 신속 간이하게 처리해야 할 필요성이 대두되어 치안판사를 경찰서에 주재시켜 경미사건을 처리하게 한 것이 오늘날의 즉결심판제도로 발전하였기 때문이다.[20] 실질적으로도 현행 즉결심판제도는 주로 범칙금 미납자에 대한 비보호·불출석 심판의 형태로 운영되고 있기 때문에 제도의 취지가 퇴색된 현실이다.

즉결심판의 대상은 범증이 명백한 사건이기 때문에 수사 및 공판절차가 신속 간이하게 진행되더라도 적정절차의 이념이 본질적으로 훼손되는 것은 아닐 것이다. 즉결심판제도는 피고인이 출석한 공개된 법정에서(단 심판의 청구권자는 출석하지 않고) 구두변론에 의한 심리와 재판의 선고가 행해진다는 점(제7조 및 제8조)에서 피고인의 권리보호를 위한 구두변론주의, 직접심리주의, 공개주의 등 형사소송절차의 기본원칙이 지켜지고 있다. 또한 피고인이 즉결심판에 불복하여 정식재판을 청구할 경우 정식재판으로 이행되고 법관이 기각 결정을 하면 그 사건은 검사에게 송치되어 정식 형사절차를 밟을 수 있기 때문에(제14조) 정식재판절차를 배척하는 것이 아니다. 더 나아가 판사는 피고인에게 피고사건의 내용을 고지하고 변명할 기회를 주어야 하며 진술거부권을 고지하도록 하고 있고(제9조 제1항), 변호인은 의견을 진술할 수 있고 피고인에게 최종진술의 기회를 부여하는 등(제19조) 법치국가이념을 존중하는 한도

의2), 결석재판제도(제277조의2)와 간이공판절차의 심판대상 전면 확대(제286조의2) 등이 구체적인 개선방안이다. 판검사의 증원이 사건증가에 못 미치고 있기 때문에 신속 간이한 형사절차의 진행으로 형사사법의 업무과중과 소송지연 및 장기화를 해결하려는 취지로 보인다.

19) 신동운, 일제하의 예심제도에 관하여, 서울대학교 법학 27권 1호, 1986, 149면 이하.

20) 1956년 법원조직법의 개정으로 치안판사제도는 폐지되었고 경미사건처리를 위한 순회재판제도가 신설되어 순회판사가 즉결사건의 심판하는 절차에 관한 법인 즉결심판절차법이 1957년에 제정되었다. 순회판사제도는 1994년 법원조직법개정으로 폐지되고 지방법원지원 또는 시군 법원의 판사가 즉결심판을 담당하게 되었다. 이에 관해서는 신현주, 형사소송법, 1999, 166면 참조.

내에서 신속한 재판의 진행이 추구되는 제도로 볼 수 있다.

그러나 즉결심판제도의 도입배경과 운용실태 및 법규정을 종합적으로 검토해보면 형사사법의 효율성과 편의성, 그리고 소송 경제적 측면이 피고인의 이익보호의 요청보다도 전면에 내세워진 것이라는 비판을 받을 만하다. 왜냐하면 신속한 재판의 진행이라 하더라도 피고인의 기본적 인권을 무시하고 피고인의 방어권을 침해하는 재판절차라면, 다른 한편으로는 공정하고 적정한 절차에 의한 재판을 받을 권리가 침해되는 것이고 졸속재판으로서 신속한 재판의 이념에 반하기 때문이다. 신속한 재판의 원칙은 피고인의 이익보호를 위한, 형사소송법의 중요한 이념적 지주이다. 재판이 적절한 기간 내에 신속하고 공정하게 진행됨으로써 피고인에 대한 부당한 장기구금을 방지할 수 있고,21) 소송지연으로부터 초래될 수 있는 증거멸실 등의 불이익을 피할 수 있게 된다. 그러나 신속한 재판은 실체진실발견을 통하여 형사사법정의의 실현과 국민의 형사사법에 대한 신뢰감 형성, 더 나아가 소송 경제적 측면에서도 그 필요성이 인정된다. 따라서 피고인의 기본권 보장의 요청과 공익의 보호요구가 상호 조화를 이루도록 형사소송절차가 신속하고 공정하게 진행되어야 한다.

따라서 피고인의 기본권 보장을 위한 신속한 재판의 진행이 형사사법의 효율성과 편의성 내지는 소송경제를 이유로 희생된다면 법치 국가적 이념에 비추어 바람직하지 못하다.22) 이러한 문제상황에 대한 기본적 인식에서 출발하여 법치국가적 이념을 실현하는 신속한 재판의 원칙이 유지되는 가운데 피고인의 기본권보장과 형사사법의 기능적 효율성이라는 국가이익사이의 충돌을 상호 조화롭게 해결할 수 있는 가능성을 모색하기로 한다.23) 즉결심판제도의 연역과 지금까지의 즉결심판제도의 운영에 비추어 이 제도가 신속한 재판의 진행으로 인한 형사사법의 편의성과 기능성을

---

21) 그러나 대법원은 재량에 의하여 판결선고전 구금일수 중 일부만을 통산할 수 있도록 한 형법 제57조의 규정이 신속한 재판을 받을 권리를 규정한 헌법에 위반된다고 보지 않는다(대판 1989.10.10, 89도1711).

22) 이에 관해서는 하태훈, 신속한 재판의 원칙과 법치국가이념, 안암법학 제7호, 1998.8 참조.

23) 독일에서도 법치국가이념의 실현에 기여하는 신속한 재판의 원칙이 학문과 실무의 지속적인 관심주제였고 1994년 독일 Münster에서 개최된 제60차 독일 법조인대회의 형사법분야 주제 (Gössel, Empfelen sich Änderungen des Strafverfahrensrechts mit dem Ziel, ohne Preisgabe rechtsstaatlicher Grundsätze den Strafprozeß, insbesondere die Hauptverhandlung, zu beschleunigen? Gutachten C für den 60. Deutschen Juristentag, 1994) 중의 하나가 신속한 공판절차의 실현을 위한 현행 형사소송법의 개정방안이었다.

꾀하기 위하여 피의자 및 피고인의 기본권보장과 실체적 진실발견을 소홀히 한 것이 아닌가하는 반성적 검토가 있어야 한다.[24] 범증이 명백한 경미한 사건이라고 하더라도 신속 간이한 재판진행으로 적정절차의 이념이 훼손되어서는 안 되기 때문이다.

5. 피고인의 자백과 간이공판절차

공판절차의 특칙으로서 간이공판절차는 피고인이 공판정에서 자백하는 사건에 대하여 형사소송법이 정한 증거조사절차를 간이화하고 증거능력의 제한을 완화하여 심리를 신속하게 진행하기 위한 공판절차이다. 이는 신속한 재판의 실현과 소송경제의 이념에 존재의의를 갖고 있다. 이 제도는 피고인이 유죄의 답변을 하면 배심원의 유죄평결과 같은 효력을 갖게 되는 미국의 기소사실인부절차(Arraignment)와 유사하지만 증거조사를 위한 증거조사절차가 아예 생략된다는 점에서 간이공판절차와는 차이가 있다.

Ⅳ. 플리바게닝(Plea Bargaining)에 관한 미국의 논쟁

1. 서

형사소송은 민사소송과는 달리 공익적 성격이 강하며, 위에서 우리 형사소송법에서 소송의 목적으로는 실체적 진실발견을 최고 우위에 놓는 것으로 보았다. 그렇다면, 형사소송에서 협상(Plea Bargaining)은 허용될 수 있는 것인가? 원칙적으로 당사자간의 협상이나 교섭을 통해서 이루어지는 진실의 왜곡은 인정될 수 없다고 보아야 한다. 그러나 현실은 다르다. 우리나라의 경우도 예컨대 검사가 경한 구형을 조건으로 피의자로 하여금 피의 사실을 자백하게 한다든지, 단독판사 관할 사건에 대하여

---

24) 사법개혁추진위원회에서도 연혁적 문제점, 재량권의 남용 및 인권침해의 소지 등 즉결심판제도의 부정적 측면이 지적되었지만 신속 간이한 형사사건의 처리절차라는 장점을 살려 대폭 개선하기로 하였다. 즉, 벌금이나 구류형의 부과대상인 도로교통법 또는 경범죄처벌법 위반행위 중 신호위반, 통행구분 위반행위, 광고물 무단첩부, 공작물 등 관리소홀행위 등 순수한 질서위반행위의 대부분에 대하여는 비범죄화하여 과태료 부과대상으로 전환하고 과태료 납부를 강제할 수 있는 수단을 강구하도록 하며 형사처벌에 대하여는 검찰에 송치하여 처벌하는 방향으로 즉결심판절차법 및 경범죄처벌법을 개선하도록 하였다(사법개혁추진위원회, 민주사회를 위한 사법개혁 - 대통령 자문위원회 보고서 -, 2000, 113면 이하 참조.

공판정에서 피고인이 공소사실을 인정하게 하여 사실상 간이공판절차를 선택한다든지 등의 문제는 낯선 것이 아니다.

유죄답변협상(Plea Bargaining)은 피의자가 기소사실인부절차에서 소추사실에 대하여 유죄답변을 하는 것을 조건으로 검사는 소추범죄사실을 상대적으로 가벼운 범죄사실로 변경하거나[25] 보다 관대한 형을 선고받을 수 있도록 구형을 낮출 것을 서로 협상하는 것을 의미한다. 예컨대, 고의에 의한 살인혐의를 받고 있는 피의자가 유죄답변을 한다면 과실에 의한 살인혐의로 소추할 것을 제의하여 협상하는 것이다. 강도혐의를 받고 있는 피의자가 법정 최고형을 선고받는 대신에 비교적 가벼운 형을 선고받도록 도와주는 것을 조건으로 기소사실을 모두 시인하는 경우도 있다.

이와 같은 답변협상은 피의자가 소추되기 전이나 그 후 언제라도 검사와 피의자 사이에서 이루어질 수 있다. 실제로는 피의자를 대리한 변호인과 검사 사이에서 답변협상이 이루어지는 경우가 많으며, 경우에 따라서는 법정에서 판사의 권유에 의하여 이루어지기도 한다. 이러한 제도는 우리나라에는 다소 생소한 것으로서, 미국에서조차도 강한 비판의 대상이 되고 있지만 대체로 그 필요성을 인정하고 있으며 미국 대법원도 그 적법성을 인정하고 있다.[26] 미국의 이러한 유죄답변협상은 무엇보다도 당사자주의를 채택하고 있기 때문에 나타날 수 있는 결과라고 보여진다. 특히 적정절차를 중시하는 미국의 전통에서는 받아들여질 수 있다.

2. Plea Bargaining의 정당성에 관한 논란

Plea Bargaining의 이론적 정당성에 관한 학문적 연구는 폭넓게 지속되었지만 반대로 이의 폐지요구도 확대되고 있다.[27] Plea Bargaining제도는 무엇보다도 재판상 필요한 자원의 부담에서 벗어날 수 있는 효율성과 사건증가에 대처함으로써 얻을 수 있는 사법체계의 유연성보장에 그 정당성이 있다고 한다. 형사사건의 부담에서 벗어나 보다 중한 사건에 집중할 수 있게 된다. 피의자 또는 피고인이 자신의 범행에 대한 책임을 명백히 인정한다면 재판과정의 불확실성과 불안감에서 해방되며 피해자

---

25) Wayne R.LaFave/Jerald H.Israel/Noancy J.King, Criminal Procedure, 2000, 670면 이하.
26) Santobello v. New York, 404 U.S. 257, 264(1971): 답변협상은 주와 연방 모두의 사법행정에서 중요하다.
27) 이에 관해서는 윤동호, 형사절차와 협상, 한국형사정책연구원, 2003, 33면 이하 참조.

를 법정공방으로부터 보호할 수 있게 된다.

이에 대해서 비판론자들은 무죄의 피고인에 대한 유해성과 중한 범죄자에 대한 부당한 관대한 처벌가능성을 핵심적인 폐지근거로 제시한다. 또한 배심재판을 받을 권리, 자기부죄거부특권, 적법절차의 원칙 등을 침해한다는 비판과 진실왜곡의 우려 등이 비판점으로 제시된다.

V. 독일에서 유죄답변협상제도에 관한 논의

1. 독일 형사소송법

독일형사소송법 제155조 제2항 "법원은 이러한 (즉, 소송을 통해서 나타나는) 한계 안에서 독립적으로 활동할 권리와 의무를 가진다"는 문언을 통해서, 그리고 제244조 제2항 "법원은 진실발견을 위해서 판결에 있어서 중요한 모든 사실과 증거에 대하여 직권으로 증거를 조사해야 한다"는 규정에서 독일의 형사소송구조는 법원이 사실관계를 스스로 조사하고 피고인과 소송참가자의 설명에 구속되지 않는다는 직권주의 소송구조로 파악할 수 있다. 즉, 법원은 소송참가자의 주장에 구속되지 않으며 피고인의 자백에 구속되지 않는다. 또한 민사소송과는 달리 피고인이 공판정에 출석하지 않은 상태에서 공판이 진행되어 그에 대한 유죄판결이 선고될 수 없다. 마지막으로 법원은 신청된 증거에 구속되지 않고 직권으로 증거를 조사할 수 있다.

이와 같이 독일의 형사실무에서도 협상통로가 존재한다. 피의자와 공판개시관할 법원의 동의를 얻어 피의자가 일정한 의무나 조건을 이해한다는 조건 하에 경죄에 대한 절차가 종결된다. 주거침입죄나 모욕죄와 같은 경죄에 대해서 화해시도 후에 피의자의 속죄가 실패한 경우에만 기소할 수 있다(형사소송법 제380조). 형사소송법 제470조 이하에는 우리나라의 약식절차와 같은 절차가 인정되고 있다.

2. 논의현황

독일에서 유죄답변협상제도에 관한 논의가 활발해진 계기는 경제범죄의 확산과 마약범죄의 급증이고, 이미 70년대부터 형사소송사건의 급증, 소송기간의 장기화로부터 탈출구를 필요로 하는 형사사법의 상황과 형벌의 일차적 목적과 의미로서 책임상쇄사상이 합목적적인 예방사상으로 대체된 것에 기인한다.[28] 80년대에 형사사건의 신속한 처리를 위한 하나의 방안으로서 소송당사자간의 협상(합의, Absprache, Verstandigung)가 논의되기 시작하여[29] 90년대에 이르러 미국의 Plea Bargaining을 공식화하는 방안이 모색되었다.[30] 많은 실무경험에 관한 보고서[31]에 의하면 법관, 변호인, 검사 사이에 비공식적인 협상이 이루어지고 있다.

그러나 학계 및 실무에서 도입여부에 관한 논란이 지속되고 있는데, 이는 독일헌법 보장하고 있는 법치국가적 형사소송이념과 형사소송법상의 기본원칙에 부합할 수 있는 것인지의 문제가 걸려있기 때문이다. 논의되고 있는 협상제도의 유형으로는 소송대상의 범위에 관한 당사자간의 협상(소송대상협상, Prozeßumfangsabsprache)과 법률효과에 관한 당사자간의 협상(판결협상, Urteilsabsprache)이 있다. 예컨대 피고인이 자백하고 그 대가로 선고유예나 집행유예의 판결을 약속받고 이에 대해 검사와 피고인 모두 상소하지 않을 것을 합의하는 방식이다. 과연 이러한 합의가 법치국가적 공정한 재판에 합치하는지와 그 합의의 구속력의 유무가 문제되는 것이다.

3. 법치국가적 형사소송이념과 협상제도

(1) 공정한 재판을 받을 권리

재판부 또는 검사가 가벼운 형의 선고나 구형을 암시하고 피고인의 자백을 유도했다면 공정한 재판을 받을 권리는 침해되는 것이다.[32]

(2) 무죄추정의 원칙과 in dubio pro

무죄추정의 원칙은 유죄판결이 확정되기 전까지는 무죄의 추정을 받는다. 법원은 피고인의 유죄에 대해서 확신을 가져야 유죄판결을 선고할 수 있다. 만일 당사자간의 합의에 의해서 피고인이 자백한다면 재판부는 피고인에 대한 유죄일 것이라는 혐의를 가지고 유죄판결을 내리게 될 것이다. 증거가 불충분한 상황에서, 즉 피고인의 유무죄가 아직 불확실한 상황에서 자백과 형감경을 맞바꾼다면 무죄추정의 원칙에

---

28) Schünemann, Gutachten B, S.16.

29) Deal, Der strafprozessuale Vergleich, StV 1982, 545ff.; Schmidt-Hieber, NJW 1982.

30) 이 주제에 관한 논문은 Küpper/Bode, Jura 1999, 351, 주2)의 논문.

31) Schünemann, Gutachten B, S.16 주17) 참조.

32) Eser, Funktionswandel strafrechtlicher Prozeßmaximen: Auf dem Weg zur "Reprivatisierung" des Strafverfahrens?, ZStW 104(1992), 373.

반한다는 비판을 받을 수 있다.[33] 물론 재판부가 피고인의 유죄를 인정할 수 있는 충분한 증거가 있는 상황에서 변호인의 제의로 합의에 이르렀다면 무죄추정의 원칙에 반하지 않을 것이다.[34]

(3) 진술권과 진술거부권

피고인의 법정진술권과 진술거부권은 사법적 기본권에 속한다. 따라서 법적으로 허용되지 않은 이익(예컨대 책임에 상응하지 않은 형량)을 대가로 유죄의 자백을 얻어내는 것은 진술할 권리와 진술을 거부할 권리에 반한다.

(4) 실체진실 발견의무

재판부는 소송당사자의 주장과 신청에 구속되지 않고 진실을 규명해야 할 의무를 갖는다. 소송당사자는 형사사법의 효율성을 기하기 위하여 시간과 노력의 부담을 지는 진실발견의무를 포기하고 싶은 유혹을 받는다. 바로 당사자간의 합의이다.

(5) 공개재판의 원칙

공판절차는 공개되어야 하며 판결 선고도 공개적이어야 한다. 그러나 당사자간의 협상과 합의는 공판정 이외의 장소에서 비공개로 이루어지는 것이 일반적이다. 이는 재판의 공정성과 형사사법에 대한 국민의 신뢰를 보장하기 위한 국민의 감시와 통제를 불가능하게 한다.

(6) 직접심리주의

직접심리주의는 법원이 공판정에서 직접 심리·조사한 증거만을 실체판단의 기초로 삼을 수 있다는 원칙이다. 이는 구두주의와 함께 법관에게 정확한 심증을 형성시키고 피고인에게 증거에 관하여 직접 의견을 진술할 기회를 부여하여 실체진실발견에 기여하고 더 나아가 반대신문의 기회를 통하여 공정한 재판을 실현할 수 있다는데 그 의의가 있다. 협상에 의한 합의는 재판의 중요 부분이 공판정 이외의 장소에서 당사자간에 이루어지고 그 결과는 공판정에서 아주 간략하게 보고되는 정도에 그치기 때문에 심리는 간이화되고 증거조사도 생략되게 된다.

---

33) Eser, ZStW 104(1992), 373.
34) Schünemann, Gutarhten, B, S.98.

4. 독일 연방헌법재판소와 연방법원의 유죄답변협상제도에 대한 입장

독일연방헌법재판소는 형사소송절차에서 재판부와 소송참가자 사이의 협상이 허용되어질 수 있는가에 관한 헌법소원사건에서, 유죄답변의 협상을 통해서 직권주의 (Ermittlungsprinzip), 책임원칙(Schuldprinzip), 평등권(Gleichheitssatz)과 의사결정의 자유(Freiheit der Willensentschließung)가 침해되지 않는 한, 유죄답변협상은 독일기본법 제1조, 제2조, 제3조와 법치국가의 원칙의 관점에서 허용되는 것이라고 판단하였다.35)

연방법원은 형사소승에서 협상은 정의를 거래하는 것이며 협상에 의한 소송은 법치국가적 의미에서의 절차가 아니라는 근거로 협상을 부정하였다.36) 그러나 그 이후의 판결에서는 장래의 판결을 위해 방침을 정하는 형식에서 협상실무를 형사소송을 이끄는 기본원칙으로 일치시키려고 시도했다. 법원은 그러한 협상이 형사소송의 기본원칙을 위반하는 것이 아니기 때문에 일반적으로 허용되지 않을 수 없을 것이라는 점을 근거로 삼는다. 법원은 무엇보다도 제153조의a로부터 피고인과 검찰의 동의를 조건으로 가능하다고 하는 입장을 나타내고 그래서 이점에 있어서는 입법자의 동의가 전제된다고 한다.

연방법원은 협상의 허용을 소송법적 한계와 일치하게 구속시키므로써 이제까지 실무에 대한 정당한 비판을 고려하였다. 판결내용은 다음의 7가지로 요약될 수 있다.37) : ① 직권주의(Ermittlungsgrundsatz)는 유지되어야 한다. 또한 법원은 예컨대 협상의 테두리 안에서 이루어진 자백을 그 이상의 것이 없이 판결의 기초로 삼아서는 안 된다. 더 정확하게 말하자면, 자백의 신용성을 검토해야 하고 경우에 따라서는 그 이상의 증거를 요구해야 한다. ② 자기부죄금지의 원칙(nemo-tenetur-Grundsatz)과 - 아무도 자기 자신에게 죄를 부과할 필요가 없는 - 제136조의a는 협상에서 유지되어야 한다. 예컨대, 자백의 대가로 행형에서 "외부통근제(Freigang)"와 같은 것이 약속되어서는 안 된다. 왜냐하면, 그와 같은 혜택을 베푸는 것은 판결하는 법원의 관할

---

35) BVefG(Kammer), Beschl. v. 27.1.1987 - 2BvR 1133/86, NStZ 1987, 419 mit Anm. von Volker Gallandi.

36) BGHSt. 36, 373.

37) BGHSt. 43, 195.

이 아니다. 그렇지만 법원은 자백을 하는 경우에 형벌감경을 약속하는 것은 가능하다. : 왜냐하면 이것은 양형의 원칙에 따라서 정당하기 때문이다. ③ 공개재판의 원칙(Öffentlichkeitsgrundsatz)은 지켜져야 한다. 따라서 협상은 공판에서 논해져야 하고 조서에서 확인되어야 한다. 공판 이전에 혹은 법정 밖에서 참여자의 진술이 그 때문에 제외되지는 않는다. ④ 직접성의 원칙(Unmittelbarkeitsgrundsatz)이 침해되어서는 안 된다. ⑤ 책임원칙(Schuldprinzip)은 존중되어야 한다. 법원은 자백을 대가로 책임에 합당한 정도 이하로 형벌을 감경해서는 안 된다. 물론 자백은 중요한 형벌감경의 이유지만, 통찰과 후회로부터가 아니라 더 가벼운 판결에 도달하는 것에 대한 소송 전술상의 이유로 자백이 된 때도 마찬가지이다. 왜냐하면 피고인이 그것을 통해서 자신의 범행을 자백하고 법적 평화라는 소송목적을 힘쓰기 때문이다. ⑥ 적정절차의 원칙(Grundsatz des fairen Verfahrens)은 항상 고려되어야 한다. 그래서 법원은 이 원칙에 의해서 확정된 형벌상한선에 통상 구속된다. 물론, 나중에 중대한 책임을 가중시키는 상황이 나타난 경우에는(예컨대, 행위가 이제까지는 경죄(Vergehen)로 표현되었으나 나중에 중죄(Verbrechen)로 나타나거나 중대한 피고인의 전과가 나타난 경우에는), 법원은 책임원칙을 고려해서 확정된 법률상한선을 예외적이긴 하지만 초과하는 것이 허용해야 한다. 그러나 이후에 법원은 공개재판에서 새로운 상황을 논증할 때 피고인에게 이러한 가능성을 지적해야 한다. 그러한 경우에 피고인이 책임을 가중시키는 상황을 처음부터 알았던 경우와 협상의 비밀을 통해서 부당한 이익을 획득하려고 했기 때문에, 이것은 어울리는 타협으로 보인다. ⑦ 법원은 협상에서 피고인의 상소포기(Rechtsmittelverzicht)를 약속해서는 안 된다. 상소권은 형벌의 가중과 독립적이고 그것과 연결되어서는 안 되기 때문이다. 또한 피고인이 판결내용을 알기 전에 상소에 의한 통제가능성을 포기하는 것이 피고인에게 요구될 수 없다.

또한 연방법원은 재판장이 변호인에게 검사의 구형을 넘어서는 형량을 선고하지 않겠다고 약속했다면 만일 이를 초과하는 형량을 선고하려면 공정한 재판의 원칙에 따라 변호인에게 이러한 초과형량의 가능성을 고지해야 한다고 판결[38]하여 판결협상을 전제하고 있다.

---

[38] BGHSt. 36, 210, 214.

Ⅵ. 협상제도의 수용가능성

우선 독일의 경우는 책임과 형벌에 대한 협상이나 타협은 허락되지 않는 "정의를 거래하는 것(Handel mit Gerechtigkeit)"이고, 법문상 명확하게 직권주의가 규정되어 있기 때문에, 이러한 협상을 인정하는 것은 직권주의와 정면으로 모순된다고 비판한다.

위에서 처음에 언급하였던 바와 마찬가지로, 일반적으로 우리나라의 소송구조를 직권주의로 이해한다면 협상은 받아들이기 곤란하다. 그러나 직권주의는 그것이 절대적인 원칙이 아니라 다만, 실체적 진실발견에 보다 유용하기 때문에 인정된 것으로 이해하여야 한다. 그리고 실체적 진실만이 소송목적이 아니라 적정절차의 원칙, 신속한 재판의 원칙들이 모두 다 소송의 중요한 목적이라고 본다면, 이러한 원칙들의 상위에 정의의 원칙(Prinzip der Gerechtigkeit)이 존재한다고 보아야 하며 이러한 정의의 원칙에 관점에서 보아야 할 것이다. 그렇다면, 직권주의 하에서도 협상은 그 자체로 완전히 타협할 수 없는 대립적인 것은 아니다.

협상은, 한편으로 법관·검사·변호인의 합의는 정당하다고 불리워질 판결을 형성하는데 중요한 간접증거이고, 피고인에게 더 이상 법획득의 기능을 하지 못하며, 정의라는 이념을 더 이상 도와주지 못한다. 다른 한편으로는 그러한 협상은 이러한 이념을 실현하는데 도움을 준다. 질질끄는 소송, 과중해진 법원, 판결되지 않는 구류사건들은 끝없는 증거신청으로 행위자가 책임을 인정하고 더욱 성공적으로 형벌을 받은 개별적인 판결보다, 즉 논란이 되는 협상에 따르는 판결보다 더 정의의 원칙에 모순되는 것이라는 양면을 가진다.

형사소송에서의 협상(Absprachen im Strafprozeß)은 형사소송절차의 전단계에 관련된 문제이다. 우리는 현실에서 다양한 형태의 협상유형을 만나게 된다. 이러한 협상에 대한 분류의 노력들은 이미 시작되었다. 하지만 그러한 노력들은 아직까지는 다른 분야에서 나타나는 분류처럼 명확하지 못했다. 협상의 유형에 따라 다음과 같이 입장을 정리할 수 있을 것이다.

1. 판결협상은 법원의 판결을 목표로 해서는 안 된다 즉, 협상의 내용이 법에 모순된다면 그러한 협상이 이루어져서는 안 된다. 예컨대 피고인에게 불리해지는 상황을

도외시하거나, 피고인에게 유리하게 하기 위하여 증거를 조작하거나, 사실관계를 감경적인 구성요건으로 포섭하거나, 법정형에 미달하는 선고를 하는 것 등은 협상의 대상이 되지 않는다. 이런 협상은 용납될 수 없다. 이러한 것들은 법을 왜곡하고 변질시키는 일이다.

2. 우선 자백에 대하여 형벌의 감경을 약속하고, 그에 대하여 자백을 하는 경우를 생각해 볼 수 있다. 이러한 경우는 전통적인 형태의 협상이다. 이 경우는 피고인의 원상회복이나 수사에 협조 등이 고려될 수 있다. 이는 실무에서는 성공적으로 기능하고 있는 것으로 평가되고 있다. 이러한 형태의 협상은 두 가지로 나누어 볼 수가 있는데, 첫 번째가 미국식의 공소장 변경을 하고 기소자체를 경죄로 하는 경우를 들 수 있다. 예를 들어 강간죄의 피의자를 자백을 대가로 단순폭행죄로 기소하는 경우가 그것이다. 그러나 이러한 경우는 앞에서 형사소송의 목적을 실체적 진실발견에 중점을 두고서 본다면, 이는 허용될 수 없다고 생각한다.

두 번째는 이의 변형된 형태로 죄명은 그대로 하되 형벌의 감경을 약속하는 것이다. 이러한 경우는 조금 다르게 생각해 볼 필요가 있어 보인다. 왜냐하면, 이 경우는 일반적으로 자백이 형벌감경의 기초가 된다는 점을 고려해본다면 무조건 허용될 수 없다고 하기에는 문제가 있다. 그러나, 자백은 항상 처음부터 인식가능하고 고정된 중요성을 가지는 것이 아니다. 이러한 면에서 미국식의 유죄답변협상과는 구별을 해야 한다. 미국에서의 유죄답변협상은 정형화된 소송행위이고, 다른 소송단계에서 들어가기 위한 확정된 보상을 해주는 각인된 특징이다. 그러나 자백은 이와는 다르다. 자백의 경우는 그 유무와 관계없이 절차가 진행되기 때문이다.

이러한 경우에는 꼭 협상에 의한 대가라고 보는 것보다는 일반적인 자백의 경우와 같이 형벌을 감경하는 것은 고려해 볼 수 있을 것이다 이것은 실질적인 책임원칙을 실현하는 데에 중요한 것으로 소송의 중심부에 놓여진 진실된 사실관계를 확인하는 것으로 이해할 수 있다. 이와는 반대로 예컨대 확약(Zusicherung)을 통한, 예컨대 상해치사(eine Körperverletzung mit Todesfolge)의 자백이 존재하는 살인혐의(Mordverdacht)가 더 이상 조사되지 않는 것을 인정하는 것과 같은 경우에는 허용될 수 없을 것이다.

3. 협상에서 교환적인 행위의 결합은 허용될 수 없다. 이러한 경우에 피고인에게는 수사기관이나 법원의 증거발견에 협조적인 태도를 선택하는 것은 자신의 의사자유 영역이기 때문에 아무런 문제가 되지 않는다. 그러나 법원은 다르다. 법원의 경우는 실체적 진실발견의 의무를 가지고 있으므로, 그에 있어서 반대급부를 제공하는 것은 허용되지 않는 것으로 보아야 한다.

이상에서 협상의 수용 문제는 결국 자백의 경우에 한정해서 사실상 인정되는 것으로 받아들일 수 있다. 문제가 되는 점은 협상의 내용을 신뢰하고 유죄의 자백과 그 증거를 제출했다. 그러나 판결의 결과는 협상의 내용과는 관계가 없고 오히려 검사의 구형보다도 중한 형벌이었다. 이러한 문제는 현재에 협상에 대한 구속력이 없기 때문에 발생하는 것이라고 볼 수 있다. 이러한 경우에 통상적으로는 공소제기 이후의 수사와 유사한 형태이므로 위법수사의 여부를 논하기도 하지만, 위 사례의 협상은 검사가 아닌 법관에 의해서 이루어진 것이므로 이 문제는 논외로 하고 자백배제의 원칙이 적용될 수 있을 것인가를 살펴본다.

우리 형사소송법 제309조는 "피고인이 자백이 고문, 폭행, 협박, 신체구속의 부당한 장기화 또는 기망 기타의 방법으로 임의로 진술한 것이 아니라고 의심할만한 이유가 있는 때에는 이를 유죄의 증거로 하지 못한다."고 규정하고 있다. 여기서 문제는 공판정에서 검사 내지 법관의 협상이 '기타의 방법'에 해당할 수 있는지가 문제이다. 이는 제309조에 대한 해석의 문제로 우리나라 학계의 지배적인 '자백배제의 법칙은 적정절차를 보호하기 위한 증거법상의 원칙'이라는 입장에 따라서 해석한다면, 이는 자백의 진실여부나 임의성 여부를 묻지 않고 적정절차를 위반하여 얻은 자백은 제309조에 의해서 증거능력이 부인된다.

[논평] 일본 형사소송절차상 사법거래제도의 현황과 과제

손여옥*

2004년 비교형사법연구에 발표한 "형사소송절차상의 협상제도"라는 논문에서 하태훈 선생은 당시 사회적 이슈였던 플리바게닝(plea bargaining)제도 도입의 정당화를 검토하기 위해 미국과 독일의 제도를 함께 검토하였다. 하선생은 형사소송의 목적을 실체적 진실발견에 우위를 두면서 적정절차의 원칙과 조화를 이루어야 한다고 본다. 즉, 형사소송의 궁극적 목적은 결국 실체적진실 발견과 적정절차를 통해 '법적평화를 회복'하는 것이라고 하면서 이를 달성하기 위해 정의의 원칙 관점에서 실체적 진실발견과 적정절차 원칙을 조화롭게 해석하여야 한다는 것이다.

논문에서 하선생은 기존의 우리 형사소송 실무에서 이루어지고 있는 협상형태를 검사의 기소재량권과 약식명령청구권, 범칙금통고처분, 즉결심판절차, 피고인의 자백과 간이공판절차를 통해 살펴보고 각각의 문제점을 지적한다. 또 협상제도의 기원으로 여겨지는 미국의 플리바게닝제도에 대한 논의를 소개하면서 우리나라와 형사소송 구조가 유사한 독일의 유죄답변협상제도의 논의 및 독일 연방헌법재판소와 연방법원의 유죄답변협상제도에 관한 입장을 소개한 후 우리나라에서 협상제도를 수용할 수 있는지에 대한 가능성을 검토했다.

하선생은 협상의 유형에 따라 다음과 같은 입장을 정리했다. (1) 피고인에게 불리한 상황을 도외시하거나 피고인에게 유리한 상황을 만들기 위해 증거를 조작하거나, 법정형에 미달하는 선고를 하는 등 법의 내용에 모순되는 협상은 용납될 수 없다. (2) 형벌의 감경을 약속한 자백(전통적 형태의 협상)은 피고인의 원상회복이나 수사 협조 등이 고려될 수 있다. 이는 협상에 의한 대가라고 보기 보다는 일반적 자백과 같이 형벌을 감경하는 것으로 고려해 볼 수 있다. 따라서 피의자가 자백을 한 대가로 미국과 같이 공소장 변경으로 경죄로 기소를 하는 경우 등은 허용될 수 없다. (3) 교환적 행위의 결합은 협상에서 인정될 수 없다. 즉, 형사절차에서 진실은 결코 왜곡

---

* 경희대학교 법학연구소 전문연구원, 법학박사

될 수 없음을 강조하면서 진실에 기초한 자백이 형벌과 거래되는 것은 가능하다고 한다. 다만 이는 협상의 문제라기 보다 자백의 속성에 기초한 것이라고 하며 협상이 파기된 경우라면 자백은 증거능력이 없다고 덧붙였다.

아래에서는 일본의 협상제도(일본형 '사법거래제도')도입과정의 논의와 일본의 사법 거래제도 및 실제 운용현황을 살펴보면서 우리나라에 참고할 수 있는 내용을 정리해 본다.

I.

이와 함께 제2차 세계대전 패전 후 일본 형사소송법이 영미법의 영향을 크게 받기 시작하였다. 영미식 플리바게닝의 플리바게닝의 도입에 대한 검토가 함께 이루어졌 지만, 일본 「형사소송법」 제319조2항의 정착, 진실주의를 중시 등을 이유로 도입이 무산되었다.[1]

1990년 후반부터 수사소추기관을 중심으로 사법거래 도입 주장의 움직임이 나타 났다. 변호인 중에서도 이미 존재하고 있는 암묵적 합의(거래)를 제도화하여 정면에 서 이를 다루는 것이 오히려 바람직하다는 견해도 보이기 시작했다.[2]

2014년 7월 법제심의회의 '신시대 형사 사법제도 특별부회(이하, '특별부회'라고 한 다)'는 시대에 부합하는 형사사법제도 구축에 관한 내용을 정리하여 '요강(골자)'를 공 표한 후 같은 해 9월 '새로운 형사사법 제도 구축에 관한 조사심의 결과'를 법제심의 회총회에 제출하였다. 총회는 제출된 원안을 그대로 채택했지만, 최종적으로는 '수사 공판 협력형 협의·합의제도(이하, '협력형 협상'이라 한다)'만 채용하였다. 2015년 3월 「형사소송법 등 일부를 개정하는 법률안」이 국회에 제출되었고 2016년 5월 개정법 이 성립, 같은 해 6월 공포되면서 사법거래에 관한 규정이 도입되었다.[3] 일본형 사 법거래제도는 피의자가 소추기관이 타인의 범죄사실을 밝히는 과정에 협조할 경우 검찰관이 형을 감면 혹은 면책시켜 주는 '수사 공판 협력형 협의·합의제도(이하, '협 력형 협상'이라 한다)'이다. 협력형 협상제도를 채택한 이유를 「형사소송법」에서 피의

---

[1] 田口守一, "司法取引の理論的課題に関する研究の意義", 刑法雜誌 50卷3号, 2011, p.333.

[2] 笹倉 香奈, "冤罪防止と日本型司法取引", 法学セミナー 63卷1号, 2018, p.57.

[3] 일본 형사사법거래제도는 2018년 6월 1일부터 시행되었다.

자신문 영상녹화제도 도입으로 수사기관의 진술 수집이 어려워진 것에 대한 우려가 작용'했다고 설명하기도 한다.[4] 한편, 제도의 도입과정에서 자기부죄형 협상제도 도입에 관한 논의도 있었으나 최종적으로 보류되었다.[5]

II.

일본 형사사법 실무는 ① 피의자 조사 중심, ② 신중한 기소, ③ 조서를 많이 사용하는 세밀한 심리, ④ 거의 100%에 가까운 유죄율 등을 특징으로 한다.[6] 검사는 범죄의 유형, 동기, 결과, 가정 환경 등 사안의 관계자에 관한 모든 사정을 낱낱이 조사한 자료를 근거로 사실을 밝혀나간다. 조사와 진술조서를 중시하는 '조사중심주의' 경향은 '일본형' 사법제도의 근간이라고 할 수 있다.[7] 그런데 사법거래제도의 도입 배경이 된 '신시대 형사사법'의 개혁은 '조사중심주의'를 벗어나 '공판중심주의'로 이동을 큰 틀로 삼는다. 때문에 조사의 비율을 줄이면서 사법 개혁의 일환으로 사법거래제도를 도입하려는 시도를 강하게 비판하는 목소리도 있었다. 국가 형벌권은 형사소송절차를 통해 내려지는 처벌로 개인의 자율권이나 자주권을 고려해 내려지는 성

---

4) 阿部 博友, "事訴訟法改正による日本版「司法取引」の導入 : 企業法務への影響について", 国際商取引学会年報 20号, 2018, p.2.; 後藤 昭, "日本型司法取引とは何か", 学セミナー 63巻1号, 2018, p.26. 이에 대해 녹음·녹화 대상인 재판원재판 대상사건은 사법거래 대상사건이 아니므로 녹음·녹화제도 도입과는 무관하다는 반론도 있다. 이에 관해서는 小林 敬和, "日本型「司法取引」制度の問題と軽微な租税犯罪", 名城法学 67巻1号, 2017, p.19 각주(6)을 참고.

5) 일본 법제심의회의 '신시대의형사사법제도특별부회'가 2013년 공개한 '시대에 걸맞춘 새로운 형사사법제도의 기본구상'에서도 자기부죄형 협의·합의제도의 도입이 논의된 취지가 기록되어 있다. 하지만, 자기부죄형의 도입에 대해서는 '진짜로 책임을 물어야 할 상급자의 검거 및 처벌에 기여하는 것이 아니라 일반적으로 자기의 범죄를 인정하는지의 여부를 협의나 합의의 대상으로 하는 것은, 불평 불만을 늘어 놓아 자신에게 유리한 쪽으로 가져갈 것이며 결과적으로 피의자에게 양보해야 하는 경우가 생겨 사안의 해명이나 진범의 처벌을 곤란하게 한다'는 의견이 강하게 주장되었다.

6) 大澤 裕, "「日本型」刑事司法と「新時代の刑事司法」", 刑法雑誌 52巻3号, 2013, p.360.

7) 이를 히라노(平野)교수는 '정밀사법'이라는 용어를 들어 일본 사법의 특징으로 설명했다. 히라노 교수가 설명한 정밀사법에 대해 여러 학자들이 개선의 필요성을 강조했다. 꼼꼼히 살펴본 후 신중하게 하는 기소가 부적절하다고 할 수는 없다. 하지만 23일간 조사를 기본으로 삼고 있는 현실은 결국 조사관이 원하는 진술을 얻기 위한 것이라고 하며 과도한 진술조서 의존을 비판했다. 小林 敬和, "日本型「司法取引」制度の問題と軽微な租税犯罪", 名城法学 67巻1号, 2017, p.20.

질의 것이 아니며, 증거에 기반하지 않은 처벌은 허용될 수 없다는 의미의 실체적진실주의를 견고히 지켜야 한다는 것이다.[8] 따라서 사법거래를 자백의 일종으로 보아 '합리적 의심을 넘는' 증명에 입각한 간이절차로 보는 경우에 한해서만 사법거래가 허용되어야 한다고 한다.[9]

사법거래제도가 도입되기 이전에도 이미 비공식적 합의는 존재했다. 또 일본형 사법거래제도에서 해주는 형의 감면조치와 유사한 제도로 '불기소', '즉결재판', '약식명령'이 있다. 그리고 형사소송 실무상 이러한 제도를 활용한 합의가 있었음을 유추할 수 있기 때문이다.[10] 또 사법거레제도와 유사한 제도로 「독점금지법」상 '과징금면제(leniecy)제도'가 있다. 이 제도는 담합행위의 공범 관계자 중 위반행위에 관한 사실을 공정거래위원회에 자주적으로 보고한 사업자에게 과징금을 면제 혹은 감액해 준다.[11]

Ⅲ.

일본형 사법거래제도는 조직적으로 이루어질 가능성이 높은 일정 재정경제관련범죄 및 약물·총기범죄 등 특정범죄에 한하여 적용된다. 구체적인 특정범죄는 정령(政令)에서 이를 규정한다. 협의의 대상이 되는 사건(이하, '타겟 사건'이라 한다)과 사법거래를 하려 하는 자의 사건(이하, '합의 사건'이라 한다) 모두 죄명이 특정되어 있다. 전체적인 특징으로는 화이트칼라범죄, 지능범, 조직범죄를 규제의 대상으로 삼는다. 신체 및 생명에 관한 죄는 사법거래 대상에서 제외된다. 일본형 사법거래제도는 특정범죄에 관한 '타인의 형사사건'에 대한 증거수집에 협조하는 것을 합의의 내용으로 한다. 사법거래의 협력자는 타겟 사건의 진실에 대해 조사 과정에서 진술하거나, 타겟 사건의 증인이 되거나, 수사기관에 증거물을 제출하거나 필요한 협력을 하는 등의 행위에 대한 보상으로 합의 사건에 대해 형을 감면 받을 수 있다. 구체적으로는, ①

---

8) 大澤 裕, "「日本型」刑事司法と「新時代の刑事司法」", 刑法雑誌 52卷3号, 2013, p.371.

9) 大澤 裕, "「日本型」刑事司法と「新時代の刑事司法」", 刑法雑誌 52卷3号, 2013, p.371.

10) 小林 敬和, "日本型「司法取引」制度の問題と軽微な租税犯罪", 名城法学 67卷1号, 2017, p.26.

11) 小林 敬和, "日本型「司法取引」制度の問題と軽微な租税犯罪", 名城法学 67卷1号, 2017, p.24; 일본 과징금감면제도에 관한 자세한 내용은 박수영, "日本 2019年 獨占禁止法 改正의 主要 內容", 전북대학교 동북아법연구, 14권1호, 2020, 102면 이하를 참고.

공소를 제기하지 않거나, ② 공소 취소, ③ 특정소인(訴因) 및 벌조에 따라 공소를 제기하거나 유지, ④ 특정소인이나 벌조 추가 또는 철회, 특정소인 또는 벌조의 변경 청구, ⑤ 특정 형을 구하는 의견진술, ⑥ 즉결재판절차 신청, ⑦ 약식명령 청구(「형사소송법」제350조의2 제1항 제2호)가 법에 규정된 사항이다. 협의 주체는 피의자와 검사이다. 다만, 합의를 할 때는 변호사의 동의가 반드시 필요하다. 협의는 3자가 함께 하는 것이 원칙이지만 피의자와 변호인 사이에 이견이 없는 경우 해당 협의 내용의 일부를 변호인과 검사가 합의 할 수도 있다(「형사소송법」제350조의4). 합의의 내용은 서면으로 작성해야 한다(「형사소송법」제350조의3 제2항). 검사는 합의 내용이 담긴 서면을 법원에 제출해야 한다. 합의가 성립하면 피의자는 타겟 사건에 대한 협조를 하고 검사는 합의 내용에 따른 감면행위를 이행할 의무를 지닌다. 주의해야 할 점은 합의의 효과는 법원을 구속하지 않는다는 것이다. 양형은 법원의 전속 권한이기 때문에 합의에 의한 구형 의견에 구속 되지 않는다. 또, 검사가 합의로 불기소처분을 한 경우라 하더라도 그 합의 내용은 검찰심사회(檢察審査會)[12]를 구속하지 않는다.[13] 한편, 합의가 성립되지 않은 경우 협의 과정에서의 진술은 합의 사건과 타겟 사건 모두에서 증거로 사용할 수 없다.

IV.

2018년 일본형 사법거래제도가 시행된 이후 2022년 현재까지 3건의 경제범죄에 사법거래제도가 활용되었다.

가장 먼저 사법거래제도가 적용된 사건은 기업의 임원(3명)들이 태국 공무원에게 뇌물공여를 하여 「부정경쟁방지법」을 위반한 사안이었다. 발전기기 제조사인 '미쓰비치시히타치(三菱日立)파워시스템스(이하, 'MHPS'라 한다)'는 태국에 화력발전소를 건설할 예정이었다. MHPS 관계자는 당시 건설 자재 해상운송을 담당하던 수송업체로

---

12) 검찰심사회는 검사가 독점하고 있는 공소권 행사에 민의를 반영하기 위해 설치된 기구이다. 검찰심사회는 선거권을 갖고 있는 국민 중 무작위로 11명을 선출된 검찰 심사원으로 구성되며 검사가 불기소처분한 사안의 적부를 심사한다.

13) 阿部 博友, "事訴訟法改正による日本版「司法取引」の導入 : 企業法務への影響について", 国際商取引学会年報 20号, 2018, p.5.

부터 발전소 근처 현장에 자제를 하역하려 하자 태국 공무원이 허가조건에 위반한다고 하며 고액의 금전 지급을 요구했다는 보고를 받았다. MHPS 관계자는 건설 지체로 인해 발생할 수 있는 손해 등을 고려하여 1,100만 바트(한화 약 3억 7천만원)정도를 수송업체를 통해 공무원에게 전달했다.

MHPS는 이러한 사정을 내부고발을 통해 파악한 후 사내 조사를 실시하였고 법령에 저촉될 가능성이 있다는 판단에 따라 도쿄지방검찰청에 자진 신고하였다. MHPS는 수사에 협조한 대가로 「부정경쟁방지법」 위반 소추에서 제외되었고 이로써 거액의 벌금을 면할 수 있었다.[14) 이 사안에 대해 사법거래가 도입된 원래의 목적은 기업과 조직범죄의 수사과정에서 윗선을 밝혀 거대 악을 처벌하기 위한 것이었는데 이번 사안은 회사가 자신의 소추를 면하기 위해 개인을 희생시키는 전형적 '꼬리 자르기'에 해당한다는 비판이 있었다.[15) 반면, 법인은 직원 등의 범죄가 성립하면 거의 자동적으로 처벌 되어 왔기에 처음부터 법인은 '주범'의 위치가 아니여서 '꼬리 자르기'로 보기 어렵다는 견해도 있다.[16) MHPS 사건은 단순히 양벌규정이 내제하고 있는 문제를 드러냈을 뿐이라고 보는 견해도 있다. 즉, 양벌규정이 적용되는 경우 사업주 책임의 근거는 종업원 등의 범죄행위에 대한 선임감독의무 해태에서 발생한다. 사업주에게 선임감독의무 해태가 있다고 추정되면, 사업주는 이를 반증하기 매우 어렵다. 이러한 입증곤란의 상황에서 사법거래제도는 적극적으로 활용하고 싶은 충분히 매력적인 제도일 수밖에 없기 때문이다.[17) 두 번째로 사법거래제도가 적용된 사안은 2018년 닛산(日産)자동차의 전 회장이 「금융상품거래법」 위반·특별배임 혐의로

---

14) 최근 이 사건의 임원 중 한사람의 최고재판소 판결이 선고되었다. 3명의 임원 중 집행이사 겸 조달 총괄부장(A)과 조달 총괄부 물류 부장(B)은 유리하고 편리한 조처를 받기 위해서는 뇌물을 줄 수 밖에 없다는 판단 하에 화력발전소 건설 프로젝트를 총괄하던 상무이사(C)에게 관련 사항을 상담하였다. C는 대체 수단의 검토를 지시하면서도 뇌물을 제공하는 행위를 적극적으로 말리지 않았으며 "달리 방법이 없잖아"라고 중얼거렸는데 1심 법원은 C에게 공모공동정범 성립을 인정했고, 2심은 방조범이 성립한다고 판시하였다. 2022년 최고재판소는 1심 법원을 지지하며 공모공동정범성립을 인정했다.

15) 酒井邦彦, "日本版司法取引 (協議·合意制度) の初適用に際して若干の考察", NBL 1134号, 2018, p.51.

16) 日本經濟新聞, "腑に落ちぬ初適用の司法取引", 2018. 7. 21. <https://www.nikkei.com/article/DGXKZO33258630R20C18A7EA1000/>

17) 山本 雅昭, "日本版司法取引の施行と企業犯罪", 近畿大学法科大学院論集 15号, 2019, p.87.

구속된 사안이다. 당시 기소 내용을 뒷받침 하는 증거로 닛산 사원과 검찰간 사법거래가 있었음이 밝혀졌다.[18] 마지막으로, 회사 대표(사장)가 회사 매출액 3,300만엔을 착복하여 업무상횡령혐의가 문제된 사안에서도 사법거래제도가 적용되었다.[19]

V.

일본판 사법거래제도는 조직범죄의 전모를 밝히기 위한 방법으로 조사에 지나치게 의존했던 기존의 관행을 벗어나기 위해 도입된 제도라고 설명한다.[20] 하지만 제도가 도입 된 후 4년이 지난 지금까지 사법거래가 적용된 사건은 전부 3건으로, 마약 등의 조직범죄나 부패범죄의 전모를 밝히는 사안에 활용된 예는 없다. 또 법제사법심의회에서 언급 되었던 보이스피싱범죄[21] 등 보다는 대기업과 관련된 사건에 활용되고 있다.

한편 일본법원 사법거래제도가 적용된 사건에서 협력자의 증언에 매우 신중한 자세를 보인다. 협력자의 진술에 대해 법원은 "진술의 내용을 뒷받침 할 것이 없으며 내용 역시 확실하지 않다"고 대부분의 내용을 부정하거나, 다른 건에서 사법거래를 통해 조사에 협조한 사람의 진술에 대해 "상당히 신중한 자세로 신용성을 판단할 필요가 있기에 판단의 소재로 삼지 않는다"고 지적하며 증언을 제외한 객관적 증거만으로 사건을 판단하기도 했다.

일본판 사법거래제도가 도입되고 실제로 적용되는 동안 나타난 문제점과 한계를 정리하면 다음과 같다.

첫째, 법인이 사법거래제도의 협의 및 합의의 주체가 될 수 있는가에 관한 문제이다. 재정경제범죄에는 '양벌규정'이 존재하기 때문에 법인도 사법거래의 대상이 될 수 있다. 앞의 MHPS 사건 역시 자연인이 아닌 법인과 합의한 것이 특징이었다. 일

---

18) 닛산 자동차의 사실 관계와 판례(도쿄지방법원 2022. 3. 3. 판결)는 伊藤靖史, "判例評釈 日産自動車役員報酬等に係る金融商品取引法違反被告事件の検討[東京地判令和4.3.3]", 資料版商事法務 459号, 2022, p.123 이하를 참고.

19) 횡령행위의 실행책을 담당했던 직원이 기소유예를 받는 조건으로 수사에 협조한 사안이다.

20) 小川 勝己, "企業犯罪捜査における協議合意制度の機能と限界 : 二つの適用事例を素材として", 中央ロー・ジャーナル 16巻2号, 2019, p.49.

21) 法制審議会新時代の刑事司法制度特別部会第20回会議 議事録(2013. 6. 14.), p.39.

본「형사소송법」제350조의2는 사법거래 협의의 대상자를 '피의자' 또는 '피고인'으로 규정한다. 그리고 회사 등의 법인도 피의자 또는 피고인이 될 수 있다고 본다. 따라서 법인 역시 합의의 주체가 될 수 있다고 설명한다.[22] 하지만, 한편에서는 회사의 구성원인 임원들의 위법행위로 직접 이익을 누린 법인이 자신의 처벌을 면하기 위해 임원의 처벌에 협력하는 구조(꼬리 자르기)는 국민의 법감정에 반한다고 지적하기도 한다.[23] 결국 회사가 자신의 이익을 위해 임원들을 소위 '팔았다'는 인상은 멀리보아 회사경영에도 악영향을 줄 수 있다는 것이다. 사법거래의 도입 목적이 조직범죄에 대한 처벌의 필요성을 고려하여 보다 상층부의 범죄사실을 밝혀내고 입건하는데 있다는 점[24]에 비추어 보더라도 법인이 임원들의 처벌에 협력하는 행위에 대해서 회의적인 시각도 있다.

둘째, 진술의 신용성 확보에 관한 문제이다. 사법거래제도에서 무엇보다 중요한 문제는 협력자의 진술의 신용성을 어떻게 확보할 수 있는가이다. 협력자는 자신의 진술이 수사기관에 도움이 될수록 자신의 형이 더욱 감면될 것이라 믿기 때문에 협력자는 항상 허위진술을 할 위험성이 있다. 일본 법원은 공범자가 협력자로 증언한 경우, 증거능력이나 신용성 판단에 보다 신중을 기하고 있으며 경우에 따라서는 이를 채용하지 않음을 앞에서 살펴보았다.

셋째, 누명위험에[25] 관한 문제이다. 사법거래의 협력자는 결국 어떠한 사건에 연관되어 있는 자이다. 일반적으로 공범자의 진술은 다른 공범자에게 책임을 전가하거나 나아가 무관한 사람을 끌어들일 우려가 있다. 따라서 협력자의 진술은 매우 신중하게 접근하여야 한다. 협력자의 허위진술로 인한 피해를 막기 위하여 일본「형사소송법」에 협의·합의를 할 때 필요적으로 변호인을 두어야 하며(제350조의3), 합의내용서면의 협력자를 공판에서 신문할 수 있고(제350조의7), 합의내용서면의 해명대상 사건의 청취(제350조의8), 협력자의 진술 내용이 허위임이 명백한 경우 검사가 합의

---

22) 阿部 博友, "事訴訟法改正による日本版「司法取引」の導入 : 企業法務への影響について", 国際商取引学会年報 20号, 2018, p.4.
23) 小川 勝己, "企業犯罪捜査における協議合意制度の機能と限界 : 二つの適用事例を素材として", 中央ロー・ジャーナル 16卷2号, 2019, p.66.
24) 阿部 博友, "事訴訟法改正による日本版「司法取引」の導入 : 企業法務への影響について", 国際商取引学会年報 20号, 2018, p.3.
25) 일본어로 엔자이(冤罪)라고 한다. 일본에서는 사법거래제도의 문제로 엔자이를 든다.

에서 이탈할 수 있음(제350조의10 제1항 제3호), 허위진술 등의 처벌(제350조의15) 등을 제도 도입 당시 함께 규정했다.

한국은 2005년 유죄답변협상제도와 '사법협조자' 내지 '내부증언자의 형사면책제도' 등의 도입 여부가 검토되었다.[26] 제도 도입에 관한 치열한 논쟁이 있었고, 아직은 반대론이 우세하다. 사법거래제도가 도입되고 실제로 시행된 일본의 경우 합의제도의 운영이 기대에 미치지 못하다는 비판이 있다. 사법거래는 기존 일본사법의 특징으로도 불리는 정밀사법에 반하는 개념이라 한다.[27]

특히 MHPS사건의 경우 사법거래제도의 대상이 될 수 있는 사건이라고 하면서도 실제 이러한 운용이 바람직한 것인가에 관해서는 해결하여야 할 숙제가 남아있다. 당초 제도를 활용해 해결하려고 한 문제에 사법거래제도가 제대로 작용할 수 있는 것인지, 협력자 진술의 실용성 확보를 위한 방법은 무엇인지, 언제든 발생할 수 있는 또 다른 피해자를 막기 위한 방안은 무엇인지 등이 그 예였다. 물론 아직 결론을 내리기에 일본의 사법거래제도 운용 실적과 기간이 충분히 축적되지 않았지만, 제도자체에 대한 문제와 실제 운용상황에서 발생하는 한계점들은 우리에게 많은 시사를 준다. 형사사건에서 사법거래제도 도입은 엄격하게 검토되어야 한다. 따라서 사법거래제도 도입에 비판적 입장을 밝힌 하선생의 논문은 지금 이 시점에도 여전히 시사하는 바가 크다 할 것이다.

---

26) 내부증언자 형사면책제도에 관한 논의로는 이경렬, "내부증언자 형사면책입법의 필요성에 관한 연구", 형사법의 신동향 53호, 2016, 28면 이하를 참고.

27) 小林 敬和, "日本型「司法取引」制度の問題と軽微な租税犯罪", 名城法学 67卷1号, 2017, p.39.

독일의 소년행형제도의 현실과 개선방향*

Ⅰ. 서론

행형(Strafvollzug)은 자유박탈적 형사제재를 일정한 상설적인 국가시설내에서 집행, 실현하는 것을 의미하며, 그 실행의 방법과 종류에 관한 규범이 행형법(Straf-vollzugsrecht)이다. 행형을 포함하는 형집행(Strafvollstreckung)의 개념이 법원의 확정판결의 실현을 위한 모든 작용, 즉 확정판결에 의한 형벌 및 보안개선처분과 부가형의 개시, 집행, 감독에 관련된 모든 활동을 포함하고 있는데 반해서, 행형은 "자유박탈적" 형사제재의 집행과 실현이기 때문에 벌금형 등의 집행은 행형에 속하지 않는다.[1] 따라서 행형의 개념에는 수형자를 시설에 수용함으로써 자유를 박탈하는 시점

---

* 출처:「법무자료」제150집, 외국의 소년수용제도 연구, 1991, 137~172면.

1) Solbach/Hofmann, Einführung in das Strafvollzugsrecht, S.1; Kaiser/Kerner/Schöch, Strafvollzug,

부터 석방하여 다시 자유를 누릴 수 있게 되는 시점까지의 기간과 자유박탈적 형사 제재인 자유형뿐만 아니라 형법에 규정된 자유박탈적 개선 및 보안처분의 실행이 포함된다.[2]

소년행형(Jugendstrafvollzug)은 소년법상의 자유박탈적 형사제재의 상설적인 집행, 실현의 종류와 방법에 관한 것이므로 소년법원법(JGG : Jugendgerichtsgesetz) 제17조 이하의 소년자유형(Jugendstrafe) 뿐만 아니라 형법 제61조2호의 금절시설에의 수용 등을 그 대상으로 한다. 이에 반해서 소년법원법 제16조의 소년구금(Jugendarrest), 제72조의 미결구금(Untersuchungshaft)과 제9조와 제12조의 보호교육(Fürsorgeerziehung) 등은 소년행형개념에서 제외된다. 왜냐하면 이들은 비록 자유박탈적인 효과를 갖고 있지만, 형의 선고에 근거하는 것이 아닐 뿐만 아니라 - 소년법원법 제13조3항에 따르면 훈육수단(Zuchtmittel)으로서의 소년구금[3]은 형벌의 법적 효력을 갖지 않는다. - 형법적인 보안 및 개선처분이 아니기 때문이다.[4]

소년범죄의 법률효과로서 독일 소년법원법은 3가지 처분, 즉 교육처분(Erziehungs-massregel), 훈육수단(Zuchtmittel)과 소년자유형(Jugendstrafe)을 규정하고 있다.[5] 이 세 가지 처분은 서로 단계적이고 보충적인 관계에 놓여 있다. 따라서 훈육수단과 소년자유형은 교육처분으로 충분하지 못한 범죄행위에 부과되며(제5조2항), 훈육수단은 소년자유형까지 부과할 필요는 없지만 범죄소년에게 자신이 행한 불법에 대하여 책

3.Aufl., S.3; Jescheck, Lehrbuch des Strafrechts, AT, 4.Aufl., S.15. 정영석, 형사정책, 1986, 384면. 그러나 벌금형의 집행, 집행유예의 감독과 선고유예까지도 광의의 행형개념에 포함시키는 견해도 있다. 이에 관해서는 Kaiser/Kerner/Schöch, a.a.O., S.1f.

2) 행형법 제1조(적용범위): "이 법은 사법행형시설내에서의 자유형과 자유박탈적 개선 및 보안처분의 집행을 규율한다."

3) 1923년의 소년법원법의 제정은 형법으로부터의 분리라는 동기에 의하여 이루어졌지만, 제정이후 형법에 접근하는 경향을 나타내고 있다. 이를 증명하는 것으로서는 훈육처분의 일종으로서 소년구금을 40년대에 도입한 것을 들 수 있다.

4) Vgl. Brunner, Jugendgerichtsgesetz, 8.Aufl., §17 Rdn.1; Schüler-Springorum, Zur aktuellen Diskussion über Strafe und Erziehung in der Deutschen Jugendgerichtsbarkeit, Festschrift für Dünnebier, 1982, S.653.

5) 이에 관해서는 Kahlert, Verteidigung in Jugendstrafsachen, 2.Aufl., S.22ff.; M. Walter, Jugend-kriminalrechtliches Reaktionensystem, in Fälle zum Wahlfach Kriminalogie, Jugendstrafrecht, Strafvollzug, 2.Aufl., hrsg. von Jung, S.288f. 이에 관한 한국문헌으로는 신동운, 서독의 소년사법 제도, 법무자료 113집, 162면 이하 참조.

임을 져야 한다는 인식을 강력하게 부각시킬 필요가 있을 때 부과되고(제13조1항), 소년자유형은 범죄행위에 표출된 위험한 성향 때문에 교육처분이나 훈육수단이 교육을 위한 충분한 제재수단이 될 수 없거나 또는 책임이 증대하여 형벌이 필요한 경우에 최후의 수단(Subsidiaritätsprinzip)으로서 부과된다(제17조3항).[6] 따라서 소년자유형은 소년 또는 준소년[7]의 범죄행위에 가해지는 가장 중한 법적 효과이다. 소년행형은 유죄선고를 받은 소년을 "바르고 책임감 있는 품행"으로 교육개선시킬 것을 임무로 하고 있고(제91조), 이 교육개선노력은 형벌의 범위내에서 행해진다. 이는 소년교도소에서의 자유의 박탈을 통한 자유에로의 교육개선을 의미한다.

이하에서는 소년법원법상의 범죄소년에 대한 각종 처분 중 소년자유형의 집행, 실현에 관하여 소년행형의 역사, 그 법적 근거와 행형현실을 중심으로 규범적 측면뿐만 아니라 사실적인 측면도 함께 고찰하기로 한다. 이로써 양측면에서 우리의 소년행형과 비교, 검토할 수 있는 자료를 제공하는데 본고의 의의와 목적을 찾을 수 있다. 또한 교정처우행형을 표방하면서 진보를 이룩해 왔지만 아직도 후진성을 면치 못한 우리의 행형법의 개정과 행형개혁이 외국의 입법례와 실무경험을 통해서 촉진될 수 있을 것이다.

II. 소년행형의 역사와 개혁[8]

1. 소년행형의 역사

형사제재로서의 자유의 박탈에 대한 새로운 인식, 즉 형벌의 목적이 이미 행해진 불법에 대한 응보로써 달성될 수 있는 것이 아니라 범죄자의 개선과 재사회화에 대

---

6) 실무상으로는 이러한 이유 때문에 14, 15세 또는 16세 소년에 대한 자유형은 특별한 경우와 실제로 불가결한 경우에 한하여 부과된다. 통계상으로는 1980년 3월 현재 6,490명의 소년 또는 준소년인 수형자 중 760명이 소년(14세 이상 18세 미만)으로 소년법원이 얼마나 소년자유형의 선고와 집행에 있어서 조심스러운가를 알 수 있다. 이에 관해서 Schaffstein, Die Dauer der Freiheitsstrafe bei jungen Straffälligen, Festschrift für Wurtemberger, 1977, S.188; Brunner, §17 Rdn.2; §91 Rdn.4h.

7) 소년법원법이 적용되는 소년(Jugendlicher)은 범행당시 14세 이상 18세 미만인 자이고 준소년 (Heranwachsender)은 범행당시 18세 이상 21세 미만이다(제1조2항).

8) 자유형의 성립과 행형개혁의 역사에 관하여 박재윤, 수형자의 법적 지위에 관한 연구, 성균관대학교박사학위논문, 1990, 15면 이하.

한 노력에 있다는 인식의 변화와 함께 1595년에 세워진 Amsterdam의 교도소에서 소년교도소(Jugendstrafanstalt)의 역사가 시작된다.[9] 이 곳에서는 수도와 노동을 동반한 엄격한 훈육을 통해서 정상적인 생활을 영위할 수 있도록 교육개선시키는데 수용의 목적이 있었다. 1603년에 이 시설내에 분리된 교도소가 설치되었는데, 이곳에는 부유한 집안의 버릇없고 말썽피우는 아이들이 수용되었다. 이것이 분리된 소년행형과 보호교육의 시초이다.[10]

Amsterdam교도소의 교육개선에 지향된 행형이념이 독일[11]에는 1833년에 H. Wichern이 불량소년범죄자를 위한 "das Rauhe Haus"를 Hamburg근처에 세움으로써 실현될 수 있게 되었다.[12] 그 후 1851년에 Hall(Baden-Würtemberg주)과 1881년에 Niederschönenfeld(Bayern주)에 소년범죄자를 위한 교도소가 설립되었고, 1912년에 프로이센은 Wittlich의 구성인교도소에 소년교도소를 세웠다.[13]

그 당시의 행형은 한편으로는 응보주의와 다른 한편으로는 재사회화의 시도라는 이원주의가 지배적이었다. 행형에서 교육형사상(Erziehungsgedanke)이 실현된 것은 바이마르시대이다. 20세기 초에 교육개선행형의 도입으로 행위자의 인격과 재사회화가 전면에 나타나게 되었고, 재사회화의 시도는 미국연구여행에서 자극을 받은 Freudental이 1911년에 Wittlich에 독일 최초의 소년교도소를 세움으로써 가시화되었다.[14] 이로써 소년에 대한 행형이 성인행형과 분리, 구분되었고, 이는 1923년의 소년법원법(Jugendgerichtsgesetz)에 의해서 명문화되었다. 소년행형에 새로운 토대를 마련해 준 독일제국 소년법원법은 교육개선목적의 달성이 행형의 임무임을 최초로 실정법적으로 명시하였고, 소년범죄자를 특별한 소년교도소에 분리하여 수용하든지 아니면 적어도 성인교도소와 분리된 소년사(舍)에서 수용해야 한다고 규정하였다.

9) 이에 관해서 Schwind, Kurzer Überblick über die Geschichte des Strafvollzugs, in; Strafvollzug in der Praxis, 2.Aufl., 1988, hrsg. von Schwind/Blau, S.5; Bulczak, Jugendanstalten, in; Strafvollzug in der Praxis, 2.Aufl., 1988, hrsg. von Schwind, Blau, S.70.

10) R. Sieverts, Zur Geschichte der Reformversuche im Freiheitsvollzug in; Strafvollzug in Deutschland, hrsg. von Rollmann, 1967. S.45.

11) 그러나 일반행형을 위한 교도소는 이미 Bremen(1609년), Lübeck(1613년), Hamburg(1622년), Danzig(1629년), Frankfurt(1679년), München(1682년), Berlin(1682년) 등지에 세워졌다.

12) Bulczak, a.a.O., S.70.

13) Bulczak, a.a.O., S.71.

14) Kaiser/Kerner/Schöch, a.a.O., S.53.

이에 따라 Hamburg근처에 특별한 소년교도소가 설치되어, 규칙적인 작업과 자유시간에 가두어 두는 대신 스포츠와 여가선용이 보장되는 교도소내에서의 교육적인 일상생활프로그램이 시도되었다. 2차세계대전 이후에는 이와 비슷한 행형의 형태와 목적을 가진 최초의 개방교도소가 Vechta/Oldenburg에 설립되어, 보안예방장치를 철거하여 외부세계와의 경계를 폐지하였고, 다만 외출은 허가를 받아야 가능하도록 하였다.15)

그러나 다시 보안문제가 대두되자 폐쇄된 교도소가 설치되었고, 그 안에서 다양한 완화된 행형이 이루어졌다. 따라서 예를 들어 수형자에게 주간에는 시설밖에서 작업을 하거나 직업교육을 받고 야간에는 다시 폐쇄된 시설내로 귀가할 수 있는 가능성(소위 외부작업 또는 구외작업, 외부통근, 동양외출, 외출 등16)) 등이 도입되었다.17)

그 후에도 여러 주에 새로운 교도소가 세워졌고, 특히 1983년에 Göttingen-Leineberg 개방소년교도소(offene Jugendanstalt)가 운영되었다. 그 외에도 19세기말에 세워졌던 낡은 시설들이 현대화되거나 새롭게 보수되었다. 이로써 여가선용과 교육을 위한 공간, 스포츠시설 및 작업장이 갖추어지게 되고 집단수용에서 벗어나게 되어 소년수형자들을 개인적으로 파악할 수 있게 되고, 개별적이고 교육적인 영향을 미칠 수 있는 충분한 행동통제도 가능해졌고, 학교교육과 직업교육뿐만 아니라 정신치료적 처우를 제공할 수 있게 되었다.18)

2. 소년행형의 법적 근거와 개혁

행형은 자유박탈적 형사제재의 집행, 실현이기 때문에 기본권의 제한을 수반한다. 그러나 이론과 실무에서 1970년초까지 지배적이었던 견해에 따르면 행형시설내에서의 수형자의 법적 지위는 소위 특별권력관계(das besondere Gewaltverhältnis)의 범위내에서 정해지기 때문에19) 행형에 필수적으로 수반되는 기본권의 제한을 규제하

---

15) Bulczak. a.a.O., S.71.

16) 이에 관해서는 후술하는 V.5. "완화된 행형을 통한 자유연습과 외부와의 접촉" 참고.

17) Bulczak. a.a.O., S.71.

18) Bulczak. a.a.O., S.72.

19) 특별권력관계이론에 관하여는 Kaiser/Kerner/Schöch, a.a.O., S.101f. 한국문헌으로는 남궁호경, 독일에서의 수형자의 지위와 특별권력관계론의 변천, 형사정책 제15호, 1990, 205면 이하; 박재윤, 수형자의 법적 지위에 관한 연구, 1990, 48면 이하.

기 위하여 포괄적인 법률과 개별적인 법률위임이 필요한 것은 아니었다.[20] 따라서 형식적인 법률없이도 행형의 목적에 합당한 범위내에서는 수형자의 권리가 제한될 수 있었다.

그러나 수형자의 권리를 특별권력관계를 근거로 제한하는 이론은 기본법(특히 제19조3항)에 합치되지 않는다는 견해[21]가 법치주의와 헌법적 기초의 변화라는 관점에서 제기되기도 하였다. 이러한 비판적 견해가 헌법재판소의 결정[22]에 의해서 받아들여졌다. 이로써 수형자의 기본권도 법률에 의하거나 법률에 기초해서만 제한될 수 있다는 점과 특별권력관계로서 이해된 전통적인 행형의 형태는 수형자의 기본권을 허용될 수 없는 불명확성에로 상대화시켰다는 점을 분명히 하였다. 또한 입법자에게는 정해준 기한안에 포괄적인 법규정을 기초로 해서 행형법을 제정할 것을 요구했다. 입법자가 1976년 3월 16일에 자유형과 자유박탈적 개선 및 보안처분의 실행에 관한 법률인 행형법(Strafvollzugsgesetz : StVollzG)을 통과시켜 1977년 1월 1일에 시행함으로써 이러한 요구는 충족되었다.

이에 반해서 소년행형법은 아직까지도 제정되어 있지 않다. 그러나 이를 위한 작업은 이미 몇 해 전부터 시작되었다. 1976년과 1979년 사이에 소년행형의 법적, 실제적 개혁을 위한 자문회의를 개최한 소년행형위원회의 목표는 법치국가적, 사회국가적 요구를 충족시킬 수 있는 통일적인 규정을 마련하는 것이었다.[23] 이 위원회의 기본사상과 회의결과가 담겨져 있는 보고서[24]는 소년과 준소년에 대한 행형과 미결구금을 시설내적인 소년원조(Jugendhilfe)기구를 통해서 또는 소년사법기관의 시설외적인 처분을 통해서 행하는 것으로 제한하고 있고, 미결구금과 소년자유형의 실행이 불가결한 경우에는 다른 사회화시설과 교육원조 시설과의 결합관계를 긴밀하게 유지할 필요가 있음을 강조했다. 이로써 소년행형이 교육개선, 교정처우와 사회훈련에

---

20) 자유형과 자유박탈적 처분의 시행에 관한 규정으로는 각주의 사법행정기관이 1961년에 합의하여 1962년에 시행된 "직무 및 집행령(Dienst und Vollzugsordnung)"이 있다. 그러나 이는 구속력 있는 규범성격을 갖는 법원이 아니라 독일 전지역에 통일적으로 시행된 특별행정명령이었다.

21) Schüler-Springorum, Strafvollzug im Übergang. Studien zum Stand der Vollzugsrechtslehre, Göttingen 1969; Müller-Dietz, Strafvollzugsgesetzgebung und Strafvollzugsreform. 1970.

22) BVerfGE 33, 1.

23) Kaiser/Kerner/Schöch, a.a.O., S.75.

24) Schlussbericht der Jugendstrafvollzugskommission. hrsg. von Bundesminister der Justiz, 1980, S.755.

기여할 수 있도록 발전되어져야 한다는 것이다.

이 소년행형위원회의 제안 중 많은 부분은 새로운 법률규정 없이도 실현, 발전되었다. 그러나 소년행형을 위한 독자적인 법률은 아직도 없다. 연방정부는 소년자유형의 집행, 실현을 위한 법규를 연방상원(Bundesrat)의 동의를 얻어 제정, 시행할 수 있도록 규정한 소년법원법 제115조의 위임권한을 아직 실현시키고 있지 않다. 따라서 소년행형법이 제정될 때 까지는 행위시에 소년 또는 준소년의 소년자유형의 집행, 실현은 소년법원법의 소년행형에 관한 일반적인 원칙규정(제91조, 제92조, 제115조)과 1977년에 각 주에 의해서 공포, 시행된 소년행형에 관한 연방통일적인 행정규칙(VVJug)[25]에 의하여 행해진다.[26]

행형법의 규정에 의존한 후자에 의해서 행형법의 많은 규정들이 소년행형의 법적 근거가 되고 있고, 독립적이고 포괄적인 소년행형의 법규정이 마련될 때까지의 과도기가 극복되어져야 하며, 소년자유형이 통일적인 기본원칙에 따라 연방 각 주에서 집행되어져야 한다. 그러나 행형법 제1조는 소년행형의 특별한 요구에 반하지 않는 한, 행형법을 소년법원법에 따른 소년자유형과 자유박탈적 처분의 집행에 적용하는 것을 배제하지는 않는다.[27]

Ⅲ. 소년자유형의 목적과 행형사상

소년법원법 제91조는 범죄자의 범죄적 행동이 인격형성과 지식전달의 의미에서의 교육개선을 통해서 치유될 수 있다는 확신에서 출발한다.[28] 교육개선사상은 소년법원법의 여러 규정에서 발견되어지는데, 예를 들어 소년법원이 소년자유형을 선고하는 것은, 위험한 범죄성향 때문에 교육처분 또는 훈육수단이 교육목적달성(zur Erziehung)에 충분하지 못할 때에 제한한 것이다.

---

25) Nr.33 der Verwaltungsvorschriften für den Jugendstrafvollzug.
26) 그러나 행형법의 규정도 소년행형에 적용된다. 예를 들어 수형자가 소년교도소에서 작업을 한 경우에 적절한 노동대가를 받는다거나(행형법 제43조), 직업교육, 직업전환교육, 직업재교육 등에 참여한 경우에는 직업교육보조금을 받고(행형법 제44조), 일정한 이유로 노동을 하지 못한 경우에는 보상을 받는다거나(행형법 제45조)하는 것은 행형법 제176조에 따른 것이다.
27) Calliess/Müller-Dietz, Strafvollzugsgesetz, 4.Aufl., §1 Rdn.8.
28) Bulczak, a.a.O., S.73.

소년법원법상의 교육(Erziehung)은 특별예방적 관점이다. 즉 소년법원법상의 처분을 통해서 범죄소년이 정직하고 책임감있는 품행에로 나아가도록 교육하는 것이다 (제19조1항, 제21조1항, 제91조1항). 그의 인생을 자기 책임하에 영위하고 장래에 더 이상의 범죄를 저지르지 않도록 개선하는 것이 소년법원법상의 소년형의 목적이다. 따라서 사회화, 교육개선, 학교교육 및 직업교육이 소년행형에서 성인행형에서보다 전면에 나타나야 한다. 이는 한편으로는 처벌되어질 시민을 도와야 하는 사회국가적 의무가 소년범죄자에 있어서 더 막중할 뿐만 아니라, 다른 한편으로는 장애를 받은 소년의 성장발전이 교육개선을 통해서 성공적으로 극복될 수 있기 때문이다.[29] 소년법원법 제17조2항의 의미의 교육형으로서의 자유형은 따라서 출발점과 이념에 있어서 기본법에 명시된 인간의 존엄과 일치한다.[30]

그러나 소년법원법에는 교육개선임무를 어떻게 실행할 수 있을 것인가에 관한 자세한 규정이 없다. 따라서 소년법원이 어떤 제재수단이 개개 소년범죄자에게 교육적으로 의미가 있을 것인가 또는 필요하다고 여겨진 처분을 어떻게 실현시킬 수 있을 것인가를 소년사법절차 내에서 결정하여야 한다. 소년수형자는 통상 교육결여, 비정상적인 가족과의 관계, 계발되지 않은 지능과 미약한 성취도 등 심한 사회화결격을 갖고 있기 때문에 교육개선 및 교정처우수단의 선택에 있어서 교육학의 인식과 결론을 고려하여 결정되어져야 한다.[31]

실제로는 입법자의 교육개선사상이 일반적으로 실현되고 있지 못한 실정이다.[32] 통계적으로는 소년자유형이 성공적이어서 출소 후 재사회화된 비율이 30 내지 40%에 이르고, 20 내지 30%는 다시 소년자유형에 처해진다는 조사보고서도 있다.[33] 또한 행형시설에의 수용이 직업과 가정생활의 장애, 물리적인 힘이 강한 자의 주먹이 곧 법인 수형자의 부문화, 형벌의 외부적 효과, 즉 낙인(Stigmatisierung) 등 회피할 수 없는 단점을 갖고 있다는 점도 소년행형개혁의 불가피한 한계로 지적되고 있다. 이러한 이유 때문에 한편으로는 소년자유형의 제한적 선고와 교육처분 또는 의무부담처분(Auflage)으로의 대체, 소년법원법 제45조와 제47조에 따른 의무부담처분을 조

---

29) Solbach/Hofmann, a.a.O., S.43.
30) OLG Schleswig NStZ 1985, 475.
31) Kaiser/Kerner/Schöch, a.a.O., S.246f.; Bulczak, a.a.O., S.73f.
32) Kaiser/Kerner/Schöch, a.a.O., S.82, 335; Brunner, §17 Rdn.3.
33) Vgl. Brunner, §91 Rdn.10.

건으로 소년형사절차를 중지시키는 Diversion프로그램의 활용 등이 제시되고 있다.[34] 다른 한편으로는 14 내지 15세 소년에 대한 소년자유형의 집행은 개방소년교도소에서 행하고, 소년교도소는 18세 이상의 준소년의 소년자유형의 집행에 맞도록 개선해야 한다는 제안도 있다.[35]

Ⅳ. 소년행형을 위한 시설과 행형현실

1. 분리주의(Trennungsprinzip)와 소년교도소

소년법원법 제92조에 따라서 소년자유형은 구분된 시설에서 집행, 실행되어져야 한다. 법규정은 엄격한 분리주의를 취하고 있는데, 소년교도소를 일반교도소내에 설치함으로써 제91조에 규정된 소년행형에 독자적인 방법이 영향을 받을 수 있기 때문이다. 일반행형규정(행형법 제140조)과는 달리 소년행형이 소년수형자를 위한 분리된 사(舍)에서 실행되는 것을 의미하는 것은 아니다. 그러나 분리주의는 소녀수형자에 있어서는 아직 실현되고 있지 않다.[36] 소년수형자를 위한 독립된 소년교도소는 아직 없고, 여성교도소의 특별한 사(舍)에서 소년자유형이 집행, 실현된다.

현재 독일(구서독)에는 분리주의의 요청에 따라서 소년교도소가 총 24개가 있다.[37] 그 중 9개는 1950년 이후에 특별히 소년행형을 위해서 세워졌고, 그 이외의 다른 소년교도소는 구성인교도소, 수도원, 군사시설 및 정신신경병원 등을 개조한 것이다.[38] 그 중에서 특이한 것은 Niedersachsen주에 세워진 Göttingen-Leineberg의 개방소년교도소이며, 최근에 세워진 것으로는 1987년의 Berlin-Plötzensee의 소년교도소이다. 개조되거나 신축된 소년교도소는 교육개선이념에 부응하여 여가선용장, 학교교육장, 스포츠시설, 작업장 등을 갖추고 있다.

---

34) 그러나 행형의 불가피한 결함 때문에 소년자유형이 법적으로 요구되는 경우에 소년법원이 소년자유형의 선고를 피하는 것은 법률위반이라는 비판이 가능하다.

35) Vgl. Brunner, §17 Rdn.4.

36) Einsele/Bernhardt, Frauenanstalten, in: Strafvollzug in der Praxis, 2.Aufl., hrsg. von Schwind, Blau, 1988, S.66.

37) Bulczak. a.a.O., S.72.

38) Kaiser/Kerner/Schöch, a.a.O., S.247.

2. 수용현황[39]

소년교도소에는 소년자유형을 선고받은 자와 소년행형이 적합하기 때문에 수용될 수 있는 24세 미만의 자유형을 선고 받은 자[40]가 수용된다.[41] 1984년에 소년법원에 의해서 유죄선고를 받은 자는 소년 73,122명과 준소년 60,475명 등 총 133,579명이다. 이 중 19,733명이 소년자유형의 선고를 받았으나, 11,847명은 집행유예 또는 선고유예처분을 받았기 때문에[42] 7,886명만 소년교도소에 수용되었다.

1983년 12월 현재 6,857명의 소년교도소 수용능력 중 6,831명의 소년 수형자가 수감되어 있다. 여기에는 소녀수형자가 포함되어 있지 않은데, 21세 이하의 소녀수형자는 예를 들어 1983년에 312명, 1986년에 140명으로 비교적 적은 편이었다. 이와 같은 수용현황은 20여년간 거의 비슷한 수준이었는데 1963년에는 6,639명, 1980년에는 6,490명(소녀수형자 259명 포함)이었다.

소년자유형을 선고받아 소년교도소에 수감되는 수형자의 수가 증가할 것으로 전망되었는데, 출생률이 높았던 연도의 청소년들이 이제 수형능력의 연령에 도달했기 때문이다.[43] 이는 1980년(6,490명)과 1984년(7,886명)의 수용현황으로 확인할 수 있다.

3. 행형현실과 개선노력

(1) 소년교도소의 인적, 물적 현실

소년행형의 현실은 교도소시설의 상황에 의해서 영향을 받게 된다. 교도소의 수용

---

39) 수용실태 등에 관한 통계는 Kaiser/Kerner/Schöch, a.a.O., S.72, 248; Göppinger, Kriminologie, 4.Aufl., S.422.

40) 소년법원법 제114조에 따르면 형법에 의해서 자유형을 선고받은 24세 미만 자도 소년행형이 적합한 경우에 소년교도소에 수용될 수 있다.

41) 그러나 최근의 통계에 따르면 소년교도소에서 18세 미만의 소년은 거의 예외적이고 21세 이상이 절반이상을 차지하고 있다. Brunner, §17 Rdn.4.

42) 소년법원법 제21조1항에 따라 1년 이하의 정기소년자유형을 선고하는 경우에 형의 선고가 이미 경고기능을 행했고, 형집행없이도 유예기간동안에 교육적인 영향을 미침으로써 장래에 정직한 품행을 가질 수 있다고 기대되는 때에는 그 집행을 유예할 수 있다. 또한 제27조에 따라 범죄행위를 통해서 소년의 위험한 성향이 소년자유형을 필요로 할 정도로 나타났는지를 확실히 판단할 수 없는 때에는 유죄임을 확정하고 소년자유형의 선고를 유예할 수 있다.

43) Vgl. Kaiser/Kerner/Schöch, a.a.O., S.247.

능력은 비교적 성인교도소에 비해서 작지만, 그러나 교정처우행형의 관점에서 보면 개별적인 행형형태를 취하기에는 여전히 큰 편이다. 특히 그룹별 모임 장소가 없거나 각 층에서 다 내려다보이는 개방된 복도 등을 갖추고 있는 낡은 교도소에서는 주거그룹행형(Wohngruppenvollzug)을 실현하기가 힘들다. 또한 여러 지방에 분산된 작은 행형시설이 없기 때문에, 수형자가 자기의 거주지에서 멀리 떨어진 시설에 수용되어 그 수형자의 관련인물(Bezugsperson)과의 협동작업이 불가능한 현실이다.[44]

교정처우행형에 있어서 중요한 것은 인적 요소에 의해서 정해지는 교도소의 내부 구조인데, 일반행형보다는 교육개선행형의 요구 때문에 일반적으로 유리한 여건이지만, 그러나 시설의 인적 현황도 만족스럽지 못한 형편이다. 교도소는 몇 개의 행형부(또는 사)로 나누어지고, 여기에서는 통상 주임교사(Oberlehrer),[45] 사회복지담당자(Sozialarbeiter),[46] 사회교육담당자, 심리학자 및 다른 전문인력[47]이 교육개선행형을 담당하고 있다. 몇몇 개의 소년교도소에서만 전문가가 적극적으로 참여하는 협의체에 의한 행형의 시설의 장인 법조인 또는 심리학자에 의해서 실현되고 있고, 대부분은 권위적으로 시설이 운영되고 있다.

적은 수의 전문가는 - 예를 들어 200명의 수형자에 한명의 심리학자, 2명의 교육자, 그리고 3명의 사회복지담당자 - 시설내에서 문제를 야기하는 특이한 수형자를 돌보기도 어려운 상황이라서, 다른 수형자들이 도움과 면담을 필요로 하더라도 충분히 돌볼 수 없는 형편이다. 주거그룹과 교육그룹(Erziehungsgruppe)을 담당하는 사회복지담당자 또는 경비임무 담당자 중에서 특별히 선정된 요원들은 충분한 교육학적

---

44) Vgl. Kaiser/Kerner/Schöch, a.a.O., S.248.
45) 주임교사는 사법행형내에서 수형자의 사회화 또는 재사회화를 위한 교육적 활동을 담당하는 모든 교사를 대표하는 명칭이다(주임교사의 임무영역에 관해서는 VVJug Nr. 33.). 이에 관해서는 Kuhlmann, Der Oberlehrer, in: Strafvollzug in der Praxis, 2.Aufl., hrsg. von Schwind/Blau. S.162ff.
46) 독일 사회복지담당자 및 사회교육담당자협가 제시한 사회사업(Sozialarbeit)이란 사회정책적 관련을 갖는 직업적, 사회적 활동의 형태인데, 특히 사회적 여건조성, 사회적 문제발견, 인적 및 사회적 충돌의 제거와 방지, 대화, 자립심 및 관용의 배양, 도움을 받을 수 있는 곳을 매개 또는 개발, 교육기회의 개발 등등이다. 사회복지담당자의 행형내에서의 역할과 임무에 관해서는 Kaiser/Kerner/Schöch a.a.O., S 398f.; Blum, Der Sozialarbeiter, in: Strafvollzug in der Praxis, 2. Aufl, hrsg. von Schwind/Blau, S.165ff.
47) 예를 들면 작업이 허용된 수용자의 교육 및 전문적인 지도와 작업장의 기술부문 책임자인 작업담당자(Werkdienst), 목회자(Seelsorger), 의사 등이 있다.

전문교육을 받지 않았기 때문에 또는 그룹이 너무 커서 또는 다른 업무로 인한 부담 때문에 한 종류의 교정처우방법이라도 써 볼 시간과 가능성조차도 없다.[48]

이러한 인적, 물적 요소 외에도 행형현실에 영향을 미치는 요소는 소위 "교도소화 과정(Prisonisierungssprozess)"이다.[49] 이러한 과정을 통해서 수형자는 자기의 사고와 행동방식을 교도소내의 지배적인 규범과 가치에 맞추어 나가게 된다. 시설내의 가치 구조는 이 영역에서 사회적으로 상호 작용관계에 있는 수형자와 행형담당자에 의해 서 정해지게 된다. 이는 사회의 일반적 가치체계와는 차이가 있을 뿐만 아니라 감옥 세계에 제한되고 사회적으로 바람직하지 못한 부문화적(subkulturell) 가치구조를 나 타낸다.[50] 이는 또한 이미 존재하는 일탈적 성향을 심화시킬 뿐만 아니라, 효과적인 교정처우를 실현불가능하게 한다.[51]

이와 같은 이유로 실제 교정처우이념이 소년교도소에서 실현되지 못하고, 오히려 부분적으로는 아주 규제적인 행형의 흔적을 발견할 수 있다. 예를 들면 수형자의 탈 인격화를 의미하는 수의착용의 강제(VVJug Nr.15), 항상 거실의 문을 잠가 놓기 때 문에 수형자 자신의 행동과 자유시간의 활용 또는 갈등해결 가능성이 방해되는 점, 불충분한 학교교육과 직업교육의 기회, 무감각적이고 단순한 작업활동과 가족, 친구 또는 부부 중 일방과의 엄격한 단절로 인하여 공격적인 행동 등으로 이르게 하는 점 등을 들 수 있다.

몇 개의 교도소에서는 교육개선행형을 어렵게 하는 이와 같은 요인들을 인식하고, 거실의 문을 주간에는 잠그지 않는다든지, 사복을 입게 한다든지, 라디오의 소유와 신문구독을 허가한다든지 또는 통제하지 않는 방문, 외출, 휴가와 외부통근(Freigang) 등을 가급적 허용한다든지 하는 완화된 행형(gelockerter Vollzug)을 시도하고 있다.[52] 이러한 완화된 행형이 수형자에게는 갈등상황을 야기한다 할지라도, 행형의 억압적

---

48) 주거그룹 또는 교육그룹은 그룹의 구성원이 상호 인정하고 명심하는 일정한 규범과 표본적 행동 이 그룹내에서 지배하고 있기 때문에, 소년수형자에게는 방향을 제시해 주는 좌표역할을 한다. 그룹이 작으면 작을수록 그룹구성원이 일체가 되기 쉽고, 충돌상황도 쉽게 눈에 띄어 그룹교육 담당자가 빨리 대처할 수 있게 된다. 이에 관해서 Bulczak, a.a.O., S.75.

49) 이에 관해서는 Kaiser/Kerner/Schöch, a.a.O., S.31f.

50) 이에 관하여 일반수형자의 관점에서 Glitza, Strafvollzug aus der Sicht eines Insassen, in: Strafvollzug in der Praxis, 2.Aufl., hrsg. von Schwind/Blau, S.325f.

51) Schüler-Springorum, a.a.O., S.176.

52) Bulczak, a.a.O., S.76.

인 효과를 배제할 수 있고 시설내에서의 사회치료의 분위기를 조성할 수 있기 때문에 시도해 볼 만하다.[53]

(2) 비판과 개선노력

소년행형개혁을 위한 노력과 그 동안의 발전에도 불구하고 아직까지 교육개선행형이라는 요구를 충족시키지 못한 형편이고, 실제로 행형시설내외에서의 교정처우방법은 만족할 만한 성과를 거두지 못했다.

소년행형의 이와 같은 현황은 비판과 개선필요성을 불러 일으켰고, 무엇보다도 자유에로의 교육을 부자유스러운 소년행형에서 추구한다는 역설을 특히 비판의 대상이 되었다. 그러나 교도소내에서의 자유에로의 교육이라는 모순과 위험성 외에도, 행형에서의 교정처우가 불가능하다는 성급한 결론도 또한 경고의 대상이 되었다. 오히려 자유박탈이라는 강제상황을 그 속에서 계속 수형자가 학습단계를 거치면서 이를 후에 자유로운 상황에서 계속 유지 하거나 실행에 옮기는 마지막 기회로 생각해야 한다는 것이다.[54]

그럼에도 불구하고 소년수형자의 증가와 사회화의 결핍이라는 관점에서 소년행형이 새롭게 개선되어져야 할 필요가 있다. 70년대 초에는 소년행형의 문제를 소년형법을 소년보호법(Jugendhilfegesetz)으로 흡수시켜 해결하려는 시도가 있었다.[55]

이로써 소년자유형을 새로 제정할 소년보호법상의 처분과 보호로써 대치하고자 하였다. 소년범죄는 소년범죄자의 자신의 환경과의 충돌의 표현이기 때문에, 이를 극복하고 장래에 회피할 수 있도록 교육하고 도와주는 것이 문제의 올바른 해결이라는 관점이 토대가 되었다. 따라서 소년범죄자가 어떤 범죄를 행했고 과거에 행한 범죄에 대한 반작용으로 어떤 제재수단이 가해졌는가가 중요한 것이 아니라, 어떤 처분과 원조가 소년범죄자를 도와서 충돌과 어려운 점을 극복할 수 있도록 해주고, 이로써 공동체를 방해하지 않고도 목표로 세운 삶을 살아 갈 수 있고, 사회적인 요구를 받아들일 수 있는가가 우선 고려되어져야 한다는 점이다.[56] 그러나 이러한 노력은

---

53) Bulczak, a.a.O., S.76.
54) Vgl. Kaiser/Kerner/Schöch, a.a.O., S.250.
55) Vgl. Schüler-Springorum, Zur aktuellen Diskussion über Strafe und Erziehung in der Deutschen Jegendgerichsbakeit, Festschrift für Dünnebier, 1982, S.650.
56) Vgl. Schüler-Springorum, a.a.O., S.650.

1974년의 소년보호법초안에서 이미 소년형법과 소년보호법의 원칙적인 이원주의를 전제로 함으로써 좌절되었다.[57]

외국의 소년행형개혁노력을 보면, 예를 들어 미국의 Massachusett주에서는 행형부문의 급진적인 개혁이 이루어졌다.[58] 즉 소년행형시설이었던 모든 "Training schools"이 1972년 초까지 폐쇄되었다. 증가하는 누범률, 비용의 증가 그리고 새로운 교정처우전략의 개발 등으로, 재사회화보다는 범죄화의 영향이 큰 폐쇄적인 행형시설에 대한 비판이 설득력을 얻게 되었고, 따라서 치료와 면담이 전통적인 감호를 대체하게 되었다. 이로써 소년범죄자들은 가족적인 환경과의 관계, 즉 사적 기관, 지역그룹 또는 지역조직속에서 원조되어진다. 개혁의 목적은 폐쇄적인 제도를 비상설적이고 사회교육적인, 사회내 원조에 중점을 둔 지역에 분산된 제재체제로 대체함으로써 폐쇄적인 시설에서의 고립과 감호를 가능한 한 줄이는데 있었다.

이러한 새로운 가능성을 시도하는 것은 그 당시의 열악한 소년행형에 비추어 긍정적이었지만, 소위 Massachusett의 시도는 행정력, 보안행형시설, 사적인 원조자의 전문교육과 성공률의 흠결로 비판에 부딪혔다. 그외에도 주민의 반발과 특별히 다루기 힘든 소년범죄자의 수요시설의 부족, 재정결핍과 도주자의 비율이 높은 점 등도 새로운 시도를 주춤하게 만들었다.

독일에서는 개방교도소가 소년행형에 있어서 통상적인 행형으로 인정되지 못했지만, 소년행형에 적합한 행형시설로서 고려되어야 한다는 점은 널리 인식되었다.[59]

또한 시설내 범죄자보호와 사회내 범죄자보호가 조직적으로 또는 내용적으로 잘 조화를 이루어야 한다. 무엇보다도 소년교도소를 대치할 소규모의 시설이 소년범죄자의 출신 지역에 세워져서 시설의 생활과 집행후의 자유세계와의 연결에 도움이 되도록 해야 한다.

---

57) Weber, Erstes Gesetz zur Änderung des Jugendgerichtsgesetzes, NStZ 1990, 561.
58) 이에 관해서 Kaiser/Kerner/Schöch, a.a.O., S.251f.
59) Kaiser/Kerner/Schöch, a.a.O., S.252.

V. 행형시설에서의 교육개선 및 교정처우프로그램

1. 서

소년법원법 제91조1항은 소년행형의 임무를 수형자가 장래에 정직하고 책임감 있는 품행을 갖도록 교육하는데(Künftig einen rechtschaffenen und verantwortungsbewussten Lebenswandel zu führen) 두고 있다. 제92조2항은 교육개선의 토대로서 질서, 작업, 수업, 신체단련과 자유시간의 보람있는 활용 등을 열거하고 있다.

형식적인 입소절차와 함께 수형자의 인격과 생활관계 등을 조사, 고려하여 계획적인 교육개선 행형과 출소후의 재사회화를 준비할 수 있어야 한다(VVJug Nr. 2; §6StVollzG). 인성조사(Personlichkeitserforschung)는 개별적으로 정해지는 행형계획의 수립을 가능하게 한다. 여기에는 다음과 같은 교육처분이 포함되어져야 한다. : 폐쇄적 또는 개방교도소에의 수용, 주거그룹 또는 교육그룹에의 지정, 학교교육 또는 보습교육(Aus- oder Weiterbildung), 직업교육 및 보습교육과 전환교육(Fortbildung oder Umschulung) 처분, 작업에의 투입, 특별한 보호처분 및 교육처분, 스포츠와 자유시간에의 참여, 외부와의 접촉, 행형의 완화 및 휴가, 출소후의 필요한 준비 등등[60] (VVJug Nr. 3; §7StVollzG).

소년수형자들의 범죄행위가 대부분 현저한 사회화(Sozialisation)의 결함에 기인하기 때문에,[61] 범죄성향의 치유는 인격형성과 지식습득의 의미의 교육개선을 통해서 실현될 수 있다. 따라서 소년행형은 교육적이고 치료간호 교육적이며 정신치료적으로 실행되어져야 한다. 실무에 있어서 교육개선임무를 어떻게 수행할 것인지에 관해서 소년법원법은 단지 소년행형의 임무에 관한 기본적인 입장(제91조1항 : "교육개선임무")과 교육개선방법의 예시적인 열거(제91조2항 : "질서, 작업, 수업, 신체단련과 보람있는 자유시간의 활용") 이외에 자세한 내용을 명시하고 있지 않다. 따라서 소년행형은 교육개선 방법 및 원조 방법과 교정처우방법을 선택, 결정함에 있어서 교육학적인 인식을 참고하여 그에 부합하도록 하여야 한다. 과거의 인식, 즉 소년수형자들이 행형기간 중에 다른 사람과의 격리를 통해서 내적인 자기반성에 도달하고 이로써 그의 공동체에 한 행동을 버려야 한다는 통찰을 갖도록 한다는 인식과는 달리, 오늘날의 범

---

60) Solbach/Hofmann, a.a.O., S.64.
61) 소년수형자의 학교교육현황에 관한 통계로는 Bulczak, a.a.O., S.77.

죄자교육학(Straffallgenpadagogoik)은 "사회화"를 장려하는 교육방법을 실시하고 그 조건들을 조성하려고 노력한다.[62] 교정처우의 선택은 교정처우의 필요성을 정도와 종류에 따라서 구체적인 경우에 타당하도록 개별적으로 결정되어져야 한다. 이때 모든 이용가능한 교육학적, 심리학적, 개별치료 및 그룹치료적 가능성이 교육개선과 교정처우를 위한 모든 영역에 적용될 수 있도록 결정되어야 한다.

2. 수용절차와 교육개선 및 교정처우의 계획수립

(1) 수용절차(Aufnahmeverfahren)

행형시설에서의 수용으로 시작되는 형벌개시는 유죄선고자에게는 생활의 계속성에 단락(段落)이 생기는 것을 의미한다. 교도소의 문턱을 넘어서는 것으로써 친숙한 일상생활의 세계에서 전혀 다른 생소한 교도소세계로 이전되는 것이다. 또한 폐쇄적인 행형시설에 수용됨으로써 동시에 지위의 변화, 즉 본질적으로 동등한 공동체의 구성원의 지위에서 권리와 자유가 제한된 수형자로의 변화를 가져온다. 따라서 시설내에서의 생활의 시작과 동시에 수형자에게는 수용절차를 통한 새로운 방향설정이 필요하게 된다. 수용절차는 우선 신분확인, 인적 사항의 보충, 만성적 질병 상태 조사, 시설내에서의 권리와 의무고지 등과 같은 규칙에 근거한 행정작용과 교도소장 또는 수용절차담당부서의 장에게 소개하는 절차로 진행된다.[63]

그러나 수용절차담당부서의 주요임무는 공식적인 행형진행과정의 계획을 수립하기 위한 준비와 계획수립에 있다. 준비작업으로서 중요한 과정은 위와 같은 형식적인 절차후에 행하는 인성조사(Persönlichkeitserforschung, 또는 행형법에서는 Behandlungs-untersuchung으로 표현하고 있다.) 단계이다. 이 단계에서는 인격의 기본구조, 특징적인 성격, 드러난 두드러진 행동과 생활관계 등에 관한 진단과 조사가 있게 된다. 또한 경험을 토대로 한 있음직한 공격성과 개별수용이 불가능한 경우를 대비하여 공동생활능력을 조사하게 되고 노동에 대한 관심도 시설내에서의 임무를 맡을 경우에 수행능력, 자유시간의 활용에 대한 성향과 결여된 학교교육 및 직업교육 등을 확인하게 된다.

---

62) Bulczak, a.a.O., S.74.
63) 행형법 제5조와 소년행형에 관한 행정규칙(VVJug) Nr. 1 참조.

(2) 행형계획의 수립

수용절차시의 상담과 보충적인 서류평가의 전문적인 기준에 따라 시행된 인성조사를 토대로 당해 위원회는 행형계획(Vollzugsplan)에 행형과정의 기본방향을 설정해야 한다. 수용절차 직후에 수립된 행형계획은 수형자의 수용후의 행형내에서의 발전과 인격조사의 결과 등에 상응해야 하는 점을 고려하면 확정적인 것은 아니다.

행형계획에는 적어도 다음과 같은 교육개선처분에 관한 내용이 포함되어야 한다.[64] : 폐쇄된 행형 또는 개방행형에의 수용여부, 주거그룹과 교육개선그룹에의 지정, 학교교육과 보습교육, 직업교육, 직업전환교육 등의 처분, 보습교육과정에의 참여, 작업에의 투입, 특별한 원조 및 교육개선처분, 스포츠와 여가시간활용에의 참여, 외부와의 접촉의 형태, 행형의 완화와 휴가, 출소준비를 위한 필요한 조치 등.

3. 교육개선 및 교정처우프로그램

(1) 질서(Ordnung)

소년법원법 제91조2항은 교육개선의 토대로서 우선적으로 질서를 들고 있다. 질서는 공동생활에 있어서 필수불가결한 것이기 때문이다. 질서 내지 규율은 그 자체로서 목적이 있는 것이 아니라 소년수행자에게 규율된 삶의 가치를 인식시켜주고 타인과의 갈등을 견디어내게 해주며, 자기의 욕구를 충족시키는데 있어서 타인을 존중하도록 가르쳐준다.[65] 여기서 고려해야할 중요한 점은 강제가 아니라 자기 스스로의 통찰에 의해서 질서의 가치를 인식하도록 해야 한다는 것이다. 실제적으로는 행형담당자와 수형자간의 관계 또는 질서와 보안과의 관계 등이 문제가 된다.

(2) 작업(Arbeit)

"작업은 질서있고 효율적인 행형의 기본이다" 이는 전통적인 행형의 시설내의 일상생활에서 지배적인 기본이념을 함축하는 표현이다. 작업원칙은 16세기말경에 자유박탈에 대한 인식이 근본적으로 변천하면서,[66] 즉 자유형의 목적을 더 이상 행해

---

64) 소년행형에 관한 행정규칙(VVJug) Nr. 3(2).
65) Bulczak, §91 Rdn.4a.
66) 이에 관해서는 Kaiser/Kerner/Schöch, a.a.O., S.44.

진 불법에 대한 응보가 아니라 범죄자의 교육적 개선과 재사회화로 이해하면서 형성된 것이다. 이로써 규칙적인 작업을 통해서 수형자의 일상생활과 수형자자신에게 확고한 생활질서의 구축이라는 외적인 효과만이 아니라, 오히려 인성의 안정과 순치라는 내적인 효과를 얻게 된다.

수형자를 건전한 사회구성원으로서 사회에 복귀시키기 위한 원조방법으로서의 작업은 수용기간 뿐만 아니라, 출소후에도 자유세계에서 지속적으로 노동활동을 가능하게 하여 생계유지를 조장하는데 본질적인 목적이 있다.

소년법원법 제91조2항은 작업을 교육개선행형의 근본임을 분명히 하였고, 작업교육장을 설치할 것을 규정하였다. 또한 행정규칙(VVJug) Nr. 32(2)에는, 행형기관이 수형자에게 경제적이고 생산적인 작업을 부과할 것과 작업부과의 경우에는 수형자의 능력, 성취도, 성향 등을 고려하여야 함을 요구하고 있다. 또 Nr. 36은 육체적인 능력에 적합한, 지시된 작업, 노동치료교정적이거나 그 이외의 작업이 의무이며, 이에 대한 대가(Arbeitsentgelt)를 받도록 규정하고 있다(VVJug Nr. 38).

(3) 학교 및 직업교육[67]

인간의 삶은 교육과 직업에 의해서 많은 영향을 받고 또 소년범죄자들의 범죄원인이 대부분 학교교육과 직업교육의 결핍에 있기 때문에, 행형시설내외에서의 학교교육과 직업교육, 보습교육 및 직업전환교육은 매우 중요하다. 학교교육 및 직업교육과정을 구성함에 있어서 소년재소자의 개별적인 능력을 고려해야 하고, 그들은 좌절에 대한 두려움을 갖고 있거나 또는 자신감이 결핍되어 있기 때문에 많은 부담을 지우는 과정이어서는 안 된다.

독일의 소년교도소는 소년수행자들을 위한 교육적이고 직업적인 교육을 점진적으로 또 성공적으로 추진할 인적, 물적 전제요건들을 갖추고 있다. 교도소의 크기와 장소적, 인적 가능성에 따라서 교도소내의 학교는 여러 다양한 과정들을 제공하고 있다. 소위 훈련과정(Trainingskurs)은 소년수형자들에게 광범위한 교육처분을 마련해 주고 있다.[68] 이 과정은 이미 배운 바 있는 학교지식을 새롭게 하고, 이로써 그 이상의 학교교육의 기회의 동기부여내지 준비를 할 수 있도록 한다. 문맹과정에서는 읽

---

67) 소년행형에 관한 행정규칙(VVJug) Nr. 33.
68) Bulczak, a.a.O., S.78.

고 쓰는 방법을 교육한다. 그 이외의 교육의 기회는 특별학교 또는 직업학교에서 제공되어진다.

다양한 직업교육처분은 소년범죄자가 그들의 사회적인 장애요인에도 불하고 출소 후에 질높은 직업교육이나 직장의 기회를 갖도록 하고, 또 이로써 노동의 만족감외에도 경제적인 생존권 보장을 가능하게 하는데 그 목적이 있다.

대부분의 교도소에서는 교육기간을 직업준비기간(Berufsvorbereitungsjahr), 직업기초교육기간(Berufsgrundbildungsjahr)과 전문단계교육(Fachstufenausbildung)으로 나누어, 건축, 도색, 실내장식, 목공, 전기, 자동차, 금속, 배관, 열관리, 미용, 정원사, 요리, 재단, 제화부문의 직업교육을 실시한다.[69]

직업교육의 강의는 교도소내의 직업교육담당교사 또는 교도소 소재지의 직업학교 교사가 행한다. 기술자격취득을 위한 국가공인의 시험은 특별하지 않을 뿐만 아니라, 자격증에도 시험이 교도소내에서 행해진 것이라는 것을 명시하는 것도 아니다.

교도소의 직업교육장소는 통상 공장과 유사한 실내장소에서 행해지며, 경우에 따라서는 교도소외부에서의 보습교육도 허용된다.

(4) 치료교정적 행형[70]

1) 노동치료교정

신체적 또는 정신적 관점에서 학교교육 및 직업교육 또는 작업장에서 필요한 일반적인 요구를 충족시킬 수 없을 정도로 이행능력이 감퇴되어 있는 소년수형자들은 노동치료교정적 작업시설에서 치료교정을 받는다(VVJug Nr. 32). 이 곳에서는 노동교육개선가에 의한 전문적인 지도로 자기에게 부여된 임무를 이행하고 완수할 능력을 배양한다. 노동치료교정은 단계적인 방법으로 이루어지는데, 제1단계는 도자기공예, 회화, 디자인, 인쇄, 조형예술과 같은 창조적인 기술을 익히게 되고, 그 후의 제1작업단계에서는 다양한 재료를 다루는 법 뿐만 아니라, 집중력, 인내심, 지구력 등을 연습하고, 제2의 작업단계에서는 높은 정도의 작업분담을 통한 사회적 행위능력과 다른 젊은이들과의 높은 정도의 협동심이 요구된다.[71]

---

69) Bulczak, a.a.O., S.78.

70) 이하에서 설명하는 치료교정적 처분은 소년행형에 있어서 일반적인 것은 아니다. 치료교정적 영역에서의 특별한 조치에 관해서는 Bulczak, a.a.O., S.79ff.; Kaiser/Kerner/Schöch, a.a.O., S.409ff.

이 치료교정과정을 마치면 소년재소자들은 학교 또는 직업교육처분을 받게 되거나 노동을 할 수 있게 된다.

2) 마약중독 소년수형자들에 대한 치료교정

Berlin-Plötzensee와 Hameln의 소년교도소에서는 마약, 알코올 또는 약물중독자들은 장소적으로 분리되어 있고 자격을 갖춘 전담원조팀에 의해서 운영되는 특별한 부서에서 원조되어 진다.[72] 치료교정의 전제요건은 잔형이 9월을 넘지 않고 소년중독자가 이러한 특별한 치료교정에 동기부여가 되어 있어야 한다는 점이다.

치료교정은 여러 단계로 시행된다.[73] 7주정도의 입소단계에서는 중독자는 노동치료교정으로 또는 스포츠와 공동대화를 통하여 돌보아 진다. 이 단계에서는 외부와의 접촉이 금지되고 서신과 면회도 허용되지 않는다.

그 다음 단계는 통상 3개월 동안의 제1치료교정단계이다. 이 단계의 목적은 인격형성, 약물의 안정성, 신뢰감의 습득능력, 지구력, 개방성과 정직성의 습득능력, 관용과 창조력의 계발, 소비성향의 현실감각을 갖도록 하는 교육개선, 상호대화능력의 고양 등이다.

이 과정의 특별코스로서 노동치료교정, 창조적 활동, 스포츠, 적극적인 음악활동, 개별 및 그룹대화, 마인드 컨트롤, 산보, 주말휴가활동 등이 있다. 제2치료교정단계는 감시되지 않는 상태에서의 면회, 보호 감시없는 외출, 휴가 등이 보장되며, 출소의 준비가 행해진다.

3) 성범죄자의 치료교정

Hameln의 소년교도소에서는 5년전부터 소년성범죄자(강간범)를 위한 치료교정프로그램을 시행하고 있다.[74] 성적 역할에 관한 세미나가 그것인데, 이의 목적은 성범죄자로 하여금 파트너와 함께 경험하는 성을 인식하게 하고 여성 파트너가 단순히 객체로서의 기능만을 갖는 것이 아니라는 점과 오히려 독자적인 성적 요구를 갖는

---

71) Bulczak, a.a.O., S.79.

72) Bulczak, a.a.O., S.79.

73) 일반행형시설에서의 치료교정프로그램은 3개월의 입소 및 초기단계로서 치료교정동기유발, 최소한 9개월의 치료교정단계로서 자립심과 책임감의 고양과 3개월의 출소단계로서 재사회화를 위한 자유세계로의 이전준비로 진행된다. 이에 관해서는 Kaiser/Kerner/Schöch, a.a.O., S.438.

74) Bulczak, a.a.O., S.80.

주체라는 점을 경험하도록 하는데 있다. 이 세미나는 한번에 4시간이 소요되는데, 25회 이상의 모임으로 6개월 동안 진행되며, 이 세미나에는 여성운동단체의 여성들이 함께 참여하고 있다.

4) 사회치료교정과 사회적 훈련(Soziales Training)

사회치료교정프로그램은 예를 들어 Hameln의 소년교도소에서 치료교정이 필요한 소년수형자를 위해서 마련되었고, 이들은 교육, 노동과 사회적 교류영역에서 목표지향적이고 체계적인 치료교정을 통해서 장려되어져야 한다. 12개월이 걸리는 이 프로그램은 교도소내에서의 훈련을 동반한 접촉단계, 집중적인 훈련과 일시적인 교도소외에서의 훈련을 동반한 치료교정단계, 그리고 개방행형시설의 부로의 이송 또는 출소까지의 교도소외에서의 훈련을 동반한 단계 등의 3단계로 구성되어 진다.[75]

사회적 훈련을 통해서 수형자는 외부훈련처분 또는 출소를 준비하게 되는데, 훈련내용으로는 작업, 금전을 이용하는 방법, 사회적 관계, 자유시간, 권리와 의무 등이 있다.[76] 이를 통해서 소년수형자들은 자기의 결함을 인식하게 되고, 구체적인 표본적 행동을 연습하며, 이로써 장래에 충돌상황에 처했을 때의 이를 극복하는 대안적 행동을 마련하도록 한다. 이 과정에서는 대화를 통해서 개별적인 문제 또는 요구를 함께 해결하도록 하는데 큰 의의가 있다.

4. 자유시간[77]과 스포츠

자유시간이라는 영역은 사회화에 기여하는 중요한 요소로서 학교 및 직업교육영역에 상응한다. 자유시간의 중요성은 무엇보다도, 대부분 타인에 의해서 정해지는 생활내에서 소년수형자에게 창조적으로 자유시간을 활용할 수 있는 가능성을 제공함으로써 개인적인 성향과 자질을 행동으로 인식할 수 있는 능력을 길러주는데 있다.[78] 이것은 자아를 찾는데 기여할 뿐만 아니라, 적절한 자유시간활용의 새로운 방

---

75) Bulczak, a.a.O., S.80.

76) Bulczak, a.a.O., S.80.

77) 행형은 통상 오전 7시부터 16시까지의 노동시간(Arbeitzeit), 16시부터 22시까지의 자유시간(Freizeit)과 22시부터 6시까지의 휴식시간(Ruhezeit)의 3구분으로 일상생활리듬이 정해진다.

78) Bulczak, a.a.O., S.81; Bode, Freizeitgestaltung im Strafvollzug Möglichkeiten der Freizeitgestaltung, in: Strafvollzug in der Praxis, 2.Aufl., hrsg; von Schwind/Blau, S.318.

법을 제공해 주고 자유시간활동을 배우게 하여, 출소후에도 의식적이고 보람있는 여가활동을 가능하게 해 주는 것이다. 또한 자유시간활용의 중요한 기능은 교도소내에서의 자유시간동안에 부문화(Subkultur)의 영향을 받을 가능성을 방지할 수 있다는 점이다.[79] 이는 자유시간이 활용됨으로써 사회적 적대감과 범죄적 전염이 확산될 분위기의 생성이 차단될 수 있기 때문이다. 그러나 여전히 교도소에는 개별적인 자유시간활용장소와 공작, 예술, 음악 또는 문화적 부문에서 공동으로 창조적 활동을 할 수 있는 공간이 부족한 형편이다.[80] 그러나 1980년에 개소된 Hameln(Niedersachsen주)의 폐쇄소년교도소에는 자유시간활동의 이상적인 여건이 마련되어 있다. 300명의 행형종사자가 500명의 소년수형자를 돌보고 있는 이 시설에는 탁구실, 공작실, 체력단련실, 그룹스터디실 등 뿐만 아니라, 운동장과 실내체육관이 갖추어져 있다. 여기에 자원봉사자, 시민대학, 교육담당자 또는 스포츠담당자들이 적극적으로 참여하여 그룹활동의 강화와 물질적인 원조 등 다양한 자유시간활용프로그램제공과 실행에 기여하고 있다.[81]

스포츠의 경우는 사정이 다르다. 거의 대부분의 소년교도소가 운동장과 실내체육관을 갖추고 있다. 체육교사는 소년재소자에게 일정한 인적기본자질, 즉 성취감, 공정성, 개인 및 단체규율 등을 개발시키려고 노력한다. 이로써 또한 강제상태로 인한 운동결핍을 보충할 수 있게 되며, 긴장상태를 해소시키고 공동생활에서의 행동 등을 연습하게 된다.[82] 교도소내에서는 특히 단체스포츠, 예를 들어 축구, 핸드볼, 배구, 배드민턴 또는 농구 등이 선호된다.

5. 완화된 행형을 통한 자유연습과 외부와의 접촉

자유로운 형태의 행형의 필요성은 경험있고 시범적인 실행을 담당한 실무가들에 의해서 강조된다. 행형발전의 가능성은 바로 개방 또는 반개방행형의 체계적인 확대에 있다고 본다.

폐쇄적인 행형과 비교하여 자유로운 형태의 행형의 장점으로 수형자가 자유세계

---

79) Bode, a.a.O., S.318.
80) 일반행형에서의 자유시간의 활용가능성과 활용실태에 관해서는 Bode, a.a.O., S 313ff.
81) Bode, a.a.O., S.316f.
82) Brunner, §91 Rdn.4e.

에서의 삶과 덜 소원함을 느낀다는 점, 일반행형담당자의 변화된 역할과 지위, 외부 통근으로부터 휴가에 이르는 완화된 행형의 가능성, 비용경제적 측면과 실험가능성 등을 들고 있다. 특히 소년행형에 있어서는 일정한 보호와 조언을 통한 현실성 훈련 은 폐쇄적 행형에서의 장기간의 복역 후에는 특별히 필요한 것이고, 규율속에서는 잘 적응하지만 자유속에서는 잘 생활하지 못하는 소년수형자들에게는 더욱 도움이 되는 것이다.

소년행형에 관한 행정규책(VVJug) Nr. 6에 따른 완화된 행형의 형태로는 행형시 설외에서의 규칙적인 작업 중 행형담당자의 감독하에 행하는 외부작업 (또는 구외작 업; Aussenbeschäftigung)과 감독없이 행하는 외부통근(Freigang)과 일정한 화간에 감독 하에 시설밖으로 나갈 수 있는 동반외출(Ausführung)과 감독없이 나갈 수 있는 외출 (Ausgang)이 있다.

수형자는 시설외부의 인물과 할 수 있는 권리가 있으며, 특히 긍정적인 영향을 미 칠 수 있는 인물과의 교통은 장려된다(VVJug Nr. 18). 외부와의 접촉은 가족 및 다른 관련인물들의 면회, 서신왕래의 신문, 라디오 및 TV를 통해서 이루어진다(VVJug Nr. 19 이하).

6. 휴가(귀휴제도)[83]

휴가는 소년수형자가 근친자와의 인간적인 관계를 유지하고 통상적인 생활여건에 익숙할 수 있도록 하기 위하여 규정된 완화된 행형이다. 형기에 산입되는 휴가기간 동안에 수형자는 자유롭고 감시에서 벗어나므로, 교정처우적으로 가치있는 시험기 간이 된다.

소년수형자에게는 1년에 21일 이내의 휴가가 허가될 수 있다(VVJug Nr. 8). 그 이 외에도 석방준비를 위한 1주 이내의 특별휴가와 석방 9개월 전에 외부통근자에 대 한 월 6일 이내의 특별휴가(VVJug Nr. 10) 등이 있다.

7. 목사 또는 사제(Seelsorge)에 의한 원조

수형자에 대한 성직자의 종교적인 지도와 원조는 근대행형의 시작부터 중요한 역

---

83) 우리나라에서는 일반적으로 귀휴제(형벌휴가제 또는 외박제)라고 불리운다. 정영석, 형사정책, 401면.

할을 담당하고 있다.

소년법원법 제91조2항에 따라서 소년교도소에서 간과할 수 없는, 중요한 의미를 갖는 것은 목사(또는 사제)에 의한 원조이다. 그러나 이는 소년수형자의 의사에 반해서 행해져서는 안 된다(VVJug Nr. 45). 교도소의 목사(또는 사제)는 예배(또는 미사)의식, 개별적인 상담, 성찬식 이외에, 특히 범죄적인 행동을 조장하는 요소를 신앙적 행동을 통해서 제거하려고 노력한다(소년행형에 관한 행정규칙 Nr. 44, 45). 또한 가족과의 원만하지 못했던 관계를 다시 정상화시키려 한다. 이런 점에서 목사(또는 사제)는 교육개선목적의 달성에 결정적으로 기여한다.

Ⅵ. 징벌처분(Disziplinarmassnahmen)

수형자가 행형에서 부과된 의무를 위반한 경우에는,[84] 수형자가 자신의 위반행위를 인식하게 하는데 적합한 처분, 예를 들어 지시 또는 의무부담처분 또는 2주일까지의 자유시간활용을 제한하는 명령 등의 교육개선적 처분을 통해서 수형자가 규율에 따른 행동을 할 수 있도록 해야 한다.

징벌처분은 이와 같은 처분이 적합, 충분하지 않을 경우에만 가능하다(VVJug Nr. 86). 징벌처분의 종류로는 견책(또는 계고), 3개월 이내의 구매제한 또는 금지와 월수입금[85] 사용권의 제한 또는 박탈, 2주 이내의 도서열람금지 또는 제한과 3개월 이내의 라디오 수신 및 TV시청 금지 또는 제한, 3개월 이내의 자유시간활용에 필요한 도구 및 공동행사참여의 제한 또는 금지, 4주 이내의 자유시간동안의 분리수용, 행형법에 규정된 수입을 지불하지 않는 4주 이내의 작업정지, 3개월 이내의 시설외부인과의 접촉제한과 2주 이내의 구금 등이다(VVJug Nr. 87). 구금(Arrest)은 징벌 중 수형자의 권리와 신체의 자유의 침해가 가장 심한 것이어서, 위반행위가 중하거나 여러 번 반복된 경우에만 부과되어져야 한다.

---

84) 예를 들어 지속적인 작업거부, 휴가후 귀소시의 금지된 물건의 밀반입, 휴가후 귀소시 음주의 금지명령위반, 외출 또는 휴가후 귀소기한을 어긴 경우 등이다. 이에 관해서 Kaiser/Kerner/Schöch, a.a.O., S.186.

85) 행형규칙(VVJug Nr. 41)에 따르면, 수형자는 매달 수입의 2/3와 용돈(Taschengeld)을 구매 또는 다른 용도로 사용할 수 있다.

Ⅶ. 석방

석방시기는 광범위한 선도적인 처분으로, 예를 들어 거주 및 직업의 알선, 석방될 곳에 거주하는 모범적이고 교육개선적 임무에 적합한 수형자와의 관련인물과의 접촉을 통해, 또 보호관찰부 가석방의 경우에는(소년법원법 제88조, 제89조) 보호관찰사 (Bewährungshelfer)와의 접견을 통해서 준비되어져야 한다(VVJug Nr. 65).

자유세계로의 이행은 진보적인 행형의 방법에 의해서 문제없이 수월하게 이루어지도록 해야 한다. 수형자가 입소후 엄격하게 보호되어져야 하더라도, 그 후에는 점차로 자유를 부여하고 자기책임하에 생활할 수 있도록 하여 사회적 인격이 형성되도록 해야 한다. 이를 위해서 행정규칙은 우선 석방준비로서 완화된 행형을 필수적으로, 개방행형은 석방준비에 기여할 수 있는 때에는 임의적으로 가능하도록 하였다 (VVJug Nr. 10). 또한 석방 3개월전에 7일까지의 특별휴가와 외부통근자(Freiganger)는 석방 9개월전에 매달 6일까지의 특별휴가를 부여함으로써 석방준비에 기여할 수 있도록 하였다(VVJug Nr. 10).

Ⅷ. 소년행형의 개선방향

소년행형의 현실을 통해서 알 수 있듯이 지난 몇십 년 동안 소년교도소에서의 행형은 규범적인 또한 사실적인 측면에서 개선, 발전되었다는 사실을 인정할 수 있다. 물적, 시설적 측면뿐만 아니라 시설내 및 사회내에서의 교정처우의 분위기와 내용, 행형종사자의 적극적 참여태도, 학교 및 직업교육의 다양성, 완화된 행형방법 등 행형실태가 개선되었고, 이 개선방향은 지속될 것으로 전망된다.

그럼에도 불구하고, 불충분한 행형종사자의 수, 교정처우 또는 교육개선을 위한 전문인력의 부족, 공간적 및 시설적 여건미비, 자유시간 활용의 한계, 완화된 행형의 한계 등을 고려할 때, "궁극적인 목표는 더 개선된 행형이 아니라, 행형보다 더 좋은 그 무엇이다"라는 Radoruch의 말처럼 소년행형에 있어서 그 개혁발전의 필요성은 여전하다고 여겨진다.

행형개혁의 중심과제는 수형자의 인권보장을 위한 그 법적 지위의 확립과 무엇보다도 수형자의 재사회화를 위한 교정처우행형에로의 개혁발전이다. 폐쇄적 행형에서 개방시설에서의 처우 또는 외부통근제와 휴가제를 내용으로 하는 반자유처우에로의 개선, 즉 "행형의 사회화"를 통하여 수형자의 사회복귀를 용이하게 하고, 이로써 수형자의 인권보호에 기여하는 것이 현대 소년행형의 개혁방향이 되어야 한다.

이와 같은 의미있고 인간적인 소년행형의 지속적인 발전은 입법뿐만 아니라 학문과 실무의 협동작업을 통해서만 가능할 것이다.

[논평] 소년법과 선의권

유영재*

I. 서론

하태훈 선생이 1991년에 작성한 '독일의 소년행형제도의 현실과 개선방향'은 법무부에서 발간한 법무자료 제50집 「외국의 소년수용제도연구」에 수록되어있다. 이 연구는 당시 독일의 소년법원법상의 범죄소년에 대한 처분 중 자유형의 집행 및 실현에 관하여 소년교정의 역사, 그 법적 근거와 교정현실을 중심으로 규범적 측면과 아울러 사실적인 측면도 함께 고찰함으로써 우리나라의 소년교정과 비교·검토할 수 있는 자료를 제공하였다. 또한 교정처우행형을 표방하면서 진보를 이룩해 왔지만 후진성을 면치 못하였던 우리나라 행형법의 개정과 교정 개혁을 외국의 입법례와 실무경험을 통해서 촉진하고자 하였다는 점에서 학계는 물론이고, 소년사법정책 전반에 큰 영향을 미쳤다고 생각된다.

하선생의 연구의 내용을 정리해보면 다음과 같다. 첫째, 소년범죄자가 어떤 범죄를 행하였고 그 범죄에 대한 반작용으로 어떤 제재수단이 가해졌는가가 중요한 것이 아니라, 어떤 처분과 처우가 소년범죄자를 도와서 어려운 점을 극복할 수 있도록 해주고, 이로써 공동체를 방해하지 않고도 목표로 세운 삶을 살아갈 수 있고, 사회적인 요구를 받아들일 수 있는가가 우선 고려되어야 한다는 것이다. 둘째, 소년이 어떤 범죄를 저질렀고 어떤 처벌이 그에 합당한 것인가를 고민하기보다는 사회로 돌려보냈을 때 정상적인 삶을 영위할 수 있도록 도움을 주는 것이 중요하다는 것이다. 셋째, 소년 교정시설 내에 인력이 부족하고, 특히 상담이나 특정분야 전문인력이 부족해 교육교정이 실현되기 힘들다는 것이다. 넷째, 소년수형자의 사회화의 결핍 문제가 해결되어야 한다는 것이다. 교도소화과정(矯導所化過程)에 의해 소년수형자는 자유를 박탈당한 채 교도소의 지배적인 규범을 따라야 하기 때문에 출소 후 자유로운

---

* 중원대학교 경찰행정학과 교수, 범죄학 박사, 법학박사

생활에 적응하기가 어렵고, 자신의 거주지와 교정시설이 물리적으로 거리가 멀 경우 대인관계의 단절도 생겨서 사회적응에 걸림돌이 된다는 것이다. 다섯째, 범죄유형과 소년의 상태별로 개별처우(노동치료처우/마약중독/성범죄)를 해야 한다는 것이다.

현재 우리나라 소년사법정책은 하선생의 연구에서 주장한 내용을 바탕으로 다양한 연구와 변화에 대한 노력을 통하여 소년사법 전반에 있어서 상당히 많은 발전을 이루어 왔다.

다만 아직 우리나라 소년사법제도 하에서는 독립된 소년법원을 인정하고 있지 않을 뿐만 아니라 이원적 절차와 이원적 처분가능성을 인정하고 있어 범죄소년의 경우, 소년사건의 처리절차를 제1차적으로 선택하는 권한인 선의권이 1958년 소년법 제정 시부터 검사에게 부여되어 왔다. 그러나 검사는 범죄사실의 경중을 중시하고 선도가 아닌 처벌을 우선시하는 경향이 있어 법원보다는 소년보호이념에 적합한 선의권을 행사하기 어렵다고 할 수 있다. 하선생의 연구에서도 이원주의가 많은 노력을 좌절시킨다고 언급하며 이원주의의 문제점에 대하여 지적하고 있다. 이 글에서는 하선생이 가장 중요한 문제로 바라보았던 선의권에 대하여 살펴보고 실질적인 개선방안을 제시해보고자 한다.

Ⅱ. 검사선의주의

1. 검사선의권 의의와 내용

우리 소년법은 소년사건을 소년보호사건과 소년형사사건으로 구분하고, 소년보호사건에 대한 심판절차는 소년법에 규정하고 있다. 그러나 소년에 대한 형사사건에 관하여 소년법상 특별한 규정이 없는 한 일반 형사사건의 예에 의한다고 하고 있다 (소년법 제48조). 따라서 범죄소년의 처리에서 보호처분을 위하여 소년심판절차에 의할 것인지 형벌을 과하기 위하여 형사절차에 의할 것인가를 결정할 수 있는 권한을 선의권이라 한다.

이 선의권을 검사에게 부여하는 입법주의를 검사선의주의라 하고, 법원에게 부여하는 입법주의를 법원선의주의라고 한다. 후자의 경우 보통 소년법원에게 선의권이 인정되므로 이를 소년법원선의주의라고 부르기도 한다. 선의권의 행사에 따라 종결처분으로서 형벌 또는 보호처분이 1차적으로 결정되며 우리나라의 경우 범죄소년에 대해서는 법원 소년부가 아닌 검사에게 1차적인 선의권이 부여되어 있다.

우리나라에서 검사선의주의란 소년피의사건에 대하여 형사처분으로 할 것인가 보호처분으로 할 것인가의 분배권한을 검사로 하여금 먼저 행사하게 하는 입장을 지칭하는 것으로 받아들여지고 있다.[1] 소년사건을 처리함에 있어서 검사선의주의를 취함으로써 현실적인 형사정책적 필요에 대응하여 형벌과 보안처분을 효과적으로 조화시킬 수 있고, 절차의 초기단계에서 사법처리 여부와 처리절차의 종류를 결정하는 것이 비행소년의 불안감을 완화하고 법원의 업무부담을 경감할 수 있다. 또한 검사의 선의권을 행사함에 있어 전국적으로 일관된 기준을 정립하는 것이 용이하고, 행정부에 소속되어 있어서 소년의 복지를 위한 다른 행정적 조치를 강구하기에 유리하다.[2]

검사선의주의의 선의권을 통해 검사는 범죄소년에 대해 다음과 같은 처분권을 행사하고 있다. 첫째, 경찰이 송치하거나 검사가 직접 인지한 소년피의사건을 수사하여 범죄혐의가 없거나 죄가 안 되거나 공소권이 없을 경우에는 불기소처분을 한다. 둘째, 재범가능성이 희박하고 선도보호의 필요성이 있는 때에는 범죄내용의 경중에 관계없이 선도조건부 기소유예처분을 한다. 셋째, 벌금 이하의 형에 해당하는 사건이거나 보호처분의 필요성이 있는 때에는 소년부로 송치한다(소년법 제49조 제1항). 넷째, 벌금, 구류, 몰수에 처할 사건인 때에는 약식명령을 청구한다(형사소송법 제448조). 다섯째, 소추필요성이 인정되는 때에는 공소를 제기한다(소년법 제48조).

2. 검사선의권의 문제점

검사는 검사선의주의에 따른 절차선택권과 형사소송법의 기소편의주의에 입각한 기소재량권을 가진다.[3] 따라서 개개의 소년사건에 대한 1차적 결정권을 행사하여 기소, 불기소, 소년부송치 여부를 결정한다.[4] 이러한 검사선의권에 대한 통제가 없으면 검사가 선택한 절차가 그대로 유지되어 결정됨으로써 행정기관에 의한 사법적 판단

---

1) 강영철, "소년사건처리절차의 현황과 개선방안", 소년보호연구, 제1호, 1999, 91면.
2) 이승현, "검사선의주의에 관한 검토", 소년보호연구 제10호, 한국소년정책학회, 2007년 225면.
   정진호, "검찰에 있어서 소년범죄 처리실태와 그 개선방안", 청소년범죄연구 제5집, 1987, 137면;
   김용우, "소년사건처리절차의 문제점", 연구보고서, 국회도서관 입법조사분석실, 1998.
3) 김여경, 소년범죄 사법처리에 관한 연구, 건국대학교 석사학위논문, 2015, 57면.
4) 김용우, 전게서, 1998, 48면.

을 절대적으로 인정하는 부당한 결과가 초래될 수 있다.[5]

물론 검사의 선의권 행사는 기소법정주의에 따라 소년의 형사기소 여부를 조사함으로서 형사법원에 기소 또는 불기소처분을 한 후 일부 소년에 대해서만 소년부로 송치함으로써 소년부의 업무분담이 경감된다는 장점이 있으나 처분 결정에 있어 최소 3개월 이상이라는 시간이 소요되어 처벌의 부과가 늦고 기소유예가 가능하다는 등의 잘못된 인식을 습득할 수 있다.[6] 또한 검사가 선의권을 행사하였다 하더라도 법원의 사후 통제에 따라 절차의 중복, 지연이 다시 반복될 수 있는 우려 역시 존재한다.

검사는 선의권 행사에 있어서 범죄소년에 대한 인격과 환경에 대한 충분한 조사가 필수적이지만 현실적으로 적절한 조사가 이루어지지 않는다.[7]. 그동안 소년법원은 소년부 조사관의 조사(소년법 제9조),[8] 소년분류심사원의 심사(동법 제12조),[9] 형사법원은 보호관찰소의 환경조사(보호관찰 등에 관한 법률 제26조 제1항)[10]를 이용할 수 있으나 검사의 기소여부를 결정하는 단계에서 소년의 특성과 환경을 과학적이고 체계적으로 조사할 수 있는 제도적 방안이 없는 것이 문제였다.[11] 이러한 검사선의주의의 단점을 보완하기 위해 2007년 소년법 개정을 통해 검사의 결정전 조사제도(소

---

5) 양화식, 소년법상 검사선의주의: 해석론과 입법론, 사회과학논집 12집.

6) 홍혜원, 소년사법에 있어서의 형사법적 개선방안, 석사학위논문, 2017, 70면.

7) 김성돈, 우리나라 소년법상의 검사선의주의 모델의 개선방안, 저스티스, 한국법학원, 2005, 192면.

8) 제9조(조사 방침) 조사는 의학·심리학·교육학·사회학이나 그 밖의 전문적인 지식을 활용하여 소년과 보호자 또는 참고인의 품행, 경력, 가정 상황, 그 밖의 환경 등을 밝히도록 노력하여야 한다.

9) 제12조(전문가의 진단) 소년부는 조사 또는 심리를 할 때에 정신건강의학과의사·심리학자·사회사업가·교육자나 그 밖의 전문가의 진단, 소년 분류심사원의 분류심사 결과와 의견, 보호관찰소의 조사결과와 의견 등을 고려하여야 한다.

10) 제26조(환경조사) ① 수용기관·병원·요양소·「보호소년 등의 처우에 관한 법률」에 따른 소년의 료보호시설의 장은 소년수형자 및 「소년법」 제32조 제1항 제7호·제9호·제10호의 보호처분 중 어느 하나에 해당하는 처분을 받은 사람(이하 "수용자"라 한다)을 수용한 경우에는 지체 없이 거주예정지를 관할하는 보호관찰소의 장에게 신상조사서를 보내 환경조사를 의뢰하여야 한다. ② 제1항에 따라 환경조사를 의뢰받은 보호관찰소의 장은 수용자의 범죄 또는 비행의 동기, 수용 전의 직업, 생활환경, 교우관계, 가족상황, 피해회복 여부, 생계대책 등을 조사하여 수용기관의 장에게 알려야 한다. 이 경우 필요하다고 인정하면 수용자를 면담하거나 관계인을 소환하여 심문하거나 소속 보호관찰관에게 필요한 사항을 조사하게 할 수 있다.

11) 박영규, "검사선의주의의 개선방안", 소년보호연구 제26호, 2014, 96면.

년법 제49조의2)[12]를 도입하였다. 그러나 결정전의 조사가 필수적이지 않아 검사의 주관적 판단에 의해 결정될 수 있다는 문제점이 존재한다.

검사는 본질적으로 범죄의 수사와 소추를 담당하기 때문에 소년사건의 처리에 있어 소년의 인격이나 환경보다는 범죄사실의 경중을 중시하고 선도가 아닌 처벌을 우선시하는 경향이 있다 하여 소년보호이념에 적합한 선의권을 행사하기 어렵다.[13]

3. 검사선의권의 사법적 통제

검사선의주의만을 고수하면 절차선택의 변화 없이 처분의 종류가 결정됨으로써 행정기관에 의한 사법적 판단이 이루어지게 된다. 따라서 우리 소년법은 범죄소년에 적합한 처분에 관하여 법원과 검사의 의견이 다를 경우 사법권에 대한 중대한 침해를 초래할 수 있으므로 소년법원의 검찰송치(제49조 제2항)와 형사법원의 소년부송치(제50조)[14]에 관한 규정을 둠으로써 검사의 선의권 행사에 대해 2차적으로 사법통제를 하고 있다.

소년법 제49조2항에 따르면 소년부는 검사가 송치한 피의사건을 조사, 심리한 결과 그 동기와 죄질이 금고 이상의 형사처분을 할 필요가 있다고 인정될 때에는 다시 검사에게 송치하여 형사처분절차에 회부하도록 하고 있다. 이를 송검이라 하고 금고 이상의 형사처분은 법정형을 뜻한다.

양형사유를 앞에 열거하는 것으로 보아 선고형으로 보아야 한다는 주장도 있지만

---

12) 제49조의2(검사의 결정 전 조사) ① 검사는 소년 피의사건에 대하여 소년부 송치, 공소제기, 기소유예 등의 처분을 결정하기 위하여 필요하다고 인정하면 피의자의 주거지 또는 검찰청 소재지를 관할하는 보호관찰소의 장, 소년분류심사원장 또는 소년원장(이하 "보호관찰소장등"이라 한다)에게 피의자의 품행, 경력, 생활환경이나 그 밖에 필요한 사항에 관한 조사를 요구할 수 있다. ② 제1항의 요구를 받은 보호관찰소장등은 지체 없이 이를 조사하여 서면으로 해당 검사에게 통보하여야 하며, 조사를 위하여 필요한 경우에는 소속 보호관찰관·분류심사관 등에게 피의자 또는 관계인을 출석하게 하여 진술요구를 하는 등의 방법으로 필요한 사항을 조사하게 할 수 있다. ③ 제2항에 따른 조사를 할 때에는 미리 피의자 또는 관계인에게 조사의 취지를 설명하여야 하고, 피의자 또는 관계인의 인권을 존중하며, 직무상 비밀을 엄수하여야 한다. ④ 검사는 보호관찰소장등으로부터 통보받은 조사 결과를 참고하여 소년피의자를 교화·개선하는 데에 가장 적합한 처분을 결정하여야 한다.
13) 정진호, 전게논문, 1987, 137면.
14) 제50조(법원의 송치) 법원은 소년에 대한 피고사건을 심리한 결과 보호처분에 해당할 사유가 있다고 인정하면 결정으로써 사건을 관할 소년부에 송치하여야 한다.

송검 결정시 법원이 갖는 범죄사실에 대한 심증의 정도는 개연적 심증으로 보아야 한다는 점으로 볼 때 범죄사실의 확정을 전제로 한 선고형설은 타당하지 아니하다. 여기서 송검의 기준은 "동기와 죄질"에 기초한 "형사처분의 필요"이다. 이러한 요건이 구비되어 있는 경우로 일반적으로 범죄의 위험성이 강하여 보호처분으로써는 교정가능성이 없는 요보호성이 결여되어 형사처분이 필요한 경우, 요보호성은 인정되지만 죄질이나 동기로 보아 공공복리, 사회 안전, 피해자의 감정 등의 형사정책적 이유로 형사처분이 필요한 경우, 행정범이나 확신범 같이 성질상 보호처분이 적당하지 않아 형사처분의 필요성이 인정되는 경우를 말한다.[15]

Ⅲ. 법원선의주의

1. 법원선의권 의의와 내용

위에서 살펴본 검사선의주의의 문제점을 해결할 수 있는 방안으로 법원선의주를 채택하자는 방안이 대세론을 이루어왔다. 법원선의주의는 소년피의사건에 대해 수사한 검사는 모든 사건을 법원에 송치하고 보호절차를 거치도록 할 것인가, 형사절차를 거치게 할 것인가의 선택권을 법원이 정하도록 하는 것을 내용으로 한다.[16] 따라서 법원선의주의는 복지적 보호처분에 바탕을 두고 법원선의주의의 채택을 위해서 필연적으로 소년사건만을 전담하는 확대된 사법기구로서의 독립된 소년법원의 설치를 전제로 한다.[17]

현재 주장되고 있는 법원선의주의 유형은 소년법원을 성인법원과 완전히 분리하고, 소년법원에 형사부와 소년부를 설치한 후 검사는 수사한 사건 중 단순기소유예 및 협의의 불기소처분 사건을 제외한 모든 사건을 소년법원으로 송치하고, 소년법원에서 형사사건과 보호사건으로 분류하여 그 분류에 따라 형사사건은 형사부에서 보호사건은 보호부에서 각각 심판하는 것을 내용으로 하고 있다.

---

15) 이완규, "범죄소년 처리절차에 관한 연구: 소위 검사선결주의를 중심으로", 서울대학교 석사학위논문, 1988, 73면.; 김용우, "소년비행의 사법적 통제에 관한 연구", 전남대학교 박사학위논문, 1994, 136면.
16) 김성돈, 전게논문, 2005년, 196면.
17) 이승현, 전게논문, 2007년, 226면.

이러한 법원선의주의 방식은 소년에 대한 엄격한 조사결과를 바탕으로 교육과 보호의 차원에서 범죄소년에게 적절한 처우를 결정함으로써 소년형사정책과 소년보호 이념에 합치되는 개별화된 결정을 할 수 있다. 또한 소년에 대하여 교육이나 교정보다는 재판과정이나 미결구금기간동안 범죄를 학습하는 것을 방지할 수 있고 공범사건 등에서 보호사건과 형사사건의 처리 불균형을 방지할 수 있다. 법원선의주의는 소년에 대하여 보호처분이 우선적으로 고려되어야 한다는 소년사법의 이상에 합치될 뿐만 아니라 소년에게 필요한 처분을 신속하고 정확하게 할 수 있다는 특징이 있다.[18]

2. 법원선의주의의 유형

(1) 절차를 일원화하는 방식

법원선의주의를 세 가지 유형으로 나눌 수 있는데 이른바 독일식 법원선의주의라 할 수 있는 방식은 소년법원 내에 소년피의사건에 대한 심리 및 처분결정 절차를 일원화하는 것을 의미한다. 즉 소년법원이 소년피의사건을 조사하고 일정한 절차를 거쳐 형사처분을 부과할 것인지 보호처분을 부과할 것인지에 대해 최종적으로 결정을 내리는 방식을 말한다. 이는 형사법모델에 기초한 소년사법모델로서 우리나라 소년법 이념과는 맞지 않고 소년사건에 대한 해결방안을 형사절차로 접근하게 되는 결과를 초래한다. 따라서 그동안 복지모델에 따른 운영을 강조하였던 소년법의 이념과 조화를 이룰 수 없는 형태이다.[19]

(2) 절차를 이원화하고 관할을 통합하는 방식

이 방식은 형사절차와 보호절차는 분리하지만 각 절차를 소년법원이나 형사법원의 관할에 포함시켜 소년에 의한 모든 범죄사건을 단일법원에서 처리하게 하는 방식을 말한다. 이 방식은 소년법원에 소년비행사건이 모두 집중됨으로서 보호사건과 형사사건에 있어서 일관성 있고 균형 있는 처리를 할 수 있으며 체계적이고 과학적인 주사 업무를 통하여 소년에 대한 처우의 합리화를 꾀할 수 있다.

---

18) 이승현, "소년보호이념과 선의권에 관한 연구", 한양대학교 박사학위논문, 2007, 213-214면.
19) 박정수, "소년법상 선의권에 관한 연구 - 법원선의주의 제도의 도입과 관련하여", 아주대학교 석사학위논문, 2008, 107면.

(3) 절차를 이원화하고 법원선의주의를 취하는 방식

이 방식은 검사가 모든 소년사건을 소년법원에 송치하고, 소년법원에서 선의결정을 한 후 형사절차를 받게 함이 상당하다고 인정되는 사건을 다시 검사에게 송치하여 기소하게 하고 보호절차에 적합한 사건만을 심리 결정하는 방식과 검사가 소년법원에 송치하기 전에 기소유예를 할 수 있도록 하여 실질상의 불송치 권한은 인정함으로써 검사의 권한을 기소재량으로 한정하고 선의권은 법원에서 행사하도록 하는 방식이다.[20]

현행 법원의 조직, 기구 등을 유지한 채 선의권만을 법원으로 전환하게 되므로 비교적 용이하게 제도를 개선할 수 있다는 장점이 있지만 형사처분이 필요한 중범의 경우 법원에서 일정한 기간을 거친 후 검찰로 역송되어 조사 후 기소해야하는 번거로움과 기소 후 보호처분의 필요성을 인정하여 소년법원으로 송치하는 경우 절차의 지연이라는 문제가 그대로 남게 된다.[21] 이와 관련하여 소년의 범주를 벗어난 18세 이상의 소년에 대하여는 검사에게 선의권을 부여하고 소년법원선의주의의 예외로 살인, 강도 등 일정한 유형의 범죄를 저지른 소년에 대하여는 형사절차에 의하여 처리하자는 방안 및 18세 미만의 사건에 대하여 소년법원선의주의를 택하자는 방안이 논의되고 있다.[22]

3. 법원선의주의 문제점

법원선의주의를 취하게 되면 법원에 송치된 피의사건에 대하여 사건배분을 누가 관장할 것인가가 문제 된다. 현행 가정법원 내의 소년부가 이러한 사건을 담당하기엔 역부족이고, 일반형사부가 이를 처리하기엔 전문성의 측면에서 문제가 된다.[23] 이와 같은 소년법원의 설치를 전제로 한 법원선의주의도 검사선의주의와 마찬가지로 근본적인 문제점에 봉착할 수 있다.[24]

---

20) 이경구, "소년사법절차의 개선방안: 법원선의주의를 중심으로", 서울가정법원 가사소년제도개혁위원회, 2005, 305면.
21) 박정수, 전게논문, 2008, 110면.
22) 이경구, 상게논문, 2005, 306면.
23) 김성돈, 전게논문, 2005, 195면.
24) 김성돈, 상게논문, 2005, 195면.

즉 수사기관에서 수사한 결과 명백히 형사사건으로 심리하는 것이 타당한 경우에도 일단 법원에 송치해야 하고 법원에서 다시 절차에 대한 판단을 하는데 일정한 기간이 소요된다. 또한 검찰에 대한 역송 등의 절차를 다시 거쳐야 하기 때문에 절차지연 및 절차중복의 부작용이 제거되지 않는다.[25] 이러한 법원선의주의를 실현하기 위해서는 독립된 구금시설의 설치, 독립된 소년법원의 설치, 소년조사관의 확충, 소년전담판사 충원 및 전문성 확보 등의 문제해결이 선행되어야 한다.[26]

Ⅳ. 외국 입법례

소년사법 선의권과 관련하여 외국 입법례를 살펴보면 국가에 따라 다소 차이가 있다. 각국의 상황을 살펴보자면 다음과 같다.

미국은 헌법상 소년사법문제는 주 및 지방자치단체에 위임된 사항으로 주마다 차이가 있기는 하지만 일반적으로 소년사건에 대하여 소년법원에 전면적인 관할권을 부여하고 있다. 대부분의 주에서는 소년사건을 송치받은 소년법원에서 처리하며 상당수 주에서는 접수단계에서 소년법원이 범죄의 경중, 범죄피해의 정도, 소년의 연령 및 전과 등을 고려하여 사회방위 및 소년의 사회복귀를 위해 형사처분의 필요성이 인정되는 경우에 형사법원으로 이송될 수 있다. 다만 이러한 소년법원의 선의권에 대하여는 주에 따라 일정한 방식으로 제한과 통제가 가해진다.[27]

일본의 소년법은 원칙적으로 법원선의주의를 채택하고 있으며 법원은 경찰과 검찰로부터 송치받은 소년사건에 대하여 심리불개시, 불처분, 보호처분 등을 하거나 아동상담소에 송치한다. 이때 죄질과 정상에 비추어 형사처분의 필요가 있다고 판단되는 때에는 일본 소년법 제20조에 따라 검사에게 역송함으로써 형사재판을 거쳐 형벌을 과할 수 있도록 하고 있다. 또한 소년법 제20조 제2항에서 16세 이상의 소년이 고의의 범죄행위로 피해자가 사망한 경우에 대하여는 원칙적으로 검찰에 역송하도록 규정하고 있다.[28]

---

25) 박영규, 전게논문, 2014, 98면.
26) 이승현, 전게서, 2007, 219면.
27) Dean Champion, The Juvenile Justice System 2판, 95면 이하 참조; 장영민·김구슬, "현행 소년법의 문제점과 개선방안", 법학논집 제10권 제1호, 이화여자대학교, 2005, 77면. 재인용.

소년사법절차가 일원화되어 있는 독일에서는 소년과 청년에 대한 교육처분, 훈육처분 및 소년의 형사제재가 모두 동일한 절차에 따라 사법처리 되기 때문에 선의권의 개념이 없다. 다만 다이버전과 관련하여 검사와 법관에 의한 소년사건의 비공식적 처리방법이 소년법원법 제45조에 규정되어 있다.[29]

V. 개선방안

소년피의사건에 대해 보호절차와 형사절차를 유지하고 소년에 대해 보호처분과 형사처분이 각각의 제재수단으로 인정되는 한 검사선의주의를 취하든 법원선의주의를 취하든 절차의 중복과 지연은 피할 수 없는 일이다. 법원선의주의의 경우 인적·물적 장비가 완비되어 있을 것을 요구하기 때문에 어려움이 있을 것이다. 또한 법원선의주의를 취하고 있는 국가들에서도 검사의 역할을 보다 확대하는 방향으로 전환하고 있는 현실에 검사선의주의 자체가 문제가 많은 것은 아니다. 따라서 현행 검사선의주의를 유지하면서 각국이 효율적으로 운영하고 있는 제도적 장치들을 도입하여 검사선의주의의 비판요소들을 제거하고, 검사의 판단에 있어서 재량권의 범위에 대한 객관적인 기준 마련이 시급하다.

또한 형사절차에서도 범죄소년을 구치소에 구금시키는 대신 소년분류심사원에 위탁할 수 있도록 하는 방안을 생각할 수 있다. 이 경우에는, 비행소년에 대한 미결구금의 일원화가 이루어져 통일된 기준을 정립·시행하기가 용이하고, 소년분류심사원의 비행소년에 대한 조사역량을 강화할 수 있는 계기가 마련되며, 검사가 기소재량과 선의권을 행사할 때 소년보호이념에 충실한 보다 합리적인 판단을 내릴 가능성이 커질 수 있다.

따라서 사법처리의 대상이 된 비행소년에 대한 미결구금은 검사가 신청하여 소년법원(또는 형사법원)이 발부한 영장에 의해 소년분류심사원(또는 독립된 소년구금시설)에 수용하되, 소년분류심사원에 대한 위탁기간을 현재의 구속기간보다 길지 않도록

---

28) 장영민·김구슬, 현행 소년법의 문제점과 개선방안, 법학논집 제10권 제1호, 이화여자대학교, 2005, 77면.

29) Schaffstein·Beulke, Jugendstrafrecht 13판, 1998, 223-236면.; 장영민·김구슬, 현행 소년법의 문제점과 개선방안, 법학논집 제10권 제1호, 이화여자대학교, 2005, 77면. 재인용.

제도화하는 것이 바람직할 것이다.30) 즉 검사선의주의를 유지하되 현행 체계에서 보완해야 할 것인데, 몇 가지 점들로는 소년보호이념에 충실하기 위한 방안, 적법절차원칙의 보장방안, 전문가 중심의 소년사법 지향, 법원의 사후 통제 확대방안 등이 고려될 수 있다.31) 향후 이러한 주제의 심도있는 연구가 지속적으로 연구되어야 할 것이다.

---

30) 오영근·최병각, "소년사건처리절차의 개선방안에 관한 연구", 한국형사정책연구원, 1995, 98-99면.
31) 이승현, 전게서, 2007, 244면.

[논평] 영국의 소년의 연령에 따른 개별적 조치

이유경*

I. 소년에 대한 비교법적 연구의 필요성

우리 소년법은 정부수립 이후 9년여가 지난 이후인 1958년에 제정되었으며, 미국의 표준소년법원을 계수한 일본의 신소년법을 따른 것으로 평가된다.[1] 소년보호사건을 가정법원 관할로 한 1963년 개정과 소년분류심사원의 전신인 소년감별소를 설치한 1977년 개정을 거쳐 1988년에는 소년비행 예방 및 비행소년 처우에 초점을 맞춘 개정이 이루어졌다. 하지만 소년범죄의 재범율이 30% 이상 유지되고 있어 재범방지를 위한 새로운 사법모델과 열악한 환경에 처해있는 소년에 대한 지속적 관찰·감독이 필요하다는 주장들이 꾸준히 제기되었고, 1991년 법무부가 주관한 「외국의 소년수용제도 연구」는 소년사법 체계의 개선을 모색하는 과정 초기에 이루어진 연구이다. 이 연구에서 하태훈 선생은 독일의 소년행형제도를 소개하면서, 소년사법의 중심과제는 소년의 인권보장을 위한 법적 지위의 확립과 소년의 재사회화를 위한 행형제도의 개선에 있다고 보았다. 하선생은 우리 소년사법이 소년에 대한 인식의 변화에 따라 진보적 성과를 내놓았지만, 규범적·사실적 행형상황은 여전히 개선할 바가 있다고 보고, 우리보다 앞선 19세기부터 소년사법제도를 발전시켜 온 외국의 입법례 및 실무경향을 통해 우리의 개선점을 찾을 수 있다고 보았다.

최근 법무부가 발표한 소년범죄 종합대책에서는 촉법소년 범죄 증가와 소년범죄 흉포화 및 촉법소년 제도의 악용을 이유로 형사미성년자 연령 기준을 14세에서 13세로 하향하는 소년법 및 형법개정안이 포함되었고, 소년원 생활실을 기존 10~15인실에서 4인실로 소규모화하고 아동복지시설 수준으로 급식비를 인상하는 등 소년보호조치에 대한 개선안도 포함되었다.[2] 또한 자유형을 선고받은 소년범에 대한 조치

---

* 명지대학교 객원교수, 미국변호사, 법학박사
1) 원혜욱, "한국소년법의 역사적 발전과정 및 현행법의 문제점 및 개선방안", 강원법학, 강원대학교 비교법학연구소, 2009, 177면.

로, 구치소 내에서 성인범과 소년범을 분리하고 소년분류심사원을 현재 1개에서 3개로 증원하는 내용을 내놓았다.

하선생은 소년사법에 있어서는 사회화, 교육개선, 학교교육 및 직업교육이 성인행형에서보다 전면에 나타나야 하며, 소년은 일반적으로 교육결여, 열악한 가족 및 생활환경, 미약한 성취도 등의 문제를 겪고 있기 때문에 교육개선 및 교정 · 보호처분 수단 선택에 있어서 교육학의 인식과 결론을 고려하여 결정되어져야 한다고 보았다. 법무부 발표에는 소년원 및 소년교도소의 학과교육을 강화할 방안들이 제시되어 있지만, 소년과 성인을 어떠한 방식으로 분리할 것인지, 학과교육 외 재사회화 및 정서함영을 위한 프로그램들을 어떻게 다양화할 것인지에 대한 고민은 여전히 부족한 것으로 보인다.

영국은 현재 형사미성년 기준 연령을 10세로 두고 있고, 강도, 살인, 강간 등 중대범죄에 대한 엄벌화 정책을 유지하고 있다. 영국은 1990년대 다양한 사회내처우 개발과 지속적인 지역 소년담당 기관의 운영 등의 대대적 개혁으로 10년 후인 2010년 이후 소년범죄율이 획기적으로 감소하는 성과를 보였다.[3] 특히 보호처분 및 행형의 내용뿐만 아니라 절차에 있어서도 소년의 연령에 따라 개별화된 조치를 마련하고 있다는 점에서 검토의 필요성이 있다.

Ⅱ. 영국의 소년 연령에 대한 입장 변화

법공동체의 구성원으로서 온전하게 권리능력 및 책임능력을 인정받는 연령은 시대와 사회의 성격에 따라 변화하여왔다. 로마법에서는 생식능력의 성숙 여부를 기준으로 14세 이상의 자에 대하여 형사책임을 인정하였다는 연구도 존재하지만,[4] 그 구

---

2) 법무부, "촉법소년 연령 14세→13세로 하향…'소년법'·'형법' 개정 추진", 대한민국 정책브리핑, 2022.10.26., https://www.korea.kr/news/policyNewsView.do?newsId=148907468.

3) 전체 소년재판 건수는 80,000건(2010년)에서 17,000건(2020년)으로 약 80% 감소하였고, 이 중 형사재판을 받는 경우는 약 3~5% 수준을 유지하고 있다. 이에 대하여, Youth Justice Board / Ministry of Justice, 「Youth Justice Statistics 2019/20」, 2021, 29면.

4) 로마법에서 형사책임능력이 있는 성년(성숙자)와 소년(미성숙자) 개념의 발전과정에 대하여, 주호노, "소년의 형사책임에 관한 연구 - 형사책임능력을 중심으로 -", 법조 제651권 제12호, 법조협회, 2010, 49-51면.

체적인 연령이나 판단근거의 내용에 있어서는 시대·지역에 따라 차이를 보이고 있다. 영국에서는 약 10세기부터 중세시기까지 부락책임제(frankpledge) 하에서 13세 이상의 자에 대해서만 형사책임을 부과하였다. 13세 이상의 부락민들만이 경제활동에 참여할 자격을 부여받았고 더불어 자치적으로 부락의 치안은 물론 민사적·형사적 갈등을 해결할 의무를 지기 때문이었다.[5] 이 당시 13세라는 기준은 생물학적 성숙도나 자신의 행동의 사회적 의미 이해여부를 기준으로 한 인지적 성숙도가 아니라 경제활동을 통하여 독자적 생계를 영위하고 벌금을 납부할 능력을 보유하였는지 여부를 그 척도로 한 것으로 평가된다.[6] 이후 중세유럽에서도 형사책임을 온전하게 지는 성인과 소년의 구분은 경제적 필요에 의해 이루어졌다는 것이 중론이다. 즉 유아사망률의 급격한 증가에 따라 노동력을 확보하기 위한 목적으로 7세 이상의 자를 성인으로 간주하였다는 것이다.[7]

중세시기까지 설정된 소년 및 성인의 기준은 일정한 연령을 전후로 하여 형사책임을 완전히 인정하거나 완전히 면제하는 방식으로 그 사이의 완충지대를 인정하지 않고 있었다. 영국의 경우 중세시대를 거쳐 몇 세기 동안 이러한 완충지대에 대한 판례법을 형성하였다. 1700년대 교회법에 영향을 받았던 영국 법원은 미성년의 연령을 7세로 설정하고, 7세 미만의 자에 대해서는 형사책임을 묻지 않고 7세 이상의 자에 대해서도 일정한 완충지대를 마련하였다. 인지적 성숙도를 고려하여, 7세 이상을 모두 성인으로 취급하는 대신 7세 이상 14세 미만의 자는 행위의 규범적 의미 즉 그 범죄성 또는 불법성을 파악할 능력이 부족하다고 전제하고, 특정한 사건에서 행위의 규범적 의미를 파악하는 특출한 능력이 있었다는 점에 대해서는 검사에게 그 입증책임을 지도록 하였다(Doli incapax).[8]

영국의 판례법이 성인과 비성인이라는 단순한 구도로 형사책임을 부과하는 단계를 벗어났다고 할 수 있지만, 소년 또는 아동 개념의 독자적 성격을 규명한 것은

---

5) Crowley, D. A., "The Later History of Frankpledge," Bulletin of the Institute of Historical Research, Vol. 48 Issue 117, 1975, 1-2면.

6) 위의 글, 14-15면.

7) Hawes, J.M. & Hinder, N. R., *Children in Historical and Comparative Perspective*, Greenwood, CT, 1991, 280면.

8) Don Cipriani, 「Children's Rights and the Minimum Age of Criminal Responsibility: A Global Perspective」, Routledge, 2016, 74-75면.

아니었다. 19세기 말까지도 형사미성년 기준 연령은 사회구성원으로서 역할을 수행할 수 있는 자와 그렇지 않은 자의 구분선으로 기능하였을 뿐이었다. 독자적인 소년 또는 아동의 개념은 19세기 말에서야 등장하기 시작하였고, 이는 1923년 국제연맹이 아동권리선언(Geneva Declaration of the Rights of Child)에서 처음 명문화되었다. 1948년과 1959년, 유엔이 이에 수정을 거쳐 재차 아동권리선언을 채택하였으나, 아동의 범위를 18세 미만으로 정한 것은 1989년 유엔 아동권리협약(Convention on the Rights of the Child)이었다.[9]

영국에서 형사미성년 기준 연령을 제정법으로 명문화한 것은 1933년이었다. 제1차 세계대전 이후 소년범죄를 비롯하여 전반적으로 범죄율이 증가하고, 공교육의 강화 논의가 활발해지면서 소년범에 있어서도 처벌과 더불어 교육 및 재사회화 프로그램을 도입해야 한다는 목소리가 높아지고 있던 시점이었다. 이에 따라 1932년에는 소년법원의 관할과 권한을 확대하고 최초로 소년범에게 감금 또는 격리가 아닌 사회내처우 프로그램이 도입되었다.[10] 의회는 기존 판례법상 7세인 형사미성년자 기준 연령을 Children and Young Persons Act 1933를 제정함으로써 8세로 상향하였고, 사형선고를 할 수 있는 최저연령도 16세에서 18세로 상향하였다.[11] 이후 의회는 1963년 Children and Young Person's Act를 제정하면서 형사미성년자 기준 연령을 8세에서 현재의 10세로 상향하였다.[12]

영국 의회가 형사미성년자 기준 연령을 제정법에 명시하였지만, 기존의 7세 이상 14세 미만의 소년에게 형사책임능력이 없다고 간주하는 판례법은 유지되어 결과적으로 14세가 형사미성년 기준 연령으로 기능하게 되었다. 이러한 소년의 연령에 대한 법적 판단은 1990년대 이후 큰 변화를 겪게 된다. 4세 이상 제정법에 명시되어 있음에도 불구하고, 14세 미만 소년은 판단능력을 갖고 있지 않다는 전제로, 해당 소년이 판단능력에 대하여 검사에게 증명책임을 부과하는 판례법리가 계속 적용되어 왔다. 이러한 판례법리는 1990년대 이후 변화를 겪게 되었다. 1993년 10세 소년

---

9) United Nations Convention on the Rights of the Child (1989) Article 1.

10) David Batty, "Timeline: the history of child protection", The Guardian, 2004.4.23. https://www.theguardian.com/society/2004/apr/23/childrensservices.childprotection.

11) 사형선고가 가능한 최저 연령은 Children Act 1908에서 처음으로 16세라고 명문화하였다.

12) Children and Young Person's Act 1963 (s)16(1).

[논평] 영국의 소년의 연령에 따른 개별적 조치   747

들이 2세 유아였던 James Bulger를 살해하는 사건이 발생되자 소년범에 대한 엄격한 사법집행을 요구하는 여론이 형성되었고, 이에 따라 14세 이하의 남성 소년의 경우 자연적·인위적 성행위능력이 없음을 전제로 14세 이하 남성 소년을 성범죄로 기소 하고자 하는 검사가 그 소년이 특별하게 성행위능력을 가지고 있음을 증명하도록 하였던 판례법리를 명문으로 철폐하였고,[13] 소년법원에서의 가장 중한 처분이었던 구 금훈련명령(detention and training order) 기간을 최대 1년에서 최대 2년으로 강화하였으며, 형사법원에서 재판할 수 있는 소년사건의 범위를 대폭 확대하였다.[14] 그리고 1998년에는 14세 미만의 소년은 사물변별능력 및 규범적 판단능력이 부족하다고 간주하는 판례법리를 명문으로 폐지함으로써 실질적으로 형사미성년 기준 연령을 제정법의 기준인 10세로 하향하는 효과를 가지고 왔다.[15]

Ⅲ. 연령에 따른 개별화 조치

2021년 통계에 따르면, 전체 소년범죄 중 형사미성년 기준 연령인 10세가 저지른 범죄는 약 0.06%, 11세는 0.29%, 12세는 1%, 13세는 4%, 14세는 11%를 차지하고 있어, 14세에 이르는 때에 상당히 증가함을 알 수 있다.[16] 15세, 16세와 17세가 각각 19%, 26% 그리고 40%를 차지하고 있고, 전체 범죄의 85% 정도를 차지하고 있어 14세를 기점으로 소년에 대한 처분의 내용과 종류가 개별화될 필요성이 인정되었다. 한편 중대한 범죄를 저지른 소년의 연령대를 살펴 볼 때에는 10에서 14세 사이의 소년들의 전체 사건 중에서 살인, 강도, 강간 등 중대범죄가 차지하는 비율은 12%이고 15에서 17세 사이의 소년들의 경우에는 16%에 달하여 중대범죄를 저지른 저연령 소년과 일반범죄를 저지른 저연령 소년에 대한 차별취급의 필요성과 제기되었다.[17]

---

13) The Sexual Offences Act 1993 (s)1.

14) Bateman, Tim & Hazel, Neal, 「Youth Justice Timeline」, Beyond Youth Custody, 2014, 3면.

15) Crime and Disorder Act 1998 (s)34; 영연방국가 중 스코틀랜드의 경우에는 2021년 12월 17일부터 형사미성년 기준 연령을 12세로 상향한 바 있다.

16) Youth Justice Board / Ministry of Justice, 「Youth Justice Statistics 2020/21」, 2022, Supplementary Tables, Ch.4 Table 4.3.

17) 위의 책, 4.2.

영국 정부는 이러한 문제의식에 따라 형사미성년 기준 연령인 10세를 기준으로 사회내처우, 시설정책 및 양형에 있어서 연령에 따라 10-11세, 12-14세, 15-17세로 나누어 개별적 지침을 마련하고 있다. 10세 미만의 소년의 경우에는 소년사법의 대상은 아니지만 경찰이 최대 90일 동안 야간외출제한 조치를 내릴 수 있으며,[18] 소년 법원은 야간외출제한 조치를 위반한 아동에 대하여 아동보호명령(child safety order)를 내릴 수 있다.[19] 아동보호명령이 내려지면 주로 지역의 Young Offending Team (YOT)의 감독을 받게 되며, 아동보호명령 상의 이행사항을 위반하면 법원은 아동을 아동보호시설에 위탁하도록 결정할 수 있다. 또한 10세 미만의 아동이 범죄로 평가될 행위를 한 경우 부모는 아동의 재범방지를 위한 협조를 약정하는 서약서를 YOT 와 작성하게 되고, 위 서약서 상의 사항들을 이행하지 않는 경우 법원은 부모지도명령(parenting order)을 통하여 이행을 강제할 수 있다.[20]

1. 10세 이상 12세 미만의 소년에 대한 조치

12세 미만의 소년에 대해서는 구속이 허용되지 않는 것이 원칙이다.[21] 따라서 소년에 대하여 보석처분이 기각된다고 하더라도 위탁보호시설(forster placement)나 아동복지시설(children's home) 등 비구금 시설에 소년을 배치하게 되고,[22] 비구금 시설에 배치 시에도 전자감시장치를 부착할 수 없다.[23] 다만 YOT가 소년에 대한 높은 수준의 보호감독이 필요하다는 의견을 제시하는 경우, 법원은 출입통제형 아동시설 (secure children's home)에서 소년을 배치할 수 있다.[24] 10세 이상 12세 미만의 소년이 중대범죄를 저지른 경우에도 소년법원에서 재판을 진행할 수 있으나, 소년법원에서의 가장 중한 처분은 구금훈련명령은 12세 이상에 대해서만 내려질 수 있기 때문에, 재판 중 2년 이상의 구금처분이 선고될 가능성이 높다고 판단되는 경우에는 형사법

---

18) Criminal Justice and Police Act 2001 (s)48.
19) Crime and Disorder Act 1998 (s)11; 아동보호명령은 야간외출제한 조치를 받지 않은 아동에게도 가족이 아닌 타인에 대하여 위험, 해악 등의 행위를 한 경우 등의 요건을 갖추면 부과될 수 있으며, 아동보호명령은 최장 12개월까지 내릴 수 있다.
20) Criminal Justice and Police Act 2001 (s)23; Criminal Justice and Police Act 2001 (s)24.
21) Legal Aid, Sentencing and Punishment of Offenders Act 2012 (s)98, (s)99.
22) Children Act 1989 (s)21.
23) Legal Aid, Sentencing and Punishment of Offenders Act 2012 (s)94.
24) Youth Justice Board, "How to manage bail and remands: section 3 case management guidance".

원으로 사건을 이송하게 되고, 사건의 중대성이 명백한 경우에는 처음부터 형사법원에서 재판을 진행할 수도 있다.[25]

소년구금시설에는 청년범죄자시설(young offender institutions), 구금훈련센터(secure training centres), 출입통제형 아동시설 세 가지가 있는데, 출입통제형 아동시설의 경우 10세 이상 12세 미만의 소년만이 수용되도록 하여 15세 이상의 소년과 분리하고 있으며,[26] 각 출입통제형 아동시설의 수용인원을 40명 이하로 두어 감독자 당 담당하는 소년의 수를 조절하고 있다. 또한 주당 30시간의 교과교육을 실시하고 운동이나 취미활동 등의 교육 및 훈련 프로그램도 운영하고 있다.[27]

2. 12세 이상 15세 미만의 소년에 대한 조치

12세 이상 15세 미만의 소년의 경우, 중대범죄로 판단되는 폭력·성폭력 사건을 저질렀거나, 성인의 경우라면 14년 이상의 징역형이 선고될 수 있는 범죄를 저지른 경우, 또는 소년의 범죄행위가 소년법원에서의 구금훈련명령 또는 형사법원에서의 징역형 선고가 가능할 정도로 중대하고 과거 조건부 보석 상태에서 상습적으로 그 조건을 상습적으로 위반하였던 경력이 있는 경우에는 구속이 가능하다.[28] 다만 원칙적으로 12세 이상 15세 미만의 소년의 경우 보석신청이 기각되는 경우에는 비구금시설이나 출입통제형 아동시설에 수용하는 것이 원칙이고, 이 경우 법원은 전자감시장치 부착을 명령할 수 있다.[29]

12세 이상의 소년에 대해서는 구금훈련명령을 선고할 수 있기 때문에 형사법원 관할로 정해지지 않은 경우에는 소년법원에서 재판이 진행된다. 과거에는 소년법원에서 상습범인 경우에만 12세 이상 15세 미만의 소년에 대해서 구금훈련명령을 선

---

25) Magistrates' Courts Act 1980 (s)24A.

26) 단, 12세 이상 15세 미만 소년의 경우에도 또래의 소년들로부터 분리 또는 보호가 필요한 경우에는 출입통제형 아동시설 배치가 가능하다.

27) Department for Education, "Children accommodated in secure children's homes", 2021, https://explore-education-statistics.service.gov.uk/find-statistics/children-accommodated-in-secure-childrens-homes/2021.

28) Legal Aid, Sentencing and Punishment of Offenders Act 2012 (s)98, (s)99.

29) Legal Aid, Sentencing and Punishment of Offenders Act 2012 (s)94; 소년에 대하여 구속, 구금훈련명령 또는 전자장치부착명령이 내려지는 경우에는 필요적으로 변호사의 조력을 받도록 하고 있다.

고할 수 있었는데,[30] 2020년 법개정으로 인하여 상습범에 해당되지 않는 사건에 대해서도 구금훈련을 선고할 수 있게 되어 구금훈련선고 대상의 범위가 확대되었다.[31] 살인이나 강간 등 사회에 대한 유해성이 높은 범죄를 특정하여 형사법원에서 재판을 진행하도록 하고 있으며, 범죄의 유해성이 심각하다고 인정되는 경우에는 소년법원에서의 최대 구금기간인 2년 이상의 징역형도 선고할 수 있다.[32] 구금훈련명령이나 징역형을 선고받은 12세 이상 15세 미만의 소년들은 일반적으로 구금훈련센터에 배치된다. 구금훈련센터는 출입통제형 아동시설과 달리 민간기업이 지방정부로부터 위탁을 받아 운영되고 있으며, 출입통제형 아동시설과 마찬가지로 주당 30시간의 교육 및 훈련 프로그램을 운영한다. 단, 각 구금훈련센터의 정원은 50명에서 80명 사이로 출입통제형 아동시설에 비하여 규모가 크다.[33]

3. 15세 이상 18세 미만의 소년에 대한 조치

2020년 법개정 이전에는 15세 이상의 소년에 대해서만 구금훈련명령을 선고할 수 있었으나, 법개정으로 인하여 12세 이상 15세 미만의 소년에 대해서도 구금훈련명령을 내릴 수 있게 됨으로써 두 연령대 사이에 내려지는 처분의 차이가 크지 않게 되었다. 다만, 구금훈련명령 또는 징역형을 받은 소년들을 배치하는 시설에서 차이가 있다. 여성 소년의 경우 17세까지 구금훈련센터에 구금되고 징역형을 받은 경우 18세가 넘어야 성인시설로 이감되는 반면, 15세 이상 18세 미만의 남성 소년의 경우에는 청년범죄자시설에 수감된다.[34] 다만 15-17세 소년 중 보호필요성이 인정되는 경우에는 예외적으로 구금훈련센터에 배치되고, 18세에 이른 소년의 경우에도 성인교도소보다 청년범죄자 시설에 머무르는 것이 적절하다고 판단되는 경우 21세까지 청년범죄자시설에 머물 수 있다. 청년범죄자 시설은 15-21세 남성 청소년을 수감하는

---

30) Powers of Criminal Courts (Sentencing) Act 2000 (s)100.

31) Sentencing Act 2020 (s)416(1), Schedule 28.

32) 살인의 경우에는 12년 이상의 형을 선고하도록 하고 있다, Sentencing Act 2020 (s)250, Schedule 21; 단, 형사법원에서 소년에 대하여 구금훈련명령을 선고할 수 있다.

33) UK Government, "Young people in custody", https://www.gov.uk/young-people-in-custody/what-custody-is-like-for-young-people.

34) UK Government, "Young people in custody", https://www.gov.uk/young-people-in-custody/what-custody-is-like-for-young-people (2022.2.6. 최종방문); 청년범죄자 시설은 15-21세 남성 청소년을 수감하는 시설로 18세 미만의 소년은 독립된 건물에서 생활하게 된다.

시설로 잉글랜드와 웨일즈에 총 5개 시설이 운영되고 있으며, 18세 미만의 소년은 18세에서 21세 소년과 독립된 건물에서 생활하게 된다.35) 청년범죄자 시설에서도 교육 및 훈련 프로그램이 운영되나 주당 25시간으로 다른 시설에 비하여 프로그램의 다양성이나 강도가 떨어진다. 민간기관에 위탁운영되는 구금훈련센터와 달리 교정청(Prison Service)에 의해 운영되며, 관리자와 수감자의 비율도 다른 청소년 구금시설에 비해 높고, 성인 교도소를 포함하여 시설 내 폭행사건 비율이 가장 높아 많은 비판을 받고 있다.36)

Ⅳ. 소년사법에 대한 비교법적 고찰의 필요성

언론에서 종종 보도되는 촉법소년의 범죄에 대한 국민적 공분을 반영하여 국회 및 정치권은 소년에 대한 형사처벌을 현실화하는 방안을 내놓고 있다. 법무부는 최근 형사미성년자 기준 연령을 13세로 인하하는 개정안을 제시한 바 있으며, 「특정강력범죄의 처벌에 관한 특례법」 제2조 상의 범죄를 범한 경우에는 소년부가 아닌 형사법원에서 사건을 심리하도록 하여 소년법 제55조의 구속영장의 제한 등 소년에 대한 특별한 보호조치가 적용되지 않도록 하거나,37) 소년부의 조사·심리 결과 금고 이상의 형에 해당하는 범죄 사실이 발견되는 경우 그 동기와 죄질을 고려하여 형사처분을 할 필요가 있다고 인정하는 경우에 검사에게 송치하는 결정을 내릴 수 있도록 하는 소년법 제7조에 대하여 살인·상해·과실치사·(준)강간 등 흉악범죄의 경우 '동기와 죄질'에 대한 고려 없이 검찰에 의무적으로 송치하도록 하는 등 소년에 대한 절차상 특별한 보호나 보호처분의 가능성을 차단하는 법안들도 국회에 상정되어 있다.38) 또한 소년을 사형이나 무기형에 처할 경우 현행 소년법상 형사처벌 특례규정 상의 15년의 유기징역이 아닌 20년의 유기징역으로 하고, 가석

---

35) HM Inspectorate of Prisons, 「Children in Custody 2019-20」, 2021, 17-19면

36) "Young Offenders Institute", Politics.co.kr, https://www.politics.co.uk/reference/young-offender-institutions/.

37) 이종배 의원 대표 발의, 소년법 일부개정법률안 (의안번호 2114750); 김용판 의원 대표 발의, 소년법 일부개정법률안 (의안번호 2114054).

38) 윤영석 의원 대표 발의, 소년법 일부개정법률안 (의안번호 2102607); 정청래 의원 대표 발의, 소년법 일부개정법률안 (의안번호 2109933).

방 신청을 위한 최소기간도 상향조정하는 등 법정형을 강화하는 법안도 발의되어 있다.[39)

이러한 정책 및 법안들은 범죄를 저지른 촉법소년에 대하여 책임을 물어야 한다는 "국민[의] 공감",[40)] "가해학생의 재발 방지 및 선도 강화",[41)] "물질의 풍요, 인터넷의 발달 등으로 인간의 정신적·신체적 성장속도가 점점 빨라지고" 있다는 점,[42)] "일부 청소년[이 형사미성년자라는] 점을 악용"한다는 점,[43)] "성인 범죄에 못지 않게 점점 흉포화·잔혹화되고 있"다는 점,[44)] 보호처분 또는 부정기형 선고 등의 관대한 처벌로 인하여 소년들의 재사회가 이루어지고 있지 않다는 점[45)] 등을 주요 논거로 들고 있다.

법원의 촉법소년 사건 처리 건수가 2013년 이후 감소세를 보이다가 2017년 이후 다시 2013년 이전 수준으로 증가하고 있고,[46)] 살인·강도·강간 등 강력범죄로 소년부에 송치되는 촉법소년의 수가 매년 증가하고 있어 촉법소년의 범죄예방 및 재범방지를 위한 실효성 있는 조치 마련의 필요성은 인정된다. 다만, 촉법소년 연령하향 주장들은 형사책임의 의미에 대한 이론적·실증적 고찰 없이 범죄예방 내지 사회안전이라는 정책적 목적과 사회구성원의 치안체계에 대한 신뢰를 확보하기 위한 정치적 목적이 우선되고 있다는 점에서 문제점이 있다. 더 나아가 소년의 건전한 성장을 돕는다는 소년법의 주요 취지를 충실하게 반영했는지에 대한 의문도 제기된다.

---

39) 김용민 의원 대표 발의, 소년법 일부개정법률안 (의안번호 2112644); 김병욱 의원 대표 발의, 소년법 일부개정법률안 (의안번호 2110766); 이종배 의원 대표 발의, 소년법 일부개정법률안 (의안번호 2110692).

40) 법무부 소년범죄예방팀 보도자료, "(2019~2023년) 제1차 소년비행예방 기본계획 수립", 2018. 12.19.

41) 교육부 보도자료, "(2020~2024년) 제4차 학교폭력 예방 및 대책 기본계획 발표", 2020.1.14.

42) 이종배 의원 대표 발의, 소년법 일부개정법률안 (의안번호 2114750).

43) 서영교 의원 대표 발의, 소년법 일부개정법률안 (의안번호 2114464).

44) 김용판 의원 대표 발의, 소년법 일부개정법률안 (의안번호 2114054).

45) 김용민 의원 대표 발의, 소년법 일부개정법률안 (의안번호 2112644).

46) [매년 12월까지 집계된 법원의 촉법소년 처리건수]

년도	2012	2013	2014	2015	2016	2017	2018	2019	2020	2021
촉법소년 처리건수	12,534	10,781	7,604	7,407	6,834	7,665	9,334	9,376	10,112	12,029

(출처: 법원통계월보, https://www.scourt.go.kr/portal/justicesta/JusticestaViewAction.work?gubunyear=2021)

성인보다 주변의 환경에 민감하게 반응하고 스스로의 결정에 의해 삶의 방식을 선택할 기회가 주어지지 않는 소년에 대한 사법적 조치의 종류와 정도는 단순히 소년범죄에 대한 여론을 진정시키거나 응보적 조치를 통하여 일종의 '가르침'을 주는 것보다는 소년의 재범을 막을 타당한 근거가 있는지부터 살펴보아야 한다. 설령 형사미성년 기준 연령을 인하하고 처벌의 강도를 높인다고 하더라도 각 연령에 따른 심리학적·심리학적 고려 없이 동일한 시설에서 획일적인 프로그램만 운영한다면 이들의 재사회화 및 재범방지의 목적을 실현하기는 어려울 것으로 보인다. 영국은 형사미성년 기준 연령을 10세로 두고 있으나, 지역의 YOT를 통한 지속적이고 일관성 있는 감독체계 구축 및 연령에 따라 개별화된 소년사법 처분 지침을 수립함으로써 2010년 이후 괄목할만한 소년범죄 감소율을 보여주었다. 19세기부터 축적된 영국의 사례를 통해 엄벌주의가 소년사법의 최선의 방향은 아니라는 점과, 지역밀착형 지원제도와 재사회화 및 재범방지를 위한 다양한 사회내처우 및 시설내처우가 소년범죄 예방에 결정적인 역할을 수행했다는 점을 발견할 수 있을 것이다.

법치국가에서 형법과 형사소송법의 과제

초판발행	2023년 3월 1일
지은이	하태훈·윤동호·이근우·이상수·이석배
주 관	하연포럼
펴낸이	안종만·안상준
편 집	한두희
기획/마케팅	박부하
표지디자인	이소연
제 작	고철민·조영환
펴낸곳	(주) **박영사**
	서울특별시 금천구 가산디지털2로 53, 210호(가산동, 한라시그마밸리)
	등록 1959. 3. 11. 제300-1959-1호(倫)
전 화	02)733-6771
f a x	02)736-4818
e-mail	pys@pybook.co.kr
homepage	www.pybook.co.kr
ISBN	979-11-303-4418-8 93360

정 가	50,000원